# 헌법을 말한다

# 헌 법 을 말 한 다

금랑 김철수 선생 90세 기념 및 추모논문집

산지니

# 발간에 즈음하여

우리 선생님. 김철수 선생님께 추모의 깊디깊은 정을 담아 이 문집을 헌정하옵니다. 선생님의 구순을 기념하는 논문집을 집필하던 중 황망히 떠나셨지만 아직도 옆에 계시는 듯합니다.

잊지 못할 선생님께서 일찍이 저희들을 헌법의 가치, 특히 인간의 존엄성을 실현하는 헌법의 가치를 깨닫게 하시고 이를 실천하는 기본법, 헌법을 공부하도록 이끌어주신 은혜를 결코 잊지 못하겠습니다.

선생님의 그 가르침이 없었으면 저희들의 인생도 그러했겠지만 한국의 법치주의, 입헌주의 그리고 기본권이 존중되어 가는 민주주의의 발달도 오늘에 보는 모습의 발달을 가져오는 데 더 많은 시간이 소요되었을 것입니다.

모든 법들의 최고법으로서 인간의 기본권을 보호하는 궁극적 목적을 가진 헌법을 선생님께서 서울법대에서 가르치시던 그 당시에는 헌법을 공부하는 것이 순탄하지 않은 길이었습니다. 민주화가 되지 않은 당시로서는 국민의 기본권보장을 위한 헌법이라는 당연한 진리를 외치는 학자는 정치적 탄압을 받았던 시기였기 때문입니다. 그럼에도 선생님께서는 굴복하시지 않은 진정한 학자이셨습니다.

한국의 헌법학의 태두이신 선생님께서 헌법공부를 하는 교재로 내놓으신『헌법학개론』은 정치적 탄압으로 구멍난 페이지들로 출간되었고, 그것을 공부한 저희들은 민주화를 결연한 의지를 더욱 다질 수 있었습니다.

선생님께서는 여러 다양한 영역의 헌법적 실천을 강조하셨고 여러 다양한 논문, 저서들을 발표하셨습니다. 기본권론은 물론이고 국가권력규범, 우리 민족의 염원인 통일을 향한 헌법, 이러한 노력들의 밑바탕 장기적 투자로서 교육의 문제 등을 다루셨고, 선생님의 그런 논문, 저서들은 저희들이 미래지향적인 활동을 할 수 있게 길을 열어주신 자양분이었습니다.

선생님께서 받으시는 이 추모문집은 선생님, 저희 제자들, 동학들만의 기념문집이 아닙니다. 학술논문들뿐 아니라 선생님과의 연을 다룬 제자들의 회고 속에 선생님께서 학자로서의 길을 어떻게 걸어오셨는지가 디테일하게 적혀있기도 하여 헌법학의 연구와 교수의 방법론에 관한 강론서 역할을 하기도 하는 의미가 큰 문집입니다. 선생님께서 민주화를 위해 불의에 맞서신 학자 이전의 양심인으로서 살아오신 훌륭하신 모습, 한국의 헌법학을 기초부터 일구신 과정, 헌법학자로서 정치를 멀리하시고 참된 열정을 다하시는 연구에만 몰두하신 연구자, 학자, 그러면서도 한국의 헌법재판의 초석을 다지시어 기본권을 실효적으로 보장하도록 현재의 헌법재판소가 설 수 있게 하신 실무도 다지신 학자로서 한국의 헌법학, 헌법재판을 세계적으로도 펼칠 수 있게 세계화에도 일찍이 각별한 노력을 경주하신 업적 등이 그려져 있습니다. 그래서 앞으로 헌법학 연구자들이 어떤 자세로 어떤 헌법학 주제들을 더 발전적으로 연구하여 우리 헌법학을 더 업그레이드시켜 세계로 나아가야 할지를 가르쳐주시고 계십니다. 그리하여 이 문집이 추모의 념에서 머무르지 않고 앞으로 헌법학연구의 지평을 열어주는 지침으로서, 그리고 좌표설정으로서 헌법학 연구사의 이정표를 세워줄 기념문집이 될 것입니다. 그래서 전문 논문뿐만 아니라 선생님 노작들에 대한 제자들의 공부 결과, 선생님과의 깊은 연에 얽힌 사연들 등으로 다양하게 엮어진 것입니다. 후자의 인연에 관한 에피소드는 앞으로 학자의 길을 걸을 분들께도 다시없는 향도가 될 것입니다.

선생님께서 위에 계셔도 늘 우리 곁에 계신다고 느끼며 선생님께서도 늘 저희들이 더욱 발전할 수 있게 끌어올려 주시고 선생님께서 정신적으로 더욱 많은 가르침을 주시는 스승으로 영원히 남아 계시리라 믿사오니 편안히 계시길 기원드립니다.

위의 마음을 담아 이 추모문집을 헌정하나이다.

2023년 3월 26일 선생님 1주기 기일에

제자 일동 올림

# 편자의 말

금랑 선생의 제자들은 미수(米壽) 기념논문집을 준비한 일이 있다. 그러나 선생님은 미수는 일본인들이 하는 것이라고 하여 사양하였는데 아마도 곧 90세가 되기 때문에 그러신 것으로 생각된다.

그 후 90세 기념논문집으로 명칭을 바꾸어 다시 선생님의 의견을 듣게 되었다. 그동안 여러 번 기념논문집을 발간하였으니 이번에는 너무 크게 하지 말고 조촐하게 하는 것이 좋다고 말씀하였다. 그러나 아직 코로나 때문에 어떻게 될지 알 수 없어서 잠시 두고 보기로 하였다.

선생님께서는 제자들이 금랑의 헌법학에 대해서 평가하고 기술하는 것을 원하여, 예컨대 선생님의 단행본이나 특정한 주제에 대한 학문적 경향이나 발전 등을 서술하거나, 또는 자신의 석 · 박사 논문의 주제를 선택해서 그것과 관련된 선생님의 이론을 전개하는 방법 등을 제시하기도 하였다. 물론 그 밖의 연구 논문도 당연히 좋으며 형식 역시 구애받지 않고 집필해도 무방하다고 말씀하였다.

기념논문집의 성격과 방향을 문하생들에게 알리고 원고를 수집하던 중 2022년 3월 26일 돌연 선생님께서는 이 세상을 떠나신 것이다. 너무나 황당하고 허망하기 짝이 없는 일이었다. 그러나 우리들은 다시 정신을 차리고 선생님의 90세 기념논문집을 추모논문집과 병행하여 봉정하기로 의견을 모으고 새로이 회고 원고를 추가하기로 하였다.

따라서 이 논문집은 선생님 생존 시에 말씀드렸듯이, 90세를 축하하는 기고 논문과 선생님 자신의 저작과 문서, 그리고 제자들의 회고담 세 편으로 구성되어 있다. 특히 항암치료 중에도 옥고를 보내주신 스즈키 게이후(鈴木敬夫) 교수와 연구의 바쁜 중에도 기고해 주신 고쿠분 노리코(國分典子) 두 교수님께 깊은 감사의 말씀을 드린다. 또한 오랫동안 여러 가지로 많은 작업을 헌신적으로 진행해온 정재황 · 김대환 교수 두 분의 노고를 잊을 수 없다. 특히 재정적 지원을 뒷받침해 준 최선웅 교수의 호의에 대해서 진심으로 고마운 마음을 전한다. 또 복잡하고 어려운 출판을 맡아준 산지니의 강수걸 대표와 직원들에게도 감사하는 바이다.

2023. 6. 2. 서울에서 김효전

차 례



# 제1편 논 문

## I. 김철수론



## II. 헌법 일반

### III. 기본권



### IV. 통치구조



## 제2편 회 상

## 제3편 김철수 선생 저작

### 제1장 회상

## 제2장 헌법과 정치와 경제



## 제3장 김철수 저서 머리말 모음



## 제4장 기념논문집 하서 · 발간사

## 제5장 시론과 에세이

## 第6장 서평

### I. 김철수 저작에 대한 서평



### II. 타인의 저작에 대한 서평 · 추천사



## 第7장 취임사 · 인터뷰 · 기타

## 第8장 추도문 · 부고



## 제9장 공부방법 · 참가기 · 기타

# 제 1 편

# 논 문

# 김철수와 이항녕

## 동방 풍토의 「과격화 제거 조례」를 묻는다

스즈키 게이후(鈴木敬夫)*
김효전 옮김**

### 역자의 말

이 논문은 鈴木敬夫, 金哲洙と李恒寧 - 東方風土の「過激化除去條例」を問う를 한국어로 번역한 것이다. 스즈키 게이후(Suzuki Keifu) 교수는 일본 법철학계의 원로로서 일찍부터 한국의 헌법과 법철학을 일본에 소개하였으며, 독일과 중국의 법철학에 관해서도 많은 저술과 번역을 하였다. 그는 고려대학교에서 고 심재우(1933-2019) 교수의 지도로 법학박사의 학위를 취득하였으며 금랑 선생과는 오래전부터 각별한 인연을 맺고 있다. 신장 위구르인의 인권 문제를 다룬 본고는 북한 주민의 인권과 관련하여 우리들에게 많은 시사점을 부여하고 있다. 특히 항암 치료를 받으며 투병 중에도 귀중한 논문을 기고하신 스즈키 선생의 인간미와 학문에 대한 열정은 우리 연구자들에게 커다란 귀감이 된다고 하겠다.

### 차 례



---

* 삿포로 가쿠인(札幌學院) 대학 명예교수. 법학박사 (고려대)
** 대한민국학술원 회원. 동아대 명예교수

# 서설 - 한국 법철학의 이정표

김철수가 저술한 수많은 논문 중에서 「풍토적 자연법론고」(1964)[1] 만큼 한국 법철학계에 충격을 준 논문은 달리 유례가 없을 것이다. 그것은 당시 한국 법학계를 대표하는 단 한 권의 법철학 전문서 이항녕*저, 『법철학개론』(초판, 1955년, 전체 614면)을 독파 연구하여 정면에서 비판의 대상으로 삼았기 때문이다. 그 비판은 『법철학개론』 전체에 걸쳐 있으며, 그중에서도 이항녕의 '법철학 방법'론 그리고 그 방법일원론과 음양론법의 문제점, '법의 역사철학'론과 그 유기사관(唯氣史觀)을 향하고 있으며, '풍토적 자연법론'에 대해서도 일정한 의문을 제기하고 있다. 그 비판의 치밀함은 예컨대 이항녕이 인용한 방대한 구미의 원서에 빠짐 없이 미치며 정밀하게 조사한 점에서 뚜렷하게 드러난다. 그러나 동서고금, 다방면에 걸친 문헌을 종횡으로 구사하여 저술한 이항녕의 저서 「법철학의 풍토적 방법론과 세계사적 구조」론에 대해서는 예리하게 객관적으로 보는 데에 그쳤다. 36년간에 걸친 이민족 지배에서 겪은 쓰라린 가치관에서 어떻게 벗어나 세계에 활보할 수 있는 역사의 주체를 어떻게 키울 것인가, 『법철학개론』 전체에 울려 퍼지는 한민족의 존엄의 호소를 김철수는 어떻게 수용했는가? 비판 논문의 끝에서 김철수는 이항녕의 『법철학개론』 제1편 법철학 방법론, 제2편 세계사의 법철학적 구조, 제3편 법철학의 현대적 과제 모두에 대해서 깊은 이해를 보이고, 이 책을 '영속적인 가치를 지닌 한국 법철학의 이정표'라고 결론을 내렸다. 그 후 15년을 지나 김철수는 논문 「정의의 의의」(1979)를 저술하면서 '현대 철학에서의 정의의 개념'을 상술하고 이항녕 법철학을 독일의 법철학자 라드브루흐(G. Radbruch, 1878-1949)*와 코잉(H. Coing, 1912-2000)*의 정의론과 같은 위치에 있으며, 또한 동시적 · 동가치적으로 보고 「이항녕의 정의론」으로서 내세우기에 이르렀다.

다음에는 이항녕이 말하는 「법의 풍토적 유형」의 하나, 「고대의 자연법 - 중세의 유교법 - 근세의 도의법 - 현대의 평화법」에 자리 잡은 '동방'의 풍토 유형인 중국을 어떻게 볼 것인가, 김철수가 말하는 정의론 · 저항권론 · 인간존엄론에 인도되어 그 「역사적 풍토」인 「황제의 지배」를 배경으로 한 「黨國體制의 법치」, 특히 소수민족에 대한 왜곡된 법제를 직시하려는 것이다.

---

1) 이 논문은 1980년에 일본어로 번역되었다. 즉 金哲洙(Kim Tscholsu), 「風土的自然法論考」, 鈴木敬夫 · 金孝全 共譯, 『論集』 札幌商科大學, 제26호 (1980), 125-163면. 이 작업을 시초로 필자는 李恒寧著, 『法哲學概論 - 法哲學の風土的方法と世界史的構造』 I · II, アジア法叢書 12 · 15 (成文堂, 1990/92)를 일본어로 번역하였다. 그것은 일본에 소개된 최초의 한국 법철학 책이 되었다.
[* 「풍토적 자연법 논고」는 『서울대 법학』 제6권 1호 (1964. 9), 51-90면에 처음 발표되었으며, 김철수, 『헌법정치의 이상과 현실』(소명출판, 2012), 465-517면에 재수록하였으며, 이항녕의 회고록 「학창 30년」 중 관련 부분도 수록되어 있다. - 역자]

## I. 김철수에 의한 「이항녕의 정의론」

먼저 '영속적인 가치를 지닌 한국 법철학의 이정표'로 평가된 『법철학개론』은 일본에서는 어떻게 읽혔을 것인가?

제2차 대전 전에 이항녕은 경성제국대학에서 오다카 토모오(尾高朝雄, Odaka Tomoo, 1899-1956)*로부터 「법철학」과 「국가원론」 강의를 들었다. 이로써 이항녕은 한국에서의 오다카 토모오의 제자로 자부하였다. 그러나 오다카는 논문 「도의(道義) 조선과 징병제」(1942)를 저술하는 등 학생에 대한 황국 신민화 교육에 철저하였기 때문에,[2] 일본이 패전하기 직전 쫓기듯이 도쿄대학으로 옮겼다. 도쿄대학에서의 오다카의 가장 만년의 문하생은 오사카대학 교수였던 야자키 미츠구니(矢崎光圀, Yazaki Mitsukuni, 1923-2004)*이다. 야자키 미츠구니는 형이나 선배인 이항녕의 주저 『법철학개론 I — 법철학의 풍토적 방법과 세계사적 구조』(1990, 鈴木譯)를 읽고 다음과 같이 서술한다.

「자연 · 인간 · 사회 속에서 법은 특히 사회현상의 하나로서의 특징을 가지며, 사회현상이 매우 역사적이듯이 법도 또한 역사적이다. 그런 의미에서 본서는 이렇게 말한다. "법 일반이라는 것은 실제로는 존재하지 아니한다. 실제로 존재하는 것은 개별 국가나 민족이다. 그러나 개별 민족이나 개별 국가의 법은 법철학의 대상이 되지는 않는다. 우리들은 법의 다원적 특수성을 해명하려는 것이 아니라 법의 다원적 보편성을 해명하고 싶은 것이다. 약간의 법이 하나의 유형을 이루고, 그 유형이 또한 세계사의 하나의 경향에 교류하여 나아갈 때 우리들은 그 법을 세계사에 등장할 수 있는 것으로서, 즉 법철학의 대상이 될 수 있는 것으로서 파악할 수 있을 것이다." — 그렇지만 개별을 추구하는 것이 아니라면, 보편성만을 추구하는 것도 아니다. 개별과 특수가 다양한 가운데, 그러나 지구적 규모에서 보는 한, 시간과 공간의 제약 아래서 다원적 보편성이 파악되어 간다. 기(氣)가 물결쳐 가는 것도, 풍토가 역사의 흐름에 따라서 커다란 의의를 가지는 것도 위의 화제와 관련을 가지며, 또한 사실(史實)과 사관에 뒷받침되어 장대한 세계사적 고찰이 그 무대의 배후를 제공한다. 이리하여 각 시대, 각 풍토를 시야에 넣으면서 눈부시게 파노라믹한 법철학의 막이 열리는 것이다」라고.[3] 이 법철학 책은 패전 후 오다카의 『법의 궁극에 있는 것』(1947)에서 자라난 야자키 미츠구니에 대해서 전체주의를 선동한 전쟁 이전의 오다카의 『국가구조론』(1936)의 영향을 받았다고 하는 제자의 저작이라고는 무릇 상상도 할 수 없는, 오다카의 사상과는 거리가 멀고, 또한 초월한 문학 작품이었음에 틀림없다. 불과 2년여 사이에 『법철학개론』은 절판되었다.

---

2) 오다카 도모오는 전쟁을 선동한 학자 중의 한 사람으로 꼽힌다. 鈴木敬夫, 「戰爭犯罪を犯した法學について - 千葉正士教授の〈戰時期における小野清一郎 · 尾高朝雄の法哲學〉批判」 『法文化論の展開 - 法主體のダイナミックス』 千葉正士先生追悼 (信山社, 2015), 31면 이하; 同 「皇民化を受容した法學思想 - 戰時期における尾高朝雄と李恒寧の所說を中心に」 『札幌學院法學』 제34권 제1호 (2017), 53면 이하.

3) 矢崎光圀, 書評 『法律時報』 제63권 제12호 (1991), 212면.

위와 같이 긍정되는「이항녕의 정의론」이란 어떤 것인가? 김철수는 말한다.

이항녕은 풍토적 자연법론을 전개한 유명한『법철학개론』에서 정의를 하나의 사회가치로 보고, 이 정의 개념은 시대와 장소에 따라 변천한다고 서술한다. 그는 정의를 법의 목적으로 보면서 정의의 형식을 이루는 자연법적 정의와 정의의 내용을 이루는 실정법적 정의가 있다고 설명한다.「자연법적 정의는 법을 초월하여 존재하며 법을 교도하는 것이며, 실정법적 정의는 법에 내재하여 법을 실천하는 것이다」라고 한다. 그는 자연법적 정의를 법초월적 정의, 실정법적 정의를 법내재적 정의로 풀이한다.* 그는 정의도 하나의 유형적 존재이며 상대적인 것으로 보아 서방에 있어서의 정의는 인간의 자유를 말하며, 중방에 있어서의 정의는 인류평등의 정의이며, 동방에 있어서의 정의는 인륜의 평화라고 본다. 이 자유, 평등, 평화를 자연법적 정의로서, 실정법적 정의로서는 ① *私法的* 정의로서의 권력, ② 공법적 정의로서의 의무, ③ 사회적 정의로서의 직분을 들고 있다. 이항녕의 이와 같은 정의론은 동양철학의 정의론과 서양철학의 정의론을 통합한 것이며, 그 의의를 높게 평가하지 않으면 안 될 것이라고 한다.[4)]

이제 김철수의「이항녕의 정의론」을 보완할 목적으로 주저『법철학개론』에 따라서 이항녕이 추구하는「정의의 실현」이란 무엇인가를 탐구하기로 한다. 그의 세계사적 구조론에 의하면, 그것은「동방」(계절풍적 풍토 · 농경사회 · 중국 등),「중방」(대륙성적 풍토 · 유목사회 · 아라비아 등),「서방」(해양성적 풍토 · 무역사회 · 그리스 등)이라는 3개의 법의 풍토적 유형에 있어서의 상대적 평등을 실현하는 것을 목적으로 한 것이다. 거기에는 세 유형 모두가「각 민족, 각 국가의 특수성에 기반을 두면서 세계사적 보편성으로 진화하는 유일한 통로이다」라고 보는 풍토 인식이 있다. 계절풍적 풍토지대에서 볼 때「동방」국가들(중국 · 인도 · 한국 · 일본 등)은 고대에는「동방 농경사회의 이데올로기로서의 자연법」을 내걸고, 중세에서는「유교적 법이념」으로써「동방 균현 사회」를 구축하고, 근대에 이르면「동방 민족사회의 이데올로기로서의 도의법」을 키우고, 현대에서는「평화적 법이념」을 내걸고「동방 인륜사회」의 창출에 노력해 온 역사적 풍토이다. 그러나 근대로부터 현대에 걸쳐 어떤 유형의 패권이 다른 유형을「식민지화」한다는 비극이 발생하고 있다. 즉 서구 지중해 국가들을 주축으로 하는「서방」이「동방」국가들의 침체를 기회로 삼아 식민지화하고, 동방은 이에 대처할 아무런 방책도 없이 만신창이가 되고, 마침내 열강의 식민지로 떨어져버린 것이다. 일본도「서방」을 모방하여 조선과 대만을 식민지화하고 중국 대륙에 침략을 감행한 사실이 있다.

법의 풍토적 유형의 상대적인 평등을 확보하려면 어떻게 해야 할 것인가? 이항녕은「세계는 보다 높은 '하나의 세계'를 지향하고 있다」고 하면서 다음과 같이 말한다.「동방과 중방과 서방은 각각 하나의 세계를 이루면서 또한 보다 더 높은 하나의 세계에 합류된다. 이 사실을 인식하는 것이 곧 세계평화의 길이다. 이것은 첫째로는 동방과 중방과 서방의

---

4) 김철수, 정의의 의의,『법철학과 형법』석우 황산덕박사화갑기념 (법문사, 1979), 63면; 鈴木敬夫 編譯,『現代韓國の法思想』アジア法叢書 1 (成文堂, 1982), 71면.

각 사회가 자기의 본질을 자각하는 것으로 말미암아 이루어지는 것이요, 둘째로는 동방과 중방과 서방의 각 사회가 자기의 분수(分數)를 자각하는 것으로 말미암아 이루어지는 것이다. 이 자기의 본질과 분수의 자각은 자기 세계의 생활유형을 타의 세계에 강요하여서는 아니 된다는 결론을 낳을 것이다」.[5] 『中庸』에서 말하는 「만물이 병육(竝育)하여 서로 해하지 아니하고, 도가 병행하여 서로 어긋나지 아니한다」는 것이다. 이렇게 보면 김철수가 이항녕의 법철학을 「정의론」으로 내세운 까닭은, 그것은 3개의 풍토 유형이 자타를 바꾸어 「하나의 세계」를 실현하는 세계평화를 추구하는 주옥과 같은 법이론이기 때문이다.

## II. 동방 풍토에 있어서의 「과격화 제거 조례」를 묻는다 — 중국에 있어서의 「사물의 본성」

사물의 본성(Natur der Sache)이란 무엇인가?[6] 여기서는 법철학자 라드브루흐의 말을 가지고 그 설명을 대신하기로 한다. 말하자면,

○ 모든 법사상은 그것이 자라난 「역사적 풍토」(historisches Klima)의 특징을 필연적으로 담당하며, 대부분은 처음부터 의식은 하지 않지만 역사적으로 가능한 것의 한계 내에 폐쇄되고 또한 이러한 의미에서 「사물의 본성」에 구속되는 것이다.[7]

○ 모든 가치이념은 특정한 소재에 향하여(für), 따라서 또한 이 소재에 의해서(durch) 규정된다. 예술가가 어떤 소재로 작품을 제작하려고 하는 경우, 그 작품에 대한 그의 이념과 이 소재는 서로 규정하고 있다. — 예를 들면 대리석으로 일하는 경우와 청동으로 하는 경우가 다르듯이 — 각각의 가치이념은 어떤 일정한 소재로 향하여 배치(配置)되고 있다. 예술적인 이념이 소재에 적응하는 것은 어떤 이념에나 본래적인 것이다. 우리들은 이와 같은 관계를 「이념의 소재 규정성」(Stoffbestimmtheit der Idee)*이라고 부른다.[8]

○ 사물의 본성이 되는 것을 그것이 자연법적인 사고형식이라고 오해해서는 안 된다. 사물의 본성(자연: Natur)은 자연법(Naturrecht)과는 오히려 대립하는 것이다. 자연법은

---

5) 이항녕, 『법철학개론』재개정판 (박영사, 1975), 182-183면; 제3정판 (박영사, 2004), 165면; 同著, 鈴木敬夫譯, 『法哲學概論 - 法哲學の風土的方法と世界史的構造 - I』, 185면.

6) 鈴木敬夫, 「回想の事物の本性論 - シュトラーテンヴェルト(Stratenwerth)の所說」, 『札幌學院法學』 제23권 제2호 (2007), 49면 이하.

7) Radbruch, Vorschule der Rechtsphilosophie, 2. Aufl., 1959, S. 22; 野田良之 · 阿南成一譯, 『法哲學入門』 ラートブルフ著作集 4 (이하 著作集으로 약기), 49면. [* 이 책의 한국어판은 엄민영 · 서돈각 공역, 『법철학입문』, 범조사, 1958. 1950년대의 어려웠던 시절 김철수 교수는 라드브루흐 부인에게 직접 편지를 써서 한국어 판권을 얻은 것이다. - 역자]

8) Radbruch, Rechtsidee und Rechtsstoff, in ARWP (Archiv für Rechts-und Wirtschaftsphilosophie) 17. Bd. (1923/24), S. 343 (* 윤재왕 옮김, 「법이념과 법소재. 짧은 소묘」 동, 『법철학』, 박영사, 2021, 337면); Radbruch, Die Natur der Sache als juristische Denkform, in Festschrift zu Ehren von Rudolf Laun, 1948, S. 163; GRGA (Gustav Radbruch Gesamtausgabe), Bd. 3 (1990), S. 237; 久保正幡譯, 「法學的思考形式としての『事物の本性』」 著作集 6, 96면.

인간의 본성, 즉 이성에서 도출되며, 모든 시대와 민족에 대해서 동일한 법을 기초지우려고 하는데 대해서, 사물의 본성에서는 여러 가지 다양한 역사적 및 민족적 법형성이 생기게 된다. 그러므로 사물의 본성은 역사적·민족적·보수적 법사고의 기초가 되기에 뛰어나게 적합하다.[9)]

## 1. 역사적 풍토로서의「황제의 지배」

먼저 동방 풍토에서 자라 난「사물의 본성」은 어떻게 중국의 근대화에 관련되었는가? 현재 그 서 있는 위치란 어떤 것인가? 그 발자취를 소묘하기로 한다.「사물의 본성」은「역사적 풍토」의 특징을 필연적으로 담당하며, 역사적으로 가능한 것의 한계 내에서「동방」의 풍토 유형으로서 나타난다. 이항녕저『법철학개론』은 세계사 구조로서 동방의 중국을 중심으로 한「역사적 풍토」를「고대」,「중세」,「근세」그리고「현대」의 4 단계로 파악한다. 그 역사적 배경은 선사 시대의 夏 왕조를 제외하고도 이후의 중국 문화의 초석이 되는 유교와 도교 등 중국 철학, 종교가 태어난 商·周 왕조로 이루어진「중국 고대」(기원 1600년~221년)까지 거슬러 올라간다. 중국 봉건제국 시대(기원전 221년~1912년)가 최초로 확립된「황제의 지배」이며, 그것은 기원전 221년에 만들어진 봉건제국, 秦 왕조로부터 1912년에 淸 왕조가 멸망하기까지의 말하자면 왕조가 번영과 쇠퇴를 반복하고, 반란과 정복이 계속되는 황제사를 의미한다. 이른바 역성혁명은「혈통」의 단절이 아니라「덕」의 단절을 근거로 하여 일어난 것이며, 그것이 황제 교대를 정당화하는 왕도의 논리였다.「중국 중세」, 즉「유교적 법이념과 동방 군현 사회」에서는 진시황제의 절대적인 권력에 의한 중앙집권주의 하에서 중국은 통일되고 법제도가 확립된 시대라고 한다. 漢 왕조는 유교와 도교를 융합하고 功德에 의한 관료제도를 확립하여 강력한 황제 통치를 권장하여 민족국가의 단결을 도모했다고 한다. 나아가 隨, 唐, 宋의 황제가 생성해서는 멸망하는 파란의 역사를 각인하고 있다.「중국 근대」의「동방 민족 사회의 이데올로기로서의 도의법」의 사회에서는 明이 漢민족의 민족적 자각으로부터 건국했지만, 漢의 민족적 도의는 이민족에게는 통하지 않고, 한민족은 만주족에게 정복당하고 말았다. 이처럼 말하자면 강력한「황제의 지배」에 의한 패권지향이 후대의 元, 明, 淸이라는 민족국가의 생멸을 촉구하였다.「중국 현대」의「평화적 법이념과 동방 인륜사회」에서는 민족사회를 유지하고 개조하려고 한 도의사상이 동방 근대화의 계기가 되었으나, 진정으로 근대화되기 이전에「서방」열강에 의해서 식민지로 떨어졌다. 확실히 1911년에 孫文의 신해혁명에 의해서 淸의 황제 지배는 종말을 고하였다. 그러나 지금까지의「황제의 지배」라는 동방 풍토의 특색이 사라진 것은 아니었다.

이상과 같이 약술했듯이 동방 풍토는 중국 통일을 도모한 秦 왕조 이후 아주 개략적으로 말하면 2,200여 년의 역사를 가지고 있다. 그것은 역사적·민족적인 법사고의 기초가

---

9) Radbruch, Die Natur der Sache, GRGA, Bd. 3, a. a. O., S. 230; 著作集 6, 前揭, 85-86면.

되며 또한 「입법의 기본재」(Realien der Gesetzgebung)가 되는 것이다.[10] 이 「역사적인 틀」에 구속된 「풍토」에 대해서 毛澤東은 「건국」이라는 숭고한 법이념을 내세워 「제헌」의 첫출발을 단행했다고 할 수 있다.

「제헌」의 발자취는 孫中山의 삼민주의를 기초로 한 「중화민국」(1911)이 창건되고 이후 38년을 거쳐 신민주주의 혁명을 성명(聲明)한 毛澤東과 중국 공산당으로 인도되어 「중국 인민 정치협상회의 공동강령」(이하 공동강령으로 약기한다)이 탄생했으며, 이것에 의거하여 1949년에는 「중화인민공화국」이 성립하는 단서가 된다. 「공동강령 · 서언」에서는 인민해방전쟁에 의해서 「제국주의 · 봉건주의와 관료자본주의의 중국에 있어서의 통치시대를 끝낸」 것이 「선언」되어 있다. 그리고 제9조에서는 「중화인민공화국 영역 내의 각 민족은 모두 평등한 권리와 의무를 가진다」고 규정하여 민족들에게 향한 「평등한 실현」이 게시되었다.

1954년의 개헌 이후 수차에 걸친 헌법개정을 거친 「중화인민공화국 헌법 · 서언」(1982)은 다음과 같이 말한다. 사회주의제도가 확립한 「중화인민공화국은 전국의 인민이 공동으로 창건한 통일된 다민족국가」이며, 「민족의 단결을 유지 · 보호하는 투쟁에서는 대민족주의, 주로 大漢民族主義에 반대하며, 또 지방민족주의에도 반대하지 않으면 안 된다」라고. 나아가 다양한 「민족들의 지위」를 동등하게 옹호하는 것을 이념으로, 헌법 제4조에 「중화인민공화국의 각 민족은 일률적으로 평등하다. 국가는 각 소수민족의 합법적인 권리와 이익을 보장하고 각 민족의 평등, 단결, 상호원조 관계를 유지 · 보호 · 발전시킨다. 어떠한 민족에 대한 차별과 압박도 금지하며, 민족의 단결을 파괴하거나 민족의 분열을 조장하는 행위는 금지한다」라고 규정하고 있다. 그러나 이와 같이 동방 풍토가 2000여 년 계속한 「황제의 지배」라는 본성을 담당하면서 「민족들의 일률적인 평등」을 내세우는 제헌 이념을 내걸고 있다. 이제 「공산당은 서쪽에서 말하는 정당과는 전혀 다르며 변종의 황제 — 조직적 황제(Organizational Emperor)이다. — 공산당은 서방의 민주화에 저항하면서 다른 한편 국내 정세(國情)에 있던 방식에서의 민주화를 바란다」[11]는 것이다. 중국의 「국정에 있었던 방식에서의 민주화」가 과연 「역사적 풍토」라는 멍에에서 어느 정도 해방될 것인가?

중국에서 보는 2000년이 넘는 역사는 바로 인류사의 일면이다. 그것은 인간이 인간으로서의 존엄을 쟁취하고, 법의 주체로 자리 잡기에 이르는 인간의 위대한 용기가 나타낸 고난의 발자취이기도 하였다. 이제 「중화인민공화국 헌법」은 이 오랜 「역사적 풍토」, 「사물」에서 무엇을 배웠는가? 바꾸어 말하면 위정자는 헌법을 제정함에 있어서 도대체 무엇을 위해야 하고, 무엇을 위해서는 안 되는가 하는, 이 「역사적 풍토」에 고유한 제약을

---

10) 이것은 「사물」(Sache)이라는 법소재의 모두를 의미하며 존재적인 생활사실을 가리킨다. 鈴木敬夫, 「ラートブルフにおける『事物の本性』論再考」 『札幌學院法學』 제23권 제1호 (2006), 19면.

11) Zheng Yongian, The Chinese Communist Party as Organizational Emperor: Culture, Reproduction and Transformation (London: Routledge, 2010), p. 16; 加茂具樹 · 小島華津子 · 星野昌裕 · 武內宏樹 編著, 『黨國體制の現在 - 變容する社會と中國共産黨の適應』(慶應義塾大學出版會, 2012), 4면.

어떻게 수용했어야 하는가? 라드브루흐는 석수가 돌을 소재로 불상을 조각한 경우와 나무를 소재로 한 경우에 완성된 불상이 자아내는 분위기와 후광은 항상 다른 것임을 비유하고, 이것을「이념의 소재 규정성」으로 비유한다. 그러면「각 민족은 일률적으로 평등」해야 한다는 헌법 이념은 중국의 역사적 풍토에서 어떠한 풍모를 몸에 지닐 것인가?

결론부터 말한다면,「과격화 제거 조례」에서 보는 소수민족에 대한 이상한 차별조항은 각 민족의「평등한 실현」을 내세운 제헌 이념과 너무나 거리가 멀고, 몇몇 세대에 걸쳐 계승되어 온「황제의 지배」라는「사물의 본성」과 그 구속으로부터 도피할 수 없었던 것은 아닐까? 오히려「황제의 지배」라는 풍토의 체질은 일당지배를 모토로 하는 국가체제를 뒷받침하여「당국체제」를 유지하는「법적 안정성」(Rechtssicherheit)의 강화를 철저하게 요구한 것은 아니었는가?

## 2.「과격화 제거 조례」의 해석과 적용

먼저「공동강령」이 확인된 이후 70 여 년이 지난 오늘날 중국의 법제는 어떻게 성장했는가? 그 실례로서「공산당에 의한 일당 지배를 뒷받침하는 제도나 정치형태의 총체」인「당국체제」 하에서, 2018년에 제정된「신장(新疆) 위구르 자치구 과격화 제거 조례」(「新疆維吾爾自治區去極端化條例, 2018」, 이하「과격화 제거 조례」로 약기) 조항의 일부를 보기로 한다.[12)]

원래 왜 신장의 위구르족*은 국가에 대해서 적대행위를 하는 과격한 민족으로 간주되었는가?「과격화 제거 조례」의 제정은 동투르키스탄 국가(1933~1934, 1944~1949)의 성립을 거부한 중국의 위구르족 탄압 정책의 연장에 있다. 중국의 정책은 자치구의「자치」의 정치적 실권을 한족이 장악하는 한편, 위구르족이 태어나고 자란 목초지에 다수의 한민족을 이주시켜 영농권을 빼앗고, 자치구 내의 시장경제를 한족이 독점하였다. 이에 대한 위구르족의「이의신청」 행위를「국가분열죄」를 저지른 혐의로 전부 형사벌로 처벌하고 있다. 나아가「표현의 자유」를 규제하고,『위구르 고대 문학』 등을 저술한 자는 민족분열을 선동한 것으로 처벌되었다.[13)] 2002년의「9. 11 사건」 이후에는 이슬람교도인 위구르족을 항상 해외와 결탁하여 적대행위를 하는「국가분열을 도모하는 과격파 집단」으로 간주하여 이들 과격파의 생존을「제거」하려고 도모한다.

---

12) 이「조례」의 일본어 번역은 鈴木敬夫譯,「新疆ウィグル自治區過激化除去條例」,『札幌學院法學』 제39권 제1호 (2022), 65면 이하. 또한 이「조례」에 관한 공식적인 해석, 즉 신장 위구르 자치구 인민대표회 상무위원회 법제위원회 입법고문의 주석인 顧華詳,「過激化除去の法治措置について ....『新疆ウィグル自治區過激化除去條例』の解讀を兼ねて」(「論去極端化法治措置 - 兼解讀『新疆ウィグル自治區過激化除去條例』2018年)(鈴木敬夫譯)이 있다.『專修總合科學硏究』 제27호 (2019), 103면 이하에 수록.

13) 馮大眞,「高度重視意識形態領域分裂與反分裂鬪爭 - 評析《維吾爾人》等三本書籍的政治錯誤」, 馮大眞 主編『《維吾爾人》等三本書籍問題討論會論文集』(新疆人匈民出版社, 1992), 1면 이하.『위구르인』,『匈奴簡史』,『위구르 고대 문학』 3책은「위구르의 역사를 중국사에서 독립하여 묘사하고 동투르키스탄 의식을 선동한다」고 하여 몰수되었다.

이와 같은 위구르족의 주장은 다음에 보는 「과격화 제거 조례」 제9조의 이른바 형사벌의 대상이 되는 「과격화의 주요한 언론과 행위」에 해당된다고 한다. 또 제3조는 「과격화」나 「과격주의」와 같은 매우 정치적인 개념을 내세우고 있지만, 이 추상적인 조항을 가진 제3조를 제9조의 제1호부터 제15호에 제시된 범죄구성요건 하에서 확대 적용함으로써 헌법 서언이 제시한 「다민족국가」 구성원의 본질적 평등은 형해화 되고, 이들 제9조와 제3조의 해석과 적용은 이제 신장 위구르 자치구에 거주하는 소수민족의 모든 생활을 제어할 수 있을 정도로 비대하게 되어 소수민족의 생존에 대해서 불가역적이며 미증유의 피해를 주고 있다고 해도 좋을 것이다.

○「과격화 제거 조례」 제3조 본 조례에서의 과격화란 과격주의의 영향을 받아 과격한 종교의 사상이나 관념에 의해서 정상적인 생산, 생활을 어지럽히는 언론이나 행위를 가리킨다. 본 조례에서의 과격주의란 종교의 교리를 왜곡하거나 다른 수단 등으로 원한을 부추키고 차별을 선동하며 폭력을 유포하는 주장과 행위를 가리킨다. 자치구는 과격화를 방지, 억제, 배제하여 과격주의의 범죄활동을 방지하고 처벌한다.

○「과격화 제거 조례」 제9조 과격주의의 영향을 받는 다음의 언론과 행위는 과격화로 간주하며 금지된다.

(1) 과격화의 사상을 선전·유포하는 것

(2) 타인의 종교, 신앙의 자유에 간섭하고, 종교활동에의 참가, 종교활동의 시설, 종교 전문의 교직원에게 자금이나 노무 제공을 강제하는 것

(3) 타인의 결혼식, 장례와 유산 상속 등에 간섭하는 것

(4) 타인의, 다른 민족 또는 다른 신앙을 가진 자와의 교류, 교제, 융합 또는 공동생활에 간섭하는 것, 다른 민족 또는 다른 신앙을 가진 자를 거주지에서 추방하는 것

(5) 정상적인 문화나 오락 활동에 간섭하고, 라디오나 텔레비전 등의 공공 작품이나 서비스를 배척 또는 거부하는 것

(6) 이슬람의 개념을 일반화하고, 이슬람 식품 이외의 분야로 확장하여 이슬람이 아닌 것을 이유로 타인의 비종교적인 생활을 거부하거나 방해하는 것

(7) 스스로 니커브*를 입거나 과격화의 표지를 몸에 붙이는 것. 또는 강제로 이런 일을 타인에게 강요하는 것

(8) 이상하게 수염을 기르거나 이름을 붙임으로써 종교상의 열광적인 행동을 선전하는 것

(9) 법적 절차를 거치지 않고 종교적인 방식으로 결혼하거나 이혼하는 것

(10) 자녀에 대한 국민교육을 거부하고 국가가 행하는 교육제도의 실시를 방해하는 것

(11) 타인이 국가의 정책을 향수하는 것을 방해하고 고의로 신분증명서, 호적등록서 등 법정 증서를 파손하고 위안화를 오손하도록 위협하고 위하하는 것

(12) 공사(公私)의 재산을 고의로 손괴하고 파괴하는 것

(13) 과격화의 내용이 포함된 기사 · 출판물 · 동영상 음성 제품을 출판 · 인쇄 · 발행 · 판매 · 제작 · 다운로드 · 보존 · 복사 · 열람 · 베끼고 소지하는 것

(14) 계획 출산 정책의 실시에 고의로 간섭하고 방해하는 것

(15) 기타 과격한 언론 또는 행위를 하는 것

○ 제14조 과격화 제거는 교육에 의한 전향 시책을 확고하게 실시하여야 한다. 또한 개별 교육과 직업기능교육훈련센터의 교육, 교육지원활동과 법적 교육, 이데올로기 교육, 심리교육 · 행동교정과 국가가 규정한 공통어 · 문자 학습 · 법률 학습 · 기능 습득에 연결하여, 교육에 의한 전향과 인도주의적인 배려를 연결하여 교육에 의한 전향의 실효를 높이도록 한다.

위에서 본 바와 같이 이항녕이 말하는 정의의 실현은 자연법적 정의와 실정법적 정의의 조화 아래 풍토 유형의 상호 평등이며, 특히 실정법적 정의로서 각각의 법주체의 권리 · 의무를 지키고, 따라서 자타의 분수를 자각시키는 데에 있었다. 그러나 「과격화 조례」의 여러 조항에는 국내에서 절대 다수를 차지하는 한민족이 소수민족의 존재를 부정한다는 역사적 풍토가 가진 역사적 · 민족적 · 보수적인 負의 측면이 답습되어 「각 민족의 일률적 평등」을 내세우는 헌법 이념과는 아주 정반대인 「황제의 지배」의 본성이 나타난다. 생각건대 풍토를 뒷받침하는 주체의 상호 존중을 말한 이항녕의 「풍토법의 이념」과 대조하면, 중국이 도달한 오늘날의 풍토의 실태는 중국사에 빛나는 明 왕조(1368~1644)의, 황제와 가까운 신하만으로 전제적인 통치체제를 선포한 「중화제국」을 방불케 하는 것이라고 할 수 있다.

## 3. 증언: 「강제수용소」의 실태

이러한 현실에 직면하여 우리들은 「과격화 제거 조례」가 실제로 어떻게 해석되고 적용되는지 그 불평등의 실태를 규명하지 않으면 안 된다. 「표현의 자유」, 「출판의 자유」가 엄격하게 규제되고 있는 현하의 중국에서, 이 문제를 다룬 중국인 연구자의 문헌 자료를 입수하는 것은 매우 어렵다. 따라서 필자는 무엇보다 지금까지의 학술 문헌에서는 얻을 수 없는 자료, 「강제수용소」에 수용되어 있던 여의사에 의한 증언(Die Kronzeugin)에 의거하여 피수용자의 인권 침해의 실태를 밝히고 싶다. 그것은 「과격화 제거 조례」의 해석과 적용이 어떻게 위정자의 자의로 남용되고 있는가를 추적하며, 바꾸어 말하면 위구르족 등 소수 민족이 24시간, 손목과 발목이 사슬에 묶여 억류되고 있는 「강제수용소」의 실태를 백일 하에 드러내는 것이다. 다음은 과격화 제거 조례 제3조 「직업기능교육훈련센터」를 위장한 강제수용소의 수용 실태에 대해서 S. 사우트바이(1976 ~ )의 저서 『중요 증인: 위구르의 강제 수용소 탈출기』(Sayragul Sauytbay, Alexandra Cavelius, DIE KRONZEUGIN, 5. Aufl. 2020, Zürich)[14]를 기본 자료로 삼아 소묘하기로 한다.

「과격화 제거 조례」 제33조는 「직업기능교육훈련센터」를 다음과 같이 규정한다. 「직업기능교육훈련센터 등의 교육 · 전향 기관은 국가의 공통 언어와 문자, 법률 · 법규 그리고 직업기능에 관한 교육 훈련 공작을 실시하고 과격화 제거를 위한 사상교육, 심리요법, 행동교정을 조직적으로 전개하고, 교육훈련을 받는 자의 사상의 전환을 촉진하고 사회로의 복귀, 가정으로의 복귀를 촉진하여야 한다」. 하지만 이 센터가 진정으로 「직업기능에 관한 공작」을 하는 「직업기능교육훈련센터」 인가의 여부, 중국으로의 「동화」만을 목적으로 한 「과격화 제거를 위한」 수용소로 타락한 것은 아닌지, 그 실태가 의심스럽다.

『중요 증인: 위구르의 강제 수용소 탈출기』의 저자, 카자흐인, 여의사, S. 사우트바이는 어느 날 갑자기 수용소로 강제 연행되어 수용자에게 중국어를 가르치라는 명령을 받았다. 위의 책 「제6장 수용소 - 지옥에서 살아남기」는, 이것을 체험한 사람이 아니면 알 수 없는 중국에로의 「동화」를 도모하는 정치적 세뇌 시설에서의 24시간의 증언 기록이다.15)

교실에는 앞뒤로 자동 소총을 멘 두 사람의 경비원이 있고, 「머리를 깎고 피부는 시체처럼 하얀」 사슬로 묶인 수용자를 감시하고 있다. 수용자는 거듭된 고문으로 절단된 손가락, 몸 여러 곳에 멍자국이 보이고, 무덤에서 방금 살아나온 시체의 집단이다. 18세 학생부터 85세 양치기까지 모든 사람이 유아용 의자에 앉아 있다. 책상은 없다. S. 사우트바이는 시종 손목과 발목을 묶은 「철저하게 학대된 인간」을 상대로, 그것도 거의 「중국어를 모르는 수용자」에 대해서 전인대(全人代) 결의 내용과 중국어를 가르쳤다. 수용자는 거의 하루 「새로운 인간」으로 거듭나기 위해 공산당의 「표어」와 「당가」 그리고 「국가」를 「암송」하도록 한다. 수용된 모든 사람은 큰 소리로 「나는 중국인으로 자랑스럽다! 나는 시진핑(習近平)을 경애한다! 당이 없으면 새로운 중국은 없다!」처럼 중국어로 노래하지 않으면 안 된다. 같은 말을 수 십 번 반복한다. 일사불란하게 노래할 때까지 점심과 저녁은 주지 않는다. 오후 후반에는 「왜 나는 수용소에 들어왔는가」 하는 자문자답이 강요된다. 수용자는 누구나 「나는 이슬람교도이며 모스크에 다니고 있었다」 등을 쓰도록 강요받고 마침내 「자신을 범죄자로 만들어낸다」.

밤 시간에는 어떤가? 수용된 사람은 누구든지 「신에게 기도했기 때문에 범죄자가 되었다」라고 반복해서 외치고 벽면을 향해 자아 비판하기 위한 시간이다. 몸은 벽돌 벽면을 향해 서서 사슬이 채워진 손을 머리 위에 얹고 벽에서 떨어져서는 안 된다. 이런 자세로 2시간 가량 전원이 「나는 범죄자다!」라고 계속 외친다. 이런 정신적이고 육체적인 고통은 상상을 초월한다. 그 후에는 감방의 시멘트 바닥에 쭈그리고 「나는 더 이상 이슬람교도가 아니며 신은 믿지 않는다」고 「고백문」을 써내야 한다. 잠자는 시간이 왔다. 좁은 감방에 가로 누워 「그들은 오른 쪽을 향해 서로 밀고 밀리며 자야만

---

14) 이 책은 처음에 독일어로 출판되었다. 영어판은 2021년 "THE CHIEF WITNESS" Translated by Caroline Waight, UK, USA, Australia로서 출판되고, 동시에 일본에서도 영어판에 의거한 아키야마(秋山)씨에 의한 우수한 번역서 『重要證人: ウィグルの强制收容所を逃れて』(草思社, 2021)이 발간되었다.

15) Sayragul Sauytbay, Die Kronzeugin, a. a. O., S. 209-267, Kapitel 6. Das Lager: Überleben in der Hölle: The Chief Witness, p. 171-210; 『重要證人』, 195-250면.

했다. 뒤척거리며 자는 것은 엄금하며 위반하면 처벌받는다. 손목과 발목은 사슬에 묶인 채로다」. 이것이 「살아 있는 송장이 된 수감자」의 하루이다.

이러한 수감자에 대한 처우를 「과격화 제거 조례」 제33조에 비추어 본다면, 기능 교육이란 이름뿐인 국가적 정책을 위해서 소수민족을 구속하는 인권을 무시한 기만적인 공작인가? 한편 제14조에서는 「과격화 제거는 ... 교육에 의한 전향과 인도주의적인 배려를 결합한다」라고도 규정한다. 과연 수감자를 24시간 사슬로 묶어서 하는 교육, 바로 고문으로 보이는 이런 강제적인 「전향」교육의 실태야 말로 민족에 고유한 언어나 신앙의 자유를 부정하는 「문화적 제노사이드」(cultural genocide)[16]가 아닐까 하고 비판하는 까닭일 것이다.

## 4. 「黨國體制」와 제정법의 불법

사우트바이의 증언과 일치하여 지적되는 위구르족에 대한 「인구 억제」 문제도 간과할 수 없다. 그것은 강제로 「남성의 정관을 묶는 불임 수술」과 「자궁 내 피임 기구」(IUD)의 장착으로 실시하는 억제이다.[17]* 「중국 헌법」에서는 「부부는 모두 계획출산의 의무를 진다」(제49조 2항)라고 규정하며, 소수민족에 대해서는 「계획출산의 실행은 피임을 주로 한다」(「人口与計画生育法」 제19조)에 따르도록 촉구하고 있다. 그러나 한편으로는 2015년에 「인구와 계획생육법」을 개정하여 이른바 「1인 1자」 정책을 폐지했지만 굳이 「소수민족 지역에 계획출산을 실시해야 한다」(동법 제18조)라고 규정하였다. 여기에 한민족에게는 「출산의 자유」를 인정하고, 특정한 소수민족에게는 이것을 허용하지 않는다는, 왜곡된 중화사상을 볼 수 있을 것인가? 위와 같은 「계획 출산」을 통해서 중국은 언제나 소수민족에 대해서는 「생살여탈의 권리」를 행사할 수 있다고 할 수 있다. 보도에서 보는 위구르족의 인구 억제에 직결되는 32만 명에 대해서 실시한 「강제적 불임조치」는 틀림없이 「집단살해죄의 방지와 처벌에 관한 조약」(제노사이드 조약, Convention on the Prevention and Punishment of the Crime of Genocide) 제2조 (d)에 규정된 「집단 내에서 출생을 방해하는 것을 의도하는 조치를 부과하는 것」에 해당되는 것은 아닌가 하는 지탄을 받기도 한다. 2021년 4월 휴먼 라이츠 워치(Human Rights Watch)는 보고서에서 이 「강제적 불임조치」를 「인도에 반한 범죄」로서 문책하고 있다.[18]

---

16) 「문화적 제노사이드」는 제노사이드 조약에 제시된 범죄 요소, 초안 제3조에서 말하는 「문화적 제노사이드」는 「집단의 구성원의, 민족적 기원 또는 인종적 기원, 종교적 신조를 이유로 국민적 · 인종적 또는 종교적 집단의 언어, 종교 또는 문화를 파괴할 의도를 가지고 행해진 중대한 행위를 의미한다」고 해석한다. (U.N. Doc. E/AC. 25/SR. 1 to 28 (1948)). 榎澤幸広, 「ジェノサイド條約2條と文化的ジェノサイド」, 『筑波學院大學紀要』 제1집 (2006), 72면.

17) 『中國保險衛生年鑑』, 『中國衛健康統計年鑑』(中國統計局) 등 과거 10년간에 공개된 자료에 의거하여 보도된 『西日本新聞』(2021. 2. 4, 5. 19, 坂本信博 기자) 그리고 『朝日新聞』(2021. 2. 5, 富名腰隆 기자)에 의함.

18) 같은 시기에 휴먼 라이츠 워치도 비판 보고를 제출하였다. Human Rights Watch and Mills Legal Clinic Stanford Law School, "Break Their Lineage, Break Their Roots" China's Crimes against

「과격화 제거 조례」 아래서 공공연하게 자행되고 있는 인권침해를 UN의 「인종차별철폐위원회」(Committee on the Elimination of Racial Discrimination)는 2018년 8월, 수만인에서 백 만인이 넘는 위구르족 등 소수민족이 초법규적인 「재교육 캠프」에서 적법한 형사절차(기소 · 재판 · 선고) 없이 억류되고 있는 사실을 지적하고 피수용자를 즉각 석방하도록 권고한 경위가 있다.[19] 그러나 중국은 UN의 「국내 관할 사항 불간섭의 원칙」(유엔 헌장 제2조 제7항)을 방패로 이를 거부하고, 반대로 「반외국제재법」(이른바 "Magnitsky Act")*을 제정(2021)하여 반발하고 있다. 이와 같은 중국의 태도는 국제사회에 등을 돌린 구조적 폭력 이외의 아무것도 아니라고 하겠다. 이러한 것들은 국제법을 무시한 불법적인 법해석이다.

위에서 본 것과 같은 「과격화 제거 조례」의 해석과 적용에서 볼 때 이 법률이 얼마나 「제정된 법률의 불법」(gesetzliches Unrecht)인지는 누가 보아도 명백하다. 여기에 「불법」(Unrecht) 내지 「악법」(unrichtiges Recht)이란 무엇인가? 중국 헌법 「서언」에서의 「다민족 국가」라는 관념은 「민족의 존엄」을 「법의 목적」으로 삼는 국민의 표지이며, 「합목적성」(Zweckmäßigkeit)이라는 다민족 국가 지향에 합치되는 말 이외에 아무것도 아니다. 이 「합치되는 말」에는 중국 헌법 제4조가 규정한 55종에 달하는 소수민족의 언어 · 사상 · 종교 등의 자유가 「법의 목적」으로서 내포되어 있기 때문이다. 그렇지만 이 헌법 하에서는 「평등」(Gleichheit)을 실현해야 할 「정의」(Gerechtigkeit)의 관념이 「과격화 제거 조례」에 의해서 부정된 현실이 있다. 정의가 부정되는 것은 실로 「당국 체제」에 의한 호신을 도모하는 것만을 목적으로 하며, 「법적 안정성」(Rechtssicherheit)의 편중으로 타락한, 다른 「합목적성」과 「정의」를 모멸하고 생각도 하지 않는 위정자의 법치 자세에 기인한다고 할 수 있다.[20] 그런데 「당국 체제」가 「법제도」로써 공산당의 의사를 국가의 의사로 대체한다」는 것을 의미한다면,[21] 공산당은 「제정법의 불법」의 주역이라고 할 수 있을 것이다. 우리들은 인류에게 있어서 보편적인 가치인 「평등」의 관념이 한 정당의 「정치적 판단」으로 용이하게 번복되는 「국제인권선언」에 대한 불손을 지적하지 않으면 안 된다.

---

Humanity Targeting Uyghurs and Other Turkic Muslims, pp. 44-48 (2021. 4. 20). 「그들의 혈통을 단절하고 그들의 뿌리를 단절하여 - 위구르인과 기타 튀르크계 이슬람교도를 표적으로 하는 중국 정부에 의한 인도에 반한 범죄」. 이 보고서에서는 신장 위구르족에 대한 자유의 현저한 박탈 · 고문 · 박해 · 강제실종 · 강간 · 강제불임수술과 그 밖의 손쉬운 성적 폭력, 주민의 추방과 강제이송은 「인도에 반한 범죄」를 구성한다고 결론을 내리고 있다.

19) 유엔 인종차별철폐위원회에 의한 「중국의 제14차부터 제17차 정기보고서 심사에 대한 의견서」; Concluding observations on the combined fourteenth to seventeenth periodic reports of China (China and Macao, China), CERD/CEN/CO/14-17, pp. 7-8, paras. 40-41; 坂本茂樹, 「中國の人權問題と日本の對應: ジェノサイドの主張に對する協力義務」, 『國際問題』 제704호 (2021. 12), 217면 참조.

20) 라드브루흐는 말한다. 「정의는 합목적성에 선행한다. 그리고 법적 안정성보다 우위에 있는 것이다」라고. Radbruch, Vorschule, a. a. O., S. 32. 著作集 4, 67면.

21) 「당국 체제」는 「정치 영도」, 「사상 영도」, 「조직 영도」의 '법제화'를 수반한다. 加茂具樹 他編著, 『黨國體制の現在 - 變容する社會と中國共産黨の適應』 前揭 15면; 32-33면; 「당은 초법규적 존재이며 당국 체제는 법외적인 제도로서 존재한다」. 鈴木賢, 「中國共産黨と法」, 高見澤磨 · 鈴木賢編, 『要說中國法』(東京大學出版會), 2018), 26-27면.

라드브루흐는 잔인한 민족차별을 공공연하게 허용한 나치 독일의「제정된 법률의 불법」을 비판하고 다음과 같이 말한다.「정의를 전혀 추구하지 않는 경우, 다시 말해 실정법을 제정하면서 정의의 핵심을 이루는 평등을 의식적으로 부정한 경우, 그 법률은 단순히 '악법'에 그치지 않고, 법의 본질 자체를 완전히 결여한 것이다」[22]라고. 이제 라드브루흐의 가치상대주의로써 말한다면,「나치의 불법」과「과격화 제거 조례」의 불법은 아무것도 변한 것이 없다. 오랜 역사적 풍토에 의한 중국의 사물의 본성은 헌법의 이념을 현실화할 가능성을 가지고 있지만, 결국은「이념의 소재 규정성」아래서 위축될 운명에 있다. 사물의 본성이 이념 형성의 역사적 틀로서 법사상 자체의 형성에 관여하는 한,「황제의 지배」라는 본성은 입법자의 자의적인 것과 함께 더욱 계속될 것이 틀림없다.[23] 2023년의 오늘날「당국 체제」는「물질문명과 정신문명의 조화」를 목표로 한「중국식 현대화」를 전망하고 있지만, 그 행방은 의심스럽다.

라드브루흐는 말한다.「사물의 본성은 존재하는 것(Seiendes)은 아니지만 존재하는 것에 결부되고 있다. 즉 그것은 사실로서의 생활관계에 귀속해야 할 의미(Sinn)이며, 이 의미의 기초가 되는 법이념의 표현이다」. 라드브루흐에 있어서 사물의 본성은「생활관계의, 법이념에 관련된 의미」이외에 아무것도 아니다. 여기에「의미란 존재(Sein)에 비추어 실현된 당위(Sollen)이며, 현실 속에 나타나는 가치이다」라고 말할 수 있다.[24]

시급히 요구할 것은「황제의 지배」를 길러 온 구태의연한 역사적인 풍토로부터 탈피하는 것이다. 이것은 풍토라는「존재에 따라 실현되는 당위」에 촉구되어「풍토에 내재하는 당위로서의 의미」를 구하는 것일 뿐이다. 바로「존재에 따라 실현되는 당위」로서「인간의 평등」을 존중하는 풍토에로의 '가치전환'(Wertumwandlung)이다. 존재하는 것 속에 이미 시원적으로 인간을 존중하는「의미」가 섬광처럼 빛난다고 할 수 있다. 풍토에 의미지향성의 구조(Sinnintentionalität)가 보이는 것인가?

「인간의 평등」을 핵심으로 한 일상생활, 생활토양으로 풍토가 개선되고 그것이 계속해서 새로운「역사적 풍토」로 전환된다면, 그 신진 기예의 본성에 구속되고,「과격화 제거법」등「제정된 불법」이 출현할 여지는 없게 될 것이다. 거기에는 풍토를 구성하는 자의 역사의 주체자로서의 자각이 불가결하다. 우리들은「제정된 불법」의 실태를 묵과하고 있는 중국에서 절대 다수를 차지하고 있는 한민족 (중국 인구 14억의 91%)에 대해서「大漢民族主義」의 불관용을 문책하며, 아울러「각 민족은 일률적으로 평등」에 대한

22) Radbruch, Gesetzliches Unrecht und übergesetzliches Recht, 1946. GRGA, Bd. 3 (1990), S. 89; 小林直樹譯,「實定法の不法と實定法を超え法」著作集 4, 261면. (* 윤재왕 옮김, 법률적 불법과 초법률적 법, 앞의 책, 371면. 표현을 약간 수정 - 역자)

23) 鈴木敬夫,「ラートブルフにおける『事物の本性』論再考」前掲 25면 이하. 특히「사물의 본성과 이념형성의 역사성」참조.

24) Radbruch, Die Natur der Sache, a. a. O., S. 237; GRGA, Bd. 3 (1990), S. 249; 著作集 6, 17면; Sein und Sollen의 방법이원론을 말하는 라드브루흐에 대해서「의미는 사실의 구성요소가 아니며 사고과정의 성과란 것을 보여주는 것」이라고 해석해야 할 것이다. 上田健二,「〈事物の本性〉に關する一考察」『同志社法學』제101호 (1967), 114면.

각성을 호소하며 그것들이 내포한「전국의 인민이 공동으로 창출한 통일된 다민족국가」(「헌법」 서언)에로의 귀추에 주시하지 않으면 안 된다.

## 결론 대신에 김철수의 저항권론 - 중국의「백장미」와 관련하여

동방 풍토에 있어서의 근대의 저항권을 논할 때 안중근(安重根, 1879~1910)의「동양평화론」*만큼 귀중한 것은 없다. 이것은 일본의 조선 식민지 지배에 대한 항일 저항운동의 영혼이 담겨 있기 때문이다. 그 후 일어난「3.1 조선 민족 독립운동」(1919),「광주 학생 항일운동」(1929), 나아가「조선어사전 편찬 · 조선어학회 사건」(1941) 등 매거할 수 없는 항일운동은 안중근의 뜻을 계승한 것이다. 이와 같은 근현대 저항권사를 배경으로 삶을 계승한 김철수의 저항권론 행간에는 동시대에「조선어학회 사건」에서 고문사 한 문학자 이윤재(李允宰)나 일본에서 옥사한 시인 윤동주(尹東柱, 1931-1945) 등의 원혼이 담겨 있다고 할 수 있다. 저항권의 논리는 책상에서 끝나서는 안 된다.

오늘날의 한국에는 저항권에 관한 우수한 연구가 많이 축적되고 있지만 김철수의「저항권 소고」[25]는 그 대표적인 논고라고 할 수 있다. 김철수는 저항권을 정의하여 말하기를,「저항권이란 국가권력의 불법적인 행사에 대해서 저항할 수 있는 권리를 가리킨다」라고. 그것은 널리「저항권은 실정법이 규정한 의무와 자연법이 규정한 의무가 서로 모순되어 충돌할 때 자연법을 근거로 하여 실정법의 의무를 거부할 권리」라고도 정의할 수 있다. 그러므로 저항권은 인간의 존엄을 수호하기 위한 가장 순수한 자연권이며, 그 궁극적인 목적은 인간의 존엄을 지키는 데에 있다.「한국 헌법은 명백하게 자연법론에 입각하고 있다」[26]는 김철수의 말이다.

국가권력은 본래 인간의 존엄과 행복 실현을 위하여 존재하는 것이며 국가의 법적 조직은 인간의 자유 · 권리를 보장하기 위해 만든 것이다. 그럼에도 불구하고 국가권력이 악법을 제정한 경우, 더욱이 악법도 법이라고 하여 국민을 구속하는 경우, 국민은 이에 복종할 의무를 질 것인가? 압제 · 악법에 대한 국민의 저항권의 문제이다. 즉 현실에 제정된 헌법의 원리를 근본적으로 부인하는 정치세력이나 정당이 출현하여 국가권력을 남용하고 인권과 이를 인정하는 민주적 헌법 자체가 중대한 침해를 받고 그 존재가 부인될 우려가 보이는 경우에 과연 국민은 방관해도 좋은 것일까?

김철수는 말한다.「인간의 존엄과 가치를 중심이념으로 하는 민주주의 질서의 부정에 대한 저항은 인간의 초국가적 · 전국가적 인권으로 보아야 할 것이다. 헌법에 권리보장

---

25) 김철수,「저항권소고」『서울대학교 법학』 제20권 제2호(1980); 鈴木敬夫 編譯,『現代韓國の基本權論』アジア法叢書 6 (成文堂, 1985), 95면 이하; 그 밖에 참조할 논문으로서 심재우,「저항권」, 고려대학교『법학논집』 제26집 (1991), 47면 이하. 일본어 번역은 鈴木敬夫譯,『北大法學論集』 제44권 제6호 (1994), 437면 이하.

26) 金哲洙,「韓國における人權論の導入と展開」, 岡克彦譯,『北大法學論集』 제47권 제5호 (1997), 464면.

제도가 완벽하게 규정되어 있다 하더라도 이를 국민주권적으로 운영하지 않고 위헌 불법적으로 행사하는 경우에는 국민은 저항해야 하는 권리와 의무가 있다고 보지 않으면 안 된다」. 「인간의 존엄을 부정하는 법질서가 종래부터 존속하고 있을 때에는 (예를 들면, 제국주의적 식민지의 법질서와 같은), 저항권은 정당한 민주주의 질서의 실현을 위하여 행사하게 되고 전면적인 저항권으로 발전할 것이다」[27]라고.

제2차 대전 전 일본 제국주의의 식민지 지배 하에서, 광주에서는 「학생 항일 운동」이 일어나 , 학생이 「조선인 본위의 교육제도를 확립하라!」 「포악한 경찰정치에 항쟁하자!」 「치안유지법 즉각 철폐!」 등을 요구하며 격문을 배포한 것으로 알려져 있다. 이것은 거족적 저항권의 행사이며, 그 전형이었다고 할 수 있다. 이러한 저항권을 행사한 자는 당시 전부 일본의 「치안유지법 개정법률」(1941년 법률 제54호)의 희생물이 되어 투옥되었다.[28]

현재 사상 · 표현의 자유가 엄격하게 규제되고 있는 중국에서 얼마 안 되어 「제정법의 불법」에 대한 저항의 징조가 보인다. 저술된 논문에서는 추상적인 표현이지만 인간의 존엄과 인권의 존중을 읽을 수 있는 것을 산견할 수 있다. 모두 「居上不寬」[29]이라는 「사물의 본성」에서 자라난 「황제의 지배」의 불관용에 대한 저항론이며, 예컨대 杜鋼建(Du Gangjian, 1956~ ) 「관용의 사상과 사상의 관용」(2000),[30] 宋海彬(Song Haibin, 1975~ ) 「소수민족의 교육의 민족성과 교육을 받을 권리」(2015),[31] 王欣(Wang Xin, 1976~ ) 「과격주의 반대의 관점에서 본 과격화 제거의 중외 비교 연구」(2018)[32] 등을 들 수 있다. 나아가 나치 독일 하의 「백장미」[33]를 방불케 하는 「격문」이 나붙었다. 2022년 초여름, 칭화(清華)대학 캠퍼스에 게시된 「격문」은 현하의 중국에 있어서의 국민에 의한 진지한 의사표시의 일례라고 할 수 있다. 「격문」은 다음과 같이 호소하고 있다.

---

27) 金哲洙, 「抵抗權小考」; 鈴木敬夫 編譯, 『現代韓國の基本權論』 前揭 114면.

28) 鈴木敬夫著, 『朝鮮植民地統治法の研究 - 治安法下の皇民化教育』(北海道大學圖書刊行會, 1989), 163면 이하. 제3장 제3절 「식민지 교육 부식과 항일 학생 운동」.

29) 「居上不寬, 爲禮不敬, 臨喪不哀, 吾何以觀之哉」 『論語』(八佾 第三). 이것은 위정자가 위에 군림하여 백성에 대해서 관용과 인화로 시행하지 않는 경우, 백성은 그 불관용을 묻고 仁政寬和를 요구해야 한다는 유학 저항권론의 원점이다.

30) 杜鋼建, 「寬容的思考与思想的寬容」(2000); 鈴木敬夫 編譯, 『現代中國の法治と寬容』アジア法叢書 34 (成文堂, 2017), 155면 이하.

31) 宋海彬, 「少數民族教育的民族性与少數民族受教育權保障的國家義務」, 『甘肅政法學院學報』 2015年 第2期; 鈴木敬夫 編譯, 『現代中國の法治と寬容』 前揭 65면 이하.

32) 「과격화 제거」에서가 아니라 「과격주의 반대」의 입장에서 「소수민족의 평등」을 호소하는 王欣, 「反極端主義視覺下的中外極端化比較研究」(2018), 『中國人民公安大學學報』 社會科學版, 2018年 第3期 47면 이하의 鈴木敬夫譯, 『札幌學院法學』 제39권 제1호 (2022) 卷頭에 수록.

33) 인간의 존엄을 호소한 학생에 의한 반나치 저항운동 사건. 많은 연구 문헌이 있으나 그 한 예로서 Klaus Vielhaber/Hubert Hannisch/Annelise Knoop-Graf, Gewalt und Gewissen. Willi Graf und die Weiße Rose, 1963; クラウス · フィールハーバー他, 『權力と良心 - ヴィリー · グラーフと白バラ』 中井晶夫 · 佐健 生譯 (未來社, 1973); 關 楠生著, 『白バラ - 反ナチ抵抗運動の學生たち』 人と思想/124 (清水書院, 2006) 등을 들 수 있다.

## 从法西斯主义手中保卫生活

传单正文：

公开的法西斯主义被消灭已有近80年。对现代人来说，“法西斯”这个词已然退化为一个用于一般化政治攻讦的贬义词，而失去任何具体的含义。

但与此同时，法西斯主义并没有真正死亡。与过去公开的阵营对抗不同，今天的法西斯主义以匿名的方式渗入到我们的日常生活中，以“习惯”的形式侵蚀我们的生活和我们的道德。

在这种隐秘的侵蚀下，我们变得冷漠而残忍，以他人的痛苦为乐，在其中汲取虚幻的优越感。我们沉醉于空洞的宏大叙事，用想象的集体胜利掩盖对自身命运的无力与绝望。我们为仇恨言论所吸引，自以为能在丛林竞争中获得优胜，而对“自由”、“民主”、“平等”、“正义”这些保卫自身的价值嗤之以鼻。

社会的撕裂、对未来的绝望、道德的沦丧，我相信这已经是我们这一代人的共同体验，无论你抱持何种意识形态。

但还没有到投降的时候。现代的反法西斯斗争，将是一切人反对一切人的战争——不是对他人，而是对自己。为了从法西斯主义手中保卫我们的生活，我们必须要向自己宣战。

我们要战胜被结构性鼓励的懒惰。要超越容易获得的资讯、观点与知识，去主动地建立反思性的认知方式，以独立、自由的人的姿态而对杜会。

我们要超越宣传、惯习与偏见，去认识具体的人，开放地面对每一个群体，从而体会到这个事实：人与人的共性远超过被夸大的异质性。

我们要保持心灵的开放，保持改变自身的能力，让求真意志超越无益的自尊，用真实的尊严保护自身的完整。

最重要的是，要允许自己保持无力。在强制性的权力面前，个体无力掌控自身命运。这的确是绝望的情境。一种选择是将自己的大脑改造成强权的形状，以营造虎假虎威式的权力感。而我宁愿保持自身的无力，暴露在绝望的处境中以保卫更重要的东西——我的道德、我的良知。

同学们，行动起来，保卫自己，保卫社会，保卫生活。

### 파시즘에서 생활을 지키자!

파시즘은 분명히 소멸되고 이미 80년 가까이 지나고 있다. 현대인들에게 「파시즘」이라는 말은 이미 정치적으로 적을 공격하기 위한 모욕적인 말로까지 퇴화하고 있어 어떤 구체적인 함의도 상실하고 있다.

그러나 그와 동시에 파시즘은 여전히 참으로 사멸하지 않았다. 일찍이 과거의 공공장소에서의 진영 간의 항쟁과는 달리, 오늘날의 파시즘은 익명 방식으로 우리들의 일상생활 속으로 침투하여 「습관」이란 형식으로 우리들의 생활과 우리들의 도덕을 침식하고 있다.

이와 같이 은폐된 침식(浸蝕) 아래 우리들은 냉담하고 잔인하게 되어 타인의 고통을 즐기면서 거기에서 공허한 우월감을 이끌어내려고 한다. 우리들은 공허하고 「커다란 이야기」에 심취해서 상상 속의 집단적 승리에 의해서 자신의 명운의 무력함과 절망이 은폐되고 있다. 우리들은 헤이트스피치에 현혹되어 자신이 생존경쟁에서 승리할 수 있다고 생각하여, 「자유」, 「민주」, 「평등」, 「정의」 이러한 자신을 지키기 위한 가치를 비웃고 있다.

사회의 균열, 미래에 대한 절망, 도덕의 상실, 이러한 것들은 당신이 어떤 이데올로기를 가지고 있는지에 상관없이, 이미 우리 세대의 공통된 체험이 되었다고 나는 확신한다.

그러나 아직 투항하기까지에는 이르지는 않았다. 현대의 반파시즘 투쟁은 모든 인간이 가진 모든 인간에 대한 전쟁이며, .... 즉 타자에 대한 것이 아니라 자기에 대한 것이다. 파시즘의 손아귀에서 우리들의 일상생활을 지키기 위해서 우리들은 자신에 대해서 선전포고를 하지 않으면 안 된다.

우리들은 구조적으로 권장하고 있는 타성에서 벗어나 승리하지 않으면 안 된다. 쉽게 얻는 정보, 관점 그리고 지식을 초월하기 위해 재귀적인 인지방식을 주체적으로 구축하여 독립적이고 자유로운 인간으로서 사회에 대응하지 않으면 안 된다.

우리들은 프로파간다, 관습, 편견을 뛰어넘어 구체적인 인간을 인식하고 개방적으로 각 그룹에 대응하여 인간과 인간과의 공통성은 과장된 이질성을 훨씬 초월하고 있다는 사실을 체득하지 않으면 안 된다.

우리들은 정신을 개방하고, 자신을 개변하는 능력을 보존하고, 진리를 탐구할 의사를 지니고 쓸데없는 자존심을 극복하고, 진실한 존엄으로 자신의 완전성을 지키지 않으면 안 된다.

가장 중요한 것은 자신이 무력하다는 사실을 인정해야 하는 것이다. 강제적인 권력 앞에서 개인은 자신의 운명을 장악하기에는 무력하다. 이것은 참으로 절망적인 상황이다. 하나의 선택은 자신의 대뇌를 강권적인 형상으로 개조하여 「호랑이의 위엄을 빌리는 여우」와 같은 권력감정(權力感情)을 자아내는 것이다. 그러나 나는 자신의 무력함을 보존하면서도 절망적인 환경 아래에 노출되더라도, 보다 중요한 것에서, 즉 자신의 도덕, 자신의 양식을 지키고 싶다고 생각한다.

학생들이여 일어나 자기를 지키고 사회를 지키고 생활을 지키자! (譯責 鈴木敬夫)

이것은 인간이 인간답게 살기 위한 「인간의 존엄」을 내건 비통한 호소이다. 파시즘으로부터 「자유」, 「민주」, 「평등」, 「정의」를 옹호하려고 호소하는 중국의 새로운 사조에 다름 아니다. 이 사조는 「황제의 지배」로 위축된 풍토로부터 「인간의 평등」을 기축으로

한 풍토에로의 전환을 의도한 진지한 호소이다. 우리들은 이것에 어떻게 호응할 것인가? 김철수의 헌법론에는 「법에 있어서의 인간의 존엄과 가치」가 넘쳐나며 그들에게 인권옹호는 지표가 되고 있다.[34] 인생의 마지막 저서가 된 김철수저 『인간의 권리』(산지니, 2021)에서 국제인권법의 본질을 밝혀내고 말하기를, 「인권은 단지 국내적인 보장만으로는 부족하다. 국제적으로 보호되지 않으면 안 된다」[35]고 천명하였다. 일찍이 한중법학회를 주도한 김철수는 이미 서거하고 그 가르침을 바랄 수는 없다. 후진들에게는 김철수저, 「저항권 소고」(1980)를 잘 배워서 동아시아에서의 저항권의 당위란 무엇인가, 그 이론과 실천은 어떻게 존재해야 하는지, 예의 연구 노력할 것이 부과된다. 오늘날이야말로 우리들은 김철수 박사의 저항권론을 아시아에 보편화해야 하지 않으면 안 된다.

이 졸론으로써 인권헌법학자인 금랑(琴浪) 김철수 박사에게 추도의 성의를 바친다. 감사.

## 역자 주

* 1 이항녕 (李恒寧, 1915-2008) 충남 아산 출생. 1939년 일본국 고등문관시험 행정과 합격. 1940년 경성제대 법과 졸업. 하동 군수. 해방 후 동아대 · 부산대 · 성균관대 · 고려대 교수 · 홍익대 총장 · 학술원 회원 역임. 부산대 명예법학박사. 저서 『법철학개론』 제3정판(박영사, 2004); 『소고 이항녕 선생 유고집 작은 언덕 큰 바람』(나남, 2011). 문헌 이항녕 특집 『법철학연구』 제8권 1호(2005); 『한국의 법철학자』(세창, 2013); 김창록, 이항녕의 법사상 I: 식민지 조선의 법학도, 『법사학연구』 제49호(2014), 149-199면; 이종길, 이항녕: 참회로 거듭 엮은 교육 · 학문과 인생, 동아대 엮음, 『동아를 빛낸 스승들』(석당, 2018), 236-293면.

* 2 라드브루흐(Gustav Radbruch, 1878-1949). 하이델베르크 대학 교수 역임. 저서 Rechtsphilosophie, Stuttgart 1950 (윤재왕 옮김, 『법철학』, 박영사, 2021; 최종고역, 『법철학』, 삼영사, 1974). 윤재왕의 역서에는 「법률적 불법과 초법률적 법」(361-377면)도 수록되어 있다.

* 3 코잉(Helmut Coing, 1912-2000). 프랑크푸르트 대학 교수 및 총장 역임. 유럽 私法史와 법철학 전공. 저서 Grundzüge der Rechtsphilosophie, Berlin 1950 (정희철역, 『법철학개론』, 동신문화사, 1958).

---

34) 김철수저, 『현대헌법론』(박영사, 1979)을 초역하고 소개한 鈴木敬夫, 「法における人間の尊嚴と價値 - 現代韓國法哲學および憲法學の一側面」 『法學研究』 北海學園大學, 제16권 제2호(1980), 135면 이하.

35) 김효전, 「〈추도사〉 - 고난과 영광 - 김철수 회원 1933-2022」, 『대한민국학술원통신』 제346호 (2022. 5. 1), 25면; 김철수저, 『인간의 권리: 인권사상 · 국내인권법 · 국제인권법』(산지니, 2021), 203면. 「국내인권에서 세계시민인권으로」.

* 4 오다카 토모오(尾高朝雄, Odaka Tomoo, 1899-1956). 조선에서 태어나 일본 도쿄에서 성장. 1923년 도쿄대학 법학부, 교토대학 철학과 졸업 후 1928년 경성제국대학 조교수. 1943년 도쿄대학 교수. 1956년 페니실린 쇼크로 사망. 저서 『法の窮極に在るもの』(1947); 『法哲學槪論』(日本評論社, 1952); 『實定法秩序論』(2019). 역서 황성희 편역, 『민주주의의 법률원리』(수선사, 1950); 문헌 鈴木敬夫, 相對主義の權威志向性 - 戰時期の尾高朝雄・木村龜二・常盤敏太の一側面, その史料的考察, 『札幌學院法學』 제38권 2호(2022), 98-110면; 김창록, 오다카 토모오(尾高朝雄)의 법사상, 『법사학연구』 제46호 (2012); 동인, 오다카 토모오(尾高朝雄)의 법사상 II - 패전 전후 일본의 연속을 변증한 '노모스 주권론'자, 『법사학연구』 제48호 (2013); 김효전, 경성제대 공법학자들의 빛과 그림자, 『공법연구』 제41집 4호 (2013), 291-302면.

* 5 야자키 미츠구니(矢崎光圀, Yazaki Mitsukuni, 1923-2004). 1942년 도쿄대학 입학, 1947년 도쿄대학 대학원 특별연구생, 1958년 미국 하버드대학 유학, 1961년 오사카(大阪)대학 교수, 1968년 도쿄대학 법학박사, 1979~1985년 일본법철학회 이사장, 1986~1988년 일본학술회의 회원, 1987년 오사카대학 명예교수. 저서 『法哲學』(青林書院, 2000); 『尾高朝雄の法哲學』(1979); 『法實證主義』(1963) 등.

* 6 이항녕의 「자연법적 정의를 법초월적 정의, 실정법적 정의를 법내재적 정의」로 풀이하는 이론은 문홍주(文鴻柱, 1918-2008)가 5. 16의 정당성을 설명할 때에도 원용되었다. 문홍주, 『한국 헌법』(법문사, 1965), 111면.

* 7 Stoffbestimmtheit der Idee. 스즈키 교수는 일본어 번역에 따라 「이념의 소재에 의한 피규정성」 이라고 하는데, 여기서는 윤재왕의 번역에 따라 「이념의 소재 규정성」으로 통일한다.

* 8 신장 위구르에 관한 문헌은 박장배편, 『중국의 변경 연구 3. 신장개발과 역사해석』(동북아역사재단, 2019); 동북아역사재단편, 『알타이 스케치. 신장 알타이편』(2015); 제임스 A. 밀워드, 김찬영·이광태 옮김, 『신장의 역사: 유라시아의 교차로』(사계절, 2013); 신태수, 『위구르와 중국 이슬람: 이슬람으로 가는 징검다리』(종려나무, 2009).

신장 강제수용소의 인권탄압과 노동착취에 관하여는 대런 바일러 지음, 홍명교 옮김, 『신장 위구르 디스토피아』(생각의힘, 2022); 한삼희, '중국 태양광 세계 장악'의 어두운 비밀, 『조선일보』 2022. 12. 21; Philipp Mattheis, Ein Volk verschwindet. Wie wir China beim Völkermord an den Uiguren zuschauen, Berlin Ch. Links Verlag, 2022.

* 9 니커브. 얼굴이나 머리를 덮고 가리는 천.

* 10 인구억제 문제. 중국 정부는 이른바 '불법 출산 제로' 정책을 세우고 가족계획 규정 위반을

신고한 사람에게는 천 달러 상당의 포상금을 지급한다. 강제수용소 전체 수감자의 10퍼센트 가량이 이 규정 위반 혐의로 수감되었다. 이로 인해 위구르인의 출산율은 50~80퍼센트 급감했다. 대런 바일러, 앞의 책, 89-90면.

* 11 Magnitsky Act. 2012년 미 의회에서 통과되고 Barack Obama 대통령이 서명한 법률로, 2009년 러시아 변호사인 Sergei Magnitsky가 모스크바 감옥에서 사망한 사건의 책임자인 러시아 관리를 처벌하는 동시에, 러시아에 영구적인 정상적인 무역관계의 지위 부여를 목적으로 한다. 정식 명칭은 Russia and Moldova Jackson-Vanik Repeal and Sergei Magnitsky Rule of Law Accountability Act of 2012. 이 법률은 2016년 이후 미국 정부에게 전세계적으로 인권침해와 관련된 외국의 관리의 미국 내의 자산을 동결하고 입국을 금지하는 권한을 부여하고 있다.

* 12 안중근(安重根, 1879~1910)의 「동양평화론」. 신용하 엮음, 『안중근 유고집』(역민사, 1995), 169-180면; 이태진외, 안중근 · 하얼빈학회 지음, 『영원히 타오르는 불꽃 - 안중근의 하얼빈 의거와 동양평화론』(지식산업사, 2010); 『안중근의사 자서전』(범우사, 2000), 119-132면; 勝村誠譯, 『安重根と東洋平和論』(日本評論社, 2017); Yi Tae-Jin, Eugene Y. Park (eds.), Peace in the East: An Chunggun's Vision for Asia in the Age of Japanese Imperialism, Lanham, Maryland: Lexington Books, 2017.

관련 자료: ○ 自傳과 平和論 安重根은 旅順 獄裏에서 自傳과 東洋平和論을 起草ᄒᆞᆫ 바 自傳은 脫稿되여 目下 謄寫中이오 東洋平和論은 旣報와 如히 叙論을 畢ᄒᆞᆫ 後 更히 本文을 起草ᄒᆞ야 三四節이 脫稿되엿ᄂᆞᆫᄃᆡ 安은 執刑前에 期於 完成ᄒᆞ기로 決心ᄒᆞ얏스나 日字의 促迫홈을 因ᄒᆞ야 秩序文辭를 精密히 ᄒᆞ기 難ᄒᆞ다더라. (황성신문 1910. 3. 24).

## 필자 소개

**스즈키 게이후** (鈴木敬夫, Suzuki Keifu, 1938 ~ )
삿포로 가쿠인 대학(札幌學院大學, Sapporo Gakuin University) 명예교수, 조선 원산 출생, 본적 삿포로市. 센슈(專修)대학 대학원 법학연구과 박사과정 단위취득 퇴학, 고려대학교 대학원 법학과 수료 (법학박사), 독일 프라이부르크대학 객원연구원. 주요 저서 『法哲學序說』(成文堂, 1988); 『朝鮮植民地統治法の研究 -治安法下の皇民化教育』(北海道大學出版會, 1989); 『相對主義法哲學与東亞法研究』(法律出版社, 2012); 편역서로서 『現代韓國 · 臺灣における法哲學』(成文堂, 1981); 『現代韓國の憲法理論』(成文堂, 1984); 『現代韓國の基本權論』(成文堂, 1985); 『現代中國の法思想』(成文堂, 1989); 『中國の人權論と相對主義』(成文堂, 1997) 등.

연보와 저작 목록은 孝忠延夫 · 鈴木賢編, 鈴木敬夫先生古稀記念 『北東アジアにおける法治の現狀と課題』(成文堂, 2008), 391-421면 및 『札幌學院法學』 鈴木敬夫教授退職記念號, 제24권

1호 (2007), 189면 이하.

정년 이후의 저작목록 (2007~2023) 중 저서와 역서는 다음과 같으며 다수의 논설이 있다.

著書『相對主義法哲學与東亞法研究 ...『一位日本拉德布赫主義者的理論追求』(北京: 法律出版社, 2012)

監譯『日本憲法与公共哲學』千葉眞・小林正弥著, 日文中譯 (北京: 法律出版, 2009)

監譯『日本現代知識産權法理論』田村義之著, 日文中譯 (北京: 法律出版社, 2010)

共著,『やさしい法學』宇田一明, 久々湊晴夫・吉川日出男他6名 (成文堂, 2015), 第3版 (10刷)

編譯,『現代中國の法治と寬容 ... 國家主義と人權憲政のはざまで』アジア法叢書 34 (成文堂, 2017). 중국 연구자의 논문 18편을 수록.

# 1980년 6인교수 헌법개정안의 회고

임종률*

## 1. 헌법개정안 작성의 발단

(1) 벌써 42년이 지난 오래전의 일이고, 기억도 기록도 가물가물한 일이다. 김철수 선생을 비롯하여 양호민(조선일보 논설위원), 장을병(성균관대 정치학 교수), 한정일(건국대 정치학 교수), 양건(숭실대 법학과 교수), 그리고 필자(숭실대 법학과 교수) 등 6인의 교수들이 작성한 헌법개정안이 세상에 공개되었다. 크리스찬 아카데미(원장 강원룡)가 6인 학자들의 헌법개정안에 관하여 토론회를 1980년 1월 21일~22일 갖기로 함에 따라 그 내용이 1월 17일 동아일보에 8단 기사로 나오더니, 18일에는 중앙일보에 4면 전면 기사로 나오고, 한국일보에 9단 기사 등으로 크게 보도된 것이다.

크리스찬 아카데미는 60년대부터 우리 사회의 중요한 이슈에 관하여 '대화의 모임'의 형식으로 토론회를 갖고 여론을 환기시키는 일을 꾸준히 해온 것으로 이름이 나 있었다. 우리 6인의 교수에게 바람직한 헌법개정안을 작성해 달라고 위촉한 것은 1979년 11월 하순 경이 아니었나 싶다. 물론 이에 앞서서 강원룡 원장과 김철수 선생이 만나 정치학자 3명과 법학자 3명 정도를 참여시켜 한 달 반 정도 집중적으로 토론을 거쳐 결론을 내기로 하고, 누구누구가 좋겠다고 선발하지 않았을까 짐작된다. 그런데 헌법이 아니라 노동법을 전공했고 그만큼 공동연구에 대한 기여도도 낮은 필자를 왜 이 작업에 참여시키자고 했는지 마냥 궁금했었다. 추운 날씨도 풀리고 코로나 감염사태도 완화되면 이 문제를 포함하여 몇 가지 사항을 김철수 선생에게 꼭 물어볼 생각으로 메모도 해두었는데, 허망하게도 선생이 갑자기 세상을 떠났다. 고인의 명복을 빌 뿐이다. 사실 필자는 거의 매사에 소극적이고 주저함이 많아 이 약점을 고쳐야 하겠다고 마음먹은 적이 한두 번이 아니지만 아직도 못 고치는 것이 타고난 기질 때문이 아닌가 싶기도 하다.

헌법개정안을 작성하는 작업에 참여한 6인의 교수는 어떤 분들인지, 잘 모르는 독자를 위하여, 잠시 각자의 약력을 보기로 한다.

---

* 대한민국학술원 회원, 성균관대학교 명예교수

▲김철수(金哲洙: 1933~2022년) 선생은 1956년 서울대 법대를 졸업한 뒤 1956~1961년 서독 뮌헨대학에서 법학 연구를 하고 1971년 서울대에서 법학박사 학위를 받았다. 1962~1998년에 서울대 법대 교수, 1967~1973년에 중앙일보 논설위원, 1998~2000년에 탐라대 총장, 1996년 이후 대한민국학술원 회원, 1998년 이후 서울대 명예교수 등으로 활동했으며, 『헌법학개론(제19판)』(2007)과 『헌법학신론(제21판)』(2013) 등의 많은 저서를 남겼다.

▲양호민(梁好民: 1919-2010년) 선생은 1943년 일본 주오(中央)대학 전문부 법학과를 졸업한 뒤 1949년 서울대 문리대 정치학과를 졸업했다. 1954~1963년에 대구대(청구대와 합병하여 영남대가 됨) 정치학과 교수, 1960~1964년에 사상계 주간, 1963~1965년에 서울대 법대 교수(1965년 시국선언 참여로 강제해직), 1965~1984년에 조선일보 논설위원, 1990~1993년에 방송위원회 위원 등으로 활동했으며, 『격랑에 휩쓸려간 나날들』(1995)과 『38선에서 휴전선으로』(2004) 등의 저서를 남겼다. 양호민 선생만은 개정안 작업 당시 현직 교수가 아니었지만, 김철수 선생이나 언론에서 우리를 '6인교수'로 통칭한 것은 양호민 선생의 본직이 교수이기 때문이리라.

▲장을병(張乙炳: 1933-2009년) 선생은 1959년 성균관대 정치학과를 졸업하고, 1975년 같은 대학에서 정치학박사 학위를 받았다. 1967~1995년에 성균관대 정치학과 교수(80~84년은 시국선언 참여로 강제해직), 1991~1995년에 성균관대 총장, 1996~2000년에 민주당 등 정당의 간부로서 지역구 국회의원, 2001~2004년에 한국정신문화연구원 원장 등으로 활동했으며, 『한국의 민족주의와 민주주의』(1989)와 『잘난 국민 못난 정치』(1992) 등의 저서를 남겼다.

▲한정일(韓貞一: 1939년~ ) 선생은 1965년 건국대 정치학과를 졸업하고 1972년 같은 대학에서 정치학박사 학위를 받았다. 1974~2005년에 건국대 행정학과 교수, 2002~2004년에 같은 대학 대학원장을 역임하고, 2005년 이후 건국대 명예교수로 활동하고 있으며, 『한국정치발전론』(1982)과 『한국정치사회발전론』(2002) 등의 저서가 있다.

▲양건(梁建: 1947년~ ) 선생은 1970년 서울대 법대를 졸업하고 1979년 같은 대학에서 법학박사 학위를 받았다. 1976~1985년에 숭실대(종전 숭전대) 법학과 교수, 1985~2011년에 한양대 법학과 교수, 2008~2009년에 국민권익위원회 위원장, 2011~2013년에 감사원 원장 등을 역임했으며, 『헌법강의(제10판)』(2021)와 『헌법의 이름으로』(2018) 등의 저서가 있다.

▲임종률(林鍾律: 1943년~ )은 1967년 서울대 법대를 졸업하고 1982년 같은 대학에서 법학박사 학위를 받았다. 1977~1992년 숭실대(종전 숭전대) 법학과 교수, 1992~2009년에 성균관대 교수, 2000~2003년에 중앙노동위원회 위원장 등을 역임한 후, 2009년 이후 성균관대 명예교수로, 2016년 이후 대한민국학술원 회원으로 활동하고 있으며, 『노동법』(초판 1999; 19판 2022) 등의 저서가 있다.

우리 6인은 11월 하순부터 주말마다 만나서 밀도 있는 논의를 거듭했다. 숙식을 같이한 날이 많았다. 만남의 장소는 수유리 아카데미하우스 별관이었고, 강원용 원장이 가끔 방청하기도 했다. 김철수 선생의 애제자인 양건 선생은 현행 헌법의 쟁점 조항과 외국 헌법과의 비교 등 논의를 위한 기초자료를 모조지 전지에 매직으로 직접 써서 준비하는 수고를 마다하지 않았다. 워드프로세서도 보급되지 않고 복사기 사용도 힘들었던 시절이라 수작업이 동반되었다. 또 양 선생은 그때그때 논의가 일단 매듭지어진 부분을 조문화하는 일도 맡았다. 최근 통화에서 양 선생은 자기는 심부름만 했을 뿐이고 중요한 역할은 하지 않았다고 겸양의 말을 전했다. 우리는 1980년 1월 14일에 연구결과물을 제출했는데, 김철수와 양건 두 분 헌법학자가 아니었다면 우리가 두 달도 채 안 되는 기간만에 작업을 끝내기는 어려웠을 것이다.

(2) 우리의 개정논의는 당시의 헌법, 즉 유신헌법을 대상으로 한 것이었다. 1971년 박정희 대통령은 3선의 뜻을 이루었지만 안팎으로 정치적 어려움이 가중되어 가면서 1972년 10월 비상계엄령을 선포하고, 국회의 해산과 정당 활동의 중지, 헌법 일부의 효력 정지 등 비상조치를 발표하였다. 이른바 10월 유신이다. 이어서 헌법 개정안을 국민투표에 부치고 12월에 새로운 헌법을 공포했는데 이것이 유신헌법, 제4공화국 헌법이었다. 이 헌법에 따른 통치구조는 입법 · 행정 · 사법의 3권이 대통령 1인에게 집중된 '절대적 대통령제'이다. 대통령은 국회의원의 3분의 1을 추천하고, 국회해산권과 긴급조치권 등을 가지며, 임기 6년에 중임도 허용되었다. 게다가 대통령 직선제가 폐지되고 2천여명의 대의원으로 구성된 통일주체국민회의에서 선출하는 간선제, 이른바 '체육관 선거'가 채택되었기 때문에 1인의 종신집권이 보장되었다.

당연히 유신체제는 야당을 비롯하여 국민 각계각층의 비판과 저항을 야기하고, 여러 형태의 헌법 개정 운동도 벌어졌다. 박정희 정권은 1974년 1월 긴급조치 1호와 2호를 발동하여 헌법 개정을 주장하거나 청원하는 것마저 금지하였다. 수많은 지식인, 청년, 대학생 등이 헌법 개정을 주장하다가 긴급조치 위반으로 비상군법회의에 회부되고 투옥되었다. 정치적 갈등이 계속되던 중 1979년 10월 부산 · 마산 지역에서 시위가 발생하고 계엄령 · 위수령이 선포되는가 싶더니 10월 26일 중앙정보부장이 대통령을 살해하는 사건이 벌어지면서 유신체제는 붕괴되고 말았다. 갑자기 정권교체가 불가피한 상황이 닥쳐오자 헌법부터 개정해야 한다는 여론이 들끓었다. 국회에서 헌법 개정 논의가 있는가 하면 정부에서도 헌법개정 작업이 진행되고 있었다. 이런 국면에서 크리스찬 아카데미가 국민 각계각층의 의견이 새 헌법에 반영될 수 있도록 하기 위하여 6인 교수에게 헌법개정안 작성을 의뢰한 것이다.

## 2. 개정안의 요점

6인교수 헌법개정안의 전체조문은 1980년 2월 크리스찬 아카데미에서 펴낸 『바람직한 헌법개정의 내용』이란 소책자에 실렸고, 그 밖에도 1980년 11월 김철수 선생님이 편찬한 『입법자료교재 헌법』과 2014년 국회 헌법개정 자문위원회에서 발간한 『활동보고서』에도 수록되어 있어 누구가 쉽게 접할 수 있다. 그러니 개정안의 요점만 살펴보기로 한다.

(1) 개정안 작성과정에서 갑론을박이 가장 심했고 또 발표 후 세간에서 가장 큰 관심을 끈 부분은 통치구조에 관한 것이다. 단적인 예로 개정안을 보도한 동아일보는 기사의 제목을 "분권형 대통령제 새헌법안 조문화 … 직선으로 6년 단임제"로 했던 것이다. 개정안에서의 통치구조는 대통령제를 기본으로 하되, 대통령제에서 오는 권력집중 및 이로 인한 독재의 위험성을 피하기 위하여 국무총리와 국무위원으로 구성되는 정부(내각)에 일반적인 행정권을 부여하는 한편, 국회의 권한을 강화하고 사법권의 실질적인 독립을 보장함으로써 가급적 국가의 권력을 분산시키는 것이다. 우리는 이러한 정부형태를 '권력분산형 대통령제'라고 이름 지었다. 희미한 기억이지만, 논의의 초기에 김철수 선생과 필자는 내각책임제의 장점을 주장했다(필자는 지금도 내각책임제에 찬성하는 생각이다). 이에 대하여 다른 선생들은 남북한 대결의 상황, 정파 대립으로 인한 국정 불안의 위험성, 그리고 무엇보다도 대통령을 내 손으로 직접 선출하고 싶은 국민의 여망 등을 고려하여 대통령중심제를 골격으로 하자고 주장했다. 그래서 우리는 지체 없이 혼합형 정부형태, 권력분산형 대통령제로 뼈대를 세우기로 합의하여 문제를 일단락지었던 것이 아니었나 기억된다.

개정안에서는 대통령은 국가의 대표자로서 국민의 직접선거로 선출되고, 그 임기는 6년으로 하되 연임할 수 없으며, 취임과 동시에 소속 정당을 탈퇴해야 한다. 이른바 '체육관 선거'는 마땅히 폐지했고, 대통령으로서의 집권은 4년씩 두 번 이상 하는 것보다 6년 단임으로 한정하는 것이 더 바람직하다는 생각이었다.

개정안에서 정한 대통령의 권한을 보면, 대통령은 ▲국무총리를 지명하고 국회의 동의를 얻어 임명하며, ▲조약의 비준권 및 선전 · 강화권을 가지고, ▲국군통수권자로서 국무총리와 관계 장관 등으로 구성된 국방회의의 의장이 되어 국방의 기본계획, 선전 및 강화, 긴급명령, 계엄의 선포와 해제, 국무총리가 제청한 각군 참모총장의 임면 등 국방에 관한 중요사항을 심의한다. ▲또 대통령은 내우 · 외환 · 천재 · 지변 또는 중대한 재정 · 경제상의 위기에 있어 긴급한 조치를 할 필요가 있지만 국회의 집회를 기다릴 여유가 없는 경우에 법률의 효력을 가지는 긴급명령 · 처분을 할 수 있으며, 긴급명령 · 처분은 10일 이내에 국회의 동의를 얻지 못하면 효력을 상실한다. ▲대통령은 전시 · 사변에서 병력을 사용하여 질서유지를 할 필요가 있을 때 계엄을 선포할 수 있고, 영장제도, 언론 · 출판 · 집회 · 결사의 자유, 거주 · 이전의 자유에 대한 제한이 인정되는 비상계엄은 전쟁 · 사변에서 적의 포위공격으로 사회질서가 극도로 교란한 지역에만 선포할 수 있으며, 계엄 선포는 15일 이내에 국회의 동의를 얻지 못하면 해제해야 한다. ▲대통령은 국회가 정부를 불신임하거나 조약비준에 대한 동의를 거부하거나 신년도 예산안을 법정기일 이내에 의결하지 않은 경우, 또는 정부가 국회에 신임을 물어 신임을 받지 못한 경우에 국회를 해산하거나 국무총리나 국무위원을 해임할 수 있다. ▲대통령은 통일정책을 심의하기 위한 통일정책심의회, 경제사회개발의 기본적 계획을 심의하기 위한 경제사회심의회의 의장이 된다. ▲대통령 소속 아래 공안유지와 범죄수사의 공정성 및 정치적 중립성을 보장하기 위한 공안위원회를 두며 ▲대통령 소속 아래 국가의 안전보장에 관한 정보의 수집과 분석만을 그 임무로 하는 안보정보실을 두고 그 실장은 국회의 동의를 얻어 대통령이 임명한다.

개정안에서 정부는 국무총리와 국무위원으로 구성되며 행정권을 갖는다. 정부는 국회에 대하여 신임을 물어 신임을 얻지 못하면 총사직하거나 대통령에게 국회해산을 건의해야 하고, 대통령이 취임하거나 국무총리가 궐위되거나 국회의원 총선거 후 국회가 소집되면 총사직한다. 국무총리는 국무회의를 소집하고 그 의장이 되며, 정부를 대표하여 법률안을 국회에 제출하고 행정각부를 지휘 · 감독한다. 국무총리와 국무위원은 국회의원을 겸할 수 있다. 이와 같이 허수아비 국무총리가 아니라 실질적으로 행정부 수반이 되는 등 의원내각제적 요소를 혼합하자는 생각이었다.

(2) 개정안은 국회가 진정한 국민대표기관으로서 역할을 할 수 있도록 종래 국회제도에 가해졌던 여러 제약을 없애고 그 권한을 강화하는 데에 역점을 두었다. 국회의 구성은 단원제로 하여 국민의 직접선거로 선출된 의원으로 구성하되, 의원의 임기는 4년으로 했다. 임기 6년의 의원이나 대통령의 추천으로 선출되는 임기 3년의 의원은 더 이상 제도적으로 있어서는 안 된다는 생각에 공감했던 것이다. 그 밖에 개정안에서 정한 국회 관련 중요 사항을 보면, 국회는 ▲정부에 대한 불신임결의 또는 국무위원에 대한 개별적 해임의결을 할 수 있고, ▲대통령의 긴급명령 · 처분에 대한 사후승인권과 계엄 선포에 대한 사후동의권을 가진다. 한편, ▲국회의 연간 회기일수에 대한 제한을 삭제하고, 임시국회 소집을 위한 정족수를 재적 4분의 1 이상으로 완화하고, ▲대통령에 대한 탄핵소추의결의 정족수를 재적 5분의 3 이상으로 완화했으며, ▲국정감사권을 다시 도입했다.

개정안은 종래의 형식적인 사법권 독립을 실질적으로 보장하는 데에도 역점을 두었다. 사법권 독립에 관한 중요 사항을 보면, ▲대법원장과 대법원판사는 현직 판사로 구성되는 선거인단에서 선출하도록 하고, 그 밖의 판사는 대법원판사회의의 결의에 따라 대법원장이 임명하며, ▲대법원장은 임기를 한정하지 않고 정년이 될 때까지 재임하도록 보장하고, ▲판사는 징계처분으로 파면되지 않도록 했다. 한편, ▲헌법위원회 대신 서독식 헌법재판소를 설치하고, ▲법률과 조약의 구체적 · 추상적 위헌심사, 국가기관간의 권한분쟁, 탄핵재판, 대통령 · 대법원장 · 대법원판사의 선거에 관한 소송, 정당해산 · 정당대표자의 선거에 관한 소송, 헌법소원 등을 관할하도록 하고, ▲헌법재판소판사는 9인으로 하되 대통령 · 대법원 · 국회에서 각 3인씩 선임하도록 했다.

(3) 일반적으로 헌법개정 논의에서 통치구조, 권력구조에 주의를 집중한 나머지 기본권 조항을 소홀히 다루는 경향이 있다. 심지어 원포인트 개헌론 등은 더욱 그런 듯하다. 사실 노동법 연구자인 필자로서는 60년대부터 80년대까지 노동기본권이 노골적으로 무시되거나 교묘하게 침해되는 현실을 대하면서 헌법상의 기본권은 휴지에 불과한 것이 아닐까, 이런 생각이 종종 들었던 터이다. 그렇지만 헌법상 기본권 조항이야말로 국민을 위해서나 민주주의를 위해서나 매우 중요한 것이다. 그래서 우리는 기본권에 관해서도 상당한 노력을 기울였다. 현행 헌법상 기본권 조항의 독소조항을 삭제하거나 수정하는 한편, 그 이전의 헌법에로의 복귀에 그치지 않고 종래 헌법의 미비점을 보완하거나 강화했다.

개정안에서 정한 기본권 관련 중요 사항을 보면, ▲개인의 존중을 위하여 생명권, 인격권, 알 권리, 사생활의 권리 등을 새로이 규정하고, 국가기관은 물론 사회단체와 개인도 기본권을 침해해서는 안 된다고 명시했다. ▲신체의 자유와 관련하여 형사피의자의 체포 · 구금을 엄격히 제한했다. 임의동행이나 보호처분 등을 이유로 한 사실상의 인신구금을 금지하는 한편, 구속영장 집행자는 피구속자에게 묵비권과 변호인선임권이 있음을 고지해야 하고, 영장을 발부한 판사는 지체 없이 피구속자의 가족이나 연고자에게 구속 사실을 통지해야 하며, 일단 체포 · 구금이 된 때에는 누구든지 48시간 이내에 판사에게 인도되어야 하고, 판사는 피의자에게 체포의 이유를 고지하고 이의를 진술할 기회를 주어야 하며, 구속을 계속할 이유가 없다고 판단될 때에는 지체없이 석방을 명해야 한다고 정하는 등 형식적인 영장제도를 보강했다. 또 구속적부심사제도를 부활하고 보석제도를 피의자에까지 확대했으며, 자의적인 사형제도를 금지할 근거 규정을 두고, 연좌제를 명시적으로 금지했다.

▲재산권의 보장에 관해서는 공공필요에 의한 재산권의 수용 등은 법률로써 하되 반드시 보상을 지급하고, 보상액은 공익 및 관계자의 이익을 정당하게 형량하도록 규정했다. ▲통신의 자유와 관련해서는 신서 · 우편 · 전화 등 통신의 비밀에 대한 제한은 판사의 영장에 의해서만 할 수 있도록 했다. ▲표현의 자유와 관련하여 언론 · 출판의 자유 외에 방송 · 방영의 자유를 명시하고, 언론 · 출판 · 방송 · 방영에 대한 허가제와 검열제를 금지했으며, 편집 · 편성의 공정성 보장을 위한 제도를 법률로 정할 수 있도록 했다. 한편, 집회 · 결사에 대한 허가제를 금지하고, 옥회집회 중 공공장소와 법률 소정의 장소에서 하는 것은 사전신고만을 하도록 하며, 안녕질서에 대한 명백하고 현존하는 위험이 있는 경우에만 해산을 할 수 있도록 했다. ▲정치활동의 자유와 참정권에 관해서는 18세 이상의 모든 국민에게 정당가입과 활동 · 선거운동 등 정치활동의 자유를 보장하는 규정을 신설함으로써 교원 · 학생 등도 자유롭게 정당가입 등 정치활동을 할 수 있게 했으며, 선거권자의 연령도 18세로 인하했다.

▲형사보상청구권 및 국가배상청구권과 관련하여 형사피고인으로서 구금되었다가

무죄판결을 받은 경우뿐만 아니라 형사피의자로 구금되었다가 불기소처분을 받거나 무죄판결을 받은 경우에도 보상청구권을 인정하는 한편, 군인 · 경찰 등이 전투 · 훈련 등 직무집행과 관련하여 받은 손해에 대하여 국가배상청구권을 인정하지 않는 현행 규정을 삭제함으로써 이들에게도 배상청구권을 인정했다. ▲근로의 권리와 관련하여 적정임금을 받을 권리를 신설하는 한편, 최저임금제 도입을 위한 근거규정도 신설했으며, 근로자에게 경영참가권과 이익분배균점권을 인정하는 규정도 신설했다. ▲단결권 · 단체교섭권 · 단체행동권 등 노동3권에 대해서는 현행 헌법상의 제한 규정, 즉 노동3권은 법률이 정하는 범위에서 보장한다는 규정, 공무원의 노동3권을 원칙적으로 부인하는 규정, 국영기업체나 공익사업체 등의 단체행동권을 제한 또는 부인하는 규정을 모두 삭제한 대신, 정치적 파업의 금지를 명시했다. 이밖에 ▲쾌적한 환경에서 살 권리, 환경권을 신설하고, ▲모든 국민에게 헌법침해자에 대한 저항의 권리, 저항권을 신설했으며, ▲기본권 제한과 관련하여 기본권을 제한하는 경우 기본권의 본질적인 내용은 침해할 수 없다는 한계를 신설하고 적법절차에 따라야 한다는 조항을 신설했다.

## 3. 개정안에 대한 의견

(1) 개정안의 '내용'과 달리 개정안에 대한 찬성, 반대, 문제점 지적, 비판 등의 의견은 1980년에 크리스찬 아카데미에서 펴낸 『바람직한 헌법개정의 내용』이란 소책자에만 수록되어 있는 듯하다. 크리스찬 아카데미는 1980년 1월 21일~22일에 "바람직한 헌법개정의 내용"이라는 주제로 대화의 모임(토론회)을 가지고 각계에서 참가한 87명 인사들의 의견을 들었고, 그 결과를 소책자에 실은 것이다.

참가자의 명단(존칭 생략)에는 ▲종교계에서 강문규 강신명 김상근 김성재 김준영 문동환 박광재 박재봉 박형규 서남동 성갑식 이재정 이해동 장일조 조지송 조향록 주재용 진연섭 한광수 황성규 등이, ▲학계에서 구병삭 김병태 김점곤 김찬국 김철수 김행자 노명식 박수혁 안용교 양건 유인호 윤후정 이건호 이명현 이인호 이항녕 이홍구 임종률 장명봉 장원종 장을병 조병윤 차기벽 탁희준 한정일 한상범 등이, ▲법조계에서 박세경 박용상 윤길중 이강국 이세중 이태영 한승헌 등이, ▲언론계에서 김성두 남시욱 양호민 유근일 이상두 등이, ▲여성계에서 김경애 김정례 나선정 신낙균 오선주 이문우 이우정 등이, ▲정계에서 김기철 김철 신도성 안필수 윤식 이명하 등이, ▲그 밖에 강기종 김말룡 노금로 양동안 이재전 등이 포함되어 있다.

모임의 첫날은 참가자 전체모임에서 양호민, 김철수, 장을병 세 분이 헌법개정안의 내용에 대하여 90분에 걸쳐 발제를 했다. 이어서 이건호 교수의 사회로 2시간 가량 참석자 중에서 자유롭게 '질의'의 형식으로 의견을 개진하고 이에 대하여 발제자들이 간단히 답변을 했다. 둘째 날은 참석자들이 5개 분과로 분산하여 제1분과는 이홍구

교수, 제2분과는 차기벽 교수, 제3분과는 윤후정 교수, 제4분과는 한승헌 변호사, 제5분과는 강문규 총무의 사회로 2시간 동안 분과토의를 했다. 이어진 종합토의는 이건호 교수의 사회로 1시간 반 동안 분과토의의 사회를 맡았던 다섯 분이 요약발표를 했다.

이들 모임에서는 참으로 다양한 의견들이 제시되었다. 여기서는 발언의 시기나 순서와 관계없이 발언의 내용을 주제별로 나누고 비슷비슷한 발언은 모으고 경우에 따라서는 발제자의 답변을 엮어 재정리하기로 한다. 개정안에 대한 찬성의견은 가급적 생략하고 문제점 지적이나 반대 의견 등을 중심으로 살펴본다.

(2) 먼저 권력구조의 골격에 관하여 ▲대통령제는 1인에게 권력이 집중되고 독재화되기 쉬운데 대통령 직선의 국민 열망이 현실이라 대통령 직선제에 의원내각제 요소를 가미한 것에는 찬성하지만, 그러나 여기에는 권력의 소재와 책임의 소재가 부합되지 않는 문제가 생긴다는 지적이 있었다(윤길중). ▲대통령을 임기 6년의 직선제로 하면 굉장한 권위를 부여하게 되고, 강력한 퍼스낼리티를 가진 대통령의 경우 총리와 어떻게 조화를 이룰 것인지, 또 대통령의 외교 · 통일 정책이 국내 정치에 영향을 미치는 경우 내각과 충돌하는 문제를 어떻게 해결할 것인지 의문스럽다는 의견도 제시되었고(남시욱), 이에 대하여 권력기관 사이의 충돌은 부인할 수 없는 문제로서 향후 더 깊이 연구할 과제라는 답변이 있었다(장을병). ▲개정안은 권력분산형 대통령제라고 불렀지만 대통령제의 일종이고, 대통령의 권한은 국민이 직접 선출할 필요가 없을 정도까지 줄여야 한다는 발언이 있었으며(신도성), ▲개정안은 내각책임제인데 억지로 대통령에게 권한을 조금 부여한 것으로 보이며, 내각책임제를 도입하기 바란다는 발언도 있었고(박세경), 이에 대하여 내각책임제는 정당이 제 기능을 다해야 하는데, 우리 나라의 현실은 집권당이 기생정당, 즉 권력자를 후원하기 위한 정당이라는 수준에 머물러 있고, 이런 쓰라린 경험 때문에 개정안은 대통령제를 기본으로 하게 된 것이라는 답변이 있었다(장을병). ▲개정안은 대통령책임제와 내각책임제를 혼합하여 국가권력을 분산하려는 것이지만 실제로는 권력충돌 현상이 불가피하고 이를 조화하려면 국정의 비효율을 야기할 우려가 있다는 데 의견이 일치되었고, 내각책임제를 지지하는 견해가 지배적이었으며, 내각책임제를 통해 정당이 발전하는 것이지 정당이 발전되어야 의원내각제가 성립될 수 있는 것은 아니라는 의견도 제시되었다(제1분과). ▲권력구조와 관련하여 내각책임제가 바람직하다는 의견이 가장 많았고, 그 다음으로 역사적 경험, 정치문화, 정치현실, 국민여론을 고려하여 제시된 권력분산형 대통령제를 지지하는 의견이 많았으며, 대통령제가 바람직하다는 의견은 소수에 불과했다(제2분과, 종합토의).

대통령의 권한과 관련하여 ▲대통령에게 국회해산권을 주는 것은 대단히 위험하며 대통령을 국회라는 선거인단에서 선출함이 바람직하다는 의견도 제시되었다(남시욱). ▲경찰과 내무장관 위에 공안위원회를 두는 것은 대통령에게도 책임을 지우려는 것이어서 문제라는 발언이 있었고(박세경), 이에 대하여 공안위원회는 대통령이 중후한 인격자임을 전제로 편파적 수사를 막기 위해 신뢰하자는 생각에서 착안한 것이었다는 답변이 있었다

(김철수). ▲국회가 정부를 불신임한 경우 개정안처럼 대통령에게 국회를 해산하거나 또는 국무총리와 국무위원을 해임할 수 있도록 선택권을 주는 것보다 서독의 이른바 건설적 불신임제를 채택하는 것이 더 바람직하다는 의견이 제시되었다(제2분과).

▲국회의 기능을 보강하는 방안과 관련하여 분과토의 참가자의 소수는 직능대표제를 가미한 양원제가 타당하다는 의견을 제시했다(제2분과).

(3) 기본권과 관련해서는 ▲남녀동등권을 전제하는 규정이 없어 아쉽다는 지적이 있었고(이태영), ▲전문에서 양성평등을 명시적으로 정할 필요가 있다는 의견이 제시되었으며(제1분과), 양성 평등 조항을 두어야 한다는 데 의견의 일치를 보았다(제3분과, 제5분과). ▲임의동행 형식이지만 사실상의 강제연행도 금지해야 한다는 의견이 제시되었다(이세중, 제3분과). ▲체포 · 구금이 된 사람은 48시간 이내에 판사에게 인도되어 체포의 이유를 고지받고 이의를 진술할 기회를 가져야 한다는 규정은 구속영장 발부 건수와 판사의 인력으로 실현될 수 있을지 의문이고 구속적부심에 악영향을 미칠 우려가 있다는 의견이 있었고(이세중), 이에 대하여 미국식 치안판사처럼 군청소재지마다 판사를 상주하게 하여 구속적부심과 즉결 및 간이소송을 맡게 하는 것이 바람직하며, 구속적부심은 돈 있는 사람에겐 도움이 될 뿐 가난한 사람에겐 그림의 떡이라는 답변이 있었고(김철수), 체포 · 구금 후 판사에게 인도되도록 하는 등의 규정은 판사의 인력을 증가해서라도 꼭 실현되어야 한다는 데 의견이 일치되었다(제3분과). ▲구속영장 신청자를 검사로 한정하지 말고 경찰도 포함하도록 하자는 의견이 제시되었고 이에 대한 반대의견도 있었다(제3분과). ▲고문을 처벌하는 규정을 두어야 한다는 데 의견이 일치되었다(제3분과). ▲확신범을 처벌하지 않는다고 명시하고, 사형의 폐지 또는 적어도 확신범에 대한 사형의 폐지를 명문화하자는 의견이 제시되었다(제4분과).

▲방송 · 방영에 대한 허가제를 금지할 것이 아니라 허가제로 하되 자의적인 허가제를 금지하는 것이 바람직하다는 의견이 있었다(제3분과). ▲교원의 정당 가입 허용이 학원자치와 교육의 정치적 중립에 방해가 되지 않을지 의문스럽다는 의견이 제시되었고(이세중), 이에 대하여 과거에는 정당 가입은 안 했지만 정치활동, 특히 여당활동은 했는데 야당활동도 허용해야 공정하며, 현실적으로 가입하는 교원은 적겠지만 정치활동의 영역을 넓히기 위해 허용하자는 생각이라는 답변이 있었다(김철수). ▲적정임금을 받을 권리에서 '적정임금'은 '최저임금'으로 표현하는 것이 바람직하다는 의견이 많았다(탁희준, 제3분과, 제5분과). ▲단결권 · 단체교섭권 · 단체행동권 등 노동3권과 관련하여 군 · 경찰 · 소방관 등의 노동3권은 과거의 노동조합법처럼 제한할 수 있다는 의견이 제시되었고(탁희준), 정치파업 금지는 확대해석으로 악용될 우려가 있어 반대하는 의견이 지배적이었으며(제3분과, 제5분과), 노동3권 제한입법은 무효라는 조항을 넣자는 의견이 있었다(제5분과). ▲근로자의 경영참가권에 관하여는 찬반 양론이 있었고, 이익균점권에 대하여는 기술적 어려움이 있다는 지적이 있었지만 원칙적으로 필요하다는 데 의견이 일치되었다(제5분과). ▲저항권은 매우 중요하므로 전문에 두자는 소수의견도 있었고(제1분과),

저항권은 본문과 전문에 모두 넣어야 한다는 의견이 지배적이었다(제3분과).

(4) 사법권 독립과 관련하여 ▲대법원장과 대법원판사를 현직 판사가 선거하면 선거바람이 재판에 영향을 줄 우려가 있다는 지적이 있었고(박세경), 이에 대하여 법관의 선거제도로 인한 과도한 선거운동의 부작용을 줄이기 위하여 검사와 변호사의 참여를 배제했다는 답변이 있었다(김철수). ▲대법원장 선거인단에 변호사와 교수도 포함해야 한다는 의견도 제시되었다(제4분과). ▲사법의 민주화를 위해 법관의 임용자격을 강화하고 재야법조인도 판사로 임용할 수 있어야 한다는 의견이 제시되었다(제4분과). ▲헌법재판소는 옥상옥으로 예산만 낭비할 우려가 있으므로 대법원에 권한을 주는 것이 좋겠다는 의견이 제시되었고(박세경), 이에 대하여 헌법재판소는 서독식이어서 헌법위원회와 권한사항이 다르고, 과거의 구체적 위헌심사에서 추상적 규범통제도 가능하며, 국가기관 사이의 분쟁이 많으므로 사법의 정치화를 방지하기 위해 정치의 사법화를 도모하자는 생각이라는 답변이 있었다(김철수). ▲특별법원으로서 군법회의는 폐지하거나 관할과 재판부 구성 등을 대폭 개선해야 한다는 의견이 다수였고, 노동재판소와 조세재판소의 설치를 헌법에 명시하자는 의견과 이에 대한 신중론도 제기되었다(제4분과).

(5) 그 밖의 개정안 규정과 관련하여 ▲비생산적인 대토지소유를 금지하는 것은 상당한 부작용을 발생시킬 우려 있고, 농지소작제도를 금지하는 것은 좋지만 소규모농지에 대한 예외를 허용할 필요도 있다는 의견이 있었고(유인호), 농지소작을 금지하면서 소규모 농지의 임대를 허용한 것은 모순이라는 의견도 제시되었다(제5분과). ▲경제조항에서 경제발전의 목적과 방향을 명시하되 '복지국가'를 구체화하는 표현으로 하자는 의견, 독점 규제 조항을 삽입하자는 의견, 토지의 공개념 정신을 구체적으로 명시하자는 의견, 국가자금에 의한 개발이익이 사회에 환원되도록 하자는 의견 등이 제시되었다(제5분과). ▲서독 헌법은 영토를 규정하지 않고 있는데, 우리의 경우 영토를 '한반도와 부속도서로 한다'는 규정에 문제가 있다는 지적이 있었고(이상두), 이에 대하여 영토 문제는 북한 헌법에도 규정이 없고, 우리 헌법에 영토를 규정하면서 '휴전선 이남'이라고 할 경우 국민적 반발도 우려된다는 답변이 있었다(양호민). ▲행정기능이 강화되어 국민과 정부가 충돌할 경우에 대비하여 행정재판소 설치를 헌법에 명시하자는 의견이 있었고(제2분과), ▲교육과 언론의 중립성을 보장하자는 의견도 제시되었다(제2분과).

(6) 언론은 6인교수 헌법개정안의 내용에 대하여 시시비비 평가를 자제했다고 볼 수 있다. 1월 23일자 중앙일보에서 21~22일의 토론회의 "참석자들이 기본권의 보장에 역점을 두고 권력의 남용방지를 위한 장치를 마련했다는 점에서 대체로 찬성하면서도 권력이 대통령과 국무총리에게 분산된 2원적 통치기구에는 적지 않은 이의를 제기, 상당수가 의원내각제를 주장했다"고 짧게 보도하는 정도였다.

(7) 헌법개정안 작성 작업을 주도했던 김철수 선생의 자평 내지 감회는 2005년에 나온 간행물에 실려 있는데, 이에 따르면 개정안은 "많은 공감을 불러왔다. … 이원정부제라고 할 수 있는 권력분산형 대통령제안은 현재에도 많은 시사점을 주는 모범헌법안이라

하겠다"고 자평했다. 그러면서 1980년 10월에 공포된 제5공화국 헌법을 회상하면서 간접선거에 의한 7년 단임제의 대통령제로 낙착되었지만, 대통령 단임제의 채택, 기본권 제한의 완화, 행복추구권, 사행활비밀보호, 환경권 규정 등에서는 6인교수 헌법개정안이 많이 반영되어 다행스럽고, 대통령직선제, 국무회의의 의결기관화, 국무회의의 연대책임제, 헌법재판소제도가 채택되지 않은 점을 아쉬워했다.

개정안 작업의 실무를 도맡았던 양건 선생은 최근에 그 당시의 감회를 필자에게 전했다. 개정안과 관련하여 갑자기 언론의 주목을 받아 인터뷰 요청과 원고 청탁이 쇄도하여 유명인사가 된 느낌이었다고. 김철수 선생님께 고마운 마음을 갖고 있다고 했다. 한편, 양건 선생은 논의의 마지막 무렵에 신군부가 신현확 국무총리와 연합하여 절충적인 이원집정부제를 꾀한다는 뉴스를 언급하면서 우리가 신군부의 권력야욕 실현에 이용되는 개정안을 만드는 것은 아닌가 라는 심경을 밝힌 것으로 기억된다.

이 점과 관련하여 김철수 선생은 2003년 월간조선에 실린 대담을 통하여 개정안이 이원집정부제를 채택한 이유의 일단을 솔직히 털어놓았다. 이에 따르면, 강원용 목사는 이원집정제라야 김영삼, 김대중, 전두환 모두를 끌어들일 수 있다고 자신을 했다는 것이고, 요컨대 민주세력인 '양 김이 분열하지 않고 집권하는 방법'을 찾아야 했기에 대통령과 총리가 국가권력을 분점하는 바이마르 헌법을 원용하게 되었다는 것이다.

필자는 개정안 작업에 참여한 것을 큰 보람으로 여긴다. 사실 전임교수가 된 지 겨우 4년에 나이도 아직 30대인 애송이인데 양호민, 김철수 등 당대의 권위자와 함께 이름을 올린 것만으로도 영광이 아닐 수 없었다. 학식이 부족하여 더 기여하지 못한 점, 아쉬움으로 남아 있다.

다른 세 분의 자평이나 감회는 적을 수 없게 되었는데 세월이 너무 흘러간 탓이라 하겠다.

## 4. 그 해 다른 인연

(1) 3월 초순 쯤이 아니었나 기억된다. 양호민 선생과 김철수 선생 그리고 필자, 이렇게 세 사람은 갑자기 서독 아데나워재단의 초청을 받아 서독의 헌정 제도를 시찰하게 되었다. 헌법에 이어서 정당법, 선거법 등의 분야에도 더 깊은 연구와 논의가 시급하다는 여론이 있었고, 크리스찬 아카데미와 독일 대사관이 이에 기여하고자 시찰프로그램을 마련한 듯했다. 일주일 정도의 기간 동안 서독의 수도 본, 하이델베르크, 서베를린 등에서 머무르며 재단측이 마련한 빡빡한 일정을 소화했다. 의회 지도자, 정당 실무자, 대학 연구소의 소장, 법원의 판사 등을 만나 의회와 내각의 운영, 정당에 대한 국고 지원과 국민의 정치 교육, 사법제도의 운영 등에 관하여 설명을 듣고 토론을 한 것으로 기억된다. 양호민, 김철수 두 분은 번번히 많은 질문을 하면서 진지한 관심을 표했고, 필자는 두

분의 열의에 감탄했지만 막상 언어장벽으로 힘든 시간을 보내고 왔다.

한번은 공식 일정이 다소 일찍 끝나 일행은 모처럼 인근 서점에 들렀다. 주섬주섬 필요한 서적을 챙기고 있는데 곧 문을 닫는다고 하는 것이다. 그때가 6시였는지 7시였는지 정확한 기억은 없다. 아무튼 부리나케 계산을 마치고 나오자 곧바로 문이 닫혔다. 독일의 상점들은 일요일은 물론이고 평일에도 정해진 시간 이후에는 폐점하도록 법률로 강제하기 때문에 시민들은 점심시간이나 근무시간 중에 장을 보거나 물품을 미리 구입해 두었다가 퇴근 때 가져간다는 얘기였다. 일정의 끝부분에 비행기를 타고 동독 상공을 날라 서베를린으로 갔다. 우리 세 사람은 모처럼 저녁에 매운 음식을 파는 음식점을 수소문해 찾아갔는데 식사가 끝난 후 호텔로 돌아오는 길을 잃어 낯선 거리, 어두 침침한 길을 헤맸다. 필자가 가장 젊으니 챙겼어야 했는데 그러질 못해 죄스러웠다.

그런데 이 시찰 프로그램의 초청 대상에 영광스럽게도 왜 필자가 포함되었는지 못내 궁금했다. 전공분야가 정당제도나 선거제도 등과는 거리가 멀고 여러모로 부족한 사람인데 왜, 누가 필자를 포함시켰는지 알 수 없었고, 혹시 선진국 문물을 접한 체험이 없다는 점이 고려되었나 짐작할 뿐이었다. 4월이 되면 김철수 선생께 묻고 싶어 메모를 해두었는데 이 또한 갑작스런 일로 계획을 접어야 했다.

(2) 5월 초순 경이 아니었나 기억된다. 김철수 선생이 연락을 주어 상도동 자택으로 찾아뵈었다. 시국과 관련하여 지식인선언을 내기로 했는데 참여할 의향이 있느냐는 것이었다. 명망 있는 사회지도자 모모 인사 등이 앞장서서 추진하고 조속한 계엄해제를 요구하는 등의 내용이라는 것이다. 필자는 아직 그럴 만한 자격이 있는지 모르겠지만, 선생님이 원하시니 영광으로 알고 기꺼이 참여하겠다는 취지로 말씀드리고는 바로 서명을 했다.

돌이켜보면 1979년 10.26 사태로 유신체제가 끝나고 계엄 상태로 들어갔으며, 12월 6일에는 최규하 총리가 헌법 규정에 따라 대통령으로 선출되었지만 실권은 전두환을 중심으로 12.12 군사반란을 일으킨 신군부 세력이 장악하고는 이른바 '서울의 봄'으로 표현되는 국민들의 민주화 요구를 억누르고 있었다. 대학사회는 족벌사학들의 비리, 어용교수, 대학생 군사훈련, 대학자율화 등의 문제로 진통을 겪고 있었다. 4월 24일 서울시내 14개 대학교수 361명은 '최근 학원사태에 관한 성명서'를 발표했다. 또 각 대학에는 속속 교수협의회가 조직되어 학원문제나 사회문제에 대한 발언을 확대강화해 나아갔다. 필자는 숭전대 교수협의회 사무국장이 되어 다른 대학의 경우와 보조를 맞추며 수시로 시국성명을 채택하는 데 앞장을 섰다. 최근에야 알았지만 김철수 선생님은 이 무렵 서울대 교수협의회 부회장으로서 교수시국선언을 준비하는 활동을 하고 있었다. 기묘한 인연이다. 대학생들은 캠퍼스에서 장기간 농성을 하며 점차 정부에 대한 항의의 뜻을 강화하더니, 5월 15일 서울역 광장과 남대문 앞에 집결하여 대규모 가두시위를 펼쳤다. 상당수 교수들이 학생 보호를 위해 시위 대열의 뒤를 따라갔고, 필자도 이에 함께 했다. 저녁 무렵 그 장소에서 '지식인 134인 시국선언'이라는 가두 유인물을 발견했고 이것이 얼마 전에 김철수 선생 댁에서 서명했던 바로 그 선언이라는 것을 알았다. 그날 저녁 남대문 뒤쪽과 시내 요소요소에는 이미 중무장한 계엄군이 배치되어 있다는 소문이 돌았다.

선언문의 내용은 "1. 비상계엄령은 즉각 해제되어야 한다. 비상계엄령은 10.26, 12.12 사태 등 전적으로 집권층의 내부사정에서 선포된 것으로서 이는 분명히 위법이고 정치발전을 저해하는 가장 큰 요인이다. 2. 최규하 과도정권은 평화적 정권이양의 시기를 금년 안으로 단축시켜야 하며 그 일정을 구체적으로 밝혀야 한다. … 우리는 현 과정이 개헌에 관여하는 것을 명분 없는 개입으로 이를 반대한다. 국회의 개헌 심의는 정권야욕에 사로잡힌 작태를 청산하고 민중의 의사를 올바로 반영하여야 한다. 1. 학원의 병영적 성격을 일체 청산하고 … 1. 언론의 독립과 자유… 1. 근로자들의 권리 … 1. 민주인사에 대한 석방 … 1. … 국군은 정치적으로 엄정중립을 지켜야 … 한 사람이 국군보안사령관직과 중앙정보부장직을 겸직하고 있다는 사실은 명백한 불법이므로 마땅히 시정되어야 한다"는 것이었다. 서명자는 문인, 종교계, 언론인, 법조인, 학계 134명이다.

찾아보기 쉽지 않은 자료라 전원의 이름을 적기로 한다.

姜萬吉 姜文奎 姜信玉 高銀 具仲書 吉玄謨 金俊輔 金哲洙 金容駿 金觀錫 金勝勳 金潤煥 金成勳 金炳台 金定慰 金禹昌 金治洙 金炳傑 金奎東 金国泰 金相根 金容福 金泰弘 金命傑 金基台 金旭坤 金容燮 金燦国 金淑喜 金晋均 金濟亨 南廷賢 南天祐 盧明植 文益煥 毛惠晶 朴斗鎭 朴홍 朴玄垛 朴泰洵 朴婉緖 朴淵禧 朴淳敬 朴鍾萬 邊衡尹 白基範 白樂晴 白宰奉 徐南同 徐廷美 徐洸善 徐仁錫 徐悌淑 成裕普 蘇興烈 孫寶基 宋建鎬 宋相庸 宋媛熙 宋正錫 申一澈 申庚林 愼洪範 辛相雄 沈允宗 安炳茂 安秉直 安聖悅 梁承圭 柳宗鎬 兪仁浩 劉載邦 劉載天 尹浩美 尹錫範 尹興吉 李相日 李英浩 李佑成 李善栄 李文遠 李文永 李鍾範 李相禧 李浩哲 李時英 李文求 李泳禧 李男德 李効再 李炳注 李宗旭 李耕一 李在禎 李海東 李愚貞 李敦明 李敦熙 李世中 林喆規 林鍾律 任在慶 張乙炳 張潤煥 장희익 張明秀 鄭泰基 鄭姿煥 鄭昌烈 鄭喜成 鄭允炯 鄭錫海 鄭春溶 趙南基 趙馨 趙泰一 趙要翰 趙璣濬 趙準熙 陳德奎 車河淳 車基壁 千寬宇 崔明官 崔동식 崔民之 韓勝源 韓南哲 韓完相 咸世雄 玄永學 洪性宇 黃仁喆 文東煥이다. 이중 법학 교수는 김철수, 김욱곤, 백재봉, 양승규, 임종률인 듯하다.

정부는 비상계엄을 해제하기는커녕 5월 17일 비상계엄을 전국으로 확대했다. 검거와 정화의 바람이 불어닥쳤다. 지식인선언에 서명한 분들은 여러 수사기관으로 속속 연행되어 조사를 받았다. 필자는 현재 경찰청 자리에 있던 낡은 건물의 합동수사본부로 소환되어 조사를 받았다. 같은 층 다른 방에서는 몇몇 대학 교수들이 조사를 받았으며, 아래층에서는 학생회장 몇 사람과 노동조합 간부 몇 사람이 조사를 받는 듯 보였다. 지식인선언의 '죄상'을 이실직고 했으니 조사는 순조롭게 진행됐지만 조서를 여러 번 되풀이해서 쓰게 하여 고통을 주었고, 우리 대학 교수협의회 시국성명은 물론, 심지어 대학시절 학생운동의

'여죄'도 적어내게 되었다. 다른 조사실에서는 고함과 비명이 들리기도 했지만 필자를 포함하여 대부분의 교수에게는 특별히 위압적인 분위기는 없었다. 그러나 억류되어 있다는 것 자체가 큰 고통이었다. 어떤 분은 사표를 내고서야 석방되었는데 이것이 바로 강제해직이었다. 서명자 중 85명이 해직되었다가 1984년에 복직되었다. 법학 분야에서는 이화여대의 백재봉 교수가, 헌법개정안 작업을 같이한 6인교수 중에는 장을병 교수가, 필자가 봉직하던 숭전대에서는 조요한 교수가 해직 교수에 포함되었다. 조사과정에서 얼핏 필자가 서명자 중에서 가장 젊은 쪽에 속하고, 다른 한편으로는 대학시절 이후의 행적과 죄과는 가볍지 않다는 얘기를 들은 기억이 난다. 그 순간 "아! 나도 해직되겠구나" 싶었는데 어인 일인지 사표를 요구하지 않고 석방했다. 대학에 가면 처분결과가 기다리고 있을 것이라고 했다. 소위 B급으로 분류된 것이다. B급 처분은 보직 금지, 연구비 금지, 해외여행 금지의 처분이었다. 나중에 알았지만 김철수 선생은 한 달 남짓 피신을 다닌 끝에 중앙정보부에 연행되어 조사를 받는 고초를 겪었고 해직은 면했지만 B급 처분을 받았다고 한다.

해직 교수나 언론인 등의 고통은 이루 말할 수 없이 아픈 것이었다. 이에 비하여 필자가 받은 고통은 일시적인 것이었고 그 후의 활동과 생활에 거의 영향이 없었다. 30대 후반의 애송이 교수에 불과한데 김철수 선생이 필자를 명망가의 대열에 참여시킨 것이다. 왜 그랬을까 못내 궁금했고 불원간 묻고 싶었던 항목인데, 갑작스런 선생의 영면으로 이 또한 뜻을 이룰 수 없게 되었다. 짐작으로는 적어도 선생이 못난 제자를 믿고 아꼈던 것은 사실이 아닐까 싶다. 돌이켜보면 선생님은 경북고등학교 후배를 끔찍이 돌보는 듯했는데 필자는, 무슨 삐딱한 기질이랄까, 지연이나 학연 등은 무언가 품격을 떨어뜨리는 것이 아닐까, 뭐 이런 생각이 평생동안 마음 한구석에 자리 잡고 있었던 탓일까, 선생님을 일부러 멀리한 적도 있었다. 한 걸음 더 나아간다면, 필자의 학부시절 중 상당 기간을 선생님은 학생과장을 맡아 필자가 학생운동 주동자의 일원이고 민주사회의 발전을 열망하는 학생임을 알고 있어 제자 사랑과 함께 민주사회의 동지의식 같은 것도 있었을지도 모르겠다는 추리 소설도 쓸만하다고 생각해 본다. 고맙고 죄송한 마음을 왜 숨기고 지냈는지 회한이 남는다.

선생님의 명복을 빌면서 두서없는 이야기를 마치고자 한다.

# 國民統合 추진 國民運動

## 金哲洙 선생님의 개혁적 抵抗權 憲法思想과 루소(Rousseau)의 개혁적 국민통합 政治思想을 통한 主權者의 현 한국 국가위기 극복과 재도약 實現 方法論

趙柄倫*

### 들어가며

본고는 김철수 선생님의 애국적이고 개혁적인 抵抗權 헌법사상과 루소(Rousseau)의 개혁적 국민통합 정치사상을 현대 헌법정치적으로 재조명함으로써, 한국의 위기 극복과 재도약을 위한 "국민통합 추진 범국민운동"의 근본적 · 구체적 방법론을 제시하고, 그 실현의 핵심요체(clé de voûte, keystone)인 주권자 국민의 나라사랑 · 형제사랑 · 동포사랑의 마음의 주권의식 발휘와 이에 부응하는 대통령의 국가 리더십의 긴요성을 고찰하는 것을 목적으로 한다.

따라서 이하에서는 인간의 존엄성과 자유민주주의 기본질서를 침해하고 위협하여 국가정체성을 부정하는 국가적 무질서와 저출산 노령화 대책, 정치개혁, 언론 개혁, 교육 개혁, 노동 개혁, 연금 개혁, 지방 소멸화 대책, 각종 다양한 사회적 분열과 갈등 해소 등 제 국가적 난문제가 적절하고 충분하게 해결되지 못하고 있는 국가적 · 국민적인 총체적 국가 무질서라는 존망 위기의 현 한국 사회에서, 이 총체적 국가 무질서와 위기를 근본적으로 극복 초월 타파하기 위하여, 국민 스스로가 능동적으로 주권을 행사하는 범국민운동을 강력히 전개하여 국민통합을 이루어 냄으로써, 한국의 국가 재도약의 성공을 달성하는 방법론을 제시하고자 한다.

이를 위해, 김철수 선생님의 애국적 · 개혁적 抵抗權 헌법사상과 장-자크 루소(Jean-Jacques Rousseau)의 사회계약론상 "전면양도(aliénation totale)"와 "일반의사(volonté générale)"와 "능동적 실질적 국민주권(souveraineté du peuple)"에 의한 국민통합 이론의 현대 헌법정치적 기능과 대책에 대한 재조명이 필수적으로 필요하다고 생각된다.

---

* 명지대학교 명예교수, 전 부총장, 전 한국헌법학회 회장

국민통합 추진 방법론으로서, 六何原則(5W1H 원칙)에 따라 (1) 누가(Who?), (2) 무엇을(What?), (3) 어떻게(How?), (4) 왜(Why?), (5) 어디서(Where?), (6) 언제(When?) 해야만 한국의 재도약을 위한 국민통합을 제대로 달성할 수 있는지의 "국민통합 추진 범국민운동"의 구체적 방법론과 그 실현을 위하여 필수 불가결한 관건이며 핵심 요체인((clé de voûte, keystone)인 주권자 국민의 주권의식 발휘와 이에 부응하는 대통령의 리더십의 긴요성과 방향에 대하여 "국민 신문고"로서 제언하려고 한다.

## 제1. 김철수 선생님의 헌법사랑 및 헌법의 올바른 수호를 위한 정치 사회 개혁과 저항권 헌법사상

김철수 선생님께서는 평생을 극진하신 제자 사랑은 물론이고, 헌법연구와 헌법실천을 위한 올곧은 정신과 열정으로 국가와 사회의 발전을 위해, 헌법을 사랑하고 국민의 인간으로서의 존엄성과 행복추구권 및 기본권 보장을 존중하시며, 이를 수호하는 자유민주주의 헌법의 올바른 실천과 수호를 위해 헌신하신 개혁 실천가이시고 크나큰 애국자이시었다.

김철수 선생님께서는 이러한 개혁정신의 발로로 수많은 헌법 교과서와 논문을 포함하여, 아래에서 예시하는 바와 같이 국가와 사회의 무질서와 병폐를 타파하고 개혁하기 위한 수많은 인간의 존엄성과 자유민주주의의 민주화와 국민통합 실현을 위한 개혁적 논설을 발표하시었다. 그 개혁 대상들은 주로 이른바 국가권력을 국민으로부터 위임받아 행사하고 있는 국민대표들과 정치인 정당 및 사회단체 등의 반국가적 반국민적 반헌법적 반사회적 반역사적 잘못된 정치 행태들이었다. 이러한 반헌법적 행태 중에서도 반드시 개혁되어야 할 가장 중요한 대상들은 대한민국이라는 국가 자체의 존립과 안전 및 인간의 존엄성과 자유민주적 기본질서 등 국가의 근본 질서를 파괴하고 위협하는 세력 등의 반국가적 반국민적 반헌법적 반사회적 반역사적 잘못된 정치 행태들이라고 할 수 있다.

그 대표적 개혁적 저항권 헌법사상과 의지의 표현으로, 김철수 선생님께서는 "헌법의 원리를 근본적으로 부인하는 것 같은 政治勢力이 출현하여 國家權力을 남용하고 人權 및 이를 인정하는 民主的 憲法 자체가 중대한 침해를 받아 그 존재가 부인되기에 이르렀을 때에도 방관해야 할 것인가는 문제이다. 이 경우에 헌법을 수호하기 위한 抵抗權이 인정되어야 할 것이다. 이러한 의미에서 獨逸基本法은 국가에게 緊急權을 인정하면서 緊急權濫用의 경우 憲法守護權으로서의 抵抗權을 인정한 것이다. 이 의미에서 볼 때 抵抗權은 憲法保障의 手段이라고 할 것이다. 人間의 尊嚴, 價値를 中心理念으로 하는 民主主義秩序의 否定에 대한 抵抗은 人間의 超國家的인 人權이라고 보아야 할 것이다. 憲法에 權利保障의 制度가 완벽하게 규정되어 있다 하더라도 이것을 國民主權主義的으로

운영하지 아니하고 違憲, 不法的으로 행사하는 경우에는 저항하여야 할 權利와 義務가 있다고 보아야 할 것이다."라고 지적하신다.[1)]

김철수 선생님께서는 또한 우리나라 "현행 헌법은 前文에서 '불의에 抗拒한 4.19 民主理念을 계승'하고 있으므로 抵抗權을 인정하고 있다고 보아야 할 것이다."라고 강조하시고 "궁극적으로 抵抗權의 행사에는 국민의 인권의식과 신중한 권리주장의 자세가 요구된다."고 지적하신다.[2)]

이와 같이 김철수 선생님께서는 人間의 尊嚴, 價値를 中心理念으로 하는 自由民主主義 秩序의 否定에 대한 抵抗의 구체적 내용과 방법에 대하여도 다음과 같이 폭 넓은 숙고와 인내 및 포용과 자제에 의한 저항 결단의 조화를 이루도록 신중하게 행사하여야 한다고 저항권 행사의 이정표(里程標)와 대도(大道)를 견고하게 제시해 주심으로써, 국가의 안위에 대한 큰 대국적 지도자로서의 지혜와 면모를 밝고 명확하게 보여 주신다. 즉, "저항이 행해질 상대자는 公權力을 違憲的으로 행사하여 民主秩序, 政治秩序, 社會國家秩序를 파괴하는 모든 자연인 또는 법인 및 집단에 대해서 행사할 수 있다."[3)] 이 저항권은 "民主主義基本秩序에 대한 重大한 侵害가 행하여지고 憲法의 存在 자체가 부인되려고 하는 경우(헌법 파괴 : Beseitigung der Verfassungsordnung)"에 행사될 수 있다. "抵抗權行使의 방법"으로 "抵抗權 行使에 있어서는 不法勸力을 배제하고 법질서를 유지 또는 재건한다는 목적을 달성함에 필요한 정도로 모든 가능한 실력을 행사할 수 있다. 抵抗權의 행사는 최초는 非暴力的 抵抗으로 시작하고 이것이 효용이 없는 경우에는 폭력에 호소하는 暴力的 저항이 허용될 것이다. 처음에는 受動的 抵抗이 행사될 것이며, 이로써 不法的인 權力行使를 광정(匡正)할 수 없을 때에는 能動的인 抵抗을 하여야만 할 것이다."라고 그 길을 상세히 밝혀 주신다. 그러면서도 이어서 "抵抗權行使의 自制"에 대하여 "抵抗權의 행사에 의하여 무정부상태가 출현할 우려가 있기 때문에 이를 막고 저항권이 人權擔保의 제도적 보장으로서 진가를 발휘하기 위하여서는 권리자 자신의 자제와 결단의 조화에 기대할 수밖에 없다. 抵抗權의 행사는 '愼重'하게 해야 한다."[4)]라고 구국이라는 대국적 아량과 포용의 미덕을 함께할 것을 유의점으로 당부하신다.

우리나라의 국가적 위기 극복 방법에 대하여 김철수 선생님께서는 "그동안 憲法과 法律을 지키지 않아 나라는 누란의 위기에 처해 있다. 이 危機를 克服하기 위하여서는 憲法을 준수해야 하고 법을 통한 統治가 행해져야 한다. 無法과 부패(腐敗)가 횡행하는 社會를 혁파하기 위하여 國民은 憲法을 배우고 憲法의 理念에 따라 爲政者, 從僕을 감시하여야 한다. 새해는 國民이 主權意識을 발휘하여 國家를 求하는 데 앞장서야 한다."[5)] 라고 국민이 능동적 적극적으 국민주권을 행사하여 국가 위기 극복 황동에 앞장설 것을

1) 김철수, 헌법학 개론, 제15 全訂新版, 박영사, 2003, pp.368-367, pp.1372-1382.
2) 김철수, "抵抗權 小考", 서울大學校 法學 제20권 2호, 1980.5. ; 김철수, 헌법학 개론, 제15 全訂新版, 박영사, 2003, pp.368-367, pp.1372-1382.
3) 김철수, 헌법학 개론, 제15 全訂新版, 박영사, 2003, p.1379.
4) 김철수, 전게서.
5) 김철수, 헌법학 개론, 제15 全訂新版, 박영사, 2003, p.iii.

당부하신다.

이와 같이 "국민이 주권의식을 발휘하여 국가를 구하는 데 앞장서야 한다"는 구국의 大道와 저항권에 대한 이상의 의의와 원리를 가장 적절하고 효과적으로 조화적으로 실현할 수 있는 현 단계의 합리적인 방안의 대표적인 것이 뒤에서 상론하는 바와 같이 국민 스스로 "형제애"를 통한 구국의 "국민통합 추진 범국민운동"을 활발하고 강력하게 추진하는 방법이라고 할 수 있을 것이다.

따라서 "형제애"를 통한 구국의 능동적 주권행사를 "국민통합 추진 범국민운동"의 현행 헌법적 근거로 함으로써, 한국의 재도약을 위해 필수적인 국민통합 추진 범국민운동을 지금 바로 힘차게 전개하기 시작하여야 할 것이다.

그러므로 이 형제애와 국민통합에 대한 국민정신교육 민주시민교육을 조속히 법 제도를 최대한 활용하여 범국가적 범국민적으로 바로 실시 함으로써 국민통합 추진 범국민운동을 실효적으로 즉시 전개하여야 할 것이다.

루소(Jean-Jacques Rousseau)도 이러한 최대의 국가적 사회악과 무질서에 대한 근본적 개혁과 국민통합 정신의 발로로 사회계약론을 발표하고, 아래에서 상세히 보는 바와 같이 그 개혁과 국민통합을 실천하기 위한 가장 근본적이고 확실한 방법으로 "전면적 양도(aliénation totale)"라는 방법과 그 개혁 결과를 이루어 내는 주체로서 실질적인 주권자인 살아 있고 행동하는 능동적 국민의 "일반의사(volonté générale)"에 관한 이론을 독창적으로 창안하여 제시하였다.

우리나라 헌법재판소도 수많은 위헌판결로 김철수 선생님의 이러한 개혁정신을 살리었다. 그 대표적인 예의 하나로 헌법재판소는 통진당 위헌판결로 그 정당해산을 명령하였다.[6)]

이하에서는 김철수 선생님의 헌법사랑 및 헌법의 올바른 실천을 위한 정치 사회 개혁을 위한 저항권 사상 및 국민주권 사상과 루소(Jean-Jacques Rousseau)의 사회계약론상의 "전면양도"와 "일반의사"의 올바른 개혁과 국민통합 사상을 오늘날 올바르게 활용하고 실천하여, 국민과 국민대표가 바라고 추진하는 대한민국의 존립과 안전 및 세계적 재도약과 발전을 이룩하기 위하여, 그 개혁정신과 개혁적 국민통합 방법론의 길을 한국사회에 현대헌법정치적으로 재조명해 보고자 한다.

이러한 개혁을 위해 김철수 선생님께서는 국가와 사회의 무질서와 병폐를 타파하고 개혁하기 위한 수많은 논설로, 다음과 같이 중앙일보, 동아일보, 문화일보, 한국일보, 세계일보, 국민일보, 매일신문, 서울경제, 한국경제, 법률신문, 대학신문 등에, 대한민국의 정통성과 反헌법세력, 국민통합, 국민의 주권의식 발휘와 주권자 국민의 헌법 수호, 대통령과 올바른 정치, 인권의 세계화와 인간의 존엄성 등 김철수 선생님의 크고 높으신 애국심의 발로의 시론을 과감하고 용기 있게 다수 발표하시었다.

---

6) 헌법재판소의 2014년 12월 9일 선고 통합진보당 해산심판 사건

대한민국의 정통성과 反헌법세력(문화일보, 2011.8.1.), 국가정통성 수호 모두 나설 때다(대한언론, 대한언론인회), 전투적 종북정당 존폐 이번엔 분명히(동아일보, 2012.8.1.), 통진당과 연대하는 민주당의 정체 제대로 봐야(월간조선 176-182면), 통진당 해산 提訴 가능… 소속 의원 다 제명할 수 있어(조선일보 3면, 2013.9.5., [인터뷰]), 위헌정당해산과 자유민주주의수호(문화일보, 2013.9.3.), 통진당과 違憲정당 해산(문화일보, 2013.10.10.), 통진당 대리투표 무죄판결의 違憲性(문화일보), 동의대 사건과 公權力의 권위 회복(문화일보, 2013.4.3.), 전교조시국선언 유죄확정의 의미(문화일보 포럼 31면, 2012.4.23.), 이데올로기와 데마고기의 끝(고시계 제405호, 12-13면, 1990.11.), 헌법, 국민통합의 대헌장(국민일보, 2009.7.15.), 태극기, 애국가 등 국가상징 헌법에 규정해야(데일리한국, 2014.10.27.), 헌법수호하여 통일 앞당기자(학술원통신, 2013.11.1), 언제까지 남남 갈등인가(세계일보, 2009.7.5.), 헌법 지켜 국론통일하자(중앙일보, 2009.7.17.), 국론 통일하여 6.25 남침 막자(고시계, 2009.7. 7월호), NLL 포기는 국헌문란행위(문화일보, 2007.1.5.), 국민볼모정치 안 된다(동아일보, 2003.10.17), 주권자의 주권행사방법(고시계 제215호, 12-24면, 1975.1.), 원로 헌법학자의 시론:「최후의 헌법수호자」인 국민이 일어나야 한다(월간조선, 2004.10.), 저항권 소고(법학(서울대) 제20권 2호(통권 43호), 174-190면, 1964.4. 1980.5.), 주권자로서의 국민의 의의 변천(고시계 제86호, 34-42면), 국민주권주의와 국민대표주의(특승강좌 94, 4-19면, 1983.3.), 대한민국의 주권자인 국민들을 위한 헌법과 법률 지침을 제시(파워코리아 인터뷰기사(2016년 4월호), 54-56면, 2016.4.1.), 대통령의 지위와 권한(국가고시 제9호, 1976), 대통령에 국회해산권 있어야(조선pub(월간조선) 기사, 2016.3.26.), 과거사 극복할 대통령(세계일보, 시론 22면, 2012.7.24.), 민주적 지도력(조선일보 4면, 1980.3.29.), 헌법과 국정을 생각한다(조선일보, 5면, 1982.11.17), 우리 헌정의 나아갈 길, 우리들의 헌법: 새 공화국 탄생을 앞두고(샘터, 11-22면, 1980.1.), (인터뷰) 대한민국 민주주의의 본질을 재정립하다(『Weekly People』 425, 2011.1.3), 민주주의 탈 쓴 제입법(대학신문, 1965.8.19.), 자유민주적 기본질서와 민주적 기본질서(고시연구 68호 12-33면, 1979.11.), 악법개폐작업의 활성화를(고시계 제387호, 12-13면, 1989.5.), 국회의원은 헌법 법률을 준수하라(세계일보, 2009.8.9.), 헌법 · 법률 존중되는 민주사회를 향하여(한국논단 9월호, 2009.9.), 새해 정당정치에 바란다(세계일보(김철수 칼럼), 2010.1.10.), 政治社會淨化는 거짓말 追放에서(서울대동창회보, 2013.7.15.), 유언비어와 언론정책 - 유언비어는 정부의 보도관제나 보도의 부정확에서 오는 잡초다(기자협회보 제140호, 1970.7.24.), 인권의 세계화(고시계 10월호, 2002.10.), 인간의 존엄과 가치 행복추구권의 연구(학술원연구비연구, 2007.11.30.), 법학과 철학, 왜 법철학을 배워야 하는가?(월간 신동아, 1983.9.), 인간의 존엄과 가치의 존중-헌법 제8조의 해석을 중심으로(인권연보(법무부), 1968.12.), 인간존엄과 사회복지(씨올의 소리 제36호, 31-36면, 1974.9.), 인간의 존엄 · 평등과 자유(국가고시 제3호, 1975), 인간의 존엄과 가치의 보장(월간고시 제3권 12호, 17-27면, 1976.12), 법치주의의 위기(문화일보, 31면, 2011.11.3.), 정의의 법철학적 의미(월간중앙,

257-265면, 1975.1.), 법질서와 사회정의(선진조국창조, 1983.3.), 다중범죄 철저히 응징해야(세계일보, 2009.11.16.), 추락하는 공무원정신 바로 세워야(문화일보, 2014.5.1.), 법치붕괴와 아노미로 G20 이하 국가로 전락 없어야(데일리한국, 2014.10.2.)

## 제2. 한국의 국가적 존망 위기와 사회적 분열과 갈등의 현황과 개선 방향

### I. 우리 사회의 국민 분열현상

위에서 상세히 살펴본 우리나라와 사회의 존망 위기는 점점 더 심화되어 더 이상 방치할 수 없는 상태에 이르렀다. 이에 따라 국민이 양 진영으로 분열되는 상황에까지 이른 현 상황[7]을 언론이 반영하여, 2023년 1월 벽두부터 "하나의 나라, 두 쪽 난 국민"이라는 표제가 조선일보 1면 톱 논평기사로 일주일 이상 동안 8회에 걸쳐 연재되는 일까지 일어나고 있다.

이러한 우리나라와 사회의 존망 위기를 국민과 정부가 지혜롭게 총력을 다하여 극복하는 구국의 대책이 절실하게 필요하게 되었다. 이러한 우국충정을 반영하여 2023년 1월 4일 벽두에 "24인의 국가원로, 학자들의 고뇌에 찬 토로"가 인쇄되어 "한국의 새 길을 찾다"라는 제목의 큰 책으로 1월 11일 한국의 희망의 빛으로 발행되어 나오게 되었다.[8]

이 "한국의 새 길을 찾다"라는 편저서에서는 "산업화-민주화-선진국화에 성공한 대한민국의 국민은 왜 행복하지 못할까?"라는 긴급한 국가적 국민적 현안 문제에 대하여, "취약한 국가 리더십, 사회 이중 구조, 얇아진 영혼 근육, 분열 공화국의 한국"이라는 근본 원인과 현황을 심도 깊게 분석하여, 우리나라의 근현대사가 가르쳐준 교훈을 바탕으로 하여, 한국의 미래를 밝혀주고 있다. 그 대책으로 "역사 반전을 위한 창조적 파괴 없이 한국의 미래는 없다"고 경고하고 있다.

NEAR 재단 이사장인 정덕구 전 사업자원부 장관은 이 "한국의 새 길을 찾다"라는 편저서의 "대한민국의 새 길을 찾기 위한 성찰과 숙고의 시간"이라는 제목의 기고에서, "누가 창조적 파괴를 가로막는가. 창조적 파괴를 가로막고 있는 것은 취약한 국가 리더십이고 기득권자의 저항이고 국민의 두려움이다. 이러한 장애 요소를 뚫고 나가려면 특단의 결단력이 필요하고, 영웅적 용기, 계획의 정교한 디테일, 치밀한 방법론이 필요하다. 목숨까지 걸어야 할 이 창조적 파괴를 누가 주도할 것인가? 지금 우리에게 큰 바위 얼굴이 필요한 이유이다. 우선 파괴된 인물 생태계를 건강하게 복원해야 한다. 국민에게

---

7) "양극화는 전통적으로 경제 영역의 문재로 인식돼 왔다. 하지만 지금은 정치 영역의 양극화가 이에 못지않게 우리 사회를 위협하고 있다. 승자 독식 정치 체제의 폐해가 누적된 데다 '조국 사태' 등이 기름을 부은 결과다"라고 보도되고 있다. 조선일보, 2023년 1월 3일 1면, "하나의 나라, 두쪽 난 국민" (1)

8) 한국의 새 길을 찾는 원로 그룹 지음, NEAR 재단 편저, 한국의 새 길을 찾다, 정림출판, 2023년 1월 4일 인쇄, 11일 발행

인식의 혁명이 오지 않는다면 진정한 변화는 기대할 수 없다."라고 창조적 파괴를 위해서는 국민의 인식혁명이 필수적으로 중요한 관건임을 밝혀주고 있다.[9)]

이러한 "구국을 위한 창조적 파괴"의 대책으로서 본고에서는 "국민에게 인식의 혁명이" 오도록 하기 위한 "특단의 결단력 있는 계획의 정교하고 디테일하며 치밀한 방법론"으로서 "형제애", "동포애"를 통한 국민통합을 달성하는 길을 심도 깊게 탐구하여, 그 길을 주권자인 국민 스스로가 "영웅적 용기" 있는 국민운동에 의해 실현하는 방법론을 구체적으로 제시하고자 한다. 이것이 본고 아래에서 상세히 고찰하고 제시하는 "국민통합 추진 국민운동"이다.

우리 사회의 국민 분열현상은 보복의 원한 정치로 변질된 정치가 근본 원인이라고 지적되고 있다. "하나의 나라, 두쪽 난 국민"이라는 표제의 조선일보 기획 연재 기사의 첫번째로 2023년 1월 3일자 1면 톱 제목 "국민 40%. 정치성향 다르면 밥도 먹기 싫다"하의 "일상까지 파고든 정치 양극화"라는 신년특집 여론조사 결과 보도 기사에서, 우리 국민 3명 중 2명은 "정치 갈등이 사회를 불안, 위험하게 만들어"가고 있고, "다른 진영을 적으로 보고 불신, 혐오"하여 "국가적 리스크로 커져"가고 있다고 보도하고 있다.[10)]

이에 대해 "선거 때 수면 위로 드러났던 정치적 양극화가 우리 일상까지 지배하며 국가적 리스크로 떠올랐다"고 보도하고 있다. 이에 따라 "국민 3명 중 2명(67.3%)은 '우리 사회의 정치적 갈등이 공동체를 불안 또는 위험하게 만들고 있다'고 했다"고 경고하고 있다.[11)]

또한 국민 66%가 "우리 편은 합리적, 저들은 팩트도 무시"한다는 여론조사도 나왔다(조선일보 2023년 1월 4일 1면). 즉, 자기와 정치적 입장이 다른 사람들은 객관적 근거를 제시해도 생각을 바꾸지 않으리라고 인식하고 있는 것으로 나타난 것이다.[12)]

우리 국민은 현재 여야 지지층 모두 진영논리로 양분되어 있다. 팩트마저 인정하지 않는 진영논리를 토대로 가짜뉴스도 범람하고 있다고 보도되고 있다. 통계와 과학은 뒷전이고 '우리 편이냐 아니냐'가 최우선 잣대로 작용하기 때문이라고 분석되고 있다.[13)]

여야 의원들은 정치 양극화 현상에 대해 "정치인이 가장 큰 문제"라는 지적과 함께 자성의 목소리도 커지고 있다고 보도되고 있다.[14)]

문희상 전 국회의장은 "정치 양극화, 이대로면 서로 헐뜯다 공멸"한다고 현재의 국가의 존망 위기를 경고하고 있다. 즉 2023년 1월 5일 조선일보 1면 "하나의 나라, 두쪽 난 국민"이라는 주제의 기획 논설 인터뷰에서 문희상 의장은 "지금 한국 정치의 제1과제,

---

9) 한국의 새 길을 찾는 원로 그룹 지음, NEAR 재단 편저, 한국의 새 길을 찾다, 정림출판, 2023년 1월 4일 인쇄, 11일 발행, p.40.

10) 조선일보, 2023년 1월 3일 1면, "하나의 나라, 두쪽 난 국민" (1)

11) 조선일보, 2023년 1월 3일 1면, "하나의 나라, 두쪽 난 국민" (1) : 조선일보, 2023년 1월 4일 1면, "하나의 나라, 두쪽 난 국민" (2)

12) 조선일보, 2023년 1월 4일 1면, "하나의 나라, 두쪽 난 국민" (2) "내편은 팩트, 네편은 가짜뉴스"

13) 조선일보, 2023년 1월 4일 A5 면, "하나의 나라, 두쪽 난 국민" (2)

14) 조선일보, 2023년 1월 4일 A5 면, "하나의 나라, 두쪽 난 국민" (2)

더 나아가 대한민국의 최대 숙제는 정치 양극화"라며 "이렇게 가다가는 도저히 저쪽이 잘되는 꼴을 못 보고 망하기만 바라고 헐뜯다가 공멸할 것"이라고 강조하고 있다. 문희상 의장은 "이대로면 정치인들만 공멸하는 것이 아니라 국민이 둘로 쪼개져 국가가 내전 상태가 될 것"이라며 "그 책임도 정치인이 져야 하고 그 해결도 정치가 해야 한다"고 지적하고 "양극화 해법으로 시스템 개혁과 정치인의 리더십"을 제안하고 "정치에서 국민통합을 실패하면 다 실패하는 것이나 다름없다"고 정치 양극화의 해결책으로 국민통합과 정치인의 리더십을 강조하고 있다.[15]

김성수 대한성공회 주교는 "하나의 나라, 두쪽 난 국민" (4) 조선일보 위 연재 기획 보도 "서로 잘났다며 싸우기만… 우리가 이 정도밖에 안 되나"라는 제목하의 기고에서, "가장 걱정스러운 소식은 사회의 편 가르기가 심각하다는 것"이라고 지적한다. 이어서 "우리 사회 갈등의 해법"에 대하여, "여든 야든 엄마의 마음으로 국정에 임하기를"이라는 제목하의 위 기고에서, "엄마는 말을 하지 않아도 다 아는 것이지요. 그런 발달 장애인 엄마의 심정이 필요합니다. 정부든 여당이든 야당이든 엄마의 마음으로 국민을 위하고 국정에 임한다면 지금처럼 갈라지지는 않을 것이다."라고 제시한다. 이어서"'우리'라는 의식을 회복했으면 합니다. 지금은 제각기 너무 잘나고 훌륭해서 양보하고 배려할 줄 모르기 때문에 갈등이 더 심해진 것 같습니다."라고 "우리 사회 갈등의 해법" 중 가장 중요하다고 할 수 있는, "엄마의 마음"과 "우리"와 같은 사랑을 바탕으로 하는 의식개혁의 긴요성을 대안으로 제시하고 있다.[16]

이진우 포스텍 명예교수는 "하나의 나라, 두쪽 난 국민" (5) 조선일보 위 연재 기회 보도 "1차대전 참호전처럼… 보복의 원한 정치로 변질"이라는 제목하의 기고에서, "어떻게 민주주의를 성숙하게 발전시킬 수 있는지에 대한 구체적 논의"가 필요하다고 지적한다. 이어서 "통합해야 할 정치가 혐오 이용해 사회분열"이라는 제목하의 위 기고에서, "네가 나를 살리면, 나도 너를 살린다는 통합의 윤리"를 대안으로 제시하고 있다.[17]

박은식 호남 대안 포럼 대표는 "하나의 나라, 두쪽 난 국민" (6) 조선일보 위 연재 기획 보도 "친군디 니를 미워할 이유가 있겄냐"라는 제목하의 "생각 다르다고 청산하려 하면 갈등 더 커져"라는 부제목하의 기고에서, 정치적 견해가 다른 연설을 자신이 한 데 대해 친구들에게 양해의 글을 올렸더니 이에 대해, 친구들이 "친군디 니를 미워할 이유가 있겄냐? 이런 생각도 있고 저런 생각도 있는 것이제. 고생했다"라는 대답이 돌아오자 머쓱해질 정도로 고마웠다고 한다. 박은식 대표는 이어서 "나와 생각이 다르다고 청산 대상으로 지목해 버린다면 갈등은 더 증폭된다는 것, 크게 보아 자유민주주의 시장경제를 추구한다면 함께하고 이를 부정한다면 먼저 사실을 제시하며 설득하는 자세를 가져야 한다는 것, 정치적 신념보다 오래 함께한 인연이 더 중요하지 않나? 생각이 다른 것을 당연하게 받아들인다면 집단에 매몰되지 않고 개인으로 우뚝 설 수 있을

15) 조선일보, 2023년 1월 5일, 1면, 6면
16) 조선일보, 2023년 1월 6일 1~2면, "하나의 나라, 두쪽 난 국민" (4)
17) 조선일보, 2023년 1월 7일 1면, 4면, "하나의 나라, 두쪽 난 국민" (5)

거라 생각한다. 한겨울 추위가 매서운 광장에는 아직도 많은 사람이 자극적인 정치적 구호를 외치며 시위 중이다. 이제 그만 집으로 돌아가셨으면 좋겠다. 오늘 하루 가족들과 오붓한 시간을 보내고 다음 날엔 정치적 신념이 다른 친구들에게 따뜻한 국밥 한 그릇 대접하며 그간의 안부를 묻는 건 어떨까?"라고, 갈등과 분열을 해결하고 통합을 이루기 위해서는 우애를 바탕으로 하여 사실을 제시하며 설득하는 자세를 가지는 것이 최선의 해법이라고 강조하고 있다.[18)]

이동수 청년정치크루 대표는 하나의 나라, 두쪽 난 국민" (7) 조선일보 위 연재 기획 보도 "스마트폰 안에는 선동, 저주 난무… 화면 밖 나와라"라는 제목하의 "정치권, 온라인서 재미만 보려 해선 안 돼"라는 부제목하의 기고에서, 오늘날의 정치 양극화의 중요 원인에 대해. "얼마 전 미국 연구조사기관인 퓨 리서치센터에서 공개한 자료에 따르면 우리나라 국민의 77%가 '소셜 미디어와 인터넷이 정치적 분열을 심화시킨다'고 답했다. 미국(79%)과 네덜란드(78%)에 이어 셋째로 높은 수치다"라고 경고하고 있다.

이동수 대표는 이러한 한국의 위험현상을 극복하는 방법에 대해, "양극화된 정치의 해법도 현실에 있다. 정치권이 온라인에서 재미만 보려 할 게 아니라 오프라인에서 공론장을 형성하고 대화와 타협을 위해 노력할 때, 우리는 이해의 폭을 넓힐 수 있다. 세상은 스마트폰 밖에 있다"라고 중요한 구체적 대안을 제시하고 있다.[19)]

與 순천 갑 당협위원장 천하람 위원장은 "하나의 나라, 두쪽 난 국민" (8) 조선일보 위 연재 기획 보도 "정쟁 몰두하느라 지역소멸 방치"라는 제목하의 "지역감정은 점점 사라지는데 정치만 섬뜩한 대립"이라는 부제목하의 기고에서, "한 정당의 영향력이 너무 큰 지역에서는 사실과 다른 음모론이 오프라인에서도 잘 바로잡히지 않습니다. 직접 대화할 수 있는 분은 매우 소수입니다"라고 개별적 설득에 의한 국민통합이 실제로는 너무나 어려운 방법이라는 것을 체험을 바탕으로 하여 설득력 있게 제시하고 있다. 따라서 천하람 위원장은 이어서 "정치에서 지역주의가 하루 이틀 된 일은 아닙니다. 그렇지만 온라인의 정치적 양극화와 오프라인의 일당 독점이 만나 시너지를 내고 있는 현실을 보면 섬뜩합니다. 동시에 지역 소멸의 위험성은 날이 갈수록 커지고 있습니다. 진영이 양극화하고 갈등이 깊어지는 정치 시스템을 근본적으로 손보지 않는다면 우리 정치는 지금보다 더 나빠질 수도 있습니다. 상상도 하기 싫습니다"라고 정치 시스템의 근본 개혁을 대안으로 제시하고 있다.[20)]

이상과 같은 구국의 충정에서 나온 "우리 사회 갈등의 해법"에 대한 위의 방향 제시들은 본고의 아래에서 상론하는 "형제애"를 기반으로 하는 "국민통합 추진 범 국민운동"의 방법론과 그 맥을 같이하고 있다고 하겠다.

따라서 이러한 "우리 사회 갈등의 해법"에 대한 구국의 대안들을 종합적 국민적 근거로 하여, 아래에서는 너와 나의 구별과 대립을 대국적인 애국심으로 초월하고 통합을 이루어

18) 조선일보, 2023년 1월 9일 1면, 4면, "하나의 나라, 두쪽 난 국민" (6)
19) 조선일보, 2023년 1월 10일 1면, 5면, "하나의 나라, 두쪽 난 국민" (7)
20) 조선일보, 2023년 1월 12일 1면, 6면, "하나의 나라, 두쪽 난 국민" (8)

함께 나라를 구하자는 이른바 "형제애" "동포애"를 기반으로 하여, "국민통합 추진 범국민운동"을 국가적 범국민적 범정부적으로 힘과 지혜를 모아 활발하게 전개하자는 구체적 방법론을 상세히 고찰해 보고자 한다.

이러한 국민 분열 현상과 함께. 인간의 존엄성과 자유민주주의 기본질서를 침해하고 위협하여 국가정체성을 부정하는 국가적 위기와 무질서 및 저 출산 노령화 문제, 정치개혁, 언론 개혁, 교육 개혁 노동 개혁, 연금 개혁, 지방 소멸화 대책, 각종 다양한 사회적 분열과 갈등 해소 등 제 국가적 난문제를 제대로 해결하지 못하고 있는 국가적 국민적인 총체적 국가 무질서의 한국 사회에서, 이 총체적 국가적 위기와 무질서를 극복 초월 타파하여 국민통합에 의한 한국의 국가 재도약의 성공을 창출하여야 할 것이다. 이를 위해 아래에서는 먼저 국가적 위기와 사회 분열과 갈등의 근본 원인과 그 개선 방향을 심도 깊게 분석한 후, 그것을 바탕으로 하여 "국민통합 추진 범국민운동"의 방법론을 구체적으로 상세하게 고찰하려고 한다.

## II. 국가적 위기와 사회 분열과 갈등의 근본 원인

한국의 위기의 근본 원인이 어디에 있는가 하는 위기 문제의 본질 파악이 필요하다. 이 원인이 파악 되어야만, 그 위기 문제 탈출의 해법도 바로 이 원인 제거 내지 개혁 혁신에 의해 가능하게 되므로, 그 본질적 원인으로부터 당연히 도출되는 대안을 찾아야 할 것이다.

### 1. 역사적 이념 대립

우리나라의 오랜 역사의 흐름 속에서 답을 찾아야 한다는 견해가 있을 수 있다.[21)]

정덕구 NEAR 재단 이사장은 위에서 본 "한국의 새 길을 찾다"의 편저서 서문에서 한국의 "두 개의 역사 인식이 양극단으로 대립하고 충돌"해온 것이 "오늘날 대한민국의 분열, 반목, 대치 상태의 뿌리"라고 지적하고 있다.[22)]

김성수 전 대한성공회 대주교는 위 "한국의 새 길을 찾다"의 편저서의 "강국이 된 한국, 잃어버린 인간의 기본을 찾아서"라는 제목의 "추천의 글"에서, "영국 킹스 칼리지 련던 (KCL) 국제관계학 교수 라몬 파체코 파르도(Ramon Pacheco Pardo) 박사가 자신의 책 "새우에서 고래로(Shrimp to Whale)"에서 "지난 1.000년 동안 열강들 사이에서 숨죽이고 살던 대한민국이 이제는 고래 싸움에서 등 터지고 사는 새우가 아니라,

---

21) 한국의 새 길을 찾는 원로 그룹 지음, NEAR 재단 편저, 한국의 새 길을 찾다, 정림출판, 2023년 1월 4일 인쇄, 11일 발행, p.7.

22) 한국의 새 길을 찾는 원로 그룹 지음, NEAR 재단 편저, 한국의 새 길을 찾다, 정림출판, 2023년 1월 4일 인쇄, 11일 발행, pp.6-7.

어느 나라도 건드릴 수 없는 강대국, 고래가 되었다"라고 기술한 것을 상기시키고, 그럼에도 현재의 한국의 물질만능주의 등의 폐해를 지적하고 있다.

김성수 대주교는 이어서 "정치를 보면 점입가경입니다. 진보와 보수가 완전히 반목하고 있는 '두 나라 현상'이 뚜렷해졌습니다. 정권이 바뀔 때마다 쏠림 현상으로 현기증이 날 정도입니다. 진보는 그들에게 없는 '상위 10% 특권층의 혜택'에 대한 콤플렉스 때문에 보수를 비난하고, 보수는 그들에게 없는 '평등하게 잘 사는 세상'에 대한 위기의식 때문에 진보를 비난한다고 하지만, 이것이 도가 지나쳐서 건국과 같은 중요한 역사조차도 서로 다른 역사관을 주장하는 데까지 이르렀습니다. 왜 우리는 극단적으로 한쪽 면만을 보게 되었을까요"라고 정치 양극화의 심화 현상에 경종을 울리고 있다. 그렇지만 김성수 대주교는 이어서 우리나라의 희망에 대하여 "역사학자 토인비(Arnold Toynbee)는 한국의 홍익사상에 대한 말을 듣고 '21세기는 한국이 지배한다'라고 예언했습니다. 미국의 샘 리처드(Sam Richards) 교수는 학생들에게 '세계의 일부가 되고 싶으면 한국으로 가라'라고 말했다고 합니다"라고 지적하고 "우리의 근현대사를 균형감 있게 이해하고 새로운 미래를 만들어 갈 지혜"를 당부하고 있다.[23)]

## 2. 인간의 품성 저하와 국민정신의 혼돈

한국 국민이 경제 10대국이라는 갑자기 얻은 풍요와 번영의 반면에 우리 국민은 인간의 기본적 품성과 가치를 잃고 있다고 지적되고 있다.

인간의 기본적 품성과 가치는 바로 인간의 존엄성에서 나오는 것이다. 따라서 프랑스 대혁명과 미국 독립선언 이래의 세계 모든 선진 민주주의 국가 헌법과 유엔 헌장과 나치스 패망 후의 독일 헌법과 대한민국 헌법에서 공통적으로 "인간의 존엄성"을 국가와 세계의 최고 규범으로 안정하고 있다.

그런데 현재 우리나라에서는 경제는 풍요로워졌지만, 이 중요한 인간의 기본적 품성과 인간의 존엄성에 대한 인식이나 중요도가 상당히 미약하다는 현상이 파악되고 있다.

정덕구 NEAR 재단 이사장은 위에서 본 "한국의 새 길을 찾다"의 편저서 서문에서, "우리는 그동안 너무 빨리 달리며 질주했다. 그 결과 단기간 내에 절대 빈곤을 없애는 데는 성공했지만 빈부의 격차가 커졌고 국가 사회의 이중구조화는 국민의 정신적 혼란과 피폐 속에 영혼의 근육을 약화시켰다. 이 사이에 한국 사회는 단층화되고 양극단화가 심화되었다. 과잉 이념정치는 국정 전반을 이념의 색깔로 코팅하고 국민정신도 부지불식간에 이념의 색깔로 훼손되고 있다."라고 국민정신의 혼돈 상태를 예리하게 분석하고 이를 경고하고 있다.

이에 따라 정덕구 이사장은 이어서 "지금 다면 복합 위기라는 것이 찾아오는데, 정치는

---

23) 한국의 새 길을 찾는 원로 그룹 지음, NEAR 재단 편저, 한국의 새 길을 찾다, 정림출판, 2023년 1월 4일 인쇄, 11일 발행, pp.16-20.

지엽적 문제를 놓고 죽기 살기로 싸운다. 갑자기 얻은 풍요와 번영 대신 우리 국민은 인간의 기본적 품성과 가치를 잃고 있다. 무엇이 더 중요한지 혼돈에 빠지며 스스로 영혼의 근육을 파괴시키고 있는 것이다. 그러면서 쫓기고 방황한다. 지금 세기적 세계적 위기 속에서 적전 분열하며 대한민국은 또 한 번 역사의 대반전을 희구하고 있다."라고 현 국가 위기 극복의 방향을 제시하고 국민의 인간으로서의 기본적 품성과 가치를 되찾는 국민정신적 각성을 촉구하고 있다.[24)]

## 3. "정치의 양극화"와 "극단의 정치"

한국의 국가 위기 원인은 위에서 본 바와 같이 정치의 양극화에 있다. 문희상 전 국회의장은 상기 인터뷰에서, 정치 양극화 원인을 "모든 걸 이분법으로 나누고 싸우는 정치 때문"이라고 분석하고 "모든 상황을 팩트로 구분하지 않고 가치로 구분하는 일이 반복됐고, 그 속에서 국민도 둘로 나눠졌다"고 지적하고 있다. 그 대책으로 문희상 의장은 "진짜 정치인이라면 옳은 것은 옳다. 그른 것은 그르다고 말할 줄 알아야 한다"고 지적하고, 정치인들이 주도권을 쥐고 말을 해야 양극화의 해결 실마리를 찾을 수 있다고 강조한다.[25)]

정치인의 선동, 포퓰리즘 부상에 의한 민주주의의 위기, 진영논리에 빠진 정치와 국민 분열, 팩트 체크에 미진한 불공정하고 편향된 언론, SNS나 유튜브 등 수많은 팔로워를 보유한 선동가, 과도한 노동 운동, 저출산 고령화 등이 원인이라고 보기도 한다.

이동수 청년정치크루 대표는 위에서 본 "하나의 나라, 두쪽 난 국민" (7) 조선일보 위 연재 기획 보도에서 이러한 한국의 위험현상의 원인에 대해, "스마트폰이 등장하고 우리가 보편적으로 이용하게 된 서비스들은 알고리즘에 기반한 '사용자 맞춤 환경' 조성을 특징으로 한다. 내가 선호할 만한 콘텐츠를 추천함으로써 더 적극적인 참여를 유도한다. 그 결과, 온라인은 우리가 좋아하는 콘텐츠로 가득 채워졌다. 콘텐츠는 점점 자극성을 띠었고, 나와 다른 의견을 접할 기회는 그만큼 줄어든다. 문제는 여기에 코드를 맞춘 정치가 성행한다는 점이다. 극단적인 콘텐츠는 늘 거대한 팬덤을 형성한다."라고 정확하게 진단한다. 이동수 대표는 이어서 이러한 현상을 방치해서는 안 되는 이유에 대해, "알고리즘이 만든 세상은 왜 위험한가? 내가 원하는 것만 보여주기 때문이다. 더군다나 온라인은 비대면이라는 특성상 상대에 대한 조롱과 혐오를 쏟아내기도 쉽다. 오늘날의 정치 양극화는 이처럼 온라인의 문법이 현실 세계를 침범함으로써 발생했다고도 볼 수 있다"라고 치밀하게 분석하고 그 위험성을 경고하고 있다.[26)]

---

24) 한국의 새 길을 찾는 원로 그룹 지음, NEAR 재단 편저, 한국의 새 길을 찾다, 정림출판, 2023년 1월 4일 인쇄, 11일 발행, p.11.

25) 조선일보, 2023년 1월 5일, 1면, 6면.

26) 조선일보, 2023년 1월 10일 5면, "하나의 나라, 두쪽 난 국민" (7)

## 4. 국가 기관의 권위와 위신의 추락

과거 유신과 제5공화국에서 국가 기관의 산업화 강행 과정에서 국가의 반민주적 탄압으로 폭력을 경험한 세대들이 폭정에 항거한 이른바 민주화 투쟁 세대로 자라나게 되었다. 그 과정에 체제 전복, 체제를 전면 부정하는 반대 세력, 그중 주사파 세력이 자라났다고 지적되고 있다. 김학준 전 동아일보 회장, 전 인천대 총장은 위의 "한국의 새 길을 찾다"라는 책의 "한국 정치, 민주주의의 성숙과 시련"이라는 주제의 대담에서, "국가의 강압력이 지배했던 사회에서 자라나면서 국가기관에 대한 불신을 갖는 세대를 키웠습니다. 특히 제5공화국에서 국가 기관의 폭력을 경험한 세대들은 체제 전복에 대한 생각을 가지게 되는 경우까지 생기지 않을 수 없었을 것입니다. 국가 기관의 폭력행사로 인해 국가 기관에 대한 존경심을 잃게 되었고 이후 이를 겪었던 세대들이 민주화 이후 권력을 잡게 되었습니다. 이들 중에는 주사파 세력과 같이 아예 체제를 전면 부정하는 반대 세력까지 자라나게 되었습니다. 이들은 국가 기관의 타도 필요성을 내면화시켰던 것입니다."라고 지적하고 있다.[27)]

김학준 회장은 이어서 "그런 점에서 국가 기관의 권위와 위신이 많이 떨어졌다고 볼 수 있지만, 동시에 이로 인한 긍정적인 측면도 있다고 생각합니다." "국가가 침해하지 못하는 사회 내 여러 영역이 존재하게 된 것은 그만큼 자유 시민사회가 형성된 것으로서 긍정적인 현상인데. 특히 시민운동가들이 적극적으로 활동하면서 현재 국가 리더십이 분산된 것은 좋은 측면이라고 봅니다. 한 가지 안타까운 것은 시민운동가가 정치의 영역이 아닌 시민운동의 영역에 남아 있었으면 더 좋지 않았을까가 하는 점입니다."[28)]라고 말한다.

다만 현재 산업화와 민주화가 다 함께 어려운 투쟁과정을 거쳐 상당히 조화적으로 정착되어 가고 있는 현 상황에서는, 과거를 지혜롭게 통찰하고 밑거름으로 하여, 현재의 세계 경제 10대국이면서도 지정학적으로 세계 4대 강대국의 패권 경쟁에 둘러싸여 심각한 북핵 문제를 포함하여 국가 존망의 위기에 동시에 직면하고 있는 상황을 엄중하게 심사숙고하여 미래를 향하여 한국의 재도약과 세계를 선도하는 나라로 발전하고 번영하는 "한국의 재도약의 새 길"을 향해 망국의 국민 분열이 아닌 흥국의 국민통합으로 모든 국민이 서로 형제애와 동포애와 애국심으로 힘과 의지를 모아 다시 하나로 애국심으로 합하여야 할 것이다. "뭉치면 살고 흩어지고 분열하면 죽는다"는 말이 한국의 현 국민 분열로 인한 국가 존망의 위기 상황을 지혜롭게 극복할 구국의 길이다. 이것이 본고의 국민 상호간의 이해와 존경과 형제애와 동포애를 통한 국민통합 추진 범국민운동의

---

27) 한국의 새 길을 찾는 원로 그룹 지음, NEAR 재단 편저, 한국의 새 길을 찾다, 정림출판, 2023년 1월 4일 인쇄, 11일 발행, p.228.

28) 한국의 새 길을 찾는 원로 그룹 지음, NEAR 재단 편저, 한국의 새 길을 찾다, 정림출판, 2023년 1월 4일 인쇄, 11일 발행, pp.228-229.

핵심 목표이다.

## III. 국가적 위기와 사회적 분열과 갈등의 개선 방향

### 1. 과거의 훌륭한 리더십

우리나라의 과거의 정치 지도자들에게는 경험을 통한 세상을 바라보는 넓은 시각과 능력이 있었다고 지적되고 있다. 강원택 서울대학교 정치외교학과 교수는 위의 "한국의 새 길을 찾다"라는 책의 "한국 정치, 민주주의의 성숙과 시련"이라는 주제 하의 "정치 리더십의 발전 경로"라는 주제의 대담에서, "정치 제도에 많은 변화가 필요하다는 이야기도 있지만, 한편으로는 정치 지도자들이 많은 노력을 해야 한다고 생각합니다." "이제 한국 사회가 성장했고 이전과 다른 상황이 되었기 때문에 리더십의 성격과 관련해서도 과거와 다른 새로운 리더십이 만들어져야 할 때가 되었다는 생각이 듭니다."라고 지적하고 있다.

이홍구 전국무총리는 위의 "한국의 새 길을 찾다"라는 책의 "한국 정치, 민주주의의 성숙과 시련"이라는 주제 하의 "정치 리더십의 발전 경로"라는 주제의 이어지는 대담에서, "과거 정치 지도자들은 일생의 경험 속에서 전환기적 상황에 직면한 경우가 많았습니다. 즉 그들은 일제시기, 해방 그리고 남북의 대립과 분단, 전쟁 등을 겪으면서 세상을 바라보는 넒은 시각을 가졌습니다. 개인적으로 수양을 많이 해서가 아니라 경험을 통해 세상을 넓게 바라보는 넓은 시각을 가졌습니다. 전체 그림을 보는 능력은 오늘날의 어떤 여야 정치인보다 우위에 있었다고 평가할 수 있습니다." "과거의 정치인들은 위기에 대응하는 경험으로부터 얻은 철학과 상황 대처 능력이 있었습니다."라고 지적한다.[29)]

### 2. 현재 상황의 새로운 리더십의 필요성

#### 1) 현재 상황의 새로운 리더십 상

현재의 한국의 국가적 국민적 존망위기를 극복하기 위하여는 새로운 리더십 상이 절대적으로 필요하다.

김종인 대한발전전략연구원 이사장, 전 국회의원은 위의 "한국의 새 길을 찾다"라는 책의 "한국 근현대사의 성취와 회한은 무엇인가"라는 주제 하의 "근현대사에서 우리는 무엇을 반성해야 하고 어떤 회한을 갖게 되는가"라는 주제의 대담에서, "저는 대한민국의 미래에 희망이 있다고 생각합니다. 사실 우리나라 민족성에 대해서 일부 부정적 의견도

---

29) 한국의 새 길을 찾는 원로 그룹 지음, NEAR 재단 편저, 한국의 새 길을 찾다, 정림출판, 2023년 1월 4일 인쇄, 11일 발행, p.220.

존재하지만 우리 같은 국민은 세계에서 드물다고 봅니다. 우리 국민은 국가에 협조할 줄 알고, 필요하면 참을 줄도 상황을 올바르게 인식하는 데도 뛰어납니다."라고 지적하고 있다.

김종인 이사장은 그럼에도 "지금 우리가 선진국인 것은 맞지만 사회 지표는 낙후한 수준입니다." "바로 리더십 때문입니다. 국민의 저력만으로 밝은 미래를 만들 수는 없습니다. 리더십이 그 저력을 이끌어 주어야 합니다." "선진국이 되었으니 앞으로도 잘하면 더 크게 발전할 수 있습니다." "결론적으로 우리가 경제에서 이룬 성과는 찬양받아서 마땅하지만, 우리가 지닌 모순을 해결하지 않고서는 지속적인 발전이 어렵다고 봅니다. 이건 누구에게도 책임을 전가할 수 없고 오로지 지도자가 풀어야 할 문제입니다."라고 현재 상황의 새로운 리더십의 필요성을 강조하고 있다.

이에 김종인 이사장은 "제가 이 정부에 당부하고 싶은 것은 현재 상황을 냉정하게 판단하라는 것입니다. 상황판단이 정확하지 않으니까 엉뚱한 정책이 자꾸 나올 수밖에 없습니다. 엉뚱한 정책이 자꾸 나오면 결국 경제는 왜곡된 방향으로 흘러갈 수밖에 없습니다. 그러면 우리의 갈등 구조가 해소되는 것이 아니라 점점 더 심각해집니다. 그러면 우리 국력은 더 이상 뻗어나가기 힘들다는 결론밖에 나올 수 없습니다. 또 리더십의 요체는 정치입니다. 재정개혁, 교육개혁, 노동개혁도 해야 합니다. 그런데 이런 개혁의 전제 조건은 제도가 뒷받침되어야 한다는 것입니다. 이를 위해서는 의회가 그 역할을 제대로 수행해주어야 하는데 지금 어느 한 정당도 정상적인 의견조율이 가능한 안정된 모습을 보이지 않습니다."라고 위기 극복 방안을 제시하고 있다.[30]

윤동한 한국콜마 창립자 및 회장은 위의 "한국의 새 길을 찾다"라는 책의 "한국 근현대사의 성취와 회한은 무엇인가"라는 주제 하의 "근현대사에서 우리는 무엇을 반성해야 하고 어떤 회한을 갖게 되는가"라는 주제의 대담에서 이 새로운 리더십에 대해, "정치 리더는 이익 지향적이 아니라 가치 지향적인 사고를 해야 한다고 생각합니다. 안타깝게도 우리 리더들은 가치 지향적인 사고가 좀 약합니다. 리더가 '지금은 고생스럽더라도 미래에는 이 선택이 좋을 것이다.'라는 방향을 제시해야 하는데, 이익 지향적으로만 행동하니 사회의 신뢰 관계가 깨지게 됩니다."라고 현재 상황의 새로운 리더십 상의 방향을 제시하고 있다.[31]

김황식 전 국무총리는 위의 "한국의 새 길을 찾다"라는 책의 "한국 근현대사의 성취와 회한은 무엇인가"라는 주제 하의 "근현대사에서 우리는 무엇을 반성해야 하고 어떤 회한을 갖게 되는가"라는 주제의 대담에서 현재 상황의 새로운 리더십 상의 가장 중요한 덕목에 대하여, "정치 지도자의 리더십과 이를 뒷받침하는 국민의 역량이 함께할 때 국가는 발전할 수 있을 것입니다. 정치 지도자는 경험, 경륜, 균형감, 사명감, 용기 등의

30) 한국의 새 길을 찾는 원로 그룹 지음, NEAR 재단 편저, 한국의 새 길을 찾다, 정림출판, 2023년 1월 4일 인쇄, 11일 발행, pp.184-225.

31) 한국의 새 길을 찾는 원로 그룹 지음, NEAR 재단 편저, 한국의 새 길을 찾다, 정림출판, 2023년 1월 4일 인쇄, 11일 발행, p.225.

필요한 덕목을 갖추어야 하지만 무엇보다도 사회를 통합하는 의지와 능력이 있어야 합니다. 이러한 지도자를 배출할 수 있는 정당 제도, 선거 제도, 권력 구조 등이 함께 갖추어져야 합니다. 아울러 국민의 정치의식 수준을 높이는 민주시민교육이 필요합니다. 참고로 덧붙이면 독일은 국가 차원에서 연방정치교육원을 두어 이를 위한 업무를 시행하고 있습니다."라고 강조하고 있다.32)

한국의 현 국가 위기를 극복하기 위하여는 국가와 정치의 지도자가 갈등 해소나 통합을 위한 정치력을 발휘해야 한다. 현재 정치가 전반적으로 제 기능을 못해 이러한 리더십을 발휘하기 어려운 상태이지만, 사회 통합의 리더십이 반드시 발휘되기를 국민은 기대하고 있다.

### 2) 국민 통합의 리더십의 긴요성

한국의 현 국가 위기를 극복하는 요체인 사회 통합의 리더십을 확립하기 위하여는 다음과 같은 가치가 존중되고 실현되도록 하여야 할 것이다.

김황식 전 국무총리는 위의 "한국의 새 길을 찾다"라는 책의 "한국 근현대사의 성취와 회한은 무엇인가"라는 주제 하의 "근현대사에서 우리는 무엇을 반성해야 하고 어떤 회한을 갖게 되는가"라는 주제의 대담에서, "대한민국에서 현재 가장 중요한 과제는 사회 통합과 국가 경쟁력 확보입니다. 국가 경쟁력도 사회 통합의 바탕 위에서 확보됩니다. 결국 가장 중요한 것이 사회 통합의 리더십입니다."라고 강조하고, 사회 통합의 리더십을 발휘하기 위한 다음과 같은 세 가지 원칙들을 제시하고 있다.33)

무엇보다도 가장 기본적으로 중요한 것은 공정과 정의 사회가 되도록 함으로써 "진실"의 힘에 의해 "거짓"이 이 사회를 이와 같이 무질서하게 만들지 못하도록 발본색원해야 한다는 점이라고 생각된다. 김황식 전 국무총리는 위의 "한국의 새 길을 찾다"라는 책의 "한국 근현대사의 성취와 회한은 무엇인가"라는 주제 하의 "근현대사에서 우리는 무엇을 반성해야 하고 어떤 회한을 갖게 되는가"라는 주제의 대담에서, 사회 통합의 리더십을 발휘하기 위한 세 가지 원칙에 대해, "첫째, 법과 원칙이 확고히 지켜지는 사회를 만드는 일입니다. 법과 원칙은 사회적 강자가 군림하기 위한 수단이 아니라, 모든 사람이 함께 더불어 살아가는 공정한 민주사회의 기초입니다. 잘못된 제도와 관행은 바로잡고, 편법과 탈법은 근절해서 인간의 가치와 신뢰가 존중되는 사회를 이루어가야 합니다. 법 위에 법이 되어버린 '국민정서법', '떼법'이 발붙이게 해서는 안 됩니다. 법과 원칙의 확립 없이는 국가 발전은 물론 우리 사회가 안고 있는 많은 문제의 해결도 요원할 것입니다. 선진국으로의 확실한 진입도 불가능할 것입니다."라고 강조하고 있다.

---

32) 한국의 새 길을 찾는 원로 그룹 지음, NEAR 재단 편저, 한국의 새 길을 찾다, 정림출판, 2023년 1월 4일 인쇄, 11일 발행, p.232.

33) 한국의 새 길을 찾는 원로 그룹 지음, NEAR 재단 편저, 한국의 새 길을 찾다, 정림출판, 2023년 1월 4일 인쇄, 11일 발행, p.232.

김황식 전 총리는 이어서, "둘째, 소통과 화합이 있는 사회를 만드는 일입니다. 소통과 화합은 우리 사회가 안고 있는 모든 갈등과 대립을 해소해가는 확실한 길입니다. 지역과 이념과 세대 간의 소통을 넓혀 국민을 하나로 이어야 합니다. 우선 상대방을 설득하거나 제압하기 전에 상대방을 상대방의 입장에 서서 이해하려 노력해야 합니다. 법과 원칙을 내세우기 전에 시간이 조금 더 걸리더라도 대화와 타협으로 문제를 풀어나가는 노력이 선행되어야 합니다."라고 그 유의점을 제시하고 있다.

김황식 전 총리는 이어서, "셋째, 나눔과 배려가 있는 사회를 만드는 일입니다."라고 제시한다.[34)]

이러한 진정한 소통과 화합이 되려면 나와 상대방을 구별하는 국민 분열적 차원을 초월하여 너와 내가 다 같이 형제애와 동포애로 이 나라를 사랑하는 하나의 동일한 국민이라는 생각을 먼저 갖도록 하여야 한다. 이것은 상대가 다르다고 증오하는 것이 아니라 상대방을 나와 같이 보는 사랑의 마음이다. 따라서 진정한 소통과 화합은 서로 사랑하는 마음에서 나오므로 비록 상당히 힘든 노력이 필요하다고 하더라도, 상대방을 큰 초월적 차원과 애국심 차원에서 사랑하여야 한다. 이것은 민주시민교육과 인성교육 및 인간존엄성 교육, 세계인으로서의 품성 교육 등에 의해서만 실효적으로 개선 가능하게 된다.

최상용 고려대학교 정치외교학과 명예교수, 전 한국정치학회 회장은 위의 "한국의 새 길을 찾다"라는 책의 "한국 정치, 민주주의의 성숙과 시련"이라는 주제 하의 "민주주의의 위기와 포퓰리즘의 부상"이라는 주제의 대담에서, "국민 통합이야말로 정치 리더십의 요체입니다. 향후 반세기 대한민국의 국정 지표를 (1) 정의로운 대한민국, (2) 평화로운 한반도, (3) 국민 통합에 둔다면, (1)은 내정(內政)의 문제이고 (2)는 외교의 문제이며 (3)은 내정과 외정이 조화로운 통합입니다. 내정의 핵심은 경제, 사회적 양극화와 국내 냉전 이념의 양극화를 최소화하는 것이고, 외교의 핵심은 한미 동맹을 중심축으로 일본, 중국, 러시아 등과 균형(비례) 외교를 통하여 남북한 평화 공존의 조건을 만들어 가는 것입니다."라고 국민 통합이 정치 리더십의 핵심이라는 그 중요성을 강조하고 있다.[35)]

정치 리더십의 핵심 요체인 국민통합을 실현시키는 필수조건으로는 다음과 같은 중요한 점들이 또한 제시되고 있다. 즉, 넷째 정치가 복원되어야 한다는 중요한 점이다.

이종찬 전 국가정보원 원장은 위의 "한국의 새 길을 찾다"라는 책의 "한국 근현대사의 성취와 회한은 무엇인가"라는 주제 하의 "근현대사에서 우리는 무엇을 반성해야 하고 어떤 회한을 갖게 되는가"라는 주제의 대담에서, "근현대사의 증인으로서 많은 국가 리더와의 경험과 목격담이 있으실 것"이라고 소개를 받으면서, "우리 시대에는 정치란 자기 일신상의 삶을 위해 하는 것이 아니라 국가를 위해 공적인 일을 하는 것이라는

---

34) 한국의 새 길을 찾는 원로 그룹 지음, NEAR 재단 편저, 한국의 새 길을 찾다, 정림출판, 2023년 1월 4일 인쇄, 11일 발행, p.233.

35) 한국의 새 길을 찾는 원로 그룹 지음, NEAR 재단 편저, 한국의 새 길을 찾다, 정림출판, 2023년 1월 4일 인쇄, 11일 발행, p.254.

사실을 익히고 배웠습니다. 당시 공인 정신은 비단 사상적으로 좌우로 갈리어도 모두가 지녔던 기본 자세였습니다. 그런 까닭에 몇 년씩 옥살이를 해도 거뜬히 공인으로서의 정치를 지속한 것 아니겠습니까? 그런데 오늘날에는 정치인의 공인 정신이 점점 사라지고, 자칫 공인 정신을 말하면 시대에 뒤떨어진 촌스러운 존재처럼 취급하고, 개인의 능력이나 이익에 따라 실용적인 정치를 논하는 것을 당연시하는 그런 풍조가 안타깝습니다. 지금 국화의원들 중에 나라 걱정하는 사람이 몇이나 되겠어요? '국가와 민족을 위해 헌신한다.' 고 하면 '그런 말은 옛날 분들이나 했어' 하고 웃음거리가 되고 본인의 직접적인 경험이나 공적을 말해야 진정성 있는 행동으로 취급합니다. 공인 정신을 외치는 사람, 참으로 찾기 힘듭니다."라고 올바른 정치가 복원되어야 함을 강조한다.

이종찬 전 국가정보원 원장은 이어서 위 대담에서 공인정신이 실종된 오늘날의 현상을 바로잡는 대안으로, "정치가 복원되어야 합니다. 지금은 정치가 없는 거나 마찬가지입니다. 그냥 군사작전 하듯이 집행하는 것입니다. 과거 군사 정권을 비난했는데, 지금은 군사 정권 때 이상으로 지휘관이 호루라기만 불면 모두가 일색으로 동원되는 정당 독재 시대입니다."라고 정치 복원의 방향을 제시하고 있다.[36)]

다섯째, 세계시민의 가치를 존중하는 글로벌 리더십이 되어야 한다.

이종찬 전 국가정보원 원장은 위의 "한국의 새 길을 찾다"라는 책의 "한국 근현대사의 성취와 회한은 무엇인가"라는 주제 하의 "근현대사에서 우리는 무엇을 반성해야 하고 어떤 회한을 갖게 되는가"라는 주제의 대담에서, "지금 우리나라가 이토록 망가진 원인은 정부가 너무 간섭하기 때문입니다. 그래서 이걸 빼기 위해서는 자유주의적 방향으로 가야 한다는 것이 하나의 기조입니다. 또 하나는 지금 언론에서도 놓치고 있는데, 윤석열 대통령이 취임사에서 '세계시민'이라는 말을 처음 썼습니다. 이제 우리의 가치를 글로벌 수준으로 끌어올리자는 것입니다." "우리가 통계 수치로 보면 경제 대국 수준이라고 하면서, 실질적으로 대국다운 사고를 하고 있지 않습니다. 열등감에서 벗어나 세계 시민으로서 한 단계 업그레이드하는 것이 굉장히 좋은 방향이라고 봅니다."라고 현재 상황의 새로운 리더십의 방향을 제시한다.[37)]

여섯째, 사명감과 현명한 사려와 심사 숙고력이 정치인의 가장 중요한 덕목이므로, 시민교육과 국민통합 운동을 통해 이런 덕목이 우리 사회에 폭넓게 공유되도록 해야 한다.[38)]

일곱째, 언론이 제 기능을 하도록 해야 한다. 가짜뉴스와 선동에 대해서는 팩트 체크와 함께 서로 상대방의 입장과 생각을 상대방의 입장에 서서 이해하고 포용하는 형제애와 동포애가 필수적으로 필요하다.[39)]

---

36) 한국의 새 길을 찾는 원로 그룹 지음, NEAR 재단 편저, 한국의 새 길을 찾다, 정림출판, 2023년 1월 4일 인쇄, 11일 발행, pp.234-238.

37) 한국의 새 길을 찾는 원로 그룹 지음, NEAR 재단 편저, 한국의 새 길을 찾다, 정림출판, 2023년 1월 4일 인쇄, 11일 발행, pp.240-241.

38) 한국의 새 길을 찾는 원로 그룹 지음, NEAR 재단 편저, 한국의 새 길을 찾다, 정림출판, 2023년 1월 4일 인쇄, 11일 발행, pp.524-531.

39) 한국의 새 길을 찾는 원로 그룹 지음, NEAR 재단 편저, 한국의 새 길을 찾다, 정림출판, 2023년 1월

여덟째, 한국식 포퓰리즘을 막아야 된다.[40]

아홉째, 마지막으로 현재 상황의 새로운 국민통합의 리더십 중에서 가장 핵심이 되고 있는 정치개혁 방안에 대하여, 한국의 재도약과 지속적 발전이라는 "천명"(天命)과 4대강국에 둘러 싸여 북핵 문제를 안고 있는 국가 존망의 위기의 존속이라는 "절명"(絶命) 사이의 국가적 위기에 처해 있는 한국에는 모범적인 선진 자유민주정치인 이른바 "K-정치"를 창조하고 확립하도록 해야 한다고 다음과 같이 지적되고 있다.

즉, 김진현 세계평화포럼 이사장, 전 과학기술처 장관, 전 서울시립대학교 총장은 위의 "한국의 새 길을 찾다"라는 책의 "동북아 지정학, 북핵 위기, 그리고 한반도 평화"라는 대주제 하의 "천명과 절명 사이, K-정치, K-환경을 창조해야 한다."라는 제목의 기고문에서, "이 땅에서의 오늘의 삶, 내일의 삶 - 성공과 위기의 결정"이라는 제목하에 대한민국은 "근대화 혁명 성공을 바탕으로 이 도전을 극복하고 세계 중심으로 가는 길을 개척하느냐, 내부의 도착, 역 발전의 실패로 가느냐의 갈림길에 섰다"고 경고하고 "건국 74년, 성공의 절정과 위기, 도전의 절정 앞에 대한민국의 미래 '새 길', 자강의 길 개척이 곧 지구촌 문제 해결 개척자의 '새 길'임을 자각하여 새 마음, 새 혼, 새 정성을 모아 보자"라고 제안하고 있다. 이에 따라 김진현 이사장은 "자강의 길, 근대 초근대 문제군을 인간 본연, 인류 보편의 윤리로 통합하여 해결의 길을 여는 것이 대한민국에 주어진 천명(天命)이다. 대한민국의 삶이 곧 인류 문제군(환경, 생명자원, 안보…) 진앙지에서의 삶이고 가장 예민한 실험장에서의 삶이다. 이 삶의 천명(天命)을 거부하면 절명(絶命)으로 간다. 앞으로 10년 이내, 빠르면 5년 이내 천명의 수행이냐 절명의 길이냐가 확실히 가려질 것이다."라고 무겁게 경고하고, 대한민국이 나아가야 할 길을 밝히고 있다.[41]

"한국의 국가 존망 위기의 극복을 위한 대책의 핵심은 자강(自强)에 있다." "대한민국의 생존 명제는 자강(自强)이라는 기본 본질 근원으로 돌아가야 한다."라고 김진현 장관은 다음과 같이 자강의 길을 밝히고 있다.

김진현 이사장은 "자강(自强)이라 함은 국력신장, 사회 공동체 안전, 외교 안보, 정치경제의 목표와 기준이 자강이 되어야 함을 의미한다. 가장 중요한 근원적 자강은《인류보편 휴머니즘》"이라고 강조한다. 즉 인간의 존엄성에 대한 보장과 교육과 의식이 확장이어야 한다는 국민 정신과 국민 의식의 자강이다. 자강의 최대 취약점은 "보수 진보를 막론하고 역대 정권에 의하여 너무나 오래 지속된《자강》이라는 외교 안보 안전의 국가목표가 약화 소멸되면서, 국민들까지《국가의식 자강의식(애국심)》이 희석되고 왜곡되고 해이해졌다는 점이다."라고 김진현 이사장은 지적한다.[42]

---

4일 인쇄, 11일 발행, p.246.

40) 한국의 새 길을 찾는 원로 그룹 지음, NEAR 재단 편저, 한국의 새 길을 찾다, 정림출판, 2023년 1월 4일 인쇄, 11일 발행, pp.243-256.

41) 한국의 새 길을 찾는 원로 그룹 지음, NEAR 재단 편저, 한국의 새 길을 찾다, 정림출판, 2023년 1월 4일 인쇄, 11일 발행, pp.502-504.

42) 한국의 새 길을 찾는 원로 그룹 지음, NEAR 재단 편저, 한국의 새 길을 찾다, 정림출판, 2023년 1월 4일 인쇄, 11일 발행, p.509.

김진현 이사장은 자강 확보 대책에 대해, "정치적 구도 패러다임 전환이 중요하다. 정치적 구도 패러다임을 전환하기 위하여는 먼저 정치에 있어서는 정치의 목적, 정치의 기본 구조, 리더십, 정치적 기능 전반의 개혁적 전환이 필요하다. 다음 국민에 관하여는 국민이《이게 내 나라이고 내가 헌신, 희생해야 한다》는 자발성을 만드는 본원적 정치가 되어야 한다"라고 지적하고 있다.[43]

이것은 형제애와 동포애와 애국심을 용기 있게 발휘하여 특수적인 이해관계로 인한 분열과 대립과 갈등을 과감하게《전면양도(aliénation totale)》하고, "대한민국의 재도약과 지속적 발전과 번영"이라는 국민 모두의 공통 희망인 공통이익의 "일반의사"(volonté générale)를 실현하는 데 필수적으로 필요한 원동력이라고 하겠다.

마지막으로 리더십에 관하여 김진현 이사장은 "국가와 국민 생존의 안전, 안보, 평화, 발전의 최고 관리 기능, 통합 조정은 정치이고 그것이 정치 리더십으로 나타나도록 하여야 한다."라고 지적한다.[44]

### 3. "국민통합 추진 범국민운동"의 긴급한 필요성과 방향

한국의 현재의 국가위기를 지혜롭게 극복하기 위하여는 위에서 본 김철수 선생님의 애국적 개혁적 저항권 헌법사상과 국가 원로, 학자들의 고뇌에 찬 토로와 길과 함께 현재의 국가적 위기 상황의 극복 방안과 새로운 리더십의 필요성 및 루소의 구국의 개혁적 국민통합 정치사상 등을 종합하여, 김진현 이사장이 지칭하는 "국민의 참회 ,용서, 화해의 씻김굿"[45]이라고 할 수 있는 "국민통합 추진 범국민운동"이 필수적으로 이루어지도록 하여야 할 것이다.

"국민통합 추진 법국민운동"이라 함은 바로 형제애와 동포애와 애국심으로 과거의 잘못된 관행을 과감하고 용기 있게 씻어 깨끗하게 털어버림으로써 "전면 양도"하여, "한국의 재도약과 지속적인 세계적 선도 발전과 번영"에 필수적인 "국민통합"이라는 "일반의사"를 실현하는 국가적 국민총체적인 정신혁명적 구국의 국민운동을 의미한다.

이상과 같은 자강(自强)의 목표와 결과를 도출하는 과정에 대하여 김진현 아태평화재단 이사장은 "한국의 자강과 인류 공동체 문제군의 일체화를 종합하여 추진되도록 하여야 할 것이다."라고 다음에 인용하는 바와 같이 지적하고 있다.[46] 그러려면 먼저 "사회공동체 거버넌스가 확립되도록 하여야 한다. 그것을 위해서는 먼저 정치 바로 세우기가 이루어져

---

43) 한국의 새 길을 찾는 원로 그룹 지음, NEAR 재단 편저, 한국의 새 길을 찾다, 정림출판, 2023년 1월 4일 인쇄, 11일 발행, p.516.
44) 한국의 새 길을 찾는 원로 그룹 지음, NEAR 재단 편저, 한국의 새 길을 찾다, 정림출판, 2023년 1월 4일 인쇄, 11일 발행, p.516.
45) 한국의 새 길을 찾는 원로 그룹 지음, NEAR 재단 편저, 한국의 새 길을 찾다, 정림출판, 2023년 1월 4일 인쇄, 11일 발행, p.516.
46) 한국의 새 길을 찾는 원로 그룹 지음, NEAR 재단 편저, 한국의 새 길을 찾다, 정림출판, 2023년 1월 4일 인쇄, 11일 발행, pp.502-523.

야 한다. 이에 의해 통합 거버넌스가 잘 이루어지도록 하여야 한다." 즉, "관민 합동 국가관리 시스템으로" 국민통합추진 범국민운동이 작동될 수 있도록 정치 시스템의 변혁이 필요하다.

"정치 시스템의 변혁이라 함은 국가의 새 기축을 새롭게 만드는" 국민통합추진 범국민운동을 창출하여 본격적으로 전 국가적 전 국민적으로 전개하는 것을 의미한다. "행정부뿐만 아니라 의회, 정당, 사법, 종교, 지성계에서도 이런 통합 거버넌스에 자발적으로 참여하는 새 습관의 새 기축으로서" 국민통합추진 범국민운동을 전개하여야 한다. 이것이 국민통합이라는 일반의사의 실현 운동으로서의 국민통합 추진 범국민운동이다.

김진현 이사장은 이상의 정치개혁을 위해서는 K-Pop과 같이 세계적 모범이 되는 한국 정치인 "K-정치"의 창출이 필요하다고 지적한다. "정치는 재능 요소보다 인격이고, 개인 요소보다 사회연대의 산물이기 때문이다. 자강을 위한 K-정치의 목표와 필수 요건으로는, 한국의 정치인은 최소한 대한민국의 국가정체성, 안전 안보의 국가명제, 인류의 재난과 인간의 문명자적 실존을 실감하여야 한다는 점이다. 그 실감은 보편적 인간다움, 보편 윤리로 소화하고 실천하는 인격이라야 한다"라고 강조한다.[47)]

이러한 "K-정치"가 확립되어야만 한국의 현 국가 존망의 위기를 지혜롭게 극복 초월하는 "전면 양도"가 실제로 이루어지고, 그 결과 인간의 존엄성과 자유민주주의의 실현을 위한 한국의 국민통합이라는 "일반의사"가 실제로 출현하게 되어, 국민 모두의 희망인 "한국의 재도약과 세계 선도 국가로의 지속적 발전과 번영"이라는 "일반의사"의 실현이 달성될 수 있을 것이다.

## 제3. 루소의 사회계약론상 "전면양도"와 "일반의사"의 국민통합을 위한 현대적 의의

한국의 생존 문제인 국가적 난문제들과 위기의 해결책은 국민 전체의 구국의 애국심에 의한 국민통합에 의해 창출된다고 할 수 있다.

원래 루소(Jean-Jacque Rousseau)의 이론에 의해 대표되는 사회계약은, "만인의 만인에 대한 투쟁"의 상태인 자연 상태에서 각각으로 분열되고 대립되어 생긴 자신들의 생존의 위기를 탈피하기 위하여, 함께 뭉쳐 함께 잘살자는 국민통합의 사회계약을 체결한 것을 의미한다. 따라서 그 사회계약의 핵심 계약내용은 이 사회계약 체결자들인 모든 구성원이 각자 자신들의 개인적이고 특수한 이익 모두를 공동체에 "전면양도(Total aliénation, aliénation totale: 무화(無化)"한다는 것이다. 그 결과 모든 구성원의 "공통이익"인 "공동선"과 "공동 공존과 공동 번영"을 의미하는 공통이익과 공통의사인 "일반의사

---

47) 한국의 새 길을 찾는 원로 그룹 지음, NEAR 재단 편저, 한국의 새 길을 찾다, 정림출판, 2023년 1월 4일 인쇄, 11일 발행, pp.502-523.

(general will, volonté générale)"만이 구성원 각자 모두에게 남게 된다. 이 공통된 "일반의사"가 출현하여 구성원 모두가 행복하게 공동체를 잘 운영하게 된다는 것이다. 이것이 사회상태로서 오늘날의 바람직한 발달된 선진 민주국가를 의미한다. 그러나 오늘날 현실의 한국의 국가상태는 이러한 바람직한 국민통합의 상태가 아니다. 오히려 수많은 원인으로 인해 위에서 상세히 본 바와 같이 국민은 분열되어 국가의 존립 위기에 처해 있다. 이 절대적인 위기를 극복하여 모든 국민의 안전과 인간으로서의 존엄성과 모두의 행복을 성취하려는 것이 우리나라 헌법의 목표이다. 여기에 루소가 사회계약론에서 제시하는 국가 위기 극복 대책과 방안에 대해 현대 헌법적 정치적 재조명을 해볼 필요성이 크게 있고, 이에 대한 헌법철학적 근거가 밝혀질 필요성이 있다.[48)]

이것이 루소의 사회계약론을 현대 사회의 헌법 정치적으로 재조명함으로써 밝혀지는 그 진정한 의미이다.

그러나 루소 자신도 인류 역사상 이와 같은 사회계약은 아직 실제로 체결된 바는 없으며, 이 사회계약은 그가 의도하는 구국의 국민통합과 정치개혁의 진실되고 올바른 실현을 위한 하나의 방법론으로서의 길을 모든 국민이 알고 이해하기 쉽게 명백하게 밝히기 위한 설명 방법으로, 그 자신이 고심하여 목숨을 걸고 나아가 너와 나의 목숨과 생사를 초월하여 창안해 낸 하나의 "논리적 가설"이라고 스스로 지적하고 있다.[49)]

그것은 무엇을 의미하는가, 무엇을 위한 가설인가 하는 것이 루소의 사회계약론을 이해하기 위한 가장 핵심적 요소로서 매우 중요하다. 사회계약을 거론한 이유와 목적은 "일반의사"를 현실의 무질서 사회에 출현시켜 그 "일반의사"의 진의와 뜻을 실현시키고 모든 사회 구성원인 국민 모두가 실천하도록 하기 위한 것이었다. 이 일반의사는 바로 오늘날의 현대사회와 현대헌법정치적 의미로는 "올바르고 공정한 정의" 또는 "자연법적 진리" 내지 "국민 모두의 진정한 존엄과 행복" "진리와 같은 양심" "내가 너이고 네가 바로 나인, 너와 나의 공통된 행복 즉 우리 모두의 행복"과 "진실되고 참된 진리" "변함없는 진리", "불멸의 영원한 진리"를 의미하기 때문이다.[50)]

---

48) 조병윤(CHO, Byung-Yoon), "能動的 實質的 國民主權과 人間의 尊嚴性의 存在 哲學的 本質과 그 實現 方法論 - 부다(佛陀)와 장 쟈크 루소에 의거하여-, "Ontologie de la souveraineté du peuple et de la Dignité de l'Homme - selon le Bouddha et Jean-Jacques Rousseau-", 프랑스 파리 2대학교 법학박사 학위논문, 1989년 3월 ; 조병윤, 《인간의 존엄성의 본질과 '내적진리의 세발자전거'론》, 금랑 김철수 선생 팔순기념 논문집 - 헌법과 기본권의 현황과 과제-, 경인문화사, 2012 ; 조병윤, 《세계헌법 제정에 관한 고찰(A Study on Establishment of World Constitution)》, 헌법재판소 헌법논총 제28집, 2017, pp.301-378 ; 조병윤, "세계헌법 제정과 인간의 존엄성 헌법교육", 青岡 朴仁洙 教授 停年紀念論文集 現代 公法學의 課題와 研究 動向, 한국비교공법학회, 2020, pp.56-87.

49) Robert Derathé, Jean-Jacques Rousseau et la science politique de son temps, J.Vrin, 1974.

50) Études sur le Contrat Social de Jean-Jacques Rousseau, Societe les belles Lettres, Paris, 1964, ; 조병윤(CHO, Byung-Yoon), "能動的 實質的 國民主權과 人間의 尊嚴性의 存在 哲學的 本質과 그 實現 方法論 - 부다(佛陀)와 장 쟈크 루소에 의거하여-, "Ontologie de la souveraineté du peuple et de la Dignité de l'Homme - selon le Bouddha et Jean-Jacques Rousseau-", 프랑스 파리 2대학교 법학박사 학위논문, 1989년 3월 ; 조병윤, 헌법학 원리 제2판, 성광사, 2011 ; 조병윤, 《세계헌법 제정에 관한 고찰(A Study on Establishment of World Constitution)》, 헌법재판소 헌법논총 제28집, 2017,

또한 이러한 의미의 "일반의사"는 인간의 존엄성이라는 세계인류 공통의 정의와 홍익인간이라는 같은 맥락의 한국 고유의 국가원리와도 동일한 것이라고 하겠다. 왜냐하면 이러한 모든 정의와 공정은 진리의 표현이기 때문에, 진리는 분리될 수 없는 불가분성과 단일성이 그 철학적 존재론적 본질이기 때문이다.

그러므로 루소의 사회계약론은 오늘날 한국의 정치와 사회에 큰 병폐로 만연하고 있는, 국가 발전과 안전을 저해하고 국민의 인간의 존엄성과 행복추구권과 기본권을 모독하고 침해하며, 여론을 호도하고 국민을 양극화로 분열시키며 언론의 공정성을 해치며, 사회의 무질서와 부패에 적절히 대처하지 못하고 오히려 자신들의 이익을 위해 이를 조장하며, 국방과 동맹의 저해와, 자유민주주의의 국가 정체성을 부정하고 위협하는 사이비 주체사상의 우리 사회 각계 각층에로의 오염과 만연 상태 등 반국가적 반국민적 반헌법적 반인권적 반사회적 반역사적 현상을 타개하기 위하여 반드시 제대로 현대헌법적 조명이 이루어지고 그에 따른 적절한 대책을 정립하여 국가적 국민적으로 실천하여야 할 것이다.

이러한 점에서, 그동안 뜻있는 국민집회나 지식인과 언론의 논설에서, 이상의 한국 정치 현실의 제 문제점에 대한 지적과 논평이 많이 있은 것은 큰 의의가 있다고 하겠다.51)

그럼에도 아직 뚜렷한 구체적 대책의 제시가 미흡한 부분이 있는 것은 아쉬운 점이라고 하겠다. 대책이 미흡한 이유는 여러 가지 고려가 있을 수 있겠으나, 사실 그 구체적 대책이 가장 어려운 점이기 때문이 아닐까 한다. 루소는 이 가장 어려운 대책을 마련하기 위하여 가설적인 설명 방법으로 사회계약론을 독창적으로 창안하여 자신의 목숨을 걸고 사생결단의 이타적 의지로 들고나온 것이다. 루소가 사회계약론을 창안하고 발표한 것은 바로 이 어려운 대책을 제시하고 실현시키려는 데에 그 이유와 목적이 있다는 사실이 사회계약론을 제대로 이해하고 그 의의를 오늘날 살리는 데 있어 가장 어렵고 중요한 점이라 할 것이다. 왜냐하면, 루소는 이 사회계약이 체결되기 위해서는 그 불가결의 필수 요건으로 모든 사회 구성원인 국민들이 각자 자신들의 개별적 권리와 이익을 과감한 용기로 공동체에 "전면적 양도(aliénation totale)"해야 한다는 것을 대전제로 제시하고 있기 때문이다. 이 "전면적 양도"라는 어려운 대책을 실천하는 것을 방법론으로 하여, 그 어려운 대책의 목표와 목적인 "일반의사(volonté géneralé)"가 그 대책 실천의 결과로 출현하고 실천된다는 길을 루소가 제시한 것이다.

따라서 본고에서는 아래에서 이 "전면적 양도"라는 루소의 독창적 방법론의 현대헌법적 현대 정치 사회적 의미가 바로 "개인적 집단적으로 지나친 이기심에 대한 설득과 극복"이라는 점을 알기 쉽고 심도 깊게 해명하고 조명하고자 한다. 이에 의해 비로소, 그동안 역사적으로나 현실적으로, 또 세계적으로나 한국의 정치 사회 현실에 있어서, 루소의 사회계약이론의 진정한 의미가 제대로 해명되고 조명되지 못함을 악이용함으로써, 루소의 사회계약이론의 정당하고 올바른 길이 무시되거나 오용되고 악용되고 남용되는 측면이

---

pp.301-378.

51) 한국의 새 길을 찾는 원로 그룹 지음, NEAR 재단 편저, 한국의 새 길을 찾다, 정림출판, 2023년 1월 4일 인쇄, 11일 발행

공산주의나 전체주의 및 주사파 등의 이기적 반국가적 반사회적 반국민적 악행과 지나친 표퓰리즘으로 나타난 모순과 부정의를 개혁하고 타개해 나갈 수 있을 것이다. 이를 위해 그동안 한국정치와 사회의 큰 암적인 문제점으로 만연하고 있는 반헌법적 반국가적 세력 등에 의한 국민 농단과 여론몰이, 가짜 여론조사, 가짜뉴스를 통한 국정농단, 공정과 양심과 대한민국의 정통성과 국가이익과 진실을 외면하고 자신들의 정당적 단체적 개인적 특수이익을 위해 국민을 분열시키고 진리와 진실을 외면하고 왜곡하며, 여론과 언론을 조작 선동 악용함으로써 국가의 존립과 자유민주주의와 국민의 존엄성과 생존과 행복을 패망과 파멸의 길로 이끌어 가고 있는 국가적 부조리와 사회 무질서를, 능동적이고 실질적인 국민의 살아있는 실질적 국민주권의 힘과 의지로 국가적 국민적 범정부적 범정치적으로 실천함으로써, 타파하고 과감히 개혁해 나가야 할 것이다. 이에 의해 비로소 위에서 본 한국의 시대적 역사적 사명을 다하기 위한 절체절명의 과제의 해결방법과 대책을 실천해 나갈 방법론인 "국민통합 추진 범국민운동"이 실현 가능하게 제대로 밝혀지고 실현될 수 있을 것이다.

한국에서의 이상의 문제점에 대한 루소의 해결 대책을 오늘날의 헌법 정치적으로 표현하면, 일반의사라는 표현은 위에서 본 대한민국과 국민의 존립과 안전 및 인간의 존엄성과 행복추구권 보장과 이를 위한 자유민주적 기본질서 등의 공통의 목적이나 욕구에 대한 모든 국민의 의지와 동의를 의미한다.

그것은 모든 시민이 내린 올바른 선택에 해당하며, 각자 자신의 개별적 특수적 이익이 아니라 모두의 이익을 위해 자신을 표현한다. 국가가 올바르게 나아가기 위해서는 이 일반의사에 의해 통치되어야 한다는 것을 의미한다.

일반의사는 모든 국민의 양심과 진리에 따라 자신의 즉각적이고 특수적인 이익을 큰 대의의 정신을 발동하여 무시하고 국가와 국민 모두의 일반 이익을 위해 시민이 표현한 의견이다. 이와 같이 "모든 국민이 양심과 진리에 따라 자신의 개별적이고 즉각적이며 특수적인 이익을 무시"하는 것이 바로 루소가 제시한 대책의 가장 중요하고 불가결한 요체인 "전면적 양도"(aliénation totale)이다.

이상과 같은 "전면적 양도"의 이해하기 쉬운 가장 전형적인 예는, 솔로몬 대왕이 서로 자기 아이라고 다투는 두 어머니에 대해 그 아이를 반쪽씩 나누어 가지도록 한 지혜로운 판결에 불복하고 상대방 여인에게 그 아이를 자르지 말고 다 주라고 한 어머니의 "자신의 이익의 전면적 포기"인 "전면적 양도"의 예이다. 마찬가지 예로 급박한 교통사고나 전쟁 중 또는 산간 절벽 낭떠러지에서 사고로 굴러떨어지면서 품에 안은 자신의 아이를 부둥켜 안아 자신은 죽어가면서도 아이의 목숨을 살릴 때의 그 어머니의 자신의 안위의 전면적 포기인 "전면적 양도"가 바로 그 예이다. 여기에서 그 어머니의 전면적 양도는 자신의 어떠한 이익이나 목숨보다도 더 소중하고 귀한 자식을 살리겠다는 지극하고 무한한 모정의 아름다운 사랑의 마음이 아니겠는가. 이와 같이 진정으로 "전면적 양도"가 이루어지려면 진정한 사랑의 위대한 힘만이 그것을 가능하게 할 수 있는 것이다. 이 진정한 사랑의 예가 바로 안중근 의사와 유관순 열사의 이 나라의 독립을 위한 나라 사랑의 마음인 것이다. 이것은 나 자신의 어떠한 이익이나 안위를 초월하고 그것을 다 포함하는 더 큰 공통 목표인 나라의 독립이라는 나라사랑이다. 루소가 국가를 무질서에서 구하려는 구국의 가장 주요한 방법과 대책으로 제시한 "전면적 양도"는 바로 이러한 의미의 공동체 사랑, 나라사랑, 즉 애국심을 의미하는 것이다.

루소의 사회계약 이론에서의 "전면적 양도"(aliénation totale)의 진정한 의미를 이와 같이 그 본래의 진정한 의미로 밝힐 때만이, 그것이 오늘날 한국에서의 위에서 본 자유민주주의 파괴 세력 등에 의한 국가적 국민적 존망의 위기 극복이라는 난문제를 근본적으로 해결할 수 있는 대책으로 활용할 수 있을 것이다.

그러므로 이러한 의미의 우리 국민의 "전면적 양도"의 결과로 출현하고 나타나는 "일반의사"(volonté générale)는 위에서 본 바와 같이 반 헌법적 반 국가적 세력 등과 같은 각 개인이나 정당이나 집단의 자신들만의 개별적인 특수이익을 추구하는 특수의사(volonté particuliere)에 반대된다.

이러한 의미에서 일반의사는 위에서 상세히 예시한 바와 같은 개인과 단체의 개별적 이익을 우선시하여 거기에 치우치는 反자유민주주의 세력의 특수의사의 총합인 이른바 "전체의사"(volonté de tous)뿐만 아니라, "다수의 의사"와도 그 숫자가 비록 상당히 많다고 하더라도 구별되어야 하는 이론적이고 이상적인 의사이고, 우리 국민 모두가 지향하고 실천하고 실현해야 할 목표 개념이다

문제는 그렇다면 위에서 본 바와 같은 존망 위기의 한국을 구하기 위하여 이러한 구국의 일반의사를 어떻게 실현할 것인가, 즉 따라서 그 구국의 "전면적 양도"(aliénation totale)를 어떻게 실현할 것인가 하는 것이 본격적인 난문제이다. 이에 대한 해결책과 대책을 제시하는 것이 바로 루소의 사회계약론상의 대책이며, 그것을 현대사회에 현대 헌법 정치적으로 재조명하여 명백히 제시하는 것이 본고의 가장 중요한 "국민통합 추진 국민운동"의 핵심적 과제이고 목적이다.

이를 위해 아래에서는 위에서 본 한국의 국가적 국민적 존망 위기에 대한 현황 분석과 문제점 지적 및 대책 내용을 토대로, 루소가 제시하는 구국의 대책을 현대 한국 사회에 맞게 현대 헌법 정치적 조명을 통해 밝히고자 한다.

## 제4. 국민통합의 필수 요건인 국가 결속 세멘트와 抵抗權으로서의 "형제애"(fraternité, fraternity)

이상이 한국의 국가적 위기와 사회적 분열과 갈등의 개선을 위한 국민통합에 대한 기본적 총론적 대책이라고 할 수 있다. 여기서 한 단계 더 절실히 반드시 필요한 것으로는, 이에 대한 구체적 각론적 대책이 상세하게 구체적으로 나와야만 국민통합을 통한 한국의

재도약과 세계적 발전과 번영이라는 국가적 국민적 희망과 목표를 실제로 달성할 수 있을 것이라는 점이다. 따라서 인간의 존엄성과 자유민주주의의 파멸을 위협하고 침해하여 국가 존망의 위기를 초래하는 세력에 저항하고 설득하고 극복하여, 국민 모두의 희망인 "한국의 재도약과 세계 선도 국가로의 지속적 발전과 번영"이라는 "일반의사"를 실현하는 데 불가결의 요체인 국민통합을 달성하려면 누가(Who?), 무엇을(What?), 어떻게(How?), 왜(Why?) 어디에서(Where?), 언제(When?) 해야 할 것인가 하는 六何原則에 상응하는 구체적 각론적 실현 방법론이 필수적으로 필요할 것이다. 그 구체적 실현 방법을 찾는 것은 누구에게나 가장 어려운 문제이면서도 동시에 가장 쉬울 수도 있는 문제라고 할 수 있다. 왜냐하면, 가장 어렵다는 뜻은 그 방법을 착안하기가 실제로 쉽지 않을 수 있다는 점이고, 가장 쉬울 수 있다는 뜻은 누군가가 그 방법을 찾아 내놓은 것을 보고 나면 그것은 바로 진리가 밝혀 주는 방법과 같이 너무나 당연하고 올바른 방법이므로 이미 다 알고 있었고 누구나 생각할 수 있는 쉬운 대책이라는 점 때문이다. 이와 유사한 예가 바로 "콜럼버스의 달걀"의 예이다. 모든 사람들이 실제로 달걀을 책상 위에 세우지 못하고 달걀을 책상 위에 세우는 것은 불가능하다고 생각했음에도, 콜럼버스는 결국 실제로 달걀을 책상 위에 살짝 눌러 세운 것이다. 그리고 모두가 그 합당성을 인정하고 콜럼버스의 방법이 너무나 쉬운 방법이라는 공감을 하고 환호했다. 그 이유는 그 방법은 그 상황에 적합한 진리의 구현이었기 때문이라고 할 수 있다. 그러나 콜럼버스의 달걀 문제는 단순한 물리적인 문제가 중점으로 활용된 것인 데 비하여, 국민통합의 문제는 국민의 각성과 형제애 동포애와 애국심이라는 국민 모두의 마음과 정신의 저항권적 혁명적 개혁과 각성의 문제라는 점에서, 비록 그 해법과 길을 찾았다고 하더라도, 그렇게 간단하게 실제로 실현되는 것이 쉬운 일은 아니라고 하는 점에 또 다른 가장 어려운 문제점이 있다. 이 문제가 위에서 본 어떻게(How?) 국민통합을 실현시킬 수 있는가 하는 방법론 중에서도 가장 어려운 핵심 문제이다. 그렇기 때문에 독일에서는 일찍부터 서두르지 않고 장기적 안목으로 국민의 마음과 정신의 개혁적 저항권적 각성을 시키기 위한 민주 시민교육을 법제화하여 실시하고 있다. 프랑스에서도 1789년의 프랑스 대혁명의 인권선언 이래 모든 국민들에게 자유와 평등과 함께 형제애(fraternité) 사상을 국민성으로 항상 고양시키고, 현행헌법인 1958년 프랑스 제5공화국헌법에서는 이를 제2조에서 명문으로 "프랑스 공화국의 목표인 좌우명은 자유, 평등, 형제애이다."(La devise de la République est《Liberté, Égalité, Fraternité》)라고 규정하여 "형제애"를 중요한 국가 모토로 선언하고 있다.

우리나라의 국민통합을 위한 六何原則에 상응하는 구체적 방법에 관해서는 뒤에서 상론하려고 한다. 다만 여기서 먼저 강조해 두고 가지 않으면 안 될 대전제는 바로 국민통합의 필수적 요건인 국가의 결속 시멘트와 抵抗權으로서의 "형제애"(fraternité, fraternity)의 본질과 그 형제애가 국가 발전에 대해 가지는 중요한 역할과 가치 문제이다. 왜냐하면 "형제애"는 그 六何原則에 상응하는 구체적 방법 전체의 핵심 관건이고 요체이기 때문이다.

자유와 평등을 헌법상 강하게 잘 보장하고 있는 우리나라에서도 다음에 헌법개정을 하는 경우에는 이 자유와 평등이라는 두 양대 이념이 서로 상충되고 대립되고 국민분열을 원천적 본질적으로 안고 있는 문제점을 조화적으로 발전적으로 통합하여 국가와 국민의 발전과 공동 번영을 위해, 프랑스에서의 발전적 활용과 같이 "형제 자매애"(이하 형제애로 통용함)를 국가를 결속하고 견고히 지탱하는 강력한 세멘트와 抵抗權으로서의 국가 목표로 하는 규정을 반드시 명문 규정으로 신설해야 한다고 생각된다. 이상의 헌법개정이 이루어지기 전인 현 단계에 있어서도, 우리나라 현행 헌법 해석상 "형제애"는 이미 인간의 존엄성과 능동적 국민주권 등 현행 헌법 규범의 본질적 내용이라는 것이 다음과 같이 인정된다.

즉 "형제애"는 첫째로, 아래에서 보는 바와 같이 "자유", "평등"과 함께 우리나라 현행 헌법이 이미 최고 가치로 규정하고 있는 인간의 존엄성의 내포이고 그 표현이며, 국가를 견고하게 통합하고 존속시키는 불가분의 3대 기둥의 하나이다. 둘째로, "형제애"는 우리 헌법이 이미 규정하고 있는 사회적 시장경제주의와 실질적 평등의 내포로 포함되어 있다고 할 수 있다. 셋째로, "형제애"는 인간의 존엄성의 내포로 인정되는 한국 고유의 단군 이래 최고의 국가 이념과 목표인 홍익인간 사상의 내용과 표현이다. 마지막으로, 우리 국민은 헌법의 인간의 존엄성과 자유민주주의를 지켜주는 국민주권을 능동적 실질적으로 행사하여 국가와 인간의 존엄성과 자유민주주의를 스스로 지켜 헌법질서를 수호하고 헌법을 보장하는 주권자이다. 앞에서 이미 고찰한 바와 같이 김철수 선생님께서, "국민은 초헌법적인 抵抗權을 가짐으로써 최후의 수호자로서 헌법을 보장할 수 있다" "최종적인 헌법의 수호자의 손에는 최종적인 수단으로 남겨진 저항권이라는 무기가 있다"라고 강조하신다.[52] 인간의 존엄성과 자유민주주의를 침해하고 국가와 국민의 존립을 위협하는 국가권력이나 사회세력에 대한 저항권의 행사로서 국민의 가장 중요한 권리임과 동시에 의무이다. 김철수 선생님께서는 앞에서 고찰한 바와 같이 "헌법의 원리를 근본적으로 부인하는 것 같은 政治勢力이 출현하여 國家權力을 남용하고 人權 및 이를 인정하는 民主的 憲法 자체가 중대한 침해를 받아 그 존재가 부인되기에 이르렀을 때에도 방관해야 할 것인가는 문제이다. 이 경우에 헌법을 수호하기 위한 抵抗權이 인정되어야 할 것이다. 이러한 의미에서 獨逸基本法은 국가에게 緊急權을 인정하면서 緊急權濫用의 경우 憲法守護權으로서의 抵抗權을 인정한 것이다. 이 의미에서 볼 때 抵抗權은 憲法保障의 手段이라고 할 것이다. 人間의 尊嚴, 價値를 中心理念으로 하는 民主主義秩序의 否定에 대한 抵抗은 人間의 超國家的인 人權이라고 보아야 할 것이다. 憲法에 權利保障의 制度가 완벽하게 규정되어 있다 하더라도 이것을 國民主權主義的으로 운영하지 아니하고 違憲, 不法的으로 행사하는 경우에는 저항하여야 할 權利와 義務가 있다고 보아야 할 것이다"라고 지적하신다. 김철수 선생님께서는 또한 우리나라 "현행헌법은 前文에서 '불의에 抗拒

52) 김철수, 헌법학 개론, 제15 全訂新版, 박영사, 2003, pp. 1344-1345.

한 4.19民主理念을 계승'하고 있으므로 抵抗權을 인정하고 있다고 보아야 할 것이다."라고 강조하시고 "궁극적으로 抵抗權의 행사에는 국민의 인권의식과 신중한 권리주장의 자세가 요구된다."고 지적하신다.53)

따라서 "형제애"에 대한 이상의 네 가지 헌법적 근거를 국민통합 추진 범국민운동의 현행 헌법적 근거로 함으로써, 한국의 재도약을 위해 필수적인 국민통합 추진 범국민운동을 지금 바로 힘차게 전개하기 시작하여야 할 것이다.

따라서 이 형제애와 국민통합에 대한 국민정신교육 민주시민교육을 조속히 법 제도를 최대한 활용하여 범국가적 범국민적으로 바로 실시 함으로써 국민통합 추진 범국민운동을 실효적으로 즉시 전개하여야 할 것이다.

이와 같이 사랑을 핵심 본질로 하는 인간의 존엄성과 진리의 눈으로 국민을 통합하여 국가 위기 상황 극복 방법을 바라보는 그 착안 자체가 국민통합이라는 어려운 난 문제를 해결하는 대책의 시작이 아닐까 한다. 여기에 비로소 컬럼버스가 달걀을 실제로 책상위에 세운 것과 같이, 그 어려운 국민통합을 실제로 달성할 수 있는 구체적 방법과 길이 실제적으로 정확하게 발견된다.

그러한 의미에서 국민통합의 필수적 요체인 "형제애"(fraternité, fraternity)의 의미와 내용과 가치에 대한 다음과 같이 깊은 성찰이 "지피지기 백전 백승(百勝 : 不殆)"이라는 절박함을 가지고 이루어지는 것이 필수적으로 필요하다.

"형제애"를 의미하는 fraternité, fraternity는 원래 형제애, 우애, 동포애, 동업인 동호인 간의 친한 우애와 연대 등 어떤 조직이나 국가의 구성원들 상호간의 대등한 관계에서 서로 이해하고 존경하고 아끼고 친애하여 구성원과 국민 상호간의 연대와 결속력을 높이는 상호간의 이해와 존경과 사랑의 마음을 의미한다. 이 "형제애"을 의미하는 Fraternity를 단순히 "박애"라고 번역하여 일반적 관례처럼 사용하는 것은 그 진의를 충분히 전달하지 못한다고 보여진다. 왜냐하면 형제애는 자유와 평등이라는 두 가지의 양대 국가목표 간의 본질적 내재적인 대립과 상충성을 일찍이 철학적 존재론적으로 정확하게 간파하고 난 결과로 이 서로 대립된 성격의 양대 국가 이념과 목표를 하나로 조화하고 통합하여 국민이 서로 분열하고 양분되어 대립하는 것을 공통 이익과 공동 번영이라는 큰 대국적 차원에서 용기 있고 과감하게 서로 존경하고 협력 협치하고 사랑하는 마음으로 초월하게 함으로써, 국가와 국민이 다 함께 올바르게 발전하고 번영하도록 하기 위한 견고한 세멘트와 같이, 대재앙의 지진과 같은 오늘의 한국의 존망의 국가위기에도 무너지지 않고 극복하여 견뎌내는 지지대 역할을 하는 가장 어려운 불가결의 덕목이기 때문이다. 그러므로 프랑스 대혁명기의 인권선언 과정에 있어서도 자유와 평등을 통합하기가 가장 까다로운 부분이라는 것을 인식하고, 고심 끝에 찾아낸 해결책이 바로 라틴 어원 "frater"에서 나와 중세 이래 사회에 정착된 이 형제애(fraternité)이었다. fraternity

53) 김철수, "抵抗權 小考", 서울大學校 法學 제20권 2호, 1980.5. ; 김철수, 헌법학 개론, 제15 全訂新版, 박영사, 2003, pp. 368-367, pp. 1372-1382.

는 라틴어의 frater(brother, brotherhood : 형제, 형제애)에서 유래된 말로 형제 조직은 전통적으로 다양한 종교적 또는 세속적 목적을 위해 함께 결속된 남성의 조직, 사회, 클럽 또는 형제 조직이다.[54)]

서양 개념의 형제애는 특히 중세 가톨릭 교회의 종교 질서와 함께 "네 이웃을 내 몸과 같이 사랑하라"는 기독교 맥락에서 발전했다.[55)]

프랑스 대 혁명기의 형제애는 1789년 6월 테니스 코트 선서 중에 해산 명령에 용감하게 맞서기로 결정한 대의원 연합에 의해 구현된 "혁명의 혈맹 형제애"이다. 그리고 혁명을 이끈 미라보(Mirabeau)가 왕의 경비병들에게 던진 유명한 문장인 "우리는 총검의 힘에 의해서만 우리 자리를 떠날 것이다"라는 사생결단의 결속 정신이 바로 형제애의 표현이다.

따라서 형제애는 자유에 대한 열망에서 탄생했으며 자유가 아니면 죽음을 달라는 사생결단의 절박한 구국의 위대한 모토였다

이와 같이 형제애는 공동의 대의에 의해 인도되었다.

이와 같은 프랑스 대혁명기의 형제애는 1793년의 인간과 시민의 권리 선언에서 강조한 격언인 "정의를 구현하고 법을 보호하기 위해서는, 당신이 하기를 원하지 않는 것을 다른 사람에게 하지 말라. 다른 사람에게서 받고 싶은 좋은 일을 계속해서 다른 사람에게 하라"는 큰 이해와 선의의 대국적 관용과 양보 정신을 의미한다. 또한, 철학자 티보(Paul Thibaud)는 "자유와 평등은 권리로 인식될 수 있는 반면에 형제애는 서로에 대한 의무이다. 그러므로 이것은 도덕적 슬로건이다. 형제애는 더 나은 세상을 지향하는 시민들 사이의 상호부조의 한 형태인 사회적 자본 개념에 가깝다"고 지적한다.

프랑스 혁명 기간 동안 "형제애"는 프랑스인뿐 아니라 외국인도 포함하여 자유와 평등의 도래 또는 유지를 위해 싸운 모든 사람을 포용해야 하는 완전한 세계적 범 인류적 사명을 가졌다.

이 개념은 결국 중세 동호회와 길드를 통해 확장된 전통에 이어, 초기 근대에는 신사 클럽, 학생 형제회 및 형제 봉사 단체와 함께 회원 간의 부조와 우애를 목적으로 하는 결사인 프리메이슨(Freemason) 등으로 발전하였다.[56)]

---

54) "Fraternity". Oxford Dictionaries. Archived from the original on July 12, 2012. Retrieved 2 January 2016. ; "Fraternity". Dictionary.com. Retrieved 2 January 2016.; "Fraternity". TheFreeDictionary.com. Retrieved 2 January 2016.; "Fraternal orders". TheFreeDictionary.com. Retrieved 2 January 2016.; "Fraternity", Wikipedia The freeEncyclopedia

55) "Mendicant movement – 01 – St Augustine of Hippo – Order of St Augustine". Archived from the original on 2016-03-03., ; ^ "Code of Canon Law – IntraText" ; "Fraternity", Wikipedia The free Encyclopedia

56) Milne-Smith, Amy (2006). "A Flight to Domesticity? Making a Home in the Gentlemen's Clubs of London, 1880–1914". Journal of British Studies. Cambridge Journals. 45 (4): 796–818. doi:10.1086/505958. S2CID 145471860. Retrieved 2 January 2016.; Milne-Smith, Amy (2009). "Club Talk: Gossip, Masculinity and Oral Communities in Late Nineteenth-Century London". Gender & History. 21 (1): 86–106. doi:10.1111/j.1468-0424.2009.01536.x. S2CID 143824046 ; Rashdall, Hastings (1895). "The Universities of Europe in the Middle Ages: Salerno. Bologna. Paris". Retrieved 2 January 2016 ; "Fraternity", Wikipedia The free Encyclopedia ; "Our Sunday Visitor Catholic

박애(博愛)도 국민통합의 요체인 사랑이라는 의미를 가지기는 하지만, 강자(强者)의 약자(弱者)에 대한 자선과 배려와 자비와 사랑이라는 의미가 먼저 강하게 떠오르는 박애라는 말로는 상호 대결 국면으로 치열하게 양분된 국민 분열 상황 하에서는 그 어려운 국가통합과 국민통합을 이루기에는 본질적으로 역부족이라고 할 수 있다. 그리고 그 fraternity에 대한 "자유, 평등, 박애"라는 어구적 사용도 위의 라틴어 어원과 유명한 외국 사전과 국내 사전들에서 보듯이 그 본래 의도하는 진의를 정확하게 전달하는 정확한 번역이라고 할 수도 없다고 보여지므로, fraternity를 "자유 평등, 형제애"로 번역하여야만 올바르고 정확한 표현이 된다고 하겠다.[57)]

형제애는 다 같은 하나의 동일한 국민이라는 서로 대등한 관계에서 법보다는 도덕적 의무, 직책이나 지위와 권위보다는 상호간의 좋은 관계, 계약보다는 조화, 극단적 대결과 대립보다는 상호 이해와 상호 존경과 선의의 대국적 양보 및 협력과 협치, 개인보다는 공동체의 영역에 속한다.

현대의 형제애 질서의 발전은 정부 규제 밖에서 연합할 자유가 법으로 명시적으로 승인된 미국에서 특히 역동적이었다. 미국에는 수백 개의 형제 단체가 있었고 20세기 초에는 여러 회원 자격 중복으로 인해 회원 수가 성인 남성의 수와 같을 정도였다.[58)]

이로 인해 이 기간은 "형제애의 황금기"라고 불렸다. 알렉시스 드 토크빌(Alexis de Tocqueville)은 이러한 의미에서 1830년대 미국의 민주주의에서 민간 조직에 대한 미국의 의존도가 높음을 지적하고 있다.[59)]

1944년 Arthur M. Schlesinger는 이 현상을 언급하기 위해 "결합자의 나라"라는 문구를 만들었다.[60)]

형제애와 다른 형태의 사회 조직 사이의 유일한 진정한 차이점은 회원들이 종교적,

---

Publishing Company 〉 My Faith 〉 Everyday Catholic 〉 Catholic Dictionary". Archived from the original on 22 December 2015. Retrieved 2 January 2016. ; "Fraternity", Wikipedia The free Encyclopedia )

57) 왜냐하면, 《fraternity》. Wikipedia, Free Encyclopedia 등 대부분의 외국 대사전에서는 《fraternity》를 그 라틴어 어원이 fratr(형제)임을 근거로 하여 주로 형제애라고 번역하고 있기 때문이다. ; "fraternity", Dong-A's Prime English-Korean Dictionary, 2014, p.1057에서도 "fraternity"를 형제애 · 우애 · 동포애 등으로 번역하고 있고, 박애라는 번역은 아예 없다. 유명한 어구인 "liberty, equality and fraternity"에 대하여도 "자유, 평등 그리고 우애"라고 번역하고 있을 뿐이다. ; "fraternite", Dong-A's Prime Dictionnnaire Français-Coréen, 2003, p.1275에서도 "fraternité"의 본래의 뜻을 주로 형제(자매) 관계, 우애, 동포애 등으로 번역하고 있고, 《Liberté, Egalité, Fraternité》에 대해서만 《자유, 평등, 박애》(프랑스 공화국의 이념)이라고 하나의 어구적 관례처럼 번역하고 있을 뿐이다.

58) Stevens, Albert C. (1907). Cyclopedia of Fraternities: A Compilation of Existing Authentic Information and the Results of Original Investigation as to the Origin, Derivation, Founders, Development, Aims, Emblems, Character, and Personnel of More Than Six Hundred Secret Societies in the United States. E. B. Treat and Company.

59) Alexis de Tocqueville(1805~1859), Democracy in America — Volume 1 ; Wikipedia, The free Encyclopedia

60) Schlesinger, Arthur M. (October 1944). "Biography of a Nation of Joiners". American Historical Review. Washington, D.C.: American Historical Association. L (1): 1-25. doi:10.2307/1843565. JSTOR 1843565.

정부적, 상업적 또는 가족적 유대 때문만이 아니라 상호 이익이 되는 공통 목적을 위해 동등하게 자유롭게 연관되어 있다는 의미이다

프랑스의 사회 상태에 대한 오디세(L'Odissée)[61] 보고서는 오디세 창립 20주년을 맞아 2010년에 발간한 "프랑스의 사회적 상태"에 대한 보고서에서 사회적 결속 없이는 진정한 경제적 성과도 국가적 발전도 없다는 것을 발표하였다. 즉 이 보고서는 프랑스의 자유 평등 형제애라는 국가 목표의 세 가지의 상호관계와 그 가치를 다음과 같이 명백히 하여야 한다고 제안하고 있다.

첫째로 자유는 모든 사람이 스스로 자유롭게 자신의 자유의지를 행사할 수 있는 권리에 해당한다. 둘째로 평등은 모든 사람에게 다른 사람의 자유와 자유의지를 존중할 의무를 부여한다. 셋째 형제애는 다른 사람의 자유와 자유의지를 존중해야 하는 이 의무 즉 평등을, 우리 자신의 개인적 자유의지를 행사할 수 있는 권리와 능력의 발동 조건으로 확보하는 역할을 한다. 따라서 형제애는 모든 사람의 자유와 평등을 다 함께 보장하는 가교적인 가장 중요한 역할을 한다. 이 형제애의 역할이 자유와 평등 간의 대립으로 사회와 국민이 분열되는 것을 방지하고 극복하게 하여 국가와 사회의 통합과 국민통합을 달성하게 하여 국가와 사회를 견고하고 튼튼하게 발전시키는 세멘트와 같은 기능을 하는 가장 중요한 역할을 한다.[62]

형제애는 인간의 존엄성이 보장되는 자유민주주의 국가를 통합적으로 견고하게 유지하기 위한 측면에서는 자유 평등 형제애의 세 가지 가치 중에서도 가장 중요한 기능을 한다고 평가되고 있다. 그것은 이 자유, 평등 형제애라는 세 가지 국가 모토에서 가장 높은 가치, 가장 "이상적인" 차원을 가진 것이라고 평가되고 있다.

왜냐하면 형제애에는 연대, 화합과 같은 선택될 수 있는 다른 단어들보다는 더 큰 힘을 가진 사랑이 중심 내용으로 포함되어 이끌고 있기 때문이다.

물론 자유와 평등도 인간의 존엄성의 표현이며, 인간의 존엄성의 핵심 내용은 모든 사람이 다 서로 너와 나의 구별 없이 동일하게 너나 나나 다 같이 진리와 같은 양심인 "내적 진리"(Vérité interieure, internal Truth)를 가진 진리체이기 때문에 진리와 같이 존엄하므로 서로 존경하고 사랑해야 한다는 것이다. 그러므로, 결국 자유, 평등, 형제애는

---

61) L'Odissée 는 프랑스의 "사회와 회사에서의 대화와 사회적 지능의 조직 기구"(Organisation du Dialogue et de l'Intelligence Sociale dans la Société Et dans l'Entreprise, Organization for Dialogue and Social Intelligence in Society and Business, O.D.I.S.S.E.E.)로서 1990년에 설립된 비정부 조직 기구이다. 이 오디세 조직 기구는 Espace Social Européen2 잡지에서 "모든 분야의 의사결정자" 자격을 갖춘 500명으로 구성되어 있다. 그들은 한 달에 한 번 매월 공식회의를 한다. 이 기구의 창립 20주년을 기념하여 총대표인 Jean-François Chantaraud의 주도하에 "프랑스의 사회 상태(L'État social de la France)에 대한 오디세 보고서"를 발간하였다. France의 전반적인 성능을 점검하여, 경제적 성과와 사회적 응집력 사이의 연결 고리를 만들고, 이 두 지표를 기반으로 다양한 프랑스 지역과 다양한 유럽 국가 간의 순위를 설정한다. 이 출판물에 이어 100번의 공개 토론이 이어졌다.

62) Odissée (Organisation du Dialogue et de l'Intelligence Sociale dans la Société et dans l'Entreprise,) Rapport d'Odissée sur l'état social de la France, 《Comprendre et vivre les valeurs de l'idéal républicain de la France 《Liberté, Egalité, Fraternité》》, La Tribune, 10 octobre 2019 (lire en ligne [archive], ; L'État social de la France — Wikipédia

다 같이 존재 철학(Ontologie philosofique, philosophical Ontology)적 근거에서 볼 때 진리의 표현이며, 따라서 진리 그 자체의 본질 내용인 사랑을 핵심 내용으로 하는 인간의 존엄성과 자유민주주의를 위한 동일한 최고의 국가 모토라고 하겠다.[63)]

형제애는 이와 같이 그 본질인 사랑과 마찬가지로 광대하고 위대한 힘이 있는 역동적인 가치이다. 국민 모두가 형제애를 발휘하기 위해서는 구국의 마음의 불변성과 노력과 인내가 필요하다. 그것은 인간의 진보를 담고 있으며 모든 시련에 대응하고 모든 분열을 극복하는 것을 가능하게 한다.

형제애는 또한 하나의 약속이며 질서 있고 평화롭고 번영하며 조화로운 사회와 국가발전을 약속한다. 그러므로 형제애의 이상에는 "사회적 결속력"과 "함께 사는 행복"이 수반된다.

이러한 의미에서 형제애는 바로 국가의 세멘트이다. 그것은 자유의 정신이자 평등의 정신이며, 각자의 권리와 의무를 명확히 함으로써 정의와 공정이 실현되어 자유와 평등을 동시에 보장하여, 다 함께 공동 목표인 국가 발전을 견고하게 이루도록 하는 세맨트와 같은 역할을 한다. 그것은 법과 정의와 공정의 정신을 확립하고 공동의 번영의 길을 밝혀주고 이끌어준다.

자유, 평등, 형제애는 결국 인간의 존엄성과 자유민주주의를 보장하고 안전하게 지키는 같은 의미를 가진 세 단어이다. 그러므로 자유, 평등, 형제애를 분리하는 것은 잘못된 것이다. 이 세 가지 가치는 조화로운 사회와 국가를 건설한다는 동일한 목표의 세 가지 차원으로 보아야 한다.

자유는 호혜성의 원칙을 통해 평등으로 이어진다. 그 중심에는 개인의 권리를 보장하면서 집단으로 통합시키는 평등이 있다. 마지막으로, 형제애는 개인과 집단이 자유롭고 평등하게 조화롭게 통합하여 함께 번영으로 살아가는 국가와 사회의 가장 중요한 일반적인 정신을 부여하여 준다.

그러므로 자유 평등과 함께 국가의 세가지 모토가 되고 있는 형제애는 전 세계의 다른 국가 모토에서 발견되는 통합, 조화, 일치, 진보, 발전과 번영, 평화라는 다른 많은 가치와 사회적 국가적 세계적 인류적 목표를 의미한다.

---

63) 조병윤, "能動的 實質的 國民主權과 人間의 尊嚴性의 存在哲學的 本質과 그 實現 方法論 – 부다(佛陀)와 장 자크 루소에 의거하여-, CHO, Byung-Yoon, "Ontologie de la souveraineté du peuple et de la Dignité de l'Homme – selon le Bouddha et Jean-Jacques Rousseau-", 프랑스 파리 2대학교 법학박사 학위논문, 1989년 3월 ; 조병윤, 헌법학 원리, 제2판, 성광사, 2010 ; 조병윤, 《인간의 존엄권의 본질과 '내적진리의 세발자전거'론》, 금랑 김철수 선생 팔순기념 논문집 – 헌법과 기본권의 현황과 과제-, 경인문화사, 2012 ; 조병윤, 《세계헌법 제정에 관한 고찰(A Study on Establishment of World Constitution)》, 헌법재판소 헌법논총 제28집, 2017, pp.301-378 ; 조병윤, "세계헌법 제정과 인간의 존엄성 헌법교육", 青岡 朴仁洙 教授 停年紀念論文集 現代 公法學의 課題와 研究 動向, 한국비교공법학회, 2020, pp.56-87.

# 제5. "국민통합 추진 범국민운동"의 구체적 방안

## I. 국가적 위기 극복을 위한 국민통합을 달성하려면 무엇을(What?), 어떻게(How?), 왜(Why?) 해야 할 것인가

### 1. 국민통합 추진 범국민운동의 긴급한 필요성 : 왜(Why?)

한국의 현재의 국가적 국민적 생존 위기를 극복하고 타개하려면 무엇보다도 먼저 국민통합을 달성하지 않으면 안 된다. 그렇다면 이 절체절명의 국민통합을 달성하려면 과연 무엇을(What?), 어떻게(How?) 해야 할 것인가 하는 것이 한국의 현 위기 극복의 최대 관건이라고 할 것이다. 이에 대한 해답을 찾고 제시하는 것이 바로 "한국의 재도약을 위한 새 길"을 찾는 것이 될 것이다. 이것이 본고의 핵심적 목표이다.

위에서 상세히 본 한국의 국가적 국민적 생존 위기에서 벗어나 모든 국민의 인간의 존엄성이 보장되는 인간다운 삶과 행복 및 대한민국의 자유민주주의를 기반으로 하는 새로운 도약과 지속적 발전을 이루기 위해서는, 다음과 같은 국민통합 추진 범국민운동을 극도로 효율적으로 실행하지 않으면 안 된다. 이것은 현시점에서 절체절명의 유일한 길이라고 할 수 있다.

### 2. 국민통합 추진 범국민운동의 목적과 내용 = 자유와 국가수호 범국민운동 : 무엇을(What?)

국민통합 추진 범국민운동은 자유민주주의와 국가수호 범국민운동이다. 자유와 인간의 존엄성을 보장하는 자유민주주의는 아래에서 보는 바와 같이 진실과 진리를 구현하는 길이다. 그러므로 이를 위한 국민통합 추진 범국민운동은 바로 진실과 진리가 형제애와 동포애라는 사랑의 힘과 능력으로 나타나서 거짓을 직접 설득하여 국민통합을 이루어 주는 완벽한 길이기 때문에 가장 확실한 "한국의 재도약을 위한 성공의 새 길"이다.

### 1. 국민통합 추진 범국민운동이 반드시 성공하는 이유와 근거 : 왜(Why?)

그 이유와 근거는 다음과 같은 진실과 진리의 힘의 본질에 의해 스스로 명확히 밝혀진다.

#### 1) 자유, 인간존엄성, 세계 인류 공통의 휴머니즘, 진실과 진리의 공통성

(가) 여기서 첫째 자유는 세계 모든 인류와 우리나라 헌법의 최고 가치인 인간존엄성의 핵심을 의미한다. 이 인간의 존엄성은 바로 전 세계 모든 인류에 동일하고 공통된 진리를

의미한다.

(나) 여기에 윤석열 대통령이 대통령 취임사와 각종 시정연설과 유엔총회 연설과 미국 국빈 초청 방문 시 미국의회에서 행한 연설 등에서 자유를 수없이 강조한 국정철학의 진정한 의미가 있다는 것을 모든 국민이 먼저 반드시 깨달아야 하는 이유가 있다.

(다) 이 자유와 인간존엄성이 가지고 있는 진리와 그 본질적 속성인 사랑의 완전하고 무한한 힘만이 그 어려운 국민통합을 달성하고 "한국의 재도약의 새 길"을 밝혀줄 것이기 때문이다.

### 2) 국가수호의 "형제애"와 "진실"을 공통 기반으로 하는 국민통합 : 어떻게(How?)

국가의 존립과 안전 및 국민의 생존과 인간의 존엄성과 자유민주주의를 위협하는 반국가적 반국민적 반역사적 무질서 세력에 대해, 서로 공통된 나라사랑과 국가수호, 서로 공통된 형재애와 동포애 및 진실과 진리의 공통성을 활용하여, 이해와 포용과 설득을 통한 국민통합을 달성하여야 한다.

최상용 고려대학교 정치외교학과 명예교수, 전 한국정치학회 회장은 위의 "한국의 새 길을 찾다"라는 책의 "한국 정치, 민주주의의 성숙과 시련"이라는 주제 하의 "대안으로서의 중용민주주의"라는 주제의 대담에서, "중용의 가장 짧은 定義는 '과, 불급이 없는 것'인데, 저는 '과, 불급의 양극이 아닌 상태'로 풀이합니다. 인간이기에 과(過 : 지나치게 많음)할 수도 있고 불급(不及 : 지나치게 적음)할 수도 있지만 양극보다 그 양극 사이에 존재하는 다양한 가능성에 착안하는 것은 어쩌면 당연한 귀결입니다. 왜냐하면 중용 다음은 시중에 있으며, 시중이야말로 그 시점에서의 상황과 조건에 맞는 사려 깊은 판단이며 상대적으로 최적의 선택이기 때문입니다. 중용은 개인 수준에서는 자기실현을 위한 실용적 규범이 될 수 있고 집단, 국가 그리고 국제 수준에서는 갈등을 조정하는 정치적 판단의 방법으로 뿌리내리고 있습니다."라고 중용의 중요성을 밝혀주고 있다.

최상용 교수는 위 대담에서 중용을 현실에 발전적으로 심화시켜, "정치 현장에서 중용적 구상력은 대체로 보수의 자기 개혁과 진보의 탈 급진화로 나타나는데, 이러한 역사적 흐름에 걸맞은 정치 리더십의 핵심 개념으로 등장하고 있는 역설적 중용은 주목할 만합니다. 역설적 중용의 리더십은 선악 이분법, 이율배반과 같은 제로섬(zero-sum) 상황이나, 고통스러운 딜레마 상황에서도 상대를 과감히 인정하고 때로는 양보의 이니셔티브를 선택하는 정치 지도자의 자질이며 정치 언어의 참다운 의미에서의 타협, 즉 통합의 예술이라고 말할 수 있습니다"라고 밝히고 있다.[64)]

이러한 통합의 예술이라고 할 수 있는 역설적 중용은 본고의 국가수호의 "형제애"와 "진실"을 공통 기반으로 하는 국민통합 방법론과 그 맥을 같이하고 있다고 하겠다.

---

64) 한국의 새 길을 찾는 원로 그룹 지음, NEAR 재단 편저, 한국의 새 길을 찾다, 정림출판, 2023년 1월 4일 인쇄, 11일 발행, pp.258-261.

**가) 국가위기 극복의 본질과 〈거짓과 진실의 대립과 설득〉의 공통성**

"자유와 국가수호 국민운동"의 성공을 위한 국민통합 추진 범국민운동의 핵심 내용은 〈거짓과 진실의 대결과 분열〉의 현 국가적 위기에서 "팩트 체크"에 의해 서로간에 사실 입증과 확인을 거쳐 상호 사실인정과 양해를 양심적으로 하는 것이다. 이것을 공정하고 정의로운 언론이 이를 확인 보도함으로써 거짓을 극복 초월하여 쌍방이 다 같이 그 거짓에 의해 자기들에게 돌아올 것으로 기대하였던 개별적이고 사적이고 특수적인 이익을 다 함께 "전면양도"하는 것이다. 이에 의해 형제애와 동포애에 의한 공통의 나라 사랑의 마음과 공통된 구국의 "일반의사"가 출현하게 되어 함께 국민통합을 이루는 것이다.

그 이유는 본 국민통합 추진 범국민운동은 바로 완전하고 무한한 힘을 실제로 발휘하는 진실과 진리가 실제로 이 〈거짓과 진실의 대결과 분열〉의 현장에 나타나 "인간의 존엄성과 자유민주주의 기본질서를 침해하고 위협하는 무질서 세력을 형제애와 동포애로 설득하는 노력을 실제로 수행"해 나가도록 하는 것이기 때문이다. 그 결과 국가위기 극복을 위한 국민통합이라는 국민의 목표 달성은 진실의 무한한 힘에 의해 다음과 같이 제대로 이루어질 수 있기 때문이다.

여기서 진실과 진리가 "인간의 존엄성과 자유민주주의 기본질서를 침해하고 위협하는 무질서 세력"과의 대립과 갈등에서 직접 대화하고 설득하는 실제 행동은 모든 거짓을 설득하는 "진실"의 모습으로 나타나 대화하게 된다. 이 국민통합 추진 범국민운동은 바로 이 "진실"을 나타나게 하는 범국민운동이다. 이를 위해서는 "국민통합 범국민운동 추진 협의회"를 적절히 구성하여 이 "진실"이 국가위기를 극복하기 위해 실제로 나타나도록 기획하고 추진하여야 할 것이다.

"국민통합 범국민운동 추진 협의회"의 구성원들은 각자가 그동안 국가 위기 극복을 위한 의지로 노력해 온 큰 구슬과 같은 능력과 용기 있는 애국심이 용솟음치는 인물들이어야 할 것이다.

"구슬이 세 말이라도 꿰어야만 보배이다."라는 말과 같이, 이 구슬과 같은 구국의 용사들이 그 의지와 힘을 합쳐 실제로 무한한 "진실의 능력을 발휘하는 진정한 보배"로서의 "국민통합 범국민운동 추진 협의회"를 새로이 창출하도록 하여야 할 것이다. 그러려면, 적절하고 튼튼한 실을 구하여 이 구슬들을 다 잘 하나로 꿰어야만 그때 비로소 보배인 "진실"의 힘과 능력이 실제로 발휘되어 위에서 본 바와 같은 방법으로 국민통합을 달성할 수 있을 것이다.

이상이 한국의 국가적 위기 극복을 위한 국민통합을 달성하려면 무엇을(What?), 어떻게(How?), 왜(Why?) 해야 할 것인가에 대한 해답이다.

## II. 국가적 위기 극복을 위한 국민통합을 달성하려면 누가 국민통합 추진 활동을 해야 할 것인가 : 누가 (Who?)

그 다음의 핵심 문제는 누가(Who?) 그 적절하고 튼튼한 실을 구하고, 이 구국의 용사들인 구슬들을 다 잘 통합하여, "국민통합 범국민운동 추진 협의회"를 구성하며, 그에 의해 보배인 "진실의 힘과 능력"이 실제로 발휘되도록 함으로써, 한국의 존망 위기를 초래하는 거짓과 사이비의 반자유민주주의 세력을 형제애와 동포애로 포용하고 설득하는 노력을 실제로 수행하여, 실제로 국민통합을 달성하고 국가 존망의 위기를 극복하도록 할 것인가 하는 "국민통합 추진 범국민운동의 추진주체"의 문제이다.

여기서 큰 실을 꿰는 가장 중요한 역할을 하는 것이 바로 깨어 있는 국민과 국가 리더십이라고 할 수 있다.

"국민통합 범국민운동 추진 협의회"는 이 튼튼한 실로 함께 힘을 합쳐 자유민주주의를 위한 구국의 활동 경험이 있는 대장군 구슬들을 실제로 이 실에 통합하여 "신출귀몰한 무한한 초능력의 진실의 보배"를 실제로 창출하도록 하여야 한다. 이에 의해 자유민주주의와 국가수호를 위한 대결을 형제애와 동포애를 통한 이해와 포용과 설득이라는 사회계약 체결에 의한 전면양도로 극복함으로써, 국민통합이라는 성공을 이루도록 하여야 할 것이다.

이러한 의미에서 "국민통합 범국민운동 추진 협의회"는 "진실 설득 국민운동"이라고 비유적으로 표현할 수도 있을 것이다.

이 "진실 설득 국민운동"이라고 비유할 수 있는 "구국의 보배"인 "국민통합 추진 범국민운동"의 성공은 능동적 국민의 구국의 직접민주주의적 주권행사의 성공을 의미한다.

그 결과로 이 "진실 설득 국민운동"에 비유되는 "국민통합 범국민운동 추진 협의회"의 지혜로운 구국의 활동에 의해, 우리나라 헌법체계상의 제일 권력자인 주권자 국민이 스스로 나서서 능동적 국민주권의 힘을 실천하는 범국민운동을 직접 실행하도록 하여야만 완전한 국민통합이라는 성공을 달성할 수 있다. 이것이 살아있는 능동적이고 실질적인 직접민주주의의 국민주권 행사의 성공이다. 그러한 연유로 루소는 사회계약 체결과 전면적 양도와 그에 따른 일반의사의 출현과 행사의 모든 실제 집행자로서 이 "살아있는 능동적이고 실질적인 국민주권(souvereneté du peuple)"을 가장 중요한 핵심 주체라고 강조하였던 것이다. 이 능동적 실질적 국민주권 사상에 입각한 구국의 대책이 바로 프랑스 대혁명의 원동력이 되었으며, 또한 우리나라의 3.1 독립운동과 4.19 혁명의 원동력이 되었고, 나아가 오늘날 전 세계의 선진 민주주의의 국가 운영 체계의 핵심 국가운영 방법이 되어 있는 것이다. 이것이 바로 오늘날의 전 세계적인 선진민주주의 체제이다. 한국의 위에서 본 최대 국가 위기를 극복하고 타개하기 위한 "진실 설득 국민운동"으로서의 "국민통합 범국민운동 추진 협의회"의 창출이라는 대책은 바로 위의 루소의 국가위기 극복 대책을 한국의 현 국가위기 극복 대책으로 현대적으로 재조명한 것이다.

그리고 이 재조명 대책은 막연히 상상적인 실현 불가능한 허황되고 추상적인 망상적인 대책이 아니라, 인류 민주주의의 산 역사가 위에서 본 바와 같이 수백 년 동안 검증하고 투쟁하고 발달시키며 입증한 역사적 과학적 실제적 위기 현상 타개 개혁의 대책이라는 점을 명심하여야 한다. 이것이, 한국의 현 국가와 국민의 생존 위기를 지혜롭게 타개하고 "한국의 새 길을 찾다"의 핵심적 "새 길"을 과연 실제로 찾은 것이 될 것이다. 우리나라의 산 역사에서도 이 새 길과 그 새 길의 실제적 힘과 이 새 길의 실제적 성공의 생생한 예는 바로 3.1운동과 4.19혁명과 88올림픽과 2002년 한국 월드컵 4강 성공에서 우리 모든 국민이 나라 사랑과 형제애와 동포애라는 하나의 마음으로 국민통합을 이루었던 사실에서 예외 없이 실제 우리 대한민국 모든 국민의 눈으로 보고 마음으로 느끼며 확인할 수 있다고 하겠다. 이때 우리 국민은 실제로 "전면양도"를 행하였었고 모든 국민이 하나로 국민통합을 실제로 이루었던 것이다. 국민 각자의 개별적이고 특수적인 이해관계는 대한민국의 영광이라는 하나의 큰 뜻에 초월적으로 "전면양도"함으로써, 온 국민이 하나가 된 것을 우리 모두가 두 눈으로 보고 이의 없이 이해하고 알고 있다. 이것은 바로 애국심이라는 나라 사랑의 마음이다. 이와 같이 불가능이라고 생각되고 추상적이고 망상적이고 이상향적일 것만 같은 "전면양도"는 본질적으로 앞에서 어머니의 모정 예에서도 본 바와 같이 나라 사랑, 형제애, 동포애 등 사랑의 위대한 힘으로만 실제로 가능하게 된다. 한국의 국가적 국민적 생존 위기를 타개하려는 대책으로서의 "전면양도"의 대전제가 되는 사랑은 바로 일방 애국심이라는 나라 사랑과 타방 "인간의 존엄성과 자유민주주의 기본질서를 침해하고 위협하는 무질서 세력과 신중한 사리분별 판단 없이 그 무질서 反 자유민주주의 헌법 세력에 부화뇌동하는 선량한 국민"에 대한 이해와 포용의 사랑의 마음이다. 국가적 무질서 세력에 대한 이해와 포용은 그들도 3.1운동과 4.19혁명과 88올림픽과 2002년 한국 월드컵 4강 성공에서의 대한민국의 영광이라는 애국심을 동일하게 다 가지고 있기 때문이다. 우리 국민 모두는 결국 다 같이 큰 차원에서 너와 나의 구별 없이 하나의 국민이라는 형제애와 동포애의 애국심을 가지고 있다고 보아야 할 것이다. 이 형제애는 인간 존재 철학(Philosofical ontology, Ontologie philosofique)적으로도 모든 인류는 다 같이 각각 인간의 존엄성이라는 하나의 공통된 양심을 내적 진리(internal Truth, Verite interieure)로 가지고 있는 동일하고 단일한 진리체라는 점에서 너와 나는 서로 다르지 않고 같은 하나이므로, 너와 나의 대립과 분열과 갈등을 초월하여 형제애, 동포애, 인류애로 하나임을 재확인하고 뭉쳐 서로 이해하고 반성하고 포용하여 상호 존경하고 사랑해야 할 것이라는 인간 존재 철학적 진리를 잘 반영하고 있다. 이와 같이 형제애는 국민통합을 위한 "전면양도"의 본질과 방법을 밝혀주고 있다

루소가 무질서 사회를 극복하기 위한 가장 중요한 대책으로 제시한 "전면양도"에 의한 "일반의사"는 그가 사회계약론에서 명백히 스스로 밝혔듯이 "잘못될 수 없는 의사"(volonté infaillible)이고 완전하고 변함없는 올바른 의사기 때문에 진리와 사랑의 의사를 의미한다.[65]

이상의 철학적 국민통합 원리와 루소의 구국의 국민통합 대책을 한국의 현 국가적 국민적 생존 위기의 타개 대책으로 재조명한 결과로 창출되는 것이 바로 "국민통합 추진 범국민운동"이다. 이를 위한 "국민통합 추진 협의회"는 "진실과 진리의 성공 국민운동"이라고 할 수 있다. 이것은 "일반의사"라고 하는 국가 사랑, 국민 모두의 나라 사랑과 국민들 서로 간의 형제애와 동포애를 통한 서로 하나라는 진리와 사랑의 힘에 의해 사사로운 이해관계를 "전면양도"하는 것을 의미한다. 우리 대한민국 국민은 이것을 해낼 수 있는 저력과 용기를 가지고 있다. 그것을 우리 국민만 믿는 것이 아니라 이미 세계의 많은 석학들이 앞으로 21세기에 세계를 주도하는 나라는 한국이 될 것이라고 높이 평가하고 있는 것이 도처에서 발견되고 있다. 그 이유는 이러한 우리 국민의 저력과 용기가 위에서 본 바와 같이 국내외로 인정되고 있기 때문이라고 하겠다.

여기에 우리 국민은 다시 한번 용솟음치는 애국심과 인간 서로 간의 존경과 사랑의 용기가 일어나지 않을 수 없고 그 애국심과 용기의 힘이 바로 구국의 국민통합을 실제로 이루게 할 것이다.

이 국가의 존망 위기를 극복하기 위한 "국민통합 추진 범국민운동"에는 입법부, 행정부, 사법부의 구국의 협력을 바탕으로 하여 국가적 범정부적으로 함께 노력하는 것이 필수적으로 필요할 것이다. 이상과 같이 국민통합 추진 범국민운동의 성공에 의한 구국의 국민통합의 달성은 국민 자신의 대오각성은 물론 국가의 리더십에 크게 달려 있다고 하겠다.

현재의 우리나라의 대통령의 헌법상 지위는 프랑스 제5공화국의 드골 헌법상의 대통령의 지위와 마찬가지로, 대한민국을 대표하고 주권자인 국민에 대한 성실한 봉사자로서 주권자가 헌법을 통하여 위임한 국민대표 중 높은 지위와 권한과 책임하에 모든 중요 국정을 총괄적으로 리드하는 핵심요체(clé de voûte, keystone)라고 할 수 있다.[66] 그러므로 이상의 국민통합 추진 범국민운동의 성공에 의한 구국의 국민통합의 달성은 주권자 국민이 헌법을 통해 위임한 대통령의 최대 책무인 "국가의 독립 · 영토의 보전 · 국가의 계속성과 헌법을 수호할 책무"(헌법 제66조 ②항)와 "나는 헌법을 준수하고 국가를

---

65) CHO, Byung-Yoon, Ontologie de la souveraineté du peuple et de la Dignité de l'Homme －selon le Bouddha et Jean-Jacques Rousseau-(조병윤, "能動的 實質的 國民主權과 人間의 尊嚴性의 存在哲學的 本質과 그 實現 方法論 － 부다(佛陀)와 장 쟈크 루소에 의거하여-), 프랑스 파리 2대학교 법학박사 학위논문, 1989년 3월 ; 조병윤,《인간의 존엄권의 본질과 '내적진리의 세발자전거'론》, 금랑 김철수 선생 팔순기념 논문집 － 헌법과 기본권의 현황과 과제-, 경인문화사, 2012 ; 조병윤,《세계헌법 제정에 관한 고찰(A Study on Establishment of World Constitution)》, 헌법재판소 헌법논총 제28집, 2017, pp.301-378.

66) 프랑스 현 제5공화국 대통령의 국정의 핵심요체(clé de voûte, keystone)로서의 강력한 권한에 관하여는, 성낙인, 헌법학, 제18판, 법문사, 2018 ; 성낙인, 프랑스 헌법학, 법문사, 1995 ; 박인수, Park, Insoo, La Monarchie Repubiliçaine Accentueé(프랑스 현재의 제5공화국 드골 대통령의 "강화된 공화국적(국민주권적) 군주제"라고 칭할 정도의 강력한 권한을 가진 국정의 핵심요체(clé de voûte, keystone)로서의 대통령 체제에 관한 박사논문), 프랑스 파리 2대학교 헌법 법학박사 학위 논문, 1987.2. ; 박인수, 프랑스 제5공화국의 대통령의 권한 (1), 전남대학교 논문집, 1989.12.25. ; 박인수, 프랑스 제5공화국의 대통령의 권한 (2), 전남대학교 논문집, 1990.12.25. 참조.

보위하며 조국의 평화적 통일과 국민의 자유와 복리의 증진 및 민족문화의 창달에 노력하여 대통령으로서의 직책을 성실히 수행할 것을 국민 앞에 엄숙히 선서합니다."(헌법 제69조)라고 한 대통령 취임 선서에 잘 부합하는 대통령의 가장 중요한 책무의 하나라고 하겠다. 이에 따라 대통령이 주권자인 국민이 헌법 제정을 통하여 위임한 이상의 최대 책무를 성실히 수행하는 구국의 용기와 결단에 따른 대국적 큰 리더십이 충분히 발휘되어야 할 것이다. 대통령의 이러한 구국의 리더십이 적절히 발휘될 때 비로소, 위에서 본 국민의 애국심의 발로인 주권행사와 강력한 구국의 의지와 힘 및 대통령에 대한 높은 지지와 합쳐, 국민통합 추진 범국민운동이 가장 효과적으로 성공할 수 있을 것이다. 여기에 비로소 대통령의 "세상을 바라보는 넓은 시각과 능력"과 "전체 그림을 보는 능력" 및 "위기에 대응하는 경험으로부터 얻은 철학과 상황 대처 능력"과 "국가를 잘 끌고 가자는 공동의 목표 달성의 의지" 등 국민이 바라는 국가와 정치의 지도자로서의 훌륭한 리더십이 성공적으로 발휘되는 길이 있다. 이에 의해 현 국가위기를 지혜롭게 극복하여, 대한민국과 헌법과 자유민주주의를 수호하고 대한민국의 재도약의 성공을 달성함으로써 비로소 국민의 큰 지지를 받는 성공한 대통령으로서의 확실한 길이 보장될 것이다.

이상이 한국의 국가적 위기 극복을 위한 국민통합을 달성하려면 누가 (Who?), 무엇을 (What?), 어떻게(How?), 왜(Why?) 해야 할 것인가에 대한 구체적 해답이다.

## III. "국민통합 추진 범국민운동"을 어디에서 구체적으로 전개할 것인가 : 어디에서(Where?)

그다음의 핵심 문제는 국가적 위기 극복을 위한 국민통합을 달성하려면 실제로 어디에서(Where?) "국민통합 추진 범국민운동"을 구체적으로 전개할 것인가 하는 문제이다.

이 문제는 "구슬이 세 말이라도 꿰어야 보배이다"라는 격언 그대로, "구슬"과 같은 구국의 용기 있는 애국지사로 구성된 "국민통합 범국민운동 추진 협의회"를 구성하여 "보배인 진실의 힘과 능력"이 실제로 창출되고 발휘되도록 함으로써, 한국의 존망 위기를 초래하는 "거짓과 사이비의 反 자유민주주의 反 헌법 세력"을 형제애와 동포애로 포용하고 설득하는 노력을, 실제로 전국 방방 곡곡 모든 각처에서 수행하여, 실제로 국민통합을 달성하고 국가 존망의 위기를 극복하도록 하는 "국민통합 추진 범국민운동"을, 실제로 어디에서 전개할 것인가 하는 장소의 문제이다.

인간의 존엄성과 자유민주적 기본질서를 침해하고 위협하여 국가 위기를 초래하는 세력과의 대결과 갈등과 분열에서 형제애와 동포애로 설득에 성공하여 국민통합을 이루어 내는 대화의 장은, 바로 〈거짓과 진실의 대결과 설득〉의 장이 일어나는 대한민국 내의 각 분야의 방방곡곡 모든 장소가 되어야 할 것이다.

능동적 국민이 국민주권을 직접 실천하는 국민의사(일반의사: 진실)를 발현하는 "국민통합 추진 범국민운동"은 이 〈진실과 거짓과의 대결과 대화의 장〉에서 진실이 살아 있는 힘으로 나타나, 직접 형제애와 동포애로 구국의 마음으로 포용과 설득을 수행하는 것을 의미한다. 따라서 국가 위기의 근본적이고 핵심적인 원인인 反자유민주주의 反헌법 세력의 가장 약한 부분 아킬레스이며, 그 反국가적 反자유민주주의 세력이 가장 두려워하는 바로 이 "진실과 진리의 무한한 힘"만이, 이 세력과의 대결과 대화에서 설득의 성공을 이룰 수 있다. 따라서 反자유민주주의 세력과의 대결은 "거짓과 진실의 대결과 대화"라는 대화의 장을 용기 있고 "공개적으로 전 국민 앞에서 만들고" 거기에서 과감하게 팩트체크로 전개하여야만 설득과 국민통합을 달성할 수 있을 것이다. 따라서 이 거짓과의 대화의 장소는 대한민국 전역에 거짓이 가짜뉴스, 선동, 위장 평화, 여론 호도, 편향되어 불공정한 시대착오적 언론, 통계 조작, 불공정하고 불법적인 노동운동, 잘못된 전교조 교육 현장, 사이비 지역 마을 운동 등 모든 선전 선동 전술로 국민을 기만하고 분열시키며 사회와 경제를 파멸시킴으로써, 인간의 존엄성과 자유민주주의 체제를 침해하고 위협하여 한국의 존망 위기를 초래하는 모든 장소가 예외 없이 되어야 한다.

이러한 구국의 "국민통합 추진 범국민운동"은 전국에서 범국민적, 범정부적으로 전개되어야 할 것이다. 反 국가적 反 자유민주주의의 反헌법적 행위를, 애국심과 동포애를 발현하는 대화로, 특수하고 사사로운 이득과 거짓을 서로 전면 양도하도록 설득하여 무력화시켜, 국민통합을 달성하는 추진 장소와 방법의 더 상세한 구체적 내용은 "국민통합 범국민운동 추진 협의회"를 실제로 구성하여 "보배인 진실의 지혜와 힘"이 실제로 나타나도록 함으로써 자연스럽게 만들어질 것이다.

이상이 한국의 국가적 위기 극복을 위한 국민통합을 달성하려면 누가(Who?), 무엇을(What?), 어떻게(How?), 왜(Why?) 어디에서(Where?) 해야 할 것인가에 대한 해답이다.

## Ⅳ. "국민통합 추진 범국민운동"을 실제로 언제 구체적으로 전개할 것인가 : 언제(When?)

이제 마지막으로 남은 문제는 국가적 위기 극복을 위한 국민통합을 달성하려면 실제로 언제(When?) "국민통합 추진 범국민운동"을 구체적으로 전개할 것인가 하는 문제이다

현재가 앞에서 본 바와 같이 국가와 국민의 존망 최대 위기이므로 시간을 끌고 기회를 엿볼 시간적 여유가 없기 때문에, 지금 당장 바로 구국의 "국민통합 범 국민운동 추진 협의회"를 구성하여 "국민통합 추진 범국민운동"을 본격적으로 전국적으로 전개하기 시작하여야 한다. 앞으로 10년 이내, 빠르면 5년 이내에 대한민국의 재도약을 달성하는 《천명의 수행》이냐 국가와 국민이 패망으로 가는 《절명의 길》이냐가 확실히 가려질 것이므로, 국가 위기 극복이 매우 시급하다고 김진현 세계평화포럼 이사장이 경고한 것을 앞에서 본 바와 같다.[67)]

---

67) 한국의 새길을 찾는 원로 그룹 지음, NEAR 재단 편저, 한국의 새 길을 찾다, 정림출판, 2023년 1월 4일 인쇄, 11일 발행, p.504.

그러므로 지금 당장 앞에서 본 "국민통합 범국민운동 추진 협의회"를 구성하여 국민통합 국민운동을 범국민적 범정부적으로 대한민국의 존망과 모든 국민의 인간의 존엄성과 자유민주주의의 사활을 걸고 구국의 결단으로 전국적으로 전개하지 않으면 분명히 늦는다. 여기서 이 "늦는다"는 말의 뜻은 이 대한민국이라는 우리의 피와 살인 나라가 망할 수도 있다는 매우 심각한 의미이다. 율곡 선생 등 현자들이 "위험하다, 늦는다"고 수많은 경고를 심각하게 하였음에도 태만시하다가 결국 임진왜란의 국란과 치욕을 당하였고, 그 후에는 또 국방과 국가 안위를 소홀히 하다가 결국 일제 침략으로 36년간 이 나라를 잃어버리고 우리 동포와 민족은 지옥과 같은 고초를 겪은 역사가 이 위험성을 명증하고 있다고 하겠다. 지금 북핵 위험과 남한 내에서의 反자유민주주의, 反헌법 세력의 대한민국을 망하게 하려는 위험성의 심각성 정도가, 일반인의 상상을 초월할 정도로 엄중하게 가시적, 암묵적으로 팽창하고 있음이 도처에서 경고되고 있다. 그럼에도 우리 국민 모두가 대한민국의 위기를 제때 현명하고 지혜롭고 용기 있게 극복하지 못한다면, 이 나라의 존망위기가 현실화되어, 우리 국민은 현재의 북한 동포들이 겪고 있는 지옥과 같은 고통 속에 빠지게 될 수 있다는 위험성이 매우 근접해 있다는 현실을 직시해야 한다는 뜻이다. 이것은 조선일보 주필과 논설위원인 류근일, 김대중 주필들의 조선일보 논설 등을 통한 국가위기에 대한 지속적인 경고와, 광화문 태극기 집회 등에서의 전광훈 목사와 김학성 교수(강원대학교 법학과 명예교수, 전 한국헌법학회 회장)와 이계성 대한민국 수호 천주교인 모임(대수천) 대표 및 뜻있는 지식인과 시민들의 강연과 방송, 논설 등에 나타나는 절절한 애국심의 국가위기 경고에서도 잘 나타나 있다.

그 근거와 이유는 우리나라의 현재의 국민정신 각성의 착각과 미약이 위에서 상세히 본 국가 위기 극복을 위하여 더 이상 그대로 방치할 수 없는 상태에 있기 때문이다.

우리 국민이 국가위기를 착각하여 제대로 인식하지 못하고 있는 점은, 경제가 세계 10대 경제 대국으로 선진국 수준 통계에 이르기만 하면, 국가와 국민의 안전도 안보도 보장된다고 믿었다는 점에서 발견된다. 또한 우리 국민이 위에서 상세히 본 국가의 존망 위기를 제대로 각성하지 못하고 방치하고 있는 점은, '4대 강국에 둘러싸이고, 해양 세력과 대륙 세력 간의 충돌 지역에 자리했다는 특수한 지정학적 생존의 기본 명제(북핵 문제 포함)의 국가 존망의 심각성을 위장 평화라는 안일성에 의해 잊고 지냈다는 점'에서도 발견된다. 우리 국민은 그동안 너무 절실해서 그랬는지 너무 불가항력적이라 그랬는지, 이 기본 명제에 다가가려 하지 않았다고 김진현 세계평화포럼 이사장은 지적하고 있다.[68] 실제로는 이 명제에 다가가면 선거에 불리하다는 정파적 특수 이해관계 때문에 알면서도 외면한 측면이 있는지를 구국의 차원에서 팩트 체크 해 보아야 한다.

따라서 국민통합 추진 범국민운동은 한국의 시급하고 심각한 국가 존망의 위기 극복과 한국의 재도약을 위해 반드시 지금 당장 범국민적 범정부적으로 실질적이고 효과적으로

68) 한국의 새길을 찾는 원로 그룹 지음, NEAR 재단 편저, 한국의 새 길을 찾다, 정림출판, 2023년 1월 4일 인쇄, 11일 발행, p.508.

힘차고 용기 있게 전개하기 시작하지 않으면 안 된다.

## 제6. 결 론

지피지기 백전백승의 원리에 따르는 "국민통합 추진 범국민운동"의 성공은 구국의 국민혁명의 승리라고 할 수 있다.

위에서 상세히 본 정확한 상황판단만이 "지피지기 백전백승"의 손자병법 원리에 따라 국가적 국민적 생존 위기를 극복하기 위한 능동적 국민 주권의 성공의 필수적 방법이라는 것을 우리 국민 스스로가 먼저 깊이 깨닫고 이를 즉시 실행에 옮기지 않으면 안 된다.

따라서 위에서 六何原則에 따라 상세히 제시한 바와 같이, 다음과 같은 "진실이 설득"하는 "국민통합 추진 범국민운동"의 실천을 지금 바로 완벽하고 주도면밀하게 기획하고 전개하여야 할 것이다. 주권자 국민 스스로가 실질적이고 능동적인 주권자의 힘으로 직접 사사로운 정파적 이념적 이해관계를 형제애, 동포애, 애국심으로 초월하여 "전면양도"함으로써, 국가 존망의 위기를 지혜롭게 극복하여, 한국의 현 국가 존망의 위기를 지혜롭게 극복하여 재도약을 가져올 구국의 국민혁명으로서의 국민통합이라는 "일반의사"를 실현하도록 범국민적 정부적으로 "국민통합 추진 범국민운동"을 국가의 총력을 다 모아 지금 바로 전개해 나가야 할 것이다.

# 헌법재판소제도에 대한 회고와 전망

김철수, 「위헌법률심사제도론」(1983)의 관점에서

이명웅*

## 1. 서론

김철수 교수는 1950년대 독일 유학시절과 1960년대의 미국 유학시절을 거쳐 독일의 헌법재판제도와 미국의 사법심사제도를 관찰하신 후, 그 비교연구를 중요과제로 삼았다. 그리하여 1971년에 「위헌법률심사제도의 연구」로 법학박사논문을 썼고, 그 후 본격적으로 이를 보완하여 헌법재판에 대한 이론적 검토와 비교연구의 성과물로서 1983년 「위헌법률심사제도론」(학연사)을 발표하였다.

「위헌법률심사제도론」은 우리나라 헌법재판제도에 가장 중요한 지침서였고 현재의 헌법재판소제도의 초석을 다지고 있다. 이 책은 외국 제도의 비교연구에 기초하면서, 어떤 제도가 우리나라에서 '헌법을 수호하고 기본권을 보장하는 최후의 보루'로서 타당한 것인지에 초점을 맞추고 있고, 대한민국 헌법재판제도에 대한 전망을 제시하고 있다.

우리 헌법재판소가 1988년 설립되어 35년이 되어가는데, 과연 김철수 선생님이 「위헌법률심사제도론」(1983)에서 쓰신 헌법재판제도의 본질적 특성과 바람직한 헌법재판제도의 전망이 현재까지 얼마나 드러나고 있는지 조망해볼 필요가 있다. 이로써 김철수 교수의 헌법재판제도에 대한 학문적 업적을 재조명하고, 우리나라 헌법재판소제도의 본질적 특성을 보다 명확히 이해하고, 향후 헌법재판제도의 바람직한 발전방향을 모색하고자 한다.

이하 '위헌법률심사제도' 개념은 광의의 '헌법재판제도'의 한 중요한 내용으로서 병렬적으로 표현하기로 하며, 관련 주제별로 「위헌법률심사제도론」의 해당 내용을 인용한 뒤,[1] 이를 현재의 헌법재판소제도에 적용하면서 검토하여 논하고자 한다.

---

* 변호사, 법학박사

1) 다만 원문에 포함된 각주는 생략함.

## 2. 헌법재판소제도의 필요성

(1) 1987년 헌법 개정 시 우여곡절 끝에 헌법재판소제도가 도입되고, 헌법소원이 도입된 것은 당시 여야의 정치적 헌법개정 협상의 결과라고 볼 수 있지만, 그 배경에는 제2공화국 헌법에서 신설되었으나 실현되지 못했던 헌법재판소제도를 다시 구성해야 한다는 학계의 주장이 있었고, 그 중심에 「위헌법률심사제도론」이 자리잡고 있었다.

"헌법을 개정하는 경우에는 이상적인 헌법재판소제도를 도입하는 것이 바람직하다. 사법심사제도는 제3공화국에서 본 바와 같이 사법부의 사법자제 때문에 빛을 보지 못하였고, 위헌판결을 한 경우에는 사법파동을 불러일으켜 사법부의 독립과 정치적 중립성마저 위태롭게 하는 결과로 되었다. 미국의 사법심사제도의 성공은 사법권의 우위와 사법부에의 신뢰, 법조인의 능력 등에 의하여 뒷받침되고 있는 것이며, 같은 제도를 채택하고 있는 일본의 사법심사제도는 별로 공감을 받지 못하고 있는 것을 보더라도 우리나라의 풍토에 적합하다고 볼 수 없다. 이에 비하여 헌법재판소제도는 유럽에서 성공을 거두고 있으며 정치의 사법화(司法化)를 통하여 정치의 과격화를 막는 데에도 크게 기여하고 있는 것이다."

- 「위헌법률심사제도론」, 545쪽

(2) 「위헌법률심사제도론」은 왜 헌법재판소제도가 도입되어야 하는지 세 가지 이유를 들고 있다.

① 우선 위헌법률심사제도 내지 헌법재판제도가 '왜 필요한지' 논의가 필요한데, 「위헌법률심사제도론」은 그 이유를, 오늘날 정당국가화 경향으로 국민의 대표자인 입법부가 전체 국민들의 이익을 위해 입법을 하기보다는 당파적 이해관계를 반영한 입법을 많이 하기 때문이라고 본다.

"오늘날에 있어서, 사법부가 입법부의 입법행위에 대하여 견제하는 기능을 가지게 된 것은 정당국가화의 경향에 따라 입법부가 정략적인 입법을 하는 것을 견제하기 위하여 인정되는 것이라고 볼 수도 있으며, 헌법의 최고규범성을 확보하기 위하여 인정되는 것이다."

- 「위헌법률심사제도론」, 3쪽

살피건대 국회의원들은 "국가이익을 우선하여 양심에 따라 직무를 행"해야 하고(헌법 제46조 제2항), 모든 공무원은 "국민 전체에 대한 봉사자"로서 일해야 하지만(헌법 제7조 제1항), 정당에 소속된 국회의원들이나 대통령과 장관이 만일 당파성을 지니거나 내지 그들을 지지하는 일부 국민의 이해관계를 위해서 입법과 행정을 한다면, 입헌주의를 통한 '공동체의 정의 구현과 공공복리의 증진'은 불가능해지며, 헌법은 명목상으로 존재할 뿐이고 정치는 약육강식의 '적과 동지'로 또다시 전락한다.

현대 입헌주의 헌법의 효시에 해당하는 미국 연방헌법 제정 시에 정당은 없었으며, 당시 헌법제정 논의에서는 당파적 집단(fraction)이 어떻게 공화국과 대의민주주의를 파괴할 수 있는지 그 위험성이 경고되었고, 이에 대하여 어떻게 대처할지 소재로 삼았다.[2) ] 1950년대에 독일에서 Leibholz는, 정당국가화의 폐해에 대해서 경고하였는데, '국회의원이 자주적 결정권이 박탈되어 정당의 심부름꾼으로 전락하고, 더 이상 자기의 인격을 기울여서 전체 국민을 위하여 자기의 정치적 결정을 내리는 대표자라고 공언될 수 없게 된다'는 것을 우려하였다.[3)] 더구나 당내민주주의가 미흡하고 정당의 의사결정과 공직선거후보자의 공천이 비민주적으로 이루어지는 정당이라면, 소속 의원의 소신이 정당의 중요한 정책에 반영된다거나 소속 의원의 자율성이 쉽게 유지될 것이라고 단정하기 어렵고, 이는 '무기속위임 원칙'을 사실상 형해화하게 될 것이다.[4)] 이런 점에서 우리 헌법은 제8조에서 정당을 보호하는 한편 당내민주주의를 강하게 요구하고 있으나, 정당들에 대한 국민의 신뢰는 낮으며, 그럼에도 불구하고 분기 때와 공직선거 시 고액의 국고보조금이 국민의 세금으로 지출되고 있다.

나아가 최근에는 각국의 민주주의가 포퓰리즘(populism)에 압도되고 있다. 정치인들은 표를 얻기 위하여 특정 그룹 국민에게 크고 작은 복지혜택을 마구 해주는 결정을 하면서, 이에 소요되는 예산이나, 미래 세대에게 떠넘기는 부담 증가는 별 상관하지 않는 경향이 있다. 이는 민주주의가 '국가재정 퍼주기식' 금권선거 행태로 왜곡되고 있는 심각한 위기이며[5)] 우리나라도 예외가 아니다.[6)]

서구 헌정사에서 의회는 왕권을 제약하면서 입법권을 획득하였지만, 오늘날 정당국가화 경향으로 의회가 국민 전체의 복리를 위하여 작동한다는 믿음은 약해졌고, 인구의 비약적 증가와 산업화, 그리고 자본주의 심화는 갈수록 입법이 특정 국민에게 유리하고 다른 국민에게 불리한 '제로섬 게임'의 양상으로 나타나게 하였다. 또 때로는 다수 국민의 여론을 내세우며, 소수자를 억압하는 입법이 행해지기도 한다. 그러므로 의회의 입법에 대해서 '소수자 보호'를 위하여 별도의 헌법적 통제를 필요로 한다. 이에 대법원이나 독립된 정치적 사법기구에 의한 위헌법률심사제도가 필요하게 되었던 것이다.

따라서 정당국가화 경향에 따라 의회의 당파적 입법 경향에 대하여 국민 전체 공익의 관점에서 헌법적 통제가 필요하며, 이로써 국회의 입법보다 더 우위에 있는 '헌법의 최고규범성'을 확보하고자 하는 것이다.

---

2) *The Federalist* #9, 10 참조.

3) G. Leibholz, *Strukturprobleme der modernen Demokratie* (1958), 주수만 역, '현대민주정치론'(서문당, 1977), 148쪽 참조.

4) 이명웅, 헌법 제8조(정당조항)의 양면성, 헌법논총 제13집(1999) 478쪽.

5) Roger Eatwell and Matthew Goodwin, National Populism: The Revolt Against Liberal Democracy (Pelican Books, 2018), chapter 4 참조.

6) 예를 들어, 김대일, 연금개혁, 포퓰리즘을 경계해야, 서울경제 2022. 9. 21.자 칼럼[김대일 칼럼] 참조.

② 한 국가에서 위헌법률심사(司法審査, judicial review) 내지 헌법재판을 채택할 경우, 이를 법원이 담당할 것인가, 독립된 기구가 할 것인가는 그 나라의 사법(司法) 행태, 법원의 사법심사에 대한 능력, 사법에 대한 국민의 신뢰 등 조건에 달려 있다.

사법심사는 미국의 주 법원에서 처음 시작된 뒤,[7] 연방대법원의 1803년 Marbury v. Madison 판결에서 헌법적 판단 근거를 지니게 되었지만, 「위헌법률심사제도론」 545쪽이 적절히 설명한 바와 같이, 이는 "사법권의 우위와 사법부에의 신뢰, 법조인의 능력"에 의하여 판례법상 제도로 정립된 것이다.

보통법(common law) 전통에 따라 영미의 법원은 제정법의 권한 부여가 없이도 민사, 형사 등에 대한 강력한 재판권을 지니고 있었다. 이미 13세기 초에 보통법원의 Edward Coke 판사는 '국왕도 보통법을 준수하여야 한다'는 판단을 할 정도로, 보통법 전통은 뿌리를 내리고 있었다. 이를 요약한 것이 아래 내용이다.

> "Coke는 common law와 common law court의 우월성을 주장하여 사법적 헌법보장제도의 이론적 근거로 되었다. 당시 국왕은 법률에 관하여 다툼이 있는 경우에는 국왕에게 결정권이 있다고 한데 대하여 Coke는 common law court가 결정하여야 한다고 생각하였다. D. Bonham Case에서 Coke는 '많은 사건에 있어서 common law가 의회제정법을 억제하고, 때로는 그들의 법률을 무효로 제한하려고 하는 것은 판례가 보여주고 있는 바이다. 의회제정법이 조리(條理)에 반하고, common law에 반하며, 또는 집행불능의 경우에는 common law는 이러한 법률을 억제하고 이를 무효로 판결하려고 할 것이다'고 하였다."
>
> -「위헌법률심사제도론」, 18쪽

이러한 보통법과 보통법의 우위 전통은 미국으로 건너가 사법심사의 관행이 생긴 것이다. 반면 영국에서는 17세기 후 의회의 우위(優位) 내지 '의회주권'이 제도적으로 확립되어 법원이 사법심사를 하는 것은 엄격히 자제되었다.

사법심사는 법을 해석하는 법관의 역할을 넘어서서 법 자체의 위헌성을 판단하여야 하므로, 이는 H. Kelsen이 말하는바 '소극적 입법'(negative legislation)에 해당하는 새로운 법원의 관할이다. 적지 않은 경우, 이는 입법으로 반영되는 '정치적 영역'에 법원이 깊게 관여하게 되며, 법원의 결론은 정치적 이슈가 된다. 따라서 보통법 전통과 같은 강한 판례법 전통, 법관의 권위와 능력, 국민과 정부의 사법부에 대한 신뢰가 바탕이 되지 않으면 법원이 함부로 사법심사를 할 수 없다. 만일, 그런 법조환경이 조성되지 않은 상태에서 법원이 적극적으로 사법심사를 하면, 정치적 역풍이 강할 때 방어되기 어렵다.

---

7) 배심원 숫자나 배심원의 의결정족수를 제한하는 주 입법을 파기하는 판결들이 있었다. 이명웅, 미국에서 사법심사의 발전: 1776-1802, 헌법재판연구(2014) 참조.

한 극단적 예가 1971년의 국가배상법 위헌결정에 대한 '사법파동'이다. 당시 대법원은 사법심사권을 갖고 있었다. 대법원 1971. 6. 22. 70다1010 전원합의체판결에서, 대법원은, 군인 또는 군속이 공무원의 직무상 불법행위 피해자인 경우 별도의 국가배상은 인정하지 아니하고 다른 법령의 규정에 의한 재해보상금 또는 유족일시금이나 유족연금만 허용하는 구 국가배상법 제2조 제1항 단서에 대하여, 군인 또는 군속에 대해서만 헌법상의 국가배상청구권을 제한할 정당한 이유가 없다며 위헌선언을 하였다. 이 위헌선언은 그 전제로서 대법원의 위헌심사 합의정족수를 가중한 조항(구 법원조직법 제59조 제1항)을 위헌이라고 판단[8]한 뒤 이루어졌다.[9]

이 판결 후 다수의견을 냈던 대법관들은 인신 모욕을 당했으며, 전원 대법원 재임용에서 탈락되었다(소수의견을 냈던 사람들은 재임용됨). 1972년 10월유신이 선포되고 해당 국가배상법 내용은 헌법에 수록되었으며(현행 제29조 제2항),[10] 그 후 대법원은 모든 사법심사에 소극적이었고, 1980년 헌법개정으로 헌법위원회가 설치될 때까지 아무런 위헌결정도 없었다. 당시의 권위주의 정부하에서 특수한 상황이 있었으나, 우리나라에서 법원의 사법심사는 제대로 이루어지기 어려웠다. 그 결과 「위헌심사제도론」에서 보았듯이 "위헌판결을 한 경우에는 사법파동을 불러일으켜 사법부의 독립과 정치적 중립성마저 위태롭게 하는 결과"로 되었던 것이며, 1987년 헌법 개정 시 대법원은 미국식 위헌심사제도의 도입에 반대하였던 것이다.

한편 미국과 같이 법원에서 사법심사를 하는 일본의 사법심사제도는 소극적으로 위헌심사를 함으로써 현재에도 "별로 공감을 받지 못하고 있는" 상황이라고 볼 수 있다.[11]

---

8) "1970.8.7. 법률 제2222호로 개정한 현행 법원조직법 제59조 제1항은 「합의심판은 헌법 및 법률에 다른 규정이 없으면 과반수로서 결정한다. 다만 대법원이 제7조 제1항 제1호의 규정에 의한 합의심판을 하는 때에는 대법원판사 전원의 3분의 2 이상의 출석과 출석인원 3분의 2 이상의 찬성으로 결정한다」라고 규정하여 합의정족수를 제한하여 위헌심사권을 제한하고, … 위 개정법원조직법 및 같은 법 부칙의 규정은 위에서 본바와 같이 아무런 제한 없이 일반원칙에 따라 법률 등의 위헌심사를 할 수 있는 권한을 대법원에 부여한 헌법 제102조에 위반하여 대법원의 위헌심사권을 제한하여 헌법의 근거 없이 과반수 법관의 의견으로 재판할 수 없다는 재판의 본질에 어긋나는 것을 요구하는 결과가 되고, … 법원조직법 제59조 제1항 단항 및 같은 법 부칙 제3항은 헌법 제102조에 위반됨이 명백하다."

9) 이 판결에 대한 자세한 내용은 「위헌법률심사제도론」, 286쪽 이하 참조.

10) 한편, 이 헌법조항에 대하여 위헌소송이 제기되었는데, 헌법재판소는 1995. 12. 28. 95헌바3 결정에서 헌법규정에 대한 위헌심사를 할 근거가 없다며 이를 각하하였다. 그러면서 방론으로 "하나의 통일된 가치체계를 이루고 있는 것이므로, 헌법의 전문과 각 개별규정은 서로 밀접한 관련을 맺고 있고, 따라서 헌법의 제규정 가운데는 헌법의 근본가치를 보다 추상적으로 선언한 것도 있고, 이를 보다 구체적으로 표현한 것도 있어서 이념적·논리적으로는 규범 상호간의 우열을 인정할 수 있는 것이 사실이다. 그러나, 그렇다 하더라도, 이 때에 인정되는 규범 상호간의 우열은 추상적 가치규범의 구체화에 따른 것으로 헌법의 통일적 해석에 있어서는 유용할 것이지만, 그것이 헌법의 어느 특정규정이 다른 규정의 효력을 전면 부인할 수 있는 정도의 개별적 헌법규정 상호간에 효력상의 차등을 의미하는 것이라고는 볼 수 없다."고 판시하였다. 이러한 방론의 판시는 타당하다고 보기 어렵다. 헌법재판제도는 '실질적 법치주의'를 구현하며 헌법은 인간의 존엄과 가치, 대의민주주의, 자유민주주의 등 헌법개정의 한계를 지니며, 학설상 '헌법개정의 한계'가 통설로 인정되고 있는 것인데, 만일 헌법 내에 헌법의 기본 가치에 반하는 독소조항을 규정하였을 때 이를 규범통제의 대상으로 삼지 않는다면, 실질적 법치주의와 헌법의 기본가치 수호는 몰각되고 만다. 이는 과거의 법실증주의적 행태로 후퇴하는 것이다. 헌재가 법적 근거가 없어 권한 행사를 못한다고 판단하는 것은 이해할 수 있지만, 그 이상으로, 위 방론까지 설시한 것은 부적절하고, 그 내용도 동의할 수 없다.

③ 한국이나 일본 등 대륙법계 전통을 많이 가진 법체계에서 사법부는 의회 입법의 해석작용에는 전문성을 보이나, 국민의 대표기관인 의회의 입법을 무효화하거나 파기하는 것에는 소극적인 경향이 있다.12) 그러한 사법심사 내지 헌법재판을 위해서는 헌법에 근거를 둔, 실질적 권한을 행사할 수 있는 강한 헌법재판기구가 독립적으로 필요하다. 그 경우 사법심사에 비판되는 '민주적 정당성 흠결' 문제(counter-majoritarian issue)를 효과적으로 대응할 수 있으며, 다른 국가기관에 위헌결정의 효력을 관철시킬 수 있는 권위를 갖게 된다.

과거 '형식적 법치주의'의 폐해를 통감한 독일은 2차 대전 후 헌법재판소를 두었고, 이는 '실질적 법치주의', 즉 '법의 내용이 정의와 인권에 맞아야 한다는 것'을 실현하는 도구이다. 그리하여 유럽의 헌법재판소제도는 "성공을 거두고 있으며 정치의 사법화(司法化)를 통하여 정치의 과격화를 막는 데에도 크게 기여하고" 있는 것이다.13) 이는 한편으로는 정치적 이해관계가 첨예하게 되어 보다 상위의 규범기준에 따라 분쟁의 해결될 필요성이 증가하였고, 이에 헌법재판소 역할이 증대되었기 때문이다.

비록 오늘날 정치적인 이슈를 사법부에 떠맡기는 '사법의 정치화' 문제가 심각하나, 만일 헌법재판소가 정치적 분쟁을 법리적으로 해결하고 이에 대한 신뢰와 존경을 유지한다면, 헌법재판소제도야 말로 지나친 정치적 갈등과 국론분열을 방지하고, '헌법의 규범력 실현과 국가권력의 효율적 권한분배, 그리고 국민의 자유와 권리의 수호기관'으로서 헌법국가에 필수적인 기능을 할 것이다.

(3) 이러한 관점에서 「위헌법률심사제도론」은 다음과 같이 우리나라는 독일식 헌법재판소제도가 가장 적합하다고 결론을 내린다.

---

11) 참고로 이에 대해서는, 김학근, 일본의 헌법재판과 헌법소송 이론, 헌법논총 제8집(1997); 이혜진, 일본 헌법재판의 최신동향-2000년대 이후를 중심으로-, (헌법재판연구원, 2017)(비교헌법연구 2017-B-5)("일본 최고재판소의 사법심사의 특징은 헌법문제를 다루는 것 자체에 대해서는 적극적이나 위헌판단을 내리는 것에 대해서는 소극적"이라고 평가하고 있음).

12) 이는 법관의 관료제적 성격, 법관의 임용과 승진제도, 법관에 대한 '헌법에의 의지' 교육행태 등에 맞물려 있는 문제이다. Mauro Cappelletti 저, 구병삭 등 역, 현대헌법재판론(법문사, 1989), 85-86쪽 참조("대륙의 법관은 일반적으로 직업법관으로서 아주 젊어서부터 사법부에 들어와 주로 연공서열에 따라 승진하게 되어 있다. 그들이 받는 전문훈련은 제정법의 정책적 적용능력보다는 그 기계적 적용기술을 기르게 한다. 그런데 사법심사권의 행사는 법적용이라고 하는 일반 사법기능과는 매우 다른 것이다. 근대적 헌법은, 무엇이 법인가에 대한 고정된 관념에 자신을 한정시키지 않고, 장래의 행위를 위한 프로그램을 포함하고 있다. 그러므로 헌법해석의 일은 오로지 일반 법률을 해석하는 경우보다도 고도의 재량판단력을 종종 요구하고 있다. 이것이 바로 켈젠이나 칼라만드레이 등이 헌법해석은 순수한 사법적 활동이라기보다 입법적 활동이라고 말한 한 가지 이유였던 것이다.")

13) 이에 관련하여 「위헌법률심사제도론」, 31쪽은 다음과 같이 기술한다. "연방헌법재판소는 의회의 입법이나 정부의 행정에 있어서 사후적인 감시자로서 존재한다는 사실 때문에 의회입법과 독선을 막을 수 있었고 또 정국의 안정을 가져왔다고 보고 있다. 이 점에서 H. Ridder는 연방헌법재판소는 민주정치와 법치국가의 병원(病院)이라고도 하고 있다. 그리하여 연방헌법재판소는 대중민주정치에 있어서 조직화된 이익에 대항하는 개인의 권리보장기구로서 국민의 신뢰를 얻게 되었고 나아가 법치국가로 되었다고 말해진다."

> "우리나라에서는 제2공화국헌법에 규정되었고 헌법재판소법이 제정되기까지 하였으나 5·16에 의하여 폐지되고 헌법은 개정되기에 이른 것이다. 새로이 헌법을 개정하는 경우에는 우리도 서독식 헌법재판소제도를 도입하는 것이 필요하다".
>
> -「위헌법률심사제도론」, 545-546쪽

이러한 결론은 유럽과 미국의 헌법재판제도의 본질을 비교하고, 우리나라의 그간의 헌법재판실무를 자세히 논한 뒤 나온 종합적 결론이며, 그런 학문적 배경에서 1988년 헌법재판소가 설립된 것은 헌법의 최고규범성과 법치주의를 공고히 하고, '이행기 민주주의'를 완성하며, 국민의 자유와 권리에 대한 본격적인 사법적 구제시스템을 갖춘 것이다.

## 3. 헌법재판소와 권력분립제도 - 민주적 정당성 문제

헌법재판소가 헌법재판기능을 수행하는데 있어서, 전체 국가기관에서 어떤 위상을 갖는지, 헌법재판소가 의회의 법률을 위헌으로 무효화하므로 권력분립제도의 예외에 해당하는지 논란이 발생한다. 「위헌법률심사제도론」은 다음과 같이 설명한다.

> "헌법재판소는 의회가 제정한 법률의 위헌무효를 선언하기 때문에 이는 의회주권주의 내지는 국민주권주의에 위배되는 것이라고 하여 많이 비판되고 있다. 또 권력분립주의의 원칙에 위배된다는 비판이 있다.
>
> 이에 대하여 Kelsen은 의회주권주의는 개별적 국가기관에게 주권이 있다고 함으로써 인정될 수 없는 이론이고, 법률의 합헌성 심사는 국민대표기관의 권한을 헌법에 합치하도록 행사하려는 권력통제의 요소로 보아야 하기 때문에 국민주권이론에 위배되는 것인 아니라고 한다. 또 헌법재판권은 권력분립에 있어 견제와 균형을 확보하기 위한 특별한 기구이기에 오히려 권력분립원리에 적합하다고 할 수 있다."
>
> -「위헌법률심사제도론」, 28쪽

통상 권력분립주의는 '권력에 의한 권력 통제'(몽테스키외)의 관점에서 권력의 분산을 의미하지만, 그 핵심적 목표는 단순히 권력의 분립이 아닌 '견제와 균형의 원리'를 구현하는 것이라 볼 수 있다. '견제와 균형의 원리'는 매우 중요한 헌법원리로서, 칼 뢰벤슈타인은 헌법 전체가 하나의 '견제와 균형의 장치'라고 말한 바 있다.

한편 권력분립제도는 오늘날은 '수직적 권력분립주의'를 포함하는 개념으로 진화되어 왔는데, 이는 삼권분립주의 이상의 다양한 의미를 갖게 된 것이며, 그 맥락은 역시 '견제와 균형의 원리'에 연결된다. '견제와 균형의 원리'는 결국 어느 한 권력이 우월하지 않고,

권력남용을 방지하고 분업화하는 견제 시스템을 갖춤으로써 균형과 조화를 도모하고, 이로써 국민의 자유와 권리를 최대한 보장하려는 것이다.14)

그렇다면 헌법재판제도가 국회의 입법권 남용을 통제하고, 대통령과 행정부 각료의 위법한 행위를 탄핵하고, 국가기관이나 지방자치단체 권한의 존부와 범위에 대하여 판단하는 것은 '견제와 균형의 원리'를 추구하는 것과 맥락이 같다. 이 점에서 「위헌법률심사제도론」은 다음과 같이 말한다.

> "권력분립국가에서 헌법기관들은 상호 독립하고 동등한 지위에 있다고 볼 것이다. 헌법재판소가 위헌법률의 무효선언권 등을 가지고 있으나, 이는 견제(牽制)와 균형(均衡)(checks and balances)의 원리에서 인정되는 것이지 헌법재판권이 입법권에 절대 우월하는 것은 아니라고 하겠다."
>
> -「위헌법률심사제도론」, 26-27쪽

한편 헌법재판소가 국민의 대표기관이 제정한 법률을 위헌무효로 할 수 있는 권한을 가진 것이 민주주의에 대한 도전이라는 견해가 있다. 그러나 헌법재판소 역시 의회와 마찬가지로 주권을 지닌 '국민의 위임'에 따라서 권한을 행사하는 것이다.

> "오늘날 의회는 국민에게 직접 선출된 의원으로써 구성되나 유일한 국민대표기관이라고는 할 수 없다. 헌법상 중요 헌법기관은 헌법적 대표기관으로서 국민의 주권의 행사를 위임받고 있는 것이다. … 헌법재판소는 국민에 의하여 직접선축된 것은 아니라고 하더라도 헌법에 의하여 그 민주성이 인정되고 있는 헌법적 대표기관이라고 할 것이다. 헌법재판소가 헌법적 대표기관이기 때문에 실질적 의미의 입법권이라고 할 수 있는 국제법규의 국내법으로의 인정, 위헌법률의 무효선언을 하더라도, 그것이 권력분립주의나 국민주권주의에 위배된다고 할 수는 없는 것이다."
>
> -「위헌법률심사제도론」, 29쪽

헌법재판제도는 의회의 권위를 훼손하는 것이 아니라 R. Dworkin이 말한대로 대의민주주의가 본래의 역할을 잘 하도록 도와주는 역할도 한다. 헌법재판이 입법절차의 민주성을 담보하고, '성과와 효용의 관점에서 대의민주주의의 결함을 보완하고 대의민주주의의 민주적 지향성을 강화'하는 역할을 할 수 있다는 견해도 경청할 필요가 있다.15)

---

14) 이명웅, 견제와 균형의 원리에 관한 연구, 서울대 법학석사논문(1987) 참조.
15) 이황희, 헌법재판과 민주주의, 성균관법학 제34권 제4호(2022).

## 4. 헌법재판소의 지위 및 정치적 성격

"헌법재판소가 사법기관이냐 아니냐에 대해서도 논쟁이 있다. …Kelsen은 헌법재판은 정치적 성격을 띠나 그러한 성격으로 인하여 정치적·법적 권한쟁의를 재판하는 사법기관으로서의 성격을 상실하는 것은 아니라고 하였다. … 헌법재판소는 정치적 법인 헌법을 판단근거로 하여 제소에 의해서만 활동하고, 정치적 문제에 대해서는 사법자제하고 있는 점에서 정치적 기관이 아니라 사법기관이라고 하여야 할 것이다. 헌법재판소의 판결은 적극적인 형성결정이 아닐고 객관적 질서보장의 목적을 가진 소극적인 판단이란 점에서 사법에의 본질과도 합치된다고 할 것이다."

-「위헌법률심사제도론」, 29-30쪽

헌법재판소가 사법기관이냐 아니면 별개의 국가작용이냐 그 성격과 지위가 문제된바 있으나,「위헌법률심사제도론」은 사법기관임을 명백히 하고 있다. 오늘날 우리나라 헌법재판소가 광의의 의미에서 사법기관의 일종이라는 점은 별 다툼이 없는 것 같다. 재판관들이 모두 법조인 출신이며, 헌법과 법률에 따른 제소사건을 법적 관점에서 판단한다는 점에서 사법의 특징을 갖추고 있다. 다만 재판관의 자격을 법관의 자격으로 한정한 것은 개선되어야 한다.[16)]

헌법의 정치적 성격으로 말미암아 헌법재판은 정치적 성격을 띨 수밖에 없고, 정치적 사건의 결론은 정치적으로 이해되고 비판되므로, 헌법재판소의 정치적 성격은 불가피하다. 그러나 그 점이 헌법재판소의 사법기관적 성격을 변경시키는 것은 아니다.

그런데 다른 맥락에서 이 문제를 볼 필요가 있다. 원래 '정치'란, Aristotle의 '정치학'에서 보면, '공동체 구성원들의 공익에 관계된 사항'을 의미한다. 즉, 정치적인 것이란 "공동체, 시민에 관계된 것들, 정부에 관한 것"을 의미한다.[17)] 영어 'political'은 라틴어의 politicus가 어원인데 그 자체가 "시민 혹은 국가에 관한"이란 뜻이라고 한다.

이 점에서 사법(司法)과 정치(政治)의 관계를 보면, 양자를 흔히 대치시키지만, 역사적으로 볼 때 서로 대비(대치)되는 개념이 아니었다. 원래 재판권은 국왕의 독자적인 권한이었으며 대신들에게 이를 위임하면서 대신들이 재판관으로 역할을 하게 된 것이다. 이 점은 영국의 근대사를 보면 명백하다. 따라서 그 대신들은 일종의 정치인이었으며, 후에 보통법 판례가 쌓이고 법원의 권위가 공고해지면서 Edward Coke 같은 법치주의자가

16) "헌법재판은 사회 모든 사건을 포함하는 헌법보장기능을 갖기 때문에 다양한 재판관 구성이 필요하다. 이에 부응하기 위하여 법률의 소양을 가진 전직 외교관, 전직 고위공무원, 법학교수들의 참여가 바람직하다." 김철수, 헌법과 정치(진원사, 2012), 954쪽.

17) Aristotle, POLITICA (Politics), in THE BASIC WORKS OF ARISTOTLE 1127 (Book I, Part I) (Richard McKeon eds., 2001). 전문: http://classics.mit.edu/Aristotle/politics.html. Aristotle은, 인간은 스스로 자립할 수 없는 동물이므로 서로 모여 상부상조하면서 살아가는 '정치적 동물'의 속성을 갖게 되고, 따라서 정치적 공동체는 필수이며, 그중 가장 큰 정치적 공동체가 국가(state)인바, 국가는 개인들의 결합을 통해 개별 이해관계를 넘어서는 공공선(common good)을 지향하는 것이라고 한다.

나타났고, 점차 '정치적'인 것에 대비되는 '사법적'인 것이 파생되어 확립되었다.

헌법규정의 추상적, 정치적 성격으로 말미암아 헌법을 재판규범으로 삼는 것은 종래의 사법적 판단 범위를 넘어서는 해석의 여지를 지니며, 따라서 입증책임과 증명책임의 법리가 아니라 재판관의 판단재량이 넓으므로, 그 속에서 소위 정치적인 재량판단이 개입된다고 이해된다. 실제로 특정 정치적 이념에 향도된 재판관 성향이 존재하며, 헌법재판관이나 대법관 임명권자들은 자신들의 당파적 이해관계에 맞는 성향을 지닌 사람들을 재판관에 앉히려고 한다. 그 결과 오늘날 미국이나 한국의 재판관들 상당수가 그런 경향을 지닌 것으로 인식되고 있다.

요약하면, 사법과 정치를 대비(대치)시키지만, 넓게 정치의 의미를 이해하면 '사법(司法)'도 정치적인 것의 일환으로서 공동체의 중대한 업무에 해당한다는 것이다.[18] 정치의 원래 개념과 관행적인 용례가 다르고, 사법과 정치가 헌법재판을 통하여 교섭하게 되었는바, 혼란스러운 측면이 있으나 향후 이 문제를 보는 시각에 변화가 필요하다고 본다. 헌법의 규범적 특성으로 정치적 해석의 여지가 있으며, 따라서 중요한 점은, 헌법재판이 정치적인 것이냐가 아니라, 모든 사건을 헌법재판의 독자적이고도 합리적인 '위헌심사기준'을 계속 정립해 나가는 것이라고 본다. 그럴 때 누가 재판관이 되더라도 헌법재판은 가급적 중립성과 독자성을 유지하고, 국민의 신뢰를 받을 수 있을 것이다.

## 5. 헌법재판의 판단기준 - 심사기준

헌법규정은 이념적, 추상적, 일반적인 규정이 많아 재판규범으로서 불명확하고 애매한 해석의 여지가 많다. 그러므로 각국의 헌법재판소나 법원은 헌법과 개별사안 판단을 연결시켜 줄 '심사기준'을 도출한 뒤(예를 들어, 과잉금지원칙), 이를 기준으로 사건을 판단한다. 그러므로 실제로 어떤 심사기준을 채택할 것인지가 헌법재판소제도의 효과를 결정한다. 우리나라 헌법재판소의 경우 처음부터 헌법 제37조 제2항을 '비례의 원칙(과잉금지원칙)'으로 엄격히 해석하면서, 이를 '제한의 한계' 조항이라고 보고 기본권 보장에 노력하였다. 그 결과 다른 어느 나라보다도 많은 위헌결정이 있었고, 한편 일본의 경우 그러한 엄격한 심사기준을 정립하지 않았던 것도 위헌결정이 드문 이유일 것이다.

그러므로 헌법재판소가 일차적으로 입법부에 대한 입법재량을 어느 정도로 허용할 것인지, 달리 말하면 헌법재판소가 어느 강도로 개입할 것인지를 선결문제로 결정하여야 한다. 이 점에 관련하여 「위헌법률심사제도론」은 다음과 같이 언급하고 있다.

> "사법심사제에 있어서는 사법심사에 임하는 기관이 지나치게 자제를 하는 경우 위헌심사제의 본래의 목적을 달성할 수 없을 우려가 있다. … 헌법재판에 있어서는 헌법재판의 기준이 되는

---

18) 이명웅, 정치와 사법(司法): 이론적 고찰, 헌법실무연구 제19권, 197쪽 이하 참조.

헌법 자체의 규정이 정치적 기관에 자유로운 재량을 맡기고 있는 경우에는 그 범위내에서 헌법재판소는 개입해서는 안 된다는 점에서 그 한계를 찾을 수 있다. 헌법재판소는 자유로운 정치적 재량에 관해서는 정부와 의회를 자기수중에 두려고 해서는 안 되며, 일반적 생활경험이 예지할 수 없는 이익, 객관적으로 예견할 수 없는 이익이나 불확실한 사실관계는 정치적 책임 아래서만 판단하여야만 한다는 견해 등이 대립되고 있다. 헌법재판소는 어떤 법률이 명확하게 헌법 위배하는 경우에만 위헌선언을 하여야 한다는 견해도 있다. 그러나, 명백한 위헌의 경우 외에는 위헌판단을 내리지 않는다고 한다면, 이 제도는 거의 기능하지 않게 될 것이다. 그러기에 헌법재판에서는 헌법상의 넓은 가치개념이나 불확정개념까지도 이를 판단하고 구체화하는 것이 요망된다고 하겠다."

-「위헌법률심사제도론」, 9, 13쪽

법률의 합헌성 추정의 원칙, 대의제의 존중에 따라, 헌법재판소는 모든 입법의 문제점을 일일이 개입하여 판단할 수 없다. 이 점에서 헌법재판소는 헌법규범이 입법자에게는 '행위규범'이지만 헌법재판소에는 '통제규범'이라고 판시한 적도 있다. 그 취지는 헌법재판소는 입법이 100점 만점이냐가 아니라 커트라인을 통과했느냐를 본다는 취지이다. 그러나 한편 객관적으로 명확하게 헌법위배의 경우만 헌법재판소가 통제한다면, 국회의 입법에 대한 사법심사는 위축될 것이다. 결국 헌법재판소가 어느 정도 사법적극주의로 나갈 것인지는 명백한 헌법규정이 없다면 판례법상의 해석 정도에 달려 있는데, 만일 종전과 같이 권위주의 정부하에서 양산된 악법이 많다고 본다면 헌법재판소가 적극적으로 위헌결정을 하여 법치주의와 민주주의를 올바로 세우는 것이 필요하다. 반면 국회의 입법수준이 높고, 이성적 토론과 타협 절차가 잘 되는 편이라면, 헌법재판소가 적극적으로 개입할 필요는 적을 것이다.

독일의 경우 나찌의 만행과 형식적 법치주의의 폐해를 딛고 헌법재판이 활성화되었다. 우리나라의 경우 오랜 권위주의 정부체제에서 자유와 인권 보장에 어긋나는 많은 악법들이 양산되었고, 현재 많은 법이 선진화되었지만 국회의원들의 입법수준이나 토론과 타협의 정도가 만족스럽지 못한 경우가 많다. 이런 형국에서 헌법재판소마저 불완전하거나 헌법취지에 맞지 않는 입법 등 공권력에 대하여 '합헌'(기각) 판정을 내리게 되면, 낙인효과로 인하여 오히려 헌법재판소가 없을 때보다도 현상을 더 악화시키게 된다.

요약하면, 헌법재판소의 입법 등 국가공권력 행사에 대한 개입 정도는, 명백한 기준을 제시하는 헌법규정이 있다면 이를 '문리적 해석'하여 판단하면 되고, 다소 불명확한 헌법규정이라면, 헌법재판에서 그동안 확립된 심사기준[19]을, 특별한 사정이 없으면,

19) 다만 심사기준이 헌법체계에 맞지 않는 것은 변경시켜 나가야 한다. 예를 들어, 헌법재판소는 '사학운영의 자유'를 기본권으로 보면서도, 사학규제입법에 대하여, 헌법 제37조 제2항 과잉금지원칙 심사보다는, 헌법 제31조 제6항 '교육제도 법정주의'를 적용하여 입법자에게 '포괄적인 입법재량'을 허용하면서 '본질적 내용 침해가 아닌 한 허용된다'고 심사기준을 내는데, 이는 헌법체계에 맞지 않고, 제31조 제6항을 부당하게 해석하는 것이다. 이명웅, 사립학교 규제에 대한 헌법재판소 심사기준의 비판적 검토, 헌법실무연구 제16권

충실히 적용하면서, 나아가 국가의 민주주의와 법치주의의 고양을 위하여 헌법재판소가 개입해야 할 필요성을 아울러 고려하여야 한다. 나아가 중요한 점은, K. Hesse가 말했듯이, 헌법재판의 성패는 '논거의 설득력과 국민의 신뢰'에 달려있다는 점이다. 헌법재판소는 전체 국가기관과 국민, 그리고 법조인들에게 가능한 한 이성적이고 합리적인 논거를 제공하여 법문화적 인식수준을 높이는 '교육적 기능'을 해야 한다.

이를 위해서는 사건의 비중과 경중을 나누어 중요사건에 재판소의 역량을 집중하고, 덜 중요한 사건은 보다 간략히 처리하는 시스템을 발전시켜야 할 것이다. 참고로 독일과 미국의 경우 변론을 거친 사건들만 심도 있게 논의하여 선고대상으로 삼고 있다.[20] 위헌심사의 실체적 문제에 있어서, 헌법재판소는 사안의 비중에 있어서, "지나치게 자제를 하는" 것이 아닌지, "위헌심사제의 본래의 목적을 달성할 수 없을 우려"가 있는지 늘 화두로 삼아야 할 것이다.

## 6. 헌법소원제도의 실효화 문제

「위헌법률심사제도론」은 "새로 헌법을 개정하는 경우에는 우리도 서독식 헌법재판제도를 도입하는 것이 필요하다"고 전망하는데, 독일 헌법재판제도의 가장 큰 특징 하나가 헌법소원이라고 볼 수 있다.

> "… 헌법재판소는 민주정치의 경험이 없는 나라에서 민주정치의 교육자로서 기능을 했으며 민주정치의 감시자로서의 역할을 다하고 있다. 우리나라에서도 헌법재판소와 같은 기구가 그 기능을 다했다면 극단적인 양극체제도 지양되었을 것이고 민주정치의 토착화에 기여했을 것으로 보인다. 우리 나라의 헌법위원회는 헌법보장기관으로서 규정되고 있으나, 추상적 규범통제를 인정하지 않으며 구체적 규범통제의 경우에도 대법원에 합헌성추정권을 부여하여 휴면기관으로 되고 말았다. 헌법위원회가 헌법재판소로서의 기능을 다할 수 있도록 헌법위원회법이 개정되어 정당이라든가 국민의 직접 제소권을 인정하여 민주정치의 보장기관이 되도록 하는 것이 바람직할 것이다."
>
> -「위헌법률심사제도론」, 31쪽

우리 헌법재판소가 헌법소원제도를 채택한 것은 매우 적절하나, 헌법소원은 인류의 법역사에서 나중에 등장한 구제제도이므로, 보충성 원칙이 강하게 적용되어 사전구제절차를 거쳐서 청구될 수밖에 없고, 따라서 법원의 재판권에 대한 통제를 지녀야 하는데, 법원의 재판을 제외함으로써 국민의 헌법소원청구권은 매우 제약되었다.

---

(2016) 참조.

20) 현 헌법재판소처럼 모든 본안사건을 선고하는 것은 적절하지 않으므로 (입법적) 개선이 필요하다.

「위헌법률심사제도론」은 재판소원을 포함한 헌법소원제도 도입을 의도하였는데, 현실은 그렇지 않은 것에 대하여, 김철수 교수는 2012년 다음과 같이 피력하고 있다.

"헌법소원의 대상에 법원의 재판을 포함시킬 것인가에 관하여는 많은 논의가 있었다. 유감스러운 것은 재판의 헌법소원 포함 여부의 문제가 국민의 기본권보장의 확대나 헌법의 보장차원이 아닌 기관의 위상, 권한 다툼으로 비추어진다는 것이다. 법원의 재판이 헌법소원의 대상에 포함되는 것이 타당한가의 여부를 판단할 때 가장 중요한 전제는 어떻게 하는 것이 헌법재판소의 부담을 줄이고 남소를 방지하면서 동시에 국민의 기본권 보장확대에 기여할 것인가가 중요한 기준이 되어야 한다는 것이다. 헌법소원이 실시되고 있는 나라는 거의가 법원의 재판을 그 통제대상에 포함시키고 있음은 주지의 사실이다. 또한 헌법소원의 본질로 보더라도 재판이 헌법소원의 대상에서 제외되었다는 점은 헌법소원의 실질을 도입했다고 볼 수 없다 할 것이다. 헌법소원제도가 도입되지 않았다면 몰라도 도입된 이상은 헌법소원의 최소한의 본질적 내용이 유지되어야 한다."

-「헌법과 정치」(진원사, 2012), 987-988쪽

헌법소원은 많은 국민들이 권리구제수단으로 말하고 있으나 정작 제약된 관할로 인하여 기대만 클 뿐 성과는 미비한 경우가 많다. 혹자는 독일의 경우도 헌법소원 인용율이 매우 낮다는 점에서 재판소원 도입의 실효성을 의문시하나, 헌법소원(재판소원)의 존재감이 주는 비중이 모든 판사들에게 미치고, 이는 민형사 재판에서도 헌법적 논증을 가미하도록 하며, 만일 재판이 취소될 경우 그 사안은 전국적인 파급력을 지니게 되므로, 단순히 인용율만 가지고 논할 것은 아니다.[21]

재판소원을 도입할 것인지 여부는 위 책의 지적대로 '국민의 기본권 보장의 확대' 차원에서 논의가 전개되어야 할 것이다. 무엇보다도 헌법의 발전단계에 따른 시대적 추세에 맞추어 갈 필요가 있다.

"헌법의 발전단계에 비추어 보아도 헌법소원은 법원의 재판을 그 대상으로 하여야 한다. 의회가 국민으로부터 불신당하였을 때 규범통제가 등장하게 되었다면 법원이 국민으로부터 불신당하였을 때 등장한 것이 헌법소원이었기 때문이다. 사법부가 최후의 국민의 기본권 또는 권리구제기관으로서의 지위를 제대로 감당하지 못하였을 때 그리고 자의 및 독선으로 흐르고 있다면 이에 대한 통제요구는 너무나 당연한 요청이 아닐 수 없다. 재판통제가 역사적 발전단계에 있어 꼭 필요한 것이라면, 법원의 재판이 헌법소원의 대상에 포함되어야 하는 것은 의문의 여지가 없다고 본다. 헌법이론적으로 보나, 연혁적으로 보나, 그리고 각국의 입법례 및 우리의

---

21) 이명웅, 법률의 해석 · 적용과 기본권 -사법(司法)작용에 대한 헌법적 통제의 필요성-, 헌법논총 제4집 (1993), 321쪽 참조; J. Gündisch, "Die Verfassungsbeschwerde gegen gerichtliche Entscheidung", NJW (1981), 1816, 1820('독일의 헌법소원제도가 기본권 이념의 중요성을 강조하게 만들었으며, 국민의 헌법의식 고양에 놀라운 교육적 효과를 가져왔다고 본다').

헌법현실에 비추어 볼 때 법원의 재판이 헌법소원의 대상에 포함될 것이 요구된다."

-「헌법과 정치」(진원사, 2012), 988-989쪽

## 7. 결어

김철수 교수님의 헌법재판에 대한 연구는 학문적으로 매우 방대하면서도 현실적인 필요성에 바탕을 둔 제도를 논의하고 제안함으로써[22] 우리나라 헌법재판소제도의 위상과 발전에 커다란 기여를 하였다. 이를 좀 더 밝혀두는 것이 이 글의 목적이며, 원고를 준비하다 보니 새삼 교수님의 노력과 헌법재판제도에 대한 기대와 애정이 느껴졌다. 그 토대 위에서 헌법재판소제도를 보다 잘 발전적으로 유지시켜야 할 것이며, 다음 문구로 이 글을 마무리한다.

"헌법재판소가 헌법의 규범력을 담보하여 입헌주의의 보루가 될 것을 기대해 마지않는다. 헌법에 따른 정치 즉 입헌정치의 확립을 위하여 헌법재판소가 크게 기여할 것을 믿어 마지않으며 일천한 헌법재판소의 앞날에 보다 큰 성원을 보내야 할 것이다. 헌법재판소의 기본권보장을 위한 건투를 바라면서 자중자애하기를 바란다.

나아가 헌법재판소가 제 기능을 발휘하도록 재판도 헌법소원의 대상이 되도록 해야 할 것이며 재판소구성이나 변호사강제주의 문제 등도 점진적으로 법률을 개정해야 할 것이다.

그러나 위에서 살펴본 대로 제도적 측면의 개선에 적극적이어야 할 것은 물론이거니와 그보다 더욱 중요한 것은 구체적인 사안에 접하여 헌법소송을 심리하고 결정함에 있어서 최대한 국민의 기본권을 보장하고 헌법을 보장하려는 헌법재판소 자신의 적극적인 의지와 자세를 항상 저버려서는 아니 된다는 점이다. 특히 정치적으로 민감한 사안 등에 있어서 적극적 판단이 요구되고 제도의 개선은 바로 이러한 적극적 판단을 뒷받침하는 수단임에 불과할 것이다."

-「헌법과 정치」, 993쪽

22) 이 글에 미처 소개되지 않은 제안은, 헌법재판관 자격의 개방, 재판관 임명방식의 개선(전원 의회에서 선임하며, 2/3의 정족수로 구성), 선거소송 등 관할의 확대, 명령 · 규칙 위헌심사권의 헌법재판소 이전, 소송절차의 개선 등이 있다. 김철수, 「헌법과 정치」 963쪽 이하('헌법소송제도의 개선방향' 참조).

# 내가 보고 들은 「琴浪 金哲洙 教授」와 그의 「憲法學」

이병규*

## I

금랑(琴浪) 김철수(金哲洙, 1933-2022) 교수의 구순을 기념하는 논문집이 돌연 우리 곁을 떠난 선생을 추모하는 논문집으로 바뀌어, 나는 여기에 무엇을 어떻게 담아야 할지 막막했다. 또한 나는 김철수 교수로부터 서울대학교 법과대학이나 대학원에서 직접 수업을 듣거나 지도를 받은 일이 없기에 내가 이 논문집에 기고하는 것이 맞을까 고민했다. 굳이 김철수 교수와의 인연을 찾는다면 선생에게 사사한 학술원의 김효전(金孝全) 교수와 내가 사제지간이라는 점이다. 김효전 교수로부터 나는 대학원 시절부터 지금껏 김철수 교수의 학문 세계에 관한 얘기나 저작물에 얽힌 얘기를 들을 수 있었고, 나 자신도 김철수 교수의 헌법학 교과서와 논문으로 공부해왔기 때문에 선생과의 연결점이 전혀 없는 아니라고 억지를 부려본다.

그렇지만 나는 이 글에서 김철수 교수와의 지연이나 학연 같은 것보다는 내가 대학을 다닌 90년 중반의 법학도에게 헌법학자 김철수는 과연 어떤 존재였고, 그가 펴낸 수많은 저작물은 우리에게 어떤 의미로 다가왔는지 당시의 일반적 정서에 기대어 소묘해보고자 한다. 나로서는 선생의 깊고도 넓은 학문 세계를 이해하는 것조차 불가능하므로, 내가 보고 들은 김철수 교수와 그의 헌법학에 관한 소박한 나의 느낌을 표현하는 것이 오히려 진솔한 일이 아닐까 생각하며, 어쩌면 그것이 교수님을 추도하는 본서의 뜻에도 맞지 않을까 생각한다.

김철수 교수와 그의 학문 세계를 다룬 훌륭한 저작물이 이미 나와 있으므로[1)] 여기서는 그의 대담 내용이나 헌법학을 재차 다루기보다는 교수님과 그의 헌법학 주변에 대한

---

* 동의과학대학교 부교수, 법학박사

1) 김효전, "김철수 헌법학의 전체상 - 학설 40년의 발자취 - ", 『법학』 제39권 제2호, 서울대학교 법학연구소, 1998. 8. 1-52면; 김효전, 『헌법정치 60년과 김철수 헌법학』, 박영사, 2005; 김철수, 『헌법정치의 이상과 현실』, 소명출판, 2012; 김철수, "나의 헌법학 편력", 『동아법학』 제35호, 2004. 12. 293-336면; 김철수, "한국헌법학의 회고와 과제", 『헌법학연구』 제9권 제2호, 한국헌법학회, 2003. 8. 9-25면.

나의 기억을 새삼 떠올려 볼 생각이다. 필자의 拙稿가 먼 훗날 김철수 교수와 그의 헌법학을 기억하는 片鱗이 된다면 더 바랄 것이 없다.

## II

1996년 대학 입학을 앞두고 나는 고향 昌寧에서 부모님의 정미소 일을 돕고 있었다. 그때 5살 터울의 형이 법대 2학년을 마치고 군에 입대한 터라 고향 집에는 형이 보던 法書가 방 한쪽 구석을 차지하고 있었다. 호기심에 나는 노끈에 묶인 법서 더미를 풀어서 책 몇 권을 뒤적여 보고는 우리말 조사를 빼고 온통 한자로 가득한 법서에 금세 질리고 말았다. 그때 나는 곽윤직 교수의 『민법총칙』, 이재상 교수의 『형법총론』, 이철송 교수의 『상법총칙 · 상행위』와 함께 김철수 교수의 『헌법학개론』이라는 책을 처음 봤던 것 같다. 며칠 뒤 나는 초등학교 시절 새 교과서를 받았을 때 그 마음으로 민법총칙 몇 페이지를 옥편을 찾아가며 읽었으나 '讓渡擔保'라는 용어가 나오자 이내 책을 덮고 말았다. 그리고 다시 열어 본 책이 김철수 교수의 헌법학개론이었다. 지금보다 작은 크기(아마 46배판 정도)의 초록색 가로줄 무늬의 헌법학개론도 한자로 가득한 건 마찬가지였으나, 고등학교 시절 '정치 · 경제' 수업 시간에 들어봄 직한 '국민주권'이나 '대통령제' 같은 얘기가 있었기 때문에 다른 법서보다는 거부감이 덜 했던 것 같다. 물론 거기 놓인 어느 책도 제대로 읽지 않고 시간은 또 흘러 나는 대학에 입학했고, 학기가 시작되었다.

법대 1학년 2학기 「헌법 I」 수강 신청을 하고 나니, 마침 고시 공부를 하던 한 선배가 나를 포함한 후배 몇 명을 모아 놓고 일장 연설을 하는 것이다. 나는 그때 권영성 · 허영 교수와 함께 김철수 교수의 이름을 다시 듣게 되었다. 우리 법대에 두 명의 헌법 교수가 있는데, 그 중 김효전 교수는 김철수 교수의 제자로 그의 『헌법학개론』으로 수업을 한다고 하면서, 칼 슈미트(Carl Schmitt) 얘기까지 했던 것 같다. 그리고 나머지 한 교수는 권영성 교수의 책으로 수업을 한다는 것이다. 당시 1학년인 나에게 그 선배의 헌법과 그 주변 지식은 놀랄 만한 것이었으나, 지금 생각해보면 사실과 다른 내용이 많았던 것 같다. 「헌법 I」 첫 수업 시간에 나는 별생각 없이 형이 사용하던 김철수 교수의 헌법학개론을 들고 갔으나, 선배의 얘기대로 담당 교수는 회색 표지의 권영성 교수의 『헌법학원론』을 보여주면서 교재로 사용한다고 했다. 그 뒤에도 나는 "그 책이 그 책이겠지"라고 생각하고, 김철수 교수의 책을 몇 번 더 들고 갔으나 책 내용이 사뭇 달랐고, 중간고사 때 큰일 나겠구나 싶어 뒤늦게 권영성 교수의 책을 사서 수업에 들어가기 시작했다.

나는 3학년이 되어 미국 버클리대학에서 방문학자 생활을 마치고 귀국한 김효전 교수로부터 「비교헌법」 과목을 수강했다. 김효전 교수는 독일, 프랑스, 미국 등의 입헌주의 발전 과정을 체계적으로 설명해주었으며, 특히 이러한 외국의 입헌주의 헌법이 국내에 어떻게 수용되었는지 비중 있게 다루어 주었다. 나는 거기에 많은 흥미를 느꼈던 것 같다. 또한 김효전 교수는 서울대 대학원 시절 김철수 교수의 수업 시간에 미연방대법원 판례를 번역하고 정리하면서 많은 공부가 되었다는 얘기를 해주었으며, 그때 번역한 주요 판례를 강의용으로 새롭게 만들어 학생들에게 나눠 주기도 했다.

그 뒤 나는 대학원에 진학해서 김효전 교수의 지도를 받으면서 김철수 교수와 그의 저작물을 좀 더 자세히 보게 되었다. 김효전 교수는 매년 새롭게 출간되는 김철수 교수의 헌법학개론을 나에게 주었다. 나는 책 내용도 내용이지만 김철수 교수의 「머리말」을 빼놓지 않고 읽었다. 그의 「머리말」만 모아서 읽어도 우리 헌정사가 어떻게 전개되었는지 알 수 있을 정도로 거기에는 우리나라의 헌법정치(political constitution) 상황이 자세히 기록되어 있었다. 1998년 第10全訂新版「머리말」 일부를 인용한다.

> 문민정부가 물러나고 국민정부가 들어섰다. 정권의 교체는 있었지만, 헌법이 개정되지 않아 아직도 제6공화국 헌법에 따라 헌정이 운영될 수밖에 없다. 만약에 의원내각제였더라면 문민정부는 벌써 퇴장하였을 터인데 대통령제이기 때문에 국민의 신뢰를 잃은 정부도 계속 버텨올 수 있었다. 15대 대통령이 취임하였건만 여소야대 국회로 대통령의 권한 행사를 잘 할 수 없어 문제가 발생하고 있다. 이 상태가 2년 내내 계속될 것인지 정계개편이 이루어져 인위적인 야소 현상이 나타날지 아직은 판단조차 할 수 없다. 미국 대통령제 하에서도 여소야대 국회인 경우 분리정부로 행정권 행사가 순조롭지 않은데 우리나라는 소위 절충적 정부이기에 더 많은 문제가 생길 가능성이 있다.

이 시절 나는 200명 가까이 되는 김효전 교수의 「헌법」 과목 수강생의 과제물을 수합하고, 학생들의 수업 관련 질문에 답하고 전달하는 연구조교 일을 하면서, 교재로 사용한 김철수 교수의 『헌법학개론』을 꼼꼼히 다시 읽어 보게 되었다. 그 당시 법학도 사이에 유행했던 헌법 책 중에서도 김철수 교수의 헌법학개론은 방대한 내용을 담고 있었지만 간결한 문체를 구사하는 대단히 체계적인 책이라는 느낌을 받았다. 그리고 또 하나, 한글 전용의 흐름 속에서도 개념 이해를 위해 필요한 한자어를 반드시 표기했다는 점이다. 이 책 초판이 1972년 발행되어 2007년 제19전정신판까지 약 35년간, 이 책은 수많은 법률과 판례 및 헌법정치 상황을 반영하면서 다듬고 다듬어 이어왔다. 지금 다시 책을 펴 봐도 서문부터 마지막 색인까지 완숙미를 갖추었으며, 총강과 기본권 그리고 권력구조로 이어지는 그의 명쾌한 헌법 해설은 대한민국 헌법의 표준화를 이룬 책이라고 생각한다. 요즘처럼 한해가 멀다 하고 홍수처럼 쏟아지는 새로운 헌법학 관련 서적과 시공간을 두고 경쟁하지 않고도 그 정체성을 유지하는 이유에서 그의 헌법학개론의 저력을 확인할 수 있다.

내가 김철수 교수를 처음 본 것은 2004년 11월 8일, 그가 동아대학교 법학연구소 초청으로 부산에 왔을 때이다. 그는 갓 입학한 신입생을 대상으로 「나와 헌법」이라는 제목의 강연을 했다. 70이 넘은 연세에 비해 큰 체격과 두툼한 안경 그리고 인자한 모습은 지금도 내 머리에 남아 있다. 준비한 원고를 보지 않고 긴 강연 내내 풀어내는 "자신과 헌법학"에 관한 얘기는 헌법학자 김철수를 넘어서 우리 헌정사 그 자체라고 할 정도로 넓고도 깊은 주옥같은 얘기였다.[2] 헌법학을 전공한 이유[3], 식민지 시절 조선이 처한 현실, 해방 직후 한국의 법학 교육, 그리고 독일 유학, 제헌에서 현행 헌법에 이르는 헌정사 전반에 관한 얘기는 책으로 배울 수 없는 살아 있는 헌법 교육이었다. 책으로 배운 것이 아니라 경험에서 비롯된 그의 헌법 얘기는 강연 내내 집중하지 않을 수 없는 魔力이 있었는지, 이제 막 법학을 배우기 시작한 어린 학생들에게도 많은 감동을 주었다. 이미 98년에 서울대를 정년퇴직한 김철수 교수는 강연 내내 50년 차이의 학생들에게 존댓말로 강연했으며, 강연이 끝나고도 이어진 학생들의 질문에 성심성의껏 답변했던 기억이 난다.

이후 김철수 교수는 우리나라에 처음 도입된 법학전문대학원 시대의 출발에 맞춰 2008년 그간의 헌법 교과서의 내용을 새롭게 정리한 헌법 개설서로 『學說 · 判例 憲法學』을 출간했다. 이 책을 통해 그는 학부 법대 시대를 뒤로하고 새롭게 출발하는 법학전문대학원 시대의 헌법 교육이 나아갈 방향을 정확히 제시하였다.

> 돌이켜 보면 한국헌정 60년은 파란만장하였다. 이 60년간 나는 헌법과 함께 생활하면서 학생들에게 헌법을 강의하면서 국가 · 사회의 입헌정치 확립을 위하여 미력하나마 기여하였다. … 이 책은 암기용 책이 아니고 헌법사색을 위한 책이 되도록 노력하였다. 헌법의 이념과 역사에서 나아가 학설과 판례를 통합적으로 이해하게 하려고 노력하였다. 헌법판결에서는 법정의견만이 중요한 것이 아니고 반대의견도 중요하다. 소수의견이 항상 잘못된 것이 아니며 다수의견으로 판례변경도 될 수 있기 때문에 왜 의견이 대립하는지 알아보고 자기 나름의 헌법관을 확립할 수 있도록 하였다. … 앞으로의 법학교육은 암기 위주 교육에서 탈피하고, 사색 위주의 교육이 되어야 한다. 그러기 위하여 법학전문대학원이 설립되게 되었다. 법학전문대학원의 교수방법은 사례중심의 문제해결방식을 채택하여야 하며 사법시험 출제도 그러한 방향으로 나아가야 할 것이다

이러한 김철수 교수의 헌법을 비롯한 법학교육에 대한 선견지명은 법학전문대학원이 도입되기 한참 전에도 확인할 수 있다.

> 3백 명을 뽑는 사법시험은 이제 출세에의 등용문이라기보다 사회 정의 실현을 위한 자격증

---

2) 김철수, "나의 헌법학 편력", 『동아법학』 제35호, 2004. 12. 293-336면.

3) "후진한 우리나라를 선진 대열에 올려놓는 데에 어떤 분야에서 기여할까 하는 문제의식에 사로잡혀 한때 정치학에 끌리기도 하였으나, 보다 직접적으로 국민의 인권 옹호에 이바지할 수 있고, 특히 시골에서의 짓밟힌 사람값을 찾아주어야겠다는 충동으로 법학을 전공으로 잡았다", 오늘 속에 내일을 찾는 「한국의 지성 시리즈」 나의 전공 나의 비전〈2〉 헌법학 김철수, 조선일보, 1970. 5. 6.

> 취득의 한 과정에 불과하다. 사법시험은 하나의 수단에 불과한 것이며 그것이 목적일 수는 없다. 법학과 졸업생은 정치가로서 경영인으로서 행정가로서도 활약할 수 있기 때문에 지나치게 사법시험에 집착할 필요는 없을 것이다. 특히 1학년 학생들은 사법시험을 너무 의식하지 말고 경세가로서의 경륜을 쌓기 위한 인격 연마에 힘을 기울여야 한다. 선배들이 신입생에게 마셔라, 사랑해라 그 뒤에 공부하라고 충고하고 있으나 1학년 때에도 데이트나 하고 마시고 놀아서는 안 된다. 고등학교 때의 팽팽한 긴장감을 살려서 그 동안 읽지 못했던 사상서 역사서 소설 등을 읽어 가치관 인생관 국가관의 확립을 위한 몸부림을 해야 할 때이다.[4)]

김철수 교수는 이미 80년대 중반에 우리 법학교육이 어떤 방향으로 가야 할지, 법학도는 무엇을 목표로 공부해야 하는지에 대한 이정표를 세워주었다. 이는 저출산 고령화와 산업구조의 급변에 따른 대학교육 환경의 변화 속에서 우리나라 고등교육이 어떤 사명감으로 인재 양성에 매진해야 하는지 말하는 것이기도 하다. 그러한 의미에서 김철수 교수는 헌법학자이기 이전에 뛰어난 교육 전문가가 아닐 수 없다.

## III

대학원을 졸업하고 나는 김효전 교수의 소개로 「공법이론과 판례연구회」에 나갈 기회가 있었다. 거기서 나는 김철수 교수를 지근거리에서 볼 수 있었다. 멀리서 강연을 들었을 때 내가 받은 인상 그대로였다. 그 자리에 있는 누구에게도 존댓말로 얘기하고, 어떤 얘기도 끝까지 경청하는 모습에서 흔히 그를 '한국 헌법학의 태두'[5)]라는 헌법학자로서의 위엄보다는 그야말로 훌륭한 인격자이자 인자한 선생님의 모습에 그저 숙연해질 뿐이었다. 어느 날 발표가 끝나고 정년을 한참 지난 제자가 "선생님, 모처럼 오셨는데 한 말씀 하시죠"라고 했더니, 김철수 교수께서는 "참 좋은 발표입니다. 여러분들께서 이렇게 토론하는 모습을 보니 참 좋습니다."라는 짤막한 소감과 따뜻한 격려의 말로 끝맺음하였다. 교수로 첫발을 내딛은 그때 나는 대학에서 선배 교수랍시고 함부로 반말로 얘기하고, 마치 자신이 그 분야의 최고라는 듯이 학식을 뽐내는 모습을 숱하게 봐왔기 때문에, 김철수 교수의 따뜻한 말 한마디, 상대를 배려하는 삼가는 모습은 교수로서 사회인으로서 나를 뒤돌아보는 계기가 되었다. 그날 밤 부산으로 내려오는 열차에서 김철수 교수의 학문과 사람을 대하는 모습을 떠올리며 나는 "함부로 말하는 것"도 "함부로 쓰는 것"도 삼가야겠다고 다짐했다. 그가 독일 유학을 끝내고 돌아와서 줄곧 기본권 연구에 매진하고, 자연권 사상을 우리나라에 뿌리내리도록 한 것도 이런 그의 타고난 人間愛에서 찾을 수 있지 않나 생각한다. 1986년 7월 12일 한 일간지에는 그를 "시류에 영합하지 않는

---

4) 동아일보, 85.2.13 대학신입생을 위한 전공별 조언 법학 정의 실현을 위한 지상명제로

5) [명사가 걸어온 길] (10) 한국 헌법학의 태두 김철수 (상), 서울신문, 2013.5.13; [명사가 걸어온 길] (11) 한국 헌법학의 태두 김철수(하), 서울신문, 2013.5.20.

뚝심 교수"라고 다음과 같이 평하고 있다.

> 그는 학생들 사이에서 「뚝심 교수」라 불린다. 실력과 인기를 고루 갖춘 그의 강의실엔 항상 학생들로 만원을 이룬다. 눌변으로 명강의 소리는 못 듣지만, 강의에 깊이와 철학이 담겨 있어 깊은 학문을 추구하는 대학원생들에겐 절대적인 존재로 모셔지고 있다. 소탈하면서도 자상한 인품에 큰 몸집, 도수 높은 검은 테 안경 너머로 항상 웃음을 잃지 않는 그는 어려운 제자를 남몰래 돕는 일과 제자들과 어울려 토론하는 일을 제일의 즐거움으로 삼고 있다.[6)]

나는 김철수 교수의 남다른 제자 사랑을 확인한 일이 있다. 대학 도서관 서가에 꼽힌 김효전 교수의 1972년 『客觀式 憲法』(三英社)을 폈더니, 첫 페이지에 김철수 교수의 추천사와 서명이 있는 것을 발견했다. 간결하지만 제자에 대한 격려와 사랑이 묻어나는 그 「추천사」 일부를 인용한다.

> 서울대학교 법학연구소에서 헌법을 연구하고 있는 김효전 석사가 오랫동안의 노력 끝에 객관식 헌법문제집을 내게 된 것을 충심으로 축하한다. … 김군은 그동안 서울대학교 대학원에서 헌법을 전공하였고, 현재는 법학연구소에서 헌법을 연구하고 있는 착실한 법학도이다. 그의 이 처녀작이 수험생에게 많은 도움을 줄 것으로 믿어 널리 추천하는 바이다.

이후 나는 헌정사 공부에 흥미를 느꼈고, 그리하여 우리 헌법학의 초기 형성 과정을 관심 있게 들여다보고 조금씩 공부했다. 그 과정에서 나는 김철수 교수가 술회한 해방 전후 우리나라 헌법학 상황에 관한 얘기에 주목하지 않을 수 없었다. 특히 부산 임시수도 시절 서울대 법대의 헌법학 수업과 교수진에 관한 그의 얘기는 여러 가지 공부 거리를 던져주었다.

> 사실 저희는 선생님들께 많은 기대를 하지 않았습니다. 서울법대에는 가장 유명한 선생님들이 계셨지만, 그분들은 일제시대 교과서를 번역해서 강의하셨기에 일본어 교과서를 먼저 읽고 간 우리들에게는 별다른 감흥을 주지 못했습니다. 유진오, 박일경, 한태연 선생님이 강의를 하셨지요. 당시 서울대학교 문리과 대학에서 박일경 교수님의 강의는 헌법해석학적인 법실증주의의 경향으로 인하여 이해는 쉬웠습니다. 서울법대에서는 한태연 교수님의 강의는 상당히 현학적이고 화려한 미사여구를 쓰셨습니다. 대신에 강의는 불성실하셨습니다. 수업 30분 후에 들어오시고 30분 전에 나가시고, 세 개 학교를 다니시느라 격주로 수업을 하기도 하셨습니다. 한태연 교수님은 늘 「내 강의는 너희가 졸업한 후에나 이해할 것이고 내 강의는 대학원생을 위한 강의」라는 말씀도 하였습니다. 하지만 일본 헌법학자의 헌법학 책에 나온 내용이 한태연 선생님이 말씀하신 것과 비슷했습니다. 한태연 교수님이 1955년에 『헌법학』 교과서를 쓰셨는데

---

6) "법학자 김철수 씨 시류에 영합하지 않는 뚝심교수", 경향신문, 1986. 7. 12.

1930년대 독일이론을 총 집대성한 것으로 자랑스러워하셨지요. 그러나 읽기 어려워서 고시 공부하는 학생들이 읽지 않았고, 1960년대 들어와서 쉽게 바뀌었습니다. 저의 대학 스승은 이런 분들이었습니다.[7)]

김철수 교수는 해방 직후 서울대 법대에서 헌법을 배웠을 때 당시 교수들에게 큰 기대를 하지 않았다고 한다. 그때는 학생도 일본 책으로 공부하고 선생도 일본 책으로 공부하던 시절로, 별로 새로울 게 없었다는 것이다. 수업 시간에 화려한 미사여구와 현학적인 내용으로 인기가 있었던 한태연(韓泰淵, 1916-2010) 교수의 강의도 그가 주로 참고한 교토제대 구로다 사토루(黑田覺) 교수의 헌법 책을 학생들은 이미 도서관에서 구해볼 수 있었기 때문에 큰 감흥을 받지 못했다고 한다.

지면을 할애하여 김철수 교수가 술회한 한태연 · 박일경 두 사람에 관한 얘기를 좀 더 해보자. 당시 서울대 법대의 한태연 교수는 일본 동아상업학교와 와세다대 법학부를 졸업하고, 고등문관시험 행정과에 합격한 뒤 해방 전까지 함경남도에서 屬으로 근무하다 해방을 맞이했고, 이후 성균관대 교수를 거쳐 서울대 법대에 와서 헌법 교수가 되었다. 박일경(朴一慶, 1920-1994) 교수는 경성제대 법학과를 졸업하고 역시 고등문관시험 행정과에 합격한 뒤 함평군수로 근무하다 해방을 맞이했고, 이후 대구대학을 거쳐 서울대 문리과대학에서 헌법을 강의했다. 그러니 두 사람 모두 대학에 와서 비로소 헌법학을 본격적으로 공부한 것이 된다. 추측건대 당시 두 사람의 헌법학 연구 자산은 와세다대와 경성제대 시절 일본인 교수가 가르친 메이지헌법(明治憲法)을 공부한 것이 전부였을 것이다. 한태연 교수는 와세다대 법학부에서 헌법을 담당한 나카무라 야소우지(中村弥三次) 교수와 법철학을 담당한 와다 고지로(和田小次郎) 교수를 언급한 적이 있으며, 헌법 책으로는 앞서 언급한 구로다 사토루의 책이 도움이 되었다고 하였다.[8)] 박일경 교수는 경성제대에서 키요미야 시로(清宮四郎) 교수의 헌법 강의를 들었으며, 키요미야를 통해 켈젠의 순수법학 · 법단계설 등 지금도 도움이 되는 지식을 얻었지만 제국헌법 당시에는 민주헌법의 진상을 파악할 수 없었다고 술회한 바 있다.[9)] 이 두 사람이 회고한 구로다 사토루와 키요미야 시로는 교토제대와 도쿄제대에서 각각 모리구치 시게하루(森口繁治)와 미노베 다츠키치(美濃部達吉)에 사사한 후 재외연구원으로 유럽에 나가 한스 켈젠 아래서 공부한 경험을 가지고 있었다. 구로다는 유학에서 돌아온 후에는 칼 슈미트의 헌법이론을 본격적으로 소개한 특이한 이력을 가졌고,[10)] 키요미야는 만년에까지 켈젠을 미노베와 함께 유일한 스승으로 삼을 정도로 그에 대한 존경심이 대단했다.[11)] 식민지

---

7) 김철수, "한국헌법학의 회고와 과제", 『헌법학연구』 제9권 제2호, 한국헌법학회, 2003. 8. 13면.

8) 한태연, "역사와 헌법시리즈 제1회: 한국헌법과 헌법학의 회고", 『헌법학연구』 제8권 제1호, 한국헌법학회, 2002. 4. 21-22면.

9) 김효전 편역, "清宮四郎의 경성제국대학 시절", 『헌법학연구』 제19권 제2호, 한국헌법학회, 2013. 6. 518면 재인용.

10) 古賀敬太, 日本の憲法学におけるカール・シュミットの継受（１）―黒田覚と大西芳雄―, 国際研究論叢：大阪国際大学紀要 33 (2), 大阪国際大学, 2020. 1. 86-87頁.

조선에서 나서 당시 유일한 고등교육기관인 경성제대와 식민지 본국인 일본에서 공부한 두 사람에게 일본인 헌법 교수의 수업은 신세계였을 것이다. 특히 그들이 설파한 한스 켈젠이나 칼 슈미트의 헌법이론은 놀라움 그 자체였을 것이다. 이들을 비롯한 1세대 헌법학자의 연구 자산이라면 이것이 대부분이 아니었을까 생각되지만, 그렇다고 해서 그들의 헌법학이 폄하되어서는 안 될 것이다. 식민지와 해방 그리고 6.25전쟁 등 제대로 된 법학교육 조차 불가능한 시절에 그 정도의 헌법학 연구가 이루어졌다는 것만으로도 기적에 가깝다고 해야 할 것이다.[12)]

그러나 그들로부터 공부한 세대는 그것으로 만족할 수 없었을 것이다. 본론으로 다시 돌아와서 김철수 교수가 서울대 법대를 졸업하고 사실상 헌법학 분야의 독일 유학 1세대로 해외로 공부하러 떠난 것은, 당시 열악한 국내 법학 연구의 저변을 적확하게 지적한 학문적 孤島 한국을 벗어나 경유지 일본을 통하지 않고 서구 헌법학을 본격적으로 접하고 주체적으로 수용하는 개척자 정신의 발로라고 생각한다. 그때까지 식민지 조선에서 제국대학 출신의 구미 유학을 다녀온 일본인 교수 아래서 공부한 교수로부터 다시 헌법학을 공부하는 한계를 절감하고, 공법학의 본고장 유럽에서 본격적으로 공부한 것은 한국 공법학의 초기 형성을 이루는 역할을 담당한 것이다. 특히 권력구조 일변도의 헌법학 풍조 속에서 戰後 독일 헌법학의 인간 존엄성을 중심으로 한 자연권 사상의 도입, 기본권 중심의 헌법 체제 구축 등을 주장한 것은 우리 헌법학의 판도를 바꾼 중요한 업적이라고 할 것이다.[13)]

근년 도쿄대 법대의 한 교수가 “코스모스: 경성학파의 광망”, “경성의 키요미야 시로: ‘외지법서설’로 가는 길”이라는 두 편의 방대한 논문[14)]에서 경성제대 헌법학 교수 키요미야 시로의 식민지 시대 헌법학을 소개하였다. 저자는 이 논문에서 식민지 조선의

---

11) 清宮四郎, 私の憲法学の二師 · 一友, 公法研究 (44), 日本公法学会, 1982. 10. 1-20頁.

12) 「김효전-이병규 통화 내용 일부」(2023.1.31) 이병규: 김철수 교수님의 회고를 읽어보면 해방 직후 서울대 법대에 다닐 때 한태연 선생의 강의가 일본 책을 참고했기 때문에 별 감흥이 없다는 그런 얘기도 있고, 선생도 일본책 보고 학생도 일본책 보던 시절에 선생에 대한 기대가 별로 없었다는 내용이 나오던데요? 김효전: 그것도 맞는 얘기인데, 꼭 그렇게만 볼 수는 없을 거야. 한태연 선생이 와세다대를 졸업한 게 1943년인가 그럴 거야. 졸업하면서 고문시험 합격하고 함경도에서 관리 생활을 조금 했는데, 그것도 나이가 젊어서 군수를 못하고 屬인가 했다고. 그러다가 해방을 맞았거든. 월남해서 성균관대에서 민법 가르치다 서울대에서 헌법을 가르친다고. 그러다가 또 전쟁 나고. 그 시대를 한번 생각해보면 제대로 공부할 시간이 있었냐는 말이지. 한태연 선생이 아주 똑똑한 사람이라고. 내가 한 선생한테 남포동에서 직접 들었는데, 서울이 수복되고 서울대 도서관에 갔더니 북한군이 도서관 책을 이북으로 가져가려고 다 싸놓았더래. ‘鹵獲’이라고 하지. 한 선생 특유의 말투가 있다고. 그래 놓고 가져가지 못하고 북으로 도망갔다는 거야. 그때 서울대 도서관에는 칼 슈미트 책이 있었다고. 서울대에만 있었어. 경성제대 시절 구해 놓은 책이야. … 그러니 한 선생이 서울대 도서관 책을 연구실처럼 썼다는 거야. 그 짧은 기간에 그만큼의 업적을 남겼다고, 그러니 아주 수재라고 할 수 있지. 1955년에 양문사에서 나온 헌법 책 알지? 그 시대가 어땠는지 이해할 필요가 있어.

13) 김철수 편, 『한국의 헌법학연구』, 산지니, 2019, 99-100면 참조.

14) 石川健治, コスモス：京城学派公法学の光芒, 『「帝国」編成の系譜』(酒井哲哉責任編集), 岩波書店, 2006, 171-230頁; 「京城」の清宮四郎―『外地法序説』への道, 『帝国日本と植民地大学』(酒井哲哉 · 松田利彦編), ゆまに書房, 2014. 305-404頁.

경성제대는 본국보다 오히려 학문의 자유가 더 보장된 좋은 학교였다는 키요미야의 감상에 젖은 회고를 인용하면서, 키요미야를 도쿄대 미야자와 토시요시(宮沢俊義)와 함께 전후 일본 헌법학의 표준적 이론을 구축했다고 평가하고 있다. 심지어 일본 헌법학계는 현재 그들의 헌법학 수준은 식민지 지배 메이지 헌법에서의 이론적 전개와 함께 점진적으로 발전한 것으로 평가한다는 것이다. 이러한 연구가 연구 그 자체의 의미를 떠나 피지배 국민의 아픔을 도외시한 연구자의 윤리적 양심마저 의심케 한다. 그러한 의미에서 볼 때 김철수 교수가 일본 헌법학의 영향을 벗어나 공법학의 본향에서 공부하고 독자적 헌법학을 구축한 것은 식민지 헌법학을 넘어서 우리 헌법학의 자존심을 세운 일이기도 했다.

우리나라가 일본 제국주의로부터 해방을 맞이한 지도 올해로 77년이 되어, 우리 사회 전 분야는 일제 잔재나 그 영향에서 완전히 벗어났다고 해도 과언이 아니며, 세계적 수준의 경제 성장과 아울러 법학 분야도 이미 선진국 수준에 도달했다. 그렇지만 우리 사회는 통일과 같은 헌법학의 난제를 비롯한 수많은 해결해야 할 문제를 안고 있으며, 그것은 김철수 교수가 우리에게 남긴 또 다른 숙제가 아닌가 생각된다.

## IV

이 글의 제목을 "내가 보고 들은 금랑 김철수 교수와 그의 헌법학"이라고 달았지만, 막상 쓰고 보니 '김철수 교수'와 '그의 헌법학' 근처에도 못 가고 언저리만 맴돌다 끝나 버린 것 같다. 나의 한정된 기억으로 그간 내가 보고 들은 금랑 김철수 교수는 홀로 우뚝 선 불세출의 헌법학자이자, 따뜻하고 인자한 훌륭한 교육자라고 말하고 싶다. 그는 황무지와 다름없는 우리나라 헌법학계에 독일, 미국 등 입헌주의 선진국의 헌법학을 본격적으로 소개하고, 이를 토대로 자신만의 독자적 헌법학을 구축한 한국 헌법학의 개척자였고, 권력의 탄압 속에서도 학문의 자유를 굳건히 지켜낸 정의로운 교수였으며, 학생들에게는 한없이 따뜻한 사랑을 베푼 최고의 교육자로 기억될 것이다.

김철수 교수가 지난 수십 년간 수많은 저작과 강연 그리고 몸소 실천하여 이룬 한국 헌법학은 이제 새로운 변화에 직면했다. 그가 지난 수십 년간 몸소 실천한 것은 학문의 진보는 끝이 없다는 것이다. 그가 우리나라 1세대 헌법학자의 한계를 뛰어넘고 한국 헌법을 개척하고 체계화한 업적을 이루었다면, 후세대 헌법학자는 김철수 헌법학을 뛰어넘어 새로운 헌법학의 미래를 밝히는 일이라고 생각한다. 2004년 11월 8일 동아대 강연에서 그가 밝힌 소망을 인용하면서 이 글을 끝맺기로 한다.

> 가장 큰 소망은 통일되는 날, 가장 민주적이고, 이상적인 헌법전을 초안하는 것이요, 그 해설서를 쓰는 것이다. 이것이 내 생전에 이루어질 수 있을 것인지는 나 자신도 모른다. 나이가

들어갈수록 그 가능성은 점차 희박하다는 생각이 든다. 진인사대천명(盡人事待天命)이라든가, 하늘의 뜻에 맡길 뿐이다.[15)]

15) 김철수, "나의 헌법학 편력", 『동아법학』 제35호, 2004. 12. 336면.

# 나진 · 김상연 역술 『국가학』의 텍스트*

정혜정의 논문을 계기로

김효전**

## I. 서 설

『아세아연구』 제63권 3호(2020), 79-108면에는 정혜정의 「근대 한중일(韓中日) 블룬칠리의 민족 · 국민 개념의 수용과 변용: 가토 히로유키/량치차오/나진 · 김상연을 중심으로」라는 제목의 논문이 실려 있다. 그것은 내가 평생 마음에 두고 있는 나진(羅瑨) · 김상연(金祥演) 역술 『國家學』[1]을 정면에서 다룬 논문이기에 누구보다도 기쁘고 기대가 컸다. 그러나 기대와 기쁨은 곧 실망을 넘어 분노로까지 확대되었다. 그 대목은 논문 96쪽으로 다음과 같다.

> 「나진 · 김상연이 역술한 『국가학』은 역술이라기보다 단행본 형태로 발간된 블룬칠리 『일반국가법』의 요약본이자 개설서라 할 수 있다. 이는 체계적인 선별과 해석이 가해진 것으로서 600페이지에 가까운 방대한 내용을 175쪽으로 축약하고 특정 부분을 비중 있게 다루었다는 점에서 역술자의 선별이 돋보인다. 번역의 저본은 밝혀져 있지 않은데, 김효전은 일역본 가운데 어느 하나의 중역일 것으로 추측하고 있다(김효전, 2000, 495). 그러나 영역본을 중역(重譯)했을 확률이 더 크다. 나진 · 김상연은 민족과 국민의 영어 어원을 언급했는데, 이는 영역본에만 있는 내용이기 때문이다」.[2]

---

* 이 논문은 정혜정의 「근대 한중일(韓中日) 블룬칠리의 민족 · 국민 개념의 수용과 변용: 가토 히로유키/량치차오/나진 · 김상연을 중심으로」(『아세아연구』 제63권 3호, 2020)에 실린 나진 · 김상연 역술 『국가학』에 관한 서술 중 잘못된 부분을 바로잡기 위해서 집필한 것이다. 고려대학교 아세아문제연구원에서는 원문의 상당 부분을 삭제하는 조건으로 동지 제65권 1호(2022), 407-423면에 반박문의 형태로서 게재하였는데 이번에 전문을 싣는다.

** 대한민국학술원 회원. 동아대 명예교수

1) 이 책의 원본은 국립중앙도서관, 국회도서관, 연세대 도서관 등에 소장하고 있다. 조선통감부는 합병 직후 국가사상이나 민족의식을 고취하거나 '國'자가 들어간 책자는 모두 수거하여 분서갱유를 한 탓에 이 책은 희귀본이 되었다. 나는 1986년 부산의 민족문화에서, 2004년 서울의 관악사에서 각각 영인본을 발간하여 이제는 누구나 손쉽게 구해 볼 수 있다.

계속해서 그는 나진 · 김상연 역술본과 영역본 목차를 비교해서 대조표 〈표 1〉도 만들고 있다.

나를 화나게 만든 것은, 저본은 이미 밝혀져 있는데 2000년 저본을 알지 못할 때의 나의 옛 저서를 인용했기 때문이다. 나는 5~6차례 후속 연구에서 저본을 알렸다. 정혜정은 나의 후속 연구가 있는 것을 알면서도 고의로 옛 책을 인용하였을 뿐만 아니라 오류가 있는 〈표 1〉을 만들어 사람들을 미혹케 하고 있다.

이에 대해서 나는 『아세아연구』에 이의를 제기하고 편집위원회는 저자(정혜정)에게 답변서를 요구하여 나에게 보내주었다.[3] 나는 사실과 다른 기술이나 오해 내지 곡해하기 쉬운 추정적 논문이 학계에 더 이상 유포되어서는 안 되며 진실을 밝힐 필요와 의무가 있다는 생각을 하게 되었다. 그것은 당연히 집필자와 고려대 아연측에게는 은폐하거나 축소하고 싶은 유혹을 떨쳐버리기 어려웠을 것이다. 그러나 냉정한 학문의 객관성과 진실을 추구하기 위한 노력에는 고통이 뒤따르는 법이다. 또한 나로서도 잘못된 것을 폭로하거나 고발하는 것이 나의 임무는 아니다. 한국에서의 국가학과 정치학 발달의 기원을 명백하게 사실대로 진실을 밝히는 것이 나의 과제라고 생각한다. 이번 일을 계기로 연구자로서의 자세와 매너 그리고 우리의 학문 수준이 한 층 더 업그레이드되기를 바랄 뿐이다.

## II. 『국가학』은 번역서다

먼저 정혜정이 주장하는 사실을 본다.

「나진 · 김상연이 역술한 『국가학』은 역술이라기보다 단행본 형태로 발간된 블룬칠리 『일반국가법』의 요약본이자 개설서라 할 수 있다. 이는 체계적인 선별과 해석이 가해진 것으로서 600페이지에 가까운 방대한 내용을 175쪽으로 축약하고 특정 부분을 비중 있게 다루었다는 점에서 역술자의 선별이 돋보인다」.

그러나 이 책은 블룬칠리(J. C. Bluntschli) 책의 요약본도 개설서도 아니다. 또 600페이지 책을 175페이지로 축약한 것도 아니다. 이런 오류를 범하게 된 것은 전적으로 정혜정이

2) (정혜정의 각주 17). 최근 나진/김상연의 『국가학』을 번역한 윤재왕은 이 책 내용이 블룬칠리를 인용한 존 버지스(John William Burgess)의 Political Science and Comparative Constitutional Law의 번역일 것으로 추측한다(나진/김상연 역술, 윤재왕 옮김, 『국가학』, 고려대학교출판문화원, 2019, 179쪽).

3) 아세아연구 편집위원회(위원장 신재혁)에서는 「제기하신 문제들에 대해 저자에게 답변할 기회를 부여하기로 하였고, 이에 저자의 답변서를 받아서 전달 드립니다. 저자의 답변서에 대하여 재반론 하실 내용이 있다면 적어서 보내주시면 감사하겠습니다」라는 2021. 11. 29. 의 이메일과 함께 정혜정의 1차 답변서를 보내왔다.

'저본'을 무시하거나 무지한 데에서 비롯한다. 그 저본은 다카다 사나에(高田早苗)[4]의 『國家學原理』[5]란 강의록과 보른하크(C. Bornhak)[6]의 『國家論』일역본(菊地駒治 譯述),[7] 두 가지 책이다.

먼저 도쿄전문학교 강사인 다카다의 책은 '강의록'이며 정식으로 출판한 책자는 아니다.[8] 다카다는 강의록에 의한'통신교육'을 중요시했으며, 강의록의 독자는 校外生으로서 취급하고 우등생에게는 정규 학생으로서 채용하는 길도 열어 놓았다고 한다.[9] 다카다는 1902년부터 「국가학원리」를 담당하고 있었는데 1907년 4월에 와세다대학 초대학장이 되면서 우키다 가즈다미(浮田和民)가 담당하게 되었다.[10] 또한 그는 일본의 혼란한 정정 속에서 정치인(대의사)으로서 자주 휴강했지만 국가론과 대의정체론 강의는 계속 담당하였다고 전한다. 특히 도쿄전문학교 (1903년 9월부터 와세다[早稻田]대학[11]으로 개칭) 졸업

---

4) 다카다 사나에(高田早苗, 1860-1938) 일본의 정치학자. 도쿄대학 문학부 졸업. 와세다대학의 창립자인 오오쿠마 시게노부(大隈重信)를 도와 대학을 일으킨 사람. 도쿄전문학교와 와세다대학 교수 역임. 문상(文相), 대의사 등 역임. 저서『헌법요의』(정인호역, 1908) 외에 다이시, 버지스, 윌슨 등 영미학자의 책을 번역 소개. 문헌은 早稻田大學大學史資料センター編, 『高田早苗の總合的研究』, 2002; 佐藤能丸, 『近代日本と早稻田大學』(早稻田大學出版部, 1991), 73-102면; 京口元吉, 『高田早苗伝』(早大出版部, 1962); 荻原隆, 『國家學原理』におけるその國家思想 〈高田早苗〉, 『近代日本と早稻田の思想群像 Ⅱ』(早大出版部 1983), 13-33면 참조.

5) 다카다의 강의록『國家學原理』는 국내에서는 고려대와 동국대 도서관 등에서만 소장하고 있는 희귀본에 속한다. 그러나 일본의 국회도서관에서는 메이지 시대의 자료를 PDF 로 볼 수 있도록 만들었다. 한국에서도 https://dl.ndl.go.jp/에 저자명과 서명을 넣어 검색하면 쉽게 찾아볼 수 있다.

6) 콘라트 보른하크(Conrad Bornhak, 1861-1944) 1885년 괴팅겐대에서 학위취득 후 1887년 베를린대에서 교수자격논문 통과. 1893~1900년 판사 역임. 1897년 이후 베를린대학의 국제법과 국법학 교수. 1924년 정년퇴직. 1926년 바이마르 공화국에 적대적인 의견표명으로 교직활동은 끝났다. 1928~1931년 이집트 카이로대학 교수 역임. 저서 Staats-und Rechtsgeschichte, Carl Heymann, Berlin 1903, unveränderte Nachdruck mit einem Vorwort von Detlef Merten, Heymann, Köln 1979; ders., Deutsche Verfassungs-geschichte vom westfälischen an. Enke, Stuttgart 1934, Neudruck Scientia, Aalen 1968; Genealogie der Verfassungen, Breslau 1935.

7) 菊地駒治 譯述, 『國家論』(早稻田大學出版部, 1903). 이 책은 1987년 부산의 민족문화에서 영인본이 발간되었으며, 일본에서도 복각판(信山社, 2010)이 나왔다.

8) 다카다는 저술보다 영미 학자들의 책을 번역하는데 힘쓴 사람인데 번역서에서는 원전의 판차(edition, Auflage)는 물론 판권에서도 정확하게 발행 연도, 발행처 등을 명백하게 밝혔다. 그러나『國家學原理』의 경우는 여러 사람의 글을 요약하여 수록한 탓에'저술'이란 표현을 사용하지 못하고'강술'또는'강의'라고 하였다. 이 점은 나진 · 김상연도 잘 알고 있었을 터인데 서문이나 판권 없는 것까지 그대로 다카다를 모방하고 있다. 나는 이 책이 저서나 역서도 아니고 '강의록'이기 때문에 저본을 찾는데 실패했다고 생각한다. 1905년을 전후하여 한국에서 발간된 근대 법학에 관한 책에 '강술' 또는 '강의'란 표현이 많은 것에 대해서 나는 불만과 의문을 가졌었는데, 2005년 일본 와세다대학의 교환연구원으로서 메이지 시대의 법률책들을 열람한 결과 그것은 모두 해결되었다.

9) 京口元吉, 『高田早苗伝』(早稻田大學出版部, 1962), 113면.

10) 內田滿, 早稻田政治學の先達 · 高田早苗 - 國會開設期に果たした役割を中心に - , 『早稻田政治經濟學雜誌』 제340호(1999), 2면. 후임자인 우키다 가즈다미(浮田和民, 1859-1946). 정치학자. 도시샤(同志社)英學校를 졸업하고 그곳의 교수가 되고, 1897년부터 도쿄전문학교에서 가르쳤다. 저서『帝國主義と教育』(民友社, 1901)에서 오늘날의 제국주의는 침략적 팽창보다도 자연적 팽창의 측면이 강하고, 정부적이기보다 인민적이고, 군사적이기보다 경제적이라고 주장. 또 영국인 학자를 모방하여 소위 '윤리적 제국주의'를 제창. 연보와 저작목록은 姜克實, 『浮田和民の思想史的研究 - 倫理的帝國主義の形成』(不二出版, 2003); 榮田卓弘, 『浮田和民物語: 一自由主義者の軌跡』(日本評論社, 2015).

11) 이것은 전문학교령(1903) 하의 명칭만의 대학이며, 제국대학과 동격의 대학은 아니었다. 와세다 대학이

생 중 우수한 자는 미국 Wisconsin 대학으로 유학을 보냈는데 그 비용은 다카다가 강의록을 판매한 수익금으로 충당했다[12]고 하는 것으로 보아 상당히 많이 팔린 것으로 보인다.

다카다의 『國家學原理』는 블룬칠리의 "Allgemeine Statslehre"를 영역한 "The Theory of the State"(1885)[13]를 가지고 원서강독한 것이 그 토대가 된다. 도쿄전문학교의 설립자 오쿠마(大隈)는 영국과 같은 입헌군주국을 흠모했으며 그의 추종자들도 영미 정치학에 매료되고 있었다.[14] 그러나 현실은 독일류의 국가학이 지배적이고 위력을 나타내자 독일어가 부족한 다카다는 영역판과 가토의 번역판 『國法汎論』으로 강의를 진행하였다.[15] 그의 『國家學原理』는 블룬칠리를 기초로 여기에 영미의 정치학자들, 예컨대 윌슨(W. Wilson),[16] 버지스(Burgess),[17] 라인쉬(S. Reinsch)[18] 등 자기가

---

정규의 대학이 된 것은 대학령(1918) 공포 후인 1920년부터이다. 朴己煥, 旧韓末と併合初期における韓國人の日本留學, 『近代日本研究』(慶應義塾 福澤研究センター) 제14권(1997), 236면. 따라서 김상연은 대학 명칭이 붙기 이전인 1902년 7월에 졸업하며 9월부터 명칭이 바뀐다. 역술자들은 자필 이력서에서 각각 '明治 대학 졸업'과 '早稻田 대학 졸업'이라고 적고 있다. 『대한제국 관원 이력서』(탐구당, 1972), 926, 454, 669면 및 537면.

12) 京口元吉, 『高田早苗伝』, 176-177면. 위스콘신대학으로 유학생을 보낸 것은 아마 독일계 미국인 라인쉬(P. S. Reinsch) 때문일 것이다. 주 18도 참조.

13) Tr. by D. G. Ritchie, P. E. Matheson, R. Lodge, The Theory of the State (Oxford: Clarendon Press, 1885). 이 영역판은 『근대 국가론』(Theory of the Modern State) 제1부를 프랑스 번역판의 서비스를 받아 번역한 것임을 밝히고 있다. 독일어 Anstalt, Hoheit, Obrigkeit, Regierung 등은 영어로 번역하기 어려운 말이다. 그 반대로 영어책을 독일어로 바꿀 때도 마찬가지이다. 영독불은 언어상은 같은 차원(Dimension)이지만 그 차이는 매우 크다. 「토착 국가에서는 매우 정확하고 그 상태에 알맞은 표현도 번역하면 그 본래의 의미와 내용을 잃는 수가 있다」. 이 말은 Karl Loewenstein, Political Power and the Governmental Process (1957)를 독어로 번역한 책 서문, Vorwort zur deutschen Ausgabe, Verfassungslehre, 1959, 4. Aufl., 2000, S. V.에서 한 말이다. 김기범 옮김, 김효전 엮음, 「현대 헌법론 (1)」, 『동아법학』 제74호 (2017), 202면.

독일어 Nation과 Volk의 경우: 오늘날의 정설은 「국민(Nation)이란 말은 정치의식에 눈뜬 행위능력 있는 인민(Volk)이다. 국민이란 보통선거 또는 표결에 관여하고 대개 다수를 결정하는 사람을 말한다. Volk는 조직화되지 않고 소박하게 사는 '민중'과 같은 의미를 포함하는 것이다」. C. Schmitt, Verfassungslehre, 1928, 11. Aufl., 2017, S. 50; ders., Volksentscheid und Volksbegehren, 1927, S. 32. Neuausgabe, 2014, S. 49. 김효전 옮김, 국민표결과 국민발안, 동인, 『헌법과 정치』(산지니, 2020), 160면.

나치스(NSDAP: Nationalsozialistische Deutsche Arbeiterpartei)는 「**민족** 사회주의 독일 노동자당」이며 '민족'을 강조한다. 그러나 Nationalsozialistische를 '**국가**사회주의'라고도 번역한다.

14) "WASEDA 125 1882-2007" (2007), p. 16.

15) 權純哲, 大韓帝國期の「國家學」書籍におけるブルンチュウリ・梁啓超・有賀長雄の影響, 『埼玉大學紀要』 48권 1호 (2012), 87-88면. 도쿄전문학교에서 블룬칠리의 『국가학』을 교재로 사용한 강의는 다카다 외에 「明 28 (1895) 도쿄전문학교 정치과 제1년급 제7회 강의록」인 오다(織田一述), 『國家學汎論』도 있으나 우리의 주제와 거리가 멀다.

16) W. Wilson, The State. Elements of Historical and Practical Politics. A Sketch of Institutional History and Administration, Boston: D. C. Heath & Co., Publishers 1889. 高田早苗譯, 『政治汎論: 一名 沿革實用政治學』(早稻田大學出版部藏版, 1895; 訂正 9版 1901); 上卷의 訂正增補版은 1916년에 출간되었다.

17) John W. Burgess, Political Science and Comparative Constitutional Law, 2 vols., Boston, New York, Chicago, London: Ginn and Co., 1890-91. Reprint 2000. 高田早苗・吉田已之助譯, 『政治學及比較憲法論』(1902); 同人 共譯, 『比較憲法論』(早大出版部, 1908). 문헌 荊田眞司, アメリカ社會科學形成史に關する一試論 - J. W. バージェスの政治科學構想, 『社會科學研究』(東京大學) 제48권 3호(1996), 43-75면.

읽었거나 번역한 책에 자기 나름으로 발췌하고 덧붙여 서술한 것이다.[19] 특히 블룬칠리와 대등하게 강조한 것은 제16장부터 제21장까지로 전부 보른하크(C. Bornhak)의 일역판 『國家論』을 그대로 요약한 것이다. 블룬칠리는 자유 · 보수적인 유기체의 법과 국가론을 전개했으며,[20] 보른하크는 유기체론이나 자연법론을 부인하고 국가를 역사적 사실로 보는 역사학파의 입장이다. 한 마디로 다카다의 강의록은 어떤 체계나 통일성도 없이 여러 학자들의 견해를 요약 설명하고 소개한 것이며, 뒤의 [표1]에서 보듯이 그 내용은 책을 낼 때마다 달라진다. 이러한 나의 주장에 대해서 정혜정은 1차 답변서(2021. 11. 29)에서 이렇게 해명한다. 오해를 피하기 위해서 전문을 그대로 인용한다.

「 - 저는 나진 · 김상연의 역술을 저술로 말한 것이 아닙니다. 제가 각주8에서 "**역자들은 블룬츨리 국가학 번역본에서** 중요하다고 생각되는 내용을 선별하여 부연설명을 가했다"고 기술한 바 있습니다. 즉 저는 역자들이 일본어로 된 중역본 중에서 중요하다고 생각되는 부분을 선별, 축약, 번역하는 과정에서 **결과적으로** 블룬츨리 책의 요약본 내지 개설서 형태가 되었다는 점을 말한 것입니다. 그래서 제가 이 번역은 "**문자 그대로의 번역이라기보다** 블룬츨리 국가론에 대한 요약 개설서에 더 가깝다고 할 수 있다."(각주8)고 기술했던 것이고 본문에서도 "600여 페이지에 가까운 방대한 내용을 175페이지로 축약하고 특정 부분을 비중 있게 다루었다는 점에서 역술자의 선별이 돋보인다"(96쪽)고 말한 것입니다. 여기서 600여 페이지라는 것도 **일역본의 저본을 영역본으로 추정하여 지칭한 것**이었습니다.

- 번역본을 **번역하는 과정에서 사견(부연설명)이 덧붙여진 예는 적지 않습니다.** 예를 들어 정인호의 『국가사상학』도 역술(譯述)로 되어 있지만 이 역시 사견을 붙인 것입니다(이는 정인호가 서문에서 밝힌 내용이기도 하고, 본문에서도 이를 발견할 수 있습니다). 나진 · 김상연의 『국가학』에서도 가토오나 다카다의 일역본에는 없는 내용이 발견됩니다. 예컨대 제5장 「인민과

---

18) Paul Samuel Reinsch, World Politics at the End of the Nineteenth Century (1900). 다카다는 『帝國主義論』(도쿄전문학교출판부, 1901)으로 번역하였다. 이 책은 卞榮晩 譯述, 『二十世紀之大慘劇 帝國主義』(광학서포, 1908)로 한국에도 소개되었다. 영인은 『국민수지 · 헌법요의외』(관악사, 2010). 문헌 차태근, 20세기 초 동아시아 제국주의론의 세계인식 - 라인슈(Paul Samuel Reinsch)의 『세계정치』 및 번역을 중심으로, 『중국학보』 85집(2018).

19) 예컨대 A. V. Dicey, Introduction to the Study of the Law of the Constitution (1885). 高田早苗 · 梅若誠太郎 共譯, 『英國憲法論 附 英國憲法講義』(早稻田叢書, 1899); W. Bagehot, The English Constitution, 1867; J. S. Mill, Considerations on Representative Government, 1861 등.

20) Jacques Vontobel, Johann Caspar Bluntschlis Lehre von Recht und Staat, Schulthess: Zürich 1956. Zugl. Diss. Universität Zürich unter dem Titel Die liberal-konservative organische Rechts-und Staatslehre Johann Caspar Bluntschlis.

유기체의 개념은 C. Schmitt, Hugo Preuß. Sein Staatsbegriff und seine Stellung in der deutschen Staatslehre (1930), in: ders., Der Hüter der Verfassung, 5. Aufl., 2016, S. 169-170. 김효전 옮김, 후고 프로이스 (1930), 『헌법과 정치』(산지니, 2020), 236-237면.

정치적 유기체에 관하여는 Hermann Heller, Hegel und der nationale Machtstaatsgedanke in Deutschland. Ein Beitrag zur politischen Geschichte, 1921. jetzt in: Gesammelte Schriften, Bd. 1, S. 113 ff. 김효전 옮김, 헤겔과 독일에서의 국민적 권력국가사상, 동인, 『바이마르 헌법과 정치사상』(산지니, 2016), 482면 이하.

국민의 차별」, 25쪽 "(국민은) ... 국권(國權)의 제정과 함께 성립하는 것이다."와 31쪽 "전제국가에서는 국민 된 자가 없고, 오직 군주에 종속된 인민만이 있을 뿐이다."라는 말은 역술자들이 삽입한 말입니다. 저는 이러한 것들을 가리켜 '부연설명'이라고 표현한 것입니다」(강조는 모두 정혜정 본인).

여기서 혼란을 피하기 위해서 우선 정혜정이 인용한 각주 8을 그대로 인용하면, 「이 번역은 문자 그대로의 번역이라기보다는 블룬칠리 국가론에 대한 요약 개설서에 더 가깝다고 할 수 있다. **역자들은 블룬칠리 국가학 번역본에서** 중요하다고 생각되는 내용을 선별하여 부연설명을 가했다」(84쪽. 강조는 정혜정)는 것이 전부이다.

그는 계속해서 자신의 서술이 타당하다고 억지를 쓰고 있다. 그의 표현대로 말한다면 나진 · 김상연이 역술한 『국가학』은 '문자 그대로의 번역'이다. 거기에는 선별도 축약도 해석도 없는 것이며 기계적으로 다카다(高田)의 강의록을 충실히 번역한 것이다.

역자인 나진과 김상연은 모두 일본 유학생으로서 나진은 메이지(明治) 대학의 전신인 메이지 법률학교에서, 김상연은 와세다대학의 전신인 도쿄전문학교 방어정치과(邦語政治科)에서 공부했으며,[21] 영어나 독일어 책 원전을 번역할 수 있는 사람으로 보기는 어렵다.[22] 더구나 정혜정은 「영역본을 중역(重譯)했을 확률이 더 크다」고 단정하는데, 조선이나 일본의 당시의 실정을 모르고 하는 말이며 과대평가이다. 여하튼 '선별'이니 '축약'이니 '해석'이니 '돋보이는 것'이니 하는 표현은 모두 정혜정의 희망사항을 소설화 한 것에 불과한 것이며 나쁘게 말하면 조작과 날조다. 이러한 서술 태도는 자기도 속고 남도 속이는 결과를 가져오게 마련이다. 냉정하게 객관적으로 말한다면 역자들은 서양의 원서는 고사하고 두 가지 일본어 번역판을 놓고 이를 우리말로 성실히 옮긴 것이다. 따라서 '부연 설명'할 자격이나 위치에 있지도 않고, 또 그럴 만한 시간적 여유도 없었다. 그들은 졸업 후 1903년에 귀국했는데 그동안 국내외의 복잡하고 어지러운 상황 속에서 귀국 준비에 바쁘고, 또 취직하고 필화사건에 휘말리고 이직하고 정착하는 등 차분히 공부할 시간적 여유도 없었다.[23] 그들은 1906년 법관양성소 교관이 되었으며 양정의숙[24] 등 여러 학교에 출강하면서 그때 비로소 교재의 필요성을 통감하여 서둘러 만든 것이 이 『국가학』이다.

다음에 사견(부연 설명)의 예로서 정인호(鄭寅琥) 역술 『國家思想學』(1908)[25]을 예로

21) 나진 · 김상연의 생애와 그들의 시대에 관하여 상세한 것은 김효전, 『근대한국의 국가사상』(철학과현실사, 2000), 494-547면 참조.

22) 이 점은 『국가학』을 현대 한국어로 번역한 윤재왕도 「서양의 원전을 직접 번역했을 것으로 생각하기는 어렵다」(고려대학교 출판문화원, 2019, 178면 옮긴이 후기)고 한다.

23) 본고 주 57 참조.

24) 양정의숙에 관하여는 김효전, 양정의숙의 법학교육, 『법사학연구』 제45호(2012), 49-100면 및 동인, 『법관양성소와 근대한국』(소명출판, 2014), 355-404면에 재수록. 특히 381면.

25) 이 책은 萬歲報 連載, 金孝全譯, 『國家學』(관악사, 2003) 속에 涵齋 安鍾和譯, 『國家學綱領』과 함께

서 들고 있는데 비교의 대상이 다르다. 이 『국가사상학』과 안종화의 『국가학강령』은 모두 블룬칠리(伯倫知理)의 책을 번역하고 여기에 사견을 붙인 량치차오(梁啓超)의 것임을 분명히 밝히고 있다. 정혜정이 말하는 '가토오나 다카다의 일역본에 없는 내용 운운'은 모두 다카다의 강의록에 있는 말이며, 나진 · 김상연이 덧붙인 것이 아니라 다카다가 부연 설명한 것이다.

옛날 중국이나 조선의 학자들 사이에는 책을 읽고 자신의 견해를 책 속이나 책갈피에 적어두기도 했다. 이를 안어(按語)라고도 한다. 또 구한말 시대에는 자신이 감명 깊게 읽은 글에다가 자신의 이름을 붙여 다른 신문이나 잡지에 투고한 예도 더러 발견된다. 물론 요즘식으로 말하면 말도 안 되는 저작권침해이고 윤리규정 위반이지만 정보가 귀하고 어두웠던 시대의 애국심은 이해할 수 있고 또 안타깝기도 하다.

정혜정은 중국과 조선의 옛날 학자들의 독서법을 현대 학문의 수용에 적용하는 우를 범하였을 뿐만 아니라 나아가 자신의 잘못을 정당화 내지 호도하려는데 이용한다. 그러나 나진 · 김상연의 경우는 다르다.

## III. 『국가학』의 저본

『국가학』의 저본에 대해서 정혜정은 논문 96쪽에서 이렇게 적고 있다.

「번역의 저본은 밝혀져 있지 않은데, 김효전은 일역본 가운데 어느 하나의 중역일 것으로 추측하고 있다(김효전, 2000, 495). 그러나 영역본을 중역(重譯)했을 확률이 더 크다. 나진 · 김상연은 민족과 국민의 영어 어원을 언급했는데, 이는 영역본에만 있는 내용이기 때문이다」.

우리들의 문제의 핵심은 바로 '저본'에 관한 것이다.

### 1. 저본의 발견과 소개

나는 저본을 밝히려고 애썼으나 실패한 과정을 나의 『근대 한국의 국가사상』(2000)에 서술한 바 있다. 그러나 다행이도 이 책을 발간한 후 곧 2002년에 일본인 헌법학자인 고쿠분 노리코(國分典子)는 다카다 사나에(高田早苗)의 강의록 『國家學原理』라는 사실을 나에게 알려와서 나는 이것을 다음과 같이 여러 차례 우리 학계에 소개하였다. 번거로운 감이 있지만 이것을 모두 열거하기로 한다.

(1) 제2차 『국가학』 영인본 (관악사, 2004), 해설 및 광고지 전단.[26]

---

영인 수록하고 있다. 김효전의 해설 참조.

『국가학』의 영인본을 최초로 발간한 것은 1986년 부산의 「민족문화」이다. 여기에는 당시까지 내가 조사한 두 사람의 역술자에 관한 기록이 '해설'로서 첨부되어 있으며 첫머리에 「원저자나 번역자의 서문도 없고 판권도 없기 때문에 번역한 텍스트가 어떤 것인지 알 수가 없다」고 적었다. 이 영인본은 일부 정치학자들이 인용하기도 했으나 모두들 저본에 대해서는 모른다고 적고 있다.

두 번째로 발간한 책(2004) '해설'에서는 「일본의 헌법학자인 다카다 사나에(高田早苗, 1860-1938)의 『國家學原理』(1905)를 비롯하여 몇 가지 책자에서 발췌하여 번역한 것이다. 특히 국가학 제2장 「國家學 及 其 硏究法」은 다카다의 책 제1장과 동일하다. 나머지 부분은 다카다 책의 초역이 대부분이고 또 출처를 알 수 없는 부분도 상당수 있다.

필자는 이 책의 텍스트를 알기 위해서 많은 노력을 기울였으나 별다른 성과를 거두지 못하였는데, 2002년 3월 일본 愛知縣立大學의 고쿠분 노리코(國分典子) 교수가 다카다의 『國家學原理』의 목차를 복사해 보내와서 비로소 알게 되었다. 고쿠분 교수께 감사를 드린다」고 적혀 있다.

---

26) 나는 1996-97년 미국 Berkeley 대학 유학 중에 수집한 Syngman Rhee, Neutrality as Influenced by the United States; Harold Joyce Noble, Korea and Her Relations with the United States before 1895; Henry Chung, Treaties and Conventions between Corea and Other Powers; René Terriou, Le Statut International de la Corée; Laurent Crémazy, Le Code Pénal de la Corée; 외에 나진 · 김상연 역술 『국가학』; 伯崙知理著 吾妻兵治譯, 『國家學』 등 50여 권의 책을 2004년과 2010년 서울의 관악사에서 아무런 조건이나 보수 없이 영인 출판하였다.

나진 · 김상연 역술 『국가학』과 관련하여 정혜정은 논문 어디에도 영인본이 있다는 것을 알리지 않았으며 참고문헌에서는 "나진/김상연 역술, 1906. 『국가학』"으로만 표기하고 있다. 묻는다면 아마 영인본은 중요하지 않으며 원전만 보았다고 답변할 것이다. 그가 원고의 완성 단계에서 참조한 윤재왕의 '옮긴이 후기'에는 두 가지 영인본이 모두 인용되어 있다. 또 최근 어떤 연구자는 책 표지에 엄연히 내 이름이 있는데도 이것을 삭제하고 내용만 참고문헌 속에 기재한 것도 보았다. 영인본이나 1차 자료를 감추는 것은 김부식의 역사서술과 같은 행위이다. 후학의 연구를 촉진은커녕 방해하는 처사이다. 또 한심한 것은 도서관 사서 중에는 영인본과 해적판을 구별하지 못하는 자도 예상 밖에 많이 있다. 어렵게 수집하고 제작한 영인본을 해적판이라고 하여 구입하지 않는 일이 국립대학에서 자주 있었다.

다음에 나진 · 김상연 역술 『국가학』의 발간 연도에 대해서 정혜정은 84쪽 주 9에서 "김효전은 『황성신문』의 광고(1906. 6. 21)를 근거로 1906년으로 보지만(김효전 2000, 494), 전상숙은 나진과 김상연이 각각 법관양성소 소장과 교관으로 임명된 시점을 고려하여 1903년 이전으로 추정하고 있다(전상숙 2012, 209)"라고 무슨 잘못이나 문제가 있는 듯이 적고 있다.

전상숙은 블룬칠리에 관한 한 논문에서 나진 · 김상연 역술 『국가학』의 「저본은 알 수 없다」고 한 후 「블룬칠리의 국가학 저서는 아니」라고 하였다. 이 역서 제8장부터 제12장까지는 대체로 그의 연구 테마인 블룬칠리 『일반 국법』의 요약 번역이다. 이것은 전상숙이 인용한 Bluntschli 영역판 Analytical Table of Contents와 나진 · 김상연의 『국가학』 목차만 대조해 보아도 금방 알 수 있는데, 이것을 언급하지 않은 것은 그가 얼마나 안이하게 논문을 작성한 것인지를 보여주는 증거라고 하겠다. 더구나 '1906년'이란 것은 「추정상 오류일 것으로 여겨진다」(전상숙, 근대 '사회과학'의 동아시아 수용과 메이지 일본 '사회과학'의 특질: 블룬칠리 국가학 수용을 중심으로, 『이화사학연구』44 (2012) 및 진덕규편, 『한국 사회의 근대적 전환과 서구 '사회과학'의 수용』(선인, 2013)에 재수록 한 179면 주 13)는 것이야말로 근거 없는 추정이나 가정에 불과한 것이다. 근대 한국에서 1903년 이전에 '국가학'이란 이름으로 발간된 책자는 여지껏 찾아볼 수 없었으며, 1903년 이전은 역자들이 일본에서 공부하고 있을 때이다. 그들은 1903년에 귀국했고 Bornhak (菊地駒治譯) 역서는 1903년 7월말에 발간되었다. 전상숙은 2012년 집필 당시에도 내가 여러 차례 '저본'을 밝힌 문헌을 알지 못하는 모양이다.

전단지 광고(2004)에서는 「이 책은 한국 최초의 체계적인 국가학 책이라고 생각된다. 원전은 일본의 헌법학자인 高田早苗의 『國家學原理』(1905년)를 비롯하여 몇 가지 책자에서 발췌하여 번역한 것이다. 저자는 유기체 국가론을 전개하고 있으며 특히 한국과 일본의 종속관계에 관한 서술은 우리의 관심을 모은다」.

이 2004년판 영인본은 시리즈 중의 하나이기 때문에 많은 대학의 도서관이나 연구소에서 구입하였다. 따라서 누구나 손쉽게 입수하여 볼 수 있다. 또한 나는 2010. 11. 3.에 1986년판과 2004년판 두 영인본을 모두 고려대학교 도서관에 기증한 바 있다. 동국대학교 도서관에는 1986년판만을 소장하고 있다.[27)]

(2) 『人權과 正義』(대한변호사협회지) 통권 349호(2005년 9월호)의 「근대 한국의 국가학 관련 문헌」은 내가 「근대 한국의 법제와 법학」이란 제목으로 연재한 것 중의 하나로서, 2001년 8월호부터 게재한 이래 그 마지막 회인 50회 째 논문이다. 154면에서 「이 책은 번역의 텍스트를 밝히고 있지 않아서 오랫동안 연구자들이 궁금해 오던 터였다. 그러나 2002년 일본의 헌법학자인 國分典子(고쿠분 노리코) 교수가 끈질기게 추적한 결과 일본인 학자인 高田早苗의 『國家學原理』 등 몇 가지의 관련 저작을 발췌하여 번역한 것임을 필자에게 알려 왔다」고 적고 있다.

(3) 『近代 韓國의 法制와 法學』(세종출판사, 2006). 이 책은 내가 위의 『인권과 정의』에 50회에 걸쳐 연재한 논문을 그대로 수록한 것으로 1140면에 같은 내용이 재수록되어 있다.

(4) 「번역과 근대 한국 - 법학과 국가학 문헌을 중심으로」, 『개념과 소통』(한림대) 2008년 창간호, 67-68면.

「이 책은 한국 최초의 체계적인 국가학 문헌이다. 그런데 역자는 번역의 텍스트를 밝히고 있지 않으며, 또 역자의 서문도 없어서 무슨 책을 근거로 만들었는지 오랫동안 베일에 가려 있었다. 그러다가 최근 고쿠분 노리코(國分典子) 교수에 의해서 역서 제15장까지는 다카다 사나에(高田早苗)의 『국가학원리(國家學原理)』(1905)를 초역했고, 제16장에서 제21장까지의 6장은 독일인 콘라드 보른하크(Conrad Bornhak, 1861~1944)[28)]의 *Allgemeine Staatslehre*(1896, 2. Aufl., 1909)를 기쿠치 하시다(菊地駒治)가 번역한 『국가론(國家論)』(1903)[29)]과 거의 같다는 사실을 필자에게 알려왔다.

이 책은 1986년과 2004년 두 차례에 걸쳐서 영인본이 발간되었으며,[30)] 또 여기에 필자가 상세한 해설을 첨가했기 때문에 생략하고, 그 후에 발견한 관련 참고 문헌만을 소개하기로 한다」.[31)][32)]

---

27) 동국대학교 도서관에는 고서 김상연의 『정선 만국사』(1906)를 소장하고 있다. 희귀본인 다카다의 『國家學原理』를 소장한 것은 전술하였다.

28) 보른하크에 관하여는 김효전, 『서양 헌법이론의 초기수용』(철학과현실사, 1996), 264-268쪽; 일본 문헌으로는 山本浩三譯, 『憲法の系譜』(法律文化社, 1961) 참조.

29) 이 책은 1987년 민족문화에서 영인본이 발간되었다.

30) 1986년에는 부산의 민족문화에서, 2004년에는 서울의 관악사에서 각각 발간했다.

이 글은 나의 『법관양성소와 근대한국』(소명출판, 2014), 531-612면에 재수록하였다.

(5) 『헌법』(소화, 2009) (한국개념사총서 3), 115면 주 326.

「이 책은 번역의 텍스트를 밝히지 않고 있어서 그동안 궁금한 것이 많이 있었으나, 최근 쓰쿠바 대학의 고쿠분 노리코(國分典子) 교수는 일본 와세다 대학 교수였던 다카타 사나에(高田早苗)의 『국가학원리』(1905)와 독일인 보른하크(C. Bornhak)의 『일반국가론』(菊地駒治 역, 1903)의 초역이라는 사실을 저자에게 알려주었다. 고쿠분 교수에게 감사를 드린다. 관련문헌은 荻原隆(1983), 「『國家學原理』における國家思想 〈高田早苗〉」, 『近代日本と早稲田の思想群像 II』, 早稲田大學出版部, pp.1~33; 內田滿(1999), 「早稲田政治學の先達・高田早苗—國會開設期に果たした役割を中心に」, 『早政』 제340호 참조」.

(6) 『동아시아 개념연구 기초문헌해제』(「한림대학교 한림과학원 개념소통자료총서」, 선인, 2010), 28-77면.

「이 책에는 원저자나 번역자의 서문도 없고 판권도 없기 때문에 정확한 서지사항은 알 수가 없다. 그러나 최근 일본의 연구자 고쿠분 노리코(國分典子, 1957~ )의 면밀한 연구에 의해서 일본인 다카다 사나에(高田早苗, 1860-1938)와 독일인 콘라드 보른하크(Conrad Bornhak)의 저서를 발췌하여 번역한 것이 알려지게 되었다」. 나는 이 문헌해제 속에 『법학통론』(1905), 『국가학』(1906), 『정치원론』(1906), 『헌법』(1907), 『국가사상학』(1908), 『법학통론』(1908), 『태서국법론』(1868), 『國法汎論』(1872-74), 『민약론』(1877), 『국가론』(1889) 등 10편의 문헌을 소개하였다. 이들 대부분은 Bluntschli와 직접 간접으로 관련 있는 문헌임은 제목만으로도 쉽게 알 수 있다.

(7) 『법관양성소와 근대 한국』(소명출판, 2014), 694-696면은 위의 「문헌해제」를 재수록한 것이다.

전술한 「번역과 근대 한국 - 법학과 국가학 문헌을 중심으로」도 이 책 531-612면에 재수록하였다.

(8) 나진 · 김상연 역술, 윤재왕 옮김, 『국가학』(고려대학교출판문화원, 2019), 178면은 「김효전 교수는 이 책이 다카타 사나에(高田早苗)의 『국가학원리』(國家學原理)에 의존하고 있다는 사실을 밝혀냈는데」라고 하여 고쿠분 노리코 교수의 이름은 적지 않고 있다. 그러나 위의 여러 문헌에 소개한 바와 같이, 나는 원본을 알아낸 사람은 고쿠분 교수임을 분명히 밝혔고 나는 그가 가르쳐 준 정보를 우리 학계에 충실히 알렸을 뿐이다. 나는 결코 남이 피땀 흘려 쌓은 업적이나 명예를 가로챌 생각은 추호도 없다. 여하튼

31) 상세한 것은 김효전, 『근대 한국의 국가사상』(2000), 494-547쪽 참조. 일본 문헌은 荻原 隆, 『國家學原理』におけるその國家思想〈高田早苗〉, 『近代日本と早稲田の思想群像 II』(早大出版部, 1983), 1-33쪽; 內田滿, 早稲田政治學の先達 · 高田早苗: 國會開設期に果たした役割を中心に, 『早稲田政治經濟學雜誌』 제340호(1999), 1-28쪽 참조.

32) 전상숙은 '사회과학'(본고 주 26), 186쪽의 참고문헌 속에 이 논문을 열거하면서도 「저본은 알 수 없다」(179쪽)고 한다.

저본에 대해서 나 이외의 사람이 언급한 것은 이것이 처음이라고 생각된다.

윤재왕의 이 '옮긴이 후기'는 정혜정도 읽었음을 밝히고 있다. 이 후기에는 다카다(高田)의 책을 비롯하여 『국가학』은 블룬칠리의 텍스트와는 일치하지 않는다는 것, 제16장~제21장은 Bornhak의 책에 의존한다는 것이 명백하게 서술되어 있다. 이 후기를 읽고도 정혜정은 조사하여 확인하기는커녕 모두 블룬칠리라고 억지를 쓰고 있다. 이러한 나의 비판에 대한 그의 변명과 답변은 후술한다.

이상 장황하게 중복된 것을 번거롭게 열거한 것은 나의 연구 업적을 자랑하기 위한 것이 아니다. 아연 편집위원회의 요청에 따라서 작성한 것이다. 나로서는 「남이 자기를 알아주지 않는 것을 근심할게 아니라 남을 알아보지 못함을 근심할 것이다」[33]라는 말로 자위할 뿐이다.

## 2. 고쿠분 노리코(國分典子) 교수의 공로

저본을 찾아낸 고쿠분 노리코는 일본의 탁월한 헌법학자로서 한국에서의 서양 국가학과 정치학의 기원을 명백하게 밝히는 데에 크게 기여하였다. 우리는 그의 노고와 공로에 대해서 진심으로 감사하는 바이다. 뿐만 아니라 그는 동시에 한국인 연구자들에게 부끄러움을 가르쳐 주었다. 그가 아니었다면 아직도 우리는 오리무중을 헤매고 있을 것이다.

그는 1957년 아이치(愛知)현에서 태어나서 나고야(名古屋)시에서 성장하였다. 그 후 게이오(慶應) 대학과 대학원을 마치고 독일 에어랑겐-뉘른베르크(Erlangen-Nürnberg)대학에서 법학박사의 학위를 받았다.[34] 귀국하여 아이치(愛知)縣立大學, 쓰쿠바(筑波)대학, 나고야(名古屋)대학 교수를 거쳐 현재는 호세이(法政)대학 법학부 교수로 재직 중이다. 2001-2002년 고려대학교 법과대학 연구교수를 지냈다.

한국 헌법에 관한 논저가 많으며 특히 근대 한국의 헌법과 국가학에 관하여 귀중한 논문을 다수 발표하였다.[35] 대표적인 저서로는『近代東アジア世界と憲法思想』(慶應義塾大學出版會, 2012)이 있으며, 한국어로 번역된 논문도 많다.[36] 그 밖에 독일어로 쓴

33) 不患人之不己知, 患不知人也. 論語 學而. 권성 풀어씀, 『聽江解語 論語 · 老子』(박영사, 2018), 55면 참조.

34) 논제는 "Die Bedeutung der deutschen für die japanische Staatslehre unter der Meiji-Verfassung," Peter Lang, Frankfurt a. M. 1993.

35) 최근에는 韓國憲法における分斷と統一, 尹龍澤外, 『コリアの法と社會』(日本評論社, 2020), 214-221면; 韓末の國家概念 - 日本との異同, 김효전 교수 정년기념 논문집 『헌법학의 과제』(법문사, 2011), 1-22면; 韓國初期憲法教科書にみる近代國家観 - 金祥演と趙聲九, 『北東アジアにおける法治の現狀と課題』(鈴木敬夫先生古稀記念)(成文堂, 2008), 3-21면; 동인, 『近代東アジア世界と憲法思想』, 199-222면에 재수록. 동인, 韓國初期憲法思想における民主主義の理念, 安田信之 · 孝忠延夫編, 『アジア法研究の新たな地平』(成文堂, 2006), 363-385면 등 다수.

36) 예컨대 이예안 옮김, 근대 일본에서의 진화론과 국법학의 관련성, 한림대학교 한림과학원편, 『두 시점의 개념사 - 현지성과 동시성으로 보는 동아시아 근대』(푸른역사, 2013), 99-129면; 고쿠분 노리코, 한국에서의 서양법사상 수용과 유길준, 『한일관계사연구』 13집 (2000), 162-184면; 兪致衡과 穗積八束 - 한일 초기 헌법론의 비교, 『법사학연구』 제23집 (2001), 67-96면 등.

논문이 몇 가지 있다.[37)]

그의 노력으로 근대 한국에서의 헌법과 국가학 또는 국법학의 발전에 관하여 일본과의 관련이 분명하게 밝혀졌으며 우리 학계에도 많은 시사와 자극을 주고 있다. 그는 위의 책에서 김상연의『헌법』과 조성구(趙聲九)의『헌법』[38)] 그리고『국가학』에 대해서도 상설하고 있다.[39)]

오래 전부터 그는 한일 헌법학자의 교류를 위해서 노력해 왔으며 공동 연구한 결과를 책자로서 펴내기도 하였다.[40)] 개인적으로도 나는『국가학원리』의 복사를 비롯하여 연구 자문 등 여러 가지로 많은 도움과 신세를 지고 있다.

## 3. 저본의 4 종류

다카다의『國家學原理』에는 4 가지 종류가 있으며 더 있을 가능성도 있다.[41)] 모두 서문, 발간 연도, 판권 표시도 없으며 어떤 책에는 사용한 학과 명칭과 학년 표시를 한 것도 있다. 일본 국립국회도서관에서 1898년판을 소장하고 있다는 것,[42)] 와세다대학 도서관 소장판에는 '明治 34年(1901) 3月 製本'이라고 적혀 있고,[43)] 또한 중국어 번역본이 일찍부터 1901년에 발간된 것[44)] 등으로 미루어 볼 때, 1898~1908년도 사이에 사용한 교재로 보인다.

아래에 열거한 早大版, 慶應版, 京都版, 筑波版 등 版名은 내가 붙인 것이며 각각 소장한 대학명을 따라서 명명한 것으로 그 차례는 다음과 같다.[45)]

---

37) Noriko Kokubun, Der Staatsbegriff der Staatsrechtslehre unter der Meiji-Verfassung. Hozumi Yatsuka und Ariga Nagao, in: Kazuhiro Takii und Michael Wachutka (Hrsg.), Staatsverständnis in Japan. Ideen und Wirklichkeiten des japanischen Staates in der Moderne, 2016. S. 133-155.

38) 조성구의 생애와『헌법』에 관하여는 김효전,『근대한국의 국가사상』, 625-650면 참조.『헌법』(1907)의 영인본은 민족문화(1987)에서 발간.

39) 國分典子,『近代東アジア世界と憲法思想』, 200-217면.

40) 예컨대 國分典子 · 申平 · 戸波江二編,『日韓憲法學の對話 I』(尙學社, 2012). 여기에는 나의「韓日憲法學における交流」(牧野力也譯), 23-36면; 國分典子, 日本における「國民」を巡る議論と問題, 111-129면 등 수록.

41) 荻原隆,『國家學原理』におけるその國家思想〈高田早苗〉, 早稲田大學社會科學研究所 日本近代思想部會 編,『近代日本と早稲田の思想群像 II』(早稲田大學出版部, 1983), 14면에서는 3개의 판이 있다고 하며『國家學原理』(明治 34년[1901])로 표기하며 早大版을 사용하였는데 의문이다. 荻原는 강의록의 국가사상을 그대로 다카다의 사상으로 보면서 블룬칠리를 모방하여 국가의 본질적 특징을 주권(힘)의 관념에서 찾는 유기체와 스펜서의 진화론 수용과의 혼합이라고 한다. 다카다는 일본이 조선이나 만주에 국가의 세력권을 확장한 것을 메이지 대제의 위업과 영예라고 찬양한 제국주의자였다. 위 논문, 26면.

42) Google 검색창에 '國家學原理 高田早苗'를 치면 바로 나온다. 東京專門學校 1898. 5. Available at 2 libraries 國立國會圖書館 digital collection. 발간 연도를 1898. 5.로 명시하고 있는데 의문이다. 또한 여러 版次가 있다는 것도 표시하지 않고 있다.

이 책은 국립중앙도서관의 디지털도서관 디지털자료실에서도 볼 수 있다. 고려대 도서관과 동국대 도서관에도 소장하고 있다. 내가 2021. 12. 31. 확인.

43) 京口元吉은「高田早苗著譯書目錄」에 1901로 기록하고 있다. 동인,『高田早苗伝』, 276면.

44) 高田早苗著, 稽鏡譯,『國家學原理』(譯書彙編發行所, 1901).

45) 早大版, 慶應版과 筑波版은 2002년과 2006년 고쿠분 교수가, 京都版은 2002년 교토대학에 유학중이던

〔표 1〕 4 종류의 저본

| 나진 · 김상연 | 早大版 | 慶應版 | 京都版 | 筑波版 |
|---|---|---|---|---|
| 제1장 國家의 定義 | 제1장 國家學及其硏究法 | 제1장 國家學及其硏究法 | 제1장 國家の起源 | 제1장 國家學及其硏究法 |
| 제2장 國家學 及 其 硏究法 | 제2장 國家の理想及實想 | 제2장 國家の起源 | 제2장 國家の性質 | 제2장 國家の概念 |
| 제3장 國家의 理想 及 實想 | 제3장 國家の起源 | 제3장 國家の性質 | 제3장 國民の意義 | 제3장 國家の觀念 |
| 제4장 國家의 起源 | 제4장 人民と國民の差別 | 제4장 國民の意義 | 제4장 民族主義と帝國主義 | 제4장 國家に關する觀念の變遷 |
| 제5장 人民과 國民의 差別 | 제5장 ナショナリチーを論ず | 제5장 民族主義と帝國主義 | 제5장 國家の主權 | 제5장 人民と國民との差別を論ず |
| 제6장 社會와 種族 | 제6장 社會と種族 | 제6장 國家の主權 | 제6장 國家の形體 | 제6장 ナショナリチーの權利を論ず |
| 제7장 國家와 家族 | 제7장 ケースト及エステート | 제7장 國家の形體 | 제7장 政體の區別 | 제7장 國家の組織に關する主義としてナショナリチーを論ず |
| 제8장 國家와 個人 | 제8장 國家と家族 | 제8장 政府の區別 | 제8장 立憲政體 | 제8장 社會を論ず |
| 제9장 國家의 興亡 | 제9장 國家と個人 | 제9장 立憲政體 | 제9장 複雜な國家組織 | 제9장 種族を論ず |
| 제10장 國家는 目的인지 手段인지 | 제10장 國家の興亡 | 제10장 複雜な國家組織 | 제10장 帝國憲法 | 제10장 ケーストを論ず |
| 제11장 國家目的에 關흔 謬見 | 제11장 國家は目的なるか手段なるか | 제11장 帝國憲法 | 제11장 君主 | 제11장 エステートを論ず |
| 제12장 國家의 眞目的 | 제12장 國家の目的に關する謬見 | 제12장 君主 | 제12장 議會 | 제12장 國家と家族との關係を論ず其一 |
| 제13장 政体의 區別 | 제13장 國家の眞目的 | 제13장 議會 | 제13장 內閣と樞密院 | 제13장 國家と家族との關係を論ず其二 |
| 제14장 主權 | 제14장 政體の區別 | 제14장 內閣と樞密院 | 제14장 司法制度 | 제14장 國家と一個人との關係を論ず其一 |
| 제15장 政權의 區別 | 제15장 主權 | 제15장 司法制度 | 제15장 會計 | 제15장 國家と一個人との關係を論ず其二 |
| 제16장 專制君主政体 | 제16장 政權の區別 (166쪽) | 제16장 會計 | 제16장 國家の目的 | 제16장 國家の興亡を論ず 其一 |

崔京王 교수가 각각 『국가학원리』와 관련 자료들을 복사해서 보내준 것으로 두 분의 호의에 대해서 늦게나마 다시 감사한다.

| | | | | |
|---|---|---|---|---|
| 제17장 立憲君主政体 | | 제17장 國家の目的 | | 제17장 國家の興亡を論ず 其二 |
| 제18장 共和政体 | | | | 제18장 國家の起源に關する哲理上の說 第一及第二 |
| 제19장 二國間의 並立關係 | | | | 제19장 國家の起源に關する哲理上の說 第三第四及第五 |
| 제20장 二國間의 從屬關係 | | | | 제20장 國家は目的なる乎將た手段なるかを論ず |
| 제21장 國家聯合制 (176쪽) | | | | 제21장 國家の目的に關する謬見を論ず上 |
| | | | | 제22장 國家の目的に關する謬見を論ず下 |
| | | | | 제23장 國家の眞目的を論ず |
| | | | | 제24장 政体の區別を論ず |
| | | | | 제25장 主權を論ず |
| | | | | 제26장 政權の區別を論ず (194쪽) |

早大版은 표지에 「文學士 高田早苗 講述」 외에 「東京專門學校藏版」 그리고 고무인 속에 '明治 34年(1901) 3月 製本'이라고 수기한 것 외에, '東京專門學校'라는 장서인이 찍혀 있다. 전체 166쪽.

筑波版은 표지에는 제목『國家學原理 完』「文學士 高田早苗 講述」 외에 「發行所 東京專門學校」가 인쇄되어 있다. 목록 첫 페이지에는 쓰쿠바(筑波) 대학의 전신인 '東京文理科大學' 장서인이 찍혀 있다. 본문 첫 페이지에는「文學士 高田早苗 講義 政治科得業生 本田信教 編輯」이 적혀 있다. 표지에는 '講述'로 본문에는 '講義'로 달리 적었다. 고무인 속에 「昭和 17 (1942). 1. 17」라고 정리한 날짜가 있다. 전체 193쪽.

고려대 소장본은 전체 26장으로 筑波版의 목차와 일치한다. 그러나 筑波版 목차에는 없는 '(ブルンチュリー氏)'라는 표현이 목차에 적혀 있다. 또 筑波版 표지에는 '講述'로 되어 있는데 고려대판 표지에서는 '講義'로 달리 표기하고 있다. 그 밖에 筑波版 목차에서는 '第二十一章'이 고려대판에서는 '第廿一章'으로 된 점, 또한 양자의 목차에서 제10장을 제9장이라고 한 교정 미스를 그대로 답습한 점이 공통되지만 제10장부터는 면수가 서로 달라지기 시작한다. 이렇게 볼 때 筑波版과 고려대판도 목차만 같을 뿐이며 완전히

동일한 것은 아니라고 보겠다.[46)]

나의 반박문을 읽어 본 후 정혜정은 고려대판을 찾아보고 목차에 적힌 '(ブルンチュリー氏)'라는 표현을 보고 나진 · 김상연 역술의 『국가학』은 Bluntschli 『국가학』의 요약본 · 개설서라는 자신의 주장이 옳다는 확신을 가지게 되었는지도 모른다. 설사 그의 주장이 옳다고 가정하더라도 그러면 나진 · 김상연 역술의 『국가학』 제16장부터 제21장까지의 Bornhak 책의 요약은 어떻게 설명할 것인가? 저본에 대한 무시와 무지가 빚은 비극 내지 참사를 정혜정은 고려대판 목차의 '(ブルンチュリー氏)'라는 표현 하나로 치유 내지 용서받을 수 있다고 생각하는 모양이다. 이에 대한 평가는 독자에게 맡긴다. [2022. 9. 9]

慶應版 표지에는 「法學博士 高田早苗 講述」과 「早稻田大學出版部藏版」이 적혀 있다. 서문이나 발행 연도도 없으나, 東京專門學校藏版보다 나중 것임은 확실하다. 뒷 표지에는 「제1학년 史學科 강의 國家學原理 (未完)」라고 쓰여 있는 것을 볼 때 여러 학과에서 교재로 사용한 것 같다.

京都版 전체 159쪽. 일본 국립국회도서관에서도 볼 수 있다.

우리나라 동국대학교 도서관에 소장하고 있는 『國家學原理』는 표지에 「法學博士 高田早苗 講述」로 적혀 있으며, 「早稻田大學出版部藏版」으로 인쇄되어 있는 것으로 볼 때 1903년 이후에 발간된 것이며 전체 16장이며 159면의 면수도 京都版이나 일본 국립국회도서관 소장본과 일치한다. 다만, 표지의 책 제목 『國家學原理』와 「早稻田大學出版部藏版」이라는 표기가 활자가 아닌 동판으로 된 점이 내가 지금까지 본 여러 판본 중에서 확실히 구별되는 특이한 점이다.[47)] [2022. 9. 9]

이상의 도표에서 보듯이, 나진 · 김상연 역술 『국가학』의 텍스트는 다카다의 早大版 『國家學原理』와 보른하크(Bornhak) 『國家論』의 일역본 두 책을 편역한 것이다. 제1장~제15장은 다카다의 강의록을, 제16장~제21장은 전부 보른하크 일역판을 요약한 것이다. 구체적으로 제8장~제12장은 블룬칠리의 『일반 국법학』의 요약이며, 제3장과 제4장은 버지스(Burgess)의 요약, 제7장은 윌슨(Wilson)의 한 절, 제2장과 제5장, 제13장과 제14장은 다카다가 여러 책에서 본 것을 자기 나름으로 정리한 것이다.

그러니까 나진 · 김상연 역술 『국가학』의 발간은 Bornhak 『國家論』 발간(1903. 7. 23) 이후는 확실하다. 역자들은 1903년 귀국 후에 구입한 것이며,[48)] 1906년에 역서를 발간한 것은 상당히 일찍 책을 낸 것이다. 근거 없이 '1903년 이전'으로 추정하는 전상숙의 견해가 잘못된 것은 분명하다.

---

46) 고려대판을 2022. 9. 4. 복사해서 보내준 동 대학 윤재왕 교수에게 감사한다.

47) 동국대판을 2022. 9. 7. 복사해서 보내준 동 대학 김상겸 교수에게 감사한다.

48) 나진은 1903년 7월에, 김상연은 1903년 2월에 귀국했다. 김효전, 『근대한국의 국가사상』, 497면, 507면.

재미있는 것은 다카다의 慶應版과 京都版 『國家學原理』에 있는 제국헌법, 군주, 의회, 내각과 추밀원, 사법제도, 회계는 번역하지 않았다는 사실이다. 이것은 후일 정인호(鄭寅琥)가 다카다의 『憲法要義』(1908)[49]를 번역하는데, 정인호와 나진 · 김상연이 서로 알고 지낸 사이는 아닌 것 같다. 한일합병을 전후하여 메이지 헌법은 자연스럽게 한국어로 번역 · 소개된다.[50] 요컨대 외국 헌법 이야기라 삭제한 모양인데 국가학이든 정치학이든 규범학인 헌법 없이 사실의 기술만으로 입헌주의가 성공할 수는 없는 일이다. 또 다카다의 慶應版과 京都版에 있는 「민족주의와 제국주의」도 번역하지 않았는데 이것은 전술한 라인쉬(P. S. Reinsch)의 저서의 일부이다. 이와 같이 다카다는 책을 낼 때마다 손을 대서 종잡을 수가 없을 정도이다. 우리는 그의 모든 강의록과 경주할 필요는 없으며 관심사는 나진 · 김상연 역술 『국가학』에 영향을 미친 문헌에 한정하는 것이다.

## 4. 저본에 대한 정혜정의 태도

정혜정은 답변서에서 계속하여 「그런데 **제가 초점을 두는 것은 나진/김상연의 저본이 아니라 그 저본의 저본, 즉 일본어판의 저본입니다. 저는 그 저본이 독일어 원전이 아닌 영역본의 중역이라고 추정하고 이에 주목한 것입니다.** 다시 말해 나진/김상연의 저본이 독일어→영어를 거친 중역판이라 할 때, 그 중역판을 1885년 옥스퍼드판으로 추정해 본 것입니다. (강조는 정혜정) ....

- 저는 분명하게 나진/김상연 번역의 저본(일본어)이 밝혀져 있지 않다고 생각했고, 그 일본어 저본이 영역본을 중역했을 확률이 크다고 추정했을 뿐입니다」.

정혜정은 자신이 언급하지도 않은 일본어판, 즉 저본의 저본인 영어판을 추정했다는 것이다. 이것은 궤변이다. 저본(일본어판)도 모르는데 그 저본의 저본이 서양 책일 것은 당연한 사실이고 추정까지도 필요 없는 일이다. 이는 변명이 아니라 말장난에 지나지 않으며 사람을 속이려는 것이다.

또 윤재왕의 '옮긴이 후기'에서 「김효전 교수는 이 책이 다카타 사나에(高田早苗)의 《국가학원리》(國家學原理)에 의존하고 있다는 사실을 밝혀냈는데」라는 구절을 읽지 않았는가? 또 10년 전에 쓴 논문 「개화기 서구 입헌국가학의 수용과 국민교육: 천도교 기관지 『만세보』를 중심으로」(『교육철학』 제49집, 2010, 157면의 주 1)[51]에서는 나진 · 김상연

---

49) 高田早苗의 『憲法要義』(1902) 원문과 정인호의 번역은 『국민수지 · 헌법요의외』(관악사, 2010)에 영인되어 있다.

50) 당시의 메이지 헌법 번역은 박승빈역, 『헌법』(일본국 육법전서 분책 제1)(한성: 신문관, 1908)이 대표적인데 『국민수지 · 헌법요의외』에 수록. 상세한 것은 김효전, 대일본제국헌법의 한 · 영 · 독역, 『법사학연구』 제52호 (2015), 133-191면. 중국의 경우는 吳迪, 近代中國の憲法制定と明治憲法, 『法學政治學論究』(慶應大) 제122호 (2019), 171-210면 참조.

51) 이 논문은 제목에서 『萬歲報』를 『萬世報 』로 잘못 표기하고 있다. 만세보의 「국가학」은 한문으로 번역되어 있어서 옛날이나 지금이나 일반인들이 쉽게 접근할 수가 없는 것이 흠이고 한계이다. 이에 대해서 정혜정은

역술 『국가학』은 「다카다 사나에(高田早苗)의 『國家學原理』(1905)를 저본으로 함」이라고 분명히 밝힌 것과 모순되지 않는가 하고 다시 물었다.

이에 대해서 정혜정은 2차 답변서에서 이렇게 말한다.

> 「- 제가 논문에서 "번역의 저본은 밝혀져 있지 않은데, 김효전은 일역본 가운데 어느 하나의 중역일 것으로 추측하고 있다."로 기술한 것은 교수님의 2000년도 연구 성과에 근거한 것입니다. 제가 교수님의 이후 연구 성과를 정확히 알고 있지 못했고, 10년 전에 썼던 제 논문 내용을 세밀히 기억하지도 못하며 참고할 생각도 하지 않았습니다. 본 논문은 완전히 새로운 논문으로서 가지고 있는 자료 한도 내에서 기술한 것입니다.
>
> - 또한 윤재왕 교수님의 글에서 김교수님께서 주장하시는 저본(高田早苗의 『國家學原理』)을 접했지만 이를 정설로 받아들일 수 없었기에 '번역의 저본은 밝혀져 있지 않다'고 기술했고, '추측'일뿐이라고 생각했습니다」.

한 마디로 내가 6~7차례나 걸쳐 소개한 것을 그는 오늘날과 같은 전자 정보 시대에 하나도 본적도 없고 알지도 못한다는 것이다. 자신의 불성실과 무능을 자인하는 것은 어쩔 수 없다. 더욱 이해할 수 없는 것은 '정설' 운운하는 대목이다. 교육학도가 법학도의 국가학 연구 성과를 심판하는 것이다!

저본의 존재를 알면서도 확인이나 검토하지 않고 논문을 발표한 것은 「논문 완성 단계에서 이 주장을 접했기 때문에 일단 유보했던 것」(2차 답변서)이라고 한다. 한 마디로 '저본'을 찾아보고 반영하려면 많은 시간과 노력이 뒤따르고, 또 새로운 문제가 발생하면 지금까지 '추정'에 입각한 자신의 논문을 새로 쓰든가 아니면 폐기해야 하기 때문일 것이다. 여하튼 논문의 성패를 좌우하는 '저본'을 은폐하고 그 전거로서 나를 끌어넣은 결과, 사람을 분노하게 만들고 많은 사람들에게 피해를 주고, 한국 정치학의 발전을 저해하는 결과를 가져온 것이다. 그 책임은 어떤 변명으로도 피할 수 없을 것이다.

## 5. 편집위원회의 태도

나의 이의제기에 대해서 『아세아연구』 편집위원회는 위원장 신재혁 명의로 정혜정의

---

「국민교육을 위한 것임에도 불구하고 모두 한문체로 되어 있는데 이는 일차적으로 식자층을 겨냥한 것으로 사료된다」고 하고, 이어서 「김효전은 원 저자가 중국 양계초일 것이라고 추측했다가(김효전, 1988) 철회하였지만(김효전, 2004)」 이는 아리가 나가오의 번역으로 추정된다(170쪽)고 하면서 더 이상 번역에 대해서는 언급하지 않고 국가학의 내용을 상세히 소개한다. 나는 한문 「국가학」을 1988년에 고심해서 한글로 번역했고 이것은 2004년 다시 『인권과 정의』에도 게재하였다. 정혜정이 어려운 한문을 해독하리라고 생각하기는 어렵다. 왜 나의 번역판을 말하지 않았는가 하고 묻는다면, 본문에서 1988, 2004로 언급했지 않느냐, 또 논문 뒤의 참고문헌 목록에도 열거하지 않았는가 하고 반문할 것이다. 이것이 선행 연구를 대하는 그의 태도이다. 나에게 그는 가장 소중한 것을 가장 소홀히 여기는 사람으로 보인다.

1차 답변서를 전달하고 자신의 견해는 밝히지 않았다.

그 후 나는 다시 정혜정의 〈표 1〉의 『국가학』 제16장~제21장은 Bluntschli 가 아니라 Bornhak 라는 주장을 하며 뒤에 보는 한일 대조표를 만들어 위원장이 직접 확인하도록 자료를 보냈다.

그는 정혜정의 답변서와 함께 자신의 의견(편집위원회를 거친 일치된 의견으로 생각된다)도 첨가해서 보내왔다. 요지는 〈표1〉은 정정하는 글을 싣겠다, 또 나의 옛 문헌을 인용한 것은 「해당 진술 자체에 오류가 있다고 보기는 어렵다고 생각한다」, 나의 후속 연구를 「읽고 반영할 '의무'가 저자(정혜정)에게 있다고 말하기는 어렵다」. 또 저자의 주장에 대한 반박문을 실어주겠다는 것이다. 생각건대 편집위원회에는 정혜정의 논문을 심사한 사람이 두 명 정도 있는 것으로 보인다.

이에 대해서 나는 이렇게 답변했다.

「이 진술의 사실 여부를 문제 삼는 것이 아니라 저본은 이미 밝혀져 있음에도 불구하고 알기 이전의 문헌을 인용하여 마치 김효전은 저본을 모르는 사람처럼 인용하는 수법을 빌려 (참고문헌을 왜곡하고 - 추가)[52] 선행연구를 욕보인 점입니다. 정혜정은 김효전의 책 50 여쪽을 보고도 고의로 부정확한 곳에 한 줄로 인용한 점이 사람을 분노하게 만든 것입니다.

(2) "저자가 자신의 이전 논문과 다른 주장을 이후 논문에서 하는 것은 연구 과정에서 있을 수 있는 일이고"라는 신 위원장님의 표현에 대해서:

물론 주장(이론이나 학설)을 바꿀 수는 있습니다. 그러나 정혜정의 경우는 '주장'이 아니라 10년 전에는 저본을 알았는데 10년 후에는 저본을 몰랐다는 모순된 '사실'입니다.

'사실'과 '주장'을 혼동하지 마시기 바랍니다.

(3) "교수님께서 이후 연구에서 번역의 저본을 밝히셨다 하더라도 이를 읽고 반영할 '의무'가 있다고 말하기는 어렵습니다"라는 위원장님의 표현에 대해서:

한 마디로 연구자로서의 '성실 의무'입니다」.

저본을 둘러싼 문제에 대해서 편집위원회는 처음에는 정혜정을 두둔하는 인상을 주는 메일을 보내오다가 내가 정확한 자료와 근거에 입각하여 강력하게 반박하자 공정한 입장으로 돌아선 것으로 보인다. 편집위원회는 이번 사건의 당사자이자 피해자이다. 위원회는 내가 반박문을 제출하면 '심사'해서 게재하겠다는 것이다. 「누구도 자기가 관여하는 사건에 관하여 재판관이 될 수 없다」(Nemo debet esse judex in propria causa)〈No one should be judge in his own cause.〉라는 자연법상의 법언(法諺)이

52) 『아세아연구』 연구윤리규정 제20조 1. 부적절한 출처 인용 2. 참고문헌 왜곡

있다. 또 실정법상으로도 「제척 · 기피」라는 말은 상식에 속한다. 편집위원회는 우선 내 글을 심사할 사실상 · 법률상의 '자격'이 없다. 또한 나는 연구업적이 필요한 투고자가 아니며 자신의 명예와 신용을 지키기 위해서 정당한 반론권을 행사하는 사람이다. 따라서 내 글은 심사 없이 쓴 글임을 밝히고 게재해야 옳으며, 내 글에 대한 책임을 내가 지는 것은 당연한 일이다.

## IV. 〈표 1〉에 대해서

이상의 분석에서 알 수 있듯이, 나진 · 김상연 역술 『국가학』의 텍스트는 다카다의 『國家學原理』와 보른하크 『國家論』 일역본 두 책이다.

다시 다카다의 강의록을 분석하면 Bluntschli, Bornhak, Burgess, 트리플 B가 중심을 이루며, 여기에 그가 번역했거나 읽은 Wilson, Reinsch 등의 책에서 발췌 요약한 것들이다. 이것들을 번거롭게 면밀히 검토할 여유가 없기 때문에 이 중 가장 많이 요약하여 수록한 Bornhak의 『國家論』(菊地駒治譯) 하나만을 비교해 보기로 한다.[53]

---

53) 그러면 왜 다카다는 보른하크(Bornhak)로 방향을 바꾸었는가? 블룬칠리는 가토 히로유키의 지위와 맞물려 영화를 누리고 시대의 변화에 적응하지 못하는 낡은 이론으로 변모하자 이에 대체할 새로운 이론이 필요하게 되었다. 다카다는 그것을 자신의 친구인 아리가 나가오(有賀長雄, 1860-1921)에 의뢰하자 그는 보른하크의 신간인 "Allgemeine Staatslehre"(1896)를 추천하고, 다카다는 이를 기구치(菊地駒治)에게 맡겨 번역한 것이다(경위는 아리가의 기구치역, 『국가론』 서문). 또 다카다는 영미의 이론에 치우쳐 당시 일본에서 지배적이던 독일 국가학으로 자신도 공부하고 강의안도 보충하는 한편 자신의 존재감도 부각시키고 싶었을 것이다. 그의 의도와 계획은 좋았으나 아리가는 독일 학계의 동향을 제대로 파악하지 못했고 그 결과 그의 선택은 빗나갔다. 대안은 보른하크가 아니라 1900년에 나온 옐리네크(Georg Jellinek)의 『일반 국가학』(Allgemeine Staatslehre)을 택했어야 한다. 보른하크와 옐리네크는 비교할 수 없으며 완전히 급이 다른 학자이다. 그러나 일본어 번역판이 나오자 보른하크의 이론은 일본 당사국은 물론 곧바로 중국인 량치차오와 조선에까지 알려지게 된 것이다. 량치차오는 처음에는 루소, 몽테스키외 등 민주사상에 심취하였으나 점차 블룬칠리나 보른하크 등 국가주의로 전환하게 된다(이춘복, 청말 梁啓超의 정치사상에 대한 인식변화 - 민주주의에서 국가주의로의 전환을 중심으로, 『한국사학사보』 제27호 (2013)). 옐리네크의 보른하크 비판은 김효전 옮김, 『일반 국가학』(법문사, 2005), 50, 52, 113, 117, 224, 292, 396, 410, 438, 525, 605, 628, 632면 참조.

블룬칠리의 『일반 국법』은 독일 일반 국법학과의 전성기를 상징하는 것으로 「비스마르크 제국의 건설과 함께 이 학과의 정치적 전제조건은 존재하지 않게 되었다. 그리고 1890년 이후 국법의 영역에서도 '중립적인' 실증주의의 승리가 결정적인 것이 되었다. 이러한 사태에 대응하여 자유주의적 입헌주의를 법학적으로 추상화하는 작업은 독일 일반 국법에서 '일반 국가학' 전반으로 확대되었다. G. 옐리네크의 저작은 그 원형이 되었다」. 이상은 독일 전환기에 대한 카를 슈미트의 평가이다. 상세한 것은 C. Schmitt, Die geschichtliche Lage der deutschen Rechtswissenschaft (1936), in: Gesammelte Schriften 1933-1936 mit ergänzenden Beiträgen aus der Zeit des Zweiten Weltkriegs, Berlin 2021, S. 320. 슈미트, 「독일 법학의 역사적 상황」(1936), 김효전 옮김, 『헌법과 정치』(산지니, 2020), 476면. 또한 C. Schmitt, Das »Allgemeine Deutsche Staatsrecht« als Beispiel rechtswissenschaftlicher Systembildung (1940), in: G. Maschke (Hrsg.), Staat, Großraum, Nomos. Arbeiten aus den Jahren 1916-1969, Berlin 1995, S. 166 ff., S. 173. 슈미트, 「법학적 체계형성의 예시로서의 »독일 일반 국법« (1940), 같은 책, 591-606면 특히 599면 참조.

〔표 2〕『국가학』과 Bornhak『國家論』 한일 면수 대조표

| 제16장 전제군주정체 115 ff. | 제2편 제1부 제1장 1절 專制君主政體 43-44 | 제19장 이국 간의 병립 관계 | 제4편 1부 1장 二國間の並立關係 |
|---|---|---|---|
| 117 | 46 | 146 | 351 |
| 119 | 49 | 제20장 이국 간의 종속 관계 | 제4편 1부 2장 二國間の從屬關係 |
| 122 | 56 | 151 ff. | 361 ff. |
| 제17장 입헌군주정체 122 | 제2절 立憲君主政體 58, 62, 71 | 제21장 국가연합제 | 제4편 2부 1장 國家聯合制 |
| 131 | | 165 | 384, 386 |
| 제18장 공화 정체 131 | 제2장 제1절 共和政體 72-73-75-76~80 | 166 | 402 |
| 139 | 83-84 | 171 | 407 |
| 141, 142 | 86, 95, 96 | 173 | 412 |
| 144, 145 | 98, 99 | 175 (끝) | 414 |

〈표 1〉의 오류에 대한 나의 지적에 대해서 정혜정은 2차 답변서에서 다음과 같이 말한다. 그의 연구 태도와 글, 그리고 인성을 이해하는 데에 아주 귀중한 부분이라고 생각된다. 오해의 소지를 없애기 위해서 전체를 그대로 인용한다.

「저는 논문 작성 당시 나진/김상연의 『국가학』 '저본의 저본'이 편역이 아닌 단일한 책일 것으로 추정하고 〈표 1〉을 그렸습니다. 그런데 지금 보니 제16장~제21장은 Bluntschli가 아닌 Bornhak의 것이 맞음을 확인하였습니다. 이는 제 불찰입니다. 그러나 제가 추정한 영역본에도 이와 유사한 목차와 내용이 담겨져 있습니다.[54] 이는 후속연구에서 더 면밀히 살펴 바로 잡으면 될 일이지 그 추정이 일부 잘못되었다고 해서 이를 크게 문제 삼아야 하는지 의문이 듭니다. 추정은 어디까지나 번복의 가능성을 열어놓는 것입니다. 김교수님께서도 과거에 나진/김상연의 『국가학』 저본으로서 보른하크의 것을 부정하셨습니다. "1906년 이전에 일본에서 발간된 국가학에 관한 번역으로는 **콘라드 보른하크의 국가론(菊地駒治 譯)이 있으나 이것을 번역한 것은 아니다**"[55]라고 **'단정'**을 하셨습니다. 이 역시 교수님께서 꼼꼼히 확인하시지 못한 불찰이라고 생각합니다. 저는 교수님의 이 주장이 강력히 인식에 남아 윤재왕 교수님이 번역후기에서 보른하크의 책을 주장하셨을 때도, 미처 이를 확인할 생각을 갖지 못했습니다. 또한 제 관심사는 저본의 저본이 영역본일 것이라는 추정에 초점 두어진 것이었고, 논문 완성단계에서

54)(정혜정의 주) Book 6: 13. Modern Absolute Monarchy. 14. Constitutional Monarchy. 22. Representative Democracy, the Modern Republic. 24. Composite Forms of State.

55)(정혜정의 주) 김효전, 『근대 한국의 국가사상』, 철학과현실사, 2000, 537쪽.

이 주장을 접했기 때문에 일단 유보했던 것입니다」.(강조는 정혜정)

정혜정은 20년이 넘는 시차와 연구 여건의 변화를 무시하고 현재의 입장에서 과거를 비난하고 있다. 블룬칠리 영역판 목차만 보고 도표를 작성했다고 실토하고 주까지 달아서 답변이라고 보낸다.[56] 자신의 '불찰'은 한 줄로 적고 남의 불찰은 열 줄로 적는다.[57] 이처럼 자신의 불성실과 무능을 남의 탓으로 돌리려고 한다.[58] 이에 대한 판단은 독자에게 맡긴다.

## V. 결 론

(1) 저본에 대한 무시와 무지는 나진 · 김상연 역술 『국가학』을 블룬칠리 한 권의 책으로 '추정'하고 그 결과 자신도 속고 아세아연구원과 독자들도 속이는 무서운 결과를 초래하였다.

(2) 정확한 자료 없이 '추정'이나 '가정'에 입각한 글은 소설이지 학술 논문이 아니다. '추정'에 의한 도표 작성은 단순한 실수나 오류를 넘어 자료의 '조작'에 해당되며 형법상의 범죄행위라고 보겠다. 정혜정이 저본의 존재를 알면서도 저본은 밝혀져 있지 않다고 강조하고, 거기에 나의 옛 저서를 전거로서 인용한 것은, '참고문헌 왜곡'이며, '부당한 논문저자 표시행위'(『아세아연구』 연구윤리규정 제20조 2, 제14조)이다. 나아가 내 입장에서 볼 때 「위계에 의한 사람의 신용 훼손」(형법 제313조)이며, 아연측에 대해서는 「위계에 의한 정당한 업무방해」(동 제314조)라고 볼 수 있다. 쉽게 말하면 부정행위로 대학에

56) 權純哲, 大韓帝國期の「國家學」書籍におけるブルンチュウリ · 梁啓超 · 有賀長雄の影響, 『埼玉大學紀要』 48권 1호 (2012), 106면에서도 " [부록⑤] 나진 · 김상연 역술 『국가학』 목차에 대응하는 The Theory of the State의 장절"이라고 하여 제목만 보고 도표를 작성하고 있다. 권순철도 정혜정처럼 Bornhak를 전혀 알지 못하는 모양이다. 헛된 수고를 한 정도를 넘어 사람을 미혹케 하는 행위이다.

57) 나의 변명과 반박. 나는 아무것도 없는 상태에서 나진 · 김상연의 인적 사항을 밝혀내고 그들의 시대를 정확하게 이해하기도 힘들었다. 일본에서 발간된 메이지 시대의 저작목록이나 문헌목록은 매우 정리가 잘 되어 있었지만 '강의록'까지 수록하지는 않고 있다. 또 보른하크의 일역본은 일찍부터 복사해 가지고 있었지만 면밀히 검토할 여유가 없었다. 기타 1903년에 귀국한 사람들이 1903년 번역판을 가지고 입국했을 리가 만무했다고 생각했다. 지금도 원서 발간 3년 이내에 역서를 내는 것은 매우 빠른 행동이다. 이에 더하여 역자들에게는 1905년의 보호조약 같은 망국의 정치적 혼란과 소용돌이 속에서 귀국 · 취직 · 이직 · 필화사건 · 정착 등 개인적인 고통의 연속이었다. 거기에 열악한 출판사정, 유통과정, 가난한 학생 독자, 통감부의 검열과 분서갱유 등을 고려한다면 보른하크 최신간 역서의 소개는 만난을 무릅쓴 참으로 장하고 놀라운 것으로 경탄하지 않을 수 없다. 지금은 pdf가 발달되고 오래된 정보는 공개하는 세상이지만 1980년대 한국에서는 메이지 시대의 책을 찾아보기도 어려웠다. 현재 고려대 도서관이나 다른 대학에서 소장하고 있는 보른하크 『國家論』 일역서는 대부분 내가 일본 유학 중이던 제자에게 부탁해서 전문을 복사한 것을 1987년에 영인한 것이다.

58) 정혜정은 '번복의 가능성'이라고 그럴듯한 말로 사람을 속이려고 한다. 논문의 핵심이 '저본'에 있는 것도 모르거나 감추고, 6~7회씩 가르쳐 주어도 알지 못하거나 외면하고, 보아도 보지 못하고 들어도 듣지 못하는 사람에게서 무슨 '후속 연구'를 기대할 수 있겠는가!

입학한 것과 동일한 것이다.[59)]

(3) 기왕에 어렵게 밝히고 여러 차례 도처에 알린 저본을 무시하고 은폐한 결과, 한국에서의 근대 정치학의 기원과 발전을 구명하려는 노력에 찬물을 끼얹고 더욱 미궁에 빠트리고 있다. 더구나 왜곡된 글과 오류가 있는 도표를 인용하는 어리석은 자까지 나타나 거짓은 더욱더 확대 재생산되고 있다. 소경이 소경을 인도하는 학문의 풍토는 단호하게 배척하여야 한다. 또한 이러한 현상을 알고도 묵인하거나 방관하는 자세는 더욱 용납될 수 없을 것이다. 결국 「아는 것이 힘이다」는 공허한 말이 아니다.

(4) 근래 동아시아 3국이니, 한국에서의 사회과학의 수용이니 하는 거창한 제목의 논저들이 발간되고 있으나 외화내빈인 경우가 적지 않다. 연구 테마나 문제 의식은 좋고 훌륭하지만 자신이 수행할 수 있는 능력이 있는지를 헤아려 보아야 한다. 외국 이야기나 잔뜩 나열하고 한국에 관한 실증적인 연구 없이 자신이 '가지고 있는 자료' 몇 가지를 가지고 3국 운운 하는 것은 코미디에 불과하다. 학문에 대한 진지함이나 부단한 자료 수집 그리고 전문성과 열정이 뒷받침 되어야 한다. 공동연구를 해도 성공하기 어려운 커다란 테마를 단독으로 해서 성공하겠는지도 미리 검토했어야 한다.

(5) 또 연구자들 중에는 연구업적을 부풀리고 자신의 존재를 부각하기 위해서 자극적인 문구와 선동적인 표현을 서슴지 않는 경우가 더러 발견된다. 정치학에 관한 '학술' 논문이지 특정한 주장이나 이데올로기를 선전하기 위한 정치 팸플릿과 혼동해서는 안 된다.

나진 · 김상연 역술 『국가학』의 경우, 이들은 기계적으로 일본책을 번역한 사람들이지 저술한 것이 아니다.[60)] 그들은 '수용'한 것이며 '변용'한 것이 없다. 정혜정은 불필요한 수식어를 첨가하여 언어의 유희를 농하고 단순한 수용을 '변용'으로 바꾸어 놓고 독자들을 혼동케 하고 미혹하고 있다.

(6) 선행 연구와 자료 수집. 나진 · 김상연 역술 『국가학』의 경우, 나는 아무런 기초정보도 없는 상태에서 역술자들의 인적 사항과 저본을 밝히기 위해서 36년 전에 황성신문, 대한매일신보, 만세보 등의 영인본을 모두 통독하고 이를 토대로 해설을 작성하였다.[61)]

---

59) 정혜정은 1차 답변서(2021. 11. 29) 말미에 「후학들을 올바른 길로 인도하시고자 노심초사하시는 교수님의 학문적 열정과 가르침에 깊은 감사를 드립니다」라고 끝맺었다. 그러나 2차 답변서(2021. 12. 15) 말미에서는 「저는 이번 김교수님의 이의제기를 통해 좀 더 치밀한 연구 자세가 필요하다는 반성을 했습니다. 이 점 감사드립니다. 그러나 교수님께도 유감이 있습니다. 근거를 밝히시지 않고, 제가 "다 알려진 연구를 마치 자신이 전부 새로 연구한 듯이 논문을 작성"했다고 하셨습니다. 이는 학회 심사위원뿐만 아니라 저의 명예를 훼손하신 것입니다」라고 적고 있다. 적반하장이다. 이것이 바로 내가 제기한 이의에 대한 그의 '수용'과 '변용'이다.

60) 예컨대 논문 97쪽 본문에서 「나진/김상연은 ....... 전제국가를 비판했다. ..... 라고 하여 국민주권을 강조했다」. 또 99쪽에서 「나진/김상연이 주장한 ... 」 이러한 서술은 모두 완전한 오류이고 정혜정이 '변형' 내지 '날조'한 것이다. 나진 · 김상연은 남의 이야기를 그대로 옮긴 사람들이며 자신들이 무엇을 비판하거나 강조하거나 주장한 사람들이 아니다. 정혜정은 역자와 저자를 구별하지 못했거나 아니면 착각하여 사람을 혼란에 빠트리고 있다. 이러한 '위조 및 변조행위'는 당연히 연구부정행위에 해당된다(『아세아연구』 연구윤리규정 제4조).

61) 나의 「나진 · 김상연 역술 『국가학』 연구」(『성균관법학』 제10호, 1999, 227-267면)는 1986년판 영인본의 해설을 수정 증보한 것이며, 2004년판 영인본에서는 저본을 밝히고 해설은 축소하였다.

이후에도 여러 차례 저본의 존재를 밝혔음에도 불구하고, 『국가학』을 인용하는 몇몇 연구자들은 '저본'은 알 수 없다고 간단히 처리하여 나를 실망시켰다. 적어도 알려고 노력이라도 해야 하지 않을까? 또 남이 피땀 흘려 쌓은 업적은 존중해야 한다. 영인본의 존재를 알고 또 보았음에도 불구하고 원본만을 인용하는 것은 김부식 같은 연구자라고 하겠다. 1차 자료나 기본 문헌은 한 번 써먹고 버리는 폐기물이 아니다.

(7) 논문 세탁. 기존의 연구나 번역으로 다 알려진 사실을 자신의 글재주만 믿고 새로운 것인 듯 말만 바꾸거나 표현을 달리하여 논문의 형태로 제출하는 것은 논문의 세탁행위에 해당된다. 또 관련 전문학술지와 거리가 먼 곳에 발표하여 게재하는 행위도 '위계에 의한 정당한 업무 방해행위'에 해당된다고 하겠다. 또 과거에는 원고를 제출하면 원고료를 주었는데 요즘은 반대로 게재료를 지불해야 한다. 게재료를 수입으로 생각하여 논문의 질은 가볍게 여기는 학회나 연구기관도 있는 모양이다.[62]

(8) 논문의 심사자는 전문 지식을 가지고 성실하게 최선을 다해야 한다. 『아세아연구』 연구윤리규정 제27는, 편집위원회는 「해당 분야의 전문적 지식과 공정한 판단 능력을 가진 심사위원에게 의뢰」하도록 규정하고 있다. 또 제29조는 자신이 「적임자가 아니라고 판단될 경우에는 편집위원(회)에 지체 없이 그 사실을 통보」하도록 규정하고 있다. 이번처럼 불성실하고 오류가 있는 논문[63]을 걸러내지 못하고 형식적으로 처리하거나

---

62) 미국을 모방한 학술연구 제도에는 여러 가지 부작용과 문제점들이 드러나고 있다. 기타 인사청문회, 입학사정관제, 스펙 쌓기 등도 많은 논란의 대상이 되고 있는 것은 우리 모두가 다 잘 아는 사실이다.

63) 정혜정이 분명히 사실과 달리 기술하거나 과장되게 표현한 것도 몇 가지가 발견된다. 예컨대 '팩트' 오류:

(1) 84쪽 주 8「역자들은 ...... 부연 설명을 가했다」. 사실과 다르다. 역자들은 여러 사람의 글들을 모은 것이기 때문에 축소하기에 급급했고, 또 부연 설명할 능력도 시간적 여유도 없었다.

(2) 96쪽 본문 하 4~3행: 「나진/김상연 스스로가 『대한자강회월보』 등 각종 학회지의 필진으로 활동했던 인물들.....」. 이 표현은 사실과 다르다. 나진은 이 『국가학』 이외에 책은 고사하고 논설 하나 쓴 것이 없다.

김상연은 여러 가지 책을 번역했으나 『대한자강회월보』는 물론 각종 학회지에 논설을 기고한 것이 거의 없다. 정혜정은 1차 답변서에 김상연의 「인류의 정치적 생활을 요하는 원인」(『대동학회월보』 2, 1908. 3) 한 편을 증거로서 제시하였다.

(3) 84쪽 주 9: 「나진과 김상연이 각각 법관양성소 소장과 .... 」. 사실과 다르다. 두 사람 모두 소장을 지낸 일이 없다. 김효전, 『법관양성소와 근대한국』(소명출판, 2014), 225면 참조.

정혜정은 잘못된 서술(전상숙, '사회과학', 179면〈본고 주 26〉)을 그대로 베낀 것이다.

(4) 84쪽 상 5행: 김상연(1874-1941): 김상연의 사망 시기를 '1941'로 적은 것에 대해 정혜정에게 의문을 제기했다. 지금까지 학계와 인명사전에서는 모두 (?)로 표시하고 있다. 그는 "친일반민족행위진상규명회, 『친일반민족행위진상규명보고서』 IV-2 (2009), 794쪽"에 근거했다고 회답했다. 종래의 문헌에서 (?)로 표시하거나 불분명한 기술을 언급할 때에는 정확한 근거와 자료를 제시했더라면 하는 아쉬움이 있다. 여하튼 이 보고서를 보지 못한 나에게 김상연의 사망 시기의 근거를 알려준 것은 고마운 일이다. 그러나 확인하는 작업은 여전히 남아있다.

나진의 사망 시기에 관해서도 1918. 10. 29 (법원행정처, 『한국법관사』, 육법사, 1976, 212면)과 1918. 9. 23 (『羅州羅氏直長公派族譜』)의 두 가지 견해가 있으며, 김상연의 본관을 출생지로 적은 것(임이랑 역, 『정선만국사』, 소명출판, 2011, 34면)도 있고, 『永川金氏世譜』(1996), 76면에는 '밀양군수'만 기록하는 등 여전히 부정확하거나 잘못된 기술도 많기 때문에 반드시 확인 대조가 필요하다.

또한 민족문제연구소에서 펴낸 『친일인명사전』(2009)에는 나진 · 김상연 모두 수록되어 있다. 본고는 그들의 공과를 시비하거나 단죄하는 것이 목적은 아니며 공정한 역사적 평가가 필요하다는 점만은 강조하고

주의 의무를 다하지 아니한 심사자는 책임을 통감해야 한다.

(9) 진정한 연구자는 자신의 잘못에 대한 비판과 지적에 대해서 이를 겸허히 수용하고 바로잡는 지혜와 용기가 필요하다. 이번 사건으로 전통과 명예를 자랑하는 아연의 자부심에 손상이 갔을지도 모르지만 전화위복의 기회로 삼고 후학들에게 올바른 연구자세와 문제해결의 방식을 제시해주기 바란다. 구체적으로 재발을 방지하고, 이번 사건을 선례로서 처리한 경과를 기록하여 내외의 연구자들에게 모범을 보여야 할 것이다. 또한 연구자와 심사자는 역사가 논저에 대한 객관적이고 공정한 평가를 내린다는 엄연한 사실을 항상 명심해야 할 것이다.

(10) 이번 사건을 계기로 한국에서의 근대 국가학과 정치학의 기원에 관한 연구가 활발하게 전개되기를 기원한다.[64] 우선 나부터 벽돌 한 장 쌓는 심정으로 그동안 수집한 참고문헌을 다음과 같이 제시하고 양심적이고 유능한 연구자들의 관심과 동참을 호소한다.

반복해서 강조하건대 나진 · 김상연 역술 『국가학』의 저본은 다카다(高田早苗)의 강의록 『國家學原理』와 보른하크의 『國家論』 일역본 두 책이다. 다카다는 대학 행정가로서, 정치인으로서 바쁘게 지낸 사람이기 때문에 그의 연구 범위는 결코 넓지 않다. 몇 사람만이라도 힘을 합하면 감추어진 비밀은 모두 곧 드러나게 마련이다. (2022. 2. 22) [2022. 12. 31]

## [후 기]

필자의 「반박문」에 대해서 정혜정은 「나진 · 김상연 역술의 『국가학』에 대하여 - 김효전의 반론을 중심으로」(『아세아연구』 제65권 2호, 2022, 287-302면)라는 「입장문」을 내고 나의 비판을 수용하고 오류를 인정하고 있다. [2022. 12. 31]

---

싶다.

(5) 정혜정의 논문에서 저본 이외에도 중요한 것은 원전, 즉 블룬칠리의 저서, 영역본의 문제점, 그리고 각각의 版次 등에 대한 정확한 정보가 없다는 것이다. 블룬칠리 이론은 국법론→ 국가론→ 근대 국가론으로 발전하는데 이에 대한 설명도 없다. 또 두루뭉실 독일어 원문을 번역본과 대조하여 인용하였다고 주에서 간단히 처리하고 있는데(86쪽 주 13) 독일어 원문을 인용한 흔적이 없으며, 또 판차에 대한 개념도 찾아볼 수가 없다. 영역본 하나를 신뢰하고 의존한 결과가 빚은 비극이라고 하겠다.

그 밖에도 그가 다룬 블룬칠리, 가토 히로유키, 량치차오에 관한 서술에 대해서도 의구심을 가지고 있으나 그것을 검토할 시간적 여유가 없기 때문에 나와 관련된 나진 · 김상연 역술 『국가학』에만 한정한 것이다.

64) 한국에서의 근대 정치학의 발달에 관한 연구로서 유길준의 『정치학』 초고, 안국선의 『정치원론』(1907), 나진 · 김상연 역술 『국가학』(1906)을 드는 견해, 기타 광복 이후부터 기산하는 견해 등 다양하다. 내가 『한국정치학회보』의 논문을 면밀히 검토한 결과 이에 관한 연구는 매우 부족하고 미흡하다고 생각되었다.

## [참고 문헌]

(1) Bluntschli: Allgemeine Statslehre; Lehre vom modernen Stat; 영역판 The Theory of the State 등의 Reprint 는 교보문고나 Yes 24 등에서 쉽게 입수할 수 있으며 pdf도 나와 있다.

한국 문헌: 윤영실, 자유주의 통치성, 제국주의, 네이션 - 블룬칠리 국가론과 nation (Volk)/people (Nation) 개념의 정치적 함의, 『사이間SAI』 30호 (2021); 윤영실, 헨리 휘튼과 J. C. 블룬칠리의 네이션 개념과 마틴의 번역서 『만국공법』·『공법회통』: 국제법과 식민주의적 폭력, 네이션 개념의 관계를 중심으로, 『민족문학사연구』 69집 (2019), 139-173면; 박근갑, 블룬칠리와 대한제국, 『문명과 경계』2020; 박근갑, 한국에 건너온 블룬칠리(Bluntschli) 국가학(자료 정선), 『개념과 소통』(한림대), Vol. 20 (2017. 12), 349-451면 (자료 포함); 김동주, 블룬츨리의 『근대국제법』서문과 문명론적 관념 - 폴란드와 한국의 근대적 맥락에 대한 비교사적 접근, 『사회와 역사』 제117집(2018), 123-167면; 오향미, 요한 카스파 블룬칠리(Bluntschli)의 주권론: 국민주권으로서의 '국가주권', 『국제정치논총』 제54집 3호(2014), 45-77면; 전상숙, 근대 '사회과학'의 동아시아 수용과 메이지 일본 '사회과학'의 특질: 블룬칠리 국가학 수용을 중심으로, 『이화사학연구』 44 (2012), 181면 이하 및 진덕규편, 『한국 사회의 근대적 전환과 서구 '사회과학'의 수용』(선인, 2013), 151-189면에 재수록. 이 논문에는 오자가 많다. 박근갑 해제 · 번역, 요한 카스파 블룬칠리, Allgemeines Staatsrecht; 홍선영 번역, 가토 히로유키, 『國法汎論』, 『개념과 소통』(한림대), Vol. 7 (2011), 243-278면; 우남숙, 한국 근대국가론의 이론적 원형에 관한 연구 - 블룬칠리(J. K. Bluntschli)와 양계초의 유기체 국가론을 중심으로, 『한국정치외교사논총』 제22집 1호 (2000), 113-145면; 김성배, 한국의 근대국가 개념형성사 연구: 개화기를 중심으로, 『국제정치논총』 제52집 2호(2012), 7-35면.

일본 문헌: 加藤弘之譯, 『國法汎論』(M 9 [1876]); 平田東助譯, 『國法汎論』(1887). 이 책은 가토의 『국법범론』의 未譯 부분을 번역한 것. 平田東助 · 平塚定二郎 共譯, 『ブルンチュリ一國家論』(1889) 기타 ブルベッキ述, 杉亨三譯, 『ブルンチュリ一國政黨派論』(1877); 小林孝輔譯, J. K. ブルンチュリ政黨論(1)(2), 政黨の性格および精神(ドイツ憲法思想史 研究資料) 『青山法學論集』 제14권 4호, 제15권 1호; 西村克彦, ブルンチュリ『國法汎論』(Allgemeines Staatsrecht) 新譯(1～2) — 加藤弘之譯 から1世紀を經て, 『青法』 1 · 2 · 3號; 同人, ブルンチュリの「自由權」說(6 · 完) — 平田東助譯と對照して, 『警察研究』 47권 8호; 西村克彦, ブルンチュリの警察論 -『國法汎論』から, 『警察研究』 제46권 5호 (1975), 61-70면; 동 제46권 6호(1975), 62-82면; 安世舟, 明治初期におけるドイツ國家思想の受容に關する一考察 - ブルンチュリと加藤弘之を中心として, 日本政治學會編, 『日本における西歐政治思想』(岩波書店, 1976), 113-156면; 小林孝輔, 國家有機體說小論 — J. K ブルンチュリの理論を中心として, 『青山經濟論集』 제10권 1 · 2호; 坂井雄吉, フィッセリングとブルンチュリ - 『泰西國法論』の歷史的位置, 大久保利謙編, 『津田眞道 - 研究と傳記』(みすず書房, 1997), 177-211면; 山田央子, ブルンチュリと近代日本政治思想

(上下), 『法學會雜誌』(東京都立大) 제32권 2호, 제33권 1호(1992); 權純哲, 大韓帝國期の「國家學」書籍におけるブルンチュウリ・梁啓超・有賀長雄の影響, 『埼玉大學紀要』 제48권 1호(2012), 73-113면.

독불 문헌: Chung-Hun Kim, Von Heidelberg nach Han-Seong. Die Bedeutung von Bluntschlis "Völkerrecht" für die Proklamation des koreanischen Kaiserreichs, Nomos: Baden-Baden 2015; Yong Lei, Auf der Suche nach dem modernen Staat. Die Einflüsse der allgemeinen Staatslehre Johann Caspar Bluntschlis auf das Staatsdenken Liang Qichaos, Peter Lang, 2009; Carolin Metzner, Johann Caspar Bluntschli: Leben, Zeitgeschehen und Kirchenpolitik 1808-1881, Peter Lang: Frankfurt a. M. 2009; Betsy Röben, Johann Caspar Bluntschli, Francis Lieber und das moderne Völkerrecht 1861-1881, Nomos 2003; Guido Wölky, Roscher, Waits, Bluntschli und Treitschke als Politikwissenschaftler, Diss. Bochum 2006; Jacques Vontobel, Johann Caspar Bluntschlis Lehre von Recht und Staat, Schulthess: Zürich 1956. Zugl. Diss. Universität Zürich unter dem Titel Die liberal-konservative organische Rechts-und Staatslehre Johann Caspar Bluntschlis; Stefan Dieter Schmidt, Die allgemeine Staatslehre J. C. Bluntschlis, Köln Jur. Diss.; Dietrich Schindler, Jean-Gaspard Bluntschli(1808-1881), in: Institut de droit international. Livre du centenaire 1873-1973. Évolution et perspectives du droit international, Karger: Basel 1973. S. 45-60; G. Kleinheyer-J. Schröder (Hrsg.), Deutsche und Europäische Juristen aus neun Jahrhunderten. Eine biographische Einführung in die Geschichte der Rechtswissenschaft, 6. Aufl., 2017. ; dies., Deutsche Juristen aus fünf Jahrhunderten, 2. Aufl., 1983, S. 40-43; Walter Diggelmann, Ein großer Diener an unserem Recht. J. C. Bluntschli (1808-1881) - Rechtslehrer und Politiker, in : Neue Zürcher Zeitung, 1981. 274 v. 26. 11. 81. S. 27; Stephan Hobe, Das Europakonzept Johann Caspar Bluntschlis vor dem Hintergrund seiner Völkerrechtslehre,in: Archiv des Völkerrechts, 31 (4), S. 367-379; M. Senn, Rassistische und Antisemetistischen Elemente im Rechtsdenken von Johann Caspar Bluntschli, in: Zeitschrift der Savigny-Stiftung für Rechtsgeschichte, Germanische Abteilung, Bd. 110, H. 1 (1993), S. 372-405; Gustave Peiser, J. C. Bluntschli et la science politique,in: Archiv für Rechts-und Sozialphilosophie, Bd. 46, H. 2, S. 221-240; 그의 저작 목록은 J. C. Bluntschli, Denkwürdiges aus meinem Leben, Bd. 3, 1884, S. 514-524.

영미 문헌: Christian Rosser, Johann Caspar Bluntschli's Organic Theory of State and Public Administration, in: Administrative Theory & Praxis, Vol. 36, Issue 1 (2014), pp. 95-110; Ingrid Rademacher, Johann Caspar Bluntschli - Notion of the International Law and the Project of Confederation of European States (1878), in: Études Germaniques, Vol. 64. Issue 2 (2009), pp. 309-328; Betsy Baker Röben, The Method behind Bluntschli's

"Modern" International Law, in: Journal of the History of International Law, Vol. 4, Issue 2 (2002), pp. 249-292.

(2) **加藤弘之**: 번역 김찬역, 『인권신설』(1908); 유문상역, 『강자의 권리경쟁론』(1908); 두 책은 합본하여 2004년 관악사에서 영인; 김도형역, 『입헌정체략 · 진정대의』(세창출판사, 2017); 김도형역, 『도나리구사(隣草)』(문사철, 2014); 이새봄 옮김, 블룬츨리 『국법범론』 발췌역: 민선의원 불가립의론; 부부동권의 유폐론 1, 2. 후쿠자와 유키치외, 『메이로쿠 잡지: 문명개화의 공론장』(빈서재, 2021), 88-90면, 123-126면에 수록.

논설: 송경호, 19세기 동아시아의 인권수용과 가토 히로유키(加藤弘之) 천부인권설의 역설: 天賦人權에서 得有權利로의 '主義의 변화'를 중심으로, 연세대 박사논문, 2020; 김도형, 근대 일본의 블룬칠리 수용과 한계에 관한 고찰 - 가토 히로유키의 경우를 중심으로, 『일본문화연구』 제73호 (2020), 25-48면; 김도형, 근대 동아시아의'천(天)'과'진화(進化)': 엄복(嚴復)과 가등홍지(加藤弘之)의 진화론 수용양상 비교 연구, 『동방학』 36집(2017), 121-156면; 김도형,'優勝劣敗'에서 '天則'으로: 『人權新說』과 『强者の權利の競爭』 사이의 加藤弘之, 『史叢』 89호 (2016); 김도형, 가토 히로유키(加藤弘之)의 《人權新說》과 천부인권 논쟁 재고, 『동아인문학』 33집 (2015), 535-571면; 김도형, 加藤弘之의 洋學受容과 '天'의 變容, 『동양사학연구』 제128집 (2014); 김도형, 근대 초기 일본 양학(洋學)수용의 유교적 맥락 - 가토 히로유키의 도나리구사를 중심으로, 『일본학보』 제99호(2014); 김도형, 加藤弘之의 진화론수용 이해 -「疑堂備望」 독해를 중심으로, 『일본사상』 제27집 (2014); 김도형, 가토 히로유키의 초기 정치사상 연구: 유교사상과의 관련성 및 변용양상을 중심으로, 성균관대 박사논문, 2014; 김도형, 1874년 가토 히로유키(加藤弘之)의 민선의원설립 시기상조론에 관한 일 고찰, 『인문연구』(영남대) 72호(2014), 327-354면; 박삼헌, 가토 히로유키(加藤弘之)의 후기 사상 - 입헌적 족부통치론을 중심으로, 『사총』 70집 (2010); 백건영, 加藤弘之와 梁啓超의 진화론적 사상에 관한 비교 연구, 성균관대 석사논문, 2006; 김도형, 가토 히로유키 사회진화론의 수용과 번역양상에 관한 일 고찰 - 『인권신설』과 『강자의 권리경쟁론』을 중심으로, 『대동문화연구』 제57집 (2007); 량치차오, 가토 박사의《천칙백화》(加藤博士天則百話), 강중기 · 양일모 외 옮김, 『음빙실자유서』(푸른역사, 2017), 231면/377면; 전복희, 『사회진화론과 국가사상 - 구한말을 중심으로』(한울아카데미, 1996), 44-73면; 신연재, 동아시아 3국의 사회진화론 수용에 관한 연구 - 加藤弘之, 梁啓超, 申采浩의 사상을 중심으로, 서울대 박사논문, 1991; 정혜정, 근대 한중일(韓中日) 블룬칠리의 민족 · 국민 개념의 수용과 변용: 가토 히로유키/량치차오/나진 · 김상연을 중심으로, 『아세아연구』 제63권 3호 (2020), 79-108면. 내용과 〈표1〉 일부 오류 있음.

일본 문헌: 田中友香理, 『「優勝劣敗」と明治國家: 加藤弘之の社會進化論』(ぺりかん社, 2019); 堅田剛, 『獨逸法學の受容過程 - 加藤弘之 · 穗積陳重 · 牧野英一』(御茶の水書房, 2011); 田中友香理, 加藤弘之『人權新說』の再檢討, 『日本近代史硏究會』, Vol. 10 (2012); 동, 『人權新說』以後の加藤弘之, 『史境』 Vol. 64 (2012); 동, 加藤弘之による雜誌『天則』の創刊, 『メディア史硏究』, Vol. 37 (2015); 渡辺和靖, 加藤弘之の所謂「轉向」- その思想史的位置付け, 『日本思想史硏究』

제5호(1971); 田頭愼一郎, 『加藤弘之と明治國家』(2013; 學習院大學研究叢書 41); 堅田剛, 『權利のための鬪爭』と『强者の權利の競爭』 - 加藤弘之のイェーリング解釋をめぐって, 『獨協法學』 제42호(1996), 185-215면; 동인, 加藤弘之の國法學 - ブルンチュリ『國法汎論』との關連で, 『獨協法學』 제43호(1996); 海老原明夫, 加藤弘之とブルンチュリ, 『ジュリスト』 932호(1989. 4. 15) 및 936호(1989. 6. 15); 安世舟, 加藤弘之 - 草創期の特殊日本的ブルジョアジーの國家思想, 小松茂夫 · 田中浩, 『日本の國家思想』(上) (青木書店, 1980); 安世舟, 明治初期におけるドイツ國家思想の受容に關する一考察 - ブルンチュリと加藤弘之を中心として,日本政治學會編, 『日本における西歐政治思想』(岩波書店, 1976), 113-156면; 松澤弘陽, 天賦人權論爭覺え書, 『近代日本の國家と思想』(三省堂, 1979), 165-189면; 村上淳一, 加藤弘之と社會進化論, 石井紫郎他編, 『外から見た日本法』(東京大學出版部, 1995), 415-432면; 森 一貫, 「天賦人權」と「優勝劣敗」 - 「人權論爭」を手がかりに, 日本近代法制史研究會編, 『日本近代國家の法構造』(木鐸社, 1983), 451-479면; 西村克彦, ブルンチュリ『國法汎論』(Allgemeines Staatsrecht) 新譯 - 加藤弘之譯から一世紀を經て, 『青山法學論集』 제17권 제1호(1975), 85-153면; 제2 · 3합병호(1975), 143-202면; 渡邊和靖, 加藤弘之のいわゆる'轉向'- その思想史的位置づけ, 『日本思想史研究』(東北大) 5호(1971), 6호(1972); 西周 · 加藤弘之/植手通有 責任編集 (中央公論社, 1977); 田畑忍, 『加藤弘之』(人物叢書 新裝版; 吉川弘文館, 2020); 田畑忍, 『加藤弘之の國家思想』(1939).

중국 문헌: 巴斯蒂, 中國近代國家觀念溯源 - 關於伯倫知理'國家論'的翻譯, 『近代史研究』1997年 第4期; 承紅磊, 『淸議報』所載'國家論'來源考, 『史林』3輯 (2015); 王昆, 梁啓超與伯倫知理國家學說, 『中國國家博物館館刊』, 2013年 第11期; 梁啓超, 政治學大家伯倫知理之學說, 光緖 29年(1903年) 『飮氷室文集』 第5册, 頁 67-88; 楊尙儒 · 林変蒼, 論梁啓超「國民」概念的 兩面性: 以Bluntschli國家學說作爲背景的考察, 『政治科學論叢』79輯 (臺灣大學)(2019), 頁 1-40; 譚汝謙 編, 『中國譯日本書總合目錄』(香港: 中文大學出版社, 1980).

Kato Hiroyuki, Der Kampf ums Recht des Stärken und seine Entwicklung, Berlin 1894; Kazuhiro Takii/Michael Wachutka (Hrsg.), Staatsverständnis in Japan. Ideen und Wirklichkeiten des japanischen Staates in der Moderne, Nomos: Baden-Baden 2016; Noriko Kokubun, Die Bedeutung der deutschen für die japanische Staatslehre unter der Meiji-Verfassung, Peter Lang: Frankfurt a. M. 1992; Bok-Hee Chun, Die Funktion des Sozialdarwinismus in Korea in der Zeit vom Ende des 19. Jahrhunderts bis Anfang des 20. Jahrhunderts, Marburg Diss., 1992.

(3) **梁啓超**: 한국어 번역 리스트는 우림걸, 『한국 개화기문학과 양계초』(박이정, 2002), 30-35면; 佐々充昭, 「韓末における「强權」的社會進化論の展開 - 梁啓超と朝鮮愛國啓蒙運動」, 『朝鮮史研究會論文集』 No. 40 (2002), 199-201면.

량치차오의 법과 정치에 관한 한국 문헌: 량치차오, 강중기 옮김, 정치학 대가 블룬칠리의 학설, 『개념과 소통』 Vol. 8 (2011), 251-286면; 강중기 · 양일모 외 옮김, 『음빙실자유서』(푸른역사, 2017); 김승욱, 중국 근대 초기 역사학에서 민족 개념의 수용과 과학관 - 량치차오[梁啓超]의 경우, 『동북아역사논총』 제67호(2020. 3), 127-160면; 김현주, 양계초와 중국 근대 헌정주의의 성립, 『문화와 정치』 제7권 1호(2020), 41-68면; 이연도, 양계초의 '국가'와 '자유' 개념 고찰, 『중국학보』 2017; 白池雲, 량치차오(梁啓超)의 사회진화론: 계몽주의의 종교적 재구성, 『중국어문학논집』 2009; 조병한, 梁啓超의 국민국가론과 民權 民族 관념(1896-1902), 『서강인문논총』 2007; 양태근, 소극적 민권론과 적극적 민권론을 통해 본 양계초 자유주의 사상과 도덕주의, 『동방학지』(2006); 오상무, 근대 중국의 국가주의와 세계주의: 梁啓超와 康有爲를 중심으로, 『철학』(2004); 오영달, 근대 중국에 있어서 서구의 인권과 주권론 수용 - 량치차오의 정치사상을 중심으로, 『중소연구』 30호(2006), 165-190면; 우남숙, 한국 근대국가론의 이론적 원형에 관한 연구: 블룬칠리와 양계초의 유기체 국가론을 중심으로, 『한국정치외교사논총』 제22집 1호(2000), 113-145면; 이춘복, 청말 梁啓超의 정치사상에 대한 인식변화 - 민주주의에서 국가주의로의 전환을 중심으로, 『한국사학사보』 제27호(2013); 전동현, 대한제국 시기 중국 양계초를 통한 근대적 민권 개념의 수용: 한국 언론의 '신민(新民)'과 '애국(愛國)' 이해, 이화여대 한국문화연구원, 『근대 계몽기 지식 개념의 수용과 그 변용』(소명출판, 2004), 393-435면; 胡偉希, 嚴復과 梁啓超의 國家思想의 變化, 한국 동양정치사상사학회편, 『동아시아 근대사에서의 서양 사상 수용과 국가건설에 관한 사상사적 비교연구』(2003); 조경란, 진화론의 중국적 수용과 역사인식의 전환: 嚴復 · 梁啓超 · 章炳麟 · 魯迅을 중심으로, 성균관대 박사논문, 1994; 김춘남, 양계초의 국가사상, 『동국사학』1987.

중국 문헌: 巴斯蒂, 中國近代國家觀念溯源 - 關於伯倫知理'國家論'的翻譯, 『近代史研究』 1997年 第4期; 楊尚儒 · 林奕蒼, 論梁啓超「國民」概念的 兩面性: 以Bluntschli國家學說作爲背景的考察, 『政治科學論叢』79輯 (臺灣大學)(2019), 頁 1-40; 承紅磊, 『清議報』所載'國家論'來源考, 『史林』3輯 (2015); 王昆, 梁啓超與伯倫知理國家學說, 『中國國家博物館館刊』, 2013年 第11期; 梁啓超, 政治學大家伯倫知理之學說, 光緒 29年(1903年) 『飲氷室文集』 第5册, 頁 67-88; 량치차오, 강중기 옮김, 정치학 대가 블룬칠리의 학설, 『개념과 소통』 Vol. 8 (2011), 251-286면; 丁文江外編, 『梁啓超年譜長編』(上海: 人民出版社, 1983); 『中國近代期刊篇目彙錄』(上海: 人民出版社, 1965); 孫科志外, 『中國近代期刊與韓國』(北京: 國際文化出版公司, 2010); 손과지, 『근대 중국의 한국 관련 간행물』(신서원, 2008); 강중기 · 양일모 외 옮김, 『음빙실자유서』(푸른역사, 2017).

일본 문헌: 川尻文彦, 梁啓超の政治學: 明治日本の國家學とブルンチュリの受容を中心に, 『中國哲學研究』 24號 (2009), 74-96면; 姜東局, 大韓帝國の亡國に關する梁啓超の政治論, 『法政論集』(名古屋大學) 제255호 (2014), 81-128면; 李曉東, 『近代中國の立憲構想: 嚴復 · 楊度 · 梁啓超と明治啓蒙思想』(法政大學出版局, 2005); 狹間直樹編, 『共同研究 梁啓超: 西洋近代思想受容と明治日本』(みすず書房, 1999); 佐藤愼一, 『近代中國の知識人と文明』(東京大學出版會, 1996); 權純哲, 大韓帝國期の「國家學」書籍におけるブルンチュウリ · 梁啓超 · 有賀長雄の影響, 『埼玉大學紀要』 제48권 1호 (2012), 73-113면; 吳迪, 『近代中國の憲法學教育における日本的要素, 『法學政治學論究』(慶應大) 제127호(2020), 67-113면; 同人, 近代中國の憲法制定と明治憲法, 『法學政治學論究』(慶應大) 제122호(2019), 171-210면.

영독문헌: Yong Lei, Auf der Suche nach dem modernen Staat. Die Einflüsse der allgemeinen Staatslehre Johann Caspar Bluntschlis auf das Staatsdenken Liang Qichaos, Peter Lang, 2009; Joshua A. Fogel (ed.), The Role of Japan in Liang Qichao's Introduction of Modern Western Civilization to China, Berkeley, CA: University of California Berkeley 2004; Hao Chang, Liang Ch'i-ch'ao and Intellectual Transition in China 1890-1907, Cambridge, Mass.: Harvard University Press, 1971.

(4) **보른하크**: 콘라트 보른하크의 저작과 그에 관한 상세한 정보는 https://portal,dnb.de/opac.htm?method=simpleSearch&query=116255579.

베를린 훔볼트 대학의 학술 총서의 데이터는 http://www.sammlungen.hu-berlin.de/dokumente/14935/ 일본 문헌: 菊地駒治 譯述, 『國家論』(早稻田大學出版部, 1903); 山本浩三譯, 『憲法の系譜』(法律文化社, 1961).

(5) **버지스**: B. E. Brown, American Conservatives : The Political Thought of Francis Lieber and John W. Burgess, New York: Columbia Univ. Press, 1951; 荊田眞司, アメリカ社會科學形成史に關する一試論 - J. W. バージェスの政治科學構想, 『社會科學硏究』(東京大學) 제48권 3호(1996), 43-75면; 中谷義和, 『草創期のアメリカ政治學』(ミネルヴァ書房, 2002), 1-31면; 松隈淸, 南北戰爭と國際法學, 『紀要』(八幡大學) 제5호 (1979).

(6) **다이시**: 김종철, 영국 공법학과 알버트 다이시(Albert Dicey), 한국행정판례연구회편, 『공법학의 형성과 개척자』(박영사, 2007); 동인, 다이시의 법사상과 정치사상 - 그 상호관련성에 주목하여, 『법철학연구』 제7권 2호 (2004); 이태숙, "빅토리아 법학자" 앨버트 벤 다이시와 1911년 의회법, 『영국연구』(영국사학회) 제17호(2007); 오향미, 영국의 '법의 지배' 원칙에 의한 기본권보장의 헌정구조: 법과 주권의 매개로서의 의회주권, 『한국정치학회보』 제50권 2호(2016); 田中英夫 · 堀部政男編, 『英米法硏究文獻目錄』(東京大學出版會, 1977). Richard A. Cosgrove, The Rule of Law: Albert Venn Dicey, Victorian jurist, London: Macmillan, 1980; Trowbridge H. Ford, Albert Venn Dicey: The Man and His Times, Chichester: Rose, 1985.

(7) **라인쉬**: Paul Samuel Reinsch - Wikipedia. Noel Pugach, Paul S. Reinsch, Open Door Diplomat in Action, Millwood, N.Y.: KTO Press, 1979. 차태근, 20세기 초 동아시아 제국주의론의 세계인식 - 라인슈(Paul Samuel Reinsch)의 『세계정치』 및 번역을 중심으로, 『중국학보』 85집(2018).

(8) **윌슨**: 한국 문헌: 강용기 『우드로우 윌슨과 행정연구』(대영문화사, 2016); 윤영실, 우드로우 윌슨의 Self-determination과 nation 개념 재고 - National self-determination을 둘러싼 한미일의 해석 갈등과 보편사적 의미, 『인문과학』 2019; 권오신, 『우드로 윌슨 - 제28대 대통령』(선인, 2011); 日本國際政治學會編, 『ウィルソン主義の100年』(有斐閣, 2020); Congressional Government. A Study in American Politics, Boston 1885 (小林孝輔 · 田中勇共譯, 『議會と政府』, 文眞堂, 1978). en.wikipedia.org/wiki/Woodrow-Wilson; Dictionary of American Biography, Vol. X, part 2. pp. 352-368; Christian Rosser, Woodrow Wilson's Administrative

Thought and German Political Theory, in: Public Administrative Review, Vol. 70. Issue 4 (2010), pp. 547-556.

(9) **나진 · 김상연**: 역술 『국가학』의 영인본은 두 번 (부산: 민족문화, 1986. 서울: 관악사, 2004) 발간. 여기에는 역술자의 생애와 활동 중심으로 상세한 해설 첨부. 2004년판에서는 저본을 밝혔다.

김효전, 나진 · 김상연 역술, 『국가학』 연구, 『성균관법학』 제10호(1999), 227-267면. 이 논문은 김효전, 『근대 한국의 국가사상』(철학과현실사, 2000), 494-547면에 재수록. 윤재왕 옮김, 『국가학』(고려대학교 출판문화원, 2019), 182면. 원문과 對譯版; 김효전평, (서평) 나진 · 김상연 역술, 윤재왕 옮김, 『국가학』, 『대한민국학술원통신』 제329호(2020. 12. 1), 9-12면; 정혜정, 근대 한중일(韓中日) 블룬칠리의 민족 · 국민 개념의 수용과 변용: 가토 히로유키/량치차오/나진 · 김상연을 중심으로, 『아세아연구』 제63권 3호(2020), 79-108면. 저본이 밝혀져 있지 않다는 '추정'과 독단에 의거한 기술과 〈표1〉의 일부 오류 작성; 김효전, 나진 · 김상연 역술 『국가학』의 저본 - 정혜정의 논문을 계기로, 『아세아연구』 제65권 1호(2022), 407-423면.

일본 문헌: 權純哲, 大韓帝國期の「國家學」關係書籍について, 『埼玉大學紀要』 47권 2호 (2011), 171-175면; 權純哲, 大韓帝國期の「國家學」書籍におけるブルンチュウリ · 梁啓超 · 有賀長雄の影響, 『埼玉大學紀要』 제48권 1호 (2012), 73-113면.

(10) **高田早苗**: 早稲田大學大學史資料センター編, 『高田早苗の總合的研究』(2002). 이 책은 연구사 개요로부터 다카다를 다방면에서 연구한 논문집. 권말의 「高田早苗研究文獻 · 關係資料目錄」은 문고의 내용 세목이며, 「高田早苗著作目錄」과 「高田早苗年譜」는 다카다 연구에 필수불가결한 문헌이다. 기타 内田滿, 早稲田政治學の先達 · 高田早苗: 國會開設期に果たした役割を中心に, 『早稲田政治經濟學雜誌』 제340호(1999), 1-28면; 佐藤能丸, 『近代日本と早稲田大學』(早大出版部, 1991), 73-102면; 荻原隆, 『國家學原理』におけるその國家思想 〈高田早苗〉, 早稲田大學社會科學研究所 日本近代思想部會編, 『近代日本と早稲田の思想群像 Ⅱ』(早稲田大學出版部, 1983), 13-33면; 京口元吉, 『高田早苗伝』(早大出版部, 1962); 早稲田大學 圖書館編刊, 高田早苗生誕百年記念展のしおり』(1960); 伊藤隆 · 季武嘉也編, 『近現代日本人物史料情報辭典』(吉川弘文館, 2004), 244면.

한국 문헌: 역서 정인호 역술, 『헌법요의』(1908). 이 책의 영인본은 『국민수지 · 헌법요의외』(관악사, 2010)에 김효전의 간단한 해설이 첨부되어 있다. 중국어 번역은 稽鏡譯, 『憲法要義』(上海: 文明書局, 1902)와 張肇桐의 漢譯 『憲法要義』(東京: 1902). 1905년 장기렴 · 이준 · 윤효정 · 심의성 등이 설립한 헌정연구회는 일본 메이지 헌법의 제정을 이상으로 여겼으며, 『헌정요의』라는 책을 저술하고 이것을 다시 황성신문에 연재하여 국민들에게 널리 입헌정치의 사상을 보급하였다. 헌정연구회취지서와 『헌정요의』는 관악사의 영인본 27-40면에 재수록. 기타 이한정, 다카타 사나에, 『美辭學』, 『개념과 소통』 No. 12 (2013), 373-382면.

# 韓国における政党と「民主的基本秩序」

國分典子*

## はじめに

約60年の長きに亙り、韓国憲法学を牽引された金哲洙先生の悲報は、先生を知る日本のすべての研究者に「巨星墮つ」の感をもって受け止められた。今日でこそ韓国と日本の交流はさまざまな法領域で活発になっているが、韓日の交流の乏しかった時代から先生は日本の大学で教鞭をとられ、韓日の研究の架け橋となってこられた。先生が日本に残された大きな足跡に心から感謝を申し上げたい。

60年という歳月はその長さだけでも驚くべきものであるが、それ以上に驚くのは韓国の激動の歴史を越えて、しかも法学分野でも政治に極めて近接した憲法学の領域の第一線で働き続けられたということである。その陰にどれほどのご苦労があったことかと思う。

本稿では、その先生が注目された韓国憲法の基本概念である「民主的基本秩序」および「自由民主的基本秩序」の問題を取り上げたい。といっても、この大きなテーマを掘り下げることができるわけではなく、2014年に起こった憲法裁判所の政党解散決定を素材に、韓国憲法の政党解散条項からみた韓国憲法の基本理念についてのささやかな考察を行いたいと考える[1)]。

## I. 統合進歩党解散決定の民主主義理解と判断枠組

2014年12月19日、憲法裁判所は統合進歩党の解散を決定した[2)]。憲法裁判所が政

* 法政大學 法學部 教授

1) なお、2014年の決定については、拙稿 「政党解散と民主主義－2014年韓国憲法裁判所決定－」 エトランデュテ3号 (2020年) 365－390頁で 「研究ノート」 として紹介したことがあり、本稿の内容のうち、2014年決定に関する部分についてはこれと重なる部分があることをお許し頂きたい。

2) 헌재 2014. 12. 19. 2013헌다1, 판례집 26－2하, 1. なお以下では、判例集の頁数を本文に括弧書きで示す。

党解散を行うのは初めてのことであった。この決定の中では「立憲民主主義体制」という小見出しの下に、民主主義についての異例の長い叙述がある（16－18頁）。その中では、近代立憲的民主主義体制は民主主義原理と法治主義原理という二つの主要な原理に従って構成されていること、また憲法上の民主主義原理が共和主義理念の表れ[3)]であることが述べられている。そしてこれを踏まえて、政党解散審判制度は、「政府の批判者として野党の存立および活動を特別に保障しようとする憲法制定者の規範的意思の産物」であるとともに、「しかし反面、この制度により政党活動の自由が認められるとしても、民主的基本秩序を侵害してはならないという憲法的限界もまた設定された」(21頁)とされている。

この「憲法的限界」として、決定では、政党解散を定めた憲法第8条第4項の規定の文言に照らし、まず政党の「目的」と「活動」の意味、「民主的基本秩序」の意味、「違背」の意味の３つの観点が考察され、さらに違憲審査の判断手法として広く用いられる比例原則に言及されている。ここで憲法裁判所が強調するのは、政党解散審判の際の比例原則の特殊性である。政党解散審判においては、「憲法裁判所の政党解散決定が政党の自由を侵害しうる国家権力に該当するため、憲法裁判所が政党解散決定を下すためには、その解散決定が比例原則に合致するかどうかを熟考しなければならないが、この場合の比例原則遵守可否は、それが通常機能する違憲審査の尺度ではなく、憲法裁判所の政党解散決定が充足しなければならない一種の憲法的要件あるいは憲法的正当化理由に該当する。このように強制的な政党解散は、韓国憲法上の核心的な政治的基本権である政党活動の自由に対する根本的な制限であるため、憲法裁判所はこれに関する決定をする際、憲法第37条第2項が規定している比例原則を遵守しなければならないのである」(24－25頁)とされている。

この第37条第2項は基本権に対する法律の留保規定と捉えられるものであるが、これが当てはまる場合に関して、憲法裁判所は「利益侵害的な国家権力の行使に伴う法治国家的限界、さらには政党解散審判制度の最終手段的性格または補完的性格を考慮すると、憲法第8条第4項の規定による要件が満たされても、当該政党の違憲問題を解決する他の代案的手段がなく，政党解散決定を通じて得ることができる社会的利益が政党解散決定による政党の政党活動の自由制限による不利益と民主主義社会に対する重大な制約という社会的不利益を超えうるほどに大きな場合に限り、政党解散決定は憲法上正当化されうる」(25頁)と述べている。

しかし、この説示に続いて憲法裁判所が目を向けるのは「韓国社会の特殊性」であ

3）「民主主義体制は特定人や特定勢力による専制的支配を排除し、共同体全体の同等な構成員たちによる統治を理想とする共和主義理念と、個人の自由と権利を強調する自由主義理念から大きな影響を受けた。前者は、公民として市民が有する地位を強調し、かれらによって自律的に行われる公的意思決定を重視する。従ってこれは市民たちの政治的同等性、国民主権、政治的参与等の観念を内包し、わが憲法上「民主主義原理」と表現されている」（16－17頁）と述べられている。

る。ここでいう「韓国社会の特殊性」とは南北問題である。「現在、大韓民国は、北朝鮮という現実的な敵から攻撃の対象と宣言されており、北から体制転覆の試みが常時存在する状況である。大韓民国の憲法およびその中に込められた民主主義と基本的人権の尊重等を内容とする民主的基本的秩序も窮極的に大韓民国と同一の運命にあるものである」(26頁)と考えられるため、北朝鮮からの攻撃の問題は民主的基本秩序の破壊に直結する。第37条第２項によっても同項の明記する「安全保障」の領域として比例原則による正当化が認められやすい。

本件事案について、法廷意見は、政党の「目的」に関し、統合進歩党が「進歩的社会主義」を標榜しそれが「北朝鮮式社会主義」を意味していることを指摘し、また政党の「活動」に関し、同党の主要メンバーが韓国の基幹施設の破壊などの内乱陰謀の会合を開いたこと、党代表が内乱関連事件に関して政府を批判し、被疑者たちを擁護したこと、また国会議員選挙の際の不正事件などで「民主的意思形成を歪曲」（102頁）したことを指摘した。そして①被請求人の目的および活動に内包された危険な性格、②大韓民国がおかれている特殊な状況、③被害の最小性（代案となる手段の有無）、④解散決定を行わなければならない社会的必要性（法益衡量）の4点を順次検討し、違憲性を認定したのであった。

## II. 統合進歩党解散決定に対する評価

以上が本決定法廷意見の大まかな枠組である[4)]。

当時、中央日報が国内の成人男女1000人に行った緊急世論調査によれば、本決定に対し賛成約64%、反対約24%となっており[5)]、国民の間では憲法裁判所の判断を肯

4）なおこれには、二人の裁判官の補充意見が付いており、そこでは統合進歩党が人民民主主義独裁を志向し、「進歩的民主主義」もそのためのものであって社会民主主義とは異なることがかれらの文書等を元に説明されている（242頁以下）。

5）2014年12月22日の中央日報日本語版オンライン記事 https://japanese.joins.com/JArticle/194329?msclkid=2405ccb1b01111ecb24ef1feabf526b3 （2022年3月20日最終確認）。同記事によれば、統合進歩党解散決定に対する賛否を尋ねる質問で、「賛成する」という回答は、「強く賛成」（４５．４%）と「賛成」（８．４%）を合わせて６３．８%だった。「反対する」という回答は２３．７%（「強く反対」１１．６%、「反対」１２．１%）だった。セヌリ党支持者の８８．７%が解散決定に賛成しており、新政治民主連合の支持層でも「賛成する」が４１．４%、「反対する」が４５．１%であった。

さらに「『「統合進歩党は従北勢力の李石基（イ・ソッキ）元議員や地下革命組織が主導する政党で、民主的基本秩序を脅かす」という憲法裁判所の決定の根拠に同意するか』という質問には、６９．３%が『同意する』と答えた。政党の解散に賛成する意見（６３．８%）より高い数値になった理由は、統合進歩党の解散に反対する人たちの一部がこの質問に同意したからだ。新政治連合支持層でも過半（５１．９%）以上が同意すると答えた。・・・憲法裁の決定について『大韓民国の不正勢力に対する当然の審判』という回答は５８．７７%、『民主主義体系の基礎である政党活動の自由に対する毀損』という回答は３３．８%だった」。

統合進歩党所属の選挙区議員の議員職喪失決定については、「政党の存立根拠が違憲と決定されたため

定的に受け止める見方が多かったようである。

憲法裁判所裁判官の中でも、反対意見は一名であった。しかし、この決定後、政党解散に関しては多くの論文が出され、学者の間からは決定に対する批判的な意見も多い。以下では、批判的な見解の中に示された民主主義理解を見てみることとする。

まず憲法裁判所の中での唯一の反対意見（金二洙裁判官）を見てみよう。きわめて長文にわたる反対意見のなかでは統合進歩党の歴史的発展過程および党員の北朝鮮に関する言動が詳細に検討され、党綱領中の「進歩的民主主義」の意味が北朝鮮的社会主義に限られない概念であること、李石基らの言動の危険性には首肯するものの、それが政党自体の危険性といえるものではないことが述べられている。注目されるのは、この意見の結論部分で、韓国では、進歩政党（＝ここでは、「通常社会主義あるいは社会民主主義を理念的土台とする政党をいう」とされている（234頁））が育ってこなかったという点に言及されていることである。「進歩的主張に対しては、韓国と対峙している北朝鮮との連携性という疑いをかぶせることで、比較的容易に進歩政党の支持基盤と批判的力を無力化することができた。解放後、激しい左右対立を経験し、それによって南北の分断と同族間の戦争を経験した後、全面的に登場した反共理念が社会全般に大きな影響を及ぼした。社会主義ないし社会民主主義は、北朝鮮が見せた共産主義と同一のものと見なされ、有権者から背を向けられ、我々の社会で社会主義と社会民主主義勢力の立場は縮小した。それだけでなく、北朝鮮との連携という漠然として根拠のない容疑で趙奉岩の進歩党を登録取消にした過去の事例は、後代の進歩政党運動に非常に否定的な影響を及ぼした」（234－235頁）という指摘は裁判官の意見としては異色ではあるが、注目すべきであろう。

学界における批判的反応はどのようなものであったか。

解散決定に反対の主たる理由付けとして挙げられたのは、「防禦的民主主義」の理解の問題である。韓国憲法史の中での政党解散条項導入過程におけるドイツとの違いは法廷意見自体も言及するところであり、「敵対概念を基礎とする」ドイツの「闘争的民主主義」とは異なり、韓国の「防禦的民主主義」は「寛容と多元性を基礎とする」ものである[6)]といった説明がされる。こうした主張を展開する韓尚熙は、政党条項を初めて導入した1960年の憲法改正作業の中で、当初「自由で民主的な基本秩序」というドイツと同様な表現が盛り込まれていたのが、「民主的基本秩序」に代わったのには「当時、革新系国会議員たちが『自由で』という語の意味を『現在の保守政党が社会主義政党の台頭を抑圧するための目的から出たもの』とする非難を提起するや否や憲法改正案起草委員会はこれを受けて『自由で』の語を削除した」こと、

---

選挙区議員も議員職を失うのは当然」という回答が５５．８％、「有権者が選んだ議員は無所属で活動できるようにするべきだった」という回答が３８．８％だった」とされている。

6) 한상희 「위헌정당해산심판제도, 그 의미와 문제점 : 통합진보당사건과 관련하여」 民主法学54巻（2014年）374頁。

1962年憲法もこれを踏襲し、憲法案起草を担当した法制司法委員会委員長が民主的基本秩序に違反しない限り社会主義政党を排除するものではないと述べていることを当時の新聞を引用して述べている7)。

一方、同じく歴史的背景でも、이성환(李聖煥)はドイツと韓国の過去の事例の問題点に着目する。ドイツでは価値相対主義的な民主主義が全体主義政党によって崩壊したという問題があったのに対し、韓国の経験は、政府による不当な野党の弾圧の問題であったとする8)。そして、政党条項は「我国では、執権勢力による反対党の弾圧を防止するために、国家の政党保護義務をまず宣言し、その保護を確実にするために解散要件も一般結社とは異なり、民主的基本秩序違背に非常に狭く限定し、中立的な司法機関である憲法裁判所による解散のみを許容するものとし」たとする9)。

また上述の観点とともに、国際的にはヨーロッパ評議会のヴェニス委員会が2010年の第82回総会で「政党規定に関する指針」(Guidelines on Political Party Regulation)の「政党の禁止または解散」(Prohibition or Dissolution of Political Parties)を非常に厳格に解していること、また党員の個人的活動を理由とした解散についても結社としての政党保護と「両立しない」としていることを指摘して、韓国がヴェニス委員会のメンバーであることからもこの基準に従う必要があることに言及する見解も多い10)。

さらに本決定の判断基準については、その曖昧性、比例原則への適合性、その他そもそも政党解散についての手続規定が整備されていないことについても批判のあるところである11)。

本件決定に対する以上のような批判にもかかわらず、法廷意見においてもその反対論においても共通なのは、韓国の政党解散はドイツの政党解散制度とは異なるという見方があることである。そこで、政党解散制度が歴史的にどのようにして導入され、発展してきたかについて以下に見ておきたい。

## III. 政党を巡る憲法規定の変遷

### 1. 政党条項導入の歴史的背景―導入時の議論

7) 한상희 前掲 「위헌정당해산심판제도, 그 의미와 문제점 : 통합진보당사건과 관련하여」 384頁以下。なおここで引用されている新聞は、1960年5月11日付東亜日報と1962年11月21日付京郷新聞であるが、筆者は当該委員会の審議録自体の存在は確認できなかった。

8) 이성환 「현행 정당해산심판절차의 문제점과 개선방향」 世界憲法研究 10号(2004年) 194頁。

9) 이성환 前掲 「현행 정당해산심판절차의 문제점과 개선방향」 194頁。

10) 김현철 「정당해산심판의 목적 및 해산사유−헌재 2014. 12. 19. 2013헌다1 결정에 대한 평석을 겸하여−」 헌법학연구 22권 2호(2016年) 374頁以下、김종철 「민주공화국과 정당해산제도−통합진보당 해산심판 청구를 소재로−」 公法学研究15巻1号(2014年) 41頁以下、等。

11) 정태호 「정당해산심판절차에 대한 민사소송법령 준용과 한계」 慶熙法学49巻4号 (2014年) 121頁以下、이재희 「정당해산과 해산정당 소속 의원의 의원직 상실」 헌법연구 3권1호(2016年) 229頁以下、金龍飛・林眞徹 「정당 해산심판의 몇 가지 절차적 쟁점에 대한 고찰」 法曹697号(2014年) 5頁以下、等。

韓国憲法史上、政党解散規定が導入されたのは、第2共和国憲法、すなわち李承晩体制が倒されたのちの第3次憲法改正による1960年憲法のときである。第3次改正は大統領制から議院内閣制に代わるという国家形態の大きな変更を伴うものであったが、憲法改正の形態としては全文改正ではなく、それまでの憲法の一部改正の形式によるものであった。政党に関しては、1948年の制憲当初からあった第13条「すべての国民は法律に依らずには、言論、出版、集会、結社の自由を制限されない」に、第2項として、「政党は、法律の定めるところにより国家の保護を受ける。但し、政党の目的や活動が憲法の民主的基本的秩序に違背するときには、政府が大統領の承認を得て訴追し、憲法裁判所が決定をもってその政党の解散を命ずる」という条項が付け加えられたのであった[12]。その後、第3共和国憲法（1962年憲法）が政党について、現行憲法第8条の原型となる第7条で政党についてまとまった規定をおき[13]、それが今日まで引き継がれてきている。

第2共和国憲法第13条には、表現の自由とともに、政党規定をおいているという特徴があった[14]。国会における憲法改正案の第1読会では基本権保障の強化の一環として、10、11、13条にあった法律の留保の削除および政党の自由が盛り込まれたことが述べられている[15]。なおこの第1読会での改正案説明では、第13条についてとは言及されないものの、「内閣責任制政治とは政党においては政党の政治を意味するので、寛容をもって互いに妥協しうる政党が新たに立てられなければならない・・・こうした政党が新たに立てられなければ、政党を背景とする政府はいつも不安定になる」と述べられており[16]、特に李承晩独裁体制後の議院内閣制導入に関連して政党の存在が重視されたことが伺える。では、13条2項の趣旨は具体的にどのようなものだったのか。この条項についての国会本会議での説明は、以下のとおりである[17]。

「本改憲案において、イタリア憲法および西独憲法の前例に従って、第13条2項に政党についての規定を新設しました。無論、政党についての規定は・・・憲法にこれをおくのは、政党の自由をもう少し効果的に保障するためです。

事実、政党に関する規定がない場合には、結局、政党の自由も第13条の集会・結社の自由によって保障されるほかないのです。しかし、政党がこのように一方（マ

12）なお関連して、전종익「4·19혁명과 1960년 헌법의 헌정사적 의의−정치제도의 변화를 중심으로」法史学研究62号（2020年）33頁以下は、第2共和国憲法制定の直前に「新聞等および政党等に関する法律」案が出されていたことを指摘する。

13）当時の第7条の規定は、後述のように3項に分かれていた。

14）金栄秀『韓国憲法史』（學文社、2000年）468頁参照。

15）第4代国会『第35回国会臨時会議速記録』33号（1960年6月10日）10−11頁。

16）前掲『第35回国会臨時会議速記録』33号9頁。

17）同16頁。

マ）的な集会・結社の自由によってその自由を保障される場合には、何らかの理由によってその自由を不法化される場合にも・・・われわれが経験したように、進歩党事件のように政府の一方的な解散処分によってこれを解散することができたのです。

したがって、本改憲案では政党に関する規定を別に置いて、政党の国家機関的な性格を確実にし、野党の育成のために政党の自由を一般集会・結社の自由から分離し、高度にこれを保障するようにしました。

政党を不法化しようとするときには、その目的や活動が憲法の民主的基本秩序に違反する場合に限ることとし、その解散は大統領の承認を得た政府の訴追によって憲法裁判所のみがこれを判決するようにしました。

ここで憲法に違反する政党というのは、皆さんご存知だと思いますが、われわれの場合でみると共産党や一党独裁を夢見るファシスト党や王政復古をもくろむ政党等がわが憲法の民主的基本秩序に違反する政党と考えられるものです。」

また別の個所で、憲法裁判所による政党解散に関しては、

「無論、これは政府の反対党の弾圧を抑制するための手段と考えているものです。大統領の中立的地位により一党専制の牽制および一党専制を防ぐためで、本改憲案においては現行憲法の憲法委員会制と弾劾裁判所制を廃合して第8章第83条の３および第83条の4の規定を新設することで、憲法委員会と憲法裁判所を常設機関として新設しました。この憲法裁判所は、憲法の権威的解釈によって一党専制の可能性を抑制しようとしたものです。」18)

---

18） 同13頁。この部分に続く箇所では、このような憲法裁判所の位置づけについては、法院や言論界の一部から反対意見の出ていたことが述べられ、その内容として、憲法裁判所が結局、「国会の支配的政党の傀儡」となるのではないか、違憲審査の権限はアメリカや日本のように法院が持つべきではないか、といったものが挙げられている（同14頁）。

なお、このときの憲法第83条の3、第83条の４の条文は以下のとおりである。

第83条の３ 憲法裁判所は次の各項の事項を管掌する。

1. 法律の違憲可否審査
2. 憲法に関する最終的解釈
3. 国家機関間の権限争議
4. 政党の解散
5. 弾劾審判
6. 大統領、大法院長および大法官の選挙に関する訴訟

第83条の４ ①憲法裁判所の審判官は9人とする。

②審判官は大統領、大法院、参議院が各3人ずつ選任する。

③審判官の任期は6年とし、2年ごとに3人ずつ改任する。

④審判官は政党に加入し、または政治に関与することはできない。

⑤法律の違憲判決および弾劾判決は審判官6人以上の賛成がなければならない。

⑥憲法裁判所の組織、審判官の資格、任命方法および審判の手続に関し、必要な事項は法律で定める。

と述べられている。

この部分についてのその後の質疑では、政党解散にあたっての「民主的基本秩序の限界」とはどこにあるのか、社会主義は認められるのかという問題が提起された[19]が、これに対しては、民主的基本秩序とは、「自由で民主的な社会秩序と政治秩序をいうものです。ですから、経済秩序をいうものではありません」というのが起草委員会の解釈であると回答され、社会主義といってもいろいろなものがあることから、具体的な行動に照らして考えないと判断が困難であると説明されている[20]。

憲法改正案の読会においてはこの部分についてのこれ以上の質疑は特にみられず、政党に関わる主たる論点は議院内閣制をとることにおける政党の意味のほうにあった。とはいえ、ここでの政党条項についての説明では、李承晩独裁体制下の経験から生まれた韓国独自の理解が色濃く反映している。すなわち、第13条に第2項が設けられたことは集会・結社の自由の特別規定として政党の自由をより強く保障するところに本旨があったこと、政党解散さえ、一党独裁体制における野党に対する弾圧を防ぐところに目的があったことは重視すべき点である。ただし、一方で「政党に関する規定を別に置いて、政党の国家機関的な性格を確実に」することが図られて、「一般集会・結社の自由から分離」されたと述べられているのは当初から私的自由の領域とは異なるものであると認識されていたことを示すもので、その後の第3共和国に連なる素地がすでにある。

それでは、憲法裁判所に政党解散、弾劾裁判を含め、大きな権限を与えることにしたのはなぜだったのか[21]。この点は「憲法の守護者」の必要性の問題として説明されている。

「無論、主権在民の民主国家においては、憲法の最後の守護者は結局、主権者たる国民であるほかありません。しかし、できれば制度的に憲法秩序の守護の業務を有する憲法的機関の中立をその理想とせざるを得ません。

従って、立憲君主制の憲法であれば、立憲君主がそのような憲法の守護者を意味することもあるのです。

今日の民主国家においては、政府でも国会でもない第三者の権力によって、この憲法の守護を付託することが妥当であると考えるものです。

このような場合に法院にそれを付託することもひとつの方法ではありますが、その法院が米国の連邦最高裁におけるように、伝統的な権威と経験を有する場合は別問題ですが、一般的な場合においては、法院は憲法の守護者としてのその業務を担当するのはまだ難しいと考えるものです」。

以上の説明では、憲法の守護者が最終的には主権者であること、しかし民主国家に

19）前掲 『第35回国会臨時会議速記録』 34号(1960年6月11日)11頁。
20）同27頁。
21）前掲『第35回国会臨時会議速記録』33号14頁。

おいては「第3の権力」に求められるべきとされている22)。

## 2．第3共和国における政党条項の整備とその後

1961年に起きた朴正熙らの5・16クーデターによって、結局、第2共和国憲法は1年余りで効力を失い、憲法裁判所は日の目を見ることなく、国家再建最高会議の下で第3共和国憲法が制定されることとなった。政党については、このときに初めて、今の政党条項の原型ができた。このときの規定は、以下のようなものであった。

第7条 ①政党の設立は自由であり、複数政党制は保障される。
②政党はその組織および活動が民主的でなければならず、国民の政治的意思形成に参与するのに必要な組織をもたなければならない。
③政党は国家の保護を受ける。但し、政党の目的や活動が民主的基本秩序に違背するときには、政府は大法院にその解散を提訴することができ、政党は大法院の判決により解散される。

この条項を提案したのは、国家再建最高会議が発足させた憲法改正審議委員会であった。委員長には、最高会議副議長李周一が就任し、最高会議から8名の委員と憲法・政治・経済等の専門家21名からなる専門委員によって委員会が構成された。政党条項を総則に入れるということを提案したのは、専門委員でその後、朴正熙時代を代表する憲法学者となる韓泰淵であった23)。「政党と国民の主権行使は関係があるから」政党規定をおくとすれば、総則におくべきである24)というのがかれの意見だった。これに対しては、第2共和国で生まれた現状の規定のままでいいという意見もあり、最終的にこの時の委員会での結論がどうなったのかは審議録からははっきりしない。しかし、憲法改正審議委員会が音頭を取って各地で開催した公聴会での意見をみると、政党条項を憲法に入れることには発言者の多くが賛成している。但し、公聴会では、政党の健全な発展を求め、政党法を別途定めることや、政治資金についての規制を定めるべきことを主張している者が多く、憲法の政党条項についてより、むしろ法律による政党法制の整備が求められていたことが伺われる25)。これを受けて、政

22）なお、この点、のちの第6共和国憲法への改正審議においては、政党解散についての権限を大法院に与えようという議論もあった（第12代国会『第130回国会憲法改正特別委員会会議録』4号（1986年8月25日）25頁では、行政府により支配された大法院の人事を独立させ、大法院に政党解散権限を持たせることが述べられている）が、結局、当時、新たに設置することを予定されていた憲法裁判所に与えられることとなったのであった。

23）『憲法改正審議録』 第1輯（大韓民国国会、1967年）59頁。

24）前掲 『憲法改正審議録』 第1輯 59頁。

25）以上、詳細は 『憲法改正審議録』 第2輯（大韓民国国会、1967年）、同第3輯（同、1967年）掲載の

党法が、国家再建最高会議によって1962年12月31日に初めて制定された(1963年1月1日施行)[26]。

第3共和国憲法で国家における政党の役割が重視されていたことは、大統領や国会議員の選出についての規定にも表れている。国会議員候補者や大統領候補者は所属政党の推薦を受けねばならず（第36条第3項、第64条第3項）、任期中に党籍離脱・変更を行う場合には資格を喪失することとなっていた（第38条）。こうした規定の背景には、政党法の目的にも掲げられた小党乱立の防止、二大政党制の形成といった要請があったと考えられる。しかしこれらの規定によって国会議員の独立性を削がれ、政党の自由な活動よりはむしろ政府による国会の統制を強めることになったともいわれている[27]。

第4共和国憲法でも第7条で、第3共和国の政党条項はほぼそのまま引き継がれた。但し、第3項は、

> 政党は法律の定めるところにより、国家の保護を受ける。但し、政党の目的または活動が民主的基本秩序に違背し、または国家の存立に危害となるときには、政府は憲法委員会にその解散を提訴することができ、政党は憲法委員会の決定により解散される。

という文言になった。政党保護に関して「法律の定めるところにより」の文言が加わり、また政党解散の要件にも「国家の存立に危害となるとき」が加えられて、第3共和国時代よりも政党に対する制限の余地が広げられている。またこのときには大法院ではなく憲法委員会に審査権が委ねられた。

第4共和国憲法の制定過程における議論については明らかではない。しかし、西洋と比べて未熟な国家において、政党の健全な役割は期待できないというのが第4共和国時代の政党に対する見方であった[28]。前述の国会議員と大統領に関し、政党所属を前提とする規定はなくなり、代わりに選挙制度に統一主体国民会議が重要な役割を果たすこととなった。統一主体国民会議は、第4共和国憲法で生まれた「国民の主権的受任機関」（憲法第35条）とされる特殊な機関であり、大統領はこの統一主体国民会議で選挙され（憲法第45条）、また国会議員は国民の直接選挙で選ばれる者と統一

---

各公聴会における意見参照。

26）なお、第3共和国では、政党解散の判決は大法院が出すことになっており、この政党法では第41条で、政党解散訴訟には行政訴訟法を準用することになっていた。

27）김백유 「제3공화국 헌정사」 忠南大學校 法學硏究 25巻3号（2014年）89頁参照。この点、韓泰淵・丘秉朔・李康爀・葛奉根 『韓国憲法史（下）』(韓国精神文化研究院、1991年)140頁は、政党法について「永久執権を作ったり、その地盤の確保にその底意があるといわれるが、その初期にはそれなりの純粋さがある両党制を希望したようである」としている（この部分は、丘秉朔執筆）。

28）朴正熙の10・17特別宣言では、「民族的使命感を忘れた無責任な政党」と述べられている。

主体国民会議で選挙される者によって構成される（憲法第76条第1項）こととされた。政党国家的傾向は弱められたことについて、前述の韓泰淵とともに第4共和国憲法制定に携わった葛奉根は「事実上、過去『高度の政党国家』制度の行き過ぎた導入の結果、国民利益の微分化、目先の利益を巡る政争のための政争等により国家機能の痲痺、浪費、非能率を招来したのみならず、国民意識の分裂までもたらしたのに対し、維新憲法ではこのような弊害をなくすため、『過度な』政党国家的傾向を止揚しているのである」とし[29)]、また文鴻柱は「政党国家的性格が憲法上、多く止揚され、従って新憲法では、政党を必ずしも憲法機関的性格を持っているという必要がなくなった」と説明している[30)]。統一主体国民会議の代議員は政党に加入してはならないことになっており（憲法第37条第3項）、党派を超えた国民的機関であることが統一主体国民会議はもとより、大統領や国会議員においても重視された[31)]。

朴正熙暗殺後、全斗煥大統領の下で作られた第5共和国憲法においては、政党条項に政治資金に関する内容が付け加わり、4項構成となった。1，2項に変化はなかったが、7条の3、4項は以下のようになっている。

3. 政党は、法律の定めるところにより国家の保護を受け、国家は法律が定めるところにより政党の運営に必要な資金を補助することができる。

4. 政党の目的または活動が民主的基本秩序に違背するときには、政府は憲法委員会にその解散を提訴することができ、政党は憲法委員会の決定により解散される。

「法律により国家の保護を受ける」という部分は第4共和国を受け継いだが、政党解散の条件は第3共和国時代に戻り、厳格化されたとみることができよう。但し、独裁体制の続く中で実質的に政党の自由が確保されていたとは言い難い。第5共和国憲法附則第7条は、「新たな政治秩序の確立のため、この憲法の施行と同時にこの憲法施行当時の政党は当然に解散される。但し、遅くともこの憲法による最初の大統領選挙日3月以前までは新たな政党の設立が保障される」と規定していた。これは第4共和国時代と決別し、新たな政治秩序を形成することを目指したものであったが、国家保衛会議が制定した政治風土刷新法により政治活動が禁止された多くの政治家が参加できず、実質的には当時の全斗煥ら軍部が認めた政治家による「制度圏」政党、「軌道圏」政党などと呼ばれる官製政党から成る名ばかりの複数政党制に過ぎなかったという問題があった[32)]。また統一主体国民会議はなくなったものの、大統領は選挙人団

29）葛奉根『維新憲法論』（韓国憲法学会出版部、1976年）117−118頁。

30）文鴻柱『韓国憲法』（海岩社、1973年）143頁。

31）文鴻柱前掲『韓国憲法』143頁では、この点に関し、「大統領は超党的に汎国民的に授与された権力を行使しなければならないのである」と説明されている。

32）前掲『韓国憲法史（下）』374頁以下（葛奉根執筆）参照。

による間接選挙（憲法第39条）となっていた。

こうした経過を経て生まれたのが、現在の第6共和国の政党制度である。第6共和国憲法改正の主要骨子としては、軍事独裁の反省を踏まえた軍の中立性と並んで、政党の組織・活動・設立目的が民主的でなければならないこと、民主的基本秩序に違背する場合には憲法裁判所が審判することが挙げられた33)。第8条におかれた政党条項では、政党解散の審判権が憲法委員会から憲法裁判所に移ったほかは、第5共和国憲法と文言上の変化はない。一方、この憲法改正の主要論点であった大統領の選出については国民の直接選挙となり、第3共和国時代のような大統領候補が政党に所属していなくてはならないという条件もなくなっている。

## Ⅳ. 政党解散決定の持つ意味と政党解散条項の持つ意味

2014年の統合進歩党解散決定については、韓国では様々な側面からの多くの論稿が出されているが、ここでは、三でみた政党条項の歴史的変遷を踏まえ、民主主義理念との関係で本決定法廷意見に内包される「民主的基本秩序」を巡る論点について私見を述べておきたい。

先に述べたように、この決定前後に韓国の「防禦的民主主義」の理解について議論が起こった。「防禦的民主主義」の概念自体、ドイツからの移入であるという指摘もあり、そもそも韓国の政党解散制度にドイツの影響があるのは事実であるとされる一方34)、第2共和国における政党解散制度の導入には、政党を守るという韓国特有の事情があった。

この点、憲法裁判所決定自体も、憲法の政党解散規定について「政党を守る」趣旨を強調してはいる。しかしながら、実際の判断過程ではナチス・ドイツの経験に言及され（110頁）、法廷意見の最後の結論部分でも「世界的にみると、政党解散制度がない国家も多い。絶え間ない対話と討論、そして説得のような民主的な方式こそ、憲法の根本的秩序を破壊しようとする政党を制御し、かれらの政治的基盤を打ち壊すことができる効果的な手段であるとみることができるためである。しかしそれと認識を異にし、わが憲法制定者たちが憲法に政党解散制度を規定してきたのであるなら、それは民主的基本秩序を否定する政党に対するわが憲法の解決策がそうではない憲法の解決策と異なりうるということを意味するのである」（114頁）としている。このことは結果的に、本決定をドイツ的な考え方に近づけている35)。もっともドイツにお

---

33）第12代国会『第136回国会憲法改正特別委員会会議録』8号（1987年9月17日）2頁、14頁参照。

34）정만희 「정당해산심판의 헌법적 쟁점 — 정당해산심판의 요건과 효과를 중심으로 —」 公法研究42巻3号（2014年）116頁等。

35） この点については、拙稿前掲「政党解散と民主主義—2014年韓国憲法裁判所決定」384頁でも言及した。

いても政党解散は「闘争的民主主義」と「防禦的民主主義」の両面があるという理解があるし、そもそも韓国における導入過程でも、共産主義や独裁の排除に言及されていることは「闘争的民主主義」の側面も有することを当然の前提としていたと思われる。結局のところこの二つのどちらに比重がかかるかは具体的事件の性質によるということになるのであろう。

条文構成に関しては、前章でみたように、政党についての規定が初めて盛り込まれた第2共和国憲法第13条が「第2章　国民の権利義務」の章におかれ、また第13条第1項で表現の自由の保障が第2項で政党の保護規定がおかれていた[36)]。当時、政党の保護は表現の自由と強い関連性をもって考えられたのではないかということが推測される。このことは「防禦的民主主義」の性格を端的に示すものではある。しかし、既に言及したように、この当時の議論でも、政党解散条項の理由説明で政党に「国家機関的位置づけ」が考えられており、また憲法機関とすべきという国会内での議論があったことは当初から私人の人権領域とは異なる、民主主義体制のあり方の問題とであるいう見方があったことをも暗示している。

政党条項は、第3共和国憲法で、「第1章　総綱」に移されたことによって人権条項ではなく国家の基本原理であることが明確化したが、ここでますます浮き彫りになってゆくのが「民主的基本秩序とは何か」という問題である。

第3共和国憲法の「民主的基本秩序」については、当時、少壮のソウル大学憲法学教授であった金哲洙教授が1964年の「民主的基本秩序」という論文で第２共和国の規定との違いに着目している。そこでは、第２共和国憲法の政党解散条項が「憲法の民主的基本秩序」となっているのに対し、第３共和国憲法が単に「民主的基本秩序」としていること、条文の位置が人権の章から総綱に変わったこと、ドイツの「自由民主的基本秩序」と異なり、単に「民主的基本秩序」となっていることから説き起こされ、「憲法の民主的秩序」が「特殊憲法的な民主的秩序」を言うのに対し、「民主的憲法秩序」は「一般憲法的概念ではないかと思われる」として、ドイツの考え方と同じではないこと、韓国憲法の内容から見て社会民主主義的なものも「民主的憲法秩序」に含まれると考えられること、政党を国家機関ないし憲法機関とみて政党を単に国家機関性の剥奪とみるのは適切ではないこと、「民主的基本秩序」の内容は裁量によらず厳格に解すべきことが指摘されている[37)]。

この指摘は政党保護を重視する「防禦的民主主義」の捉え方にも合致するもので

---

36）当時の13条の規定は以下のとおりである。
①すべての国民は、言論、出版の自由および集会、結社の自由を制限されない。
②政党は法律の定めるところにより、国家の保護を受ける。但し、政党の目的または活動が憲法の民主的基本秩序に違背するときには、政府が大統領の承認を得て訴追し、憲法裁判所が判決によって当該政党の解散を命ずる。

37）金哲洙　「民主的基本秩序」　法政1964年1月号 8、10頁。

あったと考えられる。しかし、第4共和国になって前文に「自由民主的基本秩序」という語が入った結果、政党解散条項の「民主的基本秩序」も「自由民主的基本秩序」に引きずられることになってゆく。上述の金哲洙教授は第4共和国時代の論文でも、「自由民主的基本秩序」と政党解散条項の「民主的基本秩序」は異なるという立場を貫いていた[38]。しかし、この論文では憲法第32条第2項に言及され、「国家安全保障・秩序維持にも民主的基本秩序が包含される。従って民主的基本秩序を維持するためにやむを得ない場合には法律による基本権の制限が可能である」と述べられている[39]。この論文でも解散の対象となる場合は極めて限定的に解されていた[40]。とはいえ、憲法自体に、第３共和国憲法と異なり、基本権に対する制限規定として第32条第２項が変更され、「国家安全保障」が明記された[41]結果、第４共和国憲法では基本権制限により広い外在的制約が生まれたのであった。

歴史的には、第4共和国憲法は朴正熙政権が南北共同声明に示されたような新たな北朝鮮との関係へと方向転換する時代に対応している。南北問題の平和的解決に踏み出す中で憲法前文に「統一」の語を入れたのであった。北朝鮮との新たな関係性と安全保障の強化はコインの裏表の関係として憲法体制に組み込まれた。「民主的基本秩序」が「国家安全保障」との関係で論じられることにより、結果的には政党解散の問題も防禦的民主主義から闘争的民主主義へのシフトを迫られることになっていったといえるのではないだろうか。

このことは2014年決定の具体的な判断過程で示された「韓国の特殊性」という観点につながってゆく。比例原則に基づく判断の「法益衡量」にあたって、法廷意見は、北朝鮮が「大きな努力と犠牲」によって生まれた韓国の繁栄を攻撃する存在であることに触れるとともに、北朝鮮式社会主義体制と韓国憲法の基本理念を対峙させ、北朝鮮式社会主義体制を指向する政党を認めることは韓国の国家的アイデンティティ

---

38）金哲洙 「自由民主的基本秩序와 民主的基本秩序」 考試研究 6巻11号（1979年）25頁 参照。

39）金哲洙前掲 「自由民主的基本秩序와 民主的基本秩序」 33頁。

40）「政党の目的と活動が民主的基本秩序に違背し、国家の存立に危害となる場合に限定されるとみなければならない。例を挙げれば、君主制に賛成する政党であるとか、権力融和的な政策政綱を有する政党、計画経済を主張する政党であるとしても、合憲的な議会を通じた活動を行い、国家存立に危害がない場合まで解散することはできないのである」 とされていた（金哲洙前掲 「自由民主的基本秩序와 民主的基本秩序」 33頁）。

41）第3共和国憲法が
第32条 ①国民の自由と権利は憲法に列挙されないとの理由により軽視されない。
②国民の全ての自由と権利は秩序維持又は公共福利のため必要な場合に限り法律により制限することができ,制限する場合にも自由と権利の本質的な内容を侵害することができない。
としていたのに対し、第4共和国憲法では、
第32条 ①国民の自由と権利は憲法に列挙されないとの理由により軽視されない。
②国民の自由と権利を制限する法律の制定は国家安全保障・秩序維持又は公共福利のため必要な場合に限る。
となっている。

自体を侵害すると述べて、政党解散の社会的必要性を根拠づけている(111頁)。ここでは「憲法秩序それ自体が正にわれわれのアイデンティティである」(同)として、「韓国の特殊性」が全面に出される。その結果、政党解散で失われる利益対憲法秩序という比較衡量の形がとられているものの、その具体的な内容は、一方における政党活動の自由に対する根本的制約や民主主義に対する部分的制限と他方における民主的基本秩序の守護、民主主義の多元性および相対性保障との間の対立では後者が「大きく重要」という、そもそも厳格かつ限定的な解釈を要求したはずの政党解散制度自体の正当化へ傾斜してゆく[42]。この点は、実は第4共和国時代以来の「民主的基本秩序」理解の変遷の問題が今日に至るまで継続しているのではないかということをも示唆するものである（先の第4共和国憲法第32条第2項は現在の第37条第2項に引き継がれ、「国家安全保障」を制約根拠として挙げている）。

## おわりに

歴史的に見れば、「自由民主的基本秩序」より先に韓国憲法の政党解散条項に書き込まれた「民主的基本秩序」の意味は、韓国政治の変遷とそれに伴う憲法改正によってその実質的意味を変化させることになったのではないか、2014年の憲法裁判所決定はそれを追認する意味をもつのではないかと考える。

I. で述べたように、法廷意見では、今日の「民主主義」は「立憲民主主義」であって、そこには「民主主義原理」と「法治主義原理」が内包されていること、前者は「共和主義理念」と等値されることが示されていた。憲法裁判所は出帆当時から「民主主義」の守護者としての自らの位置づけを強調してきた。その憲法裁判所の考える「民主主義」の意味内容が詳しく示された点には、本決定の重要な意義があると考えられる。ここでは「民主主義原理」＝共和主義の内容として「市民の政治的同等性、国民主権、政治参与等の観念を内包する」(17頁)と説明されている[43]。このことは、北朝鮮式の「共和国」と韓国の「共和国」観念の違いを示す要素にもなっている。

---

42）この点につき、法廷意見が結論部分で「わが裁判所は本決定によりわれわれの民主主義が後退し、進歩政党の活動が委縮するという憂慮があることを知っている。しかし、本件解散決定は、北朝鮮式社会主義理念を追求する政党が多元的世界観に立脚したわれわれの民主憲政で保護できないことを宣言するのみであって、民主的基本秩序に違背しなければ、われわれの社会で新たに代案的な思考がいつでも提起され論議されうるということを明らかにしている。むしろこの決定を通じて北朝鮮式社会主義理念がわれわれの政治領域から排除されることで、そのような理念を指向しない進歩政党がこの地から成長しうる契機となりうることを信ずる」（114－115頁）と述べていることは、本決定が「韓国の特殊性」に基づく「北朝鮮式社会主義」の排除をその本質とするものであることを吐露するものであるようにも思われる。

43）本稿の視点とは異なるが、統合進歩党解散について「共和主義的防禦」として捉えるものとして、채진원「정당민주주의 수호를 위한 공화주의적 방어：독일과 한국의 위헌정당해산 비교논의」한국정치학회보 49巻 4号（2015年）241頁以下がある。

この法廷意見に示された民主主義観をさらに深追いするならば、「市民の政治的同等性」とは何なのか。単にすべての国民の平等な政治的参加を意味するものなのか、それとも市民としての一定の「同質性」をも要求するものなのか（政党解散条項はそのための枠組とも考えられる）といったことが問題になる。さらにこの点は、北朝鮮地域をも含む韓国憲法第3条の領土条項、それに付随する国民概念の問題を理解する上でも論点となろう。そして、このとき現れるのは憲法前文や第４条の統一条項に示された「自由民主的基本秩序」、本決定のいう「韓国の特殊性」を踏まえた「民主的基本秩序」が基本原理として韓国憲法全体を覆うものとしてどのように機能するかという問題である。

# 코로나 초기 백신확보의 실패와 기본권으로서의 국민생명권 침해

신 평*

우리는 길고 어두운 코로나의 터널을 지나고 있다. 그런데 최근 들어 백신접종률의 증가로 코로나가 관리가능한 질병으로 정착할 것 같다. 그 결과 이 지루한 터널이 길지 않으리라는 희망을 준다. 끝나는 터널의 바깥에는 예전처럼 밝은 빛이 환하게 비치고,우리가 곧 그 빛을 따뜻하게 쬘 수 있으리라는 희망이다. 하지만 코로나가 발발하여 퍼지기 시작한 초기에는 엄격한 물리적 격리를 주로 하는 방역조치의 결과 수많은 파장을 사회전반에 밀려들게 하였다. 특히 영업시간의 제한이나 인원수의 제한을 심하게 받은 자영업자의 피해가 엄청나게 컸다. 이것은 과연 우리가 전대미문 전염병의 창궐이라는 사태를 맞아 불가피하게 맞아들여야 했던 결과였을까? 아니면 우리는 좀 더 현명한 판단으로 이 피해를 상당 정도 줄여나갈 수 있었을까? 연막이 조금씩 거두어지며 실체가 드러나고 있다. 이에 의하면 우리는 공동체의 이익손상을 대폭 줄여나갈 수 있었음에도 불구하고 그러지 못했다는 판단을 하게 된다. 그 핵심포인트는 코로나사태의 게임체인저라고 할 백신을 적기에 확보하지 못했던 것이다. 그리고 백신확보의 책임은 정부 쪽에 있었다. 나아가서 정부가 그 책무의 달성을 소홀히 한 것은 우리 공동체 최고의 규범인 헌법을 위반한 것으로 볼 소지가 충분하다.

## 백신확보의 실패

코로나 사태가 터지며 한국은 마스크의 보급과 물리적 격리를 주로 하는 방역에 비교적 성공한다. 정부는 이를 대대적으로 'K-방역'이라고 하며 홍보했다. 그 홍보는 국내에서뿐만 아니라 국제적으로도 활발하게 행해졌는데 이에 엄청난 홍보비를 들였다. 그러는 사이에 어쩐 일인지, 차츰 백신이나 치료제 마련에도 한국이 잘할 수 있다는 착각 속으로 빠져 들어갔다.

그런데 전 세계에서 가장 많은 국가들이 받아들인 대표적인 두 개의 백신, 즉 화이자

* 공익사단법인 공정세상연구소 이사장

백신과 모더나 백신은 서구사회가 가진 100년의 백신개발 경험에 '메신저 RNA(mRNA) 기술'이라는 놀랄만한 혁신(innovation)을 처음으로 끌어들인 것이다. 이것은 바이러스가 아니라 유전물질을 세포에 투여함으로써 인체 면역체계를 이끌어낸다. 그동안 암치료에 이 기술을 써왔는데, 처음으로 백신개발에 사용한 것이다. 이 기술의 탁월성에 관해서는 헝가리 태생 카탈린 카리코(Katalin Kariko)가 처음 눈을 떴다. 그러나 그는 연구자금이 없어 1985년 미국으로 이민했다. 그와 다른 연구자들이 미국에서 많은 연구비 지원을 받으며 꾸준하게 발전시킨 것이다. 카리코는 지금 화이자와 손잡고 코로나 백신을 개발한 독일 바이오엔테크(BioNTech) 수석부회장으로 있다.

우리는 이런 과정을 무시하였다. 관련 연구가 부족하고 아마 mRNA 기술에 관한 이해조차 제대로 되지 않은 상태이면서 국산 백신을 개발한다고 법석을 떨었다. 나아가 백신치료제도 머지 않아 우리 기술로 마련할 수 있는 듯이 떠들었다. 코로나19가 세계적으로 공포의 대상이 되어가는 가운데도 이 근거 없는 낙관은 숙지지 않았다. 대통령이 나서서 그러니 누가 감히 여기에 그렇지 않다고 말할 수 있었겠는가.

백신 자체개발은 대단히 가치 있는 일이다. 하지만 단시일에 우수한 백신을 마련하기는 불가능함에도 이것이 가능하다는 집단최면의 오류에 서서히 빠져 들어갔다. 이 통탄할 현상은 조금 심하게 말하자면, 과거 대원군이 개량한 갑옷으로 양이(洋夷)의 총탄을 막을 수 있다고 믿은 것이나, 동학군이 주문을 외워 총탄을 피할 수 있다고 믿은 것과 거의 비슷한 성격의 오류라고 볼 수 있다.

한국 바이오 기업들은 당초부터 한국이 선도적으로 백신을 개발하는 건 무망하다는 걸 잘 알고 있었다. 그럼에도 이를 말하지 않았다. 기업들이야 정부가 나팔을 잡고 시끄럽게 불어댈수록 주가가 뛰는데, 억지로 불리한 진실을 알릴 이유가 없었던 것이다. 현재 국내기업 중에서 백신개발에 성공한 업체는 2022년에야 비로소 SK바이오사이언스 하나가 나왔는데, 이 회사의 제품은 mRNA기술을 구사한 것이 아니어서 국제적으로 통용되기 어렵다. 그리고 백신치료제는 셀트리온 사의 렉키로나주가 유일하나, 이것도 그 실제적 효과가 아직 세계적으로 분명한 승인을 받지 않은 상태이다. 국제적으로는 2021년 12월 22일 미국 식품의약국(FDA)의 긴급 사용 승인을 받은 팍스로비드(Paxlovid)가 대표적인 치료제로 지금 군림하고 있다. 치료제를 개발한다고 떠들썩했던 다수의 국내 바이오기업들은 현재 치료제 개발을 아예 포기해버린 상태이다.[1)]

코로나19바이러스가 점점 확산일로에 있던 2020년 봄, 여름을 통해 세계 각국은 백신을 확보하려고 마치 전쟁통 같은 경쟁을 벌였다. 그러나 한국은 이 경쟁에서 거짓말처럼 완전히 빠졌다. 백신 도입에 관한 한 정부 어느 부처도 얼빠진 듯 손을 놓고 있었다. 간간이 이래서는 안 된다는 정부 바깥 소리가 들렸다. 그러다가 2020년 11월말에 들어서서야 비로소 정부는 사태의 심각성을 인지했다. 부랴부랴 백신 확보를 위해 나섰다.

우리는 어쨌든 허황한 착각에 빠져 외국에서 개발 중인 백신 도입에 관하여는 신경을

1) 조선비즈 김명지 기자. 2021. 10. 12. '미국서 먹는 약 나온다...코로나 치료제 개발 중단하는 국내제약사'

쓰지 않았다. 2020. 11. 30. 시점에서 세계 31개국(EU는 한 나라로 취급)이 백신 확보에 성공했다. 하지만 한국은 그때 백신 확보량이 '제로'였다. 이 적나라한 현상이 공신력 있는 국제기관에서 발표한 데이터에 그대로 나타나 있다.

아래의 도표를 보자. 이것은 지난 11월 30일자로 Launch and Scale Speedometer, Duke Global Health Innovation Center에서 나온 세계 각국의 백신확보 실태를 그래프로 그린 것이다.

**세계 각국이 확보한 코로나 백신의 양**(확보한 백신 수량을 그 나라 인구 숫자로 나눈 백분율)

■ 확인된 구매물량 ■ 추가적으로 확보할 가능성이 있는 물량

| | |
|---|---|
| 캐나다 | 총 601% |
| 미국 | 총 442% |
| 영국 | 총 419% |
| 호주 | 총 267% |
| 유럽연합 | 총 246% |
| 칠레 | 총 222% |
| 뉴질랜드 | 총 117% |
| 일본 | 총 116% |
| 이스라엘 | 총 110% |
| 멕시코 | 총 83% |
| 인도네시아 | 총 83% |
| 베트남 | 총 78% |
| 홍콩 | 총 67% |
| 대만 | 총 65% |
| 인도 | 총 59% |
| 아르헨티나 | 총 52% |
| 우즈베키스탄 | 총 52% |
| 파나마 | 총 48% |
| 브라질 | 총 47% |
| 네팔 | 총 44% |
| 코스타리카 | 총 30% |
| 이집트 | 총 27% |
| 에콰도르 | 총 26% |
| 스위스 | 총 26% |
| 베네수엘라 | 총 18% |
| 레바논 | 총 15% |
| 페루 | 총 15% |
| 카자흐스탄 | 총 13% |
| 쿠웨이트 | 총 12% |
| 터키 | 총 12% |
| 방글라데시 | 총 9% |

0% 200% 400% 600% 800%

출처 | Launch and Scale Speedometer, Duke Global Health Innovation Center

도표에서 '%'는 확보된 백신 수량을 그 나라 국민의 숫자로 나눈 백분율이다. 예컨대 캐나다가 601%로 나타난 것은, 캐나다 국민이 1인당 6.01회 접종을 받을 비율로 백신을 확보했다는 뜻이다. 막대기에서 짙은 청색은 확인된 구매물량이고, 연한 청색은 추가적으로 확보할 가능성이 있는 물량이다. 여기서 보면, 일본, 홍콩, 인도는 물론이고 우리보다 더 코로나 방역에 성공했다는 평가를 받는 타이완도 들어있다. 코로나 사태에서 '게임체인저'(game-changer)는 성공적 방역도 아니고, 치료제도 아니고, 바로 백신인 것이다. 그리고 가난한 나라인 방글라데시, 베트남도 상당량을 확보했다.

이 도표에 의하면, 한국은 향후 추가적으로 확보할 수 있는 물량도 없는 상태이다. 그러나 얼마후인 2020. 12. 18.자로 나온 'Launch&Scale Speedometer'의 데이터에 의하면, 한국은 돌연 아스트라제네카 2,000만명 분 외에 화이자 2,000만명 분, 모더나 2,000만명 분을 확보한 것으로 나와있다. 이로 보아 정부는 문제의 심각성을 인지하고 다급하게 화이자와 모더나 측과 교섭하여 백신물량을 확보한 것으로 보인다. 그러나 그 계약이 늦었기 때문에 백신의 실제 인도는 상당히 늦어질 것이었다. 선계약한 국가들에 우선배정을 할 수밖에 없었기 때문이다. 실제로 2021년 봄, 여름을 거치며 우리는 '백신가뭄'에 내내 시달렸다.

## 정부와 여권의 대응

이처럼 한국의 코로나 백신확보는 가장 중요한 시기에 아무런 조치를 취하지 않음으로써 처참한 실패로 끝났다. 그런데 한 가지 수상한 점이 있다. 우리가 적어도 민주국가라면, 이렇게 엄청난 수의 국민 삶에 직접 영향을 미치는 중요한 문제에 관한 정책이 실패했다면, 그 책임을 묻는 목소리가 여건 야건 활발하게 나와야 한다. 그런데 야당 쪽에서 일부 문제를 제기했지만, 여당 쪽에서는 턱도 없는 공격이라고 받아치기에 바빴다. 그것은 아마 문책의 단계로 나아가면, 그동안 요란하게 홍보해온 'K-방역' 성과가 급전직하 추락으로 연결될 것을 우려해서가 아니었을까 하고 짐작한다. 이 문제에 대한 정부와 여권의 대응은 다음과 같이 세 가지로 요약해볼 수 있다.

첫째, 늘 하던 대로 정치쇼를 벌였다.

문재인 정부 5년에서 가장 특징적인 현상을 들라치면, 이 정부가 유난히 '정치쇼'에 능하다는 사실이 유력하게 꼽힐 것이다. 시종일관 끊임없이 정치쇼를 벌여왔는데, 코로나 사태에서도 예외가 아니었다. 초기 백신확보에 완전히 실패, 아니 아예 그 노력을 하지 않았으면서도 이를 왜곡하여 국민에게 실상을 속일 목적으로 정치쇼를 과감하게 벌였다.

2021. 2. 3. 백신유통 모의훈련을 한다며 경찰과 군대를 동원해 시끌벅적한 행사를

하고 요란스레 보도자료를 뿌리는 촌극을 연출하였다. 이때까지만 해도 우리는 백신확보를 제대로 하지 못하고 공급받은 물량이 거의 없어 쩔쩔매고 있었다. 같은 달 23일에는 더 가관인 행사가 벌어졌다. 백신접종센터에 있는 백신을 테러단체가 탈취하지 못하게 하는 대테러훈련을 거창하게 벌인 것이다. 당시 이미 세계 100여개 국가에 백신이 유통되고 있었고, 테러단체가 백신이 거의 없는 한국을 상대로 그 탈취를 위해 기습한다는 것은 상상하기도 어려운 일이었다. 한 마디로 말해 기괴한 장면이었다. 정권이 거의 윤리적으로 파탄상태에 이르지 않고는 이런 일을 할 수는 없었다.

문재인 정부의 정의, 평등, 공정이 이 모든 정치쇼를 기획하고 실행하는 탁현민 비서관의 소품 정도로 전락해버렸다[2]는 탄식이 뼈아프게 전해왔다.

둘째, 백신확보실패에 관한 언급을 과감하게 가짜뉴스로 매도하였다.

문 대통령은 2020. 12. 28. 한 해 마지막으로 열린 청와대 수석 · 보좌관회의에서 "한국이 백신을 충분히 확보하지 못했다거나 접종이 늦어질 것이라는 염려가 일각에 있으나 이는 사실이 아니다. 정부는 여러 달 전부터 범정부 지원체계를 가동하며 전문가들 의견을 들어 백신 확보에 만전을 기했다."고 말했다. 그러나 이 말은 명백히 사실과 어긋난다. 그해 11월말까지 한국은 백신확보를 전혀 하지 못했고, 또 확보를 위한 어떤 노력도 하지 않았다. 해가 바뀌어 2021. 1. 8. 정세균 국무총리는 백신확보의 실패를 지적하는 야당 국회의원에게 "품위를 지키라."는 질책까지 했다.[3]

이 정부 들어 정부와 여당에서는 자신들이 가짜뉴스에 의해 큰 피해를 받는 양 끊임없이 주장해왔다. 그러나 위에서 든 대통령과 국무총리의 언급이야말로 중대한 가짜뉴스이다. 권력을 가진 측에서 퍼뜨리는 가짜뉴스는 다른 가짜뉴스에 비해 우리 사회에 훨씬 위험하고 파괴적이다.

셋째, 빠질 수 없는 것이 어용지식인들의 활약이다.

백신확보실패를 덮기 위한 어용지식인들의 활약도 눈부시게 전개되었다. 그중에서 특히 돋보이는 예가 국립암센터 교수로 있던 기모란이다. 그는 정부와 여당을 위하여 팔을 걷어붙이고 나섰다. 그는 코로나 환자가 급속도로 늘며 백신도입을 서둘러야 한다는 여론이 점증하던 때인 2020. 11월에 김어준이 진행하는 교통방송(TBS) 뉴스공장에 출연하여 백신도입을 서두를 필요가 없다느니, 백신접종을 늦게 시작하는 것이 오히려 낫다는 식으로 주장했다. 이렇게 그는 백신확보에 실패한 정부를 옹호하는 층을 대변하여 무려 수십차례 언론에 출연하여 백신확보에 관하여 초점을 흐리는 행태를 보였다. 그러나 청와대는 2021. 4. 16 방역기획관 자리를 신설하여 그를 여기에 임명했다.

---

2) 조선일보 인터넷판 김윤덕 주말뉴스부장, 2021. 10. 2. ''화천대유'란 불구덩이에 이 남자가 뛰어든 이유' 「아무튼, 주말-김윤덕 기자의 사람 人」

3) 이데일리 권오석 기자, 2021. 1. 8. '정세균 '백신확보 지적' 야 의원에 "품위 지켜라" 버럭'

## 헌법상의 생명권을 침해한 백신확보의 실패

코로나 사태에서 백신 확보는 헌법상 기본권인 국민의 생명권에 직결된 문제였다. 우리는 초기에 그 확보에 실패함으로써 많은 사회적 취약계층 그 중에서도 자영업자들의 삶에 '재앙의 비'를 내렸다.4) 그러므로 언젠가 코로나 초기의 백신 확보 과정에 대한 엄밀한 평가가 내려지기를 기대한다. 적어도 외형면에서는, 무참하게 어린 목숨들이 사라진 박근혜 정부 당시의 세월호 사건이나 혹은 이명박 정부 당시의 광우병 사건에 비해 이번 백신 늑장 확보는 비교도 되지 않을 만큼 엄청난 규모로 국민의 생명권을 위협한 것이다.

생명권에 관한 명시적 헌법규정은 없다. 그러나 오래 전부터 생명권은 우리 헌법의 해석상 당연히 인정되는 것으로 학설과 판례가 일치하여 인정한다. 이에 관한 헌법재판소가 내린 두 개의 판시를 보도록 하자.

> 헌법 제10조는 "모든 국민은 인간으로서의 존엄과 가치를 가지며, 행복을 추구할 권리를 가진다. 국가는 개인이 가지는 불가침의 기본적 인권을 확인하고 이를 보장할 의무를 진다."고 규정하여, 모든 국민이 인간으로서의 존엄과 가치를 지닌 주체임을 천명하고, 국가권력이 국민의 기본권을 침해하는 것을 금지함은 물론 이에서 더 나아가 적극적으로 국민의 기본권을 보호하고 이를 실현할 의무가 있음을 선언하고 있다. 또한 생명 · 신체의 안전에 관한 권리는 인간의 존엄과 가치의 근간을 이루는 기본권일 뿐만 아니라, 헌법은 "모든 국민은 보건에 관하여 국가의 보호를 받는다."고 규정하여 질병으로부터 생명 · 신체의 보호 등 보건에 관하여 특별히 국가의 보호의무를 강조하고 있으므로(제36조 제3항), 국민의 생명 · 신체의 안전이 질병 등으로부터 위협받거나 받게 될 우려가 있는 경우 국가로서는 그 위험의 원인과 정도에 따라 사회 · 경제적인 여건 및 재정사정 등을 감안하여 국민의 생명 · 신체의 안전을 보호하기에 필요한 적절하고 효율적인 입법 · 행정상의 조치를 취하여 그 침해의 위험을 방지하고 이를 유지할 포괄적인 의무를 진다 할 것이다.5)

> 인간의 생명은 고귀하고, 이 세상에서 무엇과도 바꿀 수 없는 존엄한 인간존재의 근원이다. 이러한 생명에 대한 권리는 비록 헌법에 명문의 규정이 없다 하더라도 인간의 생존본능과 존재목적에 바탕을 둔 선험적이고 자연법적인 권리로서 헌법에 규정된 모든 기본권의 전제로서 기능하는 기본권 중의 기본권이라 할 것이다.6)

---

4) 현재까지 최소한 22명의 자영업자들이 스스로 목숨을 끊었다. 조선일보 인터넷판 노정태, 2021. 10. 2. '자영업자 학살극 주범은 숫자놀음에 정신 팔린 K방역'「아무튼, 주말-노정태의 시사 哲」

5) 헌법재판소 2008. 12. 26. 선고 2008헌마419 등 미국산 쇠고기 및 쇠고기 제품 수입위생조건 위헌확인

6) 헌법재판소 1996. 11. 28. 선고 95헌바1 형법 제250조 등 위헌소원

이렇게 헌법재판소는 생명권을 '기본권 중의 기본권'이라고 평가하면서 그 중요성을 설파하였다.

그런데 어떤 국가나 정부의 행위가 생명권을 침해하는 행위라고 인정받기 위하여는 주의할 점이 있다. 국민의 생명이나 신체가 침해되었다는 것만으로는 '생명권의 침해'라고 하기에는 부족하다. 조금 다른 측면에서의 보강이 필요하다.

국가는 국민의 기본권을 보호할 의무가 있다. 그런데 국민의 기본권은 주로 사인(私人)인 제3자에 의한 신체나 생명의 침해로 훼손되고, 이때 국가는 기본권을 보호하기 위하여 적어도 적절하고 효율적인 보호조치를 하지 않으면 안 된다. 국가는 국민의 생명 · 신체의 안전을 보호하기 위한 조치가 필요한 상황인데도 아무런 보호조치를 취하지 않았다든가 설사 어떤 조치가 있었더라도 그것이 침해당하는 법익을 보호하기에 불충분한 것임이 명백한 경우 국가의 책무를 다하지 않았다는 평가를 받는다. 이를 '과소보호금지의 원칙'이라고 한다. 이에 관한 헌법재판소의 판시는 아래와 같다.

헌법재판소는 권력분립의 관점에서 소위 "과소보호금지원칙"을, 즉 국가가 국민의 법익보호를 위하여 적어도 적절하고 효율적인 최소한의 보호조치를 취했는가를 기준으로 심사하게 된다. 따라서 입법부작위나 불완전한 입법에 의한 기본권의 침해는 입법자의 보호의무에 대한 명백한 위반이 있는 경우에만 인정될 수 있다. 다시 말하면 국가가 국민의 법익을 보호하기 위하여 전혀 아무런 보호조치를 취하지 않았든지 아니면 취한 조치가 법익을 보호하기에 명백하게 전적으로 부적합하거나 불충분한 경우에 한하여 헌법재판소는 국가의 보호의무의 위반을 확인할 수 있을 뿐이다.

헌법재판소는 원칙적으로 국가의 보호의무에서 특정조치를 취해야 할, 또는 특정법률을 제정해야 할 구체적인 국가의 의무를 이끌어 낼 수 없다. 단지 국가가 특정조치를 취해야만 당해 법익을 효율적으로 보호할 수 있는 유일한 수단일 경우에만 입법자의 광범위한 형성권은 국가의 구체적인 보호의무로 축소되며, 이 경우 국가가 보호의무이행의 유일한 수단인 특정조치를 취하지 않은 때에는 헌법재판소는 보호의무의 위반을 확인하게 된다.[7]

우리 헌법은 제10조 제2문에서 "국가는 개인이 가지는 불가침의 기본적 인권을 확인하고 이를 보장할 의무를 진다."라고 규정함으로써 국가의 적극적인 기본권보호의무를 선언하고 있는바, 이러한 국가의 기본권보호의무 선언은 국가가 국민과의 관계에서 국민의 기본권보호를 위해 노력하여야 할 의무가 있다는 의미뿐만 아니라 국가가 사인 상호간의 관계를 규율하는 사법(私法)질서를 형성하는 경우에도 헌법상 기본권이 존중되고 보호되도록 할 의무가 있다는 것을 천명한 것이다.

---

7) 헌법재판소 1997. 1. 16. 선고 90헌마110 등 교통사고처리특례법 제4조 등에 대한 헌법소원

그런데 국민의 기본권에 대한 국가의 적극적 보호의무는 궁극적으로 입법자의 입법행위를 통하여 비로소 실현될 수 있는 것이기 때문에, 입법자의 입법행위를 매개로 하지 아니하고 단순히 기본권이 존재한다는 것만으로 헌법상 광범위한 방어적 기능을 갖게 되는 기본권의 소극적 방어권으로서의 측면과 근본적인 차이가 있다.

국가가 소극적 방어권으로서의 기본권을 제한하는 경우 그 제한은 헌법 제37조 제2항에 따라 국가안전보장·질서유지 또는 공공복리를 위하여 필요한 경우에 한하고, 자유와 권리의 본질적인 내용을 침해할 수는 없으며 그 형식은 법률에 의하여야 하고 그 침해범위도 필요최소한도에 그쳐야 한다. 그러나 국가가 적극적으로 국민의 기본권을 보장하기 위한 제반조치를 취할 의무를 부담하는 경우에는 설사 그 보호의 정도가 국민이 바라는 이상적인 수준에 미치지 못한다고 하여 언제나 헌법에 위반되는 것으로 보기 어렵다. 국가의 기본권보호의무의 이행은 입법자의 입법을 통하여 비로소 구체화되는 것이고, 국가가 그 보호의무를 어떻게 어느 정도로 이행할 것인지는 입법자가 제반사정을 고려하여 입법정책적으로 판단하여야 하는 입법재량의 범위에 속하는 것이기 때문이다.

물론 입법자가 기본권 보호의무를 최대한 실현하는 것이 이상적이지만, 그러한 이상적 기준이 헌법재판소가 위헌 여부를 판단하는 심사기준이 될 수는 없으며, 헌법재판소는 권력분립의 관점에서 소위 "과소보호금지원칙"을, 즉 국가가 국민의 기본권 보호를 위하여 적어도 적절하고 효율적인 최소한의 보호조치를 취했는가를 기준으로 심사하게 된다. 따라서 입법부작위나 불완전한 입법에 의한 기본권의 침해는 입법자의 보호의무에 대한 명백한 위반이 있는 경우에만 인정될 수 있다. 다시 말하면 국가가 국민의 법익을 보호하기 위하여 아무런 보호조치를 취하지 않았든지 아니면 취한 조치가 법익을 보호하기에 명백하게 부적합하거나 불충분한 경우에 한하여 헌법재판소는 국가의 보호의무의 위반을 확인할 수 있을 뿐이다.[8)]

이처럼 백신확보의 실패로 국민의 생명·신체의 안전에 대한 보호의무를 국가가 위반하였는가, 즉 국가의 어떠한 행위가 국민의 기본권인 생명권을 침해하였는가의 문제는 국가가 이를 보호하기 위하여 적어도 적절하고 효율적인 최소한의 보호조치를 취하였는가 하는 기준으로 살펴보아야 할 것이다. 즉 헌법재판소 판례가 제시한 '과소보호금지의 원칙'을 충족하였을 때에 비로소 위헌적인 생명권의 침해가 인정되는 것이다. 그러면 구체적으로 현 정부에 의해 초래된 초기 백신확보의 실패는 과연 헌법적으로 어떤 평가를 받을 수 있는 것인가?

앞에서 본 바와 같이 다른 나라들은 필사적으로 2020년의 봄에서 가을까지에 걸쳐 코로나 백신확보를 위하여 전쟁 같은 확보전을 벌이고 있었다. 그러나 문재인 정부는 우리가 독자적으로 백신이나 치료제를 잘 개발할 수 있으리라는 환상에 젖어 정말 거짓말

---

8) 헌법재판소 1997. 1. 16. 90헌마110, 2004헌바81 민법 제3조 등 위헌소원

처럼 백신확보를 위하여 어떠한 노력도 하지 않았다. 그리고 이는 다수의 국민이 코로나로 인해 생계를 위협받는 비참한 상태에 내몰리는 사태를 초래하였다. 물론 코로나로 인한 사망자 수의 증가에 적극적으로 기여하였다.

과거 이명박 정부의 미국산 쇠고기 수입[9]이나 대통령 박근혜의 세월호 참사에 대한 미흡한 대응[10]이 바로 국민의 기본권인 생명권을 침해한 것은 아니라는 판시를 헌법재판소가 한 일이 있다. 그러나 코로나 백신확보를 제대로 하지 못하여 그동안 생긴 비극적 현상은 과거 미국산 쇠고기 수입으로 인한 결과나 세월호 구조 방치로 인한 결과를 훨씬 초월하는 것이었다. 그리고 코로나 백신 확보실패는 미국산 쇠고기 수입이나 세월호 참사에 대한 미흡한 조치와는 성격면에서 많은 차이가 있다.

아직 더 많은 정보가 가시화되어야 하겠으나, 대체적인 사태의 전개과정으로 보아 판단하자면, 문재인 정부는 백신확보의 가장 중요한 시기 즉 2020년 봄, 여름 그리고 가을인 그해 11월말까지 적절하고 효율적인 최소한의 조치도 하지 않음으로써 백신확보를 하지 않았다. 이것은 단순한 정책상의 실수라고 하기는 힘들다. 정부는 A와 B의 선택지 중에서 하나를 고른 것이 아니다. 당시에도 백신은 코로나 사태에 대처하는 가장 유효한 수단이라는 인식이 전문가들 사이에서는 일반화되어 있었음에도 정부는 이를 무시하였다. 멍청한 눈으로 우리가 K-방역의 연장선에서 세계를 선도하는 코로나 백신이나 치료제 생산국가로 발돋움할 수 있을 것이라는 근거 없는 환상에서 벗어나지 못했다. 환상의 작출 그리고 이 환상에의 어리석기 짝이 없는 믿음과 도피는 결코 정책상의 단순한 잘못이라는 평가를 내리기 어렵다. 그리고 이로 인해 너무나 엄청난 결과가 초래되었다. 그리고 이 결과는 정상적인 인식능력을 가진 사람이 판단했다면 바로 백신확보에 손을 놓고 있던 시점에서 상식적으로 충분히 예측할 수 있는 것이었다. 이러한 점들을 종합한다면, 정부의 백신확보실패는 향후 헌법재판소의 심판을 받는 경우 국민의

---

9) 헌법재판소 2008. 12. 26. 선고 사건에서 헌법재판소는 "이 사건 고시가 개정 전 고시에 비하여 완화된 수입위생조건을 정한 측면이 있다 하더라도, 미국산 쇠고기의 수입과 관련한 위험상황 등과 관련하여 개정 전 고시 이후에 달라진 여러 요인들을 고려하고 지금까지의 관련 과학기술 지식과 OIE 국제기준 등에 근거하여 보호조치를 취한 것이라면, 이 사건 고시상의 보호조치가 체감적으로 완벽한 것은 아니라 할지라도, 위 기준과 그 내용에 비추어 쇠고기 소비자인 국민의 생명 · 신체의 안전을 보호하기에 전적으로 부적합하거나 매우 부족하여 그 보호의무를 명백히 위반한 것이라고 단정하기는 어렵다 할 것이다."고 판시함으로써 미국산 쇠고기 수입을 허용하는 조치가 생명권 침해에 해당하지 않는다고 판시하였다. 그런데 이 판시를 보면, 정부가 지금까지의 관련 과학기술 지식과 국제기준 등에 근거하여 나름의 조치를 취한 후에 쇠고기 수입을 허용한 것임을 인정하였는 바, 이것이 설혹 잘못된 결과를 낳는다 하더라도 이는 정책상의 실수 혹은 실패에 불과한 것이다. 이 점에서 백신확보의 실패는 미국 쇠고기 수입 허용과는 뚜렷이 구별된다고 본다.

10) 헌법재판소 2017. 3. 10. 선고 2016헌나1 대통령(박근혜)탄핵 사건에서 헌법재판소는 "피청구인(박근혜)은 행정부의 수반으로서 국가가 국민의 생명과 신체의 안전 보호의무를 충실하게 이행할 수 있도록 권한을 행사하고 직책을 수행하여야 하는 의무를 부담한다. 하지만 국민의 생명이 위협받는 재난상황이 발생하였다고 하여 피청구인이 직접 구조 활동에 참여하여야 하는 등 구체적이고 특정한 행위의무까지 바로 발생한다고 보기는 어렵다. 세월호 참사에 대한 피청구인의 대응조치에 미흡하고 부적절한 면이 있었다고 하여 곧바로 피청구인이 생명권 보호의무를 위반하였다고 인정하기는 어렵다."고 판시함으로써, 세월호 사건으로 인한 생명권 침해를 부정하였다.

생명권을 침해한 행위로 판정받을 공산이 크다.

## 향후에 남겨진 과제

2021. 3. 9. 대통령 선거를 거쳐 5월에 새 정부가 들어섰다. 현 정부에서 반드시 코로나 피해확대에 큰 원인이 된 코로나백신확보의 실패에 관하여 권위 있는 기관의 조사가 이루어져야 마땅하다. 이것이 정부위원회의 형식이건 국회의 국정조사 형식이건 그 조사는 반드시 이루어져야 할 것이다. 나아가 수사의 착수나 아니면 헌법소원 등의 형태로 사법기관에서 최종적인 책임에 관한 판정이 이루어졌으면 한다. 그리고 이와 같은 조사나 재판에서는 또 하나의 쟁점, 즉 우리가 2020. 12월들어 다급하게 백신확보를 위해 애쓰면서 수요자에게 현저히 불공정한 계약조건하에서, 특히 엄청난 바가지를 쓰고 백신을 도입하여 막대한 재정적 손해를 야기하는 계약을 체결하였다는 의혹에 관하여도 반드시 규명이 되어야 할 것이다.[11)]

만약 지난 문재인 정부의 백신확보실패가 국민 기본권인 생명권을 침해하는 것이었다는 헌법재판소의 판시가 되어진다면, 그것은 문재인 정부 고위층의 형사상 '직무유기' 범죄의 성립으로 이어질 가능성도 없지는 않다.

11) 이와 같은 점에 관하여는 그동안 국내언론에 단편적으로 소개가 되곤 했다. 예컨대 중앙일보 인터넷판 김민욱 기자 2021. 8. 18.자 , "美는 모더나 계약서 103쪽 전부 공개…韓은 왜 꽁꽁 숨기나" 등.

# 명예훼손의 위법성 조각사유에 관한 체계적 고찰

박용상*

## 글 머리에

이 논문에서는 우리 법제상 명예훼손(죄)의 위법성 조각 사유 전반에 관한 체계적 고찰과 함께 그 미비점을 보완하기 위해 영미법 및 독일 법제의 법리를 도입하여 정비하는 방안을 살펴본다. 우리 법제상 유일한 명문의 위법성조각사유로 규정된 형법 제310조를 적용하려면 ① 공익 사항에 관해 ② 진실한 사실임을 입증하여야 한다. 공익 요건을 요하는 동조는 미디어의 언론 보도에는 쉽게 적용될 수 있으나, 비공적 사안에서 표현행위자가 그 자신 또는 타인의 개인적 이익을 옹호하는 명예훼손적 진술은 진실임을 입증하더라도 적용될 수 없다. 대법원은 이러한 경우 형법 제20조의 정당행위의 개념을 원용하여 위법성을 부인하거나, 때로는 질문이나 그에 대한 확인 대답이 문제된 경우 명예훼손의 고의나 사실적시가 없다는 이유를 들어 표현행위자를 보호하는 입장을 취하여 왔다. 그러나 이러한 어프로치에는 문제가 많고 만족할 해결을 줄 수 없다. 이에 필자는 영국 보통법상 제한적 특권의 법리와 독일 형법상 정당한 이익의 옹호(독일 형법 제193조)의 법리를 살펴보고 이를 우리 법제에 도입하는 방안을 제안한다.

나아가, 공적 사안에 관한 언론 보도의 경우에도 형법 제310조에 의한 진실 입증은 쉬운 일이 아니고, 그 입증 불능으로 인한 리스크를 부담하게 될 언론에게 위축효과를 야기하게 된다는 비판을 면할 수 없다. 이에 관한 대책으로서 필자는 전파자로서 미디어의 책임을 완화하는 영미법상의 제도를 도입하는 방안을 제안한다. 먼저, 영미에서 인정되는 '공정보도의 특권' (fair report privilege)은 미디어가 일정한 공적인 공식적 절차와 기록에 관해 공정하고 정확하게 보도한 내용은 거기에 설사 명예훼손적 내용이 포함되어 있는 경우에도 진위 여하에 불구하고 면책된다는 법리이다. 다음 '중립보도의 특권'(neutral reportage privilege)은 공익사항에 관한 토론이나 논쟁의 당사자가 행한 명예훼손적 주장을 중립적으로 보도한 경우 그 전파자의 명예훼손 책임을 면책시키는

* 변호사, 전 헌법재판소 사무처장

법리이다. 마지막으로, '통신뉴스의 항변'(wire service defense)은 언론미디어의 보도가 뉴스통신 서비스에 의해 전달된 정보를 재공표한(republish) 것이고, 그 자료가 명예훼손적임을 알지 못했거나 알 근거가 없는 경우에는 명예훼손의 책임을 지지 아니한다.

이상 위법성조각사유에 관한 체계적 비판적 논술은 현안이 되고 있는 형법상 명예훼손죄 중 진실한 사실적시 명예훼손죄의 폐지 논쟁(제2부)에 중요한 시사점을 제공할 수 있다. 이 글의 결론에서는 진실한 사실적시 명예훼손죄 폐지 반대론의 논거를 요약하여 본다.[1)]

# I. 사실적시 명예훼손에 대한 위법성 조각사유

## 1. 형법 제310조(진실의 항변)

우리의 형법은 제307조 제1항에서 명예훼손행위는 진위를 막론하고 일단 구성요건에 해당한다고 규정하여, 진실한 사실적시도 명예훼손적 내용이면 동조에 의해 처벌될 수 있는 한편, 형법 상 규정된 유일한 위법성 조각사유(형법 제310조)는 ① 공익 사항에 관해 ② 진실한 사실임을 입증하면 명예훼손행위의 위법성이 조각된다고 규정한다.

그러나 형법 제310조만으로는 명예훼손적 사실적시 행위의 위법성 조각 사유로 충분치 못하다. 우선 공익 요건을 요하는 동조는 미디어의 언론 보도에는 적용될 수 있으나, 비공적 사안에서 표현행위자가 그 자신 또는 타인의 개인적 이익을 옹호하는 명예훼손적 진술은 진실임을 입증하더라도 적용될 수 없다. 그럼에도 우리의 일상생활에서는 표현행위자나 타인의 이익을 위해 피해자의 명예를 훼손하는 사실적시를 허용할 필요가 있는 경우가 수없이 많을 수 있다.

대법원은 이러한 경우 형법 제20조의 정당행위의 개념을 원용하여 위법성을 부인하거나, 때로는 질문에 대한 확인 대답이 문제된 경우 명예훼손의 고의나 사실적시가 없다는 이유를 들어 표현행위자를 보호하는 입장을 취하여 왔다.

## 2. 형법 제20조(정당행위)

### (1) 대법원의 판례

다음 사례는 형법 제310조를 적용할 수 없는 경우이지만 대법원이 형법 제20조를

---

1) 이 논문은 2022년 9월 27일 한국프레스센터 19층 매화홀에서 유기천교수기념사업출판재단이 주최한 제18회 월송기념 학술심포지엄 "한국 민주주의와 언론"에서 "명예훼손의 위법성 조각사유에 관한 반성적 고찰 - 진실적시 명예훼손죄 폐지론 비판"이란 제목으로 발표한 기조발제 논문을 골격으로 하여 2022년 12월 16일 공법이론과판례연구회에서 필자가 발표한 내용을 정리한 것이다.

원용하여 정당행위로서 위법성이 부정된다고 판시한 사례들이다.

대법원 1956. 7. 13. 선고 4289형상149 판결

"조합원 회합석상에서 조합장에 대한 업무상 횡령고소사건의 전말을 보고함에 있어 '조합장은 구속당할 것이다' '조합공금을 횡령하고 도피 · 구속당하였다'는 등의 언사를 행한 것이 사회통념상 위법하다고 단정하기 어렵다."

서울중앙지법 형사항소1부 2006. 10. 23. 판결['불륜의 덫']

이 사건에서 법원은 자신의 누명(陋名)을 벗기 위해 피해자들의 불륜 사실을 공개한 피고인의 행위는 정당행위에 속한다는 이유로 무죄를 선고하였다.

대법원 1988. 9. 27. 선고 88도1008 판결 [직원비리의 상사 보고]

진실 여부에 불구하고 직원 비리에 관한 풍문에 대처하기 위해 상부에 보고한 행위가 문제된 경우.

대법원 1990. 4. 27. 선고 86도1467 판결 [불신임조합장 비난]

새 조합장(피고인)이 회의진행을 방해하는 피해자에 대해 불신임을 받고 조합장직에서 쫓겨나간 사람이라고 발언한 경우.

대법원 1990. 4. 27. 선고 86도1467 판결 [불신임조합장 비난]

"조합의 긴급이사회에서 불신임을 받아 조합장직을 사임한 피해자가 그 후 개최된 대의원총회에서 피고인 등의 음모로 조합장직을 박탈당한 것이라고 하면서 대의원들을 선동하여 회의진행이 어렵게 되자, 새 조합장이 되어 사회를 보던 피고인이 그 회의진행의 질서유지를 위한 필요 조처로서 이사회의 불신임결의과정에 대한 진상보고를 하면서 피해자는 긴급이사회에서 불신임을 받고 쫓겨나간 사람이라고 발언한 것이라면, 피고인에게 명예훼손의 범의가 있다고 볼 수 없을 뿐만 아니라 그러한 발언은 업무로 인한 행위이고 사회상규에 위배되지 아니한 행위이다."

이 사건의 경우에도 피고인의 피해자에 관한 명예훼손적 발언에 고의가 없다고 논단하는 것은 무리가 있고, 피고인 자신 또는 조합 및 조합원 전체의 정당한 이익에 속하는 회의의 원만한 진행을 위해 발언한 것이어서 위법성이 조각된다고 보는 것이 더 설득적일 것이다.

대법원 2008. 10. 23. 선고 2008도6515 판결 [상가 관리인 전력]

이전 관리인(피고인)이 새로 선임된 관리인(피해자)에 관해 전과 13범으로 관리인 자격이 없다는 내용의 준비서면을 제출하고 그 진위를 묻는 관리단 임원들에게 전과 13범이 확실하다는 등의 진술을 한 경우.

대법원 2018. 6. 15. 선고 2018도4200 판결 [마트 입점비]

피고인(마트운영자)가 납품업체 직원에게 피고인이 고용한 점장 을(피해자)이 납품업체들로부터 입점비를 받아 착복하였는지 소문의 진위를 확인하면서 갑도 입점비를 을에게 주었는지 질문한 경우.

### (2) 비판

이상의 사례에서 대법원이 명예훼손행위의 위법성을 부인한 결론에는 이의가 없으나, 그 논증 과정에서 정당행위의 개념을 동원한 대법원의 조치가 바람직한 것인가에는 의문이 있다. 이러한 어프로치에는 문제가 많고 만족할 해결을 줄 수 없다. 정당행위의 요건에 관한 기존 대법원 판례[2]에 비추어 그 적용에 한계가 있고 표현행위의 위법성을 조각함에 합리적이고 설득적인 논증이 될 수 없기 때문이다. 대법원 역시 다음 판례에서 이러한 문제점을 스스로 드러내고 있다.

대법원 2004. 5. 28 선고, 2004도1497 [제약회사 갑질 고발]

제약도매상(피고인)이 특정 제약회사의 불공정한 거래 행위(소위 "갑질")를 비난하는 취지의 글을 작성하여 국회의원이나 언론사, 다른 제약회사 등의 홈페이지에 게재한 행위가 형법 제310조 및 제20조에 해당하지 아니한다고 한 사례이다.

대법원은 "피고인의 위와 같은 행위가 그 수단과 방법에 있어서 상당성이 인정된다고 보기 어려우며, 이와 같은 인터넷 게재가 긴급하고 불가피한 수단이었다고도 볼 수 없어 사회상규에 위배되지 아니하는 정당행위로 볼 수 없다"고 판단한 원심을 지지하였다.

대법원 2004. 10. 15. 선고 2004도3912 판결

노조 수석위원장이던 피고인은 회사의 대표이사에게 압력을 가하여 단체협상에서 양보를 얻어내기 위한 방법의 하나로 위 회사의 다른 직원들과 함께 "회사 사장은 체불임금 지급하고 단체교섭에 성실히 임하라", "노동임금 갈취하는 악덕업주 사장은 각성하라"는 등의 내용이 기재된 현수막과 피켓을 들고 확성기를 사용하여 위와 같은 내용을 반복해서 불특정다수의 행인을 상대로 소리치면서 위 회사의 정문을 출발하여 부산광역시청을 경유, 부산지방경찰청 앞 인도까지 거리 행진하였다.

---

2) 대법원은 2003. 9. 26. 선고 2003도3000 판결에서 정당행위의 요건으로서 ① 목적의 정당성, ② 수단의 상당성, ③ 법익 권형성 ④ 긴급성 및 ⑤ 보충성의 요건을 제시하고 있으나, 자신 또는 타인의 정당한 이익을 옹호 또는 방어하기 위해 진실한 사실을 표현하는 행위에 긴급성 요건이나 보충성 요건까지 요구하는 것은 표현의 자유의 행사에 과도한 절제를 요구하는 것이어서 적합한 형량이라고 볼 수 없다. 명예훼손의 위법성을 조각하기 위해서는 목적을 달성함에 적정한 수단이면 족할 뿐, 이용 가능한 수단 중 가장 절제적 수단("schonendste" Mittel)을 요구하는 것은 아니기 때문이다(Martin Löffler, Presserecht, C. H. Beck-sche Verlagsbuchhandlung, München (1969), 1. Bd. S. 322).

대법원은 피고인의 이 사건 행위의 동기 및 목적, 당해 사실의 공표가 이루어진 상대방의 범위 등에 비추어 볼 때, 피고인의 판시 행위가 공공의 이익을 위하여 사실을 적시한 것으로 볼 수는 없다는 이유로 피고인을 유죄로 한 원심을 지지하였다. 피고인의 이 사건 각 행위는 근로조건의 개선을 위한 노사 간의 자치적 교섭을 조성하려는 행위로 볼 수 없고, 수단과 방법에 있어서 정당성도 인정될 수 없다는 것이었다.

위와 같은 대법원 판결 이후 헌법재판소는 "타인으로부터 어떤 부당한 피해를 받았다고 생각하는 사람은 손해배상청구 또는 형사고소와 같은 민 · 형사상 절차에 따라 이를 해결하는 것이 바람직하다. 이러한 법적 절차를 거치지 아니한 채 공연히 사실을 적시하여 가해자의 명예를 훼손하려는 것은 가해자가 져야 할 책임에 부합하지 아니하는 사적 제재수단으로 악용될 수 있으므로, 심판대상조항을 통해 그러한 악용 가능성을 규제할 필요성이 있다."고 판시하여 대법원 판결을 뒷받침하는 취지의 판시를 내고 있다.[3]

어쨌든 위와 같은 사례에서 폭로 · 공개행위는 진위 여부에 관해 다툼이 있기 마련이지만, 진실이 입증되는 경우에는 피해자의 명예권과 대비하여 이익형량에 의해 보호받을 수 있다. 즉, 공익성 요건이 충족되지 않아 형법 제310조가 적용될 수 없다고 하더라도 당해 진술의 위법성 여부에 관하여는 상술한 제한적 면책특권의 법리나 독일 형법의 정당한 이익 옹호 법리가 취하는 기준을 본받아 위법성 조각 여부를 판단할 수 있을 것이다. 그리고 이 경우 명예훼손적 표현행위가 행해진 범위 및 그 효과에 비추어 과도한 명예 침해가 야기된 경우에는 위법성이 조각되지 않는다는 점에 주목해야 할 것이다.[4]

이에 필자는 영국 보통법상 제한적 특권의 법리와 독일 형법상 정당한 이익의 옹호(독일 형법 제193조)의 법리를 살펴보고 이를 우리 법제에 도입하는 방안을 제안한다.

## 3. 질문과 명예훼손

대법원은 상술한 바와 같이 정당행위의 개념을 원용하는 이외에 때로는 유사한 사안에서 피고인의 명예훼손에 관한 범의를 부인하거나 사실적시의 존재를 부인하는 방법으로 피고인을 면책시키는 방안을 강구하기도 하였다.

그 중에는 피해자에 관한 명예훼손적 사실을 질문한 경우와 그에 대해 대답한 행위가 명예훼손이 되는가하는 문제가 쟁점이 되고 있어, 이에 관해 상세히 살필 필요가 있다.

### (1) 진정한 질문과 수사적 질문

독일 판례는 질문형식의 표현행위를 진정한 질문(echte Fragen)과 수사적(修辭的)

3) 헌재 2021. 2. 25. 선고 2017헌마1113 등, 판례집 33-1, 271
4) 대법원이 위 양 사례에서 내린 결론은 전술한 영미의 제한적 특권의 법리나 독일의 정당한 이익 옹호의 법리를 원용했을 경우와 같은 결론이라고 할 것이다.

질문(rhetorische Frage)의 범주로 구별하여 그 법적 효과를 따로 판단하고 있다.[5] 그에 의하면 진정한 질문(echte Fragen)은 질문자가 상대방의 답변을 구할 뿐, 스스로 아무 진술도 하지 않는다는 점에서 그 자체가 진위 또는 당부의 기준으로 측정될 수 없는 것이어서 사실적시나 의견표현 어느 것에도 해당하지 않는 독자적인 의미론적 범주(semantische Kategorie)를 형성한다고 한다.[6] 즉, 질문은 대답을 겨냥한 것이고, 그 대답은 하나의 가치판단, 아니면 사실적시로 나올 수 있다. 따라서 질문은 사실적시 및 의견표현과 나란히 독립한 표현행위의 범주로 보호되는데, 그 보호 정도는 진위가 논해질 수 있는 사실적시가 아니란 점에서 가치판단과 같은 것으로 취급되며,[7] 이러한 질문에도 자유언론을 위한 추정이 적용된다. 다만, 질문자가 그의 질문의 대상을 밝힐 필요가 있다고 표시하는 경우에는 의혹을 제기하는 표현이 있다고 볼 수 있다.[8]

요컨대, 피고인의 질문이 피해자에 관한 명예훼손적 사실의 유무에 관한 순수한 질문으로서 그에 대한 대답(그 대답은 사실적시나 의견표현일 수 있다)을 원한 것이었다면, 그 질문은 사실적시나 의견표현에 해당하지 않는 제3의 독립된 범주에 속하는 표현행위로서 의견에 준하는 보호를 받는다고 하는 것이 독일 판례의 입장이다.

한편, 대부분의 질문은 특정한 대상에 관해 질문자가 확인 또는 해명하려는 사실적 또는 평가적 종류의 가정을 명시적 · 묵시적으로 포함한다. 특히, 질문 문구가 제3자의 대답을 겨냥한 것이 아니거나, 여러 대답에 개방된 것이 아니면, 그것은 진정한 질문이 아니고 수사적 질문(rhetorische Frage)이다. 이 경우 질문자는 그 질문 자체에서 가정 또는 전제된 사실적시나 가치판단을 표현하는 것으로 취급된다. 따라서 하나의 질문에 전제되거나 개진된 사실적 가정이 타인의 명예를 손상하는 경우에는 질문도 제3자의 명예를 훼손할 수 있다. 그 경우 그것은, 가치판단과 사실 적시가 불가분적으로 혼합된 의견표현의 경우와 마찬가지로, 질문자가 자기 질문의 사실적 및 폄훼적 내용에 관해 근거를 제시할 수 있어야 한다.

다음 판례는 독일 연방헌법재판소가 질문 형식의 표현행위에 관해 처음으로 법적 평가를 행한 것이다.

BVerfGE 85, 23 (1991) [질문 형식의 표현행위]

이 판결은 독일 연방헌법재판소가 질문 형식의 표현행위에 관해 법적 평가를 행한 최초의 사례이다.

사실관계: 비스바덴시 한 구역의회의 한 교섭단체 소속 의원인 심판청구인(피고인)은 시가

5) BVerfG, 1991, 10. 9. 1 BvR 221/90 [질문 형식의 표현행위]

6) Wenzel, Das Recht der Wort- und Bildberichterstattung, 4. Auflage, Verlag Dr. Otto Schmitt KG, 1994, RN 4.29

7) 진정한 질문(echte Frage)은 그 자체에 어떤 진술도 포함하지 않는 것이기 때문에 그 내용의 진위를 가릴 수 없다. "질문자는 바로 무엇이 옳고 그른가, 진실인가 허위인가를 알려고 하며, 그 경우 여러 대답에 열려져 있기 때문에 질문 자체는 진실이나 허위의 기준에 따라 측정될 수 없"고 그것은 가치판단과 유사하다.

8) Wenzel, aaO RN 4.29, 10.135

출자한 유한회사가 운영하는 양로원에 관해 시장에게 14개항에 달하는 질의서를 제출하고, 이를 그 지역 잡지의 특별호에 게재하였다.

보도자료라는 돌출 제목이 붙은 질문목록은 다년간 명성을 지켜온 그 요양원이 최근 수년간 경영에 의해 위협받고 있다면서 위 요양원의 심각한 폐해에 관하여 14개 항목의 질문을 게재하였다. 그 질문에는 상세한 세목을 들어 여러 폐해가 지적되거나 존재하는 것으로 언급되고 있었다.

요양원장, 시설 책임자 및 운영책임자의 고소에 의해 구법원은 심판청구인을 독일 형법 제186조의 사실적시 명예훼손죄로 벌금형에 처하고, 해당 도시에서 발행되는 신문에 패소 판결의 취지를 공시하라고 명령하였다. 구법원에 의하면 그 공표된 기사는 질문형식을 취했으나, 그것은 증거조사가 가능한 사실 적시에 해당하며, 그 질문에 포함된 사실적시는 정상적 독자로 하여금 그 책임자가 요양원운영에 개인적 능력이 없고 비난받을 중요한 폐단을 가져오게 하였다는 인상을 주었다는 것이다. 구법원이 행한 증거조사에서 심판청구인의 질문에 근거가 될 수 있는 사실관계는 밝혀진 바 없었다.

연헌재 판시: 연방헌법재판소는 질문이 표현행위로서 기본권 보호를 받는가, 그리고 그것이 경우에 따라 어떻게 분류되는가 하는 쟁점에 관해 처음 법적 판단을 내리면서, 심판청구인의 표현행위가 허위의 사실주장이라고 평가하고 그를 처벌한 주법원 판결은 그의 기본권을 침해한 것이어서 위헌이라고 하면서 다음과 같이 판시하였다.

첫째, 질문의 의의에 관해, 질문은 가치판단 또는 사실적시 양자의 어느 개념에도 해당하지 않는 독자적인 의미 범주를 형성한다. "질문은 어떠한 진술도 하지 않고 하나의 진술을 이끌어 내려고 한다는 점에서 가치판단이나 사실적시와 구별된다. 질문은 대답을 겨냥한 것이고, 그 대답은 하나의 가치판단, 아니면 사실적시로 나올 수 있다." 그리고 "질문은 의견형성과정에서 중요한 역할을 한다. 그것은 문제를 주목하게 하고 대답을 불러내면서 의견형성에 기여하고, 그 의견은 다시금 표현될 수 있다. 그것은, 공공에 중요하게 관계되는 많은 분야에서 개인이 자신의 의견형성에 필요한 정보를 사용할 수 없어 그에게 오로지 비판적 또는 추급적으로 질문할 가능성만이 남을 때 더욱 중요하다. 질문에 기본권보호가 없으면 기본법 제5조 제1항이 전체로서 보장하려는 커뮤니케이션 프로세스의 보호는 불충분할 것이다."

둘째, 표현의 자유는 커뮤니케이션 과정을 전체로 보호하기 때문에 질문도 표현의 자유로 보호받는다. 질문은 가치판단 및 사실적시와 나란히 헌법에 의해 보호된다. 진정한 질문은 그 자체에 어떤 진술도 포함하지 않는 것이기 때문에 그 내용의 진위를 가릴 수 없다. "질문자는 무엇이 옳고 그른가, 진실인가 허위인가를 바로 알려고 하며, 그 경우 여러 대답에 열려져 있기 때문에 질문 자체는 진실이나 허위의 기준에 따라 측정될 수 없"고 그것은 가치판단과 유사하다. 따라서 질문은 사실 적시와 달리 가치판단과 같은 정도로 표현 자유의 기본권보호를 받는다.

셋째, 언어의 관용에서 진정한 질문과 수사적 질문을 구별할 필요가 있다. 질문형식으로 치장된 모든 문장을 다 질문으로 볼 수는 없고, 그 한에서 질문과 질문문장(Fragen und Fragesätzen)은 구별되어야 한다. 질문이 진술문장(Aussagesätze)으로 치장되기도 하고,

진술이 질문문장(Fragesätzen)으로 치장될 수도 있다. 질문 문구가 제3자의 대답을 겨냥한 것이 아니거나, 여러 대답에 개방된 것이 아니면, 그것은 이른바 수사적 질문("rhetorische Frage")이고, 사실상 질문이 아니다. 즉, 어떤 질문은 한 특정한 대상에 관해 질문자가 확인(Verifizierung) 또는 해명(Klärung)을 하려는 사실적 또는 평가적 종류의 가정(Annahmen)을 명시적 · 묵시적으로 포함한다. 그런 경우는 아무 진술 내용이 없는 순수한 질문이 아니다.

하나의 질문에 전제되거나 개진된 사실적 가정이 명예를 훼손하는 것이면 질문도 제3자의 명예를 훼손할 수 있다. 그 경우 그것은, 가치판단과 사실 적시가 불가분적으로 혼합된 의견표현의 경우와 마찬가지로, 질문자가 자기 질문의 사실적 및 훼손적 내용에 관해 근거를 제시할 수 있는가 여부 또는 그것이 꾸며 날조된 여부가 문제된다.

그 경우에도 기본권 행사에 위축효과를 주는 요건이 설정되어서는 안된다. 공공에 중요하게 관련되는 문제에 관해 있을 수 있는 폐해의 해명과 조사를 시도하는 시민이 스스로 조사를 실행하거나, 아예 물음을 포기하는 양자택일의 입장에 처하게 된다면 기본법 제5조 제1항의 보호 취지와 맞지 않을 것이다. 그러므로 질문에도 자유언론을 위한 추정이 적용된다.

넷째, 언어적 형식만이 믿을만한 열쇠가 되는 것이 아니기 때문에 진정한 질문과 수사적 질문(echten und rhetorischen Fragen)을 구별하기란 쉽지 않다. 주어진 사정에 따라 표현행위의 맥락과 사정의 도움을 받아 분류해야 한다. 그 분류의 결과에 따라 기본권 보호의 정도가 달라지므로 질문문장을 수사적 질문으로 분류함에는 이유가 제시되어야 한다. 한 질문문장이, 그로부터 진정한 질문 또는 수사적 질문으로 보이는, 여러 의미를 가지는 것이면, 법원은 양 의미를 형량하여 그 선택의 이유를 제시해야 한다.

헌재는 이 사건 심판청구인의 14개 항목에 걸친 질문목록 중 상당수가 진정/수사적 질문인지 구별이 어려운 경우임을 인정하면서, 그런 경우에는 원칙적으로 표현의 자유에 유리하게 추정하여 이를 진정한 질문으로 보아야 한다는 이유에서 그럼에도 그것을 허위 사실적시로 본 구법원의 판결을 취소하였다.

BGH, 09.12.2003 - VI ZR 38/03 - 질문이 허위 사실적시로 취급된 사례

피고 빌트차이퉁지는 2000. 9. 22.호 표지 및 제4면에 유명 연예인 Udo Jürgens의 "Playboy" 잡지 인터뷰를 보도하였다. 그 잡지에는 원고(Caroline: 모나코 공주)와의 관계에 관해 "Udo Jürgens는 Caroline과 동침?"이라는 표제 아래 부제목으로 "Playboy 인터뷰에서 그는 명백히 2가지 의미로 답한다"라고 게재되었다.

원고의 제소에 따라 지방법원은 위자료 1만유로의 지급과 정정을 명하였다. 항소심은 문제된 질문 문장의 진술 내용은 허위 사실을 적시한 것이고, 사실적 인상을 전달하였다고 하면서 위자료를 2만유로로 증액하였다.

BGH는 피고의 상고를 기각하면서 그 기사는 독자들에게 여러 가능한 답변의 선택을 맡기는 이른바 진정한 질문이 아니라고 판시하였다. 질문 형식으로 치장된 표현행위의 판단에 관한 연방헌법재판소의 판례에 따라 그 질문 문장을 부제목과 함께 해석하면 첫 부분에서 큰 제목에

외관상 선택적으로 던져진 질문이 부제목에서 긍정적으로 대답되고 독자들에게 긍정적 선택이 우선적으로 고려된다는 암시를 준다는 것이다. 계쟁 공표는 독자들에게 원고의 사적 영역의 관계에 관해 틀린 인상을 전달하게 되므로 원고의 정정청구권은 이유가 있다.

그리고 보도 후 제소 시까지 6개월이 경과하여 현실성이 없어졌다는 피고의 항변을 배척하면서 그러한 기간 경과는 허위 주장이 원고를 해치는 효과를 없애기에 충분치 않다고 판시하였다.

그러나 그 질문형식의 비판이 다툼 없는 사실을 근거로 한 필자의 추론으로 보아야 하는 경우에는 가치판단으로 취급되어야 하고, 비방적 비판이 되지 않는 한 면책된다고 보아야 할 것이다.[9)]

문제는 진정한/수사적 질문을 구별하는 일이다. 첫째, 명예훼손 여부가 문제되는 질문은 거의 언제나 사실적시의 일종으로 분류되는 의혹의 제기와 함께 행해지는 것이 보통이고 이러한 경우에는 의혹 제기의 요건에 관한 법리가 적용되어야 할 것이다. 그러한 질문 또는 의혹 제기 자체에 모종의 근거가 있어야 할 것이며, 단지 허무맹랑한 소문이라든가 전혀 날조된 것을 근거로 할 수는 없을 것이다.

둘째, 현재 한국의 정치적 상황에서 질문 형태로 근거 없는 험담을 날조하여 인신공격성 중상비방을 하는 관행에 대처할 필요가 있다는 점이다. 이와 관련하여 논란되는 것이 질문의 상세함 내지 구체성이 그 구별에서 갖는 의미이다. 전술한 독일 판례는 질문 내용이 상세하다는 것만으로는 그것을 수사적 질문으로 보기에 미흡하고, 오로지 표현행위자가 긍정 부정이 확정되지 않은 대답을 기대하고 질문하였는지 여부만이 결정적 의미를 갖는다고 판시하고 있다. 그러나 개념상 진정한 질문은 아무 진술내용도 갖지 아니할 것이 전제되고 있는데, 그렇다면 질문 내용에 원고의 명예를 훼손하는 비위나 폐단의 상세한 내용이 거론되었다면 아무 진술 내용도 없는 질문(이른바 진정한 질문)이라고 단정할 수는 없을 것이다. 이 경우 질문자가 (명예훼손적 내용이 포함된) 그 질문만으로써 어느 대답이 나오든 전혀 상관하지 않고 그의 말하는 목적이 충족되었다는 사정이 인정된다면, 그것은 수사적 질문으로 보아야 하고, 따라서 문제된 질문 내용에 전제 또는 가정된 내용에 따라 사실적시 또는 의견표현으로 보아 각기 그에 따른 요건이 충족되는 여부에 따라 책임 유무가 결정되어야 할 것이다.

셋째, 위 독일 판례는 양자의 구별이 어려운 경우에는 표현의 자유를 위한 추정이 적용되어야 함을 이유로 (진정한) 질문의 개념을 넓게 해석해야 한다는 입장을 취하고 있다.[10)]

---

9) 후술 BGH, Urteil vom 27. 9. 2016 – VI ZR 250/13 [기자의 업무에 대한 비판] 위 판례는 질문형식의 비판에 관하여 이를 의혹제기(사실주장의 일종)로 볼 것이 아니라 다툼 없는 사실을 근거로 한 필자의 추론으로 보아야 하며, 그러한 추론은 가치판단으로 보아야 하기 때문에 그것이 비방적 비판에 해당하지 않는 한 원고는 이를 수인해야 한다는 입장을 취한다.

10) BVerfGE 85, 23 (1991) [질문 형식의 표현행위]에서 주법원은 계쟁 질문목록에 표현된 내용이 사실적시이며, 진실임이 입증되지 않았다고 보았으나, 헌재는 위 14개 항목 중 상당수(질문 4 내지 10과 12)가 구별이 애매한 경우임을 인정하면서 진정한 질문으로 취급하라는 취지로 판시하고 있다.

### (2) 대법원 판례의 사례 - 범의 또는 사실적시의 부정

질문이 문제된 사례에서 대법원은 명예훼손죄의 범의(犯意)를 부정하거나 사실적시가 없다는 이유를 들어 피고인을 무죄로 판단하고 있으며, 이들 판례의 취지는 민사 명예훼손의 불법행위에도 그대로 적용될 수 있다. 이들 사례를 사실관계에 따라 일응 분류하면, 첫째 피고인의 피해자에 관한 명예훼손적 질문 자체가 기소된 경우, 둘째 피해자에 관한 명예훼손적 사실의 질문에 대답하면서 이를 확인한 피고인의 답변행위가 기소된 경우로 나누어 볼 수 있다.

#### 가. 질문이 기소된 경우

전술한 사례 중 피고인의 질문이 명예훼손으로 기소된 사례로서는 3건이 있다.[11] 이 경우에는 우선 상술한 독일 판례의 취지에 따라 피고인의 질문이 진정한 질문인가, 아니면 수사적 질문인가를 구별해야 할 것이다. 그런데 전술한 독일 판례가 지적한 바와 같이, 그 정의에 따라 실제로 양자를 구별하기란 쉽지 않고, 또 상기 예시된 대법원 판결들이 위와 같은 구별을 염두에 두고 논증하지 않았기 때문에 이를 분석하기란 쉽지 않다.

어쨌든 상술한 독일 판례에 의하면 진정한 질문인 경우에는 원칙적으로 적법성 추정을 받게되고 상술한 바와 같이 질문 대상에 관해 의혹을 제기하는 것으로 해석되는 등 특별한 사정이 없는 경우에는 면책될 것이다(의혹제기로 보아야 하는 경우에는 이를 위한 최소한의 근거가 있는지 여부에 따라 책임 여부가 결정될 것이다).

그렇지 않고 그것이 수사적 질문으로 해석된다면 그 질문 내용에 따라 명예훼손 책임의 귀속 여부가 결정될 것이다. 즉, 그 질문이 명예훼손적 사실을 전제로 하거나 사실상 추정하는 것이면 제3자의 명예를 훼손할 수 있다. 그 경우 그것은, 가치판단과 사실적시가 불가분적으로 혼합된 의견표현의 경우와 마찬가지로, 질문자가 자기 질문의 사실적 및 훼손적 내용에 관해 근거를 제시할 수 있는가 또는 그것이 꾸며 날조된 것인가에 따라 책임 여부가 결정된다.[12]

그러나 그러한 질문이라 하더라도 피고인이나 타인의 정당한 이익을 옹호하기 위해 발언된 것이고 합리적 범위 내의 진술로 인정될 수 있는 것이면 영미의 제한적 면책특권이나 독일의 정당한 이익 옹호의 법리에 의해 면책되는 것으로 보아야 할 것이다.

---

11) 대법원 1977. 4. 26.선고 77도836 판결[확인질문], 대법원 1985. 5. 28. 선고 85도588 판결 [목사 추문 확인 질문], 대법원 2018. 6. 15. 선고 2018도4200 판결 [마트 입점비 질문]

12) BVerfGE 85, 23 (1991) [질문 형식의 표현행위]: "그 경우에도 기본권 행사에 위축효과를 주는 요건이 설정되어서는 안된다. 공공에 중요하게 관련되는 문제에 관해 있을 수 있는 폐해의 해명과 조사를 시도하는 시민이 스스로 조사를 실행하거나, 아니면 물음을 그만두는 양자택일의 입장에 처하게 된다면 기본법 제5조 제1항의 보호 취지와 맞지 않을 것이다."

대법원 1977. 4. 26.선고 77도836 판결[확인질문]

피고인이 자기 아들이 저지른 폭행에 대하여 책임 소재와 범위를 명백히 하기 위하여 피해자의 어머니에게 피해자의 과거 건강상태와 질병 여부를 확인하기 위하여 질문한 경우, 대법원은 "이는 우리의 경험칙상 충분히 있을 수 있는 일로서 명예훼손죄의 고의없이 한 단순한 사실의 확인에 불과할 뿐 달리 명예훼손의 고의를 가지고 위와 같은 말을 하였다고 인정할 수 없다."고 판시하였다.

사실관계가 명확하지 않지만, 이 판결의 판시를 분석하여 보면 다음과 같은 논증이 가능하다. 우선 피고인의 고의를 따지기 이전에 피해자의 과거 건상상태 여하가 그의 외적 명예를 훼손하는가에 의문이 있기 때문에 그 점에서 피고인의 발언은 애당초 명예훼손의 객관적 구성요건에 해당하지 않는다고 볼 수 있다. 그러나 판시를 보면 대법원은 이러한 이유 때문에 범의를 부인하고 있는 것이 아니다. 검사가 기소한 취지가 피해자가 그의 건강상태를 숨긴채 치료비 배상책임을 추궁하여 오는 것이 도덕적으로 비난받아야 한다는 취지에서 피고인이 그와 같은 질문을 한 것으로 해석되면 일응 명예훼손의 구성요건에 해당한다고 볼 수 있을 것이다. 그런데 그러한 질문은 상술한 독일 판례에 따르면 순수한 질문으로서 의견표현과 유사한 법적 보호를 받는 것으로 보아야 할 것이고, 수사받는 아들의 정당한 이익을 위해 어머니로서 피고인이 행한 위와 같은 질문은 위법성이 조각된다고 보아야 할 것이다.

대법원 1985. 5. 28. 선고 85도588 판결 [전임 목사 추문 확인 질문]

대법원은 이 사건에서 "명예훼손죄의 주관적 구성요건으로서의 범의는 행위자가 피해자의 명예가 훼손되는 결과를 발생케 하는 사실을 인식하므로 족하다 할 것이나 새로 목사로서 부임한 피고인이 전임 목사에 관한 교회 내의 불미스러운 소문의 진위를 확인하기 위하여 이를 교회 집사들에게 물어보았다면 이는 경험칙상 충분히 있을 수 있는 일로서 명예훼손의 고의없는 단순한 확인에 지나지 아니하여 사실의 적시라고 할 수 없다 할 것이므로 이 점에서 피고인에게 명예훼손의 고의 또는 미필적 고의가 있을 수 없다고 할 수 밖에 없다."고 판시하였다.

그러나 위와 같은 사안에서 명예훼손의 고의가 없고 사실의 적시도 없다고 하는 대법원의 판시에는 선뜻 이해할 수 없는 점이 있다. 이 경우에는 행위자가 전임 목사의 추문의 진부에 관하여 알고자 그 대답을 기대하고 질문한 것이 명백하므로 진정한 질문으로 판단해야 할 것이다. 다만, 그러한 상황에서 전임 목사의 비리 여부를 교회 집사들에게 물어 밝혀내고 대책을 강구하는 것은 당해 교회 공동체의 공동의 이익을 위한 행위였다고 볼 수 있으므로 거기에 타인의 명예를 훼손하는 진술이 포함되었다 할지라도 후술하는 영미법상 제한적 면책특권의 법리를 적용하여 면책시키는 것이 더 바람직한 논증이 되었을 것이라고 생각된다.

대법원 2018. 6. 15. 선고 2018도4200 판결 [마트 입점비 질문]

피고인(마트운영자)는 그가 고용한 점장 을(피해자)이 납품업체들로부터 입점비를 받아 착복하였다는 소문을 듣고 납품업체 직원 갑을 불러 소문의 진위를 확인하면서 갑도 입점비를 을에게 주었는지 질문하면서 "점장 을이 여러 군데 업체에서 입점비를 돈으로 받아 해먹었고, 지금 뒷조사 중이다."라고 말한 사실로 명예훼손죄로 기소되었다. 대법원은 "불미스러운 소문의 진위를 확인하고자 질문을 하는 과정에서 타인의 명예를 훼손하는 발언을 하였다면 이러한 경우에는 그 동기에 비추어 명예훼손의 고의를 인정하기 어렵다"고 판시하였다.

피고인(상점주)의 질문은 상점 점장의 의무 위반 여부를 알기 위한 것으로서 상점주 자신의 정당한 이익을 위한 것이어서 위법성이 조각되는 사례로 봄이 타당하다고 생각된다.

그러나 그 질문형식의 비판이 다툼 없는 사실을 근거로 한 필자의 추론으로 보아야 하는 경우에는 가치판단으로 취급되어야 하고, 따라서 그것은 비방적 비판이 되지 않는 한 면책된다고 보아야 할 것이다.

BGH, 27. 09. 2016 – VI ZR 250/13 [기자의 업무에 대한 비판]

이 사건에서는 기자의 기사에 대한 질문 형식의 비판을 의혹제기(사실주장)로 볼 것인가, 아니면 의견표현(가치판단)으로 볼 것인가가 문제되었는데, BGH는 양자의 구별 한계와 기자의 업무에 대해 허용되는 비판의 범위에 관해 판시하였다.

원고는 한 때 PR대행사(G)를 경영하다가 현재 ZDF 방송사의 기자로서 고발 프로그램('DieFrontal 21')을 제작 · 방송하였다. 그 프로에는 Z제약사가 기자들을 고용하여 자신에게 불리한 증인을 없애려 한다고 비난하는 내용이 포함되어 있었다.

위 프로에 대해 한 의학잡지 기자인 피고는 "때로는 PR대리인 때로는 기자"라는 제목으로 원고를 비판하는 기사를 위 잡지에 게재 보도하였다. 그 기사에 의하면 원고는 자신이 과거 Z제약사를 위해 다른 기자(M)와 함께 위와 같은 비난받을 작업을 벌린 적이 있었고, Z사는 M의 위임에 따라 정보를 제보한 원고에게 그 대가로 40만 유로를 지급한 바 있으나, 추가 비용을 M에게 건네지 않았기 때문에 원고가 Z사를 비판하는 르포를 작성한 것이 아닌가 하는 의문을 제기하면서 "먼저 M이 Z사와 돈 때문에 다투고, 그 다음 M의 지인[원고를 지칭함]이 Z사에 대해 비판적으로 보도하는가? 'DieFrontal 21'[문제된 프로] 제작자도 역시 그것을 순수한 우연으로 생각한다"고 언급하였다.

원고는 피고의 기사가 원고의 일반적 인격권을 침해한다는 이유로 그 배포금지를 청구하였고, 1심과 항소심은 이를 인용하였다. 항소심은 피고의 기사를 보면, 원고가 Z사를 비난하는 프로를 제작한 동기가 Z사의 비용 미지급에 있다는 의혹을 제기하고 있는데, 심리 결과 그러한 의혹 제기에 필요한 최소한의 증거가 없기 때문에 피고의 기사는 삭제되어야 한다는 것이었다.

상고를 접수한 BGH는 피고의 기사 내용은 의혹의 보도가 아니라 다툼 없는 사실을 근거로 한 필자의 추론이며, 그러한 추론은 가치판단으로 보아야 하기 때문에 원고는 이를 수인해야 한다는 입장을 취하면서 다음과 같이 판시하였다.

BGH는 이 사건에서 피고의 기사가 진정한 질문인지 수사적 질문인지를 따져 보아야 한다면서, 연방헌법재판소의 기존 판례(BVerfGE 85, 23, 31)를 인용하여, 진정한 질문은 질문자가 특정한 내용을 진술하지 않으면서 하나의 진술을 유도하는 것이며, 그에 대한 대답은 가치판단으로도 또는 사실 적시로도 존재할 수 있지만, 그것은 표현의 자유 관점에서 보아 가치판단과 유사한 것이며, 내용적으로 아직 미결인 대답을 유도하지 않으려는 질문 문장(이른바 수사적 질문)은 오히려 가치판단이나 사실 적시 어느 것을 나타내는 진술을 형성하며, 법적으로 그렇게 다루어져야 한다고 전제하였다.

이러한 법리에 비추어 보면, 이 사건에서 피고의 기사는 M의 돈 다툼과 원고의 비판적 르포 간에 시간적 동시성 이상으로 모종의 이유가 존재하는지 여부에 관한 가치판단과 같은 개방된 질문을 제기하는 것으로 보아야 한다. 전체 맥락을 고려하면 기사의 필자는 이 질문에 대한 대답을 미결로 하고 독자들에게 넘겨주려는 것이 명백하기 때문이다. (그 기사에는 비용 미지급과 비판적 르포가 행해진 시간적 동시성, 그리고 원고와 M간의 지인관계 내지 공동작업 관계 이상의 사실이 언급되어 있지 않다. 그렇다면 독자들은 이들 제시된 사실에만 집착하여 질문을 부인하든가, 아니면 부정적 평가 용어를 사용하여 원고에 대한 거부적 정서 태도를 야기하려는 필자의 노력과 상관없이 그 질문을 긍정하든가 하는 것이 그들의 재량에 남겨져 있다.)

또 미결의 질문에 의하는 것이 아니라 진술 내용이, M과 Z와의 돈다툼과 원고의 비판적 르포 간에 시간적 연관 이상으로 무엇이 존재한다는 점에 관해, 필자가 독자들에게 대답을 이해시키려는데 있는 경우에도 가치판단의 형태로 의견 표현이 행해지는 것이다.

이어 BGH는 기자로서 원고의 직업활동에 대해 위와 같이 질문형식으로 비판한 피고의 표현행위가 허용될 수 있는가 여부에 관해 다음과 같이 판시하였다.

이 사건에서 계쟁 표현행위는 가치판단으로 취급될 질문으로서 원고의 사회적 영역을 대상으로 한 것이다. 그것은 그의 직업활동에 관한 것으로 애초부터 주위와 접촉 하에서 실현되는 개인적 발현의 영역이다. 기자는 공적 미디어를 통해 여론형성에 직접 영향을 미치는 업무를 행하기 때문에 기자의 뉴스 및 공공에 대한 태도를 공공에 알리고 토론에 의해 이를 통제할 수 있도록 하는 것도 헌법 상 보장된다. 언론의 감시 및 폭로 기능은 기자가 독립하여 공정하게 보도하는 경우에만 올바르게 이행될 수 있다. 이 감시기능을 위해서는 감시자에게 있을 수 있는 비리가 보도 및 공적 토론의 대상이 될 수 있어야 한다. 그러므로 기자는 그가 행한 보도와 관련하여 그의 동기에 관한 배경 질문, 그리고 타인에 의한 비판적 조명을 수인해야 한다. 피해자의 직업적 업적에 대한 비판은 허위 사실적시에 터잡은 것이 아닌 한 허용됨이 통상적이고, 비방의 한계에 이르기까지는 원칙적으로 수인되어야 한다.

### 나. 질문에 대한 확인 대답은 사실적시가 아닌가?

문제는 질문에 대한 확인 대답이 피해자의 명예를 훼손한 것으로서 처벌될 수 있는가 하는 점이다. 뒤에서 보는 바와 같이 대법원은 단지 질문에 확인 대답하는 것은 사실적시로 볼 수 없다거나, 명예훼손의 고의가 있다고 볼 수 없다는 입장을 취하고 있지만,[13)]

---

13) 대법원 1983. 8. 23. 선고 83도1017 판결, 대법원 2008. 10. 23. 선고 2008도6515 판결, 대법원 2010. 10. 28. 선고 2010도2877 판결

그러한 논증에는 문제가 있다.

위 사례들에서 피고인에게 명예훼손의 범의가 없다고 보는 것은 명예훼손죄의 고의에 관한 통설의 입장과 배치되는 것이고, 사실적시로 볼 수 없다는 입장은 표현행위 해석에 관한 일반원칙에 비추어 이를 수용하기 어렵다.

먼저, 일반적으로 명예훼손죄의 고의는 객관적 구성요건 요소의 인식 또는 인용(미필적 고의의 경우)을 내용으로 할 뿐, 가해의 의도 등 악의를 요하는 것은 아니다. 따라서 피고인은 객관적으로 타인의 명예를 저하함에 적합하다고 인정되는 사실이라는 점을 인식 또는 인용함으로써 족하며, 그것이 실제로 피해자의 명예를 해하였다거나 피해자를 가해하려는 목적을 가진 여부는 문제되지 않는다.

다음, 표현행위가 명예훼손적 의미를 갖는가 여부는 전체적 · 맥락적 고찰에 의해 편견없는 평균적 수용자가 표현행위로부터 받는 영향에 따라 해석해야 한다. 대법원도 종전 판결에서 일관되게 "명예훼손죄에 있어서 사실의 적시는 사실을 직접적으로 표현한 경우에 한정될 것은 아니고, 간접적이고 우회적인 표현에 의하더라도 그 표현의 전취지에 비추어 그와 같은 사실의 존재를 암시하고, 또 이로써 특정인의 사회적 가치 내지 평가가 침해될 가능성이 있을 정도의 구체성이 있으면 족한 것"이라고 판시하여 왔다.[14] 그렇다면 질문의 표현 내용이 명예훼손적 의미와 구체성이 갖추어진 것이라면 그것을 긍정하는 답변 역시 그와 같은 내용을 전달하는 의미를 가질 수밖에 없으며, 그 답변자에게 그러한 명예훼손적 표현을 정당화하는 사유가 있는지 여부를 검토하여 책임 여부를 정해야 할 것이다.[15]

이러한 입장에서 상술한 사례를 살피면, 먼저 피고인이 전에 피해자로부터 들은 바 있는 피해자의 진술로서 피해자의 명예를 손상할 사실의 유무에 관한 질문을 받고, 이를 확인 답변한 것이라면[16] 피해자가 이전에 실제로 그러한 진술을 하였는지 여부, 그리고 피고인이 피해자의 그러한 진술을 전달함에 어떠한 정당한 이익이 있었는가 여부를 따져 책임 여부를 정해야 할 것이다.

대법원 1983. 8. 23. 선고 83도1017 판결 [확인 대답]

피고인은 평소 감정이 좋지 않던 피해자가 전에 동리 주민에게 "김일성이 밑에 김정일이 있고 피해자의 망부 밑에 피해자가 있다"는 등의 말을 하고 다닌 적이 있다고 진술하여 피해자의 명예를 훼손하였다는 혐의로 기소되었다. 대법원은 "피고인이 위와 같이 발설하게 된 경위가 피해자가 과거에 그와 같은 말을 하고 다닌 적이 있었느냐는 동리 주민들의 확인 요구에 대답하는 과정에서 나오게 된 것이라면 그 발설 내용과 동기에 비추어 그 범의를 인정할 수 없고 또 질문에 대한 단순한 확인 대답이 명예훼손의 사실적시라고 할 수 없다"고 판시하였다.

---

14) 대법원 1991.5.14. 선고 91도420 판결, 대법원 2000. 7. 28. 선고 99다6203 판결 [경향만평], 대법원 2003. 1. 24. 선고 2000다37647 판결 등

15) 전술 영미법상 제한적 면책특권의 이론과 독일 형법 제193조의 정당한 이익 옹호 법리 참조.

16) 전술 대법원 1983. 8. 23. 선고 83도1017 판결의 사안

이 판결은 대법원이 명예훼손적 내용의 질문에 확인 대답한 행위에 대해 사실적시도 아니고 범의도 인정할 수 없다고 판시한 첫 사례이지만, 상술한 바와 같은 비판을 면할 수 없다.

나아가, 피고인 자신이 전에 진술한 바 있는 피해자의 명예를 훼손하는 사실에 관해 이해관계인의 질문을 받고 확인 답변한 경우[17]에는 그 답변 내용이 피고인이나 상대방 또는 제3자의 정당한 이익을 옹호하기 위한 것이었는가 여부(피고인의 입증을 요함)를 살핀 후, 긍정되면 피고인이 전에 진술한 명예훼손적 사실 내용이 허위이거나 악의로 진술되었다는 점을 원고(검사측)이 주장 입증하게 하여 명예훼손의 성부를 따져봐야 할 것이다.

대법원 2008. 10. 23. 선고 2008도6515 판결 [관리인 전과 확인]

이 판결에서 대법원은 "명예훼손사실을 발설한 것이 사실이냐는 질문에 대답하는 과정에서 타인의 명예를 훼손하는 사실을 발설하게 된 것이라면, 그 발설내용과 동기에 비추어 명예훼손의 범의를 인정할 수 없고, 질문에 대한 단순한 확인대답이 명예훼손에서 말하는 사실적시라고도 할 수 없다."고 판시하였다.

사실관계를 보면, 상가관리단 관리인 자격에 관해 가처분 사건 소송에서 다투던 피고인(이전 관리인)이 피해자(새로 선임된 관리인)에 관해 "뇌물공여죄, 횡령죄 등 전과 13범으로 관리인 자격이 없다"는 내용의 준비서면을 제출하고 이를 공소외 감사에게 팩스로 전송하였다. 이러한 사안에서 대법원은 피고인이 이 사건 관리단 임원들에 대하여 "피해자가 전과 13범인 것이 확실하다", "경찰서에 가서 확인해 보자"라고 말을 했다 하더라도, 이는 그 발언의 경위에 비추어 피해자의 전과에 대한 진위가 확인되었다거나 또는 그 진위를 확인해보자는 소극적인 확인답변에 불과하므로 명예훼손죄에서 말하는 사실의 적시라고 할 수 없고, 명예훼손의 범의도 인정할 수 없다고 판단하여 무죄를 선고한 제1심판결을 유지한 원심을 지지하였다.

그러나 대법원이 피해자에 관해 전과 13범이라고 주장하는 피고인의 준비서면 기재 진술이 사실의 적시도 아니고, 명예훼손의 범의도 인정할 수 없다고 한 원심 논증을 그대로 원용한 데는 의문이 있다. 오히려 상가 관리인 자격을 다투는 소송에서 이전 관리인(피고인)이 자신의 이익을 위해 또 상가관리단의 공동의 이익을 위해 피해자(새로 선임된 관리인)의 결격사유로서 위와 같은 명예훼손적 진술을 하였고, 그 진술이 진실로 인정된다면, 영미법상 제한적 특권의 법리에 의해 면책되는 것으로 다루는 것이 보다 합리적이었을 것이다.

대법원 2010. 10. 28. 선고 2010도2877 판결 [명예훼손적 발언의 확인]

대법원은 이 사건에서 명예훼손 사실을 발설한 것이 정말이냐는 질문에 대답하는 과정에서 타인의 명예를 훼손하는 사실을 발설하게 된 것이라면, 그 발설내용과 동기에 비추어 명예훼손의

---

17) 전술 대법원 2008. 10. 23. 선고 2008도6515 판결, 대법원 2010. 10. 28. 선고 2010도2877 판결의 사안

범의를 인정할 수 없다는 취지로 판시하였다.

입주자대표 등이 모인 아파트 자치회의에서 피고인이 피해자에게 허위의 사실을 말하였는데, 피해자가 피고인에게 그와 같은 말을 한 적이 있는지, 그리고 그에 관한 증거가 있는지 해명을 요구하였고, 피고인은 이에 대한 답을 하는 차원에서 피해자의 명예를 훼손하는 사실을 발설하게 된 것으로 보이고, 그렇다면 그 발설내용과 동기에 비추어 명예훼손의 범의를 인정할 수 없다고 판시하였다.

대법원 판결만으로는 사실관계가 명확하지 않지만, 이 사건에서 피고인은 이전에 피해자의 명예를 훼손하는 진술을 한 바 있고, 이후 피해자의 확인 요청에 따라 이를 시인하는 답변(본건의 공소사실)을 한 것으로 보인다. 이러한 경우 법원은 그 피해자의 명예를 훼손하는 사실의 진부 또는 정당한 이익의 옹호 여부에 따라 위법성 조각 여부를 판단하여야 할 것인데, 그에 이르지 않고 단지 범의를 인정할 수 없다는 이유만으로 피고인을 무죄로 판시한 데는 의문이 있다.

### 다. 검토

이상에서 본 바에 의하면 대법원이 명예훼손의 범의가 없다거나 사실적시가 없어 무죄로 판시한 다수 판례는 논증이 어색하고 설득력이 없다. 전술한 판례 중 대부분의 사례는 정당한 이익의 옹호에 의해 위법성이 조각되는 것으로 다루었어야 할 경우로 생각된다. 위 판례들의 사안에서 영미법상 제한적 특권의 법리나 독일 형법상 정당한 이익 옹호의 위법성 조각사유의 법리를 적용하였다면, 훨씬 더 적합한 논증이 되었을 것이다. 이를 검토하여 도입하는 방안이 필요함을 알 수 있다.

# II. 비교법적 고찰

## 1. 영국 보통법상 제한적 특권의 법리

### (1) 문면상 명예훼손(libel per se)

영국 보통법의 오랜 전통에 의하면 ① 범죄행위의 비난, ② 매독, 나병 및 전염성 질병을 가진다는 비난, ③ 업무, 직무, 거래 직업 또는 전문직의 기능과 솜씨에 관한 명예에 영향을 주는 비난, 그리고 ④ 여성이 부정(不貞)하다는 비난은 이른바 문면상 명예훼손(libel per se)으로서 진실인 경우에도 명예훼손의 소인을 구성하며, 그 이외의 명예훼손적 발언은 특별한 손해가 발생하였다는 입증이 있는 경우(libel per quod) 제소될 수 있다. 그리고 위와 같이 피고가 명예훼손적 의미를 갖는 발언을 하였음을 원고가 입증하면 패소를 면하려는 피고는 그의 발언이 ① (절대적 또는 상대적) 면책특권에 해당하거나 ② 일정한 정당화사유(진실의 항변 또는 공정한 논평 규칙)가 있음을 주장 · 입증하여 면책될 수 있을 뿐이다.

### (2) 제한적 면책특권의 유래

먼저, 영국에서 19세기 초부터 인정된 제한적 면책특권(conditional or qualified privilege)이란 피고가 그 자신 또는 상대방이나 제3자의 정당한 이익을 위해 그에 필요한 범위에서 피해자의 명예를 훼손하는 진술을 행한 경우에는 면책된다는 법리를 말한다. 이 법리는 18세기 초 영국 법원의 판결에서 유래하였다.[18] 농장주의 위탁을 받은 농장 인부가 맡겨진 일을 제대로 하지 않고 일을 망쳤다는 사실을 농장주에게 알린 농장 임차인의 행위가 명예훼손으로 제소된 사건에서 영국 법원은 업무의 수행과정에서 이익이 걸린 사항에 관해 공정하고 정직한 진술은 공동의 편의와 사회의 복리를 위해 보호된다고 판시하였다.

### (3) 제한적 면책특권 법리의 발전 - 미국 리스테이트먼트

이 법리는 미국에서 더 확대 세련되었는데, 미국 리스테이트먼트는 ① 화자 자신의 이익, ② 수령인 또는 제3자의 이익[19] (여기에는 근로자의 고용정보[20] 및 근무기록,[21] 신용정보[22]가 포함됨), ③ 화자와 타인이 공동으로 갖는 이익, ④ 화자, 수령인 또는

18) Toogood v Spyring 1 CM & R 181,149 ER1045

19) 리스테이트먼트 제595항에 의하면 그 수령인이나 제3자의 중요한 이익에 영향을 미치는 정보를 가지고 있는 자가 수령인에게 그 정보를 법적으로 알려 줄 의무가 있는 경우 또는 '일반적으로 승인되는 품위 있는 행위의 기준'(generally accepted standard of decent conduct)에 따라 정당화될 수 있는 경우에는 명예훼손적 사항의 표현행위자는 특권을 갖는다고 한다.

20) 미국에서 근로자의 고용정보에 관하여는 제한적 특권을 인정하는 것이 보통이다. 그것은 현재나 과거의 사용자로부터 장래의 사용자에게 제공되거나, 지휘명령 체계 내에서 동료 피용자를 평정하거나 상급자에게 보고할 의무를 갖는 직원의 고과에 확대되고 있다.

21) 근로자의 능력과 자질에 관한 정보(reports on employees)에 대하여 그를 채용하려는 기업주는 중대한 이해를 갖는다. 종전의 고용주가 새로운 고용주 또는 근로자 신용조사회사에게 피용자의 근무기록과 능력을 알릴 권한이 있다는데 미국의 판례는 일치하고 있다. 미국 판례는 피용자의 근무기록에 관하여 종전 고용주와 새 고용주 간의 자유롭고 공개된 정보 교환은 명백한 사회적 유용성(有用性)을 가지며, 피용자의 능력을 정확히 평가하는 것을 고무함으로써 공공의 이익이 최선으로 봉사될 수 있다는 입장을 취하며(Hunt v. University of Minnesota (1991, Minn App) 465 NW2d 88, 92, 6 BNA Ier Cas 150), 종전의 고용주가 새로운 고용주 또는 근로자신용조사회사에게 그 요청이 있든 없든 피용자의 근무기록과 능력을 알릴 권한이 있다고 한다(Smolla, Law of Defamation, §8.08[2][d]).

22) 신용조사 회사가 구독자에게 신용 보고서(credit reports)를 발행한 경우 이에 대한 특권은 현대 경제상 요구되는 신용정보(信用情報)의 신속한 흐름을 보장하는 것으로서 제한적 특권이 인정된다. 신용 보고에 강력한 제한적 특권을 인정하는 논거는 신용정보를 구하는 자는 정상적으로 보아 그 획득에 절실한 이익을 가지며, 그러한 정보의 자유로운 유통은 사회에 필수적이라는데 있다. 미국의 공정신용보고법(Fair Credit Reporting Act)에 의하면 소비자정보를 보도하는 기능을 행하는 신용조사기관에 대한 고용주의 정보 제공은 그 소비자를 해하기 위해 악의나 고의로 제공된 허위정보가 아닌 한 특권으로 보호된다. 대다수의 주는 신용보고서에 제한적 특권을 인정한다(Smolla, Law of Defamaion §8.08[2] [c]).

제3자의 근친(近親) 가족이 갖는 이익, ⑤ 공공의 이익을 위한 경우, 그리고 ⑥ 중하급 공무원의 직무상 진술에 관해 조건부 면책 특권을 인정한다.

그에 의하면 표현행위자나 수용자 또는 제3자 등의 이익을 위해 진실한 사실이더라도 피해자의 명예를 손상하게 될 사실을 함부로 아무에게나 진술하여 피해자의 명예를 훼손하는 것은 허용되지 않으며, 다만, 일정한 범위 내의 인물에게 자기 또는 타인의 이익을 옹호하기 위해 필요한 한도 내의 진술만이 허용되고 있음을 알 수 있다.

### (4) 제한적 특권 법리의 수용 필요성

영국에서 장구한 세월 동안 구체적인 사례를 통하여 축적된 판례법이 체계화한 면책특권에 관한 법리는 실천적이고 실용적인 중요한 의미를 갖는다. 우리의 경우에는 위법성 판단에 추상적으로 이익형량만을 강조할 뿐 그 이익형량의 구체적 방안에 관해서는 이렇다 할 법리가 형성되지 않았다. 보통법 상 제한적 특권의 법리와 그것을 적용한 판례는 구체적 비교형량의 사례를 보여주기 때문에 우리에게도 중요한 참고가 될 수 있다. 더욱이 현행법에 의하면 위법성조각사유로서 진실의 항변에는 공익요건이 요구되기 때문에[23] 비공적 사안에서 표현행위자가 그 자신 또는 타인의 개인적 이익을 옹호하는 명예훼손적 진술은 진실임을 입증하더라도 형법 제310조에 의해 면책될 수 없다. 이러한 사정을 고려한다면, 상대적 특권의 법리를 도입할 필요가 큼을 알 수 있다. 그럼에도 우리 판례가 명시적으로 영미의 제한적 특권 법리를 참고로 한 사례나 독일법제의 정당한 이익 옹호의 법리를 수용하거나 그에 유사한 논증을 한 사례는 찾아볼 수 없다.

전술한 바와 같이, 대법원이 단순히 정당행위에 해당한다고 보아 위법성을 부인한 판례 또는 범의(고의)가 인정될 수 없다고 하여 명예훼손의 성립을 부인한 다수의 사례에서 이 제한적 특권의 법리를 적용하였다면 더 합리적이고 적합한 논증이 될 수 있었을 것이다.

그렇다면 우리 법제에 이들 법리를 도입함에 아무 지장이 없는가? 독일에는 형법 제193조에 정당한 이익 옹호에 의해 위법성이 조각된다는 명문의 규정이 있고, 영미 보통법도 판례에 의해 자기 및 타인의 이익을 옹호하기 위한 명예훼손행위를 면책시키는 방대한 판례를 축적하고 있으나, 그러한 배경 사정을 갖지 못하는 우리의 경우 그들의 법리를 도입하여 적용할 수 있는가에 의문이 있을 수 있다.

그러나 우리 판례도 수차에 걸쳐 헌법상 표현의 자유와 명예권이 충돌하는 경우에는 위법성의 판단에서 이익 형량에 의해 실천적 조화를 도모하여야 한다는 입장을 반복하고 있으며, 독일에서 형법 제193조도 이러한 헌법상의 형량원칙을 형법에 구현한 것으로 이해하고 있는 것을 보거나, 영미 보통법이 수백년에 걸쳐 표현의 자유와 명예권 간의

23) 형법 제310조는 진실증명에 의한 위법성 조각사유의 요건으로서 "진실한 사실로서 오로지 공공의 이익에 관한" 것임을 요구한다.

균형적 형량에 관해 삶의 지혜를 농축하여 형성한 법리를 우리가 차용한다 하여 무슨 문제가 있다고 볼 수 없을 것이다.

## 2. 독일 형법 제193조 - 정당한 이익의 옹호

또 독일 판례에 의하면 타인의 명예를 훼손하는 진술은 표현행위자의 이익과 피해자의 피해법익을 비교 형량하여 위법성 여부를 정하게 되는데, 독일 형법 제193조(Wahrnehmung berechtigter Interessen)에 의하면 명예훼손적 진술은 표현행위자가 그의 정당한 이익을 옹호하기 위해 그에 필요한 한도에서 행해진 것이면 위법성이 조각된다고 한다. 진실한 사실이라 하더라도 위와 같은 사유가 있는 경우에만 위법성이 조각되는 것이다.

## 3. 언론 미디어의 공익 보도 특권

### (1) 개관 - 전파자 책임과 언론보도

미디어의 보도는 일반 공중을 상대로 정보를 제공하여 여론형성에 불가결한 기능을 행한다. 그러나 언론 미디어의 보도는 기자 등 미디어 종사원 자신이 체험한 것을 직접 표현하는 경우보다는 타인의 주장이나 진술을 취재 · 전달하는 경우가 더 일반적이다. 이러한 경우 타인의 주장 자체를 정확히 보도했음에도 그 주장 내용이 진실이거나 진실하다고 믿음에 상당한 이유가 있음을 입증하지 못하면 언론도 전파자로서의 책임을 벗어나지 못하게 된다(영국 보통법상 반복규칙, repetition rule 또는 미국 판례상 재공표책임 규칙, republication rule).

그러나 제3의 취재원에 의존하지 않을 수 없는 언론에 이러한 부담을 준다면, 공적 사안에 관한 언론보도는 위축될 수밖에 없고, 국민의 알 권리와 자유로운 토론을 보호함에 충분한 보장이 될 수 없다. 이러한 문제에 대처하기 위해 영미에서는 미디어의 전파자로서 책임을 완화하는 여러 가지 법리가 전개되어 왔다. 그 대표적인 법리가 언론의 공익보도특권이다. 첫째, 18세기 영국에서 판례로 인정되기 시작한 '공정보도의 특권'(fair report privilege)은 위 전파자 책임의 법리에 대한 예외로서 일정한 공적인 공식적 절차와 기록에 관한 공정하고 정확한 보도는 거기에 설사 명예훼손적 내용이 포함되어 있는 경우에도 면책된다는 법리이다. 둘째, '중립보도의 특권'(doctrine of neutral reportage, neutral reportage privilege)은 공익사항에 관한 토론이나 논쟁의 당사자가 행한 명예훼손적 주장을 중립적으로 보도한 경우, 그 전파자의 명예훼손 책임을 면책시키는 법리이다. 셋째, 미디어의 재공표 책임을 면책하는 또 하나의 법리가 미국 판례에서 전개된 '통신뉴스의 항변'(wire service defense)이다.

이들 법리는 공공의 알 권리를 위해 정보제공을 업무로 하는 미디어의 기능에 관계되어 미디어에만 인정되는 것이다. 그것은 언론과 개인의 표현행위에 일반적으로 적용되는 진실의 항변이나 상당성 항변 등 위법성 조각사유와 다른 것이며, 위와 같은 항변을 할 수 없는 경우에도 언론이 제기하여 면책될 수 있는 항변을 의미하는 것이기 때문에 이를 보완한다는 의미를 갖는다.

우리 판례는 언론의 전문보도 또는 인용보도에 있어서 진실의 항변은 인용 사실이 아니라 인용된 내용에 관한 진실 입증을 요한다고 보아 영미법 상의 이른바 반복규칙 내지 재공표책임 규칙을 확인 · 채용하고 있다. 그러나 이에 대해 형법 제310조를 적용하여 어려운 진실 입증을 요구하는 것은 공적 사안에 관한 보도에 위축효과를 갖는다는 점에 유의할 필요가 있다.[24] 이 때문에 영미에서 언론의 공익 사항의 보도에서 이를 활성화하기 위해 개발 형성된 공정보도의 특권, 중립보도의 면책특권, 통신뉴스의 항변 등 위법성 조각 항변의 법리를 고찰하고 이를 도입하는 방안이 강력히 요구된다.

그럼에도 영미 보통법에서 확립 적용되는 상술한 법리는 우리에게 생소한 것이고, 우리 판례가 이를 명시적으로 다룬 적도 없다. 본항에서는 이들 영미 보통법상의 법리를 대강 알아보고, 이들 법리가 우리의 법제에 수용될 수 있는가, 있다면 어떠한 논거에서 어떠한 범위에서 수용될 수 있는가 하는 점을 살펴보기로 한다.

### (2) 공정보도의 특권

#### 가. 의의

영미 보통법상의 이른바 '전파자 책임의 법리'(republication rule)에 의하면 명예훼손적 내용의 전파자는 주장자와 동일하게 책임을 부담한다. 이러한 법리를 엄격하게 적용하면 언론매체의 보도행위는 위축되지 않을 수 없다. 공정보도의 특권(fair report privilege)은 보통법의 전통적인 반복 규칙(재공표 책임 규칙)에 대한 예외로서 미디어가 일정한 공개적 · 공식적 절차에서 행해진 진술이나 기록을 공정하고 정확하게 보도하는 경우 그에 포함된 명예훼손적 진술의 진위 여하에 불구하고 면책을 주는 특권이다. 이것은 공적 절차의 공정하고 정확한 보도에 포함된 사실이 후에 허위로 밝혀진 경우에도 면책시키기 때문에, 공개적 공적 절차에서 행해지는 바를 아는 공공의 이익이 그로 인한 명예훼손 피해자의 이익을 상회하는 것으로 보는 보통법의 정책적 판단이 작용하고 있는 것이다. 공정보도의 특권은 제한적 특권의 하나이지만, 여타의 제한적 특권은 표현행위자가 진실임을 믿지 않았거나 허위임을 안 경우에는 상실되지만, 공정보도의 특권은 그 경우에도 적용된다는 점에서 보다 더 큰 보호를 베풀게 된다.[25]

---

24) 명예훼손의 위법성 조각사유로서 진실의 입증을 요건으로 하는 형법 제310조는 타인의 진술을 취재하여 인용 또는 전문 보도를 주된 업무로 하는 미디어의 경우에도 그 진실 입증이 쉽지 않으며, 상당성 항변도 진실이라고 믿음에 상당한 이유를 입증해야 한다는 점에서 무거운 부담이 되고 있기 때문에 공적 사안에 관한 보도에 위축효과를 갖는다는 주장에도 귀를 기울일 필요가 있다.

25) Sack and Baron, Libel, Slander, and Related Problems, second edition, Practising Law Institute

공정보도가 특권으로 면책되는 이유로 제시되는 논거는 ① 공적 감시 논거("public supervision" rationale)[26] ② 대리인 논거("agency" rationale)[27] 및 ③ 알 권리 논거("informational" rationale)가 있다.[28] 그 중에서 미국의 주류 판례가 취하는 주된 논거는 공적 감시 논거 및 대리인 논거이다. 그에 반해 일부 판례는 공공의 알 권리를 충족시킨다는 더 포괄적인 정당화 논거를 사용하여 비공식적 · 비공개 절차에 관해서도 이 특권을 확대하려고 한다. 그러나 이러한 어프로치는 공정보도라는 본래의 취지에 반하여 명예의 이익을 경시하게 되는 결과가 나올 수 있어 비판받고 있다.[29]

### 나. 공정보도의 요건

#### 1) 영국

영국에서 판례로 확립된 미디어의 공정보도 특권은 제정법에 수용되었다.[30] 그에 의하면 공정보도로 인정될 요건은 ① 정부의 절차와 공식적 행위 등 공적 관심 사항에 관한 보도나 진술이 ② 공정하고 정확할 것, 그리고 ③ 그 공표가 공공 편익을 위한 것이고 ④ 악의 없이 행해졌음을 요건으로 한다(영국의 1996년 명예훼손법 제15조 및 별표1).[31]

2013년 개정된 영국의 명예훼손법은 공정보도가 적용되는 공개적 공적 절차나 공적 행위에 관해 다음과 같이 확대 규정하고 있다.

---

(1994), 6.3.2.2.1 p. 370

26) "공정보도는 공공의 일원이 공적인 절차와 행위를 관찰하고 이를 아는 데 명백한 이익을 갖는다는 이론에 터잡는 것이다. 공적 대의자의 행동에 관한 시민들의 액세스는 그 대표에 의해 취해진 행위의 감시와 평가에 중요하다. 모든 공무원의 행위를 모니터할 수 없음이 명백한 시민들은 제3자의 설명에 의존한다. . . 만일 공식적 행위의 정확한 설명이 명예훼손 소송의 대상이 된다면 기자들은 공적 절차의 설명을 보도하는데 위축될 것이다."(Wynn v. Smith, 16 P.3d 424, 430 (Nev. 2001))

27) "공정보도를 재공표 책임에서 면제하는 역사적 정당화는 해당 사안이 이미 공적 영역에 있어("already in the public domain") 미디어는 단지 공공의 분신으로서 기자의 눈을 통해 정부의 업무가 어떻게 처리되고 있는가를 관측하도록 허용하는 데 있다."(Schiavone Constr., 847 F.2d at 1086 n.26).

28) David A. Elder, Defamation: A Lawyer's Guide, Clark Boardman Callaghan (1993) Ch. 3. §3-1 p. 2; Jonathan Donnellan & Justin Peacock, Truth and Consequences: First Amendment Protection for Accurate Reporting on Government Investigations, 50 N.Y.L. SCH. L. REV. 237, 248 (2005). http://www.nylslawreview.com/wp-content/uploads/sites/ 16/2013/11/50-1.Donnellan-Peacock.pdf

29) Elder, id., p. 762, 765, 800, 828. 양 어프로치의 차이는 법률에 의해 공개할 수 없는 비공개정보(confidential information) 또는 공식적 절차이지만 비공개절차에서의 진술에 명예훼손적 정보가 포함된 경우 이를 보도한 미디어에 특권을 적용할 것인가에 관해 차이를 가져온다. 이 경우 정보 논거에 의거하면 이를 허용하게 되지만, 공적 감시 및 대리인 논거에 의하면 부인되게 된다.

30) 그에 관한 상세한 논의는 박용상, 영미 명예훼손법, 143-180면 참조.

31) 원래 공정보도의 특권은 18세기 영국에서 법원의 재판에 관한 정확한 보도를 위해 인정된 것이 입법 또는 행정 절차에까지 확대되었다. 공정보도의 특권은 제정법에 수용되어 여러 차례 개정으로 그 범위가 확대되어 왔다. 1888년 개정 명예훼손법(Law of Libel Amendment Act 1888)은 한정된 범위의 공적 회의(public meetings)에 관해 공정하고 정확한 보도에 제한적 특권을 승인하였다. 1952년 명예훼손법은 ① 설명이나 반박 없이 특권이 되는 진술과 ② 서신이나 성명에 의한 요청에 따라 설명이나 반박이 게재될 것을 조건으로 인정되는 특권 등 2부류로 세분하여 규정하였고, 1996년 명예훼손법은 제정법 상 제한적 특권의 범주 리스트를 확대하고, 공정보도의 특권이 적용될 절차에 관해 구체적 · 개별적으로 정의하였다.

① 첫째, '절대적 특권'이 적용될 절차로서, 영국뿐 아니라 외국의 법률에 의해 설립된 법원의 절차 및 유엔 안보회의 또는 국제협정에 의해 설립된 국제 법원 및 법정에서의 절차에 관한 공정하고 정확한 보도가 명시되고 있다(동법 제7조 제1항).

② 둘째, 원고의 설명이나 반박을 게재할 필요 없이 제한적 특권을 갖는 진술(1996년 법 별표1 제1부)에 관한 보도로서, 이 특권들은 세계 어느 곳이든 (국가 및 지방정부 양자의) 입법부, 법원, 공적 조사, 국제 조직이나 회의, 그리고 이들 주체에 의해 공표된 문서, 고지 및 기타 사항의 공개된 절차에 대한 공정하고 정확한 보도(fair and accurate reports of proceedings in public)에 적용된다(2013년 법 제7조 제2항).

③ 셋째, 피고가 원고의 요구에 따라 그의 설명과 반박을 보도할 것을 조건으로 제한적 특권을 갖는 진술(별표1 제2부)의 보도로서, 정부 또는 (경찰 등) 정부기능을 수행하는 당국 또는 법원에 의해 공공을 위해 공표되는 정보의 복사 또는 발췌; (지방 당국 등의) 공적 회의 및 영국 공기업의 일반 회의 절차에 관한 보도; 그리고 영국 또는 EU 내에 설립된 협회(예술, 과학, 종교 또는 학습, 상거래, 산업, 직역단체 등의 협회, 스포츠협회 및 자선단체협회 등)의 사실확인이나 결정(findings or decisions)에 관한 보도가 포함 확대되었다(2013년 법 제7조 제3항 내지 제10항).

영국에서 공정보도의 특권은 공적 관심사가 아닌 사항의 공공에 대한 공표, 그리고 공공의 편의를 위한 공표가 아닌 경우에는 적용되지 않으며(1996년 명예훼손법 제15조 제3항), (a) 법률에 의해 금지된 사항의 공표를 보호하거나 (b) 본조와 별도로 존재하는 특권을 제한하거나 축소하는 것으로 해석되어서는 안 된다(동조 제4항).

#### 2) 미국

미국에서는 각주마다 제정법으로 공정보도의 특권을 도입하고 있으나, 그 구체적 입법규정이 상이하여 효력과 적용범위에 혼란이 있다.[32] 1977년 리스테이트먼트에 의하면 "공적 관심사를 다루는 것으로서 공식적 행위나 절차 또는 공개된 집회에 관한 보도에서 타인에 관해 명예훼손적 사항을 공표하는 행위는 그 보도가 보도된 사안의 정확하고 완전한, 또는 공정한 축약인 경우에는 특권을 갖는다."고 설명한다.[33]

미국 판례에서 적용되어 온 공정보도의 요건은 다음과 같다.

① 공식적 · 공개 절차

첫째, 리스테이트먼트나 판례의 주류는 이미 공공에 공개되고 공공이 접근할 수 있는 정부의 공식적 행위와 절차에 대해서만 공정보도를 적용하고 있다. 공식적 절차로서 공정보도가 적용되는 대표적인 것은 사법절차이다. 여기에는 각종 · 각급 법원에서 행해지는 모든 종류의 절차가 포함되며, 그 진행 상황은 물론 그에 관해 작성된 기록이나 그 절차에서 행해진 참여자의 진술을 보도 대상으로 한 경우라면 공정보도가 적용된다.[34)

32) Donnellan & Peacock, id., p. 251

33) Restatement (Second) of Torts § 611 (1977)

34) David A. Elder, Defamation: A Lawyer's Guide, Ch. 3. §3-1 p. 10-11. 다만, 민사소송의 기록에 관해서는 후술 논의 참조.

다음 연방, 주, 지방의 각 입법부에서 시행된 절차, 그리고 행정부의 각종 기관 및 공무원이 행한 공식적 · 공개적 절차나 진술 역시 공정보도의 대상이다. 그러나 각 주의 다수 판례는 이 특권을 비공식 절차 및 비공개 절차에까지 확대하고 있으며, 혼란이 가중되고 있어 비판받는다.

〈민사사건의 변론 내용 보도〉

리스테이트먼트에 의하면 "사법적 행위가 취해지기 전에 소장이나 항소장과 같은 준비서면 등의 주장 내용을 전파하는 것은 공정 보도의 특권에 해당되지 않는다."[35] 그리고 민사소송의 단순한 변론 내용은 민사기록에 편철되었다 하더라도 법원에 의해 아무 조치가 취해지지 않은 한 공정보도의 대상에서 제외되었다(이른바 "mere pleading rule").[36] 그것은 민사사건을 제기함으로써 악의적인 공개 보도를 유발하고 이를 악용하여 상대방의 제소를 좌절시키려는 시도를 막기 위한 것이었다. 즉, 중상적(中傷的) 진술을 퍼뜨리기 위한 책략으로 소송을 제기함으로써 보통법상의 특권을 남용하는 자에 대한 대책이었다.

그러나 1927년 판결[37] 이후 미국 판례는 공적 기록에 편철된 내용이면 모두가 위 면책범위에 속한다는 입장을 취하고 있다.[38][39] 그 제시되는 논거를 보면, 특정한 분쟁을 해결하기 위해 법원의 개입을 바라는 개인의 결정은 뉴스가 될 수 있고, 공적인 기록에서 취할 수 있는 자료가 자유로이 보도될 수 있다는 것은 공정보도의 핵심 논거인 '공공의 눈'의 법리('public eye' rationale)에 부합한다는 것이다. 그것이 야기하는 명예훼손적 결과에 대한 책임은 이를 보도한 자보다 근거 없이 악의로 행위한 그 당사자나 변호사에게 추궁되어야 한다는 것이다.[40]

그러나 영국 판례에 의하면 진행중인 소송의 변론에서 진술된 주장 내용을 요약하여 보도하는 경우에는 보호받지 못하며, 법원 기록에 포함된 주장도 공개 법정에서 진술되기 이전에는 공정보도의 대상이 될 수 없고, 공개된 법정에서 변론한 내용이라 하더라도 오직 X남, Y녀 간의 추문에 관한 보도는 허용되지 않는다고 한다.[41]

---

35) Restatement (Second) of Torts §611, comment c (1977)

36) Elder, id., p. 13; Restatement (Second) of Torts §611 comment e (1977). 법원 서기의 송달이나 상대방이 제출한 답변서의 접수만으로는 법원의 조치로 인정되지 않는다.

37) Campbell v. New York Evening Post, (1927) NY 320, 157 NE 153, 52 ARL 1432: 이 사건에서 법원은 악의적 제소를 억제하기 위해 위와 같이 법원의 조치를 요구하는 것은 실제상 · 이론상 의미가 없고, 사회의 광범위한 중요한 논쟁이 점차 민사소송에 의해 해결되는 사정에 비추어 변론 사항의 공정보도는 그에 대한 미디어의 공적 심사를 촉진하게 된다는 이유를 들어 민사소송의 변론도 사법절차 과정 중의 공개적 공식적 행위로 인정되어야 한다고 판시하였다.

38) Paducah Newspapers, Inc. v. Bratcher (1938) 274 Ky 220, 118 SW2d 178, 180에 의하면, "그것[제소와 소환]이 행해지면 그 분쟁은 더 이상 2 개인간의 사적인 것이 아니며, 어떤 관점에서 보아도 사법적 절차임이 분명하다"고 한다.

39) First Lehigh Bank v. Cowen, 700 A.2d 498, 500-02 (Pa. Super. Ct. 1997)에 의하면, "변론은 정부 건물 안에서 보존되는 공적 기록이며 일반인의 열람에 공개된다. 우리는 신문 기타 미디어가 명예훼손 소송에 노출됨이 없이 사법적 조치 이전에 변론 내용을 보도할 수 없다는 것은 잘못이라고 생각한다. 진행 중인 소송과 세금에 의해 운영되는 법원에 의해 수행된 관련 사실을 공공에 알리는 것은 미디어의 일이며 과업이"라고 한다.

40) Sack & Baron, id. p. 377

② 공정하고 정확한 보도

둘째, "공정하고 정확한"(fair and accurate) 보도라 함은 공식적 절차 · 행위의 설명에 관한 보도이며, 거기서 행해진 진술의 실체적 진실 여부는 문제시하지 않는다.

보도가 공정 보도의 특권에 의해 보호를 받으려면 분명하게 정확(正確)하고 공정(公正)해야 한다. 보도가 일반 평균 독자나 시청자의 인상에 대한 가능한 효과에 비추어 절차의 실체를 언급한 것이면 공정한 것으로 간주된다.[42]

정확해야 한다는 것은 명예훼손적 내용 자체가 아니라 공개 절차에서 행해진 진술 내용과 보도된 내용이 부합함(substantial accuracy)을 의미한다.[43] 실제 진술된 것과 문구적으로 일치함을 요하는 것은 아니고, 그 절차에 관하여 실질적(實質的)으로 정확하게 기술한 것이면 된다.

공정성(fairness)은 사실관계가 왜곡됨이 없이 중립성과 균형성의 요건을 갖추어야 함을 말한다. 따라서 행해진 절차나 공적인 기록에 관하여 요약 보도하면서, 그에 포함되어 있지 않은 자료를 언급한 경우 또는 일방적으로 편집하거나 불공정하게 취사(取捨)한 경우에는 공정성의 요건을 충족하지 못하게 되어 특권이 배제될 수 있다.[44] 법적인 책임이 추궁되는 사실을 보도하면서 동시에 그 면책 사유에 해당하는 사실을 누락한 경우에는 공정치 못한 보도로서 특권이 상실된다.[45]

이와 같이 공정보도의 법리는 피고가 공식적 절차나 행위를 공정하고 정확하게 보도했는지 여부에 관한 표면적 공정성과 정확성(facial fairness and accuracy)에만 초점을 맞출 뿐,[46] 기초되는 허위(underlying falsity)는 문제삼지 않는다. 그 때문에 기자가 진실하다고 믿지 않은 진술도 면책시키며, 현실적 악의 기준에 의해 보호받을 수 없는 자료까지도 보호하게 된다는 비판을 받는다. 따라서 이 특권을 남용하여 가해하려는

41) Webb v Times Publishing Co. Ltd. [1960] 2 QB 535; STERN V PIPER AND OTHERS [1997] QB 123, [1996] 3 All ER 385

42) Murray v. Bailey, _ F. Supp. _ , Med. L. Rep. 1369 (N.D. Cal. 1985)

43) Mathis v. Philadelphia Newspapers, Inc., 455 F. Supp. 406 (E. D. Pa. 1978)

44) Brude W. Sanford, Libel and Privacy, Second Edition, Prentice Hall Law & Business (1993) p. 483

45) Doe v. Doe, 941 F.2d 280, 19 Med. L. Rep. (BNA) 1705 (5th Cir.), modified and reh' g denied, in part, 949 F.2d 736 (5th Cir. 1991)

46) 공적 절차에 관한 실제의 바른 설명과 대비하여 실질적으로 다른 의미나 결함(stigma)을 지적하는 것이 아니면 공정보도의 요건은 충족된다(이른바 실질적 부정확성(substantial inaccuracy) 요건). 판례에서 공정보도가 부인된 경우를 보면, 공적 기록에 포함된 범죄와 질적으로 다른 범죄를 범하였다거나 혐의를 기술한 경우, 그리고 절차에서 단지 주장된 사실을 기자의 판단으로 그 사실이 존재하는 것으로 보도한 경우(Elder. id. §3-6 p. 62), 법원에서 행해진 바를 보도한다는 핑계로 절차의 전부 또는 일부를 보도하면서 그에 관해 명예훼손적 관측과 논평을 곁들이는 경우, 범죄행위 기타 부도덕적이거나 전문직윤리에 반하는 행위의 주장을 채용하거나 동조하는 경우, 절차에서 관계자가 주장한 사실을 기정 사실로 간주하여 설술하는 경우, 특히 피해자의 성품과 지위에 크게 해로운 사실을 유추할 수 있는 제목이 사용된 경우 등이다(Elder, id., p. 65-68). 또 절차나 기록의 정확한 보도에 덧붙여 자신이 취재한 별도의 사실을 추가한 경우에도 그것이 입증되지 않으면 책임을 면치 못한다.

의도를 가진 보도가 면책될 우려가 있고, 이 법리를 적용한 판결 중 적지 않은 판결이 이러한 문제를 안고 있다.

③ 취재원

셋째, 공정보도는 상술한 공적 절차나 공적 기록에 근거하여 보도하는 경우에 한한다. 따라서 피고가 공적 기록에 의존하지 않고 스스로 취재하여 안 사실을 보도한 경우 설사 그것이 실제 공적 기록에 의한 것과 일치한다 하더라도 공정보도로 될 수 없다.[47] 이 경우 공정보도임을 주장하는 피고는 간접적 또는 제2차적 소스로서 일반적 신빙성을 갖는 매개자(intermediary of general trustworthiness)를 근거로 하는 경우에만 공정보도로 인정받을 수 있다. 여기서 매개자란 해당 절차에 참석했거나 그 참여자였던 자 또는 그 절차의 권한있는 대변인 등 책임있는, 정통한 매개자를 의미한다.[48] 그것은 현대 자유 공개사회에서 저널리즘의 필수적 기능에 비추어 매스미디어에 승인되고 정당화된 관례와 관행을 반영하는 것이다.[49]

다수 판례는 공정보도의 요건으로서 그 취재원을 적시(source attribution)할 수 있어야 한다고 한다.[50] 독자들로 하여금 기자의 개인적 취재의 결과가 아니라 공적 기록이나 절차의 설명임을 알게 할 필요가 있고, 취재원 명시가 없으면 독자들은 기자가 자신의 책임하에 작성된 역사적 사실로서 받아들이게 되기 때문이다.[51]

④ 악의

피고에게 원한(spite), 악의(ill-will) 등 보통법상의 의미에서 악의(malice)나 가해의 의도(purpose to harm)가 있었음이 증명되면 특권은 배제된다.[52]

### 다. 비교 검토

이상 영국에서 적용되는 공정보도의 특권은 미국의 법리에 비해 상당히 절제된 것임을 알 수 있다. 즉, 공정보도가 적용되는 공적 절차나 행위를 구체적으로 명시하면서 일정한 경우에는 피해를 볼 수 있는 원고의 반박이나 해명을 함께 게재할 것을 요구하고 있다는 점에서 공정보도에서 소홀하게 될 수 있는 피해자의 이익을 고려하고 있는 것이다.

그에 비해 미국에서 공정보도의 법리는 상술한 미국 법원의 판결에서 보는 바와 같이 일관성과 통일성이 없이 과도하게 확대 적용되고 있으며, 언론 자유의 보호라는 명목하에 남용되고 있다. 공식적이고 공개된 절차에서 행해진 진술을 대상으로 국한되어야 함에도 불구하고, 정상적인 사법적, 입법적 및 행정적 채널 밖에서 진술 · 전파된 명예훼손 사항에

47) Bufalino v. Associated Press, 692 F.2d 266 (2d Cir. 1982)

48) Id.

49) Elder, Truth, Accuracy and Neutral Reportage, p. 755; ELDER, DEFAMATION: A LAWYER'S GUIDE, § 3:2, at 3-8

50) Elder, DEFAMATION: A Lawyer's Guide, § 3:3 p. 7-8; Dameron v. Washington Magazine, (1985) 250 US App DC 346.

51) Elder, DEFAMATION, id., p. 9.

52) Sack, id. p. 47

서도 특권을 허용함으로써 남용되는 사례가 적지 않다.[53)]

그리고 공정보도의 특권은 프라이버시 침해 불법행위에도 적용되고 있다. 원래 프라이버시의 권리가 인정되지 않았던 영국에서 명예훼손에 대한 언론 미디어의 항변으로 형성된 공정보도의 법리는 프라이버시 침해에 무관심하였고, 이러한 경향은 진실에 절대적 면책을 강조하는 미국에서 더 심화되고 있다. 그 극단적 예가 미성년 피의자나 성범죄 피해자의 신원도 수사기록이나 공개재판절차에서 언급되었다는 이유로 무분별하게 공개하는 사례이다.[54)] 또 미국에서는 법령상 기밀정보(confidential information)에 포함된 명예훼손적인 정보를 넓은 공중에게 재공표하여 폭로하는 데 이 법리가 활용되고 있다.[55)]

**라. 수사 및 재판절차에 관한 공정보도**

영미법에서 공정보도의 법리가 적용되는 중요 분야는 미디어의 수사 및 재판절차에 관한 보도였다. 이 분야에서 미국과 영국 양국의 운영은 현격한 차이를 보이고 있다.

**1) 영국**

법정모욕제도(contempt of court)가 엄존하는 영국 및 영연방국가에서 법원절차에 관한 보도는 공정한 재판에 개입한다고 생각되는 경우 동죄에 의해 처벌된다.

영국의 1981년 법정모욕법은 "해당 소송에서 사법권의 행사가 심각하게 장해받거나 불공정하게 될 실질적 위험을 야기하는" 보도를 처벌한다(동법 제2조 제2항). 그러한 성질을 갖는 것이면 행위자의 의도나 실제로 그러한 결과가 발생한지 여부를 불문하고 처벌된다(법정모욕죄의 strict liability rule). 법정모욕죄가 적용되는 시점은 체포 또는 구속영장 발부로부터 해당 소송이 판결 등으로 종료되는 시점까지의 보도이다.

여기에는 2가지 면책 사유가 있는데, 첫째 공개된 법적 소송에 관한 공정하고 정확한 선의의 동시적인 보도는 면책된다(동법 제4조 제1항). 그럼에도 법원은 공정을 위해 필요한 경우에는 필요하다고 생각되는 기간 동안 위와 같은 공정보도를 연기할 것을 명할 수 있다(동법 제4조 제2항).

둘째, 공적 관심사 기타 일반적인 공적 이익 사항에 관한 선의의 토론(bona fide

53) 엘더교수는 사실의 진위 여부나 거기 포함된 정보의 신뢰성에 상관 없이 공개되지 않은 정보를 폭로하려는 충동은 무죄 추정의 원칙 및 명예의 이익 등 기본적 가치에 반하는 것이며, 소중한 민주주의적 이상에 역행하는 것이라고 비판한다. 그는 공정보도의 특권을 공인에 대해서만 허용하자고 주장한다(Elder, Truth, Accuracy and Neutral Reportage, p. 766, 828).

54) 미국 연방대법원은 법원 기록에서 얻은 강간 피해자의 성명 공개에 대하여 프라이버시 침해의 불법행위 책임을 부인하였고(Cox Broadcasting Corporation v. Cohn, 420 US 469 (1975)), 진실인 한 청소년 범죄자의 이름 공개를 금할 수 없으며(Oklahoma Publishing Co. v. Oklahoma County District Court, 430 U.S. 308(1977); Smith v. Daily Mail Publishing Co., 443 U.S. 97(1979)),심지어는 성폭력 피해자의 신원 보도를 금지한 州형법을 어겨 강간 피해자의 성명을 공개한 신문에 대한 손해배상 책임을 부인한 사례(Florida Star v. B.J.F., 491 U.S. 524(1989))도 있다. 이러한 연방대법원의 진실에 대한 집착에 대해서는 언론의 자유를 위해 명예압살(이른바 Rufmord)을 방관하는 것이라고 비판받고 있다.

55) 공정보도의 목표는 이미 공공이 접근가능한 진술에 관한 보도에 대한 위축효과를 미연에 방지하기 위한 것이다(Wynn v. Smith, 16 P.3d 424, 430 (Nev. 2001)).

discussion)으로 행해진 보도에 있어서, 장애나 편견의 위험이 그 토론에 단지 부수적인 것이었다면 역시 항변이 인정된다(동법 제5조). 다만, 법원은 어떤 사법절차 또는 계속 중이거나 임박한 절차에서 불공정성의 실질적 위험을 피하기 위해 필요한 경우 해당 절차 또는 그 일부에 관한 보도를 법원이 적당하다고 생각하는 기간 동안 연기할 것을 명할 권한을 갖는다(동법 제4조 제2항).

**2) 미국**

그에 비해 미국에서 보통법상 전통적으로 법원에 인정되어 온 법정모욕죄 제도는 미국 헌법 수정 제1조의 영향 때문에 무력화되었고, 미국 판례는 전술한 바와 같이 수사 및 재판절차에 관한 보도에도 전면적으로 공정보도의 특권을 적용하여 면책시키고 있다.

### 마. 공정보도의 법리와 우리 법제

우리 판례는 인용 또는 전문보도의 경우 진실의 항변을 하는 자는 원진술자가 행한 진술의 존재 자체가 아니라 그 진술 내용의 진실성을 입증해야 한다[56]고 하여 영미법상 반복규칙 내지 재공표책임 규칙을 채용하고 있다. 그럼에도 우리의 경우 영미법상 공정보도의 법리에 관해 언급한 판례는 보이지 않고 이를 자세히 다룬 문헌도 드물다. 다만, 현행 언론중재 및 피해구제 등에 관한 법률은 "국가 · 지방자치단체 또는 공공단체의 공개회의와 법원의 공개재판절차의 사실보도에 관한 것인 경우"에는 동법상 정정보도청구권 또는 반론보도청구권이 인정되지 않는다고 하여 이러한 법리를 일부 도입하고 있다.[57]

일반적인 명예훼손 소송에서 영미법의 공정보도의 법리를 도입할 필요가 있는가, 그렇다면 그 근거가 무엇이고, 어떤 범위에서 어떤 요건 하에서 이를 참조할 것인가를 검토할 필요가 있다. 대법원은 공익 사항에 관한 언론보도에서는 공공의 알 권리가 피해자의 명예보다 우월하다는 원칙적 입장을 확립하고 있으며, 형법 제310조는 보도의 내용이 사실적시인 경우 진실의 항변과 상당성 항변을 인정하여 표현의 자유와 인격권 간의 조화를 꾀하고 있다. 영미에서 공정보도의 법리는 제3자의 진술을 취재 · 보도하는 미디어가 그 진술 내용에 관해 무거운 진실 입증의무를 부담한다면 공익사항의 보도를 보호하기에 미흡하다는 점을 고려한 것이었고, 우리의 경우에도 그러한 기본적 취지가 간과될 수는 없을 것이다. 공적 주체의 공개된 공식적 절차에서 논의된 바로서 공익을 위해 공개가 필요한 사안에 관한 보도를 활성화하여 공공의 알 권리를 촉진하기 위해 공정보도의 법리의 기본적 취지를 살려 수용하는 방안이 필요한 것이다.

이를 도입하는 현행법제의 거점으로서 형법 제20조의 정당행위 규정[58]이 정하는

56) 대법원 2002. 4. 10.자 2001모193결정; 대법원 2008. 11. 27. 선고 2007도5312 판결 [성욕설 전문보도] 등

57) 언론중재 및 피해구제 등에 관한 법률 제15조 제4항 5호, 제16조 3항 참조.

58) 형법 제20조 "법령에 의한 행위 또는 업무로 인한 행위 기타 사회상규에 위배되지 아니하는 행위는

"업무로 인한 행위 기타 사회상규에 위배되지 않는 행위"가 거론될 수 있을 것이다. 즉, 여론형성에 기여하고 국민의 알권리 충족을 위해 필수적이고 중요한 기능을 행하는 미디어가 공식적 · 공개적 절차에서 공익사항에 관해 행해진 진술을 공정하게 중립적으로 보도하는 행위는 전달자로서 미디어의 "업무로 인한 행위"로 보아 설사 타인의 명예를 훼손한 경우에도 위법성이 조각된다고 논증할 수 있고, 다만 그 요건과 효과에 관해서는 외국의 법리를 참고할 필요가 있을 것이다.

실제로 대법원 판례 중에는 이러한 경우 명예훼손의 성립을 부인하면서 정당행위라거나 사회상규에 위배되지 않음을 이유로 제시한 사례도 있다. 그렇다면 정당행위나 사회상규의 개념으로 해결될 수 있음에도 굳이 영미법제의 법리를 도입할 필요가 어디에 있는가?

형법 제20조(정당행위)는 가장 일반적이고 포괄적인 위법성 조각 사유를 의미하며, 여타의 위법성 판단 기준에 의해 위법성을 정할 수 없는 경우 최후에 사용되는 기준으로서 그 적용에는 엄격한 요건이 필요하며,[59] 명예훼손에 국한되지 않고 형법상 모든 범죄에 적용되는 범용적 판단기준이다. 그러나 명예훼손의 위법성 판단에는 헌법상 중요한 의미를 갖는 기본권으로서 표현의 자유를 고려하는 독특한 이익형량 기준을 요하며, 이렇게 엄격한 요건을 요하는 형법상 정당행위 개념에 의해서는 이를 포섭할 수 없다. 영미법에서 확립된 언론의 공익보도 특권은 미디어 보도에 전문화된 법리로서 미디어 보도의 기능과 특성을 고려한 이익형량의 법리를 상세하게 구현하고 있기 때문에 정당행위의 개념을 적용하기 이전에 합리성과 비례성을 도모할 수 있는 것이다.

그렇다면 영미에서 공정보도로 허용되는 요건과 범위를 비교 검토하여, 특히 전문(傳聞) 보도나 인용 보도의 위법성을 판단함에 있어서 우리에게 맞는 법리로 수용할 필요가 있을 것이다. 요컨대, 공식적 · 공개된 절차에서 행해진 제3자의 명예훼손적 진술을 인용 보도하는 경우에도 그것이 공정하고 정확한 것이라면 면책되며, 해당 인용보도의 내용이 진실하거나 진실이라고 오인함에 상당한 이유의 입증을 요하지 않는다고 해야 할 것이다. 이러한 취지에서 공정보도의 법리를 우리 법제에 맞게 받아들인다면 다음과 같이 상술할 수 있을 것이다.

첫째, 정확성 요건은 제3자가 진술한 명예훼손적 내용 자체가 아니라 공개 절차에서 행해진 진술 내용과 보도된 내용이 실질적으로 부합함(substantial accuracy)을 요한다.[60] 공적 절차에 관한 실제의 바른 설명과 대비하여 실질적으로 다른 의미나 결함

---

벌하지 아니한다."

59) "형법 제20조 소정의 '사회상규에 위배되지 아니하는 행위'라 함은 법질서 전체의 정신이나 그 배후에 놓여 있는 사회윤리 내지 사회통념에 비추어 용인될 수 있는 행위를 말하고, 어떠한 행위가 사회상규에 위배되지 아니하는 정당한 행위로서 위법성이 조각되는 것인지는 구체적인 사정 아래서 합목적적, 합리적으로 고찰하여 개별적으로 판단되어야 하므로, 이와 같은 정당행위를 인정하려면 첫째 그 행위의 동기나 목적의 정당성, 둘째 행위의 수단이나 방법의 상당성, 셋째 보호이익과 침해이익과의 법익균형성, 넷째 긴급성, 다섯째 그 행위 외에 다른 수단이나 방법이 없다는 보충성 등의 요건을 갖추어야 한다."(대법원 2003. 9. 26. 선고 2003도3000 판결)

60) Mathis v. Philadelphia Newspapers, Inc., 455 F. Supp. 406 (E. D. Pa. 1978)

(stigma)을 지적하는 것이 아니면 공정보도의 요건은 충족된다.

둘째, 공정성(fairness) 요건에 따라 사실관계가 왜곡됨이 없이 중립성과 균형성의 요건을 갖추어야 한다. 따라서 행해진 절차나 공적인 기록에 포함되어 있지 않은 사실을 언급한 경우, 일방적으로 편집하거나 불공정하게 취사(取捨)한 경우[61] 또는 법적인 책임이 추궁되는 사실을 보도하면서 동시에 그 면책 사유에 해당하는 사실을 누락한 경우에는 공정성의 요건을 충족하지 못하게 된다.[62]

셋째, 이 경우 적용대상이 될 공식적 공개 절차는 영국 명예훼손법이 상세하게 열거하는 절차를 그대로 원용할 수 있다. 상술한 바와 같이 영국 명예훼손법은 ① 내국뿐 아니라 외국 또는 국제기관의 사법절차에 관한 보도에 절대적 특권을 적용하며, ② 내 · 외국을 막론하고 입법부 및 법원의 회의에 관한 보도나, 이들 기관의 공표사항에는 공정보도의 특권을 인정하며(이 경우에는 피해자의 해명과 반론을 요하지 않음), ③ 정부 기능을 행하는 주체가 공표한 사항 또는 각종 직역단체가 확정한 사실확인이나 결정의 보도에는 피해자의 요구에 따라 그의 설명과 반박을 보도할 것을 조건으로 공정보도의 특권을 인정하고 있다.

넷째, 이들 공식적 공개 절차의 보도에 개인의 사적 사항이 포함되는 경우에는 영미와 달리 우리 법제의 취지에 따라 제한적으로 받아들일 필요가 있다. 보호되어야 할 사적인 사항임에도 불구하고 공적인 절차에서 논의되었다는 사유만으로 언론 보도의 대상이 된다면 개인의 법익 보호는 소홀해질 수 있기 때문이다. 특히, 대부분의 민사소송에서는 사적인 재산상 또는 신분상의 분쟁이 다루어지고, 그 심리에서는 프라이버시에 속하는 사항이 논의되는 이외에도 당사자나 소송관계자의 행태에 관한 비난 등 공방이 행해지게 되므로 이들은 선정적인 언론의 좋은 소재가 될 수 있다. 그 결과 개인의 명예 등 인격권에 대한 공격적 진술이 보도의 이익을 위한다는 명목 하에 그대로 복제되어 전파될 수 있다. 이렇게 공정보도의 특권을 기화로 또는 그러한 절차를 계기로 타인을 공격하려는 시도가 방지될 필요가 있는 것이다.[63]

다섯째, 공식적 공개 절차에 관한 보도에 있어서도 공개적 언급이 금지되는 프라이버시에 관한 사항이나 법령상 기밀 보호 사항에는 특권을 적용하지 않는다. 우리의 경우에는 소년법, 가사심판법 등이 이러한 보도를 제한하고 있으며, '특정 강력범죄의 처벌에 관한 특례법'이나, '성폭력범죄의 처벌 및 피해자보호 등에 관한 법률' 등에는 피해자의 신원을 알 수 있는 보도를 금지하고 있다. 그뿐 아니라 우리 판례는 범죄 및 사건보도에

---

61) Sanford, id. p. 483

62) Doe v. Doe, 941 F.2d 280, 19 Med. L. Rep. (BNA) 1705 (5th Cir.), modified and reh' g denied, in part, 949 F.2d 736 (5th Cir. 1991)

63) 공정보도 논리에 의하면 애당초 명예훼손이 될 사실을 공식적 행위나 절차에 관한 공정보도의 형식으로 보도하면 면책되게 된다. 공정보도의 특권에 회의적 입장을 갖는 엘더교수는 "미디어 피고가 탐욕스런 선정주의적 욕구 충족을 위해 정부의 홈통을 따서 온갖 종류의 시험적, 예비적, 협의적, 실증되지 않거나 투기적인 협의와 수사를 보도하더라도 이를 저지할 아무 한계도 없게 된다"고 우려한다(Elder, Truth, Accuracy and Neutral Reportage, p. 743).

있어서 익명보도의 원칙을 기본으로 하고 있다.

### (3) 중립보도의 면책특권

#### 가. 의의

전술한 바와 같이 영미의 보통법 상 타인의 명예훼손적 주장을 재전파하는 경우에는 그 전파자가 진실 입증을 하지 못하는 한 그 명예훼손적 주장에 관해 책임을 지는 것이 원칙이다(repetition rule 또는 republication rule). 중립보도의 특권(doctrine of neutral reportage, neutral reportage privilege)은 공익사항에 관한 토론이나 논쟁의 당사자가 행한 명예훼손적 주장을 중립적으로 보도한 경우 그 전파자의 명예훼손 책임을 면책시키는 법리이다. 그것은 재공표자가 해당 명예훼손적 주장을 사실로 채용하거나 제시하면서 반복하여서는 안 되고, 단지 공익을 위해 스토리의 한 부분으로 그러한 주장이 있었음을 보도하는 경우이어야 한다.[64] 중립보도는 이렇게 미디어의 도관 및 메신저 기능에 중점을 두고 있다.

중립보도의 특권은 1977년 미국 연방항소법원의 판결에서 처음 그 법리가 형성되었으나, 미국에서는 거의 활용되지 못하여 사장되고 있다. 그러나 중립보도의 법리는 언론의 자유를 위해서 뿐 아니라 공공의 알 권리를 넓히려는데 근본 취지가 있기 때문에 그 법리는 영국 등 타국에 수입되어 굳건한 법리로 그 적용을 넓히고 있다.[65] 특히, 영국에서는 2001년 영국 항소법원이 처음 중립보도의 특권을 인정하는 판결을 내린 후 확립된 법리로 널리 적용되고 있으며, 2013년 개정 명예훼손법에 레이놀즈의 항변의 한 형태로 성문화되었다(후술).

공정보도는 공식적인 공개적 절차나 행위에 대한 보도에 국한되는 반면, 중립보도는 그러한 범위를 넘어 공적 쟁점에 관해 공인간의 논쟁이 벌어지고 있는 경우 그 당사자의 공방 사실 주장을 중립적 입장에서 보도하는 경우에 적용된다는 점에서 양자는 구별된다. 따라서 공정보도로 인정되지 않는 경우에도 중립보도의 항변은 성립될 수 있다.

#### 나. 미국

중립보도의 특권은 미국 연방항소법원의 1977년 판결에서 처음 그 법리가 형성되었다.[66] 위 판결에서 중립보도로 판단된 요건은 ① 피고가 책임있는 저명한 단체였고,

---

64) Jason Bosland, Republication of Defamation under the Doctrine of Reportage – The Evolution of Common Law Qualified Privilege in England and Wales, http://papers.ssrn.com/sol3/papers.cfm?abstract_id=1619735

65) "이론적으로 중립보도특권은 사상의 자유 공개시장에 부합한다는 것을 부인할 수 없다. 뉴스 미디어 보호뿐만 아니라 공적인 관심사에 대한 활발한 토론을 보장하기 때문이다. 그리고 공개된 민주사회를 그 중심 가치로 이해하는 국가들의 선택이기도 하다."(염규호, 전게 논문). 영국 이외에 중립보도의 법리를 수입한 나라는 스페인과 캐나다이다.(Id)

66) Edwards v National Audubon Society 556 F. 2d 113 (1977): 살충제(DDT) 사용을 반대하는 환경단체

② 원고는 공인이었으며, ③ 신문의 보도는 정확하고 공평무사했고, ④ 당시 민감한 이슈에 달하는 논쟁의 맥락에서 행해진 것이기 때문에 그 비난 자체는 뉴스가치가 있었다는 점이었다.[67)]

이후 미국 법원에 의해 상술된 중립보도의 요건을 정리하면 다음과 같다.

① 공인 요건: 대부분의 판결은 명예훼손 피해자(원고)가 공인인 경우에 한하여 중립보도를 인정하고 사인은 제외한다.

② 취재원: 중립보도는 소스의 확인 및 명시를 요한다.[68)] 다수 판례는 취재원의 신뢰성을 요하는 것으로 판시하나, 저명한 자로서 논쟁 당사자이면 신뢰성은 불필요하다고 하는 판례도 있다.[69)]

③ 중립성 요건: 피고의 설명이 공정하고 정확하지 않으면 중립보도는 인정될 수 없다. 그러므로 피고가 재공표된 비난을 지지, 동의하거나[70)] 개인적 인신공격을 위해 고의적으로 왜곡한다면 중립보도가 인정되지 않으며, 기초된 비난에 관해 책임을 지게 된다. 또 피고는 이성적으로, 그리고 선의로("reasonably and in good faith") 그 보도가 정확하게 그 비난을 전달한다고 믿어야 한다.[71)] 다수 판례에 의하면 중립성 요건이 논쟁 당사자 쌍방의 주장을 함께 고르게 다루어야 하는 것은 아니지만, 원고에게 반론의 기회를 주고 그 변명을 실어야 한다는 입장이다. 이 점에서 중립보도의 중립성 요건은 공정보도의 공정성 요건보다 더 엄격한 것이다.[72)]

④ 격렬한 논쟁("Raging Controversy") 요건: 중립보도는 이미 존재하는 논쟁에 관한 것으로서 단순한 뉴스가치 이상의 격렬한 논쟁이 있어야 한다. 따라서 논쟁을 안내한 것이 아니라 논쟁을 야기한 기자는 이 특권을 주장하지 못한다. 이미 과거사가 된 사안에 관해 탐사보도를 하면서 기자가 비난을 유발한 경우 또는 피고가 처음으로 논쟁을 만들어 내고 이를 전파한 경우에는 이 특권이 인정되지 않는다.[73)]

---

(전국 오두본협회, 피고1)와 이를 지지하는 일단의 과학자들 간의 논쟁이 15년간 계속되고 있던 중, 오두본협회는 그들 과학자들이 살충제 제조회사의 돈을 받고 거짓말한다는 취지로 비난하였다. 뉴욕타임스(피고2)는 양자 간의 논쟁이 뉴스 가치가 있다고 보고 그 논쟁의 전말을 중립적 입장에서 보도하면서 협회의 주장에 따라 거짓말하고 있다는 과학자들(원고들)의 실명을 적시하였다. 제1심은 원고들 승소로 판결하였으나, 연방제2순회항소법원은 이를 파기하면서 뉴욕타임스의 보도는 중립보도로서 면책되어야 한다고 하면서 "요약건대 저명하고 책임있는 단체가 공인에 대해 중대한 비난을 하는 경우 그 비난을 정확하고 공평무사하게 보도하는 것은 그 기자가 개인적으로 타당하다고 생각하였는지 여하에 불구하고 헌법에 의해 보호받는다. 뉴스가치가 있는 것은 그러한 비난이 행해졌다는 점이다. 우리는 언론이 진위 여부에 관해 심각한 의심을 가졌다는 이유만으로 뉴스가치 있는 진술을 억압하도록 수정헌법 제1조에 의해 요구될 수 없다고 믿는다. . . 민감한 이슈를 에워싸고 자주 야기되는 논쟁에 관해 충분히 알아야 하는 공적 이익은 그러한 비난을 책임 지지 않고 보도하는 자유가 언론에 부여되기를 요구한다."고 판시하였다.

67) Sack, On Defamation, vol. 1, 3rd ed.

68) Elder, Defamation, id. p. 74.

69) Elder, Defamation, id. p. 72-73.

70) 동의 또는 지지로 판단된 예는 분식, 피고의 취재에 기초한 추가, 소스의 신뢰성의 변호 등이 행해진 경우이다.

71) Edwards, 556 F.2d at 120.

72) Elder, Defamation, id. p. 76.

1977년 판결 이래 미국에서 중립보도의 특권이 인정되는 곳은 플로리다주 등 소수 주에 국한되었고, 나머지 대다수 주에서는 인정되지 않고 있다. 연방대법원은 중립보도가 인정될 가능성이 있는 유사한 사안에서도 동 법리에 관한 언급을 회피하였고, 다른 연방항소법원들은 압도적으로 이를 거부하였다.[74] 이렇게 처음 미국 법원이 창설한 법리는 미국에서 거의 사장되고 있다.[75] 그 이유는 현실적 악의 규칙이라는 강력한 언론보호 장치가 있음에도 그에 조화되지 않는 중립보도의 특권을 따로 인정하는 것은 의미가 없다는 데 있는 것으로 보인다.[76]

### 다. 영국 - 중립보도의 제한적 특권

#### 1) 판례 및 2013년 개정 명예훼손법

1999년 영국 귀족원이 레이놀즈의 항변[77]을 미디어의 공익사항 보도에 적용한 후 영국 항소법원은 2001년 처음으로 중립보도의 특권을 인정하는 판결을 내렸다.[78] 이후 영국 법원은 2개의 사건에서 중립보도의 특권을 적용하였고,[79] 2007년 Roberts v

---

73) Elder, Truth, Accuracy and Neutral Reportage, p. 680-683

74) Dickey v. CBS Inc., 583 F.2d 1221 (3d Cir. 1978); Medico v. Time, Inc., 643 F.2d 134 (3d Cir. 1981)

75) 염규호교수에 의하면, 중립보도의 법리는 2010년을 전후하여 10년간 미국 법원에서 적용된 사례가 없었다고 한다(염규호, 뉴욕타임스 판결 50주년과 언론의 자유: 제1수정헌법의 국제적인 영향, 언론중재, 2014년 봄호 56면 이하 (67-8면).

76) 중립보도의 특권은 논쟁 중인 공인들 간의 공방에서 허위임이 알려진 사실에 관해서도, 즉 미디어에 현실적 악의가 있는 경우에도 면책을 주기 때문에 현실적 악의 규칙에 반하는 결과를 가져올 수 있다(Justin H. Wertman, Newsworthiness Requirement of the Privilege of Neutral Reportage is a Matter of Public Concern, 65 Fordham L. Rev. 789 (811) (1996), http://ir.lawnet.fordham.edu/flr/vol65/iss2/12; Dickey v. CBS Inc., 583 F.2d 1221 (3d Cir. 1978)).

77) 영국 언론은 공공 일반에게 공적인 사항에 관해 중요한 보도기능을 수행하고 있음에도 1999년까지 사인간의 명예훼손 소송에서 적용되는 제한적 특권(conditional or qualified privilege)을 갖지 못하였다. 제한적 특권이란 명예훼손 행위가 ① 표현행위자 자신 및 상대방 양측에 해당 정보를 주고받을 이익이나 의무가 있는 경우 ② 그 이익이나 의무의 이행을 위해 필요하고 적정한 범위 내의 사실을 ③ 직접 정당한 이익을 갖는 인적 범위 내의 사람에게 진술한 것이면, 그러한 조건을 충족한 경우 제한적으로 면책되는 법리를 말한다. 1999년 영국 귀족원은 레이놀즈 판결(Reynolds v. Times Newspapers Ltd. [1999] UKHL 45, [2001] 2 A.C. 127)에서 기존 보통법 상의 제한적 특권을 언론 미디어에 확대 적용하는 획기적 조치를 취하였다. 동 판결에 의해 창설된 이른바 '레이놀즈의 항변'에 의하면, 공익사항에 관해 책임있는 저널리즘 기준에 따라 명예훼손적 사항을 보도한 경우에는 해당 정보가 허위로 판명되게 된 경우에도 미디어는 명예훼손 책임을 면하게 된다. 동 항변은 2013년 개정 명예훼손법에 '미디어의 공익 사항에 관한 보도의 항변'이라는 이름으로 명문으로 수용되었다(이상 박용상, 영미명예훼손법 (한국학술정보 2019) 124면 이하 참조).

78) Al-Fagih v HH Saudi Research & Marketing [2001] EWCA Civ 1634; [2002] EMLR 215: 법원 판시에 의하면 "이 보도는 정치적 논쟁의 과정에서 생긴 것이다. 한 정치단체 내에서 분열된 이들 정치적 라이벌들은 상호 공방주장을 벌였다. 피고는 그 보도에서 일방의 주장을 채용하거나 그것이 진실하다는 의미를 전달하지도 않았다. 그 보도는 단지 당사자 간에 그러한 상호적 비난이 있었다는 것 자체를 보도하였을 뿐이다." 이 경우 기자는 보도내용의 진실을 입증할 필요가 없다. "정치적 논쟁의 양측이 그들의 상호적인 주장과 대응에 관해 완전하고, 공정하며 공평무사하게 보도되는 상황"에서는 "공공은 기자들이 진실 입증 시도 후에 그 어느 일방을 지지하는가를 기다림이 없이 그러한 논쟁에 관해 알 권리가 있다"고 하면서, 제한적 특권을 인정하였다.

Gable 판결은 이를 상세하게 분석 정리하는 판단을 내렸다.[80]

위 2007년 판결의 취지를 입법화한 2013년 개정 명예훼손법 제4조는 공익사항의 보도 항변을 새로 창설하면서 거기에 이전의 레이놀즈의 제한적 특권과 중립보도의 항변을 함께 규정하였다.[81] 이것은 상술한 2007년 Roberts v Gable의 판지를 따른 것이지만, 중립보도의 특권을 레이놀즈의 특권과 같은 성격의 것으로 함께 규정한 데 대해서는 학설의 비판이 제기되고 있다.[82]

어쨌든 레이놀즈 항변은 책임있는 저널리즘 기준을 충족했다는 미디어측의 입증을 요하고, 이 입증은 취재실무 상 또는 소송 관행상 과다한 비용과 노력이 소요되어 어렵기 때문에 중립보도의 항변은 더 큰 의미를 갖게 된다. 양자 공히 공익 사항에 관한 보도에 적용되나 중립보도는 레이놀즈의 항변이 적용되지 않는 경우에도 적용될 수 있기 때문이다.

#### 2) 중립보도의 요건

영국에서 중립보도가 인정될 요건을 간추려 보면 다음과 같다.

① 공표된 정보, 즉 사실주장이 행해졌다는 스토리 자체가 공익에 관한 것일 것: 공익 여부의 인정은 사례의 정황에 비추어 판단되는 법적 문제이며,[83] 정직한 의견의 항변(과거 공정한 논평의 항변), 레이놀즈의 항변에서 논의되는 공익의 개념과 동일하다. 공인의 사생활에는 물론 공익이 없다. 주로 정치적 논쟁에 관한 보도가 이에 해당하지만, 영국 판례는 그밖에 공익에 관한 논쟁도 포함한다.[84]

② 피고는 진술이 공적 이익에 관한 것이라고 합리적으로 믿었음을 요한다(2013년 명예훼손법 제4조 1항 (b)). 악의는 중립성 결여를 나타내며 중립보도 항변에 치명적이다.[85]

③ 토론이나 논쟁의 일방 당사자가 다른 당사자에 관해 행한 주장일 것(쌍방적일 필요는

---

79) 2001년 Al-Fagih 판결 이후 영국법원은 *Mark v Associated Newspapers Ltd* [2002] E.M.L.R.와 *Galloway v Telegraph Group Ltd* [2006] E.M.L.R. 221에서 중립보도의 법리를 적용한 바 있다(상세한 판결 내용에 관해서는 박용상, 영미 명예훼손법, 189-191면 참조).

80) Roberts v Gable (12 Jul 2007) [2008] 2 WLR 129; [2007] EWCA Civ 721 (그 상세한 판결 내용에 관해서는 박용상, 영미 명예훼손법, 191-193면 참조)

81) 2013년 개정 영국 명예훼손법 제4조 공익 사항에 관한 공표(Publication on matter of public interest) 제3항은 "불만 대상 진술이 원고가 일방 당사자였던 논쟁의 정확하고 공평한 설명이었거나 그 일부였던 경우, 법원은 그 진술의 공표가 공적 이익을 위한 것이었다고 피고가 믿음에 합리적이었던 여부를 결정함에 있어서 피고가 그에 의해 전달된 비난의 진실을 입증하려는 조치를 취하지 않았더라도 이를 무시해야 한다."고 규정한다.

82) 이러한 2013년 개정법의 태도는 중립보도를 공정보도의 법리와 같은 맥락을 가진 것으로 취급하는 미국과도 다른 것이다. 또 레이놀즈의 항변은 의견이든 사실이든 막론하고 적용되지만, 중립보도는 중립성 결여의 리스크가 있는 의견에는 적용되기 어렵다는 지적이 있다(Sara Gale, id. p. 15).

83) Spiller v Joseph [2011] 1 AC 852; [2010] UKSC 53)

84) "보도된 논쟁의 내용이 개인적이고 상스러울스록 논쟁 자체가 순수한 공익 사항이 될 가능성은 낮아지고, 그에 관한 보도는 개인의 프라이버시를 더 침해하게 될 것이다."(Lord Justice Sedley in Roberts v Gable [76])

85) Gale, id., p. 8.

없음)

④ 그 주장은 그들 원진술자가 행한 것이며, 보도 전체로 보아 그러한 주장이 행해졌다는 사실과 그 내용을 공평무사하고 공정하게 보도할 것: 보도가 그 주장을 채용하거나 수식하지 않을 것을 요한다.[86]

⑤ 영국에서는 보도가 공익 사항에 관한 것임을 요구할 뿐, 공적 논쟁이 진행 중일 것은 필수적 요건이 아니며, 믿을 수 있는 소스에서 나온 정보를 공정하고 정확하게 보도하는 경우에도 중립보도가 허용될 수 있다.[87]

### 라. 중립보도의 법리의 도입 필요성

이상 살펴 본 바에 의하면, 미국 법원에서 창안된 중립보도의 법리는 영국에서 더 널리 활용되고 있음을 알 수 있다. 영국에서도 중립보도는 독자들에게 정당하고 주제적 이익을 가진 스토리의 양쪽을 기자 자신의 것으로 채용하거나 분식함이 없이 보도하는 경우를 말하고, 그것이 보통법상 재공표 책임을 면하는 제한적 특권으로 인정됨에는 미국의 경우와 다름이 없다. 다만, 그 요건에 관해 약간 달리할 뿐이다.

이상 영미에서 형성된 중립보도의 법리를 종합 분석하여 보면, 우리도 중립보도의 법리를 도입할 필요가 있다고 생각된다. 그 근본 취지는 공공이 공익 사항에 관한 논쟁의 양상을 알 공익에 근거하는 것이고, 언론 자유의 확대 및 공공의 알 권리 양자에 기여하는 것이기 때문이다.

실제로 우리 판례 중에는 중립보도의 법리와 유사한 논거에서 피고 미디어의 보도를 면책한 사례가 발견되기도 한다.

대법원 1998. 10. 27. 선고 98다9892 [한통노조 대 박홍]

원고 한국전기통신공사 노동조합은 1995. 5. 노사 협상 중 업무방해 혐의로 구속영장이 발부된 간부들이 명동성당과 조계사에 들어가 농성을 하다가 경찰력 투입으로 구속된 사건이 있었다. 서강대학교 총장으로 재임하던 피고 박홍은 원고 노조원들의 농성사태가 있은 직후, 개최된 한 세미나에서 노조원들이 북한에 의해 조종되고 있다는 취지로 주장하자, 피고 중앙일보는 위 발언내용을 확인하고 1995. 6. 15.자 중앙일보에 "노조원들의 성당 · 사찰 농성, 북한에서 조종했다. 박홍 총장"이라는 제목의 기사를 게재 보도하였다.

대법원은 피고 중앙일보가 위와 같이 피고 박홍이 그와 같은 내용의 발언을 하였다는 것을

---

86) 영국 판례에 의하면 피고가 타인이 주장했다는 것을 사실로 보도하는 것이 아니라 직접 주장하는 경우 중립보도는 성립하지 않으며(Galloway v Telegraph Group Ltd [2006] EWCA Civ 17), 피고가 해당 주장을 채용하고 결론을 꾸며 내린 경우(Henry v British Broadcasting Corporation [2005] EWHC 2787 at [81]), 논쟁 양측이 중립적 모양으로 보도되지 않은 경우(Malik v Newspost Ltd [2007] EWHC 3063) 또는 논쟁 당사자 일방에 호의적이었고 그 주장 일부를 자신의 것으로 채용한 경우(Al-Fagih v HH Saudi Research & Marketing (UK) Ltd [2000] WL 1675201)에는 중립보도의 항변이 허용되지 않았다.

87) Galloway v Telegraph Group Ltd (CA) [2006] EWCA Civ 17

논평없이 그대로 게재한 것 자체는 전체적으로 보아 진실한 보도이며, 위 기사의 내용을 전체적으로 관찰할 때에 그것이 원고 조합원들이 북한의 조종을 받아 성당과 사찰에 들어가 농성을 하였다는 사실을 적시한 것이라기보다는 피고 박홍이 그와 같은 발언을 하였다는 사실을 적시한 것이라고 볼 수 있으므로 전문(傳聞)사실에 의한 명예훼손이 성립하는 것이 아니라고 판시하였다. 이 사건 판결이유에 명시적으로 설시되지는 않았으나 중립보도의 법리를 적용한 것으로 볼 수 있는 전형적 사례에 해당한다.

대법원 2018. 10. 30. 선고 2014다61654판결 ['종북' 비난]

보수적 정치평론가 변희재(피고)는 2012년 3월 수차례에 걸쳐 자신의 SNS에 이정희(원고) 전 통합진보당 대표와 남편인 심재환 변호사를 비판하면서 그들을 '종북' '주사파'로 칭하고 당시 종북 논란의 중심에 있던 경기동부연합과 관련 있다는 주장을 제기했다.

이 대표 부부가 명예훼손으로 제기한 손해배상 청구 소송에서 서울고등법원은 피고 변희재에게 1500만원의 배상을 명하였고, 위 변희재의 트위터 글을 인용 보도한 조선닷컴과 조선일보에 각 1000만원의 배상을 명하였다. (다만, 새누리당 대변인인 이상일 의원의 성명과 이를 인용보도한 조선닷컴에게는 배상책임을 부인하였다.)

대법원은 피고 변희재의 진술이 의견의 표현이라고 보아 명예훼손의 성립을 부인하는 동시에, 그의 트위터 글을 인용보도한 조선닷컴과 조선일보에 대해서도 원고 청구를 기각하는 취지로 판시였다. 판시에는 중립보도의 법리에 관한 언급이 없었으나, 원고 이정희와 피고 변희재 간의 논쟁을 그대로 보도한 미디어의 보도에 관해 중립보도의 법리를 원용하였다면 훨씬 간명하고 설득력있는 논증이 되었을 것이다.

서울고등법원 2013. 1. 25. 선고 2012나53224 판결 [고소인과 피고소인 간의 공방]

이 판결은 고소인과 피고소인 간의 공방 주장을 중립적으로 보도한 사안을 다룬다.

피고 일간지 기자는 유명 방송인(원고)과 결별한 남자친구(C) 간의 폭행 고소 사건을 8개의 기사에서 보도하면서 고소인과 피고소인 간의 공방 주장을 보도하였는데, 그 기사들 중에는 원고가 폭력배를 동원하여 과거 연인 사이였던 C를 폭행, 감금하였고, 원고의 이혼 및 대학 입학과 아나운서 합격에 의혹이 있고, 금전관계를 맺는 스폰서가 있음을 암시하는 취지의 문구가 포함되어 있었다.

서울고등법원은 "C 측이 먼저 원고의 [성행위] 동영상을 유출하면서 언론의 관심을 끌고 원고에 의한 폭행 피해자라고 주장하면서 이를 언론에 제보하자, 원고가 C를 고소하고 원고 자신이 C에 의한 폭행의 피해자라고 주장하면서 이를 언론에 제보하여 양측 주장 모두가 충분히 보도됨으로써 진실공방에 대한 세간의 관심이 증폭되었"는데, "이 사건 기사들은 모두 C 측 주장을 보도함에 있어 인용 문구를 제대로 사용하고 있는 점, . . 이 사건 기사들은 모두 C의 주장 외에도 그 기사 자체에 그와 배치되는 원고 측의 주장이나 중립적인 제3자의 진술을 대등한 비중으로 기재"한 점 등에 비추어 보면, "이 사건 기사들은 일반 독자에게 'C 측의 주장사항이 진실이다'라는 인상을 심어 주는 것이 아니라 'C의 주장이 이러하다'라는 사실만을 전달하는 데 불과한 것으로 보인다"는 이유를 들어 원고의 청구를 배척하였다.

다만, 원고의 성행위 장면이 담긴 이 사건 동영상을 보도한 행위에 관하여 "사람의 성생활 자체에 대한 정보는 인간의 존엄성이나 인격의 내적 핵심을 이루는 요소로서 내밀한 사적 영역에 속하여 최종적이고 불가침의 영역이라고 할 수 있으므로 당사자가 동의한 경우가 아닌 이상 위 정보는 보호되어야 할 것인 바, 원고가 유명 방송인으로서 공인이라고 하더라도 위 정보는 공중의 정당한 관심사에 해당한다고 볼 수 없으므로 위 기사의 보도 행위는 위법성이 조각되지 아니한다"고 하여 원고의 손해배상청구를 일부 인용하였다.

이상 미국과 영국에서 논의되어 온 중립보도의 법리를 비교 분석하여 우리에 적합한 법리를 개발할 필요가 있다고 생각된다. 언론이 논쟁 당사자인 제3자들 간의 공방진술을 인용 보도하지만, 그 진술 내용이 진실임을 알리려는 것이 아니라 그러한 내용의 진술이 행해졌다는 점 자체를 공공에게 알리려는 것으로서, 거기에 뉴스가치가 있고 국민의 알 권리가 존재하기 때문이다. 그러므로 중립보도 사안에서 피고는 인용된 진술 내용의 진실 여부를 취재하거나 그 진실임을 입증할 의무도 없고, 진실이라고 믿음에 상당한 이유의 입증도 요구되지 않으나, 그 보도는 인용 내용 자체를 자신의 생각으로 채용하여서는 안되고 중립성을 유지할 의무만이 관건이 된다. 이 점에서 이 중립보도의 항변은 진실의 항변 및 상당성 항변과는 다른 차원의 것으로 취급되어야 할 것이다.

### 마. 결론 - 중립보도의 면책 요건

중립보도의 법리를 도입하는 경우 그 요건을 상술하면 다음과 같다.

① 보도된 진술의 내용이 공익에 관한 것이어야 하고, 사적인 사항에 관한 발언은 배제되어야 한다. 특히 내밀 영역이나 비밀영역에 속하는 주장사실의 보도는 중립보도의 대상이 될 수 없다. 다만, 공인의 사적 사항은 공익에 관련되는 범위 내에서는 중립보도가 가능할 것이다. 보도는 단지 뉴스가치가 있을 뿐 아니라 정당한 공익 사항이어야 한다.

② 현재 진행중인 논쟁에 관한 것이어야 한다. 정치적 논쟁뿐 아니라 여타 공익사항에 관한 논쟁도 포함한다. 정치적 현안인 쟁점에 관한 정당 대변인 간의 공방 주장에 상대방이나 제3자에 대한 명예훼손적 내용이 포함된 경우가 이에 해당하는 대표적인 사례로 생각된다. 논쟁이 진행중이어야 하므로 이미 과거사가 된 사안에 관해 과거에 논쟁이 있었다는 점을 내세울 수 없을 것이고, 미디어 자신이 유발한 논란을 기화로 중립보도를 주장하는 것은 어려울 것이다.

③ 논쟁의 당사자 쌍방이 공적 인물이나 공적 존재인 경우에는 여타 요건이 충족되는 경우 중립보도가 허용될 수 있을 것이다. 그렇다면 논쟁 당사자 쌍방이 공인이 아닌 경우에는 어떤가?[88)]

---

88) 이에 관해 미국 판례는 인용된 발언자가 책임있고 저명한 자이어야 하며 비난받은 자는 공인이어야

먼저, 피해받았다고 주장하는 원고가 공적 인물이나 공적 주체인 경우에는 원칙적으로 미디어 피고에게 중립보도 항변이 인정될 수 있을 것이다. 그러나 공인이 아닌 사인에 대한 비난은, 그가 중대한 범죄를 범하는 등 공인에 준한 보도를 요하지 않는 한, 원칙적으로 공공의 알 권리의 대상이 될 수 없기 때문에 그에 대한 비난을 전파하는 보도는 중립보도가 될 수 없는 것이다.

다음, 보도된 비난적 진술의 원진술자가 공인이나 공적 존재인 경우에도 중립보도가 허용될 충분한 이유가 있다. 원진술자가 공인에 준하는 지위를 갖게 된 경우에도 마찬가지로 보아야 할 것이다.[89] 그 이외의 경우에는 새로운 항변으로서 허용될 중립보도가 남용될 소지를 방지하기 위해 신중하게 취급할 필요가 있을 것이다. 우선 신원이 확인되지 않거나 익명 제보자의 확인되지 않은 주장이 중립보도의 대상이 될 수 없음은 물론이다.[90] 또 이른바 공익신고자 등 신원이 확인된 일반 시민의 공익침해행위에 관한 주장으로서 그 주장 자체로 보아 공익 사항에 관해 구체성과 신빙성이 있는 주장이라고 생각되는 경우에도 그러한 사정만으로는 그 주장을 인용 보도한 언론에 중립보도의 법리를 적용할 수는 없을 것이다.[91] 이 경우에는 제3자가 제기한 비난이나 폭로를 근거로 한 미디어의 의혹 보도로 보아 그 진실 입증에 완화된 기준을 적용하는 것이 더 바람직할 것이다.

④ 보도는 당사자의 주장을 공정하고 사심없이 객관적으로 다루어야 한다. 즉, 보도에 의해 당사자가 어떤 주장을 하였다는 점만을 전달할 뿐 그 주장 내용이 진실이라는 취지로 읽혀지게 하여서는 안 된다. 따라서 어느 일방의 진술에 가담하거나 이를 지지하여서는 안되고, 행해진 쌍방의 공방을 균형있게 다루어야 한다.

⑤ 이상의 요건이 충족되면, 피고는 진술 내용의 진실성을 확인하거나 조사할 필요가 없다. 법원도 인용보도 내용에 관해 진실의 입증을 요구하거나 진실이라고 믿음에 상당한 이유를 입증하게 할 필요가 없음은 물론이다.

---

한다고 하고, 영국 판례는 이에 한정하지 않고 책임있는 소스가 공표한 것을 그대로 보도하면 중립보도가 될 수 있다고 본다.

89) 예를 들어, 최근 김경수 경남지사와 일명 드루킹 사이에 댓글 조작 지시 여부에 관한 논쟁은 그 진실 여부를 떠나 상호 공방 내용 자체가 뉴스가치를 가짐에 의문이 없는데, 이들 양측의 진술을 그대로 중립적으로 보도한 신문이나 방송에 대해 그것을 전문사실에 의한 보도라 하여 그 내용의 진실 입증을 요구한다면, 미디어의 기능이나 국민의 알 권리에 반하는 결과가 될 것이다.

90) Fogus v. Capital Cities Media, Inc., 444 N.E.2d 1100 (IMIA. pp. Ct. 1983)

91) 현행 공익신고자보호법에 의하면 공익신고는 공익신고자의 이름, 주민등록번호, 주소 및 연락처 등 인적 사항을 명시하여 동법에 규정된 조사기관, 수사기관 또는 국민권익위원회 등에 공익침해행위(국민의 건강과 안전, 환경, 소비자의 이익, 공정한 경쟁 및 이에 준하는 공공의 이익을 침해하는 행위)를 적시하여 신고할 수 있다(동법 제6조 및 제8조). 그러나 "누구든지 공익신고자 등이라는 사정을 알면서 그의 인적 사항이나 그가 공익신고자 등임을 미루어 알 수 있는 사실을 다른 사람에게 알려주거나 공개 또는 보도하여서는 아니 된다. 다만, 공익신고자 등이 동의한 때에는 그러하지 아니하다."고 규정하며(동법 제12조 제1항), "제6조에 따라 공익신고를 접수한 기관의 종사자 등은 공익신고에 대한 조사결과 공익침해행위가 발견되기 전에는 피신고자의 인적 사항 등을 포함한 신고내용을 공개하여서는 아니 된다."고 하며(제10조 제5항), 이들 규정을 위반한 때에는 5년 이하의 징역 또는 5천만원 이하의 벌금에 처해지게 된다(동법 제30조). 부패방지 및 국민권익위원회의 설치와 운영에 관한 법률(약칭: 부패방지권익위법)에 의하면, 부패행위 신고자에 관해서도 유사한 규정이 있다.

다만, 위 요건에 의하면 기자가 허위임을 안 경우에도 이를 중립보도의 형태로 보도하면 면책될 수 있기 때문에 이 특권이 남용될 가능성이 있다. 또 이렇게 남용되는 경우 독자들은 그 주장 진술의 진위를 전혀 알지 못할 경우도 있어 문제될 수 있다. 이러한 문제에 대처하기 위해 이 특권을 인정함에는 표현행위자가 거짓 주장을 하였음을 알 공익에 비해 주장의 허위임이 밝혀지지 않을 위험을 비교형량해야 한다는 의견이 제시된다.[92)]

⑥ 중립보도의 특권이 인정되어 미디어가 면책되는 경우에도 원진술자의 책임은 면책되지 않고 별도로 판단된다.

### (4) 통신 뉴스의 항변

#### 가. 요건

미디어의 재공표 책임을 면책하는 또 하나의 법리가 미국 법원이 전개한 '통신뉴스의 항변'(wire service defense)이다. 그에 의하면 언론미디어의 보도가 뉴스통신 서비스에 의해 전달된 정보를 재공표한(republish) 것이고, 그 자료가 명예훼손적임을 알지 못했거나 알 근거가 없는 경우에는 명예훼손의 책임을 지지 아니한다.[93)] 이 항변은 1933년 플로리다 최고법원의 판결[94)]에서 최초로 언급된 이래 현재 미국의 20개 주에서 통용되고 있다.[95)]

미국 판례에 의해 요구되는 그 요건을 보면 ① 신문, 방송, 잡지 등 언론 미디어[96)]가 ② 통신사 등 신뢰할 수 있는 뉴스수집기관으로부터 배신된 정보[97)]를 받아 ③ 실질적 변경을 가함이 없이 그대로 보도한 경우[98)] ④ 그 내용이 허위임을 알거나 문면상 알

---

92) Jason Bosland, Republication of Defamation under the Doctrine of Reportage – The Evolution of Common Law Qualified Privilege in England and Wales, http://www.austlii.edu.au/au/journals/UNSWLRS/2010/20.html

93) Jennifer L. Del Medico, ARE TALEBEARERS REALLY AS BAD AS TALEMAKERS?: RETHINKING REPUBLISHER LIABILITY IN AN INFORMATION AGE, 31 FDMULJ(Fordham Urban Law Journal, November, 2004) 1409

94) Layne v. Tribune Co., 146 So. 234, 237-38 (Fla. 1933): 피고 일간지는 통신사가 제공한 기사를 전재한(republish) 것 때문에 원고로부터 명예훼손으로 피소되었는데, 법원은 신문이 일반적으로 신뢰할 수 있는 일상의 뉴스원으로부터 통신기사를 전재하는 경우 그가 재작성에 과실있고, 무사려하며, 부주의하게 행위했다는 증거가 없으면 명예훼손의 책임이 없다고 판시하였다. 법원은 이 항변을 채택하는 논거로서 신문들이 전국의 뉴스를 그에 관심을 갖는 독자들에게 전달할 수 있게 하기 위한 것이며, 신문마다 그 전파사항에 관한 사실 확인의무를 부과한다면 뉴스의 전달은 제한받을 것이란 점을 들었다.

95) Del Medico, id., p. 1411

96) 통신뉴스의 항변은 뉴스 속보나 원격지의 뉴스에 국한되지 아니하고, 향유 주체가 지방 미디어뿐 아니라 방송과 잡지에도 그 적용된다(Del Medico, id., p. 1421).

97) 항변자는 그가 의거한 통신보도 기사를 정확하게 지적할 수 있어야 한다(Jewell v. NYP Holdings, Inc., 23 F. Supp. 2d 348, 371-74 (S.D.N.Y. 1998)).

98) 항변이 적용되기 위해 통신 보도내용을 축어적으로 전파하는 것을 요하는 것은 아니지만, 새로운 실체적 사실을 추가하는 경우에는 적용되지 않는다(O'Brien v. Williamson Daily News, 735 F. Supp. 218, 224 (E.D. Ky. 1990)). 언론사가 통신사로부터 받은 기사에 자신의 견해나 억측을 부가하여 보도하는

이유가 없었다면 면책된다.[99] ⑤ 여기서 명예훼손의 피해자가 공인인지 사인인지 상관이 없다.[100]

나아가 미국 판례는 '역통신뉴스의 항변'(reverse wire service defense)도 인정한다. 그에 의하면 통신사가 배포한 기사가 통신사 자체의 기자가 아니라 명망있는 뉴스원(reputable news source)의 작업인 경우에도 통신사를 명예훼손 책임으로부터 면제하게 된다.[101] 이 경우에도 통신사는 기사의 진위 여부를 독립적으로 조사할 의무를 부담하지 않으며, 그것이 명예훼손적 자료임을 알지 못했거나 알 이유가 없었다면 이 항변을 제기할 수 있다.

### 나. 우리 판례

우리 판례가 뉴스통신사의 보도를 전재한 기사에 관해 이러한 법리를 명시적으로 적용한 사례는 보이지 않고, 통신사 제공뉴스를 마치 자신이 취재한 양 크레딧 표시없이 보도한 지방신문에 대하여 그 내용이 진실이라고 믿음에 상당한 이유가 없다는 취지로 판시한 사례가 있을 뿐이다.[102]

그러나 우리 법제에서도 통신뉴스의 항변의 법리를 도입하여 수용할 필요가 있다고 생각된다. 미국 판례의 논거를 보거나, 현대 정보사회에서 뉴스 유통 시스템의 작동 기제에 의할 때 통신뉴스의 항변을 받아들이는 것은 경제적이고 합리적일 뿐 아니라 격리된 수용자의 알권리에 기여할 수 있기 때문이다. 다만, 미국 판례가 요구하는 요건 이외에 크게딧을 밝혀 출처와 신뢰도를 담보하는 조치가 필요하다고 생각한다.[103]

## III. 진실한 사실적시 명예훼손죄 폐지론 비판

이상에서의 논술은 현안이 되고 있는 형법상 명예훼손죄 중 진실한 사실적시 명예훼손

---

경우, 이를 과장하거나 윤색하는 경우, 자극적인 제목을 덧붙이는 경우 등에도 마찬가지일 것이다(김선화, 정현기, 언론중재법상 정정보도의 대상이 되는 사실적 주장에 관한 검토 - '인용보도'의 경우를 중심으로 -, 사법논집 제64집 199-260 (2017), 252면).

99) 재공표자는 그 기사에 모순이 없는가를 검토해야 하고, 모순된 내용에 설명이 없거나 허위임을 안 경우에는 재공표할 수 없다(Howe v. Detroit Free Press, Inc., 555 N.W.2d 738, 740-42 (Mich. Ct. App. 1996)).

100) Id., p. 1410

101) Reilly v. Associated Press, Inc., 797 N.E.2d 1204, 1217 (Mass. App. Ct. 2003); see Mehau v. Gannett Pac. Corp., 658 P.2d 312, 322 (Haw. 1983); Winn v. United Press Int'l, 938 F. Supp. 39, 44-45 (D.D.C. 1996); Winn v. Associated Press, 903 F. Supp. 575, 579 (S.D.N.Y. 1995)

102) 서울고등법원 1996. 9. 18. 선고 95나41965 판결과 대법원 2002. 5. 24. 선고 2000다51520 판결에 의하면 연합통신과 통신 송수신 및 전재계약을 맺은 지방신문사(피고)가 연합통신으로부터 제공받은 기사를 그대로 보도하면서 전재사실을 명시하지 아니한 채 자신이 취재한 것처럼 보도한 사안에서 법원은 피고의 상당성 항변을 이유 없다고 배척하였을 뿐, 통신뉴스 제공 항변 여부에 관하여는 판단하지 않고 있다.

103) 한위수, "통신사제공기사의 게재와 명예훼손 책임", 언론관계소송(2008), 188~189.

죄의 폐지 논쟁에 중요한 시사점을 제공할 수 있다. 헌법재판소는 여러 차례 명예훼손죄 폐지론을 거부하는 결정을 내린 바 있음에도 폐지론은 그 세력을 잃지 않아 논쟁은 그치지 않고 있다.

우리 형법은 제307조 제1항에서 사실적시 명예훼손행위는 진위를 막론하고 일단 구성요건에 해당한다고 규정하고 있어 진실한 사실의 적시도 명예훼손죄로 처벌될 수 있다. 이에 관해 일부 학자들은 진실을 적시하는 행위는 명예훼손이 될 수 없고 이를 처벌하는 형법상의 명예훼손죄는 폐지되어야 한다고 주장한다.

## 1. 보호법익 - 외적 명예의 의의

첫째, 폐지론의 주된 논거는 진실 사실적시를 처벌하는 형법 제307조 제1항은 허명을 보호하는 것이어서 정당한 입법 목적을 가질 수 없다는 주장이다. 명예훼손법에서 보호하는 명예란 사람의 진가(眞價)가 아닌 '외적 명예', 즉 사회적 평가를 보호하는 것이며, 개인에 대한 사회적 평가가 그의 진정한 성품에 부합하지 않는다 하더라도 이를 보호하는 이유가 있다. 명예훼손은 개인이 사회관계에서 향유하는 외적 명예에 대한 법적인 존중청구권을 해치는 행위이며, 개인간 명예훼손을 처벌하는 법제는 결투행위나 자력구제 등으로 인한 법적 평화의 파괴를 방지하기 위해 생겨난 것이다. 그리고 영국 보통법에 의하면 명예훼손 소송에서 원고는 공동체에서 선량한 이름, 신용 및 명예를 가져왔고, 이 좋은 명성은 존중받을 가치가 있는 것으로 생각되었으며, "명예훼손 소송에서 원고의 일반적 성품이나 명예는 선한 것으로 추정된다"는 사고를 기반으로 하고 있다. 피고의 외적 명예가 허명에 불과하다는 주장은 이러한 선한 명예 개념에 반할 뿐 아니라 인간의 존엄 보호를 기본으로 하는 현대 헌법의 사고에 비추어 유지될 수 없다. 이미 현행 형법 제310조는 진실한 사실주장을 허명으로 형성된 외적 명예의 가식을 벗기는 행위로 보아 이를 허용하고 있다.

## 2. 진실한 명예훼손적 사실적시의 행위반가치성

둘째, 진실한 사실을 적시하는 행위 자체에는 행위반가치성이 없기 때문에 진실적시 명예훼손행위를 범죄로 처벌할 수 없다는 주장에 관하여 본다. 영국이나 독일에서 명예훼손법제의 역사적 발전의 예를 보더라도 진실한 사실 적시에 의한 명예훼손행위(예컨대 보통법상 libel per se)는 원칙상 명예훼손을 구성하며, 일정한 정당화사유의 존재를 전제로 면책시키는 것이 글로벌한 현상이다. 진실 적시 명예훼손죄가 폐지된다면 위와 같이 일정한 요건이 있는 경우에 한하여 면책될 방대한 사례가 아무 구속없이 허용되어 이들 사례군에 해당하는 생활 분야에서 명예권은 유명무실하게 형해화하고 표현의 자유와 명예권의 균형적 조화의 목적은 상실될 것이고, 사회적인 법적 평화를 깨뜨려 현저한 사회적 혼란을 초래하게 될 것이다.

## 3. 진위 입증책임의 문제

셋째, 폐지론의 당부를 검토하기 위해서는 이상 명예훼손에 관한 실체적 논의와 함께 범죄의 성립과 처벌에 결정적 요소가 되는 진위의 입증책임 문제를 함께 검토해야 할 것이다. 영미 보통법과 대륙법계의 전통적 입장에 의하면 명예훼손적 진술의 진실성은 피고(표현행위자)가 입증할 항변사항으로서 그 입증이 있기까지는 사실상 허위로 추정되었고 이러한 기준은 글로벌 스탠다드를 형성하고 있다. 한편, 미국 판례는 1964년 뉴욕타임스 판결 이래 명예훼손적 진술의 허위 입증책임을 원고(피해자)에게 전도한 결과 피고의 명예훼손적 진술은 사실상 진실로 추정되었고 허위 입증의 기술적 어려움 때문에 미디어를 피고로 한 소송에서 원고(피해자)는 승소하기가 어려웠고, 결과적으로 미국은 세계에서 표현의 자유가 가장 잘 보호되면서 명예권 보호가 가장 소홀한 나라로 치부되고 있다.

영국 보통법의 전통을 따르는 우리의 경우 만일 형법 제307조 제1항이 폐지된다면 검사는 피고인의 진술이 허위이고, 피고인이 그 허위임을 알았다는 입증을 하지 않으면 안되게 된다. 그렇게 보면 결국 현재 미디어 보도에서 민사 명예훼손의 성립에 허위사실의 적시를 요구하는 미국의 법적 상황과 거의 같아 지게 된다. 그러면 아무리 극심한 폄훼적 사실을 적시하였다 하더라도 피고인은 그 사실이 진실임을 입증할 필요가 없고 검사가 허위라는 증거를 제시할 때까지 그의 진술은 허위가 아니라는 사실상의 추정을 받게 될 것이다. 결국 표현의 자유를 위해 입증책임을 전도함으로써 심각한 명예권 경시의 결과를 보인 미국의 전철을 밟게될 우려가 현실화될 것이다.

## 4. 결론

이상 살핀 결과를 요약하면 우리 명예훼손 법제상 위법성 조각사유는 심각한 결함을 가지고 있어 재정비를 요하되, 그것이 진실적시 명예훼손죄를 폐지하자는 이유가 될 수는 없다고 해야 할 것이다. 오히려 진실적시에 의해 손상되는 명예보다 그에 의해 옹호 또는 방어되는 정당한 이익이 더 큰 경우에는 표현의 자유를 우선시켜 면책될 수 있도록 위법성조각사유를 확충 정리하는 한편, 실무에서 그 적용을 활성화하는 방안이 더 바람직하다고 생각한다. 이 논의에서 가장 중요한 포인트는 표현의 자유와 피해자의 인격권이 조화롭게 균형을 이루는 방안을 마련하는데 있다고 하여야 할 것이다. 표현의 자유와 인격권 간의 균형있는 실천적 조화는 헌법적 목표일 뿐 아니라 명예훼손제도의 존재의의라고 할 수 있기 때문이다.

## [참고 문헌]

Wenzel, Das Recht der Wort- und Bildberichterstattung, 4. Auflage, Verlag Dr. Otto Schmitt KG, 1994.

Restatement (Second) of Torts (1977)

Brude W. Sanford, Libel and Privacy, Second Edition, Prentice Hall Law & Business (1993)

Sack and Baron, Libel, Slander, and Related Problems, second edition, Practising Law Institute (1994)

Rodney A. Smolla, Law of Defamation, Clark Boardman Callaghan (November 1995)

David A. Elder, Defamation: A Lawyer's Guide, Clark Boardman Callaghan (1993) Ch. 3. §3-1 p. 2;

Elder, Truth, Accuracy and Neutral Reportage: Beheading the Media Jabberwock's Attempts to Circumvent New York Times v. Sullivan https://scholarship.law.vanderbilt.edu/jetlaw/vol9/iss3/7/

Jonathan Donnellan & Justin Peacock, Truth and Consequences: First Amendment Protection for Accurate Reporting on Government Investigations, 50 N.Y.L. SCH. L. REV. 237, 248 (2005). http://www.nylslawreview.com/wp-content/uploads/sites/16/2013/11/50-1.Donnellan-Peacock.pdf

Jason Bosland, Republication of Defamation under the Doctrine of Reportage – The Evolution of Common Law Qualified Privilege in England and Wales, http://papers.ssrn.com/sol3/papers.cfm?abstract_id=1619735

Jennifer L. Del Medico, ARE TALEBEARERS REALLY AS BAD AS TALEMAKERS?: RETHINKING REPUBLISHER LIABILITY IN AN INFORMATION AGE, 31 FDMULJ(Fordham Urban Law Journal, November, 2004) 1409

Justin H. Wertman, Newsworthiness Requirement of the Privilege of Neutral Reportage is a Matter of Public Concern, 65 Fordham L. Rev. 789 (811) (1996), http://ir.lawnet.fordham.edu/flr/vol65/iss2/12

박용상, 영미 명예훼손법

염규호, 뉴욕타임스 판결 50주년과 언론의 자유: 제1수정헌법의 국제적인 영향, 언론중재, 2014년 봄호 56면 이하

한위수, "통신사제공기사의 게재와 명예훼손 책임", 언론관계소송(2008), 188~189.

# 피의자 및 피고인의 변호인의 조력을 받을 권리의 연혁

미국, 독일, 일본 및 한국을 중심으로

朴洪佑*

## 1. 머리말

우리 헌법 제12조 제4항은 "누구든지 체포 · 구속을 당한 때에는 즉시 변호인의 조력을 받을 권리를 가진다. 다만, 형사피고인이 스스로 변호인을 구할 수 없을 때에는 법률이 정하는 바에 의하여 국가가 변호인을 붙인다."고 규정하여 변호인의 조력을 받을 권리를 헌법상 권리로 규정하고 있다. 한편 형사소송법은 피의자 및 피고인의 변호인 선임권(제30조), 국선변호인제도(제33조), 변호인의 피의자 · 피고인과의 접견교통권(제34조), 변호인의 공소제기된 사건에 관한 서류 또는 물건의 열람 · 등사권(제266조의3), 필요적 변호사건에 관한 규정(제282조, 제283조) 등을 두고 있다.

1988년 헌법 개정으로 헌법재판소가 창설되기 이전에는 피의자 및 피고인의 변호인의 조력을 받을 권리가 헌법상 권리로서 적극적으로 논의되지는 않았고, 국선변호인의 조력을 받을 권리는 형사소송법상의 필요적 변호사건 중심으로 운영되어 왔다. 그러나 헌법재판소 창설 이후 헌법재판소에 의하여 변호인의 조력을 받을 권리는 헌법상의 권리로 확인되고 그 적용범위가 확대되어오고 있다.[1)] 한편 형사소송법에 규정되어 있는

---

* 법무법인 케이씨엘 고문변호사

1) 헌법재판소는 2004. 9. 23. 2000헌마138 사건에서 변호인과 상담하고 조언을 구하는 권리는 헌법상 변호인의 조력을 받을 권리에서 막바로 도출되고 이는 불구속피의자에게도 인정된다고 결정하였다. 그 외 헌법재판소는 1992. 1. 28. 91헌마111 사건에서 미결수용자가 국가안전기획부 면회실에서 변호인과 접견시 소속 직원이 참여하여 대화내용을 듣거나 기록하는 것은 피의자의 변호권을 침해한 것이라고 결정하였고, 1997. 11. 27. 94헌마60 사건에서는 검사가 보관하고 있는 수사기록에 대한 변호인의 열람 · 등사를 지나치게 제한하는 것은 피고인에게 보장된 변호인의 조력을 받을 권리를 침해한 것으로 결정하였으며, 2003. 3. 27. 2000헌마474 사건에서는 구속적부심사절차에서 고소장 및 피의자신문조서를 열람 · 등사할 변호인의 권리는 헌법상 기본권으로 인정된다고 결정하였고, 2017. 11. 30. 2016헌마503 사건에서 검찰수사관이 피의자신문시 변호인에게 피의자 후방에 앉으라고 요구한 행위는 변호인의 변호권을 침해한 것이라고 결정하기도 하였다.

국선변호인의 조력을 받을 권리도 점차 확대되어 왔다. 이리하여 1983년에는 국선변호인이 선정된 피고인 중 빈곤 등을 원인으로 하여 국선변호인이 선정된 비율은 0.3%에 불과하였지만,[2] 2021년에는 피고인 중 빈곤 등을 원인으로 하여 국선변호인이 선정된 비율은 90%정도에 이른다.[3]

우리 헌법이 규정하고 있는 피의자 및 피고인의 변호인의 조력을 받을 권리와 형사소송법이 규정하고 있는 이들의 변호인의 조력을 받을 권리는 입법 연혁을 달리 하고 있다. 그러나 헌법이 상위법인 이상 형사소송법상의 변호인의 조력을 받을 권리도 규범적으로 헌법의 영향 아래에 있으므로 헌법 규정과 형사소송법 규정을 유기적으로 해석할 필요가 있다. 이를 위해서는 먼저 피의자 및 피고인의 변호인의 조력을 받을 권리의 연혁을 살펴보아야 할 것이다.

이리하여 이하에서는 우리 헌법 및 형사소송법상 피의자 및 피고인의 변호인의 조력을 받을 권리의 입법에 영향을 미친 미국, 독일 및 일본에서의 변호인의 조력을 받을 권리의 연혁을 먼저 살펴본 후 우리나라에서의 피의자 및 피고인의 변호인의 조력을 받을 권리의 연혁을 살펴보고자 한다.[4]

---

나아가 헌법재판소는 2009. 10. 29. 2007헌마992 사건에서 변호인의 조력을 받을 권리는 변호인의 '충분한 조력을 받을 권리'를 의미한다고 결정하였다. 대법원도 2012. 2. 16. 선고 2009모1044 결정에서 헌법상 보장되는 변호인의 조력을 받을 권리는 변호인의 '충분한 조력을 받을 권리'를 의미한다고 판시하면서, 국가의 의무는 단순히 국선변호인을 선정하여 주는 데 그치지 않고 피고인이 국선변호인의 실질적인 조력을 받을 수 있도록 필요한 업무 감독과 절차적 조치를 취할 책무까지 포함하므로, 국선변호인이 항소이유서를 제출하지 않을 경우 법원은 국선변호인 선정을 취소하고 새로운 국선변호인을 선정하여야 한다고 판시하였다. 그외 대법원은 2007. 1. 31. 2006모656 사건에서 피의자 또는 피고인이 자신의 범죄행위에 변호인을 공범으로 가담시켜려고 했다는 사정만으로 변호인과의 접견교통을 금지하는 것은 정당화되지 않는다고 판시하였다.

2) 1984년도 사법연감에 의하면 각 심급을 통하여 전체 피고인의 사선변호인 선임률은 20%에 불과하였고 국선변호인 선정률도 23%에 불과하였다. 국선변호인이 선정된 피고인 중 빈곤 등을 원인으로 하여 국선변호인이 선정된 비율은 0.3%에 불과하였다(법원행정처, 1984년 사법연감).

3) 2021년 전체 국선변호인 선정 피고인수는 119,816명이었고, 그 중 필요적 국선변호사건의 피고인을 제외하고 피고인의 빈곤 등을 원인으로 하여 국선변호인이 선정된 피고인수는 107,783명이었다. 이는 전체 국선변호인 선정 피고인수의 90% 정도이다(법원행정처, 2022년 사법연감 727면 참조).

4) 필자는 1986년 금랑 김철수 선생님의 지도로 "피의자 및 피고인의 변호인의 조력을 받을 권리"라는 논제로 서울대학교에서 법학박사 학위를 받았다. 당시 실무계에서는 물론이고 학계에서도 피의자 및 피고인의 변호인의 조력을 받을 권리는 헌법상 권리로서 논의되기보다는 형사소송법에 규정된 변호권을 중심으로 논의되고 있었다. 이리하여 필자는 박사학위논문에서 변호인의 조력을 받을 권리에 관한 헌법 및 형사소송법의 관련법 조문을 체계적으로 해석하고 그 운용실태를 분석함과 아울러 제도의 합리적 운용 및 강화를 위한 개선책을 마련하려고 노력하였다. 그 후 1988년 헌법 개정으로 헌법재판소가 창설된 이래로 헌법상 권리로서의 변호인의 조력을 받을 권리가 부각되면서 그 적용범위가 확대되었고, 학계에서도 논의가 활발히 전개되고 있다.

그럼에도 불구하고 피의자 및 피고인의 변호인의 조력을 받을 권리에 대한 역사적 발전과정을 체계적으로 연구한 글은 보이지 않는다. 우리나라의 피의자 및 피고인의 변호인의 조력을 받을 권리는 미국, 독일 및 일본의 영향을 직간접적으로 받은 바 있으므로 필자는 박사학위 논문에서 우리 제도를 이해하는데 필요한 범위 내에서 이들 국가에서의 변호인의 조력을 받을 권리의 연혁 및 우리나라에서의 변호인의 조력을 받을 권리의 연혁을 비교적 자세히 살펴보았다. 이러한 내용이 개별 논문으로 간행된 바가 없어서 학계에는 잘 알려져 있지 않은 것으로 보인다. 이에 금랑 김철수 선생님의 자상한 지도에 감사하고 고인이 되신 선생님에 대한 그리운 마음을 담아 선생님의 구순을 기념하는 논문집에 해당 부분을 싣는 것도

## 2. 미국에서의 변호인의 조력을 받을 권리의 연혁

### 가. 영국의 식민지시대

영국의 식민지시대에는 대체로 영국의 관행에 따라 변호인의 조력을 받을 권리가 보장되고 있었다. 즉 경죄사건(misdemeanor)[5] 및 중죄사건(felony)[6] 중 반역죄 또는 반역범은닉죄로 기소된 피고인(the accused)은 사선변호인의 조력을 받을 수 있었고 위 반역죄 또는 반역범은닉죄로 기소된 피고인에게 변호인이 없으면 청구에 의하여 국선변호권이 인정되고 있었다. 그 외의 중죄사건에서는 법원의 재량에 의하여 법률문제에 관해서만 사선변호인의 조력을 받을 권리가 인정되었다. 다만 Pennsylvania, Delaware, South Carolina, Connecticut, Virginia, Rhode Island 지역에서는 영국의 관행보다는 다소 진보적으로 변호인의 조력을 받을 권리가 보장되고 있었다.[7]

### 나. 연방헌법 수정 제6조의 제정 경위

1776년 미국독립선언 이후 연방헌법을 제정할 무렵 모든 주에서는 피고인에게 사선변호인의 조력을 받을 권리를 인정하고 있었다.[8] 이러한 사정하에서, 1787년 각 주의 대표에 의하여 성립된 헌법회의(Convention)에서 가결된 연방헌법을 각 주가 비준하기 위하여 각 주에서는 주 헌법회의를 소집하였다. 7개 주 헌법회의에서는 연방헌법의 수정을 제의하면서 권리장전의 추가를 요청하였다. 그중 변호인의 조력을 받을 권리를 권리장전에 포함시킨 주는 Virginia 주와 North Carolina 주뿐이었다.

Virginia 주는 1788년 6월 27일 연방헌법을 비준하면서 20개에 달하는 권리를 포함한 권리장전의 추가를 제안하였고, 그 8번째에서 "모든 형사사건에서 시민(man)은 변호인

---

의미가 있다고 보고 이를 발표하기로 한다.

5) 오늘날 미국에서 경죄사건은 1년 이하의 징역에 처할 수 있는 범죄를 의미한다.

6) 중죄사건은 경죄사건보다 중대한 범죄를 의미한다.

7) William M. Beaney, The Right to Counsel in American Courts, Ann Arbor: University of Michigan Press, 1955, pp. 8-18 참조; 13세기 이전 영국에서의 형사재판은 본질적으로 규문주의적이었기 때문에 변호인의 조력을 받을 권리가 인정되지 않았다. 13세기 말에 직업적 법률전문가를 형성한 계층이 발생하여 변호활동을 하였으나 이들의 역할은 피고인에 대한 조언에 국한되어 있었다. 그것도 경미한 범죄에 국한되었는데 이는 경미한 범죄에 대하여는 국가가 갖는 이해관계가 희박하기 때문에 국가측으로서는 피고인의 입장을 고려할만한 여유를 가질 수 있었기 때문이라고 생각된다. 그리고 반역죄 또는 반역범은닉죄로 기소된 피고인에게 사선변호인의 조력을 받을 권리를 인정한 것은 1695년의 반역죄에 관한 법률(The Treason Act)에 의한 것이다. 당시 중죄의 대부분이 사형에 처해질 수 있는 사건이었기 때문에 법원은 일반 중죄 피고인이 변호인의 조력을 받을 수 없음으로써 발생되는 문제를 완화하기 위하여 관행상 법률문제에 한하여 사선변호인의 조력을 받을 수 있도록 하였던 것이다(William M. Beaney, Ibid., pp. 8-12.

8) William M. Beaney, Ibid., pp. 18-22.

의 조력을 받을 권리를 갖는다."고 규정하였다.[9] 특이하게도 Virginia 주는 비록 영국에서와 같은 절차에 따라 재판하였지만 그 주 헌법에는 위와 유사한 규정이 없었다. 이는 보호받아야 할 권리가 사선변호인을 선임할 수 있는 권리였다는 사실을 암시한다. 1777년 성문법 제정으로 당시 가장 발전된 영국의 관행을 확인했던 North Carolina 주도 Virginia 주에서 제안한 위 권리장전을 모방하여 8번째의 조문에 동일한 내용의 규정을 두었다.[10] 그러나 이미 10개 주가 연방헌법을 비준하여 연방헌법이 효력을 발생하였기 때문에 North Carolina 주는 그 제안을 연방의회와 다른 주에 회부하였고, 연방헌법을 비준하기 위하여 소집된 주 헌법회의는 1788년 8월 2일 연방헌법을 승인도 거부도 하지 않은 채 그 비준을 연기하였다.[11] 그외 New York 주도 권리장전을 제안하였고 그 제안된 내용 중에 변호인의 조력을 받을 권리를 열거하지는 않았지만, 몇몇 권리는 연방정부에 의해서도 박탈되어서는 안 된다고 하는 사실을 비준의 조건으로 하였는데 변호인의 조력을 받을 권리가 이러한 여러 권리 중의 하나에 속한다고 생각되었다.[12]

1789년 6월 2일 연방의회의 제1회기에서 Madison은 연방헌법에 대한 일련의 수정조항을 하원에 제안하였다. 그 제1조 제9항은 "모든 형사소추에서 피고인은 자기방어를 위하여 변호인의 조력을 받을 권리를 갖는다(In all criminal prosecutions, the accused shall enjoy the right … to have the assistance of counsel for his defense)."라고 규정하였다.[13] 이는 1789년 9월 25일 양원에 의하여 승인되었으며, 1791년 12월 15일 11번째의 주가 이를 비준함으로써 위 조항은 연방헌법 수정 제6조의 일부분으로서 연방헌법에 포함되었다.[14]

그런데 당시 하원에 제안된 여러 가지 권리장전에 관하여 상당한 논의가 있었지만 1789년 8월 21일 하원이 변호인의 조력을 받을 권리가 포함된 규정을 심의할 때 그 부분에 대해서는 별다른 논의가 없었다.[15] 일반적으로 제안에 대하여 아무런 논의가 없었다는 것은 동의가 있다고 해석하는 것이 보통이다. 그러나 각 주에서 변호인의 선임에 대하여 여러 가지 관행 내지 제정법이 있었다는 점에 비추어 볼 때, 각 주가 동의한 것이 어떤 내용의 권리에 대한 것이었는지가 문제될 수 있다. 아마 각 주는 이미 자기 주에서 시민이 향유하고 있던 권리와 동일한 내용의 권리를 보장하는 것으로 생각했기 때문에 위의 제안을 논의 없이 승인한 것이 아닐까 생각된다. 따라서 위의 권리를 단순히 "변호인을 선임하는 권리" 이상으로 해석할 수 있는지 여부는 당해 피고인

---

9) J. Elliot, Debates on the Federal Constitution, 2nd ed., Lippincott, 1901, Ⅲ, p. 658, recit., William M. Beaney, Ibid., p. 22.
10) J. Elliot, Ibid., Ⅳ, p. 243, recit., William M. Beaney, Ibid., p. 22.
11) J. Elliot, Ibid., pp. 251-252, recit., William M. Beaney, Ibid., pp. 22-23.
12) J. Elliot, Ibid., Ⅰ, p.327, recit., William M. Beaney, Ibid., p. 23.
13) I Annals of Congress(1789 repro 1834), p. 440, recit., William M. Beaney, Ibid., p. 23.
14) Sol Bloom ed., Formation of the Union under the Constitution, Washington, D. C.: Government Printing Offices, 1937, p. 62, recit., William M. Beaney, Ibid., p. 24.
15) William M. Beaney, Ibid., p. 23.

이 거주하는 주 또는 연방의회나 연방법원이 결정할 사항이었다.[16)]

오늘날 미국에서는 Virginia 주를 제외한 모든 주 헌법이 "모든 형사소추에서 피고인은 자기방어를 위하여 변호인의 조력을 받을 권리를 갖는다."는 Michigan 주 헌법 조항과 유사한 비교적 표준화된 규정을 두고 있다. Virginia 주 헌법만은 이 문제에 관하여 아무런 규정을 두고 있지 않지만, Virginia 주 대법원은 '주 법률(law of the land)에 의하지 않고는' 생명 또는 자유의 박탈을 금하고 있는 헌법규정은 당연히 변호인에 대한 권리도 포함하는 것으로 해석하였고, 또 그것은 제정법에 의해서도 보호되고 있다. 그러므로 연방과 모든 주는 공통적으로 변호인에 의한 조력을 받을 권리를 범죄로 소추된 사람의 기본적 권리로 인정하고 있다.[17)]

### 다. 연방헌법 수정 제6조의 주에 대한 적용

연방대법원은 1932년 주 사건인 Powell v. Alabama 주 사건[18)]에서 연방헌법 수정 제6조에 의한 변호인의 조력을 받을 권리는 연방헌법 수정 제14조의 적법절차 조항에 의하여 주 사건에서도 적용되어져야 한다는 이유로 변호인을 선임하지 못하고 사형에 처해질 수 있는 범죄로 기소된 피고인에게 주가 의무적으로 국선변호인을 선정하여야 한다고 판시하였다. 그 이래로 피고인이 변호인을 선임하지 못하는 경우 연방대법원은 연방헌법 수정 제6조에 의한 국선변호권을 확대해석하는 경향을 보이고 있다.

## 3. 독일에서의 변호인의 조력을 받을 권리의 연혁

### 가. Weimar 공화국 이전 시대

독일에서는 16세기 이후 형사소송절차상 로마 · 캐논법의 규문주의가 계수되어 피의자 · 피고인은 순전히 심리, 조사의 객체로 취급되어졌기 때문에[19)] 형사변호권은 발달하지 못하였던 것 같다. 그러나 1789년 프랑스혁명 후 개혁된 형사소송법은 피고인이 변호인의 조력을 얻어 자기를 방어할 수 있도록 하였는데 이것이 독일의 제방에도 입법으로 도입됨으로써 형사변호권이 보장되기에 이르렀다.[20)] 그러나 당시 변호인의 권한은 상당히 제한적이어서 최종심문에서 또는 법원이 증거조사를 마친 후에 비로소 이의신청을

16) William M. Beaney, Ibid., p. 24.
17) David Fellman, The Defendant's Rights Today, Madison: The University of Wisconsin, 1976, p. 209.
18) 287 U.S. 45(1932).
19) 許亨九 外 3人, 註釋 刑事訴訟法(上), 韓國司法行政學會, 1983, 53면.
20) Helmut Coing, Epochen der Rechtsgeschichte in Deutschland, München: Verlag C.H.Beck, 1971, SS. 98-99.

할 수 있는 것에 불과하였다.[21)]

1806년 신성로마제국의 멸망 이후 약 40개의 독립국이 각축을 벌리다가 1871년 Bismarck의 노력으로 독일제국이 탄생하였다. 독일제국은 제방의 형사소송절차를 통일하기 위하여 1873년 프랑스 治罪法에 기초를 둔 형사소송법 제1초안을 작성하였으며, 1874년에는 제3초안 및 그 이유서를 발표하였고 이는 1874년 의회에 제출되어 1877년 2월 1일 공포되고 1879년 10월 1일부터 시행되었다.[22)]

위와 같은 경위로 제정된 형사소송법은 피의자 · 피고인이 절차의 모든 단계에서 변호인의 조력을 받을 수 있도록 하였다(StPO 제137조 제1항). 그리고 1심 공판이 제국법원(Reichsgericht)이나 배심법원(Schwurgericht)에서 행하여지는 경우(StPO, 제140조 제1항), 1심 공판이 지방법원(Landgericht)에서 행하여지는 경우로서 피고인이 聾者, 啞者 또는 16세 미만인 경우(StPO 제140조 제2항 제1호)에는, 피고인에게 변호인이 없으면 법원은 반드시 직권으로 국선변호인을 선정하도록 하였고(StPO 제140조 제4항), 1심 공판이 지방법원에서 행하여지는 경우로서 피의사실이 단순히 누범이기 때문이 아닌 중죄(Verbrechen)인 때에는 피고인 또는 그의 법정대리인이 국선변호인의 선정을 청구하면 법원은 반드시 직권으로 국선변호인을 선정하도록 하였다(StPO 제140조 제4항).

위와 같은 필요적 변호제도의 입법취지에 대하여 독일 형사소송법의 입법이유서는 "피고인에게 과하여지는 형벌의 고통이 클수록, 또한 죄책문제 재판의 곤란성이 증가하면 증가할수록 이유 없는 오판의 가능성에서 피고인을 보호하는 것이 형사소송의 임무가

---

21) Heinrich Henkel, Strafverfahrensrecht, Stuttgart: W.Kohlhammer Verlag, 1965, S. 50; Hermann Conrad, Deutsche Rechtsgeschichte, Karlsruhe: Verlag C.F.Müller, 1966, SS. 425, 431.

22) Hanns Dulnnebier 外 5人, Die Strafprozessordnung und das Gerichtsverfassungsgesetz, Erster Band, Berlin: Walter de Gruyter, 1976, SS. 10-11: 대륙에서는 이미 신성로마시대에도 피고인의 변호인의 조력을 받을 권리가 보장되고 있었다. 즉 기원전 2세기경부터 기원후 1세기경까지에는 査問所에 의한 재판제도가 있었다. 이 제도에 의한 소송절차는 사인이 소추자이고 정무관은 소송지휘만 할 수 있었기 때문에 소송구조는 탄핵주의요, 당사자주의였다. 이 절차에서는 피고인이 Patronus라고 불리우는 변호인을 선임하여 그에 의한 조력을 받을 수 있었다(柴田光藏, 增補ロ一マ裁判制度研究, 世界思想社, 1970, pp. 30-47).

그리고 프랑스 대혁명 후인 1791년 프랑스는 영국의 형사제도를 철저히 모방하여 형사소송에 관한 법률을 제정하였으나 그 후 혁명이 반동화되면서 1808년 공포된 治罪法은 다시 규문주의로 복귀하였다. 그러나 이러한 형사제도는 구시대의 규문적 형사절차에 비하면 훨씬 진보적인 것이었다(李善中 外 5인 편, 註釋刑事訴訟法, 韓國司法行政學會, 1976, 41면). 治罪法은 피고인의 사선변호인의 조력을 받을 권리를 인정하고 있었고, 중죄사건을 필요적 변호사건으로 하여 변호인을 선임하지 않았을 때에는 법원이 직권으로 국선변호인을 선정하도록 하였다. 또한 그 무렵 프랑스 변호사회는 변호사 내부의 관습으로서, 빈곤자를 위하여 변호사로 하여금 무상으로 변론을 하도록 해 왔으며, 이에 관한 법률은 1851년에 제정되었다(1851. 1. 22. 법률). 동법에 의하면 형사사건에서는 중죄 및 경죄의 형벌을 받게 되는 모든 자에 대하여, 그 상황과 수입에 비추어 도저히 변호사를 선임하지 못하면 재판구조가 직권으로 인정되었고, 특히 중죄사건뿐만 아니라 경죄사건에서도 재판장은 피고인의 청구와 빈곤자임이 증명되는 경우에 변호인을 지명하도록 하였다(法務部, 法務資料 第52輯, 各國의 辯護士制度(Ⅱ), 1984, 260면).

1957. 12. 31. 제정된 현행 형사소송법은 피의자 · 피고인의 사선변호인의 조력을 받을 권리를 인정하고, 예심법원과 경죄법원에서는 피의자 · 피고인에게 국선변호인 선정청구권을 인정하고 있고 중죄법원에서는 모든 사건을 필요적 변호사건으로 규정하고 있다(法務部, 法務資料 第46輯, 外國刑事訴訟法Ⅰ, 1982, 참조).

되지 않으면 안 된다."고 설명하고 있다.[23)]

## 나. Weimar 공화국 시대

1918년 독일제국이 붕괴되고 Weimar 공화국이 성립되면서 형사소송법의 개정이 활발하게 논의되었다. 논의결과 정부에서 발표한 형사소송법개정안은 필요적 변호사건에서 국선변호인은 늦어도 수사종결 전에 선정되고(법안 제164조 제1항), 구법원(Amtgericht)에서 재판되는 중죄사건에서도 변호인이 없으면 늦어도 수사종결 전에 변호인이 선정되도록 하였다(법안 동조 제2항). 그리고 피고인이 聾啞 기타 신체나 정신의 이상으로, 또는 구금중이거나, 교육정도가 낮아서, 또는 사건의 복잡성 때문에 자기 스스로 충분히 권리를 주장할 수 없을 때에는 신청 또는 직권에 의하여 법원이 변호인을 선정하도록 하였다(법안 제163조 제2항).

그러나 동 법안이 입법화되지 못한 상태에서, 제2차 세계대전이 일어나자 필요적 국선변호사건의 범위는 오히려 축소되었다. 제2차 세계대전 이후 인권의식이 고조됨에 따라 피의자 · 피고인에 대한 국선변호권의 범위는 더욱 확대되어 오늘에 이르고 있다.[24)] 한 가지 유의할 점은 독일에서는 피의자 · 피고인의 변호인의 조력을 받을 권리를 헌법이 아닌 형사소송법에 의해서만 보장하여 왔다는 점이다.

## 다. 기본법 시대

기본법 제2조 제2항은 "누구라도 생명과 신체에 침해를 당하지 아니하는 권리를 가진다. 인신의 자유는 불가침이다. 이러한 권리는 다만 법률에 의거하여서만 침해될 수 있다."고 규정하여 생명권과 신체불훼손성에 관한 권리를 규정하고 있다. 또한 제101조에서 제104조까지에서 사법작용에 있어서의 인권보장에 관해 규정하고 있다. 즉, 제101조는 특별재판소의 금지, 법률이 정한 법관에 의한 재판을 받을 권리를, 제102조는 사형의 폐지를, 제103조는 법원에서 법적 청문(rechtliches Gehör)을 요구할 권리, 죄형법정주의, 일사부재리의 원칙을 규정하고, 제104조는 인신의 자유와 관련하여 상세히 규정하고 있다.

이처럼 기본법은 인신의 자유를 보장하기 위하여 상당한 배려를 하고 있지만 피의자 · 피고인의 변호인의 조력을 받을 권리에 관하여는 아무런 규정을 두지 않고 있다. 다만 형사소송법에서 제137조는 피의자 · 피고인의[25)] 변호인의 조력을 받을 권리를 규정하

---

23) Straus, Die Notwendige Verteidigung, GS, 108, S. 247 ff., 小田中聰樹, 續現代司法の構造と思想, 日本評論社, 1981, pp. 170-171 재인용.

24) Hahn, Die Notwendige Verteidigung im Strafprozess, 1975, S. 62 ff., 小田中聰樹, 전게서, pp. 171-172 재인용.

25) 독일 형사소송절차에 있어서 통상의 제1심 형사소송절차는 3 단계로 나누어진다.
형사소송절차의 제1단계는 전절차(Vorverfahren)이고, 범죄가 행하여진 경우에 범인을 수색, 체포하고 이를 취조하여 필요한 경우 검사가 공소를 제기할 때까지의 절차를 말한다. 그 다음 단계가 중간절차(Zwisch

고, 제140조 이하에서는 국선변호인의 조력을 받을 권리를 규정하고 있다. 이리하여 형사소송법이 규정하고 있는 변호인의 조력을 받을 권리와 기본법과의 관계가 문제된다.

기본법에는 피의자 · 피고인의 변호인의 조력을 받을 권리를 보장하기 위한 직접적인 규정을 두고 있지 않다. 그럼에도 불구하고 변호인의 조력을 받을 권리가 헌법적 차원에서 인정된다는 점에는 이론이 없는 것 같다.

기본법 제20조 제2항은 "입법은 헌법질서에 구속되고, 행정과 사법은 법률과 법에 구속된다."고 규정하고 있다. 이 조항에서 법치국가의 원리가 도출되고 이 법치국가의 원리에서 피의자 · 피고인의 변호인의 조력을 받을 권리의 기본법상의 근거를 발견할 수 있다.[26] 즉 형사절차가 공평하게 진행되기 위해서는 절차상 무기평등의 원칙(Prinzip der Waffeng1eichheit)이 적용되어야 하고, 법률적으로 충분히 훈련된 재판경험이 있는 경찰관에 대한 무기평등은 피의자 · 피고인이 동일하게 법률적으로 잘 훈련된 변호인을 이용함으로써만 확립될 수 있다는 것이다.[27] 특히 Rolf Schneider는 "기본법 제103조 제1항의 법적 청문은 국민을 재판절차에서 중심적 지위에 있게 하고, 그에게 재판에 대한 능동적인 참여와 영향력 행사를 가능하게 한다. 이는 법치국가와 인간의 존엄에 근거하고 있으며 이 법적 청문이 실효성 있기 위해서는 당연히 권리를 행사하는 자가 사건의 사실상, 법률상 중요한 단계를 충분히 파악할 것을 내포하고 있으며, 이를 위하여 권리를 행사하는 자에게 법적 청문을 할 때 법률에 정통한 사람, 즉 변호사를 선임하는 것을 허용한다."고 하여 변호인의 조력을 받을 권리를 법치국가의 여러 요소 중 기본법 제103조 제1항의 법률상의 청문권에서 그 근거를 찾고 있다.[28] 한편 Claus Roxin은 형사소송법상의 필요적 국선변호인제도를 사회국가적 사상(Sozialstaatliches Gedankengut)에 의한 것으로 이해하고 있다.[29]

그 외 기본법상의 근거는 아니지만, 변호인의 조력을 받을 수 있는 근거로서 일반적으로 유럽인권규약(Europäische Menschenrechtskonvention) 제6조 제3항의 "자기방어는 개인적으로 또는 본인이 선택한 법적 협조를 통하여, 또는 스스로 법적 협조에 대해 지불할 능력이 없을 때에는 사법정의가 요구하는 경우 무료로 법적인 도움을 받을 수 있다."는 규정을 들고 있다.[30] 그러나 독일에서는 일반적으로 형사소송법에 의하여 피의자 · 피

---

enverfahren)이다. 중간절차란 법원이 공소를 제기한 사건에 대하여 공판을 열 것인지 여부를 결정하는 절차다. 기소는 피의자에 대하여 공판을 열어 처벌해야 한다는 취지가 담긴 검사의 청구인데, 이 청구는 중간절차에서 법원의 심사를 받는다. 이런 의미에서 중간절차는 검사의 기소독점주의를 견제하는 기능을 갖는다. 중간절차에서 공판의 개시가 결정된 때에는 소송절차가 주요절차(Hauptverfahren)로 옮겨진다. 주요절차는 법원이 공판을 준비하고, 공판을 열어 이유를 붙인 판결을 선고함으로써 종료된다.

26) Theodor Kleinknecht, Strafprozessordnung, München: Verlag C.H.Beck, 1981, S. 17; Hans Dahs, "Ausschliessung und Uberwachung des Strafverteidigers", NJW, 1975, S. 1386; Rolf Schneider Koblenz, "Verfassungsrechtliche Grundlagen des Anwaltsberufs", NJW, 1977, S. 873.

27) Hans Dahs, aaO., S. 1386.

28) Rolf Schneider Koblenz, aaO., S. 874.

29) Claus Roxin, Strafverfahrensrecht, München: Verlag C.H.Beck, 1980, S. 11.

30) Theodor Kleinknect, aaO., S. 17; Claus Roxin, aaO., S. 13. 이는 형사소추를 받은 사람의 최소한의 권리로서 인정되고 있다(이 규약은 신동아, 1975, 1호 별책부록 "세계의 인권선언"에 수록). 이 유럽인권규약

고인의 변호인의 조력을 받을 권리가 논의되고 있다.

## 4. 일본에서의 변호인의 조력을 받을 권리의 연혁

### 가. 明治 시대

일본 변호사의 기원을 이루는 것은 明治 5년(1872) 8월 "司法職務定制"에 규정된 代言人制度에서 찾을 수 있다. 代言人은 스스로 소송할 능력이 없는 자를 위하여 이에 대신하여 그 소의 사정을 진술하여 억울함이 없도록 하는 일을 임무로 하였다. 이 代言人制度를 계기로 소송당사자가 직업적 대리인을 재판소에 출두시키는 방법에 의한 소송을 할 수 없다고 하는 대리소송금지의 전통적 원칙은 폐지되었다.[31]

그런데 당시 이러한 代言人의 역할은 민사사건에 한하였으므로 형사변호인의 태동에 선구가 된 것은 독일의 현행 형사소송법이 제정되기 2년 전인 明治 8년(1875) 廣澤參議暗殺事件과 관련하여 만들어진 辯護官制度라고 할 수 있다. 이 辯護官은 일면 피고인의 변호인이지만 피고인과 위임관계조차도 없고, 재판소에 의하여 임명되어 오로지 사안의 진상규명을 직무로 하는 관직제도에 지나지 않았다. 따라서 法條擬律士로서 의견을 개진하고, 논의를 하는 권한도 인정되지 않았다.

明治 9년(1876) 代言人이 형사절차에 관여하는 것을 인정하였지만, 그것도 일본에 체류 중인 외국인사건의 공판에 한정되었었다. 그러나 그것이 얼마 되지 않아 일반 일본인 피고인에게도 확대되는 계기가 되었다. 즉 동년 6월, 司法省은 일본인 피고인에 대하여도 代言人에 의뢰하여 재판받고자 하는 신청이 있으면 司法省의 재량에 의하여 이를 허가할 수 있음을 공포하고 明治 10년(1877)에는 司法省의 재량제를 개정하여, 피고인에 의한 代言人 선임신청을 모두 허가하는 것으로 발달하였다.[32]

그러나 형사변호법제는 明治 13년(1880) 治罪法의 제정에 의하여 최종적으로 확립되었다.[33] 이 治罪法은 프랑스 治罪法을 모방한 것이었는데,[34] 治罪法 제266조에서 피고인의 변호인선임권을 인정함으로써(단 예심단계는 제외) 비로소 피고인의 변호인의 조력을 받을 권리가 인정되었다. 그리고 이 법은 중죄사건을 필요적 변호사건으로까지 규정하여(동법 제381조) 형사변호사제도를 강력하게 인정하였다.[35]

---

은 1950. 11. 4. 유럽회의(Council of Europe)의 16개 회원국(프랑스와 스위스 제외)에 의하여 로마에서 조인되었고 독일은 1952. 8. 7. 법률로 위 규약을 비준하여 동 법률 제2조에 의하여 곧 법률의 효력을 가지고 공포되었다. 이로써 동 법률 제3조에 따라 1953. 9. 3.부터 기본법이 적용되는 전 영역에서 발효되었다 {權寧星, 獨逸憲法論 (上), 法文社, 1976, 155면}.

31) 法務部, 法務資料 第52輯, 各國의 辯護士制度(Ⅱ), 1984, 112면.

32) 石川才顯, "わが國における刑事辯護法制近代化の過程", 日本法學, 40卷 2號, p. 27.

33) 石川才顯, 전게논문, pp. 28-29.

34) 石川才顯, 전게논문, p. 29.

그 후 明治 23년(1890) 3월에는 治罪法에 대체하여 明治 형사소송법이 제정되었다. 이는 독일법을 모법으로 하는 裁判所構成法의 공포에 따른 것이었다.[36] 이 明治 형사소송법은 예심단계를 포함하여 기소 후의 모든 피고인에게 변호인선임권을 인정하였다(제179조). 그리고 중죄사건(刑法施行法 제29조 참조)을 필요적 변호사건으로 하였으며(제237조), 그 외 피고인이 15세 미만인 경우, 부녀자인 경우, 聾者 또는 啞者인 경우, 정신병에 걸렸거나 의식이 불충분하다는 의심이 있는 경우 및 피고사건의 성격 때문에 재판소에서 변호인을 필요로 한다고 인정한 경우에도 재판소가 피고인을 위하여 변호인을 선임할 수 있도록 하였다(제179조의 2).[37]

## 나. 大正 시대

大正 11년(1922) 5월 5일 공포되고 동 13년 1월 1일부터 시행된 大正 형사소송법은 독일 형사소송법을 토대로 개정된 법률로서 동법은 예심단계를 포함하여 기소 후의 피고인에게 변호인선임권을 인정하였으며(제39조), 사형 · 무기 또는 단기 1년 이상의 징역 또는 금고에 해당하는 사건을 모두 필요적 변호사건으로 하여 필요적 변호사건의 범위를 확대하였고(제334조), 임의적 국선변호사건도 피고인이 20세 미만 또는 70세 이상인 때, 부녀자인 때, 聾者 또는 啞者인 때, 심신상실자 또는 심신미약자라는 의심이 있는 때, 기타 필요하다고 인정되는 때로 확대하였다(제335조).[38]

그 후 제2차 세계대전이 발발하자 일본은 범죄의 예방 및 진압 등 전시하의 요청을 충분히 이행하기 위하여 昭和 17년(1942) 2월 24일 법률 64호로(동년 3월 21일부터 시행) 戰時刑事特別法을 제정하였다. 이 戰時刑事特別法은 소송지연을 방지하기 위하여 제20조에서 "변호인의 수는 피고인 1인에 대하여 2인을 초과할 수 없다. 변호인의 선임은 최초에 정한 공판기일에 관한 소환장을 받은 날로부터 10일을 경과했을 때에는 이를 할 수 없다. 부득이한 사유가 있을 경우에 있어서 재판소의 허가를 받았을 때에는 그러하지 아니하다." 고 규정하여 사선변호인의 조력을 받을 수 있는 권리가 대폭 제한되었다.[39] 戰時刑事特別法 제24조는 전시절도죄 및 盜犯防止法 제2조, 제3조의 죄에 대하여 필요적

---

35) 小卓欣署, 明治法制史論, 公法之部下卷, 巖松堂書店, 昭和 19, pp. 1077-1078.

36) 小田中聰樹, 刑事訴訟法 歷史的分析, 日本評論社, 1976, p. 133; 明治 22년(1889)에 이른바 明治憲法이 공포되고 裁判所構成法이 시행되면서 이 법에 처음으로 변호사라는 명칭이 사용되어 새로이 변호사에 관한 법규가 제정될 것이 예견되었다(裁判所構成法 제69조, 제70조). 이후 1892. 12. 15. 帝國會議에서 변호사법이 제정되었고 이 법은 明治 26(1893). 3. 3. 法律 第7號로 공포되어 동년 5. 1. 시행되었고 종래의 代言人規則은 동일자로 폐지되었다. 이 법은 1936. 3. 말까지 일본변호사법제 중 가장 오랜 기간 효력을 가져, 일본변호사제도를 확립한 법률로 평가되고 있다. 이 법 시행 전에는 공식으로 代言人이라고 칭하였으나 裁判所構成法 실시 후에는 이미 일반적으로 代言人을 변호사라고 칭하였다(法務部, 前揭 法務資料 第52輯, 114-115면).

37) 淸水孝藏, 刑事訴訟法論綱, 三書樓出版, 明治 43, pp.174-176; 豊島直通, 刑事訴訟法論, 日本大學, 明治 43, pp.195-202; 小田中聰樹, 전게서, pp. 135-139 참조.

38) 上野春, 刑事訴訟法詳解, 自治館, 大正 12, pp. 105-109, 454-456.

39) 金炳華, 韓國司法史 (近世編), 一潮閣, 1982, pp. 460-468.

변호를 폐지하고 기타의 사건에 대하여도 "부득이한 사정"이 있는 경우에 예외를 인정하였다.[40]

이상에서 본 바와 같이 현행 헌법이 제정되기 전에는 변호인의 조력을 받을 권리가 형사소송법상 인정되는 권리의 하나로서만 인정되었다.

### 다. 현행 헌법 시대

제2차 세계대전에서 일본이 패하자 원자탄이 투하된 히로시마 일대의 점령만 영국연방군이 담당하고 그 외 일본 전 지역은 미군이 점령하였다. 연합국군은 일본에 군정을 펴지 않고 최고사령관이 일본정부를 통해 점령업무를 수행하는 간접지배를 하였다.[41]

일본의 연합국에 대한 항복은 무조건의 항복이어서 점령군의 정책이 초헌법적이었으므로 패전은 필연적으로 明治憲法의 폐지를 초래하였다. 1945년 10월 11일 弊原喜重郎 수상과 맥아더 총사령관의 회담에서 맥아더 총사령관은 헌법개정에 대하여 명확한 시사를 하였다. 맥아더의 견해는 "포츠담선언의 달성에 의하여 일본국민이 수세기에 달하여 예속되었던 전통적 사회질서는 개혁되어져야한다. 이것이 헌법의 자유주의화를 포함하는 것은 당연하다."는 것이었다.[42]

이에 일본정부는 국무대신 松本蒸治를 위원장으로 하는 憲法問題調査委員會를 구성하였는데, 헌법개정에 대하여 弊原內閣의 기본적 태도가 처음으로 공개된 것은 1945년 12월 8일 의회에서 제시된 松本四原則이었고, 그 네 번째의 원칙은 "인민의 자유 및 권리의 보장을 확대하는 것, 즉 의회와 무관계한 입법에 의하여 자유와 권리를 침해하지 못하게 하는 것, 또 이 자유와 권리의 침해에 대한 구제방법을 완전한 것으로 하는 것"이었다.[43] 그러나 이 憲法問題調査委員會가 1946년 2월 1일 작성한 헌법개정안에는 변호인의 조력을 받을 권리에 관한 규정이 없었다.[44]

총사령부는 일본정부에서 제시한 이 헌법개정안에는 明治憲法的 색채가 강하게 남아있다는 이유로 이를 거부하고 같은 달 13일 일본정부에 헌법개정안을 제시하였으며, 일본정부는 같은 달 22일 이를 수락하고 이에 기초하여 헌법개정안을 작성하였으며, 총사령부가 이 헌법개정안을 검토한 후 헌법개정안이 확정되었다.[45] 이때 총사령부가 제시한 헌법개정안은 제31조에서 "어느 누구도… 변호인을 의뢰하는 권리를 부여받지 않고는 억류 또는 구금되지 않는다.", 제36조 제3항에서 "피고인은 어떠한 경우에도 자격을 가진

---

40) 小田中聰樹, 續現代司法の構造と思想, 日本評論社, 1981, p. 194.
41) 閔斗基, 日本의 歷史, 知識産業社, 1977, pp. 289-290.
42) 長谷川正安, 憲法現代史(上), 日本評論社, 1981, p. 118.
43) 長谷川正安, 전게서, pp. 118-121.
44) 高柳賢三 外 2人 編, 前揭書, pp. 47-75. 그리고 그 이전 민간단체인 憲法研究會가 만든 憲法起草要綱 및 松本이 만든 憲法改正要綱에도 피의자 · 피고인의 변호인의 조력을 받을 권리에 관한 규정은 없었다(高柳賢三 外 2人 編, 전게서, pp. 482-489).
45) 高柳賢三 外 2人 編, 日本國憲法制定の過程 II ; 解說, 有斐閣, 1972, pp. 85-86.

변호인을 의뢰할 수 있다. 피고인이 스스로 이를 의뢰하는 것이 불가능할 때에는 정부에서 이를 붙인다."는 규정을 두고 있었다.[46)]

확정된 헌법개정안은 樞密院과 衆議院, 貴議院을 통과하여 1946년 11월 3일 공포되고 1947년 5월 3일부터 시행됨으로써 일본의 현 헌법이 탄생하였다. 헌법 제34조는 "누구든지 … 즉시 변호인에게 의뢰하는 권리가 부여되지 아니하면 억류 또는 구금되지 아니한다.", 제37조 제3항은 "형사피고인은 여하한 경우에 있어서도 자격이 있는 변호인을 의뢰할 수 있다. 피고인이 스스로 이를 의뢰할 수 없을 때에는 국가가 변호인을 붙인다."고 규정함으로써 일본에서는 최초로 피의자 · 피고인의 변호인의 조력을 받을 권리가 헌법상의 권리로 인정되게 되었다.

일본헌법의 제정과정에서 총사령부측이 한 역할을 고려해 볼 때 일본헌법에서 규정하고 있는 피의자 · 피고인의 변호인의 조력을 받을 권리는 미국연방헌법 수정 제6조에 규정된 변호인의 조력을 받을 권리를 토대로 제정되었다고 할 수 있을 것이다.

이와 같이 미국의 영향 하에서 이루어진 신헌법은 헌법 제3장의 인권규정(제10조에서 제40조) 중 3분의 1(제31조에서 제40조)이 피의자 · 피고인의 인권에 관한 것이고, 이러한 규정은 당시의 형사소송법에는 구체화되어 있지 않았기 때문에 형사소송법의 전면적 개정이 필요하였다. 이리하여 1948년 7월 10일 공포되고 1949년 1월 1일부터 시행된 현행 형사소송법은 변호인의 조력을 받을 권리의 범위도 대폭 확대하였다.[47)] 즉 모든 피의자 · 피고인에게 사선변호인 선임권을 인정하고(형소법 30조), 국선변호인제도를 戰時刑事特別法制定 이전으로 환원시키는 외에 변호인을 선임하지 못하는 자에게도 국선변호인 선정청구권을 인정하고 있다(동법 제36조).

---

46) 高柳賢三 外 2人 編, 日本國憲法制定の過程 I ; 原文と翻譯, 有斐閣, 1972, pp. 281-283; 이는 헌법초안의 준비를 위하여 민정국 행정부 내에 편성된 수개의 위원회 중의 하나인 인권에 관한 위원회가 작성한 사법상의 인권에 관한 2차 시안 중에 규정된 내용을 그대로 총사령부안에 포함시킨 것이다(高柳賢三 外 2人 編, 전게서, pp. 229-233). 그런데 연합국총사령부에서는 점령 초부터 피의자 · 피고인의 변호인의 조력을 받을 권리의 중요성을 인식하고 있었다. 즉 연합국총사령부 민정국 법규과장 마이로 E. 라우엘은 1945. 12. 6. "일본헌법에 대한 준비적 연구와 제안의 보고"(Report of Preliminary and Recommendation of Japanese Constitution)에서 일본에서의 민주주의적 경향을 신장시키기 위하여 헌법개정안에 포함되어야 할 권리 중의 하나로서 "피의자는 체포 시부터 변호인의 조력을 받을 권리가 인정되어야 한다(An accused … shall have the right to counsel from the time of arrest)"는 것을 열거하고 있었고(위 Report의 부속서류 A. Bill of Rights의 3a 9), 연합국총사령부 민정국 행정부가 1946. 1. 11. 막료장(chief of state)에게 제출한 사적 단체에 대한 헌법개정초안에 대한 소견 중에도, "법집행기관에 의한 고문을 줄이기 위하여 체포된 즉시 변호인을 의뢰할 권리를 인정하는 규정을 헌법에 규정하는 것이 필요하다. … 그리고 어떠한 헌법도 승인을 받기 위해서 포함하여야 하는 원리의 하나로서 피의자 · 피고인(the accused)이 변호인에게 변호를 의뢰하는 권리를 보장하는 것"을 언급하고 있었던 것이다(高柳賢三 外 2人 編, 전게서, pp. 9-35).

47) 신헌법 시행 후 신형사소송법 시행 전까지 1년 반 정도는 日本國憲法의 시행에 따른 형사소송법의 應急措置에 관한 法律(昭和 22. 4. 19. 법률 76호)에 의하여 응급적으로 처리하였다. 이 법률에서는 형사법이 "일본국 헌법, 재판소법 및 검찰청법의 제정의 취지에 적합하도록 해석되어져야 한다."(제2조)고 규정되어 있었다(長谷川正安, 전게서, p. 262.).

## 5. 우리나라에서의 변호인의 조력을 받을 권리의 연혁

### 가. 조선시대

1894년에 시작된 甲午改革 이전의 조선시대에는 오늘날과 같이 피의자를 구금, 수색하는 검찰 또는 사법경찰과 피고인을 심리재판하는 법원이 분리되어 있지 아니하고 사법과 행정이 혼합되어 한 기관에 의해서 행사되었던 관계로 형사상의 처벌에 있어서도 재판관이 직권으로 피의자를 체포하여 일방적으로 수색 · 심리하여 처리하였다. 이와 같은 제도하의 형사소송에서는 辯護人制度가 발달되지 못하였다.[48)]

그러다가 甲午改革에 의하여 高宗 32년(1895) 3월 25일 法律 1호로 裁判所構成法이 제정 공포되었으며, 裁判所構成法의 제정에 이어 동년 4월 29일 法部令 3호로 제정된 民刑訴訟規程은 사법근대화과정에 있어서 民 · 刑訴訟에 관한 최초의 절차법인 동시에 이를 계기로 하여 비로소 民 · 刑事事件을 구분하여 재판하는 근대적 재판절차를 가지게 되었다.[49)] 그러나 동 규정 중에도 피의자 · 피고인의 변호인의 조력을 받을 권리에 관한 규정은 없었다.[50)]

그런데 1904년경 일본변호사 皆川廣濟 등이 처음으로 건너와 개업을 하는 등 일본변호사들이 대거 진출하였다. 당시 한국법에는 변호사제도가 없었고 외국변호사를 한국

---

48) 金炳華, 韓國司法史(中世編), 一潮閣, 1982, 3-12면; 田鳳德, 韓國近代法思想史, 博英社, 1981, 26면; 그런데 조선시대의 소송절차는 모두 문서에 의하는 方式主義이고 복잡하기 때문에 당사자는 전문가로부터 조언이나 협조를 받지 않고는 성공적으로 진행하기 곤란하였다. 따라서 官司 주변에는 타인에게 소송을 교사하거나 유도하는 것을 업으로 하는 자들이 있어 당사자들은 이들을 고용하여 代訟하는 일이 많았다. 이들이 업으로 하는 것은 의뢰자로부터 사정을 듣고 소장을 작성하거나 소송기술을 조언할 뿐 아니라 代訴者로서 고용된 경우에는 의뢰자를 위해 판사에 나아가 스스로 소송을 하며, 승소한 경우에는 보수를 받았는데, 이를 "外知部"라 속칭하였다. 그러나 顧傭代訟은 成宗 9년(1478) 8월에 이르러 금지되었고 엄벌에 처하게 되었는데 이는 1905년까지 효력이 있었다. 이러한 조치는 당시의 소송이념에서 나온 것이다. 즉 당시의 소송진행에 있어서는 당사자에게 사실대로 자기 주장을 개진하고 증거를 제출할 수 있는 최대의 자유가 부여되어 있었으며, 官에서는 양 당사자의 모든 주장을 듣고 판결을 하였으나 어디까지나 속결을 이상으로 하였다. 그런데 당사자가 그들 업자의 誘導代訟을 받게 되면 사실의 왜곡, 증거의 인멸 · 위조, 소송의 고의적 지연 등으로 인하여 재판하는데 여러 가지 난점이 있고, 또 의뢰자가 사기당하는 일도 있을 수 있으므로 이러한 폐단을 방지하기 위한 것이었다(朴秉濠, 韓國近代法制史巧, 法文社, 1974, 315-316면). 다만 본인이 유죄의 심판으로 徒流充軍의 役中에 있다든가, 공용으로 재외 임무 중에 있는 자라든가, 喪中에 있는 자, 또는 士族婦女子의 경우에는 代訟이 허가되었고, 代訟者로는 본인의 子, 參, 姪, 奴婢 등이 담당할 수 있었다(金炳華, 전게서, 12면). 이로써 직업적 法曹人의 제도화를 위한 길은 막혀버렸다.

49) 金炳華, 전게서, 27, 351면.

50) 동 규정 중 刑事에 관한 부분은 金炳華, 전게서, 352-356면 참조; 1895년에 출판된 兪吉濬의 西遊見聞에서는 특히 형사사건에 관하여 "泰西諸國에는 大罪를 犯한 者라도 律師의 代訟하기는 허락"하고 있는 것이라고 하고 이른바 이는 전통적 양반사회에서 宗社에 관한 反逆事件이나 三綱五常에 위배되는 綱常之罪에 無實을 변명할 기회를 주지 아니하고 遲晩의 소리와 함께 무수한 피고인이 杖斃를 당하는 처참한 구습의 존속을 상기하고 不俱戴天의 어떠한 大罪를 범하였을지라도 범인은 변호사의 변호를 받아 범죄에 합당한 법률에 의한 공정한 판결을 받을 수 있도록 서양에서는 제도화되고 있음을 소개하고 있다(田鳳德, 韓國近代法思想史, 博英社, 1981, 240면).

재판소가 인정할 수 없었음에도 불구하고 일본 변호사들은 訴訟代理人 또는 保佐人이라고 자칭하며 증거서류를 제출하거나 기일변경 또는 지정의 신청을 하는 등 비공식으로 법률사무를 취급하는 폐단이 생겼다. 따라서 한국재판소로서는 변호사제도를 고려하지 않을 수 없어서 光武 9년(1905) 11월 8일 法律 5호로 辯護士法을 영포하기에 이르렀는바, 이것이 우리나라 변호사제도의 첫 출발점이 되는 것이다.[51)]

이 辯護士法[52)] 제1조는 "변호사는 民事當事者나 刑事被告人의 위임에 의하여 通常裁判所에서 代人의 행위와 변호권을 행함이라" 하여 변호사가 피고인을 위하여 변호활동을 할 수 있었음을 나타내고 있다. 그런데 이때의 변호활동은 "刑事案件에 대하여 豫審을 경과하기 전에는 변호함을 부득함이라"(동법 제19조)는 규정에 의하여 豫審을 거친 후에만 가능하였다. 그리고 役刑 5년 이상의 죄에 상당하다고 생각되는 경우에 피고인이 변호인을 선임하지 아니한 때에는 재판소가 직권으로 변호인을 선정할 수 있도록 하여(동법 제15조) 국선변호인제도까지 인정하였다.

이상에서 살펴본 바와 같이 우리나라에서는 光武 9년(1905)의 辯護士法에 의하여 피고인의 변호인의 조력을 받을 권리가 최초로 인정되었다.[53)]

그 후 隆熙 2년(1908) 7월 13일 法律 13호로 제정된 民·刑訴訟規則은 전문 177조로 되어 있다. 동법 부칙 제176조에 의하여 종전의 法令中 본법의 규정에 저촉되거나 중복되는 규정은 모두 폐지되었으며, 이 법은 시행된 지 2년 만에 폐기된 李朝時代에 있어서 최후의 절차법이기도 하다. 동 규칙 제162조는 피고인이 심문을 받을 때는 변호사 또는 기타인을 변호인으로 선임할 수 있으며 변호사 아닌 자를 변호인으로 선임할 때에는

51) 金炳華, 전게서, 65면.

52) 동법에 의하면, 변호사는 法官 銓考 또는 試驗에 의하여 합격한 자, 辯護士試驗에 급제한 자, 辯護士試驗委員을 經한 자, 平理院과 漢城裁判所 또는 法官養成所에서 만 1년 이상 계속하여 判·檢事 또는 敎官의 직무를 행한 자 중 法部大臣의 허가를 받은 자라야 하는 바(제2조), 일정한 죄를 짓고 복권되지 않았거나 파산선고를 받은 자는 변호사가 될 수 없으며(제5조), 法部와 각 재판소에 준비된 명부에 등록해야 했다(제6조, 제7조)(전문은 大韓民國國會圖書館, 韓末近代法令 資料集Ⅳ, 1971, 413-416면 참조).

53) 李仁씨가 光武辯護士法에 의하여 변호사가 된 李冕宇씨의 일화를 소개한 내용에 의하면 당시 행하여진 刑事裁判과 辯護士 活動의 일면을 엿볼 수 있으므로 이를 인용해 보면 다음과 같다.
"晋州에 과실살해사건이 있어서 이분은 당시 四人驕를 타고 변호하러 갔었답니다. 진주에는 觀察府가 있었는데 예전 구투로 형방이 觀察使 앞에 굴복을 하고 엎드려서 觀察使가 제사를 불러 判決을 쓰면 형방이 執行을 하는 것이었읍니다. 判決, 搜查, 執行을 혼자서 다하던 시대였지요. 그 당시도 殺人事件과 같이 중대한 사건은 직접 觀察使가 하였던 모양이지요. 이래서 李辯護士는 내가 변호하러 왔다고 한즉 우리는 변호가 무엇인지 모른다 그럼 변호는 어떻게 하는 것인가? 李辯護士는 답하기를 피고인의 이익을 위해서 변론을 하러 왔는데 말로 일일이 말하면 시간이 없고 하니 내가 가르쳐 줄테니 나오라고 하고 의자가 없어서 몇 개 나무토막같은 것을 주워 오라하여 앉히고 觀察使도 앉히고 裁判을 진행하였는데 변호사가 재판지휘를 하면서 가르쳐 주었다는 것입니다. 피고인의 가족도 방청을 와 있었는데 裁判官에게 피고인에 대한 신문을 하라 하여 신문을 하니 범죄사실을 부인하였고 증거제시도 신통하지 않게 신발 하나 막대기 하나뿐이었다고 합니다. 그래서 다음은 변호사가 변호를 하겠다고 하고 변론을 했으나 대단한 변론은 아니었을 겁니다. 그리고 나서 변론이 끝났으니 結審을 하라고 하였답니다. 判決을 말로 해도 되겠느냐고 하기에 판결은 판결의 이유를 써야 한다고 하였더니 어떻게 쓸지 잘 모르겠으니 좀 써 달라고 하기에 변호사가 判決文 (無罪)을 써주어서 낭독토록 하여 피고인을 무죄 석방시켰다는 이야기를 들었습니다"(徐容吉 編, 愛山餘滴, 英學社, 1970, 133면).

재판소의 허가를 받도록 하여 特別辯護人制度를 인정하였다.[54]

## 나. 일제시대

1910년 8월 29일 大韓帝國이 일본에 합병되자 일본은 동일자로 급격한 제도의 개혁으로 말미암아 야기될 인심의 동요와 반발을 막기 위하여 소위 緊急勅令(勅令 324호)을 발표하였고 이 勅令에 의하여 동일 制令 1호로 "朝鮮에 있어서의 法令의 效力에 관한 件"을 제정하여 장차 총독부를 설치할 때 조선에 있어서 그 효력을 상실하게 될 日本帝國法令 및 韓國法令은 당분간 총독이 발한 命令으로서 효력을 가진다는 잠정적 · 과도적 조치를 취하였다.

이 制令 1호에 의하여 당시 효력을 갖게 된 法令中 그것이 制令으로서 정함을 요하는 사항을 규정한 것은 制令, 그것이 總督府令으로서 정할 수 있는 사항을 규정한 것은 總督府令으로 정한 것으로 보도록 하였다.[55] 그러나 당시에 시행되던 제 法令들은 과도기적인 것이었기 때문에 합병직후 朝鮮總督府에서는 取調局을 두어 조선의 특수한 사정에 적응한 法令의 제정을 위하여 심의에 착수하였다. 그 후 일 년여 심의 끝에 明治 45년(1912) 3월 18일에 朝鮮刑事令과 朝鮮民事令 및 이의 시행에 필요한 다수의 法令들을 제정공포하였다.[56]

制令 11호로 제정 공포된 朝鮮刑事令에 의하면 동령에 특별한 규정이 있는 경우를 제외하고는 당시의 일본 형사소송법이 조선에도 적용되었다. 이리하여 우리나라에도 프랑스의 형사소송법이 도입된 셈이다. 동 刑事令 및 당시의 일본 형사소송법에 의하면, 조선에서도 豫審段階[57]를 포함하여 기소후의 피고인에게 변호인선임권이 인정되었고(明治刑訴法 제179조), 피고인이 15세 미만인 경우, 부녀자인 경우, 농자 또는 아자인 경우, 정신병에 걸렸거나 의식이 불충분하다는 의심이 있는 경우 및 피고사건의 성격때문에 재판소에서 변호인을 필요로 한다고 인정한 경우 재판소가 피고인을 위하여 변호인을 선임할 수 있게 되었다(동법 제179조의2). 그런데 동령 제24조는 "형사소송법 제179조의2 제2항의 규정에 의하여 변호인을 선임함이 가능한 경우에는 변호사가 아닌 자로 이를 충당할 수 있음", 제25조는 "형사소송법 제237조 … 의 규정은 이를 적용치 아니함"이라고 규정함으로써 明治 형사소송법 제179조의2에 의하여 인정되는 임의적 국선변호사건에서는 변호사 아닌 자도 변호인이 될 수 있었고, 필요적 국선변호제도(제237조)는 인정되지 않았다.[58]

---

54) 金炳華, 전게서, 358-366면 참조.

55) 金炳華, 韓國司法史(近代編), 一潮閣, 1982, 7면.

56) 金炳華, 전게서, 336면.

57) 豫審이란 공소의 기소 후 피고사건에서 공판에 붙일 것인가의 여부를 결정하고, 아울러 공판에서 조사하기 어렵다고 생각되는 증거를 수집 · 확보하는 공판전의 절차를 말한다. 日帝下 예심제도의 계수과정, 목적, 기능 등에 관하여는, 申東雲, "日帝下의 豫審制度에 관하여", 서울大學校法學研究所, 法學, 27卷 1號, 1986, 149-165면 참조.

그 후 大正 11년(1922) 5월 5일 일본 형사소송법의 개정에 따라 동년 12월 7일 制令 14호로 刑事法이 개정되고 大正 12년(1924) 1월 1일부터 시행되었다. 이로써 우리나라에도 독일 형사소송법이 도입되었다고 할 수 있다. 동 刑事令 및 당시의 일본 형사소송법에 의하여 임의적 국선변호사건의 범위가 확대되어 피고인이 20세 미만 또는 70세 이상인 때, 부녀자인 때, 聾者 또는 啞者인 때, 심신상실자 또는 심신미약자라는 의심이 있는 때, 기타 필요하다고 인정되는 때에 재판소가 피고인을 위하여 변호인을 선임할 수 있게 되었다(大正刑訴法 제335조). 다만 개정된 刑事令 제24조는 "직권으로써 선임하여야 할 변호인은 변호사 또는 司法官試補가 아닌 자라 하더라도 선임될 수 있다."고 하여 변호인의 자격을 완화하였다. 그리고 동법 제25조는 "형사소송법 제334조의 규정(필요적 국선변호사건)은 사형 또는 무기의 징역 또는 금고에 해당하는 사건에 한하여 이를 적용한다."고 규정함으로써[59] 제한된 범위에서나마 필요적 국선변호제도를 인정하기에 이르렀다.

그리고 昭和 19년(1944) 2월 15일 制令 4호로 朝鮮戰時刑事特別令이 제정되어 동년 3월 15일부터 시행되었다. 朝鮮戰時刑事特別令은 조선에 있어서 형사에 관한 戰時特例는 戰時刑事特別令에서 규정하는 외에는 戰時刑事特別法에 의하도록(동령 제1조 제1항) 하고 있어서 형사절차에 관하여 일본의 戰時刑事特別法이 적용되었다.[60] 이로써 국선변호인의 조력을 받을 수 있는 자의 범위 등이 제한되어 변호인의 조력을 받을 권리는 대폭 제한되었다.

日帝下에서는 豫審段階를 포함하여 기소 후의 모든 피고인에게 변호인의 조력을 받을 권리가 인정되었다는 점에서 인권보장에 진전이 있었던 것은 사실이나, 明治 형사소송법은 중죄사건을 필요적 변호사건으로 하였지만 조선에서는 필요적 변호제도 자체가 도입되지 않았으며, 大正 형사소송법이 단기 1년 이상의 징역, 금고에 해당하는 사건을 모두 필요적 변호사건으로 하였을 때에 조선에서는 겨우 사형 또는 무기에 해당하는 사건만 필요적 변호사건으로 하였을 뿐이다. 이는 日帝의 식민지민에 대한 인권차별정책에 기인하는 것으로 사료된다.

### 다. 해방 이후

일본의 패전으로 우리나라가 해방되었으나 1945년 9월 2일 聯合軍最高司令部에서 조선을 38선을 경계로 미소가 분할 점령할 것임을 발표하였고, 곧이어 동월 7일에는 太平洋美國陸軍總司令部에서 布告 1호로 남조선에 군정을 실시할 것을 포고하여 미군에 의하여 38도 이남에는 군정이 실시되었다. 군정은 1945년 10월 9일 軍政法令 11호로 일부 법령을 폐지하였으나 동년 11월 2일 法令 21호로 종전의 日本法規 중 계속 효력을

58) 同刑事令은 金炳華, 전게서, 387-393면 참조.
59) 동 개정된 刑事令은 金炳華, 전게서, 368-372면 참조.
60) 金炳華, 전게서, 453면.

가지는 법규와 그 집행에 관하여 규정하였으며, 이에 의하여 依用刑事訴訟關係法이 계속 효력을 발생하였다.

그러나 군정당국은 1948년 3월 20일 法令 176호로 불법 구속으로부터 인민의 자유를 충분히 보장하기 위하여 형사소송법을 개정하였다. 동 法令 제12조는 구속된 피의자 · 피고인에게 변호인선임권을 인정하였고, 제16조는 피고인이 20세 미만 또는 70세 이상인 경우, 부녀자인 경우, 聾者 또는 啞者인 경우, 심신상실자 또는 심신미약자인 의심이 있는 경우, 기타 필요하다고 인정되는 경우로서 변호인이 출두하지 않는 때 또는 변호인이 선임되지 아니한 때는 재판소가 검찰관의 의견을 들은 후 변호인을 선임할 수 있도록 하였다.[61]

한편 우리나라 건국 헌법은 일본과 달리 우리나라 학자들의 연구를 토대로 자주적으로 제정되었다. 그중 피의자 · 피고인의 변호인의 조력을 받을 권리가 헌법에 보장된 과정을 살펴보면 다음과 같다.

해방 후 行政硏究會 憲法分科委員會[62]가 1946년 3월 1일 확정한 헌법초안에는 피의자 · 피고인의 변호인의 조력을 받을 권리가 규정되어 있지 않았고,[63] 法典編纂委員會[64]가 만든 헌법초안에도 이 권리는 규정되어 있지 않았다.[65] 다만 兪鎭午가 1948년 4월에 탈고한 최초의 憲法草案草稿에는 제9조 제2항에서 "범죄의 혐의, 기타의 이유로 체포 · 구금을 받은 자는 … 변호인의 조력을 받을 권리가 있다."는 규정이 있었으나,[66] 동인이 위 초고를 정리하여 동년 5월 法典編纂委員會에 제출한 헌법초안에는 위 조항이 삭제되어 있었다.[67]

그런데 하지중장은 5 · 10 총선거에 즈음하여 1948년 4월 7일 선거의 자유로운 분위기를 보장하기 위하여 선거에 참가할 조선인민의 고유한 자유를 열거하는 "朝鮮人民의 權利에 관한 布告"를 발표했는데 그 布告文 7호는 "범행의 이유로 구인당한 者 또는 그밖에 어느 모양으로든지 자유의 구속을 받은 자는 … 변호인의 도움을 받을 권리가 있다."고 규정하였다.[68] 당시 軍政法令 176호에 의하여 구속당한 자의 변호인선임권이 보장되어 있었는데도 이를 여타의 기본적 권리와 함께 고유한 자유의 하나로 열거한

61) 法院行政處, 美軍政法令, 1983, 360-365면.

62) 分科委員會는 1945년 말 임정 내무부장 신익수를 중심으로 일본 고등문관시험출신자들이 모여 만든 조직이다(兪鎭午, 憲法起草回顧錄, 一潮閣, 1981, 14면).

63) 전문은 金哲洙, 立法資料教材憲法, 博英社, 1985, 23-27면 참조.

64) 1947년 6월 3일에는 미군정청의 조선인 기관을 南朝鮮過度政府로 개칭하여 행정권을 조선사람 손으로 넘겼는데, 얼마 후에 過度政府 司法府 안에 朝鮮法典編纂委員會가 조직되고, 그해 가을 그 위원회 안에 憲法起革分科委員會가 설치되었다(兪鎭午, 전게서, 19면).

65) 전문은 金哲洙, 전게서, 38-43면 참조.

66) 兪鎭午, 전게서, 108-180면.

67) 兪鎭午, 전게서, 182-193면; 이는 兪鎭午가 "국민 기본권에 관한 부분은 형사소송법에 관한 지식과 경험이 있어야 하겠는데, 형사소송법에 관해서는 대학시대에 들은 강의밖에 별다른 지식이 없는 나로서는 아무리 해도 자신이 없었다"(兪鎭午, 전게서, 22면) 고 회고하고 있는 사실에 비추어 볼 때, 동인이 피의자 · 피고인의 변호인의 조력을 받을 권리의 중요성을 깊이 인식하지 못한 데서 연유한 것이 아닌가 추측된다.

68) 金哲洙, "美國憲法이 韓國憲法에 미친 影響序說", 서울大學校法學硏究所, 法學, 26卷 4號, 1985, 33-34면.

것은 당시 군정당국이 미군이었기 때문에 미국헌법의 영향하에 변호인의 조력을 받을 권리의 중요성을 인식하고 있었기 때문인 것으로 사료된다.

그 후 1948년 5월 31일 兪鎭午, 李相基, 張暻根, 盧龍鎬, 金龍根, 車潤弘, 尹吉重, 崔夏永, 黃東駿 등 9명이 兪鎭午가 만든 헌법초안과 行政研究會 憲法分科委員會가 만든 헌법초안을 기초안으로 하여 國會憲法起草委員會에 제출한 헌법초안[69] 제9조에는 "何人이든지 … 체포 · 구금을 받을 때에는 즉시 변호인의 조력을 받을 권리 … 가 보장된다." 고 규정하여 변호인의 조력을 받을 권리를 헌법상 보장되는 국민의 기본권의 하나로 격상시키고 있다. 兪鎭午가 기초시 하지중장의 "朝鮮人民의 權利에 관한 布告"를 참작했음을 시인하고 있음에 비추어 볼 때[70] 위 헌법초안 제9조도 "朝鮮人民의 權利에 관한 布告"의 영향하에 만들어진 것으로 추측된다.

이후 1948년 5월 10일 총선거에 의하여 구성된 국회의 憲法起草委員會가 1948년 6월 23일 국회본회의에 상정한 헌법초안도 제9조 제3항에서 "체포 · 구금을 받을 때에는 즉시 변호인의 조력을 받을 권리 … 가 보장된다."고 규정하였다.[71] 그리고 헌법심의과정에서 변호인의 조력을 받을 권리에 관해서는 아무런 논의가 없었고 다만 제3독회에서 자구만 약간 수정하여 변호인의 조력을 받을 권리는 건국헌법 제9조 제3항에서 "누구든지 체포 · 구금을 받을 때에는 즉시 변호인의 조력을 받을 권리 … 가 보장된다."는 내용으로 규정되기에 이르렀다.[72] 국회에서 변호인의 조력을 받을 권리에 관하여 전혀 논의가 없었다는 것은 당시 이미 형사소송법상 구속된 피의자 · 피고인의 변호인의 조력을 받을 권리가 보장되어 있었고 또 그 당시 국회의원들이 변호인의 조력을 받을 권리가 헌법상 보장될 때 갖게 되는 의미를 깊이 이해하지 못한 데에 연유하는 것으로 추측된다. 이후 1948년 7월 17일 헌법초안 제9조 제3항은 건국헌법 제9조의 내용 일부로 확정되었고 같은 해 8월 15일부터 시행됨으로써 한국에서도 구속된 피의자 · 피고인의 변호인의 조력을 받을 권리가 최초로 헌법상의 권리로 격상되어 보장되기에 이르렀다.

당시 선진제국 중 변호인의 조력을 받을 권리를 헌법상 국민의 기본권의 하나로 보장하고 있던 나라는 미국과 일본뿐이었다는 점과 兪鎭午 憲法專門委員이 국회에서 헌법의 기본정신을 설명하면서 모든 민주주의 국가에서 실시되고 있는 기본권을 빠짐없이 규정하였다고 설명한 사실을 종합해 볼 때[73] 건국헌법에 변호인의 조력을 받을 권리를 보장하게 된 것은 하지중장의 "朝鮮人民의 權利에 관한 布告"는 물론 미국연방헌법 수정 제6조와

69) 전문은 金哲洙, 전게서, 32-37면 참조.

70) 兪鎭午, 전게서, 22면.

71) 당시 초안전문은 國會圖書館, 憲政史資料 第1輯, 憲法制定會議錄, 1967, 87-99면 참조.

72) 國會圖書館, 전게서 참조.

73) 당시 兪鎭午 憲法專門委員은 헌법의 기본정신을 설명하면서. "제2장 국민의 권리 · 의무에 있어서는 18세기 이래 국민의 자유권, 그 자유권 중에 제일 중요한 의미를 가진 것은 거의 빠짐없이 망라하였다고 생각합니다. 특별히 인신의 자유와 보호에 치중해서 다른 모든 민주주의 국가에서 실시되고 있는 인신보호영장의 문제라든가 또는 체포, 구금을 받을 때에는 즉시 변호인의 변호를 받는 권리라든가 하는 것을 우리도 인정하였습니다."라고 하였다(國會圖書館, 전게서, 102면).

일본헌법 제34조의 영향에 의한 것으로 사료된다.

대한민국정부 수립과 동시에 대통령령 4호(法典編纂委員會職制)가 제정되어 1954년 7월 23일 법률 341호로 현행 刑事訴訟法典이 편찬되었다. 동법은 모든 피의자 · 피고인에게 변호인선임권을 인정하고(제30조) 피고인이 미성년자인 때(제33조 제1호), 70세 이상인 때(동조 제2항), 聾啞者인 때(동조 제3호), 심신장애의 의심이 있는 때(동조 제4호), 빈곤 기타 사유로 변호인을 선임할 수 없을 때(동조 제5호) 및 법정형이 사형 · 무기 또는 단기 3년 이상의 징역이나 금고에 해당하는 때(제282조)를 필요적 변호사건으로 규정하기에 이르렀다. 국선변호인선정사유 중 부녀자인 때를 제외시킨 것은 민법이 부녀자도 행위능력자로 인정한 것과 보조를 맞추기 위한 것으로 사료된다. 또 빈곤 기타 사유로 변호인을 선임할 수 없는 때를 국선변호인 선정사유로 한 것(제33조 제5호)은 일본 형사소송법 제36조의 영향에 의한 것이지만 기본적으로는 미국연방헌법 수정 제6조가 보장하는 국선변호권이 빈곤자를 위한 제도로 발달하여 왔다는 점을 고려하면 형사소송법 제33조 제5호는 미국연방헌법 수정 제6조의 영향에 의하여 제정되었다고 할 수 있다.

헌법상 보장된 변호인의 조력을 받을 권리는 1962년 12월 26일 제5차 개헌에 의하여 제10조 제4항으로 위치를 바꾸면서 "누구든지 체포 · 구금을 받을 때에는 즉시 변호인의 조력을 받을 권리를 가진다."는 규정 외에 "다만, 법률이 정하는 경우에는 형사피고인이 스스로 변호인을 구할 수 없을 때에는 국가가 변호인을 붙인다."고 규정하여 국선변호인의 조력을 받을 권리를 헌법상의 권리로 격상시킴으로써 국선변호권이 기본권의 하나로 보장되기에 이르렀다. 위와 같은 내용은 그 이후에도 계속 헌법상 규정하였으며 1987년 10월 29일 제9차 개헌에서는 위치를 제12조 제4항으로 바뀌고, 단서 규정은 "다만, 형사피고인이 스스로 변호인을 구할 수 없을 때에는 법률이 정하는 바에 의하여 국가가 변호인을 붙인다."로 내용이 일부 수정되었다.

## 6. 맺음말

이상에서 한국에서의 변호인의 조력을 받을 권리의 연혁을 고찰하면서 필요한 범위 내에서 미국, 독일, 일본의 경우를 간략히 살펴보았다. 연혁적으로 볼 때, 규문주의하에서는 피의자 · 피고인의 변호인의 조력을 받을 권리가 존재하지 않았거나 존재하였다 하더라도 권리의 주체가 제한되어 있었지만, 탄핵주의, 당사자주의로 발전함에 따라 이들의 변호인의 조력을 받을 권리는 점차 확대되어 온 사실을 알 수 있다. 이는 피의자 · 피고인이 단순한 조사의 객체에서 절차의 주체로 지위가 상승함에 따라 이들의 인권보장이 중요성을 갖게 되었고, 이에 따라 형사재판절차의 공정성을 확보하기 위하여 이들에 대한 변호인의 조력이 필수적이었기 때문이라고 생각된다.

한편 한국에서는 형사소송법 및 헌법에서 변호인의 조력을 받을 권리를 규정하고 있는데 각 법이 그 연혁을 달리하고 있다. 즉, 형사소송법상의 관련 규정은 舊韓末 이래 일본을 통하여 처음에는 프랑스 형사소송법의 영향을 받았으나 大正 형사소송법 이후에는 독일 형사소송법의 영향을 받아 입법화되었고, 헌법상의 관련 규정은 미국 및 일본 헌법의 영향을 받아 입법화되었다. 따라서 현행 형사소송법상 변호인의 조력을 받을 권리에 관련되는 법조문을 해석함에 있어서는 기본적으로 독일 및 일본에서의 해석론을 참고할 필요가 있겠고, 헌법상 위 권리에 관련되는 법조문을 해석함에 있어서는 미국 및 일본에서의 해석론을 참고할 필요가 있겠다. 다만 형사소송법의 의미, 내용도 헌법의 의미, 내용에 포섭되어져야 하기 때문에 그러한 범위 내에서는 형사소송법상의 관련법 조문도 헌법해석론에 부합되게 해석되어져야 할 것이다.

# 獨逸에 있어서의 基本權保障制度에 관한 考察

특히 연방헌법재판소를 중심으로 하여

權亨俊*

차 례



* 한양대학교 법학전문대학원 명예교수 · 법학박사

# I. 序

개인의 기본권은 자유민주주의를 표방하는 국가의 존립근거이며, 헌법질서의 최고가치이다. 따라서 시민혁명의 결과 근대입헌주의가 성립된 이후로 서구국가들은 국가최고규범인 성문헌법에 체계적인 권리장전을 채택하여 왔다. 그러나 실정헌법에 선언된 개인의 기본권은 국가기관이나 사인에 의하여 침해되거나 위협될 수 있다.[1] 특히 현대국가의 복지국가적 요청은 국가기능의 확대와 강화를 야기함으로써, 필연적으로 국가기관에 의한 기본권침해의 가능성을 더욱 증대시키고 있다. 그러므로 기본권을 선언하고 있는 서구의 여러 국가는 헌법 중에 이러한 기본권의 침해나 위협으로부터 사전적 예방 및 사후적 구제로서의 기본권보장제도를 정비하고 시민의 자유와 권리를 구체적 · 현실적으로 실현하고자 노력하고 있으며, 독일도 이러한 추세를 따르고 있다.

종래 실정헌법에 규정된 권리장전은 주로 행정기관에 의하여 침해되었고, 따라서 기본권 보장제도의 중심도 이에 대한 구제에 중점을 두는 것이 일반적이었다.[2] 그러나 기본권은 의회가 제정하는 법률에 의하여 침해될 수도 있다. 그러므로 이에 대한 보장제도가 구축되지 않는다면 개인의 기본권의 충분한 보장은 기대할 수 없게 된다.[3] 이에 성문헌법에 권리장전을 내포하고 있는 대다수 국가들은 실정제도나 또는 특례원칙으로 의회제정 법률의 합헌성여부를 심사하는 위헌법률심사제도를 위시한 헌법재판제도를 확립하여 기본권보장, 나아가 헌법보장을 모색해 오고 있다.

2차 대전 후 독일은 1949년의 기본법상 연방헌법재판소를 설치하여 사법권의 정점인 최고사법기관의 지위를 부여하면서, 위헌법률심사권을 비롯하여 기관쟁송심판권 및 헌법소원심판권 등 광범한 헌법재판권을 인정함으로써 헌법재판기관이 비교법상 유례를 찾아볼 수 없는 강력한 지위와 권한을 가지는 헌법재판제도를 헌법상 명문으로 도입하였다. 과거 바이마르헌법 하의 나치체제에서 수권법을 통한 입헌주의의 형해화와 사법권의 무력화를 경험한 독일에서는 입법권, 행정권과 동등한 지위를 구축하도록 사법권을 강화할 필요가 있었고, 기본권은 의회가 제정하는 법률로부터도 보장되어야 한다는 인식이 전환됨에 따라 위헌법률심사제도를 위시한 헌법재판제도의 강화를 통하여 실질적 법치주의를 구현하여야 한다는 공감대가 이와 같이 강력한 헌법재판제도를 도입한 배경을

1) C. A. Colliard, libertés publiques, Dalloz, 1982(6$^{e}$éd.), p.137.
2) Ibid.
3) J. Robert, Libertés publiques et droit de l'homme, Montchrestien, 1988(4$^{e}$éd.), pp.109-110; J. Rivero, Les libertés publiques, PUF, 〈Thémis〉, Tome I-Les droit de l'homme, 1987(5$^{e}$éd.), pp. 236-237.

이루고 있다고 할 수 있다.[4)]

이하에서는 독일의 기본권보장제도 일반을 개괄적으로 살펴보고 특히 연방헌법재판소에 의한 기본권보장제도에 중점을 두어 고찰하고자 한다.

## II. 獨逸 基本法上 基本權保障制度의 類型

### 1. 總說

어떤 헌법이 최선의 기본권목록을 선언하고 있다 하더라도 기본권을 효과적으로 보호할 수 있는 가능성이 없다면 아무 의미가 없다. 독일은 기본법상 특히 강력하게 구축된 기본권보장제도를 두고 있는 바, 이와 관련하여 제1조 제3항, 제19조 제4항, 제93조가 특히 중요한 의미를 가진다.[5)]

우선 기본법 제1조 제3항에 기본권의 국가권력 구속에 관한 명문규정을 두어 바이마르 헌법과는 의식적인 차이를 두고 있으며,[6)] 둘째, 기본권 보장을 위한 형식적 · 절차적 기본권으로서 청원권을 규정하고, 공권력에 의한 기본권침해에 대하여 법원에 소송을 제기하여 구제를 구할 수 있는 권리보호보장을 규정하는(제19조 제4항) 한편, 저항권 및 근로자의 단결의 자유(파업권)를 규정하고 있고, 셋째, 행정기관의 일정한 행정작용이 개인의 기본권을 침해하는 경우에 재판 이외의 방법으로 구제를 구할 수 있는 행정적 구제제도(이의신청, 행정소원)를 규정하고 있으며, 넷째, 개인의 기본권침해에 대하여 사법재판소에 구제를 청구할 수 있는 사법적 권리보장제도를 마련하고 있고, 마지막으로 제93조는 연방헌법재판소의 헌법재판에 의하여 기본권을 보장하기 위한 헌법재판제도로서 추상적 및 구체적 규범통제제도와 헌법소원심판제도를 규정하고 있다.

### 2. 基本法 第1條 第3項(基本權의 國家權力 拘束)에 의한 基本權保障

독일기본법 제1조 제3항은 「다음에 규정되는 기본권은 직접 효력을 가지는 법으로서 입법, 집행, 사법권을 구속한다」고 규정하여 기본권의 대국가적 효력을 명문으로 인정하고 있다. 그 결과 기본권은 입법자가 정한 법을 통하지 않고 직접 독일연방과 주의 모든 권력, 대통령까지도 구속하게 되었다.[7)] 나아가 국가권력에 의한 기본권침해가

---

4) 李東洽, 世界 各國의 憲法裁判制度 概觀, 法院圖書館 發行 裁判資料 第92輯(2001), 憲法裁判制度의 理解. p.29.

5) von Münch/Kunig(Hrsg.), Grundgesetz-Kommentar, Band 1-1, 4. Aufl., 1992, C.H. Beck, S.59, Rn.64. SS. 59-60; Zippelius/Würtenberger, Deutsches Staatsrecht, 31. Aufl. 2005, C. H. Beck, SS. 165-166.

6) Pieroth/Schlink, Grundrechte Staatsrecht II, 22. neu bearbeitete Aufl., 2006, C.F. Müller, Rn.164.

7) von Münch/Kunig(Hrsg.), ibid.

발생할 경우 해당 기본권이 스스로 헌법재판절차상 심사척도가 되는 헌법재판제도의 도입으로 기본권의 구속력을 제도적으로 현실화함에 따라[8] 모든 기본권침해에는 제재가 따르게 되어 더 이상 어떠한 기본권규정도 프로그램규정으로서 상대화되는 것을 허락하지 않게 되었다.[9]

기본법 제1조 제3항에 따라 독일 연방과 주의 모든 국가기관 및 간접적인 국가권력의 담당자(공권력의 기관, 시설 및 재단을 포함한다),[10] 직능계급협회[11] 그리고 지방자치단체도 고권적 권력을 수행하는 한 기본권에 구속되며,[12] 이러한 구속력은 행위의 장소뿐만 아니라 행위의 효과에도 미쳐 행위의 효과가 국내 혹은 국외에서 발생하는지 여부를 불문한다.[13]

## 3. 基本權 保障을 위한 基本權(請願權, 權利保護保障, 抵抗權 및 勤勞者의 團結의 自由)

일정한 기본권이 권력의 자의를 예방하거나 중지시키기 위해 유효하게 이용될 수 있는 바, 기본권 보장을 위한 기본권이 이에 속한다. 독일 기본법은 절차적 기본권으로서 청원권과 권리보호보장을 규정하고 있고, 시민적 권리로서 저항권과 근로자의 단결의 자유를 명문으로 규정하고 있다.[14]

### (1) 請願權(Das Petitionsrecht)

독일에서는 1849년 프랑크푸르트 헌법초안 제159조에 청원권이 처음 규정되었고, 바이마르헌법 제126조를 거쳐 기본법 제17조에서 「누구든지 개인적으로 또는 타인과 공동으로 관할기관과 국민대표에 대하여 문서로 진정 또는 소원을 할 수 있는 권리를 가진다.」고 선언하여 명문으로 청원권을 규정하고 있다. 일부에서는 오늘날 민주국가에 있어서 청원권이 정치적 의사형성에 국민이 참여하는 기능과 의회에 정보를 제공하는

8) Ibid.
9) Pieroth/Schlink, a. a. O., Rn.164.
10) Zippelius/Würtenberger, a. a. O., S.166.
11) BVerfGE 33, 125, 160 f.
12) von Münch/Kunig(Hrsg.), a. a. O., Rn.51, S.127.
13) Ibid., Art.1 Abs.III, Rn.52, SS.127-128.
14) 독일기본법의 해석에 있어서 기본권보장을 위한 기본권으로서 학자들이 열거하는 내용은 차이가 있다. Zippelius/Würten-berger는 기본법 제19조 제4항의 권리보호보장과 제93조 제1항 제4호 a의 헌법소원 및 법질서에 의한 보호를 들고 있고(Zippelius/Würtenberger, a. a. O., SS.165-166), Stein/Frank는 청원권, 권리보호보장, 헌법소원 및 사법적 보장 등을 열거하고 있으며(E. Stein/G. Frank, Staatsrecht, 19.,neubearbeitete Aufl., 2004, Mohr Siebeck, SS.426-436), K. Hesse는 기본권의 법률에 의한 제한에 관한 제19조 제1항과 기본권의 본질적 내용보장에 관한 제19조 제2항 및 사법권에 의한 보장으로서 제19조 제4항의 권리보호보장 및 제93조 제1항 제4호 a의 헌법소원을 열거하고 있다(K. Hesse, Grundzüge des Verfassungsrechts der Bundesrepublik Deutschland, 20. Aufl., 1995, C. F. Müller, Rn. 328-344).

기능 및 국가의 시민을 통합하고 그 민주적 정당성을 선언하는 기능을 수행한다고 보고 있다.[15)]

기본법 제17조에 있어서 "진정"이라 함은 미래의 작용을, "소원"이라 함은 과거의 작용을 지향하고 있는 점에서 구별되며,[16)] 청원권은 단순한 방어권뿐만 아니라 실질적인 회답을 구하는 청구권을 내용으로 하고 있고,[17)] 그러한 한에서 급부권으로서의 의미를 지닌다.[18)]

기본법 제17조는 개인이 단독 혹은 타인과 공동으로 문서에 의하여 행하는 청원만을 보장하고 있고,[19)] 이러한 청원은 관할기관 혹은 국민대표에 대하여 제출되어야 하며, 국민대표에는 독일연방의회와 주의회 내지 시의회뿐만이 아니라 시 · 군 · 구의회도 포함한다고 파악되고 있다.[20)] 청원의 내용에 대한 제한은 없으나, 연방헌법재판소는 청원이 법률상 금지되어 있는 것을 요구하는 경우나 모욕적, 도발적, 공갈적인 내용을 지닌 것인 경우에는 허용되지 않는다고 판시하고 있다.[21)]

### (2) 權利保護保障(Die Rechtsschutzgarantie)

기본법 제19조 제4항 제1문은「누구든지 그의 권리가 공권력에 의하여 침해될 때에는 소송을 할 수 있다.」고 규정하여 공권력에 의한 침해로부터의 권리보호를 보장하고 있다. 이러한 권리보호보장은 실체적인 기본법 및 단행법상의 권리의 존재를 전제로 사법절차를 통하여 그 실질적 효력을 부여하는 것이므로 형식적 · 절차적 기본권이라 할 수 있고,[22)] 실질적인 주요 자유권을 보장하고 있는 기본법 제2조 제1항에 대응하여 형식적인 주요기본권으로 암시되고 있는 점에 그 형식법적 의의가 있으며,[23)] 법치국가와 관련하여 궁륭(Gewölbe)의 정점에 위치하는 것이라고 특징지어지고 있다.[24)]

기본법 제19조 제4항의 권리보호보장은 규범에 의하여 형성되는 보호영역을 지닌 기본권을 대상으로 하고 있는 바, 제소에 의한 권리보호의 청구가 가능하기 위해서는 재판소가 설치되고 그 절차가 정비되어야 되기 때문에 재판소조직법과 재판절차법을 전제로 하고 있어서 재판관할권의 제도적 보장으로 간주해도 좋을 것이라고 설명되고

---

15) Zippelius/Würtenberger, ibid., SS.302-303.
16) Zippelius/Würtenberger, ibid., S.303; Stein/Frank, a. a. O., S.427; Pieroth/Schlink, a. a. O., Rn.996.
17) Zippelius/Würtenberger, ibid., S.303.
18) Pieroth/Schlink, a. a. O., Rn.995.
19) Stein/Frank, a. a. O., S.427; Pieroth/Schlink, ibid., Rn.996.
20) Pieroth/Schlink, ibid.
21) BVerfGE 2, 225, 229; Zippelius/Würtenberger, a. a. O., S.303; Stein/Frank, a. a. O., S.428; Pieroth /Schlink, ibid., Rn.999.
22) Pieroth/Schlink, ibid., Rn.1006; Stein/Frank, ibid., S.430.
23) Pieroth/Schlink, ibid.; Stein/Frank, ibid.
24) G. Dürig, Gesammelte Schriften 1952-1983, 1984, S.137 ff; Pieroth/Schlink, ibid.

있다.[25)]

통상 공권력 혹은 국가권력의 개념은 입법, 집행권 및 사법권을 의미하나, 기본법 제19조 제4항에 있어서의 "공권력"이라 함은 집행권만을 의미하고 입법권과 사법권은 포함하지 않는다.[26)] 왜냐하면 제19조 제4항은 재판관을 통한 보호를 보장하고 있을 뿐 재판관에 대한 보호를 보장하는 것은 아니므로 여기서의 공권력에 사법권은 포함되지 않으며,[27)] 기본법상 법률에 대한 규범통제가 별도로(제93조 제1항 제2호 및 제4호 a, 제100조 제1항 등) 규정되어 있고 통상 개인에게는 이러한 규범통제를 제기할 권한이 없어서 형식적 법률에 관한 한 입법권도 제19조 제4항의 공권력에 포함되지 않기 때문이다.[28)]

기본법 제19조 제4항의 권리보호보장에 의하여 제소수단이 개방됨에 따라 재판소에의 접근, 재판절차 및 재판소에 의한 결정이 보장되고 있다. 나아가 기본법은 다른 여러 가지 재판권을 인정하고(제95조 및 제96조), 통상의 재판권에 대한 몇 가지 관할권을 규정하면서(제14조 제3항 제4단, 제34조 제3단 및 보조적으로 제19조 제4항 제2단) 그 이외의 재판소의 조직 및 절차를 오직 입법자에게만 위임하고 있다.[29)]

기본법 제19조 제4항의 권리보호보장은 한편으로 행정재판소법 제40조 제1항의 행정재판의 일반조항에 의하여, 다른 한편으로 헌법소원에 관한 헌법재판소법 제90조에 의하여 구체화되고 있다.[30)]

### (3) 抵抗權(Das Widerstandsrecht)

독일기본법 초안 제4조는 「모든 국민은 국민투표가 정하는 바에 반하는 조치에 대하여 저항할 권리를 가지고 또한 의무를 진다」고 저항권을 명문으로 규정하고 있었으나 채택되지 않았다. 그러나 1956년 8월 17일 서독연방헌법재판소는 독일공산당(KPD)을 위헌으로 해산시킨 취지의 판결[31)]에서 「기본법은 저항권에 관하여 하등 기술한 바가 없다. 그러나 이것이 저항권은 기본법질서에서 처음부터 부인되어 있다는 이유는 되지 않는다… 우선 명백히 불법인 정부에 대한 저항권은 새로운 법률관에 있어서 이미 미지의 것은 아니다. 그러한 정부에 대하여는 통상의 법적수단이 소용없다는 것을 경험이 보여주는 바이다」라고 판시하여 불법정부에 대한 저항권의 존재를 명백히 인정하였다.

서독정부는 1968년 6월 24일의 제17차 기본법개정에서 긴급사태입법과 관련하여

25) M. Ibler, in: K. H. Friauf/W. Höfling(Hrsg.), Berliner Kommentar zum Grundgesetz(Loseblatt), Stand : April 2006, Art. 19 IV, Rn.19 ff; Pieroth/Schlink, ibid., Rn.1007.
26) Pieroth/Schlink, ibid., Rn.1008; Stein/Frank, a. a. O., S.430; K. Hesse, a. a. O., Rn.337.
27) BVerfGE 49, 329, 340 f; 107, 395, 404 ff; Pieroth/Schlink, ibid., Rn.1009.
28) BVerfGE 24, 33, 49 ff; 24, 367, 401; Pieroth/Schlink, ibid., Rn.1010; K. Hesse, a. a. O., Rn.340
29) Pieroth/Schlink, ibid., Rn.1018.
30) E. Stein/G. Frank, a. a. O., S.430.
31) BVerfGE 5, 85, 376 f.

극단적 위기에 있어서 법치국가적 헌법질서의 기초를 옹호하기 위하여 저항권을 수용하였던 바,[32] 추가된 제20조 4항은 「이러한 질서(민주적 · 사회적 연방국가적 질서)[33]를 폐제하려고 하는 모든 자에 대하여 다른 구제수단이 없는 경우에 모든 독일인은 저항할 권리를 가진다」고 규정하여 비로소 실정헌법상 명문으로 저항권을 인정하게 되었다.

오직 독일인에게만 인정되는[34] 기본법 제20조 제4항의 저항권은 기본법 제20조 제1항 내지 제3항에서 보장되는 합헌적 질서의 유지나 회복을 위한 긴급권으로서만 행사될 수 있다.[35] 즉 법적으로 규율되는 모든 헌법질서나 법질서에 의한 구제수단이 불가능하여 저항의 수행이 법의 유지나 회복을 위하여 남겨진 마지막 수단인 상황을 전제하고 있으며,[36] 이러한 상황에서 시민이 헌법질서를 방위하기 위하여 법상의 명령이나 금지에 복종하지 않는 저항행위는 합법으로 간주하도록 보장하는 것을 내용으로 하고 있다.[37] 따라서 기본법 제20조 제4항은 원하지 않는 정치적 결정에 대한 시민적 항명의 어떠한 권리도 인정하지 않고 있다.[38]

### (4) 勤勞者의 團結의 自由(Die Koalitionsfreiheit)

근로자의 파업권은 그 자체가 헌법상 보장되는 기본권인 동시에,[39] 그 목적에 있어서 다른 기본권을 보장하기 위한 수단으로 기능할 수 있는 바,[40] 기본법 제9조 제3항은 「노동과 경제조건의 유지와 개선을 위하여 단체를 결성하는 권리는 누구에 대하여서도 혹은 어떠한 직업에 대하여서도 이를 보장한다」고 규정하여 일반적 결사의 자유의 특별한 경우로서 단결의 자유를 보장하고 있다. 단결의 자유는 그 구성원의 개인적 자유권과 단결 그 자체의 집단적 자유권의 양자를 포함한다.[41]

개인적 단결의 자유는 모든 사람과 모든 직업에 인정되고, 새로이 조직을 형성하거나 기존 조직에의 참가와 잔류 및 조직내 활동과 조직과 협력하는 권리인 적극적 단결의 자유뿐만 아니라, 어떠한 조직에도 참가하지 않거나 탈퇴할 수 있는 권리인 소극적

---

32) Zippelius/Würtenberger, a. a. O., S.507; Stein/Frank, a. a. O., S.422; Pieroth/Schlink, a. a. O., Rn.1027; K. Hesse, a. a. O., Rn.757.

33) 여기서 "질서"의 개념이 의미하는 바는 불명확하지만 기본법의 모든 개별규정의 의미에 있어서의 합헌적 질서를 의미하는 것으로 이해되고 있다. Stein/Frank, ibid., S.422.

34) Stein/Frank, ibid.

35) Zippelius/Würtenberger, a. a. O., S.507.

36) Zippelius/Würtenberger, ibid.; Stein/Frank, a. a. O., S.422; Pieroth/Schlink, a. a. O., Rn.1027; K. Hesse, a. a. O., Rn.759.

37) Stein/Frank, ibid., S.423; Pieroth/Schlink, ibid., Rn.1028.

38) Zippelius/Würtenberger, a. a. O., S.507.

39) 프랑스 제4공화국헌법전문 제7항 참조; C. C. n°79~105 DC du 25 juillet 1979, Rec., p. 33, ; L. Favoreu et L. Philip, Les grandes décisions du Conseil constitutionnel, Sirey, 1986(4e éd.), p. 421 et suiv.

40) J. Robert, op. cit., p.125.

41) Zippelius/Würtenberger, a. a. O., S.258; Stein/Frank, ibid., S.371; Pieroth/Schlink, a. a. O., Rn.718, Rn.736-737.

단결의 자유도 포함한다.[42]

집단적 단결의 자유는 단결의 존속보호와 특수단결적인 활동에 의하여 노동과 경제조건의 유지와 개선의 목적을 추구하는 권리로서[43] 특히 노동협약 체결의 자유를 의미한다.[44] 집단적 단결의 자유에 의하여 협약당사자는 기본법 제9조 제3항에서 의도되고 있는 노동생활의 자치적인 질서를 실현할 수 있다.[45] 그 밖에 특수한 단결의 자유로서 단결을 위한 선전,[46] 구성원의 상담, 재판의 대행,[47] 경영의 공동결정에의 참가,[48] 노동쟁의를 위한 조치 등[49]이 있다.[50] 다만 통설과 판례는 정치파업이나 연대파업 및 동정파업 등은 기본법 제9조 제3항에 의하여 보호되지 않는다고 보고 있다.[51] 근로자의 단결의 자유는 국가에 대해서 뿐만이 아니라 제3자의 침해에 대하여도 헌법의 명문규정에 의하여 보장된다.[52]

### (5) 基本權防禦를 위한 기타의 基本權

개인들은 단체를 결성하여 단체활동으로 기본권을 수호할 수 있다. 따라서 기본법 제9조 제1항이 보장하고 있는 결사의 자유(Vereinigungsfreiheit)가 기본권보장을 위하여 중요한 기능을 담당한다.

한편 기본법 제8조는 집회의 자유(Versammlungsfreiheit)를 보장하고 있다. 집회의 자유는 스스로 집회함으로써 타인과의 커뮤니케이션의 형태를 보장하는 기본권으로서 시위의 권리(Demonstrationsrecht)라고도 불리고 있는 바,[53] 도로에서의 시위의 자유도 특수한 표현행위로서 기본권의 침해에 대한 하나의 방어수단을 제공하고 있다.

그 밖에 기본법 제5조 제1항 및 제2항은 의사표현 등 표현의 자유(Die Meinungs-, Informations-, Presse-, Rundfunk- und Filmfreiheit)를 보장하고 있는 바, 신문의 자유나 다른 어떤 의사전파수단의 자유를 통하여 여론에 호소함으로써 기본권에 대한 위협을 방지할 수도 있다. 특히 오늘날 매스 미디어의 힘이 증대하여 기본권보장을 위한 그 영향력은 중요한 의의를 가지고 있다 할 수 있다.

---

42) BVerfGE 50, 290, 367; Zippelius/Würtenberger, ibid., S.259; Stein/Frank, ibid., SS.371-372; Pieroth/Schlink, ibid., Rn.736; K. Hesse, a. a. O., Rn.415.

43) BVerfGE 93, 352, 357 ff.; Zippelius/Würtenberger, ibid.; K. Hesse, ibid.

44) Pieroth/Schlink, a. a. O., Rn.738; K. Hesse, ibid.; 판례는 이를 노동(단체)협약제도의 제도보장으로 파악하고 있다. BVerfGE 4, 96, 104; 44, 322, 340.

45) BVerfGE 44, 322, 341.

46) BVerfGE 57, 220, 245.

47) BVerfGE 88, 5, 15.

48) BVerfGE 50, 290, 372.

49) BVerfGE 84, 212, 224 f. 230 f.; 92, 365, 393 f.

50) Zippelius/Würtenberger, a. a. O., S.259; Pieroth/Schlink, a. a. O., Rn.738.

51) Zippelius/Würtenberger, ibid.; Pieroth/Schlink, ibid.

52) Zippelius/Würtenberger, ibid.

53) Pieroth/Schlink, a. a. O., Rn.688.

### 4. 行政審判에 의한 基本權保障(行政機關에 의한 基本權保障)

행정처분 등 행정기관의 공권력행사나 불행사로 기본권침해를 당한 시민은 이의신청을 제기하거나 행정소원을 제기할 수 있다.[54] 독일기본법은 행정심판에 관하여 명문을 두지 않고 오직 행정재판소법이 사전절차라고 명명하면서 수개의 조문으로 규정하고 있는 바, 행정재판소법 제68조 제1항은 "취소소송의 제기 전에 행정행위의 적법성과 합목적성이 사전절차에서 심사되어야 한다."고 밝혀 행정심판전치주의를 채택하면서 광범한 예외를 인정하여 연방과 주의 최고행정기관의 행정행위는 행정심판을 거치지 않도록 하고 있다.

행정재판소법은 취소심판과 의무이행심판의 두 가지의 행정심판을 규정하고, 의무이행심판은 국민이 신청한 행위를 행정기관이 거부한 경우에 인정하고 있다(법 제68조). 심판절차는 심판청구의 제기로 개시되며(법 제69조), 심판청구는 행정행위 또는 그 거부가 청구인 또는 불복자에게 통지된 후 1개월 내에 서면이나 조서로 행정행위를 발한 행정청 또는 행정심판기관에 제기되어야 하나(법 제70조 제1항), 일정한 경우 행정행위를 한 처분청의 직근상급청인 재결청에 제기할 수도 있으며(법 제73조 제1항 제1호), 직근상급청을 대신해서 위원회 또는 심의회가 행정심판을 결정할 수도 있다(법 제73조 제2항).

### 5. 基本權의 司法的 保障(司法機關에 의한 基本權保障)

기본권의 사법적 보장이라 함은 집행권이나 다른 사인에 의하여 기본권이 침해된 경우에 피해자가 그 기본권법규의 존중을 기초로 재판을 담당하는 법관에 신청하여 피해의 구제를 받는 국가사법기관에 의한 기본권보장, 즉, 기본권의 재판적 구제제도를 말한다.[55] 기본권의 재판적 구제는 필연적으로 기본권법규의 존재를 전제로 모든 국가기관과 사인이 이를 존중하도록 하고, 법관은 그 준수를 보장할 의무를 지는 형식으로 이루어진다. 그러므로 기본권의 재판적 구제제도는 법관의 통제 하에서 모든 공적·사적인 활동의 법에 대한 합치를 강제하는 합법성의 심사로 구현되며, 가장 일반적이고 실정법적인 구제방법이 되고 있다.[56]

독일에서는 국가의 모든 재판에 기본권보호를 위임할 수 있는 바,[57] 위에서 살펴본 바와 같이 기본법 제19조 제4항 제1문은「누구든지 그의 권리가 공권력에 의하여 침해될 때에는 소송을 할 수 있다.」고 규정하여 공권력에 의한 기본권침해에 대하여 법원의 사법심사절차를 통한 보호를 명문화하고 있고,[58] 동 제2문은「다른 관할권이 인정되지

54) von Münch/Kunig(Hrsg.), a. a. O., S.59, Rn.70. S. 62.
55) C. A. Colliard, a. a. O., p. 156.
56) J. Rivero, a. a. O., p. 248.
57) von Münch/Kunig(Hrsg.), a. a. O., S.59, Rn.71. S. 62.

않으면 일반적인 권리구제절차가 주어진다.」고 규정하여 보충적으로 민사재판소에 대한 제소를 인정하고 있다.59)

또한 기본법 제20조 제3항은「입법은 헌법질서에 구속되고, 집행과 사법은 법률과 법에 구속된다.」고 규정하고, 제28조 제1항 제1호는「지방의 헌법질서는 이 기본법에서 의미하는 공화적 · 민주적 및 사회적 법치국가의 제원칙에 부합하여야 한다.」고 규정하는 한편, 제92조는「사법권은 법관에게 위임한다. 사법권은 연방헌법재판소, 기본법에 규정된 연방재판소 및 지방재판소에 의하여 행사된다.」고 규정하고 있으며, 제97조는 법관의 독립 및 신분보장을 정하여 자주적 사법에 의한 권리보호의 일반적 청구를 보장하고 있다.60)

### 6. 聯邦憲法裁判所에 의한 基本權保障

기본법상 연방헌법재판소는 헌법보장기관인 동시에 기본권보장기관으로서61) 일정한 법규에 대한 추상적 규범통제와 구체적 규범통제, 헌법소원심판 및 기본권상실심판을 통하여 개인의 자유와 권리 보장에 현저한 역할을 수행하고 있다.62) 특히 국가기관의 부작위에 대하여도 헌법소원심판이 인정되고, 나아가 법원의 재판결정에 대해서도 헌법소원이 가능하다는 사실은 주목할만 하다.63) 연방헌법재판소에 의한 기본권보장의 절차와 내용 및 효과에 관하여는 아래에서 상세히 검토하기로 한다.

## III. 聯邦 憲法裁判制度의 沿革 및 意義

### 1. 聯邦 憲法裁判制度의 沿革

독일의 헌법재판제도(일찍이 국사재판제도라고도 불리었다)는 오랜 전통을 가지고 있는바, 시초는 과거 독일 공화국의 공화국국고재판소(Reichskammergericht)와 공화국추밀원(Reichshofrat)에까지 거슬러 올라간다.64) 1849년의 프랑크푸르트 헌법초안은 미국헌법을 모방하여 포괄적인 헌법재판제도를 도입하고자 하였으나 법제화되지 못했고, 1919년의 바이마르공화국헌법은 몇몇 부분적인 영역에 한정된 헌법재판제도를 도입하는

---

58) Zippelius/Würtenberger, a. a. O., S.165, S.373; von Münch/Kunig(Hrsg.), ibid., Rn.72, S..62; K. Hesse, a. a. O., Rn.336-338.
59) K. Hesse, ibid., Rn.338.
60) Stein/Frank, a. a. O., S.430.
61) von Münch/Kunig(Hrsg.), a. a. O., S. 63.
62) von Münch/Kunig(Hrsg.), ibid.
63) von Münch/Kunig(Hrsg.), ibid.
64) H. Maurer, Staatsrecht I, 5. Aufl., 2007, C.H.Beck, S.623.

데 그쳤던 바, 오늘날의 헌법재판제도는 제2차 대전이후 1946년부터 1947년 사이에 바이에른, 헷센 등 남부독일의 주헌법이 광범한 헌법재판제도를 채택하면서 비로소 출현하였다.[65]

1949년 독일 Bonn기본법은 연방헌법재판소를 창설하여 위헌법률심사권을 비롯한 모든 헌법재판권한을 이에 부여하는 강력한 집중형 헌법재판제도를 채택하였고, 1951년의 연방헌법재판소법이 제정된 이후 연방헌법재판소는 국가정책적 영역과 공동체영역에서 지속적으로 영향력을 미친 판결을 발전시켜오고 있다.[66]

독일기본법이 이처럼 강력한 헌법재판제도를 도입한 이유는 바이마르헌법의 취약화로 등장한 나치 전체주의체제하에서 입헌주의의 붕괴와 사법권의 무력화를 경험하면서 사법권 강화의 필요성 및 기본권의 법률로부터의 보장필요성에 대하여 사회적 공감대가 형성되었기 때문으로 풀이되고 있다.

## 2. 聯邦 憲法裁判制度의 法的 基礎

연방헌법재판소에 대한 근거규정은 기본법에 마련되어 있는 바, 제92조는 헌법재판의 영역에 있어서 연방헌법재판소의 지위를 정하고, 제93조는 그 관할권을 규정하고 있으며, 제94조는 연방헌법재판소의 구성을 정하고 있다. 연방헌법재판소의 구성과 절차 및 시행에 관한 세부 사항은 법률에 위임하여 1951년 제정된 연방헌법재판소법으로 규정하고 있다.[67]

## 3. 聯邦 憲法裁判所의 憲法的 意義

연방헌법재판소는 한편으로, 그 지위와 권한이 헌법에 명문으로 규정된 헌법기관으로서 연방의 다른 헌법기관과 병립하는 독립적이고 자립적인 연방최고의 법판단기관이다.[68] 다른 한편으로, 연방헌법재판소는 그 조직적, 기능적 및 절차적 관점에서 재판소이며 그 명칭도 그러하다.[69] 따라서 재판에 관련된 원칙들이 연방헌법재판소에 당연히 적용된다.[70]

연방헌법재판소의 헌법정책적 의의는 모든 국가기관, 특히 입법기관의 기본법에 대한 구속과 이러한 구속의 엄정을 재심사하는 연방헌법재판소의 권한으로부터 나온다. 연방헌법재판소는 헌법분쟁이 발생할 경우 기본법의 해석과 적용에 관하여 구속력을 가지고 결정함으로써 궁극적으로 기본법의 내용을 구체화하고 헌법분쟁을 조정하며, 이를 통하

65) H. Maurer, ibid., S.624.
66) H. Maurer, ibid.
67) H. Maurer, ibid., S.625.
68) Zippelius/Würtenberger, a. a. O., S.437.
69) Zippelius/Würtenberger, ibid., SS.437-438.
70) H. Maurer, a. a. O., S.626.

여 헌법침해를 방지하고 수호하여 헌법의 우월성을 보장한다.[71] 연방헌법재판소의 판결에 비추어 독일연방공화국의 역사가 추적되어야 한다는 명제는 확실하다고 할 수 있게 되었다.[72]

## Ⅳ. 聯邦 憲法裁判所의 構成 및 權限

### 1. 聯邦 憲法裁判所의 構成

기본법 제94조 제1항은 연방헌법재판소가 연방재판관 및 기타 구성원으로 구성되며, 연방헌법재판소 재판관은 통상 연방의회(Bundestag)와 연방참의원(Bundesrat)에 의해 각각 반수씩 선출된다고 규정하고 있고, 연방헌법재판소의 구성과 절차에 관한 세부사항에 관하여는 기본법 제94조 제2항이 연방법률에 위임하여 연방헌법재판소법에서 이를 규율하고 있다.

연방헌법재판소 재판관의 선출에 대한 연방의회와 연방참의원의 개입은 의회민주제와 연방민주제의 보장을 통한 정당성확보에 목적을 두고 있는 바,[73] 연방의회는 비례대표원칙에 따라 선출된 12명의 의원으로 구성된 선거위원회에서 간접선거로 선출하고 연방참의원은 직접선거로 선출한다.[74] 연방헌법재판소재판관으로 선출되기 위해서는 연방의회의 선거위원회 및 연방참의원의 두 기관 모두에서 3분의 2 이상 다수의 지지를 얻지 않으면 아니 되는 바, 이러한 3분의 2 이상 다수의 동의요건은 연방헌법재판소재판관의 정치적 중립성 보장을 강화하기 위한 것으로 풀이된다.[75] 한편 연방헌법재판소장과 그 대리인은 연방의회와 연방참의원에 의해 교대로 선출된다.[76]

연방헌법재판소재판관의 임기는 12년이고,[77] 길어도 정년(68세에 달하는 달의 마지막 날)전까지로서 연임될 수 없다.[78] 모든 연방헌법재판소재판관은 만 40세 이상인 자로서 연방의회의 피선거권을 가져야 하고, 연방법관법에 규정된 법관자격을[79] 가지고 있어야

---

71) Zippelius/Würtenberger, a. a. O., SS.442-443; H. Maurer, ibid., SS.627-628.
72) H. Maurer, ibid.
73) H. Maurer, ibid., S.630; Zippelius/Würtenberger, a. a. O., S.438; Schlaich/Korioth, Das Bundesverfassungsgericht, 5. Aufl., 2001, Rn. 41 ; K. Stern, Das Staatsrecht der Bundesrepublik Deutschland, Bd. II, 1980, S. 359.
74) 독일연방헌법재판소법 제6조 및 제7조.
75) H. Maurer, a. a. O., SS.630-631; Schlaich/Korioth, a. a. O., Rn. 41.
76) 독일연방헌법재판소법 제9조.
77) 연방헌법재판소재판관의 임기를 12년으로 제한하고 있는 이유는 연방헌법재판소가 노인위원회로 전락하는 것을 방지하기 위한 목적이라고 설명되고 있다. Zippelius/Würtenberger, a. a. O., S.438.
78) 독일연방헌법재판소법 제4조 제1,2항.
79) 독일에 있어서 법관의 자격은 법과대학의 학업이수와 제1차 국가시험 및 관련기관에서의 소정의 수습과정을 거친 후 제2차 국가시험에 합격함으로써 취득되며, 그 밖에 독일 법과대학의 교수도 법관의 자격을 갖는다(독일법관법 제5조 및 제7조). 신봉기, 헌법재판관 선출제도 소고 : 독일연방헌법재판소 재판관

한다.[80] 연방헌법재판소재판관은 연방의회, 연방참의원, 연방정부 및 이들에 상응하는 지방의 기관에 소속할 수 없으며,[81] 법관으로서의 활동과 함께 법학교수 이외의 직업활동은 하지 못한다.[82]

연방헌법재판소법에 의하면 연방헌법재판소는 각 8명의 재판관으로 구성되는 2개의 재판부(Senate), 즉 제1부와 제2부로 나누어지며 각부는 조직적 및 인적으로 독립된 관계에 있다.[83] 각부의 재판관 8명 중 3인의 재판관은 연방최고법원에 3년 이상 근무한 재판관 중에서 선임된다.[84] 연방헌법재판소의 소장과 부소장은 각각 어느 하나의 부에 소속하여 그 소속부의 재판장이 되고, 연방헌법재판소 재판관은 반드시 2개의 재판부 중 한 곳에 소속되어야 하며, 재판부 상호간의 교환이나 대리는 허용되지 않는다.[85] 각각의 재판부는 그 권한영역에 있어서만 헌법재판소로서 기능하고[86] 어느 한 부의 결정에 대한 다른 부의 심사는 허용되지 않으며,[87] 어느 한 부가 다른 부의 결정에 포함되어 있는 법적 문제의 이해에서 벗어나고자 할 경우에는 양 부의 결정의 균형을 유지하고자 하는 이익의 관점에서 전체회의가 예정되어 있다.[88]

## 2. 聯邦 憲法裁判所의 節次

연방헌법재판소의 절차에 관하여 연방헌법재판소법이 규정하고 있다. 연방헌법재판소는 스스로 절차를 개시할 수는 없고 반드시 신청에 의해서만 절차를 개시할 수 있는바, 신청요건에 관하여 법 제23조 제1항이 규정하고 있으며 변호사 강제주의는 적용되지 않는다.

연방헌법재판소의 심리는 법 제25조의 규정에 따라 구두심리에 의하며, 각 부(Senate)는 적어도 8인의 구성원 중 6인 이상의 출석이 있어야 하고, 재판관 6인 혹은 7인으로 결정할 수 있다(제15조 제2항 제1호).

연방헌법재판소의 결정은 법적구속력을 가지며 모든 국가기관을 구속한다(법 제31조 제1항). 특히 연방헌법재판소의 규범통제결정은 법률 이상의 구속력을 가진다(법 제31조 제2항). 다만 이러한 구속력이 한번 선택된 헌법해석의 석고화를 의미하는 것은 아닌

선출에 관한 제도와 실제, 현대공법과 개인의 권익보호(균제 양승두교수화갑기념논문집), 1994, 균제 양승두교수 화갑기념논문집간행위원회, p. 1091.

80) 독일연방헌법재판소법 제3조 제1항 및 3항.

81) 독일기본법 제94조 제1항 제3문 및 독일연방헌법재판소법 제3조 제3항.

82) 독일연방헌법재판소법 제3조 제4항.

83) 독일연방헌법재판소법 제2조 제1항; H. Maurer, Staatsrecht I, a. a. O., S. 629; Zippelius/Würtenberger, a. a. O., S.438.

84) 독일연방헌법재판소법 제2조 제3항.

85) Zippelius/Würtenberger, a. a. O., S.438.

86) BVerfGE 1, 14, 29; Zippelius/Würtenberger, ibid.

87) BVerfGE 7, 17, 18; Zippelius/Würtenberger, ibid.

88) BVerfGE 23, 191, 206f.; Zippelius/Würtenberger, ibid.

바, 연방헌법재판소는 스스로의 법해석에 고정적으로 구속되지는 않고 새로운 관점과 관계 하에서 이를 변경할 수도 있다.[89]

## 3. 聯邦 憲法裁判所의 權限

### (1) 聯邦憲法裁判所의 權限 概觀

연방헌법재판소는 기본법 제93조 및 연방헌법재판소법 제13조에 규정된 헌법적 소송사건의 심판권을 가진다. 이를 열거하면 우선, 기본법이나 연방기관의 복무규정에 의하여 고유권리를 부여받은 기관들의 권리와 의무의 범위를 다투는 기관쟁의사건(Organ-streitigkeit)을 들 수 있고, 둘째, 연방과 주 사이의 연방국가적 쟁송사건, 셋째, 법규의 유효성과 존립성 및 구속력에 관한 규범쟁송(Normstreitigkeit)사건, 넷째, 연방대통령과 법관에 대한 탄핵소추사건과 정당해산사건 및 개인의 기본권 실효사건, 다섯째, 선거의 유효성 내지 의원자격의 획득과 상실에 관한 연방의회결정에 대한 소원심판사건, 끝으로, 공권력에 의한 기본권침해에 대한 헌법소원(Verfassungsbeschwerde)사건을 들 수 있다.

연방헌법재판소가 관할하는 헌법적 소송사건심판권 중에서 주로 개인의 기본권보장과 관련한 기능을 수행하는 권한은 규범쟁송심판에 관한 규범통제권과 기본권 상실심판권 및 헌법소원심판권이라 할 수 있고, 따라서 이들에 관하여는 항을 바꾸어 '3. 獨逸 聯邦憲法裁判所에 의한 基本權保障' 편에서 자세히 살펴보기로 하고 여기서는 나머지 권한에 대하여 개괄적으로 고찰함에 그치고자 한다.

### (2) 機關爭議(Organstreitigkeiten) 審判權

기본법상 기관쟁의심판은 연방 헌법기관 사이나 연방 헌법기관 내부의 헌법에 기초된 권리와 의무에 관한 분쟁을 해결하기 위한 절차로서, 권력분립원리 및 소수자의 보호에 그 목적과 의의가 있다.[90]

기본법 제93조 제1항 제1호는 연방최고기관의 권리 및 의무의 범위, 그리고 기본법에 의하여 또는 연방최고기관의 직무규칙에 의하여 고유한 권리를 부여받은 기타 관계기관의 권리 및 의무의 범위에 관한 소송에 기인되는 기본법의 해석에 대하여 결정할 권한을 연방헌법재판소에 부여하고 있고 연방헌법재판소법 제13조 제5호 및 제63조 이하에서 이를 구체화하고 있다.

기관쟁의심판의 청구기관은 당사자능력이 있어야 하는 바, 모든 헌법기관(기본법 제93조 제1항 제1호, 법 제60조), 헌법기관의 내부기관(기본법 제93조 제1항 제1호, 법 제63조),

---

89) 법 제16조; BVerfGE 20, 56, 87; Zippelius/Würtenberger, ibid., S.440.
90) H. Maurer, a. a. O., S.642.

정당(기본법 제93조 제1항 제1호)은 당사자능력이 인정되며, 피청구기관도 신청자와 같은 당사자능력이 요구된다.[91)]

기관쟁의심판은 피청구기관의 일정한 작위 또는 부작위로 인한 작용으로 기본법상 위임된 청구기관의 권리나 의무가 침해되었음을 이유로 신청되고(법 제64조 제1항), 신청은 문서로 하여야 하며, 피청구기관의 작위 또는 부작위의 시점으로부터 6개월 이내에 이루어져야 한다(법 제23조 제1항 이하, 제64조 제2항).

기관쟁의심판절차는 연방헌법재판소의 확정결정으로 종료되는 바,[92)] 연방헌법재판소의 결정은 피청구기관의 일정한 작위 또는 부작위로 인한 작용이 일정한 헌법원칙이나 불문헌법원리 혹은 법치국가원리를 위반하였는지 여부를 확정하는 데 한정된다.[93)]

### (3) 聯邦的 爭議審判權(Bund-Länder-Streit)

연방적 쟁의라 함은 연방국가적 구조에서 발생하는 헌법쟁의로서 연방과 주 사이(기본법 제93조 제1항 제3호) 또는 주 상호간(기본법 제93조 제1항 제4호 제2문)에서 발생하는 헌법적 권리 · 의무에 관한 분쟁을 조정하고 해결하기 위한 헌법재판을 말한다.[94)]

연방적 쟁의절차에 있어서 연방과 관련된 쟁의인 경우는 연방정부가, 주간의 쟁의인 경우는 주정부가 청구인 또는 피청구인의 자격을 가지며,[95)] 청구인은 피청구인의 작위 또는 부작위로 자신의 헌법상 권리 · 의무가 침해되었거나 직접 위협되었음을 입증하여야 한다.[96)]

연방헌법재판소는 연방과 주간의 분쟁으로서 첫째, 연방 및 주의 권리와 의무에 관하여, 특히 주에 의한 연방법의 집행 및 연방감독(Bundesaufsicht)의 행사에 있어서 의견의 불일치가 있는 경우의 헌법상 쟁의를 결정한다.[97)] 둘째, 다른 소송방법이 있는 경우를 제외하고 연방과 주와의 사이, 주 상호간의 그 밖의 공법상의 쟁의를 결정한다.[98)] 끝으로, 다른 소송방법이 있는 경우를 제외하고 어느 한 주의 내부에 있어서 연방법의 집행 및 연방감독의 행사에 있어서 의견의 불일치가 있는 경우 이를 결정한다.[99)]

---

91) Zippelius/Würtenberger, a. a. O., SS.449-450.
92) H. Maurer, a. a. O., SS.644-646.
93) Zippelius/Würtenberger, a. a. O., S.451.
94) H. Maurer, a. a. O., SS.647-648; Zippelius/Würtenberger, ibid., SS.451-452; K. Stern, a. a. O., Bd. II, S. 995 f.
95) 독일연방헌법재판소법 제68조.
96) 독일연방헌법재판소법 제69조, 제64조 제1항; Zippelius/Würtenberger, a. a. O., S.452.
97) 독일기본법 제93조 제1항 제3호, 독일연방헌법재판소법 제13조 제7호 및 제68조 이하; H. Maurer, a. a. O., S.648.
98) 독일기본법 제93조 제1항 제4호 제2문, 독일연방헌법재판소법 제13조 제8호, 제71조 및 제72조; H. Maurer, ibid., S.650.
99) 독일기본법 제93조 제1항 제4호 제3문.

### (4) 彈劾審判權과 政黨解散審判權 및 基本權 喪失審判權

#### ① 聯邦大統領 및 法官에 대한 彈劾審判權

일반사법절차에 의한 소추나 징계절차에 의한 징계가 곤란한 국가 고위직 공무원 등이 직무상 위헌 · 위법행위를 범한 경우 이를 의회가 소추하여 처벌 또는 파면하는 탄핵제도는 그 기원이 그리스(ostracism) · 로마에도 있었지만, 근대적 의미의 탄핵제도는 14세기말 영국에서 기원하며 미국 등 대다수 국가의 헌법이 이를 규정하고 있다.

기본법상 연방대통령이 기본법 혹은 기타 연방 법률을 고의로 위반한 때 연방민의원 또는 연방참의원이 제소하는 경우(Art.61 GG; §13 Nr.9 BVerfGG), 그리고 연방과 주의 법관이 헌법 또는 주헌법에 위반한 때 연방민의원이 요청하면(Art.98 Abs.2, 5 GG; §13 Nr.9 BVerfGG) 연방헌법재판소가 탄핵을 심판한다.

#### ② 政黨解散審判權

민주주의 자체를 폐제하기 위한 정치적 목적으로 결성하거나 활동하는 헌법적대적 · 반민주적인 정당을 일정한 헌법소송절차를 통하여 강제로 해산시키는 정당해산제도는 정당의 형태로 조직된 헌법의 적을 사전예방적 · 사후진압적 차원에서 제거하려는 방어적 민주주의를 위한 수단 중의 하나이다.[100]

기본법에 의하면 정당이 그 목적이나 당원의 활동으로 자유민주적 기본질서를 침해내지 폐지하거나 독일연방공화국의 존립을 위태롭게 하는 것은 위헌인 바, 연방헌법재판소는 연방민의원, 연방참의원 및 연방정부의 제소에 따라 그 정당의 위헌(해산)여부를 심판한다(Art.21 Abs.2 GG; §13 Nr.2 BVerfGG)

### (5) 選擧審判權(Wahlprüfung)

헌법재판소제도를 채택하고 있는 국가에 있어서 선거나 국민투표 등의 합헌성 내지 합법성에 관한 분쟁에 대하여 헌법재판소가 최종적인 결정을 하게 되는 바, 이를 헌법재판소의 선거심판권이라고 한다.

기본법상 연방 민의원의원선거의 유효 여부 및 연방 민의원의원의 자격상실 여부에 대한 심사권은 연방민의원이 가지고 있는 바, 여기서 당사자는 연방민의원의 결정에 대하여 연방헌법재판소에 소원을 제기할 수 있고, 이 경우 연방헌법재판소는 최종결정을 하게 된다(Art.41 Abs.2 GG; §13 Nr.3 BVerfGG).

---

100) Maunz/Zippelius, Deutsches Staatsrecht, 25. Aufl., 1983, C.H.Beck, S.431; K. Hesse, a. a. O., Rn.695.

# V. 聯邦憲法裁判所에 의한 基本權保障

## 1. 聯邦憲法裁判所의 基本權 保障手段 槪觀

위에서 살펴본 바와 같이 기본법 제93조 및 연방헌법재판소법 제13조에 규정된 헌법적 소송사건의 관할권은 매우 다양하고 폭넓다고 할 수 있는 바, 이들 관할권은 직접 혹은 간접적으로 국민의 기본권보장기능을 수행하고 있다. 이러한 연방헌법재판소의 권한 중에서도 특히 직접적으로 국민의 기본권보장기능을 수행하는 제도로서는 규범통제제도와 헌법소원심판제도 및 기본권상실심판제도를 열거할 수 있다.

## 2. 規範統制制度에 의한 基本權保障

### (1) 規範統制制度 一般論

근대이후 기본권보장 및 헌법보장의 기능은 헌법상 규범통제(위헌심사)에 의하여 가장 잘 수행되고 있다고 할 수 있는 바, 규범통제라 함은 국가의 실정법질서에 있어서 하위규범이 상위규범에 위반되는지 여부를 심사하여 상위규범에 위반되는 하위규범의 효력을 상실시키거나 그 적용을 거부함으로써 상위규범의 효력을 유지하는 것을 의미하며, 일국의 실정법질서가 단계질서를 이루고 있고 상위법규범이 하위법규범보다 우선한다는 일반적 정의가 그 전제와 기초를 이루고 있다.[101]

규범통제제도는 헌법재판제도의 가장 중심적인 것으로서 그 대상에 따라 위헌법률심사제와 위헌명령 · 규칙심사제[102]로 구분되며, 특히 위헌법률심사제는 규범통제제도의 핵심을 이루는 것으로 대다수 국가에서 헌법상 채택되고 있다.

독일기본법(1949년)은 헌법재판소라고 하는 일반 법원과 별도의 재판기관에 의한 구체적 규범통제와 추상적 규범통제의 두 가지 방법을 모두 포함한 사후적 · 광정적 심사제를 규정하고 있는 바, 그 까닭은 이러한 제도에 의해서 기본권보장 및 헌법보장을 충분히 달성될 수 있다고 판단하고 있기 때문으로 풀이되고 있다.[103]

### (2) 基本法上의 抽象的 規範統制制度

---

101) Zippelius/Würtenberger, a. a. O., SS. 453-454; H. Maurer, a. a. O., S. 651.

102) 규범통제제도에는 법률보다 하위규범으로서의 명령 · 규칙이 상위규범인 헌법이나 법률에 위반되는지 여부를 심사하는 위헌 · 위법명령 · 규칙심사제도가 당연히 내포되며, 위헌명령 · 규칙심사제도도 헌법보장 수단으로서 중요한 기능을 수행하고 있다. 우리나라 헌법 제107조 제2항은 위헌 · 위법명령 · 규칙심사권을 법원에 부여하고 있다.

103) G. Jaenicke, "Normenkontrolle"(kolloquium), in; Verfassungsgerichtsbarkeit in der Gegenwart, 1962, SS.766-767; 清水望, 憲法保障と憲法裁判-とくに規範審査を中心として-, 日本公法硏究, 第27號(1965), p.104, p.106.

① **抽象的 規範統制**(Abstrakte Normenkontrolle)**制度의 意義**

구체적 소송사건과 관계없이 당해규범을 일정 국가기관의 청구에 따라 헌법재판기관이 추상적으로 심사하고, 위헌이라고 판단되는 경우 이를 무효로 하는 위헌심사를 추상적 규범통제라고 한다.[104)]

추상적 규범통제는 몇 가지 측면에서 다음에 보게되는 구체적 규범통제와 구별된다. 우선 구체적인 사건을 전제하지 않기 때문에 독자적인 절차와 요건으로 진행되고, 다음으로 청구인의 주관적 권리침해와 무관한 법규범 자체의 위헌여부를 대상으로 하기 때문에 상대방이 없으며, 그 절차는 객관적인 것이고 따라서 당사자의 권리보호보다도 헌법보장적 측면이 강조되고 있는 것이다.[105)]

사후적 · 광정적 심사제를 채택하고 있는 기본법 제93조 제1항 제2호는 연방법 혹은 주법이 기본법에 합치되는지 여부에 관한 의견의 상위 또는 의심이 있을 때 연방정부나 주정부 또는 연방민의원의원 3분의 1이 연방헌법재판소에 제소할 수 있다고 규정하여 추상적 규범통제제도를 채택하고 있다.

② **審査의 請求**(Antrag)

기본법 제93조 제1항 제2호는 심판청구의 사유로서 "연방법 혹은 주법이 기본법에 합치되는지 여부에 관한 의견의 상위 또는 의심이 있을 때"라고 규정하고 있으나, 연방헌법재판소법은 이에 대한 광범한 해석을 제한하고 있고 있다.[106)] 추상적 규범통제의 청구는 원칙적으로 규범의 효력과 관련한 해석에 있어서 특별하고도 객관적인 이익이 있을 경우에만 허용된다.[107)] 그러므로 일반적으로 법률제정에 관여하는 모든 헌법기관이 청구권자가 된다고 할 수 있다.

기본법 제93조 제1항 제2호는 연방법 혹은 주법이 기본법에 합치되는지 여부에 관한 의견의 상위 또는 의심이 있을 때 연방정부(Bundesregierung), 주정부(Landesregierung) 또는 연방민의원(Bundestag)의원 3분의 1이 연방헌법재판소에 심판청구할 수 있다고 규정하여 청구권자를 개별적 헌법기관에 한정하고 있다.[108)] 그러므로 다른 국가기관이나 연방의회의 일부는 심판청구를 할 수 없다.[109)] 연방민의원의원 3분의 1에 제소권을 부여하는 것에 대해서는 논란이 제기되고 있으나, 단일정당이나 강하게 결속된 연립정당이 의회의 절대다수를 지배하고 있는 경우 다수에 대하여 위헌법률을

---

104) Zippelius/Würtenberger, a. a. O., S. 454; H. Maurer, a. a. O., S. 653, SS. 654-655.

105) Zippelius/Würtenberger, ibid., S.456; H. Maurer, ibid., S.654; K. Schlaich, a. a. O., S. 67; 독일연방헌법재판소도 추상적 규범통제절차가 주관적인 권리로부터 독립된 헌법보장에 관한 객관적인 절차라고 한다. BVerfGE 83, 37, 49.

106) H. Maurer, ibid., SS.656-657.

107) BVerfGE 88, 203, 334; Schlaich/Korioth, a. a. O., Rn. 122.

108) BVerfGE 21, 52, 53 f.; Zippelius/Würtenberger, a. a. O., S. 456.

109) H. Maurer, a. a. O., S.655.

의결하지 못하도록 억제하는 효과를 지닌다고 할 수 있다.[110]

③ **審査의 對象**(Prüfungsgegenstand)

기본법 제93조 제1항 제2호는 연방법 또는 주법이 기본법과 형식상 및 내용상 합치하는지 여부 혹은 주법이 기타의 연방법에 형식상 및 내용상 합치하는지 여부에 대하여 의견의 상위 또는 의문이 있을 경우에 연방헌법재판소가 이를 심사하고 결정하도록 규정하고 있고 연방헌법재판소법이 이를 구체화하고 있다. 그러므로 연방법률(헌법개정법률과[111] 조약법률[112] 및 예산법률[113]을 포함하여), 지방법률, 연방법상 그리고 지방법상의 법규명령[114] 등 모든 종류의 법규범이 심사의 대상이 된다.[115] 다만 공포되어 유효한 법규범이 아니면 아니 된다.[116]

④ **審査基準**(Prüfungsmaßstab)

추상적 규범통제는 기본법의 보호와 주법규범의 침해에 대한 연방법질서의 보장을 목적으로 하는 것이므로 연방법규범의 심사기준은 기본법이고 주법규범의 심사기준은 모든 연방법률이 된다.[117]

⑤ **釋明利益**(Klarstellungsinteresse)

추상적 규범통제의 객관적 성격에 따라 청구인이 주관적 권리의 침해를 당했거나 권리보호이익을 가질 필요는 없으나, 객관적 석명이익, 즉 규범에 대한 헌법재판적 심사에 관한 특별한 객관적 이익은 요구되고 있다.[118]

### (3) 基本法上의 具體的 規範統制制度

① **具體的 規範統制**(Konkrete Normenkontrolle)**制度의 意義**

기본법 제100조 제1항은 "법원이 재판에서 그 유효성이 문제되는 법률을 위헌이라고 생각할 때에는 그 절차를 중지하고, 또 주헌법의 침해가 문제될 때에는 그 주의 헌법쟁송에 대하여 관할권을 가지고 있는 당해 재판소의 결정을 구하여야 하고, 기본법의 침해가 문제될 때에는 연방헌법재판소의 결정을 구하여야 한다. 이는 주법에 의한 기본법의

110) H. Spanner, Rechtliche und politische Grenzen der Verfassungsgerichtsbarkeit, 1960, S.31.
111) BVerfGE 30, 1, 16f.; Zippelius/Würtenberger, a. a. O., S.456.
112) BVerfGE 1, 396, 40; 4, 157, 162; 12, 205, 220; 63, 131, 140; Zippelius/Würtenberger, ibid.
113) BVerfGE 20, 56, 89 ff.; Zippelius/Würtenberger, ibid.
114) BVerfGE 2, 307, 312; Zippelius/Würtenberger, ibid.
115) Zippelius/Würtenberger, ibid., S.456; K. Hesse, a. a. O., Rn.681; H. Maurer, a. a. O., S.656.
116) BVerfGE 104, 23, 29; Zippelius/Würtenberger, ibid., S.457; H. Maurer, ibid., S.656.
117) Zippelius/Würtenberger, ibid.; H. Maurer, ibid.
118) BverfGE 52, 63, 80; 88, 203, 334; 100, 149, 257 f.; 108, 169, 178; Zippelius/Würtenberger, ibid.; H. Maurer, ibid., S.657.

침해가 문제되거나 연방법률과 주법률의 불일치가 문제되는 경우에도 동일하다."고 규정하고 연방재판소법 제13조 제11항 및 제80조 내지 제82조로 세부규정을 마련하여 구체적 규범통제제도를 도입하고 있다.

구체적 규범통제는 법원이 소송계속중에 그 재판의 전제로서 당해 소송에 적용할 법률의 위헌여부를 심사하는 점에서 사법재판소형의 국가에서 행해지는 부수적 심사제와 공통점이 있다. 그러나, 계속중인 소송사건의 구체적인 재판에 관련된 선결문제로서 통상재판소의 신청에 따라 그 절차는 중단되고, 중간절차의 형식으로 연방헌법재판소가 위헌심사를 담당하며, 일반 국민은 통상재판소에서 법률의 무효를 주장할 수 있을 뿐이고, 통상재판소의 신청은 소송당사자에 의한 법률무효의 주장과는 무관하기 때문에 통상재판소가 반드시 소송당사자의 주장을 채택하여야 하는 것은 아닌 점에서 사법재판소형의 부수적 심사제와 구별된다.

기본법상의 구체적 규범통제제도는 각각의 재판소가 입법자의 의지를 벗어나 위헌성 및 무효성을 이유로 구체적인 경우에 법률의 적용을 거절하지 못하도록 예방하기 때문에 의회입법자의 보호에 기여하고 있다.[119]

**② 審査의 請求**(提請)

연방헌법재판소의 구체적 규범통제는 구체적인 법적 분쟁을 관할하는 모든 국가재판소(오로지 국가재판소)의 제청이 있어야 절차가 개시된다(Art.100 Abs.1 GG; §13 Nr.11 BVerfGG).[120] 모든 국가재판소는 당해 법률이 위헌이라고 확신할 때 절차를 중지하고 심사를 청구하여 연방헌법재판소의 결정을 받아야 하며,[121] 법률의 위헌성에 대한 단순한 의심이나 생각만으로는 심사를 청구할 수 없다.[122]

**③ 審査의 對象**

기본법 제100조 제1항은 기본법 제81조에 근거한 입법긴급사태 하에서 제정된 법률을 포함한 형식적 의미에 있어서의 법률을 대상으로 하며,[123] 주헌법규정이나[124] 헌법개정법률(법 제79조 제3항) 및 주상호간의 국가적 계약과 지방자치단체의 계약에 대한 연방의 동의법률[125]은 대상에 포함되나, 법규명령은 대상에서 제외된다.[126]

---

119) H. Maurer, a. a. O., S.668; K. Hesse, a. a. O., Rn.683-684.
120) Zippelius/Würtenberger, a. a. O., S.455; H. Maurer, ibid., S.670.
121) BVerfGE 34, 320, 322 f.; 79, 245, 248f.; Zippelius/Würtenberger, ibid.
122) BVerfGE 105, 48, 56; Zippelius/Würtenberger, ibid.; H. Maurer, a. a. O., S.671.
123) BVerfGE 1, 184, 189 ff.; 19, 282, 287 f.; 23, 276, 286; 48, 40, 45; BVerfGE 105, 48, 56; Zippelius/Würtenberger, ibid.
124) BVerGE 36, 342, 356; H. Maurer, a. a. O., S.670.
125) BVerGE 63, 131, 140; 95, 39, 44.
126) 법규명령에 대하여는 위헌 또는 연방법에의 불합치를 이유로 모든 법원이 그 적용을 배제할 수 있고, 법규명령을 추상적 규범통제의 방법으로 심사할 가능성은 항상 존재하기 때문이다. Zippelius/Würtenberger, a. a. O., S.455; K. Hesse, a. a. O. , Rn.684.

구체적 규범통제와 관련하여 기본법 이전의 연방법률 및 주법률이 기본법에 합치하는지 여부에 대하여 심사할 수 있는가 하는 문제가 제기된다. 연방헌법재판소는 이에 대하여 모든 법원이 독자적으로 결정해야 한다고 판시하고 있는 바, 기본법 이전의 법률이 기본법과 합치하지 않는다는 결정은 입법권의 권위에 저촉하지 않기 때문이라고 한다.[127]

④ **節次**(Verfahren)

법관의 심사청구(제청)는 직무상 의무인 것이며, 법관의 심사청구에 따라 원칙적인 규범통제로 진행되고 제소의 상대는 없다.[128] 연방헌법재판소는 심사가 청구된 법률의 합헌성여하에 대하여 배타적으로 결정하며, 법률이 헌법에 합치하지 않으면 일반적으로 구속력을 지닌 무효선언을 하여야 한다.[129]

### (4) 聯邦憲法裁判所의 規範統制 決定作用과 그 效力

원칙적으로 규범통제절차는 규범자체의 헌법합치와 유효성에 대한 일반적 구속력을 지닌 결정으로 종료되는 바, 연방헌법재판소가 그 결정주문에서 당해 법률이 기본법에 합치된다고 선언하면 유효로 인정된다.[130]

헌법에 위반된 법률은 원칙적으로 무효이다. 따라서 연방헌법재판소는 법률이 기본법에 합치되지 않는다는 확신에 이른 경우 법률 전체 혹은 법률의 일부만을 무효로 결정하고 선언하여야 한다(연방헌법재판소법 제78조 제1항). 이 결정은 법률적 효력을 가지며(법 제31조 제2항), 원칙적인 소급효가 인정되어 그 법률은 형식적으로 제거될 뿐만 아니라 그 법률에 기초하여 행해진 모든 판결이나 행정행위 기타 선거도 그 법적 근거를 상실하게 되고 이로 인해 발생하는 여러 문제는 연방헌법재판소법 제79조에 따라 해결하게 된다.[131]

연방헌법재판소는 많은 경우에 심사대상인 법률의 무효선언을 하지 않고 기본법에의 불일치만을 확정하면서 일정기간을 정하여 필수적으로 법률을 개정할 것을 제시하여 그 이상의 조치를 입법자에게 위임하기도 하며,[132] 어떤 법률이 처음에는 헌법위반이 아니었으나 일정시간의 경과로 헌법위반임이 밝혀지면 연방헌법재판소는 입법자에게 법률개정에 착수하도록 제안할 수 있도록 되어 있다.[133]

127) BVerfGE 2, 124, 129 ff.; 11, 126, 129 ff.; Zippelius/Würtenberger, ibid.; K. Hesse, ibid., Rn.685.
128) H. Maurer, a. a. O., S.673.
129) Zippelius/Würtenberger, a. a. O., S.455; H. Maurer, ibid.
130) H. Maurer, ibid., S.658.
131) Zippelius/Würtenberger, a. a. O., S.458; H. Maurer, ibid., SS.659-660; K. Hesse, a. a. O., Rn.688.
132) Zippelius/Würtenberger, ibid.
133) BVerfGE 16, 130, 141f.; 54, 173, 202; Zippelius/Würtenberger, ibid., S.459.

### 3. 憲法訴願(Verfassungsbeschwerde)審判에 의한 基本權保障

#### (1) 憲法訴願審判의 意義

헌법소원심판이라 함은 공권력에 의하여 국민의 기본권이 침해된 경우에 헌법재판소에 제기하는 기본권 구제수단으로서 개인의 기본권보호에 기여하는 동시에 객관적인 헌법질서의 유지에 기여하는 이중적 기능을 가진 제도이다.[134)]

1969년 개정된 독일기본법은 공권력에 의하여 기본법상 보장된 자신의 기본권 등이 침해된 모든 자는 연방헌법재판소에 헌법소원심판을 청구할 수 있도록 규정하였고, 이를 기초로 연방헌법재판소법이 구체화함으로서 헌법상 명문으로 헌법소원심판제도가 채택되었다(Art.93 Abs.1 Nr.4a GG mit §§90ff. BVerfGG).

#### (2) 憲法訴願審判의 請求權者

연방헌법재판소법 제90조 제1항은 누구라도 헌법소원을 제기할 수 있다고 규정하고 있다. 기본법상 모든 인간은 기본권을 가지며(제2조 제1항), 기본권의 주체인 인간에는 자연인뿐만 아니라 법인이나 법인 아닌 사단이나 재단도 포함되고 있어서 자연인은 물론이고 법인 등도 기본권의 향유자로서 헌법소원심판을 청구할 수 있다.[135)] 다만 공법인은 예외적인 경우에 한하여 헌법소원을 통하여 그 기능영역을 방어할 수 있을 뿐이다.[136)]

헌법소원심판은 서면으로 헌법재판소에 청구하여야 하고, 청구이유의 적시와 함께 필요한 증거자료 등을 첨부하여야 한다(§23 Nr.1 BVerfGG).[137)]

#### (3) 憲法訴願審判의 請求要件

연방헌법재판소에 헌법소원심판을 청구하기 위하여는 공권력에 의하여 기본법상 보장된 자신의 일정한 기본권이 침해되어야 한다.

##### ① 公權力의 行使가 있을 것

---

134) BVerfGE 45, 63, 74; 79, 365, 367; H. Maurer, a. a. O., SS.674-675; Pieroth/ Schlink, a. a. O., Rn.1170; K. Schlaich, a. a. O., Rn.263 ff.

135) BVerfGE 367, 39, 312.; Zippelius/Würtenberger, a. a. O., S.460; H. Maurer, ibid., S.676; Pieroth/Schlink, ibid., Rn.1122; K. Hesse, a. a. O., Rn.340; Stein/Frank, a. a. O., S.224.

136) Zippelius/Würtenberger, ibid.

137) H. Maurer, a. a. O., S.678; Pieroth/Schlink, ibid., Rn.1163.

헌법소원심판에 의한 권리보호는 오직 공권력행사에 대해서만 인정되고 있다.[138] 여기서 공권력의 행사라 함은 독일 국가권력의 모든 조치로서 법률 및 기타 법규범,[139] 집행행위와 행정행위 및 집행부의 그 밖의 조치,[140] 모든 종류와 단계의 재판적 결정은 물론이고(법 제93조-제95조),[141] 간접적인 국가행정, 예컨대 공법상의 사단, 재단 등의 공법인, 국립대학교와 같은 영조물 등의 작용 및 자치행정을 포함한다.[142]

나아가 공권력의 행사에 의한 경우뿐만 아니라 공권력의 불행사, 즉 부작위에 의한 기본권의 침해의 경우에도 헌법소원심판을 청구할 수 있으며(§92, §95 Abs.1 Nr.1 BVerfGG), 이 경우 헌법소원을 제기하기 위해서는 공권력의 주체에게 헌법에서 유래하는 작위의무가 전제되어야 한다.[143]

**② 基本法上 保障된 自身의 일정한 基本權이 侵害되었을 것**

헌법소원심판을 청구하기 위해서는 우선 청구인 자신의 기본법상 보장된 일정한 기본권이 공권력에 의하여 침해되어야 한다(자기관련성).[144] 둘째, 문제된 공권력조치에 의하여 자신의 기본권이 현재 침해되어야 하며(현재성), 미래에 기본권침해가 예상되는 것이어서는 아니 된다.[145] 셋째, 공권력에 의하여 청구인의 기본권이 직접(직접성) 침해되어야 하는 바,[146] 법규범에 있어서는 재판이나 행정청의 집행행위를 매개하지 않고 직접 개인의 기본권을 침해하는 경우에만 헌법소원의 대상으로 삼을 수 있다.[147] 끝으로, 헌법소원심판의 청구인에게 권리보호의 이익이 있어야 한다.[148] 이러한 권리보호의 이익은 기본권의 침해가 종료되었다고 해서 흠결되지는 않는다.[149]

다음으로, 공권력조치에 의하여 자신의 일정한 기본권이 침해되어야 하는 바, 이러한 기본권으로서 기본법은 제1조부터 제19조까지 열거된 기본권과 기본법 제20조 제4항, 제33조, 제39조, 제101조, 제103조, 제104조에 규정된 권리라고 한정하고 있어서(제93조 제1항 제4호 a) 그 밖의 권리나 공권은 제외되고 있다.[150] 그러나 연방헌법재판소는

---

138) BVerfGE 58, 1, 27; 66, 39, 57; Zippelius/Würtenberger, a. a. o., S.460.
139) BVerfGE 56, 54, 70; Zippelius/Würtenberger, ibid.
140) Zippelius/Würtenberger, ibid.
141) Zippelius/Würtenberger, ibid.; H. Maurer, a. a. O., S.676; K. Hesse, a. a. O., Rn.341; Stein/Frank, a. a. O., S.225.
142) K. Stern, a. a. O., Bd. II, 1980, S. 1018.
143) BVerfGE 2, 290; 6, 263 ff.; 10, 306.
144) BVerfGE 83, 182, 194; Zippelius/Würtenberger, a. a. O., S.461.
145) BVerfGE 1, 97, 102; Zippelius/Würtenberger, ibid.
146) BVerfGE 1, 97, 101 ff.; 72, 1, 5 f.; 96, 231, 237; Zippelius/Würtenberger, ibid.; H. Maurer, a. a. O., S.677; K. Hesse, a. a. O., Rn.341; Stein/Frank, a. a. O., S.226.
147) BVerfGE 79, 174, 187 f.; 81, 70, 82 f.
148) Zippelius/Würtenberger, a. a. O., S.461; H. Maurer, a. a. O., S.679; Stein/Frank, a. a. O., S.227.
149) Zippelius/Würtenberger, ibid.
150) Zippelius/Würtenberger, ibid., S.460; H. Maurer, a. a. O., S.677; K. Hesse, a. a. O., Rn.341; Stein/Frank, a. a. O., S.225.

인격의 자유발현권을 규정하고 있는 기본법 제2조 제1항을 일반적 행동의 자유(Allgemeine Handlungsfreiheit)로 파악하여 개인의 모든 행동의 자유를 이에 포함시키는 한편,[151] 제14조에 규정된 재산권의 개념을 모든 재산적 가치를 지닌 공권 및 사권으로 확장시키고 있고,[152] 기본법 제1조 제1항의 인간의 존엄존중과 기본법 제2조 제1항의 인격의 자유로운 발현권에 의거하여 널리 개인의 사적 사안에 대한 간섭을 배제하고 그 존중을 구하는 권리인 일반적 인격권을 인정하는 동시에,[153] 기본법 제20조 제1항의 사회국가원리와 더불어 기본법 제1조 제1항에 규정된 인간의 존엄존중으로부터 인간존엄의 최소생존의 보장에 대한 기본권인 사회권적 기본권일반을 인정함으로써[154] 기본법 제93조의 규정에 불구하고 개인의 기본권영역 전반에 대한 모든 위헌적 침해가 연방헌법재판소에 대한 헌법소원심판청구에 의하여 구제될 수 있게 되었다.[155]

③ **補充性의 原則**(Der Grundsatz der Subsidiarität)

청구인이 헌법소원심판을 청구하기 위해서는 사전에 다른 모든 권리구제절차를 밟지 않으면 아니 되며,[156] 특히 소송절차가 존재하는 경우 먼저 이를 거쳐야 한다.[157] 이러한 보충성의 원리는 재판소가 기본법 제1조 제3항에 따라 기본권에 구속되고 심급절차에서 개입된 기본권위반을 제거하지 않으면 아니 된다는 원칙으로부터 나온다.[158] 비록 다른 권리구제절차의 존재 여부가 불확실하거나, 존재하는 권리구제절차를 밟을 가능성 내지 실효성이 희박하다 하더라도 일단 그 권리구제절차를 거치고자 시도해야 한다.[159]

다만, 다른 모든 권리구제절차를 거치기전에 제기된 헌법소원이라도 그것이 일반적인 의미를 지닌 경우 혹은 소원심판청구인이 사전에 다른 소송수단을 거치도록 명령받는다면 중대하고 불가피한 불이익을 받게 될 우려가 있는 경우에는 즉시 심판할 수 있게 하고 있다(법 제90조 제2항 제2문).[160]

④ **請求期間**

원칙적으로 헌법소원심판의 청구기간은 1개월이며 그 기산점에 관하여는 법률로 상세

---

151) BVerfGE 6, 32, 36f.; 91, 334, 338 f.; K. Hesse, ibid., Rn.341, 426-427.

152) BVerfGE 31, 229, 240; 37, 132, 140; 42, 263, 294; 50, 290, 339; 83, 201, 208f.; K. Hesse, ibid., Rn.444-445.

153) BVerfGE 18, 146; 27, 1; 49, 286.

154) BVerfGE 125, 175, 222ff; vgl. BVerfGE 40, 121, 133; 45, 187, 228; 82, 60, 85; 113, 88, 108f; 123, 267, 362 f.

155) BVerfGE 6, 32, 36; 65, 196, 210.

156) BVerfGE 79, 275, 278f.; Zippelius/Würtenberger, a. a. O., S.462.

157) 법 제90조 제2항 제1문; BVerfGE 68, 376, 379ff.; 70, 180, 185f.; Zippelius/Würtenberger, ibid.

158) BVerfGE 49, 252, 258; Zippelius/Würtenberger, ibid., S.462.

159) BVerfGE 63, 77, 78; 79, 1, 20; 88, 384, 400; 79, 174, 198 f.; 91, 295, 306; H. Maurer, a. a. O., S.679; Pieroth/Schlink, a. a. O., Rn.1156; K. Hesse, a. a. O., Rn.342; Stein/Frank, a. a. O., S.227.

160) BVerfGE 91, 294, 306; Zippelius/Würtenberger, a. a. O., S.463.

히 규정하고 있다(법 제93조 제1항 제1호). 헌법소원심판이 법률이나 다른 법규범에 대하여 직접 청구되는 경우, 또는 권리구제절차가 없는 다른 고권행위에 대하여 청구되는 경우에는 법률의 시행 후 혹은 고권적 행위를 발한 후 1년 이내에 청구하지 않으면 아니 된다(법 제93조 제2항 및 제3항)[161].

### (4) 憲法訴願審判決定의 效力

연방헌법재판소는 공권력에 의하여 기본법상 보장된 기본권이 침해되었다고 판단할 경우에는 헌법소원의 인용결정을 통하여 당해 공권력행사의 무효를 선언하여야 한다. 법원의 재판에 대한 헌법소원을 인용할 경우에는 재판을 파기환송 하여야 하며, 법률에 대한 헌법소원을 인용할 경우에는 그 법률의 무효를 선언하여야 한다(§95 BVerfGG).[162]

## 4. 基本權喪失審判에 의한 基本權保障

기본권상실심판이라 함은 자유민주적 기본질서를 공격하기 위해 헌법이 보장하고 있는 일정 기본권을 남용하는 개인 또는 단체에 대하여 구체적인 경우 헌법소송절차에 따라 그 기본권을 상실시킴으로써 개인이나 단체에 의하여 헌법이 침해되는 것을 방지하기 위한 절차를 말한다.

기본법은 "표현의 자유, 특히 출판의 자유, 교수의 자유, 집회의 자유, 결사의 자유, 신서 · 우편 · 전신 · 전화의 비밀, 재산권 또는 망명자비호권을 자유민주적 기본질서를 공격하기 위하여 남용하는 자는 이러한 기본권을 상실한다. 상실과 그 정도는 연방헌법재판소에 의하여 선고된다"고 규정하여(Art.18 GG; §13 Nr.1 BVerfGG) 기본권상실제도를 채택하고 있다.[163]

연방헌법재판소가 기본권의 상실을 결정하기 위하여는 기본법 제18조에 열거된 기본권의 하나 혹은 수 개가 자유민주적 기본질서를 공격하기 위하여 이용되고, 이로 인해 자유민주적 기본질서에 중대한 위험이 발생되어야 한다. 여기서 자유민주적 기본질서라 함은 기본법의 민주적 질서 및 이와 밀접하게 결부된 법치국가적 질서의 요건들, 즉 기본법의 헌법질서의 기본 성격을 규정하고 기본법 제18조에 의하여 보호되는 기초를 형성하는 요소들을 말한다.[164]

연방헌법재판소는 스스로 절차를 개시할 수 없고 연방정부, 연방의회 및 주정부의 청구가 있어야 할 수 있으며,[165] 청구가 이유 있는 경우에 심판청구의 상대방의 어느

161) H. Maurer, a. a. O., S.678; Stein/Frank, a. a. O., S.228.
162) Zippelius/Würtenberger, a. a. O., SS.463-464; H. Maurer, ibid., SS.679-680.
163) Maunz/Zippelius, a. a. O., S. 431; K. Hesse, a. a. O., Rn. 695.
164) K. Hesse, ibid., Rn.711.
165) 연방헌법재판소법 제36조.

기본권이 상실될 것인지 결정하여야 한다(법 제39조 제1항 제1호).[166] 기본권 상실결정은 창설적 효력을 가지므로 당사자들은 상실당한 기본권을 더 이상 원용할 수 없게 된다.[167] 다만 이제까지 연방정부의 제소에 대하여 연방헌법재판소가 실제로 기본권의 상실을 결정한 사례는 없다.[168]

## VI. 結 語

민주국가에 있어서 기본권은 헌법질서의 최고가치이다. 따라서 대다수 민주국가는 국가의 최고규범인 헌법에 권리장전을 선언하고 이를 현실적으로 보장하기 위한 권리보장을 명문화하고 있다.

제2차대전 이후 독일은 기본권보장의 일반원칙인 인간존엄존중의 선언과 더불어 광범한 개별적 기본권을 기본법상 명문으로 규정하면서 이를 구체적으로 보장하고자 다양한 기본권 보장제도를 채택하고 있다. 기본권의 국가권력 구속에 관한 제1조 제3항의 명문규정과 공권력에 의한 기본권침해에 대하여 법원에의 제소권을 보장하고 있는 제19조 제4항의 권리보호보장제도는 유례를 찾아보기 어려울 정도로 독특하다고 보인다.

독일기본법상 기본권보장제도의 특징은 무엇보다도 연방헌법재판소에 의한 헌법재판제도에 있다고 생각된다. 구체적 사건의 재판과 관련하여 당해 사건에 적용할 법률의 위헌여부를 심사하는 구체적 규범통제 뿐만이 아니라 구체적 사건의 재판과 무관하게 법률 그 자체의 위헌여부를 객관적으로 심사하는 추상적 규범통제제도를 채택하고 있고 또한 법원의 재판에 대한 헌법소원을 인정하여 모든 공권력의 침해에 대하여 종국적으로 헌법재판소에 의한 구제를 허용하고 있는 점은 기본권 보장을 보다 철저화하기 위하여 우리에게도 시사하는 바가 크다고 판단된다. 기본권을 침해하여 위헌인 법률에 대하여 구체적인 적용이 있기 전에 위헌심사를 통하여 이를 무효화하는 추상적 규범통제제도는 법률생활의 안정을 위하여 대단히 긴요하다고 할 수 있다. 나아가 법원의 심급제도에도 불구하고 재판상 기본권을 침해하는 오류가 있을 수 있음을 감안하면 법원의 재판결정에 대하여도 헌법소원을 허용하는 것은 당연한 추세가 아닌가 생각되기 때문이다.

166) H. Maurer, ibid., S. 756.
167) H. Maurer, ibid.; K. Hesse, a. a. O., Rn .712.
168) BVerfGE 11, 282 f.; 38, 23, 282 f.; H. Maurer, ibid., S. 757; K. Hesse, ibid., Rn.713; Stein/Frank, a. a. O., S. 221.

## [참고 문헌]


金哲洙, 違憲法律審査制度論, 學硏社, 1983

權寧星, 憲法學原論, 法文社, 2010

許營, 韓國憲法論, 博英社, 2010

신봉기, 헌법재판관 선출제도 소고 : 독일연방헌법재판소 재판관 선출에 관한 제도와 실제, 현대공법과 개인의 권익보호(균제 양승두교수화갑기념논문집), 1994, 균제 양승두교수 화갑기념논문집간행위원회

李東洽, 世界各國의 憲法裁判制度 槪觀, 憲法裁判制度의 理解, 法院圖書館發行 裁判資料 第92輯(2001)

김도협, 헌법재판제도에 관한 일 고찰 - 독일연방헌법재판을 중심으로 - 법학연구 제17집 2004. 12, 한국법학회

만프레드 볼프 지음, 금동익, 김인호, 전재경, 한은미 옮김, 서독의 사법질서, 1989. 12, 법무부 법무자료 제117집

鄭然宙, 獨逸의 司法制度 -行政 및 憲法裁判의 特性과 一般裁判과의 關係를 중심으로- 1991, 法律行政論文集 제1집(1991년), 전남대학교 법률행정연구소

소순무, 독일연방공화국 사법제도의 개관과 독일통일에 따른 사법조직의 통합, 재판자료 제59집, 법원도서관

황해봉, 독일의 행정심판제도(Ⅰ), (순간)법제 제553호, 법제처

金榮秀, 憲法裁判所의 抽象的 規範統制權限에 관한 小考, 現代憲法學理論; 佑齋李鳴九博士華甲紀念論文集 I(1996년), 우재이명구박사 화갑기념논문집 간행위원회

權亨俊, 프랑스에 있어서의 基本權保障에 관한 硏究(서울대 法學博士學位論文), 1991

淸水望, 憲法保障と憲法裁判-とくに規範審査を中心として-, 公法硏究, 第27號(1965)

C. A. Colliard, libertés publiques, Dalloz, 1982(6e éd.)

J. Robert, Libertés publiques et droits de l'hommes, Montchrestien, 1988(4e éd.)

J. Rivero, Les libertés publiques, tome I - Les droits de l'homme, P. U. F., 1987(5e éd.)

L. Favoreu et L. Philip, les grandes decisions du Conseil constitutionnel, Sirey, 1986(4e éd.)

I. von Münch/P. Kunig(Hrsg.), Grundgesetz-Kommentar, Band 1-1, 4. Aufl., 1992, C. H. Beck

I. von Münch/P. Kunig(Hrsg.), Grundgesetz-Kommentar, Band 3-1, 2. Aufl., 1983, C. H. Beck

R. Zippelius/T. Würtenberger, Deutsches Staatsrecht, 31. Aufl., 2005, C. H.

Beck
B. Pieroth/B. Schlink, Grundrechte. Staatsrecht II, 22. neu bearbeitete Aufl., 2006, C. F. Müller
H. J. Wolff/O. Bachof, Verwaltungsrecht I, 9. Aufl., 1974
E. Stein/G. Frank, Staatsrecht, 19.,neubearbeitete Aufl., 2004, Mohr Siebeck
H. Maurer, Allgemeines Verwaltungsrecht, 8. Aufl., 1992
H. Maurer, Staatsrecht I, 5. Aufl., 2007, C.H.Beck,
K. Hesse, Grundzüge des Verfassungsrechts der Bundesrepublik Deutschland, 20. Aufl., 1995, C.F. Müller
H. Krüger, Grundgesetz und Kartellgesetzgebung, 1950
K. Schlaich, Das Bundesverfassungsgericht, 2. Aufl., 1991, C. H. Beck(정태호 역, 독일헌법재판론 - 독일연방헌법재판소의 지위 · 절차 · 재판, 미리, 2001)
K. Schlaich/S. Korioth, Das Bundesverfassungsgericht, 5. Aufl., 2001
K. Stern, Das Staatsrecht der Bundesrepublik Deutschland, Bd. II, 1980
K. Stern, Das Staatsrecht der Bundesrepublik Deutschland, Bd. III/1, 1988
T. Maunz/R. Zippelius, Deutsches Staatsrecht, 25. Aufl., 1983, C. H. Beck
H. Spanner, Rechtliche und politische Grenzen der Verfassungsgerichtsbarkeit, 1960
G. Dürig, Gesammelte Schriften 1952-1983, 1984
T. Maunz/G. Dürig u. a., Grundgesetz Kommentar, 1990
G. Jaenicke, "Normenkontrolle"(kolloquium), in; Verfassungsgerichtsbarkeit in der Gegenwart, 1962
O. Dorr, Der europäisierte Rechtsschutzauftrag deutscher Gerichte, 2003
H. U. Erichsen/W. Martens(Hrsg.), Allgemeines Verwaltungsrecht, 9. Aufl., 1992,
H. P. Ipsen, Öffentliche Subventionierung Privater, 1956
K. H. Friauf/W. Höfling(Hrsg.), Berliner Kommentar zum Grundgesetz (Loseblatt), Stand: April 2006

## [Zusammenfassung]

# Eine Studie über dem Grundrechtsschutzsystem in Deutschland
## – hauptsächlich durch das Bundesverfassungsgericht –

Von Kwon, Hyung-Jun*

Die Grundrechte des Einzelnen sind die Grundlage der Existenz des Staates, der befürwortet eine liberale Demokratie, und der höchste Wert der verfassungsmäßigen Ordnung. So westliche Länder haben die systematische Grundrechtsbestimmungen auf der schriftliche Verfassung des Landes angenommen, seit daß Konstitutionalismus nach neuzeitliche zivil Revolution wird gegründet. Aber die Grundrechte des Einzelnen, die auf der schriftliche Verfassung erklärt werden, können durch die öffentliche Organisationen oder die privaten Personen zu verletzen oder bedrohen sein. Vor allem die Anforderung der modernen Wohlfahrtsstaaten hat die Möglichkeit der Verletzung der Grundrechte durch die öffentliche Organisationen erweitert, indem die nationalen Fähigkeiten expandiert und gestärkt hat. Deshalb, die westlichen Länder gewährleistet das Wartungssystem der Grundrechte in der schriftliche Verfassung des Landes um Grundrechte ausdrücklich zu garantieren.

Deutschland hat sich auch diesem Trend gefolgt. Nach dem Zweiten Weltkrieg, Deutschland hat eine Reihe von Grundrechten auf das Grundgesetz festgelegt und die verschiedenen Grundrechtssicherungssystem auch auf das Grundgesetz vorgeschrieben. Erstens, Art. 1 Abs. 3 von GG verpflichtet Gesetzgebung, vollziehende Gewalt und Rechtssprechung. Zweitens, als formelles oder Verfahrensgrundrecht, Art. 17 vorschreibt das Petitionsrecht, Art. 19 Abs. 4 die Rechtsschutzgarantie und Art. 20 Abs. 4 das Widerstandsrecht. Drittens, die Exekutive anerkannt die administrative Reliefsmaßnahmen, wenn die individuellen Grundrechte durch die bestimmten Verwaltungswirkung von der Verwaltungsbehörden verletzt werden. Viertens, man kann die Schutz durch die rechtsprechende Gewalt ansprechen, wenn die individuellen Grundrechte durch die öffentliche Organisationen oder die privaten Personen verletzt werden. Schließlich, Art. 93 von GG gewährleistet die Verfassungsgerichtbarkeit als die Möglichkeit, wenn einer Grundrechtsverletzung das Bundesverfassungsgericht anzurufen.

Art. 93 Abs. 1 Nr. 4a GG ermöglicht eine Kontrolle der gesetzgebenden und rechtsprechenden Gewalt. Danach kann jedermann mit der Behauptung, durch die öffentliche Gewalt in einem der aufgeführten Grundrechte verletzt zu sein, die Verfassungsbeschwerde zum

* Emeritus Professor, Law School, Hanyang University · Dr

Bundesverfassungsgericht erheben. Doch verfassungsgerichtliche Normenkontrolle(abstrakt und konkret) der Art. 93 Abs. 1 Nr. 2 und 100 GG dient auch dem Schutz der Grundrechte. Da diese Kontrolle nicht unmittelbar durch den Einzelnen ausgelöst werden kann, beschränkt sich der Schutz, den sie vermittelt, auf die Einhaltung der Grundrechte. Das deutschen Verfassungsgerichtsbarkeitsinstitut, das die Verfassungsbeschwerde für das Urteil von der rechtsprechenden Gewalt anerkannt, hat eine Menge für uns hingewiesen.

Key Words : Deutschland, Grundrechte, Grundgesetz, Verfassung,
Bundesverfassungsgericht, Grundrechtsschutzsystem

# 의무의 본질

## 선악인가? 분배인가?

황도수*

## 1. 들어가며[1)]

법은 국가질서다. 국가사회의 정의를 현실의 질서로 구현하는 규범질서다. 정의 내용을 규범과 의무로 만들고, 사람들이 그것을 현실에서 지키게 해서 실제 질서가 되게 한다.

정의의 여신상은 법이 어떤 구성인지를 잘 보여준다. 한 손에는 천칭을, 다른 한 손에는 칼을 들고 있다. 천칭은 정의이고, 칼은 질서다(규범질서의 마지막이 강제력인 것을 생각해 보라). 정의가 아니면 법이 아니며, 질서가 아니면 법이 아니다. 정의와 질서는 법의 핵심요소다. 법은 정의를 내용으로 하고, 규범질서의 방법으로 현실에서 실제 질서가 되게 하는 질서다.[2)]

이 글에서는 질서 부분을 살펴본다. 즉, 법은 정의를 실제로 구현하는 방법으로, 규범질서, 즉 '규범으로 만드는 질서'를 사용한다. 규범질서란, 사람이 마땅히 지켜야 할 것을 의무로 정하고, 그것을 지키게 해서 질서가 되는 질서다. 순서에 따라, 1차로는 사람들이 의무를 지키게 해서 질서가 되고, 2차로는 사람들이 의무를 위반할 때, 강제로 책임을 지게 해서 질서가 된다.

이처럼 법질서는 '의무'에서 시작한다. 의무는 질서의 중심 개념이다. 의무는 그것이 법질서인지 아닌지를 결정하는 기준이다. 법은 의무 유무로 지킬 것, 지키지 않아도 될 것을 정한다. 의무가 있으면, '하거나, 말아야 하는' 법적 부담이 있고, 의무가 없으면, 그 법적 부담이 없다.

따라서 법이 어떤 질서인지 알기 위해서는, 먼저 '의무'가 무엇인지 이해해야 한다.

---

* 건국대학교 교수

1) 이 졸고는 필자가 출간을 준비하는 책 내용의 일부다. 책에 쓰인 중심 생각 중 일부를 선생님의 영전에 감사한 마음으로 바친다.

2) 질서 개념은 다의적이다. 문맥에 따라, '정의+질서'를 '질서'라고 말하기도 하고, '정의+질서' 중에서 '질서' 부분만 '질서'라고 말하기도 한다. 이 글에서는 주로 후자의 의미로 사용한다.

의무가 왜 필요한지, 정의를 어떤 형태의 의무로 만드는지, 어떤 행위가 의무의 내용이 되는지, 의무는 어떤 구조로 되어 있는지 등을 이해해야 한다.

일반적으로, 많은 사람은 의무를 '그냥 의무'라고만 이해한다. 의무는, 법이 존재하는 한, 그 자체로 당연히 존재한다는 정도로 생각한다. 의무가 있으면, 사람들이 그것을 지키면 된다는 생각 정도다. 그 속에 놓인 원리가 무엇인지 파헤칠 생각은 거의 하지 않는다.

그러나, 근본적으로 이런 질문을 던져볼 수 있다. 의무는 그 자체로 존재하는 독립개념, 목적개념인가? 아니면, 수단개념, 도구개념인가?

생각해 보면, 의무뿐만 아니라, 법도 그 자체가 목적이 아니다. 법은 사회의 올바른 질서를 형성하는 데 필요한 수단이다. 그 목적을 위해서 만든 제도다. 사회질서의 정의가 목적이라면, 제도로서의 법은 정의를 위한 도구다.

정의가 법의 목적이라면, 정의를 실현하는 법질서는 도구이고 수단이다. 당연히, 법질서의 본질 요소인 의무는 정의 실현을 위한 도구 개념이 된다. 음식과 그릇으로 비유하면, 정의가 음식이고, 법질서, 의무는 음식을 담는 그릇이다. 그릇은 음식을 위해서 존재하는 도구다.

도구는 목적을 통해서 그 의미를 밝힐 수 있다. 도구는 목적에 종속하기 때문이다. 도구는 목적 달성에 합당한 형태와 구조를 가진다. 음식이 밥이면, 그 그릇은 밥그릇 형태가 되고, 음식이 국이면, 그 형태는 국그릇 형태가 된다. 음식에 따라 그릇이 달라지듯, 의무는, 목적인 정의에 따라, 그 형태와 구조가 결정된다.

이런 점에서, 의무는 정의를 담기에 적당한 구조, 형태를 띠게 된다. 예를 들어, 과거 군주국가 정의와 오늘날 정의가 다르듯이, 군주주권에서의 의무 개념과 국민주권에서의 의무 개념이 다를 수 있다. 군주주권에서 의무는 백성이 '군주'에게 일방적으로 부담하는 의무이었으나, 오늘날 국민주권에서의 의무는 주권자 '국민'이 서로 부담하는 의무다.

따라서 오늘날 국민은 일방적으로 의무를 부담만 하는 주체가 아니다. 오히려 다른 국민에게 의무를 요구하는 주체이기도 하다. 즉 '권리'를 가지기도 하는 주체다. 이런 경우, 의무를 설명하는 논리 자체가 바뀌게 된다. 이제 의무는 단순한 의무가 아니라 권리와 의무가 대응되는 법률관계 속에서의 의무다. 이처럼 사회정의 개념이 바뀌면, 의무의 형태, 구조가 바뀐다.

이처럼 사회정의와 의무의 구조, 내용, 형태가 일정한 관련성을 가지고 있다면, 오늘날 우리나라에서의 의무의 구조, 내용, 형태가 무엇이고, 어떤 구조, 내용, 형태가 바람직한지를 질문하게 된다. **여기에서는 의무의 '내용'이 무엇인지 살펴본다.**

기본적으로, 의무는 사람의 행위를 그 내용으로 한다. '~~하라, ~~말라'는 구조로 되어 있다. 의무의 내용을 거칠게 분석하면, 우선 두 요소를 추출할 수 있다. 하나는, '한다, 하지 않는다'라는 '행위'이고, 다른 하나는, '해야 한다. 해서는 안 된다'라는 사람이

지는 행위 '부담'이다.

**여기에서는 '부담' 문제는 뒤로 미루기로 하고, '행위'에 관해서 질문함으로써, 의무의 본질을 살펴보고자 한다.** 법은 '하라, 말라' 할 때, 어떤 행위를 '하라'고 하고, 어떤 행위를 '~~하지 말라' 하는가? 어떤 기준으로 '하라, 말라'를 정하는가? 어떤 행위든, 행위이기만 하면 마구잡이로 의무로 정할 수 있나? 그것을 정할 때, 어떤 법칙, 어떤 체계는 있는가? 그 행위들을 체계적으로 분류, 정리할 수 있는가? 등 질문이다.

실제 법령에 규정된 의무를 살펴보면, 수없이 많은 행위가 의무로 쓰여 있다. 즉 살인하지 말라, 절도하지 말라. 남의 자동차를 망가뜨리지 말라. 소유권등기를 이전하라. 물건을 반환하라. 빌린 돈을 갚아라. 손해를 배상하라. 음주운전을 하지 말라. 우측으로 통행하라. 교도소에서 징역을 하라. 벌금을 내라. 아파트에서 나가라. 이 집에 들어오지 말라. 등등. 이들 행위를 정리할 수 있는 이론은 있는가, 이들을 체계적으로 설명할 수 있는가가 쟁점이다.

## 2. 선악인가?

**많은 사람**은, 법이 정한 의무 행위가 **선악**을 기준으로 결정된다고 생각한다. 선하고 좋은 행위는 '~~하라'는 의무로, 악하고 나쁜 행위는 '~~말라'는 의무로 정한다고 생각한다. 살인, 폭행, 절도 등은 나쁜 행위이니 '~~말라'는 의무가 되고, 우측통행, 매매계약에 따라 물건을 이전함, 빌린 돈을 갚아야 함은 좋은 행위니 '~~하라'는 의무가 된다는 식이다. 이런 생각이 크게 틀렸다고는 말할 수 없다. 대부분 의무가 선과 악에 연결되어 있음을 부인할 수 없기 때문이다.

그러나 **선악 개념**은 의무의 구조를 논리적으로 설명하는 데 너무 모호하다. 무엇이 선으로 연결되고, 무엇이 악으로 연결되는지가 불명확하다. 선악 개념만으로는 법이 정한 다양한 의무 행위를 체계적으로 분류하거나, 일관성 있게 설명하기 어렵다.

선악의 기준 자체가 철학적으로 의견 일치를 보지 못한 것이 현실이기 때문이다. 선악의 기준이 불명확하다 보니, 심지어 법적 정의에 관한 논의를 법의 유무 논의로 왜곡하기도 한다. 법이 '하라'고 정할 때는 선한 행위를 전제로 했을 것이므로, 법이 '하라'고 정한 것은 무조건 선한 행위로 받아들이고, 법이 '말라'고 정할 때는 악한 행위를 전제로 했을 것이므로, 법이 '말라'고 정한 것은 무조건 악한 행위로 받아들이라는 이론이 그 예다. 소위 법실증주의다. 이 이론은 인간이 어차피 선악을 알 수 없으니, 법이 정한 것이 선악의 기준이라고 주장한다. 물론 일부 타당한 점도 있지만, 위험하기 그지없는 이론이다.[3)]

---

3) 그렇다고, 필자의 견해가 자연법주의라는 뜻은 아니다. 자세한 내용은, 졸고, 법을 왜 지켜 - 법과 정의

## 3. 분배인가?

### 가. 법의 목적과 의무

그러면, 의무가 되는 행위를 정할 수 있는 다른 방법이 있는가? 있다면, 그 기준은 무엇일까?

생각건대, **법이 어떤 행위를 의무로 정하는지는, 법의 목적, 역할을 이해하는 데에서 시작할 수** 있다. 법이 어떤 행위를 의무로 정할 때는, 그 행위를 의무로 정할만한 목적과 필요성이 있기 때문이다.

법의 목적, 즉 법이 생긴 이유를 간단히 정리하면 다음과 같다.[4)]

1. 사람들은 더 잘살기 위해서 국가(사회)를 만들었다.
2. **분업**은 사람들이 함께 잘살기 위한 원리다.
3. 분업은 분배 문제를 제기한다. 여기에서 **'분배의 올바름'**, 즉 정의가 쟁점으로 제기된다.
4. 법은 정의 쟁점, 즉 분배 다툼을 올바르게 해결하기 위한 질서다.

이런 관점에서 보면, 법의 목적, 역할, 본질은 분명하다. 세상의 모든 것을 사람들 사이에서 올바르게 분배하는 것이다. 법은 분배의 올바름, 즉 정의에 이바지한다.

이처럼 분배의 올바름이 법의 목적이고 역할이면, 법을 분석적으로 이해하는데 훨씬 명확해진다. '분배'라는 개념이 법의 두 요소, 즉 정의와 질서를 모두 관통하고 있기 때문이다. 정의는 분배 내용을 '올바르게 정하자'는 것이고, 질서는 그렇게 정한 분배를 현실에서 '실제 질서로 구현'하자는 것이다.

이런 관점에서, 의무로 정해지는 행위는 분배에 관련된 행위인 게 된다. 그리고, 분배에 필요한 행위는 아리스토텔레스의 표현대로 '각자에게 그의 것을'을 구현하는 행위다.

**분배는 사람들이 '네 것', '내 것'을 나누는 것이다.** 각자가 자기의 것을 분배받는 것이고, 분배받은 것을 각자가 잘 누리는 것이다. 따라서 분배 개념은 두 요소로 구분된다. 하나는, 각자가 그의 것을 그의 것으로 분배받는 행위이고, 다른 하나는 각자가 분배받은 그의 것을 누리는 행위다. 하나는 분배하는 행위이고, 다른 하나는 분배받은 것을 누리는 행위다.

따라서 의무의 내용이 되는 행위는 두 종류다. 첫째는, 각자가 분배받은 '내 것'을

---

-, 2022. 참조.

4) 자세한 설명은 위 졸고 참조.

누리는데 필요한 행위다. 분배받은 것을 '내 것'으로 마음대로 지배하는데 필요한 행위다. 그것을 위해서 필요한 의무는, 세상의 누구도 그의 '내 것'을 침해하지 못하게 하는 행위다. 즉, '침해하지 말라'가 의무내용이 된다.

둘째는, 각자에게 그의 것이 되게 분배하는데 필요한 행위다. 즉 분배행위다. '내 것'이 '네 것'이 되고, '네 것'이 '네 것'이 되게끔[5] 변동하는 행위다. 법은 이런 변동행위를 크게 둘로 구분하고 있다. 하나는 사법 질서에서의 변동 방법이고, 다른 하나는 공법 질서에서의 변동 방법이다. 사법과 공법은 그 원리가 근본적으로 다르다. 이념적으로, 사법은 이기주의 '사익'을 기초로 하지만, 공법은 공정한 '공익'을 기초로 한다. 방법론적으로, 사법은 개인들이 계약(서로 변동하기로 약속함)으로 변동할 수 있게 하지만, 공법은 국가가 일방적으로 공권력을 행사해서 변동하게 하고 있다. 이 글은 공사법 구분을 논의하는 것이 목적이 아니므로, 그에 대한 자세한 논의는 다음 글에 미루기로 하고, 여기에서는 선악과 분배 문제에 집중한다.

## 나. 선악 논리와 분배 논리의 비교

여기에서 의문이 생길 수 있다. 의무가 되는 행위를 단순 선악 개념으로 정하는 경우와 분배 개념으로 정하는 경우, **실제로 어떤 구체적 차이가 있는지다.** 물론, 이 의문은 그 실제 차이를 통해서 어떤 논리가 더 바람직한지를 가리면 좋겠다는 기대가 밑에 깔려있다. 두 개념이 전개하는 논리를 비교해 본다.

우선, 손쉽게 **'도적질하지 마라'**부터 시작해 보자.
단순 선악 관점의 논리는 이렇다.

1. 도적질은 '나쁜' 행위다.
2. 사람들은 그 행위를 해서는 안 된다.
3. 그러므로, 의무는 '~~말라'가 된다.

반면에 분배 관점의 논리는 이렇다.

1. A가 물건을 정의롭게 '내 것'으로 분배받았으므로, 법은 그것을 보장해야 한다.
2. 그 '내 것'을 보장하기 위해서는, 다른 사람들이 A의 '내 것'을 침해하지 않게 해야 한다.
3. 따라서, 의무는 '~~말라'가 된다.

5) 내 것이 네 것으로 변동하는 문제는, 네 것이 내 것으로 변동하는 문제와 동전의 양면이다. 두 문제에 대한 설명은 똑같을 수밖에 없다. 앞으로는 네 것이 내 것으로 변동하는 것으로만 설명하기로 한다.

사람의 생명, 명예, 신체를 보호하는 의무를 생각해 보자. **'살인하지 말라', '폭행하지 말라'**가 그 예다. 단순 선악 관점의 논리에 따르면 다음과 같다.

1. 살인, 폭행 행위는 '나쁜' 행위다.
2, 사람들은 그 행위를 해서는 안 된다.
2. 그러므로, 의무는 '~~말라'가 된다.

분배 관점의 논리는 다르다.

1. 생명과 신체는 각자 '내 것'으로 분배되는 것이 정의롭다. 법은 각자의 생명과 신체는 각자의 '내 것'으로 보장해야 한다.
2. 그 '내 것'을 보장하기 위해서는, 다른 사람들이 각자의 '내 것'을 침해하지 않게 해야 한다.
3. 따라서, 의무는 '~~말라'가 된다.

**단순 선악 개념**의 논리에서는, 행위 자체의 선악이 의무의 기준이다. 행위가 선하니, '~~하라'고 명령하고, 행위가 악하니, '~~말라'고 금지한다. 의무는 사람들에게 선한 행위를 하라고 하고, 나쁜 행위를 금지하는 것이 된다.

이 논리에서 선악은 이미 전제되어 있다. 선악이 무엇인지는 법 이전의 문제다. 따라서, 법의 과제는 손쉽게 준법 쟁점으로 한정되게 된다. 즉, 사람들에게 법이 명령하는 것은 선이고, 법이 금지하는 것은 악이라고 생각하게 만든다. 의무를 지키면 선한 행위를 하는 사람이고, 의무를 위반하면 악한 행위를 하는 사람이라는 생각이다. 법에 저항하는 것은 그 자체로 악한 행위로 보게 된다.

이 논리는, '무조건 준법정신'을 강조하게 된다. 법은 사람들에게 명령하는 기구가 된다. 사람이 법 위에 있지 않고, 법이 사람 위에 있게 된다. 의무의 내용이 잘못될 수 있다는 점, 그리고 선악 판단의 기준이 나라와 시대에 따라 다르다는 점은 쉽게 무시된다. 자연스럽게, 법을 만드는 권력자가 다른 사람들의 우위에 서게 되는 것을 옹호하게 된다. 권력자가 제멋대로 의무를 정하더라도, 그것을 비판하는 것 자체가 악한 행위처럼 보이게 된다. 모든 국민이 주권자라는 법의 원래 기본이념은 법 논리를 통해서 무시된다.

반면에, **분배 개념**의 논리에서는, 의무 행위는 각자의 '내 것'이 기준이 되어 결정된다. '각자의 것을 어떻게 분배하고, 어떻게 보장할 것인가'가 기준이다.

먼저, 보장과 관련해서, 법은 보장 기준으로 선악을 제시하지 않는다. 각자가 가진 **'내 것'**이 보장의 기준이다. 사람들이 각자의 것을 '내 것'으로 보장받고 싶으니, 법은 그것을 '내 것'으로 보장해야 한다는 논리다. 선과 악은 '내 것'을 보장하는데 직접 기준은 아니다. 오히려, '내 것'으로 보장하는 것이 합리적인가 쟁점이 선악 문제로 간접적으로 논의될 뿐이다.

이제, '내 것' 개념에 세상의 모든 것을 넣으면, 법은 세상의 모든 것을 '각자에게 그의 것'으로 보장한다는 논리로 구성할 수 있다. 예를 들어, 물건을 '내 것'으로 보장하기 위해서, 법은 재산을 침해하지 말라는 행위를 의무로 정한다. 그 의무에 대응되는 권리가 재산권이다. 생명을 '내 것'으로 보장하기 위해서, 생명을 침해하지 말라는 행위를 의무로 정한다. 그것이 생명권이다. 신체를 '내 것'으로 보장하기 위해서, 신체를 침해하지 말라는 행위를 의무로 정한다. 신체권이다. 그뿐만 아니라, 명예, 표현의 자유, 종교의 자유 등 세상에서 보장받고 싶은 모든 대상은 '내 것'이 될 수 있다.

'내 것' 여부가 논리의 구조이므로, 논리 자체가 일관성을 가지고 있다. 따라서 '내 것'이 물건인지, 사람인지를 가리지 않고, 일관성 있는 논리 구성이 가능하다. 도적질하지 말라는 의무는 '내 것' 물건을 침해하지 말라는 의무이고, 살인하지 말라, 폭행하지 말라는 의무는 '내 것' 생명, 신체를 침해하지 말라는 의무다. 보장을 위한 의무는, 대상이 무엇이든, '내 것'을 침해, 방해, 간섭하지 말라는 행위로 정리된다.

위에서 잠깐 언급했듯이, 무엇을 '내 것'으로 보장할 것인지를 정할 때, 굳이 그 대상의 선악을 판정하지 않는다. 누군가가 좋아해서 '내 것'으로 보장받을 필요성이 인정되면, 법은 그것을 보장 대상으로 정하면 된다. 예를 들어, 어떤 사람은 뱀을 무조건 싫어한다. 그는 뱀을 '내 것'으로 갖고 싶지 않다. 그러나 어떤 사람은 뱀을 애완동물로 좋아한다. 그는 뱀을 '내 것'으로 보장받길 원한다. 이런 경우, 법은 굳이 뱀에 대한 선호도를 선악으로 판단할 이유가 없다. 뱀을 누군가가 좋아하고 있으므로, 법은 그것을 '내 것'으로 보장한다고 선언하면 된다. 뱀을 좋아하는 사람들은 뱀을 '내 것'으로 보장받게 된다.

분배 개념으로 의무 행위가 정해지면, 세상의 모든 것을 빠짐없이 보장할 수 있다. 세상에서 일어나는 모든 문제를 분배 문제로 규율할 수 있다. 실제로 눈을 들어, 세상을 돌아보라. 어느 것 하나 '누군가의 것'이 아닌 것이 없다. 공기, 바다? 물론, 누군가의 것이다. 국가의 것이다. 국민 전체의 것이다. 분배 개념은, 흠결 없는 법질서를 가능하게 한다.

이제 한 걸음 더 나아가, '~~하라'는 의무에서의 차이도 비교해 보자.

**매매계약**은 물건과 돈을 서로 주고받는 계약이다. 예를 들어, A가 B에 아파트를 3억 원에 매매하면, 매도인 A는 매수인 B에 그 아파트 소유권등기를 이전해야 하는 의무가 생긴다.

단순 선악 관점의 논리는 이렇다.

1. 약속을 지키는 것은 '선한' 행위다.

2. 계약으로 약속했으니, 약속대로, 아파트 소유권등기를 이전하는 행위를 해야 한다.
3. 그러므로, 의무는 '~~하라'가 된다.

분배 관점의 논리는 이렇다.

1. 사법(私法)은 개인들끼리 '네 것'을 '내 것'으로 바꾸는 **분배 방법**으로 계약제도를 마련했다. 계약제도는, 두 당사자가 서로 '네 것', '내 것'을 바꾸기로 약정하면, 그 약속대로 내 것이 네 것으로 바뀌는데 필요한 분배행위를 상대방에게 하도록 하는 제도다.
2. 아파트와 같은 부동산의 경우, 네 것이 내 것으로 바뀌는 데 필요한 행위는 소유권 **등기를 이전**하는 행위다.
3. 그러므로 의무는 '~~하라'가 된다.

국가가 도로 건설을 위해서 A의 **토지를 수용**하는 경우를 생각해 보자.
단순 선악 관점에서는 이렇게 설명한다.

1. 국가가 명령한 것을 지키는 것이 '선한' 행위다. 또는 도로를 건설하는 것은 선(善)하다
2. 국가가 A에 국가권력 행사(국가가 일방적으로 A의 토지 소유권등기를 이전하는 것)를 참으라고 명령했다.
3. 그러므로, 의무는 '~~수인하라'가 된다.

분배 관점의 논리는 이렇다.

1. 원래 A는 토지를 '내 것'으로 보장받고 있다. 국가도 A의 토지를 침해해서는 안 되는 의무를 지고 있다.
2. 공법(公法)은 **분배 방법**으로, 국가가 법률로 정하면, 국가는 일방적으로 국민의 '내 것'을 국가의 '내 것'으로 변경할 수 있게 제도화했다. 국가는 토지수용법을 만들어서, 국가가 공익사업을 위해서 국민의 '내 것'을 국가의 '내 것'으로 바꾸는 수용권을 일방적으로 행사해서, 국가는 A의 토지 소유권등기를 일방적으로 이전해간다고 정하고 있다. 이때 국민은 그 권력 행사를 참고 있으면 된다.[6)]
3. 그러므로, 의무는 '~~수인하라'가 된다.

**도로에서의 우측통행 의무**를 생각해 보자.
단순 선악 관점에서는 논리적으로 설명하는 게 난감하다. 먼저, 선악 판단이 어렵기

6) 무조건 수인해야 한다는 의미는 아니다. 적법한 경우에만 참으라는 뜻이다. 위법한 경우에는 행정소송, 헌법재판을 통해서 구제받을 수 있다.

때문이다. 우측통행이 선한 것인지, 좌측통행이 선한 것인지 판단할 수 없다. 굳이 설명하자면, 한쪽으로만 통행하는 게 질서유지에 좋다는 것이 선이라는 정도다.

1. 우측통행은 질서유지를 위한 '선한' 행위다. 또는 국가가 명령한 것을 지키는 것이 '선한' 행위다.
2. 국가가 우측으로 통행하라고 명령했다.
3. 그러므로, 의무는 '~~하라'가 된다.

분배 관점의 논리는 이렇다.

1. 원래 사람은 누구나 좌측이나 우측이나 모두 통행할 자유를 '내 것'으로 보장받고 있다(이것이 헌법이 보장하는 신체의 자유다).
2. 공법(公法)은 **분배 방법**으로, 국가가 법률로 정하면, 국가는 일방적으로 국민의 '내 것'을 국가의 '내 것'으로 변경할 수 있게 제도화했다. 국가는 도로교통법을 만들어서, 사람들이 좌측통행하는 자유를 없앴다(제한했다). 이때 국민은 그 권력 행사를 참고 있으면 된다.
3. 그러므로, 의무는 '~~수인하라'가 된다.

**단순 선악 개념의 논리**는, 특히 '~~하라' 의무를 설명하는 데 어려움을 겪는다. 법이 정하는 '~~하라' 의무는 주로 내 것 변동을 위한 것인데, 변동행위 자체가 선악이 아니기 때문이다. 변동은 네 것이 내 것이 되는 것인데, 주는(빼앗기는) 사람의 관점에는 나쁜 것이지만, 받는(얻는) 사람의 관점에서는 좋은 것이기 때문이다. 어떤 변동은 선하고, 어떤 변동은 악하다고 일일이 설명해야 하는 어려움에 직면하게 된다.

물론, 변동 방법을 좋은(선한) 방법과 나쁜(악한) 방법으로 나눌 수 있고, 그것이 바로 선악을 기준으로 한 법의 판단이라고 설명할 수 있겠으나, 그 논리는 '일부'를 설명하는 데 그칠 뿐이다.

반면에, **분배 관점**은 '네 것', '내 것' 변동에서 명쾌한 설명을 제공한다. 변동행위는 네 것, 내 것, 국가의 것의 주체를 바꾸는 문제이므로, 대부분, 그것 자체가 선악을 의미하지 않는다. 세상의 모든 것이 누군가의 내 것으로 보장된 상태이므로, 세상이 변하면서 내 것을 네 것으로 바꿀 수 있는 제도가 필요한데, 그 필요를 실제로 구현하는 제도일 뿐이기 때문이다.

분배 관점에서 네 것, 내 것 변동 문제는, 처음부터, 어떤 변동 방법이 더 정의로운 결과를 가져오는가가 쟁점이다. 네 것, 내 것 변동은 이해관계인들의 이해관계가 부딪치고 있으므로, 부당하게 내 것을 빼앗기는 문제가 제기되기 때문이다. 어떤 방법이 합리적이냐는 논의는 선악으로 결정되는 문제가 아니다. 국민 모두에게 합리적인 결과를 가져올 방법이 무엇이냐는 질문이다. 자연스럽게 정의 쟁점이 중심에 서게 된다. 위에서 보았듯이, 오늘날 법은 공법과 사법으로 나눠서 분배 방법을 정하고 있다.

### 다. 역사 개념으로서의 분배 개념

이제 한 걸음 더 나가서, 선악 논리와 분배 논리가 가진 역사적 의미를 살펴본다.

법에서의 분배 개념은 단순히 사물을 분배한다는 물리 개념이나 수학 개념이 아니다. 사람들이 함께 살면서 세상 사물을 나누는 사회 개념이다. 어떤 방법으로 나누는 것이 바람직한지 가치개념이고, 어떤 분배가 올바른지를 추구하는 정의 개념이다. 그리고 물론, **사람들이 그 분배 문제를 어떻게 처리해 왔는지를 역사적으로 살펴볼 수 있는 역사 개념이다.**

**역사적으로, 선악 논리는 과거 군주제에서 이용한 이론이었다.** 사람들을 제압한 고대 군주의 관점에서, 군주는 권력의 주체이었고, 다른 사람들은 객체로 남아두어야 했다. 군주에게는 백성들이 군주의 말을 무조건 그대로 무조건 따르게 하는 질서가 필요했다. 군주는 주권자이고, 백성은 신민(臣民)이어야 했다.

어려움은, 인간의 본성이 자유라는 점이다. 군주가 질서를 세워도 그것을 지킬지는 결국 사람들 마음에 달려 있을 수밖에 없다.

선악 논리는 이런 상황에 합당한 이론이었다. 법은 국가, 군주가 정하는 것이었고, 법이 정한 의무는 신성하다는 것이 그 요지이었다. 종종 신(神)이 주체이고, 백성은 객체라는 이론을 전개하면서, 군주가 신의 아들이라거나, 신과 가장 가까운 존재라는 허구도 가미되었다. 인간은 신 앞에서 어쩔 수 없는 존재라는 자괴감을 심었다.

선악 논리에서, 군주가 명령하는 행위는 선이고, 군주가 금지하는 행위는 악이었다. 의무가 정한 '~~하라' 행위는 선한 것이고, '~~말라' 행위는 악한 것으로 인정되었다. 국민은, '~~하라'는 의무는 선한 행위로, '~~말라'는 의무는 악한 행위로 받아들이고 부담했다.

이 부담은 선악 판단에 기초하므로, 선악을 결정한 주체에 대한 부담이다. 물론 군주만 의무를 정하는 주체이었다. 당연히 의무는 **막연히** 국가나 군주에 대한 부담이었다. 군주는 의무의 주재자이었고, '준법과 강제'로 백성에게 준법을 요구하는 주체이었다. 의무위반은 국가나 군주에 대한 위반 또는 거역으로 보았다.

이런 경우, 의무를 둘러싼 법률관계[7]는 어렴풋이 국가나 군주와 백성 의무자의 관계로 생각하게 된다. 국가나 군주는 공권력을 행사하는 주체이므로, 의무는 국가 등이 국민에게 행위를 명령하는 것으로 쉽게 이론화된다. 국가나 군주는 명령하는 주체이고, 국민은 국가나 군주의 명령에 복종하는 존재가 된다. 의무준수는 국가와 군주에 대한 충성을 의미하고, 국가공동체를 지키는 일이 된다. 준법정신은 법의 정신 중에서 가장 중대한

---

7) 의무를 둘러싼 사람들 사이의 관계를 법률관계라고 한다.

덕목이 된다. 국가나 군주는 준법정신을 거의 절대적인 가치로 칭송한다.

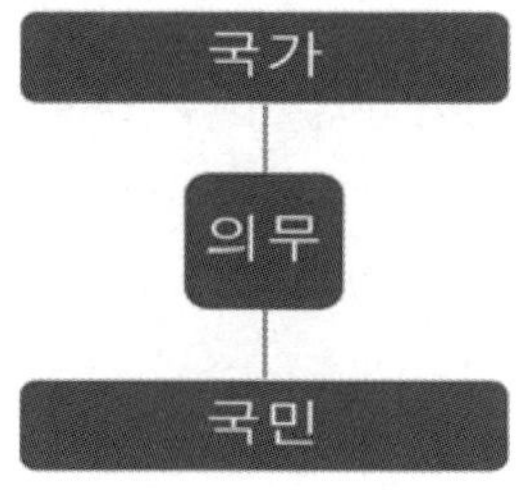


그림 4 선악의 논리

백성들은 분배의 정의 문제를 적극적으로 주장할 수 없었다. 군주가 모든 사물의 주재자이었기 때문이다. 어떤 사물이 누구의 것인지는 주권자 군주가 결정할 문제이었다. 군주는 언제든지 어떤 백성의 '내 것'을 빼앗아서 다른 백성에게 넘겨줄 수 있었다. '내 것', '네 것' 분배 문제를 잘못 주장하다가는, 생명 자체를 빼앗기는 결과를 초래할 수도 있었다.8)

**다행스럽게, 세상은 바뀌었다. 근대 이후 개개인 사람들은 군주를 제치고 스스로 주권자로 등장했다.** 개인은 각자 인간으로서의 존엄과 가치를 가진 존재이고, 스스로 주체이고, 주권자인 존재다.

헌법 제10조 모든 국민은 인간으로서의 존엄과 가치를 가지며, 행복을 추구할 권리를 가진다.

이제 개인은 국가가 다스리는 존재 또는 국가가 보호해 주길 기다리는 존재가 아니다. 개인은 스스로 '주체'가 되어, 스스로 판단하고 행동하는 존재다. 스스로 자기를 보존해야 하는 존재이다. 그런 개인들이 모인 것이 사회다. 사람들은 스스로 주체이듯이, 다른 사람을 주체로 대우하면서 함께 대등해서 살아야 한다. 다른 사람들 속에서, 삶에 필요한 '내 것'을 스스로 확보해야 한다. 마찬가지로, 다른 사람들도 스스로 삶에 필요한 '내 것'을 확보할 수 있게 해야 한다.

이런 개인들이 모여서 함께 잘 살기 위해서 사람들이 "만들어낸" 최고 권력 사회가 국가다. 이제 국가는 신이 만든 신성한 조직이 아니다. 물론, 군주가 만든 조직도 아니다. 개인들이 서로 잘 살아가는 방법으로 선택한 조직이다. 각자가 주권자이고 주체인 사람들이, 서로 '내 것', '네 것'을 존중하는 방법, 그리고 각자 필요한 것을 얻기 위해서 '내

8) 아리스토텔레스는 군주국가에 살고 있었는데, 그 질서 속에서 분배의 올바름을 정의 문제로 파악했다. 그의 통찰력에 탄복할 따름이다.

것', '네 것'을 서로 바꾸는 방법을 질서로 만들어서 세운 사회다. '각자에게 그의 것'을 합당하게 분배해서 맘껏 누리게 하는 조직이다.

> 헌법 전문 "유구한 역사와 전통에 빛나는 우리 대한국민은 …… **우리들과 우리들의 자손의 안전과 자유와 행복**을 영원히 확보할 것을 다짐하면서 …… 단기 4281년 7월 12일 이 헌법을 제정한다."

이런 국가에서의 법은 하늘의 것이나, 신의 것이나, 군주의 것이 아니다. 사람들이 만든 것이다. 사람들이 내 것이 무엇이고, 네 것이 무엇이고, 국가의 것이 무엇인지를 서로 나누고, 각자의 것을 각자 어떻게 누리는지를 결정하는 질서다. 사람들 사이의 분배 질서다.

이 질서는 쟁점 자체가 처음부터 '내 것' 문제다. 사람들이 각자 내 것, 네 것을 결정하는 문제다. 내 것, 네 것을 두고, 서로에게 일정한 행위를 행하거나, 행하지 말 것을 요구하고 실현하는 질서다. 각자가 주체인 상태에서 서로 내 것 네 것을 인정해서 보장하고 변동하게 하는 질서다. 아리스토텔레스가 예견했던 '각자에게 그의 것'이라는 정의 이론을 실제로 적용하는 질서일 수밖에 없다.

**오늘날 의무는 선악의 문제가 아니다. 올바른 분배에 필요한 행위이다.** '내 것' 분배의 문제다. 내 것 문제이니, 내 것에 관계된 사람의 문제다. 보장 문제는 내 것을 보장받는 사람을 위한 것이고, 변동 문제는 네 것이 내 것으로 변동되면 이익을 얻는 사람을 위한 것이다.

이제 의무는 어렴풋이 국가나 군주에 대한 부담이 아니다. 의무를 부담하는 사람('의무자'라고 한다)은 어렴풋이 국가나 군주를 위해 의무를 부담하지 않는다. 의무자가 의무 행위를 해야 하는 것은 특정한 상대방을 위한 것이다. 보장과 관련해서, '내 것'을 보장받는 사람('권리자'라고 한다)을 위한 것이고, 변동과 관련해서, 그것을 내 것으로 분배받는 사람을 위한 것이다.

따라서 의무준수를 요구하는 주체는 군주가 아니라, 권리자다. 그 의무위반에 관해 책임을 추궁하는 주체도 권리자다. 그 책임추궁에 국가의 강제력이 동원되지만, 책임을 추궁하는 주체는 권리자 개인이다. 권리자 개인이 국가 강제력을 이용하여 책임을 추궁한다. 국가 강제력은 주권자 국민이 만든 공동체 도구일 뿐이다. 국민 개개인이 주권자로 그것을 공동으로 사용하는 것이다. 우리 헌법 제1조 제2항이다.

> 헌법 제1조 ② 대한민국의 주권은 국민에게 있고, 모든 권력은 **국민으로부터** 나온다.

이제 의무는 의무자에게만 홀로 존재하는 개념은 아니다. 의무는 의무자와 권리자,

또는 의무자와 국가 사이의 관계를 정하는 매개개념이다. 이 관계를 **'법률관계'**라고 한다. 의무자는 그냥 의무를 부담하는 것이 아니라, 특정한 권리자(물론 국가가 권리자일 경우도 있다)에 의무를 부담한다. 의무는 법률관계로 연결된 사람들 사이에 존재한다. 다른 사람은 그 관계에 개입되지 않는다. 개입할 필요도 없다.[9)]

그림 5 법률관계

아무튼, 이처럼 의무를 법률관계로 설명하면, 의무의 의미는 과거 군주 시대와는 완전히 달라진다. 특히, 개인의 지위, 국민의 지위가 현저히 바뀐다. **과거 개인은 단지 의무를 지는 주체에 그쳤지만, 이제 개인들은 '법률관계'를 통해서 권리의 주체가 될 수도 있다.** 내 권리의 상대방, 즉 의무자에게 의무를 주장할 수 있음을 뜻한다. 물론 그 의무자가 국가일 수도 있다.

실제로, 우리 헌법은 국민 개인 한 사람 한 사람이 기본적 권리, 즉 기본권을 가진다고 선언하고 있다.

> 헌법 제12조 모든 국민은 **신체**의 자유를 가진다.
> 헌법 제21조 모든 국민은 **언론 · 출판**의 자유를 가진다.
> 헌법 제23조 ① 모든 국민의 **재산권**은 보장된다.

이 기본권 선언은 법률관계의 선언이다. 국민 각자는 신체, 언론 · 출판, 재산권의 주체다. 그 상대방, 즉 국가 및 모든 다른 사람들은 그 권리를 침해해서는 안 된다는 의무를 진 의무자다.[10)]

따라서, 누군가가 자동차 사고로 내 신체를 침해한 경우, 의무위반을 이유로 나는 그에게 손해배상책임을 추궁할 수 있다. 그 누군가가 국가이어도 마찬가지다. 국가공무원이 공무용 자동차로 사고를 낸 경우, 나는 국가에 의무위반책임을 물을 수 있다.

이처럼 **의무의 구조에 대한 설명이 바뀌면, 질서의 형태와 구조에 대한 이해가 완전히 바뀐다.** 법이 질서를 형성 · 유지하는 원리에 대한 설명이 완전히 변하게 된다. 이제

9) 물론, 법은 어떤 법률관계에 다른 사람들이 개입하는 경우와 방법을 '특별히' 정할 수는 있다. 고발권은 그런 사례다. 이런 개입의 형태도 물론 법률관계 형태다.

10) 이 부분 해석과 관련하여, 기본권의 제3자적 효력, 대사인적 효력에 관한 논의가 있다. 필자는 직접효가 타당하고, 실제 실무가 그렇게 운영되고 있다고 보고 있다.

법질서는 국가가 '무조건 준법정신'을 요구하고, 강제력을 행사해서 실현하는 것이 아니다. 오히려 질서는 법률관계의 권리자와 국가(고권)가 의무자에게 의무를 지키라고 요구하고 관철하는 관계 속에서 형성 · 유지하는 것이 된다. 기본적으로는, 권리자와 의무자 사이의 관계에서 의무가 지켜지면서 질서가 유지된다. 만일 의무자가 의무를 위반하면, 권리자가 의무를 법적으로 강제하는 과정에서 질서가 유지된다. 물론 권리자가 의무자에게 의무를 강제할 때, 국가의 강제력을 이용하게 되지만, 그 주도권, 실행의 주체는 권리자이다.

**정리하자. 법률관계 설명은 국가와 국민의 관계를 완전히 뒤집어 놓는다.** 이제 국가는 일방적으로 국민에게 의무를 강요하는 권력이 아니다. 한편으로는, 국가가 국민에게 의무를 부담시킬 수 있지만, 다른 한편으로는, 국민도 국가에 권리를 주장하면서 의무를 지킬 것을 요구할 수 있다. 후자의 경우, 국가가 의무를 위반하면, 개인은 국가에 책임을 추궁할 수 있다. 국가의 의무를 법적으로 강제할 수 있다.

이처럼, 선악 논리인지, 분배 논리인지에 따라 역사는 의무의 구조를 단순한 의무에서 법률관계로 설명방법을 바꿨다. 의무와 책임으로 질서가 형성 · 유지된다는 기초원리는 같지만, 논리 구조가 바뀌면서, 개인들의 법적 지위가 완전히 다른 차원으로 높아졌다. 과거에는 개인이 단순한 통치대상에 불과했으나, 오늘날 개인은 자기의 권리를 주장할 수 있는 주체(주권자)다. 더는, 국가에 무조건 복종하는 존재가 아니다. 국가와 권리 의무를 주고받는 법률관계의 주체다.

### 라. 오늘날 쟁점과 분배 논리

오늘날 의무를 설명할 때, **단순 선악 개념보다는 분배 개념이** 법의 목적, 역할에 더 부합한다. 어떤 행위가 선악인지를 묻는 것보다, 세상의 모든 것을 누가 어떻게 나눠 가지는 것이 정의로운지, 어떤 방법으로 분배하는 것이 합리적인지를 기준으로 법을 더 쉽고 정확하게 이해할 수 있다. 쟁점은 내 것 보장과 그것의 변동이 어떤 형태일 때 정의로운가다. 어떤 분배행위를 의무로 정할 때 정의로운 결과를 가져올 것인가다. 어떤 대상을 '내 것'으로 보장하는 것이 바람직한가? 어떤 방식으로 보장하는 것이 바람직한가? 네 것 내 것 변동을 어떤 방법으로 이루어지는 것이 합리적이냐? 등이다.

예를 들어, **환경문제**는 어떤 대상을 보장하는 것이 정의로운지 논의를 잘 보여준다. 불과 30, 40년 전까지만 해도, 환경을 누리는 것이 내 것으로 보장되지 않았다. 따라서 다른 사람이 내 환경을 침해하더라도, 나는 그에게 침해하지 말라는 '의무'를 주장할 수 없었다. 환경을 침해해서 돈 버는 사람들에게 유리한 세상이었고, 환경은 무참히 훼손되었다. 오늘날 법은 환경을 내 것으로 보장한다. 누구도 내 환경을 침해할 수 없다. 요즈음 환경을 대놓고 침해하는 사람은 거의 없다.

이처럼 분배의 관점에서 의무를 바라보면, 어떤 분배가 우리 사회에 정의로운지를 논의할 수 있고, 어떤 법이 정의로운지를 쉽게 평가할 수 있다. 세상의 모든 것을 올바르게 분배할 수 있는 길을 열게 된다. '각자에게 그의 것을'이 무엇인지가 더 명확해진다.

분배 관점에서 보면, 오늘날 의무로 정한 행위는 **그 자체가 선악을 의미하지 않는다.** 올바른 분배에 필요한 행위인지가 쟁점이다. 법이 보장하는 내 것 목록이 제대로 갖춰져 있는가? 내 것을 제대로 보장하는가? 분배 방법이 정의로운가? 분배의 결과가 정의로운가? 등이다. 실제로 재판은 '내 것' 문제로 전개된다.

**익명표현**에 대한 헌법재판소 판례를[11] 예로 들어 살펴보자. 헌법 제21조는 '모든 국민은 언론 · 출판의 자유를 가진다'라고 쓰고 있다. 이는 모든 국민이 누구든지 자유롭게 표현하는 자유를 '내 것'으로 가짐을 선언한 것이다. 그런데, 국가는 정보통신망 이용촉진 및 정보보호 등에 관한 법률로 '인터넷 게시판 이용자는 본인 확인을 한 뒤에 게시판을 이용해야 한다'고 정했다. 위 법률로, 국민은 인터넷 게시판을 이용해서 표현하는 '내 것'을 빼앗기게 되었다.

헌법재판소 결정이 전개한 분배 논리를 살펴본다. 첫째, 익명으로 표현할 자유도 헌법 제21조 표현의 자유 '내 것' 목록 속에 포함하는 것이 정의로운가? 헌법재판소는 그것을 포함하는 것이 헌법적 정의라고 판단했다. 둘째, 국가가 법률로 익명표현의 자유 '내 것'을 빼앗는다면, 정의로운가? 헌법재판소는 그런 법률은 위헌이라고 판단했다. 헌법재판소 위헌결정에 따라, 국민은 '내 것' 자유를 회복했다.

그리고, 이 결정은 단순히 국민의 '내 것'을 회복시켰다는 쟁점을 넘어선다. 전체 국민 중에 어떤 국민의 '내 것'을 더 보장하는 것이 정의로운지에 대한 실질적 정의 문제까지 논의된 것이었다. 익명표현은 돈 없고, 권력 없고, 기득권 없는, 힘없는 국민이 주로 사용하는 '내 것'이기 때문이다. 헌법재판소는 이것을 잘 알고 있었다.

> "특히 익명이나 가명으로 이루어지는 표현은, 외부의 명시적 · 묵시적 압력에 굴복하지 아니하고 자신의 생각과 사상을 자유롭게 표출하고 전파하여 국가권력이나 사회의 다수의견에 대한 비판을 가능하게 하며, 이를 통해 **정치적 · 사회적 약자**의 의사 역시 국가의 정책결정에 반영될 가능성을 열어 준다는 점에서 표현의 자유의 내용에서 빼놓을 수 없는 것이다. 그리고 인터넷 공간에서 이루어지는 익명표현은 인터넷이 가지는 정보전달의 신속성 및 상호성과 결합하여 현실 공간에서의 경제력이나 권력에 의한 위계구조를 극복하여 계층 · 지위 · 나이 · 성 등으로부터 자유로운 여론을 형성함으로써 다양한 계층의 국민 의사를 평등하게 반영하여 민주주의가 더욱 발전되게 한다."[12]

이처럼 분배 논리는 무엇이 '내 것'이고 그것이 어떻게 보장하는 것이 정의로운가를

11) 헌법재판소 2012. 8. 23. 2010헌마47 결정.
12) 위 결정.

분명히 밝히는 역할을 한다. 어떤 결과가 '각자에게 그의 것을' 제대로 분배하는지의 문제다. 반면에, 이들 쟁점을 선악 논리로 판단하려 한다면, 그 논리를 전개하는 데 어려움을 겪게 될 것이다.

## 4. 나오며

마지막으로, 분배 논리의 관점에서 선과 악을 어떻게 볼 것인지를 생각하면서, 글을 마치고자 한다.

법이 분배 문제로 정의를 추구한다고 해서, **선악 개념**이 완전히 없어지는 것은 아니다. 법은 모든 국민이 함께 잘 사는 것이 목적이므로, 사람에게 나쁜 것은 줄이고, 좋은 것은 더 늘려야 한다는 선악 판단이 근본에 있기 때문이다.

분배 논리는 선악의 기준을 없애거나 대체한다기보다는, 법이 추구하는 **선악의 내용**을 명확하게 한다고 볼 수 있다. 단순 선악 개념에서는 신, 이념 등 한쪽으로 편향된(?) 특정 기준으로 행위 자체의 선악을 평가하지만, 분배 개념에서는 정의, 즉 분배 결과와 분배 방법이 균형을 이룬 상태를 선으로, 그 균형이 깨져서 한쪽으로 치우친 상태를 악으로 평가한다. 분배 논리에서 선악의 기준은 미리 정해진 고정된, 한쪽으로 치우친 가치관이 아니다. 국민 전체가 함께 잘 사는 분배를 이룬 상태가 이념이고 가치관이다. 어떤 특정한 개인이나 종교단체의 가치관이 아니라, 전체 국민의 균형, 중용이 기준이다. 아리스토텔레스가 말하는 '중간이자 동등한 것'이다.

> 정의로운 것은 **중간이자 동등한 것**이다. …… 당사자들이 동등함에도 동등하지 않은 몫을, 혹은 동등하지 않은 사람들이 **동등한 몫을** 분배받아 갖게 되면, 바로 거기서 싸움과 불평이 생겨난다.[13)]
>
> 부정의를 행하는 것은 너무 많이 가지는 것이며, 부정의를 당하는 것은 너무 적게 가지는 것이다. 정의로운 사람은 사람들 사이에서 분배할 때, **비례에 따라 동등하게** 배분한다.[14)]

이런 관점에서 볼 때, 한쪽에 치우친 가치관으로 상대방을 악이라고 비난하는 행동이 사회에서 얼마나 위험한 것인지도 깨닫게 된다. **중용과 균형은 고정된 것이 아니라, 살아 움직이는 것**이다. 끊임없이 대화하고 토론하면서 찾아갈 수밖에 없다. 이제 의무는 무조건 준법정신으로 지켜야 할 것이라기보다는, 사람들이 서로 '각자의 것'을 존중하는 수단으로 이해하게 된다.

---

13) 아리스토텔레스, 강상진 역, 니코마코스 윤리학, 1131a.
14) 같은 책, 1133b, 1134a.

# 헌법의 이름으로

## 대통령 박근혜 탄핵결정과 이익형량론의 본원적 한계*

양 건**

(요약문)

2016-17년 한국의 '촛불항쟁'은 헌법재판소의 대통령 박근혜 탄핵심판 결정으로 막을 내렸다. 헌법재판소의 결정은 심판기준으로 '이익형량론'(balancing of interests)에 의거하였다. 이 논문은 우선 탄핵심판결정에 나타난 결정이유의 빈곤을 드러내고, 아울러 헌법재판소가 근년에 내린 관련 결정들을 검토한다. 둘째, 위 결정이유의 치명적 약점이 이익형량론 자체의 본질적 특성에서 비롯한다고 주장한다. 대부분의 사건에서 관련 법익의 수량화는 거의 불가능하며, 이에 따라 객관적이고 공정한 법익의 측정과 비교는 전혀 가능하지 않다. 상충하는 관련 법익들의 통약불가능성(通約不可能性, incommensurability) 때문에, 법률가가 어려운 사건에서 정답을 찾는 일은 비현실적으로 보인다. 그럼에도 불구하고, 이 논문은 법의 지배의 유지 · 강화를 위해서 모든 법률가가 '정답의 존재에 대한 믿음'을 가져야 한다고 제안한다.

## 1. 서론: 사법공화국?

2019년 5월 현재, 한국의 전직 대통령 두 명이 구치소에 수감되어 있다. 이들에 뒤이어 전임 대법원장까지 구속되어 형사소송이 진행되고 있다.[1] 대법원장 구속은, 전직 또는

---

* 이 논문은 홍콩대학 로스쿨에서 발간하는 다음 학술지에 게재된 필자의 영문논문의 한글본이다. 따라서 서술의 시점(時點)은 원문발표 당시이다.
Kun Yang, In the Name of Constitutional Law: Reflections on Recent Korean Constitutional Adjudication with Special Reference to President Park's Impeachment Case, Hong Kong Law Journal, Volume 49 Part 3, 2019.

** 법학자, 전 감사원장

1) 2019년 1월, 양승태 전 대법원장이 구속되었다. 그의 범죄혐의의 핵심은 대법원장으로서의 사법행정권의

현직이든, 한국 헌정 역사상 처음이다. 법치주의 관점에서 보면, 이것은 전임 대통령 구속보다도 훨씬 더 쇼킹하다. 2017년 5월에  문재인 대통령이 취임한 이래 한국정부는 이른바 '적폐청산'의 구호 아래 이전 정부의 고위 공직자들에 대한 법적 처벌을 지속하여 왔다. 근래의 한 한국신문 칼럼은 이렇게 쓰고 있다. "지금 우리는 전례 없이 검사와 판사가 온 나라를 휘젓고 있는 사법공화국에 살고 있다."[2)]

이들 – 재판을 받고 있는 이전 정부 인사들 – 의 범죄혐의는 다양하지만, 한 가지 특색이 눈에 띈다. 거의 공통적으로 직권남용 혐의를 포함하고 있다는 점이다. 한 유력 신문의 또 다른 칼럼은 전직 대법원장에 대한 기소에 대해 이런 논평을 담고 있다. "흠결 없는 사법행정과 불법적인 남용 사이에는 넓은 회색지대가 존재한다."[3)] 흥미로운 것은 제3자적 관점에서도 비판이 나오고 있는 점이다. 오랫동안 한국특파원을 지낸 한 영국 언론인은 이렇게 말했다. "나는 박 전 대통령이 뭘 잘못했는지 모르겠다. 나뿐 아니라 외교관 등 수많은 한국 거주 외국인이 아리송해했다."[4)]

다른 한편, '사법공화국'에 대한 비판과 함께, 법치주의가 흔들리고 있다는 주장이 강하게 제기되고 있다. 문재인 정부에 대한 비판적 논자들은 다음과 같은 취지로 지적한다. '문재인 대통령은 '지난 정권의 사법 농단 의혹이 사법 신뢰를 뿌리째 흔들고 있다. 의혹은 반드시 규명되어야 한다.'고 말했다. 이것은 사법부에 대한 압력이다.' '법원 예산의 의결권과 법원관련 입법권을 가지고 있는 국회의 의원들이 개별 소송에 개입하여 판사에 압력을 넣은 사례들이 있다.' 심지어 2019년 2월에는 이런 일까지 있었다. 현 대통령의 측근으로 알려진 한 정치인이 선거법 위반 등의 혐의로 구속되자, 집권당 소속 국회의원들이 이 사건을 맡은 담당 판사를 탄핵하자고 주장했다.

판사 및 검사들에 대한 압력은 정치권으로부터만이 아니다. 법원과 검찰청 주변은 항시 피켓팅과 시위로 소란하다. 판사 이름을 거명하여 비난하는 피켓도 등장한다. 과격한 노동조합원들은 대법원과 검찰청 청사에 까지 들어가 농성하고 있다. 이에 대한 처벌은 미약하다. 폭력행사가 없는 한 법적 처벌은 가해지고 있지 않다.

이 모든 혼란의 출발점은 말할 것도 없이 '촛불항쟁'이었다. 한국의 추운 겨울을 거치며 4개월 넘게 지속된 촛불시위는 다행히도 평화적으로 진행되었고, 그 종결은 대통령 탄핵이라는 법적 절차를 통해 역시 평화적으로 마무리되었다. 뒤이은 대통령선거를 통해 등장한 문재인 정부는 '촛불정신'을 계승한 '촛불정부'를 자임하고 있다. 그러나 그 후유증은 특히 사법부를 둘러싸고 심각하다. 사법권 독립과 정치적 중립성을 생명으로 여기는 법원은 내부적으로 갈등하고 있다. 판사들은 행정부의 '적폐청산' 추진에 대한

---

남용이다. 구체적으로는 일제 강점기 강제징용자들의 손해배상청구 재판에 개입했다는 혐의 및 대법원의 사법행정에 대해 비판적인 법관들에게 인사상 불이익을 주었다는 점 등이 그 주요 혐의사실이다.

2) "오늘과 내일" 칼럼, 동아일보. 2019.2.2.

3) "송평인 칼럼", 동아일보. 2019.2.13.

4) 마이클 브린 Michael Breen, 전 주한 외신기자클럽회장의 신문인터뷰, 조선일보, 2019.1.15. 그는 이 인터뷰에서 이렇게 덧붙였다. "이 나라의 가장 큰 문제는 민주주의가 '민심(民心)'에 기반한다는 아주 강한 믿음이다. 한국의 민심은 야수와 같다."

찬반으로 갈라져 있다. 일부 판사들의 모임에서는 다른 일부 판사들에 대한 탄핵이 필요하다는 주장까지 나왔다. 가히 전례 없는 '사법 대란'이라 할 만하다.

촛불항쟁 이후의 이 같은 현상을 줄여서 이렇게 표현할 수 있을 것이다. "〈정치의 사법화〉에 이은 〈사법의 정치화〉의 극단적 사례." 사법부를 둘러싼 한국의 이같은 혼란한 상황은 법이론가들로 하여금 과연 재판의 본질이 무엇인가라는 근본적 문제를 다시 생각하게 만든다.

이 논문은 특히 헌법재판의 정치적 성격과 관련하여, 최근 한국 헌법재판소의 박근혜 대통령 탄핵심판 결정을 중심으로 살펴보고자 한다. 이 판례의 조명을 통해 헌법재판의 본질과 그 정당성에 관한 근본적 문제, 나아가 널리 재판이 과연 정치로부터 자유로울 수 있는가를 성찰해 보려 한다.

## 2. 헌법적 관점에서 본 '촛불항쟁'[5)]

### '촛불항쟁' 개관

헌법재판소의 박 대통령 탄핵심판은 촛불항쟁을 마무리하는 절차였다. 촛불항쟁에 대한 최소한의 이해 없이 탄핵심판의 의미를 파악할 수 없다.

촛불항쟁은 어떻게 시작되었는가. 2016년 10월, 한 텔레비전 방송국이 특종 보도를 했다. 박근혜의 숨겨진 측근 최씨가 대통령의 인사, 및 연설문 작성을 비롯해 국정운영 전반에 걸쳐 비밀리에 개입했으며, 대통령의 힘을 빌려 대기업 등으로부터 사적 이익을 취했다는 것이었다. 5일 후, 10월 29일 토요일 저녁, 서울 도심에서 대규모의 시위가 벌어졌다. 많은 사람들이 종이컵에 촛불을 밝히고 있었다. 이후 매주 토요일, 같은 장소, 즉 대통령 집무실이자 관저인 청와대에서 멀지 않은 광장과 도로에서 시민들의 시위가 지속됐다. 한국의 겨울은 섭씨 영하 10도를 오르내리는 차가운 날씨이지만, 시위 군중은 점점 불어났다. 2016년 12월 3일, 제6차 집회는 최대 규모였다. 주최측은 232만명이 참가했다고 발표했고, 경찰은 42만 명으로 추산했다. 양측의 계산 방식은 다르다. 시위가 절정에 달했을 무렵, 12월 9일, 국회는 대통령 탄핵소추를 의결했다. 한국 헌법에 의하면, 국회는 대통령 탄핵소추를 의결할 수 있고, 탄핵 여부 결정은 헌법재판소 결정에 따른다.

대통령의 퇴진을 요구하는 토요일의 촛불시위는 이듬해 2017년 3월 10일, 헌법재판소의 대통령 탄핵결정이 내려질 때까지 이어졌다. 134일에 걸쳐 총 20차의 촛불시위가 있었다. 주최측 계산에 의하면 연인원 총 1,600만 명이 참가했다. 이것은 한국 인구의 3분의 1에 해당한다.

---

5) 1장의 다음 내용은 대부분 저자 양 건의 아래 저서의 일부를 요약, 일부 수정한 것이다. 양 건, 헌법의 이름으로 (서울: 사계절 2018), pp.359-388.

누가, 왜, 한겨울 추운 밤거리에 나와 촛불을 들었는가? 우선, 촛불시위의 주체에 관하여, 시위 종료 후 얼마 지나지 않아 출간된 정치학자 3인의 책자는 다음과 같은 분석결과를 보여주고 있다.[6] "촛불집회 주체는 '전문적 시위꾼'이 아니라 '평범한 시민'이다. 참가자 83%가 1-2회 참석이었고, 반복 참가자가 적었음에도 불구하고 대규모 집회가 열린 것은 참가자들의 폭이 넓었음을 의미한다.", "참가자들 평균 체류시간이 80분에 불과함은 조직적 동원이 아니었음을 뜻한다." 이것은 2016년 11월부터 2017년 3월까지 집회 참가자 2,588명을 대상으로 설문조사 및 현장 면접을 실시한 조사 결과였다.

한편, 왜 '평범한 시민'이 나섰는지에 관해서는 이 사태가 지닌 특수한 개별적 성격을 지적하지 않으면 안 된다. 이른바 '국가권력의 사유화', 정경유착, 정치적 반대자들의 배제를 위한 블랙리스트 작성 등만으로는 이 경이로운 사건의 전모는 밝혀지기 어려운 것으로 보인다. 시위자들의 피켓에서 가장 주목받은 것은 '이게 나라냐'는 것이었다. 한 영국 신문은 박 대통령의 숨은 측근 최씨를 가리켜 '한국의 라스푸틴'으로 표현했다.[7] 박 대통령과 최씨의 관계는 특별하다. 최씨는 그 정체가 논란된 어떤 사람의 딸이다.

촛불항쟁은 성공했다. 성공을 가져온 특징적 요인은 무엇인가. 첫째, 시위를 이끈 지휘부의 '전략'이다. 특히 그중 가장 중요한 것은 평화적 시위이다. 만일 폭력 사태가 발생했다면 어떤 불행한 결과를 초래했을지 모른다. 다행히도 첫 번째 시위부터 마지막까지 비폭력 시위는 유지됐다. 시위 참석자들의 피켓에 국민주권 등에 관한 헌법조문이 자주 등장한 것도 이채롭다. "대한민국은 민주공화국이다. 대한민국의 주권은 국민에게 있고 모든 권력은 국민으로부터 나온다."는 헌법 제1조의 조문을 가사로 한 노래까지 만들어져 시위 도중에 합창되었다. 말하자면 시민들은 '헌법의 이름으로' 시위를 벌인 것이다. 둘째, 집회 지휘부의 전략은 비폭력만이 아니었다. 여러 대중적 스타 연예인들이 집회에 참가했다. 촛불집회는 항쟁의 장만이 아닌 '축제'의 장이기도 했다. 이것은 추운 겨울에 시민들을 지속적으로 광장과 거리에 불러오는 데 영향을 미쳤을 것이다. 셋째, 경찰과 법원과 같은 국가기관의 대응 자세도 전례 없는 것이었다. 이전까지의 시위에서는 늘 시위대와 경찰 사이에 폭력행사가 벌어졌지만, 이번에는 달랐다. 시민들만이 아니라 경찰 역시 물리력 행사를 자제했다. 시위 장소에 관한 법원의 결정, 특히 청와대와의 거리 얼마까지 시위를 허용할지에 관한 법원의 유연한 결정도 평화적 집회의 지속에 일조하였다. 경찰의 폴리스라인은 시위가 지속됨에 따라 점차 후진하여 청와대에 근접하였다. 촛불항쟁 마지막 무렵, 대통령지지 세력의 대항 시위가 등장했지만 양자 간의 충돌은 없었다. 전반적으로 시위대나 경찰의 어느 쪽에서도 폭력은 없었다. 2016년 12월 9일, 평화적 촛불시위가 피크에 달했을 때, 뉴욕타임즈는 '한국의 민주주의가 성숙했다.'고 보도했다.[8]

---

6) 이현우 서복경 이지호, 탄핵광장의 안과 밖: 촛불민심 경험분석(서울: 책담 2017).
7) The Guardian 2017.2.26. Raspu'tin은 제정 러시아 말기의 괴승.
8) New York Times 2016.12.9.

## 촛불항쟁은 혁명인가? 혹은 저항권 행사인가?

현재의 문재인 대통령 정부와 그 지지 세력은 촛불항쟁을 '촛불혁명'이라고 부르며, 그 정신의 실현을 누누이 강조해왔다. 정치적 수사의 하나로 촛불'혁명'이라고 부르는 것은 무방할 것이다. 또한 새 정부 이래 지속되고 있는 '적폐청산'의 과정을 보면 실질적으로도 혁명이라는 명명이 무리가 아닌 것처럼 보이기도 한다. 그러나 헌법 이론적 관점에서 촛불항쟁을 혁명이라고 부르기 어렵다.

물론 이 문제는 혁명의 헌법적 의미를 어떻게 이해하느냐에 달려있다. 통상적인 헌법이론의 관점에서 보면, 어떤 헌법체제의 근본적 성격의 변화가 있었다면 혁명이라고 부를 수 있다. 예컨대 권위주의 헌법체제로부터 민주적 헌법체제로의 변화가 있었다면 혁명이라고 부를 수 있을 것이다.

그렇다면 지난 박근혜 대통령 정부의 성격을 어떻게 볼 것인가. 대통령 권한의 남용 등, 부분적으로 유사 권위주의적 권력행사가 있었다고 보이지만, 전반적으로 권위주의 체제라고 보는 것은 지나치다고 보지 않을 수 없다. 이렇게 보면 헌법이론의 관점에서 촛불항쟁을 혁명이라고 보기는 어렵다.

한편, 촛불항쟁은 저항권의 행사였는가? 이 문제 또한 저항권의 개념정의에 달려있다. 현대 헌법에서 저항권 개념의 새로운 특징은 2차 대전 후 서독 기본법에서 찾아볼 수 있다. 이미 독일통일 이전, 서독 연방헌법재판소는 1956년 결정을 통해 새로운 개념의 저항권을 정립하였다. 이어서 1968년, 이 판례를 반영하여 기본법 개정을 통해 그 취지를 기본법에 조문화하였다. 오늘날의 통일독일의 기본법에도 저항권 조항은 다음과 같이 유지되고 있다. "모든 독일인은 헌법질서를 폐지하려는 자에 대하여, 다른 구제수단이 없는 경우, 저항할 권리를 갖는다"(20조 4항).

한국의 헌법재판소 역시 그 판례를 통해 독일 기본법에 유사한 저항권 개념을 긍정하고 있다.9)

독일 기본법에서 인정하는 현대적 저항권 개념의 특색은 세 가지 점에서 찾을 수 있다. 첫째, 과거의 저항권 개념이 실정법을 부정하는 초실정법적인 개념으로 인식되어온 것과 달리, 실정헌법 스스로 저항권을 인정하고 있는 점이다. 말하자면, 실정법 틀 안의 저항권이다. 둘째, 불법한 권력행사에 대하여 헌법질서의 유지 또는 재건을 위한 목적, 즉 보수적인 목적의 저항권을 인정한다는 점이다. 셋째, 다른 유효한 구제수단이 없는 경우에 최후의 수단으로만 저항권을 인정한다는 점이다.

이 같은 현대헌법의 저항권 개념에 비추어 볼 때, 촛불항쟁은 저항권 행사라고 보기 어렵다. 왜냐하면 촛불항쟁은 헌법질서의 파괴 없이 평화적으로 진행되었을 뿐 아니라, 불법한 권력행사에 대해 '다른 유효한 구제수단', 즉 헌법에 규정된 합법적인 절차인

---

9) 헌재1997.9.25. 97헌가4

탄핵절차에 의해 종결되었기 때문이다. 촛불항쟁은 기존 헌법과 법률의 틀 안에서 시작되고 끝났다.

## '시민주권'의 행사

촛불항쟁이 혁명이 아니고 저항권 행사도 아니라면, 이것을 헌법이론의 관점에서 어떻게 규정지을 수 있는가? 촛불항쟁의 경과를 그 겉모습으로 보면 이렇게 정리할 수 있다. 시민들의 평화적 집회시위 – 국회의 대통령 탄핵소추 의결 – 헌법재판소의 탄핵결정 – 시위를 적극 지지한 대통령후보의 대통령 당선.

위의 과정을 헌법과 관련시켜 다시 반복하여 표현하면 이렇게 정리할 수 있다. 헌법상 보장된 시민들의 표현의 자유의 행사 – 국민대표기관인 국회의 의결 – 사법기관인 헌법재판소의 결정 – 헌법 절차에 따른 대통령선거의 실시.

위와 같은 과정의 여러 단계에서 우선 그 첫 단계인 시민들의 집회시위의 자유 행사는 단순히 헌법상 보장된 표현의 자유 행사 이상의 의미를 지닌다고 해석할 수 있다. 무엇보다도 세계적으로 유례를 찾기 힘든 장기간의 대규모 평화적 의사표현이었을 뿐만 아니라, 나아가 기존 헌법절차에 따라 대통령 탄핵을 이끌어냈다는 점에서 특별하다. 이 점에서 그것은 새로운 형태의, 시민들의 직접적 주권행사의 한 형태라고 볼 만하다. 그 다음, 촛불항쟁이 지속되는 가운데 이루어진 국회의 대통령 탄핵소추 의결은 대의기관에 의한 결정이라는 점에서, 이를테면 간접민주주의의 방식이라고 볼 수 있다. 뒤이은 헌법재판소의 탄핵 결정은 사법기관에 의한 결정이란 점에서 사법권의 행사에 해당한다.

이처럼 촛불항쟁은 직접민주주의적 국민주권행사 – 간접민주주의적 절차 – 사법기관의 사법권의 행사라는 연쇄적인 절차에 의해 이루어진 복합적인 과정이었다. 이를 요약한다면, 촛불항쟁은 새로운 복합적 형태의, 시민들의 주권행사였다. 이것은 직접민주주의, 간접민주주의, 및 사법제도가 결합한, 세계사에 유례를 찾기 힘든 민주주의의 발현 형태였다고 볼 수 있다.

위의 과정에서 그 출발점이자 가장 결정적 요소라고 볼 것은 시민들의 직접민주주의적 주권행사였다. 이 점을 중시한다면, 촛불항쟁은 새로운 복합적 형태의 '시민주권' 행사였다.

위에서 '시민주권'이란 표현을 했다. '시민'은 종래의 법적 개념이 아니라 정치학적, 사회학적 개념이다. '주권'의 개념과 관련하여 그 주체가 국민(nation)인가 또는 인민(people, peuple)인가를 구별하는 이론은 프랑스 대혁명 이래 일찍부터 프랑스를 중심으로 전개되어 왔다. 여기에서 그것에 관해 자세히 설명할 필요는 없을 것이지만, 간단히 줄인다면 이렇게 요약할 수 있다. 국민주권론에서 주권의 주체인 '국민'이란, 실재하는 구체적 개인들이 아닌 어떤 관념적 존재, 즉 이념적 통일체로서 상정(想定)된 국민을 의미한다. 이런 의미의 국민은 직접 주권행사 능력이 없고 대의기관을 통해 간접적으로 주권을 행사할 뿐이다. 이에 대해, 인민주권론의 '인민'이란, 구체적인 개인들, 즉 선거권을 가진 유권자의 집합체로서, 이런 의미의 인민은 선거권 행사만이 아니라 직접적인 법안 발안 또는 의원소환 등을 통해 직접 주권을 행사한다.

촛불항쟁이 시민주권의 행사라고 표현할 때, 여기의 시민은 종래 인민주권이론에서 주권의 주체인 인민과도 또다른 의미이다. 즉 시민주권의 주체인 시민이란, 투표 또는 시위 등 어떤 형태이든, 국정에 적극 참여하는 모든 시민들을 지칭한다. 이들 적극적 시민들의 집합적 주권행사를 '시민주권'의 행사라고 표현할 수 있을 것이다.

## 3. 한국 헌법재판소의 대통령 박근혜 탄핵결정

한국헌법의 규정에 따르면, 대통령에 대한 탄핵소추는 국회 재적의원 과반수가 발의하고 재적의원 3분의 2 이상이 찬성해야 한다. 국회의 탄핵소추 의결을 받은 사람은 탄핵심판이 내려질 때까지 권한행사가 정지된다(제69조 2, 3항). 탄핵심판은 헌법재판소가 한다. 탄핵결정에는 재판관 9인 가운데 6인 이상이 찬성하여야 한다. 탄핵 결정을 받은 사람은 공직에서 파면된다(제111조 1항; 113조 1항, 제69조 4항).

2016년 12월 9일, 촛불항쟁의 절정 직후, 국회는 박 대통령에 대한 탄핵소추를 의결했다. 국회 재적의원 300명 가운데 234명 의원이 찬성했다. 이것은 당시의 집권당 의원의 상당수가 대통령 탄핵소추에 찬성했음을 의미한다.

2017년 3월 10일 오전 11시 21분, 헌법재판소는 재판관 전원일치 의견으로 "대통령 박근혜를 파면한다."고 선고했다. 이 순간 대통령이 그 직을 잃었다. 한국헌정사에 처음 있는 일이었다. '헌법의 이름으로' 촛불항쟁이 전개되었고, 역시 '헌법의 이름으로' 대통령이 쫓겨났다.

### 헌재결정 요약

한국헌법은 대통령을 비롯해 고위 공직자, 판사, 검사 등에 대한 탄핵절차를 규정하면서, 탄핵 사유에 관해서는 이렇게 규정하고 있다. "직무를 집행하면서 헌법이나 법률을 위반한 경우"(제69조 1항). 박 대통령 탄핵 결정 이유 가운데 그 핵심적인 부분은 다음과 같다.[10)]

우선, 탄핵 여부를 결정하는 원리에 관하여 다음과 같이 밝혔다.

"4. ... 대통령을 탄핵하기 위해서는 대통령의 법 위배 행위가 헌법질서에 미치는

10) 헌재 2017.3.10. 2016헌나1

부정적 영향과 해악이 중대하여 대통령을 파면함으로써 얻는 헌법 수호의 이익이 대통령 파면에 따르는 국가적 손실을 압도할 정도로 커야 한다. 즉, '탄핵심판청구가 이유 있는 경우'란 대통령의 파면을 정당화할 수 있을 정도로 중대한 헌법이나 법률 위배가 있는 때를 말한다."

다음, 박 대통령의 직무집행에 있어서 "헌법 또는 법률을 위반한" 내용 가운데 핵심적인 중요 사항은 다음과 같은 세 가지이다.

"5. ... 피청구인은 최○원이 추천한 인사를 다수 공직에 임명하였고 이렇게 임명된 일부 공직자는 최○원의 이권 추구를 돕는 역할을 하였다. 피청구인은 사기업으로부터 재원을 마련하여 재단법인 미르와 재단법인 케이스포츠(다음부터 '미르'와 '케이스포츠'라고 한다)를 설립하도록 지시하였고, 대통령의 지위와 권한을 이용하여 기업들에게 출연을 요구하였다. ...

피청구인의 이러한 일련의 행위는 최○원 등의 이익을 위해 대통령으로서의 지위와 권한을 남용한 것으로서 공정한 직무수행이라 할 수 없다. 피청구인은 헌법 제7조 제1항, 국가공무원법 제59조, 공직자윤리법 제2조의2 제3항, 부패방지권익위법 제2조 제4호 가목, 제7조를 위반하였다."

"6. ... 아무런 법적 근거 없이 대통령의 지위를 이용하여 기업의 사적 자치 영역에 간섭한 피청구인의 행위는 해당 기업의 재산권 및 기업경영의 자유를 침해한 것이다."

"7. ... 피청구인의 지시와 묵인에 따라 최○원에게 많은 문건이 유출되었고, 여기에는 대통령의 일정 · 외교 · 인사 · 정책 등에 관한 내용이 포함되어 있다. 이런 정보는 대통령의 직무와 관련된 것으로, 일반에 알려질 경우 행정 목적을 해할 우려가 있고 실질적으로 비밀로 보호할 가치가 있으므로 직무상 비밀에 해당한다. 피청구인이 최○원에게 위와 같은 문건이 유출되도록 지시 또는 방치한 행위는 국가공무원법 제60조의 비밀엄수의무를 위반한 것이다."

마지막으로 헌법재판소는 다음과 같은 결론을 내리고 있다.

"12. ... 결국 피청구인의 이 사건 헌법과 법률 위배행위는 국민의 신임을 배반한 행위로서 헌법수호의 관점에서 용납될 수 없는 중대한 법 위배행위라고 보아야 한다. 그렇다면 피청구인의 법 위배행위가 헌법질서에 미치게 된 부정적 영향과 파급 효과가 중대하므로, 피청구인을 파면함으로써 얻는 헌법수호의 이익이 대통령 파면에 따르는 국가적 손실을 압도할 정도로 크다고 인정된다."

이상의 결정 요지를 다시 압축해 이렇게 요약할 수 있다. (1) 우선 탄핵심판의 판단기준으로서, 탄핵을 인정하기 위해서는 "대통령을 파면함으로써 얻는 헌법 수호의 이익이 대통령 파면에 따르는 국가적 손실을 압도할 정도로 커야 한다." 그리고 이 판단의 관건은 "중대한 헌법이나 법률 위배"가 있는지 여부이다. (2) 다음, 이 사건의 경우, 박 대통령의 직무집행에서 다음과 같은 헌법 또는 법률 위반이 인정된다. 첫째, 박 대통령은 측근 최씨에게 이익을 주기 위해 권한을 남용하였다. 구체적으로 최씨가 추천한 사람들을 공직에 임명하였고 이들은 최씨의 사적 이익의 추구를 도왔다. 또한 최씨를 위해 스포츠 진흥을 위한 재단법인 설립을 지시하고, 기업에 대해 재단에 출연하도록 요구하였다. 둘째, 박 대통령이 법인에 출연하도록 요구한 것은 기업의 재산권 및 기업경영의 자유를 침해한 것이다. 셋째, 박 대통령은 최씨에게 직무상 비밀을 유출하였다. 이처럼, 박 대통령의 위법행위의 주요 내용은 권한남용, 기업의 재산권 · 기업경영의 자유 침해, 및 직무상 비밀 누설 등이다. (3) 결론적으로, 이익형량의 결과, 대통령 파면을 통해 얻는 헌법수호의 이익이 대통령 파면에 따른 국가적 손실을 압도할 정도로 크다.

## 전반적 논평

탄핵제도의 특색은 법적 성격과 정치적 성격이 혼재되어 있다는 점이다. 탄핵의 사유는 공직자의 직무집행에 위법행위가 있음을 그 요건으로 한다. 이 점에서는 법적인 성격을 갖는다. 다른 한편, 탄핵 절차에는 의회가 개입한다. 이 점에서는 정치적이다. 구체적인 탄핵제도는 나라에 따라 다르다. 한국헌법에서는 탄핵소추는 국회의결에 의하되, 탄핵심판은 헌법재판소에 맡기고 있다. 미국의 탄핵절차에서 소추는 연방하원이 하고 결정은 연방상원이 하는 것에 비하면, 법적 성격이 강화되어 있다. 한국의 헌법재판소는 사법기관으로서의 성격을 갖고 있다. 헌법재판소의 재판관은 정치적 중립의 의무가 있으며, 정당에 가입하거나 정치활동을 할 수 없다. 또한 재판관 자격은 법관 자격을 가진 사람에게 한정하고 있다.

앞에서 인용한 탄핵결정 요지에서 우선 다음과 같은 점이 눈에 띈다. 탄핵심판의 기준에 관한 원리적 차원에서, 모든 '헌법 또는 법률위반'이 아니라, 오직 "중대한" 위법만이 탄핵결정 사유로 인정된다고 해석한 점이다. 이것은 탄핵결정사유에 관한 헌법의 규정을 문언보다 축소하여 해석한 결과이다. 이러한 축소해석은 한국 헌법재판소의 선례에 따른 것이다. 이미 헌법재판소는 2004년에 대통령탄핵심판을 경험한 바 있다. 당시 노무현 대통령의 선거법 위반을 이유로 국회에서 탄핵소추가 의결되었으나, 헌법재판소는 탄핵 청구를 기각하였다.[11] 이 선례에 따르면, 탄핵소추의 요건은 직무집행에 관한 위법행위의 존재이며, 탄핵결정의 사유는 '파면할 정도의 중대한 위법행위'의 존재이다. 앞의 박 대통령 탄핵심판 결정은 원리 차원에서 위 선례를 따르고 있으며, 이 점에서는

---

11) 헌재 2004.5.14. 2004헌나1

새로운 점은 없다.

그렇다면, 헌법재판소의 박 대통령 탄핵심판 결정이유 가운데 가장 주목할 점은 무엇인가. 그것은 대통령의 직무집행에 있어서 '헌법' 위반 여부에 집중한 점이다. 탄핵 사유에 관하여 헌법은 "헌법이나 법률 위배"를 요건으로 규정하고 있는데, 헌법재판소는 그 가운데 특히 헌법 위배 여부에 관해 초점을 두고 있다. 현재 진행 중인 박 대통령에 대한 형사재판에서 가장 핵심적으로 논란되고 있는 사항은 뇌물죄 관련 부분이다. 특히 대통령이 측근 최씨를 위해 재단설립을 지시하고 기업에 대해 출연을 요구한 행위가 제3자, 즉 최씨를 위한 뇌물죄에 해당하느냐 여부이다. 이 부분에 관하여 탄핵심판에서는 직접 형사법상 뇌물수수죄 해당 여부는 다루지 않았다. 이 점은 탄핵심판 후 형사재판이 예상되는 상황이었으므로 헌법재판소로서는 불가피한 점이기도 했다. 그 대신 헌법재판소는 탄핵심판에서 기업에 대한 대통령의 출연 요구가 헌법상 기업의 재산권 및 기업경영의 자유를 침해한 것으로 보았다. 형사법상 뇌물관련 범죄 성립 여부를 떠나, 헌법 위반에 해당한다고 본 것이다.

한편 법인설립 및 기업에 대한 출연요구와 관련하여, 헌법재판소는 국가공무원법 등 법률위반을 인정하고 있다. 이 점만 보면 헌법재판소가 헌법 위반만이 아니라 법률위반 여부도 심사한 것처럼 보인다. 그러나 유의할 점이 있다. 예컨대 헌법재판소가 적용한 국가공무원법의 해당 조항(제59조)은 이렇게 규정하고 있다. "공무원은 국민 전체의 봉사자로서 친절하고 공정하게 직무를 수행하여야 한다." 한마디로 이 법률조항은 매우 추상적인 원리 성격의 규정이다.

이처럼 헌법재판소는 법률 위반 여부보다는 헌법 위반 여부에 집중하고, 또한 법률 위반 여부를 심사하더라도 구체적 법률조항 위반 여부보다는 추상적인 원리 성격의 법률조항 위반여부에 초점을 맞추었다. 이것은 무엇 때문이며, 무슨 의미를 갖는가?

널리 법규정에는 두 부류가 있다. 하나는 규칙(rule) 성격의 규정이고, 다른 하나는 원리(principle) 성격의 규정이다.[12] 규칙에 해당하는 규정은 명확하고 양자택일적이며, 그 해석이 나뉠 여지가 없거나 적다. 예컨대 헌법상 대통령 임기가 5년이라는 규정, 또는 교통규칙상 100 km 속도제한 규정 등. 반면 원리 성격의 규정은 일도양단이 아니라 그 정도(degree)가 문제되며, 그 해석에서 불확정적인 영역이 넓다. 예컨대 헌법상 '모든 국민은 법 앞에 평등하다'는 규정, 또는 공무원법상 '공무원은 공정하게 직무를 수행해야 한다'는 규정.

일반적으로 헌법에는 법률에 비해 원리적 성격의 규정들이 많다. 헌법위반 여부에 집중한다는 것은 그 해석 · 적용에서 재판관이 광범한 재량을 갖게 됨을 의미한다. 이것은 추상적 법률규정에 대해서도 마찬가지다. 위에서 지적한 것처럼, 헌법재판소가 추상적인 원리 성격의 헌법규정이나 법률규정 위반 여부에 초점을 맞추었다는 것은 탄핵결정

12) Ronald Dworkin, Taking Rights Seriously(Cambridge MA: Harv. Univ. Press 1977), pp.14-39, 81-149.

여부에서 재판관들이 광범한 재량권을 확보한다는 것을 뜻한다. (위의 결정이유 가운데 비교적 구체적인 법률규정 위반 여부를 다룬 부분도 있다. 공무원법상 비밀준수 의무 위반 여부이다. 다만, 주목할 것은, 이 조항의 해석 · 적용은 비교적 단순하다는 점이다. 이것은 뇌물죄 성립 여부에 관하여, 사실문제 인정만이 아니라 법률해석에 여러 애매하고 불분명한 점이 있는 점과는 큰 차이가 있다.)

앞에서 지적했듯이, 한국 헌법재판소는 이미 자신의 판례를 통해 탄핵심판에서의 광범한 재량권을 확보하였다. 즉 모든 위법행위가 아니라 오직 '중요한' 위법행위만이 탄핵결정 사유라고 한정하였다. 여기에 더하여, 위에서 보았듯이, 헌법재판소는 추상적인 원리 성격의 법조항 위반 여부에 집중하여 심판함으로써 더 넓은 재량의 여지를 가질 수 있었다.

이처럼 탄핵심판에서 재판관들이 매우 광범위한 재량을 가졌다는 것은 무엇을 함축하는가? 다름 아니라, 법 이외의 다양한 요소들이 법해석 및 적용에 작동할 수 있음을 의미하지 않는가? 이 같은 재판을 둘러싼 사회학적 관점에서의 근본문제에 관해서는 이미 미국에서 1920, 30년대에 법현실주의자들이 종래의 형식주의적 재판관에 대한 비판적 이론을 제시한 바 있다.

이 같은 문제는 그 자체로서 중요한 문제임에 틀림없지만, 이 문제와 함께 제기되는 또 다른 근본적인 법이론적 문제가 있다. 앞의 탄핵심판 결정에서 한국 헌법재판소는 탄핵결정의 기준에 관한 원리에 대해 이렇게 판시했다.

"대통령을 탄핵하기 위해서는 대통령의 법 위배 행위가 헌법질서에 미치는 부정적 영향과 해악이 중대하여 대통령을 파면함으로써 얻는 헌법 수호의 이익이 대통령 파면에 따르는 국가적 손실을 압도할 정도로 커야 한다."

나아가 이러한 원리를 적용하여 이 사건의 결론을 이렇게 내렸다.

"피청구인의 법 위배행위가 헌법질서에 미치게 된 부정적 영향과 파급 효과가 중대하므로, 피청구인을 파면함으로써 얻는 헌법수호의 이익이 대통령 파면에 따르는 국가적 손실을 압도할 정도로 크다고 인정된다."

위에서 보는 것처럼, 한국 헌법재판소는 대통령 탄핵심판이라는 매우 중대한 헌법재판에서 이익형량론을 적용하였다. 이익형량론은 한국 헌법재판의 거의 모든 사건에서 적용해오고 있는 원칙이다. 그런데 과연 객관적 정당성을 지닌 이익형량은 가능한 것인가?

## 4. 이익형량론 비판

### '통계학과 경제학'의 한계

1897년 1월 어느날, 미국 보스톤 대학 로스쿨에서 매사추세츠 주의 한 대법관이 강연을 했다. 그 강연문 가운데 이런 구절이 보인다.

"미래의 법학도들은 지금처럼 판례와 법조문만 따질 것이 아니라 통계학을 숙지하고 경제학의 달인이 되어야 한다."[13]

위 인용문은 미국의 전설적인 연방대법원 대법관 홈즈(Oliver Wendell Holmes Jr., 1841-1935)의 강연문 "법의 길(The Path of the Law)"의 일부분이다. 그는 연방대법관 취임 5년 전에 이 강연을 했다.

홈즈는 왜 법률가에게 통계학과 경제학을 공부하라고 말했을까? 이 강연문의 다른 곳에서 그는 이렇게 언급하기도 했다. "판사들이 사회적 이익을 교량할 의무를 등한시해왔다. ... "[14] 이 구절에 나타나있는 것처럼, 홈즈는 이 강연을 통해 당시의 3단논법식 추론과 같은 법형식주의(legal formalism)을 배격하고 새로이 이익형량론의 채택을 주장하였다.[15]

그런데 이익형량을 위해서는 무엇이 필요한가? 법적 분쟁에 관련된 이익들을 올바로 형량하려면, 관련 이익들을 측정해야 하고, 이를 위해서는 이익의 수량화가 필요하다. 홈즈는 여기에 통계학이 필요하다고 보았을 것이다. 다른 한편, 모든 법적 분쟁에서 다투어지는 이익들 가운데 일반적으로 가장 중요한 이익은 무엇인가? 그는 경제적 이익이라고 생각했고, 이 때문에 경제학이 필수적이라고 보았을 것이다.

당시의 지배적인 법이론에 따르면, '법은 수학의 공리와 같다'고 했다. 이런 시절에 홈즈는 법학도들에게 판례집 공부가 아니라 '엉뚱하게도' 통계학과 경제학 공부를 강조하였다. 이것은 당시 주류 법이론을 정면에서 때린 획기적 선언이었다. 미국의 한 법사학자는 홈즈를 가리켜 "미국에서 가장 중요하고 영향력있는 법사상가(legal thinker)"라고 말했다.[16]

미국에서 발전한 오늘날의 법경제학은 바로 홈즈의 후손의 한 계열이라고 할 수 있다. 법경제학은 홈즈가 이미 19세기 말에 판사들에게 행한 권고를 공리주의적 관점에서

---

13) Max Lerner ed., The Mind and Faith of Justice Holmes – His Speeches, Essays, Letters and Judicial Opinions (New York: Modern Library 1943) p.83.
14) ibid 81.
15) Morton J. Horowitz, The Transformation of American Law 1870-1960, (New York, Oxford: Oxford Univ. Press 1992) p.131.
16) ibid. p.109.

충실히 구체화하였다. 법경제학은 모든 종류의 이익을 화폐가치로 환산할 수 있다고 본다. 흔히 이익과 가치를 구별하지만, 비물질적인 '가치'value까지도 화폐가치로 바꾸려고 시도한다. 거기에서는 사람의 생명까지도 이른바 '통계학적 생명의 가치'라는 개념을 통해 화폐금액으로 바뀐다. 심지어 한 대표적 법경제학자인 포즈너(Richard A. Posner)는 '부(富)의 최대화(wealth maximization)'가 곧 정의라고 보았다.[17] 그런데 과연 그런 것일까?

최근에 한 사회철학자 샌델(Michael J. Sandel)은 '돈으로 살 수 없는 것'(What Money Can't Buy)에 관하여 저술하였다. 그는 공리주의와 사회의 상품화를 비판하면서, 시장논리의 도덕적 한계를 지적했다. 그에 따르면, 과도한 상업주의 또는 시장화는 불평등의 심화와 사회의 양극화를 가져오며, 이것은 사회구성원의 공통성(commonality)을 침식한다.[18]

## 한국 헌법재판에서의 이익형량론

오늘날 이익형량론은 미국만이 아니라 한국을 비롯한 세계 여러 나라의 재판에서 널리 채택되고 있다. 그런데 객관적이고 공정한 이익형량이 가능하려면 관련 이익들의 수량화가 필수적이다. 이것이 과연 가능한가? 재판에서 다투어지는 모든 개인적 또는 공공적 이익들을 수량화하여 측정하고 비교할 수 있는가? 실제 재판에서의 이익형량의 사례로서, 앞에서 언급한 헌법재판소의 탄핵결정을 다시 보기로 하자.

우선 위 결정에서 탄핵심판에서의 판단기준으로 위법행위의 '중요성'을 제시하고 있는 점이 주목된다. 과연 '중요성' 여부의 경계선은 어디에 있는가? 이처럼 재판에 적용되는 법원칙 자체부터 불명확성의 문제를 안고 있지만, 이 점을 일단 제쳐두고 보더라도 남은 문제는 심각하다. 위 사건에서 박 대통령의 일련의 직무행위가 위법할 뿐만 아니라 그 위법성이 중대하다고 본 그 근거는 무엇인가?

이 사건에서 논란된 박 대통령의 여러 행위들 가운데 그 핵심은 측근 최씨의 사익을 위해 법인설립을 지시하고 기업에게 출연할 것을 요구했다는 점이다(박 대통령 탄핵결정에 뒤이어 전개되고 있는 형사재판에서도 주요 쟁점은 뇌물죄 성립 여부이다). 우선 대통령 측은 이 행위의 위법성을 부인하고 있으며, 그의 지지자들은 '대통령 자신은 한 푼도 받지 않았음'을 강조한다. 앞의 서두에서 간단히 언급한 대로, 권한의 남용 여부는 매우 불확정적이고 애매한 영역이다. 이 점을 제쳐두고 일단 위법함을 인정한다고 하더라도, 헌재가 위의 대통령의 행위를 '중대한' 위법이라고 본 근거는 무엇인가?

헌재의 결정이유에서는 이 점에 관해, 최씨의 사익을 위한 대통령의 권한남용 행위가 "적극적 · 반복적으로 이루어졌다."는 점, 그리고 "특히, 대통령의 지위를 이용하거나

17) Richard A. Posner, The Economics of Justice (Cambridge MA: Harv. Univ. Press 1983).
18) Michael J. Sandel, What Money Can't Buy (New York: FSG 2012), pp.201-203.

국가의 기관과 조직을 동원하였다는 점"을 지적한 외에는 다른 근거를 찾아보기 힘들다. 이 정도의 근거가 충분하다고 볼 수 있는가?

나아가 중대성 여부의 판단에는 "대통령 파면에 따르는 국가적 손실" 측면을 고려해야 할 것임에도 불구하고, 이러한 측면에 대해서는 아무런 검토를 발견할 수 없다. 즉 대립하고 있는 이익들에 관한 '비교' 자체가 없는 것이다. 이러한 지적은 헌재의 탄핵결정의 정당성 여부를 떠나, 그 결정의 논거가 충분히 제시되어 있느냐 여부를 묻는 것이다.

만일 위 결정의 논거가 충분하지 않다고 본다면, 이것은 이 사건이 지닌 특수성, 즉 이 사건이 지닌 대단히 큰 정치적 성격, 또는 이 사건의 상황적 특수성 때문인가, 아니면 일반적으로 법원칙으로서의 이익형량론이 지니고 문제점에 연유하고 있는가? 아래에서 한국 헌재의 다른 결정들 가운데 비교적 정치적 색채가 적다고 보이는 최근의 한 사례를 살펴본다.

한국 형법은 원칙적으로 낙태를 금지하고, 특별법에서 한정적인 예외를 허용하고 있을 뿐이다. 2012년 헌재는 낙태금지조항의 위헌 여부에 대해 결정을 내렸다. 헌재 재판관들 의견은 찬반 4:4로 첨예하게 갈렸다. 위헌결정에는 6인 이상이 필요하기 때문에 결론은 합헌결정이었다(헌재재판관 정원은 9인이지만, 이 사건 결정 당시 재판관 1인은 결원이었다). 기본권 제한에 관한 헌법재판에서 그 제한의 위헌 여부의 판단을 좌우하는 주요 요소의 하나는 '법익의 균형성' 여부에 관한 판단이다. 즉 기본권제한을 통해 달성하려는 공익과 제한되는 사익 사이에 법익의 균형성이 충족되는가 여부이다. 공익이 사익보다 더 커야 합헌이라고 본다. 위의 2012년 결정의 합헌의견에서 법익의 균형성에 관한 부분은 다음과 같다.

"자기낙태죄 조항으로 말미암아 임부의 자기결정권이 제한되는 것은 사실이나, 그 제한의 정도가 자기낙태죄 조항을 통하여 달성하려는 태아의 생명권 보호라는 공익에 비하여 결코 중하다고 볼 수 없다. 비록 자기낙태죄 조항이 낙태 근절에 큰 기여를 하지 못한다고 하더라도 이 조항이 존재함으로 인한 위축효과 및 이 조항이 없어질 경우 발생할지도 모를 인명경시풍조 등을 고려하여 보면, 자기낙태죄 조항으로 달성하려는 공익이 결코 가볍다고 할 수 없다. 따라서 자기낙태죄 조항으로 달성하려는 공익과 제한되는 사익 사이에 법익균형성도 충족된다."[19)]

위의 인용에서 나타나 있는 것처럼, 합헌의견에 따르면, 태아의 생명 보호라는 공익, 그리고 임부의 자기결정권이라는 사익 사이의 비교형량에서 공익이 더 크다고 결론을 내리고 있다. 그러한 결론의 근거로 제시되어 있는 것은 무엇인가? "비록 자기낙태죄 조항이 낙태 근절에 큰 기여를 하지 못한다고 하더라도 이 조항이 존재함으로 인한 위축효과 및 이 조항이 없어질 경우 발생할지도 모를 인명경시풍조 등을 고려하여 보면,

19) 헌재 2012.8.23. 2010헌바402, 482.

..."이라는 문장이 유일하다. 위의 결정문 전체는 장문이지만, 결정의 방향을 좌우하는 '법익의 균형성'에 관한 부분은 위 인용문이 전부이다.

위 결정에서 관련 공익 및 사익의 '측정'이 행하여졌는가? 관련 공익 및 사익의 내용에 관한 설명은 무척 짧고 단순하다. 나아가, 공익과 사익의 비교는 행하여졌는가? 관련 공익이 관련 사익보다 더 크다는 결론의 근거는 전혀 발견할 수 없다. 결국 법적 판단의 기준으로 이익형량론을 내세우면서도 실제의 이익형량은 거의 명목적이고 공허하게 보인다.[20]

## 상충하는 법익의 통약(通約)불가능성(Incommensurability)

헌재 결정문의 결정이유 부분에서 특히 '법익의 균형성' 부분의 빈곤함은 앞의 결정들에서만 한정된 것은 아니다. 다른 수많은 결정들에서도 이 점은 마찬가지다. 왜 그런 것인가? 재판관들과 그들을 보조하는 로클럭들은 한국 법조계 최고의 엘리트들이다. 또한 이러한 비교형량에서의 법적 추론의 빈곤은 꼭 한국의 경우만은 아닐지 모른다. 근본적으로 이 문제의 원천은 이익형량론 자체에 있는 것이 아닌가? 법익의 수량화가 어려운 대부분의 사건에서 관련 법익들의 객관적이고 공정한 측정과 비교를 기대하기는 애초에 어렵지 않은가? 이렇게 볼 때, 이익형량 부분에 관한 한, 법적 추론의 빈곤은 불가피한가?

실제의 이익형량은 결국 시대와 장소에 따른 지배적 가치관이나 판사의 개인적 가치관 또는 외부의 영향력 등이 작용하여 재판관의 직관에 의존해 이루어지는 것인가?

재판에서 서로 충돌하는 관련 법익들은 흔히 법적 원리로 표현된다. 예컨대 낙태 사건에서는 (태아의) 생명권을 보호해야 한다는 원리와 (임부의) 사생활의 권리를 보호해야 한다는 원리가 충돌한다. 더 일반화시켜 본다면, 기본권제한에 관한 헌법재판에서, 한편에서는 개인의 기본권 보장이라는 원리, 다른 한편에서는 국가안보 · 질서유지 또는 공공복리라는 원리가 대립한다. 개인의 기본권 보장의 원리는 개인주의적 원리의 반영이고, 다른 한편 공공복리 등의 원리는 집단주의적 원리의 표현이다. 대부분의 헌법적 쟁점은 이 두 원리를 어느 지점에서 조정하느냐는 이익교량에 달려 있다. 이렇게 본다면, 헌법재판은 곧 개인주의 원리와 집단주의 원리 사이의 이익교량으로 환원될 수 있다. 그런데 그 이익교량의 객관적 근거가 문제인 것이다.

---

20) 기본권제한의 위헌여부에 관한 한국 헌법재판에서 '법익의 균형성' 외에 또 다른 관건은 '피해의 최소성' the least restrictive means test 이다. 위 낙태죄 사건에서 헌재의 결정이유 가운데 '피해의 최소성' 부분에서 특별한 부분을 발견할 수 있다. 미국 연방대법원의 낙태 처벌에 대한 위헌 판결 Roe v. Wade,1973에서 특징적인 것은 이른바 trimester approach이다. 이에 따르면 임신기간을 3분하여 각 기간마다 태아의 viability에 비추어 법적 판단을 달리 하고 있다. 이와 달리 한국 헌재의 결정에서는 기본적으로 이같은 차별적 접근을 채택하지 않는다. 헌재의 결정이유에 따르면, "인간이면 누구나 신체적 조건이나 발달 상태 등과 관계없이 동등하게 생명 보호의 주체가 되는 것과 마찬가지로, 태아도 성장 상태와 관계없이 생명권의 주체로서 마땅히 보호를 받아야 한다." 다만 특별법에서는 모체의 생명 · 건강의 보호를 위한 예외적 낙태를 허용하고 있다.

법해석과 재판에 정답이 있는가라는 문제는 일찍이 법철학자 드워킨(Ronald Dworkin)에 의해 제기되었다. 그에 따르면, 서로 상충하는 것으로 보이는 법원리들의 존재에도 불구하고, '형성적 해석(constructive interpretation)'에 의해 정답에 도달할 수 있다고 말한다.[21] 그러나 여러 법원리들을 모순없이 포괄하는 이른바 '통합성으로서의 법(law as integrity)'은 과연 가능한가? 그는 이렇게 말했다. "... 대부분의 어려운 사건들(hard cases)에서도 이성과 상상에 의해 추적될 수 있는 정답이 존재한다."[22] 여기에서 '상상(imagination)'은 무엇을 의미하는가?

1970년대 이래 부상한 미국의 비판법학자들은 드워킨과 전혀 다른 주장을 펼쳐왔다. 그들은 서로 충돌하는 법원리들 사이의 이른바 '근본모순(fundamental contradiction)'을 지적하면서[23] 이 모순의 해결은 결국 정치에 의거한다고 말한다.[24] 반면, 비판법학자들의 근본모순론에 대해 드워킨은 이렇게 반박한다. "그들은 원리들 사이의 경쟁과 모순의 구별을 전혀 모르는 듯하다."[25]

과연 '경쟁과 모순'은 어떻게 다른가? 모순은 서로 양립 불가능한 관계이고, 경쟁은 서로 다르되 공존과 조정이 가능한 관계라고 개념상 구별할 수 있을 것이다. 그런데 두 원리 사이에 공존과 조정이 가능하려면 어떤 공통된 기준에 의해 각각을 측정, 비교할 수 있어야 한다. 만일 그러한 공통 기준이 없다면 그 원리들은 서로 경쟁관계가 아니라 모순관계라고 보아야 하지 않는가? 달리 말하면, 원리와 원리 사이에 이른바 '통약가능성(commensurability)'이 없다면 이들의 관계는 전혀 이질적이며, 이들이 서로 대립하고 있다면 이것은 모순관계에 다름없다. '통약불가능한 원리들'이 서로 충돌할 때 거기에서는 객관적인 조정이 아니라 정치적 힘에 의한 결정이 있을 뿐 아닌가?

이렇게 보면, '어려운 사건에서도 정답은 있다'는 드워킨의 견해는 '법의 자족적 완결성'의 관념을 추구하거나 그 가능성을 소망하는 데에서 오는 결과로 보인다. 이같은 추구 또는 소망은 종종 법적 물신숭배(legal fetishism)로 빠지기 쉽다. 다른 한편, 이같은 규범적인 법관(法觀) 또는 재판관(裁判觀)은 상대적으로 질서와 안정에 유리한 효과를 지닐 것이다. 만일 본질적으로 법의 기능이 질서와 안정에 있다면 이런 효과는 미덕으로 평가될 수 있을지 모른다. 다만 드워킨과 같은 이론이 결코 투명하고 명쾌한 이론이라고 보기는 어려울 뿐만 아니라, 현실을 제대로 반영하지 못하는 경우가 적지 않다는 데에 문제점이 있다.

---

21) Ronald Dworkin, Law's Empire (Cambridge MA: Harv. Univ. Press, 1986).

22) ibid viii-ix.

23) Duncan Kennedy, "The Structure of Blackstone's Commentaries" (1979) 28 Buffalo Law Review 211-221.

24) David Kairys, "Law and Politics", (1984) 52 George Washington Law Review 247.

25) Ronald Dworkin, n.21), pp.274-275.

## 5. 결론 : 법조윤리의 기본명제

한국의 헌재는 1987년 6월의 '시민혁명'의 소산이다. 이 시민혁명은 그 전까지의 장기적 권위주의 체제를 민주적 체제로 전환시켰으며, 그 가시적 성과로서 탄생한 것이 현행 헌법이다. 헌재는 이 헌법에 따라 한국 헌정사상 처음으로 설치되었다. 출발 당시 별 주목을 끌지 못했던 헌재는 그 후 예상을 뛰어넘는 적극적이고 긍정적인 역할을 수행하여 왔다.[26] 1987년 이래 현행 헌법은 30년 넘게 한 번의 개정도 없이 계속 유지되어 왔고, 헌재는 여기에 일조하여 왔다.

헌재의 존재가치는 무엇보다도 최근의 촛불항쟁을 통해 극명하게 입증되었다. 촛불항쟁은 이른바 '87년 헌법'의 최대 위기였다. 헌재의 탄핵심판을 통해 촛불항쟁은 헌법과 법의 틀 안에서 평화적이고 합법적 절차에 따라 마무리되었다. 헌재라는 헌법수호의 장치가 아직 어린 한국 민주주의를 구하는 결정적 역할을 수행한 것이다. 다른 한편, 촛불항쟁 끝 무렵 등장한 박 대통령 지지세력의 이른바 '태극기 집회'에서 보듯이 헌재의 탄핵결정에 찬성하지 않는 견해도 적지 않은 것으로 보인다. 그럼에도 불구하고, 탄핵결정에 대한 찬부를 떠나, 헌재의 탄핵심판을 통해 헌정의 위기를 극복하고 1987년 시민혁명의 성과를 훼손하지 않은 점은 큰 다행이라고 할 것이다.

최근 한국의 헌정 경험에서 법이론적 관점의 주목할 점은 헌법재판을 비롯한 널리 재판의 실제와 본질이 무엇인가라는 근본적 문제이다. 대통령 탄핵심판은 물론이고 이후 전개되고 있는 '사법공화국' 현상은 이미 1920-30년대에 등장한 미국 법현실주의의 주장을 환기시킨다. 법현실주의자들은 판결을 결정짓는 것은 법이 아니라 재판을 둘러싼 외부의 영향력과 판사의 퍼스낼리티라고 보았다. 헌재의 탄핵심판이나 그 후의 '정치의 사법화' 및 '사법의 정치화' 현상을 촛불항쟁과 무관하다고 보는 것은 전혀 비현실적으로 보인다.

나아가, 거의 모든 재판, 특히 헌법재판의 판단 기준인 이익형량론의 근거가 부실함은 궁극적으로 비판법학이 제기했던 이른바 '법의 불확정성(indeterminacy of law)'에 관한 논쟁을 다시 환기시킨다. 이 논쟁은 법의 지배 이념의 토대와 관련되어 있다.[27] 법치주의는 자유민주주의 이념의 구성요소의 하나로 인식되고 있는데, 만일 법치주의의 토대가 허약하다면 이것은 심각한 문제이다. 비판법학자들의 주장처럼, 궁극적으로 재판의 본질이 정치라고 한다면, 법치주의 이념 하의 현대 재판은 오래전 막스 베버(Max Weber)가 말했던 전근대적 카디재판(Kadi-justice)[28]과 얼마나 다른가? 적어도 양자의 거리는

26) Kun Yang, "Judicial Review and Social Change in the Korean Democratizing Process" (1993) 41 The American Journal of Comparative Law 1 ; do., "The Constitutional Court In the Context of Democratization: The Case of South Korea" (1998) 31 Verfassung und Recht in Übersee(Law and Politics in Africa Asia and Latin America)160 (The original version of this article was presented at the Conference on "Constitutional Change: Hong Kong 1997 and Global Perspective", on May 31, 1997, at the Hong Kong Convention and Exhibition Centre.)

27) Brian Z. Tamanaha, On the Rule of Law, (Cambridge: Cambridge Univ. Press 2004) pp.86-90.

통념보다 훨씬 짧은 것인가?

아울러, '상충하는 법익의 통약불가능성(incommensurability of conflicting interests)'을 긍정하는 한, 모든 법적 추론에 정답이 있는지는 불명확한 것으로 보인다. 설사 정답의 존재를 긍정한다고 하더라도 그 정답의 형태가 명확하거나 확정적인 것으로 보기는 어렵다. 그럼에도 불구하고 질서와 안정, 곧 평화의 가치를 포기할 수 없다면 법치주의 이념 역시 버릴 수 없다. 다만, 법치주의 정립에는 모든 법률가들이 가져야 할 기본적인 '믿음'이 필요한 것으로 보인다. 비록 어려운 재판에서 정답이 있는지 불명확하게 보이더라도, 모든 법률가들은 '정답이 있다는 믿음'을 가져야 할 것이다. 이것은 이를테면 모든 법률가들에게 요구되는 '법조윤리의 기본명제'가 아닌가?

## [후 기]

1993년에 발간된 김철수 교수님 회갑기념논문집 〈憲法裁判의 理論과 實際〉에는 필자의 논문 "憲法解釋의 基本問題"가 수록되어 있다. 이 논문은 필자의 100여 편 논문 가운데 대표 논문의 하나이다. 그 결론 부분에서 필자는 이렇게 서술하였다.

"헌법원리에 있어서 궁극적으로 대립하고 있는 것은 개인주의적 원리와 집단주의적 원리이다. 대부분의 헌법문제는 이 두 원리를 어느 선상에서 조정하느냐 하는 이익교량에 따라 그 판단이 갈라진다. 그런 점에서 헌법문제는 곧 개인주의와 집단주의 사이의 이익교량의 문제이다."

필자는 은퇴 후의 졸저 〈법 앞에 불평등한가? 왜? - 법철학 · 법사회학 산책〉(2015) 및 〈헌법의 이름으로 - 헌법의 역사 · 현실 · 논리를 찾아서〉(2018)에서 앞의 논제를 더 발전시켰다. 거기에서 필자는 이익형량론이 본원적인 한계를 지니고 있기 때문에 '법의 불확정성(Indeterminacy)'은 불가피하다는 회의주의적 결론에 도달하였다. 그 논거의 핵심은 상호 대립하는 법익의 '통약(通約)불가능성'(Incommensurability)이다. 이같은 필자의 결론을 구체적 사례에 적용하여 분석한 것이 위의 논문 "헌법의 이름으로 - 대통령 박근혜 탄핵결정과 이익형량론의 본원적 한계"이다.

28) Max Weber, Economy and Society, ed. by Guenther Roth and Claus Wittich, (New York: Bedminster Press 1968) pp.976-978.

# 캐나다 · 미국 · 한국의 헌법재판기준에 관한 비교법적 연구

김형남*

차 례



## I. 문제의 제기

최근 한국의 헌법학계는 일대의 큰 변혁을 겪고 있다. 특히 과거의 지나치게 관념적이었던 학문탐구방식을 지양하고 실질적으로 헌법재판이 진행될 때 사용될 수 있는 현실적인 헌법재판의 이론에 대한 관심이 높아지고 있기 때문이다. 그러나 헌법재판이론이라는

* California Central University 교수. 법학박사

것도 따지고 보면 결국 헌법재판소 재판관의 두뇌 속에서 작용하고 있는 위헌여부의 판단 잣대[1]에 해당되는 '헌법재판기준' 또는 '위헌심사의 기준'이 라고 할 수 있을 것이다. 이러한 중요성에도 불구하고 국내 헌법학계에서는 위헌심사의 기준에 대한 연구가 활발하지 않은 실정인 것은 부인할 수 없는 사실이다.

아마도 이는 위헌심사기준이라는 주제가 지나치게 추상적이고 쉽게 정의할 수 있는 것이 아니라는 점에서 그러하다고 본다. 하지만 위헌심사라고 하는 것이 결국 인권의 최후 보루로서 구실하는 것임을 감안해본다면 인권옹호의 역사상에서 비교적 일반적이고 보편적이었던 위헌심사 기준들을 역사적으로 고찰해 볼 수는 있다고 본다. 이런 작업이 짧은 위헌심사의 역사를 가진 우리에게는 의미가 있을 것으로 여겨진다.

이런 차원에서 불문헌법국가인 영국의 체계를 기본바탕으로 하면서 미국식 사법심사제도를 채택하여 시행하고 있는 캐나다 연방대법원의 사법심사기준과 명실상부하게 사법심사의 모태인 미국 연방대법원의 최근 사법심사 기준, 그리고 나름대로의 방향을 모색하고 있는 우리 헌법재판소의 위헌심사기준들을 비교법적으로 검토하여 세 나라의 일반적인 심사기준을 이론적으로 분석함으로써, 헌법재판소의 인권옹호기능 확대에 이바지하고자 한다.

## II. 캐나다 연방대법원[2]의 사법심사기준

### 1. 목적 심사(Object and Purpose Scrutiny)

미국 연방대법원의 경우와 마찬가지로 캐나다 연방대법원도 사법심사를 행하기 위해서는 심사대상인 법률의 입법목적(legislative purpose)을 분석해야만 한다.[3] 특히 입법목적을 탐구할 경우에는 현실적인 법적 분쟁과 직접 관련된 법률의 요소만을 살필 것이 아니라 법률의 구성부분 전체를 빠짐없이 살펴보아야 한다. 쉽게 표현하자면 입법목적을 탐색할 때에는 구체적인 사안과 관련된 법률조항만을 심사할 것이 아니라

---

1) 위헌여부의 판단잣대인 위헌심사의 기준들도 결국은 헌법해석의 문제라고 할 수 있다. 헌법해석은 "국가를 상대로 발생하는 여러 가지 분쟁을 해결하기 위해 성문헌법규정에 어떤 의미를 부여하는 과정"이라고 말할 수 있기 때문에 이 분야에 대한 체계적인 연구가 절실하다. 이에 대해서는 Erwin Chemerinsky, Interpreting The Constitution, (Praeger Publisher, 1987), pp.24-25 참조.

2) 1867년 Constitution Act 제101조에 의해 캐나다의 사법부가 설치되었다. 캐나다 연방의회는 1875년 연방대법원법(Supreme Court Act)을 제정하여 연방대법원(The Supreme Court of Canada)을 창설하였다. 영국의 불문헌법체계의 영향으로 캐나다도 연방대법원법을 헌법의 구성요소로 판단하고 있다. 이 법률은 연방대법원의 조직, 권한, 기능 및 관할권에 대하여 규정하고 있는데, 연방대법원장(Chief Justice)과 8명의 대법관(Justices)이 연방대법원을 구성하게 된다. 물론 이들은 캐나다 추밀원의 총독(the Governor-in-Council)에 의해 임명되며 종신직이다. 연방대법원은 일반적으로는 각 州나 지방으로부터 올라오는 민·형사 사건의 항소심이 된다. 간혹 법률문제나 국가적으로 중대한 사안에 관해서는 일심이 되기도 한다.

3) J.D. Whyte & W.R. Lederman, Canadian Constitutional Law, 2d ed.(Butterworths, 1977), pp.4-14.

그 법률이 제정되게 된 역사(history), 전체 법률조항, 법률구조의 핵심조항, 현재 법률을 바라보는 시민들의 가치관(public value) 등을 꼼꼼하게 파악해야만 한다는 것이다.[4)]

## 2. 과장기준(Colourability Doctrine)

일반적으로 정치적 속성을 지니는 캐나다 연방의회는 스스로가 제정한 법률의 위헌적인 요소가 있을 때 이를 숨기거나 과장하여 법률 전체의 합헌성을 유지함으로써 정치적인 정당성을 유지하려고 할 때가 있다.[5)]

연방대법원은 국민의 기본권보장을 보다 충실하게 수행하기 위해서 사법심사를 할 때 정치적으로 은폐되거나 과장된 부분이 있는지를 엄격하게 심사하여야 한다. 그러므로 이 기준은 미국 연방대법원의 엄격심사기준[6)]과 유사한 면을 지닌다. 입법부인 의회의 전횡을 막는 기능을 행하므로 실질적인 권력분립의 보장에도 도움이 된다.

## 3. 효과기준(Effects Test)

사법심사에서 연방대법원은 법률의 법적인 효과를 자세히 심사하여야 한다. 즉 그 법률이 시행된 이후 발생한 주된 효과와 부수적 효과가 무엇인지를 검토하여야만 한다. 이와 더불어 법률의 목적까지도 함께 검토될 수 있을 것이다. 어떤 법률의 부수적 효과는 그 법률이 연방법이냐 주법이냐에 따라 달라진다. 캐나다에서는 연방법이 주에서는 부수적인 효과를 가질 수밖에 없기 때문이다.

## 4. 축출기준(Doctrine of Severability)

연방대법원이 어떤 법률에 대해 사법심사를 행할 때 그 법률의 한 조문만 위헌인 것으로 판명이 된다면, 그 조문하나 때문에 굳이 전체를 다 위헌이라고 선언할 필요가 없다는 차원에서 위헌인 조문을 법률에서 축출하면 된다는 기준이다. 이는 우리 헌법재판소의 일부위헌결정 방식과 비교해 본다면, 사법심사의 효율성도 살리면서 의회의 자율성

---

4) William N. Eskridge, Jr., Dynamic Statutory Interpretation, (Cambridge: Harvard University Press, 1994), p.56.

5) Laurence Davis, Canadian Constitutional Law, (Canada Law Book, 1985), p.459.

6) 미국 연방대법원의 엄격심사기준(strict scrutiny)은 1938년 United States v. Carolene Products Co. 사건 이후 점차적으로 인정된 가장 보편적인 기준 중의 하나이다. 그러나 지나칠 정도로 냉철하게 이를 비판하여 "이론적으로는 엄격하지만 실제로는 행정부의 작용에 치명상만을 입히는"(strict in theory and fatal in fact) 기준이라고 비판을 받기도 한다. 이에 대해서는 Adam Winkler, "Fatal in Theory and Strict in Fact: An Empirical Analysis of Strict Scrutiny in the Federal Courts", 59 Vand. L. Rev.794(2006) 참조. 하지만 이는 지나치게 냉소적(cinical)인 지적이라고 본다.

도 존중해 줄 수 있다는 장점이 있다.7)

### 5. 평가

캐나다의 사법심사는 크게 청구단계와 본안심사의 단계로 나눌 수 있다. 청구단계에서 우리의 권한쟁의의 청구에 해당되는 절차를 가지고 있어서 특이하다. 즉 국가기관이 쟁점이 되는 법률의 위헌여부를 심사해 달라고 연방대법원에 청구할 수 있다. 엄밀한 의미에서 캐나다 연방대법원의 사법심사기준은 본안심사에서만 적용된다고 볼 수 있다. 목적심사기준은 입법부인 의회의 재량을 존중하는 차원에서 행해지기 때문에 미국 연방대법원의 최소한의 합리성 심사기준과 유사하고, 과장기준은 입법에 정치적인 고려가 있는지를 따지기 때문에 엄격심사기준과 비슷하다고 할 수 있다.

## III. 미국 연방대법원의 사법심사 기준

### 1. 합헌성 추정(Presumption of Constitutionality)

세계에서 그 유례를 찾아볼 수 없을 정도로 강한 사법심사권을 가지고 있는 미국 연방대법원8)이라도 시민의 대표들로 구성된 의회에서 만든 제정법을 섣불리 위헌이라고 판단할 수는 없다. 즉 사법심사기관은 선거를 통하여 나타난 시민의 정치적인 표현, 권력분립의 원칙에 입각한 입법부와 행정부의 재량(discretion)을 존중하려는 입장을 취하게 된다.9)

연방대법원의 마샬(Marshall) 대법원장은 1810년 Fletcher v. Peck 사건10)에서 "…제정법이 최상위법인 헌법과 충돌하는 경우에 그것이 무효인가의 여부는 대단히 민감한 문제이다. …제정법이 헌법에 충돌하는 문제는 법관이 그 충돌에 대해 명백한 확신을 가지고 있어야 한다."고 판시함으로써 일단 제정법은 합헌인 것으로 추정되어야 한다는 원칙을 잘 묘사하였다.

결국 이 합헌성추정의 원칙은 미국의 사법부가 유권자인 시민들의 의견을 존중하며, 가장 정치적인 기관인 의회와의 충돌을 지혜롭게 피하기 위해 스스로 만들어낸 원칙이며, 연방대법원을 비롯한 각급 법원이 사법심사를 행할 때 항상 염두에 두어야 하는 기준이 되었다고 해도 지나치지 않다.

---

7) Funston & Meehan, op. cit., pp.53-56.
8) 그래서 Bickel 교수는 연방대법원을 가리켜 '부패할 위험성이 가장 적은 부서'라고 자신의 저서명을 명명하였다. Alexander M. Bickel, The Least Dangerous Branch, (Indianapolis: Bobbs-Merril Publishing Co., 1962), p.1.
9) Fritz Scharpf, "Judicial Review and the Political Question", 75 Yale Law Journal 579(1966)
10) 6 Cranch 878(1810).

## 2. 이중기준(Double Standard)

### (1) 최소한의 합리성 기준(minimal rationality scrutiny)

미국 사회에서는 1905년 Lochner v. New York 사건을 계기로 사법적극주의를 나타내는 라크너주의(Lochnerism)가 등장하였다.

이 원칙은 경제공황기에 경제적, 사회정책적인 제정법의 사법심사에서 그 제정법에 '최소한의 합리성'(minimal rationality)만 발견되면 합헌을 고려하겠다는 경향이 나타나면서 폐기되었다. 1938년 United States v. Carolene Products Company 사건[11]에서 연방대법원이를 일반화시켰다고 해도 지나치지 않다.

스톤(Stone) 대법관은 "상거래에 관한 법률들은 입법자의 지식과 경험의 범위 내에서 행해진 합리적인 근거만 있다면 그 법률의 위헌여부를 심사할 때 법원은 이를 쉽게 위헌이라고 선언해서는 아니된다"[12]고 판시함으로써 '최소한의 합리성 기준'과 아래의 엄격심사기준을 동시에 탄생시키게 되었다. 그래서 이를 두가지의 사법심사기준, 즉 이중기준이라고 호칭하게 된 것이다.

### (2) 엄격심사 기준(strict scrutiny)

위에서 설명한 최소한의 합리성기준과 더불어, 미국 헌법상 기본권들 중에서 더욱 중요한 기본권(fundamental right)인 소수자들(minorities)의 정치적 기본권, 표현의 자유를 비롯한 정신적 기본권, 주간이주(여행)의 권리와 관련된 위헌심사에서는 상대적으로 엄격하게 심사를 해야 한다는 기준이 '엄격심사 기준'이다.

미국에서는 '시민들을 강제할만한 정부의 이익원칙'(compelling governmental interest doctrine)[13]이라고도 한다. 결국 이 엄격심사 기준은 연방대법원의 사법적극주의를 반영한다고도 할 수 있다.[14] 그러므로 연방헌법 제5조 실체적인 적법절차조항관련 사건, 규제적 수용(regulatory takings)사건, 법의 평등한 보호(equal protection)사건, 언론의 자유(freedom of speech) 사건 등에 적용되는 기준이다.

## 3. 기타 기준(Another Several Scrutinies)

---

11) 304 U. S. 144(1938).

12) 304 U. S. at 152. 참조.

13) Stephen E. Gottlieb, Compelling Governmental Interests: An Essential But Unanalyzed Term in Constitutional Adjudication, 68 Boston Law Review 917(1988).

14) Robert J. Hopperton, "Standards of Judicial Review in Supreme Court Land Use Options: A Taxonomy, An Analytical Framework, And A Synthesis", 51 Wash. U. J. Urb. & Contemp.L.64(1997).

### (1) 업그레이드된 최소합리성 기준(upgraded minimal scrutiny)

솔직히 최소합리성 기준은 1930년대 경제공황을 타개하기 위해 뉴딜 정책을 집행하던 미국 행정부의 재량을 인정하기 위해 만들어진 기준으로 말할 수 있을 것이다. 그러므로 어떻게보면 연방대법원이 정치적인 영향력이 강하게 작용하고 있는 사회경제적 분야와 관련된 제정법의 사법심사에서는 실질적으로 심사를 포기하는 것처럼 비쳐지기도 하였다.

하지만 최근 연방대법원은 경제규제입법에 대한 사법심사에서 이전의 경향과는 달리 행정부나 입법부의 재량도 다소 엄격하게 고찰하여야 한다고 주장하면서 경제적인 규제를 행하는 제정법의 사법심사도 반드시 절차를 거쳐야 한다는 심사기준을 적용하고 있는바, 항간에서는 이를 업그레이드된 심사기준(upgraded minimal scrutiny)으로 호칭하고 있다.[15)]

### (2) 다중 기준(sliding scales of scrutiny)

일반적으로 다중 기준은 몇 가지 요소를 포함하고 있으면서 또한 예전 기준들처럼 경직되어 있지 않다. 헌법상 기본권이나 이익, 차별행위를 유도하는 제정법상 요건, 차별행위를 변호해 줄 수 있는 정부의 이익들이 너무 얽혀져 급변하는 현실에 적응할 수 있는 힘을 갖추게 된다. 즉 쉽게 표현하자면, 경제적 기본권과 관련된 제정법의 사법심사는 최소합리성 기준, 정신적 기본권과 관련된 제정법에 대한 사법심사는 엄격심사 기준이라고 하는 도식이 깨지게 된다. 이 스펙트럼 기준에 의하면, 경제를 규제하는 제정법이라도 그 법적 효과가 시민의 경제행위에 막대한 영향을 미치는 정도라면 엄격심사 기준을 적용할 수 있게 된다.

### (3) 문맥상의 엄격심사기준(contextual strict scrutiny)

Grutter v. Bollinger et al. 사건[16)]에서 오코너(O'Connor) 대법관은 "사법심사에서는

---

15) 이 기준은 특히 1982년 Plyer v. Doe 사건(457 U. S. 202)에서 잘 설명되고 있다. 텍사스주법의 한 규정은 미국 내 불법체류자의 자녀들은 공립학교에 입학할 수 없다고 되어 있는데 이를 Doe 등이 연방 헌법 증보 제14조 법의 평등한 보호 위반이라고 주장하여 연방대법원에까지 상고된 사건이다. 그들의 학부모 중 한 사람인 Doe는 연방 헌법 증보 제14조에 표현된 'person'에 자신들도 당연히 포함된다고 주장하였다. 이에 판결문을 작성한 브레넌(Brennan) 대법관은 "텍사스주법에 나타나 있는 차별대우는 주정부의 실질적인 행정 목적하에서 행하여진 것이라는 확증이 없는 한 위헌이다. 교육이 엄격심사의 대상이 되는 기본적인 기본권은 아니라고 할지라도 그 차별행위에 대한 실질적인 심사는 이루어져야 한다"고 판시하였다. 이 사건에 적용된 심사기준이 최소합리성 심사기준이 아니라 '실체적인 정부의 이익 심사기준'이었기 때문에 업그레이드된 심사기준이라고 칭한다.

16) 539 U. S. 306(2003). 이 사건의 개요는 대강 다음과 같다. Michigan주에 살고 있는 백인 여학생인

항상 문맥(context)이 문제이다. 엄격심사기준들도 그 문맥에 따라서 미세한 차이점을 나타낸다. 원래 엄격심사기준은 정부의 정책입안자들이 수립한 정책들의 중요성과 진실성을 시민의 권리보호를 위해 엄격하게 심사하는 기준을 말한다."[17]고 설시함으로써 그동안 무차별하게 적용되어 오던 엄격심사기준을 문맥에 따라 여러 갈래로 해석하자는 주장을 하였다. 아래 〈표 1 〉은 이러한 오코너 대법관의 견해에 입각하여 엄격심사기준이 현실적인 행정에서 직접 적용되어 생존하고 있을 확률(survival rate)을 기본권별로 통계를 낸 것이다.

**〈표 1〉 엄격심사에서의 기본권 생존확률**[18]

| 기본권의 종류 | 생존확률 | 실제 적용 |
|---|---|---|
| 종교적 자유권 | 59% | 73건 |
| 집회의 자유 | 33% | 33건 |
| 평등권 | 27% | 85건 |
| 여행의 자유 | 24% | 46건 |
| 언론의 자유 | 22% | 222건 |
| 총계 | 30% | 459건 |

위 〈표 1〉에서 종교적 자유권의 생존확률이 59%인 것을 보면 역시 다양성을 존중하는 미국 사회의 특수성을 확인할 수 있다. 그렇다면 추후 엄격심사기준을 적용할 때 현실사회에서 생존확률이 높은 기본권이 관련된 사법심사에 보다 더 엄격한 심사기준을 적용하는 신축성을 발휘할 필요가 있는데 이를 문맥상의 엄격심사기준이라고 칭할 수 있다.

## 4. 평가

미국 연방대법원의 사법심사에서 다양한 심사기준들을 적용하고 있는 점은 선망의 대상이 될 수 있지만 한편으로 그것들이 다 우리 현실에 직접 적용될 수 있느냐는 별개의 문제라고 판단된다. 미국 사회에서 연방제도를 옹호하기 위한 가장 확실한 방법으로 사법심사제도가 강조되고 있는 것[19]이나, 뉴딜정책을 펴던 루즈벨트 행정부를 후선에서

---

Grutter는 Michigan Law School에 입학하기 위해 응시하였지만 affirmative action의 경향에 입각하여 로스쿨 당국이 유색인종인 학생들에게 아주 약간의 배려를 하는 바람에 자신이 불합격(GPA 3.8, LSAT161)하였다고 주장하면서 소를 제기하였다. 연방지방법원은 Grutter의 손을 들어주었으나, 제6연방항소법원과 연방대법원은 로스쿨의 손을 들어 주었다. 아직도 affirmative action의 문제는 완전히 해결되지 못해 갈팡질팡하고 있다는 감을 주고 있다. 이에 대해서는 http://www.findlaw.com을 참조.

17) Winkler, op. cit., p.814.

18) Winkler, op. cit., p.815.

19) Philip Bobbitt, Constitutional Fate, (Oxford Univ. Press, 1982), pp.184-185.

지원하기 위해 탄생된 이중기준이라든지, 유색인종을 차별하던 역사를 반성하는 차원에서 행해지고 있는 긍정적인 조치(Affirmative Action)[20] 등은 미국 사회만의 특수성을 나타내는 것이지 모든 국가에 다 적용될 수 있는 처방은 아니다.

하지만 어느 나라이든지 정권을 유지하려고 하는 측과 시민적 자유를 강하게 보장받으려는 측의 충돌이 있을 수 있기 때문에 그와 같은 오랜 역사를 지닌 미국 연방대법원의 여러 가지 기준들은 우리에게 시사하는 바는 있다고 본다.

# Ⅳ. 한국 헌법재판소의 위헌심사기준

## 1. 한국 헌법재판소의 위헌심사기준 문제

일단 우리 헌법재판소가 과거에 비해 양적으로 괄목할만한 성장을 거듭하고 있다는 것은 주지의 사실이다. 하지만 모름지기 성장이란 양적인 성장 못지않게 질적인 성장도 병행되어야만 한다. 결국 질적인 성장은 위헌심사를 할 때 헌법재판소 재판관들이 국가기관이나 국민 모두가 다 납득할 만한 논리와 세부적인 기준들을 갖추게 될 때 가능해진다. 이런 차원에서 헌법재판소의 판례들을 분석해보면 아직까지 질적인 성장을 이루었다고 보기에는 무리가 따른다.

지나치게 언급되고 있는 평등원칙[21], 죄형법정주의(명확성의 원칙), 과잉금지의 원칙(넓은 의미의 비례원칙)[22] 등만 천편일률적으로 적용되는 것 같은 착각을 불러일으킬 만하다.

참고로 한 헌법재판소의 판례[23]의 일부를 발췌하여 분석해보고자 한다.

"…결론적으로, 이 사건 법률조항은 자연공원구역으로 지정된 토지에 대하여 원칙적으로 지정 당시에 행사된 용도대로 사용할 수 있는 한 이른바 재산권에 내재하는 사회적 제약을 비례의 원칙에 합치하게 합헌적으로 구체화한 규정이라고 할 것이나, 예외적으로 종래의 용도대로 토지를 사용할 수 없거나 사적 효용의 가능성이 완전히 배제되는 경우에도 아무런 보상

---

20) 이를 학계에서는 흔히 '역차별조치' 등으로 번역하고 있는 듯하다. 그러나 affirmative 라는 단어에서 역차별이라는 뜻을 만들어내는 것은 지나친 의역이라고 생각한다. 있는 그대로의 '긍정적인 조치'라고 해석해도 무방하기 때문이다. 즉 과거사를 반성하는 차원에서 유색인종이나 소수자들에게 다소의 혜택을 주자는 것에 모든 미국 시민들이 수긍하고 긍정한다는 차원으로 번역해도 상관이 없다.

21) 평등원칙을 심사기준으로 채택한 결정들을 모두 다 열거하는 것은 불가능에 가깝기 때문에 임의대로 1996년과 2003년 판례들 중 몇 가지를 예로 들면, 1996.2.16.96헌가2; 1996.3.28.94헌바42; 1996.3.28.95헌바47; 1996.4.25.94헌마119; 1996.6.26.93헌바2; 2003.1.30.2001헌가4; 2003.1.30.2001헌바61; 2003.1.30.2001헌바64; 2003.1.30.2002헌바53; 2003.1.30.2002헌바61; 2003.1.30.2002헌바65; 2003.2.27.2001헌바22; 2003.3.27.2002헌마573; 2003.4.24.2002헌바71; 2003.4.24.2002헌마611; 2003.5.15.2003헌가9; 2003.5.15.2001헌바98; 2003.5.15.2001헌마565; 2003.5.15.2002헌마90; 2003.6.26.2001헌가17; 2003.6.26.2002헌가14 등을 들 수 있다. 지면의 제약으로 다 표현할 수가 없을 정도이다.

22) 이 원칙들을 심사기준으로 채택한 결정들은 언급하기 불가능할 정도이므로 생략하고자 한다.

23) 2003.4.24.99헌바110 자연공원법 제4조 등 위헌소원(헌판집 제15권 1집 371면 이하)

없이 이를 감수하도록 규정하고 있는 한 이러한 부담은 법이 실현하려는 중대한 공익으로도 정당화할 수 없는 과도한 부담이므로, 이러한 한도 내에서 이 사건 법률조항은 비례의 원칙을 위배하여 당해 토지소유자의 재산권을 과도하게 침해하는 위헌적인 규정이다."[24]

이 사건은 의정부시 가능동에 임야를 소유하고 있던 청구인이 1983년 4월 2일 자연공원법 제4조에 근거한 국립공원지정처분을 받았지만 이를 보상하는 보상규정을 두지 않은 구 자연공원법 제4조를 위헌이라고 주장하면서 서울지방법원에 국가를 상대로 손실보상금의 지급을 구하는 소송을 제기한 뒤 위 법률 조항에 대해 위헌법률심판제청신청을 하게 되었지만 각하되어, 결국 헌법재판소법 제68조 제2항에 의한 헌법소원[25]을 제기하여 헌법재판소가 심리하게 된 사건이다.

이 사건의 판결문 전체를 훑어보면, 몇 가지 아쉬운 점을 발견할 수 있다.

첫째, 이 판결은 전형적인 재산권 관련 사건인데도 최소한의 합리성 기준에 대한 언급이 전혀 없다. 이제 그것이 단순히 미국에 고유한 심사기준이어서 우리와는 상관없다는 식의 논리는 유치한 변명에 해당된다고 본다.

둘째, 이 판결은 구 자연공원법 제4조가 헌법 제23조 제3항에 의한 손실보상규정을 두지 않고 있어서 위헌, 위법이기 때문에 이론적인 근거가 될 수 있는 행정법상 수용유사침해 이론을 언급하고 소개할 필요가 있었다고 본다.

셋째, 위의 발췌문에서 알 수 있듯이, 구 자연공원법 제4조가 헌법불합치라고 보는 4인의 재판관들도 심사기준으로서 비례의 원칙을 여과 없이 사용하고 있는 점을 발견할 수 있다. 한 학자의 주장에 의하면 비례의 원칙에도 세 가지 기본요소가 있다고 한다. 첫째, 적합성원칙에는 하나의 '목적'과 그것을 실현하는 '수단'의 요소가 포함되어 있으며, 둘째, 필요성원칙에는 적합성원칙에 포함되어 있는 동일한 수단과 그로 인해 피해를 입는 다른 목적이 포함되어 있고, 셋째, 좁은 의미의 적합성원칙에 포함되어 있는 실현되는 목적과 필요성원칙에 포함되어 있는 피해를 입는 목적이 포함된다고 한다.[26] 그래서 그는 헌법재판소가 이를 헌법재판에서 심사기준으로 사용하려면 비례의 원칙의 개념과 구조에 대한 엄밀한 분석과 이해가 필요하다고 덧붙이고 있는 것이다.[27]

그러나 아직까지 우리 헌법재판소는 이에 대해 심각한 고민을 하지 않고 있는 듯하다. 장차 많은 연구와 토론이 필요한 부분이라고 생각한다.

## 2. 문제의 해결방안

사실 우리 헌법재판소가 자주 사용하고 있는 심사기준인 비례의 원칙에서 실제적인

24) 헌판집 제15권 1집 399면.
25) 이를 일반적으로 위헌법률심판형 헌법소원 또는 위헌소원이라고 칭하고 있다.
26) 이준일, "헌법재판의 법적 성격", (헌법학연구 제12권 제2호, 2006.6), 325면.
27) 이준일, 위의 논문, 333면.

효용성이 큰 부분은 '법익형량' 또는 '이익형량'이 아닐까 한다. 이러한 이익형량에 대한 심도 깊은 연구도 형식적인 심사기준처럼 비쳐지는 비례의 원칙을 내실 있게 만드는 한 요인이 되리라 본다.

일단 이익형량은 '엄격한 이익형량'(strict balancing)과 '조화된 이익형량'(accorded balancing)으로 구분할 수 있을 것이다.[28] 전자는 공익과 사익이 충돌할 때 한 치의 오차도 없이 엄격하게 저울질하여 반드시 승자를 가려내는 방법을 말하는 것이고, 후자는 경제학의 파레토 최적점을 구하는 것처럼 공익과 사익을 조화롭게 양보시킴으로써 윈윈을 얻어내는 것을 말한다.

또한 공익과 사익을 철저하게 분석하여 이를 계량화함으로써 이익형량을 구체적인 개념으로 승화시킬 수 있을 것이다. 즉 사익의 대표적인 재산권을 예로 들면, 재산권의 박탈은 7점, 전면적인 사용금지는 6점, 일정기간 동안 사용금지는 5점, 비교적 장기간 사용제한은 4점, 일정기간 사용제한은 3점, 아주 짧은 기간 동안의 엄격한 제한은 2점, 아주 짧은 기간 동안의 경미한 제한은 1점 등으로 평점을 부여하고 일반적인 공익은 타인의 안전은 9점, 공공사업은 8점, 문화재보호는 7점, 보건위생 및 공해방지는 6점, 구체적인 자연경관보호는 5점, 작은 규모의 구체적인 환경보호는 4점, 추상적인 환경보호는 3점, 내재적 위험의 제거는 2점, 소유자가 책임져야 되는 논리는 1점 등으로 점수를 부여하여 공익과 사익이라는 추상적인 이름으로 저울질하는 것이 아니라 부여된 점수로 형량하여 결과를 도출해내는 방법을 생각해 볼 수도 있다.

## V. 결론

사실 현실적인 측면에서 국민의 대표성을 지니고 있는 의회가 만든 제정법을 단지 해석상 성문헌법에 위반된다는 이유만으로 위헌이라고 선언하여 그 효력을 상실케 하는 것은 많은 논란을 자아낼 수 있다.

이런 뜻에서 미국의 한 원로학자도 "어떤 법률이나 국가기관의 행위를 위헌이라고 선언해야 되는 문제는 항상 법조인들이나 학자들을 고민에 빠지게 한다. 일반적인 논리로는 모든 입법은 합헌이라고 추정되는데, 어느 누가 확실하고 명확한 증거와 기준을 제시하면서 법률을 위헌이라고 선언할 수 있겠는가?"[29]라는 의문을 던지고 있는 것이다. 그러나 반대로 해석하면 이렇듯 어려운 작업이 사법심사이기 때문에 연방대법원 대법관[30]이나 헌법학자들 모두가 납득될만한 기준을 개발하기 위해 절치부심하고 있다고

---

28) 이에 대한 상세한 설명을 위해서는 김형남, 새로운 헌법학 Ⅰ, (신지서원, 2007), 28-29면 참조.

29) Arval A. Morris, The Constitution and American Public Education, (Carolina Academic Press, 1989), p.11.

30) 예를 들자면 Antonin Scalia 대법관은 자신의 저서에서 사법심사기준의 원천인 헌법해석(constitutional interpretation)에 대한 나름대로의 견해를 밝히고 있다. 그는 "성문헌법을 대상으로 하는 헌법해석에서

생각한다.

언제나 헌법재판에서 가장 유용한 위헌심사기준은 무엇일까라는 시각에서 위에서 살펴본 논의들을 정리하면 다음과 같다.

첫째, 캐나다 연방대법원의 사법심사기준은 우선 캐나다만의 독특한 상황이 만들어낸 면과 인접 국가인 미국의 영향을 받은 측면을 함께 지니고 있다고 해도 지나치지 않을 것이다. 캐나다는 주지하디시피 오랜 기간 동안 영국과 같은 불문헌법국가로 지내다가 1982년에 이르러서야 명실상부한 성문헌법을 가지게 되었다. 이러한 영향 때문에 사법심사의 성격도 개인의 권리구제 차원보다 국가기관의 위헌성 여부를 심판하는 '토론의 장'으로서의 역할이 강조되기도 하였다.[31] 이러한 점은 우리의 규범통제제도인 위헌법률심판의 객관적 속성과 유사한 면을 엿볼 수 있게 한다.

하지만 헌법해석학과 제정법해석론에 충실한 목적심사 기준과 국가기관의 정치적 특성을 냉철하게 파헤치는 과장기준 등은 우리로 하여금 기본에 충실하게 하는 원동력으로 기능한다고 본다.

둘째, 미국 연방대법원의 사법심사기준은 얼핏 보면 모든 사항들을 통할하는 공통적인 기준이 아니라 그 때 그 때마다 한 사건에만 적용될 수 있는 기준처럼 보인다. 대륙법계의 법학방법론에서 바라보면 통일성이 결여되어 있기 때문에 잡화점의 잡화처럼 보이는 면도 있다. 하지만 행정재량을 최고도로 발휘해야 되는 경제 분야 및 사회정책 분야에서 행정부의 재량을 인정해주는 최소한의 합리성기준이나 의심스러운 차별이 자행되는 영역에서의 엄격심사기준 등은 우리 헌법재판소에서도 일반적인 기준으로 도입해도 큰 무리는 없는 일반적인 것이다. 특히 문맥상의 엄격심사기준 등을 포함한 세부 심사기준들은 모두가 헌법해석학[32]이라고 하는 이론에 입각하기 때문에 이론적인 근거가 부실하다는 비판은 타당하지 않다.

셋째, 한국 헌법재판소의 위헌심사기준은 비례의 원칙, 평등원칙, 명확성의 원칙 등으로만 점철되고 있어서 현재까지 특징을 보여주지는 못했던 것도 사실이다. 이러한 면은 실무 헌법재판에서 심사기준에 대해 크게 고민하지 않았던 점이 중요한 요인으로 작용한다. 앞으로 우리 헌법재판소가 먼저 독자적인 헌법해석방법론[33]을 정립하고 각 기본권의 종류와 성격에 따라 완화된 심사기준을 적용할 것인지 아니면 엄격심사기준을 적용할 것인지를 숙고해 본다면 발전적인 모습을 기대해 볼 수 있을 것이다.

---

가장 중요한 것은 그 문맥(context)"이라고 주장하고 있다. 이에 대해서는 Antonin Scalia, A Matter of Interpretation, (Princeton Univ. Press, 1997), p.37.

31) Whyte & W.R. Lederman, op. cit., p.14.

32) 일단 미국 헌법해석학의 방향은 크게 성문헌법의 해석에 의존하는 해석주의(interpretivism)와 성문해석뿐만 아니라 대중적인 가치관, 선판례, 학설 등도 해석의 대상이 된다는 비해석주의(non-interpretivism)로 나눌 수 있다. 이에 대한 자세한 설명을 위해서는 Stephen M. Griffin, American Constitutionalism, (Princeton Univ. Press, 1996), p.152 참조.

33) 이렇게 되면 관습헌법도 헌법재판의 기준이 되느냐의 문제도 불식될 수 있을 것이다. 즉 성문헌법조항만 헌법재판의 기준이 되느냐 아니면 불문헌법이나 헌법판례도 기준이 될 수 있느냐의 문제가 바로 헌법해석방법론의 문제이기 때문이다.

## [참고 문헌]

Alexander M. Bickel, The Least Dangerous Branch, Indianapolis: Bobbs-Merril Publishing Co., 1962.

Philip Bobbitt, Constitutional Fate, Oxford Univ. Press, 1982.

Erwin Chemerinsky, Interpreting The Constitution, Praeger Publisher.

Laurence Davis, Canadian Constitutional Law, Canada Law Book, 1985.

William N. Eskridge, Jr., Dynamic Statutory Interpretation, Cambridge: Harvard University Press, 1994).

Stephen E. Gottlieb, Compelling Governmental Interests: An Essential But Unanalyzed Term in Constitutional Adjudication, 68 Boston Law Review 917(1988).

Stephen M. Griffin, American Constitutionallism, Princeton Univ. Press, 1996.

Robert J. Hopperton, "Standards of Judicial Review in Supreme Court Land Use Options: A Taxonomy, An Analytical Framework, And A Synthesis", 51 Wash. U. J. Urb. & Contemp.L.64(1997).

J. D. Whyte & W. R. Lederman, Canadian Constitutional Law, 2d ed. Butterworths, 1977.

Arval A. Morris, The Constitution and American Public Education, Carolina Academic Press, 1989.

Antonin Scalia, A Matter of Interpretation, Princeton Univ. Press, 1997.

Fritz Scharpf, "Judicial Review and the Political Question", 75 Yale Law Journal 579(1966).

Adam Winkler, "Fatal in Theory and Strict in Fact: An Empirical Analysis of Strict Scrutiny in the Federal Courts", 59 Vand. L. Rev. 794(2006)

## [국문 초록]

약 35년의 역사를 가진 우리 헌법재판소는 향후 막연한 헌법재판의 이론이나 원론에 대한 탐색보다는 헌법재판소 나름대로의 '헌법재판기준' 또는 '위헌심사의 기준'을 모색하는 것이 타당하다. 하지만 그 중요성에도 불구하고 국내 헌법학계에서는 위헌심사의 기준에 대한 연구가 아직 부족한 실정임을 부인할 수 없다.

이러한 때에 이 논문은 비교법적인 차원에서 캐나다 연방대법원의 사법심사기준과 사법심사의 모태인 미국 연방대법원의 최근 사법심사 기준, 그리고 우리 헌법재판소의 위헌심사기준들을 검토하여 다양한 심사기준을 제시함으로써, 헌법재판소 재판관들의 다양한 심사기준 개발에 작은 도움이 되고자 한다.

정치적인 측면에서 국민의 대표성을 지니고 있는 의회가 만든 제정법을 단지 해석상 성문헌법에 위반된다는 이유만으로 위헌이라고 선언하여 그 효력을 상실케 하는 것은 많은 비판을 받을 수밖에 없다. 하지만 민주주의라는 것은 결국 국민의 이익을 위해 존재하는 이데올로기이므로 사법심사제도의 당위성은 존재한다고 본다. 이런 의미에서 각국의 사법심사기준에 대한 요점을 정리하고자 한다.

첫째, 캐나다 연방대법원의 사법심사기준은 개인의 권리구제 차원보다 국가기관의 위헌성 여부를 심판하는 '토론의 장'으로서의 역할이 강조되기도 하였다. 이러한 점은 우리의 규범통제제도인 위헌법률심판의 객관적 속성과 유사한 면을 엿볼 수 있게 한다.

둘째, 미국 연방대법원의 사법심사기준은 얼핏 보면 모든 사항들을 통할하는 공통적인 기준이 아니라 그 때 그 때마다 한 사건에만 적용될 수 있는 기준처럼 보인다. 그러나 이는 모두가 헌법해석학이라고 하는 이론에 입각하기 때문에 이론적인 근거가 부실하다는 비판은 타당하지 않다.

셋째, 한국 헌법재판소의 위헌심사기준은 비례의 원칙, 평등원칙, 명확성의 원칙 등으로만 점철되고 있어서 현재까지 특징을 보여주지는 못했던 것은 실무재판에서 헌법재판의 기준에 대해 심각하게 고민을 하지 않았기 때문이다. 장차 헌법재판소가 먼저 독자적인 헌법해석방법론을 정립하고 각 기본권의 종류와 성격에 따라 완화된 심사기준을 적용할 것인지 아니면 엄격심사기준을 적용할 것인지를 숙고해 본다면 발전적인 모습을 기대해 볼 수 있다.

[Abstract]

## A Comparative Legal Study on Judicial Review Standards of Canada, U.S. and Korea

Prof. Dr. Kim, Hyung Nam

Historically Canada had been a member of United Kingdom and had unwritten constitution like England. Canadian Supreme Court has had a power of judicial review like the U. S. Supreme Court.

Canadian Supreme Court applied so variable standards including Object standard, to review a statute's ordaining purpose. According to typical review standards of Canada, the court could have made a role to prepare public forum for social or hot issue. So I think it is typical point.

In contrast, the U. S. Supreme Court's standards had been so variable and tiny things themselves. At first glance, that looks like it is never comfortable and understandable to find out, which puzzled many scholars and judges.

Nonetheless U. S. Supreme Court's Standards are one of meaningful and convincing principles from time to time known as scrutinies.

Above all, the Korean Constitutional Court's standards had been known so base-weakened scrutinies, which proved it's own principles. According to contextual strict scrutiny, when came difficulties to do comparative analysis, unhopefully there were ups and downs to establish review standards of Korean style, but now it will be teaching point to construct its own constitutional interpretation methodology and go over next step, will adapt variable standards to real trial.

# 세계인권재판소제도 연구*

이헌환**

## I. 서언

세계인권재판소(Global/World Court of Human Rights)는 전지구적 범위에서 인간의 보편적 인권에 대한 위반이나 침해가 있을 경우, 그 정당성 여부를 규범적으로 판단하여 규범위반이 있을 경우 피해자(개인 혹은 집단)에게 침해된 권리나 이익을 회복시켜주는 제도로 일응 정의할 수 있다. 세계(Global/World)라는 말에서 보듯이, 세계인권재판소는 하나의 국가공동체 혹은 지역단위 국가공동체 연합을 그 관할로 하는 것이 아니라 말 그대로 전지구적(global) 혹은 전 세계적(worldwide) 범위의 인권문제를 관할하는 사법기구를 나타낸다. 통상 사법제도는 입법기능-행정기능-사법기능이라는 국가기능의 분화에 따라, 그 명칭 여하를 불문하고 사법기능을 실현하는 기제로 이해될 수 있다.[1] 입헌주의적 관점에서 헌법을 정점으로 하는 법체계를 가진 하나의 국가공동체 내에서의 사법제도와 비교하여 세계인권재판소라는 사법기구를 이해한다면, 입헌주의를 전세계적 범주로 확장하여[2] 인권에 관한 전지구적 규범(예컨대, '세계헌법' 혹은 '세계인권선언')을

---

* 본고는 고 김철수 선생께서 노구에도 불구하고 관심을 기울이셨던 새로운 세계인권선언과 그 실천기제로서의 세계인권재판소에 관한 연구성과에 조그맣게 보탠 글이다. 필자는 2019년 10월 11일에 선생님의 연구모임인 공법이론과 판례연구회에서 「Global Human Rights Project(GHRP)」라는 제목으로 그야말로 무지하고 소략한 발제를 한 적이 있었는데, 이 때의 발제에 대하여 선생께서 좋은 아이디어라고 칭찬하시면서 저서에서 인용까지 하시어 필자를 격려하시었고, 이에 주제를 좀 더 깊이 연구하여 선생님께 점검받고자 하였으나, 안타깝게도 2022년 3월 26일에 서거하시었다. 필자는 당시 코로나 19에 감염되어 치료 중인 상태이어서 상례를 치르지도 못하였고, 10월에 겨우 묘소에 다녀오기만 하였다. 이에 필자는 이 글을 고 김철수 선생께 봉정하여 큰 은혜를 조금이나마 되새기고자 한다.

** 아주대학교 법학전문대학원 교수, 헌법재판연구원 원장

1) 졸고, 사법권의 이론과 제도, 서울, 유원북스, 2016, 19쪽 이하 참조.

2) 오늘날 입헌주의를 한 국가 차원을 넘어 전세계적 내지 범인류적 차원으로 확장하려는 노력도 나타나고 있다. Cambridge University는 2012년부터 「Global Constitutionalism: Human rights, democracy and the rule of law」라는 이름으로 년 3회 저널을 발간하고 있다(https://www.cambridge.org/core/journals/global-constitutionalism 참조). 조병륜교수는 「세계입헌주의(World Constitutionalism) 또는 글로벌 입헌주의(Global Constitutionalism)는 국제간의 법질서의 효율성과 공정성을 향상시키기 위해 헌법상의 제 원칙을 국제간의 법적 영역에 확장 적용하는 것을 확인하고 옹호하는 학문적 및 정치적 원리」라고 하고 있다. 조병륜, 세계헌법 제정에 관한 고찰, 헌법재판소, 헌법논총, 제28권, 2017, p. 306

정립하고 이를 전 세계의 국가공동체에 실현하도록 요구하면서, 만약 인권규범을 침해하거나 위반하는 행위가 있을 경우에 일정한 절차를 거쳐 그 규범위반성을 확인하여 그 행위를 중단하게 하거나 발생한 피해를 회복시켜주는 결정을 하는 기구라 할 수 있다.

규범학의 연구방법으로서 현실-규범-의지의 3원구조적 접근법에 따르면,[3] 세계인권재판소에 관한 논의는, '현실'의 인식범주가 전지구적 범주로 확장되었으며, 그러한 '현실'에 대한 '규범'적 규율을 요구하는 '의지'가 발현되는 것이라 할 수 있다. 현실에서 전지구적 차원에서의 규범적 규율의 필요성이 인식되었다면, 적극적으로 규범을 정립하기 위한 '의지'의 통일 내지 합의가 필요하다. 물론 '의지'의 합의는 지난한 과정을 거쳐야 하겠지만, 불가능하지는 않다. 그리고 합의된 '의지'를 실현하는 과정 또한 쉬운 일은 아니다. 세계인권재판소를 구체화하기 위해서는, 제도의 이념적 기초, 관할, 구성방법, 심판절차, 판결의 효력과 집행, 재정문제 등이 문제될 수 있고, 최종적으로 세계 국가들이 이에 동의할 수 있어야 한다.

본고에서는 세계인권재판소에 관한 논의가 시작되어 오늘날에 이르기까지의 과정을 개괄적으로 살펴보고(이하 II.), 제도의 이념적 기초를 언급한 다음(이하 III.), 현재까지 제안된 다양한 법안(Draft Statute) 내지 조약안(Draft of Treaty)들과 특히 2021년에 고 김철수선생께서 제안하신 안을 포함하여 여러 법안들을 비교검토하고(이하 IV.), 글을 마무리하고자 한다.

## II. 세계인권재판소제도의 논의의 연혁

### 1. 개설

보편적 인권의 보호를 목적으로 전지구적 범위를 인적 · 물적 · 장소적 관할로 하는 세계인권재판소에 관한 논의는 1945년에 출범한 UN에 설치된 UN인권위원회로부터 시작되었다. 그러나 아래에서 보듯이 냉전의 고착화에 따라 세계인권재판소에 관한 논의는 오랜 기간 침체되었고, 오히려 UN 이외의 비국가영역에서 재판소의 설립을 주창하는 견해들이 다양하게 등장하였다.[4] 우리나라에서는 고 김철수 선생께서 세계인권재판소 문제를 깊이 천착하시었고, 독자적인 세계인권재판소 설립안도 제안하였다.[5]

이하에서는 범인류적 인권을 실현하기 위한 사법적 기제로서 세계인권재판소에 대한

---

참조.

3) 졸고, 법과 정치, 서울, 박영사, 2007, 1쪽 이하 참조 ; 졸고, 대한민국 헌법사전(1st ed.), 서울, 박영사, 2020, 3원구조론 항목, 430쪽 참조.

4) UN과 UN 이외의 비국가영역에서의 세계인권재판소의 구상에 관해서는, 김철수, 인간의 권리, 산지니, 2021, 954쪽 이하에 상세히 정리되어 있다.

5) 위 주 4)의 책, 990쪽 이하 참조.

역사적 논의과정을 먼저 개괄한다.

## 2. UN에서의 첫걸음

1945년10월24일 UN헌장이 발효되고 본격적으로 활동을 시작한 UN은 세계평화를 가장 큰 목적으로 하면서, 그 중요한 실천목적 중의 하나로, "기본적인 인권, 인간의 존엄 및 가치, 남녀 및 대소각국의 평등권에 대한 신념을 재확인하고, 정의와 조약 및 기타 국제법의 연원으로부터 의무에 대한 존중이 계속 유지될 수 있는 조건을 확립하며,"[6] 라고 하여, 기본적 인권에 대한 신념과 그 보장의무의 유지조건들을 확립할 것을 천명하였다.

1946년에 설립된 UN인권위원회(the UN Human Rights Commission)는[7] 인권증진 및 보호와 관련된 UN의 주요기구이었다. 1947년 두 번째 회기에서 위원회는 세 가지 도구적 단계로 구성된 인권장전을 위한 작업계획을 구상하였다. 인권위원회는 2차 회기 보고서에서[8] 국제인권선언, 국제인권규약, 이행문제 등 3단계를 상세히 설명하고 각 단계마다 연구그룹을 구성하였다. 첫 번째 단계는 1948년 UN 총회에서 세계인권선언이 채택되면서 이루어졌다. 구속력 있는 협약의 초안을 작성하기 위한 두 번째 단계는 세계인권선언(the Universal Declaration on Human Rights:UDHR(1948)), 시민적 및 정치적 권리에 관한 국제규약(International Covenant on Civil and Political Rights:ICCPR(1966)), 동 규약의 두 가지 선택 의정서(Two optional Protocols), 경제적, 사회적 및 문화적 권리에 관한 국제규약(International Covenant on Economic, Social and Cultural Rights: ICESCR(1966)) 등으로 구성된 국제인권장전으로 귀결되었다. 하지만, 인권위원회의 두 번째 회기 동안 연구그룹은 보고서에 기술된 특정 원칙이나 해결책에 대해서는 아무런 결정도 하지 않고, 그 심의와 의견을 구하기 위해 여러 국가의 정부들과 경제사회이사회로 보고서를 넘겼다.[9] 세 번째 단계로서 이행에 관한 연구그룹 보고서에서는 '인권 협약의 효과적인 감독 및 집행을 위한 국제기구' 문제, 국가의 청원권 외에 인권침해와 관련하여 개인, 협회 또는 단체의 제소가능성, 국제재판소의 아이디어, 국제 인권재판소의 결정의 집행을 보장하는 역할을 하는 UN 전문기관의 설립가능성 등을 제안하였다.[10]

연구그룹의 보고서 제출 후, 인권위원회는 계속해서 국제인권재판소(the International Court of Human Rights) 설립에 관한 호주 대표단의 제안을 검토하였다.

---

6) UN Charter, Preamble.

7) 동 위원회는 2006년에 UN총회결의안 60/251(3 April 2006)에 따라 UN인권이사회(the UN Human Rights Council)로 대체되었다. cf. UN Doc A/RES/60/251.

8) Commission on Human Rights, 2nd Session 2-17 December 1947, Geneva - Report E/600, at http://digitallibrary.un.org/record/599974.

9) 위 Report, para. 26.

10) 위 Report, para. 31-52.

호주는 2차 대전 중에 국제인권재판소 설립을 위한 가장 유명하고 헌신적인 옹호자이었다. 호주의 제안은 1946년 파리 평화회의에 뿌리를 두고 있다.[11] 호주는 파리평화회의에서, 평화협정에 인권조항이 포함되면 인권재판소(a Court of Human Rights, 혹은 시민권재판소(a Court of civic Rights)라고도 함)가 있어야 한다고 주장하였다.[12] 그러나 파리에서의 호주의 견해는 다른 대표단에 의해 거부되었고, 국제인권재판소에 대한 토론은 UN 인권위원회 회의에 회부되었다. 국제인권재판소에 대한 논의는 호주초안에[13] 힘입어 이행에 관한 연구그룹 보고서에도 포함되었다. 그러나 국제인권재판소제도가 규약에 포함되는 것에 대하여 찬반의 다양한 견해가 노정되었고, 최종 결정에 도달할 수 없었다. 연구그룹에서는 국제인권재판소 설립에 대하여 대체로 새로운 재판소의 창설에 찬성했으며, 그 결과 해당 재판소의 호주 초안규정이 정교하게 다듬어졌다.[14] 그러나 인권집행을 위한 효과적인 국제기구를 설립하려는 데에 대하여 미국, 러시아, 영국과 프랑스 같은 나라들에서 국내문제에 관하여 강하게 불간섭을 유지하려고 하였다.[15] 특별상설위원회(a special and permanent commission)로 설치하자는 프랑스의 제안과, 임시조사위원회(ad hoc committee of Inquiry)로 설치하자는 영국 및 미국의 제안 등이 제안되자, 1948년 호주의 제안은 실패할 운명이었고 호주의 제안은 철회되었다. 이 후 냉전의 시작으로 세계인권재판소에 대해서는 그 반대가 더욱 강화되었다. 이후 인권에 관한 규약의 이행문제는 국제인권재판소 설립에 관한 질문이 포함된 설문지 형태로 개별국가에 제출되었다. 1950년 6차 위원회에서 답변이 검토되었지만 시간논쟁과 주권논쟁이 지속되었다.[16] 그러나 인도, 필리핀, 덴마크, 네덜란드와 같은 많은 국가들은 국제사법기구의 설립을 호의적으로 받아들였다. 하지만, 1948년 이후 냉전은 국제사회의 양극화를 초래하였고, 정치적 분위기는 국제인권의 점진적인 발전에 결코 도움이 되지 못하였다. 국제인권재판소를 설립하여야 한다는 주장은 점차 침체기로 접어들게 되었다.

이러한 환경에서 국제사회는 실행에 초점을 맞추지 않고 법적 구속력이 있는 인권문서를 작성하는 것을 우선시하였다. 이 시기에 ICCPR과 ICESCR이 체결되었다(1966). 서방국가들은 한편으로는 시민적 및 정치적 권리와 다른 한편으로는 경제적, 사회적 및 문화적 권리 사이의 강력한 분할에 찬성하였다. 그들은 청원 메커니즘의 필요성을 인식했지만 ICCPR과 관련해서만 그러하였다. 사회주의 국가들은 인권의 불가분성과

---

11) A. Devereux, Australia and the Birth of the International Bill of Human Rights, 1946 - 1966, (Sydney, Australia: Federation Press, 2005), p. 306.

12) *Ibid.* p. 180.

13) Draft Resolution for an International Court on Human Rights/Submitted the Representative of Australia. E/CN.4/15, 5 Feb. 1947.

14) UN, Commission on Human Rights Drafting Committee, Second Session, Australia : Draft Proposals for an International Court of Human Rights, E/CN.4/AC.1/27, 10 May 1948.

15) 호주의 제안에 대하여 국가주권의 유지라는 입장에서 반대하는 제 견해들에 대해서는, cf. Li Tian, Towards the Establishment of a World Court of Human Rights, The design of its complementary jurisdiction, SVH, 2017, p. 37 ff., especially, p. 43 ff.

16) Li Tian, FN 15), *ibid.,* p. 69 ff.

상호의존성을 강조했지만 근본적으로 국가주권을 침해하는 집행 메커니즘의 시행에 반대하였다. 따라서 당시 UN은 ICCPR에 대한 국가보고 시스템과 개별청원 제기메커니즘에 대해서만 동의할 수 있었다.[17)]

인권의 효과적인 사법적 보호가 국제적 차원에서 실패했을 때, 지역적 차원에서 새로운 노력이 나타났다. 지역 기구들은 당시 국제사회의 정치적 양극화를 버리고 같은 생각을 가진 국가들에 대해 법적 구속력이 있는 규칙에 집중할 수 있었기 때문에 세계적 수준에서 UN과 같은 경계로 묶이지 않았다.[18)] 세 개의 지역에서 이 아이디어를 지지하였다. 유럽인권재판소(European Court of Human Rights: ECHR:1959 설립, 1998 상설화)가 가장 먼저 설립되었고, 각 지역의 인권선언이 성립된 이후 이를 관할하는 재판소가 설립되었다. 미주인권재판소(the Inter-American Court of Human Rights: IACHR: 1979 설립)와 아프리카 인권 및 인민의 권리에 관한 재판소(African Court on Human and People's Rights: ACHPR: 2006 설립)가 그 뒤를 따랐다. 뿐만 아니라 아랍 지역과 아시아지역에서도 인권선언 및 인권재판소를 설립하여야 한다는 주장이 빈번히 제기되고 있다.[19)]

## 3. 침체기에서의 제안들

### 1) 국제법학자위원회(International Commission of Jurists:ICJ)의 제안

UN의 개별조약에 따른 개별청원 메커니즘의 수용 증가와 지역적 노력 외에도 국제재판소의 형태로 집행 및 이행을 위한 국제적 메커니즘을 두어야 한다는 아이디어를 옹호하는 인권 연구자들이 여전히 많이 있었다. 그 중에서 국제법률가위원회(International Commission of Jurists: ICJ)의 노력이 주목할 만한 것이었다. 당시 ICJ의 사무총장이자, 나중에 노벨상을 받게 되는 아일랜드의 Seán MacBride는, 세계인권선언 20주년을 기념하여 1968년 테헤란에서 열린 UN의 첫 번째 세계인권회의(the International Conference on Human Rightd in Tehran)에 참여하여 세계인권재판소의 설립을 강하게 주장하였으나, 결의안 채택으로 이어지지는 못하였다.[20)] 그는 이후의 글에서,

---

17) Nowak, M. "The need for a world court of human rights", 7(1) *Human Rights Law Review* (2007), p. 252.

18) *Ibid.* p. 253.

19) 아랍지역을 포함한 이슬람국가들의 경우 1960년대부터 독자적인 협력기구를 창설하여 국제평화를 위한 활동을 지속하여 왔다. 1981년에는 UN이 세계인권선언에 반대하여 이슬람세계인권선언(Universal Islamic Declaration of Human Rights)을 발표하였고, 1990년에는 이슬람의 카이로 인권선언, 1994년에는 아랍인권선언을 발표하였다. 2004년에는 1994년의 인권헌장을 개정하여 아랍인권헌장을 공표하였고, 이 헌장은 2008년에 필요한 비준국가 수가 충족되어 발효하였다. 내용적으로는 UN 세계인권선언과 국제법을 지지하기로 방향을 전환한 것이 특징적이다. 2014년에는 아랍인권재판소의 설립이 제안되기도 하였다.

20) Cf. Final Act of International Conference on Human Rights, Teheran, 22 April to 13 May 1968, 5 ff. 테헤란회의에서는 테헤란선언과 29건의 결의안이 채택되었다.

이행기구를 마련하려는 UN의 현재의 노력의 큰 결점은 단편적이고 일관성이 없으며 사법적이라기보다는 정치적일 가능성이 높다고 주장하고, 효과적인 이행기구는 사법규범을 준수해야 하고, 객관적이고 자율적으로 운영되어야 하며, 임시방편적이거나 당시의 정치적 편의에 의존해서는 안 된다고 강조하면서, 인권 분야에서 국제 사법기구가 필요한 이유는 많지만, 가장 중요한 것은 객관성과 독립성을 보장하는 것이라고 강조하였다.[21) ] 1968년 국제법률가위원회가 제안한 다른 두 가지 목표는 UN 인권고등판무관(UN Commissioner for Human Rights)과 국제형사재판소(the International Criminal Court)의 설립이었다.[22)] 냉전이 종식되어 가던 1990년에 UN 총회는 1993년에 Vienna에서 고차원의 세계인권회의(World Conference on Human Rights)를 개최하기로 결의하였다. 회의의 준비과정에서 세계인권재판소 논의를 부활하기 위한 노력이 있었으나, 다른 의제에 밀려 상세히 논의되지 못하고 주변적으로만 논의되었고 Vienna Declaration에 포함되지 못하였다. 다만, UN 인권고등판무관(High Commissioner for Human Rights: 1993 유엔총회 결의)과 국제형사재판소(the International Criminal Court: 1998년 제안, 2002년 설립)의 설립제안은 각각 1993년과 1998년에 달성되었다.

### 2) 세계정부론자 Garry Davis의 제안

Garry Davis는 1940년대 말에 세계시민운동(the World Citizenship Movement) 캠페인을 주창한 사람으로, UN을 세계정부(world government)로 전환할 것을 촉구하였으나 실패하였다. 1953년에 하나의 정신(One Spirit), 하나의 세계(One World), 하나의 인류(One Humankind)를 기치로 내걸고, UN과 구별되는 기구로서 영토 경계없이 전지구를 관할하여 세계의회(World Parliament), 세계행정부(World Service Authority) 그리고 사법기구로 세계인권재판소(the World Court of Human Rights)로 구성되는 전지구적 주권기구인 세계시민정부(the World Governmment of World Citizens:WGWC)를 창설하였다. 1972년에 잠정적인 세계재판소가 WGWC 총회에 의해 프랑스에 설립되었고, 뒤이어 1974년6월12일에 프랑스의 Mulhouse에서 회의를 개최한 후, 세계적법절차위원회(the Commission for International Due process of Law)에 의해 잠정적인 세계재판소법이 제정되었다.[23)] 그러나 더 이상의 진전이 없이, WGWC는 세계시민정부(World Citizen Government: WCG)로 단체명을 바꾸고, 세계시민권과 세계시민여권 등을 발행하는 데에 주력하고 있다.

---

21) Journal of the ICJ, Vol. VIII, No.2, Part 1, Special Issue 1968, Introduction IV-VII.

22) *Ibid.* Introduction IV.

23) World Citizen Government, Statue of the World Court of Human Rights, at〈https://worldservice.org/wsalstat.html〉(2023.3.8. 최종접근).

## 4. 논의의 재활성화 : 국제적 의제로서의 세계재판소의 부활

### 1) Swiss Initiative의 제안

2008년12월 스위스 외무장관 미쉐린 칼미 레이(Micheline Calmy-Rey)가[24) 세계인권선언 60주년을 기념하여, 새로운 스위스 인권의제를 구성하는 'Swiss Initiative'를 상정하고, 그 8개 프로젝트[25) 중 하나로 세계재판소 설립을 그 의제에 포함하였다. 스위스 연방 외무부는 새로운 의제를 실행하기 위해 Mary Robinson과 Paulo Sérgio Pinheiro가 공동의장을 맡은 저명인사 패널을 설치하였다.[26) 패널 멤버인 Manfred Nowak이 World Court 프로젝트를 주도하였다. 그와 외부 전문가 Martin Scheinin은 2009년에 각각 세계재판소를 위한 법안을 작성하였다.[27) Julia Kozma의 도움을 받은 두 명의 전문가는 두 법안을 통합하여 종합적인 법률초안을 작성하기 위해 노력했으며 2010년에 공개되었다.[28) 저명인사 패널들은 2010년 9월 제안을 승인하였다.

### 2) Lucknow 법안

2013년 12월 13-17일까지 인도의 Lucknow에서 제14차 세계사법정상회의(14th World Judiciary Summit)가 개최되었다. 이 정상회의는 "강제가능한 세계법과 효과적인 세계 지배구조(Enforceable World Law and Effective Global Governance)"라는 주제로 개최되었는데, 참석자들은 대부분 세계인권재판소의 설립을 지지하였다. 미국 변호사 Mark Oettinger가 주축이 되어 세계인권재판소 법안을 작성하여, 2014년 12월의 제15차 세계사법정상회의에서 러크나우 조약(Treaty of Lucknow)이라는 이름으로 세계인권재판소의 법령 초안이 마련되었다.[29) 동 법안은 34개조로 구성되어 있다. 동

---

24) 나중에 스위스연방 대통령을 역임하였다.

25) 8개의 의제는 인간존엄, 교육을 통한 예방, 억류, 이주, 무국적, 건강권, 기후변화, 세계인권재판소 등이었다. Panel on Human Dignity; Protecting Dignity : An Agenda for Human Rights, Geneva Academy of International Humanitarian Law and Human Rights, 2011 Report, p. 3.

26) 이 때 구성된 저명인사 패널은 Geneva Academy of International Humanitarian Law and Human Rights(약칭 'Geneva Academy')로 불린다.

27) 각각의 두 법안은 Manfred Nowak/Julia Kozma, Draft Statute of the World Court of Human Rights, 2009.6. 및 Martin Scheinin(European University Institute), Towards a World Court of Human Rights Research report within the framework of the Swiss Initiative to commemorate the 60th anniversary of the Universal Declaration of Human Rights, 2009.6.이다. 전자는 35개조로 구성되어 있고 NK Statute라고도 불리며, 후자는 63개조로 구성되어 있고 MS Statute로 불리기도 한다.

28) "A World Court of Human Rights: Consolidated Draft Statute", Panel on Human Dignity; Protecting Dignity : An Agenda for Human Rights, Geneva Academy of International Humanitarian Law and Human Rights, 2011 Report, p. 46 ff. 동 법안은 54개조로 구성되어 있다.

29) The World Court of Human Rights Development Project, the WCHR Statute (Current Draft): "The Statute of the World Court of Human Rights (The Treaty of Lucknow)" (2014) at 〈http://www.worldcourtofhumanrights.net/wchr-statute-current-draft 〉.

조약은 인도의 Lucknow에서 열리는 연례 세계사법정상회의의 이름을 따서 명명되었다.

## III. 세계인권재판소의 이념적 기초

### 1. 인간의 존엄성에 대한 인식 : 인종주의의 극복

개체로서의 인간의 존엄에 관한 종교적 및 사상적 인식은 그 역사가 매우 오랜 것이지만,[30] 법적 차원에서 인간의 존엄과 가치에 관한 인식은 근대사회에서 비로소 확인되었다. 인간의 존엄이라는 용어와 그 개념은 1948년 이래의 국제인권법 맥락에서 핵심적 개념으로서, 인간의 존재론적 지위를 정의하는 것이다.[31] 인권발달사를 보면, 예컨대 영국의 경우, 13세기에 당시의 영국의 정치적 상황의 산물로서, 신분귀족의 이익을 쟁취하기 위하여 국왕과 투쟁하였던 데에서 인권이 유래하였다. 점차 확대되기 시작한 인권인식은 보통의 남성을 그 주체로 인정하는 단계를 지나, 20세기 초에는 일정연령의 여성의 권리로까지 확대되었다. 영국에서의 인권론은 주로 '시민적 자유(civil liberties)'라는 관점에서 발전하였다. 근대혁명의 확산으로 인권에 대한 자연법적 인식이 당연시되었고, 독일을 포함한 몇몇 후발 산업국가들에서는 자연권으로서보다도 국가내적 권리로 인식하기도 하였다.

유럽에서의 초기적 인권인식의 한 특징은 백인중심의 사회 및 국가 인식에 기초하고 있다는 점이다. 근대의 제국주의와 식민주의는 자국을 중심으로 하여 다른 나라를 경제적 이익을 위한 도구로서만 인식하였고, 백인우월주의(white supremacy)적 국제관계 하에서 타 인종은 권리의 주체로 받아들여지지 않았다. 아프리카의 흑인들은 그저 '말하는 동물'로만 인식되었지 결코 인권의 주체가 아니었다. 선도적 산업국가들은 국가의 경제적 발전을 위하여 타국을 침략하고 자국의 경제적 발전을 위한 원료 및 노동력 생산기지로, 그리고 생산물 판매시장으로 만들었다. 급기야는 산업국가들 사이에 무력충돌이 일어났고 1차 세계대전으로 확전하였다. 비극적 세계대전이 종료된 후, 승전국과 패전국 사이에는 전쟁 배상금을 놓고 극심한 대립이 초래되었고, 그로 인해 패전국들의 경제가 몰락하게 되자, 오히려 승전국들도 동반하여 경제적 침체와 공황으로 위기를 맞게 되었다. 경제분야에서 국가 상호간의 의존성이 현실적으로 증명되는 시기이었다. 1차 세계대전의 전후처리가 대공황(the great depression)으로 이어지자, 이를 틈타 독일의 국가사회주의(Nazism; national socialism) 등의 인종주의가 발호하여 급기야 2차 세계대전으로 치달아 인류사에서 처참한 역사적 경험을 초래하였다.

---

30) Ishay, Micheline, The History of Human Rights; From Acient Times to the Globalization Era, Berkeley, Univ. of California Press, 2004(조효제 옮김, 세계인권사상사, 도서출판 길, 2005 참조).

31) 인간존엄론에 대한 법적 분석은 McCrudden, Christopher, Human Dignity and Judicial Interpretation of Human Rights, 19 *Eur. J. Int'l L.* 655(2008)을 참조하라.

양차 대전의 참극을 경험한 인류는 인종차별이나 특정 인종의 우월주의가 범인류적 차원에서 결코 정당하지 않다는 인식에 도달하게 되었고, 이는 1945년의 UN의 성립과 1948년의 세계인권선언으로 이어졌다.

인류학의 연구에 따르면, 인종(race; ethnicity)은 인류(human; mankind)의 하위개념으로, 피부색에 따라 흑인(Black race), 백인(white race), 황인(yellow race)으로 나누어 왔다. 아메리카 인디언들은 자신들을 홍인(red race)으로 지칭하고 있으며, 과거에는 청인(blue race)도 있었다고 주장하는 사람도 있다. 오늘날에는 피부색에 따른 인종의 구분은 무의미하며, 인종차별의 결과이지 전제가 아니라고까지 받아들여지고 있다.[32)]

인간은 피부나 눈의 색깔 혹은 여타 어떠한 기준으로도 구분되어 차별되어서는 안된다. 서구의 과학적 연구에서 인간의 차별이 옳지 않음을 받아들이기까지 참으로 오랜 시간 동안의 경험을 겪고 나서야 비로소 인정되었지만, 동양의 종교에서는 인간의 평등성은 일찍이 인정되었다. 물론 인간의 평등성이 사회 및 국가 영역에서 구현되지는 않았다. 서구의 세 종교 즉, 유대교, 기독교, 이슬람교에서도 인간의 존엄은 각각의 교리에 따라 인정되는 것이지만,[33)] 이들 세 종교는 모두 유일신관(monotheism)에 기초하고 있다. 유일신관은 종교적 수행과 실천을 위하여 필요할 수 있지만, 절대적 배타성으로 인해 타 종교를 배척하고 악마화할 우려가 있다. '인간을 위한 종교'가 '종교를 위한 인간'으로 전도될 위험을 안고 있는 것이다.

동양종교 중의 하나인 불교는 모든 인간존재가 불성의 성품을 가지고 있으며, 인간 개인은 열반에 이를 수 있는 유일한 존재이기 때문에 존엄하고 신성하다고 한다. 또한 불교경전인 화엄경에서 말하는 인드라망(indra-net)이나, 세계의 유기체적 일체성과 모든 인간존재의 상호관련성을 의미하는 동업중생(同業衆生)이라는 표현은 모든 인간들이 서로 연결되어 있고, 따라서 상대방을 존중하는 것이 곧 자신을 존중하는 것임을 지적하고 있다.[34)]

유교에서는 모든 인간에게 내재하는 도덕적 잠재성(moral potential)을 인간존엄의 근거로 보고 있으며, 최소한의 도덕적 · 윤리적 기초로서 오륜사상에서 기초하여 만물의

32) 독일 예나대학교가 독일의 다윈이라 일컬어지는 동물학자이자 진화생물학자인 Ernst Haeckel의 사망 100주년을 기념하여 "Jena, Haeckel und die Frage nach den Menschenrassen : wie Rassismus Rassen macht"라는 주제의 모임을 개최하고 2019년 8월 9일에 예나선언(Jenaer Erklärung)을 발표하였다. 동 선언은 「인종의 관념은 인종주의의 결과물이지, 그 전제가 아니다(Das Konzept der Rasse ist das Ergebnis von Rassismus und nicht dessen Voraussetzungen).」라고 선언하고, 인종(Rasse; race)이라는 용어를 쓰지 않는 것이 과학적 예의라고 천명하였다. https://www.uni-jena.de/190910-jenaererklaerung (2023.3.3. 접근)

33) 기독교에서는 인간이 신의 형상을 따라 만들어졌다(Man is made in the image of God)는 사상에서 인간의 존엄을 근거지운다. 이슬람교에서는 최고신이 인간에게 이성의 능력을 부여하였기 때문에 인간이 존엄하다고 주장한다.

34) 인간존엄에 대한 동양 및 한국의 전통적 견해에 대해서는, Lee, Heon Hwan, The Concept of Human Dignity – The Eastern and Korean Traditional View, 세계헌법연구 15(3), 2009 참조.

영장으로서의 인간관을 표현하고 있다.

우리나라의 고유사상에서도 예컨대, 단군의 홍익인간 재세이화(弘益人間 在世理化) 사상, 천도교의 인내천(人乃天) 사상, 한울사상 등이 인간의 존엄의 근거로 제시되고 있다. 특히 천도교의 인내천사상은 모든 인간이 그 자신 속에 신을 포함하고 있다는 보편주의적 인간관을 보여주고 있다. 천도교는 인간 뿐만 아니라 자연과 우주 그리고 신이 완벽한 조화로 통합되는 진정한 평등과 자유의 삶을 성취하는 것을 동경한다.

오늘날 인간의 존엄은 전세계 모든 종교의 상위개념으로서 종교를 초월한 이념으로 받아들여지고 있다. 말하자면 인간의 존엄은 그 설명방법이 어떠하든 모든 종교에서 인정하는 것이며, 따라서 종교간 대화와 협력을 통하여 인간의 존엄을 현실적으로 구현하는 것이 중대한 과제이다. 존재하는 인간에 내재하는 영혼은 아마도 어떠한 색깔(color)도, 성(性:sex; gender)도, 인종(race)도, 국적(nationality)도 없을 것이다.

## 2. 인간상의 변화 : 고립적 · 배타적 개인주의에서 관계적 · 조화적 개인주의로

서구의 중세에서 근대로 이행하는 시기는 중세의 신 중심의 인식에서 근대의 인간 중심의 인식으로 전환한 것을 가장 큰 특징으로 한다. 인간 중심의 시대는 개체로서의 인간 개인이 가진 이성(reason)을 핵심적 도구로 하여 개인주의를 지향함으로써, 개인의 이익이 다른 개인이나 사회 혹은 국가의 그것보다 우선시되어야 한다고 강조하였다. 개인주의는 정치사상, 법사상, 경제사상, 윤리사상 등 거의 모든 학문영역에 영향을 미쳤고, 그에 따라 근대사회를 지배하는 핵심사상으로 되었다. 개인주의는 프로테스탄티즘, 계몽주의, 자연권사상, 자유시장경제 등으로 나타났다. 철학적으로는 윤리적 에고이즘, 에고이스트적 아나키즘, 실존주의, 자유주의, 인본주의 쾌락주의, 자유분방주의, 객관주의, 철학적 아나키즘, 주관주의, 유아론 등의 주장으로 다양하게 분기하였다. 정치적 측면에서는 고전적 자유주의라 할 수 있는 시민자유지상주의로 표현되어, 시민의 자유를 강조하고, 모든 종류의 권위에 맞서 개인의 자유와 권리를 옹호하는 사상으로 발전하였다. 경제적으로는, 자본주의와 결합하여, 개인이 경제적 의사결정을 할 때에는 외부의 강제력에서 벗어난 자율성이 있어야 하며, 따라서 국가의 개입을 최소화하고 모든 경제적 문제들을 시장의 자율에 맡겨 해결하여야 한다는 자유방임주의적 주장으로 전개되었다. 하지만 극단적 개인주의에 따른 현실에서 개체로서의 인간은 최소한의 존재마저도 부정당하였고, 그 반작용으로 사회주의, 공산주의 등 정반대의 극단적 전체주의가 대두되기도 하였다.

서구에서 전개된 개인주의에 관한 다양한 견해들이 가진 공통적 특성은 철저히 고립적 · 배타적 개인주의(the isolated and exclusive individualism)라는 점이다. 개인과 개인 사이, 개인과 사회 사이, 개인과 국가 사이, 더 나아가 오늘날과 같은 전지구적 공동체에서조차도 공동체 내지 전체의 가치보다도 개인의 가치를 우선시하며, 그러한 개인을 바탕으로 형성된 국가들 사이에서도 다국적기업(multinational enterprise)에 의한 약탈적 자본주의의 횡행, 자국중심(우선)주의 내지 국가주의(nationalism)가 만연하고 있다.

고립적 · 배타적 개인주의는 '너를 배제하고, 나만(Without You, Only I)'이라는 생각을 바탕으로 한다. 인간사회에서도 약육강식의 정글의 법칙이 지배한다고 보고, '나'(혹은 '나를 포함한 집단') 아닌 다른 모든 존재들은 이기고 배제해야 할 대상이지 공존하거나 조화적으로 협력할 대상이 아니라고 본다. 역사적으로는 근대후기의 제국주의 · 침략주의 · 식민주의, 그리고 그 귀결로서의 양차 세계대전으로 나타났던 현상들은 바로 이와 같은 생각이 현실화한 것이었다.

그러나 개인주의를 뒷받침하는 인간상으로서 고립적 · 배타적 인간상(the isolated and exclusive human-being)은 존재론적으로나 당위론적으로나 재검토되어야 하는 사상이다. 존재론적으로 볼 때, 개체로서의 개인은 결코 타인이나 사회공동체가 없이는 단 하루도 살 수 없다. 서구적 관념에서 개인과 전체라는 양 극단적 개념만으로 인간과 사회를 설명하고자 하는 것은 현실적으로나 이상적으로나 타당하지 않다. 인간은 다른 개인과 사회 혹은 국가와 상호관계를 갖는 존재로 이해되어야 한다. 즉, 고립적 · 배타적 인간상이 아니라 관계적 · 조화적 인간상(relational and harmonious human-being)에 기반하여 개인주의가 재해석되어야 한다. 즉, 고립적 · 배타적 인간상에 기반하여 고립적 · 배타적 개인주의를 강조할 것이 아니라, 관계적 · 조화적 인간상에 기반하여 관계적 · 조화적 개인주의(the relational and harmonious individualism)로 이해되어야 하는 것이다. 이는 인간을 상호의존적(interdependent), 상호관련적(inter-connected; interrelative) 존재로 이해하는 것이며, 이에 따르면, 개인주의는 '너를 배제하고, 나만(Without You, Only I)'이 아니라, '네가 없이는 나도 없다(Without You, Without Me)'라는 상호관련적 이해에 기초하여 재구성될 필요가 있다.[35)]

오늘날 개인의 '관계성(relationship)'은 한 사회나 국가공동체 내에서만 파악되는 것은 아니다. 오히려 한 국가를 넘어서 전체 지구상의 여러 국가들의 구성원인 개인과도 밀접하게 연결되어 있다. 유럽이나 아메리카의 한 개인의 삶은 아시아나 아프리카의 한 개인의 삶과 직간접적으로 연결되어 있는 것이다. 전지구적 관점에서 보면, 국가는 개체인 개인 사이의 관계를 연결시켜주는 중간단계의 수단일 뿐이다.

관계적 · 조화적 개인주의는 국제인권법의 영역에서도 일찍이 인식되었다. 앞서 언급한 1968년 Tehran 선언에서도 '인간의 상호의존성(human interdependence)이라는 사실과 인류의 연대의 필요성이 과거 어느 때보다도 명확하다고 믿으며'[36)]라고 하여,

35) 서구 사회에서는 일찍이 1920년대에 마르틴 부버가 관계철학(만남의 철학)을 전개한 바 있고, 미국에서 전개된 자유주의와 공동체주의 사이에 J. Rawls와 M. Sandel의 '무연고적 자아(unencumbered self)'와 '연고적 자아(encumbered self)' 사이의 논쟁은 곧 고립적 · 배타적 개인주의와 관계적 · 조화적 개인주의 사이의 논쟁이라 하여도 좋을 것이다.

인류 모두가 서로 의존적인 존재임을 선언하였다. 1991년 12월 17일의 UN 결의안 46/116에 따라, 1993년 3월 29일부터 4월 2일까지 방콕에서 개최된 세계인권회의(the World Conference on Human rights)에서는 아시아적 가치를 확인하는 '방콕 선언(the Bankok Declaration)'을 발표하였다. 이 선언에서는 인권의 상호의존성(interdependence)과 불가분성(indivisibility)을 다시 한 번 강조하였다.[37] 뿐만 아니라 UN 총회 결의안 45/155에 따라 1993년 6월 14-25일에 Vienna에서 개최된 세계인권회의(World Conference on Human Rights)에서 채택된 비엔나 선언 및 행동계획(the Vienna Declaration and Programme of Action)은 지난 45년간 발전된 인권에 관한 원칙들을 재확인하였다. 이 선언에서는「모든 인권이 보편적이며, 불가분이고, 상호의존적이며 상호관련되어 있다.」고 선언하고, 국내 및 지역적 특성과 다양한 역사적, 문화적 및 종교적 배경들을 염두에 두고, 개별국가들이 그 정치적 · 경제적 · 문화적 제도들과는 상관없이 모든 인권과 기본적 자유를 조성하고 보호하여야 할 의무를 갖는다고 선언하였다.[38] 이들 선언에서 보듯이, 관계적 · 조화적 인간상은 오늘날 범인류사회에서 공통적으로 받아들여지는 원칙으로 인식되고 있다고 보아야 한다.

### 3. 인권인식의 범주 확대

인권의 역사는 각 시대마다 그 시대에 살았던 사람들이 자신들에게 필요한 권리와 자유를 법적으로 규범화하고 이를 제도화하는 과정이었다.[39] 이러한 규범화 · 제도화는 각 시대의 인권의 주체들이 자신의 권리를 인식하는 범주에 따라 그 구체적인 내용과 범위가 정해지는 것이었다. 즉, 국내적 차원에서 국가에 대항하는 개인의 지위에서 소극적 · 방어적 차원의 권리가 추구되었고, 더 나아가 한 국가공동체 내에서 타인과의 평등한 삶을 추구하는 권리로 발전하였다. 국내적인 인권의 발전은 한 국가의 차원에 머물지

---

36) 원문은 다음과 같다.「*Believing* that, in an age when conflict and violence prevail in many parts of the world, the fact of human interdependence and the need for human solidarity are more evident than ever before,」. UN, *Final Act of the International Conference on Human Rights*, Teheran, 22 April to 13 May 1968(A/conf.32/41), UN Publication, 1968, p. 3.

37) 원문은 다음과 같다.「Reiterating the interdependence and indivisibility of economic, social, cultural, civil and political rights, and the inherent interrelationship between development, democracy, universal enjoyment of all human rights, and social justice, which must be addressed in an integrated and balanced manner」.

38) 원문은 다음과 같다.「5. All human rights are universal, indivisible and interdependent and interrelated. The international community must treat human rights globally in a fair and equal manner, on the same footing, and with the same emphasis. While the significance of national and regional particularities and various historical, cultural and religious backgrounds must be borne in mind, it is the duty of States, regardless of their political, economic and cultural systems, to promote and protect all human rights and fundamental freedoms.」

39) 인권법 발전에 대한 개괄적 서술로는, 김철수, 인간의 권리, 산지니, 203쪽 이하; Sandra Fredman, *Human Rights Transformed : Positive Rights and Positive Duties*, Oxford, Oxford Univ. Press, 2008(조효제 역, 인권의 대전환, 서울, 교양인, 2009) 참조.

아니하고 국제적인 차원의 권리로 확대되었다. 이러한 인권의 발전과정에 대하여, 체코계 프랑스인인 Karel Vašák은 제3세대인권론을 주장하여 오늘날 보편적으로 받아들여지게 되었다.[40] Vašák은 프랑스 혁명의 3대 이념이었던 자유, 평등, 형제애를 각각의 세대의 권리근거로 대응시키면서, 시민적 · 정치적 권리인 1세대 인권은 국가의 간섭 · 개입을 배제하는 소극적 권리로, 경제적 · 사회적 · 문화적 권리인 2세대 인권은 국가의 적극적인 의무를 통한 일정한 분배정의를 확립하기 위한 적극적 권리로 설명하였으며, 3세대 인권은 전통적인 개인적 권리가 아닌 집단적 권리유형으로서, 개별국가의 헌법 영역을 초월하여 실현되는 권리, 즉 인민과 그 자국 정부간의 관계가 아닌 세계의 모든 정부와 국제조직을 그 의무자로 하는 권리라고 보았다.[41]

Vašák의 인권세대론이 일반적으로 받아들여지고 있지만, 인권 자체가 한 개인을 주체로 하여 그가 가지는 권리라고 한다면, Vašák의 분류방법과는 다르게 인권의 주체로서의 개인이라는 관점에서 인권을 새롭게 분류할 수도 있다고 생각한다. 인권은 한 개인이 공간적 및 시간적으로 어느 범주에서 자신을 인식하느냐에 따라 그 권리의 내용이나 실현방법이 달라질 수 있다.

### 1) 공간적 인식범주의 확장과 인권

#### (1) 개인 기반의 인권(individual-based human rights)

사람을 개인차원으로만 인식한 시대의 인권관념으로 근대적 인권인식이라 할 수 있다. 근대사회를 구축한 사상으로서 개인주의와 자유주의를 바탕으로 한다. 신이 가진 신성(deity; divinity)에 대신하여 인간이 가진 이성을 중시하여 한 개인을 추상적으로 완성된 인격으로 이해하고 그가 갖는 권리는 하늘이 부여한 것(천부인권설)으로서 남에게 양도할 수 없는 일신전속적인 것으로 이해하였다. 이 시대의 권리는 시민적 · 정치적 권리 그 중에서도 특히 자유권이 중심적이었으며, UN에서 채택한 시민적 및 정치적 권리에 관한 국제규약(International Covenant on Civil and Political Rights:ICCPR(1966))

---

40) Karel Vašák은, 'A 30-year struggle; the sustained efforts to give force of law to the Universal Declaration of Human Rights', in; The Unesco Courier, Nov. 1977에서 처음으로 3세대 인권론을 언급하였고(https://unesdoc.unesco.org/ark:/48223/pf0000074816 참조), 2년 후 1979년 Strasbourg의 국제인권연구소에서 행한 연설에서 다시 제안하였다. 1980년에 멕시코에서 개최된, 새로운 인권으로서 연대권에 대한 유네스코심포지움(UNESCO, Symposium on the Study of New Human Rights: The "Rights of Solidarity", Mexico, 12-15 Aug. 1980)에서는 발전권(the right to development), 평화권(the right to peace), 인류공통유산에 대한 권리(the right to the common heritage of mankind), 의사소통의 권리(the right to communication), 건강 및 생태적 균형을 갖춘 환경에 대한 권리(right to a healthy and ecologically balanced environment), 국제인도적 지원에 대한 권리(the right to international humanitarian assistance) 등이 논의되었다.

41) Vašák, Karel, 'Pour une troisiéme génération des droits de l'homme, 839, in; Linda Hajjar Leib, "An Overview of the Characteristics and Controversies of Human Rights", *Human Rights and the Environment: Philosophical, Theoretical and Legal Perspectives*, Brill (2011), p.53.

은 이를 선언한 것이었다. Vašák은 이를 제1세대 인권이라고 하였다.

개인 기반의 인권을 인권의 전부라고 주장하는 것은 철저히 개인지향의 삶을 추구한다는 것이고, 이는 자칫 개인과 개인 사이의 무한경쟁을 초래하며, 국가나 인류적 차원의 가치에 대해서는 눈을 감아버리는 것이 될 수 있다.

#### (2) 사회적(국가적) 기반의 인권(society(nation)-based human rights)

19세기말에 개인을 넘어선 사회철학이 대두하고 사회주의적 공동체 인식이 등장한 후, 개인을 넘어서서 사회공동체 내지 국가공동체의 범주에서 사람을 인식하기 시작하면서 인권에 대한 인식범주도 확장되었다. 특히 사회주의 및 그 영향을 받은 수정자본주의시대에는 사회적 내지 국가적 기반의 인권이 강조되었다. 이 시대의 인권은 한 공동체 내에서 한 개인의 최소한의 생존과 복지를 위한 권리를 추구한 것으로, 경제적 · 사회적 · 문화적 권리 그 중에서도 특히 생존권(혹은 사회권)이 중심적이었다. UN이 채택한 경제적, 사회적 및 문화적 권리에 관한 국제규약(International Covenant on Economic, Social and Cultural Rights: ICESCR(1966))에서 구체화되었다. Vašák은 제2세대 인권이라 일컫는다.

사회적(국가적) 기반의 인권은 한 사회 내지 국가공동체의 구성원들에게는 바람직한 것일 수 있으나, 자칫 자국우선주의 내지 자국우월주의로 치달아 타국을 열등시하여 침략과 지배의 대상으로 격하시킬 우려가 있다. 21세기에도 여전히 발호하는 국제적 패권주의는 인권인식에 있어서도 자국중심으로만 흐르는 경향을 가지고 있다.

#### (3) 전지구적 혹은 범인류적 기반의 인권(global-based human rights)

오늘날에는 개인을 인식하는 범주가 전지구적으로 확대되었다. 피부색이나 인종, 종교, 출신지역, 문화, 성별, 교육정도 등 모든 차별적 요소들을 넘어서서 한 사람을 규정하는 범주가 범인류적 차원으로 확대된 것이다. 이 시대의 권리는 말 그대로, 존재하는 인간(human-beings)이기 때문에 갖는 권리로서 특정 사회나 국가의 범주를 넘어서서, 인간의 보편적 권리로서 인간의 존엄에 대한 권리, 연대(solidarity)의 권리, 발전권(right to development), 인류공통유산에 관한 권리, 환경관련 권리, 평화로운 생존의 권리, 인도적 구조의 권리 등, 범인류적 차원에서 추구되는 권리들이다. UN에서 정한 인권조약들 중에서 한 국가의 차원을 넘어서 전인류적 차원에서 문제되는 조약들과, UN 외에서 발전권, 인도적 구제권, 환경관련 권리에 관한 조약들이 범인류적 기반의 인권을 표명한 것이라 할 수 있다. Vašák은 제3세대 인권이라 일컫는다.

인권을 범인류적 범주에서 인식하는 것은 개개인을 한 개인이나 사회(국가)의 구성원인 것을 넘어, 인류공동체 내지 지구공동체의 구성원으로 인정하여 개개인을 그 자체로 존중하고 자신의 자유와 권리를 최대한 향유하도록 하는 것이다. 그리고 이러한 접근법은 개체로서의 인간 개인으로부터 점차 전체로서의 인류의 공통의 인권으로 나아가는 상향식의 접근법이 아니라, 전체로서의 인류에게 공통한 인권, 특히 인간의 존엄이라는 최고의 가치로부터 점차 구체적 상황에 맞게 인권을 재구성하는 하향식의 접근법이 될 것이다. 문화상대주의와 그로부터 귀결하는 규범상대주의는 필연적으로 대비되는 주체들 간의 규범적 차이만을 강조하게 되어 있지만, 대비되는 주체들 간의 최소한의 공통점으로부터 출발한다면, 그러한 바탕 위에서 상대방과의 차이를 인정하고 상호간에 이를 존중하는 것으로 나아갈 방안을 추구하게 될 것이다.

### 2) 시간적 인식범주의 확장과 인권

인류역사에서 16세기 이후 서구의 산업혁명과 그 이후 전개된 식민지 제국주의는 지구 전체의 인류에게 근대 및 현대의 삶의 조건들을 변화시키는 계기가 되었다. 그러나 그 전개과정에서 전쟁과 식민지배 그리고 반인류적 행위로 말미암아 반인권적 현상이 나타났다. 이에 대한 반성으로 범인류적 차원에서 과거사에 대한 반성과 피해 당사자에 대한 사과 그리고 적절한 배상이 행해지고 있다. 예컨대, 유럽의 경우 과거 아프리카에 대한 식민제국주의의 정책적 오류를 반성하고 배상하도록 노력하고 있고, 미국의 경우, 아메리카 인디언에 대한 사과 및 배상, 정책의 수정이 추구되고 있다. 호주도 원주민 처우에 대한 반성의 노력이 이어졌다.[42] 이는 인권에 대한 인식이 시간적 범주로까지 확장되었음을 의미한다. 아울러 과거의 역사를 극복하고 공존정책을 추구하는 것이다.

### 3) 인식범주의 확대와 그에 따른 이론화의 필요성

인권은 이를 인식하는 범주가 점차적으로 확대됨에 따라 그 보호영역과 내용이 변화되어 왔다. 그 인식의 범주는 공간적인 것뿐만 아니라 시간적으로도 확대되어 왔다. 이는 한 개인을 인식함에 있어서 그가 가진 공간적 및 시간적 범주가 확대됨을 의미한다. 또한 이러한 확대는 그 개인이 속한 사회와 국가 그리고 인류 전체의 시 · 공간적 자기인식의 확대로 귀결되고 있다. 개인 기반의 인권은 다른 개인과 구별되는 개체로서 한 개인의 자기인식의 영역에서 포착할 수 있는 인권이며, 사회적(국가적) 기반의 인권은 한 사회 내지 한 국가의 범주에서 요구되는 인권이다. 또한 전지구적 기반의 인권은 인류의 한 구성원으로서 한 개인이 보유하는 인권이다.

위 각각의 범주의 권리들은 얼핏 보면 서로 모순되거나 충돌하는 것처럼 보이지만, 서로 보완적이거나 다른 차원의 권리라고 할 수 있다. 각각의 인식범주에 따른 권리에

---

42) 다만, 아시아에서는 특히 20세기 전반의 일본의 아시아국가에 대한 침략 및 잔혹행위에 대한 반성이 여전히 문제되고 있다.

대하여 구체적인 적용범위와 조화적 해석을 위한 이론화작업이 필요하다.[43] 이러한 인권 이해는 장래 세계인권재판소가 구체적인 사건을 해결하고자 할 때 당해 사건에서 논의되는 인권에 대한 범주적 인식으로서 이론적 준거틀이 될 수 있을 것이다.

## IV. 세계인권재판소 설립에 관한 찬반론

### 1. 설립 자체에 대한 찬반론

세계인권재판소 설립에 대해서는 찬반의 견해가 나뉘어 있다. 좀더 세부적으로 보면, 인권재판소 자체의 설립을 반대하는 견해와 그 설립에는 찬성하되 구체적인 재판소의 구성방법(design)에 대하여 사로 다른 견해들이 있다. 세계인권재판소 설립에 가장 적극적이면서 논의를 주도하고, 또한 2008년의 'Swiss Initiative'에 참여하여 2010년에 종합적인 세계인권재판소 설립법안을 제안한 Manfred Nowak은 세계인권재판소 설립의 8 가지 이유를 제시하였다.[44] 첫째, 구제수단이 없는 인권은 공허한 약속일 뿐이다. 둘째, 세계인권재판소에 의해 내려지는 법적 구속력 있는 판결은 현존의 UN인권조약기구에 의해 발령되는 소통(communication)의 최종적 견해보다도 훨씬 나을 것이다. 셋째, 세계인권재판소의 설립은 질질 끌어 오래 걸리는 냉전적 논리로부터 UN의 인권조약기구들의 현존의 청원구조를 자유롭게 만들 것이다. 넷째, 세계인권재판소 설립 제안의 이유(rationale)는 세계의 거의 모든 지역(유럽, 아메리카, 아프리카)에서 각각의 인권보호를 위한 지역제도가 설립되었다는 것에서 유래한다. 다섯째, 강력한 UN인권이사회(UN Human Rights Council)는 그 상대역으로 독립적이면서 훨씬 더 강력한 세계인권재판소를 필요로 한다. 여섯째, 세계인권재판소 설립의 난관으로 장기간의 복잡하고 번거로운 조약 개정절차가 있으나, ICC 설립 때와 같이, 기존 조약을 그대로 둔 채 재판소설립법안을 포함한 추가적 조약을 체결하고 그 이행으로 설립될 수 있다. 재판소는 기존 인권조약기구를 대체하지 않고 점차 그 기능을 넘겨받으면 된다. 개별국가들은 자신들의 주권이 침해될 우려로 재판소의 관할을 꺼려할 수 있으나, 이는 크게 우려할 필요가 없다. 일곱째, 재판소의 인적 관할은 비국가적 행위자들을 포함하여, 기존의 어떤 다른 인권메커니즘보다 그 범위에서 넓을 것이다. 여덟째, 재판소는 피해자들의 권리에 적절한 보상을 강제할 수 있을 것이다.[45]

---

43) 이 글에서는 기본적인 아이디어의 제공으로 그치고 상세한 이론화 연구는 이후의 작업으로 미룬다.

44) Cf. Nowak, M., "Eight Reasons Why We Need a World Court of Human Rights", in ; G. Alfredson & Others(eds.), *International Human Rights Monitoring Mechanism: Essays in Honor of Jacob Möller*(2nd Revised Ed.), Leiden; Boston; Martinus Nijhoff, 2009, pp. 697-706.

45) 이 외에도 찬성하는 입장을 가진 학자들로서는, Martin Sheinin, Geir Ulfstein, Stefan Trechsel, L'ubica Saktorová, Ignacio de la Rasilla, Sophie Schiettekatte, Li Tian 등이 있고, 주로 북유럽 소재 국가들의 학자들은 거의 대부분 찬성하고 있다.

이러한 견해에 대하여 '문화 상대주의자(cultural relativist)'의[46] 입장에서 국제인권법 및 그 구체화 수단으로서 세계인권재판소에 대해 근본적으로 부정적인 태도를 가진 학자들이 적지 않다.

첫째, 미국의 '주권주의적 우파(sovereigntist right)'[47] 학계는, 무책임한 국제 및 국내 사법부의 '부정한 동맹'에 의해 지원되는 '그림자 권리(shadow rights)'를[48] 부여하는 '기껏해야 일종의 그림자 법'으로 여기는 '자유로이 떠다니는 국제인권법'이 민주적으로 균형잡힌 미국의 국내법 질서에 위협적으로 침투한다고 생각하면서, 그에 맞서 국가주권을 다시 주장하는 것을 옹호하였다. 정치적 스펙트럼의 다른 쪽 끝에서 '비판적 좌파(critical left)'의 학자들은 국제인권법을 부르주아적 탈정치화의 도구로 공격했으며, 이는 사회적 경직화, 보수주의 및 신식민지 기업에 연루되어 있다고 본다.[49] 그들은 세계화의 어두운 면에 주목하여 '남반구'에서 해방을 위한 대안적 언어를 갈망하며, 그들의 관점에서 볼 때, 서구지배적인 '형성 중인 제국주의적인 글로벌 국가'의[50] 선구자인 글로벌 거버넌스 기관에 의한, 인권에 대한 이데올로기적 조작을 공격한다. 이와 같은 급진적으로 양극화된 학계에 대하여, 세계재판소 프로젝트가 '국제적 차원에서 인권기구를 더욱 부각시킴으로써 제기되는 위협을 과장하면서 번성하는 자들에게 공격당하는 밀짚인형'으로 될지도 모른다고 우려하는 견해도 있다.[51]

둘째, 세계재판소는 또한 오늘날의 분쟁해결에 있어 인권조약이 기여한 바에 비교하여 사법심사의 보편적인 시스템이 과연 효율적일 수 있는가 하는 비판과[52] 결국 갈등을 악화시킬 가능성에 기반한 비판에 취약하다.[53] 제안된 세계재판소는 동등한 명령, 동시적 이해관계, 전 세계적 차원의 다양한 국가 및 지역적 차원의 의사결정을 조정해야 하는데, 이러한 기능적 어려움은 다양한 역사적 발전과정, 뿌리 깊은 문화적 차이, 잠재적으로 재판소의 관할권에 속하게 될 각 국가에서 사회적 및 발전에 대한 요청과 국가와 개인 사이의 관계에 대한 독특한 사회적 개념 등에 의해 더욱 복잡하게 된다. 해결책이 특정한 개념의 다양성을 반영해야 한다면, 적용할 기준을 어떻게 정할 것인가의 우려가 있다.[54]

---

46) 오래된 대표적 글로, Donnelly, Jack, 'Cultural Relativism and the Universal Human Rights' (1984) 6 *Human Rights Quarterly* 400을 보라.

47) Posner, Eric, *The Twilight of Human Rights Law,* Oxford Univ. Press, 2014와 Ohlin, Jens David, *The Assault on International Law,* Oxford Univ. Press, 2015을 보라.

48) Rabkin, Jeremy A., *Law without Nations? Why Constitutional Government Requires Sovereign States*, Princeton Univ. Press, 2007, p. 31.

49) Cf. Golder, Ben, "Beyond Redemption? Problematizing the Critique of Human Rights in Contemporary International Legal Thought", 2(1), *London Review of International Law* 77(2014).

50) Cf. Chimni, B. S., "International Institutions Today: An Imperial Global State in the Making", in ; *European Journal of International Law*, 15(1), 2004.

51) Alston, Philip, 'Against a World Court of Human Rights', in ; 28(2) *Ethics & International Affairs* 197(2014) , p. 211.

52) Trechsel, Stefan, 'A World Court of Human Rights?' (2004) 1(1) *Nw. J. Int'l Hum. Rts.* 3.

53) Alston, Philip, FN 51), p.211.

54) Tigroudja, 'La création d'une Cour mondiale des droits de l'homme est-elle contra victima? Libres propos introductifs' in de Frouville (ed.), *Le système de protection des droits de l'homme*

오늘날 전 세계적인 규모로 존재하는 낙태에서 안락사, 동성애자 인권에 이르기까지 논쟁의 여지가 있는 인권문제로 인해 이러한 민감한 문제에 대한 '축소된' 공통분모가 만연하게 될 위험이 있다.[55)]

셋째, 재판소의 정당성과 관련한 비판이 있다. 인권분야에서 전 세계적으로 위계적이고 구속력 있는 집행을 명령할 권한이 있는 'Dworkin'류의 'Hercules 재판관'이 정당화될 수 있는가의 비판이다.[56)] de Burca는 세계인권재판소의 존재는 효과적인 거버넌스 시스템의 필수 요소가 아니며 실제로 때때로 그것을 방해할 수도 있다고 한다.[57)]

넷째, 실용적 측면에서의 비판이다. Alston은 세계인권재판소와 같은 비전을 추구하는 것은 더 긴급한 노력이 필요한 곳이 있음에도, 국가의 자원 및 에너지를 산만하게 할 위험이 있다고 한다.[58)] 많은 UN 프로그램과 활동의 기금부족상황 그리고 기타 당장의 국제재판소에 발생하는 대규모 비용을 고려하면, 세계재판소 설립과 관련된 막대한 비용이 심각한 비용-편익 분석을 통과할 수 있을지 의문이 제기되었다.[59)] 향후 세계재판소 설립을 위한 논리적 전제조건으로 먼저 아시아인권재판소를 포함하여 대안적인 국제적 지역적 인권재판 시스템을 구축하는 것이 필요하다고 본다.

마지막으로, 세계재판소는 정치적 비현실성과 '그림의 떡(pie-in-the-sky)'과 같은 이상주의로 인해 비판을 받기도 하였다. 이른바 안보 대 자유라는 딜레마가 다양한 영역에서 더욱 악화되고 있는 시점에서 프로젝트를 둘러싼 구제불가능한 유토피아주의적 인상이 더욱 강하게 각인되고 있다는 비판이다.[60)] 세계재판소가 이미 10년 전보다 오늘날 훨씬 더 희미해지는 유토피아에 가깝다는 점을 고려할 때, 지지자들의 열정적인 이상주의(aspirational idealism)는 오늘날 서구사회에서 포퓰리즘적 도전에 대한 더 나은 전략을 개발하는 데에 자리를 내어주어야 한다는 견해도 있다.[61)]

## 2. 세계인권재판소의 구성방법(design choice)에 관한 견해들

세계인권재판소를 어떤 방식으로 구성할 것인가에 관하여, 2004년에 스위스 취리히 대학의 Trechsel은 세 가지의 유형을 제시하였다.[62)] 그것들은 피라미드 모델(Pyramid

---

*des Nations Unies: présent et avenir* (2017), p. 163.

55) Trechsel, FN 52), para. 17.

56) Tigroudja, FN 54); de Burca, 'Human Rights Experimentalism' (2017) 111 *American Journal of International Law* 277. p. 312.

57) de Burca, FN 56), *ibid.*

58) Alston, FN 51), p. 205.

59) Alston, "A Truly Bad Idea: A World Court for Human Rights" in *opendemocracy*, 13 June 2014.

60) Amnesty International, 'Dangerously Disproportionate: The Ever-Expanding National Security State in Europe', *EUR* 01/5342/2017, 17 January 2017, p. 6; Roth, 'The Dangerous Rise of Populism: Global Attacks on Human Rights Values' in *Human Rights Watch, World Report 2017,* p. 1.

61) Alston, 'The Populist Challenge to Human Rights' (2017) 9(1) *The Journal of Human Rights Practice*, p. 1.

62) Trechsel, Stefan, FN 52), para. 19 ff.

Model), ICC 모델(ICC-Model), 자매모델(Sibling Model: ICJ-Model)이다.

피라미드 모델은 전 세계의 각 지역에 각각의 지역인권재판소를 설립하고 그 판결에 대해 최종적인 상고심재판소가 되는 모델이다. 이 모델에서 세계인권재판소의 역할은 세계 인권법의 통일된 해석을 보장하는 것이다. 실체적 측면에서는 국제 규약, 특히 시민적 및 정치적 권리에 관한 규약(ICCPR)을 출발점으로 삼고 경우에 따라 지역적 기구들을 이용하여 지역마다 그 지역에 적합하게 조정하는 방법으로, 이를 위해서는 세계 인권법의 성문화가 있어야 한다. 이 모델은 세계재판소가 궁극적인 최종 상고심재판소로 되는 것이다. 이 모델은 매우 장기적인 계획이 필요한 것으로 판단되고 있다.

ICC 모델은 국제형사재판소(ICC)의 설립방법처럼,[63] 적절한 준비 작업을 거친 후 국제회의를 통하여 UN헌장과는 다른 별도의 법령을 채택하고, 특정 당사국의 비준을 얻은 후에 발효되도록 하는 것이다. 이 모델은 UN 헌장의 개정과 같은 어려운 과정을 거칠 필요가 없기 때문에 그 설립이 훨씬 쉬울 수 있다. 하지만, 이 때 설립되는 재판소는 조약 내지 법안에 동의하는 국가들에게만 적용되는 것으로서, '세계(world/global)'재판소가 아니라, 국가 간의 '국제(international)'재판소가 될 것이라고 비판받고 있다.[64]

자매모델, 즉 ICJ 모델은 UN 헌장의 개정을 통해 세계인권재판소가 국제사법재판소(ICJ) 모델을 따라 설립될 수 있다는 것이다.[65] 말하자면, 국제사법재판소와 자매로 세계인권재판소를 둔다는 것이다. Trechsel은 '국제재판소(an international court)가 아닌 세계재판소(a World Court)'가[66] 되는 한 '인권재판소에 대한 최고 권위'를 제공하지만,[67] 그럼에도 불구하고 UN 헌장 제108조에 의거하여 회원국 3분의 2 다수결에 의한 개정이 필요하다고 하였다.[68] 1940년대 후반과 1950년대 초반에 인권위원회(the Human Rights Commission)에서 열린 토론에서 국제인권재판소에 대한 반대제안에[69] 이미 등장하였던 것이다. 이 모델은 국제인권조약 위반에 대한 관할권을 가진 ICJ 내 특별재판부 설치를 포함할 수도 있다. 그러나 최근 ICJ가 국제인권조약에 참여하는 것이 점차 늘어나고 있고, 구체적 영역인 환경분야에서 ICJ에 '특별환경심판부(special environmental chamber)'를 둔 선례가 있음에도 불구하고,[70] 2010년의 종합법안초안

63) ICC는 전통적으로 국제법 의무위반에 대한 책임은 국가에 한정되고 개인은 형사책임을 부담하지 않았던 데 대하여, 양차 세계대전의 참상을 거치면서 심각하고 중대한 국제범죄를 저지른 개인의 형사책임을 물을 상설 국제형사재판소 설립의 필요성이 증대됨에 따라, 1998년7월17일 국제형사재판소(ICC) 설립을 위한 로마규정(Rome Statute)이 채택되었고, 2002년7월1일 로마규정이 발효함에 따라 ICC가 출범하였다. 재판소는 네덜란드 헤이그에 소재하고 있다.

64) Trechsel, Stefan, FN 52), para. 23.

65) *Ibid.*, para. 24.

66) *Ibid.*

67) *Ibid.*

68) ICJ(the International Court of Justice)는 유엔헌장 제14장에 근거하여 1945년에 설립된 유엔 자체의 사법기관이며 6개 주요 기관 중의 하나이다. 유엔헌장과 함께 국제사법재판소 규정이 제정되어 있다.

69) UN, E/CN.4/366, 22 March 1950, p. 10.

70) Viñuales, 'The Contribution of the International Court of Justice to the Development of International Environmental Law: A Contemporary Assessment' (2008/2009) 32 *Fordham International Law*

의 작성자들은 ICJ 모델을 채택하지 않았다.

세계인권재판소를 어떠한 형태로 구성할 것인가의 문제는, 국가내의 인권관련 재판소들과의 관계, 지역인권재판소와의 관계, 최종심 여부, 인적 · 물적 및 장소적 관할권의 범위, 제소권자(청구권자), 재판관의 선출방법 · 임기 · 복무조건, 재판부 구성방법, 재판소 재정, 재판소 판결의 효력과 이행방법 등 많은 쟁점들을 포함하고 있다. 위에 언급한 세 가지 구성방법들은 고정된 형태의 모델이 아니라 여러 쟁점들을 해결하기 위하여 변형될 수 있다.

## V. 세계인권재판소 설립안 검토 : 김철수(안)과 비교하여

### 1. 세계인권재판소 설립안 일반

앞서 살펴본 바와 같이,[71] 세계인권재판소 설립을 위하여 구체적으로 제안된 조약이나 법안은, 1947년 호주의 제안초안,[72] 1974년 세계정부론자 법안,[73] 2009년의 Nowak-Kozma 법안과 Martin Sheinin 법안,[74] 그리고 Nowak-Kozma 법안과 Martin Sheinin 법안을 통합한 2010년의 통합 세계인권재판소 법안(Consolidated Draft Statute: 이하 '통합(안)'이라 함),[75] 2014년의 러크나우 조약(안)(the Lucknow Treaty)[76] 등이 있고, 2021년에 김철수 선생께서 세계인권장전안과 함께 세계인권재판소 구성헌장(이하 '김철수(안)'이라 함)을 제안하였다.[77] 이하에서는 세계인권재판소의 1) 구성방법(design choice), 2) 관할권, 3) 적용규범, 4) 당사자적격, 5) 심판절차, 6) 재판관 구성 · 지위, 7) 판결의 효력 및 집행, 8) 재정 등과 관련하여 각 법안들을 비교검토하고 9) 특히 소재지에 관하여 언급한다.

---

*Journal* 232.

71) 앞의 II. 참조.

72) UN, Commission on Human Rights Drafting Committee, Second Session, Australia : Draft Proposals for an International Court of Human Rights, E/CN.4/AC.1/27, 10 May 1948.(FN 14) 참조).

73) World Citizen Government, Statute of the World Court of Human Rights, at〈https://worldservice.org/wsalstat.html〉(2023.3.8. 최종접근)(FN 23) 참조).

74) NK Statute 및 MS Statute로 불리기도 한다(FN 27) 참조).

75) "A World Court of Human Rights: Consolidated Draft Statute", Panel on Human Dignity; Protecting Dignity : An Agenda for Human Rights, Geneva Academy of International Humanitarian Law and Human Rights, 2011 Report, p. 46 ff.(FN 28) 참조).

76) The World Court of Human Rights Development Project, the WCHR Statute (Current Draft): "The Statute of the World Court of Human Rights (The Treaty of Lucknow)" (2014) (FN 29) 참조).

77) 앞의 주 4)의 책, 990쪽 이하 참조. 김철수선생은 통합(안)에 대하여 지금까지 나온 안 중에서 가장 완벽하고 좋은 안이라고 평가하고 계신다. 앞의 책, 970쪽 참조.

### 1) 구성방법(design choice)

호주의 제안초안은 UN헌장에 속하는 하나의 기관으로, UN인권선언과 인권관련 조약 및 협정의 당사자들에 의하여 제기되는 모든 사건에 대하여 관할권을 가지며, UN인권위원회와 협력하여 사건을 해결하도록 설계되었으나(자매모델: ICJ 모델),[78] 실패하였다.

세계정부론자 법안은 세계입법부, 세계행정부, 세계사법부를 갖는 세계정부를 전제로 하여, 하나의 국가에서의 사법부와 같이, 각 지역에 지역순회재판소를 두고 세계인권재판소를 최종심으로서 기능하도록 하는 것이었다.[79] 이는 일종의 피라미드 모델이었지만, 그 실현가능성은 회의적이었다.

통합(안)은 ICC 모델과 ICJ 모델을 변형한 안이라 할 수 있다. ICC 모델과 비교하여, ICC는 국제법의무위반에 대한 개인의 형사법적 책임을 규율하기 위하여 별도의 조약을 체결하고 규약이 정한 일정 범죄에 대해서만 관할권을 가지며 동 조약에 가입한 국가들만이 제소자격이 인정된다. 통합(안)은 별도의 조약을 체결하여 재판소를 설립한다는 점에서는 ICC 모델과 같고, UN의 인권관련조약들에 규정된 모든 인권에 대해 관할권을 가진다는 점에서 차이가 있다. ICJ 모델과 비교하여, 통합(안)은 UN헌장에서 직접 규정하지 않는 점이 차이가 있고, 청구권자가 국가에만 한정하지 않는 점에서도 차이가 있다. 지역인권재판소들과의 관계에 있어서, 통합(안)은 지역인권재판소의 상급심으로 기능하지 않을 것임을 강조하고 있다.[80]

러크나우 조약(안)은 ICC 모델의 한 형태로서, UN과는 별도로 국제조약을 통해 회원국들에게 조약상 의무를 강제하는 형태로 되어 있다. 인도가 주축이 된 연례국제회의에서 제안되었다. 인권강국들이 참여할 가능성이 크지 않은 것으로 보이고, UN과의 연계성이 명확하지 않기 때문에 현실적으로 관철되기 쉽지 않은 것으로 판단된다.

김철수(안)은 ICC 모델의 한 형태로서, UN에 의한 세계인권재판소의 설립이 쉽지 않다는 점을 감안하여, 장래 전세계 국가를 관할범위로 하는 세계인권재판소를 염두에 두면서, 우선적으로 인권강대국들 중에서 일정 국민소득을 넘는 국가 혹은, 국제단체들만 가입하도록 하는 조약을 통하여 재판소를 설립할 것을 제안하고 있다.[81] 또한 개별 가맹국들은 국가인권재판소를 설립하도록 하고 그 결정에 불복하는 경우에만 세계인권재판소에 제소할 수 있도록 하여,[82] 세계인권재판소와 국가인권재판소와의 협력적 관계를 정하고 있다. 다만, 지역인권재판소와의 관계는 명확하지 않다. 이는 보완되어야 할 부분이다.

요컨대, 전 세계를 하나의 정부로 만들고 그 지배체제의 하나로 세계인권재판소를

78) Cf. UN, E/CN.4/AC.1/27, 10 May 1948, Art. 19 · 20.
79) World Citizen Government, Statue of the World Court of Human Rights, at〈https://worldservice.org/wsalstat.html〉(2023.3.8. 최종접근)(FN 23).
80) "A World Court of Human Rights: Consolidated Draft Statute"(FN 28), preamble.
81) 김철수(안) 제28조, 앞의 주 4)의 책, 993쪽 참조.
82) 김철수(안) 제17조, 앞의 주 4)의 책, 993쪽 참조.

두는 세계정부론자들의 제안이 가장 바람직하다고 할 수 있겠으나, 이는 현재의 상황에서는 그야말로 환상이자 유토피아적 발상이다. 오히려 현 단계는 유토피아적 최종 목표로서 세계정부를 구성하기까지의 과도기적 상황이라 함이 더 적절하며, 따라서 UN이 현실적으로 실질적 기능을 발휘한다면 당연히 UN 산하의 인권재판소를 두는 ICJ 모델(자매 모델)이 적절할 것이다. 다만 UN이 제기능을 하지 못한다면, 그 전 단계로 인권선진국들만이라도 세계인권재판소를 설립하여 인권보장의 국제기준을 지속적으로 확립해 나가는 방법도 유용할 것이다. 김철수안이 이러한 방법을 제안하는 것은 현금의 국제질서를 고려한 고육지책일 것이다.

### 2) 관할권

호주 제안초안은 세계인권재판소의 권한으로, 「(세계인권재판소를 규정하는) 인권협약의 어느 당사국이 동 협약의 해석과 적용에 관하여 제기하는 모든 분쟁, 조약이나 협정의 어느 당사국이 동 조약이나 협정에 포함된 인권관련 규정의 해석과 적용에 관하여 제기하는 모든 분쟁, 인권협약 혹은 조약이나 협정의 당사국에 의한 인권의 감독에 관한 모든 사건 중 인권위원회가 제기하는 사건」으로 규정하고,[83] 관할권이 문제되는 경우 재판소가 결정하도록 하였다.[84] ICJ가 국가 간의 분쟁을 주된 관할로 하는 것에 비하여, 인권관련 조약이나 협정과 관련하여 국가나 개인 혹은 집단, 국내나 국제적 결사체에 의해[85] 제기되는 분쟁을 주된 관할로 하고 있었다.

세계정부론자 법안은 물적 관할로 「인권침해에 대한 모든 주장」으로 하고, 장소적 관할로 부재판관(associate Justice)을 둔 각 지역재판소가 담당지역을 관할하며, 인적 관할을 개인 일반으로 규정하고 무국적자도 포함하였다.[86] 세계정부의 사법기능을 담당하는 기관으로서 세계인권재판소를 두는 것이므로, 장소적으로 경계를 정하여 각 지역을 관할하도록 한 것이다.

통합(안)은 물적 관할로서, 인권 분야에서 UN의 조약에 포함되는 모든 인권에 대해 모든 당사국이나 단체(entity)에 의해 범해진 침해에 대한 관할권을 가진다고 규정하고, 2008년 이전에 UN조약으로 체결된 21개 조약을 나열하고 있다.[87] 아울러 추가적인 조약은 당사국 총회 3분의 2의 표결로 포함할 수 있게 하였다.[88] 인적 관할로서, 조약당사국이나 위 조약들의 인권에 관하여 동 재판소가 관할권을 갖는다고 인정한 단체들에 의하여 위 인권조약들에 명시한 인권을 침해당한 피해자라고 주장하는 개인, 비정부기구

83) UN, E/CN.4/AC.1/27, 10 May 1948, Art. 19 para. 1.
84) *Ibid.*, , Art. 19 para. 2.
85) *Ibid.*, , Art. 17.
86) FN 23), Art. 4.
87) FN 28), Art. 5. para. 1. UN 성립 전에 국제연맹(League of Nations) 시기에 체결된 노예제 협약(Slavery Convention)도 포함하였다.
88) FN 28), Art. 5. para. 2.

(NGO) 혹은 개인집단을 포함한다.[89] 장소적 관할은 별도로 정하지 않았다.

러크나우 조약(안)은, 인적 관할로[90] 개인 또는 공인된 집단 또는 회원국이 청구인적격을 가진다고 하였다. 청구 당시 국내 및 지역 구제책을 소진할 것을 요건으로 한다. 관할권에 대한 분쟁은 재판소가 결정한다. 청구인은 권고적 의견을 구할 수도 있다. 재판소는 그 물적 관할로, 일정한 기준에 따라 사건을 선택할 수 있다.[91] 인권침해에 대한 구제수단을 모두 소진할 것을 요건으로 하고 있기 때문에, 청구인은 국내, 지역 또는 UN 기반의 구제수단을 거쳐야 한다. 말하자면, 이 (안)은 국내, 지역, UN 기반의 구제수단을 거친 후 최종적으로 청구할 수 있게 하기 때문에 모든 인권침해사건의 최종심이 될 수도 있다.

김철수(안)은 재판소의 관할권에 대하여, 피고소인과 고소인으로 나누어 정하고 있다. 피고소인은 인권을 침해한 국가, 국제회사, 국제단체로 하고, 세계인권재판소에 가입하지 않은 국가와 단체도 재판소의 강제 관할권에 따라 포함하도록 하고 있다.[92] 고소인자격은, 국가나 국제회사나 국제인권단체, 개인(국가인권재판소의 최종결정에 불복하는 경우에만), 각 국가의 검찰이나 법률가협회, 인권옹호단체 등이 가진다고 정하고 있다.[93] 개별국가의 국내인권재판소를 전제로 하는 것이 특징적이다. 또한 국가 간 분쟁이 인권과 평화를 침해할 중대한 위험이 있는 경우에는 전원재판부가 신속히 판결하는 권한을 정하고 있는 점도 주목된다.[94]

### 3) 적용규범

호주 제안초안은 적용규범에 관하여, 「(a) 다투거나 이해관계있는 국가들에 의하여 명시적으로 인정된 규정을 정하는 일반적 혹은 특정의 국제협약, (b) 일반적 관행의 증거로서 법으로 받아들여지는 국제관습, (c) 문명국가에서 승인된 법의 일반원칙, (d) 제26조에 따라, 법의 지배의 결정의 보충적 수단으로서, 사법적 판결과 여러 국가의 가장 자격있는 공법학자의 이론, (e) 형평과 정의의 일반원칙」 등을 적용규범으로 하고 있었다.[95]

세계정부론자 법안은 그 전문에서 동 재판소가 생명권 기타 모든 인간의 자유와 안전을 위하여 준수해야 할 원칙을 정하고, 21가지의 자유와 권리를 나열하고 있다.[96] 또한 세계인신보호(world habeas corpus) 영장이 적용되는 위반유형으로 세계권리장전에

---

89) FN 28), Art. 7. para. 1 · 2.
90) FN 29), Art. 18-19, Art. 23-24.
91) FN 29), Art. 21.
92) 김철수(안) 제18조, 앞의 주 4)의 책, 992쪽.
93) 김철수(안) 제19조, 앞의 주 4)의 책, 992쪽.
94) 김철수(안) 제20조, 앞의 주 4)의 책, 992쪽.
95) UN, E/CN.4/AC.1/27, 10 May 1948, Art. 21.
96) FN 23), preamble.

서 정하는 15가지의 권리를 보장하도록 하고 있다.[97]

통합(안)은 세계인권재판소가 그 관할권을 행사하는 경우의 일반원칙으로, 모든 인권의 보편성, 상호의존성, 불가분성의 원칙과 일반국제법, 법의 일반원칙, 기타 국제재판소와 지역재판소의 법리에 따라야 한다고 규정하였다.[98] 절차규범으로 통합(안)은 별도로 제3부(part III.)를 두어 상세히 정하고 있다.

러크나우 조약(안)은 (1) 당사자 중 하나 이상이 회원으로 있는 인권 협약 및 선언 (2) 인권 관습 및 일반적으로 인정되는 관행 (3) 인권법의 일반원칙 (4) 인권에 관한 사법적 결정 (5) 저명한 인권 전문가의 가르침과 저술 등을 적용규범으로 정하고 있다.[99]

김철수(안)은 적용규범으로, 국제기본권헌장과 유엔이 제정한 시민적 · 정치적 권리에 관한 국제헌장과 경제적 · 사회적 · 문화적 인권에 관한 국제헌장만을 적용하도록 하고 있다.[100] 하지만, 재판소에 연구처를 두어, 세계 각국의 인권판례를 집대성 · 정리하며 각 지역인권재판소와 유엔인권이사회의 결정 등을 모아 정리하여 국가인권재판소와 지역인권재판소 및 세계인권재판소에 제공하도록 규정한 점에 비추어,[101] 세계인권선언을 포함한 국제적인 인권관련조약과 국내 및 지역과 세계인권재판소의 판례들을 적용규범으로 활용할 것을 예정하고 있는 것으로 보인다. 특히 전 세계 인권관련 판례와 이론 등을 검색하는 검색엔진과 데이터베이스의 구축을 규정하고 있는 점이[102] 눈에 띈다.

### 4) 당사자적격

호주 제안초안은 재판소에서 당사자로 될 수 있는 자에 대하여 「(a) 국가 (b) 개인 (c) 개인집단 (d) 국가내 혹은 국제 결사체」로 정하고 있었다.[103] 국가 뿐만 아니라 비국가행위자(non-state actors)도 포함하여 당사자적격을 폭넓게 인정하고자 하였다.

세계정부론자 법안은 인권침해에 대한 보상을 구하기 위하여 오직 「개인」 혹은 「개인집단」만이 당사자로 될 수 있다고 규정하고 있다.[104] 국가는 단지 피청구인으로서 재판소의 절차와 결정을 준수해야 하는 주체일 뿐이며, 국가가 사건의 당사자인 경우 재판의 비용을 부담하도록 하고 있다.[105]

통합(안)은 청구인적격에서 거의 제한을 두지 않고 있다. 관할권에서 보았듯이, 개인, 비정부기구(NGO) 혹은 개인집단 등 모든 사람은 어떤 지위에서든 자신의 인권침해에 대하여 청구인적격을 가진다. 다만, 몇 가지 제약이 있다. 즉, 자국 구제수단의 소진(보충

97) FN 23), Art. 25.
98) FN 28), Art. 6. paras. 1 · 2.
99) FN 28), Art. 20.
100) 김철수(안) 제27조, 앞의 주 4)의 책, 993쪽.
101) 김철수(안) 제16조 제1항, 앞의 주 4)의 책, 992쪽.
102) 김철수(안) 제16조 제2항, 앞의 주 4)의 책, 992쪽.
103) UN, E/CN.4/AC.1/27, 10 May 1948, Art. 17.
104) FN 23), Art. 23.
105) FN 23), Art. 24 paras. 3 · 4.

성)과 일정한 심리적격(admissibility)의 충족이 필요하다.106)

러크나우 조약(안)은 자신이 실질적인 인권 박탈을 당하고 있다고 주장하는 개인 또는 개인집단은 재판소에 소를 제기할 수 있도록 하고, 재판소는 (1) 인권 침해에 대한 믿을만한 주장이 있는가? (2) 청구인이 주장하는 인권 박탈에 진정하고 실질적인 이해관계가 있는가? (3) 신청인이 제안한 변호 외에 영향을 받는 당사자가 박탈 혐의를 재판소에 제기할 수 있는 합리적이고 효과적인 다른 수단이 있는가? 등의 세 가지 요소를 고려하도록 하고 있다.107)

김철수(안)은 당사자적격과 관련하여 재판소의 관할 규정에서 상세히 정하고 있다.108)

### 5) 심판절차

호주 제안초안은 심판절차와 관련하여, 제기된 분쟁을 해결하기 위하여 그 전부 혹은 일부를 UN인권위원회에 송부하여 조사하고 보고하게 할 수 있도록 하였다.109) 재판소를 UN의 인권위원회와 밀접하게 관련시키고자 한 것이었다. 언어는 영어 혹은 불어를 사용하되, 당사자의 요청에 따라 다른 언어를 허용할 수 있게 하였다.110) 표결은 다수결로 하되 가부동수의 경우 재판장이 결정하도록 하였다.111)

세계정부론자 법안은 인권침해에 대응하여 특히 세계인신보호영장(writ of world habeas corpus)에 따른 구제절차를 상세히 정하고 있다.112) 인권침해가 구금, 투옥 기타 인신을 구속하는 방법으로 행해지기 쉽기 때문에 이에 대한 절차를 상세히 정한 것으로 보인다.

통합(안)은 제3부에서 개인적 청구절차를 규정하고 있다. 개인의 청구는 각 당사국의 자국 최고 재판소에 그 판결에 만족하지 않은 경우에만 본 재판소는 개인적 청구를 다룰 수 있다고 하여,113) 이른바 보충성(complementarity)을 규정하고 있다. 이는 유럽인권재판소(ECHR)와 미주인권협약(ACHR)의 규정과 유사하다.114) 다만, 일정한 경우 심리적격(admissibility)을 갖지 못한다고 규정하고 있다.115) 이 외에도 심판절차와 관련하여 국가의 유보, 제3자 개입, 청구각하, 본안심리 절차 등을 상세히 정하고 있다.116)

106) FN 23), Art. 9 · 10 · 11.
107) FN 29), Art. 23.
108) 앞의 관할권 항목 참조.
109) UN, E/CN.4/AC.1/27, 10 May 1948, Art. 20.
110) *Ibid.*, Art. 22. para. 1.
111) *Ibid.*, Art. 24.
112) FN 23), Chapter IV, Art. 29-42.
113) FN 28), Art. 9.
114) European Convention on Human Rights(ECHR), Art. 35; American Convention on Human Rights(ACHR), Art. 46.
115) FN 28), Art. 10.
116) FN 28), Art. 11-16.

러크나우 조약(안)은 절차규칙을 규정하여, 공식언어로 영어를 사용하며, 변호사대표 원칙, 심리전 회의, 중재절차, 소환장 등 영장 발부, 증거 공개여부, 절차관련 기록 등을 상세히 정하고 있다.[117]

김철수(안)은 심판절차에 관하여 상세한 규정이 없이 재판소가 정하는 재판절차규칙에 따르도록 하고 있다.[118]

### 6) 재판관 구성 · 지위

호주 제안초안은 재판소의 조직과 관련하여,[119] 회원국이 지명하는 자 중에서, 경제사회이사회의 추천으로 총회에서 선출하는, 같은 국가에 속하지 않는 6인의 재판관으로 구성되며, 임기는 9년으로 하되 연임할 수 있게 하였다. 다만, 추첨에 의하여 6인 중 2인의 임기는 3년으로 하여, 매 3년마다 2인씩 개선하도록 하였다. 사임, 결원 시 충원방법, 겸직불가능, 해임, 소장과 부소장, 표결방법 등 상세히 규정하고 있었다.

세계정부론자 법안은 재판소의 조직을 지역재판소(Regional Courts)와 고등재판소(the High Court)를 두는 것으로 하고 있다.[120] 지역재판소는 순회재판소(regional circuits)로 운영되며,부재판관(associate Justice)이 주재한다.[121] 임기는 9년이다. 지역재판소의 판결에 대해서는 일정한 경우 고등재판소에 상소할 수 있다.[122] 재판관의 정원에 대해서는 명시적인 규정이 없다.

통합(안)은 재판소의 구성에 관하여, 제4부에서 상세히 정하고 있다.[123] 재판소의 재판관을 21인으로 정하고, 당사국 총회의 회의에서 비밀투표로 선출하도록 한다. 같은 국가에서 2인의 재판관이 선출되지 못한다. 임기는 9년이며 연임할 수 없다. 단, 재판관 중 1/3은 첫 선거에서 3년, 또다른 1/3은 6년의 임기를 가지며, 9년의 임기를 채우기 위하여 재선출될 수 있다. 재판소는 2인의 부소장과 소장으로 구성되는 재판소장단, 전원재판부와 소재판부 및 위원회를 두며, 사무처를 둔다. 이외에 궐위 시 충원, 회피, 해임, 특권과 면책특권, 급여 등을 규정하고 있다.

러크나우 조약(안)은 재판소 구성에 관하여, 조약의 전반부에서 상세히 정하고 있다.[124] 재판소는 전체 회원국으로 구성된 평의회(Council)에서 선출한 7인의 집행위원회가 운영한다. 재판관의 지리적 분포는 (i) 아시아에서 4인 (ii) 아프리카에서 4인 (iii) 미국, 캐나다 및 유럽에서 4인 (iv) 라틴 아메리카, 카리브해 및 오세아니아에서

117) FN 29), Art. 32.
118) 김철수(안) 제24조, 앞의 주 4)의 책, 995쪽.
119) UN, E/CN.4/AC.1/27, 10 May 1948, Art. 2-15.
120) FN 23), Art. 1.
121) FN 23), Art. 4.
122) FN 23), Art. 19.
123) FN 28), Art. 20-30.
124) FN 29), Art. 2-17.

3인으로 하고 있다.[125] 최초 선출 시에 추첨을 통해 전체 15인의 재판관 중 1/3인 5인은 3년, 다른 5인은 6년의 임기를 가지며, 사망, 사임 또는 장애로 공석이 되는 경우 최초 임명과 동일한 절차에 따라 후임자를 선출하고, 임기는 잔여기간으로 한다.[126] 재판관은 전체 재판관 만장일치나 평의회 3/4의 찬성으로 해임될 수 있다.[127] 재판소는 3년 임기로 재판관 중에서 소장, 부소장, 사무처장과 재무관을 선출한다.[128]

김철수(안)은 재판관의 자격과 지위에 관하여,[129] 재판관 자격으로 일정한 자격을 갖춘 자로서 65세 이하이어야 하고, 재판소규칙이 정한 바에 따라 재판관선임회의에서 선출하도록 하고 있다. 임기는 9년이며 재임할 수 없다. 이 외에도 정치적 중립성, 선서의무, 특권, 보수, 면직 등을 규정하고 있다. 재판소의 조직은[130] 전원재판부, 순회재판부, 소장과 부소장, 사무처, 연구처로 구성된다. 전원재판부는 전반적인 재판소의 업무를 관장하며, 순회재판부는 6 대륙마다 각 5인의 재판관으로 구성된다. 순회재판부는 1심을 담당한다. 즉 국가인권재판소와 지역인권재판소의 구제수단을 소진한 후 최종적으로 세계인권재판소에 제소할 수 있도록 하고 있다.

### 7) 판결의 효력 및 집행

호주 제안초안은 재판소의 판결이 당사국들 사이에서 그리고 당해 사건에 대하여 기속적이며, 그 외 당사국들과 다른 사건에는 기속적이지 않다고 규정하였다.[131] 또한 재판소의 판결은 최종적이며, 불복할 수 없다고 하였다.[132] 판결의 집행을 감독하는 규정은 두지 않았다.

세계정부론자 법안은 재판소 판결 등의 효력에 관하여 직접적인 규정을 두지 않고, 「재판소의 명령은 양심, 무결성, 및 세계법의 도덕적 힘에 의해 효력을 갖는다.」고 규정할 뿐이다.[133]

통합(안)은 재판소의 판결이 최종적이며, 당사국과, 재판소의 사법관할권 내에 있는 단체(entity)는 판결과 재판소의 명령을 준수하고 이행되도록 할 의무를 가진다고 하고 있다.[134] 판결이 집행을 감독하는 규정은 따로 두지 않았으나, 당사국의 법률로 제정하도록 하고 있다.[135]

---

125) FN 29), Art. 4 para. A.
126) FN 29), Art. 4 para. B, Art. 5 para. D.
127) FN 29), Art. 7 para. A.
128) FN 29), Art. 8.
129) 김철수(안) 제4-10조, 앞의 주 4)의 책, 990-991쪽.
130) 김철수(안) 제11-17조, 앞의 주 4)의 책, 990-991쪽.
131) UN, E/CN.4/AC.1/27, 10 May 1948, Art. 26.
132) UN, E/CN.4/AC.1/27, 10 May 1948, Art. 27.
133) FN 23), Art. 27.
134) FN 28), Art. 28, Art. 40-42.
135) FN 28), Art. 41 para. 3.

러크나우 조약(안)은 재판소 판결 및 명령의 이행에 관하여 규정을 두어, 국가 혹은 국가의 사법부가 재판소의 영장, 결정 및 명령이 유사한 국내 영장, 결정 또는 명령과 마찬가지로 국내 재판소에서 개인 및 대외적으로 완전히 집행될 수 있음에 동의할 것을 가입조건으로 하고 있다.136) 판결 및 명령의 집행을 위한 별도의 규정을 두고 있지는 않다.

김철수(안)은 판결의 효력 및 집행 · 감독과 관련하여, 판결은 종국적이며 국제법에 따른 구속력을 가진다고 하고,137) 그 집행은 국내인권재판소에서 집행하되, 국내인권재판소가 판결을 집행할 수 없을 때에는 재판소규칙으로 정하는 국제검찰기구에서 집행하도록 하고 있다.138)

### 8) 재정

호주 제안초안은 재판소의 재정에 관하여 UN이 부담하도록 하되, 각 당사자의 비용은 각자가 부담하도록 하였다.139)

세계정부론자 법안은 세계정부를 전제로 하기 때문에 지역재판소와 고등재판소의 비용에 대하여 직접 규정하지 않고, 다만 재판관과 소속직원들의 급여를 규정하고, 지역재판소의 비용에 대해서는 지역재판소가 부담하는 것으로 하고 있다.140)

통합(안)은 (a) 당사국으로부터의 분담금 (b) 본 재판소의 사법관할권을 인정한 단체로부터의 기여금 (c) 총회의 승인에 따라 UN에 의하여 제공된 기금 등으로 충당하고, 지발적 기여금도 수령할 수 있게 하고 있다.141)

러크나우 조약(안)은 재판소의 재정과 관련하여, 재판소의 예산은 평의회에서 결정하며 재판소의 운영 비용은 국가의 국내 총생산에 비례하여 각 국가 구성원이 부담하도록 하고 있다.142)

김철수(안)은 직접 재정에 관한 규정을 두지 않았으나, 세계인권재판소의 가맹국을 잠정적으로 국민소득 2만 달러 이상인 국가로 한정하여 가맹국들로 하여금 재판소의 재정을 담당하도록 하고 있다.143) 이 가맹자격은 잠정적 조치이므로 인권약소국가가 인권강대국가로 되면 세계인권재판소에 가입하고 재정을 분담할 것을 예정한 것으로 보인다. 또한 재정적으로 독립할 수 있을 때까지 UN인권이사회와 유럽인권재판소 등과 긴밀하게 협력할 것을 정하고 있다.

---

136) FN 29), Art. 31.
137) 김철수(안) 제25조, 앞의 주 4)의 책, 993쪽.
138) 김철수(안) 제26조, 앞의 주 4)의 책, 993쪽.
139) UN, E/CN.4/AC.1/27, 10 May 1948, Art. 16 및 Art. 28.
140) FN 23), Art. 21 · 22.
141) FN 28), Art. 44-45.
142) FN 28), Art. 17.
143) 김철수(안) 제28조, 앞의 주 4)의 책, 993쪽.

### 9) 특히 소재지(seat)에 관하여

호주 제안초안은 재판소의 소재지를 헤이그에 두되, 재판소가 바람직하다고 할 경우 다른 지역에서 그 권한을 행사할 수 있도록 하였다.

세계정부론자 법안은 재판소의 소재지를 별도로 정하지는 않았다.

통합(안)은 스위스 제네바에 소재하도록 정하되, 필요한 경우 다른 지역에 소재할 수 있도록 하고 있다.[144)]

러크나우 조약(안)은 상설재판소의 소재지를 명시적으로 정하지는 않고 있다.[145)] 이는 조약이 성립될 때에 평의회에서 정할 수 있도록 할 것을 예정하고 있는 것으로 보인다.

김철수(안)은 세계인권재판소의 소재지를 「인권의 수도」인 제네바에 두는 것으로 하고, 순회재판소는 각 대륙의 지역인권재판소의 소재지와 기타 중요 지역에 두도록 하고 있다.[146)]

재판소의 소재지와 관련하여 한 가지 고려할 것은 그 소재지를 반드시 인권선진국에 둘 필요는 없다는 점이다. 오히려 인권선진국에 둘 경우, 인권선진국들 중심의 인권이해에 치우쳐 인권후진국들의 인권상황을 왜곡할 가능성도 있을 수 있다. 또한 인권선진국들이 당연시하거나 이해하지 못하는 인권상황에 대해 일방적인 강요로 될 가능성도 있다. 소재지를 인권선진국에 두지 않고 우리나라와 같이 후발 인권보장국가에 두는 것도 하나의 방법이 될 수 있을 것이다.

## 2. 종합적 평가

위에서 언급한 각 설립안들은 그 제안자(혹은 제안그룹)나 제안지역 그리고 제안자들의 이념적 · 전통적 배경과 지향하는 인류의 미래상에 따라 강조하는 요소가 서로간에 약간의 차이를 보여주고 있지만, 인류의 보편적 가치로서의 인권에 대한 공통적 인식과 그 실현의 당위성에 대해서는 별다른 차이가 없다. 오늘날 아시아 · 태평양 지역[147)] 이외에 유럽, 아프리카, 미주 등에서 지역단위 인권재판소가 설립되어 활동하고 있고, 중동지역의 아랍국가들 사이에도 인권재판소 설립에 대한 요구가 높아지고 있는[148)] 상황에서, 각

---

144) FN 28), Art. 2.

145) FN 29), Art. 9 para. A.

146) 김철수(안) 제3조, 앞의 주 4)의 책, 990쪽.

147) 우리나라에서도 아시아 · 태평양지역 인권재판소에 대한 관심을 반영하여, 사법정책연구원, 아시아 · 태평양인권법원 설립 전망과 과제 - 지역별 인권법원 설립 경과 중심으로 -, 2018.12.가 발간되었다.

148) 아랍지역에서는 1994년에 최초로 아랍인권헌장이 제정되었다가 다수의 회원국으로부터 외면받은 후, 2004년에 새로운 개정헌장이 제정되어 2008년3월15일에 효력을 발생하였다. 2014년에는 아랍인권재판소 설립에 대한 제안이 있었으나, 약 10년이 경과한 현재 별다른 진척이 없는 상황이다.

지역재판소들의 인권규범의 해석과 판결의 통일성이 점차 요구될 가능성이 커지고 있다. 이는 세계 각 지역에 거주하는 개개인들이 다른 지역에 거주하는 개개인들과 대비하여, 자신들의 인권에 관하여 보편적이고 공통적인 인식이 확대되고, 그에 따라 범인류적인 인권보호의 기준과 방법을 추구하게 될 것이기 때문이다.

범인류적 인권보장장치로서 세계인권재판소의 가장 이상적인 형태는 각 지역인권재판소를 통합하는 역할을 하는 것이다. 물론 각 지역의 개개인의 삶의 방식과 사고방식의 차이, 그에 따른 문화적 차이가 있지만, 이는 세계인권재판소를 설립하는 데에 장애요소라기보다는, 지역단위에서 존재하는 다양한 규범적 차이를 폭넓게 인정함으로써 지역과 문화의 차이를 포용할 가능성을 확대할 수 있다. 중요한 것은 세계인권재판소가 그러한 다양한 문화적 차이를 어느 정도로 각 지역에 대하여 인정할 것인가의 문제이다.

UN인권위원회에서 1948년 호주초안이 제출된 이후 지금까지 다양한 지역과 국제단체들에 의해 제안된 세계인권재판소 설립안들은 보편적인 범인류적 인권공동체를 향한 다양한 의지의 표출이라 평가할 수 있다. 비록 관심분야나 세세한 부분에서의 차이가 있더라도 공통의 의지를 확인할 수 있는 계기로서는 충분하다고 할 수 있다. 필요한 것은 각 설립안을 제안한 주체들 상호간에 대화와 통합의 노력이다. 각 설립안들의 공통점과 차이점에 대하여 상호인식과 개선노력이 더해진다면, 통합적인 세계인권재판소 설립안이 도출될 수 있을 것이다.

## VI. 맺음말

2023년 3월 현재, 코로나19 팬데믹으로 인한 전인류의 보건위기상황, 냉전시대로 회귀하는 듯이 보이는 우-러 전쟁, 전지구적 패권을 둘러싼 미-중간의 대립과 대만양안의 긴장고조, 지진으로 엄청난 피해를 입은 튀르키예와 시리아의 자연재난, 과학기술의 발달에 따른 개인정보의 오남용 등 인권침해 가능성 증대, 인공지능의 현실화, 생명윤리의 문제, 개발과 보존의 첨예한 대립양상을 보여주는 환경과 기후변화의 문제, 거대다국적 기업에 의한 자원과 노동의 약탈, 일부 이슬람국가들에서 자행되는 극심한 남녀차별, 유럽 일부국가와 미국 등 다인종국가에서 반복되는 인종차별, 선진화된 국가에서 나타나는 이주민 문제 등등, 한 국가의 차원에서 대처할 수 없는 전지구적(global) · 거시적(macro) 범주에서 문제들이 발생하고 있고, 이러한 문제들은 미시적인 개개인의 삶에도 직 · 간접적으로 영향을 미치고 있다. 20세기 말부터 그 조짐이 시작되어 21세기에 들어와서는 바야흐로 정치 · 경제 · 사회 · 문화 등 인간의 삶의 모든 영역에서 이른바 '대전환(great transition)'이 시대적 화두로 되고 있다.[149)]

---

149) 대전환(Great Transformation; Great Transition)은 시대적으로 두 가지의 주장이 있다. 그 하나는 헝가리 정치경제학자 칼 폴라니(Karl Polanyi)가 1944년에 자본주의에 대한 비판의 일환으로, 소위 '보이지 않는 손'에 의한 자기조정 시장이 결코 실현될 수 없는 시장자유주의자들의 '유토피아'이자 허구라고

이러한 상황에 대응하여 인권의 영역에서도, 20세기까지의 인권의 관념과 그 실현체계를 혁신하여 국가의 적극적 의무의 발생근거로서의 인권을 개념화하여, 공익소송의 제도화를 포함한 제도구조의 혁신을 통하여 사법부의 민주적 역할을 강화하고, 국가의 적극적인 인권보호의무를 핵심으로 하는 인권보장체계가 갖추어져야 함을 강조하는 견해가 있고,[150] 이러한 개별국가의 노력들은 전지구적 차원에서 하나로 통합될 필요성이 커지고 있다.

앞서 본 것처럼, 세계인권재판소 설립은 2차 대전 직후부터 제안되기 시작하여, 몇 차례의 호의적 관심을 불러 일으키기도 했지만, 강대국 간의 패권다툼이 재연되면서 다시금 수면 아래로 잠복하는 것을 되풀이해 왔다. 이는 인류공통의 가치와 미래에 대한 입장의 차이에 기반한 의지의 불합치로 인한 것이었다. 하지만 특히 2008년의 'Swiss Initiative'는 매우 적극적인 관심과 참여를 이끌어내어, 참여한 패널들의 정교한 논문과 실행방안들이 제시되었고, 약 10여 년간 전세계적 주목을 받았다. 그러나 코로나19가 발생한 2019년 이후 미-중 간, 유럽-러시아 간 대립이 선명히 드러나고, '20세기적 구제도(20 century's ancient regime)'의 유물인 패권주의적 경쟁이 점점 그 강도를 더하여, 급기야 제3차 세계대전의 위험까지도 경고되는 상황에 처해 있다. 바야흐로 새로운 형태의 신냉전(New Cold War)의 양상이 전개되고 있는 것이다.

세계인권재판소제도는 전체로서의 인류의 정신적 · 도덕적 그리고 규범적 수준을 한 단계 상승시키는 기제이다. 20세기에 양차 대전을 겪고서야 비로소 도달한 인간존엄의 가치에 대한 범인류적 인식이 다시금 파탄에 이르고 현실 국제정치에서 도외시된다면, 지난 20세기에 경험했던 것처럼, 인류사회는 극단의 패권대립으로 인한 처참한 비극을 또 다시 경험할지도 모른다. 지난 세기의 비극이 그러했던 것처럼, 인류는 또 그러한 비극을 겪어야만 비로소, 자국중심의 패권지향이 아니라 전 인류의 공동번영과 인간존엄의 가치를 실현하는 것이 절실한 과제임을 다시금 뼈저리게 느낄 것이다.

---

하는 주장이다. 그에 따르면, 근대의 시장경제와 국민국가는 서로 손을 맞잡고 강력한 근대국가는 경쟁적 자본주의 경제를 허용하고, 특정한 자본주의 경제는 그 가혹한 효과를 완화시킬 목적으로 특정한 강력한 국가를 요구한다는 것이었다. 그리고 이 변화는 이전의 역사에서 존재했던 기본적 사회질서의 파괴를 의미하였으며, 그 전환의 크기 또한 거대한 것이었다고 하여, 대전환(great transformation)이라 하였다. 다른 하나는, 원래 The Meaning of the 20th Century – The Great Transition(1964)에서 Kenneth E. Boulding이 만든 용어로, 지속가능한 글로벌 사회로의 전환을 위한 요건을 조사하기 위해 Tellus Institute와 Stockholm Environment Institute가 1995년에 소집한 국제 과학자단체인 GSG(Global Scenario Group)에 의해 처음 도입되었다. GSG는 전지구적 문명단계에 접어든 지구의 미래에 대한 시나리오를 서술하고 분석하기 시작하여, 형평성, 연대 및 생태적 지속가능성의 미래로의 대전환(Great Transition)을 위한 비전과 경로를 개발하기 위해 노력하는 학자, 지식인, 시민사회 지도자 및 활동가로 글로벌 네트워크를 구성하고, 2003년에 Great Transition Initiative를 출범하였다. 2014년에는 온라인 저널 및 토론 네트워크로 다시 시작되었다(https://greattransition.org).

150) Sandra Fredman, *Human Rights Transformed : Positive Rights and Positive Duties*, Oxford, Oxford Univ. Press, 2008(조효제 역, 인권의 대전환, 서울, 교양인, 2009). 이 책은 세계 법학의 두 주류인 대륙법계(특히 독일법학)와 영미법계의 인권인식의 차이를 극복하고 양자를 통합적으로 이해하는 경향을 보여준다.

세계인권재판소제도는 인류공동체 내지 지구공동체의 구성원인 개개인을 인간의 존엄이라는 최고의 가치를 향유할 수 있게 하는 것이며, 그를 위해 필요한 최소한의 보장원리와 제도를 구축하고, 점차 구체적 상황에 맞게 인권을 재구성하는 하향식의 접근법으로 탐구될 필요가 있다.

2023년 3월 현재, 세계는 한 치 앞을 내다볼 수 없을 만큼 긴박한 상황이 전개되고 있다. 그 상황은 국제적일 뿐만 아니라 개별국가의 국내적인 문제에까지도 영향을 미치고 있다. 야기되는 문제는 어떤 형태로든 현실을 변화시키겠지만, 그러한 상황에서도 놓지 말아야 할 것은 인류공멸이 아니라, 공동번영을 위한 길이 무엇인가에 대한 지속적인 물음과 그 실천을 위한 노력일 것이다. 생명체의 한 종으로서의 인류가 지구적 생명의 지속가능성을 유지하는 데에 어떻게 기여할 것인지는 인류 전체의 합의된 의지를 통해서만 가능하다. 그러한 합의된 의지의 규범적 지향을 통해 제도와 실천기제를 구현하는 것만이 인류 공동번영의 길일 것이다.

세계인권재판소제도는 지금 당장에 구현될 수 있는 것은 아니다. 그럼에도 불구하고 꿈이라도 꾸지 않으면 현실은 다가오지 않는다. 모든 인류의 안녕과 행복이 실현되는 그 날을 위해 결코 놓지 말아야 할 끈이자 희망이다.

## [참고 문헌]


김철수, 인간의 권리, 산지니, 2021.

이헌환, 대한민국 헌법사전(1st ed.), 서울, 박영사, 2020.

이헌환, 법과 정치, 서울, 박영사, 2007.

이헌환, 사법권의 이론과 제도, 서울, 유원북스, 2016.

조병륜, 세계헌법 제정에 관한 고찰(A Study on Establishment of World Constitution), 헌법재판소 편, 헌법논총 제28집(2017).

**Alston, Philip,** Against a World Court for Human Rights, NYU School of Law, *Ethics and International Affairs,* vol. 28, issue 2(2014).

**Alston, Philip,** A World Court for Human Rights is Not a Good Idea, November 1, 2013 ; 〈https://www.justsecurity.org/2796/world-court-human-rights-good-idea/〉

**Alston, Philip,** A truly bad idea: a World Court for human rights, 13 June 2014 ; https://www.opendemocracy.net/en/openglobalrights-openpage-blog/truly-bad-idea-world-court-for-human-rights/

**Alston, Philip,** 'The Populist Challenge to Human Rights', 9(1) *The Journal of Human Rights Practice*, (2017).

**Amnesty International,** 'Dangerously Disproportionate: The Ever-Expanding National Security State in Europe', *EUR* 01/5342/2017, 17 January 2017.

**Chimni, B. S.,** "International Institutions Today: An Imperial Global State in the Making", in ; *European Journal of International Law*, 15(1), 2004.

**Cleveland, S.,** in "A public debate: 'A world court for human rights?'" organized by the Oxford Martin Programme on Human Rights for Future Generations, 9 May 2016.

**Commission on Human Rights**, 2nd Session 2-17 December 1947, Geneva - Report E/600, at http://digitallibrary.un.org/record/599974.

**de Búrca, Gráinne,** Human Rights Experimentalism, N.Y.U. School of Law, Public law & Legal Theory Research Oaper Series Working Paper No. 17-06, January 2017.

**Devereux, A.,** Australia and the Birth of the International Bill of Human Rights, 1946－1966, Sydney, Australia, Federation Press, 2005.

**Donnelly, Jack,** 'Cultural Relativism and the Universal Human Rights' (1984) 6 *Human Rights Quarterly* 400.

**Fredman, Sandra,** *Human Rights Transformed : Positive Rights and Positive Duties,* Oxford, Oxford Univ. Press, 2008(조효제 역, 인권의 대전환, 서울, 교양인, 2009) 참조.

**Gaer, Felice D.,** The Institutional Future of the Covenants: A World Court for Human Rights? in: Daniel Moeckli/Helen Keller (eds), *The Human Rights Covenants: Their Past, Present, and Future,* Oxford University Press, 2018.

**Geneva Academy of International Humanitarian Law and Human Rights,** Panel on Human Dignity, Protecting Dignity : An Agenda for Human Rights, 2011 Report.

**Geneva Academy of International Humanitarian Law and Human Rights,** "A World Court of Human Rights: Consolidated Draft Statute", Panel on Human Dignity; Protecting Dignity : An Agenda for Human Rights, , 2011 Report.

**Golder, Ben,** "Beyond Redemption? Problematizing the Critique of Human Rights in Contemporary International Legal Thought", 2(1), *London Review of International Law* 77(2014).

**Heon Hwan, Lee,** The Concept of Human Dignity - The Eastern and Korean Traditional View, 세계헌법연구 15(3), 2009.

**Hofmann, Andreas,** Resistance against the Court of Justice of the European Union, *International Journal of Law in Context* (2018), vol. 14.

**ICJ**, *Journal of the ICJ*, Vol. VIII, No.2, Part 1, Special Issue 1968

**ICJ,** TOWARDS A WORLD COURT OF HUMAN RIGHTS: QUESTIONS AND ANSWERS, *Supporting Paper to the 2011 Report of the Panel on Human Dignity*, DECEMBER 2011.

**Ishay, Micheline,** The History of Human Rights; From Acient Times to the Globalization Era, Berkeley, Univ. of California Press, 2004(조효제 옮김, 세계인권사상사, 도서출판 길, 2005 참조).

**Lhotský, Jan,** Interview with Professor Manfred Nowak: The World Court of Human Rights – a proposal on the shelf, ready for use (2016 Interview), 8. 4. 2019.

**Madsen, M. R./Cebulak, P./Wiebusch**, M., Backlash against international courts: explaining the forms and patterns of resistance to international courts, *International Journal of Law in Context* (2018), vol. 14.

**McCrudden, Christopher,** Human Dignity and Judicial Interpretation of Human Rights, 19 *Eur. J. Int'l L.* 655(2008).

**Nowak, Manfred**, The Need for a World Court of Human Rights, *Human Rights Law Review*, Vol. 7, Issue 1, 2007.

**Nowak, Manfred/Kozma, Julia**, Draft Statute of the World Court of Human Rights, 2009.6.

**Nowak, Manfred,** "Eight Reasons Why We Need a World Court of Human Rights", in ; G. Alfredson & Others(eds.), *International Human Rights Monitoring Mechanism: Essays in Honor of Jacob Möller*(2nd Revised Ed.), Leiden; Boston; Martinus Nijhoff, 2009.

**Ohlin, Jens David,** *The Assault on International Law,* Oxford Univ. Press, 2015.

**Posner, Eric,** *The Twilight of Human Rights Law,* Oxford Univ. Press, 2014.

**Rabkin, Jeremy A.,** *Law without Nations? Why Constitutional Government Requires Sovereign States*, Princeton Univ. Press, 2007.

**Rasilla, Ignacio de la**, The World Court of Human Rights: Rise, Fall and Revival?, *Human Rights Law Review*, 2019, vol. 19.

**Roth, Kenneth,** 'The Dangerous Rise of Populism: Global Attacks on Human Rights Values' in *Human Rights Watch, World Report* 2017.

**Saktorová, Ľubica**, DANUBE: THE WORLD COURT OF HUMAN RIGHTS FEASIBILITY STUDY, *Law, Economics and Social Issues Review*, 9 (1),

March 2018.

**Schiettekatte, Sophie**, DO WE NEED A WORLD COURT OF HUMAN RIGHTS? FILLING THE GAPS FOR TNC RESPONSIBILITY, 'Master in de Rechten', Ghent, 15 June 2016.

**The World Court of Human Rights Development Project**, the WCHR Statute (Current Draft): "The Statute of the World Court of Human Rights (The Treaty of Lucknow)" (2014) at 〈http://www.worldcourtofhumanrights.net/wchr-statute-current-draft 〉.

**Tian, Li,** Towards the Establishment of a World Court of Human Rights, The design of its complementary jurisdiction, *SVH*, 2017.

**Scheinin, Martin**, Towards a World Court of Human Rights Research report within the framework of the Swiss Initiative to commemorate the 60th anniversary of the Universal Declaration of Human Rights, 2009.6.

**Tigroudja,** 'La création d'une Cour mondiale des droits de l'homme est-elle contra victima? Libres propos introductifs' in de Frouville (ed.), *Le système de protection des droits de l'homme des Nations Unies: présent et avenir* (2017).

**Trechsel, Stefan**, A World Court for Human Rights?, 1 *Nw. J. Int'l Hum. Rts.* 1 (2004).

**Ulfstein, Geir**, Do We Need a World Court of Human Rights? in: O. Engdahl/P. Wrange (eds.), *Law at War – The Law as it was and the Law as it Should Be*, Ch. 18, Koninklijke Brill BV, 2008.

**UN,** *Final Act of the International Conference on Human Rights,* Teheran, 22 April to 13 May 1968(A/conf.32/41), UN Publication, 1968.

**UN,** UN Doc A/RES/60/251.

**UN,** Draft Resolution for an International Court on Human Rights/Submitted the Representative of Australia. E/CN.4/15, 5 Feb. 1947.

**UN,** E/CN.4/366, 22 March 1950.

**UN,** E/CN.4/AC.1/27, 10 May 1948.

**UN**, Final Act of International Conference on Human Rights, Teheran, 22 April to 13 May 1968.

**Vašák, Karel**, 'A 30-year struggle; the sustained efforts to give force of law to the Universal Declaration of Human Rights', in; **The Unesco Courier,** Nov. 1977(https://unesdoc.unesco.org/ark:/48223/pf0000074816).

**Vašák, Karel,** 'Pour une troisième génération des droits de l'homme, 839, in;

Linda Hajjar Leib, "An Overview of the Characteristics and Controversies of Human Rights", Human Rights and the Environment: Philosophical, Theoretical and Legal Perspectives, Brill (2011).

**Viñuales, Jorge E.**, 'The Contribution of the International Court of Justice to the Development of International Environmental Law: A Contemporary Assessment' (2008/2009) 32 *Fordham International Law Journal* 232.

**World Citizen Government**, Statute of the World Court of Human Rights, at<https://worldservice.org/wsalstat.html>(2023.3.8. 최종접근).

# 법학의 미래*

## 크리스티안 슈타르크**

김대환 옮김***

## I. 법학

### 1. 서론

우리의 관심을 끄는 것은 미래에 적용될 법이다. 이 법은 민주적으로 성립된 국가에서는 우선 의회의 입법자가 만들고 제정한다. 그 다음 입법자의 산물은 부차적으로만 가능한 한에 있어서 법학에 의해 해석되고, 정리되며 체계화된다. – 이를 좀 더 면밀히 살펴보면, 광범위한 법학의 중요성이 드러나게 된다.

실정법 즉, 제정된 법을 학문적으로 해명하는 것을 다루는 법학의 분야를 Rechtsdogmatik이라고 한다. dogmatik은 이론(Lehre) 또는 원칙(Grundsatz)을 의미하는 그리스 단어 dógma에서 유래했다. 이는 그리스어보다 라틴어에 더 가까운 대부분의 유럽어가 법이론(Rechtslehre)을 지칭하기 위해서 사용하는 라틴어 doctrina의 뿌리이다. 구스타프 라드브루흐는 Rechtsdogmatik 즉, 법이론(Rechtslehre)을 "정당한 법이 아닌 현행의 법, 있어야 할 법이 아닌, 있는 법의 학문"이라고 불렀다.[1]

있어야 할 법은 특히 정당의 프로그램, 단체의 입장표명 그리고 정부의 선언에서 매우 다원적으로 표현되는 법정책의 대상이다. 마찬가지로 법학의 한 분야이기도 한 법철학도 다른 방식으로 마땅히 있어야 할 법을 그것도 이론적 및 인류학적 관점에서 다루고 있다.[2]

---

* 이 논문은 원래 Akademie der Wissenschaften zu Göttingen (Hrsg.), Wissenschaften 2001. Diagnosen und Prognosen, Göttingen 2001, S. 48-67에 게재되었고, 2015년에 Mohr Siebeck에서 발행된 논문집 Christian Starck, Woher kommt das Recht?, S. 375-390에 게재된 것을 번역 원본으로 하였다.

** 괴팅겐대학교 명예교수

*** 서울시립대학교 교수

1) *Gustav Radbruch*, Rechtsphilosophie (1932), Studienausgabe, hrsg. von Ralf Dreier und Stanley L. Paulson, 1999, S. 106.

2) *Christian Starck*, Der demokratische Verfassungsstaat, 1995, S. 403, 416 f.

이하에서 장래의 법학이 문제된다면, 그것은 무엇보다 법이론(Rechtsdogmatik)에 관한 것이다. 법정책은 한쪽으로 제쳐두지만, 반면에 법철학은 다룰 수 있다.

## 2. 법이론의 성과

법이론은 대개는 전적으로 **라드브루흐**가 사용하는 의미에서 입법을 다듬는 학문으로 취급된다: 제정된 법률을 일반적 관점에 따라 해석하고, 조화를 이루게 하고, 체계적 해석을 통하여 모순을 보완하고, 규칙을 정립하고 또 그렇게 함으로써 법률적용을 합리화하고 예측가능하게 만들고 그리고 일반적으로 권리의 동등한 취급을 촉진한다. 법률 내에서 활동하는 법이론의 이러한 임무의 설정은 법이론이 이미 입법에 선행하고 법률 제정에 결과적으로 도움이 될 수 있는 지식을 갖추고 있음을 의미한다. 이러한 의미에서 **오코 브렌츠**(*Okko Behrends*)는 통찰력 있게 "법률과 도그마틱의 연합"(Bündnis zwischen Gesetz und Dogmatik)이라고 말하고 이를 다음과 같이 특징지었다:[3] "입법자가 입증된 도그마틱을 근거로 하고 이것을 적절한 형식으로 법률에서 명백히 한다면, 입법자는 규정에 대한 효력의 강도를 매우 증가시키게 된다. 법적용에 요구되는 법적용기관, 법원 및 자문 변호사와의 소통은 도그마틱을 통함으로써 신뢰할만한 매개체를 얻게 된다."

신구의 입법에서 사용되고 있는 우리 법질서의 많은 근본개념들(Grundbegriffe)은 기본적이고도 철저한 법이론적 연구와 정교함에 근거하고 있다: 계약, 재산권, 손해배상, 책임 그리고 형벌, 법률, 법률유보, 비례성원칙 등. 이론적으로 발전된 개념, 형식 그리고 제도는 대개 입법자가 상황에 따라 발견하는 구조적 요소보다 더 큰 지속성이 있다. 이는 종종 학문적 체계형성을 어렵게 하는 행동주의(Aktionismus)에서 발생한다. 과장 없이 말하면 법이론적 사전작업과 체계화 없는 입법은 법문화적으로 매우 낮은 수준에 머무를 것이고 법의 개관용이성(Überschaubarkeit)과 신뢰성에 대한 법치국가적 요구를 충족하지 못하게 될 것이다.

입법과 도그마틱의 결합은 전래적인 도그마틱에 한정되지 않는다. 왜냐하면 도그마틱이 항상 입증된 것은 아니기 때문이다; 그것은 막히고, 복잡하고 그리고 뭔가가 덧붙여져 있거나 법에 대한 새로운 요구들이 더 이상 일어날 수 없게 되어 있을 수 있다. 신뢰할 수 있고 효과적인 규정을 만들기 위해 법체계에 맞는 새로운 이론적 개념이 입법자를 도우는 데 필요할 수 있다. 좋은 입법이론(Gesetzgebungslehre)은 경제 법칙과 자연과학 및 기술의 발전을 포함하여 의도하는 규율의 근거가 되는 사실을 인식하고 있어야 하고,[4]

---

3) *Okko Behrends*, Das Bündnis zwischen Gesetz und Dogmatik und die Frage der dogmatischen Rangstufen, in: Behrends/Henckel (Hrsg.), Gesetzgebung und Dogmatik, 1989, S. 9; entsprechend *Horst Eidenmüller*, Rechtswissenschaft als Realwissenschaft, JZ 1999, S. 53, 60. 또한 Diederichsen/Dreier (Hrsg.), Das mißglückte Gesetz, 1997, passim.

4) *Christian Starck*, Empirie in der Rechtsdogmatik, JZ 1972, S. 609 ff. = Starck (Anm. 2), S. 97

성과를 낼 수 있는 법이론적 지식을 갖추고 있어야 한다.[5] 그러면 그것은 오늘날 종종 정부파벌(Regierungsfraktionen)이나 단체들의 압력을 받는 법정책을 적정하게 하고 합리화할 수 있다.[6]

지금까지 법이론에 대해서 말한 것은 전적으로 상대적인 것으로 이해되어야 하고, 법질서의 장소와 시기에 따라 달라진다. 그러나 법이론의 개념 속에는 상대적이지 않은 어떤 것도 들어있지 않은 것인가? 이 문제는 긍정적으로 답하여야 한다. **알레산드로 만초니**(*Alessandro Manzoni*)[7]의 훌륭한 저작 "약혼자(I promessi sposi)"에서 수도사 크리스토포러스(Christophorus)는 다음과 같이 말하고 있다. "불쌍한 렌초, 불법을 행하려는 권력자가 언제나 자신의 행동을 정당화할 것을 강요당한다면 일은 이와는 달라졌을 것이다." 말하자면, 법이론은 그것이 효력을 발휘하는 곳에서 법을 예측가능하게 만들고 최소한의 평등과 - 자의의 배제라는 의미에서 - 불편부당함을 보장한다.

우선 법이론의 기능은 다음과 같이 분명히 할 수 있다: 법이론은 실정법의 성립과 적용에서 실정법을 체계화하고 안정화한다. 그리고 내재적 비판을 통하여 모순이 없도록 유지한다. 법이론에는 법질서의 근본적 변화로부터 동떨어진 곳은 존재하지 않는다. 특히 그것은 결코 실정법에 우선하는 일반적 정의론이 아니다; 그것은 법 합리화의 기초적 전제조건만을 보장할 뿐이다.

## 3. 법이론의 위계

이제 상황이 좀 더 복잡해졌다. 왜냐하면 특히 헌법의 우위로 표현되는 실정법의 위계질서가 존재하기 때문이다. 입법은 헌법질서에 기속된다(기본법 제20조 제3항). 기본권은 직접적으로 효력이 있는 법으로서 입법을 기속한다(기본법 제1조 제3항). 헌법의 우위는 법이론적으로 볼 때 헌법이론이 - 물론 헌법이 틀의 질서로서 미치는 한에서만,[8] - 법이론을 지배하면서 영향을 미친다. 이에 대한 예를 들면 다음과 같다:

(1) 법이론적으로 기본권과 법치국가원리로부터 나오는 비례성원칙[9]은 임의로 바꾸거나 아예 폐기할 수 있는 이론적 크기가 결코 아니다; 오히려 헌법의 우위의 한 부분이고 행정법의 규범화와 적용을 결정한다. 그에 따라 기본권 제한은 제3자의 권리나 공공복리

---

ff.

5) *Christian Starck*, Überlegungen zur Gesetzgebungslehre, in: Zeitschrift für Gesetzgebung 3 (1988), S. 1, 14 ff.(이 책의 제1부 제5장에 게재); 각주 3에서 인용된 Gesetz und Dogmatik의 논문도 참조.

6) 설정된 목표를 기반으로 한 조건부 추천에 대해서는 *Eidenmüller*(Anm. 3), S. 55 li Sp.

7) *Alessandro Manzoni*, Die Verlobten, Übersetzung von Ernst Wiegand Junker der Ausgabe 1840, München 1960, S. 146.

8) *Christian Starck*, Die Verfassungsauslegung, HStR Bd. VII, 1992, S. 205 ff. 이 글의 개정된 제3판은 이 책의 제3부 제3장 참조.

9) *Peter Lerche*, Übermaß und Verfassungsrecht, 1961 passim; v. Mangoldt/Klein/*Starck*, Bonner Grundgesetz, Bd. I, 4. Aufl. 1999, Art. 1 Rdnr. 242 ff., 249, in der 6. Aufl. 2010, Rdnr. 277 ff.

의 보호를 위하여 적합하고, 필요하고 비례적이어야 한다.

(2) 기본권을 주관적 권리로 이해하면서 다음의 결론에 이르게 되었다.

- 행정법에서 많은 면제유보(Befreiungsvorbehalt)부 억제적 금지(repressive Verbote)가 허가유보(Erlaubnisvorbehalt)부 예방적 금지(präventive Verbote)로 전환되었다.[10)11)]
- 위법적 행정행위의 결과를 제거하기 위해서 소위 결과제거청구권이 법이론적으로 구성되었다.[12)]
- 원래 법적 규제가 없는 것으로 생각되었던 행정의 내부영역, 소위 특별권력관계 - 예컨대 교도소와 학교 - 에 법이 적용되게 되었다.[13)]

이러한 사례들은 고차원의 헌법에서 나오는 새로운 법이론적인 해석들이 위 사례들이 나온 행정법에서뿐만 아니라 예컨대 형사소송법[14)]에서도 그리고 심지어 민법[15)]과 같은 법률에서 어떻게 일어났는지를 보여준다. 이러한 새로운 해석은, 위에서 언급한 사례들에서 항상 그랬지만,[16)] 그것이 판례에 의해서 받아들여지는 경우에 비로소 실제로 성공한 것으로 볼 수 있다. 그러나 거의 언제나 인내가 필요하다. 이를 완전히 일반화하면, 새로운 이론적 개념(neue dogmatische Figuren)을 고안하는 사람은 전래적인 것으로는 더 이상 나아갈 수 없음이 명백하게 되는 경우에 의지할 수 있는 예비품을 준비하는 것이라고 할 수 있다.

법이론의 단계질서에 대해서는 다음과 같이 말할 수 있다: 밝혀진 자연법의 법철학적 전통은 오늘날 부분적으로 헌법에 실정화되어 있음을 알 수 있다. 인간존엄의 보장, 인권과 기본권, 법치국가와 권력분립 그리고 사회적 국가목적을 예로 들 수 있다. 따라서

---

10) 기본적으로는 BVerfGE 20, 150, 154 ff.

11) 기본권을 권리로 보게 되면 행정청이 행하는 금지는 예외적으로 허가가 있는 경우에만 허용되게 된다는 의미다. 면제유보부 억제적 금지(repressives Verbot mit Befreiungsvorbehalt)란 예외적 승인(Ausnahmebewilligung)이라고도 한다. 입법자는 이 형식은 특정한 의도는 제한하려고 하면서도 완전히 금지하지 않을 경우에 사용한다. 개별적인 경우에 면제를 통하여 법이 규정한 억제적 금지를 폐지한다. 허가유보부 금지는 특정한 행위가 원칙적으로 금지되고, 법률 규정이나 권리자의 허가 있는 경우에는 예외적으로 행위의 행사가 허용되는 법원칙을 말한다.- 역주

12) *Otto Bachof*의 주해를 단 BVerwG, DÖV 1971, S. 857; *Fritz Ossenbühl*, Staatshaftungsrecht, 4. Aufl. 1991, S. 247 ff.; Wolff/Bachof/Stober, Verwaltungsrecht, Bd. 2, 6. Aufl., 2000, S. 177 f.

13) *Christian Starck*, Plädoyer für ein Strafvollzugsgesetz, ZRP 1969, S.147 ff. m.w.N.; BVerfGE 33, 1, 99 (Strafvollzug); *Hans-Ulrich Evers* und *Ernst-Werner Fuß*, Verwaltung und Schule, VVDStRL 23 (1966), S. 147 ff., 197 ff. BVerfGE 34, 165, 192 f.; 45, 400, 417 f.; 47, 46, 78; 58, 257, 268 f. (Schule)

14) 요약으로는 *Kay Nehm*, Die Verwirklichung der Grundrechte durch die Gerichte im Prozeßrecht und Strafrecht, in: Heyde/Starck (Hrsg.), Vierzig Jahre Grundrechte in ihrer Verwirklichung durch die Gerichte, 1990, S. 173 ff.

15) 요약으로는 *Volkmar Götz*, Die Verwirklichung der Grundrechte durch die Gerichte im Zivilrecht, in: Heyde/Starck (주 13), S. 35 ff.; *Claus-Wilchelm Canaris*, Grundrechte und Privatrecht, 1999, bes. S. 23 ff., 71 ff.

16) 주 10 - 12에서 인용한 판례 참조.

국가에서 인간의 지위와 국가권력의 내적 통제의 필요성에 관한 자연법에 근거하는 법철학적 숙고는 법률에 영향을 미치는 헌법이론의 내용이 된 것이다.

## 4. 지혜의 원칙(Klugheitsregeln)

법률에 관하여 헌법에 근거하는 법이론 외에, 간략하게 "좋은 충고"를 통하여 입법에 대하여 지도력을 발휘하는 법이론적 노력과 과제에 시선을 돌릴 수 있다. 여기서 큰 실천적 의미를 가지지만 부당하게도 평가절하 되고 있는 지혜의 원칙의 적용이 문제된다. 19세기에 법학이라는 개념이 사용되기 전에는, 법에 대한 학문적 연구를 법학(Jurisprudenz), 즉 법적 지혜(Rechtsklugheit)라고 불렀다. 오늘날 과도하게 헌법으로부터 도출함으로 인하여 헌법이 갖는 틀로서의 성격이 종종 잘 잊혀진다는 점을 고려할 때, 법이론의 지혜 측면은 장차 큰 의미를 가지게 될 것이다. 왜냐하면 그것은 그 때 그 때 법정책적으로 설정된 목적과는 별개로 법규정과 그 해석의 지혜에 대하여 헌법적으로 가능한 범위 내에서 열린 담론을 펼치는 것을 가능하게 하기 때문이다.[17)]

**헬무트 슐체-필리츠**(*Helmut Schulze-Fielitz*)는 제9차 독일 연방의회(1980-1983)의 입법에 대한 광범위한 분석에서 법이론적 합리성이 입법절차에서 철저히 검토되고 때때로 영향을 미친다는 것을 보여주었다.[18)] 거기서 다음과 같이 말하고 있다: "명확한 법이론적 원칙은 예컨대 언제나 **사회법**(*Sozialrecht*)에서 그렇듯이 '불규칙한' 조정에 대하여 비판하는 경우에 요구된다. 왜냐하면 입법자의 상황에 따른 임의적인 판단은 자의적인 것으로 느껴지고 그래서 사회보장의 요소로서 안전(Gesichert-Sein)이라는 인식이 확보되지 않기 때문이다"

**세법**(*Steuerrecht*)의 정글과 관련하여, **파울 키르히호프**(*Paul Kirchhof*)는 2001년 4월에 소득세개혁초안을 제출하였다. 초안의 기반이 된 것은 명확하고 모든 사람이 알 수 있게 법이론적으로 형성된 현행의 소득세법 원칙들이다. 사회법과 세법에서 법이론적 합리성은 최초 법률의 일관성을 침해하지 않는 일련의 조정 및 개정 법률에 대한 방향설정 기준으로서 특히 중요하다.[19)]

## 5. 소결

지금까지 설명에 따르면 법 규정의 생성과 적용에서 그 합리성을 보장하고 여기서 법의 내적 관련성을 존중하는 것이 이론적 탐구를 하는 법학의 과제이다. 질서의 틀로서

---

17) *Christian Starck*, Rechtsdogmatik und Gesetzgebung im Verwaltungsrecht, in: Behrends/Henckel (Hrsg.), Gesetzgebung und Dogmatik, 1989, S. 106, 116 ff. = 이 책의 제1부 제4장 참조.

18) *Helmut Schulze-Fielitz*, Theorie und Praxis parlamentarischer Gesetzgebung, 1988, S. 523 f.(원전에서의 강조).

19) 법이론의 비판적 기능에 대해서는 *Starck* (주 2), S. 409 참조.

헌법의 우위와 그로부터 나타나는 법률에 대한 헌법의 영향도 이에 해당한다. 이는 입법자에 대한 법이론의 **사전작업**(*Vorarbeit*)이고 제정된 법률의 적용을 위한 **사후작업**(*Nacharbeit*)을 의미한다.

이로써 법이론 작업을 하는 법과대학의 법학자는 물론 법률지식을 갖춘 항소법원이나 헌법재판소의 판사 그리고 입법공무원들이 무슨 일을 하는지가 분명하게 된다. 동시에 이 논문의 제목이 요구하는 예측의 근거가 마련되었다.

## II. 미래

### 1. 문제와 경향

사회발전이 위험에 처해질 우려가 있는 때에는 법의 조정능력이 요청된다. 우리는 오늘날 거의 모든 생활영역을 포괄하는 엄청난 문제들에 직면해 있다.[20] 그것들은 다음과 같다.

— 인간의 자연 훼손으로 인한 지구적 환경위험,
— 세계인구의 증가로 인한 세계의 많은 지역에서의 식량문제,
— 인체에 대한 생의학 연구의 위험,
— 전자통신시스템의 오남용,
— 세대의 변화와 엄청나게 확대된 의료선택지들로 인해 우리의 국가적 재정분담금으로 운영되는 사회보장체계에 대해 발생하는 위험

언급된 각 문제들은 그 정도가 경험적으로 완전히 파악되지 않은 경우가 많고, 독자적인 고찰을 할 가치가 있는데, 그렇게 보면 그것을 법적으로 극복하려는 시도가 국내뿐 아니라 대부분 국제적 차원에서도 중요한 역할을 하게 될 것이고 그를 위해서는 상당히 전문적인 세부사항으로 들어가야 할지도 모른다.

여기에서 미래의 법학에 대하여 갖는 의미라는 측면에서 지속적으로 진단되어야 할 3가지 경향을 검토하는 가운데 미래를 엿볼 수 있다. 그것은 — 우선 완전히 가치중립적으로 이해하면 — 유럽화 및 더 나아가서는 세계화(Globalisierung), 개별화(Individualisierung) 그리고 실용화(Utilitarisierung)이다. 여기서는 모든 제도와 구조에 어떻게든 스며드는 강력한 정신적 흐름이 문제가 된다. 우리는 분석적 사유능력을 가지고 있으므로 이 흐름에 법이론을 맡길 필요가 없다. 법이론의 체계적 지식에 근거하여 우리는 거기에서 좋은 것을 걸러내고 그 흐름을 제어하는 데 사용할 수 있다.

20) *Fritz Ossenbühl*, Die Not des Gesetzgebers im naturwissenschaftlich-technischen Zeitalter (Nordrhein-Westfälische Akademie der Wissenschaften, Vorträge G 367), 2000, S. 10 f.

## 2. 유럽화와 세계화

a) 우리가 세계적으로 특히 유럽연합의 시민으로서 경험하는 바와 같이, 다양한 국가와 지역의 사람들 간에 교통과 통신이 강화되고 경제가 네트워크화 되면서 일부 영역에서 법의 조화[21]나 나아가서는 통일을 필요로 한다.[22] 여기에서 비교법(Rechtsvergleichung)이 필요하다.[23] 비교법은 다양한 법질서를 비교하면서 다루는 법학의 분야다. 이 일은 법이론을 전제로 하면서 동시에 그것을 초월한다. 왜냐하면 자기 법의 이론뿐만 아니라 비교하는 법질서의 이론도 알아야 하기 때문이다. 그러나 비교는 결국에는 초이론적 · 기능적 방법을 필요로 한다. 특히 논의되거나 경우에 따라서는 통일적으로 규율될 문제와 관련하여 다루어질 국내법 제도의 기능이 중요하다.[24] 실제적인 질문은 다음과 같다: 비교되는 법질서는 우리가 우리 법질서의 개념에 의존하지 않고 우리 법질서에서 알려진 문제들을 어떻게 해결할 것인가 그리고 어떤 통일적 해결책이 제시될 것인가?[25]

다양한 역사적-이론적 구조를 가진 제도와 상이한 종류의 법적 사고형식 속에서 방법론적으로 훈련되어 있는 비교법전문가(Rechtsvergleicher)는 같은 법원리를 근거로 하고 있는지 아닌지를 알 수 있다. 그 점에서 **요셉 에써**(*Josef Esser*)[26]는 매우 생생하게 일반적 법사상의 제도적 색채(institutionelle Färbung)에 대해서 그리고 그 기능의 등가성에서 이론적 개념들(dogmatische Figuren)의 내적 연관성에 대해서 말하고 있다.

이 비교법 작업을 통하여 법문화로 인한 이론의 차이뿐만 아니라, 대개는 법학의 전문화로 인하여 덧씌워진 것도 알게 된다. 이론적 개념은 그러한 덧붙여진 이론이나 그 밖의 야생에서 해방될 수 있을 뿐만 아니라, 전체 법체계에서 그 기능을 더 잘 수행할 수 있도록 새롭게 다듬어질 수도 있다.

b) 법학에서 비교 작업은 모든 **법적 통일**(*Rechtsvereinheitlichung*)을 위한 불가피한 기초이며, 그것이 성공하려면 위로부터 부과되는 것만으로는 안 되고, 오히려 우선은 다양한 국내 법이론으로부터 그리고 관련 문제상황과 법문화적 특성의 도움으로 아래로부

---

21) Art. 93, 94 EGV, 현재는 Art. 114 AEUV 참조.

22) 예컨대 *Rüdiger Voigt*, in: ders. (Hrsg.), Globalisierung des Rechts 1999, S. 13 ff.; *Hans Schulte-Nölke*, Ein Vertragsgesetzbuch für Europa?, JZ 2001, S. 917.

23) *Konrad Zweiger/Heinz Kötz*, Einführung in die Rechtsvergleichung auf dem Gebiet des Privatrechts, 3. Aufl. 1996. *Christian Starck*, Rechtsvergleichung im öffentlichen Recht, JZ 1997, S. 1021 ff. = *Starck*, Verfassungen, 2009, S. 338 ff.; *Erk Volkmar Heyen*, Kultur und Identität in der europäischen Verwaltungsrechtsvergleichung, 2000; *Guiseppe de Vergottini*, Diritto costituzionale comparato, 5. Aufl. 1999.

24) 비교법에서 기능적 방법론에 대해서는 *Josef Esser*, Grundsatz und Norm, 2. Aufl. 1964, S. 346 ff.; *Zweiger/Kötz* (주 22), S. 33 ff.; *Manfred Mössner*, Rechtsvergleichung und Verfassungsrechtsprechung, AöR 99 (1974), S. 197.

25) 평가일치를 위한 공감형성적 요건에 대해서는 *Eidenmüller* (주 3), S. 61 li Sp.

26) *Esser* (주 23), S. 348, 363.

터 이루어져야 한다. 그래서 예컨대 유럽공동체의 입법기관은 공동해결을 통한 회원국이 수용할 수 있는 통합의 목적을 달성하기 위하여 자신의 결정을 비교법적 연구에 기반하고 있다. 공동체법은 모든 회원국의 언어로 만들어지고 그리고 언어를 통하여 법이 표현되기 때문에, 공동체의 입법기관에는 상시적인 비교법적 분위기가 존재한다.

공동체법의 발전에 매우 중요하고 EGV 제220조, 지금은 EUV 제19조 제1항에 따라 조약을 해석하고 적용함에 있어서 법의 존속을 보장하는 유럽법원(Europäische Gerichtshof)[27]은 그를 위하여 또한 보조수단으로서 비교법을 사용한다.[28] 모든 회원국의 법에 정통한 재판관들의 구성에 의하여 유럽법원이 "비교법의 실험실"[29]이라고 불리는 것은 적절하다.

공동체법이 점점 조밀하게 되고 확장되면서 우선은 비교법을 강화함으로써 그 다음에는 유럽인권협약과 관련한 공동체법과 유럽 기본권이론을 이론적으로 합리화하는 작업을 통하여 법학의 유럽화에 영향을 미쳤다.[30] 이는 또한 법학 방법론의 유럽화, 국제화로 이어지고 있다.[31] 따라서 비교법을 국제 사법과 함께 민법에 국한하여 유지하고, 가르치고 그리고 검토하는 것으로는 더 이상 충분하지 않다. 비교법의 유지 그리고 우선은 대체로 검토와 관련되는 이론으로 공법을 더 밀접하게 끌어 들이기 위해서는, 공법인 한 유럽법도 그리고 국제법도 비교법과 연결되어야만 한다.

c) 법학의 유럽화에 관하여 상론한 것은 — 비록 덜 하기는 하지만 — **세계화**(*Globalisierung*)라고 부르는 것에 대해서도 적용된다. 이는 조약법과 이론에서 국제법 즉, 국제 공법의 조밀화로 이어졌다.[32] 무엇보다 인권[33] 그리고 환경보호[34]를 언급할

---

27) *Jürgen Schwarze*, Die Wahrung des Rechts als Aufgabe und Verantwortlichkeit des Europäischen Gerichtshofs, in: FS für Holerbach 2001, S. 169 ff.

28) *Meinhard Hilf*, Comparative Law and European Law, in: R. Bernhardt (Hrsg.), Encyopedia of Public International Law, Bd. I, 1992, S. 697 f.

29) *Hans-Wolfram Daig*, Zu Rechtsvergleichung und Methodenlehre im Europäischen Gemeinschaftsrecht, in: FS für Zweigert, 1981, S. 395, 414.

30) *Hans-Peter Mansel*, Rechtsvergleichung und europäische Rechtseinheit, JZ 1991, S. 529 ff.; die Beiträge in: Jürgen Schwarze (Hrsg.), Das Verwaltungsrecht unter europäischem Einfluß, 1996 참조; *Reinhard Zimmermann*, Das römisch-kanonische ius commune als Grundlage europäischer Rechtseinheit, in: JZ 1992, S. 8 ff.

31) *Ernst A. Kramer*, Konvergenz und Internationalisierung der juristischen Methode, in: Meier-Schatz (Hrsg.), Die Zukunft des Rechts (Bibliothek zur Zeitschrift für Schweizerisches Recht, Beiheft 28), 1999, S. 71, 73 ff.; 80 ff.; *Constance Grewe*, Le juge constitutionnel et l'interprétation européenne, in: F. Sudre (Hrsg.), L'interprétation de la Convention européenne des droits de l'homme, 1998, S. 199, 213 ff.

32) 이에 대해서는 예컨대 풍부한 자료를 제공하고 있는 *Klaus Dicke*, Erscheinungsformen und Wirkungen von Globalisierung in Struktur und Recht des internationalen Systems auf universaler und regionaler Ebene sowie gegenläufige Renationalisierungstendenzen, in: Völkerrecht und Internationales Privatrecht in einem sich globalisierenden internationalen System - Auswirkungen der Entstaatlichung transnationaler Rechtsbeziehungen, 2000, S. 13, 29 ff.

33) 국제적인 최소기준에 대해서는 *Alfred Verdross/Brunno Simma*, Universalles Völkerrecht, 3. Aufl. 1984, S. 801 ff.

34) *Knut Ipsen*, Völkerrecht, 4. Aufl., S. 861 ff. (Verträge), S. 907 ff. (관습법 특히 좋은 이웃의 원칙),

수 있다. 국제법은 물론 여전히 실행의 허약함에 시달리고 있다. 그럼에도 불구하고 그것은 특히 국가 행위의 합법과 불법에 대한 기준으로 큰 의미가 있다. 따라서 국제적인 사건을 국제법의 기준에 따라 평가하고 평가의 근거를 밝히는 것은 법률가 특히 국제법학자의 임무다.

장래 법학의 과제에 대해서도 의미 있는 법의 유럽화와 세계화의 관계[35]는 **위르겐 슈바르체**(*Jürgen Schwarze*)[36]의 다음 말에서 발견된다. 협력, 말하자면 유럽연합에서 법의 공동체화(Vergemeinschaftung)는 유럽연합 회원국을 "오늘날 세계화 과정에 대체로 방관하지 않고 오히려 적어도 함께 통제하는" 위치로 옮겨놓고 있다.

d) 법의 유럽화와 세계화는 **민주적으로 조직된 입법절차의 후퇴**를 야기하고 있다. 지금까지는 국민국가에서만 법률을 자문하고 통과시키는 민주적으로 선출된 의회가 존재하고 있다. 이미 유럽연합 차원에서는, 적어도 현재에도 여전히, 매우 간접적이고 불평등하게 민주적으로 정당화된 기관들이 존재하고, 이 기관들이 그에 따라 법률(Gesetz)이라고 불리지는 않지만 명령(Verordnung)이나 지침(Richtlinie)으로 불리는 법(Recht)을 제정한다.[37] 법제정상 존재하는 이러한 민주주의의 결여는 인권을 포함하는 법원칙의 유지에 특별한 주의를 기울이는 경우에는 적어도 부분적으로는 보상된 것으로 볼 수 있을 것이다.[38] 이를 감시하는 것은 다시 다양한 국내 이론구조로부터 이에 공통된 법원칙을 추출할 수 있는 법학의 과제이다. 이 작업에서 법원칙에 대한 시선이 날카로워져 국내 법질서의 이익으로도 된다.

국가와 유럽연합 사이에 임무분배를 함에 있어서는 조직상의 법문제가 중요하고 따라서 동시에 법적 통일이 요구되는 영역들이 문제가 된다. 여기에서도 법학이 필요하다.[39] 법학은 국가의 권력독점이 내적 평화를 위해서 불가피한 전제임을 알고 있다. 임무를 분배함에 있어서는 나아가 결정권한이 장기적으로 민주적 책임과 관련되어 있어야 함을 고려하여야 한다.[40]

---

S. 919 f.

35) *Voigt* (주 21), S. 25 f.; die EU - "ein Laboratorium der Globalisierung"

36) *Jürgen Schwarze*, in: ders. (Hrsg.), Die Entstehung einer europäischen Verfassungsordnung, 2000, S. 548. 여기서는 *Ulf Bernitz* (스웨덴), a.a.O., S. 418과 관련시키고 있다.

37) 유럽의회의 협력에 대해서는 *Thomas Schmitz*, Integration in der Supranationalen Union, S. 492 ff.의 Art. 251 ff. EGV. Zukunftsperspektiven 참조.

38) 예를 들어 *Julia Ilapoulos-Strangas*, Die allgemeinen Rechtsgrundsätze in der Praxis der Straßburger Organe am Beispiel des Verhältnismäßigkeitsprinzips, in: RabelsZ 63 (1999), S. 414 ff.

39) 무엇보다 *Jürgen Schwarze*, Kompetenzverteilung in der europäischen Union und föderales Gleichgewicht, DVBl. 1995, S. 1265, 1268 f.; *Albrecht Weber*, Zur künftigen Verfassung der Europäischen Gemeinschaft, in: JZ 1993, S. 325, 328 f.; *Paul Kirchhof*, Die Gewaltenbalance zwischen staatlichen und europäischen Organen, JZ 1998, S. 965, 969; *Ingo Pernice*, Kompetenzabgrenzung im Europäischen Verfassungsverband, JZ 2000, S. 866 ff. m. w. N.

40) 이 문제에 대한 매우 중요한 문헌으로는 *Schmitz* (주 36), S. 94 f. Anm. 2 및 *Schmitz* selbst, S. 490 ff.

## 3. 개별화

a) 개별화는 개별 인간을 그가 지속적으로 속해있는 공동체에 대하여 자신의 자연적이고 사회적인 특징을 유지하면서 경제적 이해관계를 가지고 스스로의 이익을 지향하는 행위자로 보고 법적으로 보호하는 흐름을 말한다. 개별화는 **현대 서구 세계의 일관된 경향**이다.[41) ] 그러한 한 서구 세계는 예컨대 아시아 문화와는 구별된다.[42)]
법적으로 개별화는 개인으로서 인간에게 속하고 개별 인간의 관점에서 구상되고 해석되는 고전적인 인권 속에 표현되어 있다. 특히 공산주의와 전체주의 및 국가사회주의의 집단주의적 경향에서 반대운동이 있었고, 이를 극복하는 가운데 상황이 격변하였다.
과도한 개인주의는 개인이 처해있는 자연적인 공동체와 그 밖의 공동체들을 약화시킨다. 많은 사람들이 동료, 가족, 지역(Gemeinde), 연대공동체(Solidargemeinschaft) 그리고 국가에 대하여 부담하는 의무 내지 자신들에 요구되는 것에 대하여 감각을 상실하고 있다.

b) 이상의 확인에 따르면 법적으로 우리는 헌법의 어려운 분야인 **기본권이론**(*Grundrechtsdogmatik*)의 한 가운데 처해 있음을 알게 된다. 이에 대해서는 여기서 제기된 문제와 관련하여 다음과 같이만 말할 수 있다. 기본권이론의 출발점은 다양한 생활영역에서 헌법의 기본권규범의 기준에 따라 개인의 자유를 보장하는 것이다. 이 출발점은 그 뿌리를 인간의 존엄을 존중하고 보호할 국가권력의 의무에서 발견한다.[43)] 따라서 일차적으로 국가는 인간을 위해서 존재하는 것이고 인간이 국가를 위해서 존재하는 것이 아니라고 표현된다. 국가가 개인의 자유를 존중할 의무가 있는 것과 마찬가지로 국가는 동료의 침해에 대해서도 인간을 보호할 의무가 있다. 기본법의 조직규범과 기본권은 자유를 보호하고 **그리고** 공동체와의 조화(Gemeinverträglichkeit)를 보장하는 것을 임무로 하는 헌법국가 이념의 특별한 표현이다.[44)] 국가의 이 과제는 내적 평화를 보장하는 국가의 근원적 목적으로부터 나온다.[45)] 이는 경찰, 사법, 행정, 군대 등과 같은 제도를 가진 민주적 헌법국가의 존재를 전제로 한다.

기본권이론의 과제는 타인의 권리의 보호와 공익의 보호를 위하여 기본권제한의 일반원칙을 발전시키고 그리고 이 경우 예컨대 개인정보의 보호가 범죄의 규명을 어렵게 하거나 심지어 불가능하게 하는데서 볼 수 있는 과잉된 개인주의에 무너지지 않도록 하는데 있다. 이를 피상적으로만 보면 경찰에 대한 방해에 관한 문제이지만, 실질적으로는

---

41) 다른 것보다도 *Daniel Bell*, Die Zukunft der westlichen Welt, 1979, S. 292 ff., 314 ff.; *Lous Demont*, Individualismus. Zur ldeologie der Moderne, 1991.

42) Beiträge von *Ai-er-Chen, Jyun-hsyong Su* und *Chien-liang Lee* in: Christian Starck (Hrsg.), Staat und Individuum im Kultur- und Rechtsvergleich. Deutsch-taiwanesisches Kolloquium, 2000 참조.

43) 이에 대한 기본적인 것으로는 *Karl-E. Heinz*, Die Grundsätze des Grundgesetzes, 1999, S. 212 ff., 224 f., 252 ff., 267 f.

44) *Christian Starck*, Die Grundrechte des Grundgesetzes, JuS 1981, S. 237.

45) *Starck*, (주 2), S. 231, 235 ff.

범죄의 피해자가 되지 않도록 국민을 보호하는 것이다. 결국 연방헌법재판소는 후속 범죄에 대한 예방적 증거획득을 위해 범죄자의 DNA-동일인확인, 소위 유전자 지문을 엄격한 법률 조건 하(§81g StPO)에서 기본권에 합치하는 것으로 인정하였다.[46] 그러나 재판소는 개별사건에서 높은 수준의 입증을 요구하였고 그리고 특히 긴 전과기록으로는 충분하지 않고 오히려 범죄의 종류와 실행, 범죄자의 성격 그리고 재범위험을 정당화하는 그 밖의 인식에 대한 자세한 평가를 요구한다.[47] 기본권이론은 장래 특히 범죄자의 자유 제한은 위협을 받는 사람의 동등한 자유를 고려하여 평가하도록 더욱 주의하여야 할 것이다.

이를 위해 국가의 보호의무라고 하는 이론적 개념이 개발되었고, 게다가 이를 기본권의 객관적-법적 차원에서 도출하였다.[48] 여기서는 특히 생명, 건강, 자유, 재산 그리고 시민의 그 밖의 법익들 내지 헌법적으로 승인된 제도를 보호할 국가의 의무가 문제가 된다. 보호의무는 연방과 주의 의회 입법자의 규율임무로, 보호 법률을 적용할 집행부의 의무로 그리고 법원의 심사기준으로 나타난다. 헌법이론(Verfassungsrechtsdogmatik)은 이 보호의무를 보다 구체적으로 수용하고 법률과 법률의 적용에 대한 보호의무의 효력을 결정해야 할 것이다.[49] 헌법의 틀 안에서 효과적인 보호를 보장하는 체계적 개념을 발전시키는 것은 이론의 과제다. 중요한 적용영역의 하나가 환경법이다. 도출된 기본권이론을 바탕으로 특히 매우 효과 있는 환경보호가 성취될 수 있다.[50] 경제법에서는 불공정경쟁 및 카르텔에 의한 경쟁제한에 대처하는 법률을 거론할 수 있을 것이다.

c) 강조된 개인주의는 나아가서 **사회보장제도**와 그 실제적 운용에 영향을 미친다. 연대공동체가 크고 익명적일수록 피보험자는 그 만큼 더 고립된다.[51] 고립은 일반화를 어렵게 하고 사회적 급부를 청구할 때 공동체를 무시하는 개인주의로 잘못 인도하고 이는 보험 제도에 의하여 사회가 부담하게 된다. 법을 만들 때는 자유와 그 결과의 연결이 분리되지 않도록 확실히 하여야 한다. 자유로운 행위의 모든 결과를 사회국가적으로 방어한다면, 자유는 장기적으로 자기책임 없이 존재할 수 있다는 환상이 자라게 된다. 건강에 해로운 것으로 알려진 생활방식으로 인한 질병은 정상적 조건 하에서 사회건강보험에 의해서 보장된다.

---

46) Kammerbeschluß v. 14. 12. 2000, 2 BVR 1741/99 u. a., NJW 2001, 879-881.

47) Kammerbeschluß v. 15. 03. 2001, 2 BVR 1841/00 u. a., NJW 2001, 2320-2322.

48) 인간의 존엄(기본법 제1조 제1항)과 혼인과 가족(기본법 제6조 제1항)과 같이 그것이 명시적으로 보호를 위한 주관적 권리로 헌법에 근거하고 있지 않는 한.

49) *Josef Isensee*, Das Grundrecht auf Sicherheit, 1983; *Gerhard Robbers*, Sicherheit als Menschenrecht, 1987; *Johannes Dietlein*, Die Lehre von den grundrechtlichen Schutzpflichten; *Christian Starck*, Praxis der Verfassungsauslegung, 1994, S. 46 ff.; *Peter Unruh*, Zur Dogmatik der grundrechtlichen Schutzpflichten, 1996; v. Mangoldt/Klein/Starck (주 9), Art.1 Rdnr. 158 f. m. w. N.

50) *Reiner Schmidt*, Umweltschutz durch Grundrechtsdogmatik, in: FS für Zacher, 1998, S. 947 ff.; *Dietrich Murswiek*, Umweltrecht und Grundgesetz, in: Die Verwaltung 33 (2000), S. 241 ff.

51) 이하는 *Starck* (주 2), S. 286, 293 f.

사회보장제도는 개별화의 결과이기도 한 세대의 변화에 의해서도 위협받는다. 최근에 연방헌법재판소의 한 판결[52]은 분담에 따른 사회보험의 재정충당은 충분히 많은 수의 자녀들이 성장하고 있다는 것에 의존하고 있음을 일반적으로 부각시켰다. 노인장기요양보험(Pflegeversicherung)에서 재정상황은 이 보험이 특히 노인에게 발생하는 위험을 대비하는 것이라는 점과 본질적으로 근로연령이 되었을 때 비용부담자로서 이전세대의 보험사례에서 발생하는 비용을 함께 부담하는 자라나는 세대의 존재에 의해서만 작동을 한다고 하는 점을 특징으로 한다고 한다. 이러한 입장을 바탕으로 연방헌법재판소는 헌법상 일반적 평등원칙을 적용하고 그로부터 다음과 같은 결론을 내렸다. 즉, 일반적으로 더 이상 모든 피보험자가 세대적 기여를 할 수 없다면, 이는 노인장기요양보험에서 자녀를 양육하는 피보험자의 특별한 부담으로 될 것이라고 한다. 이러한 불리한 효과는 자녀양육 자체를 노인장기요양보험의 기여로 평가하면서 보험제도 내에서 보상되어야 한다고 한다.

노인장기요양보험에 관한 이 판결에 대한 보고서에서 언급된 것은 법이론적 논증이고 더구나 경험적 자료를 포함한 것이다.[53] 법이론에서 경험[54]은 법이 개별사건의 판단을 위해서 현실과 관련되어 있을 뿐만 아니라, 특히 불특정 법개념이나 평등원칙을 해석하는 경우에는 오히려 현실이 입법과 이론적 규칙형성에도 중요하다는 것을 고려하고 있다.

## 4. 실용화

a) 실용화는 **유용성의 관점에서 법을 측정하는** 하나의 경향을 의미한다. 문제는 무엇에 대한 유용성(Nützlichkeit)인가다. 집단에 대한 전체 이익이 문제가 되는가 아니면 집단에서 가능한 한 많은 개인을 위한 이익이 문제가 되는가? 그리고 이익이란 무엇인가? 바로 개별 인간이 완전히 다르게 느끼는 행복이나 즐거움? 고전적 형식의 공리주의(Utilitarismus)에서는 가능한 한 많은 수의 당사자를 위한 가능한 한 큰 이익, 즉 철저히 개인을 위한 이익이 중요하다. 철학적 공리주의의 창시자인 **제러미 벤덤**(*Jeremy Bentham*, 1748-1831)은 "무정부주의적 궤변"(Anarchische Trugschlüsse)이라는 제목으로 프랑스의 인간과 시민의 권리선언에 대한 비판을 발표했다.[55] 그리고 선언에서 일깨운 **자연법**(*drois naturels*)을 "수사적 넌센스, - 죽마를 탄 넌센스"(rhetorical nonsense, - nonsense upon stilts)라고 불렀다. 그것은 벤덤의 이익관념(Nutzenidee)의 관점에서 보면 완전히 일관된다. 왜냐하면 어떤 개인이나 개별 집단의 **자연법**(*drois naturels*)이 다수의 행복을

---

52) BVerfGE 103, 242, 264 f. = JZ 2001, S. 817, 818 mit Anm. von *J. Becker*, S. 820.

53) Im Urteil zitiert ist v. Ferber u. a. (Hrsg.), Die demographische Herausforderung, 1989, S.121 f.

54) *Starck* (주 4), S. 609 ff. = *Starck* (주 2), S. 97, 105 ff.

55) 무정부적 오류(Anarchical Fallacies); 프랑스 혁명 동안에 발간된 권리선언의 검토는 Jeremy Waldron (Hrsg.), Nonsense upon Stilts. Bentham, Burke and Marx on the Rights of Man, 1987, S. 46, 53.

방해하는 경우에는 가능한 가장 많은 수의 당사자를 위한 가능한 가장 큰 이익이 그러한 개인이나 개별 집단에 대한 불이익을 요구하는 상황을 생각할 수 있기 때문이다. 말하자면 적어도 공리주의의 발견자가 그에 부여한 형태로 볼 때는 상당히 위험한 교훈이다. 따라서 20세기에 공리주의는 정의원칙에 의해서 보완되었고,[56] 정의원칙의 도움으로 특히 인권에 있어서는 실제로 거의 언제나 중요한 개인과 소수의 권리를 돌아볼 수 있게 되었다.[57]

b) 우리는 법에서 그것을 다양하게 이익 및 유용성과 관련시킨다. 법 규정은 그 품질에 대한 큰 성과를 거둠으로써 비용-편익 분석(Kosten-Nutzen-Analyse)을 할 수 있다. 즉, 사회전체의 자원 낭비를 피하기 위해[58] 경제적으로 평가될 수 있다.[59] 가령 사회보장에서 추구하는 목적을 보다 적은 비용으로도 달성할 수 있을까? 이 질문은 법이론을 위해 매우 보람 있는 일이고 더구나 재정 정책적, 도덕적 (위 II 3 c 참조) 그리고 지적-건설적 관점에서 가치가 있다.

다른 방식으로 우리는 유용성을 고려하면서 기본권적 지위에 대한 과잉된 개입을 식별하고 피할 수 있다. **현대의 기본권이론**은 이에 대하여 매우 차별화된 형량모델을 제공한다.[60] 이 기본권이론은 불특정 이익을 가정하지 않는다. 오히려 수단과 목적이 구별되기 때문에 우선 목적의 정당성을 명확히 할 수 있다. 수단의 심사에서는 추구하는 목적을 위한 수단의 유용성 즉, 보다 정확히는 추구하는 목적을 위한 수단의 적합성과 필요성이 검토된다. 목적의 달성을 위한 보다 완화된 수단이 존재하는지 여부의 문제에 대한 심사도 이에 속한다. 마지막에는 적절하고 필요한 수단이 추구하는 목적과 관련하여 비례적인지 여부가 구체적으로 심사된다. 이러한 심사계획 속에 있고 유용성 논증을 세련되게 하는 것은 단순히 어떤 것의 불투명한 이익에 대하여 묻는 것이 아니라 오히려 그것의 효과와 부작용을 포괄적으로 고려하고 거기서 주로 어떤 법익이 뒤처지는지를 마침내 발견하는 지극히 법학적 사고의 표현이다.

c) **생명의학의 예**[61]를 들면 법이론에서 공리주의적 사고의 한계를 분명하게 할 수 있다. 생식의학(Fortpflanzungsmedizin)이 개발한 체외수정기술(Techniken der Invitro-

---

56) *John Rawls*, Eine Theorie der Gerechtigkeit, 1975, S. 186 ff.; 또한 *Günther Patzig*, Ein Plädoyer für utilitaristische Grundsätze in der Ethik, in: Neue Sammlung 13 (1973), S. 488 ff.

57) 공리주의에 관한 적절한 비판은 특히 *Ottofried Höffe*, Demokratie im Zeitalter der Globalisierung, 1999, S. 42 ff.

58) 경제성의 한계에 대해서는 *Maximilian Wallerath*, Der ökonomisierte Staat, JZ 2001, S. 209 ff.

59) *Kirchner*, Ökonomische Theorie des Rechts, 1997; *Hans-Peter Schwintowski*, Ökonomische Theorie des Rechts, JZ 1998, S. 581 ff. m. w. N.; *Horst Eidenmüller*, Kapitalgesellschaftsrecht im Spiegel der ökonomischen Theorie, JZ 2001, S. 104 ff.

60) 이에 대해서 그리고 이하에 대해서는 v. Mangoldt/Klein/*Starck*, (주 9), Art. 1 Rndr. 232 ff., in der 6. Aufl. 2010, Rdnr. 266 ff.

61) 보다 상세하게는 *Christian Starck*, Der moralische Status des Embryos, in: Neue Zürcher Zeitung vom 14./15. April 2001/Nr. 87, S. 89 (= S. 59 der internationalen Ausgabe); *ders.*, Hört auf, unser Grundgesetz zerreden zu wollen. Auch im Reagenzglas gilt die Menschenwürdegarantie. In: Frankfurter Allgemeine Zeitung vom 30. Mai 2001/Nr. 124, S. 55. 이 책 제2부 제5장도 참조.

Fertilisation)은 시험관에서 생성된 배아를 경우에 따라서 폐기하기 위해서 시험관에서 생성된 배아의 진단 검사를 가능하게 하고, 유전질환을 찾기 위해서 소모성 배아 연구를 가능하게 한다. 이 절차가 허용되는가? 그에 대해서는 현재 논쟁이 있다.

법률가는 이 질문에 답하기 위하여 최고법인 헌법을 지향할 것이다. 태어나지 않은 인간 생명은 인간존엄보장의 보호를 받는다는 사실은 오래전부터 연방헌법재판소의 판례에서 해명하였고,[62] 지배적 견해가 수용한 바 있다.[63] 인간존재의 존엄은 존재 그 자체로 태어나지 않은 생명에게도 있다. 사람의 생성과 그 후의 발전을 위해서 생명은 존재를 위한 기초이기 때문에 존엄보장은 생명보호도 포함한다. 최근에 탁월한 정치적 기능을 타고난 철학자에 의해서 생성된 후 최초 14일 내의 즉, 착상 전의 인간 배아가, 불투명한 말로 세포벽으로 불려 졌기 때문에,[64] 명확한 분석의 기초로서 먼저 난세포의 수정이 이루어지면서 인간 개체의 존재가 결정된다는 점이 강조되어야 한다. 이로써 결정적인 질적 휴지 없이 기관이 분화하고 출생에 이르게 될 수 있는 끊임없는 생성과정이 시작된다.

수정된 인간 난자의 이러한 자연적 목적성(Finalität)은 법의 전제로서 임의적으로 평가할 수 없다. 존재로부터 당위가 도출되기 때문에 이를 자연주의적 오류(naturalistischer Fehlschluß)[65]라고 말하는 사람은, 각 발전단계 — 착상, 뇌기능의 시작, 생존능력, 출생, 자아의식의 시작, 정신적-영적 가치체험 — 에 따른 존엄보호의 시작을 위한 경계설정은 선택(Selektion)을 의미한다는 것을 인정해야 한다.

연구에 소모될 배아의 생성은 배아를 다른 사람들의 목적을 위한 단순한 객체로 만들게 될 것이다. 연방헌법재판소가 인간존엄에 관한 판결에서 사용하고 있는 객체공식(Objektformel)[66]은 모든 행위에 있어서 자신과 다른 모든 사람에서 인간성(Menschheit)은 언제나 동시에 목적으로 사용되어야 하고 결코 수단으로 사용되어서는 안 된다는 칸트의 철학에서 유래한다.[67] 배양된 존재는 — 단지 출생한 존재뿐만 아니라 — 칸트에 의하면 명확히 사람(Person)으로서, 자유가 부여된 존재로 여겨진다.[68] 비록 인간을 위한 좋은 목적이라고 하더라도 다른 사람의 목적을 위해 배아가 배양되고 희생되는 경우에는, 인간존엄의 해석의 기초가 되는 칸트의 객체공식에서 공리주의적 사고의

---

62) BVerfGE 39, 1, 41; 88, 203, 252; Schweizer Bundesgericht, BGE 119, I. Teil, a) Verfassungsrecht, S. 460, 499 ff. (503)은 명시적으로 배아를 소모하는 연구를 반대하고 있다.

63) v. Mangoldt/Klein/Starck (주 9), Art. 1 Rndr. 17 f. in der 6. Aufl. 2010, Rdnr. 18에서의 문헌 참조.

64) *Julian Nida-Rümelin*, Süddeutsche Zeitung Nr. 28 vom 03./04.02.2001.

65) 존재로부터 당위를 이끌어 내는 것을 자연주의적 오류라고 한다. 자연적 속성과 윤리적 속성을 구별하지 않는 오류를 지적하는 말이다.- 역주

66) BVerfGE 27, 1, 6; 45, 187, 228; 87, 209, 228.

67) *Kant*, Grundlegung zur Metaphysik der Sitten (1785), Ausgabe Vorländer 1957, S. 52 (Zweiter Abschnitt).

68) *Kant*, Metaphysik der Sitten (1797), Ausgabe Vorländer, 4. Aufl. 1922, S. 95 (Rechtslehre § 28). 칸트는 Personen이라는 개념을 사용하기 때문에 인용된 부분에서는 생성된 것의 인간이 될 잠재성만이 문제될 수 있다.

한계가 나타난다.

이러한 주장을 따를 수 없는 사람 그리고 공리주의적 형량 위에 서 있는 사람은 다음을 고려하여야 한다: (1) 유전적 질병을 앓는 자손을 방지하기 위해서 배아를 폐기할 가능성을 가진 착상 전 진단(Präimplantationsdiagnostik)은 장기적으로는 그러한 질병에 시달리는 인간에게 그들을 원치 않았다는 것 그리고 그들의 존재가 본래 피할 수 있었고 또 그래야만 했다는 것을 항상 분명하게 보여준다. 그를 통하여 유전병을 앓는 자손을 피하기 위한 착상 전 진단과 특정한 질적 상태에 있는 자녀의 확보를 위한 착상 전 진단 간의 경계; 즉, 전혀 명백히 정해질 수 없는 소극적 우생학과 적극적 우생학 간의 경계가 흐릿해지게 될지도 모를 우생학적 분위기가 발생하게 될 것이다. ~ (2) 배아를 다른 사람의 목적만을 위하여 배양하고 단순한 객체로 이용하는 것을 금지하는 것을 무시하면 태아(Föten), 기형출산(Mißgeburten), 정신질환을 다루는데 있어서, 인류를 위한 좋은 목적을 달성하기 위하여 이것들이 연구 객체로 유용하다고 하는 경우에는, 매우 현저한 달갑지 않은 결과들을 동반하게 될 것이다. 이 모든 것을 공리주의적 분석은 고려하여야 한다.

## 5. 법학의 과제

해석한 실들을 함께 모아보면 이상에서 다룬 세 가지 경향이 법학에 중요한 추진력임이 드러난다. 비교를 통해서 법원리들이 보다 명확하게 나타난다. 비교는 쇄신과 통일을 위한 바탕이 될 수 있는 발견으로 이어진다. 개체의 개성을 철저히 강조하는 것은 자유에 대한 균형추로서 개인의 책임성 부흥의 기초가 될 수 있다. 이 헌법적 관련성은 많은 영역에서 법이론적으로 새롭게 해석되어야 한다. 유용성사고는 이미 매우 다양한 방식으로 법이론에 내재해 있다. 그러나 법이론적 해석의 검토를 위한 지속적 동기는 여전히 남아있다. 동시에 계몽된 자연법을 따르는 헌법으로부터 공리주의적 계산의 한계가 나타난다.

이 글은 미래의 법학(Rechtswissenschaft der Zukunft)이 아닌 법학의 미래(Rechtswissenschaft *in* der Zukunft)라는 제목을 가지고 있다. 왜냐하면 새로운 법학이 문제가 되는 것이 아니기 때문이다. 그 뿌리를 로마공화국의 법학(Jurisprudenz)에 두고 있는 전통적 법학[69]은 새로운 해결과 해석의 기초일 수 있는 경험과 지식체계를 가지고 있다. 물론 그를 위해서는 현실이 충분히 고려되어야 한다. 법학은 법질서의 내적 일관성을 유지하는데 도움을 주어야 한다. 그것은 사회적 그리고 법적 연관성을 알고 있어야 하고 법의 실제 효과와 우선 의도하지 않은 것도 계산하여야 한다. 이 모든 것으로부터 순수한 전문가주의(Spezialistentum)의 한계가 나타난다.

---

69) *Franz Wieacker*, Römische Rechtsgeschichte, Erster Abschnitt, 1988, S. 519 ff., 572 ff.의 설명 참조.

# 제 2 편
# 회 상

# 고난과 영광

## 김철수 회원 1933-2022*

김효전**

금랑(琴浪) 김철수 교수께서 지난 3월 26일 세상을 떠났다.

우리 나이로 올해 90을 맞이하여 기념논문집을 준비하던 문하생들은 날벼락 같은 그의 부음에 한동안 정신을 차릴 수 없었다. 이제 정신을 가다듬고 옷깃을 여미고 다시 선생님을 가까이에서 또는 먼발치에서 지켜본 수많은 제자 중의 한 사람으로서 그의 삶과 학문의 일단을 증언하기로 한다.

### 출생과 성장

금랑 선생은 1933년 대구 근교 칠곡에서 5남매의 장남으로 태어났다. 이 해는 시작하는 첫 달부터 독일에서는 히틀러가 정권을 장악하여 파시즘의 검은 구름이 서서히 유럽을 뒤덮기 시작하고, 미국에서는 마르크스의 예언이 들어맞는 듯 경제공황으로 뉴딜 정책을 실시하고 있었다. 아시아에서는 일본의 군국주의가 조선과 만주 그리고 중국 대륙을 유린하던 때였다. 일본의 식민지 아래서의 생활은 여느 조선인과 마찬가지로 창씨개명이 강요되어 우리말도 자유롭게 하지 못하고 우리 말을 쓰면 일본인 교사의 체벌을 받기도 했다. 곧 이어 태평양전쟁이 발발하자 일본은 공출을 강행하고 쌀배급은 중단되어 콩기름을 뺀 껍질을 압축한 것을 삶아 먹거나 솔껍질을 벗겨 밀떡을 만들어 먹기도 했다. 일제하의 기억으로는 고생한 것만이 생각난다고 그는 회상하기도 했다.

광복 이후 1946년 대구의 경북 중학에 입학한 선생은 이념대립이 격화되는 모습을 지켜 보지 않을 수 없었으며 시류에 휩쓸리지 않기 위해서 공부에만 전념하였다. 이처럼 온 세상이 난리 통인 속에서도 그는 세계대사상전집과 세계문학 전집 등을 탐독하였다. 특히 1947년 헌법제정이 논의되기 시작하면서 그는 당시 『법정』(法政)이라는 잡지가

---

* 『대한민국학술원통신』 제346호 (2022. 5. 1), 35-40면. 여기에는 김철수 회원의 사진, 김효전과의 사진 (1970. 2) 그리고 『시사 Interview』 (2010. 10. 1)의 표지 사진이 게재되어 있으나 본서에서는 제외하였다.

** 대한민국학술원 회원

발간되고 있었기에 이를 사서 읽으면서 헌법문제를 생각하게 된다.

1952년 한국전쟁이 한창이던 중 그는 서울대학교 법과대학에 입학하여 부산 구덕동 인근의 가교사에서 법학공부를 시작하고 1956년 봄 수석으로 졸업하고 독일로 유학을 떠난다.

## 독일 유학

선생의 독일 유학은 김철수 개인에 대해서 인생의 전환점이 되었을 뿐만 아니라 한국의 법학 나아가서는 학문의 세계화에 대한 기여이기도 한 역사적 사건이라고 할 수 있다.

그가 처음 도착한 곳은 독일 남부 바이에른 지방의 뮌헨이었다. 제2차 세계대전에서 패전한 독일은 여전히 도처에 폐허 투성이었다. 당시에는 식빵 한 덩어리에 독일 아가씨들이 몸을 파는 실정이며, 다 무너진 길거리의 연못에 있는 물고기를 잡아 먹고 싶을 정도로 사람들은 굶주렸다고 한다. 50년대의 독일은 어려운 가운데에서도 다시 재건에 힘쓴 결과 경제적으로 부흥기를 맞고 있었다. 뮌헨은 선생에게 여러 가지로 충격을 주었다. 공기는 맑고 넓은 영국 정원과 고색창연한 건물들은 매력적이었다. 생활은 어려웠지만 무엇보다 바이에른 국립도서관의 그 많은 책들이며 시내에 즐비한 고서점과 신간서점은 그를 유혹하기에 충분하였다. 그의 관심은 법학에 그치지 않고 정치학, 경제학, 철학으로 확대되고 폭넓은 독서와 연구는 훗날 연구에 커다란 밑거름이 되었다.

금랑의 독일 유학이 '역사적 사건'이란 말은 결코 과장이 아니다. 우선 전쟁 중인 나라에서 외국에 유학간다는 것 자체가 개인으로서는 영광이고 자랑이기도 하지만 그의 유학은 한국 법학의 기초를 반석 위에 올려놓는 토대와 계기가 된 것이다. 뿐만 아니라 지금까지 일본법의 아류인체 하고 그것으로 만족해 하던 연구 분위기에 직접 독일로부터 공부한 최신 이론을 소개하고 전수함으로써 민족적 자존심을 높이고 후학들에게 희망과 가능성을 제시한 점에서 그의 유학은 신기원을 마련한 것이다.

## 폐허 위의 한국 법학

1950년대의 한국은 학계라고도 할 수 없는 상황이었다. 광복 후에 대학 교단에 선 사람들은 일제 강점기에 고등문관시험에 합격하여 군수나 행정 관료 또는 사법 관료로 근무하던 실무가들이었다. 실정법 체계도 법 중의 법인 민법이 일본의 민법을 그대로 사용하는 이른바 '의용(依用)' 민법이었고, 형법전도 1953년에야 개정되었다. 일본으로부터 해방되었다고 하나 5 · 16 이후 모두 정비하기까지 그대로 옛날법을 적용하는 형편이었다.

이런 현실에 독일에서 '제대로' 공부하고 돌아온 선생은 바로 우리의 희망이며 등불이었으며 그에 대한 기대와 평가는 요즘 유학생과 비교할 수 있는 것이 아닌 것은 물론이다.

1961년 4월 그는 5년간의 유학 생활을 마치고 귀국한다. 그러나 박사학위는 없다. 독일에서도 학위를 하려고 하였으나 독일 교수는 한국에 관한 것을 쓰라고 하여 그는 한국법을 공부하러 독일에 온 것이 아니라고 거부한다. 당시의 한국에서는 외국에서 학위를 받고 귀국하면 바로 부교수로 임명할 정도로 외제 박사를 선호할 때였으며, '유학' 하면 미국에서 접시 닦고 공부해서 얻어오는 것이 박사학위로 알고 있던 시절이었다. 그러나 유기천 서울법대 학장은 당시 학위를 가지고 있는 사람이 있음에도 불구하고 그를 교수로 채용하였다. 자신이 미국에서 학위를 받은 유학장은 임의로 결정한 것이 아니라 미리 뮌헨대학의 카를 엥기쉬(Karl Engisch)에게 김철수가 얼마나 열심히 공부했는가를 조회하기도 한 것이다. 엥기쉬는 라드브루흐(G. Radbruch)와 함께 독일을 대표하는 당대의 유명한 법철학자로서 한국에도 많이 알려진 학자이다.

## 작은 시작 큰 결과

선생의 업적 중 작은 것 같으나 커다란 예를 하나 열거한다.

구체적으로 당시의 법학 논설은 수필 같은 것들이 고시 잡지에 실리는 수준이었는데 그는 처음으로 각주를 하나하나 붙여 전거를 밝히고 본문에 모두 쓸 수 없는 문헌지시를 한 것이다. 더구나 그가 인용하는 독일 문헌은 일본 책을 통해서 간접적으로 인용하는 것이 아니라 바로 직접 인용한 것이다. 그는 국립대학 교수의 박봉과 어려운 생활 속에서도 자료 구입에는 결코 비용을 아끼지 아니하였다. 많은 사람들이 김철수 교수를 가리켜 헌법학의 대가 또는 거목 등등으로 평가하는 것은 예의나 과장된 표현이 아니라 그의 하늘이 내려준 천재적인 두뇌 외에 끊임없이 노력하고 연구하는 자세가 한데 어우러져 이루어진 것이다. 그는 보직을 맡은 중에서도 촌음을 이용하여 책을 보고 있었으며 한 번 읽은 것은 그대로 입력하는 생이지지(生而知之)의 본보기였다고 하겠다.

## 미국법의 연구

금랑은 1962년에 서울대 법대의 전임 교수가 되어 법사상사와 비교헌법을 강의하다가 1966-67년 미국 하버드대학에 유학한다. 패전국 독일에서 이번에는 전승국 미국으로 연구의 방향을 바꾸었다. 이것은 단순히 유학할 나라의 변경에 그치는 것이 아니라 지금까지의 연구가 전통적인 대륙법의 체계에 근거한 것이었다면 새로이 영미법에로의 코페르니쿠스적인 방향 전환을 의미하는 것이었다. 그는 프린스턴 대학에서 미국법 전반에 관한 집중적인 강의를 들은 후 하버드 대학에서 계속 연구를 하게 된다. 연구 제목은 동서양의 법사상 비교와 위헌법률심사의 독일, 미국 비교였다. 당시 하버드의 풀러(Lon L. Fuller)와 영국의 하트(H. L. A. Hart)와의 논쟁을 지켜보기도 했다. 풀러는 자연법론자이고 하트는 법실증주의자로서 두 사람은 평행선을 달릴 수밖에 없었다.

독일에서 법철학을 공부한 그에게 미국의 법철학연구는 뒤진 것으로 보였다.

이에 반하여 위헌법률심사에 대해서는 매우 흥미를 가지고 당시 미국 헌법재판 연구의 제1인자인 프로인트(P. Freund)의 강의와 세미나에 참석하였다. 이것은 귀국 후 그의 학위 논문의 테마가 되었을 뿐만 아니라 평생토록 집중적으로 연구하는 계기가 된다. 선생의 미국 헌법 연구는 개인의 연구 영역과 분야를 확대한 것에 그치는 것이 아니라 우리의 실정 헌법의 해석과 적용에도 그대로 그 의미와 중요성이 연결되는 역사적 사건이기도 하다. 그것은 바로 제3공화국 헌법에서 미국식 사법심사제를 도입하였기 때문이다. 일반 법원에게 법률의 위헌법률심사권을 부여한 것은 일견 사법권의 우위를 보장한 것 같으나 그 결말은 헌법의 폐지(Verfassungsbeseitigung), 즉 유신헌법의 제정으로 종말을 고하게 된 것이다.

그럼에도 불구하고 그는 좌절하지 않고 계속하여 판례 연구와 헌법재판 연구에 더욱 힘을 쏟았다. 그는 기회 있을 때마다 사법시험 합격자수를 늘여야 한다고 주장하였고, 미국 유학과 사법대학원 운영의 경험을 살려 법학교육은 로스쿨, 즉 법학전문대학원의 설치가 필요하다는 주장을 일찍부터 펴 온 것이다. 그의 주장은 마침내 헌법재판소의 설치를 보게 되고 로스쿨 제도의 도입으로 이어진다. 선각자로서 우리 법학의 나아갈 길을 미리 제시한 것이다.

이처럼 금랑 선생은 독일을 대표로 하는 대륙법과 미국을 대표로 하는 영미법의 전통 두 가지 위에 이들의 장점을 취합하는 일본법까지 모두 소상하게 파악하고 있어서 우리 법의 해석과 적용에 있어서의 문제점들을 모두 소화할 수 있는 저력을 보여준 것이다.

## 유신헌법 책 검열 사건

선생의 유신헌법 교과서『헌법학개론』이 검열로 인해 고통을 받은 사건은 별로 알려진 편이 아니다. 5. 16 직후만 하더라도 활자판을 무지막지하게 긁어버려서 보기에도 흉측한 신문이 적나라하게 배달되었지만 70년대 초가 되면서부터는 통치기술도 발달하여 정부에 비판적인 언론이나 책자는 미리 사전에 검열을 하고, 또 언론에 보도조차 못하게 하여 어떤 일이 일어났는지도 알지 못한 채 지나가 버렸기 때문이다.

올해는 마침 유신 헌법을 제정한 지 50주년이 되는 해여서 한국공법학회와 헌법학회에 대해서 세미나의 테마로 삼아줄 것을 부탁하면서 선생의 검열 사건도 함께 다루어 주는 기획을 세우도록 요청하고 있었다. 이에 대해서 선생은 "에이 뭐" 하면서 별로 내키지 않는 표정이었다.

그러나 금랑 선생 자신은 지난 2019년 초에 문제의 교과서를 자비로 복각본을 발간한 일이 있다. 그는 50년 가까이 가슴 속에 묻어두었던 많은 사연들을 간단히 '복간사' 속에서 이렇게 말한다.「당시 이 책을 검열하고 출판을 저지했던 사람들이 거의 사망하였기에 그들의 검열의 의도를 듣지 못하는 것이 아쉽다. ... 그러나 검열된 서적도 영원히 사장되지 않는다는 교훈을 위하여 이 복사본을 출판한다. 이 책의 복간이 검열과 출판 금지의 전철을 밟지 않게 될 계기가 되어 학문의 자유가 보장되기를 바란다」라고.

지금 읽어보면 별 내용도 아닌 이곳저곳에 줄을 긋고 문제를 삼고 있다. 독재정부는 이처럼 작은 곳에서 자신을 비판하는 목소리 하나에 벌벌 떠는 것이다. 유신헌법이 박정희의 두 번째 쿠데타임에 틀림없는 데도 누구 한 사람 나서서 잘못된 헌법이라고 외치지 못할 때 그는 담대하게 잘못되었다고 말한 것이다. 그는 참으로 자유민주주의를 사랑하고 몸으로 실천한 투사였고 용기 있는 지성인이었다. 「정의를 위하여 고난을 받으면 복이 있다」(벧전 3:14)는 성경의 구절을 떠오르게 하며, 동숭동 법대 캠퍼스의 '정의의 종'을 연상케 하는 시대의 의인이었다. 그처럼 기세등등했던 유신 정권은 마침내 몽테스키외가 말했듯이, 산더미 같은 폭풍우도 마지막에는 작은 모래 알 하나에서 멈추고 마는 것이다.

## 언론인으로서의 김철수

헌법학자로서의 김철수 외에 그가 언론인이라는 사실도 별로 알려지지 않은 것 같아서 간단히 적기로 한다. 그는 1967년 가을부터 중앙일보의 비상임 논설위원으로 사설을 담당하였다. 전임 법률 담당 논설위원은 황산덕 교수였으며 그의 후임으로 30대 초반의 선생이 맡게 된 것으로 이례적인 것이다. 그는 법률과 정치뿐만 아니라 사회, 교육, 환경 등 여러 분야에 걸쳐 정부의 실정을 신랄하게 비판한 것이다.

당시 중앙일보는 동양방송까지 겸영하고 있어서 상당한 영향력을 발휘하였다고 보겠다. 논설위원으로서의 생활은 그에게 정치, 경제, 사회, 법률, 사회 문제를 깊이 생각할 수 있는 좋은 기회였다. 이것은 헌법학 연구에도 그대로 반영되어 종래의 도그마틱한 법해석학의 수준을 뛰어넘어 헌법사회학 내지 헌법정책학의 차원으로까지 승화되고 우리들의 연구의 지평과 관심방향을 넓히는 계기가 된 것이다.

논설위원을 하는 동안 정부는 압력을 가하여 면직하게 하기도 하고, 한편 대통령특보를 제안하여 회유하기도 했다. 그러나 그는 이를 단호하게 거부한 것이다. 관직으로의 유혹은 일찍이 대통령특보 외에도 문교부장관, 총리 등으로 여러 차례 하마평에 오르기도 했으나 그는 모두 거절하였다. 그리하여 그의 위패에는 「顯考 學生府君 神位」라고 적혀 있다. 여기의 '학생'은 벼슬 안 한 사람을 가리키는 말이며 참으로 그는 영원한 학생으로서 머무른 것이다.

언론인으로서의 활동은 그 밖에 법률신문 논설위원을 비롯하여 대학신문과 서울대학교 동창회보 논설위원, 신문윤리위원회 위원, 한국방송공사 이사 등을 역임하였다. 이와 같은 여러 가지 활동과 공적을 기려 서울대학교 총동창회는 2013년 그에게 관악대상 참여상을 수여하기도 하였다.

## 기본권론의 완결

정년퇴직 이후 만년의 업적은 자유민주주의 수호, 통일 헌법, 헌법개정 그리고 기본권론의 완결로 특징지을 수 있다.

일찍이 통진당 사건에 대해서는 위헌정당으로서의 해산을 주장하기도 하였고, 헌법재판소는 그의 이론에 따라서 위헌결정을 내린 바 있다. 특히 진보 정권이 들어서면부터 '민주주의'나 '인민'의 개념을 둘러싸고 교과서의 집필과 내용 서술에서 논란이 일자 선생은 대한민국의 정통성을 강조하고 헌법에 위반되는 세력에 대해서는 신랄하게 비판하는 논설을 여러 언론에 기고하기도 하였다. 자유민주주의에 대한 확고한 신념을 토로하기도 하였다.

한편 통일헌법의 연구는 그의 필생의 연구 과제였으며 『독일 통일의 정치와 헌법』(2004) 이래 수많은 논문을 통하여 『한국 통일의 정치와 헌법』(2017)으로 완결짓기도 했다.

2014년에는 국회 헌법개정자문위원회의 위원장을 맡아서 새로운 헌법개정안을 마련하기도 하였다. 여기서는 제도보다는 이를 운영하는 사람이 중요하다는 것과 그의 필생의 주장인 의원내각제가 이원적 정부형태로 양보 내지 완화된 모습을 볼 수 있다.

그는 헌법학 연구 중에서도 기본권의 중요성을 누구보다도 강조한 것은 잘 알려진 사실이다. 지난해에는 학술원 재임 25주년 기념작으로서 무려 천 페이지에 달하는 대작 『인간의 권리』를 출간하였다. 이 책은 인권의 사상사적인 연구에서 국내 인권법을 거쳐 국제인권법을 다루고 있다. 일찍부터 법철학과 법사상사를 연구하고 강의해 온 그의 학문의 정수가 녹아 있다. 특히 국제인권법은 인권이 국내적으로만 보장되어서는 안 되며 국제적인 보호가 필요하며 그 최후의 보루임을 강조한 것이다. 이것은 일견 유토피아적인 생각이라고 할 수도 있지만 그의 인간에 대한 한 없는 사랑이 뚜렷하게 나타난 기념비적인 저작이라고 하겠다.

그 뒤를 이어서 그는 쉬지 않고 올해 초에도 『기본권의 발전사: 실정권에서 자연권으로』를 펴낸다. 이 책은 종래 유럽과 미국 등 주요 국가의 인권 발전사를 다루어온 것에 대해서 스페인, 포르투갈, 남미와 아프리카 헌법에 이르는 세계사를 관통하는 기본권의 발전사를 서술한 것이다. 이로써 그의 기본권론은 완결되며 이것이 마지막 저서가 되었다. 「다 이루었다」.

## 개인적인 회상: 일화 1

1968년 봄 청와대를 습격하러 온 김신조 사태로 전국이 긴장되고 뒤숭숭하던 때에 나는 서울대학교 대학원에 입학하여 처음으로 선생의 지도를 받게 되었다. 지난해 바로 미국 유학에서 돌아와서 사법대학원의 교무과장이란 보직을 맡고 있었다.

그는 미국의 헌법 판례를 지락스 (선생은 제록스를 이렇게 발음했다) 복사기로 복사한 과제물을 주시면서 읽고 내용을 파악해 오라는 것이다. 다른 선생님들은 원서를 타자 친 것을 복사해서 나눠주었는데 그는 요즘 말로 첨단기기를 사용한 수업이었다고 하겠다.

유명한 Marbury v. Madison 사건으로부터 최신 Miranda 판결까지 미국의 헌법판례 전반을 요약한 책자를 번역하는 것이 여름방학 숙제였다. 그 밖에도 징발보상과 당시 문제가 많았던 국가배상법에 관한 판결 등 판례 연구에도 주력하였는데 이러한 것들은 모두 미국 유학에서 얻은 결과를 우리 헌법의 해석과 적용에 실제로 영미 판례법의 원리를 도입한 것이다.

당시 미국과 유럽에서는 학생운동이 일어나고 중국에서는 문화대혁명이란 명목으로 소란스럽기 짝이 없었으나 신문 한 장 읽어볼 마음의 여유도 없이 숙제하기에 바쁜 나날을 보냈다.

대학원을 졸업한 후 나는 외국 유학을 가고 싶었으나 병역미필자가 되어 원서조차 내볼 수 없는 처지였다. 오도 갈 데도 없는 나를 불쌍하게 여긴 금랑 선생은 자신의 연구실에서 공부하도록 편의를 보아주었다. 그는 나에게 문헌을 인용하는 방법에서부터 삶의 지혜에 이르기까지 세심하게 배려하면서 길러주시고 가르쳐 주었다. 그뿐 아니라 용돈까지 챙겨서 주었다. 그의 개인 조교를 1년 동안 한 후 나는 선생의 추천으로 서울대학교 법학연구소 조교가 되었다.

1972년 여름 조교 신분으로서 나는 『객관식 헌법』이란 수험서를 편집하고 여기에 금랑 선생의 추천사를 의뢰하자 그는 기꺼이 써주었다. 그뿐만 아니라 공무원연수원에서 승진 교육을 받고 있던 사람들에게 '저자 직강'할 수 있는 시간도 특별히 마련해 주었다. 아직 헌법학이 어떤 것인지도 제대로 알지 못하던 나로서는 비록 문제집이지만 만용을 부려 낸 책자에 대해서 선생은 판매에까지 신경을 써주신 것이다. 그의 추천사 덕분에 책은 날개 돋친 듯이 팔리고 매달 한 판씩 찍어내어 예상하지 못한 수입이 생겨나게 되었다. 인세수입이란 이런 것인가? 손쉽게 돈이 들어오는 느낌이었다. 그러나 이것도 몇 달 못 가고 대통령특별선언으로 현행 헌법을 정지하고 새 헌법을 제정한다는 것이다. 이른바 유신헌법을 제정한다는 것이다. 곧바로 판매는 중단되고 거기에 더하여 나는 입영통지서가 나와서 수도사단으로 훈련을 받으러 가게 되었다. 이때에 얻은 교훈으로부터 지금까지 돈은 나와 상관이 없다는 확신을 가지게 되었다.

## 일화 2:

1974년 금랑 선생의 추천으로 나는 방송통신대와 서울대 교양과정부의 대강(代講)을 맡게 되었다. 당시의 긴급조치 제1호는 「대한민국 헌법을 부정, 반대, 왜곡 또는 비방하는 일체의 행위를 금한다」고 하고, 이 조치를 위반하거나 비방하면 15년 이하의 징역에 처한다고 규정하였다. 그동안 공무원학원에서의 경험으로 강의는 문제가 없었으나 얼어붙은 정국에서 권위주의 헌법을 가르치자니 강의하는 자나 듣는 자나 모두 살벌한 분위기였다고 하겠다. 금랑 선생은 자의반 타의반으로 외국으로 전전하는 신세가 되었다.

### 일화 3:

1988년 가을 부산에서 열린 대한변호사협회의 연수회라고 기억된다. 초청 강연으로 나는 국회의 국정감사제도에 관하여 발표하던 중 헌법교과서에 관하여 언급한 것이 화근이 된 일이 있다. 요지는 1940년대 유진오 박사의 헌법책은 부록까지 합해서 큰활자로 300페이지가 안 되었는데, 점차 늘어나서 지금은 천 페이지 정도가 되었다. 그러니 당시의 합격자와 현재의 합격자 누가 더 헌법공부를 많이 했겠는가 하고 반문했더니 연수회에 참석한 변호사들 여기저기서 웅성웅성하는 소리가 들린다. 알고 보니 자기네들이 누구인데 감히 비하하는 말을 한다면서 저런 친구를 누가 데려왔냐고 하면서 불만을 토로하기도 하였다. 모임이 끝난 후 함께 참석했던 선생님은 "남의 잔칫집에 와서 그런 말을 하면 어떻게 해"하면서 조용히 꾸짖기도 하였다.

### 일화 4:

언젠가 선생님 댁에 들렸더니 "김 교수가 선물로 준 파인애플이 저 뒤뜰에서 자라고 있다"는 것이다. 나는 언제 선생님께 파인애플을 드렸는지 기억조차 못하고 있었는데 가만히 생각해 보니 제주도에서 신혼여행을 마치고 돌아오면서 현지에서 하나 사가지고 와서 드린 것인데 꼭지를 잘라서 땅에 심은 것이 자라고 있다는 것이다.

또 몇 해 전에는 불쑥 "김교수! 결혼 청첩장 가지고 있어요?" 하면서 묻는다. 40여년 전의 청첩장을 보관하고 계신 데에 놀랐다.

## 남은 과제

한국의 헌법학은 일제의 탄압과 광복 후의 전쟁과 폐허 그리고 이어진 독재체제 속에서 간신히 연명해온 것은 두루 아는 사실이다. 작은 유산 하나도 물려받지 못하고 이처럼 아무것도 없는 무에서 시작하여 오늘날의 헌법학을 꽃피운 것은 몇 안 되는 선각자들의 피와 땀과 눈물의 결과라고 하겠다. 그 가운데에는 당연히 김철수 교수의 공헌과 업적이 누구보다도 뛰어난 것이며 그것은 이제 하나하나 손으로 헤아릴 수도 없이 많다. 그는 우리들에게 36권의 저서와 500편에 가까운 논문과 시론을 남겨주었다. 이제 우리는 그가 남겨준 위대한 유산을 더욱 발전시키고 다듬어서 한국을 넘어 세계적인 법학으로 비상하는 과제가 주어진 것이다.

금랑은 우리들에게 많은 교훈과 가르침을 남겨 주었다. 특히 기억에 남는 말은 학문은 형극의 길이며 고난 없이 영광 없다(No Cross, No Crown)라고.

선생님! 하늘나라에서 다시 기쁘게 만날 날을 기약합니다.

# 지혜(智慧)와 동자(童子)의 憲法 여행

趙柄倫*

金哲洙 선생님께서는 지혜와 진리의 심오한 원리와 같이 헌법의 진리를 몸소 실행하시어, 동자(童子)와 같은 나의 헌법연구의 길을 처음부터 지혜(智慧)와 사랑으로 인도해주신 내가 가장 존경하는 지혜(智慧)의 스승님이시다.

지금도 충청도 유택과 하늘나라의 먼 곳이 아니라, 우리의 순례지인 상도동 자택에 여전히 살아 계시면서 제자들을 노심초사 걱정하시며 제자들이 잘되기만을 염원하고 있는 인자한 모습으로 항상 보이고 있다.

서울대학교 법과대학 신입생 시절부터 대학 교정과 장위동 선생님 자택에서 어린 딸들 사진을 책상에 놓고 인자하고 성실하신 선생님의 젊은 교수 시절의 모습을 만나면서, 지혜(智慧)이신 선생님과 동자(童子)인 나의 헌법여행은 무의식적으로 시작되었다. 이 헌법여행은 이제 반세기를 넘어 60년 환갑의 기간이 도래하고 있지만, 아직도 지혜와 동자의 헌법여행은 계속되고 있다. 헌법이 영원하듯이 우리의 헌법여행도 영원하기를 지금도 희망하고 믿고 있다.

서울대학교 법과대학 1학년 봄기운이 쌀쌀한 1964년의 대학로는 6.3민주화 투쟁의 뜨거운 열기로 군사독재의 최루탄 연기 속에 책가방은 도서관에 던져두고 국가와 민족의 앞날을 걱정하며 종로 거리의 민주화 투쟁으로 점철되고 있었다. 서울대학교 법과대학 1학년 160명 동급생 중 문희상(전 국회의장), 최기선(전 인천시장), 홍정표(전 핀란드, 인도네시아 대사)와 나 네 사람은 휘몰아치는 최루탄 연기와 교정의 뜨거운 민주화 열기 속에서도 나라의 위기를 극복하고 민주화를 이루기 위한 강렬한 구국의 젊고 뜨거운 눈빛과 하늘을 찌를듯한 기상으로 서로의 강력한 구국의 용기와 의지를 알아보고 의기투합하였다. 우리 네 명의 무서울 것이 없는 젊은 혈기의 청년학도들은 대학로 서울대 문리대 건너 의과대학 조용한 숲 함춘원 히포크라테스 동상 앞에서, 삼국지 도원결의와 마찬가지로, 대한민국의 민주화를 반드시 이룰 때까지 함께 친형제로 굳게 뭉쳐 목숨을 걸고 구국의 민주화 투쟁에 온몸과 정열을 바치기로 경건한 마음으로 포도주를 피로 대신하여 함께 마시면서 생사 결단의 굳은 도원결의를 하였다.

---

* 명지대학교 명예교수, 전 부총장, 전 한국헌법학회 회장

내가 법과대학 2학년인 1965년 봄에는 김철수 선생님께서 독일 유학시의 헌법연구의 핵심을 모아 첫 출간하신『헌법질서론』이 헌법학계의 새로운 물결로 급부상하고 있었다. 나는 당시 6.3 민주화운동에 앞장서 5.16 군사정권의 최루탄 연기 속에 눈물과 단식투쟁 혈서의 피를 흘리면서도, 헌법 공부만이 민주화를 확실하게 성공시킬 것이라는 확신 속에 김철수 선생님의 이 헌법질서론을 무조건 탐독하고 있었다. 마침 고려대학교 아남공화국 전국 대학생 모의국회가 정당법 개정안을 상정하였다. 나는 김철수 선생님의 이 헌법질서론의 상세한 정당법 해설을 무기로 출전하여 수석우수발표상을 수상하고, 이에 힘입어 서울대 정치외교학과 2학년 정세현 발표자(전 통일부 장관, 전 민주평화통일자문회의 수석부의장)를 포함한 서울대학교가 전국 모든 대학 중에서 우승기를 수상하게 되었다. 이것은 서울대학교 대학신문에 당시 법과대학 동급생 박수혁 학생 기자(서울 시립대 명예교수)의 취재로 크게 보도되기도 하였다.

전국은 전 국민적인 6.3 민주화 투쟁의 연속인 가운데, 5.16 군사정권의 폭압정치에 대한 민주화 투쟁과 한일굴욕외교 반대 투쟁으로 법과대학 학생들은 장기간의 최장기간의 단식투쟁에 돌입하였다. 동자(童子)는 야당 중진 국회의원과 야당 국회의원들의 격려 방문 후 이화여대 법정대학 학생회장 신인령(전 이화여자대학교 총장) 등 15여 명의 이화여대 학생들이 우리의 민주화 단식투쟁을 격려 응원하러 와 제공한 설탕물도 한 모금도 마시지 않은 채 일주일 이상 완전 단식 후, 군사정부의 반민주 독재와 굴욕적 한일회담에 대한 강력한 규탄 열변과 함께 당시 전 국민적 구호인 "민족주체성"이라는 혈서를 크게 쓰고 졸도하였고, 모든 법과대학 동료 단식투쟁 학생들의 애국가 함성이 우레같이 울려 퍼지는 가운데 들것에 실려 서울대 병원으로 응급 실려 갔다. 동자(童子, 현 6.3동지회 상임 부회장)가 응급 치료 후 다시 법과대학 단식투쟁 장소인 10 강의실에 복귀하여 계속 단식투쟁을 하는 동안 문희상(전 국회의장, 현 6.3 동지회 임원), 서종환 법과대학 학생회장(전 청와대 기획조정비서관, 주 뉴욕 한국대표부 공보관, 문화체육관광부 문공회 회장, 현 6.3동지회 부회장), 황산성(전 환경부장관) 등 모든 학생들의 민주화 투쟁 혈서가 이어졌다. 우리와 함께 6.3 민주화 투쟁을 하던 법대 동기 최기선(전 인천시장)과 법대 선배인 이영희(전 인하대 교수, 전 노동부 장관), 이협(전 국회의원), 법과대학 학생회장 장명봉(전 국민대 교수), 김규칠(전 불교방송 사장) 등은 대학에서 이미 퇴학 처분을 받은 상태였고, 서울대학교 문리대의 6.3 민주화투쟁 선배인 현승일(전 국민대 총장, 국회의원, 전 6.3동지회 회장), 김중태, 서울대 문리대 학생회장 김덕룡(전 국회의원, 전 민주평화통일자문회의 수석부의장, 전 6.3동지회 회장) 등도 대학에서 이미 같은 중징계 처분을 받은 상태였다.

법과대학 3학년이 되자 나는 법과대학 공법학회 회장단으로서 김철수 선생님을 지도교수로 모시고, "제1회 낙산공화국 전국대학생 모의국회" 를 개최하여 나는 국회의장을 맡았다. 낙산공화국 대통령과 국무총리, 법무부장관, 내무부장관 등 국무위원으로는 문희상(전 국회의장), 오윤경(전 이집트 대사), 허진호(전 법률구조공단 이사장) 등 15명의 법과대학 동급생으로 구성되었다. 법과대학 학생 장기표(신문명정책연구원 원장)는 낙산공화국 국회 사무총장으로서 모의국회 준비위원장인 법과대학 공법학회장 황재성(화성상사 대표) 및 동자(童子)와 함께 이 모의국회 준비에 총력적이고 헌신적인 활동을 하여 모의국회의 성공적 개최에 결정적인 역할을 수행하였다. 이 낙산공화국 모의국회는 대학로 서울대학교 문리대 대강당에서 개회되어 헌법개정안을 상정하여, 전통 있는 고려대학교 아남공화국 모의국회와 유사한 큰 규모로 전국 대학생들이 국회의원으로 대거 참석하여, 헌법개정안에 대해 국회의장인 나(童子)와 국회부의장인 현운석(전 한국외환은행 임원)의 사회로 하루 종일 열띤 공개 토의에 들어갔고, 김도창 원로 교수님, 김철수 선생님 등 여러 교수님들이 심사위원을 맡으셨다. 이 헌법개정안에는 김철수 선생님과의 토론을 거쳐 김철수 선생님의 뛰어난 헌법이론이 많이 헌법 조문으로 포함되어 헌법 초안이 마련되었다. 서울 남대문 경찰서 광화문 태평로 당시 국회 앞 파출소는 대학생들이 민주화 투쟁을 하는 것으로 생각하고, 우리가 준비한 모든 헌법개정안 토의 안건 인쇄물을 밤새 다 압수해 가버려 큰 혼란이 전날 일어나기도 하였다.

법과대학 3학년 때 나는 당연히 선택과목인 김철수 선생님의 헌법연습 과목을 수강 선택하였다. 군사정권의 탄압은 계속되었고, 당시 법과대학 학생과장을 겸임하고 계시던 젊은 김철수 선생님의 간곡한 자제 만류에도 불구하고, 대학로에서 종로로 이어지는 최루탄 속의 계속되는 우리의 민주화 투쟁은 결국 예년과 다름없이 전국적 모든 대학의 조기방학으로 귀결되었다. 대학의 정문과 담벽은 5.16 군사정부 독재의 힘으로 굳게 잠겨, 기말고사는 치르지도 못하고 모든 과목이 레포트로 대체되었다. 나는 김철수 선생님의 헌법연습 과목 레포트 주제를 위헌법률심사제도로 스스로 잡고 모든 헌법교수들의 관련 논문과 일본의 유명한 위헌심사 苫米地 사건 판결문 등을 총 망라하여 보따리를 싸 들고 강릉 고향의 절에 들어가 방학이 끝날 때까지 여름방학 내내 선생님의 헌법연습 레포트 연구에만 집중하였다. 그 결과 레포트 원고 분량과 내용이 자칭 타칭 석사논문급 이상으로 방대하고 깊게 되어 개학 후 선생님에게 제출하였다.

김철수 선생님의 헌법 지도를 점점 더 깊게 받고 열렬히 익히며 법과대학 4학년이 되자, 5.16 군사독재 정권은 정권 연장과 강화를 위해 6.8 부정선거를 감행하여 나라를 온통 전국적 데모와 무질서한 비민주적 쑥대밭으로 몰아가고 한국의 민주화는 역행의 길로 암울하게 되었다. 드디어 이 불의에 항거하여 서울대학교 법과대학은 5.16 군사정권의 6.8 부정선거 규탄 총궐기와 민주화 투쟁을 강화하며 거리로 최루탄과 맞서 나서게 되었다. 법과대학 전체 학생총회가 개최되어 6.8 부정선거 규탄과 민주화 선언의 총궐기의 투쟁이 전개되었다. 이번의 5.16 군사정권의 6.8 부정선거 규탄 법과대학 총궐기대회에서는 법과대학 학생회 대표인 3학년 이홍훈(전 대법관)의 사회로 3학년 조영래(변호사)의 강력한 포효의 규탄과 동자(童子)인 나의 노도와 같은 열변과 5.16 군사정권의 비민주적 탄압과 부정선거 규탄 및 홍정표(전 핀란드 대사)의 진지하고 무거운 열변과 성토가 이어져 부정선거 항거와 민주화 투쟁은 최고도에 이르렀다. 비밀경찰 요원들은 동자(童子)인 나의 강력한 5.16 군사정권 만행에 대한 규탄을 녹음하고 구속을 시도하였다.

지혜(智慧)와 동자(童子)의 헌법여행은 대학원 석사학위 논문 작성 과정에도 계속 진행되고 있었다. 동자(童子)의 폭풍 노도와 같은 민주화 투쟁 데모 운동권 경력을 학생과장으로서 소상히 알고 계신 김철수 선생님께서는 나의 석사 논문제목으로 국회해산제도를 써보라고 넌지시 알려주시었다. 동자(童子)는 깜짝 놀라 가만히 생각해보니 국회해산제도의 뜻이 정치가 썩고 잘못되어 싸움만 일삼아 민주주의가 후퇴하고 있을 때 주권자인 국민이 심판자로 나서서 새로운 국민대표를 선출하여 새로운 국회를 직접 새로 구성하는 민주주의의 꽃인 제도라는 것을 눈치채고는, 또다시 지혜(智慧)이신 선생님의 참으로 심려 깊은 헌법여행 인도에 탄복하고 감명하며 헌법을 통하여 이 나라의 민주화를 반드시 이루고야 말겠다는 목숨을 건 굳은 결심으로 민주화의 열정이 가슴에 열렬히 더욱 타오르기 시작하였다. 그러나 국회해산제도가 어떻게 돌아가는지 아무것도 모르는 깜깜한 암흑 속에서 동자(童子)는 새로운 헌법여행의 자료 찾기에 몰두하였다. 해방 이후 의원내각제는 장면 정부가 5.16으로 인해 넘어지는 제2공화국의 몇 개월 외에는 우리나라에서는 대통령제로만 이어져 왔기에, 국내에서는 국회해산제도는 생소한 제도여서 자료도 드물고 찾기 어려웠다. 그러나 선생님에게 시시콜콜 귀찮게 자꾸 물어보기만 하는 것은 동자(童子)의 예의가 아니라고 나름대로 생각하고, 궁리 모색 중에, 일본의 히토츠바시(一橋) 대학의 杉原泰雄(스기하라 야스오) 교수가 이 분야에 많이 인용되기에, 주소를 찾아 무조건하고 청년의 암울한 사정을 고백하고 자료를 간곡히 요청하였다. 의외에도 독일어로 된 국회해산제도에 관한 저명하고 큰 논문들이 매우 큰 소포로 나에게 전달되었다. 너무나 감사함에 감격하고 크게 당황하였지만, 나중에 알고 보니 이 杉原泰雄 教授님이야말로 지극히 인간적이고 자애로우시고 인자하시며 프랑스 대혁명을 헌법이론으로 매우 깊게 연구하신 모두가 공인하는 일본 최고의 헌법학자이시었다. 나는 법과대학 3학년 때 김종원 교수가 강의한 한스 벨첼의 目的的行爲論(Objectiveshandlungslehre)을 내용으로 하는 독일어 원서강독에서 A+ 학점을 받은 독일어 실력으로, 이 독일어 논문 자료들을 활용하여 국회해산제도의 석사논문을 무사히 마치게 되었다.

이러한 인연으로 그 후 杉原泰雄 教授님은 한국을 방문하게 되어 우리 부부가 친절하게 한국 내 관광을 안내해 드리었고, 동자(童子)가 일본 동경 방문 시에는 杉原泰雄 教授님께서는 동자(童子)를 杉原泰雄 교수님 집으로 초대해 주시기도 했다.

이러한 인연들이 연결되어 김철수 선생님과 삼원태웅 교수는 동자(童子)를 통하여 서로 알게 되고 매우 절친한 학문적 동지로 발전하게 되었다. 이에 김철수 선생님께서는 나중에 일본 일교대학에 1년 이상 초빙교수로 계시면서 杉原泰雄 교수와의 절친한 교류를 이어갔다. 한국공법학회 회장이시던 김철수 선생님도 삼원태웅 교수님의 헌법연구의 업적과 인격을 높이 평가하시어, 한국공법학회 서울 학술대회에 삼원태웅 교수님을 발표자로 초청하시기도 하였다.

지혜(智慧)의 동자(童子)에 대한 헌법여행 인도는 동자(童子)가 영남대학교 법과대학 헌법교수로 봉직하게 되도록 길을 열어 주시었다. 김철수 선생님과 서울대학교 법과대학

동기이신 변재옥 교수님과 함께 영남대에서 헌법을 가르치며 서울대학교 박사과정에 입학하여 지혜(智慧)의 인도를 받는 헌법여행은 계속되고 있던 중 10.26 유신 종결이라는 새 희망의 날이 밝게 비치었다. 그러나 1980년 희망의 봄은 무자비한 또 다른 이어지는 군사 철권 통치하의 엄동설한으로 변하고 말았다. 동자(童子)는 명지대학교 교수로 자리를 옮기게 되어, 1980년 봄 명지대학교에서 첫 강의를 시작한 지 얼마 안 되어 어느 날 강의하러 대학교에 출근하려고 대학 정문에 들어서자 5.18 광주 민주화운동으로 계엄군 탱크들이 대학 정문을 가로막고 대학 내에 여러 대의 탱크들이 장악하고 있는 것을 보고 12.12 군사정권을 타도하고 민주화를 달성하는 것이 구국의 길이라고 다시 한번 민주화 투쟁의 열의를 되새겼다. 얼마 뒤 대학교 문은 열렸으나 시국대책 비상 전체 교수회의에서 나는 수백 명의 전체 교수 앞에서 민주 헌정을 중단시키고 있는 12.12 군사독재 세력을 강력하게 규탄 성토하였다. 이어진 여름방학 때 서울대 관악 캠퍼스의 방송통신대학교 출강을 위해 출근하려는 참에 난데없이 들이닥친 계엄군 휘하 요원들에 의해 남산 지하 벙커로 강제 구인되어 몇몇일 밤을 새우며 고문과 위협을 받으며 민주화 투쟁을 조사받고 문희상(당시 김대중 총재 수석 특별보좌관), 최기선(당시 김영삼 총재 특별보좌관, 비서실장), 이협(전 국회의원), 조영래(변호사), 장기표(신문명 정책연구원 원장) 등과의 긴밀한 교류 상황을 일일이 매우 구체적으로 진술 강요를 받고 있었다. 남산 대공 분실 지하 벙커 옆방에서는 고문을 못 참는 비명 소리가 들려오고 있었는데 그중에 김철수 선생님도 헌법수호와 민주화 투쟁 및 개혁활동 때문에 끌려 오시어 참담한 고문을 받으시고 있었던 것을 알게 되어 놀라고 가슴 아팠다. 결국 김철수 선생님은 교수 자격 정지라는 중대 처벌을 받고 고초 끝에 풀려나셨고, 최용기 교수(전 한국헌법학회 회장, 창원대학교 명예교수)는 강제 교수 해직, 동자(童子)인 나는 학교 보직 금지처분을 받고 풀려났다.

그 후 김철수 선생님은 강단에 복귀하시어 다시 헌법 제자들을 양성하고 지도 배려하시면서, 중앙일보 논설위원 등을 하시며 우리 정치 사회의 개혁과 민주주의 발전을 위해 수많은 개혁적 민주화 논설 발표와 활동을 역동적으로 하시었다.

지혜(智慧)와 동자(童子)의 굴곡의 헌법여행은 계속 진행되던 어느 날 김철수 선생님께서는 동자에게 박사학위 논문 주제로 국민대표론을 써 보지 않겠느냐고 또다시 넌지시 인도하여 주시었다. 동자(童子)는 12.12 군사독재 정권이 폭압으로 민주주의와 국민의 인권을 파멸시키고 있는 현 군사정부 폭압 정치 상황은 국민대표의 탈을 쓴 반민주 집권 정치세력의 폭력에 불과하다는 것을 절감하고 있던 중이었으므로, 김철수 선생님의 지혜(智慧)의 또 새로운 헌법여행 인도는 국민대표가 어떻게 국민주권을 존중하며 행동하여야 되는지를 헌법과 민주주의의 이름으로 제대로 교정시킬 수 있는 민주화의 가장 올바른 길이라는 것을 다시 한번 깨달으며, 감사하고 기쁜 희망의 마음으로 이 헌법여행의 어려운 행로를 본격적으로 밟기 시작하였다. 과연 처음 걸어 보는 이 새로운 헌법여행의 등산길은 모르던 암초 바윗덩어리 절벽과 난간 같은 험난한 길의 연속이었다. 이 험난한 새로운 헌법여행의 순례길에 갑자기 나타난 에베레스트산과 같이 드높은 험산이 모든 길을 가로막고 버티고 서 있었다. 동자(童子)는 놀라서 정신 차리고 살펴보니 그 거산 준령은 바로 국민주권이라는 천하의 명산이었던 것이다. "내가 이 나라와 강산의 주인이다"라고 버티고 서 있는 국민주권이라는 이름의 이 명산의 허락 없이는 국민대표로의 헌법여행 길은 모든 것이 접근 불가이고 금지라는 것을 깨닫고, 김철수 선생님의 지혜(智慧)의 헌법여행의 신비한 인도에 다시 한번 탄복하고 감사하며, 한스 쿠르츠 등 독일 헌법 대가들의 국민주권 해설서를 밤을 새워 탐독하였다. 결국 국민주권이라는 험산 준령을 넘어갈 수 있는 길은 프랑스 대혁명을 기점으로 폭발하여 꺄레 드 말베르(Carré de Malberg)가 "국가의 일반이론"(Contribution à la théorie générale de l'État)이라는 대저서를 통하여 큰 도로를 터놓은 추상적이고 형식적인 국민주권(nation 주권)과 능동적이고 구체적인 실질적 국민주권(People, peuple 주권)이라는 두 개의 도로를 에스멩(Esmein)이 합쳐 만든 반대표제(半代表制)와 이 도로를 더 국민주권 쪽으로 확장한 반직접제(半直接制)라는 길이었다.

동자(童子)는 김철수 선생님의 지혜(智慧)의 지도를 받아 이 길을 간신히 넘어 국민대표의 올바른 길이라는 이번의 헌법여행을 겨우 마치고 서울대학교에서 "국민대표론의 연구"라는 박사논문으로 헌법 법학박사 학위를 수여 받았다.

그러나 김철수 선생님의 지혜(智慧)가 인도하는 동자(童子)의 헌법여행의 목적지인 대한민국의 확고한 민주화와 민주적 국가발전이라는 목표에 확실히 도달하려면, 이 국민주권이라는 험산준령의 명산을 그야말로 완전무결하게 산 뿌리부터 산 정상까지 완전히 산행을 마쳐 완전히 정복하지 않으면 안 된다는 당위성을 절감하게 되었다. 따라서 이 능동적이고 실질적인 국민주권의 창시자인 장 자크 루소가 있는 국민주권의 원산지인 프랑스로의 이 마지막 고비의 헌법여행의 길을 모색하게 되었다. 마침 평소에 존경하던 김동희 프랑스 국가박사 교수님(서울대학교 법과대학 학장)께서 1년간 프랑스 파리 대학에 안식년 교수로 가시게 되었다. 이에 동자(童子)는 앞뒤를 가릴 겨를도 없이 무조건 대학을 휴직하고 국민주권이라는 명산의 원뿌리이며 최고봉인 프랑스로 따라가 파리 2대학교 박사과정에 입학하고 등록을 마쳐 버렸다. 김철수 선생님의 제자인 성낙인 교수(전 서울대학교 총장, 전 세계헌법학회(IACL) 한국학회 회장, 전 한국공법학회 회장, 한국법학교수회 회장)와 박인수 교수(영남대학교 명예교수, 전 한국공법학회 회장)가 같은 달 프랑스 파리 2대학교의 헌법 유학을 위해 파리에 도착하여 박사과정에 입학 등록을 하였다. 얼마 뒤이어 변해철 교수(한국 외국어대학교 명예교수, 현 한불법학회 회장)와 김철수 선생님의 제자인 정재황 교수(현 성균관대학교 법학전문대학원 교수, 현 세계헌법학회 : IACL 세계본부 부회장, 2018 세계헌법학회 : IACL 서울 세계대회 조직위원장, 현 세계헌법학회 : IACL 한국학회 회장, 전 한국공법학회 회장)가 파리 2대학교 등의 헌법 유학을 위해 파리에 도착하여 박사과정에 입학 등록을 하였다. 김철수 선생님의 제자들인 우리는 6년여 동안의 유학 기간 내내 자주 만나 파리 소르본느 대학가에서 희망에 찬 젊은 유학 생활을 함께 활기차게 전개하였다.

그러나 난감한 일이 곧바로 동자(童子)에게 벌어지고 말았다. 그것은 동자(童子)가 프랑스어를 하나도 모른다는 사실이었다. 부랴부랴 파리 현지에서 프랑스 어학원을 오전 오후 연속으로 다니고, 박사과정(DEA 과정)에도 등록하고 매일 박사과정(DEA 과정) 공법 전 과목을 수강하며 국민주권의 원 뿌리에 대한 박사논문을 준비하기에 여념이 없었다. 수년간의 연구 노력으로 박사과정의 모든 과목을 프랑스인 대학원생들과 똑같이 치른 필기시험과 구두시험에 다 합격하여 박사과정(DEA 과정) 수료 논문도 합격 통과됨으로써, 프랑스 헌법과 국민주권의 원 뿌리인 장 자크 루소의 직접민주주의적인 능동적 실질적 민주화 이론을 터득할 수 있었다.

이렇게 온갖 고난 끝에 국민주권이라는 명산의 최고 정상에 이르고 보니 아 이것이 무엇인가. 거기에는 어마어마하게 밝게 태양과 같이 크나큰 광채의 빛이 "진짜 이 명산의 참 주인은 나이니라" 하고 우뚝 서 있지 아니한가. 눈을 부시고 다시 자세히 살펴보니 그 참 주인은 바로 인간의 존엄성이었고 국민주권은 이 참주인을 엄호하고 수호하는 호위 대장군이었던 것이다.

이 인간의 존엄성은 동자(童子)가 김철수 선생님의 지혜(智慧)의 인도인 헌법여행을 통해 올라온 명산의 정상 위에 이 명산보다 더 크고 웅장하게 광채를 발하며 우뚝 서 있었고 그 끝은 하늘에 닿아 아련히 보이지 않아 그 실체를 알 수 없었다.

김철수 선생님의 지혜(智慧)의 인도인 동자(童子)의 헌법여행은 고심을 거듭하여, 결국 김철수 선생님의 지혜(智慧)의 지도로 알게 된, 보이지 않는 무형적인 자연법과 보이는 실제적이고 역사적인(geschichtlich) 현실 세계의 실정법을 하나의 공존 관계로 묶어 통합하는 아르투어 카우프만(Arthur Kaufmann)의 *法存在論*(Die ontologische Begründung des Rechts ; Naturrecht und Geschichtlichkeit)을 지렛대로 하려고 노력하였다. 즉, 동자(童子)가 파리 유학 시 이 인간의 존엄성을 깊이 더 알려고 고심을 하고 있던 중, 김철수 선생님의 지혜(智慧)는 동자(童子)를 영국 에딘버러에서 개최된 세계법철학회에 인도하여 주시었다. 이 영국 에딘버러에서 개최된 세계법철학회에는 서돈각 교수님(전 경북대학교 총장, 전 서울대학교 법과대학 교수), 최종고 교수님(서울대학교 법과대학 명예교수), 박은정 교수님(전 국가권익위원장, 전 서울대학교 법과대학 교수, 전 이화여대 법과대학 교수)이 참석하였고, 김철수 선생님의 지혜(智慧)는 동자(童子)도 여기에 참석하도록 인도하여 주시었다. 이 영국 에든버러에서 개최된 세계법철학회에 김철수 선생님의 지혜(智慧)의 인도로 동자(童子)가 참석하고 보니, 키가 크고 건장하신 마이호퍼(Werner Maihofer) 당시 세계법철학회 회장과, 책과 말로만 듣던 백발의 건장한 아르투어 카우프만(Arthur Kaufmann) 세계법철학회 전 회장을 직접 만나 교류하고 아르투어 카우프만 교수의 유명한 법존재론 책도 선물로 받고 둘이서 사진도 찍었다.

아르투어 카우프만 교수의 법존재론을 깊이 이해하게 되면서 이 법존재론의 존재철학 원리를 인간존재 철학원리까지 한 단계 더 올라가야만 인간의 존엄성을 보고 알 수 있을 것이라는 당위성에 봉착하게 되었다. 이에 김철수 선생님의 인간의 존엄성과 인권에 대한 수많은 심오한 저술들과 지혜(智慧)의 지도의 힘에 의지함으로써 한 단계 더 높이 올라가 인간 존재철학 원리를 탐구하게 되었다. 이러한 김철수 선생님의 지혜(智慧)의 인도에 의거하여, 인간존재 철학원리를 동서양의 모든 철학을 종합하여 파악할 수 있게 되었다. 이에 따라 보이지 않는 자연법과 진리와 인간의 참모습을 동시에 다 환하게 밝혀 보여주는 진리의 망원경과 현미경을 동서양 모든 철학의 최고봉인 存在哲學(Philosofical ontology, Ontologie philosofique)에서 구하게 되었다. 이렇게 眞理의 눈으로 인간의 존엄성의 끝을 자세히 살펴보니, 그 인간의 존엄성은 바로 자연법과 진리 자체이고, 그 자연법과 진리의 본질과 본성은 사랑 자체이며, 인간의 존엄성의 본질과 본성도 진리와 마찬가지로 사랑 자체라는 것을 알게 되었다. 이에 대한민국의 최고의 헌법 원칙인 인간의 존엄성과 자유민주주의를 실현하는 진정한 민주화의 본질과 본성 및 그 민주화와 한국의 재도약을 위해 필수적인 국민통합의 본질과 본성 및 그 실현 방법론도, 나라사랑, 국민사랑, 형제애, 동포애, 인류애와 인간사랑과 같은 사랑 자체에 있다는 것을 깨닫게 되었다.

드디어 동자(童子)는 김철수 선생님의 지혜(智慧)가 인도하고 지도하여 주신 헌법여행을 통하여 지혜(智慧)와 진리의 세계이고 화엄(華嚴)의 세계와 같은 헌법의 세계 순례의 마지막 순례의 窮極的 종점에 이르게 되었다.

결국 동자(童子)는 金哲洙 선생님의 지혜(智慧)가 인도한 헌법여행의 순례의 길의 궁극적 종착점에 도달하여, 동자(童子)의 일생의 꿈과 목표인 대한민국과 인류 모두의 완전한 자유민주주의의 민주화와 세계적 재도약 및 국민통합과 인류의 통합과 세계평화의 세계헌법 및 모두의 번영과 행복의 길과 그 실현 방법론을 찾게 된 것이라고 감히 말하고 싶다.

이에 동자(童子)는 프랑스 파리 2대학교의 6년간의 헌법여행의 결론으로, "能動的 實質的 國民主權과 人間의 尊嚴性의 存在哲學的 本質과 그 實現 方法論—부다(佛陀)와 장 자크 루소에 의거하여—"(Ontologie de la souveraineté du peuple et de la Dignité de l'Homme - selon le Bouddha et Jean-Jacques Rousseau)라는 헌법철학적 내용과 제목으로 두 번째 법학박사 학위를 받고 귀국하였다.

金哲洙 선생님의 지혜(智慧)와 동자(童子)의 헌법여행은 이제 동자(童子)의 일생의 꿈과 목표인 한국의 완전한 자유민주주의의 민주화와 국민통합과 한국의 새로운 세계적 재도약의 실현과 함께 세계의 평화와 번영 및 세계 모든 人類의 人權保障과 世界憲法의 실현을 향하여 계속 진행되고 있다. 동자(童子)의 헌법여행은 金哲洙 선생님의 지혜(智慧)가 인도하여 주신 자연법과 진리의 세계에서 궁극적 종점을 마치고, 이제 그 진리와 지혜(智慧)의 뜻을 다시 대한민국과 세계에서 실현하기 위하여, 현실의 국가적 세계적 난문제 해결 현장으로 돌아온 것이다.

지혜(智慧)이신 김철수 선생님께서는 세계헌법학회 한국학회 창립회장과 명예회장으로서, 세계헌법학회(IACL) 세계본부 집행이사와 부회장을 역임하시면서 다음의 세계 각국에서의 학술대회에 대부분 직접 참석하시었다. 동자(童子)는 선생님의 임기 만료되는 위의 직을 계승하며, 김철수 선생님의 인도를 따라 또는 김철수 선생님의 지도를 따라 혼자 이 모든 국제 학술대회에 다 참석하였다.

김철수 선생님과 동자(童子)가 함께 또는 동자 혼자 김철수 선생님의 지도를 따라 참석한 국제학술대회는 폴란드의 바르샤바, 네덜란드의 로테르담, 칠레의 산티아고, 호주 멜버른, 프랑스의 파리와 보르도 및 엑상-프로방스, 아르헨티나의 코르도바, 이태리의 볼로냐와 리노바, 독일 베를린, 일본 동경과 요코하마, 스페인의 하엥, 중국의 북경, 스페인과 프랑스 사이의 안도라 공화국, 그리스의 아테네, 영국 런던, 남아프리카공화국의 요하네스버그, 브라질의 상파울로, 미국의 뉴욕과 보스턴, 멕시코 등에서 개최된 세계헌법학회(IACL)의 세계적 규모의 학술대회들이었다.

세계헌법학회(IACL)는 1982년 유고슬라비아 벨그라드에서 22개국이 참여하여 창립총회를 함으로써 조직되어, UNESCO 산하의 회원단체로 활동을 개시하기 시작하였다.

그 이후 본 세계헌법학회(IACL)는 설립 정관에 규정된 목적에 따라 범세계적인 선진민주주의와 인간의 존엄성 및 인권 보장의 확산과 세계평화 정착을 위해 본격적인 세계 모든 나라의 헌법발전을 위한 세계적 학술활동을 개시하였다.

김철수 선생님께서는 이 세계헌법학회(IACL) 초기부터 세계본부 집행이사, 부회장 등을 역임하시며 헌법의 세계화와 세계적 인권보장 확장을 위한 열정적인 세계적 학술활동을 전개하시었다. 그 과정에 김철수 선생님께서는 세계헌법학회 한국학회 창립 회장과 명예회장의 중책을 고생을 마다하지 않고 맡으시어 한국의 자유민주주의의 민주화와 인권의 세계화를 앞장서 인도하시었다. 또한 수많은 저술 활동과 장기간의 중앙일보 논설위원 등 언론 활동을 통하여 정치 사회 개혁을 지속적으로 역설하시었다.

이와 같이 세계헌법학회(IACL)는 창립된 이후 확장하기 시작하여 세계대회를 4년마다 세계 6대주의 각 대륙으로 돌아가며 세계 헌법 올림픽으로 개최하여 오고 있다. 그 최초의 세계헌법학회(IACL) 창립 세계학술대회인 1982년 9월 유고슬라비아의 벨그라드 세계학술대회의 주제는 "현대헌법"(The Modern Constitution)이었다. 1981년 한국공법학회 총회에서는 당시 박일경(전 교육부 장관, 전 명지대학교 총장) 회장단이 김철수 선생님 등과 한국 대표단의 이 유고슬라비아의 세계헌법학회(IACL) 창립 세계학술대회에의 참석을 준비하였으나 당시의 심한 동서 냉전의 국제 정세상 한국 정부의 참석 승인을 받기 어려웠다.

제2회 세계대회는 프랑스의 파리와 엑상-프로방스에서 1987년 8월 31일~9월 5일까지 "새로운 헌법"(The New Constituitonal Law)이라는 대주제로 개최되었다. 여기에는 김철수 선생님과 성낙인 교수(전 서울대학교 총장, 전 한국공법학회 회장), 박인수 교수(영남대학교 명예교수, 전 한국공법학회 회장), 정재황 교수(성균관대학교 법학전문대학원 교수, 전 한국공법학회 회장, 현 세계헌법학회 'IACL' 한국학회 회장, 현 세계헌법학회(IACL) 세계본부 집행이사), 변해철 교수(한국외국어대학교 법학전문대학원 명예교수, 현 한불법학회 회장)와 동자(童子)가 참석하였다. 여기에는 수많은 유럽 등의 최정상 헌법교수님들과 프랑스 상원의원 등과 일본 헌법학계의 최정상 원로 고바야시 나오키(小林直樹) 教授님과 히구치 요이치(樋口陽一) 일본 동경대 教授님 등도 많이 참석하여 김철수 선생님의 인도로 우리 제자들과 교류를 쌓았다.

제3회 세계대회는 1991년 폴란드 바르샤바의 웅장한 궁정에서 개최되어, 김철수 선생님과 동자(童子)가 참석하여 헌법여행을 계속하였다. 여기에는 구소련 대표가 참석하여 사회와 주제발표도 하는 활발한 활동을 전개하는 것이 시대를 반영하는 특색이었다. 그러나 근년 이래 러시아 대표는 세계헌법학회(IACL)에 참석하지 않고 있다.

제4회 세계대회는 日本 東京에서 1995년 9월 25일~28일까지 "50년간의 입헌주의의 현실과 전망(1945~1995)"(Five Decades of Constitutionalism)이라는 대주제로 개최되었다. 여기에는 김철수 선생님의 지도와 인도하에 성낙인 교수(전 서울대학교 총장), 홍정선 교수(연세대학교 명예교수, 전 한국공법학회 회장, 법제처 "국가행정법제위원회" 민간위원장(법제처장과 공동위원장)), 김문현 교수(이화여자대학교 명예교수, 전 한국공법학회 회장, 전 헌법재판소 헌법재판연구원 원장), 정재황 교수(성균관대학교 법학전문대학원 교수, 현 세계헌법학회 'IACL' 한국학회 회장, 현 세계헌법학회(IACL) 세계본부 집행이사), 박인수 교수(전 한국공법학회 회장, 영남대학교 명예교수), 이성환 교수(전 국민대학교 교수, 변호사), 정영화 교수(전북대학교 명예교수), 김대환 교수(현 서울시립대학교 법학전문대학원 교수, 전 한국공법학회 회장) 등 20명의 교수와 동자(童子)가 참석하였다. 여기에서는 김철수 선생님의 자상하신 지도로 영문 한국 논문집인 "대한민국 헌법과 정치관계법" "Constitutional and Political Laws of the Republic of Korea"을 발간하여 세계 모든 외국 학자들에게 배포함으로써 한국의 헌법학계의 저력을 과시하였다.

제4회 일본 동경 세계헌법대회 이후, 미국 뉴욕의 컬럼비아 대학교의 컬럼비아 로스쿨 홀(Columbia Law School Hool)에서 미국헌법학회(U.S. Association of Constitutional Law) 주최로 개최된 세계헌법학회(IACL) 미국 뉴욕 학술대회에는 김철수 선생님과 동자(童子)가 참석하였다. 이 뉴욕 헌법대회는 미국헌법학회 주관으로 미쉘 로젠펠드(Michel Rosenfeld) 교수(제5회 세계대회 이후 세계헌법학회(IACL) 세계본부 회장)가 주관하고 미국 대법관의 발표와 세계헌법학회(IACL) 초창기 회장단과 사무총장인 유고슬라비아의 Pavle Nicolic 교수(세계헌법학회(IACL) 명예회장) 등이 함께 주도하고 프랑스 파리 1대학교의 디디에르 모스(Didier Maus) 교수(제7회 세계대회 이후 세계헌법학회(IACL) 세계본부 회장) 등 다수 유럽의 헌법학자들이 참여하여 성황을 이루었다.

김철수 선생님께서는 1999년 1월 탐라대학교 총장으로 부임하시어 폭넓은 학문과 민주화와 정치 사회 개혁 활동을 계속 힘차게 전개하시었다. 선생님의 서울대 법대 제자들과 동자(童子)는 김철수 선생님의 제주도 탐라대학교 총장 취임식에 함께 가 축하를 드리었다.

제5회 세계대회는 1999년 여름 네덜란드의 로테르담에서 개최되어, 세계헌법학회(IACL) 한국학회 회장이신 김철수 선생님의 지도하에 이성환 교수, 정영화 교수, 변해철 교수, 박인수 교수, 김영천 교수 등 10명의 교수들과 동자(童子)가 참석하였다.

제6회 세계대회는 2003년 칠레 수도 산티아고에서 개최되어 김철수 선생님과 박선영 교수(전 국회의원, 전 가톨릭대학교 교수)와 동자(童子)가 참석하였다. 세계헌법학회(IACL)

세계본부의 초창기부터 중책을 맡아 많은 헌신적인 활동과 헌법 저술 활동을 역동적으로 하시던 프랑스의 루이 파보뢰(Louis Favoreau) 교수가 갑자기 서거하시어 학술대회는 그의 명복을 빌면서 개시되었다. 이 학술대회는 칠레 대통령이 대통령 궁으로 모든 참가 학자들을 만찬으로 초대하였다. 이 제6회 세계대회에서 김철수 선생님께서는 세계헌법학회(IACL) 부회장으로서 세계본부 집행이사직은 임기 만료로 동자(童子)에게 넘겨주시어, 동자(童子)는 김철수 선생님의 인도와 뜻을 계승하여 그 후 8년간 제7회 그리스 아테네 세계대회와 제8회 멕시코 세계대회까지 한국 헌법학자들이 세계헌법학회(IACL) 세계대회에 다수 참가하고 주제발표도 많이 하도록 독려 활동을 하였다.

제7회 세계대회는 2007년 여름 그리스 아테네에서 "입헌주의의 재구성"이라는 대주제 하에 세계 70여 개 국가의 700명이 참석하여 큰 성황을 이루었다. 한국에서는 이공헌 헌법재판관과 최용기 교수(창원대학교 명예교수, 전 한국헌법학회 회장), 박인수 교수, 이헌환 교수(현 헌법재판연구원 원장, 현 아주대학교 법학전문대학원 교수), 정극원 교수(전 한국헌법학회 회장, 대구대학교 교수), 고문현 교수(전 한국헌법학회 회장, 숭실대학교 교수), 전학선 교수(현 한국외국어대학교 법학전문대학원 교수, 전 유럽헌법학회 회장), 박인수 교수, 변해철 교수, 정종길 교수(경기대학교) 등 20명의 교수와 동자(童子)가 김철수 선생님의 뒤를 이어 세계헌법학회(IACL) 한국학회 회장 및 세계헌법학회(IACL) 세계본부 집행이사로서 이 20명의 한국 교수 참석자들과 함께 참석하였다. 이 그리스 아테네 세계헌법대회에는 전학선 교수 등 여러 명의 한국 교수들의 주제발표가 있었다. 이 20명의 한국 교수 참석자들은 그리스 대회에 이어서 프랑스 파리에서 프랑스헌법학회 회장 베르트랑 마티유(Bertrand Matieu) 파리 1대학 교수(세계헌법학회(IACL) 세계본부 부회장) 등 프랑스 헌법학자들과 한 · 불 국제학술대회를 개최하고 한 · 불 공동 헌법학회를 창립하였다.

동자(童子)가 김철수 선생님의 뒤를 이어 세계헌법학회(IACL) 한국학회 회장 및 세계헌법학회(IACL) 세계본부 집행이사로서 김철수 선생님의 지도와 인도를 계속 받아 가면서 기현석 교수(명지대학교 법과대학 교수)의 헌신적 협조하에, 2009년 11월에 서울 여의도 국회의원회관에서 "2009 서울 세계헌법학자 대회"를 성황리에 개최하였다. 김철수 선생님께서는 처음부터 대회 기간 계속 참석하시어 지도와 격려를 해주시었다.

김철수 선생님의 환영사와 이헌환 교수(현 헌법재판소 헌법연구원 원장, 아주대학교 법학전문대학원 교수)의 개회식 사회에 이어 수일간 진행된 이 "2009 서울 세계헌법학자 대회"는 "헌법의 세계적 선진화"라는 대주제에 관하여 디디에르 모스(Didier Maus) 세계헌법학회(IACL) 세계본부 회장(프랑스 국사원 ; 꽁세이유 데따 위원, 파리 1대학 : 빵떼옹 소르본느 대학 교수)과 세계 6대주의 20여 개 국가에서 그 나라의 헌법학회 회장 등 대표적 헌법 학자들 24명이 참여하여 주제발표와 토론을 하였다. 한국에서도 한국공법학회, 한국헌법학회. 한국법학교수회, 한국입법학회 등의 전 현직 회장을 포함한 대표적 학자들 30여 명이 주제발표와 토론을 함께하였다. 이 "2009 서울 세계헌법학자 대회" 말미에는 "세계적 녹색성장 헌법 세계선언"을 만장일치로 채택하여 UN과 세계 기후변화국제기구에 전달하는 성과를 이루었다.

제8회 멕시코 세계대회는 2010년 12월 멕시코 시티에서 개최되어, 성낙인 교수(전 서울대학교 총장), 박인수 교수, 홍완표 교수와 법관, 헌법재판소 헌법연구관과 함께 동자(童子)가 참석하였다. 동자(童子)는 세계헌법학회(IACL) 세계본부 집행이사 겸 세계헌법학회(IACL) 한국학회 회장으로서, 이 멕시코 세계대회의 "인간의 존엄성과 근로의 권리"를 대주제로 하는 워크숍을 그리스의 줄리아(Jullia) 교수(세계헌법학회(IACL) 세계본부 집행이사)와 함께 공동 사회자(Co-Chair)로 진행하였다.

이 제8회 멕시코 세계헌법대회 중 세계헌법학회(IACL) 세계본부의 총회격인 임원평의회에는 한국대표 2인으로 성낙인 서울대 총장과 동자(童子)가 참석하였다.

제9회 세계대회는 2014년 6월 16일~20일 1주일간 노르웨이 오슬로에서 "세계적 및 국가적인 헌법에 대한 도전"(Constitutional Challenges : Global and Local)이라는 대주제로 개최되었다. 이 제9회 세계헌법대회에는 고문현 교수(숭실대학교 교수, 전 한국헌법학회 회장) 등 한국 교수들이 다수 참석하여 주제발표를 하였다.

제8회 멕시코 세계대회 이후부터 김철수 선생님의 지도와 인도로 서울에서 2018년 세계대회를 유치하기로 계획하고 본격적인 유치활동 준비를 전개하기 시작하였다. 2018년 제10회 세계헌법대회를 대한민국 서울로 유치 성공하게 된 경위는, 그동안 세계헌법학회(IACL) 한국학회 창립회장을 거쳐 명예회장이신 김철수 선생님께서 세계헌법학회(IACL) 세계본부의 부회장, 집행이사 등을 역임하시면서, 한국 헌법학자들이 세계헌법학회(IACL) 세계본부 집행이사, 세계헌법대회의 사회자(세계대회 분과위원장), 발표자 토론자 등으로 적극적이고 중심적인 역할로 참여토록 지도 배려하시면서, 이 세계헌법대회를 서울로 유치하기 위하여 꾸준히 심도 깊은 대내외적인 적극적 노력을 하시면서, 세계헌법학회(IACL) 세계본부에 한국 헌법의 위상을 폭넓게 높이고, 이를 위해 한국 헌법 학자들을 지도 격려해오신 결과이다.

이에 동자(童子)는 세계헌법학회(IACL)의 2018년 제10회 세계대회를 한국에 유치하여 서울에서 개최하기 위한 준비활동을 본격적으로 하게 되었다. 따라서 동자(童子)는 2018년 제10회 세계대회 한국 유치를 세계헌법학회(IACL) 세계본부에 정식으로 신청하기 위하여, 정종섭 교수(전 행정자치부 장관, 전 서울대학교 법과대학 학장, 세계헌법학회(IACL) 세계본부 집행이사)와 기현석 교수(명지대학교 법과대학 교수)의 헌신적인 큰 협조를 받아 함께 개최 신청서를 다각도로 충실하게 준비하여, 이 신청서를 세계헌법학회(IACL) 세계본부에 신청하게 되었다.

2014년 1월부터는 당시 서울대학교 성낙인 총장님(전 한국공법학회 회장, 전 한국법학교수회 회장)께서 세계헌법학회(IACL) 한국학회 회장을 맡아 제10회 서울 세계헌법학자대회 유치를 위해 활발히 활동하시고 모든 지원을 다 해주시었다. 이에 동자(童子)가 이 세계헌법학자대회 한국유치위원회 위원장을 맡아 세계헌법학회(IACL) 한국학회 회장이신 서울대학교 성낙인 총장님과 상의하며 이 세계헌법학자대회 한국유치위원회 부위원장인 정재황 교수, 이 세계헌법학자대회 한국유치위원회 대외활동위원장인 박인수 교수, 이 세계헌법학자대회 한국유치위원회 사무총장인 이우영 교수(서울대학교 법학전문대학원 교수, 현 대통령 직속 국민통합위원회 기획분과위원)와 함께 미국의 보스턴 하버드대학과 루마니아의 수도 부쿠레슈티대학에서 개최된 세계헌법학회(IACL) 세계본부 집행이사회에 참석하며 호주, 중국과 함께 세계대회 유치경쟁을 치열하게 전개하였다. 그 결과 정재황 부위원장과 박인수 대외활동위원장의 활발한 역동적 활동과 함께, 이우영 사무총장(서울대학교 법학전문대학원 교수, 미국 하버드대학 법학석사와 스탠퍼드대학 법학박사 및 하버드대학 강사)의 유창한 원어민 영어 발표와 설득에 크게 힘입어 서울에서 2018년 세계대회를 유치하기로 세계헌법학회(IACL) 본부 집행이사회의 결정을 받게 되었다. 동자(童子)는 2018년 서울 세계헌법대회 유치 성공의 낭보를 해외에서 김철수 선생님에게 전화로 보고하고, 귀국 후 김철수 선생님에게 상세 보고를 드렸다.

이에 김철수 선생님께서는 2018년 서울 세계대회가 성공적인 대성황을 이루도록 하기 위하여 모든 준비를 총지휘하여 주시었다. 이에 따라 제10회 서울 세계헌법학자대회 조직위원회가 구성되어, 정재황 세계헌법학회(IACL) 한국학회 회장이 2018년 제10회 세계헌법학자대회 조직위원장을 맡고, 김종철 교수(현 연세대학교 법학전문대학원 교수, 전 한국공법학회 회장)가 동 조직위원회 사무총장을 맡았으며, 김대환 교수(서울시립대 교수, 전 한국공법학회 회장)가 동 조직위원회 기획총괄인 조직분과위원장 겸 "글로벌 신진학자 펠로우십 프로그램" 위원장을 맡고 동자(童子)는 동 조직위원회 상임고문을 맡았다. 이에 정재황 2018년 제10회 세계헌법학자대회 조직위원장과 김종철 사무총장 및 김대환 기획총괄 조직분과위원장이, 정재황 조직위원장의 제자들로 주로 구성된 많은 스태프 진과 함께 본격적인 서울 세계대회 준비활동을 수년간 헌신적이며 역동적으로 전개하였다.

그 결과 2018년 제10회 세계헌법학자대회는 성균관대학교에서 800여 명 이상의 전 세계 각국 헌법학자들이 참석하여 역대 어느 세계대회보다도 가장 성공적으로 대 성황리에 개최되었다. 이 2018 서울 세계헌법학자대회의 주제는 "무력 충돌, 평화 건설과 헌법"("Violent Conflicts, Peace-Building and Constitutional Law")이었다.

2018 서울 세계헌법학자대회에서는 전체회의(Plenary Sessions)의 주제로 1. 현대 헌법상 전쟁과 평화, 2. 새로운 형태의 무력충돌에 대한 헌법적 대응(테러리즘, 분리탈퇴(Secession), 비상사태(state of Urgency), 평화 정착(peace building)), 3. 이민 과정의 헌법적 도전(주권, 국경과 인권) 4, 재판관 패널 등이었다.

2018 서울 세계헌법학자대회에서는 병행하여 27개 대주제에 대한 워크숍이 진행되었다. 2018 서울 세계헌법학자대회 정재황 조직위원장은 그동안 다른 세계헌법학회(IACL) 세계대회에서는 시도하지 못했던 세계대회 조직위원회 독자적 워크숍을 창안하여 "미래지향적 입헌주의와 지속가능성"(Futuristic Constitutionalism and Sustainability)이라는 주제로 진행하여 대성황을 이루었다.

특히 2018 서울 세계헌법학자대회 정재황 조직위원장은 동 조직위원회 "글로벌 신진학자 펠로우십 프로그램" 위원장인 김대환 교수(서울시립대 교수, 전 한국공법학회장)와 함께 외국의 젊은 학자 양성 지속적 프로그램(Global Youth Fellowship & Global Intensive Progamme for Young Leading Scholars)을 독창적이고 독자적으로 창안하여 특히 저개발 국가의 신진 외국 학자 참여자를 지원하여 운영함으로써, 김철수 선생님의 지혜(智慧)의 지속적인 인도 방향인 한국 헌법의 세계화와 헌법의 세계화에 크게 이바지하였음이 호평되고 있다. 이 외국의 젊은 학자 양성 지속적 프로그램 활동은 2018 서울 세계헌법대회 이후에도 계속되고 있다.

동자(童子)는 이 2018년 서울 제10회 세계헌법학자대회에서 "세계헌법의 제정 논의"(The debate on Establishment of the World Constitution)에 관한 대주제의 워크숍의 공동위원장을 맡아 진행하였다. 이 워크숍에서는 세계 여러 국가의 학자들과 전학선 교수(한국외국어대학교 법학전문대학원 교수, 전 유럽헌법학회 회장) 및 박진완 교수(경북대 법학전문대학원 교수)의 주제발표가 있었다. "세계헌법 의회협회"(World Constitution and Parliament Association : WCPA)의 Glen T. Martin 회장(미국 버지니아주 래드포드 대학교 철학과 교수, 미국 래드포드 대학교 평화 연구 프로그램 명예 회장, 국제평화철학자회 회장)은 화상 발표로 이 워크숍에 참석하였다.

그 결과를 총합하여 동자(童子)는 "인간의 존엄성 : 세계적 헌법 원칙"("Human Dignity : a global constitutional principle")이라는 이름의 세계헌법학회(IACL) 연구그룹을 프랑스의 베르트랑 마티유(Bertrand Mathieu) 교수(세계헌법학회(IACL) 세계본부 부회장, 프랑스 파리 1대학교 교수)와 공동위원장으로 창설하여 세계헌법학회(IACL) 세계본부의 승인을 받고, 이 분야의 세계적 연구 활동을 한층 더 본격적으로 개시하였다.

김철수 선생님께서는 이 모든 2018년 제10회 세계헌법학자대회 과정을 지혜와 사랑으로 인도해 주시었다. 정재황 세계헌법학회(IACL) 한국학회 회장은 세계헌법학회(IACL) 세계본부 집행이사로서 한국 헌법학계의 세계적 위상을 높여주고 있다.

김철수 선생님께서는 수십 년 전 초창기부터 한국의 헌법 발전을 위한 원대한 지혜의 계획으로 제자인 헌법과 행정법 학자 및 법조인들과 "공법이론과 판례연구회"를 창립하시어 회장과 명예회장으로서 이끌어 주시었다. 현재는 이 "공법이론과 판례연구회"의 박용상 명예회장(전 언론중재위원회 위원장, 전 헌법재판소 사무처장)이 세계헌법학회(IACL) 한국학회까지 모든 재정적 지원을 다 하시면서 정재황 현 회장(성균관대학교 법학전문대학원 교수, 세계헌법학회(IACL) 세계본부 집행이사)과 함께 김철수 선생님의 지혜(智慧)의 유지를 살려 학회 활동을 활발히 하고 있다.

김철수 선생님의 지혜(智慧)와 동자(童子)의 헌법여행은 지금도 한국의 진정한 자유민주주의의 실현과 국민통합과 평화 및 세계의 모든 인류의 인간의 존엄성과 인권신장 및 세계평화와 세계헌법을 향하여 계속되고 있다.

# 잊을 수 없는 기억들

권형준*

선생님 가신 지 어느새 1년이 되어가지만 아직도 실감이 나지 않고 온화한 미소를 띄고 있는 모습이 어른거린다. 선생님의 가르침을 받아 온 지 50년이 지나 많은 기억이 떠오르고 있어 몇 가지만 되새겨 보고자 한다.

## "헌법학에서 특별히 중요한 것은 따로 없다"고 하신 선생님 말씀

1983년 3월부터 서울대학교 대학원 박사과정에 등록하여 수강하고 있던 중 7월 말경에 한양대학교 법과대학장을 역임하시던 고 김기수 교수께서 헌법학을 강의할 수 있겠느냐고 물어 오셨다. 대학원 석사과정부터 공법을 전공하였기에 선뜻 해보겠노라고 말씀드렸고, 적극적인 후원에 힘입어 한양대학교 안산캠퍼스의 법학과 헌법학 전임을 맡게 되었다.

2학기 수강신청을 마치고 9월 어느 날 연구실로 선생님을 찾아뵈면서 그간의 사정을 말씀드리고 지도를 부탁드렸다. 선생님과 말씀을 나누면서 헌법학을 공부함에 있어서 특히 중요한 것이 무엇인지 여쭈었더니 "헌법학에서 특별히 중요한 것은 따로 없다"고 말씀하셨다. 당시에는 선생님의 말씀을 정확하게 이해하지 못한 채로 이후 3개 학기에 걸쳐 선생님께서 진행하시는 대학원 박사과정의 수업을 수강하였다. 선생님의 대학원수업은 석박사과정을 통합하여 주로 오후에 세미나식으로 이루어졌다. 때로는 한양대 안산캠퍼스에서 오전 강의를 마치고 지하철로 서울에 올라오느라 지각을 한 적도 있었고, 수강 중에 졸음이 쏟아져 참으로 민망했던 적도 없지 않았지만 선생님께서는 내색 한 번 하지 않으셨다. 언젠가는 선생님께서 피치 못할 일정 관계로 수업을 일찍 마쳐야 할 사정이시라 남은 시간을 권교수가 진행해서 마치면 좋겠다는 말씀으로 현직 교수로서 수업을 듣고 있는 제자에게 배려를 베풀어 주시기도 하였다.

헌법학을 보다 깊이 공부하고 강의를 계속하면서 헌법학에서 특별히 중요한 것은 따로 없다고 하신 선생님의 말씀을 곰곰이 생각하고 이해하기 시작하였다. 선생님께서는 헌법학에 있어서 모든 부분이 다 중요하기 때문에 그렇게 말씀하셨던 것이라 생각되었고,

---

* 한양대학교 법학전문대학원 명예교수

헌법학을 공부하기 시작한 새내기로서 참으로 어리석고 터무니없는 질문을 드렸음을 스스로 부끄럽게 생각하였다. 그러나 선생님께서 깨우쳐주신 그날 이후 그 말씀은 지금까지 항상 잊지 않고 간직해오고 있다.

## 선생님의 원격 지도를 받은 학위논문 심사

대학원 박사과정을 마치고 프랑스 헌법상의 기본권보장을 학위논문의 주제로 정하여 자료를 수집하였으나 당시 국내에서 프랑스 문헌을 구하는 것은 쉽지 않았다. 논문 작성이 늦어지면서 차일피일 시간을 보내자 학위 취득의 기회를 잃을까 염려하신 듯 선생님께서는 더 늦기 전에 빨리 논문을 쓰라고 재촉하셨다. 결국 프랑스 현지의 서적센터에 직접 주문하여 필요한 문헌을 어느 정도 받아볼 수 있었고 이를 정리하는 시간도 적지 않게 보내야 했다.

1990년부터 학위논문 작성을 시작하여 여름방학이 끝날 무렵 출력한 일부를 들고 선생님께 찾아가 2학기에 학위논문을 심사받고 싶다고 말씀드렸다. 선생님께서는 출력된 내용을 살펴보시면서 학위논문 심사를 한 학기 미루는 것이 어떻겠느냐고 물어보셨다. 즉시 대답을 드리지 못하고 머뭇거리는 사이 선생님께서 생각을 바꾸시고 논문심사를 그냥 진행하자고 하셨다. 선생님께서는 가을학기에 일본 히토츠바시 대학의 강의를 담당하시게 예정되어 있었다. 당연히 학위논문의 심사과정에 참가하실 수 없어 그랬노라고 말씀하셨고, 선생님께서 참여할 수 없다는 말씀에 내심 불안하기도 하였지만 그대로 따를 수밖에 없었다.

그해 10월 학위논문의 심사청구를 위하여 학교로 찾아뵈었더니 선생님께서는 논문심사에 대비하여 프랑스공법을 전공하신 김동희 교수님께 각별히 부탁드리라고 하시면서 외부 심사위원으로서 선생님의 제자인 조병윤 교수와 성낙인 교수를 각각 추천하여 주셨다. 선생님께서는 지도교수로서 직접 참여하지 못하는 제자의 학위논문 심사에 관련하여 이미 모든 계획을 세워놓고 치밀하게 준비하고 계셨구나 생각되었다.

학위논문의 심사는 11월 말경에 시작되었는데 초심이 있던 날 일정이 생각지도 못한 방향으로 흘러가 중대한 실수를 하고 말았다. 그날 오전 안산에서 강의를 마치고 논문심사본 중 미진했던 부분을 출력하여 준비한 후 시간에 늦지 않게 조금 일찍 서울로 향하였다. 당시 안산 주변의 도로사정이 좋지 않아 전철을 이용하고자 하였으나 역에 도착하는 바로 그 순간에 전철이 출발하고 있었다. 10분 가까운 간격으로 운행하는 전철을 놓쳐서 당황하였지만 서울대학교역에서 택시를 타면 늦지는 않게 도착할 수 있다고 보았다. 그러나 서울대학교 정문 앞에 도착하니 학생들의 시위를 이유로 기동경찰이 택시통행을 막고 있어서 사정을 하였지만 막무가내라 법과대학까지 뛰어갈 수밖에 없었다. 결국 예정시간보다 10분 가까이 늦게 심사장에 도착하였고, 문 앞에서 마주친 김동희 교수께서는 파랗게 질린 표정으로 "너 왜 그러니" 하시며 걱정하셨다. 심사장으로 따라 들어가니

심사를 맡은 5분의 교수께서 기다리고 계셨고 심사위원장이신 권영성 교수께서 화가 무척 많이 나 계셨다. 온 몸이 땀으로 젖은 상태에서 사과를 드리고 교문에서 있었던 상황을 말씀드렸지만 변명의 여지도 되지 못하였다. 권영성 교수께서 크게 나무라시고 나서 학위논문 심사를 진행하여 논문 요지를 30분 이내에 발표하고 밖에 나가 있으라고 하셨다.

심사장 밖에 나와 있는 동안 안에서는 꽤나 오랜 시간 논란이 이어지고 있었고, 아침부터 일어난 일정을 되돌아보면서 이번 학기 학위논문심사는 이로써 종료될지 모른다고 생각하였다. 한참 시간이 지난 후 불러서 죄인이 된 심정으로 처분을 기다리니 뜻밖에도 권영성 교수께서 화가 좀 풀리신 얼굴로 학위논문심사를 계속 진행하기로 결정되었다고 하셨다. 안도의 한숨이 저절로 나오면서 순간에 김동희 교수님과 조병윤 교수님 그리고 성낙인 교수님께서 아마도 결정적인 역할을 하시지 않았을까 생각되었다. 이후 4회에 걸친 학위논문심사는 원만하게 진행되어 종심만을 남겨둔 12월 어느 날이었다. 어떤 모임에서 민법을 전공하는 김상용 교수님이 "권선배님, 얼마나 대단한 제자이기에 김철수 교수께서 일본에 계시면서도 학위논문의 심사과정을 계속 체크하시느냐?"고 물었다. 그 말씀을 듣고 나니 선생님께서는 제자의 학위논문 심사계획을 치밀하게 세우신 것은 물론이고, 이후의 심사과정까지도 여러 경로로 탐문하여 원격으로 지도하고 계셨구나 짐작되어 가슴이 뭉클하였다. 본시 선생님께서는 제자들의 학위취득에 지대한 관심을 가지시고 매우 적극적인 입장을 취하고 계셨다고 기억되고 있다. 돌아가신 김상철 변호사가 주례를 맡은 2004년 가을의 어느 결혼예식에 선생님 곁에 앉았더니 김상철 변호사가 과정만 마치고 학위를 취득하지 않은 사실에 대하여 선생님께서 많이 아쉬워하는 말씀을 하신 적도 있었다.

학위논문의 인준서에 심사위원으로서 선생님의 서명날인을 받을 수 없는 사정은 서운하였지만 논문심사를 위해 선생님께서 베풀어주신 배려는 잊을 수 없는 기억의 하나로 깊이 새겨지게 되었다.

## 선생님과 제자들이 함께한 2박 3일의 안동 여행

1995년 가을 선생님을 모시고 제자들이 함께 여행할 수 있는 기회가 우연히 마련되었다. 선생님 제자 중에 안동에서 개업하고 있는 김세충 변호사가 선생님을 안동으로 초대하면서 제자들까지 동행하도록 기회를 만들어 주셨다. 마침 공법이론과 판례연구회의 연구이사를 맡고 있어서 김세충 변호사와 몇 차례 연락하여 2박3일의 일정이 마련되었다. 당시만 해도 서울에서 안동까지의 육로편이 여의치 않아 김세충 변호사가 준비한 일정에 따라 김포에서 비행기를 타고 예천 공항에 내려 준비된 관광버스로 안동에 도착하였다.

먼저 양반탈로 유명한 하회마을을 둘러보면서 하회마을이 임진왜란 시에 큰 공을 세운 서애 유성룡 자손들의 집성촌으로서 기념관도 간직하고 있다는 사실을 처음 알게 되었고, 지금도 집성촌에서만 발생할 수 있는 희귀한 사례가 종종 문제가 되고 있다는 설명도 들었다. 하회마을을 돌아본 후 임하댐 건설로 수몰 위기에 처한 고건축물들을 문화재적 가치가 있다 하여 호수 위쪽으로 옮겨 놓아 이루어진 지례마을로 향하였다. 한옥 고택들로 이루어진 지례마을은 문인들을 비롯하여 다양한 예술인들이 즐겨찾는 아시아 최초의 창작예술촌으로 운영되고 있는 명소였고 김세충변호사와의 특별한 인연이 있어 우리에게도 일박할 수 있는 행운이 주어지게 되었다.

다음 날에는 도산서원을 살펴보고 영주로 가서 부석사에 올랐다. 부석사에 이르는 나즈막한 산자락이 온통 사과밭으로 둘러싸여 있었고 소쿠리에 과일들을 팔고 있는 아낙들이 옛 시골의 정취를 자아내어 정겹기도 하였다. 물이 매끄럽고 좋으니 영주에서는 반드시 목욕을 해봐야 한다는 김세충 변호사의 말씀을 실감하면서 하루 저녁을 보냈다. 다음날 제법 규모가 크다고 생각되는 소수서원을 돌아보고 예천공항을 출발하여 김포공항에 도착하는 것으로 선생님을 모시고 제자들 10여 명이 함께했던 귀중한 여행은 마무리되었다.

여행 기간 내내 선생님께서는 조용히 관광지를 돌아보시면서 가끔씩 제자들과 도란도란 말씀을 나누시곤 하셨다. 마치 담임선생님을 따라 소풍 나온 초등학생들처럼 제자들 모두 선생님을 모시고 즐거운 여행을 할 수 있었다. 비록 짧은 국내 여행이었지만 두고두고 소중한 기억으로 머릿속에 깊이 남아 있어 다시 떠올리니, 마치 어제 일처럼 아련한 그리움이 남는다.

## 선생님의 저서 『인간의 권리』에 서평을 쓰면서 겪은 일

지난 2021년 6월 선생님께서 새로이 출간한 저서 『인간의 권리』에 대하여 서평을 쓰라는 선생님 말씀이 계셨다고 김효전 교수께서 전화하셨다. 이전에 서평을 써본 적도 없이 처음 맞는 상황에서 더구나 선생님 저서에 대하여 서평을 쓴다는 것이 너무 송구스럽게 생각되었다. 혹시라도 선생님께 누가 되지나 않을까 겁이 나서 피하고 싶었지만 선생님께서 명령하셨다는 말씀에 비록 자신은 없었지만 감히 선생님 저서에 대한 서평을 써보기로 하였다. 황급히 몇 편의 서평을 구해 읽어보면서 어떻게 서평을 써야 할 것인지 나름대로 방향을 정하고 선생님께서 보내주신 저서를 받아 보았다.

선생님 저서의 제명은 『인간의 권리』로서 출판사 '산지니'에서 2021년 2월 10일 초판을 발행한 1008쪽에 이르는 분량의 대작이었다. 『인간의 권리』를 받아 보고 우선 그 방대한 분량에 놀랐고, 하나하나 내용을 읽어보면서 상세하고 망라적인 기술에 기가 질릴 정도였다. 선생님 연세가 9순이 다 되셨는데 어떻게 이같이 놀라운 저서를 내실 수 있는지 그저 감탄만 하면서 여러모로 김효전 교수의 도움을 받아 겨우 서평을 작성하고 선생님께 보내 드렸다.

보내드린 서평을 보시고 많이 미흡하여 혹시 언짢아하시지 않을까 걱정되었는데 선생님께서는 오히려 아주 잘 썼다고 하셨다. 아마도 처음 써보는 글이라고 감안하시고 그렇게 말씀하시지 않았을까 생각되었다.

원래 선생님께서는 제가 쓴 서평을 대한민국학술원에서 매월 발간하는 『대한민국학술원통신』에 게재할 계획이셨으나, 여의치 않아 한국공법학회에서 발간하는 『공법연구』에의 게재를 타진해보라고 말씀하셨다. 즉시 한국공법학회장을 맡고 있던 김종철 교수께 연락하였더니 편집회의를 거쳐 결정하겠다고 하였고, 2021년 7월 28일 발간된 『공법연구』 제49집 제4호에 선생님의 저서 『인간의 권리』에 대한 서평이 실리게 되었다.

선생님의 저서에 대한 서평이 공법연구에 게재됨으로써 한시름 놓고 있던 차에 선생님께서 서평에 대한 원고료를 보내겠다고 하시면서 주소를 물어 오셨다. 저에게 서평을 쓸 수 있게 기회를 주신 것만으로도 고마운데 원고료는 생각지도 않았기에 받을 수 없노라고 말씀드렸지만 선생님께서는 듣지 않으셨고, 며칠이 지난 후 우편으로 원고료를 보내 오셨다. 더구나 통상의 원고료에 비하여 수배나 많은 금액을 보내주셔서 마음이 불편하여 김효전 교수께 물었더니 본래 선생님께서는 남의 신세를 지고는 못 사시는 성격이라 그러시다는 말씀이었다. 마음 한편으로 찜찜하면서도 어쩔 수 없었는데 이로써 끝난 것이 아니었다.

새해가 되자 1월 1일자로 선생님께서 "지난해에 제 서평 쓰시느라 고생하시어 감사했습니다. …"라고 특유의 글씨체로 연하장을 보내오셨다. 새해 인사의 전화를 드리거나 연하장이라도 먼저 보내드리지 못한 상황에서 선생님께서 손수 쓰신 연하장을 받고 나니 송구스러운 마음을 지울 수 없었다. 마침 화상으로 선생님과 제자들이 새해 인사를 나눌 수 있는 기회가 마련되어 선생님께 인사를 드리고자 하였으나 화상 연결이 좋지 않아 그마저도 뜻대로 되지 않았다. 그래서 다음에 선생님을 뵙게 되거든 송구스러웠던 마음을 담아 인사드리겠다고 다짐하고 있었는데 그만 그 기회는 영영 올 수 없게 되고 말았다.

# 헌법 인연 55년

김철수(金哲洙) 교수님을 추모하며

양 건*

“한스 켈젠의 근본규범은 헌법과 어떤 관계인가요? 근본규범과 헌법 중에 어느 것이 더 상위입니까?” 강의실 안은 조용했다. 교수님 질문에 수십 명 학생 가운데 아무도 손을 들거나 대답한 사람은 없었다. 처음 법을 배우는 학생들에게는 고난도의 질문이었다. 독일 유학에서 귀국 후 오래지 않은 신예 헌법교수님은 별 반응 없이 강의를 이어가셨다. 늘 어조는 높지 않았고 잔잔했다.

내가 김철수(金哲洙) 교수님을 처음 뵌 것은 1967년 대학 2학년 헌법강의 시간에서였다. 그 학기 시험에서 A를 받지 못했을 것이다. A를 받았다면 기억했을 것이지만 그런 기억이 없다. 서울대학교 법과대학이 동숭동에 있던 그 시절, 김 교수님의 초기 저작인 〈헌법질서론〉(憲法秩序論)과 〈헌법총람〉(憲法總覽)이 나와 있었고, 아직 교수님의 주저 〈헌법학개론〉(憲法學槪論, 1973)이 출간되기 전이었다. 〈헌법질서론〉은 주로 당시의 독일 헌법이론을 소개하는 내용이었는데, 그 서문에 적힌 한 구절이 잊히지 않는다. “도서관의 불비와 참고문헌의 구득난 때문에 정확한 저서인용은 어렵게 되고, 부득이 외국에서 본 기억에 의존하게 되었으므로 부정확한 것이 될 우려가 컸다.”

## ‘애매할 때에는 자신에게 유리하게’

김 교수님을 더 가까이서 뵐 수 있었던 것은 대학원 입학 후이다. 당시 서울대 법대 한 학년 정원 160명 가운데, 66학번의 경우, 학문연구 목적의 ‘순수’ 대학원 입학생은 나를 포함해 단 2명뿐이었다. 다른 대학원 입학생들은 대개 사법시험 공부를 위한 징집연기 혜택이 주목적이었다.

아직 대학원 교육이 정상적으로 운용되지 못하던 때였다. 강의 수강생이 2~3명 정도였고, 대체로 영어원서 강독이었다. 어느 학기에는 미국의 한 정치학자가 쓴 미국의회와

---

* 전 감사원장

입법과정을 다룬 교재를 수강생들에게 주시고 교재로 사용하였다. 그 책에서 '미국의 정당제도는 사실상 4당제이다. 지역에 따라 당원의 성향이 둘로 갈라지기 때문이다.'라는 부분이 기억에 남아있다.

나는 대학원 입학 후 육군사관학교 교관시험에 합격하였고 석사학위를 받고 나면 훈련 후 임관이 예정되어 있었기에, 대학원 입학 직후부터 석사학위논문 준비를 염두에 두었다. 논제를 〈학문의 자유와 대학의 자치〉로 잡았다. 당시 '스튜던트 파워'의 열풍이 세계 곳곳을 휩쓸던 시절이었다. 후년 교수의 길로 들어선 이래 나는 늘 현실에서 대두되는 정치적 함의가 강한 주제를 연구 대상으로 삼는 성향이었는데, 이런 성향은 석사논문 쓸 때부터 시작되었다.

의욕은 좋았지만 막상 참고문헌을 찾으려니 난관이었다. 우리나라 문헌으로는 〈고시계〉 수준의 글이 몇 편 나와 있을 뿐 기존 연구가 태무하였다. 고등학생 때 학생시위를 주도하여 징계를 받은 전력에 이어, 대학 입학 신입생 때부터 '서울법대 학생운동권'에 속했던 나는 이영희(작고. 노동법교수, 노동부장관), 조영래(작고, 변호사) 등, 선배들의 권유에 따라 신입생 시절에 일본어 자습을 하였다. 일본책에 '좋은' 책들이 많이 있다는 것이었다. 사전을 펼쳐놓으면 한자가 많은 법학이나 사회과학 일본서적은 대충 읽을 만하였다. 아마도 우리나라에서 구할 수 있는 내 논문주제의 일본문헌은 거의 모두 찾아보았을 것이다. 충무로의 일본서적 전문점 〈아카데미〉 서점도 부지런히 찾았다. 그것만으로도 꽤 괜찮은 논문이 나올 만하다고 생각했지만 일본서적에만 의존하자니 자존심이 상했다.

어느 날 김철수 교수님 연구실을 찾아 논문 진행 상황을 말씀드리니 서가에서 책 한 권을 꺼내주신다. 하버드 로 리뷰(Harvard Law Review)였다. 그 때 그런 학술저널이 있음을 처음 알았다. 거기에 'Note' 형식의 "Academic Freedom"이란 제목의 긴 글이 실려 있었다. 분량으로 보면 책 한 권 상당의 방대한 내용이었다. 관련된 미국 판례들의 분석이 치밀하게 서술되어 있었다. 이 때 나는 이를테면 1차 학문적 개안을 했다고 생각한다.

애초에 나는 대학 4학년에 오르며 진로를 고민할 때, 학사편입제도를 통한 타 학과에로의 전과(轉科)를 숙고했었다. 중국정치 연구를 염두에 두고 선배들을 찾아다니며 일본 유학을 검토하기도 했었다. 김상협 고려대 총장의 〈모택동사상〉(毛澤東思想)이 출간된 것이 그 무렵이었고 유럽 등 세계 도처에 모택동 바람이 거세게 몰아칠 때였다. 소심한 나는 결국 전과 생각을 접고 정치학과 인접한 헌법학 전공에로 길을 바꾸었다. 여기에는 일본 법학서적의 영향이 컸다. 특히 당시에 발간되기 시작한 이와나미(岩波) 출판사의 〈현대법 강좌〉(現代法 講座) 시리즈에 심취하였다. 그 중에서도 도쿄대학 고바야시 나오키(小林直樹) 교수와 와타나베 요조(渡邊洋三) 교수의 글이 좋았다. 후년에 알게 된 사실이지만 고바야시 교수는 김철수 교수님과 친분이 깊은 교수였다. 학부 시절, 나는 일본 좌파 법학교수들 책에 빠져들었던 시기가 있었는데, 몇 년 지나지 않아 식상하였다. 그러던 차에 김 교수님께서 주신 '하버드 로 리뷰'는 판례중심의 미국 헌법이론에 접하는 계기가 되었다. 미국문헌들을 접하며 치밀한 논리적 분석의 힘을 느꼈다.

석사논문 심사 최종일은 내 인생의 한 전기가 된 변곡점이다. 최종 심사가 행하여진 대학원 행정사무실 옆방 문 밖에서 차례를 기다리고 있을 때였다. 앞서 심사실에 들어갔던 민사법 전공의 동급생 김 모 군이 문을 나선 후 내게 이렇게 일러주었다. '김철수 교수님이 다른 심사위원에게 너의 논문을 크게 칭찬하시더라.' 그 말을 듣고 나는 일렁이는 가슴을 가다듬으며 심사실 안으로 들어갔다. - K 군은 전형적인 모범생으로, 그 후 고위 법관에 올랐다. 나는 K 군의 전언을 액면대로 믿었다. - 잠시 침묵이 흐를 뿐 김 교수님은 아무 말씀 없이 앉아계실 뿐이었다. 내심 당황하였다. 순간, 옆에 앉아 계시던 다른 심사위원께서 말문을 여셨다. 고려대학 헌법 교수이신 한동섭 교수님이었다. 한 교수님은 내게 과분한 칭찬을 해주셨다. - 가회동 한옥으로 한 교수님 댁을 찾아 인사드린 일이 있다. 요즘처럼 세련된 가회동이 아니라 원형의 가회동 시절이었다. - 그러나 김철수 교수님은 여전히 아무 말씀도 하지 않으시고 논문합격 서명만 해주셨다.

이런 상황에서 이를테면 '애매할 때에는 자신에게 유리하게' 해석하여도 괜찮지 않을까. 논문제출자의 위치는 피고인과 닮았다. 나는 김 교수님의 지속된 침묵을 한동섭 교수님의 칭찬에 대한 '묵시적 동의'로 받아들였다. 나의 학문적 능력을 인정받았다고 내게 편한 대로 결론지었다. 석사과정 내내 김 교수님께서 나의 진로에 대해 언급하신 적은 한 번도 없었다. 만일 이때 나의 자의적(恣意的) 해석이 아니었다면 나의 인생항로는 다른 길로 달렸을지 모른다. 대학 졸업 무렵 나의 또 다른 진로 선택지는 신문기자였다. 동아일보 기자를 염두에 두고 있었다. 나는 지금도 서울대 석사학위논문을 나의 대표논문의 하나로 여기고 있다.

## 엄혹했던 시절

석사과정 졸업 후 예정된 대로 육군사관학교 법학과 교관으로 있을 때에도 김 교수님과의 인연은 이어졌다. 당시 판례분석에 대한 새로운 학문적 인식이 시작될 무렵이었다. 김 교수님께서 준비 중이시던 판례교재 중, 미국 헌법판례 상당부분에 대한 번역 초안 작업을 맡았다. 이 작업은 내가 미국법의 기초지식을 공부하는 과정이기도 했다. 그 후, 교수님의 연구서 집필을 위한 문헌정리 작업을 한 적도 있었다. 특히 당시 유신헌법에 삽입된 '국가원수' 조항 및 '통일주체국민회의'조항에 관한 비교법적 검토를 위해 문헌정리를 하던 기억이 선명하다. 김 교수님으로부터 10여 권의 참고서적들을 건네받으며 나는 이 작업 역시 나에게 유리하도록 임의로 해석하였다. 이 작업이 단순 작업이 아님에 비추어, 이 또한 교수님의 나에 대한 학문적 인정의 사례라고 고무적으로 받아들인 것이다. 다만 이 작업의 결과는 빛을 보지 못하였다. 당시는 유신 초기의 엄혹한 상황이었다. 검열에 걸려 책 출판이 어렵게 된 것으로 짐작하였다. 아쉽기 그지없었음은 물론이지만,

군부정권의 칼날이 시퍼렇던 시절에도 학자적 양심을 지켜 가시는 김 교수님 모습이 존경스럽고 자랑스러웠다. 2019년 발간된 〈헌법학개론〉 복간본. 복간사 첫머리를 옮긴다.

> "이 책을 복간하는 이유는 이 책의 초판본(1973년 1월7일), 재판본(1월30일본), 3판본(2월 20일본)이 전부 압수되어 3월 말에야 저자의 의사에 반하는 검열본이 출판되었기에 ...... "

육사 교관으로 있으면서 나는 한때 독일유학을 생각한 적이 있었다. 남산의 괴테 인스티투트에도 몇 달 다녔다. 내가 미국 유학을 결심하게 된 데에는 미국헌법판례 번역 작업의 경험이 적지 않게 작용하였다.

대학 선택에서 텍사스(오스틴) 대학으로 결정하게 된 데에도 김 교수님의 조언이 작용하였다. 김 교수님으로부터 텍사스 대학 로스쿨도 괜찮을 것이라는 말씀을 들었다. 당시 미국의 워터게이트 사건이 세계 뉴스로 떠들썩할 때였다. 김 교수님은 이 사건의 특별검사로 임명된 찰스 앨런 라이트(C. A. Wright, 1927~2000) 교수가 텍사스 대학 로스쿨에 재직 중 임을 알려주셨다. 이 대학에 원서를 보냈더니 입학허가서가 나온데 더하여 조건 없이 1천 달러 장학금까지 준다고 하였다. 텍사스 대학은 주립대학으로, 텍사스 주의 풍부한 석유 생산 덕에 재정이 넉넉하였고, 미국 타주에서도 학생이 몰려든다는 소문이었다. 당시 1년 등록금이 7백 50달러 정도에 불과했으니 책값까지 충당될 정도였다. 명문 대학 몇 군데에도 원서를 냈다. 공법분야에 특장이 있는 뉴욕의 컬럼비아 대학에서도 입학허가를 받았다. 선택이 쉽지 않았다. 마침 나의 집안 경제적 사정이 기울기 시작할 때였으므로 생각 끝에 텍사스행을 결정하였다.

1976년 여름, 비교법석사학위를 취득하고 1년 만에 귀국 후, 당시 처음 시작된 서울대 교수 공채에 응모하였으나 낙방하였다. 경쟁 상대는 김 교수님과 비슷한 연배의 K 교수였다. 당시는 유신 시대 한 복판이었고, 지도교수이신 김 교수님은 유신시대 '부역'을 거부한 분이셨다. 지금에는 나의 부족 탓으로 받아들인다. 라이트 교수의 추천서를 첨부했었지만 무력했다. 라이트 교수는 미국 내에서 대단한 위상을 지닌 분이었고, 후년 내가 미국학술단체협의회(ACLS) 연구비 신청을 했을 때에는 그분의 추천서가 위력적이었다.

진로를 고심하던 차에 대학 선배인 임종률 교수님으로부터 전화를 받았다. 당시 경희대학 교수로서 숭전대학교(현 숭실대학교)에 출강하시던 임 교수님이 숭전대에서 공법 교수를 찾는다고 알려주며 나를 추천해 주셨다. 이미 2학기가 시작되고 조금 지난 9월에 법학과 조교수 발령을 받았다. 임종률 교수님은 김철수 교수님과 큰 연령 차이였지만 두 분은 가까운 고교 · 대학 선후배 사이로 보였고, 나는 학부시절부터 당시 조교이던 임종률 교수님을 잘 아는 터였다. 한일회담 반대시위 당시, 임 교수님은 법대 학생운동권의 핵심 일원이었다고 들었다.

숭전대 교수 시절인 1979년, 김철수 교수님 지도로 박사학위를 받을 수 있었다. 후학들 가운데에 첫 사례로 알고 있다. 유신 말기 상황이 험할 때여서 현실정치를 떠난 논문주제를 택하였기에 박사논문 쓰기에 흥이 나지 않았다. 미국헌법에 관한 주제를 다루며 독일문헌까지 참조하느라 낑낑거렸다. 김 교수님의 독려가 아니었으면 학위취득이 늦어졌을 것이다.

## 6인 교수 개헌안 - 미제(未濟)의 의문

숭전대 교수 시절, 나의 인생항로에 또 하나의 전기가 있었다. 이 변곡점 역시 김철수 교수님 덕분이었다. 1980년 이른바 '서울의 봄'이 반짝 화창할 때였다. 개헌논의가 봇물 터지듯 만개하였는데 이를 촉발한 계기는 이른바 '6인 교수 개헌안' 발표였다. 이를 주관한 것은 강원룡 목사님이 이끄시던 크리스찬 아카데미였다.

6인 교수안 작성의 중심은 당연히 김철수 교수님이셨다. 언론인이자 정치학자이신 양호민 선생, 정치학자 장을병, 한정일 교수, 그리고 노동법학자 임종률 교수께서 함께하셨다. 나는 심부름만 하였는데, 시안 작성 후 발표 시에 보니 나까지 6인 교수에 넣어주셨다. 추운 겨울날, 수유리의 크리스찬 아카데미 별채에서 여러 날 숙식을 하며 열성껏 작업하던 기억이 새롭다. 김 교수님의 명을 받아 큰 모조지에 조문 별로 역대 한국헌법과 각국 헌법의 조문을 참조한 차트를 만드는 일 등을 하였다. 토의자료 작성이 내가 맡은 임무였다.

6인안의 권력구조는 언론으로부터 '이원집정부제'로 평가되었다. 6인안 토의 말석에 있었던 나의 기억으로는 이렇다. 김 교수님은 잘 알려져 있다시피 일찍부터 의원내각제 주창자이셨고 6인안 토의에서도 그 입장을 밝히셨는데, 양호민 선생을 비롯하여 정치학자들은 대통령제를 주장하셨다. 임종률 교수님은 기본권을 중심으로 토의에 참가하셨다. 결국 대통령제론과 의원내각제론을 절충하여 이원정부제적 권력구조를 택한 시안이 나오게 되었다. 이른바 '분권형 대통령제'시안이다.

이 문제와 관련해 그 무렵의 일화 하나를 떠올린다. 신군부에서는 당시 신현확 국무총리와 연합하여 절충적인 이원집정부제를 꾀한다는 뉴스가 돌았다. 6인안 작성 심부름꾼이던 나는 내심 의혹을 품었다. '아니, 신군부의 정치적 의도에 이용되는 시안을 만드는 것이 아닌가?' 대외 발표를 앞두고 최종 토의를 할 때였다. 강원룡 목사님도 참석하신 자리였다. 구석 자리에 앉아 듣고만 있던 나는 참지 못하고 기어코 한마디 뱉었다. 의혹에 바탕을 둔 비판적 의견을 밝힌 것이다. 그러자 강 목사님께서 빙그레 웃으시던 모습이 기억에 뚜렷하다. 강 목사님 웃음의 뜻은 이렇게 읽혔다. '이 젊은 친구, 당돌하고 재미 있구만.'

이 점에 대해 한 가지 덧붙일 것이 있다. 6인안 발표 후 오랜 시간이 지난 언젠가, 얼핏 누군가로부터 이런 이야기를 들은 일이 있다. 6인 개헌안에서 이원정부제 권력구조를 택한 데에는 다른 정치적 고려가 개재되어 있었다는 것이다. 1980년 정치상황에서 김영삼, 김대중 양 김 씨의 연합, 공존을 유도하기 위한 강 목사님의 심려(深慮)가 반영되었다는 것이다. 이것이 사실인지는 김 교수님께 여쭤본 적이 없다.

선생님이 돌연 타계하시기 일주일쯤 전에 임종률 교수님과 통화하던 중, 임 교수님에게 나의 의문을 말씀드렸다. 마침 임 교수님은 6인 교수 개헌안에 관한 회고담을 준비하던 중이었기에 이원정부제 권력구조에 관한 소문의 진실이 무엇인지 김철수 교수님께 여쭤보아 달라고 말씀드렸다. 이제 이 의문은 미제(未濟)로 남게 되었다.

6인 교수 개헌안 발표가 내 인생항로에 변곡점이 된 까닭은 이렇다. 개헌시안 발표 후 얼마 지나지 않아 한국일보로부터 원고 청탁을 받았다. 개헌문제 논의를 위한 시리즈를 연재하는 기획의 하나로 미국헌법에 대한 소개와 논평의 글을 써달라는 것이었다. 이 칼럼 발표 후 한국일보로부터 연이어 신문사 주최의 개헌 공청회 참석을 비롯해 대담 등, 여러 차례 신문에 '출연'하였다. 뿐만 아니라 다른 신문, 잡지사로부터도 많은 원고 청탁을 받았다. 그러나 '메뚜기 한 철이듯', 80년 5 · 17 사태가 닥치면서 상황은 얼음처럼 굳었다. 다시 개헌논의가 불거지기 시작한 5공 말기부터 다시금 신문잡지사로부터 많은 글 청탁을 받았다. 그 시발점이 80년 초의 6인 교수 개헌안 발표였다. 심부름만 했던 나를 6인 교수의 일원에 파격적으로 격상시켜 주신 김 교수님의 배려 덕분이었다. 대학 졸업 무렵, 행동가에로의 꿈을 포기하고 교수가 되어 적극적인 현실참여와 문필활동을 펴겠다는 것이 나의 진로 설정이었다. 돌아보면 6인 교수 개헌안 작성을 위한 심부름 역할은 그 꿈의 발판이었다.

숭전대에서 8년여 지난 후, 한양대학교 법대에로 전직하였다. 여기에도 김 교수님께서 매개가 되어주셨다. 당시 한양대 법대 학장께서 나의 한양대 전직 요청을 지도교수 김 교수님께 우선 밝혔던 것이고, 이 사실을 김철수 교수님께서 내게 알려주신 것이다. 사실 당시에 김 교수님은 별로 적극적으로 권하시지는 않았다. 그 대학 학내 사정이 매우 복잡함을 귀띔하여 주셨다. 나의 숭전대 교수 시절은 매우 행복하였지만, 후년에 대학 분위기가 급변하면서 마음이 떠나있었던 차였으므로 전직을 결심하였다. 막상 옮기고 보니 상황은 예상보다 엄청나게 심했다. 한 학기 지나자마자 이직을 생각할 정도였다. 마시던 우물물에 침 뱉기처럼 비칠까 보아 더 이상 언급은 피한다. 그럼에도 한양대 법대교수 26년은 감사하였다. 무엇보다도 좋은 제자들을 만났다.

## 학설(學說)

김 교수님 제자의 한 사람으로서 송구스러울 때의 하나는 권력구조 논쟁을 벌일 때였다. 앞에서 언급했듯이 교수님은 오래전부터 의원내각제 지지자이시며, 다만 근래에는 현실적인 대안으로 '분권형 대통령제'에 동조하신 것으로 알고 있다. 나는 이 논지를 따르지 않는 입장이다. 그 주된 나름의 논거는 한국의 정치문화가 의원내각제나 이원정부제를 감당하기에는 미성숙하고 부적합하다는 데에서 찾고 있다. 나는 법사회학 관점에서 문화의 힘을 중시하는 편이다. 권력구조 문제를 다루는 언젠가의 토론회에서 교수님이 앞자리에 좌정하신 가운데 다른 소견을 펴자니 곤혹스러울 수밖에 없었다. 근년에 출간한 졸저 〈헌법의 이름으로 – 헌법의 역사 · 현실 · 논리를 찾아서〉(2018)를 김 교수님께 증정하지 못한 까닭은 거기에 분권형 대통령제 주장에 대한 비판이 길게 담겨있기 때문이었다. 일찍부터 교수님께서는 제자들의 다른 의견에 괘념치 않는다고 말씀하셨지만 부담스러운 점은 어쩔 수 없었다.

또 하나 부연할 점은 주로 기본권이론과 관련된다. 교수님께서는 일찍부터 자연권(自然權)이론에 입각하신 것으로 이해하고 있다. 나 역시 이 입장에 공감하여 왔다. 다만 근래에 나는 다소 변용된 입장을 개진하기에 이르렀다. 그 출발점은 김 교수님 회갑기념논문집 〈헌법재판의 이론과 실제〉(憲法裁判의 理論과 實際, 1993)에 실린 졸고 "헌법해석의 기본문제"(憲法解釋의 基本問題)에 나타나 있다. 그 논지는 이러하다.

"종래의 자연법론과 법실증주의의 갈등은 어느 면에서는 극복되었다고 할 수 있다. 왜냐하면 자유민주주의 헌법은 곧 '자연법의 실정화'를 의미하는 것이기 때문이다. 헌법의 해석과 관련하여 실정법을 떠난 초월적 존재로서의 자연법을 끌어댈 필요는 없어졌으며, 다만 헌법 내부적 차원에서의 헌법해석의 문제만이 남게 되었다고 할 수 있다."

"헌법원리에 있어서 궁극적으로 대립하고 있는 것은 개인주의적 원리와 집단주의적 원리이다. 대부분의 헌법문제는 이 두 원리를 어느 선상에서 조정하느냐 하는 이익교량(利益較量)에 따라 그 판단이 갈라진다. 그런 점에서 헌법문제는 곧 개인주의와 집단주의 사이의 이익교량의 문제이다."

– 위 졸문은 스승의 회갑기념논집에 실리는 것임을 염두에 두고, 나름 심혈을 기울인 논문이었고, 스스로는 대표논문의 하나로 여기고 있다. –

최근에 김철수 교수님께서 쓰신 한국헌법학의 역사적 동향에 관한 글(대한민국학술원, 학문연구의 동향과 쟁점: 법학 제2편 헌법학, 2018)을 읽었다. 거기에서 김 교수님은 나의 위 논지에 대해 '독창적인 이론'이라고 논평해주셨다. 기쁘고 감사하였다. 앞서 이야기한 나의 전래의 일방적인 자의적 해석, 곧 '애매할 때에는 자신에게 유리하게' 해석하기에 따라 이 논평 역시 긍정적인 평가로 받아들이기로 했다. '독창적'을 '긍정적'으로 확대해석한다면 김 교수님의 이 논평은 저에 대한 교수님의 최초의 공개적 칭찬으로까지 대폭 확대해석해도 무방한지 모르겠다. 교수님께서는 논평 뒷부분에서 기본권제한 조항의 해석에 관한 나의 소견에 '탁견'이라는 극찬까지 마다하지 않으셨다. 나는 제자를 자칭하면서도 공적으로나 사적으로나 교수님께 찬사를 드린 기억이 없다. 생전에 김 교수님과 편히 말씀 나눈 기억이 없어 몹시 아쉽다. 나의 소심 때문이기도 하다.

나의 위 논지는 근년의 졸저 〈법 앞에 불평등한가? 왜? – 법철학 · 법사회학 산책〉(2015) 및 〈헌법의 이름으로〉(2018)에서 더 진전되어 있다. 다분히 회의주의적 결론이다.

## 통일한국 헌법

늘 정중동(靜中動)의 모습이셨던 교수님의 학문적 관심은 상당히 광범하였다. 법학

외에도 박람강기(博覽强記)하시다는 느낌을 확인하는 여러 장면이 떠오른다. 오래전 동양 법사상 연구 의욕을 비치신 적도 있었다. 독일분단과 통일에 관해서도 깊은 관심을 가지시고 이를 다룬 저술도 남기셨다.

교수님의 독일통일에 관한 깊은 관심이 통일한국의 헌법을 염두에 두셨음은 짐작하기 어렵지 않다. 오래 전 한국의 통일헌법과 관련한 작업을 교수님 밑에서 수행한 일이 있었다. 이미 고인이 되신 북한법 전문가 장명봉 교수와 함께 한 작업이었다. 이 작업은 세상에 거의 알려져 있지 않다.

아마도 교수님의 평생소원은 통일 한국의 헌법을 기초하는 일이 아니었을까, 라고 혼자 생각한 적이 있다. 유진오 선생이 1945년 해방 당시 유일한 헌법학자로서 대한민국 헌법을 기초하신 것처럼, 해방 후 현대한국의 헌법학을 정초(定礎)하신 김철수 교수님께서 통일한국헌법을 기초하시는 모습은 자연스럽다. 감히 엉뚱하게도 이런 상상을 해본다. 김철수 교수님이 못 이루신 꿈을 내가 이어받아 이룰 날이 올 수 있을 것인가. 북한 태생인 내가 통일 대한민국 헌법의 기초에 참여하는 꿈같은 날이 올 수 있을까.

## 겨울날의 회억(回憶)

김 교수님과의 오랜 인연에 얽힌 수많은 장면들이 주마등처럼 흐른다. 석사학위를 받고 나서 상도동의 김 교수님 댁을 처음 찾아가 뵈었을 때다. 지금의 빌딩이 세워지기 오래전, 증축 이전의 단층 일본식 주택 시절이었다. 마당을 한참 걸어서 꽤 넓은 응접실에 들어서니 온 사방 벽에 책들이 가득 채워져 있어 압도될 지경이었다. 김 교수님의 어마어마한 장서와 책사랑은 제자들 사이에는 잘 알려진 사실이다.

상도동 댁을 찾았던 오래전 또 다른 어느 날, 교수님은 원고를 쓰고 계셨다. 옆방에는 신문사 또는 잡지사 직원인지가 기다리고 있었다. 거침없이 써내려 가시는 모습을 옆에서 보며 감탄하였다. 원고 한 장 쓰려면 홀로 한참 뜸을 들여야 하는 내게는 신기한 광경이기도 하였다.

연이어 선생님과의 인연이 파노라마 영상처럼 흘러간다. 육사 교관시절이었는지 그 후였는지는 기억이 분명치 않다. 어느 일요일 명동거리에 나갔을 때, 한전 건물 뒷골목 멀리에 선생님 옆모습이 보였다. 맏따님(정화 씨)과 함께이셨고 손에는 쇼핑백이 들려 있었다. 나는 다가가 인사드리지 않았다. 그 아름다운을 장면을 흐트러트려서는 안 되었다. 그 후 정동에서 있었던 맏따님 결혼식 장면이 떠오른다. 화창한 날씨였다.

어느 추운 겨울날의 또 다른 회억이다. 1978년 초일 것이다. 이촌동 조그만 아파트에 살 때였다. 놀랍게도 김철수 교수님의 사모님께서 친히 찾아오셨다. 나의 첫 딸아이가 출생하였다는 소식을 들으시고 예쁜 은수저 선물을 손수 건네주시는 것이었다. 감사에 앞서 송구스럽기 이를 데 없는 잊지 못할 추억이다. 사모님께서는 늘 온화하시고 근면·검소한 모습이셨다. 매년 정초 구름처럼 몰려드는 제자들의 푸짐한 세찬 식탁을 마련하시느라 분주한 가운데에도 항상 편안한 미소를 잃지 않으셨다. 김 교수님의 엄청난 학문적 업적에는 사모님(서옥경 여사)의 내조가 밑바탕에 깔려있다고 믿는다.

## 55년의 학은(學恩)

근래에 인터넷을 검색하다가 '나무위키'라는 인터넷 백과사전에 들어가 내 이름을 두드려 본 적이 있다. 그 기록이 어떻게 작성되는지는 전혀 모른다. 그 기록 첫머리에 이렇게 적혀 있다.

"전공은 헌법학이다. 헌법강의 저자이다. 스승은 대한민국 최고의 헌법학자 중 하나인 김철수 서울대 명예교수이다."

위 기록에서 "스승은 ... 최고의 헌법학자 중 하나"가 아니라, 그냥 "최고의 헌법학자"라고 표현했으면 더 좋았을 것이란 생각이 일순 들었지만, 기록자로서는 고려할 사정이 있었을 것이다.

김 교수님의 회갑기념논문집 증정 무렵을 떠올린다. 증정식은 시청 앞 플라자 호텔 대연회장에서 있었다. 그 자리에서 축사를 해주신 언론인 양호민 선생의 말씀 한 가닥이 뇌리에 남아있다. '외국 사람들에게 한국의 헌법학자로 자신 있게 내세울 수 있는 분은 역시 김철수 교수님이다'는 취지였다. 사실, 김 교수님처럼 두루두루 여러 외국의 헌법과 헌법이론을 섭렵하시고 정통하신 학자는 찾기 어려울 것이다.

오래전 김철수 교수님의 부친께서 별세하셨을 때, 대구 외곽의 선생님 본가로 문상간 적이 있었다. 부친께서 9순을 넘기셨던 것으로 기억한다. 장수의 유전자에 더해 의학 발달을 감안하면 김 교수님은 백수를 훨씬 넘기실 것으로 믿고 있었는데, 2022년 3월 26일, 돌연 부음에 접하였다. 9순을 맞아 제자들이 기념문집을 준비 중이었기에 더욱 충격적이었다. 소식을 듣고 일순 가슴이 내려앉았다. 망연한 시간이 한참 이어지더니 어느 순간 걷잡을 수 없이 눈시울이 뜨거워졌다.

헌법으로 맺어지고 이어진 55년 세월의 인연이었다. 동숭동 그 후락한 강의실에서 헌법강의를 듣던 그 시절, '헌법은 법인가?'라는 물음이 진지한 학문적 질문이었던 그 시절이 엊그제 같다. 이제는 헌법의 이름으로 최고 권력자가 물러나는 세상이 되었다. 오랜 그 대한민국 헌법의 길에서 김철수 교수님은 앞장서서 헌법학의 길을 닦으셨다. 굳건한 자유민주주의 헌법의 정착을 위하여. 더불어 그 길은 나의 인생을 이끌어주신 길이기도 했다.

김철수 선생님, 한 평생 헌법학 연구의 외길을 걸어오시며 현대한국 헌법학의 초석을 다져놓으신 선생님. 지금껏 55년간의 배움의 은혜-학은(學恩)을 입고도 제자 도리를 못 하여 송구스럽습니다. 갑자기 저희들 곁을 떠나시다니 황망할 뿐입니다. 향년 89세. 이제 편히 쉬소서.

불민한 제자 양 건 재배(再拜). 2022.3.31.

# 금랑 선생님의 가르침

황우여*

선생님께서는 한국 헌법학의 토대를 굳건히 하시어 이 나라를 세계 두서의 헌법 국가로 만개하게 하신 분이시다. 이러한 업적은 무엇보다 탁월하신 선생님의 학자로서의 위대한 업적에 힘입은 바이나, 선생님께서 수많은 제자를 키워내심으로써 제자들이 힘을 합하여 선생님의 뜻을 받들면서 이루어낼 수 있었던 모든 학문적 역량의 결정이기도 하다. 그분의 수많은 쟁쟁한 제자들은 모두 선생님께서 제자로 불러주셨고, 사랑으로 키워주셨으며, 값진 기회를 쥐여주시지 않았던들 오늘의 우리가 있을 수 없었다고 선생님의 영전에서 이구동성으로 고백할 것이다. 실로 수많은 영웅호걸이 있었지만 자신의 뜻을 이어나가는 후대의 제자, 아니 자식조차도 남기지 못함으로써 그 탁월한 능력이 당대에 그치고 마는 일이 얼마나 많았던가 하고 생각할 때, 선생님께 실로 배워야 할 최고의 가치는 후대를 준비하시고 키우셔서 후계자를 통하여 당신의 뜻을 계승 발전하게 하는 후계 양성의 비법이 아닐 수 없다. 이는 우리 대한민국이 배우고 힘써야 할 가장 중요한 일이기도 하다.

과연 선생님께서 어떻게 제자를 키우셨나를, 행복하게도 선생님 애제자의 한자리에 앉을 수 있었던 나 자신의 수많은 일화 중 몇몇을 회상함으로써 함께 나누고자 한다.

## 1. 제자 선택

나는 선생님을 대학 4학년 공법 세미나 시간에 '기본권의 제3자적 효력'에 대한 발표를 하면서 만나 뵙게 되었다. 나는 사법시험 준비 도중이라 충분한 시간을 들이지도 못하여 급하게 준비한 발표였는데도 선생님께서는 나를 불러서 크게 칭찬해 주셨고 어디엔가 발표하자고까지 하셨다. 이를 계기로 평소에 헌법에 대한 애정이 컸던 터라 고향 선배이신 최종길 교수님의 부르심을 마다하고 민법연구실을 떠나 헌법을 전공으로 하게 되었다.

그 후 사법시험에 합격한 후 사법대학원 시절 선생님의 권유로 석사논문을 헌법으로 정하였고, '선거소송의 무효원인'으로 논문을 완성하였다. 당시는 사법대학원이 폐쇄되

---

* 전 사회부총리 겸 교육부 장관

는 급박한 상황이라 예상보다 빠르게 논문심사가 마쳐지게 되어 실상은 논문이 미완이었는데도 선생님께서는 학위 수여를 미리 결정하시고는 당황해하는 나에게 졸업 전에 논문을 인쇄하여 제출하면 된다고 허락하셔서 석사학위를 받을 수 있었다. 연이어 선생님께서 베풀어 주시는 무조건적인 사랑으로 나는 박사과정을 들어가게 되었고, 선생님과 깊은 사제의 정을 한껏 누리며 학위 논문을 헌법으로 준비하게 되었다.

## 2. 제자 지도

선생님께서는 내가 법관을 지망할 것으로 생각하시고는 '사법부의 독립'이라는 제목으로 학위 논문을 쓰라 하셨다. 군사정권 시절이라 사법부의 독립에 대한 우려가 크던 때이었으므로 이러한 논문은 참으로 중요한 논제였기에 나는 가슴 뿌듯한 자긍심을 느끼며 논문에 착수하고자 하였다.

그런데 집에 와서 잠을 이루지 못하며 번민하게 되었다. 일생 한번 학위 논문을 쓰는 것이고 그것도 첫 논문이 아닌가 하는 생각에 이르자 나는 이 논문을 하나님께 바치고 싶었다. 그렇다면 하나님께서 기뻐하시고 나라에도 유익이 있는 논문은 무엇일까. 물론 사법부의 독립이 중요하지 않은 것은 결코 아니로되, 막바로 내 심장의 고동을 느끼며 쓸 논문 제목으로는 무언가 정곡을 찌르는 논문은 아니지 않은가 싶어서 나는 번민에 번민을 거듭하며 꼬박 밤을 새웠다. 새벽이 되어 나는 마음에 그렇다, 국가와 교회, 하나님께서 기뻐하시고 모두에게 마땅히 갖추어야 할 국가와 교회의 모습을 헌법에서 어떻게 구현하여야 하는가에 대하여 논문을 쓰면 좋겠다, 아니 그래야 내가 온 힘을 다하여 논문을 쓰려고 달려들 수 있을 것 같았다. 그래서 나는 아침 일찍 선생님을 찾아뵈었다. 그리고는 나도 모르게 어디서 용기가 났는지 선생님께 논문 제목을 바꾸어 주십사고 청하였다. 사실 선생님께서 제목을 정하여까지 주셨는데 이를 마다하고 자기가 쓰고 싶은 논문을 쓰겠다고 고집하는 것은 나로서도 있을 수 없는 일이라는 것을 잘 알면서도 무례를 무릅쓰고 선생님께 말씀을 드렸다. 사실 선생님께서 논문 제목을 바꾸어 주시리라고 확신하지 못한 채 송구스러워 모깃소리로 말씀을 드리면서도 내게는 어디서 나오는지 모를 힘이 배어 있었다. 선생님께서는 잠시 내 눈을 응시하시더니 조용히 말씀하셨다. "그래 자기가 하고 싶은 것을 공부해야지. 그렇게 하게나." 나는 내 귀를 의심하면서 한없이 기뻐하며 선생님 댁을 나설 때 다시 한번 선생님의 하해 같은 도량과 제자를 키우시는 교육자로서의 철학을 깊이 가슴에 새길 수 있었다.

'자신이 좋아하는 것을 하는 것이 공부다'라는 선생님의 말씀은 그 후 나의 철학이 되었다. 나는 기회 있을 때마다 선생님의 말씀을 예화로 들면서 후배들이나 내 자식에게까지도 자신이 좋아하는 공부를 하도록 권면하였다. 그리고 교육부 장관으로 일할 때도 교육은 학생이 하고 싶어 하는 것을 잘 살펴서 공부할 수 있도록 격려하고 가르치는 것이 교사의 임무라고 얘기하곤 하였다. 선생님께서는 아마 나뿐 아니라 모든 제자를 이러한 철학으로, 무엇이 제자의 재능이요 흥미인가를 살피시면서 각자의 꿈과 능력을 한껏 발휘할 수 있도록 이끌어 주셨을 것이다. 그렇기에 그렇게 수많은 제자가 구름떼같이 모여 헌법학의 큰 바다를 이루었고 선생님의 큰 나무 그늘에서 학문의 양분을 공급받았던 것이 아닌가 생각한다.

## 3. 제자 사랑

하루는 선생님을 찾아뵈었더니 선생님께서 몸져누워 계셨다. 사모님께서 제자 중 한 사람의 '공공복리'라는 석사논문이 심사에서 통과가 되지를 않았는데 선생님 보시기에는 석사논문으로서가 아니라 박사논문으로도 충분하다고 생각하시고 관계 심사 교수님을 설득하셨는데도 결국 통과가 되지 않아서 몸져누우셨다는 것이다. 나는 순간 눈시울이 뜨거워졌다. 아니 아무리 제자를 아끼셨어도 일개 석사논문이 통과되지 않은 것을 두고 몸져누우신 선생님의 제자에 대한 사랑이 가슴에 밀려왔기 때문이었다. 한 제자, 한 제자를 마치 자신의 분신으로 생각하셨기에 이토록 가슴 아파하시면서 몸져누우신 선생님 같으신 분이 세상 어디에 계실까. 선생님께 수많은 지식을 가르침 받은 것보다도, 이렇게 제자를 자신의 분신으로 사랑하시는 선생님의 사랑을 체험하면서, 아랫사람을 품으시는 불같은 모습을 직접 보면서 자랐던 행복한 학창 시절은 나의 그 후 정치 생활에서도 사표가 되어 크나큰 영향을 미치지 않을 수 없었다. 아무리 작은 일이라도 아무리 적은 사람일지라도, 내 앞에 나와 함께하는 사람과 내 앞에 닥치는 일에 모든 힘을 다 쏟아야 한다고 생각하였던 것은 선생님의 모습이 마음속 깊이 늘 자리 잡고 있었기 때문이었을 것이다.

## 4. 제자 훈련

선생님께서는 늘 힘겨울 정도로 한발 앞서서 한치 높은 곳으로 나를 이끄셨다. 선생님께서 미국 하버드대학으로 연구차 출국하신 적이 있었는데 그때 서울 문리대 헌법 강의 시간을 나에게 맡기셨다. 나로서는 힘겨운 고난도의 강의 부담이 아닐 수 없었다. 그러나 선생님께서는 내게 해낼 수 있으니 해내라는 뜻이 계셨던 것이다. 늘 나로서는 이 정도 아닐까 하면 선생님께서는 그보다는 한층 높은 것을 해내라는 뜻이 담긴 일을 하도록 나의 등을 떠미셨다.

통 야단이라고는 치신 적이 없으신 선생님께 한번 꾸중 들은 적이 있었는데 바로 학위 논문이 제출한계 연한이 다 차갈 때였다. 판사로서 매일 판결문에 매달려 있는 나에게 게으르다고 하셨다. 이때부터 나는 아무리 바빠도 눈을 지그시 감고 논문을 우선시하였다. 독일 유학을 하면서 논문을 그곳에서 반 이상을 마쳤고, 귀국하여서도 낮에는 판결문을, 밤에는 논문을 쓰는 강행군을 해냈던 것은 선생님의 무거운 꾸지람 덕분이었다. 할 수 있는데 못하는 것 그것은 게으른 것이라는 선생님의 가르침 또한 평생 나 스스로를 다그칠 수 있었던 원동력이 되었다.

사실, 학위 논문 제목을 허락받기는 하였으나 국내에는 이에 대한 저서는 물론 논문조차 전무한 것을 뒤늦게 알고서는 놀라지 않을 수 없었으나, 연이어 독일 유학의 기회를 얻게 되어 독일에 가니 법과대학과 신학대학에 모두 국가교회법 연구소들이 설치되어 도서가 가득하였던 것을 보고는 마치 천국에 온 듯한 행복감 속에서 논문을 작성해 나갔다. 계획은 원래 독일의 국가와 교회를 연구하고 다시 미국의 것, 그리고 마지막으로 한국의 국가와 교회를 연구한 결정판을 내리라고 계획하고 결심하였으나 아직 이를 마치지 못하였으니 선생님의 게으르다는 꾸중을 하늘나라에서 선생님 다시 뵐 때 다시 들을까 걱정이다.

그 후 헌재가 창설되고 헌재로 가서 초대 헌법연구부장으로 일하면서, 사실 대법원에서는 헌재의 강화를 달갑게만 생각하지 않았을 때였기에 헌법재판소를 헌법위원회 격이 아니라 헌법의 실효성을 확보하는 최고기관으로 정립하는데 대법원 파견 법관으로서 한계를 의식할 수도 있겠으나, 나는 평소의 지론대로 헌재 강화에 전력을 다하였다. 그 후 1년이 지나면서 선생님께서는 일본 히토쓰바시 대학에서 한국 헌법재판에 대해 발표하라시면서 함께 학회에 동행해 주셨다. 나는 발표 도중 선생님과 눈길이 맞추진 적이 있었는데 선생님께서 흐뭇해하시는 표정을 지금도 잊을 수가 없다. 선생님께서는 제자가 헌재에 투신하여 선생님의 학문적 업적을 매듭짓는 일을 하고 있고, 이제는 일본에서까지 그 성과를 알리게 된 데 대하여 크게 만족해하셨던 것이리라. 우리 헌재는 선생님의 헌법재판에 대한 학문적 업적에 힘입어 이를 구현해 나가고 있다고 하여도 과언이 아니다.

이제 소회를 마치면서 다시 한번 강조하고 싶은 것은 선생님께서는 짧은 인생이 어떻게 하면 세대를 뛰어넘어 이상과 업적을 계승 발전시켜 나갈 수 있을까, 그것은 제자를 양성하는 일임을 일찍이 깨달아 이루어내신 분이심을 명심하여야 한다는 것이다. 우리나라가 정치적으로 혼란을 거듭하고 있다는 국민의 우려가 그치지 않는데 이에서 벗어나는 길도 정치가들이 자신의 이상과 업적을 후배들이 계승 발전하도록 연결 고리를 만들어야만 할 것이고, 그러기 위해서는 선생님을 본받아 정치 분야에서도 제자를 사랑으로 키워내야만 할 것이다.

# 큰 스승의 발자취를 기리며

金振煥*

헌법학의 태두이신 금랑(琴浪) 김철수 교수님은 우리가 우러르는 큰 산맥이나 높은 봉우리 같은 분이시기에, 김효전 교수가 김교수님에 대한 글을 쓰라고 요청할 때 처음에는 망설이며 고사를 하였습니다.

그분이 가르친 훌륭한 제자가 별처럼 많고, 학덕을 입은 헌법학자들도 헤아리기 어려울 텐데 제가 감히 나서는 것이 마땅한지 염려가 되었기 때문입니다.

그러나, 곰곰이 생각해보니, 학계가 아닌 법조 실무계에도 그분의 발자취를 기리고 따르는 사람들이 많다는 것을 알리는 것도 의미가 있고, 제가 「서울법대 총동문회장」을 지낸 바 있으니 교수님과의 추억과 인연을 나름대로 기술하는 것이 필요하다는 판단이 들어 마음을 바꿨습니다.

제가 김교수님을 처음 만나 뵙고 헌법학을 배운 것은 1968년경으로 기억합니다.

김교수님께서는 독일 뮌헨대학에서 수학하시고, 1962년 7월 서울법대에 부임하셨는데 1963~65년 조교수로 학생과장의 보직을 맡아 1964년 6.3 사태에 연루된 학생들의 보호를 위해 많은 노력을 기울였다고 전해지고 있습니다.

교수님은 1966~67년 미국 하버드대학원에서 방문학자로 연구를 마치고 돌아와 1968년 2학년이 된 저희들을 가르치시게 된 것입니다.

돌이켜보면 김교수님은 그 당시 30대 중반의 신진학자였지만 비교법적 이론무장과 학문적 열정으로 그 강의는 큰 카리스마와 무게감이 있었습니다.

기본적 인권을 천부인권으로 보는 자연권설에 입각하여, 헌법은 국민의 권리보호를 위한 장전(章典)이며, 국민을 위한 국가계약서라고 강조할 때 도수 높은 검정테 안경 뒤의 눈빛이 형형히 빛났습니다.

당시 필자는 서울법대 학보인 FIDES의 편집위원이었고, 법철학회 부회장으로 법의

---

* 법무법인 새한양 대표변호사, 법학박사, 전 서울중앙지검장, 한국형사정책연구원장

본질과 정의, 인간의 존엄과 가치, 인권 문제에 민감할 때였으므로 김교수님의 헌법 철학과 헌법의 규범력에 관한 신념은 제 가슴 속에 깊이 각인되었습니다.

제가 대학 3학년에 올라간 1969년은 헌법 문제로 온 나라가 들끓었습니다. 박정희 대통령이 3선을 목적으로 재선까지로 규정된 헌법을 개정하려고 하자 헌정수호를 내세우며 이를 반대하는 운동이 전개되었기 때문입니다.

3선개헌 반대의 선봉에 서서 최초로 시위를 벌인 것은 서울법대 학생들이었습니다. 당시 서울법대 학생회 및 대의원회는 전교생을 동숭동 교정 합동강의실에 모이게 하여 학생총회를 열고, 토론회를 거쳐 3선개헌 반대 성명서를 채택한 후, 시위에 나서기로 하고, 학생회 학예부장인 저에게 성명서 기초를 부탁하였습니다.

김교수님께 헌법의 규범력을 배운 저는 3선 개헌이 민주헌정 질서를 유린하고, 독재로 나아가는 획책이라고 비판하는 성명서를 작성하였고, 1969. 6. 12. 이 성명서가 헌정수호 선언문의 형태로 채택되어 시위 · 농성으로 이어졌습니다.(위 선언문의 일부 내용은 1969. 6. 15.자 동아일보에 인용, 보도되었고, 전문은 2008년 발간된 이신범 대표집필의 '서울법대 학생운동사'에 수록됨)

위 시위가 도화선이 되어 전국으로 시위가 번지자, 수사 당국이 배후 인물 색출에 나섰고, 제가 남산 중앙정보부에 연행되어 1주일 동안 많은 고초를 당하였습니다. 결국 동대문경찰서를 거쳐 서울지검 공안부까지 가게 되었는데, 서울법대 선배인 주임검사에게 헌법을 지키자는 것이 무슨 죄가 되느냐고 반문하였고, 그 선배님은 제가 운동권은 아니라고 인정했는지, 숙고 끝에 운동권과 접촉하지 않는 조건으로 기소유예 처분을 내려 주었습니다.

1969년 당시만 해도 유신헌법 치하가 아니었기 때문에 헌법 개정 비판에 대한 대응이 비교적 유연하였으나, 1972년 유신헌법이 공표되자, 유신헌법 제정 작업에 대한 참여를 거부하고 방송 · 논설을 통한 유신헌법 찬양에 가담하지 않는 김교수님이 많은 고초를 겪은 것으로 알고 있습니다.

김교수님께서 1973년 1월 발간한 「헌법학개론」에서 유신헌법이 "민주적 대통령제가 아니 공화적 군주제"라고 기술하였다고 하여 일주일 동안 중앙정보부에 끌려가 고생을 하셨고, 결국 저서가 모두 발매금지되었으며, 집필금지 조치까지 받았다고 합니다.

참으로 엄혹한 시기에 학자적 양심을 굳건히 지키신 김교수님의 지사적 풍모는 제자, 후배들의 흠숭을 받을만합니다.

김교수님은 1980년 이른바 '서울의 봄' 당시에 「6인 교수 헌법개정안」을 발표하시고 '헌법재판소 도입' 등을 주장하셨는데 군부의 등장으로 무산된 바 있습니다.

그 헌법재판소는 6.29 민주화선언 후 1987년 국민투표로 확정한 현행 헌법에 의하여

1988년 설립되었는데, 헌재 도입에 관한 정부의 구체적인 연구는 1986년경부터 추진되었습니다.

1986년 6월경 청와대 이중근 법무수석의 요청을 받은 법무부가 당시 여주지청장인 저에게 법무수석의 독일 시찰에 동행하도록 명하였습니다.

저는 그전에 약 2년간 독일에 파견되어 프라이부르크대학 박사과정을 이수하고 귀국하였으므로 전문연구원 겸 수행원으로 지명되었고, 대외비로 수행할 임무는 '헌법재판소 도입 타당성 검토'였습니다. 당시 독일에 가서 헌법재판소의 운영 실태, 특히 「헌법소원」의 기능을 집중 파악하였습니다. 저명한 독일 교수들과의 인터뷰는 마침 독일에 체류중인 허영 교수님이 많은 도움을 주었습니다.

당시 우리나라에 헌법재판소를 도입할 경우 다른 기능보다 헌법소원의 범람을 우려하였고, 시찰 결과 독일이 초기 헌법소원의 폭주를 3인 소위원회 등을 통해 여과하여 안정적으로 정착되었으므로 우려할 것이 아니지만, 법원 판결은 헌법소원 대상에서 제외하는 것이 좋겠다는 보고 의견을 정리한 바 있습니다.

헌법재판소 도입을 주장한 김교수님의 이론이 제도로 성안되는 과정에 미력하나마 일조하였다는 자부심이 듭니다.

김교수님의 학문적 열정과 성취는 정말 눈부신 것입니다. 2018년 3월 발간한 '서울대학교 법과대학 72년사'에 기술된 연구서와 논문 목록이 웅변하는 바와 같이 김교수님은 77권의 저서와 740편의 방대한 논문 · 논설을 발표하였습니다. 김교수님에 대한 존경으로 1992년 대한변호사협회가 한국법률문화상을 수여하였고, 1993년 국민훈장 모란장을 수훈하셨습니다.

노후에도 대한민국 학술원 회원 및 한국헌법연구소 이사장으로 연구를 계속하셔서 2018년 4월 「기본적 인권의 본질과 체제」라는 1,000쪽이 넘는 학술원 연구총서를 발간하셨습니다.

당시 제가 서울법대 총동창회장을 맡고 있을 때인데 일부러 까마득한 후배에게 전화를 주시고, 격려하시면서 그 신간 한 권을 보내주시는 배려를 아끼지 않으셨습니다.

참으로 감읍할 만한 일이 아닐 수 없습니다.

대한민국 헌법학의 토대를 집대성하여 헌법학을 과학적 학문의 대상으로 완성시킨 큰 스승께서는 2022년 3월 26일 영면 직전까지도 연구와 집필을 그치지 않으셨습니다.

김교수님이 남기신 학문의 빛나는 금자탑은 물론, 그분의 올곧은 정신과 자상한 품격, 성실한 삶의 발자취는 후배들이 옷깃을 여미는 자세로 배우고 익혀 전승해야 할 자산이요 귀감이 아닐 수 없습니다.

삼가 큰 스승님의 천상 복락과 안식을 기원합니다.

# 선생님에 대한 추모곡

김문현*

1. 나이가 들어가니 스승의 고마움을 더욱 느끼게 되는데 늘 가까운 곳에 계시리라 믿었던 선생님이 돌아가셨다는 것이 때로는 실감이 되지 않고, 이제는 이 세상에 계시지 않는다 생각하니 그립고 슬픈 마음을 금할 수 없다.

몇 년 전 선생님께 운동하시는 것이 있는가 하고 여쭈어본 적이 있다. 평상시 연세에 비해서 건강하시고 기력이 좋으셔서 혹시 건강을 유지하시는 비법이 있는지 궁금해서였다. 선생님께서 웃으시면서 옛날 대구 학교 다닐 때 칠곡에서 대구까지 왕복 60리 길을 매일 통학을 하였는데 그때 많이 걸어서 지금은 따로 운동을 하지 않으신다고 하셨다. 선생님 가계가 장수하는 집안인데다 타고난 건강체질인 것 같아 백수(白壽)는 너끈히 하시리라 생각하고 있었는데 이렇게 갑작스럽게 돌아가시고 나니 명은 하늘에 달렸다는 옛말이 있지만 아직도 믿기지 않는다.

2. 내가 선생님과 인연을 맺은 것은 학부 때부터이긴 하지만 직접 강의를 듣고 가까이에서 뵙게 된 것은 대학원 다닐 때부터였다. 학부 때는 고대에서 출강하신 한동섭 교수님에게서 헌법을 배워 선생님에게서 직접 강의를 들을 기회를 가지진 못했다. 그렇지만 학부 다닐 당시 소장학자였던 김철수 교수님은 매우 학구적인 풍모를 가진 분으로 기억되었다. 당시 대학은 데모와 휴교로 점철되어 제대로 강의가 진행된 학기가 드물 정도로 어수선하였다. 대학 4학년 때인 1972년 10월에는 유신이 선포되어 헌법이 정지되고 소위 유신헌법이 제정되는 일도 겪었다. 특히 병역이 엄격해진 데다 교련반대데모를 했다는 이유로 대학 4학년 봄에 신체검사를 받았는데 대학을 졸업하자마자 입영영장이 나왔다.

이러한 혼란 속에 학문을 하겠다는 제대로 된 목적의식도 없이 당시 많은 법대 동기들이 그러했듯이 대학원에 진학하였다. 이렇게 대학원 석사과정에 진학하여 처음으로 선생님 강의를 듣게 되었다. 기본권론강의에서 내가 당시 유신헌법 제8조의 인간의 존엄과 가치와 제32조의 열거되지 아니한 자유와 권리, 그리고 유신헌법에서는 삭제되었던 본질적 내용침해금지규정의 상호관련성에 대해서 질문을 드렸는데 선생님께서 좋은

---

* 이화여대 법전원 명예교수

질문이라 하시면서 그것을 주제로 논문을 한번 써보라고 말씀하셨던 것이 지금도 어렴풋이 기억에 남아 있다.

그런데 선생님과 사제로서 가까이 뵐 수 있게 된 것은 석사논문을 준비하면서부터였다. 석사과정만 수료하고 군에 입대하여 강원도 양구에서 3년간의 군대생활을 마친 후 잠깐 회사에 취업을 한 적이 있었다. 그러나 어수선하고 번잡했던 회사생활이 잘 맞지 않아 석사학위논문을 준비하여야겠다는 생각으로 연구소로 이직한 것이 1980년 3월 초였다.

당시는 10.26사태와 12.12사태 직후로 사회는 장래를 예측할 수 없는 혼돈 속에 있었고 급기야 그해 5월에 광주민주화항쟁이 발발하였다. 이러한 시대상황 속에 석사논문 주제로 저항권을 써보리라 마음을 정하고 김철수 교수님께 지도교수를 맡아주십사 하고 찾아뵙기로 하였다.

그해 3월 하순경 낯선 신림동 서울대캠퍼스를 찾아가 김철수 교수님을 뵙고 저항권에 관해 석사논문을 써보겠다고 하니 교수님께서 흔쾌히 받아주셨다. 마침 1979년에 교수님의 저항권에 관한 논문이 있어 그것이 길잡이가 되었다. 또 당시 고대 법철학 전공교수였던 심재우 교수님의 독일에서의 박사논문주제가 저항권이어서 심재우 교수님을 찾아뵙고 박사논문을 한 권 받아 와 독일에서의 논의에 대해 공부하였다. 석사논문발표회 때 긴장해 있는 나에게 선생님이 당신의 커피를 나에게 마시라고 주시던 기억이 난다. 1981년 2월 석사학위를 받고 그해 3월에 박사과정에 진학하였다.

그런데 그해 2월 초순경 연구소로 선생님께서 전화를 하셔서 전남대 법대에 헌법교수를 구하는데 추천을 할 테니 지원해 보라고 하셨다. 그것이 인연이 되어 그 해 연고가 전혀 없었던 전남 광주로 가게 되었고 법학자의 길로 들어서게 되었다. 지금처럼 대학교수 되기가 어려운 시기에는 생각도 할 수 없는 일이지만 당시에는 교수요원이 부족하여 우리 법대동기들도 나처럼 운 좋게 교수가 된 사람이 많았다. 지나고 나서 돌아보면 이것도 운명이었던가 하는 생각이 들 때가 있다. 막스 베버(Max Weber)가 '직업으로서의 학문'에서 이야기하였듯이 이렇게 운에 따라 교수가 되었다. 세월이 지나 생각하니 등골에 진땀이 날 정도로 부끄러운 일이었지만.

그 뒤 늦게 결혼을 하게 되어 선생님께 주례를 부탁드렸다. 그 전에 주례를 하지 않으신 것으로 알고 있었는데 흔쾌하게 승낙을 해주시고 평창동 교통 불편한 예식장까지 오셔서 주례를 서 주셔서 감사해 했던 기억이 새롭다.

그 뒤 1984년 7월 전남대 법대에서 경북대 법대로 옮겼는데 같은 국립대학인데도 학교의 분위기가 상당히 달랐다. 당시는 민주적 정통성이 약한 전두환군사정권시대여서 대학캠퍼스에는 연일 학생들의 반정부집회와 시위가 끊이지 않았다. 자연 젊은 법학교수로서 학자적 양심과 사회적 책임을 의식하지 않을 수 없는 시대였다. 소심한 서생이 두 번의 시국선언에 동참하였고 같이 참여한 대구지역의 여러 전공분야의 젊은 교수들과 어울려 다녔던 기억이 난다. 당시에는 그람시(Antonio F. Gramsci)나 알튀세르(Louis

P. Althusser) 같은, 법학자에게는 생소한 네오맑시스트들에 대한 연구가 젊은 사회과학자들 사이에 유행하던 시기였다. 평소 우리 사회의 빈부격차와 사회적 부정의에 관심을 가졌던 나는 박사논문으로 소유제도와 재산권의 사회구속성에 대해 연구하고자 하였다. 소유제도에 관한 경제사상이나 철학적 논의에 관심을 가지고 관련 서적과 논문을 흥미있게 읽었다. 논문 쓰는 것이 어느 정도 진척되어 선생님댁을 방문하였는데 선생님께서 매우 세밀하게 지도해 주셨다. 지금도 선생님께서 지도해 주시던 당시 모습이 영화의 한 장면처럼 기억에 남아 있다. 학위를 받고 나서 어느 모임에서 선생님께서 어려운 주제인데도 심사위원들의 지적도 별로 받지 않고 논문이 통과되었다고 말씀하시는 것을 들은 기억이 난다.

3. 나는 1998년 김철수 교수님의 정년기념논문집에 "김철수 교수의 헌법이론과 한국헌법학에의 공헌"이란 논문을 기고한 바 있다. 논문을 준비하면서 선생님의 저서나 논문을 읽어보고 또 선생님의 헌법학자로서의 생애와 업적을 생각해 볼 기회를 가졌다. 선생님의 헌법학자로서의 생애와 업적은 당연히 선생님의 학문적 배경과 활동하신 시대상황과 연결되어 있다. 해방 후 교육을 받으셨고 당시에는 드물게 독일유학을 하셨다는 점, 오랜 시간 서울대 법대 헌법교수로서 재직하신 점, 헌법학자로서 왕성하게 활동하시던 시기가 군부독재정권시대였다는 점 등이 선생님의 헌법학자로서의 생애에 닿아 있다. 이러한 배경과 상황 속에 선생님은 헌법학자로서 누구보다도 성공적이고 모범적 삶을 사셨다.

우선 선생님은 다양한 헌법적 주제들에 대한 많은 논문과 저서를 통하여 당시 헌법학계의 수준과 한계를 넘어 한국헌법학을 한 단계 앞으로 나아가게 하셨다. 당시 헌법학계는 일제 강점기의 헌법학의 영향 아래 머물러 있었다고 할 수 있다. 선생님은 이러한 당시 수준을 극복하고 서구의 헌법이론을 수용하여 한국헌법학의 연구영역과 수준을 확장, 발전시킴으로써 헌법학 발전의 중대한 한 획을 긋는 역할을 하셨다. 특히 기본권론, 통일헌법, 헌법재판제도에 관하여 탁월한 연구업적을 남기셨다. 만년에도 학문적 열의를 놓지 않으시고 기본권에 관한 방대한 저서들을 연이어 발표하셔서 로스쿨제도 도입 이후 법학의 위기가 이야기되고 있는 상황에서 후학들에게 큰 경종을 울려주셨다.

선생님은 평생을 학자로서만 지내시면서 학자적 양심을 지키고 사신 분이다. 1970~80년대는 헌법학자가 소신에 따라 살기 어려운 시대였다. 많은 학자들이 출사하여 정치권력의 하수인이 되던 시대에 선생님은 학자적 양심을 지키고 나아가 잘못된 헌정에 대한 비판을 통해 우리 헌정의 발전에 기여하셨다. 이를 통해 헌법학자로서 어떻게 살아야 하는지 하는 모범을 후학들에게 보여주셨다.

선생님은 어떤 의미에서는 행복한 학자였다고 할 수 있다. 孔子에게서 보듯이 학자의 일생에는 제자가 중요한 한 부분일 수밖에 없다. 김철수행단(杏壇)에는 무수한 인재들이 모였고 기라성 같은 헌법학자와 실무가들이 배출되었으니 그것은 선생님의 큰 업적이면서 큰 복이 아닐 수 없다.

이러한 사실들을 고려해보면 아마도 김철수 교수님과 같이 한국헌법학계에 큰 영향을 미치는 학자는 앞으로도 나오기 어렵지 않을까 하는 생각이 든다.

4. 사람의 일생은 어떤 의미에서 인연의 연속이며, 인연에 따라 개인의 인생에 큰 영향을 미치기도 한다. 생각하면 김철수 교수님께서는 나를 학문의 세계로 이끌어주셨을 뿐 아니라 나의 삶에도 많은 가르침과 도움을 주셨다. 흔히 사랑은 내리사랑이라 하듯이 제자가 어떻게 스승의 사랑에 미칠 수 있을까 마는 돌아가시고 나니 선생님에게서 받은 은혜에 비해 내가 선생님께 해드린 것은 아무것도 없어 죄송스럽고 또 그리운 마음 한량없다.

그러나 다른 한편으로 생각하면 선생님과의 인연이 이것으로 끝났다고 생각하지는 않는다. 나는 다음 세상이 있다고 믿는 사람이다. 선생님과의 이승에서의 인연이 우연으로 이루어진 것이 아니듯이, 이 세상에서의 인연이 이것으로 끝나는 것이 아니라 다음 세상에서도 이어지리라 믿는다.

이승에서는 학자가 되기 위한 준비도 없이 운명에 내맡겨 선생님의 인도에 따라 학자의 길로 들어섰다. 때때로 생각하면 재주 없고 겁많은 나 같은 사람에게는 행운이었다고 할 수 있다. 다만 게으르고 소심하여 학자로서 이룬 것이 부족하여 부끄럽다. 다음 세상에서도 할 수만 있다면 학자가 되었으면 하는 바람이 있다. 그때에는 선생님의 기대에 부응하는 학자가 되고 싶다. 그냥 범용한 학자가 아니라 남들이 닿지 못한 더 넓고 깊은 학문의 바다를 유영하고 싶다. 그래서 몽테스키외가 그의 '법의 정신' 서문에서 '나도 화가다.' 하고 외쳤듯이 나도 떳떳하게 그렇게 말할 수 있기를 바란다.

# 반세기에 걸친 동행의 흔적 소묘

성낙인*

## 1. 대학로 동숭동 캠퍼스

김철수 선생님을 처음 뵙게 된 인연은 서울대학교 법과대학 동숭동 캠퍼스에서 헌법강의를 수강하면서 시작되었으니 어느덧 반세기를 훌쩍 넘어섰다. 2022년 3월 26일 선생님께서 타계하심에 따라 필자는 여러 차례 언론[1]과 회보[2]에 추모의 글을 게재한 바 있다.[3] 또한 그 사이에 선생님과 관련하여 필자가 작성한 일련의 글들을 한번 반추해 볼 기회를 가졌다.[4] 이 글은 우리 시대의 위대한 헌법학자인 선생님을 때로는 주변인으로서 바라보기도 하고 때로는 직접 모셨던 과정에서의 흔적을 기록으로 남기고자 하는 데 있다. 이로써 반세기에 걸친 동시대의 상황과 학문적 흐름 및 대학과 대학인의 동향을 기록함으로써 선생님의 학자로서의 길뿐만 아니라 반백년에 걸친 '우리들의 이야기' 내지 '우리 시대의 법학 이야기'도 함께 하고자 한다. 이미 역사가 되어버린 지난날의 일들을 기록으로

---

* 서울대학교 제26대 총장/명예교수

1) 성낙인, "현대 한국헌법학의 개척자 김철수 교수님", 중앙일보 인터넷판, 2022.3.27; "평생 '인간존엄' 화두 삼은 스승…최고의 헌법학자 김철수 선생님", 중앙일보, 2022.3.29.(고시계 2022.5. 전재): 필자가 중앙일보에 추모사를 게재하게 된 것은 김철수 선생님께서 여러 일간지 등에 많은 논설과 칼럼을 게재하였지만, 특별히 중앙일보에는 논설위원으로서 오랜 기간 재직하셨기 때문이다. 이 자리를 빌려서 기사작성에 협조해 주신 중앙일보의 이하경 주필 · 최훈 편집인, 동아일보의 임채청 발행인, 조선일보의 주용중 편집국장, 한겨레신문의 성한용 선임기자. 문화일보 이용식 주필 · 오승훈 편집국장, 연합뉴스의 성기홍 대표와 취재해 주신 해당 언론사의 기자 여러분들에게도 감사드린다.

2) 성낙인, "헌법학의 석학 김철수 명예교수님 영전에", 서울대학교 명예교수회보, 2022.12; "헌법학의 태두 김철수 교수님", 월송회보, 2022.12; 서울대학교 명예교수회보는 1년에 한 차례 책으로 출간되는데 추도사는 주로 제자인 현직 명예교수가 작성한다. 월송회보는 서울대학교 법과대학 학장과 총장을 역임한 유기천 선생님을 기리는 유기천출판기념재단에서 발행한다. 선생님은 재단 창립 때부터 이사로 봉직하셨고, 필자도 현재 이사로 재직 중이다.

3) 그 밖에도 김효전 교수 추모사, "고난과 영광, 김철수회원(1933-2022)", 대한민국학술원통신 제346호, 2022.5.1., 22-27면; 이효원 교수 추모사, "헌법학 개척하시고…평생 학자적 태도 견지해 제 삶의 귀감", 문화일보, [인물] 그립습니다, 2022.3.29.

4) 성낙인, "김철수, 헌법학의 새로운 이정표", 김효전 편, 한국의 공법학자들-생애와 사상, 한국공법학회, 2003; 성낙인, "제자가 말하는 김철수 교수의 학문세계: 연구실 벽 넘어 시대정신에 투철한 헌법학자", 월간중앙, 2004.1: 앞의 두 글은 김효전 편, 헌법정치 60년과 김철수 헌법학(박영사, 2005)에 전재되어 있다.

남긴다는 심정으로 이 글을 작성한다. 소설가 이병주는 "햇빛에 바래면 역사가 되고, 달빛에 물들면 신화가 된다"라고 하였던가. 이제 선생님 떠난 자리에 남기는 소묘와 여적은 역사와 신화가 교차되기 마련이다. 다만, 오래된 기억들을 반추하는 과정에서 사실(事實)에 다소 어긋나는 부분이 있을지 모르나 그와 관련된 오류의 책임은 오롯이 필자에게 있다.

## 2. 서울대학교 법과대학 및 대학원의 동숭동 시절

### 2-1. 학부 시절: 공법학회 지도교수로 모시고

필자가 대학생 시절인 제3공화국의 헌법교과서로는 문홍주 교수의 한국헌법, 박일경 교수의 제3공화국헌법, 한태연 교수의 헌법학 등이 출간되어 있었다. 그런데 한태연 선생님은 이미 1960년에 서울대 법대 교수직을 떠나셨기 때문에 필자의 학생시절에는 수많은 일화를 남긴 전설로만 전해 내려왔다. 문홍주 선생님이나 박일경 선생님은 서울대 법대 교수로 재직한 적이 없기 때문에 당연히 그분들의 강의에 관한 논의는 없었던 것 같다. 특히 한태연 선생님뿐만 아니라 두 분 선생님도 제3공화국에서 정계와 관계로 진출하심에 따라 필자가 학생시절에는 그분들은 강의를 하지 않은 것으로 기억된다.[5)]

1950년대에서 1960년대에 이르는 과정에서 서울대 법대에는 한태연 선생님 이외에 이경호 교수님이 재직하셨으나 이분은 이미 정부의 차관으로 학교를 떠나셨다.[6)] 또한 행정법에도 김도창 선생님이 계셨지만 이분도 당시에 정부의 차관으로 학교를 떠나셨다. 다만, 김도창 선생님은 학교를 떠나서도 서울대 법대 대학원 등에서 강의를 계속하셨으며, 필자도 대학원 석사과정에서 수강하였다.[7)] 그러니 우리가 학부 학생일 때 헌법과 행정법을 통틀어서 전임교수는 김철수 교수님만 재직하셨다. 나중에 우리가 졸업할 즈음에 김동희 교수님[8)]과 최송화 교수님이 행정법 전임 교수로 들어오셨던 것 같다.

김철수 교수님의 헌법강의는 교과서는 아니지만 선생님의 여러 논문을 모아서 출간한 '헌법학연구'라는 책으로 진행되었다. 지금도 뇌리에 스치는 것은 '인간의 존엄과 가치'(당시 헌법 제8조, 현행헌법 제10조)가 무엇인지도 모른 채 앵무새처럼 외우던 기억이

5) 당시 헌법학 교수로는 고려대 한동섭, 연세대 김기범, 국민대 강병두, 건국대 안용교, 중앙대 갈봉근, 동국대 한상범, 한양대 배준상, 한국외대 이강혁, 이화여대 윤후정, 서강대 서정호, 전남대 이방기, 충남대 정종학 · 배상오, 영남대 한웅길 · 변재옥, 부산대 서주실, 동아대 정수봉 · 김병규, 경북대 이준구 · 박용철, 원광대 나용식, 경남대 이종상 교수님 등이 계셨던 것으로 기억난다.

6) 이경호 선생님은 사법사상 최초의 여성 법원장을 역임한 이영애 판사의 부친으로 알려져 있다.

7) 성낙인, "한국 공법학과 목촌 김도창 : 이론과 실무의 통합적 개척자", 서울대 법학 제47권 제3호, 2006, 445-463면.

8) 김동희 교수님은 우리나라에서 최초로 프랑스에서 국가법학박사 학위를 취득한 후, 외교연구원을 거쳐서 서울대 법대 교수로 부임하셨다. 한불법학회를 창립하시어 초대 회장으로서 우리나라 프랑스법학의 대부이셨다. 필자는 김 교수님이 서울대 법대 학장 재임 중 교무부학장으로 보필한 바 있다. 성낙인 추모사, "제2세대 한국행정법학의 개척자 김동희 명예교수님", 서울대학교 명예교수회보, 2022.12.

새롭다. 그 후 교수가 되어서도 여전히 '인간의 존엄과 가치'를 선생님 책에 쓰인 내용을 반추하기를 계속하였다. 어느덧 세월이 흘러 필자도 중년에 이르러서야 비로소 왜 '인간의 존엄과 가치'가 중요한지 어렴풋이나마 인식하기 이르렀다. 선생님은 아마도 반세기 전 아니 그 훨씬 전부터 '인간의 존엄'에 기초한 '인간의 권리'에 천착하신 것으로 보인다.[9] 작고한 김상철 전 서울시장의 회고에 따르면 선생님의 '인간의 존엄과 가치'에 대한 강의와 논문에 매료되어 대학원에서 지도교수로 모셨다고 한다.

필자는 선생님으로부터 헌법을 수강하였을 뿐만 아니라, 당시 서울대 법대 학생들의 학회 활동의 하나로 학생들의 연구모임인 공법학회 회장을 맡아 선생님을 지도교수로 모시면서 본격적으로 지도를 받게 되었다. 당시는 제3공화국의 말기적 상황이었다. 즉 1969년에 소위 박정희 대통령의 3선이 가능하도록 하는 3선개헌[10]이 이루어진 직후인지라 정치권이 매우 긴장된 관계를 형성하고 있었다. 이에 따라 1971년에는 박정희 대통령과 김대중 후보[11]가 대통령선거에서 격전을 치르게 되었다.

그 당시 서울대 법대 가을 축제인 '낙산제'(駱山祭)에서는 축제뿐만 아니라 각 학회가 특유의 행사를 개최하였다. 형사법학회는 형사모의재판, 민사법학회는 민사모의재판을 진행하였다.[12] 공법학회는 헌법재판소도 없었을 뿐만 아니라 헌법재판은 존재하지 않았기 때문에 어떤 행사를 할까 고민하다가 지도교수님을 찾아뵈었더니 5 · 16군사쿠데타 이후 지방자치가 실시되지 못하고 있으니 지방자치를 주제로 모의국회 내무위원회를 개최하는 게 좋겠다고 말씀해 주셨다. 그간 자방자치가 실시되지 못한 상황에서 지방자치를 어떻게 할 것이냐를 두고 우리들끼리 논의를 거듭하고 지도교수님으로부터 지도도 받았다.[13] 당시 서울대 법대 동숭동 캠퍼스 구내에는 행정대학원이 함께 있었는데 그쪽에서 노융희 교수님이 지방자치에 관심을 많이 가지고 계신다고 알려주셔서 노 교수님으로부터도 지도를 받기도 하였다.[14] 특히 선배님으로서 우리들을 지도해주신 분 중에 같은 문하의 조병윤 선배님이 기억난다.

---

9) 성낙인(서평), 人間의 尊嚴에 기초한 全人類的 '人權 章典'의 具現 金哲洙 著, '人間의 權利', 산지니, 대한민국학술원통신 제338호, 2021.9.1(수).

10) 1969년 3선개헌 과정에서 대학 또한 진통을 거듭하였다. 4월부터 대학에 반대 데모가 계속되니까 5월에 대학은 휴교되고 그동안 3선개헌안이 통과된 이후, 10월 중순에 이르러 대학이 개학되어 1학기 기말고사를 치루고, 11월 초에 2학기가 개강하는 진통을 겪었다.

11) 이때 김영삼 후보가 소위 40대 기수론을 제기하여 야당에서는 김대중, 이철승 후보가 대선 경선을 거친 끝에 김대중 후보가 최종적으로 야당 후보가 되었다.

12) 그런데 유신체제에서 대학의 각종 학회와 서클은 다 해체되었다. 그 이후 1980년대에 들어서 서울대 법대에도 일련의 학회들이 부활되었다고 한다. 그러나 정작 공법학회는 그때 해체된 이후 부활되지 않았다. 사정이 그러하다 보니 모의 헌법재판을 법철학회에서 담당하고 있었다. 이에 필자가 학생들에게 여러 차례 공법학회의 설립을 요청하였지만, 번번이 실패하고 말았다. 그 후 법학전문대학원 제도가 도입되어 마침 리더십을 가진 학생이 공법학회를 설립하여 필자가 교수로 재직 중에는 행정법의 박정훈 교수와 더불어 이들 학생들을 격려한 바 있다.

13) 당시 수고를 함께 한 동료로 지금 기억나는 분으로는, 이승우 · 전화수 · 조창동 · 함철훈 · 박주선 · 한종원 · 신언용 · 조무상 · 박일우 · 문한식 동문 등이 있다.

14) 노융희 교수님은 당시 환경 관련 행정을 연구하셨던 것으로 기억나는 데 나중에 환경대학원이 독립적으로 전문대학원이 되면서 원장도 역임하셨다. 또한 유기천재단 이사로 평생 참여하셨다.

그때 행사는 전국 법대생들이 지방자치에 관한 공개 경연을 거치도록 하였다. 그 과정에서 당시 야당 중진이던 김재광 의원이 행사에 참여하겠다고 하여 오셨는데 이분이 자신이 발행하는 월간 잡지까지 가져와서 배포하였다. 그런데 외부인사 그것도 야당의 중진의원이 교내에 학생들 행사에 참여하는 데 학장실은 물론이고 지도교수에게 전혀 양해가 되지 않은 상황이었다. 당시 필자나 동료들은 아직 어린 학생이라 외부인사의 참여를 학교 당국에 알려야 한다는 사실 자체를 모르고 있었다. 그러니 학장님을 비롯한 학교 당국에서는 깜짝 놀라서 난리가 난 상황이 되어 학회장인 필자를 비롯해서 동료 학생들이 매우 난감한 처지에 놓였다. 그런데 정작 지도교수인 선생님께서는 전혀 우리들을 질책하지 않으시고 이 문제와 관련하여 내색조차 하지 않으셨다. 아마도 선생님께서는 학생들이 이 일로 상처를 받을까 우려한 깊은 배려로 이해된다. 학부 시절 공법학회의 활동에는 최송화 선생님께서도 적극적으로 지도해 주셨다. 최 교수님은 당시 법학연구소 전임으로 계셨다.[15)]

잠시 다시 그때의 학교 상황으로 돌아가면 3선개헌으로 휴학을 거듭한 직후라 학교는 데모와 휴학 그리고 연좌농성이 계속되었다. 우리가 성토대회나 데모를 하고나면 종로5가에 있는 선술집에서 울분을 토하기도 하였다. 이때 학장님으로는 이한기,[16)] 서돈각,[17)] 김증한[18)] 선생님이셨다. 교무과장 및 학생과장 즉 지금의 교무부학장으로는 노동법의 김치선 선생님, 학생부학장으로는 법제사의 박병호 선생님께서 밤낮으로 수고하셨다. 특히 박병호 선생님은 언제나 학생들의 막걸리 자리까지 함께하셔서 지금도 미안하고 죄송한 마음을 금할 길 없다.[19)] 데모와 농성이 계속되던 와중에 법학도서관[20)]을 점령하여 농성을 시작하면 어디서 그렇게 많은 정보를 얻었는지 밤새도록 정부를 규탄하는 선봉장으로는 장기표,[21)] 이신범 선배 등이 있었다. 특히 그 당시에는 한일회담 반대 소위 6 · 3사태 때 많은 학생들이 제적되어 군복무를 마친 후 복학하여 '녹우회'라는 단체를 만들어 활동하기도 하였다. 특히 장명봉 선배는 대학생현상논문 당선작을 휩쓸었을 뿐만 아니라, 정부의 장발 단속에 항의하면서 3 · 1운동 기미독립선언서에 장단과

15) 최송화 선생님은 서울대 부총장 등을 역임하셨으며, 필자는 최 교수님이 한국공법학회장으로 재임 중에 연구이사로 모신 바 있다.

16) 국제법학자이신 이한기 학장님은 3선개헌 와중에 경찰이 서울법대 구내에 진입하는 사태가 벌어져 매우 곤혼을 치러셨다. 그 후 다시 서울법대 학장도 맡으시고, 후일 감사원장과 국무총리서리를 역임하셨다.

17) 상법학자이신 서돈각 학장님은 공법학회 행사 당시에 학장이셨는데, 학장 재임 중 동국대학교 총장으로 부임하셨다. 독실한 불교신자로 알려져 있다.

18) 민법학자이신 김증한 학장님은 서돈각 학장 후임으로 부임하셨다. 서울시립대 명예교수인 김학동 교수의 부친이기도 하다.

19) 특히 법대 학장과 서울대 총장을 역임하신 유기천 선생님께서 형법강의 시간에 박정희 대통령이 대만식 총통을 기도하려 한다고 말씀하셨고 이로 인하여 선생님은 학교를 떠나 미국으로 가시게 되었다. 유기천 선생님 형법 강의가 학기 도중에 사라지게 되어 학교에서는 급히 연세대학교의 정영석 교수님을 모셨는데 그 당시 이상한 소문이 돌아서 학생들이 강의를 보이콧하는 사태가 발생하였다. 이에 박병호 선생님께서 학생들이 무엇인가 오해를 하고 있다고 타이르시기고 하셨다. 아무튼 결과적으로 정영석 교수님에게 못할 짓을 한 것 같아 지금도 죄송한 마음이다.

20) 김철수 선생님은 당시 서울대 법대 법학도서관장을 맡고 계셨다.

21) 장기표 선배는 그때나 지금이나 '영원한 재야'로 불리는 시대의 양심으로 활동하고 계신다.

운을 맞추어 장발 단속을 비판하는 글을 작성하여 화제가 되었으며, 그 전문은 대학신문에 게재되기도 하였다.[22] 10여 년 전 채널A에서 필자에게 연락이 와 로스쿨 도입으로 이제 서울대 법대 학부가 사라지니 추억담을 이야기해 달라고 하여 직접 출연하여 당시의 상황을 설명하였더니 이신범 선배가 어떻게 알아듣고는 기별을 하여 오기도 하였다.[23]

학회 한다고 선생님을 찾아뵙고 애먹이던 철부지들을 자식처럼 따뜻하게 배려해 주신 선생님의 후덕함을 잊을 수가 없다. 그런데 우리들은 선생님을 원로교수님으로 알고 있었는데 나중에 나이가 들어서 한번 따져보니 30대 젊은 교수님이셨다는 사실이다. 하기야 선생님보다 선배이신 민법의 곽윤직 교수님은 수업시간에 내가 아직 젊어 보이는지 버스를 타면 차장이 학생으로 아는 경우도 '있단말'이라는 특유의 말씀을 하신 것으로 기억된다. 하기야 학생이란 원래 선생님은 연세가 훨씬 높다고 생각하기 마련이다.[24]

학부과정 4년 동안에 데모와 휴학이나 휴교 없이 보낸 학기가 유일할 정도였다. 당시 종로5가 선술집에 가서 부르는 노래가 지금도 아련히 떠오른다. "노나 공부하나 마찬가지다. 육법전서 맡겨놓고 외상술이다. 오늘 휴강 내일 종강 서울법대다." 대충 이러한 내용의 노랫말이었다. 대학 4년 동안 중간고사를 치른 적이 없었다. 지방학생들은 3월 말에 있는 추가등록 때까지 올라오지 않고, 4월이 되면 4 · 19기념 각종행사와 데모로 한 학기가 지나가기 마련이었다. 주로 종로5가 목로주점을 찾곤 하였는데 등록에 즈음하여 무교동이나 명동에 가서 낙지나 맥주를 마실 수 있었다. 즉 등록금에서 일부 남겨 소위 '향토장학금'으로 시내에 진출하였다.[25]

대학로 동숭동에 위치하였던 서울대 법대는 1975년 서울대 통합에 따라 관악캠퍼스로 이전하였다.[26]

### 2-2. 유신헌법과 헌법학개론의 몰수

아무리 험한 세월이라고 하더라도 시간은 흘러가기 마련이다. 박정희 대통령은 1972년

---

22) 장명봉 선배는 김철수 선생님 문하에서 박사학위를 취득하고, 국민대 법대 학장을 역임하였으나 안타깝게도 일찍 타계하셨다.

23) 수년 전 이 선배를 만났더니 이신범 편, 서울법대 학생운동사: 정의의 함성 1964-1979(블루프린트, 2008)를 주셨다.

24) 필자가 교수가 된 후 언젠가 서원우 교수님을 모시고 식사를 하는데 선생님께서 말씀이 내 결혼 주례를 당시 행정대학원장이던 김증한 교수님(법대 민법 교수)이 하셨는데 나는 김증한 선생님을 원로로 알고 있었는데 나중에 알고 보니 정작 선생님 연세가 그때 30대였다는 것이었다.

25) 그 당시 무교동 낙지집에 가면 낙지 한 접시 열 명이 시켜서 시뻘건 국물로 밥을 말아먹곤 하였다. 서원우 선생님 말씀이 나왔으니 교수가 된 이후 어느 날 선생님 모시고 무교동 낙지집에 갔는데 우리는 졸업 이후 그때의 한이 맺혀서 낙지집에만 가면 무조건 그 집 메뉴를 하나씩은 일괄시키는 버릇이 생겼다. 이러한 저간의 사정을 알지 못하는 선생님은 왜 그리 안주를 많이 시키느냐고 하면 우리는 "선생님은 모르시니까 가만 계십시오"라고 하곤 하였다.

26) 현재 대학로에 있는 동숭동 구 서울대 법대 자리에는 서울대학교 부설 초등학교와 여자중학교가 개교되었다. 2005년 필자가 서울대 법대 학장 재임 중 당시 서울대 법대 총동창회 회장이던 정해창 전 법무부장관의 주선으로 학교 입구 화단에 서울대 법대가 있던 자리라는 기념 표지석을 동창회장과 학장 명의로 설치한 바 있다.

마침내 10월유신을 단행하였다. 이로써 그나마 최소한의 민주주의를 구현하려 애쓰던 제3공화국이 종언을 고하여 '권력의 인격화'(personnalisation du pouvoir)[27]라는 미명으로 유신을 단행하여 박정희 대통령의 장기집권을 제도화하고 국민의 자유와 권리는 침탈당하기에 이르렀다.

필자가 대학원에 진학할 즈음에 선생님께서 헌법학개론 초판을 출간하셨다. 선생님은 이미 헌법교과서를 집필하여 신학기 맞추어 출간을 준비하고 있는데 난데없이 유신헌법이 제정되어 급히 이에 맞게 조문 등을 수정하여 헌법학개론 초판을 간행하였다. 하지만, 유신헌법은 민주주의 헌법이론에 어긋난다는 비판적인 내용을 문제 삼아 당국에 의하여 초판은 몰수되고, 선생님은 정보기관으로부터 심한 핍박을 당하셨다. 1972년 유신헌법제정 때부터 유신헌법을 홍보하고 찬양하기 위하여 관계당국은 헌법교수뿐만 아니라 유명교수들을 총동원하여 방송과 신문에 출연하도록 하였다. 하지만, 선생님은 일체 이를 거부하면서 속된 말로 반정부인사로 낙인찍혀 있던 터에 바로 정부를 비판한다는 이유로 헌법학개론 초판을 전면 몰수당하였다. 후일 선생님은 그 초판본의 압수에 대한 아쉬움을 달래면서 2020년에 그 영인본을 출간하여 제자들에게 배포해주셨다.

필자의 대학원 석사학위 논문 제목이 '헌법상 경제질서에 관한 연구'인데 이는 선생님께서 추천해주신 논제이다. 선생님께서는 몇 개의 논제를 주셨는데 필자가 보기에 이 부분이 좋을 것 같아 선택하기에 이르렀다. 그때 제대로 인식하지 못하였지만 그 이후 경제질서에 관한 사회정의 내지 민주화가 화두가 되면서 그때 석사학위 논문 작성 덕분에 나름 기본기를 갖출 수 있었다. 이 석사학위 논문을 기반으로 하여 여러 편의 경제질서와 경제민주화에 관한 논문을 발표한 적이 있다.[28] 이후 선생님 지도로 박사과정을 수료한 다음에 프랑스 파리 2대학교에서 박사학위 논문을 작성하는 과정에서도 지도교수님께서 내려주신 논제를 반추하면서 '프랑스 제5공화국의 각료제도'[29]를 논제로 받아들게 되었다. 어쩌면 필자의 석사 및 박사 논제는 지도교수님들의 혜안에 힘입은 바가 크다.

## 3. 세계헌법학회와 세계헌법학회 한국학회

파리 2대학에서 1987년 상반기에 박사학위 논문을 제출하고 심사를 기다리는 동안에 그해 여름 마침 제2회 세계헌법학자대회가 프랑스 파리와 Aix-en-Provence에서 개최되었다. 필자의 기억이 정확하다면 아마도 제1회 세계헌법학자대회가 1983년 폴란드 바르샤바에서 개최되었는데 선생님께서 한국인으로서 유일하게 참여하신 것으로 알고

27) 그 당시 제시된 '권력의 인격화'라는 명제는 원래 권력의 인격화 논의가 제기된 방향과는 전혀 다른 방향으로 제시되었다. 즉 권력의 인격화는 자유민주주의 국가인가 권위주의 국가인가를 불문하고 특정 지도자들의 개인적 권력이 제도적 권력을 뛰어넘는 현상을 두고 제시된 용례이다. 예컨대 미국의 John F. Kennedy, 영국의 Winston Churchill, 프랑스의 Charles de Gaulle뿐만 아니라 구소련의 Nikita Khrushhyov, 중국의 마오쩌둥(毛澤東) 등의 리더십을 지칭하는 개념이다.

28) 김철수 편, 코멘탈憲法(개정판), 법원사: 이 책에서 필자는 헌법 '제9장 경제' 편을 집필하였다.

29) SUNG Nak-in, Les ministres de la V$^{e}$ République française, Paris, L.G.D.J., 1988.

있다. 세계헌법학회는 초기에 유럽대륙국가의 헌법학 교수를 중심으로 결성하여 활동하였다. 제2회 세계헌법자대회는 이틀을 파리에서, 이틀을 Aix-en-Provence에서 개최되었다. 파리에서는 Luxembourg 공원에 위치한 상원(Sénat)에서 개최되었다. 프로방스에서는 샤토(Château, Castle)에서 개최되었는데 헌법재판소 재판관들이 바캉스 기간에 휴식과 회의를 하는 곳이기도 하다. 더불어 프로방스의 유명한 Vasalely 미술관도 관람하였다.[30] 이때 대주제가 헌법재판이었으며, 조병윤 교수·정재황 교수와 더불어 선생님을 모시고 다닌 기억이 새롭다. 서양학자는 물론이고 특히 그때 처음으로 선생님과 학문적 교류를 함께하여온 도쿄대학의 Kobayashi 교수와 Higuchi 교수를 만나서 식사도 함께할 수 있었다.

1991년 제3차 세계헌법학회는 부회장인 히구치 교수의 주관으로 도쿄에서 성대하게 개최되었다. 지리적으로 가깝기도 하여 이때 선생님 모시고 사상 최대로 많은 한국 헌법교수들이 세계헌법학회에 참여하였다. 히구치 교수는 불어를 구사하는 분이라 선생님 덕분에 여러 차례 접견할 수 있었다. 특히 일본 학사원(학술원) 회원인 히구치 교수가 서울에서 개최된 한일 학술원 대회에 참석하였다. 학술대회는 해마다 서울과 도쿄에서 번갈아 개최되는 데 서울대회는 서울대에서 열림에 따라 관례적으로 서울대 총장이 식사를 초대하곤 하였다. 만찬 도중에 선생님께서 히구치 교수가 왔으니 총장실을 방문하도록 하면 어떻겠느냐고 해서 모시고 총장실에서 기념 촬영도 한 적이 있다. 필자가 4년 총장 재임 중 선생님께서 서울대 총장실을 방문한 유일한 시간이었다.

선생님께서는 세계헌법학회 집행이사뿐만 아니라 부회장까지 역임하셨다. 그 과정에서 선생님께서 세계헌법학회 한국학회를 창립하셨다. 한동안 회장직을 수행하시다가 그 이후에 조병윤 부총장님에 이어 필자가 회장을 맡고 있다가 현재는 정재황 교수가 그 직을 수행하신다. 세계헌법학회 한국학회에서는 지금도 계간으로 '세계헌법연구'를 간행하고 있다. 세계헌법학회 한국학회와 공법이론과판례연구회[31]는 선생님 제자들이 월례 학술발표회를 갖고 있다.

## 4. 한국공법학회 및 한국법학교수회 회장

### 4-1. 한국공법학회 회장 보필

1988년 전북대학교에서 개최된 한국공법학회 정기총회에서 선생님께서 회장으로 취임하셨다. 지금은 한국공법학회를 비롯한 법학 관련 학회가 매우 활발하게 활동하고 그 학회의 숫자만도 엄청나게 늘었다. 예컨대 근래 매년 개최되는 한국공법학자대회에 참여하는 학회 숫자만도 2십 여 개를 넘어서 거의 3십 개에 이르고 있다. 하지만, 선생님께서 공법학회 회장 취임할 시점만 해도 헌법과 행정법을 아울러서 공법관련 학회로는

30) Aix-Marseille 대학이 위치한 이곳에는 Louis Favoreu 교수 등이 활동하였다. 이 대학에서 출간되는 법학서들은 Economica에서 간행되는 데, 모든 책의 표지에는 Vasarely의 작품이 게재되어 있다.

31) 성낙인, "공법이론과 판례연구회 창립 25주년 기념 논문집 발간사", 세계헌법학회 한국학회, 2014.10.

한국공법학회가 유일하였다. 그 이전에 한국헌법학회가 있었지만 유신헌법학회라는 비판과 더불어 활동이 유명무실하였다. 그 이후 1990년대에 이르러 지금의 한국헌법학회가 창설되었다. 한국공법학회도 사실 오랜 역사를 가졌지만, 1957년부터 유진오 회장 이후 1970년부터 문홍주 회장께서 오래토록 재임하신 이후에 80년대 초에 들어서 헌법과 행정법에서 각기 1년씩 순차적으로 회장을 맡기로 하였다.[32]

당시 공법학회는 회장과 차기회장(김남진 교수님) 집행이사회, 상임이사회 등으로 구성되었다. 실제 학회는 집행이사회와 간사 중심으로 작동하였다. 집행이사회도 각 분야별로 한 명씩 5명에 불과하고, 간사는 필자 혼자 단독으로 되어 있었다. 그래서 혹여 회원님들 중에는 필자가 많은 일을 하는 것으로 알고 있었지만, 사실은 선생님께서 워낙 세심하게 업무를 처리하시기 때문에 간사인 필자는 선생님께서 처리하시는 업무를 단순 보조하는 데 그쳤다.

선생님께서 학회회장을 하시는 동안에 워낙 많은 학술대회를 개최하시고 특히 해외석학들을 초빙하여 국제학술대회를 개최하셔서 항간에는 선생님이 한국공법학회장과 서울대 법학연구소장을 하시는 동안에 대한민국 정부수립 및 헌법제정 40주년, 상해임시정부수립 60주년 등과 겹쳐서 공법관련 주요 주제에 관한 국내외 학술대회는 다 섭렵하셨다는 평가까지 나오곤 하였다.[33] 여담이지만 서울대 법학연구소 조교 겸 한국공법학회 간사보로 선생님을 지근에서 보필하던 이헌환 교수(현 헌법재판연구원장)가 이때 교정 등 업무를 보다가 처음으로 안경을 착용하게 되었다고 한다.

### 4-2. 한국법학교수회 회장 보필

한국법학교수회는 한국에서 법학교수 전체가 회원인 유일한 단체이다. 법학은 우리나라뿐만 아니라 다른 나라들에서도 '법학회'는 존재하지 않고 분야별로 공법, 민사법, 형사법 등으로 학회가 분리되어있다. 이는 다른 인접 사회과학인 경제학, 정치학, 행정학 등이 단일 학회로 활동하는데 비하면 분리된 개별 법학회는 일단 그 규모면에서 약할 수밖에 없다. 비록 법학교수회의 활동은 미약하더라도 이는 전체 법학자를 대표하는 단체로서의 상징성을 가진다. 선생님께서 한국공법학회 회장을 끝내시고 잠시 쉰 이후에 다시 법학교수회 회장에 취임하셨다. 이에 따라 필자도 법학교수회 총괄간사로 보필하게 되었다. 법학교수회는 주로 회장, 사무총장, 사무차장, 간사를 중심으로 작동되었다. 연세대 양승두 교수님이 사무총장, 고려대 이기수 교수님(후일 고려대 총장 역임)이 사무차장을 맡으셨다. 그런데 동국대에서 개최된 정기총회에서 선생님께서 연임을 하지 않으시

32) 문홍주 회장 이후 행정법의 윤세창, 헌법의 박일경, 행정법의 김도창, 헌법의 구병삭, 행정법의 서원우 회장에 이어서 김철수 선생님이 헌법 쪽 회장으로 취임하셨다.

33) 특별히 기억나는 학술대회로는 주한 프랑스 대사관의 후원으로 공법학 분야에서는 처음으로 '한불국제학술대회'를 개최하였다. 이때 프랑스에서 Louis Favoreu, Frank Moderne 등 저명한 공법학자들이 참여하였다. 그 과정에서 김동희 교수님도 특별히 애쓰는 모습이 생생하게 기억난다.

겠다고 선언하시면서 귀가해 버렸다. 그러나 선생님이 안 계심에도 불구하고 절대 다수 회원들의 뜻에 따라 연임하시게 되었다. 이에 이기수 교수가 사무총장, 필자가 사무차장, 정재황 교수가 총괄간사를 맡게 되었다.

한국법학교수회 회장 재임 중에 현암사의 후원으로 그 당시로서는 거액인 상금 1천만 원의 한국법학저작상을 제정하였으나 그 이후 여러 가지 사정으로 지속되지 못하여 못내 아쉽다.

선생님을 보필하는 과정에서 어느덧 필자도 한국공법학회 회장, 한국법학교수회 회장을 맡기도 하였다. 큰 그늘 아래에서 모신 덕분에 과분한 직책을 맡게 되어 지금도 감사드릴 뿐이다.

### 4-3. 탐라대학교 총장 취임식

선생님은 1998년 8월에 서울대 법대에서 정년퇴임하시고 명예교수로 추대되었다. 퇴임하자말자 곧바로 제주에 있는 탐라대학교 총장으로 부임하셨다. 1999년 2월에는 김철수 박사 탐라대학교 총장 취임식, 탐라대학교 제1회 졸업식, 김용준 헌법재판소 소장[34]에 대한 명예법학박사학위 수여식이 동시에 거행되었다. 이날 행사에는 조병윤 · 황우여 · 김문현 · 홍정선 · 성낙인 · 정재황 · 고승덕 · 김대환[35] 등 선생님 문하생들이 다수 참석하였다.

행사 후 회식 자리에서 탐라대학교 설립자 겸 재단이사장의 자제로서 기획실장을 맡고 있는 분으로부터 선생님을 모시게 된 일단의 경위를 들을 수 있었다. 즉 이사장과 선생님은 경북고등학교 동기동창이신데 늘 선생님을 존경해 왔다는 것이다. 언젠가 친구로서 선생님을 가까이서 함께하려고 하였는데 마침 탐라대학교를 설립 후 얼마 되지 않아 선생님께서 정년퇴임하시면서 바로 총장으로 모셨다고 들려주었다.

## 5. 화갑기념논문집과 팔순기념논문집

### 5-1. 화갑기념논문집 실무 책임

1993년 선생님 화갑을 맞이하여 '琴浪 金哲洙 敎授 華甲記念論文集'을 마련하기로 하였다. 선배님들이 다수 계시는 상황이라 홍정선 교수와 필자는 실무적인 일을 맡기로 하였다. 그때 일반 법학논문집인 '현대법학의 이론과 실제'와 제자들 중심의 헌법재판론 두 권을 간행하였던 것으로 기억된다. '헌법재판의 이론과 실제'는 헌법재판소가 개소된 이후 아직도 일천한 시점이라 당시로서는 헌법재판에 관한 중요한 최초의 이론서로 볼 수 있다. 이 책의 전반적인 기획과 주제 설정에는 양건 선배님이 중요한 역할을

34) 김용준 헌법재판소 소장님은 재임 중 회갑을 맞이하여 '재판의 한 길'이라는 화갑기념논문집을 간행하였는데, 박용상 선배와 더불어 필자도 간행위원을 맡아서 각별한 인연을 갖게 되었다.

35) 김대환 교수는 선생님 재임 중 마지막 조교로서 선생님이 탐라대학 취임하자마자 교수로 임용하였다.

한 것으로 기억된다.

화갑기념논문집에는 일반적으로 제자들과 좌담회를 하는 게 관례이다. 이에 제자들이 선생님의 신림동 연구실에 모여서 상당히 긴 시간에 걸쳐서 진행되었다. 그런데 그 파일을 풀어보니 그 사이 그렇게 불편한 심기를 보이지 않으시던 선생님께서 몇 군데 매우 불편한 마음을 토로하신 내용이 있었다. 아마도 제자들과 처음으로 허심탄회하게 대화를 나누다 보니까 과거에 맺힌 약간의 섭섭함이 드러난 것 같았다. 하지만, 논문집은 선생님을 축하하는 자리인데 조금이라도 누구를 탓하거나 힐난하는 내용은 적절하지 않은 것 같아 제자들이 숙의 끝에 홍정선 교수와 필자가 찾아뵙고 일부 내용을 수정 내지 삭제하는 게 좋겠다고 진언을 드렸다. 선생님께서는 못내 아쉬워하시면서 제자들의 충정을 받아들이던 모습이 아련하게 떠오른다.

행사 장소로는 롯데호텔 등 특급호텔에서 하자는 일부 선배들의 주장도 있었지만, 선생님께서 너무 호화롭게 하는 것은 바람직하지 않다고 하셔서 프레스센터 국제회의장에서 개최하였다.

### 5-2. 팔순기념논문집 총괄

다른 한편 선생님께서 팔순에 이르셨는데 당시에 현실적으로 선생님의 제자들도 이미 다수 학교에서 정년퇴임한 상황인지라 기념논문집 출간이 여의치 않은 상황이었다. 이러한 차제에 선생님께서 필자를 조용히 부르시더니 당신께서 일체의 비용을 부담할 터이니 필자에게는 논문 수합과 출간 일정을 맡아 달라고 하셨다. 그래서 서울대 법대 법학총서를 발행하는 경인문화사와 협의하여 출간하기로 하고 논문을 수합하였다. 그런데 선생님께서 출간도 하기 전에 거금을 필자의 통장으로 보내주셨다. 그래서 최소한 출간 실비만 제하고 나머지를 아무 말씀도 안 드리고 선생님이 필자에게 송금하신 구좌로 반송하였더니 한참 시간이 지나서 왜 상당액을 반송하였냐고 말씀하시기도 하셨다.

팔순기념논문집 출간행사 역시 프레스센터에서 진행되었다. 이번에는 선생님 제자들만 초청하여 프레스센터 외신기자클럽에서 소박하게 진행되었다. 특기할 사항은 선생님의 주요 저서는 헌법학개론을 비롯하여 법문사를 거쳐서 박영사에서 출간되어왔다. 화갑기념논문집도 그래서 박영사에서 출간되었다. 그런데 팔순기념논문집과 관련하여 필자에게 출판사 섭외 등 일체를 위임하면서 박영사에는 아무런 귀띔도 하지 아니하셔서 박영사에서 필자에게 오히려 어떻게 된 일이냐고 문의하기도 하였다. 아마도 선생님께서는 그 어느 출판사에도 팔순기념논문집 간행에 따른 부담을 드리지 않으려는 배려였던 것 같다.

## 6. 서울대 법대 금랑 김철수 세미나실 개관

선생님께서 정년퇴임 후 서울대 법대에는 몇몇 교수님의 개인별 강의실 명명이 이어졌다. 이 과정에서 필자는 선생님 명의의 강의실 헌정이 필요하다는 생각에 현재의 17동 1층에 김철수 강의실 개소를 위한 작업에 들어갔다. 선생님 제자들이 흔쾌히 응해 주셔서 쉽게 모금이 진행되어갔다.[36] 그런데 당신께서 강의실 개소를 위한 일체의 비용을 직접 부담하시겠다는 말씀을 하시면서 일체의 모금을 금지하셨다. 그러나 필자는 이미 모금을 시작한 상황일 뿐만 아니라 선생님이 기금을 내시는 것보다는 제자들이 십시일반 모금하는 게 좋다고 말씀드렸지만 막무가내셨다. 그러시더니 어느 날 필자의 개인 통장에 거금을 입금하셨다. 사실 그때 선배님들의 적극적인 성원에 따라 이미 모금액이 충분히 이루어졌는데 굳이 선생님께서 기부하실 필요가 없었는데 지금도 선생님께 송구스러울 따름이다. 결과적으로 학교 당국에서 원하는 예상 모금액을 훨씬 상회하는 금액을 기부할 수 있었다. 여담으로 선생님의 거액 희사와 관련하여 학교에서 어느 날 필자에게 확인 문의를 해 온 적이 있었다. 이유인즉 대학 측의 회계와 감사 과정에서 왜 성낙인 교수를 거쳐서 김철수 선생님 명의의 거금이 발전재단에 입금 기부되었는지 확인이 필요하다고 하여 필자가 저간의 사정을 자세히 설명한 바가 있다. 다른 한편 필자가 서울대 법대 학장 재임 중에 선생님께서 제자를 격려하기 위하여 직접 거액의 발전기금을 기탁하여 주셨던 배려와 사랑을 잊을 수 없다.

행사는 선생님을 모시고 기부에 적극 참여하신 제자분들이 참여하여 성황리에 진행되었다. 강의실은 선생님과 의논하여 양지바른 103호로 정하였다. 이 강의실은 주로 대학원 수업에 사용되는데, 선생님께서 정년퇴임 이후에도 이 세미나실에서 강의를 진행하셨고, 필자도 대학원 수업을 이 강의실에서 진행한 바 있다. 강의실에는 두 장의 동판이 새겨져 있다. 한 장은 '김철수 세미나실'이라는 제목으로 '선생님 진영'과 '琴浪 金哲洙 先生' '재직기간 (1962-1998)'으로 새겨져 있다. 다른 한 장의 동판에는 "이곳을 마련하는 데 도움을 주신 다음 분들께 깊이 감사드립니다"라는 문구와 함께 참여해주신 분들의 성함이 기재되어 있다.[37] 선생님께서는 후일 동판에 새겨진 제자들에게 일일이 동판 모형을 선물하셨다.

## 7. 절판, 절필

세월이 흘러 어느 순간에 이르러 선생님께서는 그 유명한 '헌법학개론'을 비롯한 저서와

36) 모금에는 서울대 법대 헌법학교실 제자들뿐만 아니라 경북고 서울대 법대 출신 제자들(금호법학회 회원들)도 크게 기여하였다. 송광수 전 검찰총장도 필자의 뜻에 흔쾌히 동의하여 거액을 기부하였다. 박은정 교수는 이화여대 재학 시 수강한 은사에 대한 예의를 깊이 표하였다. 김희옥 전 동국대 총장도 동참하셨다. 서울대 법대 헌법교수 전원이 동참하였을 뿐만 아니라, 서울대 법대 송상현 · 박 준 교수님도 함께했다. 동참하신 모든 분들에게 깊이 감사드린다.

37) 동판에 기록된 명단은 다음과 같다: 강재섭, 강희갑, 금태환, 김경한, 김동건, 김문환, 김상희, 김영천, 김필곤, 김효전, 김희옥, 박수혁, 박순용, 박용상, 박은정, 박인수, 박주환, 박 준, 박홍우, 박희정,백윤기, 서석호, 성낙인, 성봉경, 송광수, 송상현, 송석윤, 신 평, 안경환, 우성기, 윤보옥, 윤세리, 이동흡, 이백규, 이우영, 이원일, 이종석, 이종왕, 이효원, 장윤기, 장재윤, 전종익, 전창영, 정성진, 정재황, 정정길, 정종섭, 정주택, 정해방, 조용국, 조해녕, 주성민, 한위수, 홍정선, 황우여.

교과서 등에 대하여 더 이상 개정판을 출간하지 않으셨다. 그에 대한 아쉬움은 내내 묻어나는 듯했다. 유기천출판기념재단 이사회에서 어느 날 이시윤 전 헌법재판관이 자신은 민사소송법 개정판을 출간하고 있는데 선생님은 왜 헌법학개론 개정판을 출간하지 않으시냐고 물으시니 못내 아쉬워하시는 모습을 지켜본 적이 있다.

정년퇴임 이후에도 선생님은 언론사에 인터뷰나 칼럼을 게재하셨는데 어느 날 이 또한 일체 사양하셨다. 아마도 한국헌법학계의 최고 원로이신 선생님께서 무슨 말씀을 하시면 이를 바로 이해하는 측도 있지만 곡해하는 측도 있는 데 대한 불편함이 아닌가 추론해 본다. 다른 한편, 한국 사회가 민주화 이후 보수와 진보 양극화 현상이 날로 심해지는데 보수와 진보에 걸쳐 두루 제자를 배출하신 선생님께서는 매우 난감한 처지이셨던 것으로 보인다.

## 8. 에필로그

수많은 선생님 제자들 중에는 대학교수뿐만 아니라 각계각층에서 활동한 분들이 많다.[38] 필자는 선생님을 사부로 모시면서 평생 교수로서 부족한 점이 있을 때마다 선생님을 기리며 사표로 삼아왔다. 사실 선생님은 많은 제자를 배출하였을 뿐만 아니라 사회활동도 매우 활발하셨다. 그럼에도 불구하고 박사학위 논문, 석사학위 논문뿐만 아니라 제자들의 저서도 매우 꼼꼼히 살피시고 강평을 하셨다.[39] 또한 해마다 정초에는 선생님께서 직접 제자들을 초청하여 오찬을 베풀어주셨다.

또한 학자로서의 소신을 국가정책과 행정에도 투영시키시기도 하셨다. 독일, 미국, 일본, 프랑스에서 순차적으로 대학에서 연구와 강의를 하신 경험에 비추어 선생님께서는 한국적 로스쿨 제도의 도입에 매우 적극적이셨다. 하지만, 현재 작동되고 있는 로스쿨에 대하여는 매우 아쉬워하리라고 본다. 선생님은 정년퇴임을 앞두고 마지막 안식년을 미국 워싱턴 DC에 있는 조지타운 로스쿨 초빙교수로 1년을 보내셨다.[40] 이때 필자가 다른 여정으로 출장을 갔다가 며칠 출장 일정을 연장하여 선생님 모시는 시간을 가졌다. 선생님께서는 이때에도 미국의 로스쿨 제도의 현황을 제자에게 자세히 설명하시면서

---

38) 서울대 법대 대학원 헌법학 연구실은 후일 학계뿐만 아니라 정계 · 관계에서 두각을 보인 제자들로 넘쳐났다. 정덕장 부장판사, 정정길 청와대 실장, 장명봉 학장, 박용상 헌법재판소 사무처장, 조병윤 부총장, 김효전 학술원 회원, 황우여 교육부총리, 신재현 변호사, 김철 교수, 안경환 국가인권위원장, 양건 감사원장, 김상철 서울시장, 권형준 학장, 송광수 총장, 김문현 헌법재판연구원장, 성낙인 총장, 홍정선 학회장, 문광삼 학장, 이상돈 국회의원, 강구철 학장, 신현직 교수, 이성환 학장, 김영천 학장, 박홍우 고등법원장, 고승덕 국회의원, 김세충 변호사, 임종훈 처장, 백윤기 원장, 신평 학회장, 정재황 학회장, 이헌환 헌법재판연구원장, 황도수 헌법연구관(교수), 백윤철 교수, 송기춘 학회장, 김대환 원장, 이효원 처장, 김종철 학회장, 김주영 교수, 박진우 교수 등 이 자리에서 이루 다 거명할 수 없는 수많은 동량들을 배출하였다.

39) 김철수 서평, "성낙인 저, 한국헌법연습-사례와 판례", 고시계 1997.6.

40) 2005년 Georgetown Law School의 T. A. Aleinkoff 원장이 서울대 법대 학장실을 방문하였고, 이후 장승화 교수의 주선으로 서울대 법대 교수 일행과 Harvard Law School에서 그곳 교수들과 세미나를 가진 후, Georgetown Law School 원장실을 예방하고 토론회를 가졌다. 그 후 NYU Law School를 방문한 적이 있다.

직접 대학으로 안내해 주시기도 하였다.

언제나 겸손하시고 겸양하신 선생님께서는 제자가 모교 총장에 취임한 이후에도 일체 학교에 모습을 드러내지 않으셨다. 필자의 취임식 단상도 사양하셨고, 일 년에 한 번 명예교수님들을 모시는 스승의 날 행사에도 참석하지 않으셨다. 직원들이 총장의 지도은사이신 선생님을 헤드 테이블에 모시고자 하니 부담스러워하셨던 것으로 보인다. 다만, 필자가 세계헌법학회 한국학회 회장 자격으로 공법이론과판례연구회 회원님들을 서울대 총장 공관에서 신년하례 오찬을 초청하였을 때 선생님께서 총장 재임 중 유일하게 초대에 응하셨다.

평생을 연구와 교육 그리고 특히 법학교육개혁에 헌신하신 선생님의 유지(遺志)가 현실세계에서 제대로 작동할 수 있었으면 하는 바람을 가지고 이제 선생님을 모신 반세기를 마감하면서 선생님을 놓아드려야 할 시간이 되었나 보다.

[추도문]

## 현대 한국헌법학 개척자 김철수 … 세계화에도 큰 족적 남긴 스승*

한국헌법학의 석학 김철수 교수님이 저희 곁을 떠나셨습니다. 군사정권의 권위주의가 지배하던 척박한 현실에서 선생님께서는 자연법론에 입각한 인간존엄의 현대 헌법학이론을 한국헌법학에 접목시켰습니다. 선생님께서는 서울대 법대를 졸업하신 후 일찍이 현대헌법학이론의 성지인 독일에서의 헌법학 및 법철학 연구를 시작으로 미국, 프랑스, 일본에서 헌법학을 연구하시고 이를 서울대 법대 강단에서 제자들에게 직접 전수하셨습니다.

1973년에 간행되어 한국헌법학이론의 새로운 지평을 연 '헌법학개론' 초판은 유신정권에 의하여 폐기되고, 이로 인하여 중앙정보부(현 국가정보원)에 끌려가 고초를 겪기도 하였습니다. 하지만 선생님의 '헌법학개론'은 지난 반세기 동안 법학도뿐만 아니라 입법부 · 행정부 · 사법부 관계자들에게 필독서로 자리 잡았습니다. 이에 따라 한국 헌법학은 선생님의 '헌법학개론' 이전과 이후로 구획되었다고 하여도 과언이 아닙니다. 선생님은 압수당한 초판본에 대한 아쉬움을 달래면서 2020년에는 당신께서 직접 영인본을 제작하여 제자들에게 배부하기도 하였습니다.

동시대에 한국을 대표하는 헌법학자인 선생님께서는 많은 정관계 관계자로부터 끊임없이 헌정현실 앙가주망(engagement, 참여)을 요구받았지만, 이러한 유혹에 휘둘리지 않으시고, 오롯이 학자로서의 연구와 봉사에만 전념하셨습니다, 서울대 법학연구소장, 한국공법학회장, 한국법학교수회장으로서 법학발전의 초석을 다지셨고, 탐라대학교 총장으로서 대학행정에도 기여하셨습니다.

---

* 중앙일보 2022. 3. 27.

세계헌법학회 부회장으로서 한국헌법학의 세계화에도 큰 족적을 남기셨습니다. 또한 헌법재판소 자문위원으로서 87년체제에서 새로 도입된 헌법재판소의 이론적 토대를 정립하여 주셨습니다. 국회 헌법개정자문위원장으로서 민주화 이후의 새로운 헌법모델을 그리면서, 이 시대의 화두인 통합과 협치를 위한 분권형 권력구조를 제시하셨습니다.

선생님께서 그토록 염원하시던 미래 대한민국의 새 헌법 정립을 위하여 이제 저희 제자 후학들이 힘을 모아 국민주권의 초석을 구현하고자 다짐합니다. 특히 헌법학자로서 나라를 올바른 길로 인도하기 위하여 중앙일보 창간 때부터 논설위원으로서 펼치신 정론직필의 주옥같은 사설과 칼럼은 아직도 우리 곁에 회자하고 있습니다.

정년퇴임 이후에도 대한민국 학술원 회원으로서 활발한 연구활동을 계속하시면서, 평생의 화두인 인간존엄의 구현을 통한 민주법치국가를 정립하기 위하여 마지막 역작인 '인간의 권리'(2021년), '기본권의 발전사'(2022년)를 출간하셨습니다. 선생님께서 펼쳐 보이신 왕성한 연구 활동은 길이길이 후학들의 사표가 될 것입니다. 제자들은 선생님의 고귀한 학문적 업적을 기리고자 법학계 최초로 '구순기념논문집'을 준비 중이었는데 이렇게 가시니 황망하기 그지없습니다.

무엇보다도 선생님은 인자하시고 자상하신 스승의 표본이셨습니다. 언제나 큰 가슴으로 제자들을 따뜻하게 안아주셔서 선생님 연구실은 후일 학계뿐만 아니라 정계 · 관계에서 두각을 보인 제자들로 넘쳐났습니다. 천학비재한 저도 학생들의 연구단체인 공법학회장에서 출발하여 대학원에 이르기까지 선생님을 모실 수 있었던 영광을 이제 가슴으로만 새길 수밖에 없습니다. 선생님, 부디 하늘나라에서 편안히 쉬소서.

제자 성낙인 전 서울대학교 총장 삼가 올림

## 평생 '인간존엄' 화두 삼은 스승…최고의 헌법학자 김철수 선생님*

시대의 사표 김철수 선생님께서 우리 곁을 떠나셨습니다. 서울대 법대 재학 중 공법학회장을 맡아 선생님을 지도교수로 모시면서 인연을 맺게 되었습니다. 군사정권 시절이라 캠퍼스의 반정부 데모가 끊이지 않는 상황에서 철없이 야당의 유명 국회의원을 초청한 세미나를 개최하자 학내에 난리가 났습니다. 그런데도 선생님은 전혀 내색하지 않으시고 오히려 저희를 격려하셨습니다. 저도 때로 학생에게 화를 내려 들면, 평생 제자를 야단치지 않으신 선생님의 인자하신 모습을 떠올리게 됩니다. 넘치는 선생님의 제자 사랑 에피소드는 어느새 추억으로 맴돌게 됩니다.

선생님은 지나칠 정도로 겸손하고 폐를 끼치지 않으려 하셨습니다. 학생에게도 언제나 존댓말을 하셨습니다. 선생님을 따라 저도 제자에게 부부간에 서로 존댓말을 하도록

* 중앙일보 2022. 3. 29.

권합니다. 명절에 작은 선물이라도 보내드리면, 반드시 답례를 하시기 때문에 오히려 부담이 될 것 같아 삼가게도 됐습니다. 특히 다른 대학 학생이 찾아와도 친절하게 맞이해주셔서 저명한 교수의 따뜻한 인간미를 몸소 보여주셨습니다. 선생님의 은사나 선배에 대한 배려도 끝이 없었습니다. 유기천 전 서울대총장기념재단의 출범 기반을 다지셨고, 서돈각 전 학장님 문안도 평생 잊지 않으셨습니다.

선생님은 민주화의 시대정신(Esprit du temps)을 몸소 실천하셨습니다. 서슬 퍼런 유신과 5공 시절에 저서가 몰수되고 정보기관에 연행되는 고난 속에서도 결코 헌정파괴 세력과 타협하지 않았습니다. 올곧은 선비 정신의 숨결을 느낄 수 있었습니다. 정작 선생님 자신은 현실참여 유혹을 뿌리치면서도, 헌법과 행정법 학자들의 최대 학술단체인 한국공법학회장으로서 법치주의의 외연 확대를 위해 정관계 인사를 회원으로 받아들이는 실사구시 정신을 몸소 실천하셨습니다.

선생님은 평생 '인간존엄'과 '인간의 권리'를 학문적 화두로 삼으셨습니다. 시대를 앞서간 선생님의 학문적 열정은 가시는 날까지 계속되었고, 민주화 이후 한국 헌법의 세계화에도 큰 족적을 남기셨습니다. 독일 · 미국 · 일본에서 연구와 교육을 하신 우리 시대 최고의 헌법학자가 모든 권위를 내려놓고 젊은 연구자를 위한 프랑스 스트라스부르 인권법 프로그램에 직접 참여하는 열정을 보여 주셨습니다.

오래전 워싱턴 DC 소재 조지타운 로스쿨 초빙교수로 계실 때, 미국 로스쿨의 현황을 제자인 저에게 직접 안내해 주시던 백발의 노교수님 모습이 지금도 아련합니다. 삼가 선생님의 명복을 빕니다.

## 한국헌법학의 석학 김철수 명예교수님 영전에*

한국 현대헌법학의 개척자이신 김철수 법학전문대학원 명예교수님이 2022년 3월 26일 서거하셨습니다. 선생께서는 1933년 금호강이 굽이치는 대구에서 태어나셨습니다. 선생의 아호 금랑(琴浪) 즉 '금호강 물결'은 서울법대 선배이신 박병호 학장님께서 직접 전수하셨습니다.

선생께서는 격동의 한국 현대사의 한가운데에서 법과 원칙 그리고 정의를 이 땅에 펼치기 위해 헌신하셨습니다. 민족상잔의 전쟁이 종료되자 서독으로 유학길에 올랐습니다. 1949년 서독(독일연방공화국)은 분단의 현실을 안고 통일의 그날을 기다리며 헌법(Verfassung)이라 하지 아니하고 기본법(Grundgesetz)을 제정하였습니다. 그 기본법은 기존의 틀을 벗어나서 제1조에서 '인간의 존엄'을 규정하고 있습니다. 그것은 나치가 자행한 비인간적인 범죄에 대한 반성과 성찰의 표현입니다. 바로 그 '인간의 존엄' 규정은 1962년 제3공화국 헌법에도 도입되어 현행 헌법에 이르고 있습니다. 선생님의 학문적

* 서울대학교 명예교수회보, 2022. 12.

화두인 '인간의 존엄'에 기초한 '인간의 권리'에 관한 연구는 그로부터 헌법학자로서 평생 화두가 되었습니다(김철수, 인간의 권리, 산지니, 2021; 김철수, 기본권의 발전사, 박영사, 2022).

1948년 정부 수립 이후 권위주의 정권이 지배하던 척박한 현실에서 선생께서는 자연법론에 입각한 인간존엄의 현대 헌법학이론을 한국헌법학에 접목시켰습니다. 독일 뮌헨대학에서의 헌법학 및 법철학 연구를 시작으로 미국의 하버드대학, 프랑스 스트라스부르의 국제인권법 프로그램, 일본 도쿄대학 등에서 헌법학을 연구하시고 강의하셨으며, 그 연구와 강의의 틀을 서울대 법대 강단에서 제자들에게 온전히 전수하셨습니다.

1973년에 간행되어 한국헌법학이론의 새로운 지평을 연 '헌법학개론' 초판은 유신정권에 의하여 폐기되고, 이로 인하여 중앙정보부(현 국가정보원)에 끌려가 고초를 겪기도 하였습니다. 하지만 '헌법학개론'은 지난 반세기 동안 법학도뿐만 아니라 입법부 · 행정부 · 사법부 관계자들에게 필독서로 자리 잡았습니다. 이에 따라 한국헌법학은 '헌법학개론' 이전과 이후로 구획되었다고 하여도 과언이 아닙니다. 압수당한 초판본에 대한 아쉬움을 달래면서 2020년에는 당신께서 직접 영인본을 제작하여 제자들에게 배부해 주셨습니다.

동시대에 한국을 대표하는 헌법학자인 선생께서는 많은 정관계 관계자로부터 끊임없이 현실참여(engagement)를 요청받았지만, 그 어떠한 유혹에도 휘둘리지 않으시고, 오롯이 학자로서의 연구와 봉사에만 전념하셨습니다, 서울대 법학연구소장, 한국공법학회장, 한국법학교수회장으로서 법학발전의 초석을 다지셨고, 세계헌법학회 부회장으로서 한국헌법학의 세계화에도 큰 족적을 남기셨습니다. 또한 헌법재판소 자문위원으로서 1987년 제6공화국 헌법 체제에서 새로 도입된 헌법재판소의 이론적 토대를 정립하여 주셨습니다. 정년퇴임 이후에도 탐라대학교 총장으로서 대학행정에도 기여하셨고, 대한민국 학술원 회원으로서 왕성한 학문 활동을 계속하셨습니다. 특히 국회 헌법개정자문위원장으로서 민주화 이후의 새로운 헌법모델을 그리면서, 이 시대의 화두인 통합과 협치를 위한 분권형 권력구조를 제시하셨습니다. 선생께서 그토록 염원하시던 미래 대한민국의 새 헌법 정립을 위하여 이제 저희 제자 후학들이 힘을 모아 국민주권의 초석을 구현하고자 다짐합니다. 특히 헌법학자로서 나라를 올바른 길로 인도하기 위하여 주요 언론사의 논설위원으로서 펼치신 정론직필의 주옥같은 사설과 칼럼은 아직도 우리 곁에 회자하고 있습니다.

선생님은 민주화의 시대정신(Zeitgeist, Esprit du temps)을 몸소 실천하셨습니다. 서슬 퍼런 유신과 5공 시절에 저서가 몰수되고 정보기관에 연행되는 고난 속에서도 결코 헌정파괴세력과 타협하지 않았습니다. 바로 이 장면에서 올곧은 선비정신의 숨결을 느낄 수 있습니다. 정작 선생님 자신은 현실참여 유혹을 뿌리치면서도, 헌법행정법학자들의 최대 학술단체인 한국공법학회장으로서 법치주의의 외연 확대를 위하여 정관계 인사들을 회원으로 받아들이는 실사구시(實事求是) 정신을 몸소 실천하셨습니다.

무엇보다도 선생님은 인자하시고 자상하신 스승의 표본이셨습니다. 언제나 큰 가슴으로 제자들을 따뜻하게 안아주셔서 서울법대 대학원 헌법학 연구실은 후일 학계뿐만 아니라 정계 · 관계에서 두각을 보인 제자들로 넘쳐났습니다. 정덕장 부장판사, 정정길 청와대 실장, 장명봉 학장, 박용상 헌법재판소 사무처장, 조병윤 부총장, 김효전 학술원 회원, 황우여 교육부총리, 신재현 변호사, 김철 교수, 안경환 국가인권위원장, 양건 감사원장, 김상철 서울시장, 권형준 학장, 송광수 총장, 김문현 헌법재판연구원장, 성낙인 총장, 홍정선 학회장, 문광삼 학장, 이상돈 국회의원, 강구철 학장, 신현직 교수, 이성환 학장, 김영천 학장, 박홍우 고등법원장, 고승덕 국회의원, 김세충 변호사, 임종훈 처장, 백윤기 원장, 신평 학회장, 정재황 세계헌법학회 부회장, 이헌환 헌법재판연구원장, 황도수 헌법연구관(교수), 백윤철 교수, 송기춘 군사망사고진상규명위원장, 김대환 원장, 이효원 처장, 김종철 학회장, 김주영 교수, 박진우 교수 등 이 자리에서 이루 다 거명할 수 없는 수많은 동량들을 배출하였습니다.

오래전 정년퇴임을 앞둔 마지막 안식년을 워싱턴 DC 소재 조지타운 로스쿨 초빙교수로 계실 때 출장차 찾아뵙게 되었습니다. 그 당시 국내에서도 로스쿨 도입 문제가 한창 논란이 되고 있는 상황이라 제자인 저에게 직접 미국 로스쿨을 안내해 주시던 백발의 노교수님 모습이 지금도 아련합니다.

저는 개인적으로 서울대 법대 재학 중 공법학회장을 맡아 선생님을 지도교수로 모시면서 인연을 맺게 되었습니다. 군사정권 시절이라 대학에는 반정부 데모가 끊이지 않는 상황에서 철없이 야당의 유명 국회의원을 초청하여 세미나를 개최하니 학내에 난리가 났습니다. 그런데도 선생님은 전혀 내색하지 않으시고 오히려 저희들을 격려하셨습니다. 교수가 된 이후 때로 학생들에게 화를 내려 들면, 평생 제자들을 야단치지 않으신 선생님의 인자하신 모습을 떠올리게 됩니다.

회자정리(會者定離), 생자필멸(生者必滅)이 자연의 섭리라고 하지만, 학부에서부터 대학원에 이르기까지 선생님을 모실 수 있었던 영광을 이제 가슴으로만 새길 수밖에 없습니다. 선생님, 부디 하늘나라에서 편안히 쉬소서.

서울대 명예교수(전 총장) 성낙인 삼가 올림

## 헌법학의 태두 김철수 교수님*

서울대학교 법학전문대학원 명예교수이다 유기천기념사업출판재단 이사이신 김철수 선생님이 2022년 3월 26일 별세하셨습니다. 선생께서는 1933년 금호강이 굽이치는 대구에서 태어나셨습니다. 선생님은 대구에서 초등학교와 경북중 · 고등학교를 졸업하고

* 월송회보, 2022. 12.

서울대학교 법과대학을 졸업하였습니다. 당시 서울대 법대를 졸업하면 다들 고시공부를 열심히 하여 고등고시에 합격하여 입신양명의 길을 택하던 시대상황에서, 선생님은 대학 졸업 후 곧장 독일로 유학을 떠나셨습니다. 그때는 제2차 세계대전 패전국 독일이나 광복의 기쁨도 잠시 6 · 25전쟁으로 황폐한 한국이나 어려운 상황은 마찬가지였습니다. 요즈음 세상과 달리 그 시절에 외국 유학을 간다는 것은 보통 사람들이 상상하기 어려웠습니다. 그럼에도 불구하고 선생님은 법학의 성지로 꼽히는 독일 뮌헨으로 유학길에 오르셨습니다. 그만큼 선생님은 학문에 대한 선지자의 길을 자처하셨습니다. 선생님은 독일에서 헌법학뿐만 아니라 독일 특유의 법철학에도 깊이 천착하셨습니다.

독일에서의 고난에 찬 유학생활을 접고 귀국하여 1962년에 서울대 법대 전임교수로 정착하였습니다. 1966년에는 미국 하버드 대학에서 새로운 학문의 장을 접하게 되었습니다. 대륙법계인 독일법 연구에서 이제 로스쿨에 입각한 미국법연구의 새로운 길을 개척하게 되었습니다. 미국에서의 연구를 통하여 선생님은 그 후 미국식 로스쿨의 한국적 접목을 추구하셨습니다. 당시 서울대학교 법과대학 구내에 설치된 사법대학원은 미국식 로스쿨 교육의 한국적 적용 현장이라 할 수 있습니다. 1962년에 설치된 사법대학원은 사법시험 합격자들이 2년간 대학에서 교육을 받아 법학석사학위를 취득하고 동시에 판사 · 검사 · 변호사 실무까지 겸하는 특수대학원입니다. 선생님은 미국에서 귀국하여 1967년부터 사법대학원 교무과장으로서 한국형 로스쿨의 모태를 그리기도 하셨습니다. 사법대학원은 바로 월송 유기천 선생님의 학문세계와도 일맥상통한다고 할 수 있습니다. 유기천 선생님은 하버드 대학 객원교수를 거쳐서 예일 대학에서 법학박사학위를 받으셨기 때문에 미국법학과 법학교육에 가장 정통하신 분이었습니다. 특히 유기천 선생님은 사법대학원 초대 대학원장으로 3년간 봉직하시면서 사법대학원의 초석을 다지셨습니다. "사법대학원은 독일식 법학교육제도에 미국식 로스쿨과 영국식 법정변호사(barrister)를 양성하는 법학원(Inns of the Court)을 결합한 독특한 법조양성제도로, 법조인의 실무교육과 함께 교양 있는 법조인 양성을 목표"로 하였습니다(사법연수원 50주년 역사관, 사법연수원 개원 이전의 법조인 양성). 하지만 사법대학원은 법조실무계의 반대로 1970년에 문을 닫고 대법원으로 이관되어 사법연수원으로 순수한 실무교육기관이 되었습니다. 사법연수원의 실패는 결과적으로 선생님께서 법학교육의 미국식 로스쿨도입을 통한 전환을 강조하게 된 계기가 되었던 것 같습니다. 민주화 이후에 전개된 일련의 사법개혁 과정에서 선생님은 로스쿨 제도의 도입을 강조하시면서 이를 실천하기 위한 구체적 안을 제시하도 하였습니다.

선생님은 또한 위헌법률심사를 통한 입헌주의의 헌법적 구현에 심혈을 기울였습니다. 미국 연방대법원이 세계 최초로 인정한 위헌법률심사, 즉 1803년 Marbury v. Madison (5 U.S.137) 사건은 헌법재판의 기념비적 사건입니다. 비록 제2차 세계대전 이후에 헌법재판이 활성화되긴 하였지만, 위헌법률심사는 미국으로부터 비롯되었다고 하여도 과언이 아닙니다. 선생님의 박사학위 논문도 바로 위헌법률심사제도입니다. 선생님의 박사학위

논문이 발표되던 시점만 하더라도 위헌법률심사는 꿈속의 목가적 이론이라는 비판을 받았지만, 지금 돌이켜보면 바로 선생님의 학문에 대한 선각자적 모습이 드러나는 장면입니다. 비록 아직도 걸음마 단계에서 문제투성이의 제도로 치부되고 있지만 한국의 법학전문대학원 제도와 더불어 헌법재판제도의 활성화는 선생님께서 펼치신 평생의 학문적 화두가 현실로 착근하는 과정이라 할 수 있습니다. 헌법재판소 창립 초기부터 자문위원으로 헌법재판소의 발전에 크게 기여하였습니다. 특히 초대 연구부장으로 선생님으로부터 직접 지도를 받은 황우여 부장판사가 부임하면서 헌법재판의 이론적 기초를 놓는 데 지도와 협조를 아끼지 않으셨습니다.

금랑 김철수 선생님의 학문 세계를 한 마디로 요약하자면 "인간의 권리"와 "인간의 존엄"입니다(김철수, 인간의 권리, 산지니, 2021; 김철수, 기본권의 발전사, 박영사, 2022). 1949년에 제정된 독일기본법은 제2차 세계대전 동안에 저지른 독일인들의 만행에 대한 반성적 성찰로서 "인간의 존엄"을 헌법 제1조에 명시하고 있습니다. 우리 헌법도 1962년 제3공화국헌법에서부터 "인간의 존엄과 가치"를 규정하고 있습니다. 독일에서 유학한 후 서울법대 헌법강의실에 펼치신 선생님의 "인간 존엄"에 기초한 헌법학 강의는 민주화가 요원하던 대학가에 새로운 기운을 불러일으키기에 충분하였습니다. 군사정권의 쿠데타와 유신이 지배하던 엄혹한 시대 상황에서 선생님이 펼치신 인간존엄에 기초한 자연법적 헌법관은 피 끓는 젊은이들의 열정을 수용하기에 충분하였습니다. 하지만 선생님의 헌법관은 권위주의 정권과 필연적으로 충돌할 수밖에 없었습니다. 1972년 10월에 단행된 박정희 정권의 영구집권을 제도화하는 유신헌법(제4공화국헌법)이 제정되자 선생님은 1973년 벽두에 발간된 '헌법학개론' 초판에서 불의에 항거하는 자연법적 권리인 저항권의 헌법적 수용을 천명하셨습니다. 비록 동시대 권력자에 의하여 백안시되었지만 저항권을 통한 혁명은 "미래의 전달자"입니다. 시대의 금기어나 다름없는 저항권을 헌법교과서에 명시적으로 받아들였으니 이는 정권에 대한 저항으로 볼 수밖에 없었습니다. 이에 '헌법학개론'은 정부당국에 의하여 강제적으로 압수되고 폐기되었습니다. 그때의 아픈 추억을 되새기면서 후일 2019년에 선생님께서 직접 '헌법학개론' 초판본 영인본을 제작하여 제자들에게 배포하였습니다. 권위주의 정권에 타협하지 않았던 선생님의 학자로서의 곧은 의지는 후배 제자들에게 영원한 사표로 길이 남을 것입니다. 하지만 그 길은 꽃길이 아니라 형극의 길이고 고난의 길이었습니다(김효전, "고난과 영광, 김철수회원(1933-2022)", 대한민국학술원통신 제346호(2022.5.1., 22-27면).

학자로서의 선생님은 평생 대학을 지키시면서 언제나 교육과 연구에 몰두하셨습니다. 일찍이 독일과 미국에서의 헌법학연구뿐만 아니라 외국에서의 연구활동을 계속하셨습니다. 일본에서는 도쿄대학 객원교수, 히토츠바시대학 초빙교수 등을 역임하면서 일본 헌법학의 흐름도 관통하셨습니다. 특히 도쿄대학의 고바야시 교수 · 히구치 교수와 히토츠바시대학의 스기하라 교수 등과는 학자적 동지로서 학문적 교유 폭을 넓히셨습니다. 하지만 선생님의 헌법학은 아직도 일본법학의 테두리를 벗어나지 못하던 당시의 시대적 상황을 뛰어넘어 독일과 미국의 학문세계에 직접 터 잡아 일본법학을 이해하셨습니다. 선생님의 학문적 호기심은 프랑스법학에도 미치게 됩니다. 프랑스 스트라스부르그의 국제인권법 프로그램에 직접 참여하여 선생님의 인권과 인간존엄의 세계화와 제도화에 기반을 마련하였습니다. 선생님의 학문적 열정을 세계화의 세계로 이끈 또 다른 계기는 세계헌법학회의 참여입니다. 1981년 폴란드에서 개최된 제1회 세계헌법학회 창립대회 참여를 계기로 세계헌법학회에 지속적으로 참여하여 마침내 세계헌법학회 부회장으로 활동하셨습니다. 1987년 파리와 액스언프로방스에서 개최된 제3회 세계헌법학자대회에서 선생님을 모시고 세계헌법학계의 권위자들과 함께할 수 있었습니다. 때마침 세계헌법학회의 화두이자 주제는 바로 "헌법재판"이었습니다. 선생님께서는 정년을 불과 몇 년 앞두고도 워싱턴 DC에 소재한 조지타운로스쿨로 홀연히 안식년을 가셨습니다. 마침 미국 연수차 워싱턴 DC에 들렀다가 다른 일행을 먼저 보내고 며칠을 더 머물게 되었습니다. 선생님은 미국 법학교육에 생소한 제자에게 미국식 로스쿨의 현황을 자세히 설명해 주시고 직접 미국 로스쿨의 현장을 안내해 주셨습니다.

일찍이 권위주의 정권으로부터 고초를 겪으신 선생님은 그 이후에 후배 제자들로부터 끊임없이 현실참여를 요청받았지만, 오롯이 대학에 머무셨습니다. 하지만 헌법학자로서 동시대에 주어진 사명은 결코 소홀히 하지 않으셨습니다. 서울대학교 법학연구소장, 한국공법학회 회장, 한국법학교수회 회장으로서 법학의 학문적 발전에 초석을 다지셨습니다. 정년퇴임 이후에는 탐라대학교 총장으로서 대학행정에도 기여하셨습니다. 탐라대학교 총장 취임식에 참석하여 관계자들로부터 들은 바에 의하면 선생님의 경북고 동기인 대학 이사장 겸 창립자께서 동기생이지만 평생을 멀리서 존경하던 김철수 선생님이 정년퇴임하자마자 곧바로 총장으로 초빙하였다고 합니다. 또한 대한민국 학술원 회원으로서 왕성한 학문 활동을 계속하셨습니다. 특히 국회 헌법개정자문위원장으로서 민주화 이후의 새로운 헌법모델을 그리면서, 이 시대의 화두인 통합과 협치를 위한 분권형 권력구조를 제시하셨습니다.

저는 개인적으로 서울대학교 법과대학 재학 중 학생들의 학술연구모임인 공법학회장을 맡아 선생님을 지도교수로 모시면서 인연을 맺게 되었습니다. 그때는 박정희 대통령의 장기집권을 위한 1969년 소위 '3선개헌' 직후인지라 대학에는 반정부 데모가 끊이지 않았습니다. 당시 공법학회는 헌법재판은 알지도 못할 뿐만 아니라 꿈도 꾸지 못하는 상황이라 민사법학회나 형사법학회가 하는 민사 · 형사모의재판이 아니라 모의국회를 하였습니다. 선생님께 주제를 의뢰하니 '지방자치'를 모의국회에서 다루어보라고 하셨습니다. 사실 당시에는 지방자치가 전혀 실시되지 아니하던 때라 다소 낯설긴 하였지만, 선생님께서 내려주신 주제라 동기생 후배뿐만 아니라 선배들의 도움을 받으며 다들 나름 열심히 준비하던 시절이 새삼 뇌리를 스칩니다. 그때 만나 도움을 받았던 선배님 중에는 후일 김철수헌법학교실을 함께 한 조병윤 전 명지대 부총장도 계시고, 정동욱 전 검사도 있습니다. 선생님 모시고 하던 공법학회는 유신 때 폐지된 이후 부활을 못하고 있었습니다. 제가 서울법대 교수로 부임하여 보니까 다른 학회는 이미 다 부활하였는데 공법학회만 아예 존재하지 않았습니다. 오죽했으면 모의 헌법재판은 법철학회에서 주관하고 있었습니다. 제가 여러 차례 학생들을 독려하였지만, 제대로 작동하지 못하다가 법학전문대학원(로스쿨)이 도입된 이후에 공법학회가 부활하였습니다.

대학원에 진학하여 선생님을 지도교수로 모시고 석사학위를 취득하고 박사과정도 수료하였습니다. 선생님을 가까이서 모신 덕분에 서울법대 헌법학연구실에서 대한민국에 기라성같은 선배님과 후배님들을 만날 수 있었습니다. "제자는 스승의 그림자도 밟지 말아야 한다"는 경구가 있지만, 어쩌면 저는 선생님의 그림자 따라 하기로 일관하였던 것 같습니다. 선생님께서 한국공법학회 회장으로 재임할 시절에 총무간사(당시에 학회 간사는 1인이었습니다)로서 보필하였고, 한국법학교수회 회장이실 때에는 총무간사(당시에 간사는 1인) 및 1인 사무차장으로서 선생님을 가까이서 보필할 수 있었습니다. 또한 선생님은 세계헌법학회 한국학회를 창립하셨습니다. 선생님께서는 유기천기념사업출판재단의 초대이사로 봉직하셨습니다. 그 이후에 선생님의 뒤를 따라 제가 한국공법학회장, 한국법학교수회장, 세계헌법학회 한국학회장을 맡게 되었습니다. 또한 유기천기념사업출판재단 이사로 참여하고 있습니다. 참으로 선생님의 그림자 후광이라 하지 않을 수 없습니다. 학부에서부터 대학원에 이르기까지 선생님을 모실 수 있었던 영광을 이제 가슴으로만 새길 수밖에 없습니다.

선생님, 부디 하늘나라에서 편안히 쉬소서.

서울대 명예교수(전 총장) 성낙인 삼가 올림

# 선생님의 제자 사랑

정해방*

춘분이 지났는데도 약간 쌀쌀함이 느껴지는 토요일 오후 TV 자막을 통해 선생님의 부음 소식이 들려왔다. 코로나로 오랫동안 모임을 개최하지 못해 오랜만에 화상회의로 진행된 세미나에서 건강하신 목소리로 제자들에게 격려 말씀을 해주셨는데, 불과 두 달 남짓밖에 지나지 않아서 어떻게 이런 일이 있을 수 있는가? 선생님의 모습이 주마등같이 스쳐 갔고, 선생님의 목소리가 귓가에 울리어 왔다.

## 1. 유신헌법과 긴급조치

필자가 선생님의 헌법 강의를 처음 들었던 것은 서울법대 2학년 때이지만 선생님을 좀더 가까이서 뵙게 된 것은 서울법대 대학원에 진학하면서부터로 기억된다. 10월유신으로 새로운 유신헌법이 제정된 직후였다. 공법 전공으로 헌법 관련 과목을 수강하면서 자연스럽게 선생님을 지도교수로 모시게 되었다. 정치적 소용돌이가 한바탕 지나간 직후라 종로5가 동숭동 교정은 봄을 맞아 약간은 한가로운 기분이 들 정도였다. 학부 4년 내내 한 학기도 강제 휴강 없는 경우가 없었던 터라 대학원 수업은 새로운 느낌을 주기에 충분했다. 선생님의 수업 중에 선생님께서 독일어 원서 교재 강독을 하시면서 너무나 빠른 속도로 읽어나가셔서 신기하였고, 지금도 선생님의 힘 있던 목소리가 귓가에 맴도는 듯하다.

이듬해 석사학위 논문 제목을 정해야 하는데 고민 끝에 "국가긴급권"을 주제로 정하려고 선생님께 상의를 드렸더니 특별한 말씀 없이 해보라고 하셨다. 유신헌법에 새로이 근거가 마련된 긴급조치권을 포함하여 계엄, 긴급명령 등 국가긴급권제도는 당시 매우 민감한 정치이슈였으며, 실제로 1974년 초부터 긴급조치권이 광범위하게 발동되고 있었다. 또한 선생님께서는 유신헌법 제정 직후 최초의 헌법 교과서인 "헌법학개론"을 발간하시면서 여러 가지 어려움을 겪으셨었다. 이러한 상황에서 비록 석사학위 논문이기는 하나 혹시 폐가 되지 않을까 하는 걱정이 없지 않았다.

---

* 국가경영연구원 이사장, 전 기획예산처 예산실장, 차관, 건국대학교 법학전문대학원 교수, 한국재정법학회 회장, 한국은행 금융통화위원

논문 제목은 정해졌지만 차일피일 미루고 있는 가운데 학위논문 시한이 다가오고 있었다. 그즈음 필자는 경북 영천군청에서 행정사무관 실무수습 중이었기에 그나마 논문작성을 할 수 있는 시간적 여유가 있었다. 본격적으로 원고작성에 들어가면서 선생님을 한번 찾아뵈었더니 마치 준비하고 계셨던 것처럼 일본 자료 사본을 주셨다. 잘 정리해서 논문에 포함시키면 좋을 것이라는 당부말씀도 하셨다. 시한이 촉박하여 작은 누님께 원고지 정서를 부탁하면서 가까스로 원고작성을 마치고, 선생님을 찾아뵈었더니, 논문양식에 맞추어 바로 인쇄하여 오라고 하셨다. 인쇄본을 들고 다시 선생님을 찾았더니 경희대학교 박일경 교수님께 논문 한 부를 갖다 드리라고 하시면서 방문 시간까지 직접 주선하여 주셨다. 정말 세심한 배려가 아닐 수 없었다. 이때 비로소 박일경 교수님이 논문심사 위원장임을 알았다. 박일경 교수님은 당시 헌법학계 거두로 알려져 있었고, 필자는 학부 시절 딱 한 번 강의 청강을 한 적이 있었다. 분필 한 개만 갖고 오셔서 본인의 교과서 내용을 완벽하게 순서대로 강의하셔서 감탄한 적이 있다. 이튿날 박일경 교수님을 찾아뵈었더니 논문 주제와 관련해서는 별말씀이 없으셨고, 일반적인 환담만 나누었다. 다만 한가지 기억에 남는 것은 박교수님이 대구 덕산국민학교를 졸업하셨다고 하셔서 저도 대구 대구국민학교(덕산국민학교의 명칭 변경)를 졸업했다며 웃었던 기억이 난다.

논문심사는 의외로 빨리 진행되었다. 심사 당일 연구실로 선생님을 찾아뵈었더니 활짝 웃으시는 밝은 얼굴로 맞아 주셨다. 필자가 기억하는 선생님의 가장 밝은 얼굴이었다. 심사과정에 대해 여쭈어보았더니 잘 끝났다면서 위원 중 한 분이 약간의 의견이 있었다며 신경 쓸 필요가 없다고 말씀하셨다. 그 당시 민감한 긴급조치가 계속 발동되고 있던 상황이었으므로 "국가긴급권에 관한 연구"라는 논문 주제 자체에 대한 의견이었던 것 같다. 한숨 돌린 기분이었다. 이렇게 하여 관악캠퍼스에서 개최된 졸업식에서 석사학위를 받을 수 있었으며, 이는 오로지 선생님의 지도와 배려 덕분이었다고 생각한다. 당시 관악캠퍼스는 이전한 지 얼마 되지 않아 매우 황량한 분위기였던 기억이 난다.

## 2. 박사과정 수료와 논문 포기

다시 선생님을 가까이 뵙게 된 것은 대학원 박사과정에 진학하면서였다. 1981년 대학에서 강의를 하고 있던 홍정선 교수(연세대, 행정법)에게서 연락이 왔다. 박사과정에 입학하라는 권유였다. 국민학교부터 대학원까지 20년 이상을 같은 학교에 다닌 유일한 친구이다. 홍교수는 이미 그해에 박사과정에 입학해 선생님의 지도를 받으며 논문 준비를 하고 있었다.

당시 필자는 경제기획원 공정거래실에서 공정거래법을 담당하고 있었다. 새로운 법이 제정되어 1981.4.1.부터 시행되어 법령 해석과 질의가 쇄도하여 눈코 뜰 새 없이 바쁜 때였다. 1979년 10.26사태 이후 계엄령선포 등 정치적 소용돌이가 조금은 진정을 찾던 시기이기도 했다. 공직을 천직으로 생각했던 필자의 마음속에 그 당시 약간의 회의가 생기기도 했었다. 또한 새로 시행된 공정거래법은 여러 가지 쟁점이 제기되었으나 당시 학계에서는 제대로 된 연구가 없었고 실무 처리에 어려움이 많았다. 공정거래법에 대한 연구, 진로 변경에 대한 생각 등 여러 가지 고민 끝에 1982년 박사과정에 입학하기로 결정하였다.

박사과정에 입학은 하였지만 직장이 있던 광화문에서 관악캠퍼스까지는 먼 거리였다. 대학원 강의가 요즈음처럼 빡빡하지는 않았지만 주간 강의를 소화하기는 쉽지 않았다. 그런대로 따라가기는 하였으나, 공부가 좀 더 필요하다고 생각했던 공정거래법 즉 경제법 분야는 설정된 강의가 별로 없었다. 우선은 헌법 등 공법강의를 주로 수강하면서 선생님을 다시 지도교수로 모셨으며, 선생님께서도 쾌히 승낙해 주셨다. 그러나 두 학기를 채 마무리하기도 전에 필자는 미국 유학의 길을 떠나게 되었다. 공무원 해외연수 계획의 일환이었다. 미국대학의 입학허가를 받기 위해서는 추천서가 필요했다. 추천서 초안을 작성해서 상도동 선생님댁을 찾아갔다. 선생님께서는 꼼꼼히 읽어보시더니 문장 하나를 추가한 후 사인해 주셨다. 덕분에 미국 남부에 있는 밴더빌트대학에서 1년 반 동안 경제학을 공부하고 독과점 규제에 관한 논문을 쓰고 귀국할 수 있었다.

귀국 후 복학을 하면서 과정수료 및 박사학위 논문작성에 대한 고민이 시작되었다. 선생님을 뵙고 미국에서의 공부 및 공정거래법에 대한 문제의식 등에 관해 말씀드렸더니 학위논문 주제는 공정거래법으로 하고, 황적인 교수님을 지도교수로 하는 것이 좋겠다고 하시면서 몸소 주선까지 해주셨다. 황교수님을 뵙고 당시 이슈가 되고 있던 기업결합규제를 논문주제로 상의드리고 논문준비를 시작했다. 하지만 근무부서가 예산실로 바뀐 후부터는 근무시간이 매우 불규칙했다. 야근이 대부분이었고 그마저도 시간 예측 가능성이 전혀 없었다. 과정수료에도 급급했고 논문준비는 상상하기도 어려웠다. 1980년대 경제기획원 예산실 근무는 성수기(6~9월), 비수기(1~5월), 불확실기(10~12월)로 크게 나누어져 있었다. 10~12월 국회예산심의기간에는 정쟁으로 수시로 정회가 많아 국회 주변에서 대기하는 시간이 회의시간보다 더 많았다. 그래도 이러한 틈새시간을 이용해서 가까스로 과정수료는 마쳤으나 논문준비는 사실상 거의 포기한 상태였다.

1986~1987년쯤으로 기억된다. 선생님 공부모임에서 우리나라 예산현황에 대해 발표를 한번 하라는 연락을 주셨다. 퇴근 후 저녁시간에 부랴부랴 자료를 준비하여 달려간 적이 있다. 발표 후 선생님께서는 박사학위 논문준비에 대해 물으시면서 예산실에 근무하고 있으니 예산분야를 논문주제로 하는 것이 어떻겠느냐는 말씀을 주셨다. 갑작스런 말씀이라 아직 예산에 대해 깊게 생각해 본 적이 없다고 얼버무렸던 것으로 기억한다. 사실 이때까지만 해도 선생님의 배려와 진의를 제대로 알지 못하고 있었다. 막연하게 곧 승진해서 예산업무를 떠나면 당초 계획대로 공정거래법에 관한 논문작성제출을 마무리할 수 있을 것으로 기대하고 있었던 것이다. 예상보다 승진이 늦어지면서 논문제출 시한이 점차 다가오고 있었다. 공직생활을 계속할 것이라면 구태여 박사학위를 받을

필요가 있느냐는 자기변명, 필자의 태생적 게으름, 그동안의 누적된 업무 피로감 등으로 결국 논문제출을 포기하고 말았는데, 선생님께는 정말 죄송스럽기만 하였다.

## 3. 한결같은 선생님의 사랑

사람의 운명을 어찌 알겠는가? 그 후 필자는 공직생활의 대부분을 정신없이 예산업무에 종사하다가 2007년 공직을 마감하고 건국대학교 법과대학 교수로 재직하게 되었다. 법학전문대학원 출범 직전이라 실무교수라는 타이틀로 교수채용의 필수요건인 박사학위 없이 운 좋게 대학으로 갈 수 있었다. 그제서야 선생님께서 논문주제를 바꿔 마무리해 보라던 말씀이 실감 나게 다가왔다. 그때는 멀리 내다보고 주신 말씀을 필자는 제대로 헤아리지 못했던 것이다.

대학에 온 후에는 시간적 여유가 생겨 선생님께서 주관해 오신 공부모임(공법 이론 및 판례연구회)에도 가끔 나가게 되어 선생님을 자주 뵐 수 있게 되었다. 선생님의 모습은 한결같으셨다. 말씀은 없으셨지만 왜 그때 논문을 마치지 않았냐고 질책하시는 것만 같았다. 언젠가 조용히 한번 여쭤 보고 싶었는데, 안타깝게도 이제 그럴 기회는 영원히 사라지고 말았다.

2018년 봄 경상북도 김천에서 국회의원 보궐선거가 있었다. 선생님의 제자 송언석 후보(현재 재선의원)가 '국민의 힘' 공천으로 출마하게 되어 현지에서 후보사무소 개소식이 있었다. 주말이라 교통체증이 심해 당일 다녀오기엔 무리한 일정임에도 선생님께서는 꼭 다녀오시겠다는 생각이셨다. 정재황 교수(성균관대, 헌법)의 수고로 버스전용차선을 이용할 수 있는 차량을 구해서 개소식에 참석하고 격려해 주셨다. 도중에 금강휴게소에서 금강물을 바라보면서 담소하시던 기억이 아물거린다. 선생님께서는 언제나처럼 조용하신 모습이었다. 국민의 힘 텃밭이라 송후보가 당연히 당선될 줄 알았는데 만만치 않다는 얘기가 들리더니, 선거 당일 예측불허의 시소게임 끝에 493표 차이로 당선되었다. 선생님의 사랑이 멀리까지 전달된 결과가 아닌가 생각한다.

선생님은 정말로 자상한 분이셨다. 요즈음은 연말연시 우편 연하장이 대부분 없어졌지만, 한때는 연하장 주고받기가 연말연시의 풍습이었다. 필자는 본래의 게으름 때문이기도 하지만 연말 국회예산심의로 바쁘다는 핑계로 연하장을 받기만 하고 보내지는 못하는 경우가 많았다. 어쩌다 선생님께 연하장을 보내는 경우 꼭 답장을 주시면서 몇 마디 말씀을 또박또박 적어 주셨다. 가끔 자료를 우편으로 보내주실 때면 꼭 친필로 봉투를 쓰셨다. 지금도 선생님의 글씨가 눈에 아롱거린다. 감사하다는 전화 한번 못 드린 것이 후회스러울 뿐이다.

두서없이 글을 쓰다 보니 선생님에 대한 회고가 필자 자신에 대한 회고처럼 되어버린 감이 든다. 선생님께서 세상을 떠나신 후 선생님 필생의 저작 『한국통일의 정치와 헌법』을 조용히 읽어보는 기회가 있었다. 남북이 통일된 후의 통일헌법의 기초를 평생의 목표로 최근까지도 연구를 계속하신 선생님의 나라사랑에 가슴이 뭉클하였다. 통일에 대한 선생님의 염원이 가까운 장래에 이루어지길 기원하며, 삼가 선생님의 명복을 빌어본다. 생전에 선생님 면전에서 한 번도 말씀드리지 못한 한마디로 글을 마치고자 한다. “선생님 감사합니다. 그리고 사랑합니다.”

2023.2.28.

# 그 시간에 공부하는 게 좋은데

홍정선*

## 1. 벌써 1년, 선생님을 그리워하며

선생님께서 떠나신 지 벌써 1년이 되었다. 시간이 지날수록 선생님의 빈자리가 점차 크게 와 닿는다. 선생님께 배우면서 학자 · 학문의 길을 걸어온 세월이 주마등처럼 떠오른다. 학문 · 학회 · 여행 · 가족 등 여러 가지 것들과 관련하여 선생님과 나누었던 여러 이야기가 새삼 생각이 난다. 많은 이야기 중에서도 「필자가 학문의 길로 들어서는 시기 전후에 선생님께서 공부 · 학문과 관련하여 주신 몇몇 말씀」을 회상함으로써 선생님 추모 1주기에 드리는 글로 갈음하고 싶다. 선생님께서 나에게 주신 모든 말씀이 아니라 극히 일부의 말씀만을 기술하는 것이 죄송스럽기도 하다. 나의 회상은 길게는 50여 년 전, 짧게는 30여 년 전의 일들을 대상으로 하고, 그것도 기억을 바탕으로 한다는 것을 말하고 싶다.

## 2. 그 시간에 공부하는 것이 좋은데

필자가 1970년 봄, 법과대학 2학년 재학 중일 때이다. 한 선배가 나에게 서울대학교 학보인 대학신문 법대 기자를 한번 해보라고 권하였다. 좋은 경험이 될 것이라고 하면서, 관심이 있으면 선생님께 도움을 요청해 보라고 하였다. 단과대학 기자는 1명을 원칙으로 하였고, 당시 법대 기자는 공석이었다. 자문위원이신 교수님의 추천이 있으면 대학신문 기자가 될 수 있었다. 선생님은 당시 법과대학 교수이면서 대학신문 자문위원이셨다.

당시 법과대학은 동숭동에 있었다. 나는 동숭동 연구실로 선생님을 찾아뵙고, 법대 기자를 하고 싶다는 말씀을 드렸다. 교수님을 처음으로 뵙고, 드린 말씀이었다. 교수님과의 인연은 이렇게 시작되었다. 교수님께서는 대학신문 기자를 하는 것이 좋긴 하지만, 기자를 하면 적지 않은 시간이 소요되므로 공부하는데 많은 지장을 받을 것이라 하셨다.

---

* 전 연세대학교 · 이화여자대학교 교수, 한국지방자치법학회 명예회장, 한국공법학회 고문, 국가행정법제위원회(법제처) 공동(민간)위원장.

그러시면서 그 시간에 공부를 열심히 하는 것이 좋을 것이라 하시면서. 꼭 기자를 하여야 하겠는가라고 반문하신 기억이 난다. 그래도 하고 싶다고 말씀드린 후 얼마 지나지 않아 대학신문 기자가 되었다.

당시 매주 월요일 오후에 대학신문 편집회의가 있었다. 편집회의는 주간(교수로 보하였음), 전임기자(대학원생이 맡았음), 단과대학 기자와 자문 교수님으로 구성되었다. 편집회의가 열리는 날에는 선생님을 따라 회의장으로 가곤 하였다. 편집회의에서는 전주에 발간된 신문에 대한 평가와 다음 주에 발간될 신문의 방향에 대한 논의가 있었다고 기억된다.

나는 주간과 전임기자 몰래 대학신문에 학생들의 시위 관련 기사를 실은 적이 있었는데, 이로 인해 편집회의에서 나는 주간으로부터 호되게 질책을 받은 적이 있었다. 선생님께서는 미소를 지으셨는데, 나는 그 미소가 나를 응원하는 의미로 이해하였던 것 같다. 당시 서울법대는 선망의 대학이었기에 법대생들은 인기가 많았다. 그러다 보니 서울법대생 행세를 하는 가짜 서울법대생이 적지 않았고, 가짜 서울법대생에 속은 젊은 여성도 꽤 있었다. 그러한 여성들의 사연을 대학신문에 실었더니 많은 일간지가 이 기사를 전재하기도 하였고, 이 때문에 편집회의에서 많은 칭찬을 받기도 하였다. 이때에도 선생님께서는 미소를 지으셨는데, 그 미소가 지금도 떠오른다.

나의 대학기자 생활은 오래가지 않았지만, 선생님 말씀대로 그 시간에 공부를 열심히 하였으면 「나의 삶이 어떻게 변하였을까」라는 생각을 여러 차례 하기도 하였다.

## 3. 대학에서 강사를 하지 않겠나

석사학위를 취득한 후인데, 1976년 말인지 1977년 초인지 기억이 분명하지 않지만, 지도교수이신 선생님께서 필자를 상도동으로 부르시더니, 지방의 어느 대학에서 헌법강의를 하지 않겠나 하셨다. 당시는 지금과 달리 박사학위가 없는 자가 강의하는 것이 자연스러운 시절이었다. 학문이 제대로 발전하기 전이고, 연구자가 그리 많지 않던 시기였기에 그러했을 것이다.

필자는 강의하기에는 능력이 미흡해서 자신이 서지 않는다는 말씀을 드린 것 같고, 또한 강사를 얼마 동안 해야 전임교원이 되는지 등을 여쭌 것 같다. 여러 사정으로 인해 선생님의 권유를 따르지 못했다. 지금 생각해보면 필자는 당시 학문에 대한 열정이 부족하였던 것 같다. 당시에도 대학에 갈 수 있는 기회를 얻는 것은 매우 어려웠다는 점을 고려할 때, 선생님께서 필자를 대학으로 권유하신 것은 필자에게 큰 배려를 한 것이었다고 생각된다.

## 4. 이제서야 학교에 가고 싶다고

그 후에도 대학으로 가고 싶은 마음은 늘 잠재되어 있었는데, 1970년대 말쯤 되니 대학으로 가고 싶은 마음은 강해졌던 것 같다. 그래서 상도동으로 선생님을 찾아뵙고, 대학에 가고 싶다고 말씀드렸더니 선생님께서 "대학에 가라 할 때는 가지 않고 이제서야 학교에 가고 싶다고 …"라고 말씀하셨던 기억이 난다.

선생님께서 안내해 주신 대로 박사과정에 다니면서 시간 강의도 하게 되었다. 선생님께서 서울대학교 교양학부 법학개론 강의를 마련해 주시기도 하였다. 다른 대학에서는 헌법개론과 행정법을 강의하기도 하였다. 지금 생각해보면, 그 당시 수강생들에게 미안한 마음이 들기도 한다. 나의 전문지식이 지금에 비하여 상당히 미흡하였을 것이기 때문이다. 하여간 선생님의 배려로 대학이 강의와 인연을 맺게 되기 시작하였다.

1982년 봄, 필자는 이화여자대학교 법학과의 행정법 전임교원으로 채용되었다. 당시 이화여자대학교 법학과에는 행정법 교수가 부재하였다. 전년도에 필자는 시립대학교 법학과에서 행정법을 강의하고 있었다. 당시 시립대학교 법학과에서 행정법을 강의하는 필자를 찾아낸 이화여자대학교 법학과장 윤후정 교수님이 이화여자대학교에 필자를 채용하는 문제와 관련하여 선생님과 말씀을 나누었던 것으로 알고 있다. 선생님의 추천이 필자의 취업에 상당한 역할을 하였을 것이다.

## 5. 예를 들면 d'Hondt 방식과 Hare-Niemeyer이 있지

필자는 이화여자대학교 법학과에서 행정법과 헌법을 강의하였다. 행정법이 주된 담당과목이었고, 헌법은 법학과의 사정에 따라 보충적으로 담당하는 과목이었다. 부임 당시에는 공법연습, 생활법률 등의 과목을 맡기도 하였다.

1982년 봄으로 생각되는데, 선거에 관한 원칙을 다루는 시간이었다. 비례대표제와 관련하여 "비례대표제의 종류는 3백여종까지 있으며 모두 각각의 이론과 장단점을 가지고 있으나, 본래 목적은 사표를 가능한 한 적게 하고 이를 살려서 선거에 있어서 국민의 진의를 정확하게 의회에 반영시키려고 함에 있다"[1] 는 내용 등을 소개하였다. 소개가 끝날 무렵 한 학생이 손을 들어 질문을 하였다. 내용인즉, 비례대표제의 종류를 구체적으로 말씀해 달라는 것이었다. 필자로서는 순간 머리가 텅 빈 느낌을 받았다. 왜냐하면 세세한 내용을 말할 수 있는 비례대표제 방법을 하나라도 기억하고 있는 것이 없었기 때문이었다. 다행스럽게도(?) 질문을 받은 직후, 2시간 강의 중 1교시 강의의 마침을 알리는 벨이 울렸다. 다음 시간에 계속하자 말하고 급히 나의 연구실로 향하였다.

지금이라면 모르면 모른다, 기억 못하면 기억하지 못한다 등을 주저 없이 이야기할 수 있는데, 그 당시에는 왜 그런 이야기를 할 수 없었는지 참 …. 아마도 초학자가 가질 수 있는 자격지심 탓 아니었나 싶다.

---

1) 김철수, 헌법학개론, 법문사, 128쪽. 이 책의 초판본(1973.1.7.), 재판본(1973.1.30.), 3판본(1973.2.20.)은 모두 압수되었다. 1970.3.말에 나온 책은 선생님의 의사에 반하는 검열본이었다. 검열이유는 밝혀진 바 없다. 선생님은 압수본에서 저항권에 대한 긍정적인 견해를 표명하였는데, 당시 저항권을 언급한 국내 문헌은 찾아보기 어려웠다.

당시 나의 연구실에 비례대표제의 유형을 세세히 다루는 내용의 책은 없었다. 불안한 마음으로 선생님 연구실로 전화를 돌렸다. 당시에는 핸드폰도 컴퓨터도 없던 시절이라 선생님께서 전화를 받지 아니하면 그 순간 듣거나 배울 방법은 없었다. 다행히도 선생님께서 연구실에 계셨다. 필자에게 행운이 있다는 생각이 들었을 것이다. 선생님께 사연을 말씀드리니 즉시 하나의 방법을 설명해주셨다. 아마도 선생님께서 설명해주신 것은 돈트(d'Hondt) 방식 아니면 헤어-니마이어(Hare-Niemeyer)방식이었을 것이다.[2] 필자는 열심히 받아 적었다. 이로써 다음 시간을 무난히 넘길 수 있었다. 학생들은 필자가 많이 아는 것으로 오해하였을 것이다. 지금도 필자는 돈트 방식이나 헤어-니마이어 방식을 강의하려면, 책을 보아야 한다. 그 후에도 필자는 선생님의 헌법학개론을 교재로 하는 강의에서 잘 모르는 내용을 만나게 되면, 기회가 나는 대로 선생님께 여쭈었던 기억이 난다. 참으로 선생님께서는 기억하시는 것이 정말 많으시다는 생각이 들었다.

## 6. K. Stern의 Das Staatsrecht, Band Ⅱ가 참고가 되겠네

대학에서 법학자로서의 길을 걷고자 하는 사람들은 누구나 박사학위논문의 작성 · 통과와 관련하여 상당한 압박감을 받는 것은 예나 지금이나 다를 바 없을 것이다. 필자 역시 상당한 기간 그러한 압박감을 느꼈던 것으로 기억된다. 논문 주제를 무엇으로 할 것인지, 자료 특히 외국 자료는 어떻게 수집할 것인지 등등으로 날이면 날마다 생각에 빠졌던 것으로 기억된다.

1982년 봄인지 여름인지 기억이 분명하지 않지만, 부산에서 공법학회(?)가 열린 적이 있다. 당시 필자는 귀경열차에서 선생님 옆자리에 있었다. 선생님과 장시간을 함께 여행한다는 것은 생각하기 어려운 시절이었다. 많은 대화를 나누었지만, 지금 그 내용은 잘 기억나지 않는다. 그러나 박사학위 논문 작성을 위해 참고할 주요 자료의 방향이 그날 정해졌다는 것만은 분명히 기억이 난다.

나는 그날 선생님께 "경부선을 타면, 이따금 생각나는 것이 있습니다. 서울과 부산을 축으로 하여 동쪽과 서쪽을 비교하면, 동쪽은 공업화가 많이 되어 있지만 서쪽은 공업화가 미흡하다는 생각이 들었습니다. 동쪽과 서쪽이 균형 있게 발전하여야 하는데, 이와 관련된 문제를 헌법학적으로 접근하고 싶은데 어떻게 하면 되겠습니까?"라고 여쭈었던 기억이 떠오른다. 선생님께서는 주저 없이 "K. Stern의 Das Staatsrecht, Band Ⅱ를 보면, 거기에 Planung이라는 부분이 나오는데, 그것이 도움이 될 수 있겠네" 하셨다.

당시에는 인터넷이 없던 시절이라 인터넷을 통해 외국 문헌에 접근한다는 것은 불가능하였다. 외국 문헌에 접근하려면, 도서관을 이용하거나 외국 문헌을 직접 구입하는 방법 외에 다른 방법은 없었다. 외국 문헌, 특히 독일 문헌을 구입하려면 당시 명동에 있었던

2) d'Hondt 방식과 Hare-Niemeyer 방식의 내용에 관해 졸저, 신지방자치법 제4판 260쪽 이하 참조.

독일 서적 전문 서점을 이용하거나 아니면 개인이 독일에서 직접 구매하여야 했다. 귀경한 다음 날 K. Stern의 Das Staatsrecht, Band Ⅱ를 구입하고자 독일 서적 전문 서점을 찾았으나, 유감스럽게도 그 책은 없었다. 그 서점에서 말하기를 이 책을 사려면 3~4개월 정도 소요된다고 하였다. 필자는 그 책을 빨리 갖고자 직접 구입하기로 하였다.

필자는 K. Stern의 Das Staatsrecht, Band Ⅱ를 최대한 신속하게 구입하고 싶다는 내용을 적은 편지를 독일에 체류 중인 친구에게 보냈고, 2주가 좀 지난 시점에 그 친구로부터 Invoice가 첨부된 답신을 받았다. 즉시 은행에 가서 Invoice에 기재된 금액의 송금수표를 매입하고, 그 송금수표를 Invoice를 내준 서점에 등기우편으로 보냈다. 다행스럽게도 2주가 좀 지났나 할 즈음에 필자는 K. Stern의 Das Staatsrecht, Band Ⅱ를 갖게 되었다. 당시 그 기분은 뭐라고 표현할 수 없을 정도였다는 생각이 떠오른다. 당시 필자는 독일 문헌들을 이러한 방식으로 구입하였다.

Das Staatsrecht, Band Ⅱ를 펼쳐 보니, 필자가 쓰고자 하는 논문과 관련된 내용이 §40에 있었다. 그 부분은 다음과 같이 구성되어 있었다. 이 책은 1980년에 출간되었던 초판이었다.

§40 DIE PLANUNG
Schrifttum
Ⅰ. Begriff und Antriebskräfte der Planung
Ⅱ. Die Ebenen, Arten, Phasen, Formen und Wirkungen der Planung
Ⅲ. Die funktionelle Zuordnung der Planung
Ⅳ. Planungsschranken und Planungsrechtsschutz

이 부분을 읽어보니 독일에서는 계획(Planung)을 행정계획(Verwaltungsplanung)과 정치적 계획(politische Planung)으로 나누기도 하였다. 필자가 관심을 가진 부분은 행정계획(행정법상 계획, 부문계획)의 문제가 아니라 정치적 계획(국법상 계획, 국가지도적 계획)의 문제라는 것을 알게 되었다. 당시 국내의 공법 관련 문헌에서 정치적 계획이라는 개념은 사용된 바 없었다. 뿐만 아니라 정치적 계획은 당시 공법학계의 관심 대상도 아니었다.

필자로서는 논문 작성에 §40 DIE PLANUNG에 나타나는 Schrifttum(문헌목록)을 참고할 수밖에 없겠다는 생각이 들었다. Schrifttum(문헌목록)에는 100여 개의 문헌과 논문이 소개되어 있었다. 필자는 목록에 나타난 거의 모든 문헌을 구입하고자 하였으나, 구입할 수 없는 것도 있었다. 하여간 많은 자료를 확보한 순간에 느끼는 희열은 이루 말할 수 없었다. 이러한 희열은 후학들에게도 다를 바 없을 것이다.

이렇게 입수한 독일 문헌과 국내의 문헌 등을 바탕으로 박사학위 논문을 작성할 수 있었다. 심사위원들께서 작명해주신 박사학위 논문의 제목은 「정치적 계획의 헌법학적 고찰」이었다. 이 논문은 그 후 법문사에서 「헌법과 정치」라는 제목으로 출간되었다. 그때 선생님께서 Das Staatsrecht, Band Ⅱ를 말씀해 주셨기에 필자가 학위논문 작성에 효율적으로 나아갈 수 있었을 것이라고 생각된다.

## 7. 행정법 이론서 출간하는 것, 좋은 일이지

대학에서 행정법을 강의하면 할수록 필자의 시각에 적합한 행정법 이론서를 갖고 싶은 마음이 떠나질 않았다. 당시에 필자는 볼펜으로, 연필로 원고를 작성하였으니, 원고 집필에 물리적으로 많은 시간이 소요되었다. 물론 당시에 초기 형태의 컴퓨터(IBM 컴퓨터)는 있었으나 고가이어서 구입할 수 없었다. 독일에 가서 독일 문헌들을 반영하여 행정법 이론서의 꼴을 갖추는 것으로 계획하였다. 다행히도 출국 전에 국내 문헌들을 기초로 행정법 이론서 출간을 위한 기초작업을 끝낼 수 있었다. 이 계획은 추후 행정법원론(상)(하)의 출간으로 마무리된다.

필자는 1988년 1월부터 1990년 1월까지 독일 Tübingen 법학부에서 연구할 수 있는 기회를 가졌다. 출국하기에 앞서 선생님을 찾아뵙고, 독일에 머무는 동안 해야 할 일들에 관한 말씀을 드린 적이 있다. 지금도 그때 말씀드린 것 중에서 하나는 분명히 기억이 난다. 선생님께 조심스럽게 행정법이론서 집필에 관한 말씀을 드렸다. 선생님께서는 기꺼이 잘 집필해서 오라고 하시면서 격려까지 해주셨다. 선생님의 격려는 나에게는 큰 힘이 되었다. 당시는 스승이 건재하시는 경우 제자들이 책을 낸다는 것은 예상하기 어려운 시절이었다. 비록 헌법이 아니라 행정법이론서의 집필이지만, 선생님께서 격려해 주셨다는 것은 필자에게는 큰 사건이었다.

행정법이론서의 집필과 관련하여 남길 이야기가 적지 않지만, 이 글은 선생님을 추모하는 글이기에 이에 관한 언급은 약한다. 단 한 가지는 이 기회를 활용하고 언급하고 싶다. 필자는 당시 행정법을 일반행정법[제1편 행정법 서설, 제2편 행정작용법 일반원리, 제3편 행정조직법 일반원리] · 특별행정법[제1편 특별행정법서설, 제2편 지방자치법, 제3편 공무원법, 제4편 질서행정법(제1장 군사행정법, 제2장 경찰행정법), 제5편 복리행정법(제1장 공적시설법, 제2장 공용부담법, 제3장 토지행정법, 제4장 경제행정법, 제5장 사회 · 교육 · 문화행정법, 제5장 환경행정법), 제6편 재무행정법] · 행정쟁송법[제1편 서설, 제2편 행정심판법, 제3편 행정소송법]으로 구성하였다. 당시로서는 획기적인 구성이었다. 판을 거듭하면서 독자의 요청, 입법의 변화, 필자 생각의 변화 등에 따라 그 구성에 약간의 변화가 있었다.

## 8. 끝으로

필자의 젊은 시절에 학문과 관련하여 선생님께서 주신 몇몇 말씀을 적어보았다. 이것은 학문과 관련하여 선생님과 대화를 나눈 것의 일부에 불과하다. 젊은 시절에 학문과 관련하여 선생님으로부터 많은 것들을 들었기에 필자의 학문 세계는 가능하였던 것이 아닌가 생각된다. 필자의 젊은 시절에 선생님 연구실을 찾아뵐 때마다 책더미 속에서 연구하시던 모습이 눈에 선하다. 영면하시기 전까지 저술활동을 꾸준히 하셨던 선생님의 모습이 떠오른다. 선생님의 학문 세계 · 활동을 흉내라도 내보고자 하였고 또한 하려고 하는데 …. 교수님은 나에게 영원한 지도교수님이시다. 선생님 감사합니다.

2023.01.04.

# "선생님 연구소 계십니더"

김영천*

## 1. 한강대교 저편에는 선생님이 계시는데

선생님께서 저희 곁을 갑자기 떠나신 지도 벌써 1년이 되었습니다. 얼마 전 집사람과 함께 인천 영종도로 가기 위하여 용산 저의 집에서 출발하여 남쪽으로 한강대교를 건너다가 "저기 상도터널 쪽으로 가면 선생님 댁인데 지금은 안 계신다는 생각이 드니 너무 허전하다"라고 자연스럽게 얘기하게 되었습니다. 선생님께서 서울법대 교수직을 은퇴하신 후, 상도동에서 '공법이론과 판례연구회'를 설립하실 때 그리고 신림동 삼모스포렉스빌딩에서 '한국헌법연구소'를 설립하신 때부터 지금까지 수십 년간 선생님을 뵈러 무수히도 다녔던 길이었기 때문입니다. 그 가르치심과 사랑은 변함없이 흐르는 한강처럼 지금도 저희 가슴속에 생생히 살아 흐르고 있습니다.

## 2. 선생님의 가르침을 받기 시작한 지 50여 년의 세월이 흘렀습니다

선생님은 一善金氏로서 경북 칠곡이 고향이십니다. 저도 一善金家로서 善山이 先代의 고향입니다. 一善은 善山의 옛 지명입니다. 선생님께서는 경북고등학교 32회 졸업생이시고 제가 52회이니 20년 선배님이시기도 합니다. 그러니 선생님은 저에게는 선생님이시고, 선배님이시기도 하고 집안의 어른이시기도 합니다. 선생님을 처음 뵙게 된 것은 선생님의 헌법 강의를 신청하여 수강할 때였으니 지금까지 어언 50여 년을 선생님 가까이에서 가르침을 받아 왔습니다. 특히 당시 수업 시간에 정부형태와 관련하여 강의하시면서 우리나라에서 독재를 막으려면 의원내각제 정부형태가 바람직하다고 말씀하셨던 기억이 납니다. 고등학교에서 '정치 · 경제' 수업 시간에 배울 때만 해도 의원내각제 정부형태는 혼란을 가져온다고 배웠기 때문에 당시에는 상당히 의아하였습니다. 그때 선생님께서는 이스라엘의 예를 드시면서 2억의 아랍인을 상대로 전쟁을 하여 이겨낸 이스라엘의 의원내각제 정부형태를 말씀하셨습니다. 그때부터 저는 의원내각제 정부형태를 신봉(?)하여

---

* 서울시립대 명예교수

저의 강의 시간에도 의원내각제의 우수함을 학생들에게 강의하게 되었고, 의원내각제의 핵심인 '의회제도' 연구에 특히 관심을 가지게 되었습니다. 민주적인 의회 운영을 위해서 영국 의회에서 정립된 국회의장의 '공정한 사회자'로서의 지위를 강조하여 '국회의장의 당적 이탈'의 필요성을 주장하는 글을 동아일보에 기고하였고 나아가 국회법 개정 시에 보고서에 의견을 제시하여 청문회 제도 도입, 국정조사요구권의 정족수 완화 등의 다른 개정사항들과 함께 반영하게 된 것은 오늘날 국회의 현실적인 운영에는 아쉬움이 여전하지만, 우리나라 민주적인 의회제도를 위하여 이바지하였다는 점에서 일단은 보람으로 남아 있습니다.

## 3. 교수로서의 첫걸음을 열어 주신 선생님

제가 처음 대학에서 강의하게 된 것은 1985년경으로 기억되는데 숙명여대에서 교양헌법 강의를 맡게 된 때입니다. 당시 숙명여대 김철 교수님께서 안식년을 맞아 미국에 1년간 가시게 되었을 때 선생님께서 김철 교수님께 저를 추천해 주셔서 강의를 맡게 된 때였습니다. 당시 선생님을 지도교수로 모시고 석사학위만 받고 박사학위가 없던 저에게는 과분한 추천이셨는데 그때 강사로서의 첫 출발이 저의 교수로서의 첫걸음이 되었습니다. 당시 강의 부탁을 받았을 때 반갑고 고마웠으나 한편 걱정도 많이 되었습니다. 그때 선생님께서 열심히 준비해서 잘하라는 당부를 하셨고 그 말씀에 따라서 나름으로 열심히 강의 준비를 하고 학교에 갔습니다. 첫날 강의실로 가는 동안 캠퍼스에 여학생들만 있는 광경은 처음인지라 떨리는 마음을 다독이며 앞만 보고 강의실을 찾아갔습니다. 강의실에 들어서는 순간 눈앞이 캄캄해졌습니다. 강의실이 서관 426호로 기억되는데 대형강의실에 다양한 전공의 여학생이 150여 명이 꽉 들어차서 저만 쳐다보고 있다고 상상해 보십시오. 얼마나 놀랐겠습니까? 과목이 헌법 과목이고 또한 교양선택과목인지라 여학생들에게는 인기가 없어 수강생이 별로 없으리라 생각했는데 전혀 그렇지 않았습니다. 많은 여학생이 헌법에 이렇듯 관심을 가지고 배우는 한 우리나라 민주주의의 장래는 밝다고 확신합니다. 아무튼 그 학기 첫 강의는 대과 없이 잘 끝났고, 특히 대학에서 교육하는 보람을 피부로 느끼게 해주었습니다. 강의를 맡겨 주셨던 김철 교수님께는 물론 성실하게 열심히 수업에 임해준 그때의 학생들에게 지금도 고마운 마음을 전하고 싶습니다. 그때 이후로 김철 교수님께서는 매 학기 저에게 헌법 또는 행정법 강의를 배려해 주셨습니다. 당시 숙명여대 법학과에는 민법을 담당하시던 이상태 교수님, 형법 담당이시던 이영란 교수님이 계셨는데 따뜻한 환대와 가르치심도 잊을 수 없습니다. 늘 건강하고 행복하시기를 빌고 아울러 명문 숙명여대와 숙명여대 학생들의 무궁한 발전을 빕니다.

## 4. 선생님 저서 '헌법학신론'과 함께 한 30여 년

첫 강의에 채택한 교재가 선생님의 '헌법학신론'이었습니다. 교양헌법 교재로서 '헌법학개론'은 학생들에게 양이 너무 많고 어렵다고 생각했기 때문입니다. 그 후로 저는 학부 학생들을 대상으로 하는 헌법 과목 강의교재로는 한결같이 '헌법학신론'을 채택했습니다. 그러다 보니 학생들이 이해하기 어려워하는 부분들은 표시해 두었다가 선생님께 말씀드리곤 했습니다. 겨울방학 때는 다음 해 신학기에 대비한 '헌법학신론' 교과서 개정작업에 교정보아 드리는 일도 하게 되었으니 '헌법학신론'과의 인연은 '헌법학신론'이 절판된 2014년경까지 이르게 되었으니 무려 30여 년간 헌법학신론으로 강의를 해온 것입니다. 제가 2011년부터 2014년까지 3년간 한국과학기술원(KAIST)에 상임감사로 파견 나가 있는 동안 서울시립대에서 강의하지 못하였습니다. 2014년에 서울시립대로 복귀하여 강의를 위하여 '헌법학신론'을 보니 그동안 개정을 하시지 않아서 교재로 사용할 수 없었습니다. 그래서 선생님을 뵙고 개정을 하셔서 책을 계속 내시면 좋겠다고 조심스럽게 말씀드렸더니 선생님께서는 "김 교수가 그 책을 맡아서 계속 이어가면 좋겠네"라고 말씀하셨습니다. '책을 맡아서 하라'는 말씀을 듣는 순간 전혀 예측하지 못한 말씀이었기에 너무 놀라서 선생님 가족 중에도 있고 문하에도 훌륭하신 분들이 많으신데 제가 감히 어떻게 맡겠느냐고 말씀드렸습니다. 그것이 당시 솔직한 저의 심정이었습니다. 그 후로 헌법학신론이 나오지 않게 되니 지금 후회되는 것은 당시 책이 계속 나오게 도와 드렸어야 했는데 라는 것입니다. 당시 선생님께서 저보고 맡으라는 말씀을 하지 않으시고 간단한 개정이라도 도와달라고 말씀 주셨더라면 당연히 그렇게 했을 텐데 말입니다. 제자들에게 작은 부담도 주지 않으시려는 선생님의 성품을 헤아리지 못했던 것입니다.

선생님 너무 죄송합니다.

## 5. 강의 전에는 반드시 강의 준비를

대학원에서 석사논문을 준비하던 때입니다. 지도교수이셨던 선생님께 지도를 받기 위하여 선생님의 수업시간표를 살펴보고 수업이 예정된 시간 전에 선생님 연구실로 찾아갔을 때입니다. 그때 선생님께서는 선생님의 저서 '헌법학개론'을 읽고 계시면서 "조금 있으면 수업이 있으니 수업이 끝난 후에 오라"고 말씀하셨습니다. 당시 어린(?) 마음에 선생님께 미리 전화를 드리고 사전에 예약하고 찾아뵙는다는 것을 너무 어렵게 생각하던 때였습니다. 그때 선생님께서는 수십 년간 해오신 학부 수업을 앞두고 또한 선생님의 저서임에도 불구하고 수업 전에 미리 읽고 계신 모습에 상당히 놀랐습니다. 그때 모습은 깊이 각인되어 저는 늘 수업은 오후 2시에 배정하는 것을 원칙으로 하고 그 전에 아무리 준비를 철저하게(?) 했다고 해도 최소한 오전에는 아무 약속도 잡지 않고 강의 준비를 하는 패턴을 이어 왔는데 그러한 선생님의 무언의 영향을 받은 것입니다. 그랬기 때문에 매 학기 대형강의를 하게 되고 또 강의평가를 통해 강의우수상도 받게 되었던 것 같기도 합니다. 과분하게 후하게 평가해주고 잘 따라준 착하고 성실한 우리 서울시립대 학생들에게 감사를 표하며 건승을 기원합니다.

## 6. 선생님과 나의 학회 활동

돌이켜보니 지나간 30여 년간의 저의 교수 생활에서 학회 활동은 주로 아니, 거의 모두가 선생님을 모시고 한 활동이었습니다. 그중 제가 회장을 맡아 활동한 학회로는 한국교육법학회, 한국법교육학회, 그리고 공법이론과 판례연구회가 있습니다.

한국교육법학회는 선생님께서 설립하신 학회인데, 우리나라에서 교육법에 관한 연구는 주로 교육학자들에 의해 이루어져 왔는데 법학자들의 연구가 절실하다는 상황에서 선생님께서 설립하신 것입니다. 특히 학회지 '한국교육법연구' 발간을 앞두고 재정적 어려움이 있어 당시 재무 이사였던 고승덕 변호사에게 의논했을 때 고승덕 변호사가 흔쾌히 도움을 준 적도 있습니다. 이 자리를 빌어 감사를 드립니다. 만약 그 후 고승덕 변호사가 서울시 교육감이 되셨다면 우리나라 초·중등교육의 발전에 크게 이바지하였을 것이라는 확신에 많은 아쉬움이 남습니다.

한국법교육학회는 민주시민으로서 갖추어야 할 소양으로서 국민 법의식의 함양이 중요한데 이를 위해서는 청소년들에게 법의식을 고양할 필요가 있다는 점에서 성낙인 전 서울대 총장님 등과 함께 설립한 학회입니다. 당시 법무부에서도 상당한 관심을 가지고 후원해 주었고, 국회의원들의 호응도 끌어내 '법교육지원법'의 제정 등 그 기초를 내릴 수 있었습니다. 선생님께서도 고문직을 흔쾌히 수락해 주셔서 대내외적으로 큰 도움이 되었습니다. 올해부터는 역시 선생님 제자인 서울대 로스쿨의 이효원 교수가 회장을 맡게 되어 그 역할이 기대됩니다.

공법이론과 판례연구회는 선생님께서 은퇴 후에 설립하셨는데 당시 상도동에서 제자들이 모여서 시작하였는데 그 후로 꾸준히 이어져 현재는 세계헌법학회 한국학회와 함께하며 전 헌법재판소 사무처장 박용상 명예회장님의 물심양면 후원과 현 회장인 성균관대 정재황 교수 그리고 서울시립대 김대환 교수 등의 노고에 힘입어 매월 1회 학계와 실무계에 계신 훌륭한 분들의 주옥같은 연구발표와 수준 높은 토론이 이어져 오고 있습니다. 선생님이 아니었으면 이루지 못할 우리나라 공법학계의 훌륭한 자산입니다. 저의 집이 용산이고 선생님 댁이 상도동이신 지라 학회가 끝나고 돌아올 때는 으레 제가 모시고 가게 되었는데 차 안에서의 대화도 선생님께서는 주로 학문연구와 관련된 말씀과 나라 걱정, 제자들에 대한 염려가 주를 이루었습니다.

## 7. 선생님 사모님의 극진하신 내조

선생님 댁에 갔을 때 우연한 기회에 선생님 사모님께서 선생님의 원고를 교정보신다는 말씀을 듣고 깜짝 놀란 적이 있습니다. 또한 인천대 교수로 있는 따님이 원고를 들고 교정을 보는 모습을 본 적도 있습니다. 선생님을 떠올릴 때면 사모님과 함께했던 시간이 생각납니다. 한번은 선생님의 심부름을 한 적이 있는데 어느 날 사모님께서 우리 집 주소만 가지고 혼자서 찾아오셔서 아파트 경비실에 선물을 놓고 가신 적이 있습니다. 지금 생각해도 송구한 마음입니다. 조그마한 부탁도 하기 어려워하시던 선생님과 사모님의 성품이셨습니다. 네덜란드 로테르담에서 열렸던 세계헌법학회에 선생님을 모시고 다녀온 후 다른 제자분들과 함께 선생님 댁에 갔을 때 저녁에 닭복음탕을 끓여 주시기도 하셨습니다. 매 설날 댁에서 제자들에게 떡국을 끓여 주셨을 정도로 사모님의 내조가 늘 선생님께 함께 하셨습니다. 선생님께서는 늘 공부 얘기만 하시고 그것도 핵심만 끝났다 싶으시면 서둘러 자리를 마무리하셨기 때문에 인간적인 대화는 그나마 사모님과 한두 마디 나눈 것이 더 많지 않았나 할 정도입니다. 요사이 종종 사모님의 건강이 불편하시다는 말씀을 듣게 되는데 모쪼록 사모님 건강하시기를 빕니다.

## 8. 선생님의 사랑은 대를 이어 흐르고 있습니다

선생님의 부음을 들은 것은 제가 외출했다가 집에 돌아온 때였습니다. 마침 출가한 저의 첫째 여식 소연이가 우리 집에 와서 뉴스에서 선생님의 별세 소식이 나왔다고 슬프고 근심스러운 표정으로 전해 주었습니다. 소식을 여식에게서 들었을 때 그 불과 며칠 전에 선생님께서 통화를 주셨기에 믿을 수 없었습니다. 저의 막내아들 홍준의 결혼식이 선생님께서 돌아가시기 며칠 전 1월의 저녁에 있었는데 선생님께서 "요사이 날씨도 춥고 해서 밤에는 외출을 삼가고 있어서 결혼식에 직접 참석하기 어려우니 미안하네"라고 말씀을 주셨기 때문입니다. 소식을 전해 준 여식 역시 선생님의 사랑과 관심을 많이 받았습니다. 소연이가 유치원에 다닐 때 온 가족이 함께 선생님 상도동 댁으로 세배드리러 갔을 때 일입니다. 사모님께서는 막내 아드님이 보았던 그림동화 책을 보관해 두셨다가 소연이에게 물려 주기도 하셨습니다. 세월이 흘러 소연이가 장성하여 사법시험에 합격해서 선생님께 알려드렸을 때 기뻐하시며 축하해 주시던 모습이 생생히 남아 있습니다. 그 후로도 전화할 때면 선생님께서는 근황을 물으시고는 칭찬해 주시곤 하셨습니다. 그래서 그런지 소연이는 학교 시험에서나 사법시험 그리고 미국 UCLA에 유학 때에도 헌법 성적이 제일 좋았다고 합니다. 사법연수원 재학 때에는 연수원 지도교수님께서 헌법재판소로 가라고 지도하시기도 했다고 합니다. UCLA 재학 때에는 헌법 과목 성적이 클래스에서 제일 우수해 상금까지 받았다고 합니다. 선생님의 크신 사랑과 관심이 저는 물론이고 이제 40세를 넘긴 여식에게까지 대를 이어 흐르고 있음에 더욱 가슴이 저려 옵니다.

## 9. "선생님 연구소 계십니더"

선생님 장례식장에서 사모님을 뵈었을 때 "불과 며칠 전에 선생님과 통화했는데 어떻게 되신 겁니까?"라고 사모님께 여쭤보았습니다. 사모님께서는 "선생님 그날도 밤늦게까지 원고 쓰시다가 잠자리에 드셨는데 책상 위에 쓰시던 것 그대로 있습니다. 선생님께서는 아마 당신께서도 돌아가신 줄 모르고 계실 겁니다."라고 말씀하셨습니다. 돌아가시던 날 밤까지 연구하시던 선생님이셨습니다. 한번은 선생님께 밤늦게 전화를 드리게 되었는데 당연히 댁에 계시리라 생각하고 댁으로 전화를 드렸는데 사모님께서 받으셔서 "선생님 연구소 계십니더. 연구소로 해 보이소."라고 말씀하셨습니다. 연로하신 연세에도 밤늦게까지 연구하시던 선생님이 기억됩니다. 그러하신 선생님의 끊임없는 연구는 한국 헌법사에는 물론 세계헌법학계에서도 큰 업적을 남기셨습니다. 늘 학교 연구실에서 또 연구소에서 밤낮으로 연구만 하시던 선생님, 아마 지금 하늘나라에서도 연구하고 계시면서 저희를 걱정하고 이끌어 주고 계시겠지요.

선생님 감사합니다!

2023. 2. 14.<br>서재 창 너머로 선생님의 모습을 그리며

# 선생님과 만남, 가르침 그리고 헤어짐

김학성*

## 1. 만남

필자는 고려대학교 법과대학을 다닌 관계로 대학 시절 김철수 선생님의 강의를 듣지 못했고 선생님의 책으로만 헌법을 공부했습니다. 당시 고려대학교 법과대학에는 한동섭 교수님이 헌법을 담당하고 계셨습니다. 한동섭 교수님은 칼 슈미트의 팬이셨습니다. 한 교수님은 국가권력을 비판하고 권력에 저항하셨기에, 그 덕에 국가권력의 모진 고문을 경험하셨고 그 고초 덕에 일찍이 세상을 떠나셨습니다. 필자가 대학원 진학을 고민하던 시기, 고려대학교에는 헌법 교수가 없었습니다. 고려대와 우석대가 합친 결과 고려대 법과대학에 합류하게 된 구병삭 교수님이 계셨지만, 당시에는 헌법이 아닌 다른 과목을 강의하신 것으로 기억합니다.

당시 윤세창 교수님이 대학원장이셨는데 윤세창 교수님과는 개인적 인연이 조금 있었습니다. 윤교수님은 필자에게 고려대 대학원 진학을 권유하셨고 장학금 지급을 말씀하시기까지 하셨습니다. 그러나 윤세창 교수님은 행정법 교수셔서 헌법에 관심을 둔 필자에겐 어울릴 수 없었습니다. 그렇다면 고려대학교에는 헌법 교수가 없었다고 해야 할 것입니다. 그러다 보니 자연스럽게 김철수 교수님에 대해 관심을 가지게 되었습니다. 당시 많은 법대 학생들은 김철수 교수님의 헌법책을 주된 교재로 삼아 공부했습니다.

필자의 서울대학교 대학원 진학 시도에는 몇 가지 결단이 필요했습니다. 서울대학교 대학원으로 진학하게 되면 고려대학교 교수 임용에 어려움이 있을 수 있는 위험을 감수해야 했습니다. 박사학위를 독일서 하게 되면 치유가 되겠지만 그렇지 않을 경우 매우 위험한 상황(?)일 수 있습니다. 그러나 서울대학교 대학원으로 진학을 결정했습니다. 지금도 후회하지 않습니다.

## 2. 헌법을 전공하게 된 이유

필자는 1973년에 대학에 들어갔는데 당시에는 유신헌법이 막 효력을 발생했던 시기였

---

* 강원대 법학전문대학원 명예교수

습니다. 유신헌법의 문제점과 폐해는 당시 잘 몰랐습니다. 그러나 공부를 하면 할 수록 또 당시 헌정질서나 정치 상황을 통해 이루어진 민주와 법치의 무너짐에 회의를 느끼게 되었습니다. 유신헌법은 모든 권력이 대통령에게 집중된 헌법 아닌 헌법이었습니다. 유신헌법이 맹위를 떨치면서 민주주의를 위협했고 법치주의를 훼손했습니다. 그러면서 국가권력은 국민의 자유와 권리를 유린했습니다.

그 당시 암울한 헌정질서를 보면서 어쩌면 필자에게 헌법을 전공하게 된 것은 필연일 수 있습니다. 헌법은 인간의 자유 회복과 확대 역사이기에 당시의 암울한 유신 상황은 필자에게 헌법에 관심을 가지게 해주었습니다.

## 3. 가르침

대학원 과정에서 김철수 교수님과의 만남은 행운이었습니다. 학문적 가르침은 물론 인생의 행로를 이끌어주셨습니다.

먼저 학문적 가르침을 회고하면, 석사과정 시절 선생님은 콘라드 헷세의 책을 가지고 강의를 하셨는데 필자는 무슨 내용인지 잘 알지 못했습니다. 미리 모든 예습은 하고 수업에 임했지만, 정확한 이해가 되지 않았습니다. 두루뭉술하게 부분적으로 이해가 되니 공부를 포기할까 하는 생각도 하루에 여러 번 했습니다. 학우들에게 묻기도 그렇고 선생님에게 묻기도 그랬습니다.

Hesse 책은 독일에서도 고학년생 교재였기에 어려운 책입니다. 그 책을 석사과정에서 바로 접하게 되었으니 어려운 것은 당연했습니다. 그러한 사정을 모르는 상황이라 그때 마음고생을 많이 했습니다. 더욱이 학부 시절 칼 슈미트 헌법만 공부했고, 그것도 당시 대학의 어려움 때문에 제대로 헌법 교육을 받지 못했습니다. 휴교령과 휴업령이 반복 발령되면서 대학은 개점 휴업상태였기 때문입니다. 어느 날 결심을 하고 선생님을 찾아뵙고 고민을 털어놓았습니다. 저는 공부를 계속할 것인가의 기로에 서 있었습니다. 선생님은 웃으시면서 몇 개의 논문을 소개해주셨고 번역본도 읽어보고 또 여러 번 읽어보라고 하셨습니다. 그러면서 처음에는 다 어렵다고 위로해 주셨습니다. 또 자신을 가지고 공부하라고 해주셨습니다. 그러한 선생님의 격려가 없었다면 오늘의 저는 존재하지 않았을 것입니다.

둘째, 석사논문을 준비하면서 겪은 고통도 기억에 생생합니다. 논문은 써야 하는데 능력은 부족하고 선행연구논문들을 여러 개 여러 번 읽었는데, 막상 글을 써보면 선행논문과 대동소이했습니다. 독창성이 없었습니다. 적지 않은 글을 읽었고, 또 읽었습니다. 베끼지는 않았지만 서술한 내용을 다시보면 선행논문과 유사한 내용이 적지 않았습니다. 참으로 힘든 과정이었습니다. 선생님께 논문작성에 관해 여러 번 지도를 받았습니다. 마지막 논문을 제출할 즈음에 선생님께서 인생 일대의 귀한 말씀을 주셨습니다. "글쓰는 것이 어렵지 않니"라고 물으셨습니다. 그때 마음속 깊은 곳으로부터 "정말 어렵습니다"라고 고백했던 기억이 생생합니다. 저도 제자들을 교육하면서 선생님이 주신 말씀을 자주 인용했습니다.

이제는 제 인생의 진로에 관해 선생님이 주신 말씀을 소개하겠습니다.

필자는 1986년 말 전라북도 소재 거점 국립대학에 지원했고 합격통지서까지 받았습니다. 당시는 교수공채에 외국어(영어 독일어) 시험도 치렀고, 신체검사나 논문심사는 나중에 이루어졌습니다. 호랑이가 담배 먹던 시절입니다.

그 대학은 논문심사를 하면서 필자의 서울대 석사논문에 C를 주면서 저를 최종 임용에서 탈락시켰습니다. 당시 그 대학은 그 대학 출신자가 교수가 되려고 준비하고 있었습니다. 그렇다면 그 대학은 공채를 다시 하게 될 것인데, 다시 도전해서 저의 명예도 회복하고 부당한 공채행위에 대항하려고 했습니다. 그때 선생님께서는 그 대학을 포기하라고 하셨습니다. 처음부터 다시 시작하는 마음으로 공부하고 논문에 집중하라고 하셨습니다. 처음에는 선생님의 밀씀이 잘 이해되지 않았습니다. 그러나 선생님의 가르침 덕분에 아픔을 쉽게 잊었고 재기할 수 있었습니다.

필자는 헌법소원으로 박사학위를 받았습니다. 선생님께서는 석사논문으로 서독 연방헌법재판소를 연구했기에 박사학위논문으로는 한 걸음 더 나아가 헌법소원을 쓰라고 하셨습니다. 그 당시는 1987년 헌법 전이어서 헌법소원이란 제도 자체가 존재하지 않았습니다. 앞이 캄캄했습니다. 헌법소원에 관한 선행연구라고는 선생님이 고시계에 발표한 몇 페이지 안 되는 글이 전부였습니다. 그러나 순종하면서 헌법소원을 공부했습니다. 이를 악물고 했습니다. 그러다가 헌법재판소가 만들어졌고 헌법재판소 역시 헌법소원을 알지 못했기에 헌법소원 전문가를 서울대학교 대학원에 의뢰했습니다. 선생님이 저를 추천해주셔서 헌법재판소에서 봉급을 받고 일할 수 있는 기회를 갖게 됐습니다.

필자는 1983년 상지대학 교수로 임용되었지만 3년 만에 재임용탈락의 어려움을 겪었습니다. 실업자로 고통당하고 있을 때에도 선생님의 격려가 큰 힘을 주었습니다. 선생님은 상지대학을 잊어버리고 원수갚는 따위도 생각지 말라고 하셨고 공부에 정진하라고 하셨습니다. 그 당시의 선생님의 가르침이 훗날 저에게 큰 유익이 되었음을 고백하지 않을 수 없습니다. 그러다가 헌법재판소로 가게 되니 봉급을 다시 받는다는 것이 얼마나 소중한 것인지 깨닫게 되었습니다. 선생님께서 헌법소원을 연구하라고 한 그 가르침이 훗날 저에게 재기의 발판이 될 것이라는 것은 처음에는 생각지 못했습니다. 다시 생각해도 감사한 일입니다.

## 4. 헤어짐

사람은 만나면 헤어질 수밖에 없습니다. 그러나 선생님과의 이별은 너무나 가슴 아픈 일입니다. 다른 제자들도 동일한 아픔을 경험하겠지만, 저는 다른 누구보다도 더 가슴이 저려옵니다. 고려대학교를 나오고 서울대학교 대학원에서 공부한 낯선 제자를 선생님은 누구보다 사랑해 주셨기에 더 애절합니다. 쉬운 환경 당연한 환경에서 공부하는 것과 낯선 환경에서 공부하는 것은 경험한 사람만이 그 어려움을 알 수 있습니다. 부족한 저에게 많은 가르침을 주시고 인생을 지도해주신 선생님께 무엇으로 감사의 말씀을 드려야할지 모르겠습니다. 김형석 교수님과 같이 100세를 넘기지 못했지만 그래도 장수 하셨습니다. 그러면서 좋은 제자를 가장 많이 배출하셨고 대한민국의 헌법학 영역에 신기원을 만드셨습니다. 늘 학문에만 관심을 두신 선생님 존경하고 사랑합니다. 저도 선생님께서 몸소 보여주신 학자적 자세와 품위를 늘 기억하고 감사하면서 살아왔습니다. 돌아가신 때에도 제자들에게 조금의 신세를 지지 않으시려고 부조도 사양하셨는데 덤으로 보여주신 그 사랑에 경의를 표하지 않을 수 없습니다. 감사합니다.

# 김철수 교수님의 가르침을 새기며

백윤기*

제가 교수님을 처음 뵌 것은 1974년 법대 2학년 헌법 강의시간이었습니다.

10월 유신에 이은 긴급조치 발령으로 학교나 사회 전체 분위기가 흉흉하던 그 시절 학교 친구들 사이에서 교수님은 권력에 굴하지 않으시고 헌법이념에 관한 소신을 지키시는 학자로서 엄청난 존경을 받고 계셨는데 이러한 훌륭한 분이 우리 고등학교 선배라는 사실을 무척 자랑스러워했던 기억이 지금도 생생합니다.

교수님과 제가 개인적으로 처음 만나게 된 것은 1976년 봄 법대 4학년 1학기 때입니다.

제가 그해 4월에 발표된 사법시험 제18회에 합격하고 가을에 사법연수원에 입소하기를 기다리던 때인데 교수님이 헌법 문제집 교정을 시키셔서 교수님 연구실에서 도와 드리면서부터 종종 교수님을 가까이에서 뵙고 학문적 자세를 비롯하여 여러 가지를 배울 수 있게 되었고 그때의 가르침이 수십 년 후 예상치도 않게 학계에 몸담게 되었을 때 크나큰 밑거름이 되었다고 생각하니 참 운이 좋았다는 생각이 듭니다.

교수님은 제가 별로 한 일이 없음에도 수시로 용돈까지 주셔서 당시에는 당연한 것으로 알았는데 나중에 제자들을 무급 사역하는 분들이 많다는 사실을 알고 놀랐고, 새삼 교수님은 진정으로 제자들을 아끼고 사랑하셨으며 그러한 애정과 사랑은 일생을 통하여 변함없으셨던 것 같습니다.

그해 여름 재학 중 사법연수원에 입소하면 졸업을 시키지 않는다는 학교의 방침을 통보받고 연수원 입소를 1년 미루게 되자 교수님은 저에게 대학원을 지망해 보라고 권유하셨습니다.

저는 사실 그 전에 법원에 가서 법관을 하겠다는 생각만 하였고 대학원이나 학위는 생각해 본 적도 없고 실무계에 가서 계속 공부할 수 있을지도 몰라 망설였지만 결국 교수님의 권유를 따르게 되었고 이 결정이 계기가 되어 약 30년 후 실무계에서 학계로 발을 들여놓게 될 줄은 당시로서는 정말 상상하지 못하였던 일입니다.

다시 한 번 제 인생에 큰 영향을 끼치신 교수님의 가르침과 인도에 감사드리고 싶습니다.

그 무렵 교수님은 처음으로 한국헌법연구소 설립을 구상하시고 실제로 상도동 자택

---

* 전 아주대 법학전문대학원장, 변호사

인근 큰 도로 맞은편에 사무실을 얻어 간판을 걸고 사무실을 열었는데 비교적 시간적 여유가 있었던 제가 그곳에 자주 출근하였던 일이 기억납니다. 공법이론과 판례 연구회도 그 사무실에서 처음 시작한 것으로 기억하고 있습니다.

다음 해 판사로 임관한 뒤 몇 년 후 석사과정을 수료하고 석사논문을 지도받으면서 교수님을 계속 뵐 수 있었는데 석사논문 심사 때에는 권영성 교수님이 무단으로 심사에 불응하여 강구진 교수님으로 교체된 일화도 있었습니다.

80년대 이후에는 박철언 장관과 정정길 실장님이 교수님을 모시는 자리에 다른 선배님들 몇 분과 같이 따라다녔던 일이 기억나고, 초창기에는 강재섭 대표는 박장관 보좌관이어서 합석하지 않고 밖에 대기했던 일화도 있었으며, 사회적 지위가 높은 분들이 교수님을 깍듯이 모시고 존경하는 태도나 교수님이 그런 분들에게 겸손하게 대하시는 모습을 보고 당시 아직 어렸던 제가 많은 감명을 받았던 기억도 납니다.

80년대 중반 교수님을 모시고 충주 지방에 부동산을 보러 두 차례 다녀왔던 일도 생각이 납니다. 충주호 주변을 많이 구경했던 것 같습니다. 합법적 수단을 통해 경제적 능력을 갖춰야 소신을 지키고 하고 싶은 일도 마음껏 할 수 있다는 무언의 가르침을 주신 것으로 새겼습니다.

제가 가끔 상도동에 찾아뵈면 변함없이 반갑게 대해 주시고 유익한 말씀도 많이 해주셔서 저는 교수님을 항상 정신적 지주로 생각해 왔고 권영성 교수님 사태에 놀라 전공을 행정법으로 바꾼 이후나 직장을 법원을 거쳐 변호사에서 학교로 옮긴 후에도 그러한 생각은 변함이 없었습니다.

이제 교수님은 안 계시지만 교수님의 가르침을 잊지 않고 약자에게 봉사하는 변호사 활동을 수행하고 보람 있는 인생을 살아가도록 다짐해 봅니다.

2023. 2.

# 석사논문 지도하시고 주례까지 흔쾌히 수락해주신 스승님

한위수*

## 1. 들어가면서 - 선생님과의 인연

선생님은 필자의 석사논문 지도교수이셨다. 필자는 학자가 아니라 판사, 변호사 등 실무가로 활동한지라 박사과정을 이수하지도 못해 선생님의 지도를 오래 받지 못한 것이 늘 아쉽지만, 그래도 1년간 선생님의 조교 생활, 선생님의 논문지도 등을 통하여 선생님으로부터 학문을 하는 자세, 헌법적 사고와 감각 등을 익히게 되어 헌법 분야 석사학위를 받았고, 또 그 인연으로 주로 일반 민·형사 재판 중심의 판사 재직 중에 2년간 사법연수원 교수로, 그리고 2년간 헌법재판소 연구부장으로 재직하는 귀중한 경험을 하게 되었고, 실무계에서는 나름대로 헌법분야 전문가라는 평을 받게 되었다.

한편으로는 필자가 결혼할 무렵 선생님께 조심스럽게 주례를 부탁드렸는데 너무나 흔쾌히 수락하시고는 바쁘신 가운데서도 결혼식에 오시어 화목한 가정을 꾸리라는 취지의 주례 말씀을 해주셨고, 그 뒤에도 선생님을 만나 뵐 때면 늘 아내의 안부를 물으셨으니, 필자가 별다른 굴곡 없이 아내와 순탄한 결혼생활을 하고 있는 것도 선생님께서 주례를 서주시고 관심을 가져주신 덕분이 아닌가 생각한다.

결국 필자는 사회생활과 가정생활 두 측면 모두 선생님으로부터 큰 은혜를 입은 것인데 선생님께서 별세하시니 가슴이 텅 빈듯한 느낌을 지울 수 없다. 이 짧은 글로써나마 감사를 표하고자 한다.

## 2. 선생님의 연구조교로서 1년

필자가 선생님을 처음 뵌 것은 필자가 서울대학교 법과대학에 들어가면서부터였다. 선생님으로부터 헌법학 강의를 들었고 선생님이 저술하신 헌법교과서로 공부를 했다.

---

* 법무법인 태평양 변호사, 전 한국언론법학회 회장, 서울고등법원 부장판사, 헌법재판소 연구부장, 서울행정법원 부장판사, 사법연수원 교수.

필자는 당시 법대 분위기대로 사법시험 공부에 열중하였는데 운이 좋았는지 4학년 1학기 중에 사법시험에 합격하였고 사법연수원은 대학을 졸업해야만 들어갈 수 있어 생각지도 않은 1년간의 여유시간을 가지게 되었다(당시는 사법시험 합격 후 사법연수원에 입소하여 2년간 연수를 하여야 판 · 검사 임용 또는 변호사자격을 취득할 수 있었는데 사법연수원 연수는 9월에 시작되었었다).

그리하여 선생님을 찾아뵙고 인사를 드리며 사정을 말씀드렸더니 잘 되었다고 하시면서 선생님의 연구조교로 있으면서 자료정리, 교정 등 일을 하라고 하셨다. 조교신분증도 나와 일반 대학생들이 들어갈 수 없는 도서관열람실에 들어갈 수도 있었고 나름 봉급도 나와서 생계에도 보탬이 되었다.

그 무렵은 박정희 대통령이 사망하고 이른바 유신헌법에 대한 개헌론이 만발하던 시기이었는데 선생님이 세계 각국의 헌법 조문들을 정리해달라는 지시를 하시어 이를 정리해드렸다. 그 무렵 선생님은 이홍구 전총리(당시 서울대 정치학과 교수) 등 다른 저명인사들과 함께 개헌안(이른바 6인 개헌안)을 마련하여 언론에 크게 보도되기도 하였는데 필자도 거기에 조금은 보탬이 된 것 같아 뿌듯하였다.

그 밖에도 필자는 연구조교로서 선생님의 저술하신 헌법학개론 등 연구서적의 개정판 작업에 필요한 자료의 수집이나 다른 서적 또는 논문에 대한 교정, 그리고 선생님의 지도를 받은 분의 박사학위논문의 교정작업 등도 하였는데, 당시 헌법분야 베스트셀러였던 선생님의 헌법학개론 개정판의 서문에 도움을 준 여러 조교들 중 하나로 필자의 이름이 올라가 너무도 감격해했던 기억이 아직도 생생하다.

## 3. 너무나 생소했던 석사학위논문 주제와 논문 작성

선생님의 연구조교를 하던 1980년 초 대학원에 진학하였고 1980년 9월에 필자가 사법연수원에 입소하면서 연구조교 생활도 아쉽게 끝이 났다. 필자가 사법연수원 생활을 하던 중 2년간의 대학원 석사과정이 끝나게 되어 석사논문을 써야 할 시기가 왔다.

필자는 선생님의 조교생활을 하면서 헌법에 큰 흥미를 가지게 되어 헌법관련 논문을 작성하기로 하였고, 필자가 사법연수원 및 군법무관을 마치고 판사가 될 마음을 먹었던 터라 선생님에게 헌법재판소에 관하여 석사학위논문을 쓰고 싶다고 말씀드렸다.

그런데 선생님은 당시 우리나라는 헌법재판소제도가 도입되지 않은 상태이고 독일의 헌법재판소제도에 대하여는 너무 논문이 많아 가치 있는 논문이 되기 어렵다고 말씀하시며, 선거구 인구편차의 위헌성과 사법적인 해결 방안에 대하여 써보는 게 어떠냐고 권유하셨다. 당시 국회의원 선거구 사이에 인구편차가 너무 심하여 문제라는 보도를 본 기억은 있으나 학술적으로는 깊이 생각해본 바가 없는 생소한 주제라 망설이고 있으니, 선생님께서 우리나라에서는 아직 깊이 있는 연구가 되고 있지 않으나, 미국, 일본 등에서 많은 판례가 나오고 있고 우리나라에도 조만간에 헌법문제로 등장할 것이니 이 분야를 개척한다는 기분으로 논문을 써보라고 하시며, 그 주제에 관한 미국의 단행본 2권을 직접 저에게 주시고, 미국의 다른 논문이나 일본 자료 등도 구해서 함께 연구해보라고 하셨다.

필자로서는 너무나 생소한 주제에 막막한 심정으로 자료 수집 및 자료 검토를 시작하였으나 연구를 하면 할수록 흥미가 생겼고 특히 우리나라에서는 기존 논문이 전혀 없다시피 하여 정말 제대로 하면 이 분야에 대한 최초의 학위논문이 될 수 있겠다는 기분에 용기도 생겼다.

한편, 일본 자료는 당시 법원도서관에 일본 법학서 및 법학잡지가 많이 구비되어 있었으므로 이들 자료를 복사하였고 미국의 자료(특히 미국 로리뷰에 실린 논문)에 대하여는 마침 미국 대학에 유학 가 있던 친구에게 목록을 보내 학교 도서관에서 찾아 복사하여 우송해달라고 부탁해서 받았다.

선거구인구편차를 사법적으로 해결하는 데 대한 주요쟁점으로는, 선거구인구편차문제를 사법부에서 판단할 사안인가 즉 이른바 정치적 문제로서 사법부가 개입을 자제해야 할 사안인가, 선거구인구편차를 측정하는 기준은 무엇인가, 선거구인구편차를 완전히 해소하는 것은 현실적으로 불가능할 것인데 어느 정도까지가 헌법적으로 허용될 수 있는 것인가 등이었는데 미국, 일본, 독일의 사례를 검토하니 모두 제각각이었다.

그리하여 이러한 논점들을 정리하여 "선거구인구불균형과 그 사법적 구제"라는 제목으로 석사학위논문을 작성하여 1983년 석사학위를 받았는데, 그 주요한 내용은, 과도한 선거구인구편차를 정치권에 맡겨서는 미국의 예에서 보듯 그 해결을 기대하기 어려우므로 사법적으로 해결해야 하며, 선거구인구편차는 선거구인구의 평균선거구인구 대비 편차율 또는 최대선거구인구의 최소선거구인구에 대한 배율 등으로 측정할 수 있는데, 미국과 독일, 일본의 사례를 감안하면 적어도 평균선거구 대비 인구편차율이 33.3%, 최소선거구인구 대비 최대선거구인구 배율이 2를 넘어서는 경우 투표의 등가성(等價性)이 지나치게 훼손되므로 위헌무효라고 보아야 한다는 입장을 밝히는 한편, 그 무렵 우리나라에서 실시된 국회의원선거의 경우 최대인구의 최소인구에 대한 배율이 4를 넘어서므로 위헌이라고 보아야 한다는 결론으로 마무리지었다.

## 4. 석사학위논문 주제 관련 헌법재판소 결정들

이 논문 주제인 선거구인구불균형 문제는 선생님이 말씀하신 대로 오래되지 아니하여 바로 우리나라에서도 문제가 되어 관련사건이 헌법재판소에 제소되었는데, 헌법재판소는 1995. 12. 27. 선고 95헌마224등 결정에서 1996. 4. 11. 실시될 제15대 국회의원선거의 선거구획정은 평균선거구인구 대비 최대 인구편차가 60%(최대선거구 인구배율 4)를 초과하므로 위헌이라는 획기적인 결정을 내렸으며, 이로써 선거구인구불균형 문제가 사법적으로 해결되는 선례가 되었고 국회도 선거구인구불균형을 해소하는 방향으로 입법하지 않을 수 없게 되었다.

그런데, 당시 위 사건에 대한 연구보고를 맡았던 헌법재판소의 헌법연구관이 필자의 대학후배였는데, 그 연구관으로부터 위 사건에 대한 국내자료가 별로 없어 난감하였는데 마침 필자의 석사학위논문이 있어 연구보고나 결정문 초안 작성에 크게 도움이 되었다는 말을 직접 듣고는, 필자의 석사학위논문이 역사적인 헌법재판소 결정에 기여하였다는 뿌듯함과 함께, 선생님의 선견지명에 감탄하지 않을 수 없었다.

한편, 헌법재판소 2014. 10. 30. 선고 2012헌마192 결정은 당시의 시점에서 헌법상 허용되는 인구편차의 기준을 평균선거구 기준 상하 $33\frac{1}{3}$%, 최대 최소 인구비례 2:1을 넘어서지 않는 것으로 봄이 타당하다고 판시하였고 이러한 견해는 아직도 그대로 유지되고 있으니, 결국 필자가 선생님의 지도를 받아 위 석사학위논문에서 밝힌 견해는 모두 헌법재판소에서 채택된 셈이다.

## 5. 선생님의 주례 그리고 그 후

석사학위를 받을 무렵 필자가 사귀던 지금의 아내와 결혼하게 되었는데 필자가 주례를 모셔야 했다. 그래서 필자가 존경해마지않던 선생님께 조심스럽게 주례를 부탁드렸다. 혹시 정해진 결혼식 날 다른 사정이 있는 등으로 주례를 못 해주시면 어떻게 하나 하는 걱정이 있었는데 선생님께서 흔쾌히 수락해주셔서 뛸 듯이 기뻤다.

선생님의 주례사는 서로 이해하고 화목한 가정을 꾸려나가라는 취지로 기억된다. 그리고 가끔 선생님을 찾아뵐 때면 늘 아내의 안부도 물으셨다. 선생님의 주례로 결혼하고서 아내와 사이가 안 좋으면 선생님께도 누를 끼치는 일이 되겠다는 생각이 들었다. 그래서인지 아내와는 별 탈 없이 지금까지 잘 지내고 있으니 이 또한 선생님의 덕이라 생각된다.

필자는 1985년 군법무관을 마치고 판사가 되었다. 그 당시는 지금과 달리 헌법사건이나 헌법판례가 전무하다시피 하여 헌법적 지식이나 헌법적 감각이 법원 재판에 별 쓸모가 없었다고 해도 과언이 아니었다. 그러던 중 1988년 필자는 우연히 언론보도의 명예훼손으로 인한 손해배상 사건을 재판하게 되었는데 이는 헌법상 표현의 자유와 인격권 침해가 충돌하는 지점이라 헌법학 석사였던 필자의 흥미를 끌었다. 마침 필자가 법원에서 해외연수 유학생으로 선발되어 1989년부터 1년간 미국 펜실베이니아대학에서 법학석사(LL.M) 과정을 밟는 행운을 누렸다. 필자는 선생님의 적극적인 추천서 덕분에 아이비리그 명문대학에 갈 수 있게 되어 감사하다고 인사드리고, 미국에서 표현의 자유 분야를 연구해보고 싶다고 말씀드렸더니 잘해보라고 격려해주셨다.

그리하여 '미국의 중립보도면책특권'(the Constitutional Privilege of Neutral Reportage in U.S.A.)이란 표현의 자유 관련 논문으로 석사학위를 취득하여 귀국한 후 1993년 당시 사건이 급증하던 민사 명예훼손에 관한 논문("명예훼손과 민사상의 제문제")

을 작성하여 실무논문집으로서는 법원 내에서 최고로 평가되는 법원행정처 발간의 '사법논집'에 게재되었고, 이는 필자가 법원 내에서 학구적인 판사 또는 언론법 전문가라는 평을 얻는 계기가 되었다. 이는 모두 선생님의 연구조교로 일하고, 석사학위논문을 작성하면서 선생님의 자상한 지도를 받은 덕분임은 두말할 필요가 없다.

그 후에도 언론법 관계 논문을 발표하는 등 이러저러한 사정으로 1999년 필자는 사법연수원의 교수로 2년간 재직하면서 언론법 내지 헌법분야 강의 및 논문지도를 하게 되었고, 2002년부터 2년간 헌법재판소 연구부장으로 재직하면서 여러 헌법재판소 사건의 연구보고에 참여하게 되었으며, 헌법재판소가 발간하는 헌법논총에 논문을 기고하여 게재되는 등 헌법전문가라는 평을 이어갔고, 2008년 판사를 그만두고 변호사가 된 후에도 다양한 헌법재판소 사건의 대리인으로 활약하고, 실무가로서는 드물게 한국언론법학회의 회장을 역임하는 경험을 가지게 되었다.

## 6. 나가면서

앞서 언급한 것처럼 필자의 가정생활과 사회생활은 모두 절대적으로 선생님께 힘입은 것이다. 선생님께서는 늘 학구적이셨고 자상한 스승님으로서 제자들을 잘 이끌어 주셨다. 선생님의 지도를 받지 못했더라면 오늘의 필자는 있을 수 없을 것이다. 좋게 봐주어야 그저 맡은 민 · 형사 사건이나 열심히 처리하는 판사로 지내다가, 개업한 후에는 의뢰인으로부터 수임한 사건에 열중하느라 다른 부분은 신경을 쓰지 않는 변호사가 되어, 나중에는 세상에 남긴 것 없다는 생각에 허무함을 느끼게 되지 않았을까 생각한다.

필자는 실무가로서 맡은 사건의 처리에 신경 쓰는 틈틈이 학구적인 자세로 사건을 연구하고 외국의 사례나 법리를 검토하여 새로운 분야에서 또는 새로운 시각으로 논문을 다수 발표하는 등으로, 다른 판사, 다른 변호사에게도 그 분야 사건의 해결에, 그리고 판례 법리의 정립에 도움을 줄 수 있었다는 데 큰 보람을 느끼고 있다(앞서 본 선거구인구불균형이나 명예훼손 논문 외에도 필자가 발표한 초상권 관련 논문, 퍼블리시티권 관련 논문, 정보공개청구권 관련 논문 등은 모두 당시로서는 우리나라에서 연구가 일천하던 분야에 대한 본격적인 논문이었다고 자부한다).

이 모든 것은 선생님의 덕분이다. 다시 한번 선생님께 감사드리며 선생님의 영원한 안식을 기원한다.

# 김철수 선생님께 올리는 편지

정재황*

## 1. 예지의 따뜻한 선생님 눈빛

저희들 77학번 때에는 서울대가 계열별 모집(법대, 사회대, 경영대 합쳐 모집, 이후 2학년 때 학과 결정)이었습니다. 제가 사회계열 신입생 때 그리고 2학년 진입 때 법대로 들어오라고 그렇게 설득하시던 선배[1]들, 법대로 와야 할 이유들 중 가장 중요한 이유로 김철수 교수님께서 계신다는 사실을 꼽으셨지요. 민주화의 지난한 고통의 길을 걸으셔서 법대 가서 학자가 되고 싶었던 나로서는 더구나 고등학교도 선배님이시자 스승이 되실 선생님 함자만 들어도, 가슴이 뭉클뭉클하던 시절이었습니다.

그 뒤 법대로 진입하고 학부 시절에 용문산으로 선생님을 모시고 산행(산상수훈?) 갈 기회가 있었습니다. 학교 앞 정문에서 단체버스에 올라타면서 처음으로 선생님 용안을 가까이서 뵈었습니다. 당대 최고 석학이신 눈빛은 예지를 가득 담고 계신 것은 물론인데 저의 마음을 더욱 끈 것은 그뿐 아니라 따사함이고 포근함이었습니다(몸집부터 그러하시지만). 그렇게 선생님과의 연은 시작되었습니다.

## 2. '민주' 아이콘, 시대적 · 운명적 사명, 헌법교과서 난도질 당하다. "기본권을 제한하더라도 한계를 지켜라!"

김철수 선생님께서는 유신헌법에 저항하다가 당신의 교과서가 무지막지하게 삭제당하시고 고초를 겪으셨던 민주화를 이끄셨던 교수이셨습니다. 요즈음으로 말하자면 민주의 아이콘(?)이셨는데 현재로서는 쉽게 그렇게 말하지만 당시에는 서슬이 시퍼렇던 시절입니다. 수업 중에 교정에 페퍼포가 펑펑 터지고 '훌라훌라'송, '우리 승리하리' 등의 데모가

---

* 한국공법학회 전 회장, 현 고문 / 한국헌법학회 현 고문 / 한국유럽헌법학회 전 회장, 현 고문 / 세계헌법학회 전 부회장, 현 집행이사 / 현재 세계헌법학회 한국학회 회장 / 현재 성균관대 법학전문대학원 명예교수

1) 이하에서 '님'자를 주로 빼고 말씀드리는 것은 선생님께 올리는 글이라 우리 어법상 존칭을 쓰지 않는 점을 선배님들께서 이해해주시리라 믿습니다. 다만, '님', '께서' 등을 문장의 자연스러움을 위해 더러 쓰기도 했습니다.

가 울려 퍼지곤 하여 수업이 제대로 되지 못하던 때이기도 했지요. 그래도 선생님께서는 묵묵히 강단에서 헌법이론을 가르치시면서 "우리나라 판례는 이에 관해 아직 없지요. 미국의 경우에는……"이라거나 "언젠가는 우리도……"라고 하시면서 강의를 이어가셨지요. 이어가신 정도가 아니라 진도를 끝까지 나가셨습니다. 한 과목의 진도를 끝내는 것이 그 과목의 이해를 위해 정말 중요하다는 것을, 제가 교수가 되어 어떤 일이 있어도 과목 전반을 마치면 학생 각자가 공부를 해도 자신감과 이해도가 높아진다는 것을 깨달았고 저도 그리하여 교수가 된 뒤 제가 맡은 강의는 진도를 전부 끝내왔습니다. 교과서도 있겠다 학생 혼자서 읽으면 공부가 되지 않은가? 그래도 담당교수가 한번 강의해주신 부분이 후일 혼자 공부해도 이해도가 높습니다.

선생님께서 가르치신 헌법 본강의는 물론이고 '법률사상사'도 매우 소중히 재미있게 들었던 강의입니다. 두고두고 헌법 공부에도 밑거름이 되었습니다.

선생님께서는 암담하던 시절에도 신문에 논설 주필도 맡으시는 등 시민의식을 키우시고 국민의 민주의식 고양에 힘쓰시기도 하셨습니다.

제가 학부 입학하기 몇 해 전인 1973년 유신독재하에서 '헌법학개론'을 출간하시면서 이루 말할 수 없는 고초를 당하셨습니다. 유신헌법 정부는 공화적 군주제이고 당시 통일주체국민회의는 대통령을 견제하는 기관이 아니라 '협찬기관'이라고 서술하신 부분이 문제가 되어 즉각 발매금지는 물론 이름만 들어도 당시 서슬이 시퍼렇던 남산의 중앙정보부에 끌려가셔서 모진 고초를 겪으셨습니다. 개필을 어쩔 수 없이 약속한 뒤 풀려나셨지만, 선생님 헌법교과서 '헌법학개론'은 난도질당했습니다. 선생님께서는 근년인 몇 해 전에 당신이 설립 · 운영하시던 헌법연구소에서 원본을 영인본으로 복간하셔서 배포하셨지요. 선생님께서 제가 봉직하고 있는 성균관대에도 기증하시겠다고 하셔서 책 첫 장에 김철수 교수님께서 유신정부 시기 학자로서 그런 치욕을 겪으셨던 일, 그것을 보여주는 난도질당한 책으로서 역사적으로도 잊어서는 안 될 중요한 사실로서 고발의 의미를 지니며 학자로서 꼿꼿이 소신을 지키시면 민주화를 위해 투쟁하셨고 다시는 독재가 없어야 하겠고 당신 같은 학자가 없기를 하는 바람으로 배포하시게 되었다는 취지의 글을 제가 써서 밝히고 성균관대 도서관에 기증하였습니다. 정의로운 법률가의 배출을 기대하면서(당연하지만) 기증하였습니다. 선생님께서 저희들이 할 일을 손수 하셔서 지금도 송구하고 얼마나 당시 고초가 심하셨으면 이를 잊지 못하시고 원본을 복간하시고자 하셨는지 하는 생각을 지울 수가 없습니다.

선생님께서는 교수재임용으로 교직을 떠나셔야 할 위기도 맞으셨습니다. 가까스로 교직을 유지하셨지만 강의도 못 하시고 외유를 하시는 고행스런 나날을 보내시기도 했습니다. 얼마 안 있어 헌법교수를 더 뽑아 견제하려는(?) 시도가 있었다는 말들이 당시에 있었다지요, 여하튼 그래서 서울법대 헌법교수 자리를 두고 선생님께서는 당시 미국 수학 중인 제자인 양건 선배(후일 숭실대 교수)를 염두에 두셨는데, 역량도 그렇지만 미국헌법 쪽을 보강하시려는 생각이 강하셨던 듯합니다. 결국 좌절되고 많이 어려워하셨다고 전해 들었습니다.

선생님께서 법대 수업 중 가르쳐 주신 것으로 동기생들, 선후배들 간에 회자하던 영원히 못 잊을(아니 잊어서는 아니 될) 헌법원칙이 있습니다. 그것은 선생님 강의를 들었던 같은 학번 다른 동기생들과 선배들로부터 들었던 겁니다. 사실 저는 강제 분반으로 인해 2학년 진입하자마자 필수로 들어야 했던 헌법을 선생님으로부터 수강하지 못하여 정말 따분히 헌법을 들었습니다. 지금 생각하면 교권도 교권이거니와 학생의 선택권은 말이 아니었던, 그것도 법대에서 있었다고 상상도 못 할 기본권침해였습니다. 덕분에(?) 제가 교수 되면 절대 따분히 강의 안 하겠다는 결심은 강하게 해주게 하였습니다만. 지금은 수강 인원 제한은 있어도 선택권이 학생들에게 주어져 있지요. 여하튼 선생님께 강의 들었던 다른 법대 동기들이나 선배들 전하는 말을 들으니 선생님께서 기본권을 제한하더라도 그 제한에도 한계가 있다는 그 점을 힘주어 강조를 하셨다는 걸 듣고 정말 서슬 시퍼렇던, 긴급조치니 해서 인권이 유린 되던 그 시절, 유신정권 하에서 선생님의 용기에 존경의 마음을 금할 수 없었습니다. 제한의 한계는 기본권을 제한한다 하더라도 그래도 최대한 보장을 위해 한계는 지켜야 한다는 것이지요. 최대한 기본권이 보장되도록 하고 기본권을 함부로 제한할 수 없음을 강조하는 것이지요. 그러므로 어찌 보면 기본권제한의 한계라는 헌법원칙 법리를 가르치시면서 더 준엄하게 독재를 꾸짖으시는 진정한 학자로서 무서운 회초리를 드신 거라고 봅니다. 그런 말씀 하시던 선생님의 모습을 현장에서 직접 뵙지 못해서 무척 아쉬웠지만 당시의 헌법학개론 —앞서도 언급한 대로 당시 검열로 난도질당해 잘린, 여백 숭숭했던 헌법학개론 책 보면서— 을 보면서 충분히 선생님 모습을 그릴 수 있었습니다. 그렇게 그렸던 선생님의 모습을 제가 기본권의 제한 부분 강의하면서 늘 떠올리곤 합니다. 그 뒤 민주화가 된 뒤 기본권의 제한의 한계를 논하라는 사법시험 문제도 출제되었었지요. 한 가지 여담이지만 독일 법이론 등에 영향을 받아 기본권의 내재적 한계가 서술된 교과서가 있었는데 우리 헌법에도 안 맞는 이론이었는데 그 문제에 대한 답으로 이를 쓴 답이 보였다는 전언입니다. 내재적 한계는 제한의 한계가 아니라 기본권에 내재하는, 그러니 기본권 자체에 가지고 있는 한계라고 주장하는 것이지요. 그래서 '한계'라는 말에 혼동이 와 그것은 답도 아닌데 그냥 '한계'가 아니라 '제한'의 '한계'를 묻는 문제에 이를 쓴 답안지가 적지 않았다는 거지요. 그걸 쓸 시간에 다른 것들을 잘 썼으면 하는 안타까움(?)이 있었습니다. 내재적 한계론이 나와서 말인데 우리 헌법 제37조는 제한하더라도 법률로써 해야 하니 내재적으로 스스로 제약되는 것이 아니라 법률에 의해서만 기본권제한이 되니 내재적 한계이론은 그 점에서부터 우리 헌법에 맞지 않는 이론이지요. 선생님께서 늘상 하시던 '우리' 헌법을 보아야 한다는 말씀을 새삼 다시 느끼게 되기도 합니다.

선생님께서는 어찌 보면 민주화를 이룰, 입헌주의를 이룰 헌법학을 연구하시게 된 것이 우리 민족의 민주화라는 숙명적 과제를 떠안으시기 위해 그러신 줄도 모르겠습니다. 다른 많은 법분야들도 있는데 굳이 헌법을……. 오늘날 외국에서는 한국이 민주화를 성공적으로 이루어 내었고, 그것도 그토록 짧은 시간에 이룬 나라로서 칭송하지요. 그러니까 다른 서구의 나라들, 예를 들어 프랑스 같은 나라도 얼마나 혁명을 몇 번이나 거치면서 민주화를 이루는 데 많은 시간이 걸렸고 얼마나 힘들었나요. 그런데 우리는 빠른 시간, 단시간 내에 민주화를 이루었다고 하는데요. 글쎄요. 시간보다도 많은 피를 흘렸고 특히 또 동족상잔이라는 6.25 전쟁 등 가슴 아픈 일이 있었고 민주화를 이루려는 분투의 과정에 1950년대 이승만 독재 정권, 60년대, 70년대의 군사쿠테타, 군사독재, 유신의 시기를 거친 것을 생각해보면 그 커다란 고통에, 너무나 많은 희생이 있었습니다. 이러한 격동의 지난한 민주화과정에 그 토대가 되는 민주헌법의 초석을 놓을 헌법연구와 헌법강의로 기여하신 선생님께서는 말 못 할 고초도 많이 겪으셨지요. 그래서 우리 헌법학 연구의 장을 열고 일구어 가신, 그야말로 척박한 땅에 일구어 가신 선생님을 더더욱 존경하지 않을 수가 없지요. 이것과 관련하여 선생님 말씀이 기억나네요. 1980년 '서울의 봄'이 신군부에 의해 공중분해 되었던 그때 제가 대학원에 진입했고 그 당시 선생님께서 "아직 유신잔당들이 남아 있으니 조심들 해야지요"라고 말씀하셨던 기억이 역력합니다. 민주화 과정의 지난함, 헌법이 그 와중에서 감당해야 할 역할, 아직도 청산되어야 할 과제 등 많은 것을 생각하게 됩니다. 선생님께서는 1980년 '서울의 봄', 반짝 민주화 기운이 번질 때 '6인 교수 헌법개정안'을 발표하시며 또다시 고난의 길을 걸으시게 됩니다. 지식인 선언에 참여하시고 서울대 교수협의회 활동을 하시면서 신군부를 비판하셨고 체포령 속에 도피생활도 하셨지요. 그래도 후일 그 '6인 교수 헌법개정안'이 2014년 국회 헌법개정자문위원회(필자도 참여)의 개헌안에 많이 참고가 되었습니다.

## 3. 대학원에서 '헌법학도'의 길로 이끌어주시다

1980년 암담했던 신군부, 서울의 봄도 잠깐이던 시절의 법대 건물(지금의 10동. 저는 개인적으로 서울대 건물에 숫자를 붙이는 것을 썩 바람직한 것으로 느끼지는 않습니다만. 여하튼) 3층인가 복도에서 있었던 일입니다. 당시 교무담당 학장보이셨던 고(故) 황적인 교수님께서 "어이 자네는 대학원 시험 합격 여부도 안 알아보나? 물론 합격이긴 하던데"라고 하셔서 깜짝 놀랐습니다. 감히 스승님께 합격 여부를 여쭤보다니 하는 생각에서, 그리고 결과는 결과로 나오겠거니 하는 생각에서 발표를 보지도 않았지요. 당시 대학원은 학문의 길로 들어서기 위해 진입하는 것이 그 목적임은 물론이었지만 사실 군입대를 연기하고 사법시험을 계속하기 위한 방편이기도 했지요. 저는 합격 이후 신체검사를 받고 군입대를 하였습니다. 병역을 먼저 마치는 것이 대학원 학업에 전념하기 좋을 듯하였습니다. 사법시험을 하지 않고 학자수업의 길로 들어가고자 했던 것입니다.

1981년 대학원 1학년 때 다른 동기생들은 사법시험에 매진하고 있을 때(그때는 300명인가 합격인원이 늘어나고 뒤 500명, 1000명으로도 늘어난 것으로 기억됩니다만) 저는 대학원 수업에 참여하며 학자로서 소양(?)을 기르려고 하였습니다. 때마침 김철수 선생님 조교

자리가 비어 운 좋게 드디어 선생님 조교가 되었습니다. 조교 생활 1년쯤 지났을 때 선생님께서 "정군 자네도 고시공부 하지"라고 말씀하셨고 저는 당돌하기 그지없이 단호하게 "고시하면 헌법 연구실로 안 돌아올 겁니다"라고 말씀드렸습니다. 선생님께서는 아무 말씀 없으셨습니다(요즘 말하는 '말잇못' 아니셨는지요?). 사실 후회가 밀려오던 때가 없진 않았어요, 자격을 하나 받아둘 걸 그랬나 하고. 당시에 500명으로 합격자 수 늘어나 시험 가치 떨어진다 하여 시험 보지 않은 제 자신이 요즈음 밉지만 그래도 배수의 진을 잘 치긴 한 것 같아요.

동기 대부분 사법시험의 길로 나아가고 있을 때 나 혼자 외로이 이 길을 가는구나 하는 생각도 많이 들었고 주위에서 아직도 안 늦었으니 시험공부 하는 게 어떠냐 하는 권유에도 선생님께서 옆에서 보살펴주시고(계신 것만 해도 보살펴주시는 것이었지요) 엄청난 정신적 응원이 되었습니다. 당시 법학연구소 조교이셨던 정인섭 선배(이후 서울법대 국제법 교수, 현 서울대 대학원 동창회 회장)께서 물심양면 많이 도와주셨지요. 국비유학생으로 하버드 대학 박사과정 입학자격을 받은 배우자가 될 여성의 응원도 있었고…….

시험공부가 아닌 학문연구로서 헌법학을 공부하면서 헌법이 가져야 할 철학, 인문학적 기초도 공부하면서 점점 헌법학의 진가를 느껴갔습니다. 당시 헌법이 현실을 개선하기는 커녕 규율하지도 못하던 신군부의 암울한 시절이었지만… 이끌어주신 선생님…….

### 4. 선생님 저술활동 – '라면글씨'

조교 첫 임무는 선생님 저술, 출간을 돕는 일이었습니다. 안 그래도 김철수 선생님 조교 하면 일이 많은데 그 일이 많은 것은 책을 많이 쓰셔서 교정작업이 힘들다는 것이라고 소문이 돌았지요. 그러나 저는 그 일이야말로 앞으로 학자의 길, 그 이전에 연구자의 길로 가려는 저에겐 필요한 수업이고 선생님께서 가르쳐주실 수 있는 첫 번째 가르침이라는 걸 느끼고 내심 즐겁게 하리라 생각했지요. 그러신 가운데 선생님께서는 절대 집안일이나 예를 들어 주민등록초본 하나, 당신의 재직증명서 하나 떼오라 하신 적이 없었지요.

그런데 교정을 보던 첫날 당황과 더불어 고통의 시간이 흘렀습니다. 박영사에서 나온 초교지를 보고 의아스러운 부분은 선생님 육필원고(당시는 물론 워드를 사용하던 시절이 아니기도 했지요)와 대조하는데 선생님 글씨를 알아보기가 무척 어려운 글자들이 많았습니다. 너무나 힘들어서 박영사 조판팀은 어찌 독해(?)하느냐 물어보기도 했더랬지요. 놀라운 것은 두어 달 지나니 적응이 되어 어느 정도 해득이 되더라는 겁니다. 이런 글씨체를 '라면글씨'체라고 하더군요. 선생님께 감히 무례하게 글씨 "선명히 써주세요"라고는 못하고 여쭤본 게 "선생님 글씨체는 독특하십니다"라 하고 아뢰었더니만 선생님께서 저의 가슴을 울리는(요즘 표현으로 "뼈 때리시는") 다음의 말씀을 하셨습니다. "내 글자가 꼬부랑하고 연이어 쓰이는 것은 글을 많이 쓰면 팔이 아파 책상 면에 팔목을 붙이고 손목만 굴리면 덜 아프기 때문에 그리 쓰다 보니……"라고 하시는 겁니다. 팔을 가능한

한 안 움직이시려고 오히려 거의 종이를 옮기는 식으로 그렇게 팔을 책상에 붙여놓고 쓰신 거지요. 요즈음 컴퓨터 시대라도 타이프가 많은 날 어깨가 내려앉는 듯하는 것과 다를 바 없지요. 그만큼 연구성과를 정열적으로 현출하시는 다작을 하셨고 그 열정에 한편으로는 감명받았고 다른 한편으로 선생님 건강 걱정이 늘 따라다녔었지요.

## 5. 학자로서 귀감 - "교정지 가져오너라"

그러고 보니 그렇게 다작이시면서도 선생님께서는 전문학술서적은 물론 교과서도 절대 대필시키신 적이 없습니다. 대가분들 밑에 많은 제자들이 당연히 많은데 교과서 챕터 별로 나누어 대필시킬 수도 있었겠지요. 결코 그러시지 않았습니다. 정말 기억할 에피소드가 있습니다. 저는 선생님 저서들 중 주로 주된 교과서 기능을 하였던 '헌법학개론' 개정판을 교정하였습니다. 처음 교정을 보고 마치던 날 선생님께서 "교정지 모두 가져오너라" 하셔서 깜짝 놀랐습니다. 교정을 보면 꼭 출판사에 넘기기 전에 교정지를 보시고 선생님께서는 오탈자 정도를 고친 부분은 체크하시고서는 비교적 빨리 넘기셨지만 제가 감히 어쩌다 팩트 부분에 가필이나 수정한 부분이 있으면 꼼꼼히 읽어보시고 그 부분 수정도 하시면서 당신께서 직접 쓰신 것보다 더 철저히 검토하시던 모습이 생생합니다. 처음에는 간단한 팩트를 넣은 것인데 못 미더워 하시는 것 같아, 더구나 교정된 오탈자 부분 정도는 그냥 곧바로 출판사로 넘기시지 않고 그러시네 싶어 가져오라 하실 때 저를 못 미더워하시는 것같아, 솔직히 제 마음이 적지않이 섭섭하였습니다만 차츰 원고를 직접 쓰시고 교열, 교정된 것도 직접 보시는 학자로서 자세를 감명 깊게 곁에서 지켜보면서 큰 교훈을 주셨습니다. 제가 후일 교과서를 쓰고 전문 학술서적을 쓸 때 늘 그렇게 했습니다. 출판사에서 저자가 직접 쓴 것인지 아닌지 책의 구독률로 나타난다고 하는 말도 들었습니다. 그것보다 중요하고 본질적인 것으로서 학자로서의 진정한 자세를 가르치신 선생님이라 더욱 존경스러운 마음에 집필에 매진할 수 있게 하였다는 것입니다. 어느 분께서 나도 김철수 교수처럼 책 파트를 나눠 제자들 모여 작업하면 교과서 어렵지 않게 나오리라고 말씀하시던 것을 우연히 들었습니다만, 선생님께서는 결코 교정작업을 나누어 시키시는 일이 있어도(교정작업조차도 책 한 권을 통일성 있게 조교 한 명이 계속 보도록 하셨지요) 당신이 직접 교과서와 책, 논문을 쓰셨지요.

선생님께서는 글 쓰시는 걸 무서워하신 적이 없습니다. 자신의 생각, 자신이 습득하여 펼치는 이론 이런 것이 글로 나오게 되는데 그걸 피력하는 것이 어려운 일인가? 아니라는 생각이셨던 것 같습니다. 저로서도 진작 학자로서, 저술가로서 선생님의 그런 마음과 자세를 좀 더 새겼으면 더 많은 글들을 자신 있게 내놓았을 텐데 하는 후회가 들곤 합니다.

## 6. “프랑스로 유학 가라”, ‘방법론’을 배우다

신군부 독재, 서울의 봄 좌절, 이런 형국, 정국이 외국 선진국가에서 공부를 좀 더 했으면 정도가 아니라 제대로 했으면 하는 열망을 불러일으켰고 선생님께서 가르쳐주신 지식이 토대가 되어 외국의 우수한 친구들과 같이 경쟁하듯이 공부도 하여 자신감을 얻고 인정받고 싶기도 했습니다. 당시 이화여대 행정법 교수이셨던 홍정선 선배께서 학위를 받으면 교수로 취직이 가능하고 경제적으로 풍족하지는 않으나 어려움은 없다는 격려를 해주신 것도 힘을 보태주셨습니다. 그래서 선생님의 권유도 프랑스이고(선생님께서는 당신이 독일 유학을 하셨으니 제자는 프랑스로 갔으면 하신 것도 있고 공법의 원류를 프랑스에서—프랑스도 물론 더 이전으로 가면 원류가 있을 수 있겠지만—많이 찾을 수 있다고 생각하셔서 프랑스 유학을 권하셨던 것으로 기억됩니다만) 그래서 프랑스로 유학을 떠나기로 하였습니다. 준비 중이던 어느 날인가 선생님을 모시고 식당에서 식사를 함께 하시면서 당시 함께 모셨던 지금은 타계하시고 학장을 역임하신 서울법대 행정법 교수님이셨던 서원우 교수님께서 “정군, 프랑스 가서 행정법을 전공하게나. 근대 행정법 원조인 프랑스 행정법이론을 아는 것이 필요한데 프랑스에서 행정법을 전공한 사람이 없어서 돌아오면 교수가 될 수……”라고 말씀하셨습니다. 그러자 바로 그 자리에서 선생님 얼굴이 굳어지시면서 “유학 가서 헌법공부 하려는 이 친구한테 무슨 말씀을 하십니까?”라고 말씀하시는 것이 아니겠습니까. 저는 무척 당황하긴 했습니다만 어차피 프랑스에서 기본권론으로 학위를 하면 공법학박사로서 헌법학뿐 아니라 행정법학도 공부하게 되고(실제 유학 때 심지어 행정학도 공부했습니다만, 그리고 증명서를 떼보면 박사학위도 ‘공법학’ 박사로 나옵니다만) 하여 여하튼 열심히 공부하겠다고 말씀드렸습니다. 역시 타계하신 김동희 교수님께서도 제가 서울대 교수로 자리 잡지 못한 점을 많이 안타까워하셨습니다. 저의 당황스러움은 뒷전이고 선생님께서 그토록 제자를 끔찍이 사랑하시면서 생전 처음으로 내색하시는 걸 보고 유학에서 더욱더 충실히 배워 와야겠다는 결심을 다지고 다졌습니다. 서원우 전 학장님께서는 서울대 교수로 선후배 차례로 들어가면 좋을텐데라고 아쉬워하시면서 전화를 주신 기억도 나서 선생님의 이른 타계에 저도 무척이나 슬펐습니다. 또 다른 스승님으로는 강구진 선생님을 잊을 수 없습니다. 강교수님께서는 제가 유학 이전 대학원 시절에 학생담당 학장보를 맡으시면서 김철수 선생님과 같은 존경하는 선생님 밑에서 공부하는 저를, 그리고 헌법을 공부하는 저를 유독 아껴주시면서 프랑스로 유학을 가서 더 많이 공부해서 돌아오라고, 기다리시겠다고 늘 독려하셨습니다. 그러신 선생님께서 제가 유학 중에 교통사고로 타계하셨습니다. 저도 저지만 형법학계로서도 커다란 손실이었습니다.

유학 직전으로 다시 기억해보면 김철수 선생님께서는 프랑스로 유학가기로 한 제자가 길을 떠나기 직전에 충격적인 말씀을 하셨습니다. 선생님께서도 유학을 하신지라 “가서 보면 뛰어난 친구들이 많을 거다. 프랑스보다 미국이 더 자유로울 텐데”라고 말씀하시는 겁니다. 아니, 다 정해졌는데 배우자가 될 여성과 같이 갈 수 있을 미국유학도 마다하고 프랑스 유학길을 택했는데 하는 생각에 선생님께서 왜 그러실까 했습니다. 프랑스 도착하여 체류증 받을 때부터 선생님 말씀을 실감하였습니다. 선생님께서 말씀하신 그 뜻을 점차 깨닫게 되었습니다. 더 자유로운 미국 아닌 프랑스를 지목하신 것은 미국이 자유주의가 폭넓게 자리 잡은 대표적인 국가임은 물론인데 뿌리는 프랑스, 유럽에서 찾을 수 있는 그런 자유주의 정신의 뿌리 그것을, 진정 배울 각오가 되었느냐를 떠보시고 또 다지게 하시겠다는 의향이셨음을 프랑스에서 공부하면서 차츰 더욱 깨달아갔습니다. 우리보다는 규제가 훨씬 적으나 미국보다는 규제가 많다고 하는 프랑스이나, 오랜 시간 혁명을 통해 많은 사회적 격동을 거쳐 나온 프랑스의 자유주의, 그것이 비록 미국의 자유주의와 겉으로나 느낌으로나 다르다고 하더라도 유럽적인 자유주의, 사회복지주의가 가미되는 유럽적 자유주의가 가지는 의미, 미국의 자유주의도 그 뿌리를 찾아야 할 자유주의의 진정한 의미를 유럽에서부터 터득하라는 말씀이셨지요. 미국도 독립혁명, 남북전쟁 등을 통해 자유주의가 성숙하였지요.

저는 프랑스에서 헌법학연구방법도 많이 배웠고 그것이 너무나도 중요하고 연구의 바탕이 되어야 한다는 것을 배우게 됩니다. 미국을 갔어도 그것을 배울 수 있었겠지만, 프랑스 스승님들 항상 '왜' 그것을 연구하려고 하고 '어떻게' 그것을 연구할 것인가, '너'의 생각이 무엇인가를 항상 자신에게 물어보라 하시더군요. 연구방법론 등을 잘 배운 것은 두고두고 필자가 헌법을 연구하는 데, 제자를 양성하는 데 중요한 자산이자 tool이기도 하였습니다. 그래서 저는 어떤 주제이든 그 주제에 대해 이미 나온 논문들을 맨 뒤에 참고하는 버릇이 생겼습니다. 앞서 유학 때 배운 '너'의 생각을 먼저 정립하라는 방법론에 따른 것이기도 하지요.

아울러 정말 '뛰어난' 외국 학생들이 많습디다. 당시 동문수학했던 프랑스 친구가 공법교수가 되어 활동을 하기도 하지요. 대표적인 친구로 프랑스 공법학의 자끄 쁘띠(Jacques Petit) 교수를 들 수 있습니다. 이 친구는 일찍이 우수함을 인정받았는데 제가 소로본 대학 다닐 때 단짝이었고 한국의 짜장면, 깐풍기를 너무나 좋아하고 2018년에는 세계헌법대회의 한 세션의 좌장을 맡아 내한하여 한국의 발전에 깜짝 놀랐던 프랑스의 석학인데 파리대학 교수로 있다가 사랑하는 연인이 렌느(Rennes) 대학교 교수이었고 이 연인과 결혼하고 아이를 낳아 양육하면서 그 오르기 어려운 교수직인 파리대학 법과대학 교수직을 마다하고 렌느 대학교 법대로 이적한 친구입니다. 앙드레 루(André Roux) 교수(Aix-en-Provence 정치대학 교수) 역시 프랑스 헌법의 대가로 절친이었는데 2018년 세계헌법대회 때 한국에 왔었고, 얼마 전 이제 정년을 맞이하였고 기념논문집(Mélanges) 원고청탁을 받아 기꺼이 헌정했습니다(물론 불어로 쓴 논문입니다). 모두 헌법연구의 Global Network의 핵심 멤버로서 앞으로도 세계적으로 중요한 연구작업들을 이끌어 가겠지요.

저는 결국 프랑스에서 박사학위 논문을 쓰기로 하였지만 그 주제선정에서부터 김철수 선생님의 지도가 있었습니다. 박사논문 테마로 프랑스 지도교수님이셨던 이브 고드메(Yves Gaudemet) 교수님께서 근로자 파업에 있어서 최소업무(service minimum. 파업을 하더라도 수행해야 할 최소업무를 말함) 제도를 써보라고 하셨습니다. 김철수 선생님께 그런 주제를 받았다고 의논드렸습니다. 선생님께서는 그 주제가 그동안 한국에서 드물었던 근로기본권에 관한 것이라서 "참 좋은 주제이다. 그대로 밀고 나가라"라고 하셨고 그 말씀으로 제게 크게 실어주신 그 힘을 입어 저도 그 주제로 논문을 쓰고자 몇 달 공부도 했습니다(당시 모은 자료가 상당했고 심지어 프랑스 지도교수님, 고드메 교수님께서 모아주신 자료들도 있었는데 그걸 한국에 가지고 와서 더 연구하려고 하고 있습니다만). 그런데 제가 당시에는 아무래도 한국과 방향이 맞지 않는다 생각하였고 학위를 마치고 그 주제를 한국에 활용하기가 어떨지, 물론 시간이 흘러가면서 필요할 수도 있고, 현재 우리나라도 필수공익사업, 필수유지업무 제도가 있지만, 여하튼 당시에 프랑스에서는 그 제도가 너무 강해진 근로3권을 제어하려는 방향이었고 한국은 아직 근로3권이 그렇지 못한 발전 도중인 상황이라 저 자신이 많이 주저했습니다. 그런데 선생님 혜안이 노동3권 보장이 정말 중요하고 당연한데 그것을 제한할 필요가 있을 것이지만 그 제한의 한계를 잘 배워오라 하신 건데 그걸 제가 못 깨달았지요. 위에서도 언급한 대로 제한의 한계는 그래도 최대한 보장을 다하려는 것이지요. 선생님 제가 불충했었지만 솔직히 말씀드리고 싶었던 것은 한국에서는 그 당시 근로3권 자체를 보장하는 것이 많이 논의되었는데 최소업무를 부과해서 제한하여 들어가는 것이 한국의 상황과 프랑스의 상황과는 차이가 있고 그 방향이 반대로 향한 것이라 그 주제에 완전히 집중하기가 힘들 것 같았습니다. 그 생각이 제 어린 생각이었던 것 같습니다. 그럼에도 결국 주제를 다른 것으로 바꾸었고 바꾼 주제로 학위논문을 마쳤습니다만, 선생님께서 주신 주제도 아니고 바꾼 주제도 기본권 보장에 관한 것이어서 거역(?)한 건 아니나 당시의 제 고민과 번뇌를 언젠가는 밝히리라 했지만 이제 선생님께 고백 말씀 드리게 되어 속 시원한 마음입니다.

## 7. 우리 헌법을 공부해라, 헌법 문언부터 잘 읽어라!

유학을 마치고 귀국하여 선생님께 인사드리러 뵈오러 갔더니 맛있는 저녁밥을 사주셨지요. 선생님께서는 당신도 외국 유학을 하셨지만 외국법이 절대적인 것이 아니라 우리나라는 성문헌법도 있는 국가이니 우리 헌법을 잘 분석하고 연구하라는 당부의 말씀을 하셨습니다. 그렇지 않아도 프랑스 유학을 하고 오니 프랑스 법에 관한 한 그 어떤 프랑스 법이든 전부 잘 아는 전문가인 양 국가기관에서 프랑스의 어떤 특수법 영역에 대한 자문을 의뢰하겠다고 그래서 정중히 사절한 적이 있었습니다. 제가 잘 모르는 분야였거든요. 흔히 어느 나라에서 공부했다고 하면 그 나라 법은 전부 잘 아리라 하는 착각이 있을 수 있지요.

선생님께서는 외국법의 법리라고 무조건 우리나라에서도 그대로 통용된다거나 우리나라에도 맞는 법리라고 보는 우를 범하지 말도록 가르치셨고 외국법의 소개도 번역 등이 정확해야 한다고, 늘 조심하라고 일러 주셨지요. 일례로 선생님께서는 대학원에서 기본권의 이중성 이론 등이 우리 헌법에 맞지 않다고 지적해주셨습니다. 선생님의 교지를 따라 저도 우리 헌법전의 규정에서부터 출발하여 이중성 문제를 다시 살피는 연구를 하게 되었습니다. 저의 헌법교과서 '헌법학'에서도 조목조목 논증해 두었듯이 우리 헌법 제37조 제2항은 '질서유지'를 위한 기본권제한을 명시하고 있는데 기본권의 이중성이란 기본권이 권리이자 질서라는 것인데 기본권 속에 질서가 있으면 어찌 그 기본권을 제한하기 위한 질서유지라는 사유를 헌법에 명시할 수 있을까요? 그러면 자가모순이지요. 그러고 기본권이 질서를 내재하면 기본권제한이 내재적으로 자동적으로 자가조절적으로 이루어질 텐데 대단히 유감스럽게도 우리 헌법 제37조 제2항은 질서유지의 필요가 있더라도 '법률'에 의해서만 제한이 가능하도록 하고 있어서 결국 맞지 않지요. 독일 헌법인 기본법 제1조 제2항에는 모든 인류공동체의 기초로서 인권('Menschenrechten als Grundlage jeder menschlichen Gemeinschaft')이라고 규정되어 있어 공동체의 기초, 질서를 규정하여 우리 한국의 헌법규정과 다르지요.

한번은 오래된 고시잡지인 '고시계'에서 선생님과 저의 대담 인터뷰를 권두에 실었던 적이 있습니다. 그때 우리 헌법재판소나 헌법학자들이 많이 사용하는 '사회권'이란 말에 대해 여쭈어보았지요. 선생님 교과서 헌법학개론에서는 줄곧 '생존권'이라 사용하시고 계셨지요. 저도 '사회권'이란 말 대신 '생존권'이란 말로 강의를 해왔고(어차피 선생님 개론 책을 교재로 사용했으니 당연 그러기도 했겠지요) 모든 기본권은 '사회적'이라고 보아왔습니다. 그 이유로, 예를 들어 '사생활'의 자유조차 공동체인 사회가 있으니 그 사회에서 사적인 영역이라는 것도 요구되는 것이어서 사생활의 자유도 사회적인 것이지요. 사회공동체가 엿보는 문제가 있으니 사생활이지요. 사회공동체 속의 사생활이지요. 기본권은 사회공동체에서 보호되어야 하고 의미를 가지는 것이어서 사회적이지요. 그래서 '사회권'이라고 부르면 모든 기본권을 지칭하게 되는 것이라는 생각에서 사회복지, 인간다운 생활할 권리 등을 생존, 더 나은 삶을 위한 것이므로 '사회권'이란 말 대신에 '생존권'이란 용어를 쓰게 된 것이지요. 그래서 선생님께 '사회권'이란 용어에 대해 여쭈어본 것이지요. 선생님께서 독일에서 사회정책기본권, 사회복지기본권이란 말로 쓰여진 것이라고 지적하셨지요. '정책', '복지'라는 말을 빼버리면 뜻을 제대로 전달할 수 없는 면이 있다는 점도 깨닫게 해주셨습니다. 또 학술용어는 의미를 내포하는 만큼 그것부터 우리 것을 찾는 학자로서의 자세가 중요함을 선생님으로부터 배운 것이지요. 저도 선생님을 따라 '생존권'이란 말을 변함없이 사용하고 있습니다.

우리 역대 헌법들 간에도 비슷해 보이지만 다른 것이 있지요. 그 차이를 알아내고 현행 헌법의 각 조문이 가지는 의미를 정확히 알기 위해서는 헌법문언을 철저하게 분석하는 것이 필요하지요. 일례로 제4공화국 유신헌법의 기본권제한에 관한 일반원칙규정인 당시 헌법 제32조 제2항은 "국민의 자유와 권리를 제한하는 법률의 제정은 국가안전보장 · 질서유지 또는 공공복리를 위하여 필요한 경우에 한한다"라고 규정되어 있었지요. 현행 헌법 제37조 제2항은 "국민의 모든 자유와 권리는 국가안전보장 · 질서유지 또는 공공복리를 위하여 필요한 경우에 한하여 법률로써 제한할 수 있으며"라고 규정되어 있고요. 두 조문이 비슷해 보이지만 서로 명백히 다르다는 것을 선생님께서는 지적하셨습니다. 위 유신헌법 제32조 제2항은 '개별적 법률유보'에 있어서 그 한계를 설정한 것이지 일반적 법률유보인 현행 헌법 제37조 제2항의 문언과 다르다는 점을 분명히 지적하셨습니다(이전 개정판들에서부터도 그리 지적하고 계셨지만 저의 가까운 서가에 꽂혀 있길래 펼쳐본 헌법학개론 15전정신판, 박영사, 2003, 318면에도 그리 지적되어 있네요). 유신헌법 당시에는 기본권별로 개별적인 법률유보를 많이 헌법이 규정하고 있었는데[*저의 설명 : 개별적 법률유보는 개별 기본권별로 "법률에 의하지 아니하고는" 제한받지 않는다고 규정한, 예를 들어 거주 · 이전의 자유(또는 언론 · 출판 · 집회 · 결사의 자유, 직업선택의 자유…… 등 개별 기본권별로 "법률에 의하지 아니하고는 제한받지 아니한다"라고 규정되어 있는 것이고(유신헌법=제4공화국 헌법 제12조, 제18조, 제13조 등) 일반적 법률유보는 그냥 현행 헌법처럼 "국민의 모든 자유와 권리"는…… "법률로써 제한할 수 있으며"라고 규정되어 있는 것인데] 그런 개별적 법률유보에 따라 그 기본권을 제한하는 법률이 제정된다면(즉 거주 · 이전의 자유, 언론 · 출판 · 집회 · 결사의 자유, 직업선택의 자유 등을 제한하는 각 개별 법률이 제정되는데 그 법률제정은) 국가안전보장 · 질서유지 또는 공공복리를 위해서 할 수 있다는 한계라는 것입니다. 이렇게 현행 헌법 제37조 제2항의 일반적 법률유보와는 달랐던 것입니다. 이를 선생님 교과서에서는 예리하게 지적해 놓으셨던 것입니다.

## 8. 세계로 지평을 넓히시다

선생님께서는 우리 헌법학 연구의 지평을 세계로 넓혀 나가신 분이시기도 합니다. 선생님께서 독일 유학을 다녀오신 것부터도 물론 그 활동의 시작이라 할 수 있겠지만 특히 제가 조교로 있던 시절에 본격적으로 볼 수 있었습니다. 1982년인가로 기억됩니다만 당시에 세계헌법학회(International Association of Constitutional Law, IACL)가 처음으로 결성되려고 할 때입니다. 선생님께서는 서구의 여러 교수님들 함께 그 창설에 참여하셨습니다. 그것과 관련한 에피소드로 참 가슴 아픈 일이 있었습니다. 당시는 제가 법과대학 조교 시절이었습니다. 세계헌법학회 창립총회가 당시 유고슬라비아(지금은 해체)에서 있을 예정이었습니다. 그 창립총회에 선생님께서 꼭 참석하시기로 하셨고 제 기억으로 일본 동경대학의 고바야시 교수님이라는 분이 선생님을 특히 챙겨주신 것 같습니다. 그분과 더불어 참석하시려고 했고 또 그러면서 유럽 쪽으로 선생님께서 가실 일이 있고 해서 그러면서 저한테 부탁을 하셨습니다. 즉 선생님께서 먼저 유럽으로 출국하시면서 유고 입국을 위한 비자를 발급받을 수 있게 해놓으라는 지시였습니다. 당시에는 유고 여행을 위해서는 먼저 교육부의 승인을 받아야 했습니다. 현재는 유고슬라비아가 없어지고 동구라파 여러 나라로 나누어졌지만 그 당시에 유고만 해도 그렇게 썩 우리하고 가깝지는 않고 해서 어려움이 있었던 것 같습니다. 곡절 끝에 교육부의 승인을 결국 받긴 했습니다. 받았는데 시간이 너무 지체되어서 선생님께서는 결국 참석하시지 못하셨습니다. 그렇지만 선생님께서는 세계헌법학회의 창립멤버로 파운더(Founder)로서 역사적으로 남으실 일을 하신 것이지요.

그다음에 제 기억으로 제 유학 때 유럽에서의 두 번의 선생님과의 만남이 있었습니다. 첫 번째는(시간이 오래되어 첫 번째와 두 번째가 순서가 다를 수 있습니다만, 그래도 선생님 뵈온 때 회상내용이 중요한 것이지요) 1987년에 프랑스 스트라스부르그(Strasbourg)에 유럽 의회에서 개최되는 스트라스부르그 대학 인권세미나 프로그램인가요 그런 것으로 기억이 나는데요(그 프로그램 이름은 기억이 아주 뚜렷하지 않은데) 그 프로그램에 선생님께서 참여하신다는 전갈을 받았습니다. 이 소식을 듣고 저는 만사 제쳐두고, 불현듯 스트라스부르그로 달려가서 선생님을 뵈었습니다. 한편 선생님께서는 내색을 하시지 않으셨지만 당시에 한국 내에 정권의 변동, 민주화 운동 등으로 신헌법 제정의 열기가 강했는데 멀리서 좀 더 냉철히 신헌법안을 구상해보시고자 이를 피해 오신 것 같기도 하다는 짐작도 했습니다. 87년 6.29 선언으로 민주화가 열리려고 하는 당시에도 개헌논의에 참여하시지 않은 것은 1972년 유신헌법 당시의 고초, 1980년 서울의 봄 당시 '6인 교수안'(앞서 언급했습니다만)으로 인한 곤욕 등이 트라우마로 다가온 때문은 아닌가 하는 생각도 제자로서 해보았습니다. 여하튼 그렇게 불현듯 달려갔는데 첫말씀이 "왜 왔냐"라고 하시는 거예요. 얼마나 섭섭하든지. 그런데 그런 말씀은 유학와 공부하는 제자의 흐름과 시간을 부수지 않으시려는 배려를 하셨던 거였고, 어떤 교수님은 공항으로까지 영접 나오길 바라시는데, 참스승님이라 다시금 느꼈습니다. 그 스트라스부르그에서의 재회는 제가 유학 중이라서 더욱더 가슴 뭉클하고 그리고 해외에서 선생님을 뵙는 잊지 못할 영광이기도 하였습니다. 그 당시에 세계 여러 나라에서 인권법 활동하시는 분들이 오셨는데 선생님께서는 정말 소탈하시게, 특히 젊은 학자분들하고 잘 어울리셨습니다. 그래서 인상이 아주 깊었고 선생님에 대한 존경심들이 다시금 뭉클 솟아났던 기억이 납니다.

또 한 가지 잊지 못할 기억은 선생님 모시고 스트라스부르그에서 바덴바덴 거쳐서 독일연방헌법재판소가 있는 카를스루에(Karlsruhe)까지 갔던가 그렇게 해서 여행을 다녀왔던 아름다운 추억도 기억납니다.

그런데 스트라스부르그에 그 당시에 유학을 온 제자 이용식 선배(후일 서울대 형법 교수)가 계셨지요. 그 선배 댁에서 하룻밤 선생님께서 묵어셨습니다. 그때 인상 깊었던 일은 선생님께서 어쨌든 제자에 폐를 끼치지 않으시려고 내가 온 걸 알리지 마라 그러셨는데 제가 도저히 그렇게 할 수가 없더라고요. 나중에 선생님께서 다녀가신 거 아시면 이 선배가 얼마나 섭섭해하시겠습니까. 그래서 선생님 와 계신다고 알렸고 선배께서 당연히 모셔야 한다고 해서 제가 모셔드렸는데 선생님께서 의외로 너무 좋아하시는 거예요. 이용식 선배와 부인이신 형수님, 자제 이렇게 가족들 너무나도 선생님 잘 모셨고 하룻밤 묵으신 다음 날 스트라스부르그 시내 관광을 갔던 기억이 납니다. 스트라스부르그의 큰 교회 성당을 방문하고 그다음에 거기 흐르는 강을 따라서 유람선도 탔던 기억도 나고 선생님께서 무척 기분 좋아하셨습니다. 이렇게 제자한테 폐를 안 끼치려고 하시면서 마지못해 하룻밤 묵으시면서 떠나오실 때 이 선배 자제를 쓰다듬어 주시고 너무 인간다운 그런 삶을 또 많이 누리시려고 하셨던 인정이 많으신 분이셨습니다. 이용식 선배는 독일에서 형법학 박사학위를 받으시고, 형수님께서는 프랑스에서 불문학 박사학위를 받으신 뒤 귀국하셔서 모두 이화여대에 교수로 복직하셨던 기억이 납니다. 이 선배는 이후 서울대로 이적하셨지요.

또 다른 추억으로 역시 제가 유학하던 시절인 1987년에 제2회 세계헌법대회가 프랑스에서 개최되었던 그때 선생님께서 한국의 대표단을 이끌고 오셨더랬습니다. 그때 프랑스에 세계의 많은 헌법교수들, 헌법학자들이 모였는데 선생님 지근에서 모시고 파리에서 세계대회 일정을 보냈습니다. 대표적으로 인상이 남는 게 세계헌법대회의 한 세션이 프랑스 상원에서 열렸는데 이 이 세션 이후 점심때 아주 귀한 프랑스 치즈(프랑스 말로 프로마쥬 fromage)를 여러 종류로 먹었던 기억이 납니다. 제가 유학 중이었고 프랑스에 있긴 했어도 그 유명한 맛있는 치즈들을 많이 먹어보지도 못했고 프랑스인들도 흔치 않게 먹는 귀한 치즈도 많이 먹을 수 있었고 그 맛이 황홀했습니다. 모두 다 선생님께서 이런 세계대회에 참여할 수 있게 우리 대표단을 이끌어주신 덕분이지요. 그 당시에 저는 교수도 아니었기 때문에 젊은 신진 학자로서 참가를 했고 그 참가로 프랑스 교수님들과 그리고 다른 외국 교수들 가까워졌고 친하게 되었습니다. 그 뒤로도 계속 또 네트워크가 형성되는 기회를 가지게 되어 저에게 두고두고 유용한 큰 자산으로 활용이 되는 좋은 기회를 선생님께서 마련해주신 셈이지요.

선생님께서는 그 파리 대회 이후에 1995년 도쿄에서 개최된 세계헌법대회, 그러니까 그게 4회가 되나요, 도쿄대회에서 드디어 집행이사가 되십니다. 세계헌법학회의 집행이사는 권역별로 보면 유럽 쪽에서 또 뭐라고 해야 될까요, 아무래도 유럽 쪽에 인사들이 많았는데 아시아 쪽은 참 드물었습니다. 근데 선생님께서 정말 당당히 집행이사로 선임되셔서 우리 한국의 헌법학계로서는 그야말로 큰 경사였습니다. 1995년에 오래된 일인데 지금으로부터 그러니까 20년이 뭡니까 30년이 다 되어가는 시기 일인데 그 당시에 선생님께서 집행이사가 되셨다는 것은, 당시 한국의 위상도 그렇고 했는데 사실은 그만큼 선생님 당신의 뭐랄까 학문적인 무공이 남다르셨고 세계에서도 인정받으셨다 그렇게 말씀드릴 수 있겠지요. 이제는 우리나라가 어느 정도 자리를 잡았습니다마는 당시에는 참 집행이사 되신 거는 대단한 일이었다, 그렇게 말씀드릴 수 있겠지요. 그 뒤로 이제 집행이사를 쭉 하시면서 조병윤 선배께서 이어받으셨고 오늘날에는 참 외람되지만 제가 또 집행 이사를 이어받고 있습니다. 선생님께서 집행이사로 선임되신 동경대회 좀 전에 한국학자들의 세계헌법학회 참여와 헌법학 연구의 세계적 참여를 증진시키는 활동을 좀 더 조직화하기 위해 선생님께서는 '세계헌법학회 한국학회'(Korean Association of International Association of Constitutional Law, KAIACL)를 창립하셨습니다. 선생님께서는 세계헌법학회 부회장도 역임하셨습니다.

그리고 무엇보다도 2018년에 서울에서 세계 헌법대회가 열렸습니다. 참말로 뜻깊은 일이었지요. 세계헌법대회를 한국에서도 개최하는 것이 선생님 숙원이셨는데 우리도 세계헌법대회를 개최하는 그런 꿈이 현실로 이루어진 것이었습니다. 서울대회는 10회가 됩니다. 세계헌법학자들이 많이 참석하여 1000여 명의 헌법학자들이 참여했고 대성황리에 성공적으로 치러졌습니다(이에 관한 자세한 것은 제가 보고기로 쓴 게 있는데 바로, 제10회 세계헌법대회(2018년 서울)의 성공과 수확, 세계헌법연구 2018, 24권 3호, 107면 이하). 그래서 우리나라의 헌법, 헌법학 연구가 그만큼 위상이 높아지기도 했지만 또 선생님께서 꿈꾸셨던 그런 세상 그리고 세계로 우리의 헌법학 연구, 한국의 헌법학의 지평을 넓혀가는 길을 선생님께서 일찍이 씨를 뿌리시고 거름을 주셔서 드디어 저희 후학들이 열매를 거두게 되었습니다.

우리나라 1세대 헌법학자분들이 훌륭한 분들 계시지만 참으로 선생님께서는 세계로 지평을 넓히신, 업그레이드를 가져오게 하신 특별한 공적을 쌓으신 덕분에 오늘날 우리 한국이 더 나아지고 또 어디 가도 우리 한국이 민주화된 헌법을 가지고 더 발전된 헌법학으로 선도적 역할을 할 수 있게 이끌어갈 수 있게 나아갈 수 있게 되었습니다.

세계헌법대회 때에 그냥 이번 한 타임의 대회로 끝내기는 그동안 준비해오고 투자한, 더구나 국가예산이 투자된(국가예산이 투입된 외국 학자들 경비는 한국에서의 숙비 등으로, 그들이 소비한 관광비 등을 생각하면 '투자'라고 해야겠지요) 터라 더 큰 효과를 수확하는 것이 필요하다고 생각했습니다. 저로서도 결코 1회성으로 끝내고 싶지 않을 뿐만 아니라 저 개인적인 욕심이지만 어쨌든 이걸 지속 가능한 활동으로 이어가고 우리가 세계헌법학 연구에서의 연구 네트워크의 허브(Hub)가 될 수 있고 리더로서 이끌어가는 그런 국제적 모임을 한국에서 계속 끌고 가는 대회를 이어가고 싶었습니다. 한국이 그런 리딩 국가가 되었으면 바라고 이건 결코 우리가 다른 나라들과 경쟁해서 이기겠다는 그런 의미보다도 앞서 말씀드린 대로 우리가 그동안 독재의 경험 속에 어렵게 어렵게 민주화를 이루었지만 어떻게 보면 세계가 성공한 민주화라고 찬사를 받은 한국이어서 이를 전파할 의무에서도 그러한 선도적 연수를 시행할 필요가 많습니다. 우리가 선진국에서 배우고 도움받은 결과 우리나라가 이룬 성과도 있으니 이제 다른 나라에 전수하고 도와야 할 때가 되기도 하였지요. 그래서 이러한 민주화의 경험을 그냥 둘 게 아니라 외국 학자들에게도 도움을 주자는 의미에서 2018년에 세계헌법대회의 직후에 1주간의 시간을 더 내어서 젊은 헌법학자들의 연수프로그램을 만들고 제1회로 개최하였습니다. 바로 'Global Youth Intensive Program for Young Constitutional Law Scholars'(줄여 'GYIP'라고 부릅니다) 이지요. 이 프로그램은 일주일간 우리나라에 체류하면서 우리나라의 헌법을 보고 또 여러 각 나라에서 오신 젊은 학자분들이 자기 나라 헌법을 소개하고 서로 헌법이론과 헌법규범에 관한 연구 등을 교류하고 또 교유하면서, 그러면서 우리나라에 헌법재판소나 또 국회, 대법원 등을 방문하면서 우리를, 우리나라를 체험하도록 그렇게 한 프로그램입니다. 이를 통해 한국의 헌법, 헌법실무를 이해하도록 하는 것도 중요하지만 세계의 입헌주의를 더욱 발전시키는 연구와 학술교류를 하는 것이 목적이지요. 이 프로그램은 매우 성공적이었고 호응도도 폭발적이었습니다. 그 이유는 입헌주의 발달을 위한 연구모임이기도 하지만 한국의 다이나믹한 법문화, 생활문화('불금', 'K-팝') 등에 대해 실제 현지에서 생생하게 체험해보고 헌법재판소 등 헌법기관에 가서 시찰하는 등 체험이 매우 소중한 경험으로 감명을 받은 결과이기도 하였지요[이에 관한 자세한 것은 제가 보고기로 쓴 게 있는데 바로, 제10회 세계헌법대회(2018년 서울) 글로벌 유스 프로그램의 성공적 개최, 세계헌법연구, 2018, 24권 3호, 233면 이하]. 아주 호응도가 높아서 첫해에 서른여섯 나라에서 온 젊은 학자들이 참가했고, 이후 2019년에 제2회가[이에 관한 보고기로, 정재황, 2019년 제2회 글로벌 유스 인텐시브 프로그램('GYIP')의 성공적 개최, 세계헌법연구 2019, 25권 2호, 265면 이하 참고] 이어서 서울에서 개최되었지요. 2020년 제3회, 2021년 제4회 대회는 코비드-19로 국내 초청이 불가능하여 대신 화상회의로 진행되었는데 역시 성공적이었지요[제3회에 관한 보고기로, 정재황, 2020년 제3회 글로벌 유스 인텐시브 프로그램('GYIP')의 성공적 개최, 세계헌법연구 2020, 26권 3호, 351면 이하 참고]. 2022년에 제5회 GYIP를 개최하였어야 했는데 코로나 때문에, 물론 2020년 2021년도 코로나 때문에 우리가 화상으로 회의를 했습니다마는, 어쨌든 앞으로는 한국에서 직접 모여서 역동성을 더욱 살려서 해야 될 것 같아서 코로나가 조금 더 극복되기를 바라면서 개최를 유보한 바 있습니다. 이 GYIP에 참여했던 젊은 학자들이 선생님께서 창건하신 세계헌법학회 한국학회의 학술지이자 우리나라 최초의 등재지인 '세계헌법연구'에 우수한 논문들을 발표하는 등 그 네트워크의 활성화와 연구결과의 확산력을 보여주고 있고 세계헌법학회 한국학회는 이름이 한국학회이나 그 학술지인 세계헌법연구에 젊은 외국 학자들의 논문들이 수록되는 등 세계로 뻗어나가 세계의 입헌주의의 허브로 거듭 발전되고 있습니다. 그 연수생들 중에 교수가 된 사람들도 있어서 점점 네트워크가 강해지고 있습니다.

여기서 우리나라의 헌법을 소개하면서 또 세계의 입헌주의를 넓혀가면서 젊은 학자들이 서로 공유하고 헌법의 기본권 보장을 확대하려고 노력하고 입헌주의를 더욱더 확대하려고 하는 노력이 앞으로 세계의 입헌주의에 더욱 기여할 수 있고 이렇게 하는 것이 또 선생님께서 이 우리 헌법학연구를 세계 속으로 지평을 넓히시고자 했던 그런 취지를 살려 나가는 것이 아니겠느냐 그런 생각이 듭니다. 또 그런 씨앗을 선생님께서 뿌리신 것을 지금 수확하고 있다고 말씀 드릴 수 있겠습니다.

## 9. 사법개혁, 법학교육개혁

- 선생님께서 힘을 쏟으신 중요 과제 : 선생님께서는 사법개혁과 법학교육개혁이

국민의 기본권보장 확대와 나라 발전에 중차대한 과제임을 늘 강조하시면서 그 방안에 대해 깊이 많이 구상하셨습니다. 그리고 그 방안이 구현되도록 법대, 법학교수회, 한국공법학회 등에서 세미나 등을 통해 그 논의를 펼치시면서 국민들의 주목을 환기시키고 실천에 옮겨지도록 하는 등 많은 노력을 기울이셨습니다. 제자들이 정부요로에서 추진을 정치적으로도 하려고 한 노력도 있었습니다. 1996년인가 김영삼 정부하 세계화추진위원회에 제자들이 참여하기도 하였지요.

- 과연?

과연 선생님께서 구상하신 사법개혁, 법학교육의 성과가 얼마나 있었는가요? 교육계에 종사해온 저로서는 주로 후자에 대해 그 현황을 보고드리고자 합니다. 당시 전후 적지 않은 기간 동안 도입이 된다 안 된다 하면서 논의가 무성했던 로스쿨 제도가 2007년 '법학전문대학원 설치 · 운영에 관한 법률'의 전격적인 통과, 제정으로 도입되었고 2009년에 1기생이 입학한 이래  금년 2023년에 15기 신입생을 맞이하여 이제 짧지 않은 시간이 흘렀습니다. 로스쿨제도가 그 소기의 목적을 달성하였는가요? 아니면 달성하려는 방향으로 순기능을 보여주었는가요? 저는 부정적입니다. 로스쿨 교육이념을 위 법률은 "국민의 다양한 기대와 요청에 부응하는 양질의 법률서비스를 제공하기 위하여 풍부한 교양, 인간 및 사회에 대한 깊은 이해와 자유 · 평등 · 정의를 지향하는 가치관을 바탕으로 건전한 직업 윤리관과 복잡다기한 법적 분쟁을 전문적 · 효율적으로 해결할 수 있는 지식 및 능력을 갖춘 법조인의 양성에 있다"라고 규정하고 있습니다(동법 제2조). 로스쿨 교육이 그러한 이념 구현에 성공하였는지에 대해 앞으로 더 시간이 지나보아야 한다고 하더라도, 그동안 로스쿨 교육현황이 위 규정이 지향하는 그러한 역량을 가진 변호사, 법조인 양성이란 그 이념 달성에 과연 기여하는 것이라고 확신할 수 있는지에 대해서는 의문이 적지 않습니다.

로스쿨 입학 자체도 지원이 몰리고 시험이 과열되고 이런 이야기를 들으면 로스쿨제도를 도입하게 된 것이 이른바 '고시낭인'의 문제, 국가인재의 법조직역 쏠림 현상 등을 없애어 다양한 영역에서 인재들이 활동하여 국가 전체의 발전을 도모하자는 것이었음을 생각할 때 과연 소기 목적이 달성되고 있는지도 의문입니다. 솔직히 말씀드려 취업이 어렵고 그래도 라이센스를 가진(의사, 변호사 등) 직종이 경제적으로 생활의 안정을 가져올 수 있으니 여전히 로스쿨에 몰리는 것이지요. 그러면 이전의 고시 병폐가 가지는 문제점이 과연 해소된 것인지요? 인문학 영역인 사학과, 철학과 등, 사회과학 영역인 정치학, 심리학과 등의 학생들이 성적을 좋게 가져가 졸업하면 동일계 대학원으로 가는 것이 아니라 상당수 로스쿨로 간다네요. 원래는 그 분야 인재가 그대로 교수나 연구자 인력으로 육성되어 기초학문도 키우는 데 도움을 주자는 것이었는데 이러니 답답하네요.

- 로스쿨 3년 교육에?

위에서 로스쿨 교육이념으로 법규정은 "복잡다기한 법적 분쟁을 전문적 · 효율적으로 해결할 수 있는 지식 및 능력을 갖춘 법조인의 양성"이라고 한 것을 보았습니다만, 법적 분쟁의 전문적 해결능력을 갖추어야 한다고 하니 로스쿨은 실무교육 위주가 되어야 하는지요? 법적 분쟁을 해결하는 데는 기초적 법지식이나 이론이 충분히 갖추어질 것이 요구되는 것이 아닐까요? 더구나 '복잡다기한' 분쟁이고 더구나 법적 분쟁인데 기초조차 안 되어 있으면 사안의 쟁점들 분석조차 제대로 될 수 있을까요? 로스쿨은 실무가를 양성하는 곳이니 실무교육을 많이 해야 한다고요? 한정된 교육시간에 기초교육에 더하여 그럴 형편이 되면 또 실무교육 잘 받아서 기초이론 습득과 배양이 잘되면야 누가 말리겠습니까?

로스쿨이 3년 과정인데 과연 이 3년 과정이 그 넓은 기초 분야인 헌법, 민법, 형법만 해도 그런데 다른 특수법까지 해가면서 그렇게 3년 만에 다 할 수 있을지 의문이 많습니다. 그 가능성보다도 현재 3년인 수학 연한이 예컨대 4년 등으로 더 길어지지 않는 한은 3년 동안 기초적인 공부를 잘 다지면서 실무는 변호사 되어 실무를 해가면서 자꾸 실무 활동을 하면서 또 쌓아나가면, 경험을 쌓아 나가면 되겠지요. 근데 이게 아니고 로스쿨 과정을 보면 여러 가지가 많이 들어가 있습니다. 사실 아무리 로스쿨 학생들이 뛰어나다 하더라도 굉장히 힘들다 그렇게 말씀드릴 수 있겠습니다. 실무를 로스쿨에서 교육시키는 것도 중요하지만 그 이전에 아주 기초가 중요하다, 그래서 로펌에 있는 변호사들도 "로스쿨에서 정말 철저하게 기초를 잘 배웠으면 좋겠다"라고 그런 이야기를 많이 하거든요. 그런 이야기인데 사실 기초적인 법리의 이해, 그리고 무엇보다도 논증을 제대로 하는 능력배양이 중요하고 그것을 단단하게 하는 데도 시간이 참 부족한데도 그 많은 과목들을 다 커버하게 하는 것이 과연 맞는 건지 의문입니다. 사실 로스쿨 3년 금방 지나갑니다. 처음 입학해서 입학의 기쁨을 느끼며 1학년 1학기 적응기간이 곧 지나가고 1학년 2학기, 2학년, 3학년 1학기까지 2년, 3학년 2학기는 변호사시험 준비, 결국 2년 제대로 몰빵(젊은 사람들 용어입니다만)하게 되는데 그 시간에 기초법리 이해에도 많은 시간이 결코 아니지요. 그런데도 3년 만에 스페셜리스트 법조인을 양성한다는데 이거 사실 솔직히 적절히 일반화될 수 있는 것인가요? 사람들 간 차이를 고려하더라도 말이지요.

로스쿨의 교육내용이 과연 법대 시절과 달라졌나요? 그것부터도 의문입니다.

- 규제 과잉. 대학의 자율성?

로스쿨을 졸업해야 법조인 자격을 인정하는 변호사 시험을 치를 수 있는 자격을 한정하였으니 로스쿨 학사 관리를 엄격하게 하는 것이 필요하고 그건 당연한데요. 규제가 너무 지나칩니다. 안 그래도 두 번의 컨트롤이 기다리고 있지요. 첫 번째는 변호사시험 결과이지요(이것은 변호사시험이 제대로 되어 로스쿨 교육이 양질로 가고 그 결과를 제대로 검증한다는 것을 전제로). 각 로스쿨 교육이 충실하였으면 변호사 결과도 그렇게 나올 것이고 결국 변호사시험이 질적 통제(Quality Control)의 첫 번째 장이겠지요. 두 번째

통제의 장은 바로 법조계 자체의 통제입니다. 어느 학교 로스쿨 교육은 제대로 충실히 이루어져 그 학교 출신 변호사들 송무실력이 기초부터 단단하더라는 법조계에서의 평가(또는 반대평가) 내지 평판이 바로 통제인 것이지요. 그럼에도 대학자율성에 걸맞지 않는 규제가 있습니다. 특히 성적관리, 성적 평가 문제입니다. 로스쿨은 학교평가 때 학생에 대한 평가 기준 및 결과를 제출해야 하고 이에 대해 평가를 받아야 합니다. 한국의 모든 로스쿨들에서는 학생들 성적평가를 반드시 상대평가에 의하도록 강제하고 있습니다. 선택과목조차도 그렇습니다. 절대평가를 못하게 하고 상대평가를 강제해놓으니까 수강 신청 단계에서 그 과목 그 교수가 담당하는 반에 이미 잘하는 학생들이 많이 있지 않은지를 살펴보는 전쟁이 벌어지곤 합니다. 상대평가이다 보니 잘하는 학생들이 A를 받아 가게 되면 경쟁에서 불리하다고 미리 짐작하는 거지요. 그리고 인원이 몇 명이냐에 따라서 보고 수강신청 때 신청했다가, 철회했다가 그렇게 하지요. 그리고 교수 입장에서도 모두 뛰어난데도 C, D까지 주라고 되어 있으니까 아주 힘듭니다. 수강한 학생들 많은 수가 실력과 학업성취도가 뛰어나 이들에 대해 A를 부여하는 것이 마땅하고 정의로운데도, 쿼터 때문에 그럴 수가 없습니다(물론 실력이 부족하면 주어진 쿼터보다 적게 A를 줄 수도 있겠지요). 교육의 퀄리티가 떨어지는 것을 막기 위해 상대평가를 해야 된다고 하는데요. 저는 생각이 그렇지 않습니다. 교육의 질은 법조계 평가에 맡겨야지요. 예를 들자면 어느 대학 로스쿨을 나온 변호사가 A+를 받은 그 과목 분야의 실무 시켜봤더니만 잘 못하더라 그렇게 되면 그 에이 플러스 과연 맞느냐라고 법조계에서 평가할 겁니다. 저는 "학사관리가 부실한 로스쿨은 그 졸업생들이 법조실무에서의 수행성과나 그 이전에 제대로 출제되는 변호사시험에서 부정적 평가가 나올 것이므로 그 평가에 맡기면 될 것이다"라고 쓴 바 있습니다(졸고, 로스쿨 교육 개선이 필요하다, 법률신문, 오피니언, 2018. 10. 5.).

로스쿨이 생기게 된 것도 자유 경쟁, 시장(?) 경쟁 원리에 맡기겠다는 거 아니었습니까? 그렇지요. 그런데 그걸 강제적으로 A를 받아 마땅한 학생을 C를 줘야 된다든지 하는 이런 규제는 너무나 비교육적이다, 그렇게 얘기할 수 있지요. 이는 우리 헌법 제31조 제4항이 명시하여 규정하고 있는 대학의 자율성에 명백히 반하는 것이지요. 그런 점에 비춰 봐도 이건 반헌법적이다, 그렇게 얘기를 할 정도로 저는 이 로스쿨 교육에 대해서 정말 환멸을 느낍니다. 사실 이 룰은 초기에 변호사시험 합격률을 높이기 위한(합격자수를 늘리기 위한) 바터로 엄정한 학사관리를 내세우면서 합의된 사항인데 이제 합격률도 조정하고 이런 강제적 룰 보다 시장기능에 맡기는 것이 옳다고 봅니다. 그런데 지난번 코로나 시국에서 상대평가를 완화했다가 듣게 된 부정적 평가가 있었다고 하니 다시 난감함이 느껴지네요.

대학의 자율성을 스스로 깨기도 하는 것 같아요. 이는 학교 자체가 설정한 룰인데 역시 평가시험에 관한 것입니다. 먼저 필수과목이 여러 반으로 분반되어 수업이 진행되면 그 반들은 중간시험, 기말시험은 무슨 일이 있더라도 같은 날 보라고 강제하는 학교가 있습니다. 헌법도 필수이니 그러하지요. 그런데 어느 반 담당 교수가 강의량이 많아 진도가 늦어져 다른 반들과 달리 한 주 뒤에 시험을 보았다가 다른 반 학생들의 항의로 난리가 났다는 거 아닙니까. 늦게 헌법시험 보는 반 학생들은 헌법시험 준비 대신 그 시간에 다른 과목, 예를 들어 민법, 형법 등을 더 준비할 수 있어 민법 등의 시험에 유리하다, 그래서 다른 반 학생들은 불리하다는 이야기지요. 같은 과목일지라도 다른 날 다른 수업을 들을 수도 있고 시험 시간이 달라도 그것이 한 학기가 지나고 몇 학기 지나면 다 골고루 평평하게 되지 않을까요. 더구나 헌법 한 과목만도 아니고 여러 과목인데요. 학생들을 그리 설득해야지요. 학점이 법원 로클럭이나 또 검사 임용시험에서 로펌 갈 때 내놓아야 하니 불리하게 받지 않으려고 하는 마음, 그래서 예민한 문제가 되는 것이라고 이해되다가도 이런 모습이 대학교육인가 하는 회의가 들게 합니다.

학생들의 진로도 원래 로스쿨제도 도입 시 기대했던 다양한 직역 확보가 충분히 이루어지지 않고 있습니다. 대형 로펌도 그래요. 1, 2학년 때 입도선매(?) 입학한 지 얼마 되지 않은 학생을 로펌에서 스카웃하는 건 좋은데 그것이 과연 먼 길을 가야 될 법률가에게 맞는 것인지 참 고민입니다. 선발된 제자들은 잘되고 축하할 일입니다만 입학 후 일취월장하는 학생들을 목도했던 경험에 비추어보니 가슴 한편 뺑 뚤린 듯한 느낌을 지울 수는 없었지요. 저학년 때 로펌에서 이렇게 이른바 '컨펌'하는 것을 보면 실무는 로펌 와서 송무하면서 배워나가면 된다는 것을 실토(?)하는 것이 아닌가요?

- 변호사 시험

어떤 자격 취득을 목적으로 하는 교육은 좋든 싫든 그 자격시험이 그 교육의 내용까지도 좌우하는 것은 사실입니다. 변호사시험도 과연 변호사 자격 부여를 위한 검증을 잘 해내는 시험인지, 나아가 솔직히 과연 과거의 사법시험보다 나아졌는지 하는 문제제기를 적지 않게 하게 합니다.

먼저 합격정원을 한정하다 보니 검증과 자격 인정이라는 본래 기능에 충실한지 의문이 가시지 않게 합니다. 저는 "변호사시험은 어떠한가? 변호사시험은 로스쿨교육을 좌우한다. 하루에 3가지 시험[*하루에 한 법분야, 예를 들어 첫날 공법형(헌법과 행정법)형을 치르는데 공법형의 선택형, 사례형, 기록형 3가지 유형-원문에 추기]을 치르는 것도 문제이고 합격률은 점점 떨어지며 시험내용도 이전의 사법시험처럼 암기 위주가 되어가고 있다. 법적 기본지식을 충실히 갖추었는지를 검증하는 것보다 정해진 숫자만의 합격자를 인정하는 낙방시험으로 전락해 가고 있다. 과부하를 줄여주고 기본소양과 법률가로서의 자질을 갖추었는지를 검증하는 시험이 되어야 한다"라고(위 졸고) 지적한 바 있습니다. 문제도 이론에 관한 것은 기피한다지요. 상당수 문제는 여전히 "다툼이 있으면 판례에 의함"이라 하지요. 정답 시비를 없애기 위한 것이지요. 그런데 이론문제도 예를 들어 어떤 논점이 기본권의 성격에 관한 것이라면 기본권의 성격이 자연권이냐, 실정권이냐 등으로 견해가 갈리는데 자연권이라고 보는 A견해에 따르면 결론이 어떻게 나고 실정권이라고 보는 B견해를 따르면 결론이 어떻게 난다는 식으로, 논증이 제대로 된 것을 찾도록 하고 논증이 맞다면 점수부여를 하면 되겠지요.

변호사시험 선택형 문제 한번 보세요. 복잡하고 꼬이고 이런 걸 잘 찍어야 합격한데요. 이런 일까지 있을 수 있습니다. 중요한 사안으로 중요법리를 다루어야 할 판례가 나왔는데 이를 제가 수업 중에 비판하면서 "조심하세요. 제가 비판하는 것과 판례에 나타난 법리는 반대이니 판례법리를 잘 알아두고 저 같은 사람의 비판의견도 알아두세요"라고 얘기합니다. 자칫 제 의견이 판례의 다수의견과 같다고 혼동이 와서 문제를 틀릴까 저부터도 전전긍긍하는 것이지요. 이러니 판례비평의 수업을 하려다가도 chilling effect가 느껴지지요. 판례비평이 법학을 발전시켜왔는데 말이지요.

시험문제가 논증을 잘해나가는 능력(그것이야말로 리걸마인드이겠지요)을 검증하는 기능을 해야 진정 변호사 자격시험이 되겠지요. 어떤 사안을 주고 단순히 합헌이냐 위헌이냐를 묻는 것이 아니고, 어떤 판례를 두고 위헌, 합헌 어느 결정이냐를 단순히 묻는 것이 아니라 위헌이면 왜 위헌이고 합헌이면 왜 합헌이냐를, 그것도 예를 들어 위헌이면 비례(과잉금지)원칙 위반이어서 위헌이라고(반대로 합헌이면 위반이 아니라서 합헌이라고) 그 이유를 논증하는 데 그것으로도 부족한 것이 왜 비례(과잉금지)원칙 위반인지(또는 위반이 아닌지)를 더 나아가 논증해야 하는 문제를 내어야지요. 예를 들어 과잉금지원칙 4요소 중 침해최소성이 없다(또는 있다)라고 더 나아간 논증을, 그리고 또 더 나아가 왜 최소침해가 아닌지(또는 인지)를 밝혀야지요. 예를 들어 의무적인 신고에 기한을 설정하면서 3일만을 주는 것은 너무 짧은 기간이라 침해최소가 아니라고, 그 최소가 아닌 이유를 논리적으로 밝혀야 하지요. 그래야 제대로 문제해결능력이 있는지를 알아볼 수 있지요. 실무에서도 그게 중요한 것이지요. 그냥 암기로 안 되는 것이지요. 그래서 제 교재에도 어떤 위헌결정이 있다가 아니라 그 위헌결정이 왜 나온 것인지를, 예를 들면 과잉금지원칙 위반으로 위헌이다, 그런데 무엇 때문에 과잉금지원칙 위반이냐라고 제대로 파악하여야 한다는 교육의 취지로 가능한 한 그냥 과잉금지원칙 위반이 아니라 위반인 이유가 침해최소성 결여라고, 그런데 그 결여의 원인은 그 사안에서 무엇인지를 한 줄이라도 제 교재에 넣어주려고 했습니다(그래서 교과서가 늘어났지만). 그렇게 논증하는 식의 문제로 간다면 다소 희망이 생기지요. 참! 지난 1월 초에 끝난 23년도 변호사시험에서는 경향이 다소 달라졌다는 소식도 들렸습니다만.

저희 선생님 제자들이 로스쿨도입을 법학교육개혁방안의 하나로 제시한 것은, 솔직히 당시 하도 사법시험 정원 확대에 소극적이어서 변호사 수를 늘리기 위해 변호사 자격시험의 합격자 수를 당시의 1천 명에서 더 늘리기 위한 방안이기도 하였지요. 그런데 지금 합격자 수가 그리 많이 늘지 않고 갈수록 이른바 '오탈자'들이 늘어갑니다. 이러자고 로스쿨 도입하자는 것이 아니었지요. 저 자신 미국식 로스쿨 제도가 우리에게 맞지 않고 우리식의 법학교육과 법조양성 시스템이 자리 잡고 있는데 다만, 그 교육의 내용과 질을 높이고 국가인재를 너무 법조인력으로 쏠리지 않도록 하여 다양한 인재를 구성하도록 하여 고시낭인이 없도록 하는 등의 방안, 사법시험이 진정 리걸마인드, 역량 있는 법률가(암기실력이 아닌 다양한 문제해결할 기초가 갖추어진 능력으로서의 역량 지닌 법률가)를 검증하는 시험이 되도록 하자는 것이었습니다. 지금 로스쿨 교육, 교육, 교육, 교육, 교육…… 교육이란 말을 하기가 그리 당당하지가 않다는 생각이네요.

이러니 헌법학의 연구나 그 교육의 앞길은 어떠할 것인가요? 변호사 직역의 쏠림현상, 최근의 유수한 공과대학 학과에서조차 미달사태가 있고 그 원인은 의과대학 열풍 때문이라는 보도를 접하면서 이러한 국가 인적 자원의 적정 배치가 오늘날에 있어서도 한국에서 정말 중차대한 과제임을 절감합니다. 법조인, 의사가 되어야, 그들이 우수 인력이 되어야 하지만 모두가 몰려가서, 삶이 나아질 거라는 의식 자체가 바뀌지 않고는 해결이 안 되겠지요.

- 죽어가는(?) 헌법수업, 헌법재판수업, 판례분석

헌법과목은 죽어가고 있습니다. 아니 죽은지도 모르겠습니다. 참고서 보고 시험 준비하고 한 두 달간 공부하고 들어가도 기본점수가 나오는데 로스쿨과정에서 헌법과목들을 그리 빡시게 들을 이유가 없다는 것이기도 하겠지요. 기본권론은 그럭저럭 강의에 열중들하는 모양인데 통치구조(저는 그 용어가 시대낙후적이라 '국가권력'이라 부릅니다만)규범 과목시간에 민법 책 펼쳐놓고 민법공부 하는 모습을 목도하신 헌법교수님도 계시다더군요.

그 이전에 민사소송, 형사소송 관련이 안 되면 앞으로 도움이 안 된다고 하여 필수, 준필수 아니면 안 들어요. 민사법도 그 중에 이론 민법(실체법 민법)의 도그마틱이 만만치 않아 학생들도 시간을 많이 들이는 과목인데, 이론가 출신 교수들이 필수 이론과목을 많이 가르치지만 그것에 대한 정신적 보상조차도 별로 없고 하여 힘들기만 하다고 하지요.

그렇다고 변호사시험에 필수적인 과목 강의를 필수로 해주지도 않습니다. 필수로 안 하면 강의 잘 안 들어옵니다. 헌법재판이 대표적인데요, 필수, 준필수로 묶어두면 듣겠지요. 선택으로 풀어버리면 수강생 수가 떨어지지요. 그나마 헌법 매니아가 있긴 하지요. 그러니 필수, 준필수인 헌법과목이 아닌 한, 심지어 변호사과목인데도, 또 실무에서 활용가능성 있어서 변호사시험에 거의 필수적으로 나오는 헌법재판인데도 이조차 수강생이 적어 헌법재판을 폐지한 로스쿨들도 있답니다. 실무에서 헌법 송무 적다고 더 그런 현상이랍니다.

학자로서 길로 들어선 제가 부족한 게 많았겠지요. 그래도 열심히 연구하고 강의하며 살아왔는데 요즈음 힘드네요. 제가 정년을 금년에 했는데요. Low School 교수가 된 건 정말 마지막 시점에서 정말 정말 많이 많이 힘들게 하네요. 저는 명예교수로 이어가고 퇴임, 정년이란 말을 되도록 안 쓰고자 합니다. 젊은 후속 세대 학자분들께 폐가 되지 않는 이어감을 하고자 합니다. 선생님께서도 이어가신 것처럼.

헌법을 제가 공부한 것은 기본법이자 최고법이라서 이걸 모르고서 뭘 하겠느냐는 순수한 마음에서 시작했고 할수록 어려운 법이고 이를 법이 아니라 정치이고 사회현상이라는 주장도 있고 하지만 정치를 법으로 다스리는데 그 법이 바로 헌법인지라 그 중요성은 말할 필요가 없는데 이렇게 연구대상이 정치인지라 현실적으로 갑갑한 때도 있었던 것은 사실입니다. 특히 우리나라의 헌정사, 아니 정확히는 정치사는(헌정사는 헌법대로 할 때나 쓸 말이지. 아니 헌법대로 안된 정치사도 헌정역사는 역사인가요?!?) 헌법을 공부하는 저를 우울하게 만들기도 했습니다. 그래도 덜 갑갑했던 것은 제가 석사 논문에서 선생님께서 주신 위헌법률심사제를 공부하니 그나마 법 같았습니다. 그 뒤로도 헌법재판을 연구하고 강의를 해오고 있습니다만.

프랑스 가서 공부하라 하신 건 지금도 너무너무 저를 잘 이끌어주셨습니다. 공부방법론을 그곳에서 터득했거든요. 그것이 헌법교수로서 필요한 것인데 정말 잘 이끌어주셨습니다. 그것 없이 제가 왜 교수를 했나 스스로 회의하는 마음을 떨치지 못했겠지요.

- 불쌍한 교수들

먼저 로스쿨 수업이 빡빡하면 수강신청을 잘 하지 않을 뿐 아니라 강의평가도 나쁜 평가를 학생들이 줍니다. 저도 로스쿨 출범하면서 1기생들에게 과제 제출 요구, 제출받아 피드백 등을 하여 원성이 자자했다네요(별명이 '폭풍교수'라고). 그래도 하드 트레이닝에 감사하고 덕분에 헌법재판 송무에서 나름 전문성이 높다는 말을 듣는다고 하면서 감사하다는 졸업생들이 있었지만 지금 생각해도 괜한 욕심과 어리석음이 아니었는지 후회될 수도 있겠습디다만. 그러나 교수의 소임으로서 '선생'이라는 역할, 앞으로 헌법이론과 헌법재판이론의 지식과 경험을 잘 배양하여 국민의 기본권을 최후보루로서 보장, 실천하여야 하는 법률가 역할을 수행하여야 할 로스쿨생들을 양성하여야 한다는 의무를 생각하면 적당히 못하지요. 마지막 학기 수업에서도 강의양이 많다는, 일부의견이지만, 원성을 하는 소리를 들었습니다. 그것은 국가권력의 하나로 헌법재판을 강의하여 양이 많았던 것입니다. 그렇긴 했지만 헌법재판은 변호사시험에 나오는 필수 중의 필수인 분야이기도 하기 때문에 그리 하였지만 앞으로 실무가로서 갖추어야 할 기본 소양이라서 더욱 그러했지요. 두꺼운 교과서, 예를 들어 선생님 교과서 헌법학개론과 같은 교과서는 외면한답니다. 한 두 달간 공부하고 들어가도 과락 넘길 정도 점수가 나오는데 로스쿨과정에서 헌법재판을 그리 빡시게 들을 이유가 없다고 생각하는 수험생들도 있다고 들었습니다. 그래도 저의 '신헌법입문'이 많이 읽힌다고 하니 그나마 위안입니다만. 물론 예전에 학부에 법대가 있던 시절도 타이트하게 수업을 하는 교수의 과목은 기피대상이고 평가도 안 좋았었겠지만, 지금은 전문가양성이라는 직업교육으로서 로스쿨 교육인데 이럴 줄은 몰랐고 정말 참담합니다.

- 사법개혁을 위해 쓰러지시다

선생님께서 사법개혁에 헌신하신 얘기도 남겨야겠지요. 1988년~1989년 한국공법학회 회장, 1988년~1995년 한국법학교수회 회장 등으로서 국민의 기본권수호를 위한 사법개혁방안 논의를 이끌어셨고 중요 사법개혁방안을 주창하시면서 많은 역할을 수행하셨지요.

초여름 신림동인가 봉천동인가 서울대 인근 오피스텔 선생님 헌법연구소에서 무더운 날씨에 선생님께서 사법개혁에 관한 선언인가 입장문인가를 작성하시다가 갑자기 쓰러지셨습니다. 화장실 다녀오신다고 하시면서 연구소 내에 있었던 화장실에 들어가신지 꽤 오래 되셔서 결례를 무릅쓰고 들어가 보니 선생님께서 쓰러지시는 거예요. 가까이서 이를 목도한 저는 소스라치게 놀란 것은 물론이고 황급히 선생님을 서울대 보라매 병원에 모시고 갔고 이어 수술에 들어갔습니다. 보라매 병원이 가까이 있어서 천만다행이었고 위험을 넘겼습니다만 정말 선생님께서 열정을 다하셔서 사법개혁의 방향을 잡아주시려다 건강을 해치기까지 하셨던 어떻게 보면 사명을 완수하시겠다는 일념을 가지신 것이지만 또 어떻게 보면 학계로서는 아찔한 순간이었습니다. 이렇게 위험을 무릅쓰시게 하고 막대한 헌신을 쏟으시게 한 사법개혁 문제가 아직도 진행형으로, 물론 개선을 거듭해야 하겠지만, 충분하지 않아서 안타깝기 그지없습니다.

사법개혁은 결국 시스템만이 아니라 그것을 운용하는 사람들이 정의롭게 올바르게 활동해야 하겠지요. 더구나 강한 권력을 사법부, 검찰의 손에 쥐어준 국민으로서는 사법부, 검찰이 마지막 보루이기도 하지요.

사법부, 검찰의 독립성을 보장할 시스템이 너무나 중요하다는 걸 보았습니다. 저는 이전에 "판검사의 임명, 징계에 관한 권한을 가지는 기구를 헌법에 두고 있는 나라로 프랑스가 있는데 사법최고회의가 그것이다(le Conseil superieur de la magistrature)"라고 소개한 바 있습니다. 그리고 "프랑스제도에서 얻는 시사점은 사법독립을 가져오게 하고 정치적 영향력을 배제하기 위해 헌법 자체에 인사기구를 두는 방안을 고려해볼 필요가 있다"라고 논평한 바 있습니다(졸고, "사법개혁 큰 틀 짜야", 법조광장, 오피니언, 법률신문, 2017.6.5.일자). 헌법적으로 위상이 보장되는 기관이 사법부, 검찰의 인사를 독립적으로 수행하도록 함으로써 그 기관들, 판사, 검사의 신분의 독립성을 충분히 가지게 하고 그 독립성으로 공정한 재판, 기소가 이루어지게 하여 국민의 기본적 권리와 정의를 세우도록 하는 것이 필요합니다.

그토록 외치신 법학교육 개선, 사법제도의 개혁이 선생님 뜻하신 대로 충분히 이루어지지 못한 것을 보면서 그래서 어떻게 보면 선생님께서 그 개혁의 본질을 일깨우게 하신 거 아닌가 하는 생각이 듭니다. 다시 여장을 단단히 챙겨 길을 떠나야 할 때입니다.

## 10. 법대, 사법대학원 과장 역임, 서울대 법학연구소 이끄시고, 사법발전 연구과정을 일구시다

선생님께서는 비교적 대학보직을 많이 하시지는 않으셨습니다. 1964년인가요, 한일협상 반대 운동인 6 · 3항쟁 때 서울법대 학생과장(1962년~1965년)으로서 곤욕을 치르신 일, 학생들의 정치적 표현의 자유를 보장해야 한다는 글을 발표하셨다가 곤란을 당하시는 일 등을 회상하시던 회고담이 제일 먼저 생각납니다. 관련하여 생각나는 일화는 선생님의 화갑기념논문집을 만들 때 선생님께서 제자들과 좌담회로 회고하시길 64년에(당시 저는 법대생이 아니었지만) "학생들이 전부 다 단식투쟁한다면서 깔았던 가마니를 들고 중앙청 앞으로 진출하여 데모를 했어요"라고 하셨던(한국헌정의 회고, 금랑 김철수교수 화갑기념, 현대법의 이론과 실제, 박영사, 1993, 1159면) 대목에 관한 것입니다. 선생님께서 원래 대담 때는 '가마니'란 표준말이 아닌 '가마떼기'라는 용어를 말씀하셨는데 당시에 웃으면 안 되는데 웃음이 나려고 하여 참느라 힘들었고 그 뒤 대담문 정리할 때 제가 표준말인 '가마니'로 바꾸었던 기억이 나네요. 이 대담들을 녹취본을 정리하여 탈고한 사람이 사실 저였지요(그때 그러면서도 정작 제가 대담제자들 중에 빠져 있다는 것을 아시고 이후 정년기념 때인가 서울대 법학에서 회고 대담하실 때 양건 선배와 저를 회고대담 상대제자로 하시길 원하셨고 그래서 저희 두 제자와 대화하시면서 회상하셨던 좌담의 글이 실리는 큰 사랑도 받았습니다만).

당시 화갑기념 논문집에서나 정년기념호에서의 회고에서 선생님께서는 1967년에서 1970년까지 사법시험 합격자들 대상 연수과정을 담당하던, 서울법대에 둔 사법대학원 얘기를 많이 하셨습니다. 사법대학원 학과장(교무과장)을 맡으셔서 법조계의 많은 제자들을 길러내신 일이 보람 있었는데 사법대학원이 폐지되고 사법연수원으로 교육이 이관된 건 많이 애석하다고 말씀하시곤 하셨지요.

1987년에서 1989년 서울대 법학연구소장 일도 정말 열정적으로 수행하셨습니다. 법학 학술지는 물론 세미나도 많이 개최하셨지요. 당시 일이 많아 연구소에서 지근에서 선생님을 보필하며 연구소 일을 도왔던 이헌환 당시 조교(현재 헌법재판연구원 원장)가 갑자기 안경을 쓰기 시작하여 "후배님 어찌 이런 일이"라고 의아해하니 연구소 일, 교정 일이 많아 시력이 약해졌다고 해서 선생님께 그리 말씀드렸는데 혼내지 않으시고 "어허 그렇게 되었구나" 하시고 미안해하셨지요.

법학연구소장 시절인 걸로 기억나는데 당시 사법발전연구과정(현 ALP전신)도 만드셔서 법조계 재교육, 법학교육 확산, 교류에도 힘쓰셨지요.

## 11. 한국공법학회, 법학교수회를 이끄시다

선생님께서는 1988년~1989년에 한국공법학회 회장을 역임하시면서 헌법학, 행정법학의 학자들의 학술연구 지원과 교류, 외국과의 학술교류 등에 힘쓰셨습니다. 1988년~1995년에 한국법학교수회 회장을 역임하시면서 한국법학교수회를 이끌어셨습니다. 회장 시절에도 위 사법개혁을 위해, 특히 사법시험 합격인원 증원 노력 등을 위해 여러 법학교수님들과 애쓰셨습니다. 무엇보다도 교수들 간의 유대를 강화하시는 일부터 중요하게 생각하셔서 교수수첩의 발간, 법학 저서, 논문들 서지 정보지 발간, 그리고 법학계 연구열 진작을 위해 현암법학저작상을 현암사의 지원하에 제정하여 계승 · 발전시켜 나가게 하셨습니다. 저가 유학을 마치고 선생님 보좌하면서 정말 잊지 못할 일로 한국법학교수회 간사일을 하면서 옆에서 선생님 모실 때 선생님께서 법학교수회를 위해 보여주신 그 열정은 지금도 눈에 선합니다.

## 12. 판례분석

위에서 법학교육개혁에 관한 얘기를 했습니다만, 선생님께서는 로스쿨 제도 도입 이전부터도 법학교육의 발전을 위해서는 판례 · 사례에 대한 분석력, 리걸마인드을 키워 문제해결능력을 갖추게 하는 교육이 필수적이고 이러한 교육이 법학교육의 발전을 가져오는 것임을 강조에 강조를 하셨습니다. 이런 교시는 오늘날 로스쿨 교육에서 판례, 사례 분석력, 문제해결능력을 육성하여야 한다는 교육과정의 방향을 이미 설정해주신 것이라 하겠습니다. 판례분석과 관련해서는 제가 교수된 게 1989년 그러니 벌써 30년이 훌쩍 넘었는데 임용된 지 알마 안 된 초기 때, 저의 황금기(?) 시작이기도 하였습니다만, 선생님께서 하교하셔서 몇몇 선배분들 함께 판례교재를 만들어 길안사와의 계약을 이행하라시는 지시였습니다. 선생님께서는 이미 그 이전부터 '판례교재 헌법'이라는 판례교육용 도서를 법문사에서 출간하셨습니다. 이 책은 헌법만은 아니고 민법, 형법 등 다른 법분야들의 판례교재들도 시리즈로 있었던 것으로 기억됩니다. 시리즈물의 하나로 판례교재 헌법이 나온 것인지라 선생님께서 따로 다른 포맷의 판례교재를 제자들이 집필하는 것으로 계획하셨던 것 같습니다. 그래서 당시 신생 출판사인 길안사와 계약을 하셨습니다. 길안사는 선생님 제자이자 저의 선배이신 김세충 변호사님이 출자하시고 아우이신 김세진 출판인께서 사장을 맡으신 출판사로서 당시에서는 정말 초창기였습니다. 계약을 한 지는 꽤 시간이 흘러 더 이상 지체할 수 없고 신생 출판사에 폐를 끼친다고 걱정을 많이 하셨습니다. 선생님께서 제 이름으로 출간하더라도 계약을 이행하라고 지시하셔서 여러모로 부족하지만 제가 떠안을 수밖에 없었습니다. 선생님께서 제 혼자라도 출간하라고 하셔서 미안하셨던지 추천사를 써주셨습니다. 저에게는 크나큰 은덕이었고 집필의 고통을 사라지게 해주셨습니다. 그래서 세상에 빛을 본 것이 '판례헌법'입니다. 다행히 대~박이었습니다. 헌법재판소가 당시에 중요한 이슈들에 대해 내놓은 판례들을 쟁점별로 사건개요, 중요요지 등을 정리한 것이 법학도들에게 당시 사례해결 공부로의 전환기에 엄청난 호응을 얻은 겁니다. 바로 선생님께서 구체적 문제해결능력이 중요하다는 헌법교육방법을 충실히 실천하기 위해 노력하라고 하셨고 판례헌법을 만든 것도 그러한 노력의 일환이었습니다.

그런데 그게 오늘날 로스쿨 시대(?) 지금 무슨 소용입니까? "다툼이 있으면 판례에 의함"이란 판례지상주의를 위해 그 당시 그렇게 공들여 판례헌법을 만들지 않았지요.

판례를 분석하는 방법을 실천하려고 했는데…… 판례헌법은 예를 들어 어느 언론기업의 기본권 문제에 관한 헌법재판소 결정례가 있고 그 기본권이 언론의 자유뿐 아니라 직업수행의 자유에도 관련되는 것이면 그 결정의 중요 헌법적 사항, 사건개요, 결정요지, 평석 등을 각각 언론의 자유 조항인 헌법 제21조에서도 다루어주고 직업의 자유 조항인 헌법 제15조에서도 다루어주는 분석방법을 전개한 것이지요. 선생님께서 저의 초고를 보시고는 그런 방향으로 추진하라고 지시를 하셔서 그 방향의 판례집의 출간에 효시가 된 것이지요. 선생님의 지도가 저의 자신감을 불어넣어 주셨고 그래서 헌법학계와 헌법학교육계에도 기여를 하게 되는 은덕을 입었습니다.

판례헌법은 선생님 교시에 의한 것이었으나 우리 헌법학이나 헌법교육방법의 방향을 설정하는 중요한 교재로서 역할을 하였다고 자부합니다. 지금도 그 개정판이 어찌 되었냐고 물어오는 법학도들이 있을 정도입니다. 선생님의 혜안을 다시 존경하는 마음이 늘 생겨나게 하는 교재이기도 했습니다. 다만, 개정판을 거듭 못내어 출판사에 대단히 죄송한 마음 또한 늘 가지게 되었습니다.

그렇지만 역시 기초가 되고 필수적인 교재로 이론을 다루는 교과서가 출발점이 되어야 합니다. 선생님의 저서 '헌법학개론'이 바로 그 책이지요. 그런데 로스쿨 출범 이후 학생들이 안 보기 시작했습니다. 고언이지만, 이런 말씀 드리는 것이, 회한이 서려서이기도 합니다. 어떤 이유로라도 선생님 책을 체제부터 바꾸는 것이 나을 것인지 논의도 많이 했습니다만, 기본이론, 기초이론적인 것을 담고 있는 책이고 헌법은 적어도 그래야 되는데 이것을 시험용 암기 책으로 바꿀 수 없다는 결론에 이른 것입니다. 저는 제자로서이기도 하였지만 선생님 책이 제일 헌법 마인드 형성에 필수적이라고 생각되어 2010년경까지 교재로 수업 중에 활용하였고 저의 입문서, '신 헌법입문'이 박영사에서 '신 민법입문', '신 행정법입문' 등 여러 과목 로스쿨 입문서 시리즈물의 하나로 나온 뒤에도 중요교재로 학생들에게 깊이 있는 공부에 교재로 활용하라고 수업계획서에 선생님의 '헌법학개론'을 교재로 계속 올리는 등 권해왔습니다. 오래도록 본격적인 제 교과서를 안쓰고 선생님 책을 사용한 것은 헌법이론을 깊이있게 이해하게 히고 그것을 바탕으로 응용해결능력도 갖추게 하는 교재로서 최고의 교과서라고 생각한 때문이지요. 솔직히 선생님께 대한 의리, 제자로서 도리, 헌법학개론 교정을 많이 보아 온 제자로서 애정 때문이라는 점도 부정할 수는 없겠지만요.

기초를 가르쳐 주고, 이론과 소양을 일구게 하여 헌법적 리걸마인드를 형성하게 하는 교재 보다는 적은 시간으로도 시험을 통과할 수 있게 하는 교재를, 판례교육도 중요합니다만, 선호하는 이런 현황에서 로스쿨 교육에서 헌법교육은 주소를 찾지 못하고 헤매고 있습니다.

판례공부에 대한 얘기가 나와 이에 관한 개인적 소회 하나 더 말씀드리고자 합니다. '하나 더 말씀드리고자'라고 하여 덤으로 드리는 말씀이라고 생각하실 줄 몰라 그렇지 않고 중요한 소회라고 먼저 말씀드리고자 합니다. 선생님께서 저에게 헌법재판을 석사학위논문 주제로 써보라고 하셨을 때 만감이 교차했습니다. 헌법재판이 실무에서 쓰이는 것인데 실무자격자 시험인 사법시험을 하지 않은 제가 헌법재판을 주제로 논문을 쓰는 것이 어떨지 하는, 주저하는 마음이 없지 않았습니다. 그러나 선생님께서는 프랑스제도에 대해, 즉 프랑스의 위헌법률심사제를 다루어 보라고 하신 것인데 프랑스의 경우 변호사 자격 취득이나 헌법재판관 충원의 제도 등이 당시 우리나라와 달랐습니다. 그런데 프랑스에서는 학자의 길을 걸어온 분들이 판례평석집(대표적으로 L. Favoreu 교수와 L. Philip 교수의 'Les Grandes Décisions du Conseil Constitutionnel')을 출간, 판을 거듭하면서 널리 읽히고 규준적인 교과서에 가까운 케이스북이 되어 널리 읽히고 있었습니다. 참! 선생님 당신의 박사학위 논문도 위헌법률심사제도의 연구이셨습니다. 선생님께서 당신의 박사논문을 바탕으로 하여 학연사에서 '위헌법률심사제도론'이라는 제목의 단행본으로 1983년에 출간하실 때 제가 교정을 봐드려서도 더더욱 잘 알지요. 선생님께서는 일찍이 혜안으로 앞으로 헌법재판이 활성화될 때 대비하신 연구를 하셨고 헌법은 실무도 , 더구나 헌법재판 실무도 헌법의 기본원리, 헌법적 기초를 알아야 제대로 된 법리를 구성한다는 것을 설파하셨지요. 헌법재판은 더구나 이론재판적 성격이어서 더더욱 그러하지요. 그러니 또 생각나는 것은 1988년인가 헌법재판소가 출범하기 직전에 판결문을 어떻게 작성하여야 할 것인가 하는 중요한 문제에 대해 선생님께서는 소수의견을 실어야 한다는 지론을 펴셨고 현재 그러합니다. 다만, 정리가 평의과정에서 더 되었으면 합니다. 프랑스에서 간결한 판결이 너무나 인상적이었고 판결의 명쾌성을 더 잘 전달하지요.

## 13. 한국헌법연구소 / 공법이론과 판례연구회 / 세계헌법학회 한국학회 창건, 탐라대 총장, '자랑스러운 서울법대인'상, 대한민국학술원 회원

선생님께서는 화갑을 몇 년 앞두시고 1989년인가에 한국헌법연구소를 창립하셨습니다. 상도동 언덕 부근에 오피스텔을 빌리셔서 창립 학술대회도 했는데 소장실 별도로 있었고 회의실도 제법 넓었습니다. 당신의 서울법대 연구실이 협소하기도 했지만 제자들이 만나 학술모임을 가지기에 접근성 등도 고려하셔서 외부에 전세로 장소를 구하신 것으로 기억됩니다. 그곳에서 매달 학술회 발표가 있었습니다. 이 모임이 '공법이론과 판례 연구회'이지요. 한국헌법연구소는 그 사이에 봉천동 쪽 오피스텔로, 또 신림동 쪽 오피스텔로 이사를 다녔고 그 이후 결국 선생님 자택에 자리잡았지요. 한국헌법연구소와 '공법이론과 판례 연구회는 연면히 이어져 2014년 10월에 25주년 기념 학술행사도 성대히 치렀습니다. 세계헌법학회 한국학회도 학술지 '세계헌법연구'가 우리나라 등재지 제1호라는 역사성, 공법학연구 잡지의 메카로서 학술활동을 연면히 이어오고 있습니다. 양 학회가 그야말로 쌍두마차로 많은 활동을 해주고 있습니다. 이 모두 선생님께서 오로지 학자이자 연구자로서 길을 꿋꿋하게 걸어오신 결과라고 생각됩니다.

선생님께서는 서울법대에서 정년을 마치시자마자 바로 1998년부터 제주도 탐라대학교 총장을 2년여 동안 하시면서 대학의 최고행정가로서도 사회에 헌신하셨습니다. 취임식 날 많은 제자들이 모여 맛있는 점심을 먹었던 기억도 새록새록 납니다. 이후 명지대학교 석좌교수도 역임하셨지요.

선생님께서는 2005년에 서울법대 동창회에서 수여하는 '자랑스러운 서울법대인'상을 받으시고 너무나도 기뻐하셨고 수상식장에 제자들이 모여 축하해드렸던 기억도 나네요. 모교에는 선생님께 '김철수 세미나실'이 헌정되어 건물 바로 들어서면 오른쪽 제일 중요한 위치, 학생들 수강접근성이 제일 높은 위치에 세미나실이 자리잡고 있지요.

선생님께서는 영면하시기 전까지 대한민국학술원 회원으로서 우리 헌법학 연구에 계속 몰두하셨습니다. 특히 기억나는 것은 2009년 한국의 헌법개정에 있어서 정부형태를 어떻게 할 것인가를 두고 국제학술대회를 학술원 주최로 여셨던 일입니다. 당시 독일의 슈타르크(Christian Starck, 이분은 '민주적 헌법국가 : 슈타르크 헌법논집'이란 책을 한국공법학회 회장을 지낸 저와 같은 선생님 제자인 서울시립대 로스쿨 전 원장 김대환 교수가 대표 편역하였는데, 선생님께서 '시와진실'이란 출판사에 의뢰하셔서 2015년에 세상의 빛을 본 바 있습니다. 슈타르크 교수는 선생님의 천거로 한국학술원의 명예회원이 되시기도 했지요) 교수, 미국의 크로닌(Thomas E. Cronin, Colorado College 석좌교수), 일본의 히구치 요이치(樋口陽一, 도쿄대 명예교수이며 일본학사원 회원) 교수와 같은 석학들을 초치하셔서 우리나라에서 헌법개정 시에 각국의 경험을 제대로 듣고자 하셨고 그 경험도 잘 전달받은 바 있습니다.

## 14. 제자들에 대한 각별한 사랑

조교를 하다 보니 저뿐 아니라 선생님 문하 제자들 중대사도 알게 되었지요. 제자분 한분 한분은 선생님과의 관계에서 그 제자 한분의 일로 새겨질 일이 많겠지요. 저는 건방지지만 많은 제자분들과의 선생님의 연을 보고 들었습니다. 제자분들의 일이라면 버선발로도 뛰어가실 정도로 만사 제쳐두시고 뒷바라지 해주셨습니다.

일일이 소개하다가 빠트리게 되면 섭섭하실 수도 있어서 개괄적인 회상을 해보고자 합니다. 전체적으로 보면 물론 선생님께서는 많은 제자들이 성공하신 걸 보셨습니다. 특히 선생님께는 출중한 제자분들이 많으셔서 저희 제자들도 자부감을 가졌지만 선생님께서도 다른 교수님들, 학계의 부러움을 많이 사셨지요. 여기서 성공한 많은 제자분들의 그 성공스토리에 얽힌 선생님의 학은, 베풀어주신 은혜 등 성공담은 많고 여기에서 일일이 남기려면 많은 지면이 필요하고 각자 분들의 회상에 맡기되, 오히려 선생님께서 늘 좋은 일만 겪으신 건 아니고 안타까워하신 일들도 있었음을 다시 회상하기도 해야 하겠지요. 그것은 주로 선생님 당신께서나 제자분들이 가고자 희망한 학교나 지위에 가지 못한 때 너무나 안타까워하시고 애틋해 하신 일들이었습니다. 저에게도 경험이 있습니다. 제 경험은 저의 것이라서 여기에 남겨도 되겠지요. 저는 홍익대에서 잘 자리

잡고 있고 해서 모교로 옮길 생각이 없었습니다. 그러나 선생님께서 선생님 후임 자리로 지원하라고 강권하시고 당시 후배들도 그러는 것이 당연하거나 그러려니 했던 분위기이고 해서 지원을 했습니다만 선생님의 뜻을 받들지는 못했지요. 홍정선 선배는 "나는 지원조차 못 해봤는데 자네는 지원이라도 해봤으니 그래도 행복한 거 아니냐"라고 위안하십디다만. 제가 서울대 가기를 기원한 법대 후배님들의 격려를 늘 잊지 못합니다.

꼭 아뢰어야 할 공부방에 관한 소식이 있지요. 그것은 바로 선생님 당신께서 만드시고 제자들이 많이 참여하는 '공법이론과 판례연구회' 소식입니다. 이를 박용상 선배님(전 언론중재위원회 위원장, 전 헌법재판소 사무처장)께서 잘 이끌어주시고 계십니다(2018년 세계헌법대회 때 도움을 크게 베풀어주셔서 저희 조직위원회가 박선배님께 공로의 감사패를 드리기도 하였지요). 선생님 타계하신 이후에도 제자들이 '공법이론과 판례연구회'에 열심히, 어찌 보면 더 열심히(선생님 섭섭해하시지 마시길 바랍니다) 참여하고 있습니다.

## 15. 학자로서 연구산물을 사회에 환원하시다 - 국회 헌법개정자문위원장

헌법교수로서 정치적 유혹을 받을 수도 있지요. 다만, 정치계에서 성공적인 예는 별로 찾기 힘들지요. 헌법이 현실정치를 규율하는 규범성을 가지고 있고 현실의 변화에 따른 헌법 자체의 변화도 요구된다는 점에서 헌법이 현실과 유리될 수는 없지요. 그렇게 헌법이 현실을 다룬다고 하여 정치권력을 행하는 지위를 누리는 것을 의미하는 것이 아니라 헌법규범이 현실을 제대로 규율할 수 있도록 헌법규범을 충실히 구성하고 그것이 충실히 실천되도록 하는 소임을 수행하는 일이지요. 예를 들어 솔직히 정부의 부름을 받아 장관을 하게 되면서 이상적인 헌법규범이, 아니 완전 이상적이지는 않으나 그래도 상식적인 헌법이 구현되도록 하는 일을 하는 것은 마다할 이유가 없지만 어디 그 정도로라도 제대로 된 예를 볼 수 있었나요.

솔직히 선생님께서는 헌법교수로서 정치적 유혹을 받으셨을 수도 있었겠지요. 선생님께서는 오로지 학자의 길만 걸어오셨지요. 많은 제자들을 배출하신 것도 그 결과라고 생각됩니다. 학자의 길만 걸어오신 선생님께서 그렇다고 현실을 외면하시거나 동떨어지신 건 결코 아니시지요. 관직수행이 아니라 큰 그림을 그리고 초석을 다지는 일에 헌법학 연구결과를 적용하여 발전을 도모하는 중요한 기여를 하실 수 있었지요. 대표적으로 선생님께서는 2014년에 국회의 헌법개정자문위원회 위원장을 역임하시면서 이론을 실제로 접목하시려는 노력도 하셨습니다. 민족의 소원인 통일을 위한 헌법문제를 고민하시기도 하셨는데(2017년 발간된 '한국통일의 정치와 헌법') 그렇게 연구작업도 시대적, 현실적 소임, 봉사를 다하시려는 학자로서의 책무를 실천하시려는 참 스승님의 모습을 보여주셨습니다.

## 16. 제자의 출간에 울컥하셨다

2020년경 본격 시작된 코로나 시기가 길어졌습니다. 녹화강의도 그렇지만 '집콕', '방콕'으로 집필에 더욱 매진하게 되었습니다. 선생님을 자주 뵙지 못하는 상황이 되었습니다. 선생님께서 교과서 헌법학개론을 출간하시기 전에 '헌법질서론'이란 전문학술서적부터 내셨고 또 헌법학개론 출간 이후에도 '비교헌법론', '현대헌법론' 등 전문서를 많이 내셨습니다. 그래서 저는 위에서 '판례헌법' 출간에 대해 언급했지만 먼저 기본권론의 이론서를 내는 것이 중요하다고 보고 2020년에 '기본권총론', 그리고 국가권력 부분도 심화된 학술서적으로 '국가권력규범론'을 출간하였으며 이어 2000페이지 가까운 헌법재판론을 출간하였습니다. 사모님께서 저의 부인한테 전화를 주셔서 "선생님께서 출판사서 보내드린 정교수 책들 보시고 그동안 이리 고생했던 게 이 책들 만든다고 그랬구나, 하시면서 울컥하시더라"라는 말씀을 하셨다고 해서 선생님의 학문을 통한 제자사랑에 저 자신은 많이 울었습니다.

제자의 교과서를 제가 내게 되긴 했지만 시간이 오래 걸렸습니다. 그것은 선생님의 교과서가 워낙 타의 추종을 불허하는 교과서이기도 하여 늘 교재로 써왔기 때문이고 또 저로서는 별도로 제 자신의 교과서를 출간하는 것은 도리가 아니라고도 생각했기 때문에 출간을 하지 않으려고 했던 것입니다. 그런데 몇 년 전 신년단배식 때인가 어느 날 선생님께서 제자 중에 이미 교과서 판을 거듭해서 많이 낸 사람들도 있고 하니 다른 제자들도 내보라고 하셨는데 그 말씀에 매우 놀라기도 했습니다만 그래서 그때부터 저도 교과서 작업을 했습니다마는 평소에 늘 강의하기 위한 강의안 그것이 교과서 기본이 됐으니까 그렇게 어렵지 않다고 생각했는데 20년이나 30년 전 제가 비교적 소장 교수로 활동할 때 내는 것이 판례나 뭐 이론이나 이런 것들이 훨씬 그 당시에는 적어 출간이 시간이 덜 걸렸겠지요. 그런데 이제 2020년 정도에 이르러 세월이 많이 흘러 판례가 많아져 양이 되게 많아졌죠. 그래서 제가 후회도 많이 했습니다. 이 교과서를 왜 써야 되느냐, 사실은 제자들이 선생님 책을 더 다듬어서 교과서로 활용하면 좋겠는데 그리하기에는 사정이 여의치 않아 결국 저도 교과서 출간에 발을 들여다 놓았습니다만 그 교과서의 기본이론 골격은 선생님으로부터 배운 것이지요. 사실 저는 선생님 이론을 벗어나지 않으려는 단순한 충정에서가 아니라 진정으로 선생님 이론이 옳다고 확신하기 때문이었지요. 예를 들어 위에서도 언급한 바 있는 기본권의 '이중성'이론이 우리 헌법에는 맞지 않다는 지적을 하신 것을 예로 들 수 있습니다. 이중성 이론이 독일에서 기본권확장에 유용하였다 하더라도 우리 헌법은 헌법재판소도 그러하듯이 기본권파생을 시키는 등 확장에 노력하고 있고 그럴 수 있지요. 기본권조문들이 헌법에 많지 않은 프랑스에서도 헌법재판소가 파생을 많이 시키지요.

이런 말씀을 드릴 수 있겠습니다. 교과서에 대해서는 위에서도 말씀드렸지만 다시 한번 말씀을 드리면 사실은 본인이 직접 집필을 하는 것은 물론이고 다듬고 세세하게 작업을 해야지만 결국은 교과서로서의 완성도가 높아지고 나은 교과서가 나온다는 것이지요. 그래서 교과서나 학술서적의 출간은 지난한 작업이지요. 에피소드로 선생님께서는 당신의 책, 특히 헌법학개론이 개정판으로 신간이 나온 것을 받아 드시자마자 새 책 앞, 세로 옆 부분에 '교정용'이라 써 넣으시고 바로 개정할 부분이 있으시면 그 책에 기입하기 시작하셨지요. 11월에 마감된 원고 교정을 거쳐 출간되는 동안 법개정이 12월 말에 있기도 하여 그러실 필요도 있으셨겠지만, 교과서, 학술서 출간작업이 그리도 지난함을 보여주신 것이지요, 저도 당신의 그러한 활동을 옆에서 보면서 '교정용'이라 적어놓고 심지어 강의시간에 발견되는 오탈자(이럴 때 정말 속상하지요)를 즉각 적어놓곤 하는 버릇을 가지게 되었습니다.

이리도 선생님께서는 교수로서, 학자로서 지속가능한 연구력, 발표력의 발산을 말 대신 몸, 행동으로 가르치신 겁니다.

## 17. 영원한 학자

선생님께서 영원한 학자이시자, 연구자로서 타계하시기 직전까지 헌법의 존재이유이자 헌법의 기초인 기본권이론의 본질과 체계에 대한 그야말로 근본적인 연구에 몰두하셔서, '기본적 인권의 본질과 체계'(2017), '인간의 권리'(2021), 심지어 타계하시던 2022년에까지 '기본권의 발전사'를 출간하셨습니다. 아울러 우리나라에서 헌법학 연구의 역사를 정리하신 '한국의 헌법학 연구'도 발간하셨습니다.

선생님께서 많은 제자들을 배출하신 것도 학자의 길만 걸어오신 결과라고 생각되기도 합니다.

선생님 유택은 산 중턱에 멀리 바다가 보이고 뒤쪽은 나무들로 병풍이 쳐져 있는 연구실과 같은 분위기를 자아냅니다. 그래서 선생님께서는 돌아가셔서도 연구를 계속하시겠구나, 하는 생각을 자아내게 하였습니다.

[에필로그]

- 시대와의 대화 김철수 편

몇 년 전에 EBS 특집방송으로 시대의 학문적 대가분들의 역사적 기록을 다큐로 담아 남기는 취지를 가진 〈시대와의 대화〉가 방영되었습니다. 저와 김대환 교수가 보좌해드렸지만 선생님의 학문적 깊이와 길이, 양이 워낙 방대하시고 감히 범접이 어려울 정도의 무공을 쌓으신지라 그 짧은 시간에 모두 담지를 못했고 그래서 안타깝기도 했습니다만. 그래도 선생님께서 촬영 끝나고 나서 정성욱 피디님, 원노해, 이혜진 두 작가님을 초청하셔서 저희와 함께 맛있고 달콤한 식사를 사주셨습니다.

- 선생님께서는 그야말로 한 시대를 이끄셨습니다.

소천하시기 직전에도 비상한 기억력을 저보다도 더 가지고 계셨습니다. 저도 가물했던 당신의 제자의 이름, 이력 등을 또렷이 떠올리시고 저도 감감했던 선생님 제자분의 이름들을 생생히 기억해내시는 것은 물론 그 제자의 법대시절 학업이나 졸업 후 사회진출 등을 모두 기억하시고 계시곤 해서 깜짝 놀라게 하시곤 했습니다. 1월 공판연 / 세계헌법학회 한국학회의 신년학술회 화상회의에서 육성도 카랑카랑하게 들려주셨습니다. 그렇기 때문에 기력이 쇠하시지 않으시면 수하시리라 믿었습니다. 그래서 선생님의 타계가 제자들을 더욱 슬프게 하였고 지금도 믿기어지지 않습니다. 그렇지만 한편으로는 그렇기 때문에 선생님께서는 늘 저희들 곁에 계신다고 느끼고 슬픔을 극복하고 연구에 정진하고자 합니다.

선생님 오늘은 이만하고 하늘나라 계시면서 굽어 살피시고 보호해주시는 선생님께 계속해서 소식 전해 올리고 의논도 드리겠습니다. 선생님 생전에는 직접 소리 높여 드리지 못한 말씀을 드리면서 이번 글을 마무리합니다.

“선생님 사랑합니다!”

제자 정재황 올림

# 김철수 선생님과 나

송기춘*

1. 얼마 전 책상 서랍을 정리하다가 김철수 선생님께서 2022년 새해를 맞아 보내주신 연하장을 다시 읽게 되었다. "송 위원장님, 그동안 군사망사고진상규명위원회 위원장으로서 국가에 많은 공헌을 하여 감사합니다. 새해에는 더욱 건강하시고 온 집안에 행복이 충만하기를 빕니다." 순간 선생님의 제자에 대한 애정이 한껏 느껴져 눈시울이 뜨거워졌다. 작년 돌아가셨을 때는 내가 코로나에 감염되어 격리 중이라 선생님의 부음을 듣고도 영전에 절을 올리지 못하였다. 세월이 흘러 해가 바뀌고 돌아가신 날이 다시 돌아오니(歲序遷易 諱日復臨) 선생님으로부터 입은 은혜에 감사함이 더하다.

2. 선생님의 모습을 처음 뵌 건 서울의 봄이 왔던 1980년 3월쯤의 강의실이었다. 고등학교 때도 정치경제나 사회문화 시간에 선생님들이 유기천, 황산덕 교수를 비롯하여 선생님 함자를 언급하신 일이 있었던 듯하다. 이런 과목은 대개 법대를 나오신 분들이 담당하셨으니, 아마도 당신들께서 대학에서 법학을 공부하실 무렵에 겪거나 들은 일들을 수업 시간에 종종 말씀하시곤 했던 것이다. 고3 때 10·26과 12·12를 겪고 새해 입학을 하자마자 급박하게 전개되던 정치적 상황은 대학 신입생들을 시국토론과 서클 모임 등으로 부산하게 만들었다. 대학 첫 학기라 법학개론 말고는 교양과목만 듣고 있던 나는 선생님께서 강의하시는 헌법1 과목을 수강하는 선배들이 강의 내용에 대해 얘기하는 것을 들었고, 어느 날 선배들을 따라 대형강의실 뒤편에 서서 선생님의 강의를 들은 적이 있었다. 굵은 테의 안경을 쓰시고 당시 시국에 대해 많은 말씀 하셨던 것으로 기억한다. 당시 개헌논의가 진행 중이었고 '이원집정제 반대'는 집회의 주요한 구호가 되었다. 헌법학을 공부하면서 이 용어가 사용되게 된 경위와 의도, 당시의 맥락에 대해 선생님의 말씀을 들을 기회가 있었다. 학부 시절에는 헌법 과목이 강제로 3분반 되어 권영성 교수님과 최대권 교수님의 강의를 들었다. 선생님의 강의를 제대로 들은 것은 석사과정에 들어간 이후였다.

---

* 대통령 소속 군사망사고진상규명위원회 위원장, 전북대학교 법학전문대학원 교수

3. 대학원 석사과정에서 들어가서 선생님께는 기본권론 등을 수강하게 되었다. 주로 영어와 독일어 원서를 읽고 담당 부분을 발표하는 방식이었는데, 수강생이 적지 않았다. 나중에 느지막이 공법학계에 들어가 보니 이때 같은 과목 수업을 학계의 선배님들이 함께 들었던 것을 알게 되었다. 70년대 말부터 80년대 초반까지 석사학위를 받고 대학의 전임교수로 가셨던 분들이 박사과정을 밟고 계셨던 것이다. 석사 첫해였지만 선배들과 함께 받는 수업은 흥미로웠다. 어려운 주제에 대해 잘 정리된 생각을 말씀하시는 걸 보면서 많이 배웠고, 현직의 교수이면서도 힘들어하기도 하는 장면을 보면서 자극을 받기도 하였다. 첫 학기에 미국 트라이브 교수의 헌법 교과서를 읽으면서 종교의 자유 부분을 맡아 발표를 하게 되었는데, 학부에서 종교학을 부전공할까, 신학교에 갈까 고민도 했던 터라 종교학과 신학의 어설픈 지식까지 더하여 발표 준비를 꽤 열심히 했다는 기억이 있다.

그런 연유인지 석사학위 논문의 주제는 '종교적 행위의 자유에 관한 고찰'로 정하였다. 선생님께서는 언제나 그러셨지만, 제자들의 학문적 노력을 항상 존중해주셨고 논문 주제도 내가 말씀드린 대로 어려움 없이 정해졌다. 선생님께서 '그렇게 해보든지.'라고 하시는 말씀은 그렇게 하라는 허락이나 강한 요망으로 이해되었다. 석사학위 논문에서는 종교에 기초를 둔 행위의 자유에 대해 살펴보았는데, 종교의 개념과 정치적 성격의 종교활동 문제에 깊은 문제의식을 가지고 글을 작성하였다. 당시는 여전히 유신 시대에 만연했던 국가 중심의 정교관계에 대한 인식이 강하게 남아 있어서, 종교의 정치참여 등 문제에 상당히 소극적인 관점이 주류를 차지하고 있었다. 논문에서는 기존의 논의를 강하게 비판하는 내용을 기술하였는데, 논문 심사과정에서 선생님께서는 당신의 견해도 비판하는 제자의 태도에 대해 아무런 말씀을 하지 않으셨다. 당시 선생님께서는 다른 학교에서 종교의 자유를 주제로 한 박사학위 논문 심사에도 참여하고 계셨다. 내 논문에 대해 전체적으로 좋은 평가를 해주시고 여러 지적들을 하시면서도 다른 견해를 비판하는 지점에 대해 아무런 말씀을 하지 않으신 것은 당신의 제자들에 대한 훈련의 과정이었다고 생각된다. 제자라도 당신과 같은 견해를 취하여야 할 이유는 없고, 충분히 입론이 가능한 주장이라면 기꺼이 받아들이시는 태도이셨으니, 이런 과정을 겪고 나면 제자들도 한 단계 성숙하는 경험을 했을 것이라 여겨진다. 선생님의 주장과 다른 소리를 하려면 얼마나 많은 고민과 반추가 필요했을까를 잘 아셨기에 설득력 있는, 또는 최소한 주장가능한 이론 전개에 그렇게 너그러우셨을 것이라 생각된다. 석사학위 논문을 출판한 뒤 함께 학위를 받은 사람들 몇이서 선생님께 세배를 갔는데, 선생님께서 따라주신 술맛이 참 좋았다. 나는 술을 잘하지도 못하고, 또 그날 어떤 술인지도 모르면서 마셨지만 그날 마신 술맛은 지금껏 오래오래 기억에 남는다.

학문적 연구활동을 기반으로 하는 연구자의 실천적 활동에 대해서도 관대하셨다. 학문연구자 운동을 표방한 민주주의법학연구회 결성 초기에 김종서 교수의 참여를 말리셨다 하지만, 아마도 제자의 학문적 경력에 대한 걱정이 앞선 간섭이 아니었나 생각한다.

내가 2013년 민주주의법학연구회 회장 활동을 시작할 때 선생님께서는 별다른 말씀을 하지 않으셨다. 제자가 당신의 학문적 태도나 관점과 다른 걸 그것만으로 뭐라 하지는 않으셨던 분이다. 제자들의 다양성을 인정해 주셨기에 제자들이 여러 분야에서 다양한 모습으로 활동할 수 있었던 게 아닌가 생각한다. 선생님께서는 제자들에게 엄격하시면서도, 너그럽게 제자들을 품어주셨다. 당신이 박사학위 논문 심사에 참여하신 제자들도 당신이 직접 지도하신 제자와 달리 대우하지 않으셨다.

4. 대학원 석사과정을 마칠 무렵 공부하는 것에 대해 회의가 생겼다. 공부하고 논문 쓰는 게 세상의 문제를 해결하는 데 무슨 도움이 되겠나 싶은 얇은 생각이었다. 진심으로 하는 학문이 얼마나 실천적인 것인지를 잘 몰랐던 시절이었다. 박사과정 진학을 생각하지 않았으나 개인의 사정은 어려움을 더해갔다. 석사학위를 받은 해 10월에 군에 입대하였고 논산훈련소를 거쳐 2년여의 복무를 마치고 병장으로 전역하였다. 잠시 선생님의 연구용역 일을 도와드리기도 했다. 어려운 일을 맡기신 것은 아니었지만, 일을 마친 뒤 일에 대한 보수를 주셨다. 선생님께서는 사사로운 일을 시키시지 않았고, 일을 시키시면 그에 대한 대가를 지급하시지 않은 적이 없었다. 나도 학교에서 학생들에게 일을 시킬 때는 선생님과 달리 하지 않았다.

돈 벌려고 회사에 들어갔으나 결국은 회사 법제실에서 법무 관련 일을 몇 년 하다가 퇴직하고 다시 공부할 생각을 내었다. 박사과정 시험에 응시한다고 선생님께 미리 말씀도 안 드리고 시험을 치렀는데, 답안이 영 만족스럽지 못하였던 터라 합격을 기대하지도 못하여 발표날에 합격자 공고도 보지 않았다. 며칠 뒤 그래도 합격 여부를 확인이라도 해야지 하는 생각에 학교에 갔는데, 교문에 걸린 공고에서 내 이름을 확인하고 바로 선생님께 인사드리러 올라갔다. 선생님께서 반갑게 맞아주셨고, 학교 밖으로 10년을 돌고 돌아 나는 다시 연구자의 길에 들어섰다. 응시한다는 말씀도 안 드렸지만 선생님께서는 내가 박사과정에 응시하는 것을 알고 계셨고, 시험일에도 김대환 조교를 통하여 송군 시험 잘 보더냐고 물으셨다는 말씀도 들었다. 선생님께서는 제자들이 생각하는 것 이상으로 제자들이 어떻게 공부하고 있는지를 관심을 가지고 계셨다고 생각한다.

박사과정에 들어와서 그동안 밀린 공부를 부지런히 하기 위해 후배들과 자주 모여 함께 공부하였다. 모임의 이름은 기초법학회였다. 나이가 적더라도 나보다 공부를 체계적으로 많이 한 이들이니 하나라도 더 배우고자 했다. 로저 코터렐이 쓴 법이론의 정치학(원제: The Politics of Jurisprudence: A Critical Introduction to Legal Philosophy)이라는 책을 읽을 무렵에는 기본권의 자연권성에 관한 수업 발표도 함께 맡았는데 선생님께서 수업 밖에서 대학원생들이 함께 공부하는 것들에 대해 물어보시기도 하셨다. 내가 느지막이 공부를 다시 시작한 게 오히려 10년 아래의 후배들과 가깝게 교유하는 계기가 되었다. 내가 박사과정에 입학한 것은 선생님께서 정년을 2년 반 남긴 시기였고, 선생님께서 퇴직하기 전에 박사학위를 받아야 했기에 학위논문 작성을 서두르면서 버거움도 많이 느꼈다. 결국 선생님께서 정년을 맞이하시기 전에 학위를 마치지 못하고 퇴직하신 뒤 다음 학기에 논문 지도교수를 최대권 교수님으로 바꾸어 학위를 받고 학계에 첫발을 내딛게 되었다.

5. 공부는 혼자 하는 것이라지만, 공부는 역시 함께 하는 사람이 있어야 좋은 것이다. 선생님의 문하생들의 모임인 공법이론과판례연구회는 내게 마음을 의지하고 학문적 노력을 더할 수 있는 자리가 되었다. 연구에 게으를 수 없게 하고 많은 의문들을 함께 풀어갈 수도 있는 분들과 만나는 일은 늘 설레는 것이었으니, 이것은 다 선생님의 덕이라 생각된다. 어떠한 학문적 의문도 눈치 보지 않고 솔직하게 얘기할 수 있는 곳이니, 이곳은 내가 학문적으로 성장을 하는 자양분을 얻는 자리였다. 공판연 신년모임에 참석하기 위해 거의 매년 새해는 고속버스 안에서 맞았다. 마산(경남대)이나 전주(전북대)에서 새벽 첫차를 타고 서울로 올라갔기 때문이다. 간사를 할 때는 김해에서 비행기를 타기도 했다. 이런 생활을 여러 해 하면서도 그리 힘들지 않았던 것은 함께 공부하면서 마음으로 의지할 수 있는 분들의 격려와 위로 그리고 학문적 대화가 공판연 안에 있었기 때문이라고 생각한다. 교육이나 연구와 관련되는 일을 할 때 내가 선생님의 그늘에 있음을 자주 느끼곤 했다. 선생님께서 퇴직하시고 공판연에 새로이 참여하는 이들이 적어서 모임에서는 아직도 막내 역할을 크게 벗어나지 못하고 있다. 하지만 선배들을 모셔야 하는 부담보다는 그분들이 있어 느끼는 든든함이 훨씬 더 크다. 다 선생님께서 맺어주신 인연이니 감사할 따름이다.

6. 선생님께서는 선친과 같은 해(1933년)에 나셨으니, 내게는 아버지 같은 분이시다. 못난 제자가 이순의 나이가 되도록 함께 하셨으니 내게는 감사함뿐이다. 선생님께서 퇴직하시면서 그런 말씀을 하신 것으로 기억한다. 당신이 서울대학에 계셨기에 좋은 제자들을 가르칠 수 있었다고. 나 또한 선생님으로부터 배울 수 있어서 훌륭한 학문의 동료를 만날 수 있었고 더불어 내 인생도 더 풍요로워질 수 있었다고 생각한다. 받은 게 많으니 갚을 것도 많다.

# K-법학 그리고 K-문화를 위하여!

존경하는 고 김철수 선생님을 추모하며

최선웅*

## 1.

80년대 초 헌법강의 수강 시 선생님은 이미 워낙 유명하신 분이신지라, 대부분의 수강생들이라면 흔히 그렇듯이, 먼저 대학선배나 언론매체를 통해서 선생님의 명성을 접한 후에 선생님 수업에 임하게 됩니다. 당시만 해도 교과서를 읽으면서 강독하는 식의 수업방식이 널리 보편화되어 있었고 이에 다들 익숙해 있었던 시절이어서, 선생님의 수업방식은 저에게 다소 신선한 충격으로 다가왔습니다.

물론 선생님께서도 여느 교수님처럼 일단 교과서 내용 설명은 하셨습니다. 그러시다가 뭔가 의미 있는 한 말씀 하실 때가 됐다 싶은 대목에 이르러서는 순간적으로 말씀을 멈추시고 학생들을 응시하시면서 수강생들의 기대감을 잔뜩 고조시키시고, 역시나 우리의 기대감을 저버리지 않으시겠다는 듯이, 그 두꺼운 짙은 색 뿔테안경 너머로 잔잔하지만 그러나 바로 이 순간을 기다리셨다는 듯이 만면에 회심의 미소를 지으시면서 음미하시듯이 그윽한 목소리로, 그러나 그 내용은 서슬 퍼런 당시의 시국 하에서는 수강생들이 오히려 선생님의 안위를 걱정할 정도로, 당시 정치권력을 거침없이 비판하실 때는, 내심으로 "와! 모름지기 올곧은 선비의 모습이란 바로 저런 모습이다!"라는 감탄사가 저절로 나왔습니다. 혹시 저만 그런가 싶어 이내 주변을 둘러보니 아니나 다를까 수강생 전원이 공감하는 숙연한 분위기가 역력했고 또 어떤 때에는 선생님과 수강생들이 이심전심 카타르시스적 통쾌함에서 하나 되어 분출하는 한바탕 웃음소리가 온 강의실을 뒤덮었습니다.

저도 모르게 이런 분위기에 중독되다시피 한 데다가 교과서나 당시의 관제뉴스에서는 도저히 접할 수 없는 세평 내지 시론이 보너스로 제공되는 이점도 있어서 자연스럽게 선생님의 강의에 꽂히게 되었습니다.

---

* 충북대학교 법학전문대학원 교수

## 2.

대학원 진학에 성공하여 전공을 결정하여야 할 즈음에 이르러서는, 여느 학생과 마찬가지로 당시의 시대상을 목도한 저 또한 국가권력이라는 것에 막연한 관심은 있었으나, 저 나름대로 고민에 고민을 거듭한 결과 내린 결정은, 일단 좀 더 국가권력의 실체를 파악하는 것이 중요하니 우선 석사과정에서는 행정법을 전공하고 후일 박사과정에서는 헌법을 전공하는 것이 좋겠다고 결정하고 나서는, 제 딴에는 이 원대하고도 심오한 결정을 정말 잘하였다고 저 혼자 가슴 뿌듯해했습니다. 이런 나 홀로 제멋대로의 장밋빛 결정은, 결정적으로 우리나라 대학원 과정에서는 자기 맘대로 임의로 전공을 바꾸어 다니는 것이 결코 쉽지 않은 분위기라는 것조차 제대로 파악하지 못한 미숙한 경험 부족에서 내린 독단적인 결정임을 나중에 깨닫기는 하였으나, 후일 이런 독단적 결정으로 인한 후회를 할 기회조차 없이 이미 때는 늦어버려서 언감생신 헌법 고지를 향해 돌진하기는커녕 행정법과의 전투에서 그만 장렬히 산화하기 일보 직전에까지 이르게 되었습니다.

당초 호기롭게 헌법과 행정법을 교차로 병행하겠다던 자존심은 여지없이 훼손되었으나 마음 한켠에는 여전히 헌법에 대한 미련은 남아 있어 당시 3분의 헌법교수님 강좌를 골고루 수강은 하였었는데, 이미 학부시절부터 선생님 강의로부터 받은 강렬한 인상이 선명하게 각인되어 있어서 석, 박사 대학원과정 8학기 내내 선생님의 강의를 일종의 전공필수강좌와 같은 의무감에서 수강하게 되었습니다. 당시 저는 대학원 연구실 한자리를 배정받아 기식하다시피 했던 시절이라 자연스럽게 강의실과 교정에서 선생님을 자주 마주치게 되어 인사를 드렸었습니다. 그것이 계기가 되어서인지 매 학기 첫 수업시간에는 선생님께서 으레 맨 앞자리에 앉은 저를 알아보시고 지목하여 당시 전공 불문 수강생이 많이 몰려든 탓에 번거로운 출석부 사인정리 등등 사소한 일을 맡기셨고, 그 수고에 대한 대가인지 인문대 자하연 옆 농협은행 2층 교직원식당에서 점심식사를 사주시면서 헌법과 행정법을 비롯한 이런저런 말씀을 해주셨습니다.

## 3.

석사과정에서 행정법공부가 제대로 진전이 안 되어 결국 박사과정에서도 행정법전공으로 그대로 눌러앉게 되었고 그로 인하여 헌법전공이신 선생님께는 일말의 죄송스런 마음은 있었으나, 선생님께서는 애시당초 헌법과 행정법 전공 간의 차이에 대한 의식은 전혀 없으셨을 뿐만 아니라, 애송이인 저를 상대로 설파하시는 폭넓은 학문에 대한 말씀은 물론이고 풍부한 인생경험에서 우러나오는 진솔한 말씀은 저의 학문적, 인간적 호기심을 자극시켜 늘 경청하게 되었고, 자주 뵙다 보니 이따금 선생님께 예컨대 왜 우리나라는 헌법학과 행정법학이 분리되어 있나요? 라는 식으로 지금에서야 생각해보면 초학자의 눈높이에서는 극히 당연히 제기할 수도 있는 질문이겠지만 그러나 그 누구도 쉽게 답할 수 없는 황당하기 그지없는 질문들을 남발했었던 것 같습니다.

사실 그런 것들보다는 매주 강의가 있으신 날 선생님께서 어김없이 사주시는 학생식당과 차별화되는 교직원식당에서 제공되는 고단백 양질의 점심식사 메뉴에 대한 기대감에 흠뻑 빠져서, 염치 불고하고 영양도 보충할 겸 겸사겸사 석, 박사과정 내내 매 학기 선생님 강의를 빠짐없이 수강했었던 것으로 기억됩니다.

## 4.

그러던 어느 날 물론 선생님과 함께 맛있게 점심식사를 하던 그 어느 날 선생님께서 "독일통일 저서를 개정하려고 하는데 좀 도와주었으면 좋겠다"고 말씀하셨는데, 그날도 이미 맛있는 단백질 덩어리를 한입 가득 베어 물고 육즙을 음미하고 있던 도중이어서 감사한 마음이 충만해 있었을 뿐만 아니라, 매주 융숭한 점심식사 대접을 받아온 저로서는 평소 적당한 기회에 선생님께 최소한 밥값은 해야 도리에 맞는다는 생각을 해왔던 터인데다가, 모처럼의 선생님의 제의를 거절할 경우에는 일말의 양심의 가책을 받을 것임이 분명해서, 즉시 두말없이 열심히 하겠다고 말씀드렸습니다. 그 뒤로 선생님께서 소개해주신 당시 광화문우체국 2층 독일통일 관련 도서가 많이 있었던 도서관에 들러 복사도 하고 내용을 정리하는 작업을 하게 되었습니다.

그런데 그 후부터 선생님께서는, 전혀 생각지도 못했었는데, 당시 저에게는 거금인데다가 평소 만져보기조차 어려운 빳빳한 흰색 10만원권 자기앞수표를 이따금씩 건네주시는 것이었습니다. 제가 해드리는 보잘것없는 일을 생각하면 밥값을 제대로 하기는커녕 분에 넘치는 과분한 대가라서 죄송스러운 마음뿐이었지만, 그러나 물론 처음에야 예의상 약간의 망설이는 듯한 모습을 지었을 뿐 그 다음부터는 서슴지 않고 받아 챙겨서 요긴하게 잘 썼습니다. 그나마 그런 수지맞는 작업도 학위논문작성 등 개인적인 사정으로 오래 지속하지는 못하고 도중에 그만두게 되었지만 아직도 그 독일통일 관련 자료를 정리했었던 작업의 흔적이, 지금은 사용하지 않는 빛바랜 플로피디스크 속에 남아서 여전히 저의 책장 한켠을 장식하고 있습니다.

후일 실제로 독일통일은 이루어졌고 그보다 훨씬 오래전부터 독일통일에 관심을 가지셨던 선생님의 선견지명에 내심 엄청 놀라기도 하였습니다.

## 5.

선생님께서는 정년 하신 후 예정된 대학원 출강도 다 마치셨고 저는 저대로 지방소재 대학에 정착해서 분주하게 하루하루 일상을 보내느라, 더 이상 선생님을 교정에서 뵐 기회는 사라졌습니다. 물론 그 뒤에도 이따금씩 교외에서 개최된 학술대회나 기념논문봉정식 등에서 선생님을 뵈었을 때 한걸음에 달려가 꾸벅 인사만을 드렸을 뿐이고 그러는 사이 무심한 세월만이 쏜살같이 흘러갔습니다.

## 6.

2021.3.11. 이날 다시 제가 선생님께 문자로나마 연락드리기까지 무려 20여 년의 세월이 사정없이 흘러갔습니다. 지금 저의 핸드폰을 꺼내 확인해 보니 그러니까 지금부터 2년 전 2021.3.11. 정확히 오전 08:07분이었습니다. 그날은, 저에게 있어서만큼은 극히 역사적인 일생일대의 대사건으로 저 혼자 길이길이 자축할만한 저의 졸저가 출간되어 선생님께 1부 보내드리려고 연락을 드렸던 날이었습니다.

저 또한 무심한 세월 속에서 이리저리 치이며 지내다 보니 어느덧 60이 넘어 정년이 다가왔습니다. 비록 저의 무능으로 학계에서는 별다른 주목을 전혀 받지는 못한 채 퇴직을 맞이하기에 이르렀지만, 그럼에도 마지막으로 저의 생각을 정리도 할 겸 또 저는 곧 이대로 떠나가지만 혹시나 먼 훗날 우연히 저의 졸저를 읽고서 공감을 표할 수도 있는 후학이 있을 수도 있으니, 바로 이 후학들에게 일말의 기대를 걸어볼까 하는 회한에 찬 미련과 끝없는 욕심에서, 그간의 저의 주장들을 모아서 책으로 내고 싶었던 작은 소망을 가지고 있었습니다. 그런데 뜻밖에 전혀 생각지도 못한 귀인이 나타나 그분의 도움으로 이 간절한 소망이 이루어져 드디어 졸저 『재량과 행정쟁송』(박영사, 2021.2.25.)을 펴내게 되었습니다.

막상 출판된 책을 받아 들고 보니 너무나도 기쁜 나머지 제 평생 처음으로 인심 좋게 아낌없이 증정본을 최대한 많이 증정하기로 마음먹었습니다. 게다가 저도 이제 곧 정년이 다가오는 데다가 마지막일지도 모르는 모처럼의 이번 출판 기회를 빌려서 그간 학은을 입은 선생님들과 주변 지인들에게 신세를 갚는다는 심정으로 정성들여 사인한 책 발송을 모두 마쳤습니다. 물론 저의 졸저를 선생님께도 보내드리고 싶은 생각이 들기는 했지만 서로 전공도 다른 데다가 무엇보다 20여 년의 세월이라는 장벽이 저를 망설이게 하였습니다.

## 7.

며칠간을 고민 고민한 끝에 결국 지인을 수배하여, 과거에는 공중전화로 선생님 연구실과 자택으로 전화를 드렸던 시절이어서 저장할 수 없었던 선생님의 핸드폰 번호를 제공받아 연락처 추가로 저장했고, 댁 주소는 예전 그대로 바뀌지 않았다는 사실을 확인한 후, 문자발송 전날인 3.10. 무턱대고 우체국에 가서 선생님 댁으로 책 발송부터 하였습니다. 아마도 제 쪽에서 일방적으로 선생님께서 저를 기억해 주실 것이라는 막연한 믿음만으로 책 발송을 결행했었던 것 같습니다. 다만 소심하게도 직접 전화를 드리지는 못했고 단지 우선 먼저 3.10. 책부터 발송한 후 책을 배달받으실 그다음 날 3.11. 오전 08:07에 몇 번이나 망설임 끝에 다음과 같은 내용의 문자를 보내드리는 데 겨우 성공하였을 뿐이었습니다.

선생님 안녕하세요.
저는 충북대 최선웅 교수(행정법)입니다.
선생님께는 아주 오랜만에 인사드립니다.

제가 뜻밖에 『재량과 행정쟁송』이란 책을 펴냈습니다.
어제 댁으로 발송했으니
오늘쯤 선생님댁에 도착할 예정입니다.

내용인즉슨 행정법의 탈독일화를 주제로 한
저의 논문모음집입니다.

과거 제가 선생님의 저서
독일통일 관련 문헌을 정리하다가
독일공법을 역사적으로 이해하게 된 덕분입니다.

선생님의 학은에 감사드립니다.

선생님 코로나 속에서도
늘 강건하시길 기원드립니다.

최선웅 올림

## 8.

혹시나 선생님께서 저에 대한 기억을 못 하실까 하는 소심증이 도져서, 제 딴에는 용의주도하게 한답시고 전날 책발송 시 책표지 바로 뒤 증정자인 저의 사인과 함께 저의 명함을 넣어드렸고, 문자에는 "충북대"와 "행정법"을 그리고 기명 말미에 저의 "핸드폰번호"를 각각 명기하여 발송하였습니다. 저 개인의 인생경험을 총동원하여 사전에 치밀하게 계획을 수립하여 수차례의 가상훈련을 거쳐 드디어 저의 졸저와 문자발송을 성공적으로 수행하고 나서는 저 홀로 생각하건대, 그간 무려 20여 년간 선생님께 단 한 번도 직접 연락드린 바도 없었고, 선생님과 전공도 다른 행정법전공 저서인데다가, 그리고 학계에서는 예나 지금이나 저의 위상이나 지명도가 극히 미미한 점을 감안하고, 게다가 선생님께서 이제 곧 90을 바라보시는 고령의 연세이심을 감안하면, 선생님께서는 저의 졸저에 대하여는 당연히 아무런 별 관심조차 전혀 없으실 것이 분명하고, 또한 설령 선생님께서 아무리 기억력이 좋으셔서 저를 기억하신다고 하더라도 이제는 긴밀하게 연락하고 지내는 사이도 아닌 저에게 특별히 연락하실 일은 단 1도 없으실 것이 확실하나, 그러나 저로서는 단지 이번 출판 기회를 이용하여 그간 소원하게 지냈던 선생님께 이렇게나마 연락을 드림으로써 일종의 속죄하는 마음으로 저의 할 도리는 다했을 뿐이라는 생각은 드나, 그러면서 그간 선생님께 저의 존재감을 확실히 드러내는 것은 전혀 꿈도 꾸지 못하는 언감생신 불가능한 일이었을 뿐만 아니라 엄청난 세월의 간격을 생각하면 도통 선생님께서 저에게 관심조차 있으실지 전혀 짐작이 가지 않았고, 비록 그간 선생님께 지은 죄(?)가 많아 당당하게 직접 연락을 드릴 엄두조차 내지는 못하지만, 그럼에도 여하튼 저로서는 단지 "선생님 제가 지금 여기에 이렇게 있습니다" 라는 저의 존재 사실만이라도 간접적이나마 이런 식으로 저의 졸저와 함께 딸랑 문자발송만으로 선생님께 알려드리는 계기가 된 것만도 망외의 소득이었다고 소심의 극치를 이루는 자평을 하면서도 내심 가슴 뿌듯해하고 있었습니다.

## 9.

문자발송 후 불과 몇 시간이 채 지나지 않아 그러니까 위 문자를 보내드린 3.11. 당일 낮 12시가 좀 지났을까, 저의 핸드폰이 울려 누군가 하고 폰 창을 흘낏 보니 아니 예상 밖에 선생님의 존함이 저를 쳐다보고 있으신 것이었습니다. 당초 선생님께서 저에게 직접 전화해 주실 줄은 미처 예상하지 못했고, 막상 벨이 울리는 순간에조차도 그 벨소리가 무려 20여 년간의 긴 공백기를 깨는 벨소리라고 생각하기보다는, 그보다는 순간적으로 아니 당일날 배송된 저의 졸저를 전공도 다른데다 그것도 기존 학계에서는 아무런 관심 표명이나 인용은커녕 도저히 이해할 수 없는 1인독단설을 존중(?)한다는 의미로 단 1인의 회원만이 있는 이른바 "최선웅학파"라는 비양거리는 훈장(?)을 꼬리표처럼 달고 다닐 정도인데, 아니 그런데 그 연로하신 선생님께서 그 난해하다 못해 난삽하기 그지없는 저의 졸저를 당일날 배송 받자마자 불과 단 몇 시간도 안 되는 그 짧은 시간에 벌써 일별하셨다는건가? 하는 생각으로 매우 당황하였습니다.

여러 가지 복잡한 생각이 머리에 꽉 찼으나 손은 이미 자동반사적으로 핸드폰을 귀에 가까이 붙였습니다. 선생님께서는 "오랜만이다, 잘 지냈냐? 그간 어떻게 지냈냐?"라는 등 오랜만에 대화 시 상투적인 인사말 대신에 마치 끊임없이 계속 이어져온 사이인 것처럼 뜸 들임이 전혀 없이 불쑥, "최교수 책 내느라 수고 많이 했어요. 앞으로 좋은 글을 많이 쓰기 바랍니다"라는 간단한 말씀만을 하셨을 뿐이었습니다. 저 또한 "선생님 그동안 연락을 드리지 못해 죄송합니다"라는 등등의 구구절절한 인사치레의 말씀을 드려야 한다는 생각은 머리에 떠올랐으나 그럴 겨를조차도 없이 선생님의 선창에 따라 엉겁결에 "네 선생님 앞으로 더욱 노력하겠습니다"라고 간단히 답창하는 정도만으로 통화를 마치게 되었습니다.

## 10.

통화 후 아무리 오랜 세월이 흘렀어도 선생님께서 저를 또렷이 기억하실 뿐만 아니라 최소한의 관심은 가지고 있으셨다는 저 홀로 확신에 찬 느낌이 들자 아! 좀 더 일찍 선생님께 자주 연락을 드리면서 지낼 것 그랬다는 후회막심과 자책감으로 밤잠을 설치고 그다음 날 3.12. 사실 선생님께 저의 책 출판과 관련하여 드리고 싶었던 말씀을 포함하여 다음과 같은 내용의 문자를 보내드렸습니다.

선생님
어제 전화주셔서 감사드립니다.

사실 저의 주장 중 행정심판과 행정절차가
"헌법적 절차"라는 것은 선생님 강의와 교과서를 통해서,
그리고 독일행정법상의 재량이론과 행정쟁송이론을
역사적으로 고찰해야 한다는 것은,

선생님께서는 기억을 못하시겠지만
과거 제가 잠시잠깐 선생님을 도와드릴 때
선생님 저서 독일통일 문헌정리를 하다가
얻은 아이디어입니다.

이번 책의 서문에는
미처 선생님의 허락을 얻지 못하여
밝히지는 못하였는데
추후 저의 졸저가 재판을 찍거나
개정판을 낼 기회가 있으면
서문에서 소상히 밝히도록 하겠습니다.

선생님 오래전입니다만
제가 박사과정 시 선생님께서 학교 나오시면
교수식당에서 맛있는 식사도 사 주시고
제가 별로 도와드리지도 못하였는데도
당시로서는 거금인 10만원권 자기앞수표를

저에게 가끔 건네주셔서
요긴하게 잘 썼고 지금까지도
늘 감사할 따름입니다.

선생님
늘 강건하시길 기원드립니다.

최선웅 올림

## 11.

그 뒤로도 선생님과 몇 차례 더 연락을 드리고 받았습니다. 그러던 중 지금으로부터 1년 전 2022.2. 구정 무렵 선생님께서 출판하신 저서 『기본권의 발전사』(박영사, 2022.1.5.)와 동봉하여, “새해에는 많은 저서를 내시기 바라며”라는 말씀과 함께 새해 덕담을 담은 연하장을 저의 학교로 보내오셨습니다. 방학 중이라 즉시 수령하지는 못하였고 개강한 3.2. 학교에 나가 수령하자마자 선생님께 감사히 받았습니다라는 연락을 드렸습니다. 그런데 그것이 아무런 예고조차 없이 3.26. 하룻밤 새 돌아가신 선생님과 마지막 연락이 될 줄은 꿈에도 미처 몰랐습니다.

## 12.

3.28. 서산 선영 장지까지 동행해서 선생님을 보내드렸습니다. 지금도 간직하면서 이따금 꺼내 보고 있는 1장을 반 접은 신년 연하장에 선생님께서 “새해에는 많은 저서를 내시기 바라며”라고 쓰신 친필글씨는 선생님께서 저에게 하신 마지막 유언의 말씀이 되었고 이제는 저의 뇌리에 지워지지 않는 동판처럼 각인되어 있습니다.

선생님의 마지막 저술 당부의 말씀을 조금이라도 따르고자 지난 1년 내내 저의 생각을 정리한 끝에 지난해 연말 2022.12.1. 기존 학회지 게재 논문의 관례에서 다소 벗어난 그러나 저로서는 지금까지의 저의 전 생애에 걸쳐서 추구해왔으며 앞으로도 중단없이 추진하고자 하는 내용들을 이제는 이 세상에 떳떳이 공개하고 이에 관심이 있는 모든 분들에게 동참을 호소한다는 취지로, 2022.12. “제3의 대안법학으로서 한류법학의 구축”(학술원통신 제353호, 2022.12.1.)이란 글을 발표한 바 있습니다. 이 글의 내용이 앞으로의 저의 저술 방향입니다. 이 글의 목차는 다음과 같습니다.

Ⅰ. 서설
Ⅱ. 독일 행정법학의 명암과 한국의 입장

Ⅲ. 한국 행정법의 독자성과 우수성
Ⅳ. 근대 독일법학의 특징
Ⅴ. 한국 헌법학의 문제점
Ⅵ. 대한민국헌법의 독자성과 우수성
Ⅶ. 한류법학 구축의 토대로서 우리의 역사와 문화 그리고 전통
Ⅷ. 결어

## 13.

오래전부터 선생님을 뵈었으나 오랜 세월이 흐른 뒤에야 우연인지 필연인지 알 수는 없으나 여하튼 다시 이어진 후, 비록 마지막 순간까지는 그리 길지 않은 짧은 시간이었지만, 선생님과 함께한 기억과 나눈 말씀들을 가슴 깊이 되새기면서, 우선 법학과 관련하여서 내부적으로는 헌법과 행정법, 행정법과 헌법이 서로 화해하는 헌법적 행정법학과 행정법적 헌법학의 구축을 비롯하여, 일본이나 독일은 더 이상 우리나라와 경쟁상대 내지 도달목표가 되지 아니한다는 점에서 이제부터는 일본과 독일을 추종할 이유가 없어졌다는 점에서 따라서 법학도 종래 일 · 독에의 종속으로부터 과감하게 탈피하는 즉 법학의 탈일본화에 이은 신속한 탈독일화라는 Paradigm의 전환을 달성하고, 대외적으로는 대륙법계와 영미법계를 화해시키는 K-법학, 한류법학을 구축하고, 그리고 궁극적으로는 고대와 현재 그리고 미래에도 벌어질 한 · 중 · 일 3국 간의 역사전쟁에서, 특히 한국의 역사침탈을 목적으로 작금에 자행되고 있는 중국의 동북공정과 일본의 임나일본부에 근거한 정한론이라는 황당하기 그지없는 중 · 일의 역사협공을, 국내적인 정파적, 지역적 파벌과 분열을 대승적인 견지에서 초월하고 결집하여 확실하게 막아낼 뿐만 아니라, 도리어 우리나라가 한 · 중 · 일 역사전쟁에서 확실한 우위를 점하고 나아가 우리나라가 중심이 되어 전 세계의 역사를 주도하고 우리나라의 역사와 문화 그리고 전통을 반영하고 동 · 서양 문화를 절충하여 새롭게 창조한 제3의 대안문화인 K-문화, 한류문화가, 인류 보편적인 지구촌 통합문화로 자리매김하여 인류문명사의 대전환을 일으킬 동 · 서양 문화의 Platform을 구축하여 전 세계로 진출하는 데에 최선을 다할 것임을 선생님 영전 앞에 다시 한번 더 굳게 다짐합니다.

2023.3.3.

삼가 존경하는 고 김철수 선생님의 명복을 빕니다.

# 금랑 김철수 선생님의 크신 학은에 감사드리며

고문현*

## I. 들어가며

별로 내세울 것이 없지만 오늘의 제가 있는 것은 금랑 김철수 선생님의 학은이 절대적입니다. 제가 2022년 3월 26일 미국 UC Berkeley에서 Fulbright 연구교수로 있을 때 선생님의 갑작스러운 부음 소식을 들었으나 코로나 등으로 마지막 인사를 직접 드리지 못하여 무척 안타까워했었습니다. 다행히 본 유고집을 통하여 선생님께서 베풀어주신 학은을 되새길 수 있어서 크나큰 영광입니다.

## II. 금랑선생님과의 첫 만남과 크신 은혜

제가 학부에서 헌법을 공부할 때 선생님의 『헌법학개론』 책이 베스트셀러여서 이 책을 구입하여 학교도서관에서 공부하였는데 간접적이지만 이것이 선생님과의 첫 만남이었습니다. 이때 선생님의 책을 읽기는 했는데 천학비재하여 제대로 이해를 하지 못한 것이 대부분이어서 과연 제가 법학에 적성이 있는지에 대하여 자괴감이 엄습하여 무척 괴로워했습니다.

제가 1993년 11월 하순경에 당시 법과대학 건물인 15동의 3층과 4층에 있던 서울대학교 환경대학원의 석사과정에 합격하여 1994년 3월에 입학하였습니다. 그 당시 서울대학교 환경대학원의 경쟁률은 8대 1 정도의 경쟁률이어서 천학비재한 저는 5전 6기 끝에 간신히 합격하였습니다. 이때 합격의 기쁨은 나중의 단번에 합격한 법대 박사과정에 비하여 이루 형용할 수가 없었습니다. 그런데 나중에 선생님의 말씀을 통하여 자세히 알게 되었지만 환경대학원의 석사 과정보다도 실제로는 훨씬 더 어려운 법대 박사과정을 쉽게(?) 합격하게 해주신 은인이 선생님이시니 저는 선생님의 그 크신 은혜를 결코 잊을 수가 없습니다.

제가 학부와 대학원 석사가 서울대학교가 아니기 때문에 5전 6기 끝에 입학한 환경대학

---

* 숭실대학교 교수, 한국헌법학회 제24대 회장, 한국ESG학회 회장

원에서 환경에 대한 학제적 연구를 하고 이를 토대로 석사학위논문을 쓴 후에 법대 박사과정으로 진학하여 환경에 관한 연구를 하려고 야심 찬 계획을 세웠습니다. 그런데 환경대학원 입학에만 당초 계획보다 많은 시간을 허비하여 1994년 3월 중순경 서울대학교 환경대학원 권태준 교수님이 주도하신 '이론과 실천 모임'에 참석하여 인사를 드렸더니 반농담조로 "원로급 학생이 들어와서 앞으로 이 연구모임에 젊고 좋은 여학생들이 들어오지 않을 것 같군."이라고 말씀을 하셨습니다. 이 말씀에 자극을 받아 법대 박사과정에 최대한 빨리 합격하겠다고 다짐하였습니다. 그런데 법대 대학원 박사 과정 입학시험에 관한 정보가 거의 없어서 제가 환경대학원 1학년 2학기에 법대 대학원 박사과정 입학시험에 응시하여 낙방하더라도 시험 출제경향을 알 수가 있으므로 이것을 토대로 1년 정도 더 준비하면 법대 대학원 박사과정 입학시험에 합격할 수 있을 것이라고 계획을 세웠습니다. 그래서 1994년 11월 초순경 서울대학교 법대 행정실에 법대 박사과정 원서를 접수하러 가니 접수를 담당하시던 분이 "같은 건물(15동)에서 소속을 옮기시겠군요."라는 덕담을 해주셨는데 회고록을 작성하는 바로 이 순간 그 덕담이 주마등처럼 스쳐 지나갑니다.

그런데 당초의 제 계획과는 다르게 1994년 11월 하순경 서울대학교 대학원 박사과정 입학시험에 덜컥 합격하였습니다. 합격의 기쁨도 잠시, 그 당시 제가 서울대학교 환경대학원 석사과정 2학기에 재학 중이었기 때문에 대학원 법학과 박사과정에 등록한 후 휴학을 하고, 환경대학원에서 환경법에 관한 석사학위를 취득한 후에 다시 대학원 법학과 박사과정으로 진학할 것인가 여부를 놓고 고민하다가 대학원 법학과 행정실 담당자(앞에서 언급한 제가 소속을 옮길 것이라고 덕담해 주신 분)에게 문의를 드렸더니 제가 계획한 대로 하면 '이중학적'에 해당하여 불가능하니 안타깝지만 두 개 중에 하나를 포기해야 한다고 안내를 해주셨습니다. '이중국적'은 수없이 들어봤지만 제가 계획한 대로 한다면 '이중학적'에 해당할 수 있다는 말씀에 무척 당황을 해서 당시 환경대학원 지도교수님이셨던 김안제 교수님께 상의를 드렸습니다. 그랬더니 김안제 교수님께서 "작은 것(환경대학원 석사과정)을 포기하고 큰 것(대학원 법학과 박사과정)을 취하게"라고 말씀해 주셔서 서울대학교 환경대학원을 부득이 '자퇴'하게 되었는데, 제 인생에 '자퇴'라는 안타까운 불명예(?)가 따라다녔습니다.

이렇게 '이중학적' 때문에 두 달간 고민을 하다 보니 벌써 1995년 1학기 개강이 다가와서 앞으로 박사과정에서 어떻게 공부할 것인가 등에 대해 상담을 구하기 위하여 1995년 2월 21일 오전 10시경 선생님께 미리 연락을 드리지 않은 상태에서 선생님의 연구실로 갑자기 찾아뵈었습니다. 이날이 제가 선생님을 처음으로 직접 만나뵈온 감격적인 날이어서 결코 잊을 수가 없습니다. 그때 선생님은 연구에 바쁘신 와중에도 미리 연락을 안 드리고 찾아온 결례에도 불구하고 연구실에서 저에게 향후 대학원 학업 등에 대하여 따뜻하고도 자상하게 안내하여 주셨습니다. 그러다가 어느덧 점심시간이 되자 함께 점심을 먹으러 가자고 말씀하시고는 서울대 구내 음미대식당으로 자리를 옮겨 오찬을 하면서 자세히 지도해주셨습니다.

특히, 대학원 입시가 끝난 지 상당한 기간이 경과되었음에도 불구하고 바로 어제 채점하신 것처럼 저의 성적에 대하여 자세히 말씀해 주셨습니다. "군이 많이 부족하지만 자질이 있는 것이 보여서 합격 점수를 주었으니 더욱 열심히 하게"라고 하시는 말씀을 듣고는 저에 대한 선생님의 깊은 사랑과 비범한 기억력에 탄복했습니다. 이 말씀을 듣고서 비로소 제가 합격한 것이 전적으로 선생님의 크신 은혜 덕분이라는 것을 알게 되었습니다. 남들이 선생님을 '천재'라고 부르는 말이 틀린 것이 아니라는 생각을 가지게 되었습니다. 그 후 선생님을 뵈올 때마다 여러 번의 놀라운 경험을 통하여 이러한 생각은 확신으로 바뀌었습니다.

## III. 같은 스승님(선생님의 스승님이자 제 스승님)을 만난 기묘한 인연

선생님과의 인연은 선생님의 경북고 은사님이신 안병태 선생님이 제 문경종합고등학교 교장 선생님이셔서 더욱더 각별한 사이가 되었습니다. 제가 법대 박사과정에 재학 중일 때에도 15동 건물 내 서울대학교 환경대학원 김안제 교수님 연구실 조교로 있었습니다. 1998년 2월 초순경 제 문경종합고등학교 은사님이신 안병태 교장 선생님께서 저술하신 『교무수첩』 책을 보자기에 싸서 선생님께 주시려고 서울대학교 법과대학에 오셨습니다. 안병태 교장 선생님께서 보자기를 들고 15동 건물 앞에서 우왕좌왕하고 계신 것을 제가 김안제 교수님의 심부름 때문에 15동 건물 밖으로 나가다가 우연히 발견하였습니다. 너무나 반가워서 안병태 선생님께 가까이 다가가서 인사를 드리니 "고군 아닌가? 여기서 우연히 만나니 더욱 반갑네. 서울대학교 대학원에 다닌다는 소식을 전해 들었는데 방학 중에도 학교에서 열심히 하는 모습을 보니 무척 기쁘네"라고 말씀하시면서 더욱더 반가워 하셨습니다. 교장선생님께서 저와 잠시 회포를 나누다가 "철수군을 보러 왔으니 철수군의 연구실로 안내해주게"라고 말씀하셨습니다. 제가 교장선생님을 선생님 연구실로 모시고 갔더니 선생님께서 "군이 학위과정 중이어서 연구 자료를 찾고 이를 읽을 시간도 별로 없을 텐데 고등학교 은사님이라고 바쁜 시간을 쪼개어 친절하게 안내해주어 정말 고맙네." 라고 과찬해주신 말씀을 지금도 잊을 수가 없습니다.

## IV. 필자를 『행정의 법규범과 현실』 공저자에 넣어주신 과분한 은혜

2004년 선생님이 『행정의 법규범과 현실』(집문당)을 발간하는 것을 조금 도와드렸는데 과분하게도 책 서문에 "高文炫 교수는 판례법과 비교법 분야를 다루었고 문헌정리와 교정작업에 진력하였다. 이 연구를 함에 있어서 출판작업을 하여준 高文炫 교수에게 심심한 감사를 드린다."라고 표기해 주신 것만도 과분한데 저를 책의 공저자로 넣어주시다니 선생님의 태산같이 큰 은혜에 몸 둘 바를 모르겠습니다.

## V. 「자치행정」의 헌법 집필자로 추천해 주셔서 졸저의 모태를 만들어 주신 은혜

별로 내세울 것이 없지만 제 헌법책 『헌법학개론』의 토대가 된 계기를 마련해 주신 분이 선생님이셨습니다. 2003년 1월경 선생님께 안부 인사차 전화를 드렸더니 안 그래도 저에게 전화를 하려고 하셨다고 말씀하시면서 "앞으로 공무원 사무관 승진시험 과목에 헌법과목이 들어갈 예정이어서 대학 동기인 「자치행정」의 권순복 사장에게 헌법과목의 필자로 군을 추천했네"라는 말씀을 해주셨습니다. 이것을 계기로 2004년 말까지 「자치행정」에 매월 연재하였고 이것을 수정 · 보완하여 제가 근무하던 울산대학교 출판부에서 『헌법이론과 실제』라는 제목으로 2005년 2월에 출간하였는데 이 책이 기대 이상의 반응을 보여(5판), 그 후 출판사를 법원사로 옮겨 『헌법학』이라는 제목으로 출간하여 4판까지 내었고, 2018년에는 출판사를 다시 옮겨 박영사에서 『헌법학개론』(박영사, 3판, 2022)을 출간하여 합계 12판을 이어가게 되었습니다.

## VI. 환경권을 일찍이 연구하셔서 제 앞길을 개척해 주신 은혜

제 졸저인 『헌법학개론』(박영사, 3판, 2022)의 환경권 부분(제6항 환경권, 250-271쪽)에서 "우리나라에서 환경권 개념을 최초로 소개한 것은 김철수 교수인 듯하며……"라고 기술(250쪽)하여 환경권의 선구자로서 선생님을 소개하고 있습니다. 제 졸저에서 그 근거를 각주 239번에서 자세히 소개하고 있습니다(김철수, 『헌법학』, 지학사, 1973, 290쪽; 구연창, 『환경법론』, 법문사, 1991, 88쪽에서 재인용).

선생님은 대학원 수업시간에서 환경권의 중요성을 강조해 주셨고 제가 박사학위를 취득하지 않았음에도 불구하고 선생님의 정년기념 논문집(『韓國憲法學의 現況과 課題』: 琴浪 金哲洙敎授 停年紀念論文集)에 "미래세대의 환경권주체성 인정 여부에 관한 소고"(658-686)라는 졸고를 게재할 수 있는 영광을 베풀어 주셨습니다. 선생님의 환경권에 대한 가르치심에 힘입어 저는 한국환경법학회 학술상(2010. 7.), 환경부장관표창(토양 · 지하수 발전에 기여, 2014. 11), 숭실대학교 기후변화특성화프로그램(에너지법 · 제도전문가 양성) 연구책임자(2014-2019, 에너지기술평가원 지원). '이산화탄소 저장(Carbon Dioxide Capture, Utilization and Storage; CCUS) 법제도 및 대중수용성 연구단'의 단장(2014-2020, 한국환경산업기술원 지원)을 맡아 연구를 수행하여 왔고, 지금도 그 연구를 수행하면서 'K-CCUS추진단'의 이사로 있습니다.

선생님으로부터 맺어진 광범위한 연구인맥 덕분에 2021년 9월 17일 한국ESG학회를 창설(초대회장: 조명래 전 환경부장관)하여 현재 회장으로 있으며 2023년 5월 1일부터 4일까지 제주도 파르나스호텔에서 국무총리실 산하 경제인문사회연구회(이사장: 정해구)와 공동으로 'Human Dignity through ESG'을 슬로건으로 '2023 World ESG Forum'을 개최하였는데 미국, 노르웨이, 덴마크, 프랑스, 호주, 일본, 헝가리, 에티오피아 등 8개국 2,000여 명이 참석하는 대성황을 이루었습니다. 제가 2023년 5월 1일부터 5일까지 제주도에서 개최된 제10회 '국제전기차엑스포' 조직위원으로 있는데 '국제전기차엑스포'에 테슬라 모터스(Tesla Motors)의 CEO 일론 머스크(Elon Musk)를 비롯하여 전 세계에서 50개국 이상의 대표 2,000여 명이 참가하여 '2023 World ESG Forum'과 시너지 효과가 매우 크게 나타났습니다.

## VII. 맺으며

돌이켜보면 천학비재한 저는 선생님의 학은을 과분하게 받았고 현재의 저는 선생님께서 베풀어주신 학은 덕분임을 더욱 절감하고 있습니다. 서울대 법대 출신이 아닌 천학비재한 제가 서울대 법대 대학원 박사과정 시험에 단번에 합격할 수 있도록 기적을 베풀어주신 태산 같은 은혜, 안병태 교장선생님을 같은 스승님으로 모셨던 기묘한 인연, 선생님의 사랑을 많이 받으신 정정길 교수님과 김문현 교수님으로부터 제가 학부에서 직접 학은을 입었다는 놀라운 인연 등을 생각해보면 제가 선생님의 태산 같은 은혜에 비하여 선생님께 해드린 것이 너무나도 미약해서 송구스러운 마음을 금할 길이 없습니다.

특히 제가 재직하고 있는 숭실대학교가 선생님 댁에서 매우 가까이 있음에도 불구하고 더 자주 찾아뵙고 인사를 드리지 못한 불찰을 부디 널리 용서해 주시기를 앙망합니다. 그래도 선생님께서 저에게 가끔씩 말씀하셨던 김안제 교수님의 화갑기념집인『한 한국인의 삶과 발자취』(한국지방자치연구원, 1996)를 선생님 댁을 찾아뵙고 선물로 드리면서 담소를 나눌 수 있었던 것은 아름다운 추억으로 남아 있습니다.

뵙고 싶은 선생님!

선생님의 가르치심에 부응하도록 더욱 정진하겠습니다.
부디 천국에서 평안히 쉬시기를 간절히 기원합니다.

# 모든 것은 선생님으로부터

김대환*

## 1. 선생님과의 만남

내가 선생님을 처음 뵌 것은 1988년 석사과정에 입학하고 지도교수를 맡아주시길 부탁할 때였다. 외모에서 풍기는 선입견과는 달리 선생님은 온화하게 이야기를 들어주시고 흔쾌히 지도를 해주시기로 하셨다. 1학기 수업이 기본권일반이론 수업이었는데, 선생님께서는 내가 연대에서 공부한 것을 아시고는 첫 수업에서 내게 독일의 기본권관에 대해서 발표해보라고 하셨다. 당시 나는 모든 헌법현상은 규범주의, 결단주의, 통합이론으로 설명할 수 있다고 생각했던 터라 자신 있게 발표했다. 발표 뒤에는 선생님께서는 어떤 평가를 하셨는지는 정확하게 기억나지 않지만, 그를 계기로 대학원 동기들과 헌법스터디 그룹을 만들어 함께 공부하게 되면서 대학원에 빨리 적응할 수 있었다.

선생님께서는 나와 개인 면담을 하실 때에는 사법시험에 응시할 것을 권하셨다. 사실 나는 학부에서 한 때 사법시험을 공부한 적이 있었으나, 적성에 부합하지 않고 하여 4학년 이후로는 대학원 진학만을 염두에 두어 왔기 때문에 선생님의 권유를 귀담아 듣지 않았다. 당시에 오늘날과 같은 로스쿨제도가 도입되어 있었더라면 좋았겠지만, 아마 그 때로 다시 돌아간다 해도 학문의 길을 갔을 것이다.

## 2. 석사논문의 작성

석사학위논문의 주제로는 "기본권의 대사인적 효력"이라는 주제를 선택했다. 학부에서부터 나는 기본권일반이론에 대해서 관심이 있었고 특히 이는 학자들 간에도 논쟁이 많은 주제로 학문적인 매력을 느꼈기 때문이다. 선생님께서는 주제에 대해서 별다른 말씀은 없으셨고 나의 선택을 지지해주셨다. 당시 시내에 있던 외국서적 전문점인 소피아서점에서 최신 서적인 알렉시 교수의 기본권이론(Theorie der Grundrechte)이라는

---

* 서울시립대학교 교수

제목의 책을 구입하여 힘들게 읽으며 논문에 반영하였던 기억이 새롭다. 학위논문의 내용은 크게 자랑할 것은 없지만 독일에서 최신이론인 알렉시 교수의 이론을 반영하였고, 그 후로 좀 더 다듬어진 나름의 개인적 소견을 이론으로 구성하려고 노력하였다는 점에서 나에게는 의미가 없지 않다. 그런데 학위논문심사 시즌에 즈음하여 주말에 아무런 공고가 뜨지 않아서 월요일에는 심사가 없으려니 생각하고 혼자 바닷가에 바람을 쐬러 갔다. 그런데 돌아와 보니 이미 몇 친구들은 심사를 했고, 심사 당일 불참한 사람들을 위해서 새로 일정을 잡을 것이라는 말이 들렸다. 여기에서 구체적으로 쓸 수는 없지만 심사장에서의 분위기도 살벌했다고 한다. 교수님들 간의 이론적 대립이 심사를 받는 학생들의 논문에까지 영향을 미쳐 교수님들 간에 다소의 언쟁이 있었던 모양이다. 이야기를 듣고 나니 더욱 긴장되었다. 새로 잡힌 날짜에 심사를 받기 위해 상당히 긴장한 상태로 심사장에 들어선 나는 몇 교수님들로부터 지난번 불참에 대해서 질타를 받기는 했으나 큰일 없이 무사히 심사를 마쳤다. 선생님께서는 심사일자에 불참한 것에 대해서는 그 뒤로도 아무런 말씀이 없으셨다.

## 3. 한국헌법연구소를 찾아가다

대학원을 졸업하고 1994년에 신림4거리 삼모스포렉스빌딩 건물 10층에 있던 한국헌법연구소를 찾아갔다. 선생님께서는 강의나 회의를 위해서 학교 연구실에 들르시는 외에는 거의 연구소에 계시는 것으로 보였다. 선생님께서는 반갑게 맞으시면서 앞으로의 계획을 물으시고는 연구소에 나오라고 하셨다. 선생님께서 나의 이름을 기억하시는 것만 해도 감사한데, 선뜻 연구소에 공부할 자리를 마련해 주셔서 오늘날 내가 있게 된 것을 생각하니 선생님께 입은 학은은 결코 잊을 수 없다. 이듬해인 1995년에 박사과정에 입학하고 선생님과 함께 본격 신림동 한국헌법연구소 생활이 시작되었다.

## 4. 선생님과 함께 연구소 생활을 하다

선생님께서 처음 내게 맡기신 일은 객관식 문제를 출제하는 것이었다. 내가 출제한 문제가 마음에 드셨는지 여부는 별다른 말씀이 없으셔서 잘 모르겠지만, 이후로도 몇 번 더 같은 일이 반복되었다. 또 당시에는 법원에서 도스용 판례검색프로그램인 LX가 개발되어 대법원에서 판례조사위원의 일을 하였던 전경근 조교로부터 배웠는데 그것을 선생님께 소개해 드렸다. 선생님께서는 새로운 컴퓨터 기술의 개발에 대단히 흥미로워하셨다. 그러고는 얼마 있지 않아서 나는 헌법학개론의 개정 작업에 참여하게 되었는데 그때 그 판례검색프로그램이 굉장한 힘을 발휘했다. 내가 관련 판례를 검색해서 그 요지를 교정지에 붙이면, 선생님께서 직접 내용을 보시고 첨삭하는 방식으로 개정작업이 이루어졌다. 그때까지 교과서는 활자조판이었다. 선생님께서는 출판사로부터 컴퓨터출판을 요청받으셨으나 활자조판을 떠나시는 것을 썩 내켜 하시지 않으셨는데, 판례검색프로그램의 유용성이 선생님을 컴퓨터출판으로 옮기시게 하는 데 중요한 역할을 하였다. 이렇게 하여 헌법학개론 제7판부터는 컴퓨터출판으로 발간되었다.

대부분의 선생님의 연구와 집필, 언론 인터뷰 등은 연구소에서 이루어졌다. 연구소는 책장으로 가려서 두 부분으로 나누어져 있었는데 바깥쪽에는 워킹테이블이 있었고 안쪽에는 4인 정도가 앉을 수 있는 소파가 조그만 탁자와 함께 있었으며, 그 옆으로 선생님께서 사용하시는 책상이 벽을 등지고 있었다. 책상의 왼쪽 창문 아래로는 행인으로 붐비는 신림동 거리가 보였다. 길보드에서는 당시 유행하던 '칵테일 사랑'이라는 노래가 지겨울 정도로 울려 퍼지고 있었다.

선생님 책상은 거의 책과 원고지로 겹겹이 쌓여 있었다. 시간이 흐름에 따라 원고나 서적이 책상을 독차지하게 되면, 소파로 물러나셔서 팔걸이에 대고 글을 쓰시거나 내가 있는 바깥쪽으로 나오셔서 워킹테이블에서 작업을 하시기도 했다. 한번 원고를 잡으시면 매듭을 지을 때까지 집중하셔서 끝낼 줄 모르셨다. 그렇게 하여 보통 저녁 10시를 훌쩍 넘어서 연구소를 나가시곤 했다.

점심때는 종종 선생님과 함께 신림역 부근 음식점을 찾곤 했다. 한번은 함께 걸어가시면서 무얼 먹고 싶으냐고 물어보셨다. 폐를 끼치지 않으려는 마음에서 간단할 걸 찾다 보니 얼른 눈앞에 보이는 것이 갈비탕이었다. 그래서 갈비탕을 먹고 싶다고 말씀드렸다. 그 후로도 식사를 하러 선생님과 함께 나갈 때면, 그때마다 나는 같은 생각으로 갈비탕을 먹겠다고 했다. 그러던 어느 날에는 선생님께서 먼저 "저기 김 조교가 좋아하는 갈비탕이 있네!"라고 놀리셨다. 또 어느 날에는 우연히 신림사거리에서 유명한 순대를 먹게 되었는데, 순대국밥 외에도 다른 부속들을 너무 많이 주문해 주셔서 사양도 못하고 맛있게 먹느라 힘들었던 기억이 있다. 그때 선생님께서 순대를 잘 드시던 모습이 지금도 눈에 선하다. 선생님께서는 늘 별말씀 없으신 가운데도 그렇게 나는 선생님과 함께 즐거운 한때를 보낼 때도 있었다.

## 5. 박사과정에의 추억

박사과정에서 선생님의 기본권특수연구를 수강할 때였다. 20-30여 명이 수업을 들었던 꽤 큰 규모의 세미나 수업이었다. 그 수업에서는 나는 인간의 존엄과 가치 및 행복추구권에 대해 발표하기로 했다. 당시 나는 수업에 큰 흥미를 느끼고 있었기 때문에 진지하게 수업에 임했다. 나는 인간의 존엄과 가치 및 행복추구권이라는 기본권의 헌법적 의미를 탐색하기보다는 "인간은 왜 존엄한가?"라는 생각에 골몰했다. 그런데 발표원고 작성에 있어서는 한 줄도 진도를 나가지 못하고 있는 가운데 독감에 걸리고 말았다. 하숙집에서 버텨보려고 했지만 좀처럼 나을 기미가 없어서 몸조리를 위해 고향으로 내려갔다. 그러나 거기서도 회복하지 못하고 결국은 수업 때까지 발표문을 작성하지 못했다. 나는 죄송한 마음에 고향에서 전보를 쳐서 저간의 사정을 말씀드리고 선생님의 양해를 구했다. 일주일 뒤 하숙집으로 올라와서도 완쾌되지 않은 몸으로 주제에 골몰하다가 새로 잡힌 발표 당일 새벽에야 겨우 원고를 완성해서 오전에 있는 수업에 참석했다. 수업에서 나는 그동안에 골몰했던 생각을 모두 털어 내었다. 그런데 그날은 2명이 발표하기로 되어 있었는데, 끝나고 나니 내게 할당된 시간을 넘겼을 뿐만 아니라 수업 자체가 끝날 시간이 되어 있었다. 그런데 발표를 마칠 때까지 선생님께서는 아무런 제재도 하지 않으셨던 것이다. 나는 선생님과 다른 발표자에게 미안해서 어찌할 바를 몰랐으나 변변치 않은 발표내용이었음에도 발표가 끝날 때까지 지켜봐 주시고 무언으로 격려해 주신 선생님의 배려를 생각하니 지금도 그저 감사할 따름이다.

## 6. 선생님께서 조교로 추천해 주시고, 결혼을 독려해 주시다

박사 2학기에 선생님께서는 나를 조교로 추천해 주셨다. 그해는 일본 도쿄에서 세계헌법학회(IACL)가 주관하는 세계헌법대회가 개최되었다. 선생님께서는 나를 일본으로 데려가려고 하셨으나 조교로 임용된 직후라서 외유는 불가하다는 당시 부학장의 다소 납득하기 어려운 반대로, 결국은 선생님과 함께 일본을 방문할 기회를 놓치고 말았다. 그 후로는 선생님을 모시고 세계헌법대회에 참가할 기회를 다시는 가지지 못하였는데, 그때 선생님을 따라 세계헌법대회에 참석하지 못한 것이 못내 아쉬움으로 남아 있다.

선생님께서는 내가 조교로 있을 때에 결혼을 해야 한다고 늘 말씀하셨다. 공무원 신분인 조교로 있을 때에 결혼할 기회를 놓치면 다시 자리를 잡을 때까지 상당 기간 결혼하기 어렵다고 생각하셨기 때문이었다. 마침 선생님께서 3월(1996년)에 연구년을 떠나시게 되었는데, 선생님께 주례를 부탁드리기 위해서라도 더욱 결혼을 서두르게 되었고, 결국 그해 2월에 결혼하게 되었다. 선생님께서는 직접 주례도 서주셨을 뿐만 아니라 축의금도 두둑이 주시고는 새 학기에 맞추어 미국과 독일로 연구년을 떠나셨다. 그런데 당시에 나는 학계와 실무계에서 활약하고 있는 선생님 제자 분들이 중심이 된 공법이론과판례연구회의 월례발표회 초청편지를 보내는 것을 담당하고 있었는데, 결혼식 전날에도 아내가 될 사람의 도움을 받아 편지를 작성하고 우편으로 부치는 작업을 하느라 바빴던 기억이 새롭다. 1년 후에 선생님께서 연구년을 마치시고 귀국하셨을 때 선생님의 말씀에 따르면 당시 클린턴 시대에 미국은 물가도 싸고 참 살기가 좋았다고 한다. 선생님께서는 넥타이와 함께 내게 독일의 사형제도에 대한 책을 사다 주시면서 그런데 오히려 공부하기에는 우리와 비슷한 독일 책이 인용할 내용도 많아서 좋다고 말씀하셨다. 나중에 내가 미국이 아닌 독일로 유학을 떠나게 된 것도 선생님의 충고에 따른 것이었다.

## 7. 언제나 제자의 수고로움에는 보답을 하신 선생님

연구소에서 선생님은 연말이 가까워 오면 교과서 개정작업에 몰두 하셨다. 헌법학개론과 헌법학신론은 매년 개정을 하셨고 가끔씩은 헌법개설이나 문제집도 개정하셨다. 교과서 개정작업은 앞서 언급한 바와 같이, 교정지에 관련 판례를 붙여두면 선생님께서 일일이 읽어 보시고 첨삭을 하시는 방식으로 이루어졌다. 선생님 글씨체는 난해해서 거기 숨겨진 나름의 법칙을 깨닫기 전에는 읽기가 어려운 글씨가 많아서 매우 고생을 했다. 그래도 나야 모르면 옆에 계시니 직접 여쭤볼 수 있었으나 교정지를 봐주던 몇몇 제자 교수님들은 독해의 고통이 상당하였던 것으로 기억된다. 나로서는 교과서 개정 작업에는 꽤 오랜 시간이 걸렸다. 때문에 매년 12월과 1월은 거의 교과서 개정 작업에 매달렸다. 매번 관련 판례를 찾다 보니 겨울에는 개인적인 공부를 하기가 어려웠다. 그런데 몇 번 개정작업을 하다 보니 요령이 생겨 어느 해부터는 생각보다 작업이 일찍 끝날 때도 있었다. 지금은 죄송한 이야기지만 조금 일찍 끝나더라도 잠시 보고를 미루고 개인적인 공부를 병행하는 꼼수(?)를 피우기도 했다. 그래도 그 때문에 작업이 일정을 초과하여 미루어진 적은 없었으니 선생님께서는 이해해주시리라 믿는다. 그런데 지금도 고마운 것은 선생님께서는 절대로 공짜로 일을 시키시는 일이 없었다는 점이다. 처음에 나는 제자 된 도리로서 선생님의 일을 도울 수 있는 것만 해도 즐거웠다. 그런데 처음 교과서 개정작업이 끝났을 때 선생님께서는 제법 큰돈을 주셨다. 몇 번을 사양했음에도 기어코 주시니 받기는 받았으나 내심 섭섭한 생각도 들었다. 나는 도리로서 일을 다 하였는데 그 마음을 돈으로 되돌려 주셨으니 말이다. 그 후로도 선생님께서는 매번 용돈을 주셨다. 그런데 나중에야 알게 되었지만 교수인 제자 분들에게도 수고로움을 끼칠 때에는 용돈을 주셨다고 한다. 선생님께서는 남의 수고로운 노고를 결코 가볍게 여기거나 당연시 받아들이시지 않았던 것이다. 그렇게 선생님께서는 스승으로서의 정도를 걸어가셨다.

당시 선생님께서는 감사원의 부패방지위원회 위원으로 봉사하고 계셨는데, 그런 만큼 당신의 돈 관리에도 철저하셨다. 나중에 자택을 허물고 그 자리에 새로운 작은 빌딩을 신축하셨는데, 1층에 슈퍼마켓을 하는 분께 임대를 하셨다. 그런데 슈퍼마켓 하시는 분이 편법적 절세를 위해서 다운계약서를 작성하였으면 좋겠다고 부동산을 통해서 연락해왔다. 선생님께서도 세금을 덜 내게 되니 이로운 것이 아니겠느냐는 것이었다. 그런데 선생님께서는 단호히 거절하셨다. 선생님께서는 평생을 그렇게 살아오지 않으셨기 때문에, 새삼 그렇게 하여 스스로에게 누가 되는 일은 절대로 하지 않으려고 하셨다. 한마디로 선생님은 제자나 국가나 그 누구에게도 누를 끼치고 사는 것을 가장 멀리하셨던 것이다.

## 8. 운전습관을 길들이다

조교로 있을 때 사정이 있어 동생의 차를 내가 사용하게 되었다. 빨간색 소형 액센트였다. 나는 운전이 서툴러 법대 앞마당에 동생이 세워놓고 간 차를 며칠 동안 바라보기만 했다. 그러다가 용기를 내어 운전을 시작했다. 캠퍼스가 워낙 넓고 한적했기 때문에 일주도로를 몇 번씩 돌면서 운전에 익숙해져 갔다. 차차 운전이 익어 감에 따라 이제는 차를 가지고 연구소로 나아갔다. 연구소가 있는 삼모스포렉스빌딩은 건물 옆 좁은 길을 따라 들어와서는 주차타워에 주차를 하여야 했다. 그 길을 들어오면서 새 차의 문짝을 여러 번 긁었던 기억이 있다. 그런데 어느 날은 선생님을 학교에서 모시고 연구소로 향했다. 선생님께서는 내게 차가 있다는 것을 아시고는 기꺼이 타고 가시고자 했다. 나는 초긴장 상태로 출발하고 정차할 때 최대한 부드럽게 운전하려고 엄청 노력했다. 그렇게 연구소에 도착하자 선생님께서는 웃으시면서 생각보다 운전을 잘한다고 칭찬해 주셨다. 그 후로도 종종 그 차로 선생님을 모시고 연구소로 갔는데 선생님께서는 작은 빨간 차일지라도 아무런 거리낌 없이 잘 타주셨다. 내가 오늘날 운전을 하게 되면서 든 습관들은 그때 선생님을 모시면서 길들여진 것이다.

## 9. 공부하는 태도를 가르치시다

스승은 제자에게 많은 것을 가르쳐주시지만 그것은 말로도 가르치고 몸으로도 가르친다. 선생님께서는 특별히 말씀이 많지는 않으셨다. 수업시간에 가르치신 것 외에 특별히 이것저것 말씀을 통해서 많은 가르침을 받은 것 같지는 않다. 공부는 스스로 했고 발표를 통해 그 성과를 드러내면 선생님께서는 그에 대한 평가와 함께 방향을 제시해 주시는 정도가 전부였던 것으로 기억한다. 다만, 제자들과 함께 하는 공법이론과판례연구회 월례발표회를 통해서 선생님께 많은 가르침을 받을 수 있었다.

그런데 내가 7년여 연구소에서 선생님을 가까이서 뵈면서 배운 것은 사실은 다른 것에 있다. 연구실에 들어오시면 선생님께서는 쉬는 경우가 거의 없으셨다. 대부분 원고를 쓰셨다. 가끔씩 '딱'하고 뭔가 바닥에 떨어지는 소리가 들리는 경우가 있는데, 그때는 선생님께서 글을 쓰시다가 잠깐 조실 때 플러스펜을 놓치신 경우다. 쓰시면서 조시고 깨시면 또 글을 쓰셨다. 선생님께서는 집중력이 대단하셨다. 정적이 흐르는 연구소에서 원고를 마무리하실 때까지는 자리에서 일어나지 않으셨다. 그곳이 책상이든 탁자든 의자든 아무 데서나 앉으셔서 읽고 또 쓰셨다. 그래서 나도 연구소에서는 최대한 잡음을 내지 않으려고 조심했다.

그리고 할 일이 있으시면 가능한 빠른 시일 내에 마무리하시는 것을 원하셨다. 다행히 그 점은 나의 습관과도 맞는 점이 있긴 했으나, 선생님께서 지시하신 일이 있으면 나는 새벽까지 일을 마치고 연구소를 나서곤 했다. 나에게 다소간의 부지런함이 남아 있다면 그것은 오로지 선생님과 함께 한 연구소 생활에서 선생님으로부터 몸으로 배운 것이다.

## 10. 선생님의 제자 사랑

선생님께서는 제자를 굉장히 사랑하셨다. 종강 때에는 반드시 빵을 푸짐하게 사 오게 하셔서 학생들과 함께 드시곤 했다. 말하자면 가르치신 선생님께서 오히려 한턱내신 것이니 책거리 아닌 책거리였다. 어느 스승의 날이었다. 대학원 학생들이 어떻게 준비하면 좋겠냐고 내게 물어왔다. 조교인 내가 평소 선생님을 잘 알고 있을 터라고 생각했기 때문이었다. 선생님께서 제자들이 뭔가를 해주기를 바라시는 것을 본 적이 없기에 그냥 빈손으로 오라고 이야기하고 나는 수박과 선생님께서 좋아하시는 몇 가지 과일을 조금씩 사서 준비했다. 스승의 날에 선생님께 감사하기 위해 대학원 학생들이 과일을 사서 연구소를 방문한 것에 대해 선생님께서는 무척 기뻐하셨다. 간단한 과일 파티였지만 선생님께서 크게 웃으시던 모습이 지금도 눈에 선하다.

선생님께서는 제자가 주례를 부탁하면 아무리 먼 곳이라도 기꺼이 가셔서 축하해 주셨다. 선생님의 주례사는 별도의 원고가 없었다. 평소에 하시던 대로 그대로 말씀하셨다. 또한 선생님은 제자의 애사에도 꼭 방문하여 조문하셨다. 한번은 내 차로 시내 대학병원에 제자의 부친상이 있어 조문을 가셨다. 그날은 서울에서도 기록적인 폭우가 쏟아지던 날이었다. 병원이 있는 강남 근처에 오자 물이 엄청나게 불어서 차가 잠기는 정도에 이르렀다. 그럼에도 선생님께서는 돌아가자는 말씀이 없으셨고 끝내 빈소를 찾아 조문을 하셨다. 한참을 앉으셔서 이런저런 위로의 말씀을 건네시고 돌아오셨다. 선생님께서는 이와 같이 늘 제자의 일에는 성심으로 대하셨다. 그래서 그런지 연구소에는 제자 분들의 안부 전화나 방문이 끊이지 않았다.

## 11. 스승과 선배를 소중히 하신 선생님

선생님께서는 스승이나 선배 학자님들에 대해서 예의와 성의를 다하셨다. 명절이 되면 찾아뵙고 예를 올리는 것을 잊지 않으셨다. 한번은 선생님을 모시고 서돈각 총장님 댁을 방문했다. 나는 선생님을 따라 총장님께 큰절을 올리고 소파에 앉아서 사모님께서 내어 주신 다과를 먹으며 두 분은 정겨운 말씀을 나누셨다. 선생님께서는 총장님께 아파트로 이사하게 된 연유를 물으니 총장님께서는 단독주택에서 도둑이 들어 불상등을 모두 잃어버렸고, 또 부인께서 관리하기도 힘들다고 하여 옮겼다고 하셨다. 그때 옆에 계시던 사모님께서 다소 직설적으로 우리에게는 그 위대하신 총장님을 나무라시면서 저간의 사정을 재미있게 말씀하셨다. 노년의 부부는 친구가 된다는 그 모습 그대로였다. 그렇게 세 분은 익히 서로 잘 알고 계시는 사이였으므로 허물없이 편하게 말씀을 나누셨다. 그렇게 총장님의 그간의 건강과 사정에 대해 문안하고 선생님과 나는 물러 나왔다. 돌아오는 차 안에서 나는 총장님께서 사모님께 잡혀 사시는 것 같다고 말씀을 드렸더니, 선생님께서는 나이가 들고 힘도 없고 해서 그런 것이 아니겠냐고 말씀하시면서 크게 웃으셨다. 선생님께서는 돌아가신 선배 학자님들의 업적을 기리는데도 성심을 다하셨다. 내가 선생님을 도와 작업한 것만 해도 유기천 교수님과 정광현 교수님의 추모논문집이 있다. 선생님께서는 당시에 한국법학교수회 회장이셨는데 전공을 초월하여 학계에 큰 영향을 남기신 교수님들의 업적을 기리고 남기셔서 후학들에게 전하는 것을 큰 기쁨으로 여기셨다.

## 12. 박사학위논문의 작성

선생님께서 연구년에 돌아오신 뒤, 가만히 따져보니 선생님 퇴직이 어느덧 2년 정도 앞으로 다가왔다. 순간 등골에 식은땀이 흘렀다. 선생님이 안 계신 동안 박사학위논문을 어느 정도 작성했어야 했는데 이래저래 진척이 없었다. 그러는 가운데 선생님께서 돌아오시자 연구소 업무가 다시 정상으로 돌아가면서 이제는 논문 쓰기가 더욱 어렵게 되었다. 그런데 논문을 못 쓰게 된다면 그게 선생님께 오히려 큰 누가 될 것 같다는 생각에 선생님께 말씀을 드리고 연구소를 나왔다. 나는 법대 416호 합동연구실에 자리를 잡고 본격적으로 논문을 작성하기 시작했다. 주제는 기본권일반이론 분야에서 "기본권의 본질적 내용"에 관한 것이었다. 주제는 선생님과 상의를 하는 가운데 선생님께서 추천을 해주신 것이다. 그런데 이 주제에 대해서 작성된 논문이 전혀 없었기에 전적으로 독일의 문헌에 의존해야 했다. 독일의 코멘탈이나 레르헤, 슈테른, 해벌레의 단행본을 비롯하여 빈대학의 슈텔쩌 교수에게 편지하여 그의 박사학위논문의 복사본을 우편으로 받아서 참조했다. 박사학위논문의 심사위원으로는 전적으로 선생님께서 위촉하셨는데, 미국에서 연구년 중이셨던 최대권 교수님을 제외하고 심사위원장님으로 돌아가신 권영성 교수님을 비롯하여 양건 교수님, 안경환 교수님, 정재황 교수님을 위촉해 주셨다. 당대의 저명한 헌법학자분들과 함께 소장학자이신 정재황 교수님을 특히 포함시키신 것은 충분한 논문지도를 편히 받도록 배려하신 것인데, 그 인연으로 오늘날까지도 내가 정재황 교수님의 학은을 입고 있음을 볼 때 선생님의 혜안이 멀리 30년 이상을 내다보심이다.

이미 잘 알려져 있는 바와 같이 서울대학교 헌법학교실의 교수님들은 모두 쟁쟁하셨고 당대에 일가견을 이루신 분들이어서 학문적 자존심이 대단하였다. 그에 따라 학위논문심사장에는 늘 긴장감이 흘렀는데, 그동안 선생님을 모시면서 몇몇 논문심사의 뒷이야기를 들었던 나는 선생님께 누가 되지 않기 위해서 열심히 준비했다. 그래서 가능한 한 초심 때에 대부분 완성한 상태의 논문을 제출했다. 첫 논문심사를 하는 날, 위원장이신 권영성 교수님으로부터 논문의 완성도를 높여서 심사에 임한 태도에 대해서 황송하게도 칭찬을 받았다. 이로써 논문심사는 종심에 이르기까지 큰 어려움 없이 비교적 순탄하게 진행되었다. 물론 그 전에 권영성 교수님과도 좋은 추억이 있었다. 당시 헌법조교는 세분 헌법교수님들이 한 해씩 돌아가면서 추천을 하였는데, 때마침 김철수 교수님께서 추천을 할 차례가 되어 내가 조교가 될 수 있었다. 비록 지도교수님의 추천으로 조교가 되기는 하였지만 헌법분야 조교로서 세 분의 교수님을 최대한 잘 보필하기 위해서 노력했다. 그것이 선생님의 제자로서 누를 끼치지 않는 일이라고 생각했다. 그러던 가운데 한번은 권영성 교수님께 나를 시험해 보시려는 듯, 내가 당신의 일을 보필하는 것에 대해서 역정을 내셨다. 그때 나는 특정 교수의 조교가 아니라 법대의 헌법학 조교로서 할 일을 하는 것이라고 담담히 말씀드렸는데, 역시 도량이 있으신 분이어서 흔쾌히 나를 이해해주시고 그때부터는 김 조교, 김 조교라고 친히 찾아 주시곤 했다. 이해해 주시는 교수님께 보답하기 위해서 사례연구 블록수업도 최대한 열심히 준비하였는데, 수업을 통해서도 교수님으로부터 많은 것을 배울 수 있었다. 나중에는 자하연 식당에 부르셔서 친히 점심도 사주시면서 격려를 해주셨다. 그 때 내가 생각하기로 선생님들 간의 학문적 견해의 차이는 별론으로 하고 제자들이 하기에 따라서 그 간극을 얼마든지 메울 수 있다는 생각이 들었다. 나중에 교수님은 헌법학원론에서는 마지막 판본(법문사, 2009)까지 나의 박사학위논문의 주요 내용을 상당 부분 소개해 주셨다. 이와 같이 교수님으로부터도 큰 학은을 입었으나 교수님께서는 너무 일찍 돌아가셔서 조금이나마 은혜에 보답할 기회를 갖지 못한 것이 내내 아쉽기만 하다.

## 13. 선생님께서 퇴임하시는 날 학위를 취득하다

1998년 8월, 선생님이 퇴임하시는 날 나는 박사학위를 취득했다. 나는 어리석게도 선생님과 기념사진을 찍는 것을 감히 생각도 못 해서 선생님과 둘이 찍은 변변한 사진 하나 없다. 선생님과 함께 걸어갈 때는 한 발 뒤로 물러서서 걸었고 폐가 될까 봐 무얼 선생님께 해달라고 부탁드린 적도 없다. 연구소에 그렇게 오래 같이 있어도 내가 선생님께 먼저 말을 건 적은 거의 없다. 그러니 선생님과 사진을 같이 찍자는 생각은 애초에 없었다. 지금 생각해도 못내 아쉬운 점이다. 물론 선생님께서도 업무나 공부 외에는 특별한 질문을 하신 적도 없다. 다만, 별다른 문제 없이 나의 박사학위논문심사가 종결된 후 기본권의 제3자적 효력에 대해서도 박사논문처럼 한번 작성해 보라고 격려하시면서 말씀하신 적은 있다. 그런데 선생님 생전에 결국 그 뜻을 따르지 못한 것이 두고두고 송구할 뿐이다.

## 14. 탐라대학교 총장으로 부임하시다

선생님께서는 퇴임을 하신 뒤에도 여전히 연구소에서 일을 보셨다. 선생님께서는 논문을 쓰시거나 책을 집필하시는 일 외에는 주로 신문에 칼럼을 많이 기고하셨고,

간혹 방송 인터뷰가 있을 때에도 라디오에만 출연하시고 TV에는 출연하지 않으셨다. 당신의 학문적 크기에도 불구하고 대중에 노출되는 것을 즐겨하지 않으셨다. 그러던 중 선생님께서는 제주에 있는 신생 탐라대학교의 총장으로 부임하시게 되었다. 동원학원 재단 이사장님이 선생님의 경북고등학교 친구이신데 일찍이 선생님의 학문을 존경하여 퇴직과 함께 초빙해 간 것이다. 동원학원재단은 제주전문대학이라는 꽤 큰 전문대학을 가지고 있었는데, 서귀포 중산간지대에 종합대학을 개교하고 제2대 총장으로 선생님을 모시길 원했다. 원래 선생님께서는 평생을 학문의 외길을 정진하신 분이시기에 학교 행정에 대해서는 큰 관심이 없었으나, 친구 분의 간곡한 요청으로 부임하시게 된 것으로 기억한다. 선생님께서 총장에 취임하시는 날 제주의 각종 신문에서는 때아니게 대한민국 법조계의 거물들이 총출동했다고 대서특필했다. 어느 분들이 오셨는지 정확히는 기억이 나지는 않지만, 탐라대학교 제1회 졸업식에서 명예법학박사 수여에 대한 답사를 하시던 김용준 헌법재판소장님께서 한라산 중산간지대에 부는 세찬 제주 바람을 맞으면서 축사를 하시던 광경이 지금도 눈에 선하다.

## 15. 나를 탐라대학으로 오라고 하시다

선생님께서는 주로 주중에는 제주에 계시면서 학교 행정을 보시고 주말에는 서울에 올라오셨다. 선생님이 안 계시는 연구소에서 나는 혼자서 근무를 했다. 학위를 받은 그해 말 어느 날 선생님께서 나에게 불쑥 탐라대학교로 내려가자고 말씀하셨다. 나는 가족이 서울에 있는 데다가 제주라는 먼 곳까지 내려가는 것에 대해서 썩 내키지 않았다. 그래서 머뭇거리며 즉답을 드리지 못하고 있었다. 그러자 선생님께서는 주말에 강의를 몰아서 하고, 공항에서 바로 쉽게 올 수 있게 총장 차를 이용할 수 있도록 하겠다고 하셨다. 집은 선생님께서 관사로 사용하고 계시는 풍림빌라에 머무르면 된다고까지 말씀하셨다. 그 전에 선생님께서 머무르고 계시는 풍림빌라에 들른 적이 있다. 야자수가 드리워져 있고 실외 수영장이 갖추어져 있는 이국적 풍경이 물씬 풍기는 아름다운 레저용 빌라였다. 실내는 복층으로 되어 있어 1층에는 벽난로가 갖추어져 있고, 이층은 선생님의 간단한 서재로 꾸며져 있었다. 그때 나는 선생님과 함께 하루를 거기서 머물렀다. 이렇게 좋은 집까지 내어 주시면서 호의를 베풀어 주시는데 차마 계속해서 거절하기가 송구했다. 그래서 나는 선배님들과 상의한 끝에 아예 가족을 데리고 함께 제주로 내려가기로 했다. 나는 그것이 선생님께 폐를 덜 끼치는 일이라고 생각했다. 제주로 내려간 뒤로도 나는 가끔씩 풍림빌라를 들르곤 했다. 어느 날은 아침 먹으러 오라고 하셔서 일찍 들렀다. 사모님께서 된장국을 끓여 마련한 아침식사를 선생님과 함께했다. 그런데 선생님께서는 씻지도 않으시고 잠옷 차림으로 그대로 식사를 하셨다. 사모님 말씀에 종종 그렇게 일어나셔서 바로 식사를 하신다고 했다. 아침에 일어나면 바로 식사하기가 쉽지 않은데 그것은 오히려 선생님이 건강하시다는 것을 말해주는 것이었다.

## 16. 탐라대학교 생활

제주로 내려온 나는 학교와 가까운 서귀포 중문에 전세를 얻었다. 캠퍼스에서 바라보는 태평양의 풍광은 그야말로 절경이었다. 거기서 맞은 4계절 속에는 잠시 제주를 들러서는 도저히 맞이할 수 없는 비경이 숨겨져 있었다. 선생님께서는 학교를 발전시킬 하나의 아이디어로서 수요특강을 기획하시고 뒤에는 내게 그 주임교수의 역할을 맡기셨다. 수요특강은 각 분야 최고의 학자들을 초빙하여 전교생을 상대로 하는 특강이었다. 이를 통하여 제주에서는 뵙기 어려운 대학자들을 학생들이 만날 수 있도록 하면서 학문적 열정의 계기를 마련해 주고 싶다는 것이 선생님의 취지셨다. 이러한 취지는 한동안 탐라대학교의 위상을 올리는 데 큰 기여를 했다. 부임하신 이듬해에는 상당수의 신임교수를 채용하였는데, 서울대학을 비롯한 국내외 유수대학 출신의 실력 있는 박사들이 대거 응모했다. 그에 따라 탐라대학교는 젊고 탁월한 교수들을 임용하여 학교발전의 새로운 계기를 마련하였다. 선생님의 존재가 점점 알려지면서 총장님 차가 지나가면 서귀포 경찰관들이 거수경례로 예를 표하곤 했다.

선생님께서는 임용된 지 얼마 되지 않은 나를 학술정보센터 소장으로 임명하셨다. 의도이신즉 보직을 가지고 매주 열리는 본부 회의에 들어오라는 것이었다. 나는 뜻하지 않게 그렇게 하여 대학운영을 보고 듣게 되었다. 규모는 작더라도 대학이 거쳐야 할 매년의 사이클은 그대로 반복되었으므로, 큰 대학이 가지고 있는 문제들이 그대로 축약되어 나타났다. 선생님께서는 늘 온화하게 말씀하셨지만 일을 추진함에는 엄하셨다. 선생님이 보시기에 부당한 일은 결코 허용하지 않으셨다. 나도 선생님의 누가 되지 않기 위해서 각별히 조심했다. 안 그래도 부총장이 하나 왔다는 소문이 들려오고 있는 터라 신경이 쓰이지 않을 수 없었다. 말을 조심했고 함부로 학교 일에 관여하지 않았다. 호출하지 않으시면 총장실 출입을 자제했다.

## 17. 유창하신 외국어 실력

그러던 중 중국 타이위엔대학교를 총장님과 함께 방문하였다. 나로서는 중국은 처음 방문이었다. 총장님께서는 시간을 내어 사회과학원도 방문하여 중국 측 3명의 교수와 함께 환담을 하였다. 양측은 서로 영어로 소통하였는데 선생님께서 영어를 하시는 것을 그때 처음 들었다. 선생님께서는 영어를 막힘이 없이 유창하게 구사하셨다. 쉬우면서도 뜻하시는 바를 제대로 모두 전달하시는 것을 보고 나는 감탄해 마지않았다. 또 한 번은 탐라대학으로 친분이 있으신 저명한 일본 헌법학자들을 초청하여 세미나를 개최한 일이 있었는데 만찬장에서 일본어도 모국어처럼 유창하게 말씀하셨다. 그 외에 선생님께서는 독일어와 프랑스어까지 하시니 선생님의 균형 잡힌 헌법지식은 모두 그로부터 비롯되는 것이 아니겠는가.

## 18. 탐라대학을 떠나시다

선생님의 지도하에 발전을 거듭하던 탐라대학이 재단 이사장이 사립학교법 위반으로 검찰에 구속되면서 학교가 위기에 봉착했다. 선생님께서는 학교를 구하기 위해서 백방으로 노력하셨으나 법률 위반이 엄연하였고, 제주전문대학 내 해묵은 갈등이 비로소 표출된 것에 불과하여 그 갈등의 뿌리가 깊었다. 결국 선생님께서는 최후적 제안으로 학교만이라도 살리기 위한 방도를 마련하여 친구인 이사장을 설득하였으나 결국 받아들여지지 않아 학교를 그만두시게 되었다. 나는 총장님의 명을 받아 이사장 구명 운동을 백방으로 벌이고 있는 중이었는데, 갑자기 선생님께서 학교를 떠나신다니 황망하기 그지없었다. 선생님께서는 저간의 사정을 소상히 내게 말씀하시고 나를 두고 가서 미안하다는 말씀을 남기셨다. 선생님께서 떠나시고 윤용탁 교수님께서 총장으로 부임하셨다. 윤용탁 총장님께서도 연로하신 가운데 학교를 살리기 위해 많은 노력을 하셨으나 재단과 관련하여서는 어찌할 도리가 없는 부분이 많았다. 설상가상 나도 재단으로부터 요주의 인물로 찍히게 되어 선생님께서 떠나시고 얼마 되지 않은 2003년 독일로 유학을 떠나게 되었다. 그 후 선생님께서 의욕을 가지고 임용한 신임 교수들도 하나둘씩 학교를 떠나버리고 말았다.

## 19. 세계헌법학회 한국학회를 창립하시다

선생님께서는 세계헌법학회 한국학회(Korean Branch of International Association of Constitutional Law)를 창립하였다. 세계헌법학회는 세계적 규모의 저명한 학자들이 모여서 결성한 헌법학 연구의 학술단체다. 당시 선생님은 세계헌법학회의 집행이사로 참여하고 계셨다. 선생님께서는 세계헌법학회의 한국지부로서 학회를 창립하시고 세계헌법학자들과의 연계를 유지하셨다. 또한 학회의 기관지인 세계헌법연구도 창간하셨다. 세계헌법연구는 헌법 관련 국내 학자들의 논문을 비롯하여 당시로서는 보기 드물게 독일, 일본, 프랑스, 미국 등 외국학자들의 논문을 많이 실었다. 명실 공히 국제학술지로 자리매김해 갔다. 그러는 가운데 나도 선생님의 심부름으로 치펠리우스, 슈테른, 슈타르크, 도이멜란트 등 다수의 외국학자들과 서신을 왕래하게 되었는데, 이는 나중에 내가 독일의 슈타르크 교수 연구실로 유학을 갈 수 있게 된 계기로 되었다.

## 20. 선생님과 함께 헌법개정초안 작업에 참여하다

독일에서 돌아와서 부산 경성대학교에 잠시 머물렀다가 2007년 8월부터 나는 서울시립대학교에서 근무하게 되었다. 이때부터 나는 2009년 출범하게 될 로스쿨의 설치인가를 받기 위한 신청 작업에 매달렸다. 법조인 양성을 선발이 아닌 교육시스템으로 발전시켜야 한다는 것은 선생님의 오랜 바람이시기도 했다. 서울시립대학교는 비록 소규모의 정원일지라도 다행스럽게도 인가를 받을 수는 있었다. 그 후로는 로스쿨설치인가를 받은 학교의 교수들이 대부분 그랬듯이 나도 새로운 수업교안의 개발을 위해 정신없는 나날을 보냈다. 그래서 공법이론과판례연구회 참석을 통하거나 가끔씩 찾아뵙는 외에는 선생님을 좀처럼 뵙지 못했다. 연구회에서 뵙는 선생님의 모습은 여전히 건강하시고 옛날의 지적인 풍모를 전혀 잃지 않으셔서 함께 한 제자들은 모두 기쁜 마음으로 선생님을 뵐 수 있었다.

2014년 헌법개정논의가 불붙으면서 선생님께서 국회의장(강창희) 헌법개정자문위원회 위원장을 맡으시게 되었다. 선생님께서는 여러 번 고사하셨으나 국회의장 측의 거듭된 요청으로 결국은 위원장의 직을 수용하게 되었다. 그런데 황송하게도 거기에 선생님의 추천으로 나도 위원으로 참여하게 되었다. 대한민국의 새로운 발전의 동력이 될 헌법의 초안을 만드는 작업인 만큼 나로서는 감당할 능력이 되지 못하였으나, 선생님의 지도로 순탄하게 항행할 것이라는 믿음에 의지하여 연구를 시작하였다. 선생님께서는 쟁점이 되는 부분 부분에서 그 학문적 위상으로 지도력을 발휘하셔서, 여야에서 주장하는 쟁점들을 잘 포섭하여 성공적으로 초안을 완성했다. 초안 작성 과정에서 나는 선생님의 지시로 민주적 기본질서에 대해서 발표하기도 했다. 그렇게 연구 · 발표된 내용이 개정안에 반영되는 것을 보고 선생님의 제자 된 기쁨을 다시 한번 만끽할 수 있었다. 벼룩이 말의 꼬리에 붙어 천리를 간다는 말 그대로였다. 위원회 활동의 과정에서는 선생님의 지시로 각국의 헌법을 우리 헌법의 체계에 맞추어 재편성하여 연구보조 교재(김철수 · 정재황 · 이효원 · 김대환, 세계비교헌법, 박영사, 2014)로 출판한 것도 부수적인 큰 성과의 하나였다.

## 21. 선생님의 뒤를 이어 한국공법학회장에 취임하다

2018년 12월 14일 대한상공회의소에서 개최된 정기총회에서 나는 제38대 한국공법학회 회장으로 취임했다. 모두가 선생님의 은덕이 아닐 수 없었다. 나는 그동안 학회를 이끌어 오신 많은 선배 학자님들의 노고에 깊이 감사드리며 그 숭고한 뜻을 받들어 존귀한 공법학회를 잘 발전시켜 나가겠다고 결의했다.

공법학회 회장의 취임은 선생님과 관련해서도 내게는 잊지 못할 원점이 되었다. 내가 선생님 슬하에서 공부를 하기 시작한 1988년, 선생님께서는 서울대학교 법학연구소 소장으로 계셨다. 그때 막 헌법재판소가 출범하였기 때문에 법학연구소에서는 "헌법재판의 활성화 방안"이라는 주제로 대한상공회의소에서 학술대회를 개최하였다. 나도 선생님을 따라 학술대회에 참석했다. 처음으로 참석하는 학술대회의 모습에 모든 것이 신기하고 대단하게만 느껴졌다. 그해 7월 1일 선생님께서는 한국공법학회의 회장으로 취임하셨다. 그 이래 꼭 30년 만에 내가 그 자리에서 한국공법학회 회장으로 취임하였다. 공법학회의 학술대회는 그동안 주로 헌법재판소 대강당에서 개최하였고 대한상공회의소에서 개최한 것은 드문 일이었다는 점에서도 나는 개인적으로 선생님과의 인연을 느끼지 않을 수 없다.

## 22. 선생님의 갑작스런 서거

그 후로도 가끔씩 선생님을 뵈었을 뿐, 바쁘다는 핑계로 그리 자주 뵙지는 못하였다. 그러던 지난 2022년 3월 1일 "헌법총론 · 국가조직 및 기능론"이라는 제목으로 기본권론과 헌법재판론(2020년)에 이어서 나의 헌법시리즈를 완결할 수 있었다. 여러 가지로 부족하고 보완할 점이 적지 않아 부끄러움에도 불구하고 그동안의 선생님의 학은에 보은하는 마음에서 선생님께 우편으로 보내드렸다. 마땅히 뵙고 전해 올렸어야 했으나 코로나바이러스가 한창인 때였으므로 직접 뵙는 것은 엄두도 낼 수 없었다.

그런데 선생님께서는 제자의 연구성과 보고에 대해서는 꼭 응신을 하셨다. 22일쯤인가 선생님께서는 내게도 전화를 주셨다. 당시 추진하고 있던 선생님의 구순기념논문집의 출간을 준비하느라 너무 수고 많다며 용돈을 보내겠다고 하시고, 보내드린 책에 대해서도 책이 잘 나왔다고 하시며 평생에 하시지 않던 '자랑스럽다'라는 말씀까지 하시는 것이 아닌가. 별반 자랑스러울 것까지는 없음에도 그렇게까지 말씀하신 것은 앞으로 더욱 분발하라는 격려의 말씀으로 이해하고 송구스럽게도 감읍했다. 그런데 26일 토요일 아침, 이른 새벽에 선생님께서 임종하셨다는 소식을 전해 들었다. 나는 공법이론과판례연구회의 일을 맡고 있어 부고를 띄워야 하는데, 전해 들은 말만으로는 나는 선생님께서 돌아가셨다는 것을 믿을 수가 없었다. 나는 결례를 무릅쓰고 사모님께 전화를 드리고 선생님의 임종을 확인하고 말았다. 거실에서 TV를 보시다가 약을 드시고 사모님과 함께 잠자리에 드셨는데 새벽에 갑자기 호흡이 불규칙해지면서 황망한 가운데 병원으로 이송되셨다는 것이다.

## 23. 선생님의 재탄을 기원하며

코로나바이러스가 창궐하여 외출도 여유롭지 않은 가운데 선생님께서는 그렇게 급하시게 우리 곁을 떠나시고 말았다. 며칠 전 통화할 때 내가 들은 선생님의 목소리는 여전하셨는데 도저히 믿기지 않았다. 평소 건강에 큰 문제가 있던 것도 아니었기에 선생님의 서거는 청천벽력 같은 일이었다. 선생님께서 생전에 손수 봐두신 산 좋고 바람 좋은 충청도 서산 좋은 자리(서산시 팔봉면 금학우길리길 152-78)에 선생님을 모셔둔 지금에도 어딘가에 계실 것만 같다. 장지에서 사모님의 말씀에 책상에 쓰던 원고가 필기구와 함께 그대로 있다고 하셨다. 선생님께서는 돌아가시기 직전까지도 글을 쓰셨던 것이다. 장지에서 서울로 돌아오던 날 김효전, 정재황 교수님과 함께 헤어지기 전에 늦은 저녁을 먹으면서 나는 두 분을 따라 소리 내어 울었다.

억울한 마음에 곰곰이 생각해 본다. 건강하신 선생님께서 제자들이 마련하는 구순잔치를 마다하시고 왜 황급히 떠나셨을까. 선생님께서는 퇴임하시기 전인 1996년부터 학술원 회원으로 선정되시고, 이래 쉼 없이 계속해서 연구를 거듭해 오셨다. 언젠가는 지나치시면서 '재직 때는 교과서를 쓰고 연구는 퇴직 후에 하라'고 말씀하실 정도로 당신께서 퇴직 후에 너무 많은 연구를 하신 것이 아닌가라는 생각이 든다. 2017년(84세)에는 1,000쪽이 넘는 '기본적 인권의 본질과 체계'(대한민국학술원)라는 책을 쓰셨고, 2020년(87세)에는 600여 쪽에 이르는 '국제인권헌장의 현재와 미래'(대한민국학술원)를 집필하셨으며, 2021년(88세)에는 역시 1,000쪽이 넘는 '인간의 권리'(산지니)를, 돌아가시기 두 달 전인 2022년 1월(89세)에는 562쪽에 이르는 '기본권의 발전사: 실정권에서 자연권으로'(박영사)를 집필하셨다. 헌법학자로서 선생님은 누구도 감히 흉내 낼 수 없는 학문의 길을 걸으셨으나 나는 오히려 그것이 선생님의 운명을 재촉한 것이 아니었나 하는 아쉬움이 있다. 물론 선생님께서 지금 살아 계신다고 하더라도 연구와 집필을 그만두시지는 않으시겠지만 말이다.

이제 와 새삼 선생님 영전에 아뢰오니, 홀연히 재탄하시어 다시 한번 학계를 인도하여 주시옵소서!

# 김철수 교수님 영전에 바칩니다*

이효원**

부음을 문자로 받아보고, 아... 하는 탄식과 함께 가슴이 명치 아래로 떨어지는 것을 느꼈습니다. 내 이럴 줄 알았습니다. 언젠가는 깊은 회한으로 이 순간을 맞을 것임을 알면서도 늘 후견지명하는 못난 제자입니다.

제가 선생이 되고 나서야, 제자가 선생의 어깨를 딛고 우뚝 서기를 얼마나 간절히 원하셨을지 알게 되었습니다. 저로서는 꿈도 꾸지 못할 일입니다. 선생님의 제자라는 것을 자랑하면서도 정작, 저는 선생님께 자랑이 되지 못했습니다. 저는 제자를 사랑할 수가 없을 것 같습니다. 제자에게서 제 모습을 보기 때문입니다. 저는 '제자실격'입니다.

*

선생님께서는 일제 강점기에 태어나 척박한 황무지에 헌법학을 통해 대한민국이 가야할 길을 보여주셨고, 헌법학을 추상적인 이념이 아니라 구체적인 실존으로 공부해야 한다는 것을 보여주셨습니다. 수업시간에 허공을 응시하면서 정치현실을 비판하던 장면은 많은 제자들이 기억할 것입니다. 평생을 정치권력과 거리두기를 하고, 학자적 태도를 견지한 모습은 제 삶의 귀감입니다. 누군가에게 삶의 이정표가 된다는 것, 이것이 당신께서 보여주신 이정표입니다.

최근에는 평생 궁구하신 헌법학의 결실로 '인간의 권리(2021)'와 '기본권의 발전사(2022)'를 출간하셨습니다. '인간의 권리'의 서평을 쓰면서 철학, 정치학, 역사학, 법학을 아우르는 지평의 깊이에 숨이 막혔습니다. 책의 머리말은 이렇게 맺었습니다. "이 연구서에도 미비한 점이 없지 않으나 앞으로 수정 보완하기를 약속하고 우선 출판하기로 하였다". 구순(九旬)을 앞둔 대학자의 겸손과 학문적 태도는 선망과 좌절감을 느끼게 했습니다.

작년 마지막으로 뵐 때 식사 값마저 미리 계산하셔서 저를 무안하게 하셨습니다. 저는 언제나 보살핌만 받는 못난 제자로 남게 되었습니다. 이 또한 회한입니다.

---

* 문화일보 2022. 3. 29.

** 서울대학교 법학전문대학원 교수

*

선생님은 저에게 헌법과 통일법의 길을 열어주셨습니다. 제게 베푸신 사랑과 기대에 턱없이 부족함을 참회하면서 다짐합니다.

첫째, 공부, 열심히 하겠습니다. 요즘 오만하게도 노안을 핑계 삼아 게을러지고 해이해졌습니다. 선생님께서 보여주신 프로네시스(Phronesis, 실천적 지성)를 보고도 깨닫지 못했습니다. 특유의 라면체 손글씨로 보내주신 새해 연하장을 책상머리에 두고 계율로 삼겠습니다.

둘째, 다른 사람들이 짖는다고 따라 짖는 자가 되지 않겠습니다. 회색의 경계가 없는 세상에서 헌법학자로서 참담한 정치현실을 통해 느끼셨을 당신의 고통은 미루어도 짐작할 수가 없겠지요. 하지만, 당신의 '현묘한 도(道)'를 느낄 수 있습니다. 그렇게 살아가겠습니다.

셋째, 선생님의 유지(遺志)를 제자들에게 전달하겠습니다. 마지막까지 치열하게 연구하신 학문과 사랑으로 베풀어주신 교육은 대한민국의 밑거름이 되었고, 후손들에게도 저의 자랑이 될 것입니다. 사랑하는 제자들이 제가 쓴 글에서, 강의에서, 행동에서 선생님을 보고 느낄 수 있도록 하겠습니다.

*

불면은 잠이 오지 않는 것이 아니라 잠들 수 없는 것입니다. 저에게 불면인 이 시간이 선생님께는 영면의 시간입니다. 당신은 언제나 그 너머에 계셨습니다. 코로나에 확진되어 선생님 영전을 찾지 못했습니다. 이마저도 제가 넘을 수 없는 간극입니다. 이 따사로운 봄날, 선생님의 봄날은 찬란했습니다. 벌써 선생님이 그립습니다.

선생님, 감사합니다... 잘못했습니다... 그리고 감히.... 사랑합니다.

# 금랑 김철수 선생님을 추모하며

임지봉*

금랑(琴浪) 김철수 선생님의 학문적 업적이나 우리 헌정주의 발전에 기여하신 바에 대해서는 이미 여러 후학들이 적지 않은 글들을 남겼습니다. 저는 외람되지만, 선생님과 저와의 개인적 인연을 통해 제가 느낀 선생님의 제자 사랑과 따뜻하신 인간적 면모에 대해 두서없이 몇 자 적어볼까 합니다.

## 처음 뵈었던 날

제가 금랑(琴浪) 김철수 선생님을 처음으로 뵌 것은 1985년 겨울, 서울대학교 법과대학 입학을 위한 면접에서 였습니다. 선생님께서는 지금은 잘 기억나지 않는 다른 한 분의 교수님과 함께 제가 속한 조의 면접관이셨습니다. 그 전에 김철수 교수님에 대해서 책이나 다른 짧은 글들에서 꽤 읽었던 터라, 직접 면접학생으로 선생님 앞에 앉으니 감회가 새로웠습니다. 그때도 선생님께서는 조용하고 나지막한 음성으로 질문을 하셨고, 은은한 미소를 띠신 채 저의 대답을 들으신 것으로 기억합니다. 앞으로 법대에 들어가서 선생님을 포함해 여러 훌륭한 교수님들께 열심히 배워야겠다는 결심을 했던 순간이었습니다.

## 학부시절

법과대학 학부를 다니던 시절에 선생님께는 헌법의 '통치구조론' 수업을 들었습니다. 강의시간 내내 꼿꼿하게 서신 자세로 인자한 미소를 머금고 조용한 목소리로 정부형태론 강의를 하시면서, 우리 정치발전을 위해 의원내각제 정부형태로의 개헌이 왜 필요한지에 대해 낮은 음성이지만 강하게 역설하시던 기억이 새롭습니다. 그리고 당시 선생님께서는 교과서를 보시거나 강의안을 보시지 않고, 강의시간 내내 아무 강의자료 없이 강의를 이어가셨습니다. 저도 대학강단에 선 지 이미 20년이 훌쩍 넘었습니다만, 아직까지도

---

* 서강대 법학전문대학원 교수

강의안을 보면서 강의를 하고 있습니다. 지금 생각해보면 선생님께서 지금 제 나이 정도 되셨을 때 같은데, 강의할 내용을 다 꿰뚫으시면서 외우고 계셨기 때문에 강의자료 없이 강의시간 내내 말씀하실 수 있지 않으셨나 생각합니다. 학문적 근면성과 성실성이 없으면 강의자료 없이 오랜 시간을 강의하기가 어려움을 잘 알기에 선생님께 저절로 고개가 숙여집니다.

## 대학원 및 학과 조교시절

학부를 마치면서 학문으로서의 헌법학 연구와 교육을 제 천직으로 삼기로 결심하게 되었고, 대학원에 진학하여 본격적으로 헌법학을 공부하게 되었습니다. 당시 모교에는 김철수 선생님을 비롯하여 세 분의 헌법 교수님들이 계셨습니다. 저는 어느 분을 지도교수님으로 정할까를 고민하다가 김철수 선생님이 아니라 미국헌법 쪽을 전공하신 교수님을 지도교수로 모시게 되었습니다. 그렇지만, 김철수 선생님의 학문적 지도를 받고자 석사과정과 박사과정에서 선생님의 수업을 꽤 많이 들었습니다. 선생님의 대학원 수업은 세미나 형식으로 이루어졌고, 그중에는 독일어로 된 헌법연구서들을 강독하면서 번역하고 요약해서 각자가 맡은 부분을 발표하는 수업도 꽤 많았습니다. 선생님께서는 제자들의 독일어 번역에 대해 세세하게 지적해주시고 고쳐주셨으며, 독일 헌법학과 독일 연방헌법재판소 판례의 큰 흐름과 경향을 짚어주셔서 독일 헌법학을 이해하는 데 큰 도움을 받을 수 있었습니다. 그리고 선생님께서는 항상 대학원 수업 종강시간에는 과자와 음료수를 사 오셔서 학생들에게 나누어주시며, 일종의 소소한 종강파티를 하셨습니다. 그 시간에는 항상 학생들의 이야기를 주로 많이 들으셨고, 인자한 미소로 그 학기 강의를 마무리하셨습니다. 1993년에는 제가 박사과정에 입학하면서 서울대학교 공법학과 학과 조교를 맡게 되었습니다. 학과 조교는 석사 · 박사학위 논문요지 발표회나 논문심사회의 '사회'를 보는 등 여러 가지 일로 세 분 헌법 교수님들을 보필했습니다만, 김철수 선생님께서는 늘 인자한 미소로 저나 학생들을 대해 주셨습니다. 학과 조교로 여러 가지 서툰 점이 많았는데도 불구하고 늘 감싸주셨고 격려해 주셨습니다. 그때도 그랬지만 그 후에도, 저는 김철수 선생님께서 언성을 높이시거나 화를 내시는 것을 단 한 번도 본 적이 없습니다.

1995년에 박사과정을 수료하고, 미국으로 유학을 떠나기 전에 선생님을 만나 뵈었던 날도 잊을 수 없습니다. 원래 선생님의 제자 사랑은 대학원을 다니던 내내 지도제자냐 아니냐를 넘어서신 것이었습니다. 비록 제가 다른 교수님을 지도교수님으로 모셨어도 김철수 선생님께 지도와 도움을 청하면 늘 따뜻하게 맞아주셨습니다. 유학인사를 갔던 그날도, 선생님께서는 우리 헌법학계에 독일에서 공부한 분들은 많지만, 미국에서 공부한 분들은 많지 않다고 하시면서 미국에 가서 미국 헌법학을 제대로 공부하고 와서 한국 헌법학계에 크게 기여하는 학자가 되라고 덕담을 해주셨습니다. 미국 유학시절, 그 말씀을 떠올리며 제 자신을 독려한 날이 적지 않았습니다.

## 교수생활을 하면서 뵌 선생님

1999년에 무사히 유학생활을 마치고 귀국한 후로는 선생님을 주로 학회나 연구회 모임에서 뵈었습니다. 특히 매월 두 번째 금요일에 열렸던 '공법이론과 판례 연구회'는 항상 김철수 선생님을 뵐 수 있는 자리였습니다. 선생님과 선생님의 제자분들이 중심이 된 연구모임이었는데, 기라성같은 헌법학계의 선배 교수님들을 뵐 수 있어 좋았고, 특히 발표 이후에 이어지는 자유로운 토론의 시간은 정말로 수준 높은 학문적 토론이 이어지는 자리였습니다. 그리고 매번 김철수 선생님께서는 그날의 토론을 정리해주시는 코멘트를 하시면서 새로운 연구과제를 제시하시는 제언을 하시기도 하셨습니다. 많은 공부가 되었고, 큰 학문적 자극을 받을 수 있었습니다. 그리고 무엇보다도 선생님께서는 구순을 바라보시는 연세에도 대한민국학술원 회원으로서 활발한 연구활동을 계속 이어가시면서 「인간의 권리」 등 주옥같은 학술서들을 계속 출간하셨습니다. '학문연구는 평생을 하는 것'이라는 점을 몸소 행동으로 보여주신 것입니다. 또한 선생님의 제자 사랑도 참으로 깊습니다. 벌써 여러 해 전에 제가 힘든 일을 당했을 때, 같이 걱정해주시고 따뜻하게 위로해 주시던 선생님의 모습을 저는 잊을 수가 없습니다. 김철수 선생님께서는 이렇게 제자들을 평생 따뜻한 사랑으로 대해 주신 '참스승'이십니다.

## 마무리

오늘도 선생님의 가르침, 깊은 제자 사랑, 따뜻한 인간적 면모, 헌법학자로서의 학문적 근면성과 성실성을 마음에 새기며, 제 자신을 다잡습니다. 선생님, 저의 스승이 되어주셔서 감사했습니다. 고맙습니다.

# 김철수 선생님에 대한 막내제자의 추억

장용근*

## 선생님을 만나게 된 계기

김철수 선생님에 대한 추억은 대학교 학부 때로 거슬러 올라간다. 장난기 많았던 대학생인 저는 동기들과 김철수 교수님을 영어로 "찰스"라고 놀리곤 하면서 수업을 들었던 것이 첫 기억이라고 할 것이다. 그 당시 대부분의 법대 교수님과는 달리 그리 차가워 보이면서, 냉철해 보이지도 않은, 단지 동네 아저씨 정도라고 생각을 했던 기억이 든다. 그런데 선생님이 달리 보이게 된 계기는 대부분의 교수님의 경우는 질문을 거의 안 받거나 권위적으로 대응하는 데 반해 선생님은 의외로 따스하게 웃으면서 질문을 받아주시는 것이 너무나 다른 충격으로 다가오게 되었고 이것이 결정적으로 선생님을 지도교수로 모시게 된 단순 한 계기였다. 그 당시 대부분의 법대생에게는 민법과 상법 국제법, 지적재산권법 등이 최고의 관심사였는데 본인은 단지 선생님의 인간미가 헌법을 선택한 전부이기도 하고 지금도 인간이 않된 학자나 실무가는 결코 인간으로 보지 않는 괴이한 성향을 가지게 되었다.

## 석사과정에서의 선생님과의 추억

지금은 헌법교수인 본인은 과거 법대에 들어온 것을 매우 심하게 후회하게 되었다. 사실 후에 안 사실이지만 현재의 법학교육이 소인배를 양성하고 있는 현실이 문제이지 법학 자체는 광활한 것임을 후에 깨달았지만도. 이러한 후회감에 법학보다는 갑자기 찾아온 박세일 교수님의 법경제학 수업과 경제학 교양 수업은 이것이 인생이고 학문의 목적이라는 깨달음을 주었고 이와 함께 사법고시보다는 기재 공무원을 선발하는 재경행정 고시에 관심을 가지게 되었다. 이후 학부 재학 중에 사시와 재경1차를 합격 후 둘 다 2차시험에 낙방 후에 군대 연기로 석사과정에 입학하게 되었다.

그 후에 석사과정에 있을 때 선생님이 관악구 신림사거리에 있는 삼모스포렉스 오피스

---

* 홍익대학교 교수

텔에 와서 선생님을 좀 도와달라고 하셔서 삼모스포렉스 오피스텔에서 선생님을 도와드리게 되었다. 그 당시 갑자기 선생님 제자들도 오시고 인사도 드리게 되었다. 그런데 어느 날 걸려 온 대법원장실의 전화나 대한변협회장의 전화는 법대석사학생을 깜짝 놀라게 하였다. 그것은 김영삼정부의 사법제도개혁의 신호탄이었던 것이다. 그 당시 법대라는 곳에 정의실현이라는 추상적인 목표를 가지고 들어왔으나 돈과 권력에 눈이 먼 소인배들의 소굴에 온 것을 매우 실망하고 있던 저에게는 너무나도 큰 충격이었다. 이것이 내가 바라던 바로 정의의 실현이라는 가슴 뭉클함과 학자가 세상을 바꿀 수 있다는 희망을 던져 준 것이다. 그리고 선생님이 그 과정상 던지신 한마디 "내가 얼마나 산다고 후학들이 정의로운 세상에서 제 역할을 하는 것이 중요하지"라는 진심 어린 그 한마디는 아직도 나를 흥분시킨다. 불의하고 뒤통수치는 세상에 이런 분이 나의 스승이라는 뭉클함! 그것이 나를 경제학으로의 전과를 막고 지금도 헌법과 재정법, 법경제학을 하게 만든 학문의 원천이기도 하다.

## 박사과정 있을 때 선생님 은퇴 후에 선생님을 도와 토요일 수업을 진행하던 추억

이때 선생님은 은퇴 후 많이 외로우셨던 것 같다. 많이 찾아오던 사람들이 떠나가고 탐라대 총장으로 가시면서 제주도로 가셔서 타향살이도 하시기도 했기 때문이다. 하지만 서울대 대학원 수업에 대한 열정으로 매주 토요일마다 수업을 진행하게 되었는데 이때 선생님과의 마지막 스승과 제자이자 조교인 관계로 보낸 행복한 시간이었다. 그리고 학문의 진지한 심도 있기도 하고 때로는 사소한 질문을 나누기도 하였다.

그 당시 실무가들이 평일에는 수업을 듣기 어려워 토요일 오후 수업을 듣곤 하였는데 실무가들에게도 전혀 밀리지 않는 방대한 실무지식과 경험 그리고 때로는 진상 내지는 건방진 실무가들도 결코 혼내기보다는 저도 여기에 동참하였는데 박수치며 웃어주시던 그 여유와 따스함은 지금도 그분의 체취를 느껴지게 만든다.

## 학위 받은 후 선생님과의 식사 자리

학위 후에 선생님을 모시고 식사 자리를 하려고 했는데 취직 후에 사라 하시고 후에 대학교수 된 후 식사를 대접하려고 했는데 10억 이상 번 후 사라고 하셔서 사지 못하고 그 이후에 10억 이상 재산이 증식된 후에 식사를 또 대접하려 하였으나 항상 본인이 사시던 모습은 너무도 그립고 제자에 대한 진지한 따스함 그 자체였다. 항상 베푸시던 선생님을 생각하면 식사 한 번도 거나하게 대접 못 한 게 후회도 된다. 아니 한두 번 정도는 본인이 주로 하는 재정법 프로젝트 수행상 정해방 전 기재부 차관님(이분은 우연히 만나 재정법학회 회장님으로 모시고 한국 재정법을 논의하기도 하였고 이분도 선생님 제자라는 것을 나중에 알게 되었음)과 만나 식사는 대접하기도 하였지만 개인적인 접대는 한 번도 못한 것 같아 후회스럽기도 하다. 하지만 선생님은 개인적으로는 전혀 돈을 못 내게 하시기에 어쩔 수 없기도 하였고 그야말로 마지막까지 베푸시던 따스한 아버지 그 자체라고도 할 것이다.

## 선생님의 중고차 매매 및 수리의 추억

선생님은 얼마나 검소하시던지 새 차보다는 항상 중고차를 그것도 싸고 좋은 차를 찾으셔서 중고차를 찾으려 전국 방방곡곡을 찾아 헤매던 시절이 그립기도 하다. 중고차를 보러 가는 중 선생님과 나눈 차 안에서 인생과 학문에 대한 격렬한 논쟁을 벌였던 것 같다. 본인은 항상 건방지게 선생님을 몰아붙였고 그분은 역사적인 실례를 들어 가르쳐 주셨던 그때의 논쟁은 지금도 어제 일 같은데 이런 논쟁은 법학계 누구도 할 수 없는, 인생의 삶과 죽음에 통찰력이 있는 분만이 그리고 인생의 폭넓은 경험과 인간에 대한 근본적인 따뜻한 애정이 없다면 할 수 없는 가장 소중한 논쟁이었다. 마지막 제자의 질문을 받아주시면서 선생과 논쟁 아닌 논쟁은 이제는 할 수 없다는 것이 때로는 서글프기도 하다. 선생님의 마지막이자 영원한 조교로서 중고차와 차 수리를 전담하던 시절의 마지막 추억까지 항상 베푸시던 선생님은 식사는 말할 것도 없이 항상 수고비를 주시곤 하였는데 이때는 이미 재정법 프로젝트나 기타의 수입으로서 어느 정도는 여유가 있었는데도 말이다

마지막까지 베풀고 가셨던 그 분의 온기는 이 글을 쓰는 지금도 느껴지고 건방진 마지막 제자를 품어주시고 선생님의 지식을 훔치게 허락해 주신 선생님의 빈 자리는 내 맘속에 영원히 빈 자리로 남게 될 것 같다.

# 제 3 편
# 김철수 선생 저작

# 제1장 회 상

## 1. 나의 법철학적 편력*

아직 학문에 입문한 지 40년도 채 안 된 사람이 과거를 회고한다는 것은 어울리지도 않는 것 같다. 무슨 큰 업적을 남긴 것도 없는데 독자들에게 무슨 자랑거리나 써야 하는 부담감에 짓눌려 있다. 편집자의 간곡한 청탁을 거절할 수 없었던 마음의 약함이 후회스럽기만 하다. 그러나 이왕 기일은 다가오고 연재 기획물이니 안 쓸 수도 없고 하여 나의 학문의 길을 더듬어보기로 한다.

우리의 중 고등학교 시절과 대학 시절은 암흑기였다. 일제 치하에서 초등학교를 다녔고 중 고등학교 시절에는 해방 후의 좌우익 대결에 6. 25 동란을 겪었고 대학시절에는 부산정치파동과 서울환도, 자유당독재를 겪었다. 동기생 중에는 많은 사람들이 학도병으로 나가 전사하였거나 행방불명되었고, 중 · 고등학교를 정식으로 졸업한 사람은 별로 없었던 동란의 시기였다.

다행히 대구가 고향이라 피란생활은 대구시 외곽에서 했다고 하나 박격포탄이 떨어진 것을 멀리에서 보았던 기억이 난다. 다부동전투, 영천전투에서 대구가 포위망에 빠지지나 않을까 두려워하기도 했다. 전세가 역전되어 기와 공장에서 공부를 재개했으나 옳은 수업이 될 수 없었다. 또 학제변경문제로 진통 중인 때라 중고교분리 방침에 반대하였으나 강제분리되어 신통하게 공부할 여건도 아니었다. 중 · 고등학교 재학 중에는 닥치는 대로 많은 책을 읽었다. 세계문학전집과 세계대사상전집 등 일본 서적을 되는대로 읽었다. 피란생활 중에는 많은 책들을 헐값에 구할 수 있었고 친구들 집의 장서도 많이 빌려 읽을 수 있어서 좋았다.

세계대사상전집에 있는 다윈이나 뉴턴의 책을 읽고는 과학자가 될까 하는 생각도 했으나 역사학 전공 담임선생에게 인문 사회과학 공부를 해야 한다는 충고를 받기도 했다. 문학책에서는『플루타크영웅집』등 역사물과 빅톨 위고의『레 미제라블』등 역사가 가미된 소설을 좋아했다. 프랑스혁명기를 쓴『레 미제라블』은 나에게 사회적인 문제의식을 일깨워 주기도 하였다.

---

*『법철학과 사회철학』제3집 (1993), 241-255면. 이 글은『철학과 현실』1991 가을, 313-324면에 실린「법철학에서 헌법정책학으로」를 다소 보충한 것임을 밝힌다.

일제하의 황민정책(皇民政策)의 희생으로 창씨개명(創氏改名)에 노력동원 봉사까지 했던 초등학교 생활, 해방 후의 좌우익 대립으로 수업 중에도 반학생들이 경찰에 연행되기도 하는 등 학원은 어수선하였다. 건국 전후에는 국회의원선거가 행해지고 대한민국헌법이 제정 공포되고 각종 법률이 제정되곤 하였다. 이 때는 정치만능기라 정치학을 공부할 것이냐 법학을 공부할 것이냐로 고민하다가 법학을 공부하기로 하여 서울대학교 법과대학에 입학하였다.

부산 구덕동 피난 교사의 강의는 엉성하였다. 일학년 학생과 상급반 학생들이 한반에서 공부했던 터였고, 당시의 교수들은 젊고 의욕적이었으나 연구할 여건이 되지 않아 일본 교과서를 중심으로 강의하는 것이 관행이었다. 학교 강의는 한국어 교재가 없어 일본책을 그대로 사용했기 때문에 일본말을 쓰고 읽을 줄 아는 우리들에게 별로 신기한 것은 없었다. 우리는 중 · 고 동기생들이 군대에서 전쟁 중이었는데 병역 연기의 혜택을 받아 공부하는 보람을 느끼기도 하였다.

부산에서의 정치파동의 결과 일어난 발췌개헌은 우리에게 큰 충격을 주었다. 국민방위군사건, 거창양민학살사건, 부산의 계엄령선포, 국회의원 체포구금 사건과 헌법의 변칙통과 등은 법의 신성성에 대한 회의를 가져왔고, 「법조문이 개정되면 모든 서고는 고물이 된다」는 키르히만(Julius Hermann von Kirchmann)의 말처럼 법학 연구에 회의를 가지게 되었다. 당시 공법 교수는 나치스법학의 신봉자로 권력우월적인 강의를 하였고 정부비판적인 발언을 하기도 하였다. 형법 교수는 일본 형법학의 권위로 구파이론을 주로 강의하였다. 법철학 교수는 법실증주의이론에 심취하고 있었다. 이러한 영향 하에 국가권력 우월적인 제2차 대전 전과 전쟁 중의 법학이 계속 강의됨으로 젊은 법학도들에게는 과연 법이란 무엇이냐에 대한 성찰을 요구하게 되었다.

서울 수복 후에는 약간 안정되어 PX에서 유출되는 서양 원서들을 구할 수 있었다. 교수들도 처음으로 외국 연수에서 귀국하여 영미의 이론을 소개하기 시작하였다. 유기천 교수의 영미법 강의라든가 형법 강의는 그런 점에서 신선미가 있었다고 하겠다. 교과서들도 나오기 시작하였는데 새로운 것에의 모색도 있었으나 대개 일본책들의 번안이 많았다. 아직도 제2차 세계대전 후의 법학 서적이 수입되지 않아 한국은 학문의 고도(孤島)를 면할 수 없었다.

1956년 봄 졸업을 앞두고 진로에 고민하던 차 외국에 가서 공부를 더 해야겠다고 결심하였다. 중 · 고등학교부터 학문하는 것만이 나의 길이라는 것은 확고했는데 당시의 한국의 대학원에서는 공부할 것이 별로 없었기에 유학을 하지 않을 수 없다고 느꼈다. 유학을 할 바에는 법학의 본고향인 독일에 유학하기로 하였다.

독일 유학은 나에게 큰 충격을 주었다. 바이에른 국립도서관의 그 많은 책이며 뮌헨 시내의 많은 서점의 즐비한 고서와 신간은 나를 유혹하기에 충분하였다. 또 관심의 대상도 법학에만 그치지 않고 정치학, 경제학, 철학으로 확산되어 폭 넓은 독서와 연구를 할 수 있었던 것이 훗날 연구에 밑거름이 되기도 하였다. 50년대의 독일은 전후라 풍족하지는 않았다. 그러나 경제적으로는 부흥기를 맞고 있었다. 에어하르트(Ludwig Erhard) 경제상의 경제정책에 관심을 가졌고 그의 배경이 되었던 오이켄(Walter Eucken)의 경제정책 책을 읽기도 하였다. 또 브란트(Willi Brandt) 서베를린 시장의 정책에도 관심을 가졌고 그의 성장을 주의 깊게 관찰하기도 하였다.

그러나 법과 정책에 관한 연구가 주가 되기는 하였다. 당시 뮌헨대학에는 3명의 유명한 법철학자가 있었다. 한 분은 카를 엥기쉬(Karl Engisch) 박사였고, 또 한 분은 카를 라렌츠(Karl Larenz) 박사였고, 또 한 분은 프리드리히 베르버(Friedrich Berber) 교수였다. 이들의 세미나 과정은 나에게 시사하는 바가 많았다. 카를 라렌츠 교수는 나치스 시대에 이미 『현대 법철학』이라는 책을 써서 유명했는데 이 분은 나치스 법철학을 완성한 사람으로 지탄을 받기도 하였으나 제2차 대전 후에는 법철학방법론을 중심으로 연구와 강의를 하고 있었다. 우리들의 세미나에서 다루었던 결과가 『법학방법론』(Methodenlehre der Rechtswissenschaft)으로 출판되었다. 라렌츠의 법학방법론은 해석학에 치중한 것이어서 별반 흥미를 끌지 못했다.

카를 엥기쉬 교수는 하이델베르크 대학에서 라트브루흐(Gustav Radbruch) 교수와 같이 강의한 법철학의 원로다. 이미 30년대와 40년대에 『법논리학』(Juristische Logik)과 같은 저술을 낸 법철학의 대가였다. 그는 세미나에서 주로 법적 사고의 방식과 법학의 구조문제 등을 다루었다. 그 결과가 『법사유학 입문』(Einführung in das juristische Denken)이라든가 법질서의 통일적 파악, 법학의 통일화 경향 등의 저서라고 하겠다. 엥기쉬 교수는 이 밖에도 당대 법철학의 중요 과제였던 자연법론과 법실증주의에 관한 세미나를 개강하기도 하였다. 여기서는 코잉(Helmut Coing)의 『법철학강요』라든가 페히너(Erich Fechner)의 법철학, 카우프만(Arthur Kaufmann)이나 마이호퍼(Werner Maihofer) 등의 젊은 학자의 논문들도 토론의 대상이 되었다. 자연법론이냐 법실증주의냐의 문제는 당시 독일에서 주요 테마였었고 나중에는 사물의 본성(Natur der Sache)론으로 발전해 갔다.

카를 엥기쉬 교수의 영향으로 라트브루흐를 다시 읽었고 그의 전후의 자연법사상으로의 변천에 관해서 연구했다. 이러한 연구과정에서 법실증주의에 대한 반대가 확고히 되었고 자연법사상에의 경사가 시작되었다고 하겠다. 이는 한국의 정치현상과 나치스의 정치상황과의 유사성에 대한 반성에서 나온 것이기도 하였다. 나의 법철학 논문으로서는 처음인 「법실증주의에서 자연법으로」가 독일 유학생잡지에 게재되기도 하였다(1959년).

베르버 교수는 국가철학과 국제법학의 대가였다. 그는 국가의 이념 · 이상에 관한 동서고금의 저서를 소개하면서 국가의 지향할 이념에 대하여 강조하였다. 그의 세미나 결과는 나중에 『국가이념의 역사』(Geschichte der Staatsideen)란 책으로 출판되었다. 그의 세미나와 저술들은 나에게 동양법철학, 유교와 법가의 법사상에 대한 관심을 고취시켰고 동서양 법철학의 비교연구에 뜻을 가지게 하였다. 다행히 바이에른 국립도서관에는 중국 관계 저서도 풍부하였다. 그 당시 이에 집중하였더라면 좋은 법철학 논문을 쓸 수 있었을텐 데 하는 아쉬움이 남아 있다.

국가의 근본법인 헌법 강좌도 여럿이 있었는데 나비아스키(Hans Nawiasky) 교수는 일반국가론(Allgemeine Staatslehre)과 일반 법론(Allgemeine Rechtslehre)의 자기 저서로 강의했고, 독일 국법론과 바이에른 헌법론도 강의하였다. 또 마운쯔(Theodor Maunz) 교수는 독일헌법론을 주로 강의하였다. 이 밖에도 라이스너(Walter Leisner), 레르헤(Peter Lerche) 강사들이 강의를 담당하였다. 세미나에서는 인권 문제라든가 국가기관의 구성문제가 많이 논의되었다. 전후 독일의 재건이 지방 정부의 수립에서 비롯되었고 바이에른국은 독자적인 국가로 존립하기 위하여 노력한 지방으로 유명하다. 서독 기본법의 초안이 바이에른국의 헤렌킴제 섬에서 성안되었기에 독일 헌법에 대한 연구 분위기는 좋았다.

이 밖에도 정치, 행정의 실제를 연구하기 위해서 뮌헨 시청이라든가 바이에른국 의회, 정부, 법원 등의 시찰을 했고, 서독 정부, 서독 헌법재판소, 서독 행정재판소 등의 견학도 많이 했다. 성인들을 위한 바이에른 정치학교라든가 성인교육기관에서의 정치교육도 직접 받아보기도 하였다.

1961년 귀국하는 길에 일본 도쿄대학에서 고바야시 나오키(小林直樹) 교수의 세미나에 참가하였다. 고바야시 교수는 당시 『법리학』(상)이라는 법철학 책을 저술하였으나 담당과목은 헌법이었다. 헌법 세미나에서는 기본권이론에 관하여 토론하였는데 서독의 기본권보장이론을 주로 검토하였다.

1962년에는 모교인 서울대학교 법과대학에서 법사상사와 비교헌법을 강의하게 되었다. 법사상사 강의는 서양 법철학자들의 법사상을 강의하였고, 비교헌법 강의는 각국 헌법의 비교를 강의하였다. 1963년부터는 헌법을 강의하였고 1964년부터는 법철학을 아울러 담당하였다. 1963년에는 조교수 자격심사용 논문으로 『헌법질서론』을 출판하였고, 64년에는 『헌법총람』을 편집 · 출판하였다. 이미 이 당시에 헌법학의 방법론으로 헌법해석학과 헌법사회학, 헌법정책학의 필요성을 강조한 것은 특기할 만한 것이었다. 당시에는 헌법학이 해석학에 치우쳐 학설만 가르쳤고 그것도 제2차 대전 전의 이론을 중심으로 강의하였다.

이에 대하여 헌법판례의 중요성을 강조하고 세계 각국의 헌법판례를 소개한 것은 나름대로의 보람으로 느끼고 있다. 헌법은 정치적법으로 선언적 성격만 강조하여 왔던 종래의 학계에 헌법이 규범으로서 법원에 의하여 강제되어야 한다는 것을 강조하고 헌법판례를 많이 내어야 한다는 것을 강조하였다. 그리하여 『헌법판례교재』를 만들었고 한국의 헌법판례를 수집 · 정리하는 노력을 기울였다.

헌법의 해석에 있어서도 국가우월적인 법실증주의가 지배했었는데 여기에 반기를 들고 인권우월의 자연권사상을 강조한 것도 독일법철학을 공부한 까닭이 아닌가 한다. 그때까지만 하더라도 법이란 강자의 지배를 위한 명령으로 이해되었고, 헌법이란 정권을 잡은 자의 지배수단이요, 정당화수단으로서 기능하는 것으로만 생각되었던 것이다. 5 · 16 당시 헌법이 국가재건비상조치법에 의하여 효력이 상실되었고, 또 국가재건최고회의에 의하여 새로이 제정되는 과정을 본 사람에게는 헌법이란 쿠데타에 성공한 사람들의 이익을 대변하고 국민을 지배하기 위한 수단으로 비친 것은 무리가 아니었다.

나는 4 · 19 이후에 귀국하여 5 · 16을 겪는 동안 군인들의 불법적 통치를 경험하였고 헌법제정 과정을 목격할 수 있었다. 그럼에도 불구하고 헌법이라는 것은 국민주권주의국가에 있어서는 국민의 국가계약의 문서임을 강조하고 국민이 위임한 국가권력기관에게 헌법준수의 의무가 있음을 강조하기를 그치지 않았다.

60년대에 나는 많은 논설을 썼다. 당시의 헌법상황, 정치상황에 대하여 신문 · 잡지 등에 활발한 집필을 했고 앞으로의 방향을 제시하려고 노력하였다. 62년과 63년에만도 서울대학교의 대학신문이라든가 조선일보, 동아일보 등에 기고했고 사상계, 세대 등의 잡지에도 기고하였다. 이러한 신문 · 잡지에의 기고행위는 일종의 사회참여였고, 당시의 헌법학자들이 대부분 국가재건최고회의의 헌법안 작성에 참여하고 있었기에 재야적 입장에서 논진을 펴지 않을 수 없었기 때문이다.

헌법학 강의와 저술에 주력하다보니 법철학 강의는 힘이 들었다. 법철학에 있어서 법의 이념이 무엇이냐 하는 측면에서 가치론적 당위론적인 설명에 대해서 당시의 학계에서는 이를 고루한 것으로 여기고 있었던 것 같다. 분석철학, 언어철학, 실존철학 등의 영향을 받은 학자들은 법의 근본문제에는 접근하지 않고 법적 용어의 탐구나 삼단논법의 적용문제 등 기술적 문제에 매달리는 경향이 많았다. 나의 법관은 자연법적인 것이고 실정법이라고 하더라도 민주주의나 인간의 존엄에 위배되는 경우에는 법적 효력이 없다는 신자연법론이었기에 당시에는 잘 먹혀 들어가지 않았다.

법철학적 논문으로는 『사상계』에 라트브루흐의 상대주의법철학을 소개했고, 63년에는 「풍토적 자연법론」을 서울대학교 『법학』지에 발표하였다. 이것은 당시 자연법론의 발전과정을 어느 정도 소개한 것으로 의의가 있다. 은사인 카를 엥기쉬의 법사유론이라든가 법논리학에 대한 소개를 해야 할 의무를 다하지 못한 것이 아직도 후회스럽다. 카를 엥기쉬에 대해 잘 모르고 있는 우리 학계에 그의 이론을 소개하였더라면 법철학 발전에 큰 기여를 했을 것이다. 이제 돌아가신 은사에게 사죄할 뿐이다. 라트브루흐의 법철학 교과서에 대한 번역권을 입수했으나 헌법논문 작성에 시간을 빼앗겨 이를 완수하지 못한 것도 서운한 일이다. 그의 1932년의 법철학 교과서는 새로이 편집되어 판을 거듭했었고, 이것이 최종고 교수에 의하여 번역되었다. 또 전후 1949년의 교재인 『법철학입문』은 서돈각 교수께서 번역하였다. 번역권을 주선할 수 있었던 것도 은사의 덕이었다.

모교에 취임 후 학생과장의 보직을 맡아 고생했고 그 때문에 저술이 방해된 것이 안타깝다. 군정반대 데모와 한일회담반대 데모가 한창이던 62년에서 65년까지 3년간 학생과장으로 고생했는데 젊은 학생들과 토론도 하고 말리기도 했지만 역부족이었다. 당시만 하더라도 대학의 자유가 인정되었고, 경찰의 학내진입은 생각조차 못했다. 64년의

6 · 3 사태 당일 중앙청 앞에서의 법대 시위생들의 기백은 아직도 잊을 수가 없다. 다행이 당시의 학생들이 다치지 않고 정계와 관계에서 활약하고 있는 것을 보면 대견하기도 하다.

1966년에는 하버드 옌칭연구소의 초청으로 하버드대학교에서 공부할 수 있었다. 800만권의 장서를 자랑하는 와이드나 도서관과 1백 25만권의 법학도서를 가진 법학도서관, 수많은 동양 서적을 가진 옌칭도서관을 번갈아 돌아다니며 그동안 밀렸던 연구에 노력했다. 당시의 연구 제목은 동서양의 법사상 비교와 위헌법률심사의 독일 · 미국 비교였는데, 동서양의 법사상 비교는 아직도 끝을 내지 못하고 있다. 귀국 후 동서양의 법사상 비교에 관해서 몇 편의 논문을 쓰기는 하였다. 법과 도덕의 동서양 비교라든가 정의의 현대적 의의 등이 그것이다. 동서양의 법사상 비교를 기존 문헌을 중심으로 정리하는 것은 그렇게 어렵지 않은 데, 원전에 근거하여 새로이 해석하려고 할 때 동양 철학과 서양 철학의 근본적 차이 때문에 거의 불가능한 것처럼 보였다. 앞으로도 시간이 있으면 최종 마무리를 하고 싶은 심정에는 변함이 없다.

독일에서 법철학을 공부한 나에게 미국의 법철학연구는 뒤진 것처럼 생각되었다. 하버드 대학교의 풀러(Lon L. Fuller) 교수는 자연법론자로 영국의 하아트(H. L. A. Hart) 교수와 논쟁을 펴고 있었다. 하아트의 『법의 개념』은 법실증주의를 옹호한 것으로, 풀러 교수의 비판을 받았다. 풀러 교수의 이론에는 동조했으나, 영국과 미국에는 법철학의 전통보다는 법리학(Jurisprudence)의 영향이 깊다는 것을 알고, 법의 이념을 도외시한 법리학에는 큰 관심을 가질 수 없었다.

이에 반하여 위헌법률심사론의 연구는 흥미 있었다. 하버드에는 당시 미국의 헌법재판에 관한 연구의 제일인자인 프로인트(P. Freund) 교수가 강의와 세미나를 맡고 있었다. 프로인트 교수의 위헌심사에 관한 대법원판결의 논평은 매우 흥미 있었고 유익했다. 학교에서의 연구의 틈을 타서 미국 대법원이며, 미국 국회의 실재를 연구하기 위하여 출장가기도 하였다. 귀국 후 이 연구 결과를 단편적으로 발표하였는데 미국의 언론 · 출판의 자유라든가 선거구구획의 사법심사문제 등을 발표하였다. 당시 유럽과 미국, 일본 등 3개국에서 공부하고 돌아온 헌법학자는 없었기에 상당한 각광을 받았던 것으로 생각된다.

1967년 가을에 귀국해서는 헌법학과 법사상사의 강의를 맡았다. 법철학의 강의는 신임 교수에게 맡기고 헌법강의를 중점적으로 하였다. 그런데 또 보직을 맡게 되었다. 당시에는 서울대학교에 사법대학원이 있었는데 그 교무과장을 맡게 되었다. 사법시험에 합격하여 기고만장한 학생들을 기숙사에 입사시켜놓고 연습강의를 강행했는데, 이들은 이미 '영감' 기분으로 강의를 받을 자세가 아니었다. 변호사, 교수, 판사, 검사들에게 부탁하여 강의와 실무수습을 시켰는데 이는 고역이었다. 실무 수습하는 대학원생을 격려하고 지도교관들에 인사하기 위하여 전국의 법원을 순회했던 기억이 아직도 생생하다.

67년 가을부터 중앙일보에 비상임 논설위원으로 사설을 담당하게 되었다. 정치, 사회, 정부의 실정에 대하여 신랄히 비판하여 언론의 견제 역할을 어느 정도 할 수 있었다.

1969년에는 박정희(朴正熙) 대통령의 3선을 가능하게 하는 헌법개정이 있었는데 이에 대한 학생들의 반대운동이 극심했다. 71년 가을에는 비상사태가 선포되고 연말에는 「국가보위에 관한 특별조치법」이 제정되는 등 정국은 어수선하기만 했고, 영구집권을 위한 음모가 착착 진행되고 있었다. 이 당시 나의 관심은 기본권보장에 있었기 때문에 자연권론에 입각한 기본권의 체계화를 시도하였다. 1971년 여름에는 『위헌법률심사제에 관한 연구』로 서울대학교에서 박사학위를 받았다. 이는 우리나라 위헌법률심사제에 관하여 판례를 검토하고 법조인의 의식조사 등을 한 실증적 연구인 점에 특색이 있고, 비교법적 견지에서 각국 제도를 비교하고 한국 위헌법률심사제의 방향을 제시한 것이었다.

72년에는 7 · 4 남북공동성명이 발표되고 비상계엄령이 선포된 뒤 유신헌법이 만들어졌다. 나는 72년 초부터 교과서를 집필하고 있었는데 조판이 3분의 2가 끝난 차에 제3공화국헌법이 폐지되고 유신헌법이 제정되자 당황하지 않을 수 없었다. 당시에는 모든 헌법교수들이 유신헌법의 선전활동에 동원되었는데 나만은 고집스럽게 텔레비전 출연이나 라디오 방송에 출연하지 않아 단단한 미움을 사고 있었다. 72년 말에는 유신헌법에 관한 저술을 하지 말라는 압력을 받았었다. 그럼에도 불구하고 유신헌법이 대만 헌법과 스페인 헌법을 모방한 신대통령제라고 지적하면서 대통령을 현대판 군주로 만들었다고 신랄히 비판하였다.

73년 1월 10일에 『헌법학개론』 책이 출판되자 즉시 회수되고 중앙정보부에 연행되었다. 일주일 동안의 감금상태에서 개필하기로 하고 석방되었으나 그 개필도 부족하다 하여 다시 책이 회수되고 3차의 수정을 거쳐 겨우 출판될 수 있었다. 이러한 학문 · 출판의 자유에 대한 침해에 대하여 항의하거나 도와주는 사람이 없어 고독감을 씹지 않을 수 없었다. 다행이 신문사 동료들의 도움으로 고독은 면할 수 있었다. 유신헌법에 대하여 반대했다는 이유로 서울대학교와 중앙일보에는 파면하라는 통보가 있었으나 총장과 사장들의 설득으로 면직만은 면할 수 있었다.

그 뒤에는 좀 더 상세한 교과서를 집필하여 조판이 끝났는데 저항권에 관한 언급이 있다는 이유로 끝내 출판되지 못하다가 10 · 26 사건 이후에야 『비교헌법론』이라는 이름 아래 출판할 수 있었다. 이러한 국가권력과의 대결은 심신을 소모케 하였으므로 그 뒤 거의 집필을 중단하게 되었고, 74년 초에는 신문사에서조차 쫓겨나고 말았다. 75년에는 교무담당학장보를 맡았는데 76년의 교수재임명시에는 완전 탈락 직전에 다른 정부지지자를 채용한다는 타협 아래 면직만은 면할 수 있었다.

유신 헌법 하의 숨막히는 상황에서는 강의와 헌법조문의 해설밖에 할 수 없었다. 이에서 탈출하기 위하여 독일통일문제, 남북한문제를 주로 다루게 되었다. 분단국 문제와 통일 문제, 남북한불가침협정의 연구 등 당시의 논문들을 모아 『현대헌법론』이라는 책을 내기도 하였다. 이 책은 교과서의 범위를 벗어난 연구서라고 하겠으며 70년대 논술의 집대성이라고 하겠다. 이 숨막히는 시기에 미국 정부는 두 차례나 미국 여행을 알선하여 나의 연구에 많은 도움을 주었다. 79년의 10 · 26 사건은 서울의 봄을 불러왔다. 우리는 재빨리 헌법안 작성에 착수하여 아카데미 하우스에서 헌법안을 만들고 공개토론을 하였다. 이 결과는 『바람직한 헌법』으로 출간되었으며 많은 공감을 불러왔다. 80년 봄에는 독일 아데나워재단 초청으로 독일의 헌정제도를 시찰하고 새로운 민주한국의 건설에 부푼 꿈을 안고 돌아왔다. 정부는 헌법안작성을 서두르고 있었으나 나는 이에 참여를 거절하고 각종 공청회 등에서 내 나름대로의 안을 제시하고 헌법개정의 방향을 제시했다. 이들 논문은 나중에 『한국헌법사』로 수록 출간하였다. 또 계엄의 조기해제와 기본권보장, 학원자율화 요구 등의 서명운동을 벌였다. 이것이 나중에 문제될 줄은 예측하지 못했다.

서울의 봄을 맞아 일본의 고바야시 나오키 교수를 초빙하여 인권보장에 관한 변호사회 강연 등을 주선할 수 있었던 것은 기억할 만하다. 그것이 12 · 12 사태 직후의 일이었기에 감회는 더 깊었다. 서울의 봄은 짧았다. 5 · 17을 맞아 전국이 얼어붙었고 1개월 여 간의 도피 끝에 중정에 연행되어 다시 석방되는 수모도 겪었다. 그 결과 A 급교수로 분류되어 보직금지, 해외여행금지, 연구비수혜 금지처분을 받기도 하였다. 서울대학교 교수협의회의 부의장을 사직하고 보직을 맡을 수 없는 즐거움을 누렸다. 그러나 해외여행 제한이나 연구비수혜금지는 학자에게는 큰 타격이었다. 다른 퇴직 교수들의 처지를 동정하면서 그들을 위하여 적극 활동할 수 없는 처지를 안타까워하기도 했다.

5공하에서는 비교헌법에 관한 저술을 좀 하였는데 그 중 하나가 『입법자료 교재헌법』이었다. 세계 각국의 헌법을 대비하여 앞으로의 헌법제정에 중요한 역할을 할 수 있는 것이었다. 이 책은 6공헌법 제정 당시에 상당한 기여를 한 것으로 자부한다. 5공하에서는 과거에 쓴 논문과 시평들을 모아 세 권의 책으로 간행했다. 『법과 사회정의』, 『헌법이 지배하는 사회를 위하여』, 『헌법개정 회고와 전망』이다. 이들 책은 유신과 5공의 암울한 시기에 헌정의 나아갈 방향을 제시한 것으로 시민계몽적인 것이다.

6공헌법 제정시에는 해외여행을 떠나 관여하지는 않았으나 6공 헌법 발효와 동시에 교과서를 개판, 출판하였다. 5공하에서는 학문활동의 범위는 좁았으나 있어야 할 헌법, 통일헌법의 성안을 위하여 연구할 수는 있었다. 6공하에서는 젊은 학자들의 활발한 연구활동을 지원하기 위하여 학회활동과 연구소 활동에 치중하고 있다. 한국공법학회 회장으로 국제 학회와의 교류를 활성화했고, 공동 연구의 기반구축에 노력하였다. 현재는 국제헌법학회 한국지회 회장으로 세계 각국 헌법학자와의 교류에 힘쓰고 있다.

국제학회와의 교류를 위하여 국제헌법학회의 프로그램위원으로 활동하고 있으며 국제법 및 사회철학회 회원으로 5차에 걸쳐 세계 학회에 참가했고, 법을 통한 세계평화대회의 회원으로 20여 년에 걸쳐 회의에 참가하고 있다. 국제적 학문의 교류는 시급한 것으로 국제화해가는 세계에서 고립해서는 안 된다.

헌법학자로서 각국에서 쏟아져 나오는 모든 저작물을 다 소화할 수는 없으나 중요한 저작은 읽어야 하기 때문에 그 부담은 크다. 헌법학에 있어서는 독일과 미국, 일본, 프랑스의 저서 등은 어느 정도 읽어야 한다. 독일에서는 7~8권에 달하는 헌법 전집이 나오고 있어 그 독파에도 힘이 들고 있다. 슈테른(Klaus Stern) 교수의 독일 국법이라든가, 여러 사람의 공저인 헌법 한트부흐는 7~8권에 달하는 대논문집이다. 이 밖에도 많은 콤멘타르가 있고 모노그라피도 수 없이 많다.

미국의 경우에는 판례법의 전통에 따라 판례집이 많이 나와 있으나 근자에는 트라이브(Lawrence Tribe) 교수나 여러 사람들의 공동 제작인 모노그라피가 많다. 또 프랑스의 정치학적인 헌법 교과서도 많이 있다. 일본의 경우 수많은 논문집이 나와 있어 이를 독파하기에도 힘든 것이 현실이다. 나는 그 동안 이들 서적을 선별적으로 읽어 논문 집필에 참조해 왔다. 특히 기본권 분야에도 한트부흐(Handbuch)가 나와 있고, 도쿄대학 사회과학연구소의 『기본적 인권』 5권도 좋은 책이다. 책이 좀 오래되기는 하였으나 고전적인 대표적 저술이라고 하겠다.

90년 가을 학기에는 일본 도쿄에 있는 히토츠바시(一橋)대학에서 한국헌법 강의를 했다. 공해 없는 문화도시 대학도시인 구니다찌에서의 5개월간은 새로운 사색의 계기를 제공해 주었다. 순수 사회과학 학부로서만 구성되어 있는 히토쓰바시대학은 법학부조차 권위주의적인 냄새가 없으며 강의도 완전 선택제로 되어 인상적이었다. 법학부, 사회학부, 경제학부, 상학부 4학부로만 되어 있는 히토쓰바시대학의 장서만도 2백만 권이 되며, 외국의 귀중 희귀 도서들을 많이 구입해 놓은 데에는 놀라지 않을 수 없었다. 국립대학이면서도 권위주의적이지 않고 연구와 교육의 자유가 완전히 보장된 이 대학은 우리에게도 좋은 모범이 될 것이다.

91년 봄 귀국과 함께 잡다한 논문쓰기와 학회활동 등에 바쁜 나날이 되돌아 왔다. 이제까지의 단편적인 연구 활동에서 체계적인 연구 활동으로 전환되어야 하겠다고 생각하고 있다. 법학교육의 발전과 법학교수의 권익향상을 위하여 한국법학교수회 활동을 맡고 있으나 이 일도 이제 넘겨주어야 하겠고, 학문에만 전념할 수 있는 시간을 가져야 할 것 같다.

87년부터 2년 동안은 서울대학교의 법학연구소장으로 재직하면서 한국 헌법재판의 활성화 방안에 관한 국제회의를 개최하였고 법학교육과 사법시험제도, 법률제도개혁에 관한 여러 가지 회의를 주재하였었다. 91년 여름부터는 한국헌법연구소를 설립하여 운영하게 되었다. 젊고 유능한 헌법학자들과의 공동연구와 공동집필의 장으로 이용될 것이 기대된다. 특히 앞으로서의 헌법정책의 방향 제시에 관한 토론을 기획하고 있다.

법철학에 관한 연구는 중단된 상태라 한탄스럽다. 다만, 국제적 교류를 위하여 서돈각 선생님과 함께 법 및 사회철학 한국학회를 창설하고 국제학회에 가입할 수 있었던 것이 업적이라고 하겠다. 이 학회 때문에 국내외의 젊은 학자들과 교류할 수 있어 보람으로 생각하고 있다. 그동안 헬싱키, 아테네, 에딘버러, 코베, 삿포로 등에서 많은 동학들과 토론할 수 있었던 것이 수확이라면 수확이다.

90년 여름에는 일본법철학회에서 강연을 했고, 91년부터는 홋카이도 대학팀과 함께 동양 법사상의 비교 연구를 공동으로 하고 있다. 젊은 교수들의 왕성한 활동을 보면서 우선 한일 법철학 비교부터 시작하고 있다.

앞으로의 계획은 기본권에 관한 체계서를 완성하는 것이요, 오랫동안 팽개쳐 왔던 동서양 법사상 비교를 완성하는 것이다. 젊은 학자 중에는 국수주의적인 견지에서 한국법을 연구하는 사람도 있고, 외국법의 연구 결과를 직수입하는 경향도 있는데 이를 지양하고 세계적인 관점에서 한국법의 보편성과 특수성을 파헤쳐 보려고 하고 있다.

법철학에 관해서는 동양 법철학이 과연 있었느냐, 한국 고유 법철학이 있었느냐 하는 문제도 파헤쳐보고 싶지만 이제 와서 법사상가 개개인의 연구를 할 수는 없어 대체적인 흐름을 파헤치려고 하고 있다. 정년 퇴직하고 나면 좀 연구실에 앉아 그 동안에 못했던 법철학에 관한 독창적인 연구를 할 수 있지 않나 생각한다. 그러나 법의 이념인 자유 · 평등 · 평화 · 질서유지 등이 헌법의 이념이기에 실정 헌법의 연구에 쏟은 노력도 안비(?)라고는 할 수 없을 것이다.

가장 큰 소망은 통일되는 날, 가장 민주적이고, 이상적인 헌법전을 초안하는 것이요, 그 해설서를 쓰는 것이다. 이것이 내 생전에 이루어질 수 있을 것인지는 나 자신도 모르기에 아직은 느긋하게 기다릴 뿐이다. 진인사 대천명이라든가, 하늘의 뜻에 맡길 뿐이다.

# 2. 명사가 걸어온 길*

## 한국 헌법학의 태두 김철수

해방 · 전쟁 · 좌우 분열… 격동의 시대, '책벌레 소년' 헌법에 눈을 뜨다, 유신헌법 참여 협박에도 정치권 러브콜에도… 학자의 양심 지켰다

김철수 교수가 지난 10일 서울 동작구 상도동 한국헌법연구소 내 자신의 연구실에서 역대 대통령들의 휘호(揮毫)를 가리키며 미소짓고 있다. 이언탁 기자 utl@seoul.co.kr

열두 살 되던 해 일제가 패망했다. 환희에 천지가 요동쳤다. 해방.

어렸지만 그게 뭔지 너무도 잘 알았다. 그러나 조국의 운명은 사람들이 전혀 예상하지 못한 방향으로 흘러갔다. 혼돈과 분열이었다. 국토는 남북으로 찢기고 민중은 좌우로 갈렸다. 얼마 전까지 '조국 해방'을 외치며 함께 어깨를 걸었던 동지들이 생각이 다르다고, 처지가 다르다고 원수가 돼 등을 돌렸다. 어제까지 한 교실에서 공부했던 친구가 좌익 프락치로 몰려 책상을 비웠다.

해방 공간의 극심한 무정부 상태를 보며 소년은 결심했다. 국가 시스템의 뼈대가 되는 헌법을 공부하겠노라고. 그 다짐대로 헌법 연구는 평생의 업이 됐고, 소년은 우리나라 헌법학의 '태두'(泰斗)가 됐다.
지난 10일 서울 동작구 상도동 한국헌법연구소에서 만난 김철수(80) 서울대 명예교수는 5시간에 걸친 긴 인터뷰에도 피로한 기색 없이 꼿꼿하게 여든 성상의 인생과 철학을 얘기했다.

유복한 친구 둔 덕에 책 실컷 읽고...극렬한 좌우 대립 지켜보며 성장

▲ 1946년 경북중 재학 시절 성적 최우수 학생에게 주는 '육영상장'을 받았을 때(생략)

1933년 7월 대구에서 빈농(貧農) 집안의 6남 1녀 중 장남으로 태어난 그는 책 읽는 것을 유난히 좋아했다. 유복한 친구를 둔 덕에 원하는 책을 마음껏 읽을 수 있었다. 책 읽느라 학교 공부는 뒷전이었다. 통학 기차 안에서도 그의 손에는 항상 책이 들려

---

* 서울신문 2013. 5. 10~11. 이 신문에는 중학생 사진부터 2012년 서울 태평로 한국프레스센터에서 열린 팔순 기념 논문집 봉정식(출판기념회) 사진 등이 수록되어 있으나 본서에서는 삭제하였다.

있었다.

"친구 아버지가 당시 대구 지역 마사회 회장이었어요. 경마장에는 일본 사람들이 자기들 나라에서 가져온 세계 문학대전집, 세계 사상대전집 같은 책들이 그득그득 꽂혀 있었지요. 그때 읽은 책 중 가장 감명 깊었던 게 빅토르 위고의 '레 미제라블'이었어요. 강의 중에 '레 미제라블'을 말하면 학생들은 '아 장발장이 빵 하나 훔쳤다가 탈옥하는 거요?' 정도의 반응이 대부분이었지만 사실 이 책은 대단한 책입니다. 무려 2600페이지에 이르는 방대한 분량에 형벌, 정치, 법철학 등 다양한 사회 문제와 고민이 담겨 있으니까요."

책에 빠져 살던 김 교수의 관심이 사회로 옮겨가기 시작한 것은 나라가 광복을 맞으면서였다. '민주국가 건설'에는 이견이 없었지만 어떤 민주주의를 택하느냐를 두고 극심한 분열 양상이 온 나라를 휩쓸었다.

"좌익과 우익으로 나뉘어 나라가 완전히 엉망이었지요. 특히 제가 살던 대구는 당시 공산주의의 총본산인 모스크바(소련의 수도)에 빗대어 '한국의 모스크바'로 불렸을 정도예요. 좌익의 활동이 국내 어떤 도시보다도 활발하고 강했어요. 그러다 보니 저는 극렬한 좌우 대립을 지근거리에서 지켜보며 큰 충격을 받았어요. 경찰이 사람을 잡아가고 때리고, 또 반대되는 공공기관 테러가 일어나고. 우리 사회를 안정적으로 운영할 수 있는 제도가 필요하다고 생각했어요. 그게 바로 헌법이었던 것이지요."

1947년 제헌(制憲) 헌법을 만든다는 소식을 접한 그는 법대생이나 학자들이 보던 고시 잡지 등을 읽으며 헌법학자의 꿈을 키워나갔다. 그때가 우리 나이로 열다섯이었다. 1948년 경북중 재학 시절 친구들과 단체로 찍은 사진. 맨 왼쪽 안경 쓴 학생이 김철수.클릭하시면 원본 보기가 가능합니다.

▲ 1948년 경북중 재학 시절 친구들과 단체로 찍은 사진. 맨 왼쪽 안경 쓴 학생이 김철수(생략)

시력 나빠 전쟁터 끌려가지 않아 … 대학 입학 천막 강의실 공부

1950년 전쟁이 터졌다. 고도근시로 고생하던 그는 전쟁터로 끌려가지 않았다. 1952년 서울대 법대에 입학했다. 전쟁 탓에 서울의 대학들이 부산으로 피란 온 터였다. 부산의 허름한 판자촌에서 법학 강의를 들었다. 법학도들이 '천막 강의실'에서 힘겹게 공부하던 이 시기 이승만 당시 대통령은 불법적인 개헌을 추진한다. 이른바 '발췌개헌'의 시작이었다.

"이승만 대통령이 부산으로 피란 가 있는데 거기에서 임기 4년이 만료됐어요. 이 대통령은 자리를 유지하기 위해 헌법을 고치려 들었는데, 이걸 야당이 반대했고 그 결과로 야당 의원들에 대한 탄압이 시작됐어요"

이 대통령은 "전시에 부산에 침투한 간첩이 많으니 소탕을 해야 한다"는 이유를 대며 비상계엄령을 선포했다. 그리고 이내 속셈을 드러냈다. 간첩을 잡겠다던 당초 주장과 달리 야당 의원과 무고한 시민에 대한 검거와 폭력이 이뤄졌다.

"야당 지도자였던 장면 선생도 잡아넣었어요. 3명 이상 모이면 잡아갔어요. 국회로 출근하는 버스가 있었는데 버스에 탄 채로 계엄사령부에 끌려가기도 했어요. 옛 경남도청에 무덕관이라고 해서 유도 연습장 같은 곳을 국회의사당으로 썼는데 그 일대에 '백골단 깡패'들이 쫙 깔려 있었어요. 이 대통령에 반대하는 의원은 전부 계엄사령부로 소환했다고 보면 될 겁니다."

김 교수는 해방 이후 우리 사회의 질곡의 상당 부분은 친일파 등 일제 잔재를 청산하지 못한 데서 비롯됐지만 일부 불가피한 대목도 있었다고 말했다.

"광복 이후 친일파 척결은 예견된 수순이었습니다. 그래서 친일파를 처벌하는 법률도 만들었는데 법률로 처벌하려다 보니까 당시 정부관료, 경찰, 군인 등 많은 사람들이 여기에 걸렸던 거죠. 일제강점기 때는 외국 유학자를 비롯해 능력 있는 사람이 별로 없었어요. 이 대통령이 보기에 친일파를 다 쫓아내면 행정이나 정치를 못하겠다 싶었던 거죠. 반민특위에 걸렸던 경찰들을 풀어주고, 결국 그 경찰들이 치안 등 최소한의 사회 시스템을 유지해 전쟁통에 질서를 유지했다고 볼 수 있죠. 일부 사람들은 이 대통령이 반민특위를 없앴다는 이유로 친일파라고 말하기도 하는데 그 당시의 사정도 일부 헤아릴 필요는 있을 겁니다."

▲ 1956년 독일 유학길에 오르기 직전 서울 여의도공항에서 친구들과 찍은 사진. 왼쪽에서 네 번째가 김철수(생략)

이 대통령은 연임에 성공했고 1953년 전쟁이 끝났다. 김철수는 스무 살의 청년이 됐다. 김철수는 한 살 아래 학과 동기를 만나 사랑을 키워갔다. 궁핍과 혼돈의 시대에 서울대 법대 커플의 사랑은 주위의 부러움과 시샘을 샀다. 하지만 당사자들을 포함해 그 누구도 이들의 사랑이 비극으로 끝날 줄은 짐작하지 못했다. 대화 주제가 '첫 번째 아내'로 옮겨가자 김 교수의 목소리톤이 낮아졌다. 조심스럽게 입을 열었다.

'첫 아내' 전혜린과 캠퍼스 커플… 뮌헨대 유학중 결혼

김 교수의 첫 번째 아내는 한국 문학계와 여성 예술인들 사이에서 '불꽃처럼 살다간 여인'으로 회자되는 전혜린이다. 두 사람은 부산에서 맺은 인연을 서독(독일 통일 전) 뮌헨에서 키워나갔다. 전혜린이 1955년 먼저 뮌헨대 유학길에 올랐고 김 교수는 이듬해 그의 뒤를 따랐다. 두 사람은 이역만리에서 기쁨과 고통을 나눴다. 문학가가 꿈이었지만 아버지의 성화로 법대에 진학했던 전혜린은 독문학과에 입학해 그토록 바랐던 문학과 철학을 공부했다. 체계적인 법 공부에 목 말랐던 김 교수는 법학 공부를 이어갔다. 하지만 전쟁국가 출신 동양인에게 서독은 마음 놓고 공부만 할 수 있는 '기회의 땅'은 아니었다.

당시 누구나 그랬듯 너무도 가난했다. 나라를 벗어나 공부할 수 있다는 것만으로도 선택받은 삶이 됐던 시절이었다. 대통령의 허가가 있어야만 외국 송금이, 그것도 최고 50달러까지만 가능했던 시절이었다. 두 사람은 장학금과 통 · 번역 아르바이트 등으로 생계를 꾸렸다. 전혜린은 훗날 유학생활의 궁핍에 대해 "물을 마시니까 죽지는 않더라"고 말하기도 했다.

한국인에 대한 시선은 싸늘했다. 지구상에 한국, 코리아라는 나라가 있다는 사실을 아는 사람이 드물었다.

"사람들에게 한국에서 왔다고, '코리아'라고 그러면 아프리카 콩고에서 왔냐고 그랬어요. 그 나라에 기차는 있느냐, 뭘 먹고 사느냐 등 질문을 해대는데, 미개인 취급을 하더군요. 교수들도 저를 보며 전쟁 중인 나라에서 공부는 무슨 공부를 했겠느냐며 일본 학생들과도 크게 차별을 뒀습니다. 약소국 국민의 설움이란 게 뭔지 당해 보지 않고서는 알기 어렵습니다."

경제적 어려움과 사회적 소외감은 두 사람의 관계를 더욱 견고하게 했다. 1957년 그들은 뮌헨에서 결혼을 했다. 생활은 결혼 전과 다름 없이 곤궁했지만 함께한다는 것만으로 의지와 위안이 됐다. 그러던 중 전혜린은 1959년 딸을 낳고 한국으로 돌아가 이듬해 성균관대에서 강사로 둥지를 틀었다. 김 교수는 2년 뒤 모교 교수 자리를 제안받고 서울로 돌아왔다.

▲ 김철수 교수가 지난 10일 서울 동작구 상도동 한국헌법연구소 내 자신의 연구실에서 저서를 펴든 채 밝게 웃고 있다.(생략) 이언탁 기자 utl@seoul.co.kr

이혼 1년 뒤 전혜린 작가 스스로 목숨 끊어

배 고프고 힘들었던 서독 생활을 정리하고 고국에 왔지만 서울에서는 더 큰 시련이 기다리고 있었다. 귀국하자마자 5 · 16 쿠데타가 터졌다. 박정희 당시 제2군사령부 부사령관을 중심으로 한 육군사관학교 출신 장교들이 무력으로 청와대를 장악했다. 당시 박정희 군부가 취한 여러 조치 가운데 '군 미필자는 공무원이 되지 못한다'는 게 있었다. 시력이 나빠 군대에 못 간 김 교수는 공무원인 서울대 교수에 임용되지 못했다. 서울대는 물론 어디에서도 군 미필자인 그를 받아주지 않았다.

아내와의 관계도 벌어지기 시작했다. 먼저 입국한 전혜린은 대학에서 강의하며 서울의 문인들과 어울렸다. 밤늦게까지 명동에서 삶과 죽음, 예술을 논했다.

▲ 첫 아내인 작가 전혜린(1934~1965)(사진 생략)

"아내가 언제부턴가 문인의 죽음을 동경했어요. 처음에는 나는 사회규범과 질서를 중시하는 법학자이고 아내는 사회의 틀보다는 자유와 이상을 갈망하는 문학가라서 서로 다르겠거니 했는데 이 사람이 자꾸 '니체도 카프카도 일찍 죽었다' 이러면서 빨리 죽어야 한다는 생각을 갖는 거예요. 수면제도 많이 갖고 다니고. 그러다 보니 저도 덜컥 겁이 나더라고요."

결국 두 사람은 1964년 합의이혼을 했다. 그리고 1년 뒤 전혜린은 스스로 목숨을 끊었다. 당시 그는 교수 임용 제한이 풀리면서 서울대 법대 학생과장으로 재직하고 있었다.

고교 교사와 재혼 ... 꼬박꼬박 '그 사람' 제사 챙기는 아내

그로부터 2년 뒤 김 교수는 고교 교사와 재혼을 했다. "아내는 지금도 꼬박꼬박 그 사람(전혜린)의 제사를 지내고 있어요. 자기가 낳은 아이들에게도 제사에 꼭 참석하라고 그러고. 참 고마운 사람이죠." 그는 사별한 아내에 대한 미안한 마음과 반평생 이상을 함께하고 있는 지금의 아내에 대한 고마움을 함께 표했다.

개인적으로, 가정적으로 큰 시련을 겪고 난 그는 다시 연구에 매진했다. 체계적인 헌법학 이론과 정력적인 강의, 활발한 저술활동으로 헌법학계에서 빠르게 자신의 입지를 굳혀갔다. 이는 박정희 군사정권이 새롭게 부상하는 법학자에 대해 점차 날카로운 감시의 눈초리를 들이대도록 만드는 빌미가 됐다.

드디어 등장한 유신헌법의 시대. '학자 김철수'는 어떻게든 이 난국을 빠져나가야만 했다.

쿠데타로 정권을 잡은 박정희 전 대통령은 1963년 12월 17일부터 김재규 중앙정보부장의 총탄에 스러진 1979년 10월 26일까지 15년 10개월간 무소불위의 권력을 휘둘렀다. "잘살아보세~"라는 한목소리 외의 다른 의견과 생각은 용납되지 않는 시대였다. '지성인의 전당'인 대학에는 사복 경찰과 정보원들이 교수와 학생들을 감시하며 일거수 일투족을 '상부'에 보고했다. 이런 박정희 정권에도 대학과 언론의 비판이 제한적이나마 가능했다. 적어도 잡아가지는 않았다고 한다.

1962년부터 3년간 서울대 학생과장...'중정'과 맞서

▲ 1966년 하버드대학 방문 교수 시절 사진. 맨 오른쪽이 김철수 교수(생략)

"군대에 가지 않았다는 이유로 교수로 임용되지 못하고 학교에서 무급 조교로 일하다가 1962년 9월 취업 제한이 풀리면서 학생과장을 맡았어요. 요즘 같으면 학생담당 부학장쯤 되는데 그걸 만 3년 했어요. 3년 동안 중정(중앙정보부) 사람들이랑 참 많이도 싸웠었죠. 학교에 출입하던 중정 사람 중 훗날 안기부(중정의 후신 국가안전기획부)의 장까지 하고 그랬는데 이 사람들은 어느 교수가 수업시간에 학생들에게 뭘 가르치는지, 어떤 말을 하는지 낱낱이 기록해 상부에 보고했어요. 그때 중정의 한 간부가 '당신에 대한 기록이 엄청 쌓여 있다. 중정에서는 당신이 학생들 선동하는 걸로 보고 있으니 조심하라'고 경고하기도 했었죠. 하긴 그땐 법대 학생들이 제일 열심히 데모했고, 그 학생들에게 우리 법이 잘못됐다고 가르친 것도 나였으니…."

교수들로부터 정의와 바른 법치에 대한 가르침을 받은 학생들은 거리로 나갔다. 김 교수의 말대로 당시 서울대에서는 법대생들을 중심으로 학생운동이 조직됐다. 이때 서울대 총학생회장도 법대 소속이었다. 이명박 정부에서 대통령 실장을 지낸 정정길(71) 씨다. 서울의 대학생들은 연합해 정권의 부당함에 맞섰다. 대표적인 사건이 1964년 한일기본 협정 반대 시위다. 박 대통령이 일본과의 외교관계 정상화를 위한 협정을 추진하자 대학생들을 중심으로 '굴욕 외교'라는 여론이 형성되기 시작했고 시위 세력은 들불처럼 번지면서 그해 '6 · 3 사태'가 터졌다.

1964년 한일협정 반대시위 선봉 고려대 이명박-서울대 정정길

박 대통령은 6월 3일 시위대 해산을 위해 서울시 전역에 비상계엄령을 선포했다.

서울 시내에 4개 사단병력을 투입해 시위 학생들을 잡아들였다. 이때 시위대 선봉에서 정정길 서울대 총학생회장과 함께 나선 인물이 이명박 고려대 상대 회장이다. 김 교수는 "당시 단과대 회장은 훗날 대통령이 되고 다른 학교 총학생회장은 그 대통령의 비서실장이 됐는데 어찌 보면 거꾸로 된 거 같기도 하고 지금 와서 돌이켜보면 재미있는 인연이죠. 노태우 정권에서 황태자로 불렸던 박철언(13~15대 국회의원)도 시위단 사이에서 격문 쓰고 그랬던 시절이 있었죠"라며 웃어 보였다.

학생들을 거리로 이끈 것은 바른 정치와 민주화를 향한 학생들의 뜨거운 열망과 굳은 의지였지만, 중정에 끌려간 그들을 빼오는 것은 교수들의 몫이었다. 6 · 3사태로 정정길을 비롯한 수많은 서울대생들이 중정과 경찰 등에 잡혀갔다. 법대 학장이 학생들에 대한 보증서를 써 주고 김 교수 등이 중정 등을 찾아가 사정해 수감된 학생들을 빼왔다.

"그땐 시위가 끊이지 않았는데 시위만 했다 하면 학생들이 청와대로 가야 한다고 해서 중앙청(현 경복궁 자리)으로 가곤 했죠. 저는 학생 관리도 제 일이었으니까 관리 차원에서 같이 중앙청으로 따라가고 하면서 치안국 보안과장과 서울 정보분실장과도 자주 마주쳤죠. 한 놈은 중학교 동기고 또 한 놈은 대학 동기였는데 그놈들이 저한테 '너는 학생 과장이라면서 왜 학생 선도도 못하냐'고 난리를 피우고 그러면 저는 '니들이나 똑바로 해라'며 목소리를 높이곤 했어요."

정보요원이 수업을 감시하고 학생들이 중정과 경찰서 유치장 등을 드나들었어도 김 교수는 '그나마 괜찮았던 시절'이라고 했다. 여기에 더해 1960년대에 몇 없었던 '낭만적인 에피소드'도 소개했다.

▲ 1969년 서울 동숭동 서울대 사법대학원 시절 사진. 의자에 앉은 사람 중 왼쪽이 김철수 교수(생략)

창경궁 통째로 빌려 이대생들과 미팅 주선

"그때라고 해서 학생들이 시위만 하고 돌 던지고 그렇지만은 않았어요. 하루는 총학생회장 정정길이 우리가 종합대학이니까 종합대 축제를 하자면서 서울대생 전원과 이화여대생 전원 미팅을 제안하는 거예요. 처음에는 터무니없다고 생각했지만 청춘 남녀들에게 좋은 일이겠다 싶어서 제가 창경원(현 창경궁)을 빌려볼 생각으로 창경원장을 찾아갔어요. 창경원장도 학교 선배였거든요. 창경원장도 암울한 시대에 젊은이들에게 좋은 일이라며 흔쾌히 승낙하면서 날을 잡아 '창경원 오후 휴원'이라고 걸어놓고 두 학교 학생들만 무료 입장시켰죠. 지금 보면 대규모 미팅 같은 것인데 순 남학생 판에 여학생은 몇 없고 그런 모습도 어찌나 재밌던지… 그래도 훗날 그 만남을 계기로 결혼한 사람이 10쌍도 넘더라고요. 우리한텐 재미고 낭만이었지만 다음 날 청소하시는 분들 애 많이 먹었다고 하더라고요."

하지만 캠퍼스의 소소한 낭만도, 학자 김철수의 자유로운 의사 표현도 그리 길게 가지 못했다. 1972년 10월 박 대통령은 유신헌법을 선포한다. 박정희 정권은 김철수에게 유신헌법에 근거한 탄압에 앞서 유신헌법 제정 공신이 되기를 강요했다.

"정권이 유신헌법 만들려고 여러 가지 작업을 했어요. 몇몇 교수는 해외에 보내서 자료 수집을 담당하게 하고 나를 포함한 야당 성향 교수들도 법무부 자문위원회라는 걸 만들어 그걸 하라고 강요했죠. 나는 절대로 못한다고 했더니 정부 쪽에서는 쉽게 말해 까불지 말라는 식이었고, 일부는 참여를 거부하면 항명죄라며 협박까지 했죠. 그게 다 나중에 유신헌법이 각계의 자문위원들이 참여해 만든 것이라는, 정당성 부여를 위한 계략이었던 거죠."

김 교수는 갖은 협박성 설득에도 학자의 양심을 지켰다. 하지만 이어 유신헌법 홍보에 나서 달라는 제안이 들어왔다. 말이 제안이지 명령과 강압이었다. 정권은 중정을 통해 김 교수가 방송과 라디오에서 유신헌법 홍보를 맡도록 압박했다.

유신헌법 찬양 글 · 홍보방송 안 하고 버텨

"하루는 학교에서 높은 자리에 있는 분이 점심을 같이 먹자고 해서 나갔는데 식사 마치고 저를 TBC(동양방송) 앞에 내려주더군요. 방송에 출연하라는 뜻이었죠. 결국 정문으로 들어가 바로 후문으로 빠져나갔죠. 방송은 저 대신 다른 분이 출연했는데 중정에서는 방송 펑크 냈다고 난리가 났고, 그때 제대로 찍혀 저에 대한 탄압도 시작됐습니다."

당시 김 교수는 한 언론사의 논설위원을 겸하고 있었다. 역시 유신헌법을 찬양하는 글을 쓰라는 지시가 내려왔다. 김 교수는 학자의 양심에 반하는 글은 쓸 수 없었다. 결국 해당 언론사의 정치부장이 찬양 글을 대신 썼다. 이후 김 교수를 대신해 유신을 찬양했던 한 인사는 국회 배지를 달았고, 또 한 인사는 장관까지 올랐다.

반면 김 교수에게는 정권의 보복이 시작됐다. 가장 먼저 저술 활동이 금지됐다. "청와대 쪽 사람들과 법학자들과 저녁 식사 자리가 있었는데 그 자리에서 저한테 '절대로 책 쓰지 말라. 책 쓰면 큰일 난다'고 하더군요. 그런데 그때 이미 제3공화국에 관한 헌법책을 다 써놨고 유신헌법이 나오면서 유신헌법의 문제점까지 다 정리한 상태였거든요. 출간을 강행했죠. 그게 1973년 1월 10일이었습니다."

저술활동 금지당한 후 미 · 독 떠돌아

하지만 책은 출간 즉시 전량 몰수됐고 김 교수는 중정에 끌려갔다. 일주일간 회유와 압박이 이어졌다. 박 대통령을 '독재적인 대통령', 유신헌법을 '현대판 군주제'라고 비판한 대목에 대해서는 북한과 내통한 것 아니냐는 억지도 부렸다. 결국 김 교수는 정권이 문제 삼은 부분의 수정을 약속하고 풀려났다. 1년간 집필이 금지됐고, 연구비도 끊겼다. 김 교수는 더 이상 한국에 머무를 수 없었다. 그래서 미국과 독일 등지의 방문 교수를 지원해 국외를 떠돌며 박정희의 시대가, 유신의 시대가 저물기만을 바랐다.

철권(鐵拳) 같았던 박정희의 시대가 저물고 1980년 '서울의 봄'이 찾아왔다. 유신헌법으로 유린된 헌법을 바로잡을 논의가 시작됐다. 이때 김 교수도 헌법 개정에 참여했다. 김 교수 등이 제안한 개정안은 최규하 당시 대통령도 만족했다. 그러나 곧 전두환이라는 걸림돌을 만나 헌법도 정치적 의도로 변질됐다. 그래도 김 교수는 1987년 헌법재판소 설치를 '유신 이후 헌법적 발전'으로 꼽았다.

대화는 자연스레 헌법재판소에 대한 평가로 이어졌다. 김 교수는 애정 어린 쓴소리를 늘어놨다.

"요즘 헌재의 결정을 보면 재판관들이 얼마나 헌법을 이해하고 있는지 의문이 들어요. 야간 옥외집회 금지는 헌법불합치 결정을 내렸고 인터넷 실명제는 위헌 결정을 내렸는데 이런 것들은 또 질서 유지의 관점으로 보면 필요하거든요. 판검사들이 재판관이 되는데 판검사 때는 헌법을 읽을 일이 없어요. 오히려 연구관들이 재판관보다 헌법을 더 잘 알아요. 재판관 임명 시 헌법에 대한 이해도를 반영할 필요가 있어요." 최근 긴급조치 위헌에 대한 해석 권한을 놓고 헌재와 대법원이 갈등을 빚은 데 대해서는 헌재의 주장에 손을 들어줬다. "독일은 최고 사법부가 헌법재판소입니다. 학자들은 우리나라도 헌법 만들 때 헌재를 대법원보다 우위로 둬야 한다고 주장해 법원에서 결사반대했던 건데 헌법학자의 입장에서 보면 헌법 해석권한을 가진 헌재를 대법원보다 우위에 두는 게 맞다고 생각합니다."

유신시절 정권에 저항했던 모습에 비하면 상당히 보수적으로 변했다는 대중의 평가에 대해서는 '공동체 주의'를 강조했다. "30대에 진보적이지 않고 40대에 보수적이지 않으면 이상하다는 말도 있잖습니까. 아무래도 젊을 때는 개인이 절대적이라는 생각을 갖기 쉽죠. 그런데 나이가 들다 보면 아무리 똑똑하고 잘해도 개인은 모래알 같은 존재라는 걸 깨닫게 됩니다. 박근혜 대통령이 경찰을 2만명 증원하겠다고 했는데 생각해 보면 국민이 질서를 지킨다면 이런 사회 비용을 쓰지 않아도 되는 거 아니겠습니까. 결국 개인주의에서 공동체 주의로 나아가야 한다고 생각해요."

"재판관 임명시 헌법 이해도 반영 필요"

▲ 1998년 서울 소공동 프레지던트 호텔에서 열린 정년기념논문집 봉정식(출판기념회) 사진. 앞줄 왼쪽에서 6번째가 김철수 교수(생략)

여든의 노학자는 헌법 연구에만 매진한 인생을 조용히 돌아봤다. 그는 학자가 대통령이 될 게 아니라면 정치권에 진출하는 것에 회의적이다. 학자가 정계에 발을 들이는 순간 학자의 소신을 지킬 수 없다고 생각하기 때문이다. 실제로 김 교수는 1980년대 여야를 막론하고 정부에서도 관료로 '러브콜'을 받았지만 모두 거절했다.

"저는 대학교수가 관료나 정계로 가는 걸 처음부터 기대하지 않았어요. 학자나 언론인은 자기 하고 싶은 대로 말을 할 수 있지만 관료나 정치인이 되면 조직 논리가 우선하거든요. 소신을 지키려면 쓴소리도 할 줄 알아야 하는데 공직에서 그런 사람은 살아 남기 힘들죠. 정치권은 특히 더 심하고요. 어떤 정치인이 공천권을 쥐고 있는 당수와 싸울 수 있겠어요"

장시간의 인터뷰는 젊은 기자도 피로감을 느낄 정도였지만 김 교수는 여전히 생기가 넘쳤다. 헌법과 사회 질서에 대한 고민에서는 좌익 프락치로 몰려 잡혀가는 친구들을 그저 바라볼 수밖에 없었던 소년 김철수의 고민도 고스란히 묻어 나왔다. 인터뷰를 마치며 책장 가득한 그의 저서를 보며 "인세도 많이 받으셨겠다"는 농담 섞인 질문을 던졌다.

"옛날엔 꽤 들어오더니만 요즘은 학생들이 책을 안 사긴 참 안 사네요"라며 웃어 보였다.

▲ 2012년 서울 태평로 한국프레스센터에서 열린 팔순 기념 논문집 봉정식(출판기념회) 사진. 앞줄 왼쪽에서 6번째가 김철수 교수. 바로 옆은 부인 서옥경 여사(생략)

김철수가 걸어온 길

1933년 경북 대구 출생 (6남 1녀 중 장남)
1956년 서울대 법과대학 졸업
1957년 서독 뮌헨에서 전혜린과 결혼

1961년 서독 뮌헨대 졸업
1962년 서울대 법과대학 조교수
1967년 미국 하버드대 법과대학원 수료
1971년 서울대 법학박사
1972년 서울대 법과대학 교수(~1998년)
1988년 한국공법학회 회장(~1989년)
1990년 한국헌법연구소 소장(~2001년)
1995년 한국법학교수회 회장, 국제헌법학회 이사
1998년 제주 탐라대 총장(~2000년)

■ 주요저서

『헌법학』(1972); 『현대헌법론』(1979); 『비교헌법론』(1980); 『법과 사회정의』(1982); 『한국헌법사』(1988); 『법과 정치』(1995); 『정치개혁과 사법개혁』(1998); 『헌법정치의 이상과 현실』(2012).

김태균 · 박성국 기자

# 제2장 헌법과 정치와 경제

## 1. 헌법과 정치에 관한 단상

민주정부형태에 관한 약간의 자료를 중심으로*

유기천 선생님이 탄생하신지 102주년이 되었다. 유 선생님은 생전에 통일을 보시겠다고 노력하셨는데 통일은 더 멀어져만 가고 있는 것 같아 안타깝다. 선생님은『세계혁명』이란 저서를 쓰시면서[1] 한국 통일에 관한 하느님의 계시가 있기를 기대하셨는데 뜻을 이루지 못하고 소천하신 지 9년이 지났다. 오늘 선생님을 기념하는 기념강의에서「헌법과 정치」에 관하여 발표하게 되니 감개가 무량하다.

헌법과 정치의 관계는 헌법이 어떻게 정치를 규제하는가의 문제인데 정치학자의 측면에서는 정치가 어떻게 헌법을 만들고 헌법을 파괴하는 것이냐 하는 반대측면에서도 이야기 할 수 있을 것이다. 여기서는 제가 헌법학자이기 때문에 헌법학자의 측면에서 정치를 보기로 한다. 우리 헌법학자들은 정치를 말할 때 정치에 대한 우위 개념인 입헌주의를 말하기를 좋아한다.

### I. 근대 입헌주의

#### 1. 입헌주의의 의의

**1) 입헌주의와 헌법**

입헌주의(constitutionalism, Konstitutionalismus, constitutionnalisme)란 국민의 자유와 권리가 국가권력으로부터 침해당하지 않도록 보호하기 위하여 국가권력의 목적과 조직을 헌법에 규정하고, 국가가 국민에 대하여 행하는 권력작용을 헌법에 구속되도록 하는「헌법에 의한 통치」원리를 말한다. 이러한 내용을 규정한 헌법을 입헌주의적

---

* 유기천교수기념사업출판재단,「헌법과 형사법」(제13회 월송 기념 학술 심포지엄 자료집), 2017. 9. 1-102면.

1) 유기천 저, 음선필 역,『세계혁명』(재판, 지학사, 2014).

헌법이라고 하며, 입헌주의적 헌법에 따라 운용되는 국가정치형태를 헌법국가(Verfassungsstaat), 또는 입헌정치(constitutional government)라고 한다.[2)]

바꿔 말하면 헌법이 정치를 지도하고 정치는 헌법에 따라 행해져야 한다고 본다. 그런데 헌법(Verfassung)이라는 개념은 국가보다도 오래되었다고 말하여진다.[3)] 그러나 헌법이 국가를 구성하는 규범으로서 인정되게 된 것은 200여 년 전의 일이라고 하겠다. 그 이전에는 근본법(lex fundamentalis)이라고도 불리었다. 이러한 기본법, 자연법, 근본법 등의 개념은 중세에 있어서는 구분되지 않고 사용되었다.

오늘날의 입헌국가의 원형은 아테네에서 솔론의 헌법에서 찾는 경향이 있다.[4)] 그러나 근대적인 입헌정치의 역사는 성문헌법의 제정과 같이 한다고 하겠다.

이와 같은 헌법에 의한 통치의 원리는 토머스 페인(Thomas Paine)이 「헌법은 정부의 결의가 아니라 정부를 구성하는 인민의 결의이며, 헌법 없는 정부는 권리 없는 권력이다. 헌법은 정부에 선행하는 것이며 정부는 헌법의 소산일 뿐이다」라고 한 것에서 잘 나타나고 있다.[5)]

영국의 경우에는 「Agreement of People」(1647)과 「Instrument of Government」

---

2) 입헌주의의 개념에 대해서는 K. Loewenstein, *Verfassungslehre*, 4. Aufl., 2000, S. 103 (김기범 옮김, 김효전 엮음, 현대헌법론(1)(2), 『동아법학』 제74호 및 제75호 (2017); W. Kägi, *Die Verfassung als rechtliche Grundordnung des Staates*, 1945 (홍성방 옮김, 『국가의 법적 기본질서로서의 헌법』, 유로, 2011); D. Grimm, Verfassung Ⅰ, Verfassung Ⅱ, *Geschichtliche Grundbegriffe*, Bd. 6. SS. 831-899 (송석윤 옮김, 『코젤렉의 개념사 사전 20 헌법』, 푸른역사, 2021); Stern, *Das Staatsrecht der Bundesrepublik Deutschland*, Bd. I, 2. Aufl., 1984. §§ 3 f.; M. Kriele, *Einführung in die Staatslehre*, 4. Aufl., 1990 (국순옥 옮김, 『민주적 헌정국가의 역사적 전개』, 종로서적, 1983); P. Häberle, *Die Verfassung als Öffentliches Prozeß*, 1978. 등 참조. 입헌정치에 관해서는 James M. Buchanan/Gordon Tullock, *The Calculus of Consent: Logical Foundations of Constitutional Democracy*, Univ. of Michigan Press, 1965; Thomas Christiano (ed.), *Philosophy and Democracy*, Oxford Univ. Press, 2003; F. A. Hayek, *The Constitution of Liberty*, Univ. of Chicago Press, 1960 (김균역, 『자유헌정론』, 자유기업센터, 1997); Sotirios A. Barber/Robert P. George (eds.), *Constitutional Politics: Essays on Constitution Making, Maintenance, and Change,* Princeton Univ. Press, 2001.

3) 아리스토텔레스는 헌법을 철학적으로 고찰하여 polis에 성립되는 모든 질서로서 politeia를 의미한다고 하였고, 좋은 정부형태와 나쁜 정부형태를 구분하였다(좋은 정부형태는 군주제, 귀족제, Politeia; 나쁜 정부형태는 폭군제, 과두제, 민주제). 그는 선악제도가 순환한다고 보았다. "Aristotle's Political Theory," Stanford Encyclopedia of Philosophy. 헤겔(Hegel)은 이를 구조적으로 파악하여 총체의 법질서를 의미한다고 하였다. 루소(Rousseau)나 로크(Locke)에 이르러 법적인 헌법 개념이 발달하였는데 이들은 헌법을 국민의 합의에 의한 계약으로 보았으며, 브라이스(Bryce)에 이르러 성문으로 된 문서로서의 헌법을 중요시하게 되었다. 특히 오늘날의 헌법은 개정이 곤란한 경성헌법을 말하게 되었다. 상세한 내용은 김철수, 『비교헌법론(상)』(1980), p. 33; 김철수, 『헌법학개론』 제17판, 2005. pp. 5-26; 김철수, "입헌주의 서설," 『화정 서주실교수화갑기념논문집』, 1992; 김철수, 『법과 정치』, 1995 등 참조.

4) 뢰벤슈타인은 그리스 시대의 2세기 간을 완전한 입헌주의국가로 본다. Loewenstein, *a. a. O.*, S. 133. 그러나 그리스 시대에도 아테네에 국한된 것이었다.

5) Rights of Man in The Complete Works of Thomas Paine, London, pp. 302-303. 이가형역, 『인권론』, 을유문화사, 1971; 日譯本, 西川正身譯, 『人間の權利』, 岩波文庫, 1980. 한편 볼링브로크(Bolingbroke)도 동일한 입장을 취하는데, 다만 토머스 페인은 헌법에 위반되는 정부행위는 정부가 좋지 않다고 말하는 것을 정당화할 뿐이라고 본다.

(1653)에서 성문헌법의 형태로 나타났으나 그 뒤 이것이 폐지되고, 현재와 같은 많은 성문법률과 관습법에 의하여 입헌주의가 시행되고 있다.

입헌주의라는 개념은 다의적으로 사용되는데, 협의로는 헌법에 의하여 정치를 규율하는 것을 말하며, 광의로는 영국, 미국, 프랑스의 통설에 따라 자유민주주의 내지 입헌민주주의와 동일한 것으로 사용되기도 한다.[6]

이에 반대되는 것으로는 비입헌주의 국가가 있는데 군주국, 독재국 등 헌법 없이 통치되는 국가를 들 수 있다. 물론 사이비 헌법을 만들어 독재국가들이 입헌국가라고 우기는 경우가 있는데 이런 헌법을 가식적 헌법이라고 한다.

## 2) 입헌정치의 본질

### (1) 제한정부의 원칙

입헌주의는 헌법에 규정된 모든 규정과 제한, 그리고 헌법이 전제하는 기본원칙들이 모든 국가작용의 근원과 정당성의 근거를 이룬다. 따라서 헌법은 국가작용의 범위와 한계를 규정하게 되며 헌법에 따라 통치하여야 한다는 것이다.[7] 입헌주의의 목적은 첫째, 국가권력의 통제로부터 국민을 해방시키고, 둘째, 국민에게 정당하게 권력과정에 참가하는 것을 인정하는 것이라고 할 것이다.[8] 이러한 목적을 달성하기 위하여서는 국가권력 보유자도 구속하는 일정한 규칙과 절차에 따라서 정치권력을 행사하여야 하며, 국가권력을 독점하지 않고 다수에게 권력을 분배하여 상호 협동과 견제와 균형의 원리에 따라 국가권력을 행사할 것을 요구하게 되었다.

### (2) 권력 간의 견제 · 균형

그러므로 입헌주의는 본질적으로 자유주의적 이데올로기의 산물이라고 할 수 있으며 오늘날 입헌정치는 민주정치를 말하는 것이다.

입헌주의는 미국이나 프랑스에 있어서는 근대 시민혁명과 함께 정치생활의 원리로 등장하였다.[9] 1789년 프랑스 인권선언이 제16조에서 「권리의 보장이 확보되지 않고 권력분립이 규정되어 있지 않은 사회는 헌법을 가진 것이라고 할 수 없다」고 규정한

---

6) 고유의 의미의 헌법국가란 국가가 헌법의 척도와 범위 내에서만 국가권력을 행사할 수 있는 국가라고 본다(K. Stern, Die Verbindung von Verfassungsidee und Grundrechtsidee zur modernen Verfassung, *Festschrift für Kurt Eichenberger*, S. 205).

7) 입헌정치는 단순히 헌법에 의한 정치를 의미하는 것이 아니고, 국민의 기본적 인권이 보장되고 권력분립제도가 확보된 헌법에 의한 정치원리를 말한다. 오늘날의 입헌정치는 기본적 인권보장주의에 근거하여야 한다. 입헌주의와 헌법주의를 구별하는 견해도 있다(문홍주, 『한국헌법』, 해암사, 1987, p. 34).

8) 입헌국가를 특수한 국가유형으로 보고 기본권, 권력분립과 민주정치가 결부된 것이라고 보는 견해가 있다(M. Kriele, *Einführung in die Staatslehre*, 2003; R. Dreier, Konstitutionalismus und Legalismus, *Festschrift für W. Maihofer zum 70. Geburtstag*, 1988, S. 87 ff.).

9) 권력분립의 원칙은 몽테스키외의 『법의 정신』에 상세하게 규정되어 있다. 그는 영국을 권력분립의 모범으로 보고 있으나 이것은 잘못된 것으로 영국은 의회주권주의 국가이다.

것은 입헌주의의 본질을 잘 나타내고 있다.[10]

### (3) 헌법의 우위를 보장하는 제도

입헌주의 헌법에 관하여 K. C. Wheare는 진정한 의미에서의 헌법은 다음과 같은 최소한의 본질적인 구성요건을 갖출 것을 요구하고 있다. 첫째, 국가권력이 단일의 독재적 권력 담당자에게 집중되는 것을 방지하기 위하여 국가의 모든 기능을 분리시키고, 이들을 각각 상이한 국가기관 또는 권력 담당자에게 위탁해야 한다. 둘째, 이러한 여러 권력 담당자들 간의 견제와 균형의 원리가 필요하다. 셋째, 여러 자율적인 권력 담당자들의 협력이 달성되지 못한 경우에 혼란과 독재의 발생을 억제할 수 있는 계획적인 기구도 필요한데, 결국은 권력자로서의 국민이 최고의 조정자로 선거에 의하여 문제를 해결한다. 넷째, 비합법적인 폭력이나 혁명을 방지하기 위하여 국가의 기본적 질서를 평화적으로 변화하는 사회적 · 정치적 조건들에 적응시키는 합리적인 방법이 미리 확정되어 있어야 한다. 이것이 헌법개정의 합리성의 문제이다. 다섯째, 헌법은 개인의 권리와 기본적 자유를 명확하게 승인하고 국가권력의 침해로부터 보호되어야 한다.[11]

바꿔 말하면 헌법이 정치에 의하여 유린되어서는 안 된다는 것을 말하는 것이다. 각국 헌법은 이를 헌법보장이라 하여 특별히 규정하고 있다. 헌법의 불법적 개정을 막기 위하여 경성헌법의 원칙을 규정하고 헌법개정의 의결정족수를 가중하고 있다. 대통령이나 고급 공무원에 대한 탄핵을 담당하고 위헌법률의 제정 효과를 없앨 수 있는 헌법재판소 제도를 도입하고 있다.

## 2. 민주정치의 형태

### 1) 민주정치의 의의

오늘날의 입헌정치는 민주정치를 말하는 것이다. 민주정치는 일반적으로 국민의 정부, 국민에 의한, 국민을 위한 정부라고 말하여진다.[12] 이것은 정부의 주체가 국민이며 정부의 권력 행사자가 국민이며 정부의 목적이 국민을 위한 것임을 선언한 것이다.[13]

---

10) 프랑스혁명의 인권선언에서 헌법의 구성요소로서 기본권보장과 권력분립주의를 규정한 것은 입헌정치를 전제로 한 것이다. 원문은 다음과 같다. "Toute société dans la quelle la garantie des droits n'est pas assuré, ni la separation des pouvoirs déterminé, n'a point de constitution."

11) K. C. Wheare, *Modern Constitutions*, London, 1951, p. 46 이하.

12) 이것은 링컨이 게티즈버그에서 한 연설. of the people, by the people, for the people을 말하는 것이다.

13) 민주정치에 관해서는 많은 논문이 있다. Nils-Christian Bormann, "Patterns of Democracy and Its Critics," *Living Reviews in Democracy*, Center for International and Comparative Studies ETH Zurich and University of Zurich, 2010; David M. O'Brien, *Constitutional Law and Politics*, 2 vols., 9th ed. 2014; Walter F. Murphy, *Constitutional Democracy*, Johns Hopkins Univ. Press, 2006; Robert A. Dahl, *Democracy and Its Critics*, Yale Univ. Press, 1989; Cary Coglianese,

그리스에서는 democratia로 다수의 민중의 지배를 말해 왔으나 그것은 현재와 같은 좋은 의미로 사용되지는 않았다. 근대에 와서는 치자와 피치자의 동일성이라는 점에서 민주정치가 논의되었으며, 현대에 와서는 자유민주주의와 거의 동의어로 사용되었다. 그것이 사회주의의 발달과 함께 사회민주주의로도 해석되게 되었다. 오늘날의 민주주의는 인민에게 선거권의 평등이 보장되고 자유와 복지가 보장되는 치자와 피치자의 자동성에 근거한 정치라고도 할 수 있다.

현대적 민주국가는 40여 개가 있으며 각 유형마다 장단점이 있고 평도 다르다.[14)]

### 2) 국민주권의 원칙에 따른 분류

민주정치는 국민주권주의와 결부되어 있다. 국가권력을 국민이 소유하는 것에 의하여 그것이 국민의 이익을 위한 것임을 확인하고 권력 담당자의 것이 아님을 명확히 하여야 한다. Sieyés는 프랑스혁명의 전야(1789년 1월)에 「제3신분이란 무엇인가」에서 이렇게 말하고 있다. 「국민대표가 권력을 행사하고 있는 경우에 있어서도 국민은 주권을 방기하지는 않는다. 그것은 국민의 불가양의 재산이며 국민은 그 행사를 위임하고 있는데 불과하다. 대표는 자기에게 고유한 권리로서 이를 행사하는 것은 아니다. 그것은 타인의 권리이다. 대표는 헌법을 통하여 국민에게서 위임받은 한도에서 통치권을 행사할 수 있음에 불과하다」.[15)]

권력적인 국가작용으로부터 국민을 보호하기 위하여서는 전제적 독재권력을 저지하고 국민 자신이 직접적으로, 혹은 간접적으로 그 대표기관을 통하여 국정 운영을 관장할 필요가 있는데, 이에 따라 국민이 주권자로서 국정에 능동적으로 참여할 수 있도록 국민참여권과 그 제도적 장치가 마련되어야 하며,[16)] 민주정치는 영국과 같이 군주제와도 결합할 수 있다. 그러나 실제로 주권을 행사하는 것은 국민의 대표기관인 의회이다. 의회는 국민을 대표하는 기관으로서 국민의 총의의 표현인 법률을 제정할 수 있다. 영국은 이 점에서 국민주권국가가 아닌 의회주권국가라고도 할 수 있겠다. 그러나 군주제

---

"Democracy and Its Critics," *Faculty Scholarship*. Paper 1241, *Political and Legal Philosophy* (May 1990); Constitution: The practice of constitutional government, https://www.britannica.com/topic/constitution-politics-and-law/The-practice-of-constitutional-government; Sotirios A. Barber/Robert P. George (eds.), Constitutional Politics: Essays on Constitution Making, Maintenance, and Change, 2006.

14) Lijphart, Patterns of democracy, From Wiki Summary, the Free Social Science Summary Database, in *The Encyclopedia of Democracy*, ed. Seymour Lipset, vol. III, pp. 853-65; Arend Lijphart, *Patterns of Democracy: Government Forms and Performance in Thirty-Six Countries*, Yale Univ. Press, 1999; Larry Diamond, *The Spirit of Democracy: The Struggle to Build Free Societies Throughout the World*, 2009; 김철수, 『헌법과 정치』(진원사, 2012), pp. 210-260 참조.

15) 시에예스, 『제3신분이란 무엇인가』(박인수 옮김, 2003); 杉原泰雄, 『憲法』(岩波書店, 1990) 참조.

16) 이러한 것으로는 국회제도, 국민의 선거권 및 피선거권, 공무담임권, 복수정당제도, 지방자치제도와 국민투표에 의한 직접민주정치 등을 들 수 있다.

하에서도 국민생활을 규율하는 모든 법은 국민의 대표자에 의해서 구성된 국회에서 제정되어야 한다. 이러한 의미에서 대의제민주주의원리는 입헌정치의 실천에 의하여 국민의 권리와 자유를 보장하는 것을 그 목표로 하고 있다고 하겠다.

따라서 입헌주의에 있어서는 국민의 권리와 의무에 관련된 법률사항은 반드시 국민의 대표로 구성된 의회의 의결을 거쳐서 입법하여야 하며, 이때에는 반드시 국민의 의사를 반영시켜야 한다. 이와 같이 국민의 직접선거에 의하여 선출된 국민의 대표로 의회가 구성되고 국가의사결정에 의회가 참가한다는 것은 입헌정치의 본질적 요소가 된다고 하겠다.

### 3) 주권의 행사자에 따른 분류

현대 헌법의 민주주의 국가에서는 국민주권주의가 규정되고 있다. 주권은 국민에게 있다고 헌법은 규정하고 있는데 이것을 주권재민의 정치, 즉 민주정치라고 한다. 그런데 이러한 주권자가 주권을 어떻게 행사하는가에 따라 민주정치의 형태가 달라진다. 국민이 주권자로서 국민 개인이 직접 주권을 행사하는 정부형태를 말하여 직접민주정치라고 한다. 주권을 국민이 직접 행사하지 않고 대표자를 통해서 주권을 행사하는 정치를 대표제민주정치라고 한다.

국민 개개인이 주권을 직접 행사하는 것을 말하여 직접민주정치라고 하는데, 개인이 투표권을 행사하여 주권의 기능을 행사하게 하는 제도가 직접민주정치이다. 간접민주정치에 있어서는 선거인이 잘 모르는 사람까지 대표자로 선택하여 주권행사를 위임하는 모순이 있다. 또 투표자와 신뢰를 받아 직접 선출된 의원도 개별적 사안에 지시받지 않고 대표자로서 대표위임을 받고 있었다.

### 4) 권력분립의 원칙에 따른 분류

근대적 의미의 권력분립론은 근대 시민혁명을 거치면서 완성되었다. 국가권력의 작용을 분립하여 각각 별개의 기관에 나누어 맡김으로써 개인의 자유를 확보하려는 사상은 이미 영국의 청교도혁명 당시에도 있었으나 이것을 이론적으로 완성한 것은 입법권과 집행권의 2권분립을 주장한 로크(J. Locke)와 입법권, 사법권, 행정권의 3권분립을 주장한 몽테스키외(Montesquieu)였으며, 미국의 독립과 프랑스혁명을 거치면서 제도적으로 실현되었다.[17]

즉, 권력을 가진 자는 이를 남용하기 쉬운데 이러한 국가권력의 남용을 방지하기 위한 제도적 장치로서 국가권력을 분리하여 이를 각각 별개의 기관으로 하여금 행사하게 하며, 이러한 권력을 상호 견제와 형평의 원칙(checks and balances)에 따라 국가권력을

17) 상세한 것은 김철수, 권력분립주의, 『헌법과 정치』(진원사, 2012), 185-209면 참조.

제한하여 국민의 자유와 권리를 확보하자는 것이다. 즉, 입법은 국민의 대표로서 구성된 의회에 전속시키며, 국민의 권리와 의무에 관련되는 사항에 관하여는 반드시 국민의 의사를 반영시키고, 행정과 사법은 의회가 제정한 입법에 의하여 행사하게 하여 국가권력의 자의로부터 국민의 자유와 권리를 보호한다는 것이다.

권력분립에 관하여는 특히 행정권의 법률에 의한 제한이 요구되는데, 주의할 것은 행정권의 제한이 반드시 행정권의 약화를 의미하는 것이 아니라 이는 상호 견제와 균형의 원리에 따른 협동을 의미하는 것이라는 점이다.

권력분립의 방법에 따라 정부형태를 분류할 수도 있는데 ① 입법부가 주도적 권력을 잡은 것을 말하여 입법형이라고 말하며, ② 행정부가 주도적 역할을 하는 정부형태를 말하여 행정형 또는 집행형이라고 하고, ③ 사법부가 주도적 역할을 하는 나라를 사법형이라고 하겠다. 일반적으로 의원내각제는 의회의 우월로 특징지어지며 대통령제는 행정권의 우월이 특징이며 사법부 우월형은 미국과 같이 사법부에 입법의 위헌심사권을 주고 있는 나라이다.[18)]

## 3. 주권의 행사방법: 근대 헌법의 예

### 1) 주권자는 누구인가?

#### (1) 주권자의 개념

주권이라고 할 때 일반적으로 국가의 최고권력이라고 말하여졌다. 그리하여 왕이 주권을 가진다는 군주주권설과 국가가 주권을 가진다는 국가주권설, 국민이 주권을 가진다는 국민주권설, 노동자 · 농민이 주권을 가진다는 인민주권설이 나왔다.

국민주권설이나 인민주권설에 있어서는 국민이나 인민 개개인이 주권을 가지는가, 그렇지 않으면 선거권을 행사할 수 있는 선거권자 전체가 주권을 가지느냐, 선거권 유무에 관계없이 국민 전체나 인민 전체에게 주권이 있느냐가 논의되었다.

인민주권설의 경우에는 인민 개개인이 주권을 가진다는 주장이 있었고, 국민주권설의 경우에는 선거권 유무에 관계없이 전체국민이 주권자로서 주권을 행사할 수 있다고 보았다.

#### (2) 민주정치에 있어서의 주권자

민주정치는 국민의 정치이며 국민에 의한 정치이기에 국민주권주의이며 주권은 국민전체가 행사하는 것이라고 보아 왔다. 이에 대하여 인민주권설에서는 노동자 · 농민 개개인이 주권을 가지고 개별적으로 주권을 행사할 수 있다고 생각했다.

물론 이들을 하부단계에서는 직접 투표권을 행사할 수 있었으나 상부단계에서는 위임

18) 김철수, 정부형태의 유형, 『헌법과 정치』(2012), 210-260면 참조.

에 따라 주권을 행사할 수밖에 없었다. 이 중간층에 있는 노동조합이나 정당이 사실상의 주권자였다. 이들 대표기관이 Soviet(독일어 Rat)였다.[19]

## 2) 주권을 어떻게 행사하였는가?

### (1) 직접적 행사

① 헌법제정권의 탈취 = 혁명적 방법, 프랑스의 예

앙시앵레짐에서는 국민의 주권행사방법의 규정이 없었다. 국민은 주권자로서 헌법제정의 청원을 할 수 있었다(제1기 왕정에 대한 저항, 농민전쟁기). 프랑스의 시민들은 앙시앵레짐에 대하여 이의 변경을 위하여 헌법의 제정을 요구하기로 하였다. 그들은 영국의 불문헌법을 배웠고 헌법제정의 방법은 미국의 독립혁명에서 배웠다.

프랑스혁명의 이념은 자유 · 평등 · 박애라는 기본권의 쟁취가 목적이었다.[20] 그러나 그 뒤에도 미국식 국민주권주의에의 동경이 있었다. 페인은 『인간의 권리』에서 프랑스혁명이 일어난 한 원인은 헌법제정의 실기에서 찾고 있다.[21] 왕은 징세를 위하여 3부회의를 소집하였는데 이 3부회에서 제3신분이 독립하여 전체회의를 주장하고 헌법안 제정을 요청한 것으로 보고 있다. 3부회는 귀족이 3백 명, 성직자가 3백 명, 평민이 6백 명 총 1천2백 명으로 구성되었다. 평민들이 선거에 참여하여 평민들의 사기가 높았다. 3부회는 1789년 4월에 열기로 되어 있었으나 5월에야 개회되었다. 평민들은 이 3부회를 국민의회로 하기 위한 활동을 하였다. 국민의회를 개회하자 군인들을 동원하여 의사장을 폐쇄하여 의원들은 의사장에도 들어갈 수 없었다. 의원들은 베르사유 광장에 모여 헌법을 제정할 때까지 흐트러지지 않기로 결의하였다. 왕은 이 3부회의 해산을 결정하였다. 7월 9일에는 스스로 국민의회가 자기들이 제헌회의라고 선언하였다. 7월 12일에는 5만 명의 시민이 방위군의 무기를 탈취하여 7월 14일에는 바스티유 감옥을 해방하였다. 7월 15일에 라파예트는 국민군의 총사령관으로 임명되었다. 7월 17일에는 농민들이 프랑스 전역에서 봉기하여 「큰 위협」을 일으켰다. 8월 5일에서 11일까지 국민의회는 봉건주의의 폐지령을 공포하였다.[22]

8월 26일에 국민의회는 「인간과 시민의 권리선언」(프랑스인권선언)을 선포하였다. 이것은 프랑스헌법의 인권선언으로 그 뒤의 많은 헌법의 전문으로 인정되었다. 1790년 10월 14일에는 미라보가 「헌법의 근본요소」에 관한 노트를 왕실에 제출하였다. 이는 왕위의 안전을 보장하되 국민정당의 정당성을 인정한다 하고 자코뱅당만 장관으로 임면되

---

19) 파리 코뮌의 인민주권원리에 관해서는 杉原泰雄, 人民主權の原理, 『人權の歷史』, 124면 이하 참조.

20) The ideas of the French Revolution, http://alphahistory.com/frenchrevolution/revolutionary-ideas.

21) 시에예스는 1789년 1월에 『제3신분이란 무엇인가』라는 의견을 발표하였다. 역문은 Walter Grab, *Die Französische Revolution*, SS. 24-30 참조.

었는 데 대하여 의회의 다수당에 의해서 결정된 것이라고 하였다.

1791년 1월 31일엔 프랑스의회에 의하여 미라보가 대통령으로 선출되었다. 1791년 7월 15일 의회는 왕은 불가침이라 하여 특권을 부활하였다. 7월 17일 시민들이 이에

---

22) 프랑스 혁명의 경과

[표 1-1]

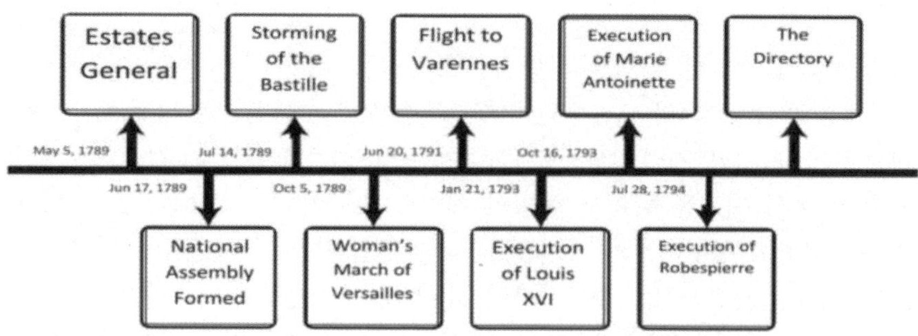


[표1-2]

Timeline of a Revolution

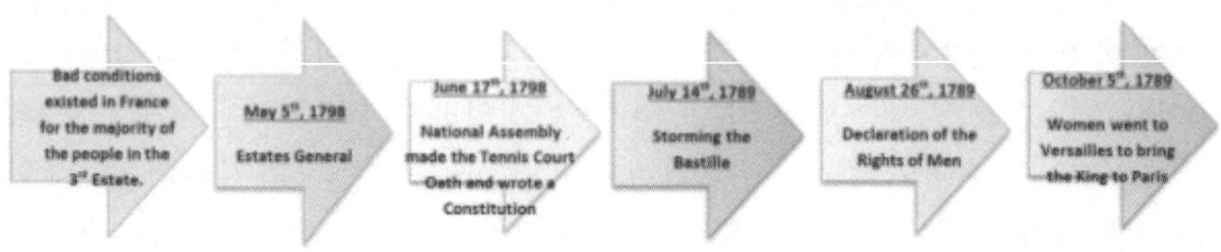


[표1-3]

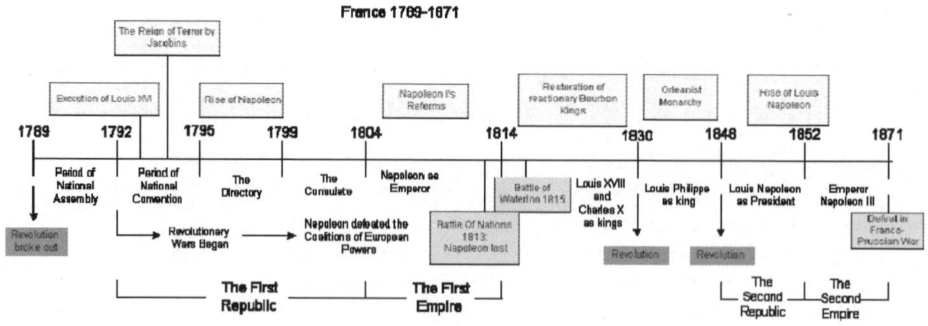

항의하자 국민경비대가 총을 난사하였다. 1791년 9월 13일 왕은 이 헌법을 승인 채택하였다. 1791년 9월 3일의 헌법은 인권선언을 헌법의 첫머리에 규정하고 이에 추가하여 자연권과 시민권의 보장을 헌법이 규정하고 있었다.[23)]

또 입법권도 이들 권리를 제한하는 법률의 제정을 금지하고 있다. 기본권 중 재산권 보장에서 교회의 재산권을 부정하고 개인의 재산권은 사전보상의 원칙 하에서 수용할 수 있게 하였다. 또 시민의 의무와 선서를 규정하고 있다. 1792년 4월 20일 프랑스는 오스트리아에 대한 선전포고를 하였고, 자코뱅당이 6월 20일에 왕에 대해서 반란을 하였으나 왕에 의해서 진압되었다. 그러나 그들은 의회에서 반대를 계속하였다. 8월 20일에는 자코뱅당의 대중이 왕궁에 침입하여 왕을 구속하였다. 라파예트는 오스트리아에 도망갔고 왕당파는 있었으나 그 기세는 적어졌다. 이로써 프랑스혁명 제1기는 끝났는데 봉건제도를 폐지하고 새로운 헌법을 제정한 공을 세웠다.[24)]

제2기는 공포정치 시기로 부르주아와 프롤레타리아의 경쟁기라고 할 수 있었다. 1792년 9월 20일에는 최초로 국민의회(National Convention)가 개회되었는데 22일에는 국민의회는 공화정을 선포하였다. 1792년 12월 11일에는 왕에 대한 재판이 시작되었고 1793년 1월 21일 왕이 처형되었다. 1793년 10월 14일에는 마리 앙투와네트 왕비가 처형되었다. 9월 1일 이때는 당통이 파리 감옥에 갇혀 있는 왕당파 1,200명을 처형하기 시작하여 처형과 공포정치가 행해졌던 시기로 국민공안위원회, 파리코뮌 등 급진세력이 집권하여 인간의 광기를 보여준 때였다.

헌법상으로 보면 1793년 6월 24일 새 프랑스공화국 헌법이 선포되었다. 전문에서 기본적 인권의 보장이 가장 중요한 행복의 보장 요소임을 강조하고, 자연권의 망각과 불이행이 유일한 불행의 원인을 적시하고 이 성스럽고 불가침인 권리를 선포한다고 하여 제1조에서 제35조까지 규정하고 있다.[25)]

1792년 12월 27일 지롱드당이 루이 왕의 처형문제를 국민투표에 부치자는 안에 대하여 국민의회는 1월 4일 전원일치로 유죄를 확인하고, 424 대 283으로 국민투표가 필요 없다고 의결하였다. 그리고 사흘 후 밤에 387 대 334로 길로틴형에 처하기로 하였다.

1793년 4월 6일 국민의회는 공안위원회 설치를 의결하였다. 9월 5일에는 공안위원회의 파리 지부가 지도적 역할을 하여 공포정치를 행하였다. 10월 10일에는 의회는 프랑스정부는 평화가 도래할 때까지는 혁명적이라고 하면서 헌법의 정지도 가능하게 하였다. 그래서 이 헌법은 한 번도 시행되지 않았다. 1793년 10월 이후 9개월간은 정부는 공안위원

---

23) Duvergier (ed.), *Collection des Lois*, Vol. Ⅲ, pp. 239-255; Walter Grab, *Die Französische Revolution*, SS. 60-93.

24) Edmund Burke, *Reflections on the Revolution in France*, 1790. 그는 프랑스혁명에 대하여 비판적이었다. 찬성자는 페인 등이 있다. Thomas Paine, *Rights of Man 1791-92*.

25) Duvergier (ed.), *Collection des Lois*, Vol. Ⅲ, pp. 2352-2358; W. Grab, *Die Französische Revolution*, SS. 150-162.

회에 의하여 통치되었다.

1794년 3월 에베르(Hébert)와 그 측근들이 반역죄로 체포되어 10일 후에 처형되었다. 당통도 체포되어 일주일 후에 처형되었다. 7월 27일에는 산악당이 축출되고 그 일파는 처형되고 몇 명만이 감옥에 보내졌다.

1794년 3월 24일에는 공안위원회의 로베스피에르가 사실상의 독재자가 되었다. 반대파들이 완전 숙청되었다. 로베스피에르는 새로운 종교로 새로운 신을 선포하였다. 로베스피에르파는 정권유지를 위하여 6월 10일에는 2,750명을 처형하였는데 대부분이 빈민이었다.

7월 27일 국민의회는 로베스피에르의 체포를 결정하고 체포 후 처형하였다. 이와 함께 그 지지자 150여 명이 처형되고 공포정치는 끝났다.

제3기는 집정관제 헌법기였고,[26)] 제4기는 나폴레옹 쿠데타 이후였다. 이 시기는 혁명의 종말기였으며 군주정에의 복고준비기라고 하겠다.

② 프랑스혁명에서의 직접민주정치의 교훈

위에서 본 바와 같이, 프랑스 시민은 인민주권주의의 원칙에 따라서 헌법제정을 위하여 노력하여 유명한 「인간과 시민의 권리선언」을 만들어냈고 봉건제도를 타파하는 데에는 성공하였다. 1791년 헌법은 제정했으나 이는 직접민주정치가 아니고 군주제 대표제민주정치를 규정하고 있었다. 또 군주제 하의 국민의회가 입법권을 가지고 집행권은 왕에게만 있도록 하였다. 사법권은 입법기관이나 왕이 행하도록 하였다. 그들이 원했던 진정한 3권분립은 없었으며 국민주권은 제1조에서 규정하였으나 그 행사는 위임에 위하도록 하였다.

앞에서 본 바와 같이, 제헌의회격인 국민의회가 이러한 헌법을 만들었으나 피로써 쟁취한 헌법은 시행되지 못하였다. 실제적으로는 공안위원회가 그 인민의 주권을 남용했다. 인민들이 파벌을 만들어 상호 투쟁하고 살생을 하여 공포정치란 악명을 남겼다. 왕뿐만 아니라 혁명의 주도자 로베스피에르까지 단두대에서 죽었다. 그리고는 쿠데타, 왕정복귀를 하게 되었다.

### (2) 간접적 행사

① 헌법의 작성 후 스페인 제2공화국의 내전

세계 최강의 함대를 가지고 미주와 필리핀에까지 식민지를 가지고 있었던 스페인의 부르봉 왕조는 1931년 4월 14일의 지방선거에서 패하자 알폰소 Ⅷ 왕은 그의 지위를 유지할 수 없을 것으로 생각하여 조용히 스페인을 떠났다. 좌파는 이것을 프롤레타리아혁

26) 집정관 헌법은 1795년 8월 22일에 제정되었다. 서두에 인간과 시민의 권리와 의무에 관한 선언을 게재했고 사회에 있어서의 인간의 권리를 자유 · 평등 · 안전 · 소유권이라고 하고 있다. 이 헌법은 1795년 10월부터 1799년 11월까지 시행되었다.

명이라고 주장하였다.

이로써 1874년 이후에 다시 공화제가 되어 제2공화국이 되었다. 제2공화국이 성립하기 전 부르봉 군주국에서도 내부에 분쟁이 있었다. 그것은 지방 보스들의 군림이며 공산주의와 독재주의의 이념논쟁과 가두투쟁이었다.[27]

공산주의자들은 1930년대에 이미 스페인의 공산화를 위하여 세계 각국의 공산주의자가 모여들었다. 공산주의 사상이 침투하여 남부 농촌에서는 농지전쟁이 일어났었고 마드리드에서도 노동자들이 활동하고 있었다. 또 일부에서는 바스크 지방의 독립투쟁과 카탈로니아 지방의 지역주의 혁명까지 논하고 있었다. 어쨌든 왕이 망명하고 공화국이 선포되고 임시정부가 구성되자 시민의 환호는 컸다. 그러나 공산주의자, 사회주의자, 무정부주의자가 난립하였고 자본주의파와 공화주의자까지 대립하여 혁명이 논의되게 되었다. 노동자에 의한 파업이 행하여지고 농민들의 소작지 점거운동이 있었으나 군대에 의하여 정복되기 일쑤였다.

이 와중에서도 헌법제정회의가 구성되어 헌법안이 만들어졌는데 가톨릭 법률가인 갈라르도(Ángel Ossorio y Gallardo)가 낸 안은 부정되고, 수정안이 1931년 12월 9일에 제헌의회를 통과하였다.

이 헌법은 모든 시민의 평등권에 근거하고 지방자치를 규정한 세속민주정치제도를 채택하였다.[28] 국체를 모든 계급의 노동자의 국가로 정했으며 국민주권주의를 규정하였다. 또 여성에게도 선거권을 부여했으며 시민혼과 이혼을 인정하였다. 헌법은 정부가 사적 재산권을 수용할 수 있게 했는데, 사회적 효용성이라는 넓은 이유로 수용하되 보상은 해주도록 하였다. 그리고 자유로운 교육, 비종교적 교육을 모든 사람에게 보장하고 예수교회는 교육을 할 수 없게 하였다. 이 헌법은 스페인의 근대화에 있어서 필수적이며 이것을 달성하여 유럽의 부와 자유를 누릴 것으로 생각하였다.

그러나 이 헌법은 너무 급진적인 제도개혁을 하려고 하여 이 헌법은 자해(自害)의 헌법으로 스페인 내전을 가져온 요인으로 지적되고 있다.[29] 그 이유는 극좌에서 극우까지 분립되어 매번 싸우고 있는 정치현실을 무시하고 이상적인 민주헌법을 만들고, 노동의 권리, 파업, 언론 · 출판의 자유, 집회 · 결사의 자유를 보장했다. 그 결과 시가에서의 투쟁이 행해졌었으며 많은 정파가 정국의 안정을 가져올 수 없어서 1년에 한두 번 내각이 바뀌는 것이 일쑤였다. 그뿐만 아니라 구주류와 부자 및 군주 옹호파와 기독교 교직자 등 기득권자를 일시에 소탕하려고 한 조급성에 잘못이 있었다. 특히 군 개혁이나 가톨릭

---

27) Paul Preston, *Revolution and War in Spain 1931-1939*. 1984; Ted Grant, *The Spanish Revolution 1931-37*, 2006; Rod Sewell, *Introduction to The Spanish Revolution 1931-37*, 1995; Richard Bessel, Revolution and War in Spain 1931-1939.
http://www.historytoday.com/richard-bessel/revolution-and-war-spain-1931-1939.

28) Wikisource, Constitución española de 1931; Wikipedia, Spanish Constitution of 1931; Russell Jesse, *Spanish Constitution of 1931*,

29) Seed of Disaster, the Spanish Constitution of 1931.
http://devastatingdisasters.com/seed-of-disaster-the-spanish-constitution-of-1931.

주교와의 대립이 결정적인 패착이 되었을 것이다.

대통령은 선거의회에서 선출되었는데 국회의원과 시민에서 선출되는 선거인들의 합동회의에서 선출되었다. 입법은 단원제 의회(Cortes Generales)가 행하였으며 의원의 임기는 4년이었다. 입법에는 시민의 발안권이 인정되었다. 시민 수의 15%가 제안하면 의회에서 심의하게 하였다.

행정권은 국무총리와 장관 내각에서 행했는데 국무총리는 의회의 선거로 대통령이 임명하도록 하였다. 헌법재판소를 두어 법률의 합헌성을 심사하고 국가권력의 권한쟁의를 심사하였다.

대통령은 과거의 왕과 같이 큰 권력을 갖지 못했다. 이는 의원내각제의 대통령으로서 위기에서의 조정적 권력을 갖지 못한 것도 잘못이었다.

헌법은 국가와 종교를 분리하여 세속국가를 만들었으며 가톨릭교회에 대한 국가지원을 단절하고 교회는 교육제도를 두거나 교육에 종사하는 것을 금지하였다. 또 완전한 신앙의 자유를 인정하여 소수교파를 보호하였다. 또 교회의 재산을 파괴하거나 국가가 수용하는 정책을 썼다.[30)]

이러한 헌법제도 하에서 정권은 거의 2년마다 바뀌었다.[31)] 첫 2년간(1931-1933)은

30) Wikivisually, Spanish Constitution of 1931.

31) 정부수반 대통령의 잦은 교체

Prime Ministers and Presidents of Second Republic

| Date(시기) | Prime Minster(수상) | Prime Minster's Party(수상의 정당) | President(대통령) |
|---|---|---|---|
| 14 April 1931-<br>14 October 1931 | Niceto Alcalá-Zamora | Conservative Republican Party | None |
| 14 October 1931-<br>12 September 1933 | Manuel Azaña Diaz | Republican Action | Niceto Alcalá-Zamora |
| 12 September 1933-<br>8 October 1933 | Alejandro Lerroux Garcia | Radical Republican | Niceto Alcalá-Zamora |
| 8 October 1933-<br>16 December 1933 | Diego Martínez Barrio | Radical Republican | Niceto Alcalá-Zamora |
| 16 December 1933-<br>28 April 1934 | Alejandro Lerroux Garcia | Radical Republican | Niceto Alcalá-Zamora |
| 28 April 1934-<br>4 October 1934 | Ricardo Samper e Ibañez | Radical Republican | Niceto Alcalá-Zamora |
| 4 October 1934-<br>25 September 1935 | Alejandro Lerroux Garcia | Radical Republican | Niceto Alcalá-Zamora |
| 25 September 1935-<br>14 December 1935 | Joaquín Chapaprieta Torregrosa | Independent | Niceto Alcalá-Zamora |
| 14 December 1935-<br>19 February 1936 | Manuel Portela Valladares | Independent | Niceto Alcalá-Zamora |
| 19 February 1936-<br>10 May 1936 | Manuel Azaña Diaz | Republican Left | Niceto Alcalá-Zamora |
| 10 May 1936- | Augusto Barcía | Republican Left | Manuel Azaña |

공화주의자와 사회주의자의 연립정권을 구성하여 많은 문제를 해소하려고 하였다. ① 노동법을 제정하여 노동자의 근로조건을 향상하고 노동조합의 권리를 강화하였다. ② 광범한 교육개혁을 단행하였다. 7000개의 학교를 새로 지었고 남녀공학을 하였으며 학교교육에서 종교교육을 폐지하였다. ③ 군사개혁을 하였다. 새 정부에 충성하는 군인의 충성심을 보장하려고 하였다. 군인은 새 정부의 공화주의헌법에 충성 맹세를 하거나 임금을 받으면서 퇴역하게 했다. ④ 농지개혁을 단행했다. 토지를 재배분하기 위하여 노동자가 토지소유자가 되도록 하였다. ⑤ 카탈로니아국의 분리, 중앙정부는 카탈란 지방에 일정한 권력을 주어 자치법규를 제정할 수 있게 하였다. 이 개혁으로 보수의견이 분개하고 군인이 다시 정권을 잡기 위하여 쿠데타를 하다가 실패하기도 하였다. 이 개혁이 노동자의 좋은 삶을 보장하는 희망도 주지 못하였다. 1933년 11월에는 경제위기가 닥쳐와 새로 선거를 하지 않을 수 없었다. 이 선거의 결과 보수파가 권력을 잡게 되었다.

다음 2년(1933-1936)은 보수주의자가 지배하였다. 보수파(급진당+자율적 우익연합(CEDA))가 다수를 차지하여 레루우(Lerroux)가 우파정당의 도움을 받아 정부를 구성하였다. 새 정부는 구 정부의 개혁정책을 뒤집기 시작하였다. ① 농지개혁을 중지하였다. 농지개혁으로 토지를 소유한 노동자가 며칠 전에 받은 토지를 반환하게 되었다. ② 군사개혁을 중단하여 반공화적인 군인도 승진시키거나 중요 포스트로 보냈다. 이에는 프랑코, 고데드, 몰라도 포함되어 있었다. ③ 가톨릭교회에 대하여 정치적 양보를 했다. ④ 정부가 카탈란과 바스크민족주의자에 강경 대응하였다. 1934년에는 바스크 자치법규 때문에 또 카탈란 지방정부와 충돌하게 되었다.

1934년에는 정부가 CEDA와 연립하게 되었다. 그런데 1933년에 히틀러가 독일을 요리하는 것을 보고 CEDA도 파쇼식으로 정당을 운영하려고 선전활동을 하였다. 급진좌파단체(PSOE, UGT, CNT, PCE) 등은 정부에 대한 총파업을 선동하였다. 이들 폭도들은 정부에 의하여 진압되었다. 이때 프랑코 장군도 혁명진압을 위하여 동원되었다.

1934년 10월 혁명의 인명손실은 너무 컸다. 1,500명 내지 2,000명이 사망했고, 그 배가 부상당했으며 30,000명이 체포되었다. 1935년의 부패 스캔들 때문에 1936년 2월에는 다시 선거를 해야 했다.

---

| 13 May 1936 | Trelles | | Diaz |
|---|---|---|---|
| 13 May 1936–<br>19 July 1936 | Santiago Casares Quiroga | Republican Left | Manuel Azaña Diaz |
| 19 July 1936–<br>19 July 1936 | Diego Martínez Barrio | Republican Union | Manuel Azaña Diaz |
| 19 July 1936–<br>4 September 1936 | José Giral | Republican Left | Manuel Azaña Diaz |
| 4 September 1936–<br>17 May 1937 | Francisco Largo Caballero | Socialist(PSOE) | Manuel Azaña Diaz |
| 17 May 1937–<br>31 March 1939 | Juan Negrín | Socialist(PSOE) | Manuel Azaña Diaz |

인민전선기(1936년 2월-7월) : 이 선거에서 인민전선이 제1당이 되어 좌파연합의 장인 Azaña가 정권을 수립하였다. 그 이유는 많은 무정부주의자가 투표하였기 때문이라고 한다. 그러나 공산당과 사회당은 이 정부에서 제외되었다. 이 정부는 좌파연립정부였는데 그중 가장 온건파가 인민전선이었다. 새 정부는 구성 즉시 1934년 폭동에 가담했던 죄수들을 사면하면서 다시 3년 전의 개혁정책을 부활하기로 하였다.

이 동안 사회사정은 점점 더 나빠졌다. 좌파의 노동자들은 더욱 급격해졌으며 우파는 군사 쿠데타를 획책하며 민주적 제도를 일소하려고 하였다. 중도파들과 민주파들은 헌정질서와 민주정부를 유지하고자 하였으나 길을 찾을 수 없었다.

4월 이후부터 가두에서 폭력전이 행해지기 시작하였다. 이때 많은 군인들이 공화국에 반하는 군사행동을 계획하고 있었다. 이제 스페인에서는 민주주의는 며칠밖에 남지 않았다.

② 스페인 내전과 외세의 개입

1936년 7월 17일에서 19일까지의 군사 쿠데타에서 프랑코는 국토의 상당 부분을 통제하게 되었으나 가장 중요한 마드리드나 카탈로니아와 바스크는 정부의 지배하에 있었다.

전투 속에서 스페인은 두 개의 지역으로 분리되게 되었다. 공화국존(Zone)은 정부가 노동자의 민병대에 의지하여 법적 권위를 유지하려고 했고, 국민존(Zone national)은 군인들이 강력한 독재를 하고 있었다.

제1기는 1935년 7월에서 1937년 3월 사이이다. 이때 히틀러와 무솔리니의 지원에 따라 군사반역자들은 모로코에 있는 군대를 내지로 데리고 왔었다. 중앙 스페인과 서부 스페인은 반란군의 수중으로 들어갔으나 마드리드를 탈환하는 데 실패하였다.

제2기(1937년 4월-1937년 11월) 프랑코 군대가 북부지역을 점령하고 있는 공화국군에 침공하여 지중해까지 도달하여 정부군을 두 구역으로 분리시켰다.

제3기(1937년 12월-1939년 2월) 프랑코 침공군이 지중해의 카스테론까지 도달하였다. 마지막 정부군의 공격은 아주 강력하였는데 에브로에서 1938년 7월에서 11월까지 행해졌다. 공화파는 Ebro전쟁에서 패하여 전쟁에 승리할 희망을 상실하였다. 프랑코 군은 카탈로니아와 마드리드를 함락시켰다. 스페인 내전은 1939년 4월 1일에 종전되었다.[32]

---

32) Timeline of the Spanish Civil War, http://econfaculty.gmu.edu/bcaplan/time.htm; the Spanish Civil War the Red phoenix, https://theredphoenixapl.org/2011/03/17/a-brief-history-of-the-spanish-civil-war; Hugh Thomas, *The Spanish Civil War*, 2001; The Spanish Revolution 1931-37, https://www.marxist.com/spanish-revolution-1931-37.htm; Revolution and War in Spain 1931-1939, http://www.historytoday.com/richard-bessel/revolution-and-war-spain-1931-1939; Chronology of the Spanish Civil War, http://www.english.illinois.edu/maps/scw/chronology.htm; Alan Sennett, *Revolutionary Marxism in Spain 1930-1937*, 2015; Revolution in 1930s Spain, https://socialistworker.org/2011/07/21/revolution-in-1930s-spain; Wikipedia, Spanish Civil War; Cary

스페인 내전이 국제전화된 것은 당시의 국제외교정책과 이데올로기정책의 결과라고 볼 수 있다. 프랑코에 대해서는 히틀러와 무솔리니가 지원했고 포르투갈의 살라자르 독재자도 지원했다.

정부군에 대해서는 공산주의의 확장을 기하는 소비에트 러시아가 공산기지를 작성하기 위하여 조력하였다.

영국은 처음부터 중립을 표방했고 프랑스정부도 중립성을 지켰다. 미국정부도 중립법에 따라서 중립을 지켰다.

소비에트 러시아는 공산주의의 이념의 전파를 위하여 정부군에 가담하였고 히틀러, 무솔리니, 살라자르와 같은 독재자는 공산주의의 전파를 막기 위하여 투쟁하였다. 이 스페인 내전에서의 희생자는 무명전사의 묘에 안장되어 있는데 이데올로기에 희생된 젊은이들이라 안타깝다.[33]

## II. 현대 입헌주의

### 1. 현대 민주정치의 형태

#### 1) 현대 헌법의 발전

영국혁명, 미국독립전쟁, 프랑스혁명을 거쳐 그동안 헌법은 통치형태에 대한 많은 진화를 겪었다. 그 이유의 하나는 아무리 이상적인 헌법을 제정하더라도 이의 존립을 보장하고 국가권력의 집행을 담보하는 수단이 있어야 하겠다는 인식에서였다. 이상적이라고 생각되었던 바이마르헌법이 히틀러의 등장에 의하여 의회의 수권법 통과로 무헌법 국가로 된 전후 독일에서는 헌법상의 민주적 기본질서를 보장하기 위한 방법이 강구되었다. 그리하여 민주주의의 외부적 적에서 헌법을 보장하기 위하여 민주적 기본질서를 보장하는 제도가 강구되었다. 그리하여 과거와 같은 극우와 극좌의 정당을 해산하는 제도를 도입하였다.[34] 또 의회에 다수당이 없는 경우, 의회가 국무총리에 대한 해임의결

Nelson, The Spanish Civil War: An Overview, http://www.english.illinois.edu/maps/scw/overview.htm; Spanish Civil War, Definition, Causes, Summary & Facts, https://www.britannica.com/event/Spanish-Civil-War; Spanish Revolution of 1935, https://www.writing.upenn.edu/~afilreis/88/spain-overview.html; The Spanish Revolution of 1936, https://theanarchistlibrary.org/library/vadim-v-damier-the-spanish-revolution-of-1936; Spanish psychiatry c.1900-1945: constitutional theory, eugenics, and the nation, http://www.tandfonline.com/doi/abs/10.1080/1475382042000272319?journalCode=cbhs20; 4월 ESO - The 2nd Republic and the Civil War (1931-1936).

33) 희생자의 수는 정부군이 175,000명 전사하였고 반란군이 110,000명이 전사하였다. 이들을 포함해 총 510,000명이 사망하였고 450,000명이 도망하였다.

을 자주 하여 국정을 불안정하게 하는 것을 막기 위하여 건설적 불신임제도를 도입하기도 하였다.[35] 또 헌법을 침해하는 정당의 해산이나 기본권의 남용을 견제하는 것과 공무원의 위헌행위, 법률의 위헌심사를 담당하는 헌법재판소를 두고 있다.[36]

### 2) 민주정치의 발전

국민의 주권행사의 방법에 있어서도 어떻게 국민의 의사를 정확하게 반영하는가와 관련하여 정당제도와 선거제도에 관한 많은 연구가 행해지고 있다. 대표제민주정치의 경우 원내정당이 등장하여 원내정당의 과두화에 따라 대정당의 정책이 국회의원의 의사를 무시하고 결정되는 경우도 많으며 국회결정도 원내정당끼리의 야합으로 국민의 의사와 무관하게 결정되는 경우가 많다. 국회가 다수정당의 결정으로 국민의 의사와 멀어지게 결정되는 것은 민주대의정치를 침해하는 것이다. 이에 의회제도에 대한 불신이 나타나고 있으며 오늘날 직접민주정치를 주장하는 사람이 있다. 그런데 직접민주정치를 여론에 의한 정치로 착각하여 신문이나 SNS의 여론조사결과에 따라 결정하려는 경향도 있는데 과연 여론의 발신자가 유권자인지 확인하기 어렵고, 투표의 경우 1인 1표의 원칙이나 비밀선거의 원칙이 지켜지느냐도 문제이다. 그래서 직접적 주권행사는 간접적 주권행사에 대한 보완책으로 인정되고 있다. 국민발안의 경우 유권자의 몇 % 이상이 제안하면 국민투표에 회부할 것인지 의결정족수는 어느 정도여야 하는지 상세한 규정이 되어야 할 것이다. SNS나 신문 · 방송 등 여론조사에 의한 경우 설문지 작성부터 공정하게 행해져야 하는데 이러한 검정기구의 구성이나 전문성 확보문제 등이 문제된다. 오늘 직접민주정치 투표결정도 정당성이 보장되도록 연구가 부단히 행해지고 있다.[37]

## 2. 직접민주정치

### 1) 직접민주정치의 의의

#### (1) 직접민주제의 역사

직접민주정치는 민주정치의 원형으로서 고대 그리스의 polis에서 발달되었다. 모든 시민이 참여하였기에 고대 국가사상에서는 시민의 지배로 인정되었다(시민총회). 시민정치는 500명의 평의회에서 결정이 행해졌다. 귀족은 군대에 대한 지휘권을 가지고 있었다. 패각 투표는 국민지배의 상징으로 인정되었다. 이상형적으로 아리스토텔레스는 공공의

---

34) 민주적 기본질서에 관해서는 김철수, 『헌법과 정치』, pp. 45-64 참조.
35) 건설적 불신임투표제도에 관해서는 김철수, 『헌법과 정치』, p. 290 참조.
36) 헌법재판소제도에 관해서는 김철수, 『헌법과 정치』, pp. 867-993 참조.
37) 민주정치에 대해서는 많은 논문이 있다. 간단한 것으로는 Wikipedia, Types of democracy; Wikipedia, List of countries by system of government.

이익을 위한 다수인의 결정이 옳다고 보고 이것은 polity이며 공공복리 증진을 목적으로 하지 않는 다수지배는 민중의 지배로서 polis의 변종으로 보았다.38) 사실상 모든 국민이 모여서 결정하는 총회제도는 고대 그리스에서도 인구가 많아지자 사실상 집행하기가 불가능해졌다.

아리스토텔레스는 polity를 국민의 지배의 이상적인 형태로 보았는데 이는 부자 시민들의 지배로 생각했었다. 다수국민의 지배를 아리스토텔레스는 Pöbel 빈민의 개별적 이익을 위한 지배로 보아 타기하였다.

오늘날 국가영역이 방대해짐에 따라 전국적인 직접민주국가는 없으며 작은 지방단체에서 행해지고 있는 상태이다.39)

### (2) 직접민주정치의 유형

① 미국의 제도

ⓐ 미국 뉴잉글랜드에서의 동에서의 총회제도

미국에서도 일부 주에서는 지방에서 직접민주정치를 하고 있다.40) 영국에서 미국으로 처음 이민 온 사람들이 사는 New England 지방에는 이민자들이 1630년부터 town meeting을 하고 있다.41) 이것은 작은 시 · 읍 · 면이 독립적으로 행정을 하는 직접민주정치의 가장 좋은 예라고 할 수 있다. 이 제도가 제일 잘 운영되고 있는 매사추세츠주를 보면 6,000명 이하의 읍 · 면에서는 회의를 공개하여 유권자는 누구나 참석하게 하고 있다. 6,000명 이상의 주민을 가진 곳에서는 대의제를 채택할 수 있었다. 대의제 총회에는 유권자는 누구나 참여할 수 있으나 회의참석자로 지명되지 않은 사람은 투표권이 없다.

타운의 총회는 연차총회, 특별총회, 통합총회 등 여러 종류가 있다. 여기서는 토론만 하는 것이 아니라 경찰 · 시 행정인사 결정도 하고 재정 결정도 한다. 특히 학교경영권과 경찰치안권, 도로유지권 등은 자치규정으로 되어 있어 총회의 의결을 거쳐야 한다. 여기서는 토론의 자유와 표결의 자유가 보장되며 친목 속에서 회의가 결정되기 때문에 지방행정의 모범이 되고 있다.42)

매사추세츠헌법은 하급자치단체로 city나 town을 두고 있는데, 시티가 되려면 1,200

---

38) Aristotle's Political Theory, Stanford Encyclopedia of Philosophy. Aristotle's politeia.

39) Wikipedia, Direkte Demokratie; Learn About Direct Democracy and Its Pros and Cons, https://www.thoughtco.com/what-is-direct-democracy-3322038.

40) Wikipedia, History of direct democracy in the United States; A. Crawford, For the People by the people, New England town halls: these experiments in direct democracy do a far better job. http://www.slate.com/articles/news_and_politics/politics/2013/05/new_england_town_halls_these_experiments_in_direct_democracy_do_a_far_better.html.

41) Wikipedia, town meeting.

42) Mehr Demokratie e. V.: Direkte Demokratie in Kalifornien.

명 이상의 인구를 가져야 하나 인구가 많더라도 town의 이름을 그냥 쓰면서 town meeting을 입법기관으로 인정하고 있다.

ⓑ 뉴햄프셔주 등의 미국제도

뉴햄프셔주의 타운 미팅도 공개의회가 원칙이고 3월의 제2주 화요일에 개회하여 타운의 공무원을 선출하고 재정을 처리하는 등 회의를 하고 있다. 그런데 town은 점점 줄어들고 city는 늘어나서 town meeting에서 의결하는 지방은 20%에 불과하다.

뉴욕주에서도 town meeting이 식민지 시대부터 20세기까지 유지되고 있다. 그러나 대도시에서는 그 수가 줄고 있다. 로드아일랜드주, 버몬트주, 코네티컷주, 메인주 등이 town meeting을 유지하고 있다.

ⓒ 미국 주에 있어서의 직접민주제적 요소

미국의 주는 지역이 넓고 인구가 많기 때문에 전적으로 직접민주주의를 하는 주는 없으며 직접민주주의제도의 일부를 채택하고 있어 이것을 혼합제라고 한다. 미국에서는 대표제민주주의가 원칙이었다. 그런데 주에서는 그동안 소위 진보적 운동의 여파로 19세기 말에서 20세기 초에 걸쳐 경제이익의 입법에 강한 영향을 주게 되었다. 이에 대하여 항의한 것은 주로 노동운동자와 노동조합이었다. 이때 스위스의 예에 영향을 받아 직접민주주의를 도입하였다.

1898년에는 사우스다코타주가 선봉을 끊고 그 뒤 10년 동안에 21개 주가 직접민주주의 요소를 도입하였다. 1956년 이후 6개 주가 추가되었다. 인민청원의 역사를 보면 20세기 초에는 노동조합의 사회정책적 요구가 많았고 20세기 후반에는 조세인상 제한이 주를 이루었다. 결과적으로 보면 주법의 제정이나 개정에는 효과가 있었으나 단순 다수에 의한 주헌법의 개정은 문제가 많았다.

현재는 50개 주 중 시민이 주 입법에 참여하는 것이 21개 주이고, 주 의회의 제정법률에 투표하는 주가 25개 주이며, 18개 주에서는 헌법개정까지 할 수 있게 하고 있다.[43)]

각주에서 행해지고 있는 ① 입법청원 ② 입법개정 ③ 직접 또는 간접의결 ④ 입법개정 제안 ⑤ 거부제도 ⑥ 소환제도에 관한 것을 도표로 보면 다음과 같다.[44)] [범례 d: Defeated(불승인) / a: Approved(승인)]

② 스위스의 직접민주제

현재 직접민주정치가 행해지고 있는 나라 중에서는 스위스가 오래되었고 모범적인 직접민주주의 국가로 인정되고 있다. 스위스는 13세기에 이미 원 칸톤(Kanton)이 3개

43) Direkte Demokratie in den USA, https://liberalesinstitut.wordpress.com/2011/11/12/direkte-demokratie-in-den-usa; Heußner/Jung (Hrsg.), *Mehr direkte Demokratie wagen*, München 2009; Thomas E. Cronin, *Direct Democracy: the politics of initiative referendum and recall*, Harvard Univ. Press, 1989.

| State | Legislatively referred statute | Legislatively referred amendment | Initiated statute (direct or indirect) | Initiated amendment | Veto referendum | Recall |
|---|---|---|---|---|---|---|
| Alabama | d | a | d | d | d | d |
| Alaska | d | a | a | d | a | a |
| Arizona | a | a | a | a | a | a |
| Arkansas | a | a | a | a | a | d |
| California | a | a | a | a | a | a |
| Colorado | a | a | a | a | a | a |
| Connecticut | d | a | d | d | d | d |
| Delaware | a | d | d | d | d | d |
| Florida | d | a | d | a | d | d |
| Georgia | d | a | d | d | d | a |
| Hawaii | d | a | d | d | d | d |
| Idaho | a | a | a | d | a | a |
| Illinois | a | a | d | a (Limited) | d | d |
| Indiana | d | a | d | d | d | d |
| Iowa | d | a | d | d | d | d |
| Kansas | d | a | d | d | d | a |
| Kentucky | a | a | d | d | d | d |
| Louisiana | d | a | d | d | d | a |
| Maine | a | a | a | d | a | d |
| Maryland | a | a | d | d | a | d |
| Massachusetts | a | a | a | a | a | d |
| Michigan | a | a | a | a | a | a |
| Minnesota | d | a | d | d | d | a |
| Mississippi | d | a | d | a | d | d |
| Missouri | a | a | a | a | a | d |
| Montana | a | a | a | a | a | a |
| Nebraska | a | a | a | a | a | d |
| Nevada | a | a | a | a | a | a |
| New Hampshire | d | a | d | d | d | d |
| New Jersey | d | a | d | d | d | a |
| New Mexico | a | a | d | d | a | d |
| New York | d | a | d | d | d | d |
| North Carolina | d | a | d | d | d | d |
| North Dakota | a | a | a | a | a | a |
| Ohio | a | a | a | a | a | d |
| Oklahoma | a | a | a | a | a | d |
| Oregon | a | a | a | a | a | a |
| Pennsylvania | d | a | d | d | d | d |
| Rhode Island | d | a | d | d | d | a |
| South Carolina | d | a | d | d | d | d |
| South Dakota | a | a | a | a | a | d |
| Tennessee | d | a | d | d | d | d |
| Texas | d | a | d | d | d | d |
| Utah | a | a | a | d | a | d |
| Vermont | d | a | d | d | d | d |
| Virginia | d | a | d | d | d | d |
| Washington | a | a | a | d | a | a |
| West Virginia | d | a | d | d | d | d |
| Wisconsin | d | a | d | d | d | a |
| Wyoming | d | a | a | d | a | a |
| TOTALS | 24 | 49 | 21 | 18 | 25 | 18 |

있었고 지방의회의 역할을 했었다. Länderding 등이 구성되었다. 15세기에 들어 베른 지방에서는 국민질문(Volksbefragung) 등이 행해졌다고 한다.[45] 이 제도는 법률안 제안부터 시작되었으며 루소의 사회계약론 이전에 이미 확립되어 있었다. 시 · 읍에 있어서의 직접민주정치는 그동안 시행되어 왔는데 이것이 칸톤 지방 단위에서도 행해지게 되었다.[46] 칸톤 단위의 민주정치는 직접민주정치를 하는 칸톤이 있었고, 반직접제로 하는 칸톤도 있었고, 대의제로 하는 칸톤도 있었다. 1840년에 헌법상 스위스연합이 만들어졌는데 지방의회를 둔 칸톤이 7개였고, 반직접제를 한 칸톤이 6개였으며, 완전한 대표민주주의를 채택한 칸톤이 11개이었다.

그럼에도 외국에서는 스위스 전체가 직접민주정치를 하는 것으로 이해되었다. 새 헌법에 의하여 연방 사항에 관해서도 국민참여가 인정됨으로써 스위스연합은 전체적으로 봐서는 반직접민주정치를 채택하고 있다고 하겠다. 스위스는 20개의 칸톤과 6개의 반칸톤으로 구성되고 있다. 칸톤 아래에는 3,000개의 시 · 읍 · 면이 있다. 이 읍 · 면의 통치형태는 서로 다르다.[47] 시 · 읍 · 면 위에 칸톤이 있는데 칸톤도 천차만별이다. 인구수도 15,000명에서 1,200,000명으로 차이가 나며 인구밀도도 1평방 km에 25명에서 51,000명이다.

시 · 읍 · 면과 칸톤(주)과 연방의 업무는 다르다. 각 칸톤은 헌법을 가지며 독자적 의회와 독자적 정부, 독자적 경찰을 가지고 있다. 칸톤 간에는 법령의 차이가 많기에 연방법이 이를 조정하고 있다. 직접민주적인 제도로서는 국민투표, 국민발안, 국민결정 등이 있다.[48] 제일 많은 것은 국민결정(Volksabstimmung)이다. 이는 해마다 투표주말에 행해지는데 법률에 대한 국민투표와 사물에 대한 연방업무에 대한 국민투표가 행해진다. 이날에는 칸톤과 시 · 읍 · 면에 관한 사항도 투표되는데 10개 이상의 문항이 표결된다. 연방헌법과 칸톤헌법에 의하여 어떤 종류의 법률과 사항에 대한 것이 필수적으로 국민결정을 해야 하는 것이 규정되어 있다. 이를 필수적 국민투표(Obligatorische Referendum)이라고 한다. 이에 대하여 그 이외의 것은 선택적 국민투표(Facultative Referendum)이라고 한다. 법률이 제정되거나 개정된 경우 3개월 내에 50,000명의 유권자가 국민결정을 청구하면 국민결정을 하게 된다. 최근에 와서 문서에 의한 우편투표가 행해지고 있다(평균 약 40%). 그래서 과거에 일요일에 투표소에 가는 행렬이 줄어들고 우편료와 광고료

---

44) Richard A. Epstein, "Direct Democracy: Government of the People, by the People, and for the People," *Harvard Journal of Law and Public Policy* 34 (2011), p. 819 ff; Nicholson/Canelo, Direct Democracy in the United States: Political Science, Oxford Bibliographies; Forms of direct democracy in the American states, Ballotpedia https://ballotpedia.org/Forms_of_direct_democracy_in_the_American_states.

45) Markus Kutter, *Doch dann regiert das Volk: Ein Schweizer Beitrag zur Theorie der direkten Demokratie*, 1996.

46) Wikipedia, Direkte Demokratie im Kanton Appenzell Innerrhoden; Wikipedia, Direkte Demokratie in der Schweiz; Direkte Demokratie in der Schweiz, https://demokratie.geschichte-schweiz.ch/direkte-demokratie-schweiz.html.

47) Michael Bützer, *Direkte Demokratie in der Schweizer Städten: Ursprung, Ausgestaltung und Gebrauch im Vergleich*, Nomos, 2007.

48) Tschentscher/Blonski, *Direkte Demokratie in der Schweiz – Länderbericht, 2010/2011.*

등이 더 많이 들게 되었다.

직접민주정치는 국민투표로 법률을 폐기할 수 있기에 국민의 동의에 의한 타협에 의한 정치가 가능하다. 이는 제네바 출신인 장 자크 루소가 말한 국민총의(volonté générale)에 의한 총의를 가능하게 하고 있다.

연방헌법의 개정청원(Volksinitiative)을 위해서는 100,000명의 투표자의 서명으로 제안할 수 있다. 칸톤헌법의 개정에는 더 적은 수의 유권자의 서명이 요구된다. 의회와 정부는 이에 대해 불만이다. 그리하여 의회와 정부는 반대제안을 할 수 있다. 이 제도는 의회에 대한 정치적 압력의 수단으로 잘 사용되고 있다. 연방헌법의 개정에는 투표자의 다수뿐만 아니라 칸톤의 다수가 동의해야만 한다.

스위스에 있어서의 직접민주정치에 관해서는 연보까지 발간하고 있다.49) 이것을 보면 칸톤 영역에서뿐만 아니라 연방 영역에서도 중요한 결정이 행해지고 있음을 볼 수 있다. 스위스 사람에게는 이 반직접민주정치가 복잡한데도 불구하고 정당의 전제나 정치인의 사적 목적을 막기 위한 수단으로 잘 활용되고 있다.50) 그러나 이것은 스위스의 전통과 스위스인의 인성에 의한 것이고 다른 나라에서 성공한다고는 할 수 없다.51)

③ 독일의 직접민주정치

ⓐ 연방헌법의 규정

독일에서는 1919년의 바이마르헌법에서 처음으로 도입되었다. 헌법 제73조에서 제76조까지 원칙적으로 직접민주적인 절차를 도입하였다. 상세한 것은 1921년 6월 27일의 국민결정법과 1924년 3월 14일의 공화국투표령에서 절차는 확립되었다.52) 헌법은 유권자의 10% 이상의 서명으로서 법률안을 의회에 제안할 수 있도록 하였다. 이에 의회가 반대하면 국민결정을 하게 하였다. 이때 유권자의 50% 이상이 투표하고 투표자가 다수가 이 법안에 찬성하면 법률로 통과되게 하였다. 공화국 하원은 헌법개정안이 공화국 상원에서 부결된 경우에는 국민결정을 요청할 수 있게 하였다. 끝으로 공화국 대통령은 공화국 의회에서 제정한 법률안을 국민투표에 회부할 수 있게 하였다. 그러나 예산안과

---

49) Tschentscher/Blonski, *Direkte Demokratie in der Schweiz – Länderbericht 2009/2010, 2010/2011* 등 참조.

50) Markus Kutter, *Doch dann regiert das Volk: Ein Schweizer Beitrag zur Theorie der direkten Demokratie*, 1996.

51) Florence Vuichard, Direkte Demokratie: Zitterpartie ohne Ende, Bilanz. 축소된 것으로는 Zu viel direkte Demokratie in der Schweiz – WELT, 03. 02. 2015.https://www.welt.de/wirtschaft/article137066970/In-der-Schweiz-herrscht-zu-viel-Demokratie.html. 이 글에서 저자는 스위스의 국민투표제도가 경제를 해치고 있다고 신랄하게 비판하고 있다.

52) Reinhard Schiffers, "Weimarer Erfahrungen: Heute noch eine Orientierungshilfe?," *Direkte Demokratie*, Springer, 2002. pp. 65-75; Wikipedia, Direkte Demokratie in Deutschland; Virginia Beramendi et al., *Direct Democracy: The International IDEA Handbook, Stockholm*, 2008; D. Carswell, *Direct Democracy: An Agenda for a New Model Party*, 2005.

세출법률 및 봉급법에 대해서는 대통령만이 국민투표를 요청할 수 있게 하였다.

바이마르공화국 헌법은 대표제민주정치 헌법이었는데 정상시에 있어서는 공화국 의회가 입법기관으로서 정부의 통제를 할 것으로 기대했으며 대통령이나 국민투표는 아주 예외적인 것으로 생각되었다. 직접정치적 요소는 정당민주정치와 의회절대주의에 대한 하나의 개별적 보완수단으로 생각되었다. 이 당시 독일처럼 동질적인 나라에서 직접민주정치를 채택하는 나라는 없었다.

바이마르헌법 하에서는 세 개의 국민발안만이 제안되었는데 그중 2개만이 국민투표까지 갔었다. 1926년에 공산당과 사회당이 지지했던 군주재산몰수법이 부결되었다. 그러나 이 문제를 둘러싼 국론분열은 매우 심했다. 공산당이 지지한 전차 차단 네거리 법안은 1,200만 명이 서명하였으나 통과되지 않았다. 나치스 정당이 제안한 Young-plan에 대한 1929년의 국민투표에서는 14.9%의 지지로 부결되었다. 당시 이 국민투표안은 반대파가 반대를 위한 반대를 하기 위하여 유권자를 동원했고 선전전과 가두시위로 국론을 분열시켰다. 베르사유 조약에 따라 독일은 많은 영토를 할양하였는데 몇 곳에서는 국민투표로 결정하게 하였다. 이때 독일국민은 애국심에 호소하여 계쟁지역은 독일공화국에 남게 되었다.

나치스 독재시대에 와서 1933년 7월 14일의 국민투표법은 바이마르헌법 제73조에서 제76조까지를 대체했다. 이에 따라 정부는 입법이 아닌 처분까지도 국민투표에 회부할 수 있게 되었다. 최저투표율과 비토운동이 삭제되어 국민결정이 국민의 의견을 묻는데 그쳤다. 1933년 11월 12일에는 독일이 국제연맹 탈퇴를 하는 국민투표에서 성공했고, 1934년에는 힌덴부르크 대통령의 사후 히틀러 수상이 대통령직을 겸직하는 국민투표에서도 성공하였다. 1936년 3월 29일에는 라인팔츠 점령 국민투표에 성공하였고, 1938년 4월 10일에는 오스트리아와 재통일하는 국민투표에 성공하였다. 여러 투표 때마다 참가율은 95.7% 또는 99.7%였고 찬성률은 88.1%에서 99.0%였다.

이러한 민주정치에 반하는 행위는 국민투표가 직접민주정치 수단에 대한 남용으로 비쳤다. 1935년 1월 13일에는 베르사유 조약에 따라 자르지방의 소속에 대한 국민투표가 행해졌는데 90.7%가 독일에 복귀하기를 원했다.

이와 같이 국민투표제도가 남용되었으나 당시 독일 국민은 이를 애국으로 생각하여 강제임을 모르고 기계적으로 투표를 하였다.

그리하여 1945년 패전 후에 1949년 서독 기본법을 제정할 때에는 국민투표적 직접민주주의를 요청하는 사람은 없었다. 나중에 초대 대통령이 된 호이스 의원은 직접민주주의적 요청을 「데마고구의 프리미엄」이라고 하면서 반대하였다. 그리하여 서독 기본법에서는 직접민주주의적 방법은 규정하지 않았다.

ⓑ 지방헌법의 규정

종전 후 1946년부터 지방에서 헌법을 제정하기 시작하였는데 연방헌법이 제정될 때까지는 지방헌법이 국민투표조항을 두고 있었다. 그러나 본기본법이 효력을 발생한 뒤에 만들어진 지방헌법에서는 국민투표조항을 두지 않았다. 그런데 동독의 멸망에 따른 통일 후의 헌법에서는 동독시대의 조항을 모방하여 이를 헌법에 규정한 것이 있다.

각 지방헌법이 국민결정이나 시민결정에 관한 도표를 보면 다음과 같다.[53] 그러나 주 헌법에 규정되어 있더라도 이용은 잘 되지 않고 있다. 함부르크지방과 베를린, 바이에른, 브란덴부르크 지방 등이 시민이 쉽게 이용할 수 있도록 규정하고 있으며, 함부르크지방은 독일에서는 유일하게 여성 유권자들이 아래로부터 요구한 지방 법률에 대한 선택적 투표권을 행사하기도 했다.

베를린 지방헌법에도 시민투표권이 규정되어 있으나 그 대상이 제한되어 있었다. 그것이 2009년부터 예산법, 재정문제 등에 관해서 투표할 수 있게 되었다. 베를린 지방헌법은 국민청원의 경우에는 그 허용성이 심사되고 그것이 통과되면 다시금 유권자의 7%의 서명을 받아 시민결정을 요구하게 된다. 25% 이상이 찬성하면 법률이 통과되고 50% 이상으로 2/3 다수가 되면 주헌법도 개정된다.

④ 오스트리아의 직접민주정치

오스트리아는 나치스 시대의 국민투표에서 독일과의 통합을 결정하는 등 국민결정의 경험이 있었다. 그런데 제2차 세계대전 후의 헌법에서는 국민투표가 별로 행해지지 않고 있다. 다만, 1978년에 AKW Zwentendorf의 공장 재가동 여부에 관한 국민투표가 있었다. 또 1995년에는 유럽연합에의 가입 여부에 대한 국민투표가 있었다. 또 징병제의

---

53) Wikipedia, Direkte Demokratie in Deutschland

Einführung von Volks- und Bürgerentscheid in den Ländern

| Land | Volks-entscheid | Bürger-entscheid |
|---|---|---|
| Bayern | 1946 | 1995 |
| Hessen | 1946 | 1993 |
| Bremen | 1947 | 1994 (Bezirke) |
| Rheinland-Pfalz | 1947 | 1994 |
| Baden (Südbaden) | 1947 | - |
| Württemberg-Hohenzollern | 1947 | - |
| Berlin | 1950 (bis 1975)/1995 | 2005 (Bezirke) |
| Nordrhein-Westfalen | 1950 | 1994 |
| Baden-Württemberg | 1974 | 1955 |
| Saarland | 1979 | 1997 |
| Schleswig-Holstein | 1990 | 1990 |
| Brandenburg | 1992 | 1993 |
| Sachsen | 1992 | 1993 |
| Sachsen-Anhalt | 1992 | 1990 |
| Niedersachsen | 1993 | 1996 |
| Mecklenburg-Vorpommern | 1994 | 1993 |
| Thüringen | 1994 | 1993 |
| Hamburg | 1996 | 1998 (Bezirke) |

유지에 관한 국민투표가 행해졌다.

오스트리아 정당 중에는 스위스 모델에 따른 국민투표제도의 도입을 주장하는 정당이 있다. 지방정부 차원에서는 직접민주정치를 청원하는 단체가 있다.[54] 여론조사도 행해졌다.[55] 여론조사결과는 현재의 직접민주정치에 대해서는 만족하는 것이었다.[56]

⑤ 우루과이의 직접민주정치

남미에 있어서도 우루과이에서 직접민주정치가 성행하였다. 1934년에 우루과이는 반직접민주정치를 도입했었다. 헌법상「국민주권은 직접적으로는 선거와 국민발안과 국민투표의 수단으로 간접적으로는 대표자를 통하여 행사한다」고 규정했었다. 우루과이는 1976년 이후 헌법 명령으로 국가안전보장회의의 권한을 강화하는 역할을 했다. 이 조치는 국회(General Assembly)와 정당의 역할을 크게 제약했다. 그 대신에 국민투표(plebiscito)는 1980년 11월 30일에 행해졌는데 여기서 신군부가 기초한 헌법안은 부결되었다. 이때 우루과이의 투표참가율은 87.4%에 달하였다.[57]

우루과이 헌법에 의하면 국민투표는 국가적 형태와 준국가적 형태에서 법률의 제정이나 폐지를 위하여 이용되었다. 그러나 국민소환은 인정되지 않았다. 시민들이 입법부의 법개정인 국민투표의 발안이나 거부하기 위하여서는 법률의 제정 후 레퍼랜덤으로 군사정부가 만든 법률을 무효화 할 수 있었다. 헌법은 이 밖에도 헌법의 개정에 관한 국민결정(plebiscito)으로도 헌법개정을 찬성하거나 부결할 수 있었다. 헌법 제79조에 의하면 시민권자의 총수의 25%가 공포 이후 1년 이내에 법률이나 기타 조치에 대해서 입법부에 대하여 이의를 제기하는 경우에 제안할 수 있으며 법률의 공포를 지연하는 효력을 가지고 있었다. 조세의 징수와 같은 문제에 대해서는 국민투표를 요구할 수 없게 하였다. 우루과이에서는 국민결정과 국민투표가 모두 인정되어 있었다. 우루과이에서는 국민투표의 발안에는 35% 이상의 유권자가 투표를 해야만 투표가 되고 국민투표에서 결정을 하기 위해서는 특별한 정족수를 두었다.

우루과이에서는 1980년에서 2007년까지 12번의 국민투표가 행해졌는데 9건을 승인하여 헌법 개정은 부정되었다. 1989년에는 국민투표가 부결되었으나 그 법률은 거부되어 효력이 유지되었다. 1992년과 2003년의 국민투표에서는 법률이 거부되었다. 이를 표로 보면 다음과 같다.

---

54) DDI, direkte-demokratie-Initiative-at, Direkte Demokratie Initiative Österreich.

55) Studiengruppe International Vergleichende Sozialforschung, Universität Graz/Institut für Empirische Sozialforschung, *Direkte Demokratie in Österreich: Ergebnisse einer repräsentative n Umfrage*, Oktober, 2012; Österreicher wünschen sich mehr direkte Demokratie, *Wiener Zeitung*, 17. November 2011, http://www. wienerzeitung.at/nachrichten/oesterreich/politik/412049_Oesterreicher-wuenschen-sich-mehr-direkte-Demokratie.html.

56) 세계 각국의 지방자치제도에 대한 비교에 관해서는 IDEA, *Direct Democracy*, pp. 175-198 참조.

57) Rissotto/Zobatto, Case Study: Direct Democracy in Uruguay, in IDEA, Direct Democracy: *The International Handbook*, pp. 166-172.

| 년 도 | 형 태 | 결정 | 결 과 |
|---|---|---|---|
| 1980년 11월 | 헌법 개정 (Plebiscito) | 부결 | 정부의 헌법개정안 부결, 시민의 승리 |
| 1989년 4월 | 사면법 폐지 (Referendum) | 부결 | 정부의 사면권 유지, 정부측 승리 |
| 1989년 11월 | 연금의 연도마다 인상 (Plebiscito) | 가결 | 정부가 제출안 안에 대한 Veto, 정부측 패 |
| 1992년 12월 | 정부전화회사의 사유화 (Referendum) | 가결 | 정부의 폐지법에 대한 반대, 정부측 패 |
| 1994년 8월 | 국가선거와 지방선거의 분리 (Plebiscito) | 부결 | 정부와 야당은 찬성했으나 시민반대, 정부측 패 |
| 1994년 11월 | 퇴직자보호에 관한 헌법개정 (Plebiscito) | 가결 | 정부제안 통과, 정부측 승리 |
| 1994년 11월 | 교육재정 27% 인상 (Plebiscito) | 부결 | 정부는 이 헌법개정 반대, 정부측 승리 |
| 1996년 12월 | 선거제도 개정을 위한 헌법개정 (Plebiscito) | 가결 | 정부개혁에 찬성, 정부측 승리 |
| 1999년 10월 | 의원선거를 위한 퇴직자의 복직금지 (Plebiscito) | 부결 | 정부는 이 개혁에 반대였음, 정부측 승리 |
| 1999년 10월 | 사법부 재정 % 고정 (Plebiscito) | 부결 | 정부도 이 개정에 반대, 정부측 승리 |
| 2003년 12월 | 2006 유료수입독점금지 (Referendum) | 가결 | 정부는 반대, 정부측 패 |
| 2004년 10월 | 수자원이용에 관한 헌법개정 (Plebiscito) | 가결 | 정부는 이 개혁에 반대, 정부측 패 |

⑥ 직접민주정치 요소의 문제점

ⓐ 국민투표

필수적 국민투표는 아주 중요한 정치적 문제에 관해서만 행하여지고 있다. 너무 많은 국민투표는 정치능력을 감퇴시키고 정치적 안정을 해칠 수 있다. 또 돈이 많이 든다. 시간과 정치적 관심도 많아진다. 그래서 이 제도의 채택은 신중한 고려를 요한다.

선택적 국민투표는 민주주의적 견지에서 비판받고 있다. 국민투표는 정치적 주권을 강화하려는 것이 아니고 인민의 통제를 우회하려는 목적을 가지고 있다. 민주적 정당성을 증진하기 위해서는 일반적으로 국민투표의 사용의 규제가 요망된다.

국민투표의 장점은 헌법상의 입법과정이 비정상적인 경우 국민투표가 민주주의적 정당성을 깨닫게 한다. 이에 반하여 헌법상의 부적합성은 일반적으로 헌법상 정당성의 담보로 시민을 분리시켜 민주정치의 활성화를 제한할 수도 있다.[58]

58) IDEA, Recommendations and best practices, *Handbook*, pp. 195-196.

ⓑ 국민발안

국민발안을 국민투표와 관련하여 제안될 수 있다. 이것은 기존의 법률의 개정이거나 새로운 법률의 제정을 요구하는 것이다. 이 국민발안의 테마는 많이 제한되고 있다. 헌법개정에 관한 국민발안은 인정되어야 한다. 주제도 너무 제한되어서는 안 되겠다. 재정문제에 관한 국민발안은 많이 제한되고 있다. 특히 예산에 관한 문제는 정치적 쟁점이 될 수 있다. 이 결정에 대해서는 구속력을 인정하지 않는 나라도 많다.

ⓒ 사항발안

이것은 특정한 사안에 대해서 투표해 달라고 발안하는 것으로 청원과 비슷한 성격을 가진다. 이 발안은 청원과 달리 성문법이나 성문헌법의 수정, 개정을 대상으로 한다. 사안에 대해서는 시민과 정부 간에 토론과 타협이 가능하며 재정적 지원과 전략적 지원을 받기도 한다.

ⓓ 국민소환

국민소환은 대의제와 관련하여 많이 자제되고 있다. 소환대상을 누구로 할 것이냐, 소원이유를 무엇으로 할 것이냐에 대하여 많은 논의가 있다. 문제는 만약에 어떤 사람이 소환되면 그를 대체할 사람을 선출하여야 하는데 이 때문에 다시 선거가 행해져야 한다. 이러한 것은 시간문제와 명령권자에 따라 달라질 수 있다.

ⓔ 총괄

세계 각국에서 반직접 민주주의적 제도가 행해지고 있는데, 다음에는 IDEA에서 수집한 세계 각국의 방법 채택 여부에 관한 표를 전재하기로 한다.59)

세계 각국에서의 직접민주제 채택 현황(2008년도 기준)

| Legend |
|---|
| • Indicates existence of provision or referendum Indicates no existence of provision or inability to find provision |
| A Always |
| N Never |
| S Sometimes |
| C Constitutional changes only |
| O Other issues only |
| B Both constitutional and other issues |

* As per data collected by January 2008.

59) IDEA, *Direct Democracy: The International IDEA Handbook*, pp. 202-211.

| Country or territory | provisions for mandatory referendums (national level) | Legal provisions for optional referendums (national level) | Legal provisions for citizens' initiatives (national level) | Legal provisions for agenda initiatives (national level) | Legal provisions for recall (national level) | Are referendum results binding? | What can be brought to a referendum? | Legal provisions at the regional level | Legal provisions at the local level | Has there been a national referendum since 1980? |
|---|---|---|---|---|---|---|---|---|---|---|
| AFGHANISTAN | | • | | | | | B | | | |
| ALBANIA | | • | • | • | | A | B | • | • | • |
| ALGERIA | | • | | | | A | B | | | • |
| ANDORRA | • | • | | • | | S | B | • | | • |
| ANGOLA | | • | | | | B | O | | | |
| ANGUILLA | | | | | | | | | | |
| ANTIGUA AND BARBUDA | • | | | | | A | B | | | |
| ARGENTINA | | • | | • | | S | O | • | • | • |
| ARMENIA | • | • | | | | A | B | | • | • |
| ARUBA | | | | | | | | | | |
| AUSTRALIA | • | • | | | | S | B | • | | • |
| AUSTRIA | • | • | | • | | S | B | • | • | • |
| AZERBAIJAN | • | • | | | | A | B | | • | • |
| BAHAMAS | | • | | | | A | C | | | • |
| BAHRAIN | | • | | | | A | B | | | • |
| BANGLADESH | • | | | | | A | C | | | • |
| BARBADOS | | | | | | | | | | |
| BELARUS | • | • | • | • | • | A | B | • | • | • |
| BELGIUM | | | | | | | | | • | |
| BELIZE | | | | | | | | | | |
| BENIN | • | • | | • | | S | B | | | • |
| BERMUDA | • | | | | | | O | | | • |
| BHUTAN | | | | | | | | | | |
| BOLIVIA | • | • | • | • | • | A | B | • | • | • |
| BOSNIA AND Herzegovina | | | | | | | | • | • | |
| BOTSWANA | • | | | | | A | C | | | • |
| BRAZIL | | • | | • | | A | B | • | • | • |
| BRUNEI DARUSSALAM | | | | | | | | | | |
| BULGARIA | | • | | | | S | B | • | • | |
| BURKINA FASO | | • | | • | | A | B | | | |
| BURMA | | | | | | | | | | |
| BURUNDI | • | • | | | | A | C | | | • |
| CAMBODIA | | | | | | | | | | |
| CAMEROON | | • | | | | A | B | | | |
| CANADA | | • | | | | N | B | • | • | • |
| CAPE VERDE | | • | • | • | | A | B | | • | |
| CAYMAN ISLANDS | | | | | | | | | | |
| CENTRAL AFRICAN REPUBLIC | • | • | | | | A | B | | | • |
| CHAD | • | • | | | | A | B | | | • |
| CHILE | | • | | | | S | C | | • | • |
| CHINA | | | | | | | | | | |
| COLOMBIA | • | • | • | • | • | S | B | • | • | • |

| | | | | | | | | | | |
|---|---|---|---|---|---|---|---|---|---|---|
| COMOROS | | • | | | | A | B | | | • |
| Congo, Republic of the | • | • | | | | A | C | | | • |
| Congo, Democratic Republic of the | • | | | • | | | C | | | • |
| COOK ISLANDS | | • | | | | | B | | | • |
| COSTA RICA | • | • | • | • | | S | B | • | • | • |
| CÔTE DÍVOIRE | • | • | | | | A | B | | | • |
| CROATIA | • | • | • | | | A | B | • | • | • |
| CUBA | • | • | | | | | | | • | • |
| CYPRUS | | | | | | | | | | • |
| CYPRUS (NORTH) | | • | | | | S | B | | | • |
| CZECH REPUBLIC | • | | | | | A | O | | • | • |
| DENMARK | • | • | | | | S | B | | • | • |
| DJIBOUTI | • | • | | | | A | C | | | • |
| DOMINICA | • | | | | | A | C | | | |
| DOMINICAN REPUBLIC | | | | | | | | | | |
| ECUADOR | • | • | • | • | • | A | B | • | • | • |
| EGYPT | • | • | | | | | B | | | • |
| EL SALVADOR | • | | | | | | O | | • | |
| EQUATORIAL GUINEA | | • | | | | A | B | | | • |
| ERITREA | | | | | | | | | | |
| ESTONIA | • | • | | | | A | B | | • | • |
| ETHIOPIA | • | • | | | | A | O | • | | • |
| FALKLAND ISLANDS | | | | | | | | | | • |
| FIJI | | | | | | | | | | |
| FINLAND | | • | | | | N | B | | • | • |
| FRANCE | | • | | | | A | B | • | • | • |
| GABON | • | • | | | | A | C | | | • |
| GAMBIA | • | | | | | A | C | | | • |
| GEORGIA | | • | • | • | | A | B | | | • |
| GERMANY | | | | | | | | • | • | |
| GHANA | • | | | | | A | C | • | • | • |
| GIBRALTAR | • | | | | | | B | | | • |
| GREECE | | • | | | | A | | | • | |
| GRENADA | • | | | | | | C | | | |
| GUATEMALA | • | • | | • | | A | B | • | • | • |
| GUERNSEY | | | | | | | | | | |
| GUINEA | • | • | | | | A | B | | | • |
| GUINEA-BISSAU | | | | | | | | | | |
| GUYANA | | | | | | | | | | |
| HAITI | | | | | | | | | | • |
| HOLY SEE (VATICAN CITY STATE) | | | | | | | | | | |
| HONDURAS | • | • | | • | | S | B | | • | |
| HUNGARY | • | • | • | • | | S | B | | • | • |
| ICELAND | • | • | | | | N | B | | | |
| INDIA | | | | | | | | | | |
| INDONESIA | | | | | | | | | | |
| IRAN, ISLAMIC REPUBLIC OF | | • | | | | A | B | | | • |
| IRAQ | • | | | | | A | C | • | • | • |
| IRELAND, REPUBLIC OF | • | • | | | | A | B | | | • |
| ISRAEL | | | | | | | | | | |

| | | | | | | | | | | |
|---|---|---|---|---|---|---|---|---|---|---|
| ITALY | | • | • | • | | A | B | • | • | • |
| JAMAICA | | | | | | | | | | |
| JAPAN | • | | | | | A | C | • | • | |
| JERSEY | | • | | | | N | B | | | |
| JORDAN | | | | | | | | | | |
| KAZAKHSTAN | | • | | | | S | B | | • | • |
| KENYA | | | | | | | | | | • |
| KIRIBATI | • | • | | | | A | B | • | • | • |
| KOREA, DEMOCRATIC PEOPLE´S REPUBLIC OF | | | | | | | | | | |
| KOREA, REPUBLIC OF | • | • | | | | S | B | • | • | • |
| KUWAIT | | | | | | | | | | |
| KYRGYZSTAN | | • | | • | • | A | B | | • | • |
| LAO PEOPLE´S DEMOCRATIC REPUBLIC | | | | | | | | | | |
| LATVIA | • | • | • | • | | A | B | | | • |
| LEBANON | | | | | | | | | | |
| LESOTHO | • | • | | | | | B | | | |
| LIBERIA | • | • | • | • | | A | C | | | • |
| LIBYAN ARAB JAMAHIRIYA | | | | | | | | | | |
| LIECHTENSTEIN | | • | • | • | • | A | B | | | • |
| LITHUANIA | • | • | • | • | | S | B | | | • |
| LUXEMBOURG | | • | | | | S | O | | | • |
| MACEDONIA, THE FORMER YUGOSLAV REPUBLIC OF | • | • | • | • | | A | O | | • | • |
| MADAGASCAR | • | • | | | | | B | | | • |
| MALAWI | • | | | | | A | C | | • | • |
| MALAYSIA | | | | | | | | | | |
| MALDIVES | | • | | | | N | B | | | • |
| MALI | • | • | | | | A | B | | | • |
| MALTA | • | • | • | | | S | B | • | • | • |
| MAN, ISLE OF | | | | | | | | | | |
| MARSHALL ISLANDS | • | • | • | | | | | | | • |
| MAURITANIA | • | • | | | | A | B | | | • |
| MAURITIUS | • | | | | | A | C | | | |
| MEXICO | | | | | | | | • | | |
| MICRONESIA, FEDERATED STATES OF | | | • | | • | | | | | • |
| MOLDOVA, REPUBLIC OF | • | • | • | • | | | B | • | • | • |
| MONACO | | | | | | | | | | |
| MONGOLIA | | • | | | | A | B | | | |
| MONTENEGRO | • | | | • | | | | | • | • |
| MONTSERRAT | | | | | | | | | | |
| MOROCCO | • | • | | | | A | B | | | • |
| MOZAMBIQUE | • | • | | | | A | B | | | |
| NAMIBIA | | • | | | | | B | | | |
| NAURU | • | | | | | | C | | | |
| NEPAL | | | | | | | | | | • |
| NETHERLANDS | | • | | • | | N | O | • | • | • |

| | | | | | | | | | | |
|---|---|---|---|---|---|---|---|---|---|---|
| NETHERLANDS, ANTILLES | | | | | | | | | | • |
| NEW ZEALAND | • | • | • | • | | S | B | | • | • |
| NICARAGUA | | • | • | • | | | B | | | |
| NIGER | • | • | | • | | A | B | | | • |
| NIGERIA | • | | | | • | S | B | • | • | |
| NIUE | • | | | | | | C | | | |
| NORWAY | | • | | | | N | | | • | • |
| OMAN | | | | | | | | | | |
| PAKISTAN | | • | | | | | B | | | • |
| PALAU | • | | • | | • | S | B | | | • |
| PALESTINE | | | | | | | | | | |
| PANAMA | • | | | | | A | B | | • | • |
| PAPUA NEW GUINEA | | | | | | | | • | | |
| PARAGUAY | • | • | | • | | S | B | | | |
| PERU | • | • | • | • | | A | B | • | • | • |
| PHILIPPINES | • | • | • | • | | A | B | • | • | • |
| PITCAIRN ISLANDS | | | | | | | | | | |
| POLAND | • | • | | • | | A | B | • | • | • |
| PORTUGAL | | • | | • | | S | O | • | • | • |
| QATAR | | • | | | | A | B | | | • |
| ROMANIA | • | • | | • | | A | B | • | • | • |
| RUSSIAN FEDERATION | • | • | • | | | A | B | • | • | • |
| RWANDA | • | • | | | | A | B | | | • |
| SAINT HELENA | | | | | | | | | | |
| SAINT KITTS AND NEVIS | • | | | | | A | B | • | | • |
| SAINT LUCIA | • | | | | | | C | | | |
| SAINT VINCENT AND THE GRENADINES | • | | | | | A | C | | | |
| SAMOA | • | | | | | | C | | | • |
| SAN MARINO | | | | • | | | | | | • |
| SÃO TOMÉ AND PRINCIPE | | • | | | | | C | | | • |
| SAUDI ARABIA | | | | | | | | | | |
| SENEGAL | • | • | | | | A | B | | | • |
| SERBIA | • | • | • | • | | A | B | • | • | • |
| SEYCHELLES | • | • | | | | A | B | | | • |
| SIERRA LEONE | • | | | | | A | B | | | • |
| SINGAPORE | • | • | | | | | B | | | |
| SLOVAKIA | • | • | • | • | | S | B | • | • | • |
| SLOVENIA | • | • | • | • | | A | B | | • | • |
| SOLOMON ISLANDS | | | | | | | | | | |
| SOMALIA | • | • | | | • | | B | | | • |
| SOUTH AFRICA | | • | | | | N | O | • | | • |
| SPAIN | • | • | | • | | S | B | • | • | • |
| SRI LANKA | • | • | | | | A | B | | | • |
| SUDAN | • | • | | | | A | B | • | | • |
| SURINAME | | • | | | | | | | | • |
| SWAZILAND | • | • | | | | S | B | | | |
| SWEDEN | | • | | | | N | B | • | • | • |
| SWITZERLAND | • | • | • | | | A | B | • | • | • |
| SYRIAN ARAB REPUBLIC | • | • | | | | A | B | | | • |

| | | | | | | | | | | |
|---|---|---|---|---|---|---|---|---|---|---|
| TAIWAN | • | • | • | • | | A | B | • | • | • |
| TAJIKISTAN | • | • | | | | A | B | | | • |
| TANZANIA, UNITED REPUBLIC OF | | | | | | | | | | • |
| THAILAND | | • | | • | | A | B | • | • | • |
| TIMOR-LESTE | | • | | | | S | B | | | |
| TOGO | • | • | • | • | | | B | | | • |
| TOKELAU | | | | | | | | | | • |
| TONGA | | | | | | | | | | |
| TRINIDAD AND TOBAGO | | | | | | | | | | |
| TUNISIA | • | • | | | | A | B | | | • |
| TURKEY | • | • | | | | A | C | | | • |
| TURKMENISTAN | | • | • | • | | | B | | • | • |
| TURKS AND CAICOS ISLANDS | | | | | | | | | | |
| TUVALU | | | | | | | | | | |
| UGANDA | • | • | • | • | • | A | B | • | • | • |
| UKRAINE | • | • | • | | | A | B | • | • | • |
| UNITED ARAB EMIRATES | | | | | | | | | | |
| UNITED KINGDOM OF GREAT BRITAIN AND NORTHERN IRELAND | | • | | | | S | B | • | • | |
| UNITED STATES OF AMERICA | | | | | | | | • | • | |
| URUGUAY | • | | • | • | | A | B | • | • | • |
| UZBEKISTAN | • | • | | | | | B | | | • |
| VANUATU | • | | | | | A | C | | | |
| VENEZUELA | • | • | • | • | • | A | B | • | • | • |
| VIET NAM | | • | | | | | O | | | |
| VIRGIN ISLANDS, BRITISH | | | | | | | | | | |
| YEMEN | • | | | | | A | B | | | • |
| ZAMBIA | • | | | | | A | C | | | |
| ZIMBABWE | | | | | | | | | | • |

### (3) 직접민주정치의 채택논의

① 독일에서의 논의

ⓐ 야당의 채택 주장

현재도 직접민주정치를 채택해야 한다는 세력이 있다. 통일 전까지는 직접민주정치를 요청하는 정당이 없었는데 동독과 통일 후 동독식인 국민투표제도를 도입하겠다는 정당이 나타났다. 그것은 서독의 정당정치에 익숙하지 않아서 독일의회에서 많은 의석을 차지 못한 데 대한 반발로도 생각할 수 있겠다.[60] 독일헌법은 의회의 입법절차를 규정한 제76조의 개정에 있어서 문제가 제시되었다. 2002년의 이 헌법개정안에 대하여 사회민주

60) Wikipedia, Direkte Demokratie.

당과 90연맹/녹색당이 공동헌법개정안을 내었고 2005년에는 좌파정당이 자유민주당과 90연맹/녹색당이 각기 다른 입법안을 제출하였다. 2002년 안은 의회 표결에서 다수의 지지를 얻었으나 3분의 2 특별 다수를 얻지 못하여 실패하였다. 국민발안에 대해서는 기본법은 제146조에 규정한 전면개정의 경우에나 제9조 2항에 따른 연방영역의 수정의 경우에만 인정되었다. 후자의 경우에는 전독일에 걸친 것이 아니고, 변경에 해당하는 국민에게만 이를 승인할 것인가 반대할 것인가의 결정권이 남아 있었을 뿐이다.

지방의 경우에도 직접민주정치는 1998년 입법의 형태로서 16개 독일지방에서 도입되었다. 각주헌법의 규정이 다 다르고 적용이 항시적으로 되지 않아 2010년 현재 거의 적용되지 않고 있다. 이에 지방이나 시 · 읍 · 면에서의 직접민주정치를 요구하는 사회단체도 있다.

ⓑ 연방에서의 지방자치입법의 채택의 공방

「민주정치와 선거지원 국제연구소」에서는 직접민주정치제도 도입에 관한 방안에 관해서 연구하여 왔다.[61] 이 밖에도 많은 연구가 있다.[62] 이 중에는 정당에 소속하는 연구소에서의 연구 저서도 있다.[63]

우선 찬성론자는 직접민주정치가 간접민주정치의 민주적 결함을 보완해 주는 것이기 때문에 직접민주정치 도입에 찬성한다고 하고 있다. 국민이 직접 투표하는 방법을 통하여 대표제 민주정치의 결함을 국민의 직접참여에 의하여 시정할 수 있으며 민주정치의 정당성을 보완해 준다고 했다.

반대론자는 이 제도가 대표제민주정치의 약점을 지적하여 다수자의 손에 결정권을 줌으로써 사회의 소수자의 권익을 위협하는 것이라고 한다. 투표자는 투표내용도 잘 알지 못하여 국민투표에 부의된 안건도 잘 이해하지 못하여 결정권을 행사하는 단점이 있다고 한다. 특히 이해하기 힘든 헌법적 문제를 결정하는 것에 대하여 많은 문제점을 제기하고 있다.[64]

ⓒ 찬반논쟁 요약

직접민주정치를 채택할 것인가에 대해서는 학문상 직접민주정치와 간접민주정치 주장자에 대해서 오랫동안 공방되어 왔다. 직접민주정치를 강화해야 한다는 단체에서는 2013년에도 전시회를 열고 선전운동도 했다.[65] 이에 대해서 직접민주정치를 하는 경우 민주주의를 파괴할 위험이 있다고 반대하는 단체도 있다.[66]

---

61) International Institute for Democracy and Electoral Assistance, Direct Democracy Options

62) Wikipedia, Direct Democracy.

63) Baus/Montag (Hrsg.), *Perspektiven und Grenzen Direkter Demokratie*, Konrad Adenauer Stiftung, 2012; W. Merkel, *Direkte Demokratie*, Friedrich-Ebert-Stiftung, März 2014.

64) Direct Democracy Options; I. Budge, "Direct Democracy: Setting Appropriate Terms of Debate," D. Held (ed.), *Prospects for Democracy*, Cambridge, 1983, pp. 136-155.

65) Verein Mehr Demokratie e. V. Volksentscheidung King 2013.

반대론자는 바이마르헌법 시대의 히틀러의 국민투표를 연상한다. 국민들이 사안에 대해서는 잘 판단할 수 없기 때문에 정부의 정책에 대해서 찬성하기 쉬우며, 이때 정부의 선전 선동이 중요한 역할을 하여 99%의 투표율과 지지율을 가져온다고 보아 중요한 국가문제에 대한 결정에 반대한다.[67] 또 국민투표에는 돈과 시간이 많이 들어 민주정치의 비용이 과중해진다는 것이다. 정부 · 여당은 홍보기관이 있어 국민을 이끌어 갈 수 있으나 야당은 이에 대응할만한 수단이 없다는 것이다.[68] 특히 신문 · 방송 등 미디어를 조종할 수 있는 측이 절대 유리하다. 이것은 함부르크에서 학교개혁의 투표에서 명확해졌다. 개혁에 반대하는 측에서는 거의 무제한으로 돈을 썼는데 찬성파는 변호사조차 구할 수 없었다. 그리하여 결과는 사전에 예측할 수 있었다.

직접민주정치에 찬성하는 사람 중에는 국회의원들이 법률을 잘못 만들기 때문에 국민투표로 각성시켜야 한다고 하고 있으나, 독일에서는 이 역할을 헌법재판소가 잘 하고 있기 때문에 이중으로 국회를 견제할 필요가 없다.[69]

중요한 문제는 선동가나 일부 이익분자가 자기들의 이익을 주장하기 위하여 국민투표를 요구하여 결정한 경우 다수의 시민들은 이에 소외될 뿐만 아니라 결정에 대해서 책임을 지지 않게 된다. 국회의 의결에서는 공공의 복리가 중시되는 데 대하여 국민발안에 의해서 행해진 경우에는 의회의 다수에 반대하는 결정을 하게 되어 책임을 물을 수 없게 된다.[70] 특히 국민결정에 의하지 않고 일부의 여론조사 결과를 보고 국정을 결정하는 것은 여론형성의 현실을 생각할 때 국민주권주의에 위반된다.

대표제민주정체에 직접민주제적인 국민투표제도를 도입하는 것은 대표제민주정치의 원리에 반하는 것이다. 대표제민주정치는 정당제민주정치이며 정당에 대한 투표나 개인에 대한 투표에 의해서 선출된 대표자가 국정을 책임을 지고 공공의 이익을 위해서 활동하는 것이다.[71]

직접민주정치에 있어서는 참여자가 적다. 50% 투표에 전체시민의 과반수 26%만 찬성해도 가결되니 이것은 사회적으로 왜곡된 시민의 축도(sozial verzerrte

---

66) Konrad Adenauer Stiftung, *a. a. O.*

67) Reinhard Schiffers, Schlechte Weimarer Erfahrungen?, Heußner/Jung (Hrsg.), *Mehr direkte Demokratie wagen*, 1999, SS. 41-60; Argumente gegen die direkte Demokratie, Konrad-Adenauer-Stiftung, http://www.kas.de/wf/de/71.11265.

68) Sickendiek, Volksentscheide werden durch finanzielle Mittel entschieden; Carta, 10 Argumente für und gegen direkte Demokratie und verbindliche Volksentscheide, http://www.carta.info/30999/10-argumente-fuer-und-gegen-direkte-demokratie-und-verbindliche-volksentscheide.

69) Carta, 10 Argumente für und gegen direkte Demokratie und verbindliche Volksentscheide, http://www.carta.info/30999/10-argumente-fuer-und-gegen-direkte-demokratie-und-verbindliche-volksentscheide.

70) T. Montag, Argumente gegen die direkte Demokratie, Konrad-Adenauer-Stiftung; Debatte Andreas Gross/Rudolf Steiberg Mehr direkte Demokratie wagen? Pro und Contra zu Plebisziten auf nationaler Ebene.
http://www.das-parlament.de/2014/40_41/im_blickpunkt/-/332168.

71) T. Montag, *a. a. O.*

Schrumpfversion)에 불과하게 된다. 물론 국회선거나 정당선거의 경우에도 선거인 수는 줄어드는 경향이 있으나 60-80%도 되기 때문에 그래도 대표민주정치가 낫다고 한다.[72)]

이에 대하여 직접민주정치를 찬성하는 측에서는 국민의 직접 권리행사의 욕구인 민주정치에 더 적합하고 특정한 사안에 관한 국민투표의 경우 사안이 명확하고 간단하며 단기에 가부를 결정할 수 있으며, 돈이 많이 들고 여론적합적인 포퓰리즘에 그칠 것이나 이것은 국회의원선거도 마찬가지다. 절차가 복잡하고 시간이 오래 걸리는 것이 일반적인 비판인데 이는 새로운 기계의 발전에 따라 Internet을 통하면 빨리 해결할 수 있고 계산도 정확히 할 수 있다고 한다.[73)] 또 금전에 의한 여론형성의 문제는 언론기관과 SNS 등의 정치적 중립성을 보장하고 국민투표에서의 공정보도를 지향하면 큰 문제는 되지 않는다고 한다.

② 영국에서의 논의

영국은 의회주의의 조국으로서 직접민주정치에 관한 전통은 없었다.[74)] 영국에서는 의회의원이 4년이나 5년 만에 한 번씩 선출되는데 주권자인 시민은 그동안 어떠한 정치적 행위를 하지 못한다는 것은 민주주의의 흠이라고 생각하여 국민결정 등을 요구했다. 1997년부터 노동당은 2년마다 처음 2기에 걸쳐 투표를 하게 했다. 2004년에는 동북 영국의 지방 자치투표에서는 시민들이 거부했다. 시민행정당(People's Administration)은 계속 직접민주정치로의 개혁을 요구해 왔고,[75)] 영국 직접민주주의 회사에서도 직접민주주의에 연구서를 발표하기도 하였다.[76)] 그런데 카메룬 수상은 2016년 6월 23일에 영국의 유럽연합 탈퇴문제를 시민에게 묻기도 하였다. 그런데 이 국민투표의 효력에 대해서는 합의가 되지 않았다. 이날 투표결과는 투표자의 52% 대 48%였다. 그래서 카메룬 수상은 사임하였는데 이에 대한 규정도 없었다. 유럽연합탈퇴 반대론자는 국민투표는 영국헌법상 법적 효력이 없기에 의회는 투표결과에 관계없이 최종결정을 해야 한다고 주장했다. 그들은 찬성자 중 29%만이 대학졸업자라고 하여 EU탈퇴의 효과를 모르는 사람들이 결정한 것이라 중우정치라고 비판하였다.[77)] 그럼에도 불구하고 이

72) W. Merkel, "Eine sozial verzerrte Schrumpfversion des Volkes" *Zeit Online*, 13. Nov. 2013; D. Thüker, Direkte Demokratie in Deutschland?, Rede Universität Trier 9. Jul 2007.

73) Dick Morris, Direct Democracy and the Internet, *Loyola of Los Angeles Law Review* 34 (2001), 1033. 그는 인터넷의 발전에 따라 직접민주정치로의 발전이 필수적이라고 한다.

74) Stanley Alderson, *Yea or Nay? Referenda in the United Kingdom*, 1975; Hans Herbert von Arnim, *Demokratie ohne Volk.: Plädoyer gegen Staatsversagen, Machtmißbrauch und Politikverdrossenheit*, 1993; Denis Balsom, "The United Kingdom: constitutional pragmatism and the adoption of the referendum," in Michael Gallagher and Pier Vincenzo Uleri (ed.), *The Referendum Experience in Europe*, 1996, pp. 209-225; David Butler / Austin Ranney, *Referendums Around the World: The Growing Use of Direct Democracy*, 1994.

75) People's Adminstration, Direct Democracy, http://www.paparty.co.uk.

76) Direct Democracy: All Agenda for a New Model Party, direct-democracy.co.uk.

77) Peter Singer, Direct Democracy and Brexit, Project Syndicate,

결정은 지켜져야 하게 되어 영국의 헌법적 위기를 초래하게 되었다.

③ 미국에서의 논의

이러한 패착은 캘리포니아에서도 행해진 적이 있다.[78] 캘리포니아 시민은 1978년에 제의 13(Proposition 13)을 통과시켰다. 그 내용은 재산세를 내리고 앞으로의 증세를 억제하였으며 주 의회와 지방의회에서 3분의 2의 다수로 통과되지 않는 경우에는 주세를 인상할 수 없게 하였다. 그 결과 캘리포니아의 주 서비스를 유지하기 위한 자금을 마련할 수 없어 연방에서 가장 좋던 교육제도가 이제는 낙후하고 말았다.

캘리포니아주에서는 90만 명 이상의 시민의 서명이 있으면 주의회에 법률안을 발안할 수 있다. 이 서명수는 많으나 최근에는 이러한 법률안 제안이 쇄도하고 있다. 그래서 캘리포니아의 민주주의는 과부하 되었다는 비판이 많다.[79]

미국의 각 주에서는 민주정치를 행하고 있는 곳이 많다.[80] 미국에서는 주 헌법 개정에서 10년에 한 주 정도가 직접민주주의 요소를 추가하고 있다. 주의 직접민주주의는 작은 주에서는 큰 홀을 만들고 인터넷으로 타운 미팅할 수도 있지 않는가라는 농담이 있다.[81] 그러나 미국에서는 직접민주주의의 경험이 있기에 급격한 직접민주화 입법은 기대하기 어렵다.[82]

## 3. 대표제민주정치

### 1) 간접민주정치

주권자인 국민이 간접적으로 주권을 행사하는 것을 간접민주정치(non-direct

---

https://www.project-syndicate.org/commentary/direct-democracy-and-brexit-by-peter-singer-2016-07; Am Rande der Verfassungskrise? Die rechtliche Grundlage des Brexit, bpb, http://www.bpb.de/apuz/238139/am-rande-der-verfassungskrise-die-rechtliche-grundlage-des-brexit?p=all; Matt Qvortrup, *Direct democracy: A comparative study of the theory and practice of government by the people*, Manchester University Press, 2013.

78) Mehr Demokratie e. V. Direkte Demokratie in Kalifornien, https://www.mehr-demokratie.de/themen/europa-und-international/international/usa/2011-direkte-demokratie-in-kalifornien.; California' Direct Democracy, Weekly Reader Current Events, https://www.eduplace.com/kids/socsci/ca/books/bkd/wklyrdr/u5_article2.shtml.

79) Direct Democracy Overload! : Anarchy 101, https://www.reddit.com/r/Anarchy101; Remarks: The Perils of Direct Democracy: The California Experience.

80) Constanze Stelzenmüller, *Direkte Demokratie in den Vereinigten Staaten von Amerika*, 1994.

81) Can the USA become a pure democracy in the future using the internet as one big town hall meeting?, https://www.quora.com/Can-the-USA-become-a-pure-democracy-in-the-future-using-the-internet-as-one-big-town-hall-meeting.

82) Pros and Cons, *Activating Democracy*, http://www.activatingdemocracy.com/topics/concept/pros-and-cons.

democracy)라고 한다. 직접민주정치에서는 국민이 투표나 발안이나 소환을 통하여 주권을 행사했는데 간접민주정치의 경우에는 대표자라는 사람을 선출하여 그 사람으로 하여금 정책을 결정하기 때문에 대표제민주정치라고 한다.

근대 입헌주의 하의 간접정치에는 대표자에 대한 자격이나 임기 등이 옳게 정해지지 않았기 때문에 대표자의 임기연장이나 권한확대 때문에 헌법 분쟁이 자주 일어날 수 있어 현대 민주정치에서는 대표자를 선출하는데 여러 제한을 두고 있다.

현대 헌법은 국민의 주권행사의 매개체로서 정당을 두고 있기 때문에 정당의 헌법상 지위를 규정하고 정당의 민주화를 위한 여러 법적 규제를 하고 있다. 또 정당의 과두화나 독재가 행해질 수 있기 때문에 정당 민주화를 위한 제도가 마련되고 있다.

또 대표의 선출의 경우에 인물을 선거할 것이냐 정당을 선거할 것이냐에 대한 문제가 있어 정당대표도 어느 정도 인정하고 있다. 정당선거를 위해서는 정당에 대한 투표를 하고 정당은 자기들이 내놓은 후보자 명부에 따라 의석을 배분하고 있다. 정당에 대한 비례대표제선거가 직접선거의 원칙에 위반된다고 하여 인물선거를 해야 한다는 논의가 있어 독일식 인물선거에 중점을 둔 의원내각제가 많이 행해지고 있다.[83)]

### 2) 대표자에는 어떤 사람이 있는가?

간접민주정치에 있어서 대표자는 어떤 사람이 있는가, 누가 전체국민을 대표하여 국정을 운영할 것인가가 문제된다.

#### (1) 국회의원

일반적으로 대표자로는 국민이 직접 선출한 국회의원을 들고 있다. 이러한 국회의원들이 대통령이나 국무총리를 선출하여 행정을 행하고 있는 제도를 의원내각제(Parliamentarism, Parliament democracy)라고 한다. 민주정치의 형태 중에서 국회의원을 중심으로 입법을 하고 입법기관의 감독 하에서 내각이 행정을 통제하는 의원내각제도가 많이 채택되고 있다.[84)]

#### (2) 대통령

국민의 대표자로서가 아니고 국가의 대표자로서 한 사람을 선출하여 집행권을 맡기는 제도를 대통령제라고 한다. 이것은 국민이 직접 대통령을 선출하였기 때문에 입법이나 행정통제에 대한 의회의 권한을 일부 제한적으로 통제의 목적으로 법률안 거부권이라든가, 의회해산권, 사면권 등을 가지고 있다.

---

83) 정당국가의 문제와 선거제도에 관해서는 김철수, 『헌법질서론』(수학사, 1963); 김철수, 『헌법과 정치』(진원사, 2012), pp. 95-183 참조.

84) Wikipedia, Parliamentary System; Inter-Parliamentary Union, *Parliament and Democracy in the Twenty-first Century*, 2006; Wikipedia, Parlamentarisches Regierungssystem.

#### (3) 군주

입헌군주제 하에서는 군주가 국가원수로서 국가를 대표하고 있는 경우가 있다. 이때 군주는 국민에 의해서 직접 선거되지는 않으나 전통적으로 그 직을 세습하고 이에 대해 주권자인 국민이 동의하는 형태이다. 현대의 입헌군주국가의 주권은 국민에게 있고 군주는 국민통합의 상징에 불과한 경우도 있다(일본).

#### (4) 주석단

중국과 같은 나라의 주석단은 형식은 정당과 국민의 대표로 존재한다. 국민은 개인적으로 직접 선출하지 않고 국민의 대표기관인 전국인민대표자대회와 공산당 대표들의 합의체로서 기능한다.

### 3) 대표민주정치의 유형

#### (1) 의원내각제

① 의원내각제 = 그리스의 예

현대 헌법에서도 최신식 의원내각제도를 채택하고 있는 나라로는 그리스가 있다. 그리스헌법은 의원내각제 헌법이라고 하겠다.85) 주지하는 바와 같이 아테네는 직접민주정치를 했다. 그러나 총회의 결정사항은 500명의 대의원이 모여 결정한 점에서 간접민주주의의 효시라고도 하겠다.

그리스는 연립정부를 세우지 않았기에 주변의 로마제국이라든가 여러 나라의 지배를 받았다. 현대에 와서는 오스만제국의 지배를 받았고 1821년에 독립전쟁을 시작하여 1827년에는 독립을 쟁취했고 1832년에는 그리스왕국을 건설했다. 1843년에는 국민들이 왕에 항의하여 헌법이 제정되었고 대표의회가 구성되었다. 대표제민주제 군주국가였다고 하겠다. 1908년에는 젊은 터크 혁명(Young Turk Revolution)이 일어나기도 했다. 제1차 세계대전을 전후하여 그리스는 확장되었고 1924년에는 국민투표로 공화제로 되었다가 다시 군주제가 되기도 했다. 그 뒤 독재정권이 들어섰다가 1974년에 권위주의 정부가 들어섰다.86)

1967년에서 1974년에는 군사정부가 군림하였는데 1975년부터 새 헌법이 시행되었다. 그리스는 신 군부가 새 헌법을 제정하겠다고 선언한 뒤에 신 정부에 의하여 쓰게

85) Karl-Wilhelm Welwei, *Die griechische Polis: Verfassung und Gesellschaft in archaischer und klassischer Zeit*, 1998; Die Verfassung der Griechischen Republik (1975-2000), http://www.verfassungen.eu/griech/verf75.htm. 한국어 번역은 국회도서관, "그리스헌법," 『세계의 헌법 Ⅰ』, pp. 12-57 참조.

86) Wikipedia, Politisches System Griechenland.

할 새로운 헌법을 제정하였다.[87] 이때까지도 군부는 파파도풀로스 대령과 콜리아스 대통령 등이 지시적 자유주의를 하고 있었는데 이를 개혁하겠다고 약속하였다. 이 헌법은 1975년에 제정되고 시행되었다. 그리고는 1986년, 2001년, 2008년에 대폭 개정하였다. 이들 헌법은 헌법개정절차를 매우 어렵게 규정하고 있기 때문에 새 헌법의 제정에는 이르지 못하고 있다.[88]

헌법은 4부로 구성되어 있고 총 120개 조문으로 구성되어 있다. 80년대 이후의 헌법개정에 의하여 개인의 기본권조항은 많이 늘어났다. 특이한 것은 국교로서 그리스정교회가 있고 종교의 자유가 제한된다는 점이다.[89]

제2편은 공화국 대통령에 대해서 규정하고 있다. 정부형태는 의원내각제라고 하겠다. 대통령은 공화국 기관들의 기능을 관리한다. 국회에 의해서 선출되며 임기는 5년이다. 국회의원 총수의 3분의 2를 득표한 사람이 대통령으로 선출되고 당선자가 없는 경우에는 2차 투료를 하고 여기서도 득표를 얻은 자가 없을 때에는 3차 투표를 하여 5분의 3을 얻은 사람이 대통령이 된다. 3차 투표에 당선자가 없는 경우에는 국회를 해산하고 다시 국회를 구성하여 지명투표로 국회의원 총수의 5분의 3 득표에 의하여 대통령을 선출한다. 이 투표를 얻지 못할 경우 5일 이내에 투표를 다시 하여 절대다수를 얻은 사람을 대통령으로 선출한다. 이때에도 절대 과반수를 얻지 못하는 경우 다시 다수득표자 2명에 대해서 선거하여 과반수 득표자를 당선자로 한다. 대통령이 오랫동안 외국에 가 있거나 기타 사임하거나 면직된 경우에는 국회의장이 직무를 대행한다.

대통령의 행위는 관할 장관이 부서해야만 효력이 있다. 내각이 해산된 경우에는 대통령이 단독으로 할 수 있다. 예외적으로 ① 수상 임명, ② 대통령의 행정직무보좌관 임명, ③ 수상 지명을 위한 특별조치, ④ 법안의 국회반송 등은 대통령이 단독으로 한다.

대통령은 수상을 임명하고 그 추천에 따라 내각의 구성원인 장관과 차관을 임명하고 해임한다. 국회에서 절대다수의 의석을 가진 정당의 대표가 수상으로 임명된다. 절대다수 의석을 가진 정당이 없는 경우, 대통령은 국회의 신임을 받은 정부구성 가능성을 확인하기 위해 상대적으로 다수의 의석을 차지한 정당의 대표에게 부연적 설명을 포함한 명령을 교부한다. 이것이 불가능한 경우, 대통령은 거국내각을 구성하도록 노력해야 한다.

대통령은 내각이 사임하거나 국회가 신임을 거부한 경우 내각을 해임해야 한다. 사임한 수상이 국회의원 총수의 절대다수를 보유한 정당의 대표나 대변인인 경우에는 수상임명규정을 유추하여 적용한다.

수상이 사망하거나 사직하거나 건강상의 이유로 임무를 수행하지 못할 시 사퇴하는 경우에는, 수상이 속한 정당이 절대다수의 국회의석수를 보유하고 있을 경우 대통령은

---

87) Neue Verfassung für Griechenland?, http://www.zeit.de/1967/19/neue-verfassung-fuer-griechenland.

88) Griechische Verfassung, linkfang.de.

89) V. Markides, Aspect of Greek Orthodox Fundamentalism, *Orthodox Forum*, pp. 49-72. T. Panagopoulus, Die Religionsfreiheit in Griechenland, *Orthodox Forum*, pp. 73-80.

그 정당의 원내 단체가 추천한 사람을 수상으로 임명한다. … 절대다수의 국회의석을 보유한 정당이 없는 경우 수상 임명절차에 유추하여 수상을 임명한다. 새 수상을 선임할 때까지 수상의 직무는 제1순위 부수상이 수행하며 부수상이 선임되지 않는 경우에는 제1순위 장관이 수행한다. 대통령은 1년에 한번 국회정기회를 소집한다. 대통령은 두 정부기관이 사퇴하거나 또는 국회에서 부결하여 구성되지 않음으로써 정부의 안정을 보장하지 못할 경우에는 국회를 해산할 수 있다. 선거는 국회의 신임을 받는 정부에 의해 시작할 수 있다. 기타의 경우에는 제37조 제3항 제3호를 유추하여 적용한다. 대통령은 이례적인 중요성을 지닌 국가의 문제를 해결하기 위하여 국민의 신임을 새롭게 하고자 하는 목적으로 신임투표를 받은 내각의 제안으로 국회를 해산한다. 동일한 문제로 새 국회를 해산하는 것은 불가능하다. 이 경우 내각이 부서하여 국회가 해산하는 것에 관한 법령에는 30일 이내에 선거를 실시한다는 것과 선거 후 30일 이내에 새 국회가 소집된다는 포고문이 포함되어야 한다.

대통령은 국회에서 통과된 법률을 표결 후 1개월 이내에 공포한다. 대통령은 이 기간 내에 국회에서 통과된 법안을 반송사유와 함께 반송할 수 있다. 대통령이 국회로 반송한 법률안은 국회에 제출되며 국회의 의결절차를 거치되 국회의원 총수의 절대과반수에 의해 통과될 경우 대통령은 표결이 확정 후 10일 이내에 이를 공포해야 한다.

이와 같이 대통령의 권한을 상세히 규정한 것은 대통령과 수상, 국회 등의 권한쟁의를 막기 위한 것이며 이것은 독일헌법이나 드골헌법을 모방한 것이라고 한다.

이와 같이 대통령과 국회, 정부와의 관계가 면밀히 규정되었음에도 불구하고 1974년 이후 40년 동안에 21번의 정권교체가 있었다. 이를 도표를 보면 다음과 같다.[90] 형식적으

90) 그리스 정부변경 일람표
[Griechische Regierungen der Militärdiktatur (1967 bis 1974)]
•1967 – 1967: Kabinett Konstantinos Kollias
•1967 – 1973: Kabinett Georgios Papadopoulos
•1973 – 1973: Kabinett Spyros Markezinis
•1973 – 1974: Kabinett Adamantios Androutsopoulos
[Griechische Regierungen der Dritten Republik (seit 1974)]
•1974 – 1974: Kabinett Konstantinos Karamanlis V
•1974 – 1977: Kabinett Konstantinos Karamanlis VI
•1977 – 1980: Kabinett Konstantinos Karamanlis VII
•1980 – 1981: Kabinett Georgios Rallis
•1981 – 1985: Kabinett Andreas Papandreou I
•1985 – 1989: Kabinett Andreas Papandreou II
•1989 – 1989: Kabinett Tzannis Tzannetakis
•1989 – 1989: Kabinett Ioannis Grivas
•1989 – 1990: Kabinett Xenophon Zolotas
•1990 – 1993: Kabinett Konstantinos Mitsotakis
•1993 – 1996: Kabinett Andreas Papandreou III
•1996 – 1996: Kabinett Konstantinos Simitis I
•1996 – 2000: Kabinett Konstantinos Simitis II
•2000 – 2004: Kabinett Konstantinos Simitis III
•2004 – 2007: Kabinett Kostas Karamanlis I
•2007 – 2009: Kabinett Kostas Karamanlis II

로는 대통령의 권한이 강하나 사실상 최고의 정치인은 수상이다. 그는 국무를 총괄한다. 정부를 총괄하고 내각의 일체성을 담보하며 의회에 대하여 정치적 책임을 진다. 수상은 어느 때든지 신임투표를 요구할 수 있다. 국회도 정부 또는 정부의 내각에 대한 신임을 철회하기로 결정할 수 있다. 국회가 정부불신임을 부결한 경우에는 6개월 내에는 다시 제출할 수 없다. 신임동의안은 출석한 국회의원 수의 과반수에 의해 승인되지 않을 경우 채택될 수 없다. 이때 출석의원수는 국회의원 총수의 5분의 2 이상이어야 한다. 불신임안은 국회의원 총수의 과반수가 승인한 경우에 채택된다.

모델이 되었다는 독일기본법 하에서는 수상의 임기가 대개 10년 가까이 되는 것에 비하면 그리스에서는 정치를 잘못해서 책임을 많이 지고 있기 때문에 임기가 짧다고 하겠다.

이탈리아의 경우 부패와 포퓰리즘 때문에 국가재정이 고갈될 뿐만 아니라 외국에 대한 부패청산도 옳게 못하여 유럽연합에서 쫓겨날 가능성마저 문제가 되고 있다.[91]

그리스의 정치적 전통은 양당정치에 기초하고 있었다. 민주적 보수당인 신민주주의정당(ND)과 사회민주적인 범그리스사회운동당(PASOK)이 주류를 이루었고 그리스공산당(KKE)과 급진좌파당(SYRIZA)과 기독교정통주의당(LAOS) 등이 있었다. 2009년 위기 시까지는 사회민주당과 신민주당이 정권을 교대로 유지하고 있었다. 그때부터 이 양대 당에 대한 지지는 줄어들고 인기도 떨어졌다. 2011년 11월에는 큰 정당들과 정통주의당이 대연정을 구성하여 2012년 선거에서 대연정이 승리하였다. 그러나 2015년 선거에서는 군소정당이었던 좌파정당(SYRIZA)이 다수를 차지하였다.[92] 2012년 전까지만 해도 이들 정당은 선거에서 포퓰리즘 정책만 내걸고 대재벌들의 면세 등 부패에 젖어있었다.[93] 대재벌들, 예를 들면 선박회사들은 조세피난처로 주소를 옮겨 세금을 포탈했고 정부는 대학까지 무상교육을 했으며, 그 많은 실업자에게 생계비를 주어 재정은 적자상태였다.[94]

2009년 선거에서는 신민주당이 33.5%를 얻었고, 사회민주당은 43%를 얻어 대연정을

---

- 2009 – 2011: Kabinett Giorgos Andrea Papandreou
- 2011 – 2012: Kabinett Loukas Papadimos (Übergangsregierung)
- 2012 – 2012: Kabinett Panagiotis Pikrammenos (Übergangsregierung)
- 2012 – 2015: Kabinett Andonis Samaras
- 2015 – 2015: Kabinett Alexis Tsipras I
- 2015 – 현재: Kabinett Alexis Tsipras II

91) IMF, Greece: Preliminary Draft Debt Sustainability Analysis, July 2, 2015

92) Wikipedia, Greece; Wikipedia, Politics of Greece.

93) Chronik 2012-2014, https://www.lpb-bw.de/chronik_finanzkrise_griechenland.html.

94) Steuern bei Reichen: die Probleme in Griechenland, http://www.faz.net/aktuell/politik/ausland/europa/steuern-bei-reichen-die-probleme-in-griechenland-13445378.html; ZDF-Doku Die Griechenland-Lüge Griechische Reeder zahlen keine Steuern, http://www.focus.de/finanzen/news/staatsverschuldung/zdf-doku-ueber-griechenland-kein-reeder-muss-steuern-zahlen_aid_749838.html; Regierungswechsel: Das etwas bessere Griechenland, http://www.zeit.de/2011/46/Griechenland.

했기 때문에 정치적 개혁이나 재정적자에 대해서는 거의 무시하고 포퓰리즘 인기영합정책에 전력하였다. 이에 새로운 정치세력에 대한 열망이 높았다. 2012년에는 그동안의 경제정책의 잘못으로 부채가 많아 채무불이행상태가 되었다. 이에 유럽은 그리스 탈퇴를 기정사실로 하고 긴축재정을 요구하였다. 2012년에는 이 양대 당이 대연정을 하고 있었는데 그리스의 재정적자를 감소시키기 위하여 긴축예산을 편성하기로 했다. 이에 반대하여 급진정당들이 과격한 선전선동을 하게 되었다. 2012년 6월 17일의 선거에서는 보수당인 신민주당이 29.7%로 일등을 했고 급진좌파인 Syriza당은 26.9%를 얻어 제2당이 되었다. 사회민주당은 12.3%밖에 얻지 못하였다. 신민주당과 사회민주당은 162명의 의원으로서 연립정권을 구성하였다. 선거 이후에 신민주당과 사회민주당에 민주적 좌파(Dimas)당이 합세하여 연립정권을 만들었고 수상으로는 신민주당의 사마라스(Samaras)가 선임되었다. 사마라스 수상은 채권단에게 유로 지불유예를 요구했으나 유로 채권국에서는 이에 호응하지 않았다. 채권단인 3총사인 유럽연합위원회와 유럽중앙은행과 IMF 대표들이 협의를 했는데, IMF는 그리스의 채무유예에 부정적이었다. 독일정부도 세 번째의 그리스 원조에는 부정적이었다.[95]

2012년 10월 9일에 메르켈 총리는 아테네를 방문하여 사마라스 수상과 면담하고 파포우리아스 대통령을 예방하였다. 메르켈 총리는 건강보험문제에 대한 약속을 했을 뿐이다.[96] 2012년 11월 12일에는 유럽연합의 재무부장관들이 모여 그리스의 부채문제에 대해서 논의하였으나 합의점에 도달하지 못했다. 재무장관들은 20일에도 만났으나 그리스가 당장 갚아야 할 300억 유로 이상의 차관은 승인하지 않았다. 그런데 그리스는 상환능력이 없는데 IMF는 유럽연합에 보증할 것을 요구하였다. 11월 26일의 재무장관회의에서는 IMF와 유럽은행과 그리스 문제를 종결하기로 합의하였다. 그리스의 총채무는 2020년까지 180%에서 124%로 감액하고 2022년에는 110% 이하로 될 것을 기대하였다. 공식적으로는 제3차 원조계획을 실행하지 않되 유로 당국들이 이 부채를 매입해주고 또 이자를 감해주며 채무상환기간을 15년에서 30년으로 하기로 하였다. 이로써 그리스정부가 당장 필요로 한 4370억 유로의 지불은 유예되었다. 대신에 344억 유로를 당장에 은행단이 이체해주고 나머지는 의회가 세제개혁을 하는 것과 연계하기로 하였다.

그리스의회는 2013년 1월 11일에 163명의 찬성으로 새 세법개정안을 통과시켰다. 이 개혁으로 2014년까지 135억 유로를 절약하게 될 것이었다. 2013년 2월 25일부터 유럽중앙은행과 IMF, EU의 3자가 다시 아테네에서 모여 3월 10일까지 장래문제를 결정하였다. 3월까지는 28억 유로를 무상지원하고 4월에는 60억 유로를 제공하기로 합의하였다. 그러나 그리스의 경제사정은 좋아지지 않았다. 2013년에는 4.5%의 마이너스 성장이 예측되었다. 29%의 그리스인이 실업자였고 24세 이하의 청년노동실업자는 62%에 달하였다. 2월에는 노동조합이 이 긴축재정에 반대하여 총파업을 진행하기로

95) Parlamentswahlen 2012, http://www.lpb-bw.de/parlamentswahl_griechenland_2012.html.
96) Chronik 2012-2014, https://www.lpb-bw.de/chronik_finanzkrise_griechenland.html.

하였다. 과격한 반대에도 불구하고 그리스의회는 2013년 7월 17일 정부의 긴축재정에 동의하였다. 이 긴축법은 107개 조에 달하였는데 다음에 행해질 유럽은행들의 지원을 전제로 300명 의원 중 151명만이 찬성하였다.

이 법률에 따라 2014년까지 70만 명의 공무원 중 1만 5천 명을 감원하기로 하였다. 4,000명은 2013년 말까지 감원하고 12,500명의 공무원은 2013년 9월까지 동원 예비인으로 지정되어 전보된다. 25,000명은 이 해 말부터 8개월 동안 특히 교사와 경찰은 75%의 봉급만 받고 계속 근무할 수 있었다. 이 기간 동안 대체직위가 주어지지 않으면 완전 면직된다. 이리하여 그리스는 68억 유로를 받기로 한 약속 중에서 25억 유로를 미리 받게 되었다.

사마라스 그리스 수상은 2013년 8월 22일부터 25일까지 세 사람의 유명 정치가를 찾아다니며 채무면책을 해달라고 하고 정치인들과 협상하였다. 사마라스 수상은 유럽의 장도 방문하여 그들이 제기한 조건을 완화해 주기를 부탁하였다. 2013년 9월 24일 수천 명의 공무원들이 이 긴축안에 반대하여 48시간 파업을 하였다. 2013년 11월 10일 좌파반대단체들이 불신임투표를 요구하였으나 이는 부결되었다. 2013년 11월 21일 그리스 정부는 예상외로 많은 수입을 올려 흑자는 2배로 늘었다고 하였다. 2013년 12월 7일 의회는 2014년도 예산안을 통과시켰는데 경제제도의 발전을 기대한 것이었다.

2014년 2월 27일에는 3개 은행 수장이 회합하여 그리스정부에 재정지원을 하기로 합의하여 100억 유로를 즉각적인 채무변제를 위하여 지원하였다.

그리스는 2014년 4월 10일에 국제적인 자본시장에 복귀할 수 있었다. 4년 전의 금융붕괴에서 비로소 자금조달을 할 수 있게 신용이 회복되어 4.77%의 이자에 5년간의 장기채를 쓸 수 있었다. 그리하여 그리스정부는 30억 유로의 차관을 얻을 수 있었다. 2008년 이후 처음으로 2014년 제2기에 0.38% 지표가 향상되었다.

2014년 12월 8일 그리스의 구제 프로그램은 2개월 연장되었다. 그리스 정부는 이제 이 3자의 엄격한 규제를 반가워하지 않았다. 그러나 통제자는 더욱 많은 시간을 요청하였다. 어쨌든 IMF 등 은행의 지배하에 있던 그리스는 예상보다 빨리 4년 만에 경제정상화는 이루어졌으나 아직도 할 일은 많았다. 그리스의 경제는 관광과 농업이 지배하고 있고 지출은 국방비 1.1%에 불과하였으나 인기영합정책에 드는 비용과 정부공무원의 과잉 등 때문에 재정압박을 받고 있었다.97)

사마라 수상은 야당의 급진주의자가 대통령으로 당선되는 것을 막기 위하여 대통령 임기 2개월 전에 대통령 선거를 실시할 것을 공고하였다. 이는 그의 패착이었다. 그는 현직 대통령 대신에 전직 유럽연합 환경부장이었던 디마스(Dimas)를 지명했는데, 3차 투표까지 필요한 의회다수의 찬성을 얻지 못하였다. 이에 헌법의 규정에 따라 국회를 해산하고 국회개원 후 다시 대통령을 선거하게 되었다.

2015년 1월 25일 선거에서는 급진좌파연합의 Syriza당이 승리하였으나 절대다수는

---

97) Chronik 2012-2014.

얻지 못하였다. 국회의원 선거 직후에 개각을 하였는데 수상으로는 치프라스(Tsipras)가 당선되었다(2015. 1. 26). 이들은 승자인 치프라스의 긴축정책에 대한 반대로 승리한 것에도 불구하고 긴축재정을 계속하였다.

과거 정부장관들은 호사한 생활을 하였는데도 많은 장관들이 자전거 출근을 하거나 경찰의 에스코트 없이 자전거로 시가지를 다니며 정부 비행기 대신에 염가항공의 일반석을 이용하고, 백화점에서 싼 옷을 사 입고 공식외교행사에 참여하는 등 철저히 절약을 하고 있었다.[98]

과거 관광수입만 해도 잘 살 수 있었던 그리스가 사치한 생활과 포퓰리즘 정책으로 채무국가에 시달렸던 것을 잊지 않고 솔선수범하여 외환위기를 극복한 것은 칭찬할 만하다. 은행이 문을 닫고 1주일에 필요한 생활비밖에 찾지 못했던 생활에서 지도층의 노력으로 다시 자본시장에 진출할 수 있게 된 것은 외국에도 모범이 될 수 있을 것이다.

그러나 긴축재정 때문에 쫓겨났던 많은 공무원과 지출긴축 때문에 병원이나 요양소를 찾지 못한 시민에게는 긴축정책의 폐지가 좋은 정책으로 비쳤다. 그리하여 긴축정책을 폐지하고 이와 관련하여 해직된 공무원을 복직시키고 봉급을 옛날처럼 올려 주겠다고 주장한 좌파연합이 승리할 것은 당연한 이치였다.[99]

그 결과 의회선거에서 다수를 차지한 Syriza당의 당수인 치프라스가 수상이 되었다. 그는 40세의 젊은 나이로 2015년 1월 26일에 취임하였다. 그는 우파 포퓰리스트당인 「독립그리스당」과 연립내각을 구성하였다.[100] 좌파연합인 Syriza당이 의회의 다수를 차지한 것은 제일 많은 득표를 얻은 정당에게 300석 중 50석의 보너스를 주게 한 선거법의 덕이다. 이것은 군소정당이 난립하여 의회가 연립정부를 구성할 수 없거나 불신임결의에 의하여 자주 경질되는 것을 막기 위한 안전판이라고도 할 수 있다. 이 덕택으로 그리스의 내각은 단명을 면하고 있는 것이라고 하겠다.

치프라스 수상은 젊을 때부터 학생운동을 하여 처음에는 공산당에 가입했고 1991-2013년에 Synaspimos당에 소속했다. 그러다가 2013년에 좌파연합당이 Syriza정당에 가입하여 당수가 되었다. 그가 수상이 된 후에 처음에는 이탈리아를 방문했고 두 번째로 러시아를 방문하여 러시아의 지지를 얻으려고 노력하였다. 2015년 3월에는 대통령선거가 행해졌는데 야당인 신민주당의 파블로풀로스가 당선되었다. 2015년 6월 27일에 그리스가 유럽위원회와 IMF와 유럽중앙은행과 합의한 탈퇴조건을 수락할 것인가를 위한 국민투표를 제안했다. 이 국민투표는 7월 3일에 25만 명이 한자리에 모여 투표한 결과 61.3%로 부결시켰다. 이에 따른 재협상에서 성공하여 의회에 회부하였으나 자기 정당에서 반대파가 나왔으나 야당의 도움으로 통과되었다.

---

98) Alles wird versilbert: Griechische Regierung verscherbelt ihre Staatskarossen, http://www.focus.de/finanzen/news/staatsverschuldung/alles-wird-versilbert-griechische-regierung-verscherbelt-ihre-staatskarossen_id_4453283.html.
99) Parlamentswahlen 2015, http://www.lpb-bw.de/parlamentswahl_griechenland_2015.html.
100) Wikipedia, Politics of Greece.

그는 7개월 후에 당내 분파 작용으로 다수의석을 상실하였다. 그래서 2015년 8월 20일에 사퇴하고 9월에 선거를 하였다. 이 선거에서 치프라스는 300석 중 145석을 얻어 다시 제1당이 되었다.

2015년 1월 선거에서는 64%의 유권자가 투표하였으나 9월 20일 선거에서는 57%만이 투표하였다. 그럼에도 그의 정당은 제1당이 되어 선거법의 덕택으로 145석을 얻었다. 그리하여 다시 수상으로 선출되게 되었다.

9월 27일에는 빌 클린턴을 찾아가 그리스 채무의 재조정의 필요성에 관하여 상의하고 행정개혁을 약속하며 투자를 요청하였다. 11월 18일에는 터키를 방문하여 그리스와 터키의 영해수호대의 기술협력을 약속하였다. 그는 세제개혁을 통하여 세수를 증가하고 국유지의 이용을 위하여 사유회위원회를 만들고 국유지의 매매를 하기로 했다. 그는 2017년 7월 24일에 기자회견을 하면서 그리스의 경제는 좋아지고 있다고 했다.[101)]

치프라스 수상은 2017년 5월 북경에서의 정상회의 이후 중국에 많이 의존하게 되었다. 그리스는 유럽이 보복하는 가운데 중국의 현금과 이익을 얻기 위하여 노력하고 있다. 그리스는 남중국해에 있어서의 침략행위를 규탄하려는 유럽연합의 결정을 막는 데 성공했으며 중국의 유럽투자를 제한하는 조치에 대해서는 반대하고 있다. 중국은 그리스에 대해서 수많은 투자를 하고 있으며 경제적으로 뿐만 아니라 정치적 기반을 만들려고 하고 있다. 그리스는 그동안 러시아와 가까이하려고 노력해 왔다. 그 이유는 그리스가 유럽연합을 탈퇴하고 유로권에서 물러나고 러시아 편에 서려고 했기 때문이었다. 그런데 이제는 유럽이 더 가까운 중국과 협상하여 중국의 새 실크로드의 거점을 제공하면서 유럽 탈퇴 시에 중국과 동맹관계를 맺으려고 하는 것이 아닌지 우려를 낳고 있다. 지정학적으로 보아 그리스는 중국의 표적이 될 수 있다. 또 유럽연합의 푸대접과 은행 3자의 강한 통제 때문에 치프라스 수상이 그렉시트(Grexit)를 강행할 가능성도 있다.[102)] 그는 취임 초에는 그렉시트를 고려하고 장관들과 계획서까지 만든 사실이 최근 알려지고 있다.[103)]

그는 이념적으로도 공산주의자이다. 그는 대학생 때도 공산당에 가입하고 있었다. 아테네국립공과대학 재학 중에도 공학계 학생회의 집행부서에 있었으며 학생대표로 대학의회의 회원으로 있었다. 1995년에서 1997년에는 그리스전국학생연합(EFEE)의 중앙위원회 위원으로 활약하였다. 그는 1991년에는 공산당을 탈퇴하였으나 그리스사회

---

101) Wikipedia, Alexis Tsipras.

102) Chastised by E.U., a Resentful Greece Embraces China's Cash and Interests, *The New York Times,* https://www.nytimes.com/2017/08/26/world/europe/greece-china-piraeus-alexis-tsipras.html; Wikipedia, Greek withdrawal from the eurozone; European Central Bank, Withdrawal and Expulsion from the EU and EMU, Some Reflections, Legal Working Paper Series No. 19, December 2009.

103) Varoufakis Reveals Text Message Exchange with Tsipras on Temporary Grexit, http://greece.greekreporter.com/2017/07/30/varoufakis-reveals-text-message-exchange-with-tsipras-on-temporary-grexit.

포럼을 만들고 좌파연합을 만드는 데 기여하였다. 그동안 신자유주의 세계화에 반대하는 국제운동에도 가담하였다. 2015년 수상이 된 뒤에는 취임 6개월 만인 2015년 6월 27일 그리스의 EU 탈퇴에 관한 유럽금융 3자와의 합의로 된 탈퇴안에 대한 국민투표를 제안하고 유럽에 남기로 결정하였다. 그때에도 내심으로는 유럽 탈퇴를 준비하고 있었다.[104] 국민투표 실시 전 그리스와 유럽과의 관계는 험악했다. 그리스는 돈이 없어 은행 문을 닫을 지경이었다. 치프라스 수상은 유럽에서 탈퇴를 하는 것은 불가피하다고 협약했고 러시아는 자기들의 투자계획과 무역을 위하여 아테네에 재정원조를 할 용의가 있다고 다짐하였다. 그리스의 치프라스 수상은 러시아를 그리스의 가장 중요한 파트너라고 했다. 치프라스가 「푸틴과 협상을 하고 있다」고 본 유럽도 그리스에 20억 유로를 은행 폐쇄를 막기 위해서 주기로 하였다.[105]

당시 치프라스 수상은 러시아를 방문하여 푸틴 대통령과 러시아 총리를 만났고 총리는 경제원조를 해 주겠다고 했다. 그러나 국민투표에서 탈퇴가 부결되자 유럽과 그리스는 다시 협상을 했고 금융 3자는 그리스의 긴축재정을 요구했다.

그리스정부는 연금을 감축하는 것을 반대하고 있다. 그리고 세금인상도 뜻대로 되지 않고 있어 경제문제는 심각하다. 2017년 5월에는 근로자에게도 수개월 동안 월급을 못 주는 형편이 되었다.[106] 이것은 정부가 친노동자당이기 때문에 긴축계획에 합의해 놓고도 실천하지 않았기 때문이다. 그동안 유럽에서 그리스의 후원자 역할을 해왔던 독일도 지쳐 있다. 독일의 Forsa연구소의 여론조사에 의하면 그리스의 유럽탈퇴를 원하는 독일 주민은 2017년에 52%에 달했다고 한다. 반대는 42%밖에 안 되었다. 1년 전만 하더라도 33%만이 Grexit에 찬성이었다. 독일은 투자공세를 펴고 있는 중국이 그리스를 포섭할까 걱정하고 있다. 중국은 그동안 수많은 돈을 들여 그리스를 사고 있다. 피레우스항은 이제 중국의 회사(Cosco)가 지배하고 있다. 화물텍크는 중국에서 만들어 왔고 중국의 선박과 건설자재가 피레우스항을 움직이고 있는데 이 회사는 중국계가 지배하고 있다. 근처에 있던 공항이 폐쇄되었는데 이 자리를 중국이 사들이고 있다. 중국은 이 피레우스항을 전진기지로 삼고 있으며, 앞으로 5년 내에 중국관광객 150만 명을 끌어들이는 작업을 중국 상사가 하고 있다. 중국은 그리스가 피레우스항이나 기타 요지의 토지매각을 억제하는 것을 반대하여 규제를 해제받고 있다.

치프라스 수상은 아테네는 중국의 유럽 기지라고 자랑하고 있다. 중국은 그동안 토지투

---

104) Tsipras to Varoufakis: Let's Take the €16 Bln of the European Central Bank, http://greece.greekreporter.com/2017/07/23/tsipras-to-varoufakis-lets-take-the-e16-bln-of-the-european-central-bank; Greek Former Minister: Russia Could Offer Aid in Case of Grexit, http://greece.greekreporter.com/2017/07/23/greek-former -minister-russia-could-offer-aid-in-case-of-grexit.

105) Alexis Tsipras predicts Greece's exit will cause COLLAPSE of Europe's ... the collapse of the single currency, http://www.dailymail.co.uk/news/article- 3131100/Greek-PM-predicts-nation-s-Grexit-cause-COLLAPSE-Europe-s-currency.html.

106) Griechische Regierung - Fehler über Fehler, *Cashkurs*, https://www.cashkurs.com/beitrag/griechische-regierung-fehler-ueber-fehler.

자뿐만 아니라 국채도 많이 사들였고, 그리스 무역에도 관여하여 Grexit를 기다리고 있다. 그동안 러시아만 경계해 왔던 미국이[107] 이제 정신을 차리고 그리스를 관찰하고 있다.

유럽연합에서도 기를 못 펴고 있는 채무국인 이탈리아, 스페인, 포르투갈, 헝가리 등이 그리스를 주시하고 있다. 이들 나라에도 중국이 많은 투자를 하고 있기 때문에 Grexit가 되면 이들 나라까지 동조자가 나올지 모른다. 그리스의 치프라스 수상은 지정학적 지위 때문에 Grexit를 저울질하고 있는 것 같다. Brexit에 이어 Grexit가 올 경우 유럽의 채권을 그리스가 갚아줄 리가 만무하여 유럽경제에도 많은 영향이 있을 것으로 보아 걱정하는 사람이 많다.[107a]

의원내각제 국가에 있어 선거의 중요성이 잘 들어난 예이며 제1당을 강화하려고 고안한 제1당에 대한 50석 우대조항이 사회주의연합당의 수명을 연장하고 있는 것도 문제이다.

#### 4) 대표제 민주정치의 장단점[108]

##### (1) 대표제 민주정치의 장점

① 정치적 양극화를 최소화한다. 효과적이다.

정당들이 국가의 선을 위해서 합의해야 한다. 서로 극단적 주장을 피하고 양극단의 의견을 종합해서 국가의 선을 위해서 기능하도록 해야 한다. 모든 정당이 조화롭게 활동해야 하며 항상 소수당에 의하여 도전을 받으나 이들 지지를 얻기 위하여 노력해야 한다.

② 입법을 쉽고 빠르게 할 수 있다.

그 이유는 통치지도부가 합의된 매니페스트에 의하여 선출되었기 때문이다. 그래서 국민의 의사가 어떤 정치체제에서보다 강하게 표현된다.

③ 연립정권은 입법을 통과시키기 위하여 필요하다.

정당의 대표성을 강화한다. 입법통과를 위해서는 연립정당은 그 타당성을 입법하기 전에 홍보해야 한다. 어떤 한 정당도 대다수의 연립정당의 지지 없이는 입법할 수 없다. 그 결과 소수정당의 특별이익을 보장하는데 다른 정당의 주장보다도 유리하다. 영국의

---

107) Chastised by E.U., a Resentful Greece Embraces China's Cash and Interests, *The New York Times*, https://www.nytimes.com/2017/08/26/world/europe/greece-china-piraeus-alexis-tsipras.html.

107a) 치프라스 전 수상은 2023. 6. 25. 총선거에서 중도 우파인 신민주주의당(신민당)에 참패하여 좌파연합(Syriza)의 대표에서 물러났다. 그리스는 2019년 이래 신민당의 미초타키스(Kyriakos Mitsotakis) 수상이 집권하여 포퓰리즘에서 벗어났다. (편집자)

108) 간단한 것으로는 김철수, 『헌법과 정치』, 2012, pp. 239-241 참조.

의회정치는 왜 의원내각제가 좋은지 좋은 예가 되고 있다. 국민들은 입법하기 전에 정당들의 의사를 충분히 알 수 있다.

④ 인종적, 씨족적 또는 이념적으로 분리된 인민들에게 더 유리하다.

대통령제와 달리 의원내각제 하에서는 권력이 많은 분파로 분리되어 있어 정부를 형성하는데 인종적, 씨족적 또는 이념적 다양성이 있는 분리된 나라에 유리하다. 이런 민주주의 형태에서는 수상은 대통령의 권력에 영향을 받기는 하나 지배를 받지 않는다. 그 이유는 인민들에게 결정적 문제를 해결하는데 한 사람만을 선출하는 것이 아니라 정당을 선택하게 하는 것이 유리하기 때문이다.

⑤ 정당 창설이 쉽다.

어떤 단체나 조직이라도 정당을 형성하거나 연립정권을 창설하는 것이 쉽다. 그 이유는 다수의 공통의사를 반영하기 쉬우며 전체국민을 대표하게 하는 것보다 쉽다. 미국에서는 정당의 어느 파당도 정당을 창설하기 어렵다. 미국의 경우 대통령제이기 때문에 강력한 양당제도가 형성되어 있어 Tea Party와 같은 파당도 대표선거에 큰 영향을 줄 수 없다. 사실에 있어서도 1992년 이후 대통령선거에서 중요한 역할을 한 제3당은 없었다.

⑥ 정부의 문제발생시 이 문제 해결을 쉽게 한다.

선출된 의회는 공무원의 선출기관으로서 활동한다. 그래서 급해 필요한 경우에 긴급하게 공무원을 선출하도록 하여 정부의 권한을 빨리 행사할 수 있다.

### (2) 대표제민주정치의 단점

① 직접민주정치만큼 대표성을 제공하지 않는다.

국회의원이 국민의 대표자라는 신임을 배반한다. 대통령제나 다른 형태의 정부형태처럼 개별적 지역은 민주정치형태에서 같은 대표성을 받지 못한다. 이것은 연립정부가 그들의 개인적 행동을 반영해 주지 않기 때문이다. 다수당에게 유리하다.

② 소수자의 지지 없이 입법을 통과시킨다.

다수를 차지하고 있는 연립정당은 다른 군소정당의 찬성이나 동의를 요구하지 않고 자기들이 원하는 입법을 통과할 수 있기 때문이다. 이것은 최근 영국에서 일어났는데 보수당이 완전 다수를 의회에서 차지하자 야당은 보다 민주적인 입법을 할 권한을 상실당했다.

③ 국민이 국가원수나 총리의 투표에 참여하는 일이 없고 선거인이 결정하는 일이

드물다.

의회민주정치에 있어서 선거인은 국가원수나 수상에 대하여 직접 투표하지 않는다. 그렇기에 많은 사람들에 의하여 비판되고 있다. 소수당 국회의원들조차도 정부수반을 뽑는 데 큰 영향력을 발휘할 수 없다. 그 이유는 선거전에서 특정인을 이미 결정하였기 때문이다.

④ 이 제도는 자주 불안하다.

정부가 반대자의 요구에 따라서 불안정해질 수 있다. 그 이유는 다수정당이 난립하여 극한대립을 하여 정부가 장기간 불안정을 가져올 수 있기 때문이다. 많은 정치인들도 정치문화가 고도로 양극화한 투표자에 의해 의회 정당이 군소화 난립하여 정부의 비례대표성이 모든 정부정책의 불안정성을 가져오고 선거결과를 예측할 수 없어 여당이 선거를 지연하게 되고 선거의 연기가 정부의 불안정성을 장기화할 수 있다.

⑤ 선출된 의회의원의 계산가능성을 유지하지 못한다.

선거인은 자기의 대표자를 선출하였기 때문에 그들은 선거 후에도 대표기능을 성실히 지켜주기를 요구한다. 그들은 이번 선거에 배신한 사람에게 다음 선거에서는 투표하지 않는다. 투표인이 선거제도에 따라 당선자가 선거인의 의사를 따르지 않기 때문에 부정적이다.109)

## III. 결어

처음에는 중요 정부형태의 운영실태를 자료형식으로 서술하여 각기 정부형태의 장단점에 관한 판단은 독자에게 맡기기로 하였다. 그런데 직접민주정치와 의원내각제에 관해서도 자료가 너무 많아서 지면의 제약도 있어 이 정도로 끝을 맺기로 하였다. 여기에 든 사례는 다른 나라와 비교하기 위한 것이 아니고 각 유형의 특수한 특색을 알아보기로 한 것이다.

욕심 같아서는 현대민주정치의 문제를 헤쳐 보았으면 하였으나, 다른 작업과 겹쳐서 도저히 시간을 낼 수 없었다. 독자들에게는 우리나라의 헌정사나 앞으로 헌법개정에 대한 나름대로의 견해를 밝히는 것이 도리이기는 하나, 앞으로 우리가 채택해야 할

---

109) M. Wolffsohn, *Das Regierungssystem*, Opladen 1991; G. Yacoby, *The Government*, New York; Riescher et. al. (ed.), *Theorien der Vergleichenden Regierungslehre: Eine Einführung*, München 2011; Jürgen Hartmann, *Westliche Regierungssysteme: Parlamentarismus, Präsidentielles und Semi-Präsidentielles Regierungssystem*, 2005; 11 Important Pros and Cons of Representative Democracy,
http://connectusfund.org/11-important-pros-and-cons-of-representative-democracy.

정부형태 하나만 하더라도 책을 몇 권 써야 할 것이기에 여기서는 생략하기로 하였다.

그동안 필자는 헌법개정에 관해서 두 권이나 단행본을 출판하였으니[110] 궁금한 분은 이를 보아주시기 바란다.

끝으로 정부형태에 관해서 궁금하신 분을 위하여 필자가 쓴 『헌법과 정치』에 게재된 부분을 참고로 붙이기로 하였으니 궁금하신 분은 이를 참조해 주시면 고맙겠다.

논문이 용두사미가 되어 버려 독자들에게 죄송하다. 양해를 바란다.

**[참고: 정부형태의 유형]**

1. 대통령제의 유형, 『헌법과 정치』, pp. 232-237.
2. 의원내각제의 유형, 『헌법과 정치』, pp. 241-247.
3. 이원정부제의 유형, 『헌법과 정치』, pp. 250-260.

## IV. 참고자료

### 1. 대통령제의 유형[111]

대통령제의 유형은 대체적으로 미국식인 대통령제와 Latin America의 대통령제, 후진국의 대통령제 등으로 나누어 볼 수 있다. 오늘날 대통령제의 단점을 시정하기 위하여 내각제도의 도입도 모색되고 있다.

#### 1) **고전적 대통령제**(Präsidentialismus des alten Stils)

① 미국식 대통령제는 완전한 삼권분립형 대통령제를 말한다. 미국의 대통령은 행정권의 수반으로서 국민에게서 4년의 임기로 선출된다. 대통령은 의회에 대하여 책임을 지지 아니하며 국회해산권도 갖지 아니한다. 의회 역시 정부불신임권을 행사할 수 없으며 입법에 관한 권한을 독점한다.[112]

② 대통령의 권력독식과 의회와 정당의 이에 대한 반발 등으로 미국 대통령제는 많은 문제점을 가지고 있기 때문에 대통령제를 개혁하자는 논의가 행해지고 있다.

③ 미국 정치구조에 관해서 Committee on Constitutional System에서는 200년간의

---

110) 김철수, 『새 헌법 개정안』(진원사, 2014); 김철수, 『한국통일의 정치와 헌법』(시와 진실, 2017) 참조.

111) 대통령제의 유형에 관해서는 Poguntke, The Presidentialization of Politics: a Comparative Study of modern Democracy, 2007; Linz/Valenzuela, The Failure of Presidential Democracy, 1994, 주 33) 참조.

112) Hardin, Presidential Power and Accountability; Cronin/Tugwell, The Presidency Reappraised, p. 283-301.

역사를 분석하면서 분할된 정부를 막기 위한 여러 구제책을 들고 있다. 첫째로는 행정부와 입법간의 협력의 증진, 둘째로 정당의 강화, 셋째로 분할정부의 가능성을 줄이는 방안 등이 논의되고 있다.[113)]

④ Hess는 미국의 대통령제를 보강하기 위해서는 내각을 개편해야 한다고 주장한다. i ) 내각의 구성을 대통령이 필요로 하는 조언을 명확하게 제공해 줄 수 있도록 재편할 것 ii) 내각의 규모를 축소할 것 iii) 각의를 정기적으로 빈번하게 개최할 것 iv) 백악관에 각의를 위한 숙달된 사무국을 설치할 것 v ) 내각의 구성원은 솔선하여 정권의 중요한 대변인이 될 것 vi) 백악관 기구도 내각을 중축으로 하여 운영되어질 것 vii) 특히 대통령 스스로가 내각을 유능한 주된 조언의 수단이 되도록 운영할 것, 그는 이와 같이 대통령제에 내각제의 요소를 도입하라고 권고하고 있다.[114)]

⑤ 미국 대통령제를 모방하고 있는 Latin America에서는 아직도 20개국에서 국민에게서 직선된 대통령제가 유지되고 있으며[115)] Argentina, Brazil, Columbia 등에서는 내각이 대통령 마음대로 통제되고 있었다. 그러나 많은 나라에서 내각제적 요소를 결합하려는 정부형태가 나오고 있다.[116)]

### 2) 의원내각제에 유사한 대통령제

스페인 식민지에서 독립한 남미의 여러 나라는 미국식 대통령제를 채택하였다. 20세기에 들어와서는 남미 각국의 대통령제는 의원내각제에 접근하고 있다.[117)] 그 이유는 군사 쿠데타를 경험했기 때문일 것이다.

미국의 대통령제가 국회에 대한 무책임성과 국회와 정부 간의 갈등이 심했기에 라틴 아메리카에서는 대통령제에 의원내각제 요소를 도입하였다.[118)] 특히 남미의 1940년대의 Chile, Venezuela, Guatemala 헌법 등에서 채택되고 있는 제도로서, 대통령제에 의원내각제적 요소를 가미한 것을 말한다.[119)][120)] 의원내각제에 대통령제 요소를 가미한

---

113) Lijphart, Parliamentary versus Presidential Government, 조해경역, 『내각제 대 대통령제』, 107면 이하 참조.

114) Hess, Organizing the Presidency, Brookings Institution, 1976.

115) 라틴 아메리카의 대통령제는 ① 순수대통령제, ② 완화된 대통령제, ③ 의원내각제 유사형태로 구분할 수 있다고 한다. Loewenstein, Der Staatspräsident, Beiträge zur Staatssoziologie, S. 340 ff. 김효전 옮김, 대통령제의 비교법적 연구, 카를 슈미트외, 『독일 헌법학의 원천』(산지니, 2018), 851면 이하.

116) 라틴 아메리카의 대통령제에 대해서는 다음 절 참조.
뢰벤슈타인은 대통령제를 ① 미국의 대통령제 ② 남미의 대통령제 ③ 기타 지역에 있어서의 대통령제로 나누고 있다. Loewenstein, Beiträge zur Staatssoziologie, 1961. 카를 뢰벤슈타인, 김효전 옮김, 대통령제의 비교법적 연구, 『독일 헌법학의 원천』(산지니, 2018), 851-900면.

117) Rantor는 대통령의 권한을 줄이기 위한 남미 국가들의 노력을 여러 가지 들고 있다. Lijphart, Parliamentary v. Presidential Democracy.

118) 린쯔는 라틴 아메리카의 대통령제를 대통령제의 적용(Adaptation), 수정으로 보고 있다. Linz, The Failure of Presidential Democracy, vol. 1, p. 36 ff. 신명순 · 조정관 공역, 『내각제와 대통령제』(나남출판, 1995), 108면 이하.

나라가 있다. 이에 대하여 대통령제에 약간의 의원내각제 요소를 가미한 정부형태가 있다. 라틴 아메리카의 대통령제는 많은 점에서 미국과 다르게 운영되고 있다. 사실 대통령제라고 하더라도 대통령의 인성, 정당의 형태, 선거제도에 따라 많은 차이가 나고 있다.121)

라틴 아메리카의 대통령제는 미국의 대통령제에 비해서 집행부와 의회의 관계에서 다른 점이 있다.

① 미국에서는 장관이 국회의원이 될 수 없고 국회의 지지를 얻을 필요가 없이 임명되지만 라틴 아메리카에서는 국회의원이 장관이 되는 경우가 있고 장관 임명에 있어 국회의 협조를 얻기 위한 고려를 하고 있고,

② 미국에서는 대통령이 입법과정에서 국회 내부의 절차에 관여할 수 없으나 라틴 아메리카에서는 장관과 대통령이 국회의 입법과정에서 중요한 역할을 할 수 있으며,

③ 미국에서는 정부와 의회 다수당의 분리가 행해질 수 있는데 대하여 라틴 아메리카에서는 그 통합현상이 나타나고 있다. Costa Rica, Uruguay, Venezuela가 대표적이다.122)

④ 특히 대통령의 권력남용을 제한하기 위하여 대통령의 재선을 금지하였고, 내각제도를 도입하거나, 유사내각제도를 도입하였고, 대통령의 공무원 임명에 국회의 동의를 요청하게 했으며, 대통령의 탄핵을 가능하게 했다. 그러나 이러한 제도적 장치도 대통령의 독재를 완전히 견제하지 못했다.

남미의 대통령들은 국민투표제나 인기정책에 따라 민주헌정을 정지하는 경우가 있었고, 또 Zero-Sum Game으로 승자독식의 인사정책을 쓰기 마련이었다. 이로써 국민불화를 가져오고 정국을 불안하게 하였다.

라틴 아메리카의 경우 대통령과 의회가 대립하는 경우 군부의 개입이 많았다. 군이 대통령을 축출하고 스스로 대통령이 되는 경우와 대통령의 사직을 한 뒤 의회선거를 하는 경우도 있었다. 라틴 아메리카의 경우 대통령제가 독재제로 타락하는 경우가 많았다.

---

119) 라틴 아메리카의 대통령제에 대해서는 Loewenstien, Der Staatspräsident, Beiträge zur Staatssoziologie, 1961; Linz/Stepan, The Breakdown of Democracy Regimes, 1978; Mainwaring/Valenzuela, Politics, Society and Democracy Latin America, 1998; Mainwaring/Shugart(ed.), Presidentialism and Democracy in Latin America, 1997; Nolte, Präsidentialism revisited: Gewaltentrennung und Gewaltenbeschränkung in den lateinamerikanischen präsidential Demokratie, Lateinamerika Analysen, 7. Februar, 2004, S. 55-88; Krumwiede/Nolte, Die Rolle der Parlamente in den präsidialdemokratien Lateinamerikas, 2000; Linz/Valenzuela, The Failure of Presidential Democracy, vol. 2, 1994; Thibaut, Präsidentialismus und Demokratie in Latin Amerika, 1996; Foresaker/Landman/Harvey, Governing Latin America, 2003; Thibaut/Skach, Parlamentarische oder präsidentielle Demokratie? in Hanisch(Hrsg.), Demokratieexport in die Länder des Südens?, 1996, pp. 541~573.

120) Lijphart는 Parliamentary versus Presidential Government의 논제 2부를 라틴 아메리카에 있어서의 내각제와 대통령제를 다루고 있다. op. cit.

121) 이것은 뒤에 말하는 이원정부제적 요소가 강했으나 프랑스 제5공화국헌법제정전에 만들어진 제도이기 때문에 일반적으로 혼합제라고 불리어진다.

122) Cheibub, Minority Governments, Deadlock Situations and the Survival of Presidential Democracies, Comparative Political Studies 35(3): 284~313.

특히 단임제 헌법을 위헌적으로 개정하는 경우가 많았다.[123] Venezuela, Columbia 등이 있다.

라틴 아메리카에서는 의원내각제적 요소가 있어서 대통령은 자기정당과 타정당과의 연립정권을 형성하는 경우도 있었으며 그것이 대통령 정부의 안정성에도 기여했다. 이러한 연립정부의 구성은 집행부와 의회 간의 권력제한을 가져왔다. Bolivia, Chile와 Uruguay 등이 대표적이었다.

군중의 힘도 커져서 데모에 의하여 대통령을 사임하게 하는 경우도 있었다. 이것은 탄핵이 아니면 면직되지 않는 대통령의 지위 약화라고 하겠다. 이러한 군중의 미성숙현상과 대통령과 의회의 대립이 라틴 아메리카 정부의 불안정성을 초래하는 것이었다.

Brazil에서는 1988. 3. 22. 브라질 헌법제정회의가 정부형태를 대통령제에서 의원내각제로 하기로 결정하였으나 아직까지도 대통령제가 유지되고 있다.[124] 대통령은 헌법상 큰 권한을 가지고 있으나 국회의 다수가 비협조적인 정치기반에서 그 권력을 잘 행사할 수 없으며 권한의 모호성에 따라 불안요소가 없지 않다.

Mexico는 2000. 7. 2.의 선거에서 71년간에 걸친 PRI정당의 정치를 종식시킴으로써 권위주의적 독재정치에서 다수당에 의한 민주주의제로 옮겨갔다. 1910년의 혁명 후 헌정제도는 민주화되었으나 실제에 있어서는 권위주의적이고 계층적인 통치를 행하고 있었다.[125] 대통령의 재선은 금지되고 있다.

기타 남미의 여러 나라도 형식적으로는 대통령제도를 유지하고 있으나,[126] 실질적으로는 대통령 독재제나 이원정부제로 운영되고 있다.[127]

1994년의 Argentina 헌법개정에서 대통령제를 취하면서 내각의 수장은 의회에 대하여 책임을 지도록 하였다(헌법 제100조).

남미에서는 일당정부도 있고 연립정부도 있다. 일당정부는 1990년대를 기준으로 하면 Costa Rica, Venezuela, Colombia, Honduras 등이 여당이 다수를 얻어 정부를 구성하였고, 분리된 정부로는 Argentina, Guatemala, El Salvador 등이 있었다. 이에 대해

---

123) Linz/Valenzuela, The Failure of Presidential Democracy, vol. 2; Lijphart, Parliamentary v. Presidential Government, 조해경 역, 제2부 『라틴 아메리카에서의 내각제 대 대통령제』, 125면 이하, 특히 131면 이하.

124) Krüger, Präsidentialismus-Parlamentarismus-Debatte, Mainwaring, Multipartism, Robust Federalism and Presidentialism in Brazil, Schugart/Mainwaring (ed.), Presidentialism and Democracy in Latin America, pp. 55-109; Hofmeister, Der Wandel politischer Systeme in Lateinamerika, 1996; Magar, Patterns of Executive-Legislative Conflicts in Latin America and The U.S. Dissertation, March 1999, University of California, San Diego; Valenzuela, Latin America Presidencies interrupted, Journal of Democracy, Vol 5, Number 4, October, 2004.

125) Carpizo, Mexico: Presidential or Parliamentarian System?, Mexico Law Review, Nr. 3, January-June, 2005.

126) 상세한 것은 Mainwaring, 남미 국가에서의 대통령제, Parliamentary v. Presidential Government, 번역본 141면 이하.

127) 남미의 대통령제에 관해서는 헌정제도연구위원회, 『세계 각국 헌정제도 개관』(1986). 브라질, 66면 이하, 아르헨티나, 72면 이하, 엘살바도르, 80면 이하, 칠레, 87면 이하, 코스타리카, 96면 이하, 멕시코, 29면 이하 참조.

연립정부는 Bolivia, Chile, Brazil, Peru, Equador, Guatemala, Nicaragua 등이 있었다. Latin America에서도 옛날에는 의원내각제로의 개헌이 주장되었으나 오늘날에는 Argentina, Venezuela, Brazil 등에서 프랑스식인 이원정부제의 도입이 논의되고 있다. 일부 학자는 1994년의 Brazil 헌법을 이원정부제로 보고 있다.[128)]

남미에서 대통령제가 성공한 나라로는 Chile가 있었는데 이 나라도 1970년대에 민주정치가 파괴되었다. 그러나 2005년 헌법에 의하여 민정이 회복되었다. 형식적으로 1980년 헌법이 개정되어 시행되고 있다. Costa Rica는 미국식 대통령제가 성공한 나라로 인정되고 있다.

### 3) 후진국의 신대통령제 또는 초대통령제

이 대통령제는 형식적으로 미국대통령제에 가까운 권력분립적인 형태를 유지하고 있으나, 실질적으로는 집행권이 우월한 제도로서 권위주의적인 정부형태라고 할 수 있다. 대통령제는 후진국가에서는 신대통령제로 전락할 수 있다.[129)]

이러한 후진국가의 대통령제는 권력통합적인 신대통령제 정부형태로 되는 경향이 농후하다.[130)] 신대통령제 하에서는 대통령은 모든 국가기관에 우월한 지위를 가지게 되고 어떤 기관도 이를 견제할 수 없다. 명목상 의회와 내각, 법원이 있으나 이들의 독립성은 인정되지 않고 대통령에 의해서 모든 것이 결정된다. 이러한 정부형태는 제1차 세계대전 이후 많은 나라에서 생겨났는데 입헌민주주의를 시도하였으나 실패한 경우에 나타났다. 또 대통령이 헌법규정을 무시하고 계속 집권하여 정당의 견제도 받지 않고 오랫동안 집권하는 경우가 잦았다.

Loewenstein 교수는 Weimar헌법 하의 대통령제도 신대통령제로 보고 있으며, 1931년의 Spain헌법, 1926년 이후의 Poland헌법, 중국 국민당헌법의 총통제, 1933년의 Portugal헌법의 대통령제를 신대통령제의 유형으로 들고 있다.[131)] 남미의 경우에는 1937년 Vargas헌법 하의 Brazil을 들고 있다.[132)] 제2차 세계대전 후에도 대통령 독재제 또는 신대통령제가 완전히 사라진 것은 아니었다.

Mexico에서는 독립 후 90년간에 4명의 대통령이 58년간 지배하였다. 이집트의 나세르 정권이나 필리핀의 마르코스정권들이 이에 속했다. 우리나라에서는 박정희 대통령의 유신대통령제가 이에 속한다. 대통령에 대한 국민의 직선이 인정되지 않고, 대통령이

---

128) Latin America's Constitutions: Achievement and Perspectives.

129) Loewenstein, Der Staatspräsident. Eine vergleichende Studie, in: Beiträge zur Staatssoziologie, S. 331 ff.

130) 신대통령제에 관해서는 Loewenstein, Verfassungslehre, 1959; Loewenstein, Der Staatspräsident im Neo-Präsidentialismus, Beiträge zur Staatssoziologie, 1961, S. 383 ff.; 김효전, 신대통령제의 비교법적 고찰, 서울대 석사논문, 1970 참조.

131) Loewenstein, ebenda.

132) Loewenstein, Brazil under Vargas, 1942, p. 121 f.

국회의원 일부를 임명하며 사법권의 독립을 침해하는 절대적 독재자로 이름만의 대통령제라고 하겠다.

신대통령제의 유형으로서의 Latin America의 여러 나라를 들 수 있다. 남미에서는 1930년에서 1980년까지 37개국이 군사 쿠데타를 경험하였고, 신대통령제를 경험하였다.[133] Paraguay에서는 Stroessner가 1954년 Coup d'État를 한 후 30년간 통치하였다. 이러한 제도를 남미에서는 초대통령제(Hyperpresidentialismus)라고도 한다.[134] Columbia에서는 대통령의 재선도 금지되고 있었는데, Uribe 대통령에 의하여 재선을 허용하는 헌법개정이 2004년에 허용되었고, 2009년에는 3선을 가능하게 하는 헌법개정이 행해졌다. Venezuela의 Chavez 대통령은 헌법을 개정하여 영구히 선출될 수 있게 하였다. Chavez는 이미 10년 이상 통치하고 있다. 2008년 9월의 Equador 헌법은 대통령에게 의회해산권을 주고 대통령의 권한을 강화했다. 2009년 1월 25일의 Bolivia 헌법도 대통령의 재선만을 인정하고 지방자치를 강화하였다. Cuba나 Nicaragua, Honduras는 전형적인 신대통령제 국가이다.[135]

## 2. 의원내각제의 유형

의원내각제는 영국에서 군주제 하에서 의회에 책임을 지는 내각을 운영하는 것으로 성립되었다. 이를 Westminster Model이라고 한다. 이러한 군주제 의원내각제가 유럽당국에서 유행하였으나 프랑스 혁명 후 민주적 · 공화적 의원내각제가 등장하였다.

의원내각제의 제유형에 대해서는 2원형과 1원형으로 나누기도 한다. 2원형 의원내각제는 전형적으로 군주제 하에 있어서 왕권과 의회의 두 권력이 양자의 신임을 얻는 것을 내각의 존속요건으로 하는 의원내각제이다. 오늘날에는 왕을 대통령으로 보면 된다. 영국과 같은 나라는 실질적으로 1원형이 되었다. 실질적으로 내각에 의회해산권이 있다. 1원형 의원내각제는 왕권이 소멸한 뒤에 나오는 의원내각제로 ① 책임무제한추구형과 ② 책임추구억제형이 있다. 책임무제한추구형은 프랑스 제3공화국이 있고, 책임추구억제형으로는 의회의 불신임권을 견제하기 위하여 국회해산권을 인정하는 방향으로 나아갔고, 현대에 와서는 내각불신임권을 엄격히 제한하는 독일과 같은 제도가 탄생하였다.

의원내각제에 있어서는 의회와 정부가 각각 불신임권과 국회해산권을 가져 양기관이 서로 균형을 이루고 있다.[136]

---

133) Palmer, Peru Collectively Defending Democracy in the Western Hemisphere, in Farer, ed., Beyond Sovereignty: Collective Defending Democracy in the America, 1996, 258.

134) Hernandez, Reflections on Democratic Transition and Constitutional Reforms in Latin America, 2009. 11. 19 at IVR Seoul Conference. 그는 현재의 Argentina, Bolivia, Columbia, Equador와 Venezuela가 이 유형에 속한다고 한다.

135) Lavedra, A Quick Look at Constitutional Reforms in Latin-America.

136) 의원내각제를 채택하고 있는 나라는 영국과 유럽 대륙의 많은 나라, 이스라엘, 일본 등과 아프리카, 아시아 지방의 영국 식민지와 Caribbean 국가들이다. 이 밖에도 아프리카연방, 방글라데시, 보스니아,

그러나 현실적으로는 의회가 불신임권을 행사하지 않거나 정부가 의회해산권을 행사하지 않음으로써 강한 의회 · 약한 정부의 유형과 강한 정부 · 약한 의회의 유형으로 나눌 수 있다. 강한 의회에 대한 약한 정부의 형태로는 고전적 의원내각제인 France를 들 수 있고, 강한 정부에 대한 약한 의회로는 독일식 의원내각제를 들 수 있으며, 내각과 의회다수가 형식적으로는 일치하나 실질적으로는 정부가 강한 정부형태로는 영국식 수상정부제를 들 수 있다.

### 1) 군주제 의원내각제

군주제 의원내각제는 영국의 영향 하에서 발전한 것이다. 군주는 국가의 원수이나 통치하지 않는다. 중립적 입장에서 의회의 다수당의 지지를 얻는 사람을 수상으로 지명하고 수상이 의회에 대해서 책임을 지는 형태로 운영되고 있다. 유럽에서는 Netherland, Norway, Denmark, Sweden 등이 군주제 의원내각제를 채택하고 있다.

### 2) 고전적인 의원내각제

France 제3공화국과 France 제4공화국의 의원내각제[137]는 고전적인 의원내각제이다. 집행권은 대통령과 내각에 분여되고 있었으나, 사실상은 수상이 행정을 맡고 있고 대통령은 의례적 권한만을 가졌다. 의회는 정부에 대한 불신임권을 행사했으나 정부는 의회를 해산하지 않았고, 이것이 관례가 되어 강한 의회 · 약한 정부로 되어 정국이 불안정해졌다. 비례대표제와 프랑스의 특수성에 따라 다당제가 되어 있었고, 정부의 구성이 어려웠다.

### 3) 통제된 의원내각제

현재 독일의 의원내각제는 정부가 의회에 우월한 제도를 채택하고 있다. 이것은 바이마르공화국의 불안정성을 극복하기 위한 고려에서 나온 것이었다.

대통령은 의례적인 권한을 가지는바, 조각권도 형식적으로만 가지고 있다. 그러나 연방수상은 행정의 대강을 결정하며, 의회는 건설적 불신임투표에 의하지 아니하고는

---

에스토니아, 쿠웨이트, 말레이시아 등 아시아, 아프리카 국가들이 있다.

137) 프랑스 제4공화국의 의원내각제에 관해서는 Campbell, The Cabinet and the Constitution in France, 1956-1958; *Parliamentary Affairs*, 1958/1959, p. 2736; Haniel, *Regierungsbildung und Regierungskrisen in der Verfassungsentwicklung der französischen Vierten Republik*, 1961; Ludwig, Regierung und Parlament in Frankreich der IV. Republik, 1956; Waline, *Des parti contre la République*, 1948; Arné, *Le President du conseil des ministres sous la IV$^e$ République*, 1962; von Beyme, *Die parlamentarische Regierungssystem in Europa*, 1973; 이강혁, "정부형태에 관한 연구, 의원내각제를 중심으로,"『공법연구』 제24집 제4호 (1996), 52면 이하.

불신임결의를 할 수 없다. 이 건설적 불신임투표는 차기수상을 과반수찬성으로 선임하지 아니하고는 정부를 불신임할 수 없게 하는 것으로서 정국의 불안정을 예방하는 기능을 하고 있다.[138] 그리하여 독일정부는 그동안 의원내각제는 불안정한 정부형태라는 통념을 깨고 이제는 안정된 정부로서 인정되고 있다.[139]

이 제도는 수상정부제(Kanzlerdemokratie)라고도 한다. 왜냐하면 대통령은 국민에게서 직선되지 아니하고 형식적 · 의례적 권한만을 가진다. 이에 대하여 수상(Kanzler)은 국회의 다수당에 의하여 선임되고 또 연립정부를 형성하여 행정을 전담하고 있다. 의회는 후임자를 의회재적과반수로 선출하지 않는 한은 불신임할 수 없다. 그래서 수상은 10여 년씩 재임하여 독일의 경제기적을 이룩하였고 통일까지 달성하였다.[140] 이 수상정부제는 수상에 대한 헌법적 지위가 공고히 규정되어 있었고, Adenauer 수상의 인간성, 정당체제, Heuss 대통령이 정부지도에 있어서의 Adenauer의 우월적 지위를 인정하여 성립하였다. 기민당, 기사당이 의회다수를 차지하였거나 군소정당과 연립정권을 구성하여 성립한 것이며 정부구성에 있어서는 연립정당의 의사를 많이 반영하였다.[141] 그동안 기민/기사

138) 독일의 정부형태에 관해서는 v. Beyme, *Das politische System der Bundesrepublik Deutschlands*, 10. Auflage, 2004; Feldkamp, *Datenhandbuch zur Geschichte des Deutschen Bundestages 1994 bis 2003*, 2005; Glaeßner, *Politik in Deutschland*, 2. Auflage, 2006; Green/Paterson, *Governance in Contemporary Germany: The Semi-sovereign State Revisited*, 2005; Hesse/Ellwein, *Das Regierungssystem der Bundesrepublik Deutschland*, 2 Bände. 9. vollständig neubearb. Aufl., 2004; Korte/Fröhlich, *Politik und Regieren in Deutschland*, 2. Auflage, 2006; Padgett/Paterson/Smith (Hrsg.), *Developments in German Politics* 3, 2003; Pilz/Ortwein, *Das politische System Deutschlands*, 4. vollständig überarbeitete Auflage, 2008; Rudzio, *Das politische System der Bundesrepublik Deutschland*, 7. Aufl., 2006; Schmidt/Zohlnhöfer (Hrsg.), *Regieren in Deutschland, Innen- und Aussenpolitik seit 1949*. 2006; Schmidt, *Das politische System Deutschlands*, 2007; Sontheimer/Bleek/Gawrich, *Grundzüge des politischen Systems Deutschlands*, völlig überarbeitete Neuausgabe, 2007; Sturm/Pohle, *Das neue deutsche Regierungssystem, Die Europäisierung von Institutionen, Entscheidungsprozessen und Politikfeldern in der Bundesrepublik Deutschland*, 2. Aufl., 2005; Schulz-Schäfer, *Die Staatsform der Bundesrepublik Deutschland*, 1996; Badura, Parlamentarische Demokratie, *HbStR* I, §23; Ullwein, *Die Regierungssystem der Bundesrepublik Deutschland*, 6. Aufl., 1987; Hartwich / Werner, *Regieren in der Bundesrepublik Deutschland*, 3 Bde., 1990, 1991; Schröder, Bildung, Bestand und parlamentarische Verantwortung der Bundesregierung, *HbStR* 3 III, 2005; 김철수, 『독일통일의 정치와 헌법』(박영사, 2004); 조병륜, "건설적 불신임투표제도," 『공법연구』 제6집; 김도협, 『의원내각제』 (진원사, 2010) 참조.

139) Starck, The Parliamentary Government in Germany as a Factor of Stability, 학술원 제36차 국제학술대회 발표문; Kloepfer, Die Stabilität der Bundesregierung und Bundespräsident nach dem Grundgesetz, 2009, 한국공법학회 국제학술대회 발표논문; Hesse/Ellwein, *Das Regierungssystem der Bundesrepublik Deutschland*, 2 Bde.

140) 상세한 것은 Küpper, *Die Kanzlerdemokratie; Voraussetzungen, Strukturer und Änderung des Regierungsstils in der Ära Adenauer*, 1985; Niclauß, *Kanzlerdemokratie: Regierungsführung von Konrad Adenauer bis Gerhard Schröder*, 2004; Schlesinger, Ausbau und Hausmacht im Bundeskanzleramt, Die Systeme Schmidt, Kohl und Schröder, Magisterarbeit, 2000; 김철수, 『독일통일의 정치와 헌법』, 2004 참조.

141) W. Müller, *Die Relevanz von Institutionen für Koalitionsfrage: Theoretische Überlegungen und Beobachtungen zur Bundesrepublik Deutschland*.

당과 사민당의 대연정도 몇 번 하여 국가적 안정에 크게 기여하였다.

60년간 독일의 수상은 많이 바뀌지 않았다. 연립정부의 형태를 띠었기에 Lijphart는 이를 합의제정부(consensus democracy)로 보고 있다. 독일은 다당제이며 연립정부를 형성하고 있고 비례대표제를 채택하고 있고, 연방제를 채택하면서 제이원이 지방의 이익을 대표하고 있고, 성문헌법을 가지고 있고, 헌법재판소를 두고 있기 때문에 더 안정적이라고 한다.[142)]

### 4) 수상정부제

영국은 입헌군주제이다. 그러나 군주는 통치하지 아니하고, 의회와 정부가 통치를 하고 있다. 원래는 의회주권국가라고 불렸으며 의회의 권한이 막강했으나 현대에 와서는 수상의 우위가 인정되고 있다.[143)] 현대 영국의 의원내각제는 수상정부제라고도 불린다. 영국의 정부는 하원의 다수당으로써 구성되는 비교적 작은 위원회이다. 수상은 총선의 결과에 따라 다수당의 공천을 받아 하원에서 선출된다. 수상은 정책을 결정하고 집행하는 방법과 형태 등을 독자적으로 결정하기 때문에 그 지위는 종종 「입헌적 독재자」라고 불린다. 영국에서는 집행권이 정치적 기능으로는 우월하나 권위주의적으로 되지 않는 것은 수상과 내각이 권력을 자제하고 또 야당의 권리와 여론의 추세를 존중하며 정당규율이 확립되어 있기 때문이다.[144)]

이 제도는 Lijphart에 의하여 Westminster Model이라고 명명되었으며, 1당지배의 다수결에 의하여 결정되기 때문에 다수결민주주의라고도 말하고 있다. 양당제도가 발전하여 있고 또 소선거구에서 하원의원을 선출하고 있기 때문에 의회다수당이 수상을 선출하고 수상이 사실상 당수를 겸하고 있으므로 강력한 행정을 할 수 있다. 전시나

---

142) 연립정부에 관해서는 Müller/Strom, *Koalitionsregierungen in Westeuropa, Bildung, Arbeitsweise und Beendigung*, 1997; Pötzoch, *Die deutsche Demokratie*, 2. Aufl. 2001; Schmidt, The Grand Coalition State, Colomer (ed.), *Political Institutions in Europe*, 1996; Sontheimer, *Grundzüge des politischen Systems der Neuen Bundesrepublik Deutschland*, 1993; Niclauβ, Kiesinger und Merkel in der Grossen Koalition, *Aus Politik und Zeitgeschichte*, Nr. 16, 2008.

143) W. Bagehot, *The English Constitution*, 1867 (이태숙 · 김종원 옮김, 『영국 헌정』, 지만지, 2012); Barnett, *Constitutional & Administrative Law*, 3rd ed., 2000; Brazier, *Government and the Law*, 1989; Crossman, *Introduction to the English Constitution*, 1993; de Smith/Brazier, *Constitutional and Administrative Law*, 8th ed., 1998; Krum and Noetzel, *Das Regierungssystem Großbritanniens*, 2006; Headey, *British Cabinet Ministers*, 1974; I. Jennings, *Cabinet Government*, 3rd ed., 1959; MacKintosh, *British Government*, 3rd ed., 1977; Munro, *Studies in Constitutional Law*, 2nd ed., 1999; Alderman/Smith, Can prime minister be pushed out?, 1990, *Parliament Affairs* 260; Bradley/Ewing, *Constitutional and Administrative Law*, 12th ed., 1997; Vile, *Constitutionalism and the Separation of Powers*, 1967; Fenwick & Phillipson, *Sourcebook on Public Law*, 1997; 서주실, "수상정부제," 부산대 박사논문, 1975.

144) Woodhouse, The Office of Lord Chancellor, 2001; Oliver, Constitutional Reform in the UK, 2003; 大山禮子, 『比較議會政治論』, 2003; 江島晶子, "議會制, 民主主義と憲法改革," ジュリスト, No. 1311 (2006. 5. 15), 92-100면; Lijphart (粕谷祐子譯), 『民主主義對民主主義』(2005).

위기에서는 야당과 거국내각을 하고 있으나 일반의 경우에는 선거에서 이긴 정당이 장관직 등을 독식하고 있다.

### 5) 일본의 의원내각제

일본은 메이지 유신 이후 천황제로 복귀하였다. 메이지헌법 하에서는 천황주권 하에서 내각은 천황에 대하여 책임을 지는 천황의 보필기관에 불과하였다. 그것이 패전 후 국민주권주의 하에서의 의원내각제로 변질되게 되었다. 1946년의 현행헌법은 국회를 최고기관이며 유일한 입법기관이라고 규정하고 행정권은 내각에 속한다고 규정하면서 「내각은 행정권의 행사에 관하여 국회에 연대하여 책임을 지」도록 규정하고 있다. 내각총리대신은 국회의원 중에서 국회의 의결로서 이를 지명한다. 내각은 그 수장인 내각총리대신 및 기타의 국무대신으로 조직한다. 내각은 행정권의 행사에 대하여는 국회에 대하여 연대책임을 진다. 내각은 중의원에서 불신임의 결의안을 부결한 경우, 또는 신임의 결의안을 부결한 때에는 10일 이내에 중의원을 해산하지 않는 한 총사직하지 않으면 안 된다. 중의원 의원총선거 후 처음으로 국회가 소집된 때에는 내각은 총사직을 하지 않으면 안 된다. 이와 같이 국회는 내각에 대하여 책임을 물을 수 있으며 내각은 중의원을 해산할 수 있다.[145)]

이 제도의 본질에 대해서는 Westminster형이라고 보는 주장과 Consensus형이라고 보는 견해가 대립되고 있다. 현실적으로는 1955년 일본사회당의 통합과 자민당의 대결을 가져온 55년 체제 하에서 다수결적인 Westminster형으로 운영되었다. 그러나 1993년 7월 총선거에서 자민당이 과반수를 얻지 못함으로서 38년 만에 붕괴하였다. 1993년 체제 이후에는 다당연립체제가 성립되어 Consensus형이 지배했다고 본다. 2003년 9월 고이즈미(小泉) 총리의 국회해산 · 연정선거의 결과 자민당이 대승하여 수상정부제(직선총리제)로 기능했다고 보는 경향도 있다.[146)] 2009년 9월 총선에서 민주당이 절대다수당이 되었고 선거의 경향도 manifesto선거로 되었기 때문에 총리의 국민공선제가 실현되었다는 주장도 있다. 하토야마(鳩山) 내각은 참의원에서나 절대다수를 차지하지 못하여 좌파의 사민당과 중도의 민주신당과 연립내각을 구성하였으며 정계개편의 의의를 보이고 있다. 자민당정부의 정관유착을 끊고, 정치인에 의한 통치를 주장하고 있다.

---

145) 일본의 의원내각제에 관한 문헌은 많다. 그 중 중요한 것만 들면 다음과 같다. 大石眞, 議院內閣制; 樋口陽一編, 『講座憲法學』 第5巻 權力分立(1), 1994; 岡田信弘, 『議院內閣制の運用』, 2000; 杉原泰雄, 『憲法Ⅱ 統治機構』, 1989; 高橋和之, 『國民內閣制の理念と運用』, 1994; 高見勝利, 議院內閣制の意義, 『憲法の爭点』 第3版, 1999; 只野雅人, 議院內閣制の基本構造, 岩波講座, 『憲法 4』, 2007; 樋口陽一, 議院內閣制の概念, 『憲法の爭点』, 1980; 同, 『憲法(I)』, 1988; 山口二郎, 『內閣制度』, 2007.

146) Higuchi 교수는 이를 대통령제적 의원내각제(the presidential style of parliamentary government)라고 한다. Yoichi Higuchi, Assessment and Improvement of Parliamentary Government in Japan, 36th International Symposium, National Academy of Sciences, Korea, 2009, p. 163. 김효전역, 일본 의원내각제의 실상과 진전, 제36회 대한민국학술원 국제학술대회 『정부형태 어떻게 할 것인가? - 대통령제와 의원내각제의 경험을 중심으로』(2009), 79면.

일본자민당 하의 의원내각제에 대해서는 개선해야 한다는 주장이 많았다.[147] 1990년 이후에는 Westminster형이 아닌 국민내각제가 주장되었다. 다카하시(高橋和之)는 「의회에는 오늘날의 복잡화한 사회를 적절히 운영할 능력은 없다」고 하고, 현대정치의 민주화를 위해서는 「행정국가라는 실태에 따르는 새로운 민주당의 구상이 필요하다」고 하면서 「의회=결정, 내각=집행」이라는 통치체제에서 「내각=통치, 의회=통제」라는 경험을 주장하고 있다.[148] 여기서는 국정의 중심이 되어야 할 정책체계와 그 수행책임자인 수상을 국민이 의원의 선거를 통하여 실질상 직접적으로 선택하는 것이 요구된다고 한다.

또 수상통치론이 주장되었다. 선거에서 각 당은 수상후보로서의 수상을 전면에 세워 정권공약을 내건 manifesto선거를 할 것을 강조하였다. 이것을 고이즈미(小泉) 내각의 2001년 체제에 의하여 일응 달성되었다고 본다. 이것은 Westminster체제에의 복귀로도 파악된다. 이에 대해서는 수상의 권력이 지나치게 강화된다는 측면에서의 비판도 있다. 이에 대하여 정권여당과 내각의 각료를 일원적으로 하지 말고 다원적으로 하여야 한다는 대륙식 의원내각제의 채택도 논의되고 있다. 일본의 정부제도는 새로운 2009년 체제의 전개에 따라 변경될 수도 있을 것이다. 특히 합의제 정부로의 전환이 요구되고 있다.[149]

### 6) 동유럽국가의 의원내각제

공산당정권의 붕괴 후 이원적 정부제의 시도가 있었으나 현재는 거의 모든 EU가입 동구권은 의원내각제를 채택하고 있다.[150] 대통령의 권한은 약화되고, 내각의 권한은 강화되고 있다. 내각은 국회에 대하여 책임을 지나 내각이나 대통령은 의회를 해산할 수 없다. 대통령은 중요한 권한을 가지나 미국식 대통령제도를 택하는 나라는 없다. 대통령은 법률안거부권을 가지고 있으나 거의 행사하지 않고 있다. 동유럽의 2/3의 국가는 대통령을 직선하고 있으며, 대통령의 권한남용을 막기 위한 제도가 마련되어 있다. 대부분의 국가에서 대통령의 임기는 5년이며 연임은 1회에 한한다. 정부의 안정을 위하여 건설적 불신임투표제도를 채택한 나라도 많다.

---

147) 상세한 것은 高橋和之, 『國民内閣制の理念と運用』, 1994; 同人, 『現代立憲主義の制度構想』, 2006; 高見勝利, "統治機構 國會改革の前提と課題," 『ジュリスト』 1192號, 2001; 本秀紀, "「首相公選論」·「國民内閣制」·「内閣機能の强化」 — 「行政權までの民主主義」論の再検討", 『法律時報』, 73巻 10號, 2001; 『政治的公共圏の憲法理論』, 2012; 山口二郎, 『内閣制度』, 2007; 민병로, "일본의 의원내각제의 현황과 과제".

148) 高橋和之, 『國民内閣制の理念と運用』, 1994.

149) 高見勝利, "デモクラシーの諸形態," 岩波講座, 『現代の法 3, 政治課題と法』, 1997, pp. 58-59.

150) W. Ismayr (Hrsg.), *Die politischen Systeme Osteuropas*, 2004; W. Ismayr, Die politischen Systems der EU-Beitrittsländer im Vergleich, *Aus Politik und Zeitgeschichte*, Nr. 5-6, 2004.

## 3. 이원정부제의 유형

이원정부제의 유형은 대통령과 수상이 의회의 다수당에서 나오느냐, 대통령은 의회의 소수당이고 수상이 다수당의 지지를 얻거나, 대통령과 수상이 다 같이 의회의 소수파인 경우에 각기 운영이 달라진다.[151]

Duverger는 ① 대통령을 명목상의 국가수반으로 하는 국가들: 오스트리아, 아일랜드, 아이슬란드 ② 대통령의 권한이 전능한 국가: 프랑스 ③ 대통령과 정부 간 힘의 균형을 유지한 국가들 : 바이마르 공화국, 핀란드, 포르투갈로 나누고 있다.[152]

### 1) Finland의 정부형태

Finland의 1919년 헌법은 이원정부제 내지 준대통령제라고 말하여졌다.[153] 대통령은 ① 정부를 임명하고 해체할 수 있었으며 연립정부에 있어서 정당조합에 영향을 끼쳤으며 수상을 선임하고, 소수내각의 경우에는 정부의 각료까지 임명할 수 있었다. ② 대통령은 의회의 해산권을 가졌고, ③ 대통령은 입법부의 입법에 대해서 정지거부권을 가졌고, ④ 대통령은 법률안과 예산안을 제출할 수 있으며, ⑤ 대통령은 외교권의 수장이며 조약의 서명과 인준의 결정권을 가졌다. ⑥ 대통령은 군의 최고지도자이며, ⑦ 대통령은 고위공무원과 판사의 임명권을 가졌고, ⑧ 의회의 입법이 없는 경우에는 대통령령을 발할 수 있었다. 그러나 1919~1939년간은 대통령이 권한행사를 하지 않아 사실상 정부의 결정에 따랐기에 의원내각제적으로 운영되었다.

대통령의 권한은 수상에게 이관되었고 정부는 의회에 책임을 졌으며 정부는 의회를 존중하였다. 수차 정부불신임투표가 행해졌으나 정부가 퇴진한 경우는 드물었다.

제2차 대전 후 상태는 달라졌다. 그 이유는 1948년 소련과의 조약체결 후에 정부는 의회에 책임을 졌다. 냉전 하에서 대통령은 외교권을 행사하고 외교의 계속성, 안정성에 기여하였다. 대통령은 헌법이 부여한 권한을 합법적으로 행사하였다. 대통령의 정치적 권력의 행사에 대하여 정치적 불만이 나타났다. 대통령이 헌법상 권력을 행사한 것이 계기가 되어 2000년 헌법을 제정하게 되었다. 2000년 헌법에서는 의회의 권한을 강화하여 대통령의 대권을 없애거나 그 권한을 정부에 이양하게 되었고, 대통령의 행위에

---

151) Skach, The Newest Separation of Powers, I-Con vol. 5, Nr. 1, 2007, pp. 93-105.

152) Duverger, 새로운 정치체제모형, Lijphart, Parliamentary v. Presidential Government, op. cit. p. 177 이하.

153) Wuoristo, Power Structure in Finland, Presidential-Parliamentary System of Finland and its historical Background, Proceedings of International Academic Conference Commemorating the 61st Anniversary of the Korean Constitution, pp. 463-477; Saraviita, Semi-Presidential Aspects in the Year 2000 Constitution of Finland(www. ulaplandfi), Titien, The Reform of Finnish Constitution(Memorandum of Mr. Seppo Titinien, Secretary General of Parliament of Finland, 19. June 2001); Votila (ed.), The Finnish Legal System, 1966; Kastari, La présidence de la république en Finland, 1952.

대하여 각료는 의회에 책임을 지게 되었다.

2000년 헌법은 이원정부제의 요소를 가지고 있다. ① 대통령은 국민에 의해서 직선되며, ② 집행권이 이원화되어 대통령과 정부가 따로 행동할 수 있다. ③ 상당수의 헌법상 권한이 대통령에게 부여되어 있다. ④ 대통령이 수상을 지명하며 의회가 선거한다. 수상의 제청에 따라 대통령이 각료를 임명한다. ⑤ 대통령은 의회해산권을 가진다. 그러나 이는 수상의 제청에 따라 의회선거를 하기 위한 것이다. ⑥ 정부는 의회에 대해서 책임을 진다. 정부는 정치적으로나 법적으로 의회에 대하여 책임을 진다.

이 헌법에서도 외교권 등은 대통령이 행사할 수 있으나 정부의 협조 하에서만 행사할 수 있는데, 절차적으로 확실하지 않아 대통령과 정부 간의 갈등의 여지가 있다. 2000년 헌법은 의회주의와 권력분립을 규정하고 있다. 의회는 국민을 대표하고 수상을 선출하고 간접적으로 각료를 선출한다. 집행부는 대통령과 정부로 구성된다. 대통령은 정부의 제안 없이 결정할 수 있는 약간의 권한이 있다. ① 정부각료의 임명과 해임, ② 비정규적인 의회선거 명령, ③ 사면, ④ 법률에 의하여 각의결정에 구속되지 않는 사항 이외에는, 내치, 외교에 관해서 권한을 가지기는 하나 각의의 결정에 따라야 한다.

2000년 헌법에서는 1919년 헌법상의 대통령의 권한규정은 헌법에 남아 있으나 실제적으로는 정부의 각의에 의해서 결정되는 일이 많기에 엄밀한 의미의 이원정부제이기보다는 의원내각제의 비중이 커졌다고 하겠다.

### 2) 독일 Weimar헌법의 이원정부제

바이마르 헌법의 기본이념은 "이성국가(Vernunftstaat)에서 법률국가로의 발전이었다"고 하겠다. 법치국가적 요청에 따라 사법과 행정의 법률적합성이 강조되었다. 입법과 행정과 사법은 분리되어 있었다. 원래 의원내각제 국가에서는 의회의 권한이 정부에 우월한데도 Weimar헌법은 국민에게서 직선된 대통령이 있어서 의회의 절대적 우위를 약화시킬 수 있었다.

집행부는 대통령과 정부로 이원적으로 되어 있었으며 대통령은 수상을 임명할 수 있었으며 수상의 제청에 따라 각료를 임면할 수 있었다. 입법부와 정부 간에 의견이 대립하는 경우 대통령은 의회를 해산할 수 있었다. 의회는 대통령에 대한 탄핵권과 해임건의권 등으로 대통령에 대한 견제도 할 수 있었다. 대통령의 긴급권도 의회에 의하여 제한되고 있었다.[154)]

국가가 위기에 처한 때 대통령은 헌법 제48조에 따라 국가긴급권을 가지고 있었으며 수상을 임명할 수 있었고, 의회를 해산할 수 있었으며(제25조), 의회가 의결한 법률을

154) 바이마르 공화국의 정부형태는 한 마디로 정의하기 어렵다. 바이마르 헌법의 통치기구에 대하여 카를 슈미트는 4개의 정치체제의 가능성이 있다고 하였다. 제I의 가능성: 의원내각제(Parlamentssystem), 제Ⅱ의 가능성: 수상정부제(Kanzlersystem), 제Ⅲ의 가능성: 내각책임제(Kabinettssystem), 제Ⅳ의 가능성: 대통령정부제(Präsidentielles System). Carl Schmitt, Verfassungslehre, S. 342 ff.

국민투표에 붙일 수 있었고(제73조), 국군통수권을 가져 국가원수적인 지위를 차지하고 있었다. 의회는 국민의 직접 · 보통 · 평등선거에 의하여 선거되었고, 정부에 대한 불신임권을 가지고 있었으며, 강력한 입법권을 행사할 수 있었다.[155] 정부는 의회에 대하여 책임을 졌다.

초기 Ebert 대통령 때는 대통령이 권한행사를 하지 않았기에 이원정부적으로 운영되지 않았다. 1919년 제헌 후에는 Ebert가 대통령으로 의회에서 간선되었는데 SPD를 중심으로 중앙당과 독일민주당과 연립내각을 만들어 잘 기능하였다. 그러나 Ebert의 사후 Hindenburg가 직선대통령이 되자 SPD가 연정을 원하지 않아 우파 제정당에 의하여 연립정부를 만들었으나 그 기반이 약하여 정국의 불안을 가져왔고 급기야는 대통령의 긴급명령이 입법을 대체하는 경우까지 발생하였다.

바이마르 헌법이 위기극복을 위해서 규정한 여러 권한을 행사하여 의회에 대한 집행권의 우월을 가져왔다. 특히 대통령의 독재권(Diktaturmacht)(바이마르헌법 제48조 2항)에 따른 긴급명령권이 중요한 역할을 했고 의회에서 자주 가결한 수권법(Ermächtigungsgesetz)에 의하여 대통령 정부의 권한이 강하여졌다. 바이마르 공화국 후기에 있어서는 위기시마다 정부를 구성할 수 없어 대통령이 대권을 발동하였다.

총선결과 국회에 군소정당이 대표되어 정부구성에 합의하지 못하여 대통령의 긴급명령이 국회입법보다 많은 경향이 나타났다. 그 결과 의회의 권한이 약화되었다.

바이마르 공화국의 이원정부제는 France와 달리 매우 어렵게 기능하였다. Hindenburg는 정당과는 무관하여 경제위기와 예산편성의 어려움을 들어 Brünning을 수상으로 임명하면서 비정당적인 조각을 명하였다. SPD가 이에 반대하지 않아 안정이 유지되었다. 그러나 1932년 Hindenburg는 극우파의 Franz von Papen을 수상으로 임명하였다. Papen정부는 정당적 기반이 없었기 때문에 대통령에 의존하였고 대통령 독재제로 운영되었다.[156][157]

---

155) E. R. Huber, Deutsche Verfassungsgeschichte, Bd. 6, Bd. 7, 1981. R. Smend, Die politische Gewalt im Verfassungsstaat und Problem der Staatsform, in: Smend, Staatsrechtliche Abhandlungen, 2. Aufl., 1968. S. 688 ff. (김효전 옮김, 헌법국가에 있어서 정치권력과 국가형태의 문제, 『헌법학연구』 제27권 4호(2021); Anschütz-Thoma (Hrsg.), Handbuch des Deutschen Staatsrechts, 1930-32; Stier-Somlo, Die Lehre von der Gewaltenteilung und die neuen deutschen Verfassungen, Zeitschrift für die gesamte Staatswissenschaft, Bd. 77, 1922/23, S. 1 ff.; Weicher, Der Grundsatz der Gewaltenteilung und die Weimarer Verfassung, 1932; Glum, Die staatliche Stellung der Reichsregierung sowie des Reichskanzlers und des Reichsfinanzministers in der Reichsregierung, 1925.

156) C. Schmitt, Die Diktatur. Von den Anfängen des modernen Souveränitätsgedankens bis zum proletarischen Klassenkampf, 1921 (김효전 옮김, 『독재론: 근대 주권사상의 기원에서 프롤레타리아 계급투쟁까지(법원사, 1996); Glau, Die Diktaturgewalt des Reichspräsidenten und der Landesregierungen, 1922; Grau, Die Diktaturgewalt des Reichspräsidenten, Hb. d. dt. StR, Bd. 2, 1932, S. 274 ff.; Preuß, Reichsverfassungsmäßige Diktatur, Z. f. Pol. 13, 1924, S. 97 ff.; Häntzschel, Über Grundlagen und Grenzen des heutigen Ausnahmerechts, DJZ 29, 1924, Sp. 341 ff.; Muss, Das Ausnahmerecht, Versuch einer vergleichenden Darstellung (Diss. Köln), 1932; Heckel, Diktatur, Notverordnungsrecht, Verfassungsnotstand, AöR. NF 22, 1932, S. 257 ff.; Huber,

바이마르 공화국 말기에 있어서는 의원내각제적 요소는 실제로 적용되지 않았고 말기 총선에서 Nazis당이 상대다수를 차지하자 Hindenburg 대통령이 Hitler에게 조각을 명했고, Hindenburg 사후에 Hitler가 수권법을 제정하여 대통령제를 폐지하고 의회를 폐지하여 대통령직과 수상의 직을 통합하여 지도자(Führer)수상의 지위를 강화하여 독재국가로 만들었다.

제2차 대전에서의 패전 후 독일은 바이마르 헌법 하의 악몽에서 탈출하기 위하여 제어된 의원내각제를 채택하여 정국의 안정을 되찾았다.[158)]

### 3) 오스트리아의 이원정부제

오스트리아의 1920년 헌법은 권력분립주의에 입각하여 의회와 대통령 · 정부 · 헌법재판소 · 법원으로 권력이 분립되어 있었다. 집행부는 대통령과 수상정부로 구성되었는데 대통령의 권한은 약하였다. 그것이 1929년 헌법개정에 의하여 대통령의 권한이 강화되었다.[159)] 이 제도는 1945년의 제2공화국 헌법에도 유지되고 있다. 대통령은 수상을 임명하고 수상의 제청에 따라 장관과 차관을 임명하여 정부를 형성한다. 또 그는 이들을 해임할 수도 있다. 대통령은 하원을 연방정부의 요청에 따라 해산할 수 있으며, 법률의 서명, 공포를 하고, 국군에 대한 통수권을 가지며, 법관과 공무원, 군장관 등을 임명하며, 오스트리아 국가를 외국에 대표할 수 있는 권한을 가졌다. 그러나 대통령은 이들 권한을 잘 행사하지 않아(Rollenverzicht) 사실상은 의전적 · 상징적 국가원수로 기능하고 있다. 대통령은 임기 6년으로 국민에게서 직선되며 연임은 한 번만 가능하다. 대통령은 헌법재판소의 결정과 하원의 3분의 2 이상의 찬성으로 실시되는 국민투표에 의하여 면직될 수 있다.

연방정부는 최고의 행정기관이다. 연방정부는 국무총리와 국무위원으로 구성된다.

---

Die Lehre von Verfassungsnotstand in der Staatstheorie der Weimarer Zeit, Bewährung und Wandlung, S. 193 ff.

157) Wandersleb, Der Präsident in der Vereinigten Staaten von Nordamerika, in Frankreich und im Deutschen Reiche, 1922; Bell, Das verfassungsrechtliche Verhältnis des Reichspräsidenten zu Reichskanzler, Reichsregierung und Reichstag, Deutsche Juristen Zeitung, 30, 1925, S. 873 ff.; Wuermeling, Die rechtlichen Beziehungen zwischen dem Reichspräsidenten und der Reichsregierung, AöR. N.F. 11, 1926, S. 341 ff.; Nawiasky, Die Stellung des Regierung im modernen Staat, 1929; Redslob, Die parlamentarische Regierung in wahren und in ihren unechten Form, 1918; Hasbach, Die Parlamentarische Kabinettsregierung, 1919; C. Schmitt, Die geistesgeschichtliche Lage des heutigen Parlamentarismus, 1923. 카를 슈미트, 김효전 옮김, 현대 의회주의의 정신사적 지위, 동인, 『헌법과 정치』(산지니, 2020), 77-133면.

158) 제2차 대전 후 독일의 정치제도에 대해서는 전술, 통제된 의원내각제 참조.

159) Welan, Die einstweilige Bundesregierung und das BVG, Staatsbürger, 1965/23, 1965/25; Welan, Zur Regierungsbildung, Diskussionpapier, Nr 96-R-02, Institut für Wirtschaft, Politik und Recht, Universität für Bodenkultur Wien, 2002; Welan, Einstweitige Bundesregierung und Minderheitsregierung, Diskussionspapier Nr. 98-R-03, Institut für Wirtschaft, Politik und Recht, Universität für Bodenkultur Wien, 2003.

차관은 각의에 참석할 수 있으나 의결권은 없다. 정부는 법률안을 의결하고 이 때 모든 장관의 동의를 얻어야 한다. 정부전체와 각 장관에 대하여 하원은 불신임권을 가진다. 대통령은 수상이나 장관의 임명에 대해서 법적 제한은 없으나 현실적으로는 하원의 정당의석을 고려하여 임명한다. 수상은 헌법상 동료 중의 일인자(primus inter pares)로 장관들에 대한 정책결정권이나 지시권은 없다. 그러나 사실에 있어서는 수상은 장관의 해임을 대통령에 제청할 수 있기 때문에 사실상은 장관보다 우월적 지위에 있다. 그는 또 의회다수당의 당수이기 때문에 정치적 권력은 강하나 법적으로는 장관과 동권이다. 장관은 차관을 지시 감독할 수 있다. 의회는 국민에게서 직선되는 하원과 지방의회에서 파견되는 상원으로 구성되며 하원이 정치적으로 우월하다.[160)]

오스트리아는 정당이 안정되어 있어 정부는 항상 다수당에 의해서 구성되었으며 소수당 내각으로는 1970년의 Kreisky 정부가 있었다. 과도 내각과 소수당 내각은 대통령의 신임에 의하여 유지된다. 이 과도 내각은 하원의 신임에 의존하지 않는다. 과도 내각은 정식내각 구성 때까지의 임시정부이며 정식내각은 하원에서 선출된다.

오스트리아에 있어서는 1945년 이후에 대통령이 직선되었는데 헌법상 규정에도 불구하고 대통령은 그 권한을 행사하지 않음으로써 사실상 의원내각제적으로 운영되고 있다. 이 제도에 대해서는 대통령이 헌법상 권한을 행사하거나 의회가 스위스식으로 구성되어야 한다는 주장이 있다.[161)] 오스트리아의 이원정부제 하에서 오스트리아는 통합되었고 민주적으로 잘 운영되고 있다.

#### 4) 프랑스 De Gaulle 헌법의 이원정부제

프랑스 제4공화국은 정당의 유전이 심하여 정치적 불안이 심하였다. 이에 De Gaulle은 강력한 정부를 원하였고 그의 뜻에 따라 만들어진 프랑스 제5공화국헌법은 대통령에게 강대한 권한을 부여하면서도 의원내각제적 요소를 어느 정도 가미하고 있었다.

1958년의 헌법에 의하면 대통령은 국민 의회에서의 선거에 의하여 선출되며, 수상을 임명하고 장관을 수상의 제청에 따라 임명한다. 대통령은 일종의 법률안거부권을 가지며, 수상과 양원의장에 자문한 뒤에 국민의회를 해산할 수 있다. 또 군통수권을 가지고, 사면권, 고위공무원임명권, 국가긴급권, 국민투표회부권을 가졌다.

수상은 대통령에 의하여 임면되며 국회의원의 직을 겸할 수 없다. 수상 및 장관은 국회 양원에 출석하고 발언할 수 있다. 대통령은 통치하는데 대하여, 수상은 「정부의 활동을 지도하고, 행정각부를 지휘 · 감독하고 국방을 책임지며」, 내각은 대통령이 정한

---

160) Adamovich/Funk, Österreichisches Verfassungsrecht, 3. Aufl. 1985; Walter-Mayer, Grundriss des österreichischen Bundesverfassungsrechts; 헌정제도연구위원회, 『세계 각국 헌정제도 개관』(1986), 337면 이하.

161) Welan, Entwicklungsmöglichkeiten des Regierungssystems, Diskussionspapier, Feb. 2009, S. 13 ff.

정책을 시행하고 행정 및 군대를 관할하며 이에 대하여 국민의회에 책임을 진다. 대통령의 권한 증대에 따라 수상의 권한은 축소되었다. 이러한 집행부제의 이중구조 때문에 오를레앙형 의원내각제(parlementarisme orléaniste)라고도 불린다.

의회는 국민의회와 원로원으로써 구성된다. 의회의 활동기간은 종전보다 단축되었다. 국민의회는 불신임안의 가결에 의하여 정부에 책임을 물을 수 있다. 그러나 이 불신임안은 적어도 10분의 1의 의원에 의해서 발안되어야 하고, 재적과반수로써만 불신임결의를 할 수 있다. 정부는 의회에 대하여 신임투표를 요구할 수 있는데, 정부는 총선 후 1년이 경과된 뒤부터는 국민의회를 해산하여 국민의 심판을 물을 수 있다.

프랑스 제5공화국의 초기인 De Gaulle 대통령의 경우에는 의회의 권한이 많이 거세되었고 대통령의 권한이 강하여 대통령제적으로 운영되었다는 비판도 있었다.[162] 헌법개정에 의하여 대통령을 국민이 직선하도록 하였다. 이로써 대통령의 실질상 권한을 보다 강화되었다. 그동안 직선된 대통령과 의회다수파가 같은 정당일 때에는 대통령제적으로 운영되었으나 대통령과 의회다수파가 다른 경우에는 동거정부(cohabitation)을 형성하여 대통령과 수상 간의 알력이 일어났다. 대통령은 좌파였고 수상은 우파인 경우가 있었는데 이것은 대통령의 선거와 국회의원의 선거 주기가 다르기 때문에 대통령이 속한 정당은 의회다수당이 되지 못한다고 하여 선거 주기를 일치시키기 위하여 대통령의 임기를 5년으로 단축하고, 국회의원선거와 주기를 같이 하였다. 2000년부터 대통령과 국회의 동시선거가 실시되어 이제는 동거정부가 성립하기 어렵게 되었다.

2009년 7월 21일 상하양원합동회의에서 헌법을 개정하여 대통령의 권한을 명확히 하고 의회의 권한을 강화하였다. 새로운 정부형태는 대통령제가 될 것이라는 60년대 예측과는 달리 의회제가 강화되어 의원내각제적 요소가 강화되었다고 하겠다. ① 대통령의 재선만 허용하고 3선금지, ② 대통령이 중요 직책을 임명할 때 국회상임위원회의 동의를 얻도록 하고, ③ 대통령의 국민투표회부권은 계속 인정하고 있으나 국회에도 국민투표회부권을 인정하고 있으며, ④ 대통령의 일반사면권을 폐지하되 특별사면권만 인정하고 있으며, ⑤ 대통령의 상하양원에서의 출석, 발언권 등을 인정하고 있다.

의회에 관해서는 ① 의회의 입법권, 정부통제권, 공공정책평가권 등을 명시하고, ② 선거구획정, 선거구별의원정수변경시 의회의 독립위원회의견표명기회부여, ③ 입법권한 예시 중에서 시민에게 보장된 기본권으로서 언론의 자유, 다원주의, 독립을 추가하고, ④ 대통령의 전쟁선포시 의회의 승인을 얻게 한 조항에 군대의 해외파견시 3일내에 국회에 통지하게 하고, 파병기간이 4개월을 초과하는 경우 국회의 파병연장승인을 받도록 견제권을 강화하고, ⑤ 정부정책에 대한 통제권을 강화하고, 정부에 대한 조사권한을

162) 프랑스 헌법에 관한 한국 문헌으로는 다음 논문 참조.
문광삼 · 김수현역, 『프랑스헌법과 정치사상』(해성, 2003); Maurice Duverger, Les constitutions de la France (14$^{e}$ éd.), 1998; 성낙인, 『프랑스 헌법학』(법문사, 1995); 전학선, 프랑스의 정부형태, 『세계헌법연구』 제12권 제1호 (2006); 정재황, 한국과 프랑스에서 대통령과 총리의 권한관계, 『고시계』 2004. 7; 정재황, 프랑스 혼합정부제의 원리와 실제에 대한 고찰, 『공법연구』 제27집 제3호 (1999).

강화하고, ⑥ 정부불신임안건가결은 회기중 1회에 한하도록 하였다.

이로써 그 동안 문제가 되었던 De Gaulle의 비상조치 남용 등을 예방할 수 있게 되었다. 또 동거정부의 위험도 적어졌다. 프랑스인은 정치적 양식이 있기 때문에 동거정부와 소수당 내각의 경우에도 몰락은 면할 수 있었다.[163)]

정치적 문화가 성숙되지 않는 나라에서 프랑스식 이원정부제의 수입이 논의되고 있다. 특히 Poland와 Brazil에 도입되고 있는데 이 모델의 수출이 성공을 가져왔는지 아직은 판정할 수 없다.

### 5) 러시아연방의 이원정부제

러시아는 공산정권의 몰락 후 1993년 12월 12일의 국민투표에 의하여 신헌법을 채택하였다. 이는 강력한 대통령제였으나 형식적으로는 프랑스식 이원정부제로 하였다. 국가권력의 제기관으로서는 권력분립의 원칙에 따라서 연방대통령, 연방국회, 연방정부 및 연방법원이 독립기관으로 조직되고, 이들 기관이 국가권력을 집행되게 되어 있다(제10조, 제11조). 연방대통령은 국가원수이며 러시아연방의 주권, 그 독립 및 국가의 일체성을 보전하는 기능을 한다(제80조). 러시아연방 대통령은 국가의 원수로서 국내 및 국제관계에 있어 연방을 대표하고, 헌법과 법률에 따라 국가의 내외정책의 기본방향을 결정한다(제80조 3항 4항). 대통령은 4년의 임기로서 시민에 의하여 직접 선거된다. 동일인이 계속하여 3선될 수 없다(제81조).[164)]

연방대통령은 ① 하원의 동의를 얻어 수상(연방정부의장)을 임명하고, ② 러시아정부의 회의를 주재하는 권한을 가지며, ③ 정부총사직에 대한 결정을 하며, ④ 수상의 추천에 따라 부수상과 장관을 임명하고 해임한다. ⑤ 헌법재판소, 최고재판소 및 최고중재재판소의 법관을 임명하기 위하여 후보자를 상원에 제안하고 검찰총장후보자를 임명하기 위하여 상원에 제안한다. ⑥ 안전보장회의를 조직하고 그 의장이 된다. ⑦ 러시아연방의 군사원칙

---

163) 프랑스의 정부형태에 대해서는 Kempf, Von de Gaulle bis Chirac, Das politische System Frankreichs, 1997; Kimmel, Gesetzgebung im politischen System Frankreichs, in Ismayer (Hrsg.), Gesetzgebung in Westeurope, 2008, SS. 229-270; O'Donnel/Schmitter, Transitions from Authoritarian; Skach, Berrowing Constitutional Design, 2005; Seleiman, Presidentialism and Political Stability in France, in Linz, The Failure of Presidential Democracy, pp. 137-162; Chehabi and Stepan (ed.), Politics Society and Democracy, Comparative Studies; Renoux/Villers, Code constitutionnel, Litec, 2005; Gicquel, Droit constitutionnel et institutions politiques, Montchrestien, 2007. 프랑스형의 이원정부제는 프랑스와 서부 아프리카의 프랑스 전 식민지인 Cote D'Ivoire, Gabon, Mali, Senegal과 Poland, Bulgaria, Portugal 등이 있다. Portugal체제는 전식민지인 Mozambique와 Angola가 계수하고 있다.

164) 동유럽에서는 Poland, Russia, 白러시아, Ukraine 등이 이원정부제를 채택하고 있다고 한다. 이러한 나라들은 준권위주의 정부이고 白러시아는 권위주의 국가라고 한다.
상세한 것은 Ismayr, Die politische Systeme der EU-Beitrittsländer im Vergleich, Aus Politik und Zeitgeschichte Nr. 5-6, 2004, 02, 02, 2004; Ismayr (Hrsg.), Die politische Systeme Osteuropas, 2004; Brunner (Hrsg.), Politische und ökonomische Transformation in Osteuropa, 2003.

을 승인하고, ⑧ 연방군의 상급지휘자를 임명하고 해임한다. ⑨ 외국 및 국제기관에 외교대표를 임명하고 소환한다(제83조).[165]

대통령의 국회에 대한 관계를 보면 ① 하원의 선거를 공시하고, ② 하원을 해산하며, ③ 국민투표에 회부할 수 있으며, ④ 하원에 법률안을 제출하고, ⑤ 연방법률에 서명하고 공포하며, ⑥ 국회에 대하여 연두교서를 보고한다(제84조).

이 밖에도 연방대통령은 ① 소련의 외교정책을 지도하고, ② 외교교섭을 행하며 조약에 서명하고 비준서에 서명한다. 또 ③ 외교대표의 신임장과 소환장을 수리한다(제86조).

러시아 대통령은 ① 러시아연방군의 최고총사령관이며, ② 계엄령을 선포할 수 있다. 계엄령체제는 연방헌법적 법률로 정한다(제87조). 또 ③ 비상사태를 선포할 수 있다(제88조). ④ 또 포상을 수여하고 칭호를 수여한다(제89조). ⑤ 법령을 공포하되 이는 러시아헌법 및 법률에 위배하여서는 아니 된다(제86조). ⑥ 대통령은 하원의 탄핵에 기하여 상원이 파면한다. 단 탄핵은 탄핵절차에 합당한 것이라는 헌법재판소의 결정에 의하여 그 효력이 발생한다(제93조).

러시아연방정부는 행정권을 행사한다. 정부는 수상, 부수상, 장관으로써 구성된다(제110조). 수상은 하원의 동의를 얻어 대통령이 임명한다(제111조). 수상후보자의 제청은 러시아 대통령이 취임 후 2주간 이내에, 또는 정부가 총사직한 뒤 또는 하원이 후보자를 거부한 경우 1주일 내에 하여야 한다(제111조). 수상은 대통령에게 부수상과 장관의 후보자를 제청한다. 수상은 헌법법률 및 대통령령에 따라 정부의 활동의 기본적 방향을 정하고, 정부의 활동을 조직한다(제113조). 연방정부는 ① 연방예산을 작성하고 이를 하원에 제출하고 그 집행을 보장한다. ② 또 결산을 하원에 제청한다. ③ 재정, 금융 및 통화의 통일정책의 실시를 보장한다. ④ 문화, 학술, 교육, 보건, 사회보장 및 환경의 각 분야에서 통일정책의 실시를 보장한다. ⑤ 연방정부의 재산을 관리한다. ⑥ 국가의 방어보장, 국가의 안전보장 및 외교정책에 관계되는 조치를 취한다. ⑦ 기타 헌법, 법률 및 대통령령에서 정부에 과해진 기타의 직무를 수행한다(제114조). 대통령은 정부총사직을 결정할 수 있으며, 정부가 총사직하고자 하는 경우에는 대통령이 이를 승인 또는 각하한다. 하원은 정부의 불신임을 결의할 수 있다. 내각불신임결의에 대하여 대통령은 총사직을 수용하거나 이를 거부할 권한을 가진다. 하원이 3월 이내에 다시 정부불신임결의를 한 경우에는 정부의 총사직을 수용하거나 하원을 해산할 수 있다. 수상은 하원에 대하여 연방정부신임을 물을 수 있다. 만약 하원이 신임을 거부한 경우에는 대통령은 7일 이내에 정부의 총사직결정을 수용하거나 하원을 해산하고 선거를 공시하는 결정을 채택할 수 있다(제117조).

1993년에는 입헌적 독재국가로 되어 하원을 해산하고 언론을 검열하며 헌법재판소의 권한을 침해하였다. 1994~1995년과 1999~2000년에는 Chechenia전투로 독재권력을

165) 상세한 것은 Mangareta Mommsen, Länderbeiträge Russland, in Ismayr (Hrsg.), Die politische Systeme Osteuropas, 2004.

강화하였다.[166] 헌법상으로는 러시아 집행부는 대통령과 정부로 이원화되어 있기 때문에 이원적 정부라고 할 수 있다. 그러나 사실상에 있어서는 Yeltsin 대통령이 러시아정책을 결정하였었다. Yeltsin에 의해서 강행된 1993년 헌법 하에서도 Russia의 이원정부제는 성공하지 못했다. 그리하여 1985년 전의 Russia로 복귀하여야 한다는 주장도 많았다.

Yeltsin의 후계자로 2000년에 등장한 Putin도 좋은 정치를 하지 못하여 러시아는 민주정치나 입헌정치가 후퇴하였다. Putin은 헌법의 3선금지규정 때문에 대통령이 될 수 없자 총리였던 수하를 대통령으로 만들고, 자기는 그 아래 수상으로 집권하고 있는바 대통령과 수상 간의 관계가 헌법규정처럼 이원적으로 행사되고 있는지 의문이다. 러시아의 이원정부제가 성공할지 독재화할지 아직은 판정하기 힘들다. 이원정부제도는 정당제도가 발달되고, 정당에 기반을 둔 지도자들이 없는 경우에는 기득권자들에게 이익을 주고 있다. 러시아에서도 Super-Presidentialism(초대통령제)으로 가는 것을 두려워하여 의원내각제로의 헌법개정을 주장하는 사람이 나오고 있다. 러시아에서도 헌법개정이 요구되고 있다.[167]

---

166) 상세한 것은 Skach, The "newest" separation of powers, Semipresidentialism.

167) Colton & Skach, The Russian Predicament: A Fresh look at Semipresidentialism, 16 J. Democracy 113 (July 2005); Beichert, Autocracy and Democracy in the European CIS, Europa Universität Viadrina. Sil/Chen, State Legitimacy and the (in) Significance of democracy in post communist Russia, Saward (ed.), Democracy, vol. II, 270-296.

# 2. 경제와 복지에 대한 국가 역할*

한국헌법상의 경제정책

## I. 서 론

새 정부 들어 경제정책과 복지정책에 관한 논쟁이 한창이다. 경제정책에 있어 여당은 성장정책을 주장하는데 대하여 야당은 경제민주화라는 캐치프레이즈 하에서 분배정책을 강조하고 있다. 복지정책에 있어서도 보편적 복지냐 선별적 복지냐가 논쟁되고 있으며 여당에서는 선별적 복지를 주장하고 있는데 대하여 야당은 보편적 복지를 주장하고 있다.

그 동안 한국공법학회는 현 집행부에 들어서만도 이 문제를 깊이 다루고 있으며,[1] 그 기본문제는 김문현 원장의 기조연설에서 깊이 논의되고 있다.[2] 공법학회가 이번에 '경제와 복지에 대한 국가역할'에 대한 세미나를 열게 되어 기조연설을 맡게 된 것을 영광으로 생각하나, 경제와 복지에 관한 기초연구가 부족한 점에서 학문적인 것보다는 상식적인 측면에서 몇 말씀 드리기로 한다.[3]

주어진 주제에 관해서는 헌법규범을 중심으로 고찰해 보기로 한다. 미국에서는 헌법적 경제제도 연구가 행해지고 있으며 법과 경제문제가 중요 테마로 등장하고 있다.[4] 경제정

---

* (기조연설) 한국공법학회 주최, 2013. 6. 29. 헌법재판소 강당. 『공법연구』 제42권 1호 (2013. 10. 31), 31-54면.

1) 「국가, 경제 그리고 공법」, 한국공법학회 2012년 추계 국제학술대회.

2) 김문현, 「한국 헌법상 국가와 시장」(기조연설), 상기 학술대회 발표문집, 1~24면.

3) 재작년에 한국 헌법상의 복지정책에 관하여 쓴 것이 있는데 이를 참조해 주기 바란다. 김철수, 『법과 정의 · 복지』(진원사, 2012), 194~214면. 여기에서는 사회보장수급권의 권리성과 각국 판례를 중심으로 다루었다.

4) 헌법상의 경제제도를 연구한 학자로는 소위 constitutional economist라고 불리는 Buchanan, Hayek, Brennan 등이 있다. 미국헌법을 경제적으로 해석한 대표적 학자로는 Charles A. Beard가 있다(Beard, An Economic Interpretation of the Constitution of the United States, 1913); James M. Buchanan, The Collected Works of James Buchanan; Buchanan, The Domain of Constitutional Economics, 1990; Buchanan, Economics and the Ethics of Constitutional Order, 1990; Friedrich A. Hayek, The Collected Works of F. A. Hayek; Hayek, Law, Legislation and Liberty, 3 Vols., 1973-1979; Persson Torsten and Guido Tabellini, The Economic Effect of Constitutions, 2005 등이 있다. 이 논문은 이들 헌법적 경제학의 방법론에 따른 것은 아니다.

책의 문제는 경제헌법에 근거해야 하며 사회복지정책의 방향도 사회복지헌법에 근거하여야 한다.

## II. 경제와 복지에 관한 기본권 규정

한국의 경제정책이나 복지정책에 대한 기본적인 사항은 헌법에 규정되어 있다.

한국헌법은 제10조에서 기본권의 대원칙을 규정하고 제11조에서 평등권에 대하여 규정하고 있다. 이 두 조항은 한국헌법에서의 포괄적 기본권 규정이라고 할 수 있다.

### 1. 헌법 제10조의 성격에 관한 해석

현행 헌법 제10조는 「모든 국민은 인간으로서의 존엄과 가치를 가지며, 행복을 추구할 권리를 가진다」고 규정하고 있다. 이에 대해서는 ① 기본권의 선언적 규정이라고 보는 학설[5)] ② 행복추구권만을 권리로 규정하고 있다고 보는 학설과[6)] ③ 모든 기본권을 포괄적으로 내포하고 있는 주기본권으로 보는 학설들이[7)] 대립하고 있다.[8)]

이 조항이 기본권보장에 관한 선언적 규정이라고 보는 것은 실정권설에 입각한 것으로 대한민국헌법의 기본권을 보장하기 위한 근본규범임을 인정한 것으로 그 의의가 있다. 그러나 여기서 기본권성을 부정한 것은 기본권의 자연권성, 천부인권성을 부정한 것으로 보아 이를 받아들일 수 없다. 여기에서 행복을 추구할 권리만을 인정하고 인간으로서의 존엄과 가치에 관한 권리성을 인정하지 않는 것은 권리를 가진다고 한 문구를 중시한 해석으로 이도 법실증주의적 해석이다.[9)]

이 규정을 모든 기본권의 포괄적 규정이며 모든 기본권을 내포하고 있다는 학설은 자연권설에 입각한 것이다. 우리 헌법은 제37조 1항에서 「국민의 자유와 권리는 헌법에 열거되지 아니한 이유로 경시되지 아니한다」고 규정하고 있는데, 이것은 법실증주의자들이 말하는 것과 같이 '헌법에 열거되지 아니하는 자유와 권리'의 보장근거 규정이 아니며, 원문 그대로 경시되지 아니한다는 주의적 규정으로 보아야 한다.[10)] 다시 말하면 우리 헌법은 모든 자유와 권리, 즉 기본권을 포괄적으로 제10조에서 확인하고 있는 것으로

---

5) 박일경.

6) 권영성.

7) 김철수.
헌재 1990. 9. 10. 선고, 89헌마82; 헌재 1992. 2. 25. 선고, 89헌가104.

8) 상세한 것은 김철수, 「인간으로서의 존엄과 가치 · 행복추구권에 관한 연구」, 『학술원논문집』 (인문 · 사회과학편), 제47집 1호 (2008), 199-279면 참조.

9) 상세한 것은 김철수, 「인간으로서의 존엄과 가치 · 행복추구권에 관한 연구」, 『학술원논문집』(인문 · 사회과학편), 제47집 1호 (2008) 참조.

10) 김철수, 「기본권의 성격」, 『현대헌법론』(박영사, 1979).

보아야 한다.

## 2. 주기본권의 내용

### (1) 인간의 존엄과 가치에 관한 권리

협의의 이 기본권은 인간의 생명권, 존엄권, 인격권, 인격표현권, 자기결정권(자기운명결정권, 성적 자기결정권), 정보의 자기결정권 등을 포함한다. 헌재는 이러한 권리를 인정하면서 일반적 행동자유권을 그 내포의 하나로 본다.[11)]

### (2) 행복추구권

행복추구권의 내용에 대해서는 이를 일반적 행동자유권으로 보는 견해와 생존권을 포함하는 적극적 행복추구권을 규정하고 있다는 견해가 대립되어 있다.

헌재는「행복을 추구할 국민의 권리는 자유권으로 보고 생존권적 기본권은 이에 포함되지 않는다」고 한다.[12)] 그러나 행복추구권은 모든 기본권을 포괄하는 권리로 행복한 생활을 유지할 생존권도 당연히 행복추구권에 포함된다고 해야 한다. 그렇지 않으면 국민은 인간다운 생활을 할 권리와 행복을 추구하는 권리를 부정받게 되는 결과가 되기 때문에 행복추구권에는 당연히 인간다운 생활을 할 권리도 포함된다고 보아야 한다.

### (3) 평등권

헌법 제11조는 평등권을 규정하고 있다. 이 평등권은 모든 기본권에 적용되는 것으로 보편성을 가지고 있다.[13)] 평등은 정의의 내용이며 절대적 평등은 일반적 정의를 말하며 상대적 평등은 배분적 정의를 말한다.[14)]

## 3. 경제와 복지에 관한 개별적 기본권 규정

### (1) 경제에 관한 권리

일반적 행동자유권은 주자유권으로 많은 경제적 자유권을 내포하고 있다. 우리 헌법은 ① 거주이전의 자유(제14조) ② 직업선택의 자유(제15조) ③ 주거의 자유(제16조) ④

---

11) 일반적 행동자유권에 관해서는 김철수,「일반적 행동자유권의 연구」,『학술원논문집』(인문 · 사회과학편), 제38집 (1999) 참조.

12) 헌재 2004. 2. 26. 선고, 2001헌바75.「행복추구권은 국민이 행복을 추구하기 위하여 필요한 급부를 국가에게 적극적으로 요구할 수 있는 것을 내용으로 하는 것이 아니고, 포괄적인 의미의 자유권으로서의 성격을 가진다」.
김철수,「인간으로서의 존엄과 가치 · 행복추구권에 관한 연구」,『학술원논문집』(인문 · 사회과학편), 제47집 1호(2008), 199-279면 참조.

13) 김철수,「평등권에 관한 연구」,『학술원논문집』(인문 · 사회과학편), 제44집 (2005), 179-300면.

14) 정의에 관해서는 김철수,『법과 정의 · 복지』(진원사, 2012) 참조.

사생활의 자유(제17조) ⑤ 통신의 자유(제18조) ⑥ 재산권 보장(제20조) 등을 규정하고 있다.

이들 조항이 밝히고 있는 바와 같이, 국민은 경제생활의 자유권을 가지고 있다. 이 점에서 한국의 경제는 국민의 자유가 지배하는 자유주의적 경제가 지배하여야 하며, 직업의 강제배치라든가 생산재의 국공유화와 같은 중앙관리경제라든가 전면적 계획경제 제도는 배격되며, 시장가격에 따라 수요와 공급이 결정되는 경제적 자유주의의 원칙이 지배한다.

### (2) 복지에 관한 권리

행복추구권은 인간다운 생활을 할 권리를 내포하고 있다. 생존권은 복지를 위한 권리라고 하겠으며 많은 개별적 생존권으로 구성되어 있다. 우리 헌법은 ① 교육을 받을 권리(제31조) ② 인간다운 생활보장을 받을 권리(제34조) ③ 근로의 권리(제32조) ④ 근로자의 3권(제33조) ⑤ 혼인과 가족에 관한 권리(제36조) ⑥ 쾌적한 환경에서 생활 할 권리(제35조) 등을 규정하고 있다.

이들 조항은 국민의 복지를 위한 권리라고도 할 수 있다. 복지에 관한 권리는 이 밖에도 여러 가지가 있으며 헌법에 열거되지 아니한 이유로 경시되지 아니한다(제37조 1항).

이러한 복지에 관한 권리는 자유방임에 의해서는 달성될 수는 없는 것으로 국가의 개입에 의하여 보장되는 점에서 경제적 자유보다는 경제적 평등, 사회적 정의의 이념에 따른 국가의 개입이 요구되는 생존권이라고 하겠다.[15]

## III. 경제와 복지를 실현하기 위한 기본원칙

### 1. 경제적 · 사회적 기본권 실현 이념

기본권은 개인이 가지는 천부의 권리인데 대하여 제도는 이를 실현하기 위한 수단으로 인위적으로 만들어진 것이다.

국민의 경제적 기본권을 실현하기 위한 경제제도는 여러 가지가 있다. 경제적 이념을 중심으로 구분해 볼 때 ① 자유주의 경제 ② 평등주의 경제 ③ 복지주의 경제로 나눌 수 있다.[16][17]

---

15) 김철수, 「한국헌법상의 복지정책」, 『법과 정의 · 복지』(진원사, 2012), 194면 이하 참조.

16) 경제제도의 구분에 관해서 이념적 측면에서 고찰해 본 것이다. 제도적 측면의 분류로는 ① 자본주의 ② 사회주의 ③ 혼합형으로 나누는 것이 일반적이다.

17) 경제사상, 특히 경제정의에 관해서는 Joseph J. Spengler, Economic Thought and Justice, 1980; Marc Fleurbaey, Economics and Economic Thought, Stanford Encyclopedia of Philosophy,

## 2. 자유주의 경제제도

자유주의자들은 헌법의 자유권을 보장하기 위해서는 자유주의경제제도를 채택해야 한다고 주장한다. 여기에서는 직업선택의 자유, 영업의 자유가 지배해야 하며 생산자의 권리와 소비자의 권리가 보호되어야 하고 교환가격은 수요와 공급에 따라서 자유로이 결정되어야 한다고 본다. 또 소유권을 중시하며 특히 생산수단의 사유화를 강조한다. 이것은 Adam Smith의 고전적 자유주의 경제제도에서 출발하여[18] 현재의 자유주의 경제학에까지 이르고 있다. 특히 Mieses,[19] Hayek[20] 등이 대표적이다.

원래는 자유방임주의를 주장했지만 그 뒤 어느 정도의 국가의 관여를 인정하고 있기는 하다. 경제체제로는 시장경제 내지 자본주의를 내용으로 하고 있다. 신자유주의는 세계화에 따른 국제교역의 자유를 주장하는 새로운 경향이다. 이들은 법치주의를[21] 강조하고 있다.

## 3. 평등주의 경제제도

평등주의자들은 경제적 평등권을 강조한다. 평등주의(Egalitarianism)는 모든 인간은 권리에 있어서 평등하며 어떠한 차별도 금지된다고 하였다.[22] 이들은 인간능력의 차이에

---

2012; Frey B., A. Stutzer, Happiness and Economics, 2002; J. van de Graff Theoretical Welfare Economics, 1997; Arrow, Sen, Suzumura (eds.), Handbook of Social Choice and Welfare vol. 1. vol 2. 2011; J. E. Roemer, Theories of Distributive Justice, 1996; J. E. Roemer, Equality of Opportunity, 1998; S. Hook (ed.), Human Values and Economic Policy, 1967; A. K. Sen, Ethics and Economics, 1987; R. A. Posner, The Economics of Justice, 1981; Helen M. Stacy/Winn & Michael McPherson, Taking Ethics Seriously: Economics and Contemporary Moral Philosophy, Journal of Economic Literature Vol. X. 442 (june 1983) pp. 671-731; Joan Robinson, Economic Philosophy; Daniel M. Hausman, The Philosophy of Economics, 2008 참조.

18) 자유주의에 관해서는 Adam Smith, Wealth of Nations(1776)에서 重商主義를 배격하고 경쟁과 인센티브를 보장하기 위한 자유시장과 노동의 분업을 주장하였다. 아담 스미스에 관한 한국문헌으로는 김광수, "애덤 스미스의 법과 경제: 정의와 효율성간의 관계를 중심으로", 『경제학연구』 제57집 제1호, 77-107면; 박세일, 『아담 스미스 연구』(민음사, 1989) 참조.
John Gray, Liberalism, 1995; Ronald Hamowy, The Encyclopedia of Liberalism, 2008; E. K. Hunt, Property and Prophets: The Evolution of Economic Institutions and Ideologies, 2003.

19) 미제스에 관해서는 Mieses, Liberalism, the introduction.

20) 하이에크에 관해서는 August von Friedrich Hayek, Recht, Gesetzgebung und Freiheit, Bd. 1, Bd. 2, 1981; Originaltext: Law, Legislation and Liberty, Bd. 1, Bd. 2, 1976; Friedrich Hayek, Die Verfassung der Freiheit, 1971 참조.
프리드리히 하이에크에 관한 한국 문헌으로는 박홍기, "하이에크의 정의론과 사회정책적 함축", 『정신문화연구』, 1999 가을호 제22권 제3호(통권 76호) 155-192면; 조순(외), 『하이에크 연구』(민음사, 1995).

21) 법치주의에 관해서는 김철수, 『헌법과 정치』(진원사, 2012); Roggeman (Hrsg.), Rechtsstaat und Wirtschaftsverfassung, 2002 참조.

22) 평등주의에 관해서는 Angelika Krebs (Hrsg.), Gleichheit oder Gerechtigkeit, Texte der neuen Egalitarianismuskritik, Frankfurt a. M. 2000; Stefan Gosepath, Gleiche Gerechtigkeit: Grundlegung

불구하고 모든 국민은 평등한 분배를 받아야 하며 동등한 기회를 제공받아야 한다고 주장한다. 이를 위하여 국가의 경제에 대한 개입을 강조했다.

이들은 사회주의 경제, 공산주의 경제, 국영중앙관리 경제 등을 주장하였다.[23] 이들은 직업선택의 자유를 인정하지 않고 완전고용을 위해서는 직업장 배분, 소비재의 배급제, 생산재의 국·공유화를 제도화 하였다. 이들은 분배의 평등을 위하여 국가의 개입이 요구되며 중앙관리 경제의 필요성을 역설하였다.

## 4. 복지주의 경제제도

자유주의 경제제도는 평등을 등한시했고, 평등주의 경제는 자유를 부정하였다. 그 결과 경제적 자유가 위축되었고 사회적 평등이 보장되기 어렵게 되었다. 인구의 증가, 고령화, 실업, 노임의 불평등, 근로자의 인간존엄의 경시, 빈곤 등을 극복하기 위하여 복지주의가 제창되게 되었으며 사회정의에 적합한 경제제도를 모색하게 되었다.[24]

자유주의 경제에서도 사회적 자유주의(social liberalism)가 등장했고 사회주의경제 내에서도 자유를 중시하는 자유주의적 사회주의(libertarian socialism)가 주장되게 되었다. 이것은 제3의길 경제제도로 인정되었으며 사회민주주의자도 자유시장정책을 인정하여 사회적 자본주의(social capitalism)를 채택하기에 이르렀다. 사회복지주의를 채용한 사회복지국가가 늘어나게 되었다.

---

eines liberalen Egalitarianismus, Frankfurt a. M. 2004; Joseph Carens, Equality, Moral Incentives and the Market, 1981; N. K. Holtung, Lippert-Rasmussen (eds.), Egalitarianism, New Essays on the Nature and Value of Equality, 2007; John Rawls, Political Liberalism, 1993.

23) 이러한 체제로 anarchy를 논하기도 한다. Robert Nozick, Anarchie, Staat, Utopia, München 2006; Originaltext: Anarchy, State, and Utopia, Oxford 1974. 또 state socialism, market socialism을 포함하고 있다. 중앙관리경제 내지는 계획경제에 관해서는 주 34) 참조. 신 중국의 경제제도를 market socialism의 전형으로 보고 있다. Chow, Gi; The Role of Planning in China's Market Economy, Presentation in Beijing Congress. 베트남에 관해서는 Konrad Adenauer Stiftung, Sozialistische Marktwirtschaft, Soziale Marktwirtschaft (Frehner)의 논문이 있다.

24) 복지주의 주장자들로는 William Beveridge, Anuerin Bevan, Eduard Heimann, Jens Otto Krag, Gunnar Myrdal, Richard Morris Titumus 등이 있다. 이를 실현하는 국가형태로는 복지국가가 있다. Lee Sue, Street, Skyy, Mootz, Europäische Wohlfahrtstaat 참조.
이 이론에 따라 복지국가가 탄생하였다. UK, Social Insurance and Allied Service(The Beveridge Report), London, 1942. James W. Bailey, Utilitarianism : Institutions and Justice, 1997; Jonathan Glover(ed.) Utilitarianism and Its Critics, 1990; Robert E. Goodwin, Utilitarianism as a Public Philosophy, 1995; Nicolas Rescher, Distributive Justice, 1996; David Schmidtz and Robert E. Goodwin, Social Welfare and Individual Responsibility, For and Against, 1998; Paul Barker (Hrsg.), Founders of Welfare State 1984; Costa Esping-Andersen, The three world of Welfare Capitalism, 1990; Gerd Hubermann, Der Wohlfahrtsstaat, 1997; Franz-Xavier Kaufmann, Herausforderungen des Sozialstaates, 1997; Gunnar Myrdal, Beyond the Welfare State, 1960; Josef Schmid, Wohlfahrtsstaaten im Vergleich, 2002; Jana Windwehr/Wilhelm Knelangen/Andrea Gabrich, Soziale Staat- soziale Gesellschaft, 2009.

### 5. 우리나라 헌법의 경제이념

앞서 본 바와 같이 우리 헌법은 포괄적 기본권으로 ① 일반적 행동자유권 ② 평등권 ③ 행복추구권을 규정하여 경제적 자유와 경제적 평등, 사회복지를 기본이념으로 제시하고 있다. 이 점에서 우리 경제질서는 ① 자유 ② 평등 ③ 복지의 3 이념을 동시에 충족시켜야 한다.[25)]

## IV. 한국헌법상 국가의 경제적 · 사회적 기본권보장 의무

### 1. 기본권 확인과 보장의무

헌법 제10조 후문은 「국가는 개인이 가지는 불가침의 기본적 인권을 확인하고 이를 보장할 의무를 진다」고 하고 있다. 이것은 우리 헌법상 기본권이 불가침이며 자연권으로서 이를 확인하고 국가권력을 통하여 보장할 의무를 국가에 부과하고 있는 것이다. 또 「국민의 자유와 권리는 헌법에 열거되지 아니한 이유로 경시되지 아니한다」고 하여 헌법에 열거되지 아니하는 기본권을 경시해서는 안 되며 이들 기본권도 확인하고 보장할 의무를 지고 있다.[26)]

이 기본권의 보장은 최대한의 보장이어야 하며 「국가안전보장, 질서유지 또는 공공복리를 위하여 필요한 경우에 한하여 법률로써 제한할 수 있으며, 제한하는 경우에도 자유와 권리의 본질적인 내용은 침해할 수 없다」(제37조 2항)고 하여 기본권의 제한은 최소한에 그쳐야 하며 과잉제한이 금지되고 있다(과잉금지의 원칙).[27)]

### 2. 개별 평등권과 자유권의 보장의무

#### (1) 국가의 평등권 보장의무

국가는 평등권을 확인하고 보장하되 ① 국민을 차별대우해서는 안 되며 ② 특수계급을 창설해서는 안 되며 ③ 훈장의 수여 등의 세습을 금지하기 위하여 영전일대원칙을 지키도록 의무화 하고 있다(제11조).

#### (2) 국가의 경제적 자유권 보장의무

---

25) 이를 실현시킨다는 것은 지난한 것이다.
문재인 의원은 새로운 경제체제로 복지주의를 주장하고 있다(facebook). 김남진(노트) 2012년 11월 8일.

26) 기본권의 법적 성격에 대해서는 김철수, 『기본권의 체계』(관악문화사, 2009), 24면 이하 참조.

27) 헌법 제37조 2항의 해석에 관해서는 김철수, 『학설 · 판례 헌법학(상)』(박영사, 2008) 참조.

국가는 국민의 천부인권인 경제상의 자유권을 확인하고 보장하되 ① 거주이전의 자유를 보장하되 허가제를 금지하며 영장제도에 의하여 보호할 의무를 지고 있으며 ② 직업선택의 자유를 확인하고 보장하되 ① 직장선택의 자유를 침해해서는 안 되며 ② 직업에의 강제종사를 시켜서는 안 될 의무를 진다.

또 ① 사생활의 비밀의 공개나 침해가 금지되며 ② 주거침입이 금지되며 주거침입에 대한 사전영장발부제도가 강제된다. ③ 통신의 비밀침해가 금지되며 도청 등이 금지된다.

## 3. 개별 생존권의 보장의무

### (1) 국민의 생존권 보장의무

국가는 개인이 가지는 인간다운 생활을 할 권리를 확인하고 보장할 의무를 진다. 이를 위하여 ① 사회보장 · 사회복지의 증진 ② 여자의 복지와 권익의 향상 ③ 노인과 청소년의 권익과 복지향상을 위한 정책 실시 ④ 신체장애자 및 질병, 기타 노령자의 보호의무 등을 지고 있다. 이들 권리는 헌법상 생존권으로 현실적 · 구체적 권리이므로 국가권력을 직접 구속한다.[28)]

### (2) 국민의 문화적 생존권 보장의무

국가는 국민의 교육을 받을 권리를 보장해야 할 의무를 지니는데 국가는 ① 초등학교와 중등학교의 의무교육 실시의무 ② 특정한 학교에서의 무상의무교육 실시의무 ③ 교육의 자주성, 정치적 중립성 보장의무 ④ 평생교육진흥의무 ⑤ 교육입법제정의 의무 등이 있다.

### (3) 근로의 권리의 보장의무

국가는 국민의 근로의 권리를 보장해야 하며 ① 사회적 · 경제적 방법에 의하여 근로자의 고용증진에 노력해야 하며 적정임금, 최저임금제를 법률로 도입해야 한다. ③ 인간의 존엄성이 보장되는 근로조건의 법제화 ④ 여성의 근로보호, 근로여성에 대한 노동권 보장, 차별금지 ⑤ 연소자의 근로보호 ⑥ 국가유공자, 상이군경 및 전몰군경의 유가족을 우선취업시킬 의무와 ⑦ 근로자의 단결권을 보장할 법률을 제정할 의무 등이 있다.

### (4) 국민의 가족생활 보장의무

국가는 ① 혼인과 가족생활을 보호할 의무를 지고 있으며 국가는 혼인과 가족생활이 개인의 존엄과 양성의 평등을 기초로 성립되고 유지되도록 이를 보장해야 한다. 또 ② 국가는 모성의 보호를 위하여 노력하여야 하며 ③ 국가는 가족의 보건에 관하여

---

28) 생존권=사회보장수급권에 관해서는 김철수, 「한국헌법상의 사회복지정책」, 『법과 정의 · 복지』(진원사, 2012), 196면 이하; 김철수, 「생존권적 기본권의 법적 성격과 체계」, 『학술원논문집』(인문 · 사회과학편) 제40집 (2001) 참조.

보호할 의무를 진다.

### (5) 국민의 건강하고 쾌적한 환경보호의무

국가는 ① 국민의 환경보전을 위하여 노력하여야 하며 ② 환경권의 내용과 행사에 관하여 법률로 정할 의무와 ③ 주택개발정책 등을 통하여 모든 국민의 쾌적한 주거생활을 할 수 있도록 노력할 의무를 진다.

## V. 국가의 경제발전과 복지실현을 위한 경제 · 사회제도

### 1. 기본권실현을 위한 경제제도

기본권은 권리이며 질서가 아니다. 기본권의 2중적 성격은 독일에서 주장되는 학설이기는 하나 이것은 국제적인 보편성이 없는 이론이다. 질서나 제도는 기본권을 실현하기 위하여 국가가 만든 기구에 불과하다. 이들 기본권을 실현하기 위하여 국가가 어떠한 역할을 해야 하느냐에 따라 적극적 국가론과 소극적 국가론이 대립된다. 경제제도의 측면에서 이를 보면 ① 시장경제제도 ② 중앙관리경제제도 ③ 혼합경제제도 등으로 나룰 수 있다.[29][30]

### 2. 시장경제제도

시장경제(market economy)는 국가는 경제에 개입하지 않고 인간과 시장의 자율에 의하여 경제가 운영되는 제도이다.[31] 소비자와 생산자 간의 가격결정으로 유지되는

29) 경제제도에 관해서는 F. L. Pryor, A Guidebook to the Comparative Sturdy of Economic Systems, 1985; Bertram Schefold, Wirtschaftssysteme im historischen Vergleich, 2004; Wirtschaftssysteme: Ideen, Modelle, Wirklichkeit; Andreas Knorr, Wirtschaftssysteme und Wirtschaftsordnugen; P. Bernholz, Theorie der Wirtschatssysteme, 1993.

30) 경제제도의 구분에 있어서는 중앙관리경제(중앙계획경제), 시장경제, 사회적 시장경제로 나누는 것이 일반적이다. 시장경제는 ① 자유방임시장경제 ② 전통적 시장경제 ③ 사회주의적 시장경제로 나눌 수 있고, 계획경제는 ① 국가계획경제(국가사회주의, 국가자본주의) ② 중간관리경제 ③ 자주지시관리경제로 나눌 수 있으며, 혼합경제는 ① 사회적 시장경제 ② 계획적 시장경제 ③ 사회적 공동체경제 등을 들 수 있다. Richard Bonney, Economic Systems and State Finance, 1995; David W. Conkin, Comparative Economic Systems, 1991; George S. Counts, Bolshevism, Fascism, and Capitalism, 1970.

31) 이 제도는 자본주의라고도 불린다. 자본주의에 대해서는 부정적인 의견이 많다. Gerd Altman, Die Entartung des kapitalistischen Wirtschaftssystem zum Raubtierkapitalismus als Ursache für die globale Wirkschafts und Finanzkrise von 2008; Michael Huther, Die disziplinierte Freiheit, Eine neue Balance von Markt und Staat, 2011; Joyce Appleby, Die unbarmherzige Revolution, Eine Geschichte des Kapitalismus, 2011; Santiago Nino Becerra, El Crash del 2010, 2011; Ulrich Schäfer, Der Crash des Kapitalismus, 2009; Peter Sloterdijk, Die Zukunft des Kapitalismus,

시장이 경제주체가 되며, 경제재의 생산과 분배는 국가개입 없이 자유로이 결정되는 경제제도를 말한다. 시장경제활동은 국민의 경제활동의 결과 이루어지는 것이며 계약의 자유와 재산권의 보장 등이 중요하다.[32)]

그러나 오늘날 완전 자유로운 시장경제는 유지되지 못하고 있으며 국가가 산업정책이나 물가정책, 고용정책 등을 통하여 개입하고 있는데 이것을 최소화하기를 요구하고 있다.

## 3. 관리경제, 계획경제제도

계획경제(plan economy), 관리경제(Verwaltungswirtschaft)는 시장의 자율경영에 맡기지 않고, 국가나 공공기구가 경제재의 생산과 소비, 경제활동을 계획적으로 조종하는 경제체제를 말한다.[33)] 이것은 공산주의국가에서 유행되었던 것으로[34)] 국민의 경제상의 자유를 말살하는 점에서 민주적인 경제제도가 아니다. 이것은 집단주의 경제이다.

비공산주의 국가에서도 나치스에 의한 국가사회주의(Nationalsozialismus) 경제제도라든가[35)] 전시경제제도가 이에 속한다. 후진국가의 개발독재경제도 이 유형이 속한다고 하겠다. 이러한 국가에서는 국영경제를 채택한 것도 있었다.

---

2009.

32) 시장경제에 관해서는 Milton Friedman, Kapitalismus und Freiheit, Aus dem Amerikan. von Paul C. Martin, München 2004; John Kenneth Galbraith, Die Ökonomie des unschuldigen Bertugs. Vom Realitätsverlust der heutigen Wirtschaft, München 2005; Peter Gillies, Marktwirtschaft de. Frankfurter Institut/Stiftiung Marktwirtschaft, 2000; Werner Güth, Theorie der Marktwirtschaft, Berlin 2007; Friedrich Hayek, Freiburger Studien. Gesammelte Aufsätze. Nachdruck, Tübingen 1994; Hans Ruh, Ordnung von unten. Die Demokratie neu erfinden, Zürich 2011; Adam Smith, Der Wohlstand der Nationen, München 2001; Ferry Stocker, Logik der Marktwirtschaft, München 2001; Peter Ulrich, Zivilisierte Marktwirtschaft, Aktualisierte und erweiterte Neuauflage, Bern 2010; Ulrich van Suntum, Die unsichtbare Hand Ökonomisches Denken gestern und heute, Berlin 2005.

33) Socialism에 관해서는 Karl Marx/Friedrich Engels: Werke (MEW), Berlin; Originaltext 1875, hg. v. Friedrich Engels, London 1891; Parel V. Mausakovsky, The Capitalist Cycle, 2004. Einstein은 사회주의를 신봉했으나 계획경제에는 반대했다. Albert Einstein, Why Socialism, in Morality Review, 1949; Alex Callinicos, Ein antikapitalistische Manifest, 2004.

34) 계획경제에 대해서는 Carl Landauer, Theory of national economic planning 2nd ed., 1947; Carl Landauer, Planwirtschaft und Verkehrswirtschaft, 1931; Christoph Deutschmann, Planwirtschaft als Ideologie, 1977; Pat Devine, Democracy and Economic Planning, 1988; Volker Hayse, Management in der Planwirtschaft, 1997.
구 소련에 관해서는 A. Nove, Das sowijetsche Wirtschaftssystem, 1980.
구 동독에 관해서는 Siegfried Wenzel, Plan und Wirklichkiet: Zur DDR-Ökonomie Dokumentation und Erinnerungen, 1998; Avraham Barkai, Das Wirtschaftssystem des Nationalsozialismus: Ideologie, Theorie, Poltik, 1933-1945, 1988; Jochen Bethkenhagen, DDR und Osteuropa: Wirtschaftssystem, Wirtschaftspoltik, Lebensstandard: Ein Handbuch, 1981.

35) 나치스의 국가사회주의는 국영경제체제라고도 할 수 있다. Michael von Prollias, Das Wirtschaftssystem der Nationalsozialisten, 1933-1939, 2003; Markus Albert Diehl: Von der Marktwirtschaft zur nationalsozialistischen Kriegswirtschaft, 2005.

## 4. 제3의 경제제도

시장경제의 불평등성과 실업문제, 계획경제의 비자유성과 비효율성을 극복하기 위하여 새로운 경제체제 - 제3의 길이 모색되고 있다. 제3의 길에서 추구하는 것은 경제적 자유와 함께 경제적 평등과 사회적 복지이다.[36][37] 한 경제체제에서 이를 조화시키는 것은 쉬운 일이 아니다.

국민주권의 원리, 사회정의의 원리, 소유권의 자유, 빈자에 대한 사회보장의 실질화, 자본과 노동의 양자에 의한 가치창조 등이 요구되었다. 영국에서도 노동당에 의해서 제3의 길로서 채택되었으나 실제로 큰 영향을 미친 것은 독일의 사회적 시장경제제도(Soziale Marktwirtschaft, social market economy)이다.[38] 독일서 장기간 집권했던 기독

---

36) 미국의 경제제도의 변천과 한국경제제도의 변천에 관한 것으로는 김철, 『법과 경제질서』(한국학술정보, 2010) 참조.

37) 우리나라에서도 군사정권시대에는 계획경제가 일부 행하여졌다. 1963년부터 5개년 경제계획이 시행되어 제6차 경제계획이 집행되었다.

38) 사회적 시장경제에 관해서는 Peter Koslowski(ed.) The Social Market Economy, 1988; Frehner, Sozialistische Marktwirtschaft-Soziale Marktwirtschaft, Konrad Adenauer Stiftung, 2012; Werner Albelshauser: Des Kaisers neue Kleider? Wandlungen der Sozialen Marktwirtschaft. Roman Herzog Institut, München 2009; Gerald Ambrosius: Die Durchsetzung der Sozialen Marktwirtschaft in Westdeutschland 1945-1949. Stuttgart 1977; Winfried Becker, Die Entscheidung für eine neue Wirtschaftsordung nach 1945. Christliche Werte in der Sozialen Marktwirtschaft Ludwig Erhards. In: Rainer A. Roth/Walter Seifert(Hrsg.), Die Zweite deutsche Demokratie: Ursprünge, Probleme, Perspektiven, Köln/Wien 1980; Heiner Flassbeck, Die Marktwirtschaft des 21. Jahrhundert; Nils Goldschmidt, Michael Wohlgemuth (Hrsg.): Die Zukunft der Sozialen Marktwirtschaft: sozialethische und ordnungsökonomische Grudlagen. Tübingen 2004; Dieter Hasellbach, Autoritärer Liberalismus und soziale Marktwirtschaft. Baden-Baden 1991; Philipp Herder-Dornreich, Ordnungstheorie des Sozialstaates, Beiträge zur Ordnungstheorie und Ordnungpolitik, Tübingen 1983; Karl Hohmann/Horst Friedrich Wünsche (Hrsg.), Grundtexte zur Sozialen Marktwirtschaft: Das Soziale in der Sozialen Marktwirtschaft, 1988; Karen Horn, Die Soziale Marktwirtschaft - Alles, was Sie über den Neoliberalismus wissen sollten, 2010; Gerhard Kleinhenz: Sozialstaatlichkeit in der Konzeptoin der Sozialen Martwirtschaft. In: Ders. (Hrsg.), Sozialstaat Deutschland 1997, 390 ff; Benhard Löffler, Soziale Marktwirtschaft und administrative Praxis. Das Bundeswirtschaftsministerium unter Ludwig Erhard, Stuttgart 2002; Josef Mooser, Liberalismus und Gesellschaft nach 1945. Soziale Marktwirtschaft und Neoliberalismus am Beispiel von Withelm Röpke. In Manfred Hettling/Bernd Ulrich (Hrsg.), Bürgertum nach 1945, 2005. S. 134-156; Anthony J Nicholls, Freedom with Responsibility, The Social Market Economy in Germany 1918-1963. Oxford 1994; Knut Wolfgang Nörr, Joachim Starbatty, Reinhold Biskup : Soll und Haben : 50 Jahre Soziale Marktwirtschaft. Stuttgart 1999; Jürgen Pätzold, Soziale Marktwirtschaft : Konzeption- Entwicklung-Zukunftsaufgaben, 6. überarb. Aufl. 1994; Ralf Ptak, Vom Ordoliberalismus zur sozialen Marktwirtschaft: Stationen des Neoliberalismus in Deutschland, Wiesbaden 2005; Friedrun Quaas, Soziale Marktwirtschaft: Wirklichkeit und Verfassung eines Konzept, Bern, Stuttgart 2000; Siegfried Rauhut: Soziale Marktwirtschaft und parlamentarische Demokratie. Eine institutionenökonomische Analyse der politischen Realisierungsbedingungen der Konzeption der Soziale Marktwirtschaft. Berlin, 2000; Otto Schlrecht, Grundlagen und Perspektiven der Sozialen Marktwirtschaft, Tübingen 1990; Christian

교민주당(CDU)은 이 경제체제를 이상적인 경제제도로 보고 있으며, 유럽공동체의 경제제도도 사회적 시장경제를 채택하고 있다.39) 독일사회민주주의자는 사회주의를 주장하지만 사실상은 사회적 시장경제원칙과 별 차이가 없다.

공산주의에서 시장주의로 이행하는 국가에서는 사회주의적 시장경제의 형태를 취하고 있다.40) 스위스의 경제제도도 제3의 제도로 인식되고 있다.41)

## VI. 한국헌법의 경제 · 사회의 기본질서

### 1. 한국경제헌법의 기본질서

#### (1) 기본원칙=경제적 자유

대한민국의 경제질서는 개인과 기업의 경제상의 자유와 창의를 존중함을 기본으로 한다(제119조 1항). 따라서 대한민국의 경제질서는 자유주의경제를 원칙으로 하며,42) 개인뿐만 아니라 기업의 경제상의 자유와 창의도 존중하여야 한다. 또 사유재산에 대해서도 보장하고 있기 때문에 시장경제를 원칙으로 하고 있다.

---

Watrin, The Priciples of the Social Market Economy- Its Origins and Early History, in: Zeitschrift für die gesamte Staatswissenschaft, Bd. 135, 1979, S. 405-425; Hans Willgerodt, Wertvorstellungen und theoretische Grundlagen der Konzepts der Soziale Marktwirtschaft, 1989; Wolfram Fischer (Hrsg.), Währungsreform und Soziale Marktwirtschaft. Erfahrungen und Perspektiven 40 Jahren, Berlin 1989; Joachim Zweynert, Die Soziale Marktwirtschaft als politische Integrationsformel, 2008; Dieter Cassel (Hrsg.), 50 Jahre Soziale Marktwirtschaft : Ordnungtheoretische Grundlagen, Realisierungsprobleme und Zukunftspersktiven einer wirtschaftspolitischen Konzeption, 1988; Alexander Ebner, The intellectual foundations of the social market economy: theory, policy and implications for European integration, in: Journal of economic studies, 32 (2006) 3, p. 206-223; Rolf H. Hasse, Hermann Schneider, Klaus Weigelt (Hrsg.), Lexikon Soziale Marktwirtschaft, 2005. 이규석 외역, 『사회적 시장경제. 독일 경제정책 A에서 Z까지』(주한 독일 콘라드 아데나워 재단, 2005); Hannelore Hamel, Soziale Marktwirtschaft · Sozialistische Planwirtschaft, Verlag Franz Vahlen, 1989. 안병직 · 김호균 옮김, 『사회적 시장경제 · 사회주의 계획경제』(아카넷, 2001).

39) 유럽의 경제제도에 관해서는 Jörg Asmussen, Die europäische Wirtschaftsverfassung, Berlin, Rede von 15. Nov. 2012. Clapham, Wirtschaftsverfassung für Europa 2004. Lisbon조약에 따라 유럽공동체는 사회적 시장경제제도를 채택하게 되었다.

40) 사회주의 시장경제에 대해서는 Bertell Ollman (ed.) Market Socialism 1988; David Miller, Market, State and Community 1989; Johannes Bockman, Market in the name of Socialism 2011; John Roemeret al., Equal Shares: Making Market Socialism Work, 1996; Stern O' Donnel, Introducing Enterpreneurial Activity into Market Socialist Models, 2003; Alec Nove, The Economics of Feasible, Socialism, 1983.

41) Werner Wüthrich, Die Wirtschaftverfassung der Schweiz als Dritte Weg? Zeit-Fragen Nr. 32 vom 30. 7. 2012.

42) 대한민국의 경제질서에 관해서는 김철수, 『현대헌법론』(박영사, 1979); 김철수, 『학설 · 판례 헌법학(상)』(박영사, 2008) 참조.

### (2) 국가의 예외적 경제규제조정

국가는 국민경제의 성장 및 안정과 적정한 소득의 분배를 유지하고, 시장의 지배와 경제력의 남용을 방지하며, 경제주체간의 조화를 통한 경제의 민주화를 위하여 경제에 관한 규제와 조정을 할 수 있다(제119조 2항)고 하여 ① 균형있는 국민경제의 성장과 안정 ② 적정한 소득의 분배유지 ③ 시장의 지배와 경제력의 남용방지 ④ 경제주체간의 조화를 통한 경제의 민주화를 경제정책의 목표로 하고 있다.

## 2. 경제민주화 논쟁

### (1) 사회정의원칙

한국헌법의 경제질서에 관한 규정은 많은 변천을 하였다.[43] 제헌헌법 제5조는「대한민국은 정치 · 경제 · 사회 · 문화의 모든 영역에 있어서 각인의 자유 · 평등과 창의를 존중하고 보장하며 공공복리를 향하여 이를 보호하고 조정하는 의무를 진다」고 했고, 제84조는「대한민국의 경제질서는 모든 국민에게 생활의 기본적 수요를 충족할 수 있게 하는 사회정의의 실현과 국민경제의 발전을 기함을 기본으로 삼는다. 개인의 경제상의 자유는 이 한계 내에서 보장된다」고 하였다.

이는 바이마르헌법의 제151조의 경제조항을 모방한 것이라고 할 수 있다. 이 조항은 사회정의원칙을 그 내용으로 하고 있는 점에서 특색이 있다. 사회정의의 개념은 다의적이나,[44] 여기서는「모든 국민에게 생활의 기본적 수요를 충족할 수 있」게 하는 것으로 규정하고 있다. 이 조항은 현행헌법에서는 헌법 제34조에 인간다운 생활을 할 권리로 계승되어 있으며 사회정책의 근거조항으로 인정되고 있다.[45]

### (2) 현행헌법의 경제민주화 규정

현행 헌법은 제헌 헌법 제84조의 사회정의의 실현부분을 기본권으로 옮겼으며, 경제상의 자유의 한계규정을 국가의 경제적 규제와 조정규정으로 바꾸었다. 또 ① 소득의

---

43) 상세한 것은 김철수, "한국경제헌법의 이론과 실제",『현대헌법론』(박영사, 1979), 933면 이하 참조. 이영록, "제헌헌법상 경제조항의 이념과 그 역사적 기능", 경제민주화의 역사적 기원, 2013. 3. 23. 강지원 변호사는 홍익자본주의를 제창하고 있다. 공정한 부익부(富益富)는 인정하지만 불공정한 부익부는 인정되지 않고 나아가서 빈익부(貧益富)를 이루겠다고 한다.

44) 사회정의에 관해서는 근자에 나온 다음 책들 참조.
Wilfried Hinsch, Gerechtfertigte Ungleichheiten, Grundsätze sozialer Gerechtigkeit, Berlin/New York 2002; Wolfgang Kersting, Theorien der sozialen Gerechtigkeit, Stuttgart/Weimar 2000; John Rawls, Politischer Liberalismus, Frankfurt a. M.; Originaltext: Political Liberalism, New York 1993; Michael Walzer, Sphären der Gerechtigkeit. Ein Plädoyer für Pluralität und Gleichheit, Frankfrut a. M.; Originaltext: Spheres of Justice. A Defense of Pluralism an Equality, New York 1983; Gerhard Weisser, Distributionspolitik, in: ders., Beiträge zur Gesellschaftspolitik, Göttingen, S. 386-481.

45) 독일의 경우 Peter Badura, Wirtschafts-und sozialpolitische Ziele in der Verfassung, 2003; Herwig Roggemann (Hrsg.), Rechtsstaat und Wirtschaftsverfassung, 2002.

적정한 분배유지 ② 시장의 지배와 경제력 남용방지 ③ 경제주체간의 조화를 통한 경제의 민주화를 추가하고 있다. 이 경제민주화조항을 ① 경제질서 전반의 규제 · 조정목적으로 보는 광의설과 ② 경제주체간의 조화로만 해석하는 협의설이 대립되고 있다.[46)]

경제민주화규정은 모호한 규정이다. 미국에서는 전통적 시장경제에 반대하는 학자들이 광범위하게 파악하여 정치적 민주화와 대칭되는 개념으로 생각하고 있다.[47)] 이에 대하여 독일에서는 경제주체, 즉 노사간의 민주화=경영민주화로 이해하고 있다. 독일의 경우 공동결정법(Mitbestimmungsgesetz)의 근거조항으로 생각하고 있다.[48)]

우리나라에서는 정치인들 간에 이를 광의로 해석하여 모든 경제문제에 광범하게 적용하려는 기운이 보인다.[49)] 미국이나 독일과 달리 우리나라는 경제에 관한 원칙을 헌법에 명시적으로 규정하고 있기 때문에 광의로 해석할 것이 아니고 경제주체인 노 · 사가 평등한 권리를 가지며 기업을 조화롭게 운영할 수 있는 경제제도의 창설을 위한 근거조항이 아닌가 한다.[50)]

## 3. 한국경제헌법의 원칙

### (1) 자유주의 경제

한국의 경제질서의 원칙은 자유경제주의이다. 헌법상 경제적 자유권이 보장되어 있으며 사유재산권과 계약의 자유가 보장되어 있다. 또 경제질서에서도 개인과 기업의 경제상의 자유와 창의의 존중을 구가하고 있다. 따라서 한국에서는 생산수단의 국유화 · 사회화를 기본으로 하고, 직업선택의 자유를 부인하는 사회주의 경제제도 내지는 완전한 계획경제는 도입할 수 없다.

### (2) 사회정의에 입각한 경제

한국헌법의 경제질서는 균형있는 국민경제의 성장 및 안정을 도모하고 있다. 여기서는 국민경제의 균형성장이 모색되고 있다. 또 국민에게는 적정한 소득을 분배하여 인간다운

---

46) 이춘구, "경제민주화 자유와 평등의 조화", 2013, 한국헌법학회, 경제민주화 - 역사적 기원, 2013; 김형성, "현행 헌법에 있어서 경제민주화 논의의 제도화의 내용 및 실현", 전게서, 경제민주화 - 역사적 기원, 69-92면.

47) Takis Fotopoulos, The Multidimensional Crisis and Inclusive Democracy, 2005; Takis Fotopoulos, Welfare State or Economic Democracy?, 1999; J. W. Smith, Economic Democracy (4th ed.) 2005; Smith, J. W., Economic Democracy, A Grand Strategy for World; Paul Engler, Economic Democracy: The Working Class Alternative to Capitalism; R. A. Dahl, A Preface to Economic Democracy, 1985; 김형성, 전게논문, 78면 이하; 송기춘, 전게, 공법학회 학술대회 토론문.

48) Holger Martin Meyer, Vorrang der privaten Wirtschafts- und Sozialgestaltung als Rechtsstaats-prinzip.
한수웅, "한국헌법상의 경제질서", 『심천 계희열 박사 화갑기념논문집』 1995, 178면.

49) 예를 들면, 민주당, 진보정의당, 통합진보당 등의 주장 참조. 특히 재벌개혁을 강조하는 경향이 있다.

50) 경제민주화와 관련해서는 변형윤, "경제정의와 경제민주화", 『전집』 제7권 2012; 국회입법조사처, "금산분리제도의 발전방향", 『정책보고서』 제25호(2013. 2. 27) 참조.

생활을 보장할 것을 목표로 하고 있다.[51] 경제적 강자와 경제적 약자의 공존을 위하여 시장지배를 예방하고 경제력의 남용을 억제하고 있다. 또 사용자와 노동자간의 공생을 목표로 하고 있다.

### (3) 국가의 경제개입

국가의 경제에 대한 규제와 조정은 자유주의 경제의 본질을 침해해서는 안 되며, 사회정의 목적을 달성하기 위하여 최소한으로 행사되어야 한다.[52] 국가가 경제적 자유를 제한하려면 국가안전보장 · 질서유지 · 공공복리를 위하여 필요불가결한 경우에 법률이 정하는 바에 따라 해야 하며 최소한에 그쳐야 한다. 중앙관리경제나 국영경제는 우리 헌법상 경제적 자유권을 침해한 것으로 채택해서는 안 된다.[53]

## 4. 사회적 시장경제 논쟁

### (1) 사회적 시장경제이론

우리 헌법상 경제질서에 대해서는 독일식 사회적 시장경제제도를 도입한 것인가가 논쟁되었다. 사회적 시장경제라는 용어는 제2차 대전 후 독일에서 발달되어 왔다.[54] 독일의 경제제도에 대하여 정치적으로는 사회적 시장경제(Soziale Marktwirtschaft)라는 용어가 많이 사용되고 있으나, 헌법학계에서는 국가의 경제정책적 중립성을 강조하여 개방된 경제질서(Offene Wirtschaftssystem)[55]로 보는 견해가 다수이다.

### (2) 우리나라에서의 논의

우리나라에서도 사회적 시장경제를 채택하고 있다는 주장[56]이 나온 뒤 그 뒤 정설로 되었다.[57] 헌재 판례도 이 견해를 취하고 있다.[58] 이에 반대하는 학설도 있다.[59] 우리

---

51) 이것은 사회정의에 구속되는 경제제도라고도 할 수 있다.

52) 김형성, "독일과 한국에 있어서의 사회적 시장경제" 『법철학연구』 제3권 제1호(2005. 5), 207면.

53) 독일에서도 기본법상 경제체제의 개방성을 인정하면서도 중앙관리경제는 헌법상의 기본권을 침해한다고 하여 이를 부인하고 있다. Hans-Jürgen Papier, Wirtschaftsordnung und Grundgesetz(APuZ 13/2007); Hans-Jürgen Papier, Soziale Marktwirtschaft, 19. März 2007.
Röpke는 중앙관리경제는 인간(개인, 기본권주체)의 자기책임의 원칙과 자기결정권이라는 (자연법적) 이상에 반한다고 했다(Wilhelm Röpke, Jenseits von Angebot und Nachfrage, 1958).

54) 김문현, "사회적 시장경제질서", 이화여대 『사회과학논문집』 제13권(1993), 27면 이하; Walter Eucken, Grundzüge der Wirtschaftspolitik; Nipperdey, Soziale Marktwirtschaft und Grundgesetz, 1954; Alfred Müller-Armack, Grundbild der Soziale Marktwirtschaft; Ludwig Erhard, Wohlstand für alle; Jürgen Pätzold, Soziale Marktwirtschaft, 2000; Karl Georg Zinn, Soziale Marktwirtschaft, 1990; Thieme, Soziale Marktwirtschaft, 1991.

55) Roggeman (Hrsg.), Rechtsstaat und Wirtschaftsverfassung, Freie Universität Berlin, Arbeitspapier Heft 3/2002.

56) 김철수, 『헌법학개론』(박영사, 2007); 김철수, 『현대헌법론』(박영사, 1979).

57) 성낙인, 권영성, 허영, 정재황.

58) 헌재 1996. 4. 25. 선고, 92헌마47; 헌재 2001. 6. 28. 선고, 2001헌마132.

헌법의 경제질서에 관해서 헌법은 상세한 규정을 두고 있기 때문에 헌법규정을 종합적으로 해석하여 결론을 내려야 할 것이다.[60]

## VII. 한국헌법의 국가의 경제질서에 관한 개별 규정

### 1. 한국경제헌법의 개별 조항

한국 헌법은 독일이나 미국과 달리 경제에 관한 개별규정을 많이 두고 있다. 제9장 경제조항은 제120조부터 제127조에 이르기까지 경제조항에 관하여 상세히 규정하고 있다.[61] 이들 규정은 경제에 관한 국가의 의무조항이며 국가는 이를 성실히 이행할 의무를 지고 있다.

### 2. 경제발전에 관한 조항

#### (1) 인력개발을 통한 국민경제발전

국가는 과학기술의 혁신과 정보 및 인력의 개발을 통하여 국민경제의 발전에 노력하여야 한다. 기본권에 규정된 교육정책을 통한 인재개발과 학문의 자유 등에 근거한 과학기술 혁신, 정보산업의 발전 등을 통하여 경제기반을 공고히 하여 국민경제를 발전시켜야 한다.

#### (2) 사유재산제도보장과 자유기업육성

국가는 사유재산제도를 최대한 보장하여야 하며 공공필요가 있는 경우 법률로 재산권을 수용·사용 또는 제한해야 하며 그에 대한 정당한 보상을 지급하여야 한다(제23조).

---

59) 김문현, 권영설, 김형성, 전광석.

60) 헌법적 경제를 주장하는 사람도 있다.
Bruce Ackerman, Constitutional Economics/Constitutional Politics, 1999; Richard McKenzie (ed.), Constitutional Economics, 1984; Jürgen G. Backhaus (ed.), The Elgar Companion to Law and Economics, 2005; Geoffrey Brennan and James M. Buchanan, The Reason of Rules: Constitutional Political Economy, In The Collected Works of James M. Buchanan, Vol. 10, 1985; James M. Buchanan, The Limits of Liberty: Between Anarchy and Leviathan, In The Collected Works of James M. Buchanan, Vol. 7, 1974; James M. Buchanan, The Economics and Ethics of Constitutional Order, 1980; Torsten Persson and Guido Tabellini, The Economic Effects of Constitution, 1990; Ludwig van den Hauwe, Public Choice, Constitutional Political Economy and Law and Economics; Jeffrey Sachs, Woo Yang, Economic Reforms and Constitutional Transition, 2000.

61) 독일의 경우에는 경제에 관한 기본권 규정이 몇 조 있고 사회국가 조항이 있다. 상세한 것은 Peter Badura, Wirtschaftsverfassung und Wirtschaftsverwaltung, 2005; Stefan Oeter, Grundzüge der Wirtschaftsverfassung; W. Frotscher, Wirtschaftsverfassungsrecht und Wirtschaftsverwaltungsrecht, 2004; H. Jarass, Wirtschaftsverwaltungsrecht und Wirtschaftsverfassungsrecht, 1997.

국가는 기업을 보호해야 하며 국방상 또는 국민경제상 긴절한 필요가 있는 경우에 한하여 법률이 정한 적법절차에 의하지 아니하고는 사영기업을 국유 또는 공유로 이전하거나 그 경영을 통제 또는 관리할 수 없다. 경제의 민주화도 이 한계 내에서 이루어져야 하며 국영경제나 기업해체 등의 방법을 법률에 의하지 아니하고는 도입할 수 없으며 법률로 도입하는 경우에도 국영화 공영화 기업경영의 통제 등에는 정당한 보상을 지급해야 한다.

#### (3) 무역육성

국가는 대외무역을 육성하며, 이를 규제 · 조정할 수 있다. 대한민국은 자원빈국이기 때문에 경제발전을 대외무역에 의존하고 있다. 대외무역은 우리의 기간산업이기에 무역법 등에 의해 보호받는다. 무역에 대한 규제조항에는 법률유보조항이 없으나 법치행정의 원칙에 따라 법률에 의해 규정해야 한다. 또 국가경제의 세계화에 따라 FTA 등에 따른 조약의무도 성실히 따라야 하며 GATT 등 국제조약이나 저작권 조약 등을 준수하여야 한다.

### 3. 국토와 자원의 개발 · 계획 의무

#### (1) 국가의 국토 · 자원 보호의무

국토와 자원에 대하여 국가는 보호의무를 지고 있다(제120조 2항). 국가는 그 균형있는 개발과 이용을 위하여 필요한 계획을 수립해야 한다. 국가는 국민 모두의 생산 및 생활의 기반이 되는 국토의 효율적이고 균형있는 이용 · 개발과 보전을 위하여 법률이 정하는 바에 따라 그에 관한 필요한 제한과 의무를 과할 수 있다(제122조). 국토이용의 개발제한 등이 법률에서 규정되어 있으나 정당한 보상을 하지 않고 제한하거나 금지하고 있어 문제가 되고 있다.

#### (2) 천연자원의 개발 · 이용의 특허제

광물 기타 중요한 지하자원 · 수력과 경제상 이용할 수 있는 자연력은 법률이 정하는 바에 의하여 일정한 기간 그 채취 · 개발 또는 이용을 특허할 수 있다(제120조 1항). 특허제도의 갱신이나 제한에 있어서도 적법절차가 지켜져야 한다.

#### (3) 농지이용의 제한

국가는 농지에 관하여 경자유전의 원칙이 달성될 수 있도록 노력하여야 한다. 농지의 소작제도는 금지되나 농업생산성의 재고와 농지의 합리적인 이용을 위하거나 불가피한 사정으로 발생하는 농지의 임대차와 위탁경영은 법률이 정하는 바에 따라 인정된다. 농지법상의 소유상한제라든가 농지에 대한 불합리한 규제를 풀어 농업의 발전을 기해야 할 것이다. 국가는 농업 및 어업을 보호·육성해야 할 의무를 진다.

## 4. 국가의 경제적 약자 보호와 지역균형발전 의무

### (1) 지역 간의 균형발전을 위한 지방경제보호의무

국가는 지역 간의 균형있는 발전을 위하여 지역경제를 육성할 의무를 진다(제123조 2항). 지역균형발전을 위해서 계획도 수립해야 하며 그에 관한 지방제도의 정비도 요청된다. 이에 대해서는 많은 행정입법이 행해져 왔는데 적법절차의 원칙, 지역민의 청문 등 참여가 지켜져야 할 것이다.

### (2) 농어촌종합개발 의무와 농·어민보호 의무

국가는 농·어촌종합개발계획을 작성하여 집행해야 하며 그 지원계획도 수립·시행하여야 한다(제123조 1항). 국가는 농수산물의 수급·균형과 유통구조의 개선에 노력하여 가격안정을 도모함으로써 농·어민의 이익을 보호해야 한다. 국가는 농·어민의 자조조직을 육성해야 하며, 그 자율적 활동과 발전을 보장해야 한다.

### (3) 중소기업의 보호·육성 의무

국가는 중소기업을 보호·육성해야 한다(제123조 3항). 대기업과 중소기업 간의 상생을 위하여 노력하여야 한다. 국가는 중소기업의 자조조직인 협동조합 등을 육성해야 하며 그 자율적 활동과 발전을 보장할 의무를 지고 있다.

### (4) 소비자보호운동의 보장

국가는 건전한 소비행위를 계도하고 생산품의 품질향상을 촉구하기 위하여 소비자보호운동을 법률이 정하는 바에 의하여 보장한다(제124조). 이 법이 소비자보호법이다. 소비자보호법은 소비자의 법적 권리를 보장하고 있다.

## 5. 국가의 경제·사회 활동의 한계

### (1) 경제적·사회적 기본권 침해 금지

국가의 경제에 대한 규제, 조정과 개입은 기본권의 유보하에서 행해져야 한다. 경제에 관한 입법도 기본권유보 하에 행해져야 한다. 이러한 기본권은 헌법 제37조 2항에 따라 제한될 수 있으며 목적의 정당성, 침해의 필요불가결성, 비례성의 원칙, 과잉금지의 원칙에 따라 법률의 위헌성 심사가 행해져야 한다. 법률로 제한하는 경우에도 기본권의 본질적 내용을 침해해서는 안 된다.

### (2) 경제조항의 침해금지

경제조항은 국가의 의무규정이며 단순한 방침선언규정이 아니다. 국가의 경제정책은 국민경제의 발전을 저해해서는 안 되며 국민의 양극화를 조성해서도 안 된다. 국가의 경제활동은 민주주의와 법치주의의 원칙에 따라 국회입법에 적합하게 행해져야 한다. 사회적 복지주의의 원칙을 준수해야 하나 사회보장비용의 과잉지출로 국가경제를 위축시켜서는 안 되며 평등한 집행으로 국민에 차별감을 주어서는 안 된다.[62]

## VIII. 결론

### 1) 경제질서의 이념

위에서 한국헌법이 지향하는 경제제도와 사회제도에 관해서 조문 위주로 살펴보았다. 우리 헌법의 경제질서를 일별하면 ① 경제적 자유 ② 경제적 평등 ③ 사회적 복지의 이념에 입각하고 있으며, 제도적으로 보면 ① 자유보장을 위한 시장경제 ② 국가의 개입에 따른 성장 ③ 개인의 인간다운 생존의 보장을 위한 사회정의 실현이라고 할 수 있다.

### 2) 사회적 시장경제

이러한 이념을 전부 실현하고 있는 경제제도가 있는가가 논의된다. 독일에서는 기독교민주당과 기독교사회당이 일관되게 사회적 시장경제제도가 그 해답이라고 보고 있다.[63][64]

---

62) 한국의 경제헌법이 그동안 통제경제, 혼합경제, 국가관리경제, 자유경제 등을 채택하면서 경제정책에도 많은 변화가 있었다. 간단한 것으로는 박진근, "한국 역대 정권의 주요 경제정책", 한국경제연구원 정책연구 2009-06 참조.

63) Jürgen Hambrecht, Das beste Wirtschaftssystem der Welt, Konrad Adenauer Stiftung, 2013.

64) 독일의 사회적 시장경제제도는 전통적인 시장경제의 폐해를 방지하기 위하여 고안된 제도이다. 사회적 시장경제는 시장경제의 원리를 대부분 인정하면서 3가지 목적을 가지고 이에 대처하고 있다.

① 경쟁정책적 목적: 경쟁이 경쟁상대자를 망하게 하거나 독점을 하는 경우는 국가는 경쟁질서를 유지하도록 개입해야 하며 약자인 소비자 지위를 보호한다.

② 안정화정책 목적: 시장경제에 있어서도 오랜 기간의 자율적 조정에 따라 고도실업을 야기할 수 있으므로 국가는 경기를 활성화 하여 고실업을 방지하는 안정화정책을 사용한다.

③ 사회정책적 목적: 시장경제에 있어서는 능력의 최대한 발현을 해야 하는데 사회적 약자는 이를 감당할 수 없기 때문에 보충성의 원칙에 따라 소득이 교정되어야 한다. 강자에게는 누진과세를 도입하고 경제적 약자에게는 국가가 소득보장을 해준다.

사회적 시장경제의 징표는 세 가지가 있다.

① 개인적 자유: 인간의 개인적 자유, 특히 경제적 자유의 보장이다. 이에는 생산의 자유, 교환의 자유, 계약의 자유, 영업의 자유, 직업선택의 자유, 노동장소선택의 자유, 소비의 자유가 보장된다.

② 사회보장: 인간의 사회적 인간다운 생활이 보장된다. 국가는 경제적 약자인 개인이나 집단의 생존을 보장한다.

③ 경제적 성장: 사회의 인간의 생활의 질을 향상하기 위하여 경제 특히 국내생산의 증가 등을 통한 경제성장을 꽤한다.

사회적 시장경제는 신자유주의학파와 프라이부르크학파의 결합된 사회 · 경제사상에 의하여 생성되었다. Müller-Armack는 국가와 시장의 상반된 과업을 밀접하게 결부하여 기본적으로 자유이면서 사회적 의무를 진 사회 · 경제질서를 도출해내었다. 이를 실천한 Erhard 경제장관에 의하여 서독의 경제기적이 일어났다. 사회적 시장경제는 성립 60주년이 지났다. 이 제도는 자유, 정의, 연대에 근거한 경제제도이다. 이 제도는 그 동안 많은 변천을 가져왔다. 사회적 시장경제는 자유분방한 자본주의와 사회주의적 계획경제의 중도적인 제3의 길로 인정되었다. 자유방임자유주의 경제는 인간다운 생활을 스스로 제공하지 않았기에 국가의 인간다운 생존권 보장을 위한 정치적 형성이 요구되었다. 이 점에서 개인의 자유와 공공복리를 통합하는 국가의 역할이 강조되었다. 또 경쟁이 중심이 되었으나 경쟁에 낙후된 사람들의 인간다운 생활보장을 위한 사회보장정책이 추가되었다. 사회적 시장경제는 사회정책적 시장경제라고도 말하여진다. 이것은 사회정의의 요청이다.

독일통일 후 사회적 시장경제에 대한 회의가 일어났다. 사회복지비용의 과다로 인한 높은 세금의 압력에 따라 시민들은 사회주의경제제도로 회귀하는 것을 원하기도 하였다. 이에 독일정부는 새로운 사회적 시장경제를 모색하게 되었다.[65] 사회적 시장경제는 정의원칙에 구속되며 사회적 연대에 입각해 있다. 모든 국민이 직장을 가지게 되고 행복하게 생활할 수 있는 경제제도를 지향하고 있다.

### 3) 우리가 지향할 경제제도와 복지제도

우리의 경제제도는 완전 개방된 경제제도가 아니고 실정헌법에 구속된 경제제도이다.

정치권에서는 헌법상의 경제제도를 경제민주화라는 말로 표현하고 있다. 이들 일부는 시장경제의 근간을 부정하고 노사 간의 공동결정,[66] 기업의 해체,[67] 영업금지, 완전고용, 최고의 복지실현 등을 주장하고 있다. 이러한 주장이 우리 헌법규정에 합치되는 경제제도인지 입법은 신중해야 하겠다.[68] 기업의 경제상의 자유가 보장되어야 하는데 기업해체까

---

65) CDU, Neue Soziale Marktwirtschaft, 2001; Konrad Adenauer Stiftung, Guidelines for Prosperity, Social Justice and Sustainable Economic Activity, 2009 (한국역: 『부(富), 사회정의, 지속가능한 경제를 위한 가이드라인』); Konrad Adenauer Stiftung, Soziale Marktwirtschaft- Model für ein internationales Wirtschaftssystem, Beijing, 2004; Die DDP steht für eine freie, soziale Marktwirtschaft, 2013.
CDU에 속하는 콘라드 아데나워 재단(Konrad Adenauer Stiftung)에서는 아시아 아프리카 각국에서 사회적 시장경제를 채택하도록 권고하고 있다. 요르단에서는 Wirtschaftssysteme im Vergleich: Freie Marktwirtschaft versus Soziale Marktwirtschaft, 2010. 중국에서는 Ralf Zepperuick, Soziale Marktwirtschaft - Modell für ein internationales Wirtschaftssystem, Beijing, 2004.
베트남에서는 전게 논문: Frehner, Sozialistische Marktwirtschaft, Soziale Marktwirtschaft, Konrad Adenauer Stiftung.

66) 노사 간의 공동결정제도는 독일의 공동결정법에서 시작되었다. 이 공동결정법이 위헌이라는 주장에 대하여 독일연방헌법재판소는 합헌이라고 결정하였다. BVerfGE 50, 290 Mitbestimmung.

67) 경제정의실천연합, 『재벌개혁 이렇게 해야 한다』, 2012. 7.

68) 현오석 부총리는 억지경제민주화법에 대하여「국회에 제출된 법안 중 과도하게 기업활동을 제약함이

지 허용할 수 있겠는가, 영업의 자유 직업선택의 자유가 완전고용과 양립될 수 있을 것인가를 신중히 생각해야 한다.[69)]

만약에 현행헌법이 국민의 자유 · 평등 · 복지에 적합하지 않을 경우 국민이 동의하면 헌법도 개정될 수 있다. 그러나 현행헌법의 경제제도는 나쁜 제도가 아니다. 야권에서는 경제성장보다는 복지증진을 요구하고 있다.[70)]

금년부터는 경제성장률이 낮아지고 잘못하면 일본식 장기침체가 올지도 모를 때에 조세율을 높이고 사회보장비용을 높여 개인소득을 잠식해야 할 것인지 생각해야 한다.[71)]

정치권이나 정부는 표를 의식한 표풀리즘정책을 남발할 것이 아니라 경제성장과 적정분배라는 헌법의 경제질서에 적합하게 국민이 행복을 추구할 수 있게 하여야 할 것이다.[72)]

---

포함된 경우가 있다」고 하고 정부로서 수용할 수 없는 법안에는 적극 대응할 생각이라고 했다(아세아경제 2013. 6. 16).

69) 한국의 경제정책에 관해서 독일식 사회적 시장경제를 주장하는 사람이 많다. 안철수는 '내일' 창립 심포지엄에서 사회적 시장경제 · 보편복지 · 보편증세를 주장했다 한다(경향신문 2013. 6. 19).

70) 민주정책연구원, 『복지국가와 사회정의』, 2011, IDT네트워크총서.

71) 새 정부의 복지정책과 재정문제에 관해서는 고경환(외) 한국보건사회연구원, 『복지정책의 지속가능성을 위한 재정정책 - 스웨덴, 프랑스, 영국을 중심으로』(2012);한국경제연구원, "새 정부의 복지정책, 증세 없이 가능한가?", 2013. 5. 23; 한경硏, "새 정부 복지정책비용 5년간 153조원 전망", 아시아경제 2013. 5. 23; 한국경제연구원, "지속가능한 성장과 복지정책", 2012. 11. 7; KERI정책제언, "성공한 복지와 실패한 복지", 2013-2; 국회입법조사처, "복지사업의 중복과 편중 현황과 과제", 2013. 5. 6. 참조.

72) 우리나라의 사회정책에 관해서는 김철수, "한국헌법상의 사회복지정책", 전게서, 2012; 보건복지부, "제3차 사회보장 장기발전방향 2010년도 주요시책 추진방안", 710면 등 참조.

# 3. 한국공법학회 회장 인사

한 국 공 법 학 회
151 서울특별시 관악구 신림동 산 56의 1
서울대학교 법과대학 내

회원 여러분

무더운 여름철에 댁내 두루 평안하신지 문안드립니다.

지난 번 총회에서는 새로운 회장단을 구성해 주시어 감사합니다.

그동안 회장단회의에서 임원진은 전원 유임을 원칙으로 하고 새로이 정년퇴직하신 회원을 고문으로 모시고 회원 중 총장급에 계시는 분은 명예이사로 추대하는 것을 제안하기로 하였습니다. 고문 추대는 총회사항이기 때문에 다음 총회에서 인준해 주시기 바라며 제안하는 바입니다.

7월 15일에는 집행부회의를 열어 임원 명단을 확정하고 사업 계획을 짜고 예산안을 심의하였습니다. 우선 국가고시연구위원회와 헌법재판제도 연구위원회를 두기로 하여 각각 박윤흔 총무이사와 윤후정 연구이사가 책임을 지기로 하였습니다. 회원 여러분께서 적극 협력하여 우리 학회안을 만들어 관철시키도록 협조하여 주시기 바랍니다.

학술 대회의 의제와 발표자 등에 관해서는 회원 여러분의 의견을 들어 추후 결정하기로 하였사오니 학회 사무실로 연락하여 주시기 바랍니다.

더운 여름을 건강히 지내시고 추계 대회에서 다시 만나게 되기를 빕니다.

1988. 7. 16.
김 철 수 올림

# 4. 한국공법학회 건의문 (1988. 7. 2)

151-742

한 국 공 법 학 회

서울특별시 관악구 신림동 산 56의 1

서울대학교 법학연구소 내

## 건 의 문

우리 공법학회는 지난번 제9차 헌법개정이 우리 40년 헌정사상 처음으로 여야합의에 의해서 이루어진 점을 매우 긍정적으로 평가하면서도 그 당시 정치협상이라는 정치성만이 지나치게 강조되어 전문적인 공법학자들의 견해가 반영되지 못한 점을 매우 유감으로 여겨왔다. 헌법개정이나 입법에 있어서 전문성을 경시하는 것은 필연적으로 민주발전과 법치성의 확립이라는 우리의 당면목표에 부정적인 영향을 미치게 된다고 확신한다. 우리 회원 일동은 새 헌법에 의해서 신설될 헌법재판소법을 비롯한 주요 헌법 부속 법률들의 제정과 개정에는 반드시 관련 학자들의 전문적인 식견을 활용할 수 있는 적절한 방안이 강구되어야 한다고 믿는다. 그런 뜻에서 우선 헌법재판소법의 제정을 앞두고 있는 이 시점에서 헌법재판의 활성화를 통한 기본권 신장을 희구하고 입헌정치의 정착을 갈망하는 우리 공법학회 회원 일동은 다음과 같은 사항이 헌법재판소법에 반드시 반영되도록 해 줄 것을 건의한다.

## 건 의 사 항

1. 헌법재판소 재판관 전원을 상임재판관으로 하여야 한다.
2. 헌법재판소 재판관에 법학교수가 참여하여야 한다.
3. 헌법재판의 대리인에도 법학교수가 참여하여야 한다.
4. 헌법소원 사항에는 당연히 법원의 판결도 포함되어야 한다.
5. 위헌법률 심판대상은 법률 외에 조약, 통치행위, 긴급명령 .... 등 구체적으로 명시되어야 한다.
6. 헌법재판의 결정 정족수는 완화되어야 한다.

이상의 건의 사항들이 법내용에 포함되어야만 헌법재판소 제도 본래의 의미가 살아날 것임을 다시 한 번 강조한다.

1988년 7월 2일
한국공법학회 회원 일동

## 학 회 의 견 서

위 법무부안에 대해서, 학회로서는 상임이사들을 중심으로 헌법재판의 실효성을 담보할 수 없게 만들 것이라고 생각되는 규정들을 정리 설문화하여 회원 각자에게 그 의견을 물었다.

설문에 대한 회신율은 그렇게 많지 않았다. 이 점, 여러 가지로 설명할 수 있겠지만 좀 더 회원들의 적극적인 참여가 요청된다. 다만 회신 의견의 거의 모두가 찬성이었음에 비추어, 이것이 학회의견으로서도 채택될 수 있다고 생각되었고, 따라서 「학회의견서」를 법무부 등에 보냈고 각 당에도 보다 보완된 학회안을 제출할 예정이다.

제목: 법무부의 헌법재판소법안에 대한 한국공법학회의 의견

지난 4월 25일 법무부가 입법예고한 헌법재판소법 제정안에 대한 몇 가지 문제점에 대하여 한국공법학회 회원들의 의견을 모아 그 바람직한 시안을 아래와 같이 개진하니, 법제정에 많은 참고가 되었으면 합니다.

## 아 래

### I. 의견 내용

1. 공법학교수의 헌법재판소 재판관에의 참여
   ○ 헌법 제111조 2항에서 헌법재판소 재판관은 법관의 자격을 가질 것을 요구하여 헌법재판소법 제정안에 제3조 1항에서도 같이 규정하고 있으나,
   ○ 헌법해석은 일반 민 · 형사관계법의 해석과는 달리 일정한 헌법관 및 국가관적인 해석이 요청되며, 현재 오스트리아(헌법 제147조 2항), 서독(기본법 제94조, 연방헌법재판소법), 그리스(제100조 2항), 스페인(제159조 2항), 이탈리아(제135조), 터키(제144조 2항) 등 헌법재판소 제도를 채택하는 나라의 대부분이 공법학교수의 재판관 참여를 인정하는 점에 비추어,
   ○ 또 우리나라에 있어서의 법관의 자격은 법률로 정할 수 있으므로,
   ○ 헌법재판소법안 제3조 1항 3을 다음과 같이 대체한다.
   「소정의 법학교육을 마치고 공인된 대학의 법률학 조교수 이상의 직에 있는 자」.

○ 이와 더불어 법원조직법 제42조 1항의 개정이 필요한 바, 법관의 자격에 법률학교수를 넣도록 할 것

2. 헌법재판소 재판관의 정년 규정

○ 대법원장과 대법관 등 정년이 헌법 제105조 4항과 법원조직법 제45조에 의하여 각각 70세, 65세로 정하는 것에 비추어 헌법재판소 소장과 재판관의 정년을 위 대법원장과 대법관 정년의 중간인 68세 정도로 법 제6조 2항으로 규정할 필요가 있음. (입법례: 서독 연방헌법재판소법 제4조도 같음)

3. 결정 정족수의 완화

○ 제9조 2항: 종전의 심판결정례를 변경할 때도 이와 같다 → 삭제

4. 비상임재판관제의 삭제

(1안): 헌법재판소 재판관 전원은 상임으로 함이 이 제도 본래의 취지를 살리는 것이므로, 제11조, 제13조 3항, 제60조 2항 → 삭제

(2안): 이를 그대로 존치시키더라도

제11조: .... 대통령이 임명한다 → ... 국회의 승인을 얻은 후 .. 로

제60조 2항 ...상임재판관 1인 이상을 ... → 상임재판관 전원을 ... 으로 할 것.

5. 위헌법률 심판 대상의 구체적 명시

○ 제20조 1항: 법률이 헌법에 위반되는 ... → 법률, 긴급재정경제명령, 긴급명령, 조약 등이 ...

6. 헌법소원 사항의 확대 등

헌법소원 사항은 단순한 행정소원이 아닌 헌법 본질적인 것으로서 그 범위는 가능한 한 제한이 없어야 할 것인 바,

○ 제56조 1항: 다른 법률에 의한 구제절차가 있는 경우 및 그 절차에서의 판결 또는 결정을 제외하고는 ... → (삭제하고) 다른 구제절차를 거친 뒤에도 구제되지 않는 경우로 개정한다.

○ 또한 그 사항도 계엄선포 등 통치행위, 도시계획 등 장기계획 등으로 예시하는 방법도 가능할 것임.

○ 제60조 3항 1호 → 삭제

○ 제56조 1항: .. 침해받는자 → 침해받은 자와 (관계되는 이익을 지닌 자: 예시) 등으로 바꿀 것 (이는 비록 헌법소원이 민중소송이 아니더라도 추상적 규범통제가 인정되지 않는 현실상 그 적격범위를 확대시킬 필요가 있는 것임)

7. 지방자치단체의 기관 상호간의 권한쟁의에 관하여 법안 제49조는 1항에서 그 심판청구에 있어서 미리 지방자치법 제140조의 규정에 의한 내무부장관의 또는 시 · 도지사의 분쟁조정 절차를 거쳐야 한다고 하는 바, 지자법 제140조 1항에 의한 시 · 도지사나 장관의 조정 그리고 2항에 의한 중앙행정기관의 장과의 협의는 국민의 청구권을 제한하는 것으로서 이를 임의사항으로 하거나 삭제할 필요가 있음. 또 법안 제49조 2항은 지자법 제157조-제159조의 규정에 의하여 대법원 심판 사항이 되는 권한쟁의심판은 할 수 없다고 하는 바 이 규정도 국민의 헌법재판심판권 행사와의 관계에서 헌법재판소의 권한을 실질적으로 박탈하는 것으로서 삭제되어야 한다.

8. 교수의 대리인 여부

○ 제58조 1항: ... 변호사를 대리인으로 선임 → 변호사 및 교수를 대리인으로 선임 ...

9. 벌칙 조항

○ 제78조 1호: ...,.감정인, 통역인 또는 번역인으로서 → 삭제

## II. 별 첨

1. 헌법재판소 재판관에의 교수 참여 인정한 헌법례
2. 배준상, 헌법재판소 신설에 즈음하여, 『고시계』(1988. 6).
3. 허 영, 헌법재판소법 제정에 관한 관견, 『법률신문』(1988. 1. 25)(월)
4. 김철수, 헌법재판소 제도, 『사법행정』(1988. 4. 5).
5. 김철수, 법무부의 헌법재판소법안을 보고, 『월간고시』(1988. 6).
6. 방순원, 헌법재판소의 발족에 붙여서, 『사법행정』(1988. 7.).
7. 계희열 · 이강혁 · 권영성 · 허영, 헌정 40년 회고와 전망 (좌담회), 『고시연구』(1988. 7)에서 특히 허영 교수 등의 헌법재판소 관련 대담.

한 국 공 법 학 회

# 5. 공법이론과 판례연구회

공법이론과판례연구회는 2014년 10월 창립 25주년 기념행사를 거행하였다. 연구회의 기념 행사의 내용과 발자취를 정리하면 다음과 같다.

## (1) 창립 25주년 기념

### 인사 말씀

박홍우 (공법이론과판례연구회 회장, 대전고등법원장)

공법의 이론 및 실무에 관한 연구 · 발표를 통하여 우리나라의 공법학과 판례의 발전에 기여하는 것을 목적으로 창립된 공법이론과판례연구회가 올해로 25주년을 맞이하게 되었습니다. 4반세기라고 하는, 우리나라 공법학의 역사에서 볼 때는 결코 짧지 않은 기간 동안 우리 공법이론과판례연구회는 지난 9월 발표회까지 173회에 걸친 발표와 토론회를 가지는 등 많은 이론연구와 판례평석을 통하여 한국공법학의 발전에 기여해 왔다고 자부할 수 있습니다. 그 의의를 담아 조촐하게나마 기념 세미나를 개최하게 된 것에 대해서 대단히 기쁘게 생각하고, 더불어 그 동안의 연구성과를 일부 정리하여 '세계헌법연구'의 기념별책으로 출간하게 된 것에 대해 매우 영광스럽게 생각합니다. 이 책을 출판해 주신 세계헌법학회 한국학회 회장이신 성낙인 서울대 총장님과 귀한 원고를 내어주신 논문 연구자들께도 각별한 감사의 마음을 전합니다.

저는, 우리 연구회의 회장이기 이전에 창립 초기부터 함께 해온 연구회의 구성원으로서, 오늘 우리 연구회가 이 경사스런 창립 25주년을 맞게 된 것은 창립의 원동력이 되신 김철수 선생님의 학문적 열정이 지금까지도 계속되고 있기 때문이요, 또한 회원 여러분의 부단한 정진이 멈추지 않은 까닭임을 감히 말씀드릴 수 있습니다. 이 자리를 빌려 그 영광을 김철수 선생님과 회원여러분 한 분 한 분에게 돌리고자 합니다. 더불어 연구회의 총무이사나 연구이사의 직책을 맡아 바쁜 시간을 쪼개어 보이지 않는 곳에서 봉사해 오신 후배 회원 여러분께도 감사의 인사를 드립니다.

그 동안 우리 연구회에서 열심히 공부해온 분들이 학계와 법조계 그리고 정계의 주요 요직에서 국가를 위하여 봉사했거나 지금도 하고 있음을 볼 때 연구회의 일원으로서 참으로 뿌듯하지 않을 수 없습니다. 그러한 강한 자부심과 함께 어디까지나 겸허한 마음으로 우리나라 공법이론과 판례의 발전을 위하여 더욱 발돋움하여 비상하여야겠다고 다짐해 마지않습니다. 이미 창립초기의 회원님들은 국가의 주요한 직능과 직책에서 다대한 기여를 하고 있습니다만, 앞으로 후학들이 더욱 연구와 봉사에 만전을 기하여 명실 공히 국가와 민족에 봉사하는 인재육성의 산실이 되도록 노력하여야 하겠습니다.

다시 한 번 공법이론과판례연구회 창립 25주년이라는 경사스러운 날을 맞이하게 된 것을 존경하는 선생님 그리고 회원여러분과 더불어 매우 기쁘게 생각하고 또한 감사드립니다. 그 동안 회장으로서 연구회를 이끌어 오셨던 박용상 언론중재위원회 위원장님, 조병륜 전 명지대 부총장님, 황우여 사회부총리 겸 교육부장관님, 권형준 한양대 명예교수님, 양건 전 감사원장님, 홍정선 연세대 교수님, 김효전 학술원 회원님, 김문현 헌법재판연구원 원장님께도 깊은 존경과 감사의 말씀을 올립니다.

공법이론과판례연구회의 무궁한 발전을 기원합니다!

2014. 10. 31.

## 기념식 개회사 (박홍우 회장)

여러분 반갑습니다.

금요일 저녁시간이라 바쁘실텐 데도 불구하고 공법이론과 판례연구회의 창립 25주년 행사에 참석해주신, 박용상 언론중재위원장님, 황우여 사회부총리겸 교육부장관님, 성낙인 서울대 총장님, 박병대 법원행정처장님을 비롯한 내외 귀빈 여러분께 감사의 말씀을 드립니다.

저희 공법이론과 판례연구회는 은사이신 김철수 선생님께서 제자들을 중심으로 하여 만드신지 벌써 4반세기에 이르러 오늘 오후에는 제25주년 기념 심포지엄을 개최하였고, 이제 기념식을 갖게 되었습니다. 저희 학회가 이렇게 25년 동안 꾸준히 공법관련 이론과 판례 등을 연구할 수 있었던 것은 오로지 은사 선생님의 학문적 열정과 제자에 대한 깊은 사랑 덕분이라고 생각합니다. 이 자리를 빌려 선생님께 깊은 존경과 감사의 말씀을 드립니다.

그 동안 저희 제자들은 선생님의 가르침을 바탕으로 하여 학계와 관계 등에서 맡은 바 역할을 열심히 하면서 국가사회의 발전에 기여하고 있습니다. 이제 학회 창립 25주년을 맞이하면서 지금까지의 성과에 안주할 것이 아니라 사회정의를 실현하여 행복한 대한민국을 건설하는데 보다 많이 기여할 수 있도록 더욱 연구와 봉사에 만전을 기할 것을 다짐해봅니다.

공법이론과 판례연구회의 창립 25주년이라고 하는 경사스러운 날을 맞이하여, 존경하는 선생님께서 더욱 건강하시기를 기원드리고, 앞으로도 저희 회원들에게 애정어린 채찍과 격려를 해주실 것을 부탁드립니다.

끝으로 이번 행사를 준비하느라 수고를 많이 하신 정재황, 송기춘, 김대환, 김종철, 임지봉 25주년 행사준비위원들을 비롯한 회원 여러분께도 고맙다는 마음을 전합니다. 이 자리에 참석하신 모든 분들께서 항상 건강하시고 행복하시기를 기원드리면서 개회사에 갈음하고자 합니다.

감사합니다.

## 발 간 사*

성낙인 (세계헌법학회 한국학회 회장)

세계헌법학회 한국학회는 학회의 청설을 주도하신 금랑(琴浪) 김철수 선생님께서 창립하신 공법이론과판례연구회의 창립 25주년을 기념하여 그간 공법이론과판례연구회에서 발제된 논문을 중심으로 기념논문집을 발행하게 되었습니다.

올해로 창립 제25주년을 맞은 공법이론과판례연구회는 명실 공히 한국공법학과 법실무계의 가교역할을 해 왔습니다. 공법이론과판례연구회를 통해 헌법학계의 태두이신 김철수 선생님께 사사한 인재들이 헌법학계와 행정법학계는 물론 법원과 헌법재판소, 행정부 등 공공기관을 비롯한 법실무계에 널리 포진하여 입헌주의에 입각한 공법이론을 학문적으로나 판례 등 실무에 구현하고 있습니다. 공법이론과판례연구회는 김효전 대한민국 학술원 회원께서 이 책의 부록에서 정리해 주신 바와 같이, 창립 이후부터 꾸준히 정기적인 발표회를 통해 현안이 되고 있는 공법현상에 대한 공법이론이나 법실무의 사례를 중심으로 주요쟁점의 분석과 대안의 모색을 위해 심도 깊은 논의를 이어왔습니다. 그 결과물들은 직접 학계나 실무계의 논문이나 판례 등으로 수렴되는 계기가 되기도 하였습니다.

---

* 세계헌법학회한국학회편, 공법이론과 판례연구회 창립 제25주년기념논문집 『현대 공법의 이론과 판례의 동향』(관악사, 2014).

한편 공법이론과판례연구회의 회원들은 세계헌법학회 한국학회의 중심축을 이루어왔습니다. 공법이론과판례연구회에서 논의된 논문들은 세계헌법연구를 통해 한국의 학계에 새로운 공법이론과 공법판례의 동향을 이해하는 통로가 되었습니다. 이 점에서 공법이론과판례연구회의 창립 제25주년을 맞아 그간 공법학계와 실무계에 의미 있는 성과를 거두었던 회원들의 옥고를 모아 기념 논문집을 발간하게 된 것은 매우 뜻깊은 일이라 생각합니다.

무엇보다 공법이론과판례연구회와 세계헌법학회 한국학회의 창설자이신 김철수 선생님께서 이번 기회에 특별히 글을 기고하여 주신 점은 특별한 의미가 있다고 생각합니다. 선생님께서는 팔순을 넘긴 연세에도 변하지 않는 학문에의 열정을 통해 사계의 귀감이 되고 있습니다. 근래에는 국회의장 자문가구인 헌법개정자문위원회의 위원장을 맡아 평소의 지론을 반영한 헌법개정안을 제안하셔서 향후 개헌논의에 중요한 지침으로 기능할 것으로 믿습니다. 이 자리를 빌려 琴浪 김철수 선생님이 더욱 건강하신 모습으로 학운을 이어가시길 다시 한 번 기원합니다.

이번 기념 논문집에는 김철수 선생님의 옥고 외에도 공법학계와 실무계의 원로들은 물론 앞으로 이 분들의 업적을 발전적으로 승계할 능력 있는 소장 학자들이 광범위한 공법학의 연구영역에 새로운 영감을 줄 옥고를 기꺼이 투고하여 주셨습니다. 참여해 주신 모든 분들께 감사의 말씀을 드리며, 바쁜 가운데에도 책의 발간을 위해 궂은일을 마다하지 않은 정재황, 김대환, 김종철, 허진성 교수께 이 자리를 빌려 심심한 경의를 표합니다.

2014. 10. 31.

세계헌법학회 한국학회 회장 성 낙 인

## (2) 공법이론과 판례연구회의 발자취*

제1회 1991. 9. 13, 한국헌법연구소 연구실(서울시 동작구 상도1동 521번지)

鄭宗燮(헌법재판소 헌법연구관): 헌법재판소, 89 헌마 심판 (사죄광고)에 대한 분석적 연구

제2회 1991. 10. 11. 한국헌법연구소 연구실

李憲煥(서원대): 위헌결정의 방식 - 독일과 우리나라의 비교

제3회 1991. 12. 7. 한국헌법연구소 연구실

孫容根(대전지법 부장판사): 위헌결정의 소급효가 미치는 범위

제4회 1992. 2. 14. 한국헌법연구소 연구실

* 창립 당시부터 최근(1991-2014)의 학술활동은 김효전 · 김종철, 공법이론과 판례연구회의 발자취, 공법이론과 판례연구회 창립 제25주년 기념논문집『현대 공법의 이론과 판례의 동향』(관악사, 2014), 643-660면 수록. 2011-2019년은 김철수편,『한국의 헌법학 연구』(산지니, 2019), 620-623면에도 수록.

黃道洙(헌재 비서관): 경제사회영역에 대한 미연방대법원의 평등심사 기준
제5회 1992. 3. 23. 한국헌법연구소 연구실
G. Püttner (Tübingen 대학): 최근 독일의 공법학계의 동향
제6회 1992. 4. 16. 한국헌법연구소 연구실
金相容(한양대): 토지거래허가의 법리구성 대판(전원합의체), 1991. 12. 24. 90 다 12243.
제7회 1992. 5. 15. 한국헌법연구소 연구실
白潤基(대법원 재판연구관): 미국 환경행정소송에 있어서 Hard Look 심사
제8회 1992. 6. 19. 한국헌법연구소 연구실
金孝全(동아대): 근대 한국의 국가이론
제9회 1992. 10. 9.
丁海昉(경제기획원): 1993년 예산(안)에 관하여
제10회 1992. 11. 13.
朴洪佑(판사): 미국의 선거구획정에 관한 판례
제11회 1992. 12. 11.
朴秀嫌(서울시립대): 환경법정책에 관한 국제적 동향
제12회 1993. 2. 12.
洪井善(이화여대): 조례와 법률유보
제13회 1993. 3. 12.
金學成(강원대): 행정규칙에 대한 헌법소원
제14회 1993. 4. 9.
朴鍾普(한남대): 법령에 대한 헌법소원의 제소기간
제15회 1993. 5. 14.
權亨俊(한양대): 조약에 대한 사법심사
제16회 1993. 6. 11.
申雲煥(특허청 심사관): 특허심판제도의 개선방향
제17회 1993. 9. 10.
韓渭洙(판사): 명예훼손과 언론의 자유
제18회 1993. 12. 17.
李憲煥(서원대): 반민주행위자 재산환수에 관하여
제19회 1994. 2. 18. 삼모 부페
김종서(헌재 재판연구관보): 시청자의 방송통제
제20회 1994. 3. 18. 삼모 부페
이성환(변호사): 헌법재판소결정의 기속력
제21회 1994. 4. 15. 삼모 부페

성낙인(영남대): 행정상 개인 정보 보호
제22회 1994. 5. 13.
정영화(서원대): 남북한 통일시의 재산권 관계
제23회 1994. 6. 10.
정재황(홍익대): 국회제도개선위위원회의 개선안을 보고
제24회 1994. 9. 9.
朴容相(고법 부장판사): 표현행위의 위법성에 관한 일반적 고찰(상)
제25회 1994. 10. 14.
朴容相(고법 부장판사): 표현행위의 위법성에 관한 일반적 고찰(하)
제26회 1994. 11. 11.
梁建(한양대): 통일 한국의 정부형태와 선거제도
제27회 1994. 12. 13. 프레지덴트 호텔 19층 프라이비트룸
우성기(교수): 공무원의 징계처분에 있어서의 비례원칙
제28회 1995. 3. 10. 호암생활관 에뚜아르 룸
백윤기(부장판사): 법규적 내용의 행정규칙과 법규명령 형식의 행정규칙
제29회 1995. 4. 4. 삼모 뷔페
趙柄倫(명지대): 법학교육개혁 및 국민을 위한 사법개혁방안
제30회 1995. 5. 12. 삼모 뷔페
이은기(변호사): 프랑스의 사회주택에 관한 연구
제31회 1995. 10. 6. 삼모 뷔페
고승덕(변호사): 대법원 판례에 나타난 행정처분의 법리
제32회 1995. 11. 10. 삼모 뷔페
황도수(헌법재판소 재판연구관): 원처분에 대한 헌법소원
제33회 1995. 12. 14. 정일품
宋石允(박사): 바이마르 공화국 헌법학에서의 정당과 단체
* 1996. 1. 2. 신년 교례회를 노보텔 앰배서더 2층 페스티발 뷔페에서 가지다. 이해의 연구 발표자와 논제는 다음과 같다.
제35회 1996. 3. 8. 국립의료원내 스칸디나비아 클럽
李憲煥(서원대): 사법권과 정치과정
제36회 1996. 4. 12.
朴容相(서울고법 판사): 성적 괴롭힘의 개념과 요건(서울고법 1995. 7. 25 선고, 94나 15358 판결)
제37회 1996. 5. 10. 스칸디나비아 클럽
鄭永和(박사): 북한 주민의 대량 이주에 대비한 법정책론
제38회 1996. 6. 7.

洪井善(이화여대): 대법원 전원합의체 판결 1995. 10. 17 선고, 94 수 13248 사건(택시 승차거부 행위와 자동차 운행 및 택시 운전면허 정지처분)에 관하여 - 제재적 행정처분의 제재기간의 경과와 소의 이익 등에 관하여 -

제39회 1996. 9. 3. 스칸디나비안 클럽

김학성(강원대): 헌법소원제도의 비교헌법적 연구

제40회 1996. 10. 11. 스칸디나비안 클럽

황도수 연구관(헌법재판소): 평등심사의 기준

제41회 1996. 11. 8. 스칸디나비안 클럽

김문현 교수(이화여대): 남녀평등에 관한 미국 연방대법원 판례의 동향

제42회 겸 송년모임 1996. 12. 16. 스칸디나비안 클럽

장명봉 교수(국민대): 최근 북한 헌법의 개정에 관한 연구

제43회 1997. 3. 14. 스칸디나비안 클럽

박수혁(서울시립대); 팔당 상수원 수질개선과 주민지원에 관한 법정책

제44회 1997. 4. 11. 스칸디나비안 클럽

송석윤(대전대); 정당의 국고보조에 대한 독일 연방헌법재판소의 판례

제45회 1997. 5. 19. 스칸디나비안 클럽

이성환(국민대); 한정위헌결정의 효력

제46회 1997. 6. 13. 스칸디나비안 클럽

박홍우(사법연수원): 헌법 제23조 제3항에 따른 보상규정이 없는 경우의 문제해결 방안 검토

제47회 1997. 10. 10. 삼모부페 특별회의실

김영천(서울시립대): 법교육의 정책과 과제 - 미국과 한국을 중심으로 -

제48회 1997. 12. 12. 스칸디나비안 클럽

양건(한양대): 민주화 과정에서의 헌법재판 - 한국의 경우 (헌법의 전환에 관한 홍콩 국제학술대회 보고를 겸해서)

제49회 1998. 3. 13. 스칸디나비안 클럽

김효전(동아대): 근대 한국의 국가학 문헌에 관한 연구

제50회 1998. 4. 10. 스칸디나비안 클럽

정재황(홍익대): 프랑스에서의 언론의 자유 - 중요 헌법판례를 중심으로 -

제51회 1998. 5. 8. 스칸디나비안 클럽

백윤철(동양대): 프랑스와 한국의 지방자치

제52회 1998. 6. 12. 스칸디나비안 클럽

이성환(국민대): 국민국가의 변천과 헌법의 과제

제53회 1998. 9. 11. 스칸디나비안 클럽

정영화(서경대): 정보사회에서의 정보자유의 헌법적 문제

제54회 1998. 12. 11. 스칸디나비안 클럽
김대환(서울시립대): 기본권의 본질적 내용
제55회 1999. 3. 12. 스칸디나비아 클럽
이명웅 헌법연구관: 비례의 원칙의 비교법적 고찰
제56회 1999. 4. 9. 스칸디나비아 클럽
송기춘 교수: 국가의 기본권보장의무 -독일의 보호의무론과 관련하여-
제57회 1999. 5. 2. 제주 임페리얼 호텔
스기하라 야스오(杉原泰雄) 교수: 일본의 지방자치
제58회 1999. 6. 14. 스칸디나비안 클럽
임종훈 회원(국회): 미국헌법에 있어서 언론의 자유에 대한 Two-Tracks 접근방법
제59회 1999. 9. 10. 정일품
백윤철 교수(동양대): 컴퓨터를 이용한 법률정보접근방법
제60회 1999. 10. 8. 스칸디나비안 클럽
김학성 교수(강원대) : 헌법불합치결정에 관한 연구
제61회 1999. 11. 12. 스칸디나비안 클럽
이헌환 교수(서원대): 미국특별검사제도의 현상과 장래
제62회 1999. 12. 10. 스칸디나비안 클럽
정영화 교수(서경대): 정보사회입법정책에 관한 연구
* 2000. 1. 1. 신년하례식, 다래 일식 (신사동)
제63회 2000. 3. 10. 스칸디나비안 클럽
고문현 박사(천안대): 환경헌법에 관한 비교법적 연구
제64회 2000. 4. 14. 스칸디나비안 클럽
김종서 교수(배재대) : 국가보안법의 적용논리와 국민회의 개정안 비판 -제7조를 중심으로-
제65회 2000. 5. 12. 스칸디나비안 클럽
신 평 교수(효성가톨릭대) : 수사기록 공개를 둘러싼 문제분석
제66회 2000. 6. 9.
임지봉 교수(경희대) : 동성동본금혼규정에 대한 헌법재판소결정과 행복추구조항
* 2000년 9월 월례학술발표회는 8월말에 개최된 한일법학회로 인하여 갖지 않음.
제67회 2000. 10. 13. 대우재단빌딩 3층 세미나실
김종철 교수(한양대) : 공천효력정지가처분결정에 대한 검토
- 2000. 3. 24. 서울지방법원 남부지원 선고, 2000가합489 결정 및
2000. 3. 29. 같은 법원 선고, 2000가합744 등 결정을 중심으로 -
제68회 2000. 11. 10. 대우재단빌딩 3층 세미나실
홍정선 교수(이화여대) : 독일 지방자치법상 “여성평등담당관”제도에 관하여

제69회 2000. 12. 20. 스칸디나비안 클럽
  권형준 교수(한양대) : 자기결정권에 관한 헌법재판소의 판례분석
 * 2001. 1. 1. 신년하례식, 다래 일식 (신사동)
제70회 2001. 3. 9. 스칸디나비안 클럽
  신 평 교수(대구가톨릭대) : 명예훼손에 있어서 헌법적 가치의 조화
 * 독일 연방헌법재판소 재판관을 역임하고 현재 훔볼트대학에 재직하고 계시는 디터 그림(Dieter Grimm)교수가 방한하여 지난 4월 2일 한국의 집에서 우리 모임의 회원들과 저녁식사를 함께 하였습니다. 이 자리에는 김철수 선생님, 이성환, 김영천, 정영화, 송석윤, 고승덕 회원이 참석하였습니다.
제71회 2001. 4. 13. 스칸디나비안 클럽
  백윤철 교수(경희대) : 지방자치단체의 행위에 대한 국가의 통제-프랑스의 경우를 중심으로
제72회 2001. 5. 11. 스칸디나비안 클럽
  김효전 교수(동아대) : 한국에 있어서 일본헌법이론의 초기수용
제73회 2001. 6. 8. 스칸디나비안 클럽
  송기춘 교수(경남대) : 헌법재판소 심판사건누계표에 나타난 법관의 헌법판단의 수준 분석
제74회 2001. 9. 14. 스칸디나비안 클럽
  우자키 마사히로(右崎正博) 교수(日本 獨協大學) : 일본에서의 헌법개정의 한계이론, 통역 : 정재길 교수(전북대)
제75회 2001. 10. 12. 스칸디나비안클럽
  金度均 박사(독일 Kiel대 박사) : 기본권과 도덕적 권리에 관한 법철학적 고찰
제76회 2001. 11. 9. 스칸디나비안 클럽
  한위수 판사(서울행정법원) : 정보공개청구사건의 재판실무상 제문제
제77회 2001. 12. 14. 스칸디나비안 클럽
  이헌환 교수(서원대) : 이용호 의혹사건 특별검사법 검토
 * 일시 : 2002. 1. 1. 신년하례모임, 12시 다래
 참석자 : 선생님, 황우여, 김종철, 김도균, 송석윤, 김대환, 김경수, 정영화, 김문현, 성낙인, 박용상, 조병윤, 박홍우, 박수혁, 김영천, 이헌환, 황도수, 고문현, 한위수, 신 평, 김 철, 홍정선, 안경환, 양 건, 권형준, 송기춘.
제78회 2002. 3. 8. 스칸디나비안 클럽
  신 평 교수(대구가톨릭대) : 헌법이념을 구현하는 사법개혁
제79회 2002. 4. 12. 스칸디나비안 클럽
  정영화 교수(서경대) : 대학의 자치와 기부금 입학제
제80회 2002. 5. 10. 스칸디나비안 클럽
  김웅규 박사(부산대 강사): 미국에서의 상업적 언론의 헌법상 보장

제81회 2002. 6. 14. 스칸디나비안 클럽
송기춘 교수(경남대) : 개인택시운송사업면허제도의 헌법적 문제점
* 2002년 9월 발표회는 국제헌법학회 행사관계로 쉼.
제82회 2002. 10. 11. 스칸디나비안 클럽
이헌환 교수(서원대) : 해방후 남한정부의 친일잔재청산 - 법제도적 측면에서
제83회 2002. 11. 8. 스칸디나비안 클럽
장명봉 교수(국민대): 신의주특별행정구기본법과 홍콩특별행정구기본법에 관한 고찰
제84회 2002. 12. 20. 스칸디나비안 클럽
이성환(국민대): 과거 권위주의 청산과 민주화 보상 문제
제85회 2003. 3. 14. 삼모스포렉스 뷔페식당
서희경 박사 (서울대학교 법학연구소 헌정사팀 전임연구원): 대한민국 건국기의 정부형태와 정부운영에 관한 연구: 제헌국회의 특별회기(1948.5.31-12.19)를 중심으로
제86회 2003. 4. 25. 오전 9시 30분 - 11시 30분, 힐튼호텔
Dr. Manfred Weiss (바이에른주 법무장관): 독일 통일과정에서 독일연방과 바이에른주가 겪은 법적 문제와 그 극복
* 비용 : 통역비와 오찬비용은 바이스 법무장관 초청자인 자이델재단에서 부담함.
* 만프레드 바이스 장관 약력
- 1944년 출생
- 1965-1969년 Erlangen 대학에서 법학전공
- 1970-1972년 제2차 사법시험 합격, 법학박사 학위 취득
- 1973-1978년 뉘른베르크-퓌르트 지방법원 판사 및 검사
- 1968년 - 기독교사회연합당(CSU) 당원
- 1999년 - 현재 바이에른주 법무부 장관
- 1999년 9월 24일 - 현재 독일 연방상원 서기
제87회 2003. 5. 16. 스칸디나비안 클럽
김효전 교수 (동아대) : 경성제대의 공법학 교수진
제88회 2003. 6. 13. 스칸디나비안 클럽
이계수 교수 (울산대) : 한국의 군사법과 치안법: 군사와 치안의 착종과 민군관계의 전도
제89회 2003. 9. 19. 스칸디나비안 클럽
고문현 연구원(헌법재판소) : 군사법원법상 구속기간연장과 군행형법시행령상의 회 회수제한
제90회 2003. 11. 14. 스칸디나비안 클럽
최희경 교수(이화여대) : 동성애에 관한 미국연방대법원 판례
제91회 2003. 12. 22. 삼모스포렉스 뷔페식당

정재황 교수(성균관대) : 제16대 국회 의정활동 평가 - 법안심사를 중심으로
제92회 2004. 3. 12. 헌법재판소 3층 연구관회의실
(1) 특별주제
조병륜 (국제헌법학회 한국학회 회장) : 국제헌법학회 제6차 세계대회 참가보고
(2) 일반주제
장용근 (서울대 박사) : 전자민주주의에 대한 헌법적 고찰
제93회 2004. 4. 2. 헌법재판소 3층 연구관회의실
김래영 변호사 (2004년 한양대 법학박사) : 선거여론조사공표금지제도의 위헌성
제94회 2004. 5. 14. 헌법재판소 3층 연구관회의실
송기춘 교수 (전북대) : 우리 헌법상 대통령탄핵제도에 대한 소고
제95회 2004. 6. 11. 헌법재판소 3층 연구관회의실
이부하 박사 : 재판의 전제성의 구성요건
제96회 2004. 9. 10. 헌법재판소 3층 연구관회의실
김도협 박사 : 독일연방정부에 대한 일고찰
제97회 2004. 10. 8. 헌법재판소 3층 연구관회의실
권건보 교수 (명지대) : 신원조사제도의 공법적 문제점과 개선방안
제98회 2004. 11. 12. 한양대학교 법과대학 제2법학관 2층 국제회의실
이인호 교수 (중앙대) : 미국헌법재판에 비추어 본 한국헌법재판의 문제점
제99회 2004. 12. 16. 프레지던트 호텔 19층 프라이비트룸
박인수 교수(영남대) : EU헌법의 제정배경과 주요내용
* 2005. 1. 1. 신년하례식, 상도동 갈비 타운
제100회 2005. 3. 11. 한양대학교 제2법학관 2층 국제회의실
김웅규 교수(대전대) : 미군정청과 표현의 자유
제101회 2005. 4. 8. (금), 상도동 한국헌법연구소 회의실
· 제1주제
김효전 교수(동아대): 독일 기본권이론의 동향
· 제2주제
송기춘 교수(전북대) : 군사재판에 대한 헌법적 고찰
제102회 2005. 5. 13. 상도동 한국헌법연구소 회의실
이성환 교수(국민대) : 소비자의 권리에 대한 헌법적 고찰
제103회 2005. 6. 17. 상도동 한국헌법연구소 회의실
김기창 교수(고려대) : 성문헌법과 관습헌법
제104회 2005. 9. 16. 상도동 한국헌법연구소 회의실
김유환 교수(이화여대) : 방송통신융합을 위한 행정위원회와 관련한 법적 문제
제105회 2005. 10. 14. 상도동 한국헌법연구소 회의실

정재황 교수(성균관대) : 헌법재판소의 조직과 구성에 관한 검토
제106회 2005. 11. 11. 상도동 한국헌법연구소 회의실
김대환 교수(경성대) : 헌법상 과잉금지원칙
제107회 2005. 12. 9. 한양대 신소재공학관 7층 식당
박용상 변호사 : 신문법과 표현의 자유
* 2005년도 송년회를 겸한 『헌법정치 60년과 김철수 헌법학』(박영사) 출판기념회, 2005. 12. 9. (금) 오후 7-9시. 한양대학교 신소재공학관 7층 식당
제108회 2006. 3. 10. 상도동 한국헌법연구소 회의실
정문식 박사 : 배아줄기세포연구에 있어서 배아의 생명권과 인간존엄
제109회 2006. 4. 14. 한국헌법연구소 회의실
김종철 교수 (연세대): 대통령의 헌법상의 지위에 대한 소견
제110회 2006. 5. 12. 한국헌법연구소 회의실
이성환 교수 (국민대): 주거의 자유
제111회 2006. 6. 9. 한국헌법연구소 회의실
신평 교수(경북대): Eminent Domain에 관한 미국 연방대법원 Kelo v. New London 사건 분석
제112회 2006. 9. 8. 한국헌법연구소 회의실
차동욱 박사 : 현행 권력분립 하에서의 국회와 헌법재판소와의 관계
제113회 2006. 10. 13. 한국헌법연구소 회의실
한위수 판사: 통신의 자유
제114회 2006. 11. 3. 한국헌법연구소 회의실
송기춘 교수 (전북대): 헌법 27조 2항에 대한 연구
제115회 2006. 12. 15. 프레스센터 18층 외신기자클럽 세미나실
장명봉 교수 (국민대): 북한의 최근 입법동향에 대한 연구
제116회 2007. 3. 9. (금), 한국헌법연구소 회의실
권형준(한양대): 입법재량론
제117회 2007. 4. 13. 한국헌법연구소 회의실
이명웅 연구관 (헌법재판소): 재산권에 대한 위헌심사기준
제118회 2007. 5. 11. 한국헌법연구소 회의실
정영화 교수 (서경대): 헌법상 가족조항에 대한 검토
제119회 2007. 6. 8. 한국헌법연구소 회의실
김대환 교수 (경성대) 헌법상 거주이전의 자유조항에 대한 검토
제120회 2007. 9. 14. 한국헌법연구소 회의실
박홍우(판사): 헌법상 신체의 자유조항에 대한 검토
* 10월은 로스쿨준비 관계로 열리지 않음

제121회 2007. 11. 9. 한국헌법연구소 회의실
신평 교수 (경북대) 일본의 경험에 비춰본 한국 국립대학법인화 작업의 평가
제122회 2007. 12. 14. 쎄실 레스토랑
양건 회장 (한양대): 오늘날 한국사회에 대한 시론
제123회 2008. 3. 21. 코오롱 빌딩 2층
李憲煥 (아주대): 20세기 한국헌정사 - 헌정사의 연속성에 대하여 -
제124회 2008. 4. 11. 프레스 센터 18층 외신기자 클럽
林松鶴 (헌법연구관); 행정규칙과 헌법소원
제125회 2008. 5. 9. 뉴국제호텔
金孝全 (동아대): 헌법개념사
제126회 2008. 6. 13. 뉴국제호텔
이상경 (광운대): 군대 내에서의 동성애자의 특수지위
제127회 2008. 9. 11. 뉴국제호텔
황도수 (건국대): 헌법변천이론에 대한 일 고찰
제128회 2008. 10. 10. 뉴국제호텔
金鍾鐵 (연세대): 집회의 자유의 본질과 보호범위에 대한 시론적 고찰 - 집시법의 위헌성을 중심으로 -
제129회 2008. 11. 14. 홍익대학교 홍문관 16층 라스칼라 VIP 룸
임지봉 (서강대): 사립고등학교의 종교교육의 자유와 청소년의 권리
제130회 2008. 12. 12. 홍익대학교 홍문관 16층 라스칼라 VIP 룸
권형준 (한양대): 거주 · 이전의 자유
* 2009. 1. 1. 신년 하례식, 상도 갈비
제131회 2009. 3. 13. 홍익대학교 홍문관 16층 라스칼라 VIP 룸
장용근 (홍익대): 헌법상 재정헌법규정의 흠결과 보완의 문제 검토
제132회 2009. 4. 10. 홍익대학교 홍문관 16층 라스칼라 VIP룸
송석윤 (서울대): 양원제의 도입방안
제133회 2009. 5. 13. 뉴국제호텔 (중구 태평로 1가 29-2)
金徹(숙명여대): 최현대의 경제공법사상
제134회 2009. 6. 12. 뉴국제호텔
金銖甲(충북대 법전원): 행정중심복합도시(세종시)의 법적 지위와 행정구역에 관한 소고
제135회 2009. 9. 11. 뉴국제 호텔
임종훈(국회 입법조사처): 범죄피해자구조청구권에 관한 고찰 -기본권성에 대한 고찰을 포함하여-
제136회 2009. 10. 9. (금), 뉴국제호텔 레스토랑
이성환(국민대): 국민통합과 헌법의 과제

제137회 2009. 11. 13. 뉴국제호텔 레스토랑
정영화(전북대 법전원): 주택법 및 집합건물법상 아파트 하자 소송에 관한 대법원 판례에 대한 비판적 고찰
제138회 2009. 12. 11. (금), 오후 6시 30분, 홍익대 홍문관 16층 라스텔라
손형섭(헌법재판소 헌법연구원): 선거운동의 자유화에 관한 법적 연구 - 일본 공선법의 영향으로부터의 인터넷 시대에의 대응을 중심으로 -
* 2010. 1. 1. 신년 하례식, 상도 갈비, 30인 참석
제139회 2010. 3. 12. 뉴국제호텔 1층 뷔페
文光三(부산대): 한국과 프랑스의 경험과 정부형태의 선택
제140회 2010. 4. 9. 뉴국제호텔
김주영(명지대): 한국헌법상의 "인간"개념 - 법용어학(legal terminology)적 접근의 일례 -
* 4. 26. 금랑 김철수 세미나실 헌정식. 서울대학교 법과대학 · 법학대학원에서 동판제막식을 가진 후 소담마루(구 동원회관)에서 오찬을 갖다. 참석자는 김경한 전 법무장관, 박주환 전 법제처장, 강재섭 전 한나라당 대표, 김건식 법대 학장 겸 법학대학원장, 박용상 전 헌법재판소 사무처장, 김문환 전 국민대 총장, 김효전 한국공법학회 고문, 성낙인 전 법대학장을 비롯한 문하생과 법대 교수 다수 참석.
제141회 2010. 5. 14. 뉴국제호텔
* 스승의 날 기념 화환 증정 및 기념촬영 후 발표회
송기춘(전북대): 직원의 종교적 요구에 따른 사용자의 업무상 배려의무 - 미 연방 인권법 규정의 해석을 중심으로 -,
제142회 2010. 6. 11. 뉴국제호텔
金徹(숙명여대): 근대 이후의 자유주의의 변용과 경제공법질서의 전개과정
* 6. 1. 정종섭 회원, 서울대학교 법과대학 제25대 학장 겸 법학대학원 제2대 원장 취임
* 7. 9. 김효전 회장, 대한민국학술원 회원으로 선출됨. 21일 학술원 대회의실에서 회원선출통지서 교부식을 거행
* 7. 21. 프레스 센터에서 세계헌법학회 한국학회(회장: 조병륜)와 공동으로 본회 회장 김효전 교수정년기념논문집(『세계헌법연구』 제16권 제2호) 봉정식을 갖다. 김철수 고문님과 회원 50여명 참석.
* 8. 30. 장명봉 회원(북한법연구회장) 대한변호사협회가 주관하는 제41회 한국법률 문화상 수상
제143회 2010. 9. 10. (금), 서울 파이낸스 빌딩 지하 1층 (화성 샤브)
장용근(홍익대): 공화주의의 헌법적 재검토
* 9. 14. 본회와 세계헌법학회 한국학회가 공동으로 전 회장 慧安 조병륜 교수 정년기념

논문집(『세계헌법연구』 제16권 제3호) 봉정식 및 『헌법학원리』 출판기념회를 롯데호텔 3층 사파이어 볼룸에서 개최. 김철수 고문님과 하객 200 여명 참석

제144회 2010. 10. 8. 서울 파이낸스 빌딩 지하 1층 (화성 샤브)

황도수(건국대): 헌법 제72조 국민투표의 법적 성격과 효력

* 김철수 선생님, "시사 Interview" Vol. 13 (2010. 10. 1)에 표지 인물

* 10. 8. 김철수 선생님, 프레지던트 호텔 슈베르트홀에서 열린 한국공법학회(회장: 박인수) 주최 제157회 국제학술대회 "통일의 공법적 문제"에서 격려사

제145회 2010. 11. 12. (금), 서울 파이낸스 빌딩 지하 1층 (화성 샤브)

한상운(한국환경정책평가연구원): 환경정책과 법 - 환경책임법을 중심으로 -

제146회 2010. 12. 17. 서울 파이낸스 빌딩 지하 1층 (화성 샤브)

洪起源(서울시립대); 이른바 통치행위론의 형성의 정치체제적 배경 - 왕정복고에서 제3공화국까지 -

* 2011. 1. 1. 신년 하례식, 상도갈비, 회원 30인 참석

제147회 2011. 3. 11. 서울 파이낸스 빌딩 지하 1층 (화성 샤브)

정영화(전북대): 기본권의 제3자효에 대한 비판적 고찰

제148회 2011. 4. 8. 한정식 다정 (헌법재판소 옆)

임지봉(서강대): 제1기 헌법재판소 변정수 재판관의 판결 성향 분석

제149회 2011. 5. 13. (금), 한정식 다정 (헌법재판소 옆)

고문현(숭실대): 인도에서의 공익소송

제150회 2011. 6. 10. (금), 한정식 다정 (헌법재판소 옆)

김철(숙명여대): 법과 경제질서

제151회 2011. 9. 9. (금), 한정식 다정 (헌법재판소 옆)

이효원(서울대): 남북한관계에 대한 판례 분석

* 2011. 10. 14. (금), 프레스센터

김철 교수 정년기념논문집(『세계헌법연구』 제17권 2호) 및 저서 출판 기념회, (프레스센터) 개최로 발표회는 열리지 않음

제152회 2011. 11. 11. (금), 한정식 다정 (헌법재판소 옆)

신평(경북대): PD 수첩 대법원 판결의 헌법적 의미

제153회 2011. 12. 9. (금), 한정식 다정 (헌법재판소 옆)

정영화(전북대): 헌법재판에서 입법형성(재량)군에 대한 통제와 한계

* 2011. 3. 8. 양건 회원, 감사원장에 취임

* 3. 24. 정재황 회원, 한국언론법학회 회장 취임

* 4. 22-23. 제주대학교에서 열린 한국공법학회 주최 한국공법학자대회에 협력학회로서 참가

* 6. 박홍우 판사 의정부지법원장 취임

* 6. 24. 정재황 회원, 한국공법학회 차기회장 선출
* 2012. 1. 1. 신년 하례식, 상도갈비, 회원 35인 참석
제154회 2012. 3. 9. (금), 한정식 다정 (헌법재판소 옆)
허진성(대전대): 인터넷과 국가의 역할
제155회 2012. 4. 13. (금), 한정식 다정 (헌법재판소 옆)
이병규(동명과학대): 낙태에 대한 헌법적 논의
제156회 2012. 5. 11. (금), 한정식 다정 (헌법재판소 옆)
권혜령(성균관대): 결사의 자유와 단체구성원의 명단공개문제 - 미국의 결사의 자유 프라이버시 논의를 중심으로
제157회 2012. 6. 8. (금), 한정식 다정
박진우(가천대): 형벌조항에 대한 헌법재판소 결정과 관련한 법적 쟁점 조명 - 대법원 판결을 중심으로
제158회 2012. 9. 14. (금), 한정식 다정
박종현(국민대): 폭력적 비디오 게임 규제입법에 대한 미 연방대법원의 위헌결정 (Brown v. EMA)
* 2012. 10. 12. (금), 프레스 센터
금랑 김철수 교수 팔순기념논문집『헌법과 기본권의 현황과 과제』봉정식
제159회 2012. 11. 9. (금), 한정식 다정
윤성현(한양대): 국가정책 주민투표와 헌법상 민주주의
제160회 2012. 12. 14. 송년회, 다정
김학성(강원대): 한정합헌, 한정위헌 결정주문에 대한 비판적 고찰
* 2013. 1. 1. 신년하례식 (흑석동 해오름 갈비)
제161회 2013. 3. 8. (금), 한정식 다정 (헌법재판소 옆)
김철(숙명여대): 법과 혁명: 프랑스 혁명이 법제도에 미친 영향 - 법과 종교의 관계를 겸하여 -
* 3. 15. 김철수 선생님, 서울대학교 총동창회 주관 관악대상 참여상 수상
제162회 2013. 4. 12. (금), 한정식 다정 (헌법재판소 옆)
홍강훈(단국대): 평등권의 심사원칙 및 강도에 관한 연구 - 간접적 차별의 법리를 중심으로
제163회 2013. 5. 10. (금), 한정식 다정 (헌법재판소 옆)
김효전(학술원): 경성제대 공법학자들의 빛과 그림자
제164회 2013. 6. 14. (금), 한정식 다정 (헌법재판소 옆)
김대환(서울시립대): 본질적 내용침해금지원칙의 이론과 실제 - 헌법재판 25주년을 되돌아보며 -
* 2013. 6. 15. (토) 프레지던트 호텔 31층 슈벨트 홀

금석 권형준 교수 정년기념논문집『현대헌법학의 이론적 전개와 조망』봉정식
* 6. 29. 송기춘 회원 한국공법학회 차기 회장에 당선
* 8. 21. 신평 회원, 제12회 철우언론법상 수상
제165회 2013. 9. 13. (금), 한정식 다정 (헌법재판소 옆)
권형준(한양대 명예교수): 독일에 있어서의 기본권보장제도에 관한 고찰 - 특히 연방헌법재판소를 중심으로 하여 -
제166회 2013. 10. 11. (금), 한정식 다정 (헌법재판소 옆)
송기춘(전북대): 법원의 헌법재판
제167회 2013. 11. 8. (금), 한정식 다정
이성환(법무법인 안세): 사전 선거운동금지와 국민주권주의
제168회 2013. 12. 13. (금), 한정식 다정
임지봉(林智奉: 서강대 법전원): 제1기 조규광 헌법재판소장의 판결성향 분석
* 박홍우(서울행정법원장) 2014년도부터 신임회장으로 선출
* 2014. 1. 1. 신년단배식 (흑석동 해오름 갈비)
제169회 2014. 3. 14. (금), 한정식 다정 (헌법재판소 옆)
김동훈(헌법연구관): 한국헌법과 공화주의
* 박홍우 회장, 대전고등법원장으로 취임
제170회 2014. 4. 11. (금), 고향 (헌재 옆, 02-720-9850)
이부하(영남대 법전원): 기본권 보호의무의 법해석과 과소보호금지 원칙
제171회 2014. 5. 9. (금), 고향
최유경(崔裕卿: 사법정책연구원): 헌법에 열거되지 아니한 권리와 기본권보장의 개방형체계에 관한 시론적 고찰
제172회 2014. 6. 13. (금), 고향
김철(숙명여대 명예교수): 아노미(anomy, anomie) 시대의 평등권과 교육의 기회 - 비교법적 소고 -
공판연 창립 25주년 기념행사 2014. 10. 31. 프레스센터에서 개최. 준비위원 회장(박홍우), 정재황, 송기춘, 김종철, 임지봉 교수.
제173회 2014. 9. 12.(금), 고향
김정현(金廷泫: 한국법제연구원 부연구위원): 대통령선거제도로서 결선투표제에 관한 연구
제174회 * 2014. 10. 31. 공법이론과 판례연구회 창립 25주년 기념 학술대회, 프레스센터 18층 외신기자클럽
[제1부] 제25주년 기념 심포지움, 진행: 임지봉 교수(서강대학교 법전원)
(제1주제) 헌법이론이 헌법판례에 미친 영향
사회: 심경수 교수(충남대 법전원)

발표: 송기춘 교수(전북대 법전원)
토론: 이명웅 변호사(법무법인 안세), 이효원 교수 (서울대 법전원)
(제2주제) 행정법이론이 행정판례에 미친 영향
사회: 정하중 교수(서강대 법전원)
발표: 이희정 교수(고려대 법전원)
토론: 김경란 부장판사(서울행정법원), 정호경 교수(한양대 법전원)
[제2부] 제25주년 기념식, 진행: 김대환 교수(서울시립대학교 법전원)
개회사: 박홍우 회장(공법이론과 판례연구회 회장, 대전고등법원장)
기념사: 김철수 명예교수(서울대 법전원, 대한민국 학술원 회원)
축 사: 황우여 사회부총리 겸 교육부장관
축 사: 성낙인 서울대 총장
공법이론과 판례연구회 창립 제25주년 경과 보고:
김효전 명예교수(동아대 법전원, 대한민국 학술원 회원)
공로패 전달: 박용상 언론중재위원장
폐회사: 박홍우 회장

* 2014. 11. 17. 장명봉 교수 영산법률문화상 수상

제175회 2014. 11. 28. (금), 고향 (송년회)
정영화(鄭永和: 전북대 교수): 한국 사법제도의 개선방안 - 국제지표로 본 사법제도의 효율성 제고방안
* 2018년 세계헌법학회 서울대회 유치를 성공적으로 마무리하고 루마니아에서 귀국한 조병륜 · 정재황 회원의 경과 보고 (조선일보, 동아일보 11월 28일자에 보도)
* 2015. 1. 1. 신년단배식 (흑석동 해오름 갈비)

제176회 2015. 3. 14.(금), 한정식 고향 (헌법재판소 옆)
정재도 박사(서강대): 의원내각제 도입의 전제조건에 관한 헌법적 고찰 - 제2공화국헌법을 중심으로

제177회 2015. 4. 10. (금), 고향
홍정선 교수 (연세대): 주식백지신탁심사위원회 운영 경험

제178회 2015. 5. 1. (금), 고향 (스승의 날 행사)
박종현 교수 (국민대): 문화국가원리에 의한 헌법심사 - 헌재 2014. 4. 24. 2011헌마659 등에 대한 검토

제179회 2016. 6. 5. 고향
이명웅 (변호사): 사학의 자유제한에 대한 넓은 입법형성권 인정의 문제점

제180회 2015. 9. 11. 이화가, 헌재 옆 (02-720-9850, 고향에서 이전)
허진성 교수(대전대): 법의 지배와 국가의 과제

제181회 2015. 10. 2. (금) 이화가

김효전 교수(학술원): 한국 헌법학설사 연구 1884-1979
제182회 2015. 11. 13. (금) 이화가
김주영 교수(명지대): 헌법상 '권리' 개념의 검토
제183회 2015. 12. 11. (금) 이화가
정재황 교수(성균관대): 세계 속의 한국 헌법학 - 2018년 세계헌법대회의 성공을 위한 담론을 중심으로
2016년 (회장: 김영천, 총무이사 김대환, 연구이사 이효원; 박용상 명예회장)
* 2016. 2. 16. 김철수 선생님, 법률소비자연맹 법률대상 수상. 서울 팔레스호텔
제184회 2016. 3. 11. 이화가
이헌환 (아주대): 법학교육 및 법조인양성제도에 대한 헌법적 접근 - 사법시험 존치 논란을 보면서
제185회 2016. 4. 8. (금) 이화가
송기춘 (전북대): 헌법이론과 헌법교육
제186회 2016. 5. 13. (금) 이화가
정철 (국민대): 지방선거에서 정당의 역할, 스승의 날 행사
제187회 2016. 6. 10. (금) 이화가
한동훈 (헌법재판연구원 책임연구관): 프랑스 헌법상 표현의 자유
제188회 2016. 9. 9. (금) 이화가
김문현 (이대 법전원 명예교수): 미국에 있어 '살아있는 헌법' 논의에 관한 소고 (EBS 촬영)
제189회 2016. 10. 14. (금) 이화가
홍정선 (전 연세대 법전원 교수): 서울특별시 민간위탁사무 현황과 법적 문제
제190회 2016. 11. 11. (금) 이화가
전종익 (서울대 법대 교수): 대한민국 임시정부의 헌법적 지위에 대한 시론
제191회 2016. 12. 9. (금) 이화가
송석윤 (서울대 법전원 교수): 경제민주화와 헌법질서
제192회 2017. 3. 10. (금) 지도 밥상 (헌재 탄핵반대 시위로 이화가에서 긴급변경, 2호선 교대역 6번 출구, 서초동 1694-25, 02-3478-1008)
송기춘 (전북대): 대통령 탄핵심판의 헌법적 쟁점
제193회 2017. 4. 14. (금) 이화가
한동훈 (헌재 연구원): 프랑스 헌법상 하원과 집행권의 관계
제194회 2017. 5. 12. (금) 이화가
김효전 (학술원): 헤르만 헬러의 생애와 업적 (스승의 날 촬영)
제195회 2017. 6. 9. (금) 이화가
정재황 (성균관대, 세계헌법학회 한국학회 부회장): 사법개혁

제196회 2017. 9. 8. (금) 이화가
이효원 (서울대 법전원): UN 대북제재의 법적 쟁점
제197회 2017. 10. 13. (금) 이화가
이성환 (변호사): 미래 세대와 헌법
제198회 2017. 11. 10. (금) 이화가
박용상 (변호사, 전 언론중재위원회 위원장): 의견표현에 의한 명예훼손, 차기회장 성낙인 총장 추천
제199회 2017. 12. 8. (금) 이화가
정영화 (전북대 법전원): 한국 헌법재판소와 미국 연방대법원의 헌법해석의 비교연구, 송년회
제200회 2018. 3. 13. (금) 이화가
송기춘 (전북대, 대통령직속 국민헌법자문특별위원회, 기본권분야): 개헌안 전체 설명
* 2018. 3. 15. 김효전 회원, 제8회 대한민국 법률대상 학술부분 수상
신평 회원, 제8회 대한민국 법률대상 실무 부분 수상
제201회 2018. 4. 8. (금) 이화가
송기춘 (전북대 법전원): 기본권 개정
제202회 2018. 5. 11. (금) 이화가
이효원 (서울대): 남북관계 변화에 대비한 법적 과제
제203회 2018. 6. 8. 세계헌법대회에 참가하는 것으로 대체
제204회 2018. 9. 14. 이화가
김영진 (인천대 교수): 헌법적 가치구현과 시민의 생활규범으로서의 헌법정립에 관한 소고
제205회 2018. 10. 12. 이화가
한동훈 (헌법재판연구원): 프랑스 헌법상 정교분리의 원칙
제206회 2018. 11. 9. 이화가
박종원 (동부지법 판사): 평화협정의 법적 쟁점
* 2018. 11. 19. 김효전 회원, 제12회 목촌법률상 수상
제207회 2018. 12. 14. 이화가
정광현 (한양대 교수): 직접관련성 요건의 본질과 그 심사척도, 송년회
* 2019. 1. 3. 신년 하례회 (코리아나 호텔 3층, 회장 정재황, 총무이사 김대환, 연구이사 이효원)
제208회 2019. 3. 8. 이화가 (서울시 종로구 북촌로 1길, 02-737-8849)
장선미 박사(이화여대 법학연구소) 기본권 심사구조의 통합적 이해 가능성에 관한 연구
제209회 2019. 4. 12. 김효전 교수(학술원) E.-W. 뵈켄회르데 저작 수용의 국제 비교

제210회 2019. 5. 10. 金珉宇 박사(충북대) 웰다잉법 시행에 따른 법적 과제; 김철수 교수님 참석하여 스승의 날 행사.

제211회 2019. 6. 14. 김용훈 교수(상명대) 대학교에서의 시간강사의 법적 지위와 시간 강사 제도 운영 방안 소고

제212회 2019. 9. 20. 김효전 교수(학술원) 카를 슈미트의 헌법이론과 한국, 이화가 (서울시 종로구 북촌로 1길, 02-737-8849)

제213회 2019. 10. 11. 이헌환(아주대 법전원) 글로벌 인권 프로젝트(Global Human Rights Project: GHRP)

제214회 2019. 11. 8. 기현석 교수(명지대) 정신장애인의 선거권 - 최근 연구 동향을 중심으로

제215회 2019. 12. 13. 양태건 박사(한국법제연구원) 「친일재산귀속법」 결정(2011. 3. 31. 2008헌바141 등)에 대한 분석: 과거사 청산의 법리와 헌법의 해석, 이화가

* 2020. 1. 3. 신년 하례식(코리아나 호텔 3층)

제216회 2020. 3. 13. (금) 정해방 (전 금융통화위원) 금융통화위원회의 운영 (코로나 바이러스로 연기)

2021. 1. 1. 신년 하례식 코로나-19 팬더믹으로 취소

* 2021. 6. 14~2023. 9. 13. 송기춘 회원, 대통령소속 군의문사진상규명조사위원회 위원장 취임

* 2021. 9. 9.~2023. 9. 8. 이헌환 회원, 제6대 헌법재판소 헌법재판연구원 원장 취임

제216회 2022. 1. 14. (금) 정해방 (전 금융통화위원) 금융통화위원회의 운영 Zoom으로 비대면

* 2022. 3. 26. 금랑 김철수 교수 서거

제217회 2022. 5. 13. (금) 신현석 (서강대 로스쿨 겸임교수) 재심사건과 재판의 전제성, 한뫼촌, 헌재 근처 재동 초등 건너편, 재동 46-8, 02-766-5539

제218회 2022. 6. 10. 김효전 (학술원 회원) 나치 독일의 황제법학자들, 한뫼촌

제219회 2022. 9. 2. 허창환 (검사) 헌법상 검찰권의 의의, 한뫼촌

제220회 2022. 10. 14. 최선웅 (충북대 교수) 재량과 행정쟁송, 한뫼촌

제221회 2022. 11. 11. 홍정선 (연세대 명예교수) 행정기본법 제정과정, 한뫼촌

제222회 2022. 12. 16. 박용상 (전 언론중재위원장) 명예훼손의 위법성 조각사유에 관한 반성적 고찰 - 진실 적시 명예훼손죄 폐지론 비판, 한뫼촌

제223회 2023. 2. 10. 한위수 (변호사) 모욕과 표현의 자유, 한뫼촌

제224회 2023. 3. 23. (목) 김철수 선생 추념 세미나, 한뫼촌
김효전 (학술원회원) 김철수론: 한국헌법상의 지위
조병륜 (명지대 명예교수) 김철수 선생님을 그리워하고 명복을 빌며

제225회 2023. 4. 14. (금) 박진수 (성균관대 법학연구원) 지식재산의 적정보호에 관한 헌법적 연구, 한뫼촌

제226회 2023. 5. 12. (금) 송기춘 (대통령소속 군사망사고진상규명위원회 위원장, 전북대 교수) 군사망사고진상규명위원회 조사활동의 성과와 한계, 그리고 과제, 한뫼촌

제227회 2023. 6. 9. 권형준 (한양대 명예교수) 프랑스 헌법위원회의 연금개혁 판결 소개, 한뫼촌

제228회 2023. 7. 14. 박용상 (전 언론중재위원회 위원장) 판례평석: 대법원 2020. 7. 16. 선고 2019 도 13328 전원합의체 판결 (토론회 허위발언), 한뫼촌

* 2023. 9. 15. 금랑 김철수 선생 90세 기념 및 추모논문집 『헌법을 말한다』 봉정식, 프레스센터 (예정)

# 제3장 김철수 저서 머리말 모음

## 1.『韓國憲法の50年: 分斷の現實と統一への展望』

(敬文堂, 日本 · 東京, 1998)

### はしがき

今年は, 韓國憲法が制定されて50周年になる. その間, 韓國憲法は改正に改正を重ね, 現行の憲法は第6共和國憲法といわれる. とりわけ統治機構に關する變遷は目まぐるしい. 文民獨裁制, 議院內閣制, 大統領制, 軍人獨裁制 , 新大統領制, 二元政府制等, 世界各國の制度が模倣され運營されてきた. そのために韓國憲法は逆說的に比較憲法の寶庫だともいえる. アメリカの大統領制, 日本の議院內閣制, フランスの準大統領制, 發展途上國の軍人獨裁制まで經驗しており, 他の國の憲法にとって參考になるのではないだろうか.

特に, 日本國憲法は, 制定後50年間一度も改正されたことがなく, ある意味で模範的な憲法である. ただ私見によれば, 憲法第9條の 改正には反對であるが, 統治機構, 特に憲法裁判所制度や首相公選制, 新しい基本權の導入, 有事のための憲法改正案は, 考慮されてよいのではないだろうか. 日本において憲法改正を論ずる際に, 隣の國の憲法經驗を生かすことができるのではないかと考えて, 韓國憲法50周年にちなみ本書を出版することにした.

韓半島は, 日本帝國主義支配のために分斷され, 以來53年になる. 南は資本主義國, 北は社會主義國家として熱戰(朝鮮戰爭)を經驗した. 冷戰時には兩陣營のショーウィンドーとして 發展と退步を續けたが, 米ソ冷戰終了後もなお, 韓半島は 爆發寸前の火藥庫である. アジアの平和, 日本の安全のためにも, 韓半島の統一は緊急の課題である. 分斷に對する一担の責任を持つ日本人に韓國人の悲哀を傳えるために, また祖國の統一のために統一憲法問題にもふれた.

この本は體系的な敎科書ではない. 日本語で書いた論文や韓國語で發表した若干の論文を飜譯したものである. このような拙い書物が出版の運びに至ったのは, ひとえに恩師や親知達のはげましたの結果である.

1961年春, 東京大學研究室でご指導下さった小林直樹先生, 1980年代一橋大學で 韓國法講義を開設し, 韓國憲法の講義を擔當させて下さった杉原泰雄先生をはじめとする一橋大學の先生方, 比較憲法のための國際活動を先達している上智大學の樋口陽一先生, 明治大學特別硏究員としてご招待下さった明治大學の吉田善明先生, 比較法文化硏究を共同にする中村睦男先生をはじめ北海道大學の先生方など, こうした皆さまの學恩を忘れることはできない. 本書がいささかでも皆さまに對する恩返しになれば光榮であり, 私の喜びとするところである.

また, 本書出版の實現には, 札幌大學の柳眞弘助教授と明治大學大學院博士課程の趙圭相君の努力がある. 一部論文の紹介をして下たさった鈴木敬夫教授, 尹龍澤教授, 岡克彦君達の努力にも感したい. その他の大部分の日本語への飜譯は趙圭相君によるのであり, その校閱は柳助教授がして下さった. お忙しいところを精力的に盡力して下さった皆さまに感謝する. しかし, 譯語上の誤り等があったとしてもそれも著者の責任であることは言うまでもない. このような書物の出版こそ出版社の使命とし快く出版をお引受けいただいた敬文堂社長竹內禮二氏, 同專務阿久津信也氏に對して, 心から感謝の意を表する.

なお, このような著書が日韓憲法の比較憲法硏究の一助となることを願ってやまない. この本は一橋大學での講義の副教材として使われたものを再編集したものである. その時の聽講生達にも心からの感謝をのべたい.

1998年 3月　　　　ソウルにて
金　哲洙

## 2. 헌법정치의 이상과 현실 (소명출판, 2012)

### 머 리 말

서울대학교 법과대학을 정년퇴직하고 계속하여 서울대학교 대학원에서 41년간 헌법학을 강의하던 것을 그만 둔 지가 어느덧 9년이나 되었다. 그 뒤 명지대학에서 헌법을 강의했었는데 후진에게 물려준 지도 2년이 지났다. 그 동안에도 헌법학에 관련되는 여러 전문서적을 비롯하여 일반 독자를 위한 계몽적인 책자들도 몇 가지 발간하였고 각종 일간지의 요청으로 시사 평론에 관한 글들을 써오고 있다.

올해 저자는 팔순을 맞이하게 된다. 이를 계기로 제자들은 기념논문집을 내자고도 하며 또 지금까지 발표한 논설들을 모아서 책자로 엮어 내자고도 한다. 그동안 회갑에서부터 정년퇴직 그리고 고희에 이르기까지 여러 차례 기념논문집을 내었기에 이번에는 조용히 지나가려고 하였으나 제자들과 주위의 권유에 못이겨 또다시 기념논문집과 문집을 만들게 되었다.

이 문집에 수록한 글들은 저자가 1950년대부터 최근에 이르기까지 거의 60년에 걸쳐 집필한 것이며 내용적으로는 전문적인 학술 논문에서부터 신변잡기에 이르는 것까지 포함하고 있다. 좀 더 구체적으로 보면 전체 9장으로 구성되어 있다.

제1장에서는 헌법정치의 이상이란 제목 아래 우리 헌정의 나아가야 할 방향을 제시한 과거의 논설을 모은 것으로 정치개혁, 정부형태의 변경, 선거제도의 개혁, 인권보장의 극대화 등에 초점을 맞추어 쓰여진 것이다. 제2장은 헌법재판의 활성화, 제3장에서는 통일헌법의 제정문제, 제4장에서는 풍토적 자연법론 비판을 비롯한 법철학 논설, 제5장 법학교육에서는 미국식 로스쿨과 사법제도의 소개, 제6장에서는 한국공법학회와 대한민국학술원을 비롯한 각종 학회활동, 제7장 시론과 에세이에서는 일반 시민들에게 알리기 위하여 쓴 비전문적인 그때그때의 시론이 중심이 되고 있다. 또한 제8장에서는 인터뷰, 서평 그리고  연설문 등을 수록하고 있다.

지금에 와서 다시 읽어 보니 우리의 헌정은 숱한 우여곡절과 시행착오 속에서도 의원내각제로의 개헌, 독일식 비례대표제 채택, 통일헌법 제정을 제외하고는, 저자의 주장대로 헌법재판제의 도입, 인권보장의 신장이라든가 선거제도의 개정, 법학교육 개혁 등 헌법정치의 이상에 상당히 가까이 가고 있다고 보아 보람으로 생각한다. 군사독재 치하의 암울했던 시절이었지만 젊은 날의 고뇌와 용기와 기개를 아름다운 추억 속에서 회상하게 된 것도 모두 하늘의 뜻이라고 생각한다. 그 동안 학술활동에 전념할 수 있었고 건강을 유지할 수 있었던 것은 선배, 동료, 제자, 친지들의 은덕이라고 생각하여 감사하고 있다.

이 책의 기획단계에서부터 편집과 제작에 이르기까지 전적으로 김효전 교수가 맡아서 수고하여 주었다. 저자도 알지 못하고 잊어버린 옛 날의 글들을 찾아서 이렇게 정리해주니 미안하기도 하고 고맙기도 하다. 김교수는 7년 전에도 『헌법정치 60년과 김철수 헌법학』이라는 책을 발간하여 저자의 글과 저자의 학문에 대한 평가를 모아 출판해 주었다. 김교수는 외국 공법학자의 대표작을 번역하고 학술사를 정립하는 공을 세웠을 뿐 아니라 한국공법학의 기원과 학문발전사를 정리해 오고 있다. 많은 연구를 진행 중임에도 불구하고 저자의 글을 모아 헌법학연구의 자료로 자리매김 해 주어 감사해 마지 않는다.

이 책의 서문도 편자인 김교수가 의당 써야 했음에도 불구하고 저자의 머리말이 필요하다고 하여 여러 차례 사양하였으나 그의 간청에 못이겨 여기 몇 자 머리말에 대신하고자 한다. 이처럼 방대한 책자의 출판을 쾌락해주신 소명출판의 박성모 사장과 공홍 편집부장께 진심으로 감사한다. 수지타산을 하지 않고 양서출판이라는 사명감에서 출판해 주시어 감사하는 바이다.

아울러 이 문집이 우리의 헌법정치의 발전에 깊은 관심을 가진 공직자와 일반 독자들에게 읽혀져 우리나라의 입헌정치와 법치주의의 발전에 일조가 되었으면 다행이겠다.

2012. 9. 23. 김 철 수

## 3. 헌법학신론 제21판 (박영사, 2013)

### 머 리 말

2012년 12월 19일의 대통령선거는 박근혜후보가 투표자 과반수의 득표를 얻어 당선되었다. 그동안 대통령직인수위원회가 새 대통령의 취임 후 정책을 짜기 위하여 노력하고 있다. 2013년 1월 31일 인수위원회의 가안이 여당 국회의원의 발안으로 심의 중에 있다. 2월 25일의 신대통령 취임식에 맞추어 2월 14일까지 정부조직법의 전부개정안이 통과될 것으로 기대되었으나 2월말은 되어야 통과될 것 같다. 그동안 새 정부의 조직과 국회의 입법활동을 반영하여 신판을 출판하려고 하였으나 학기 초의 강의를 위하여 우선 출판하고, 나중에 추록을 발행하기로 하였다.

이명박정부 5년 동안 법률도 많이 개정되었다. 국회도 2012년 4월에 개선되었으나 대통령선거에 휘말려 입법활동은 크게 활성화되지 못했다. 헌법재판소도 4기 소장이 퇴임하였다. 헌재는 그동안 SNS 선거운동 금지위헌, 인터넷실명제위헌 등 진보적인 판결을 많이 내려 개인의 명예나 선거공정이라는 공익이 후퇴된 느낌이 있었다. 그동안 헌재재판관도 많이 바뀌어 새로운 5기 헌법재판소의 판례의 방향을 예측하기 어려운 실정이다. 헌재는 법원의 재판에 대한 헌법소원을 일부 인정하기도 하였으며, 대법원장의 재판관추천권 등으로 논란의 대상이 되기도 하였다.

이 신판에서는 그동안의 새 법률과 판례를 반영하여 많이 수정하여 up to date하였다. 법학교육이 학부 교육과 전문대학원 교육으로 2원화됨으로써 학생들이 학습의 방향을 잡지 못하여 우왕좌왕하는 감이 있다. 법학은 학설과 판례를 종합한 학문이어야 하기 때문에 학설과 판례를 통합하려고 한 이 책이 교재로서 적합하지 않을까 생각된다. 학생들의 교재나 참고서로 애용되기를 바란다.

2013년 2월부터 야당에서는 개헌을 주장하고 있고, 여당 일부에서도 개헌에 동조하는 세력이 나타나고 있다. 개헌의 필요성이 있다고 하더라도 의견일치는 쉽지 않을 것으로 보인다. 국민들은 다시 한 번 헌법에 대하여 심사숙고하여 헌법개정의 방향을 제시해주어야 할 것이다. 이 점에서도 헌법학 교과서의 학습은 필요할 것이다. 새 헌법을 논하기에 앞서 현행 헌법의 장단점을 검토하여야 할 것이기에 일반 국민에게도 이 책의 일독을 권하는 바이다.

법학전문서적의 보급이 여의치 않은 상황에서도 개판을 하여준 박영사의 안종만 회장님과 기획부의 조성호 부장님에게 감사하며 편집과 교정에 수고해준 편집부 문선미 대리님에게 감사한다.

2013년 봄에 신정부가 출범하게 된 것을 축하하며 모든 국민이 정치이념적으로 통합하여 북핵위기를 극복하게 되기를 빌면서 조국의 무한한 발전을 바란다.

2013. 舊正
金 哲 洙 씀

## 4. 헌법개설 제13판 (2013)

### 머 리 말

2013년의 새해는 박근혜 정부가 출범하고 제19대 국회가 활성화되는 해이다. 국민은 희망에 부풀어 있으나 전도는 그리 순탄한 것 같지 않다. 구정에 터진 북한의 핵실험과 국회 청문회를 둘러싼 여야대립, 소위 국회선진화법에 따른 식물국회의 위험 때문에 올해도 걱정이 많다.

지난 한 해는 국회의원선거와 대통령선거 때문에 국회는 입법에 소홀했다. 반면에 헌법재판소는 활발한 활동을 하였다. 국회는 2013. 3. 23.에야 정부조직법을 개정하고 국회법을 개정하였다. 또 기타의 부속 법률도 많이 개정하였다. 헌법재판소와 대법원도 헌법문제에 관하여 많은 판례를 남겼다. 신판에서는 2013. 7. 10.까지 나온 법률과 헌법재판소 판례를 반영하였다.

제18대 대통령이 취임하고 제5기 헌법재판소가 구성되고 제19대 국회가 활성화되어 금년에는 헌정이 안정되고 국민의 생활이 윤택해질 것을 바란다. 북한의 핵위협 아래 살면서도 이념적으로 대립하여 적전반란을 일으켜서는 안 될 것이다. 새로운 박근혜 대통령시대는 안보위협과 복지수요증대 때문에 재정이 궁핍해질 것 같으며 국민생활이 어려워질까 걱정이다. 국가위기를 극복하기 위하여는 모든 국민이 단결하여 국난극복에 협력해야 하겠다.

야당에서는 벌써 헌법개정운동이 일어나고 있으며 여당 일각에서도 동조하는 사람들이 나타나고 있다. 헌법개정은 판도라의 상자와 같기에 국론분열을 가져올 가능성도 있다. 국민은 국리민복의 증진을 위하여 헌법의 개정방향을 신중히 연구하여야 할 것이다. 입헌정치의 발전을 위하여서는 헌법을 이해하고 실천하는 것이 필수적이다.

헌정질서의 확립을 위하여 헌법을 학습하는 것은 민주시민의 의무이다. 이 작은 교과서가 학생들과 시민의 헌법의식 앙양을 위하여 기여하였으면 다행이겠다.

출판사정이 어려운 데도 개판을 허락해준 박영사의 안종만 회장과 조성호 기획부장에게 감사하며 편집과 교정에 노력해 준 문선미 대리의 수고를 치하한다.

2013년 7월 10일 김 철 수

## 5. 새 헌법개정안 - 성립 · 내용 · 평가 - (진원사, 2014)

### 머 리 말

강창희 국회의장의 헌법개정자문위원회는 2014년 1월 23일에 위촉장을 받고 회의를 시작하여 2014년 5월 23일에 자문위원회 헌법개정시안을 제출하도록 위촉받았다. 불과 4개월 동안의 활동기간 밖에 없었으므로 자문위원회는 열심히 일하였다.

나는 노구에 참여 의향도 없었는데 자문위원장직을 맡게 되어 책임의 중요성을 느끼고 과거에 발표한 논문을 중심으로 심의자료집을 만들어 위원들에게 공람케 하였다. 국회법제실에서 편집한 자료집에는 이것이 완전 누락되어 있다. 심의자료 중에는 저자의 개인의견을 표현한 것이 있어 이를 모아두는 것이 새 헌법개정안의 이해를 돕는데 필요불가결한 것으로 보아 이를 출판하게 되었다.

이 개정안은 재정적 빈곤과 시간 촉박, 보조 인력의 부족 때문에 소기의 목적을 달성할 수 없었다. 연구보조 인력의 부족은 자문위원회 지원단이 국회사무처 법제실 직원이었기에 본 업무에 쫓기어 자료수집 등을 옳게 하지 못하였고, 국회 직원이었기 때문에 국회 직원의 직역을 넓히기 위하여 압력을 행사하기도 하였다. 특히 재정적 빈곤에 따라 자문위원들에게는 하루 종일 일당이 30만원 밖에 안 되어 그들이 작성한 원고의 원고료조차 지불할 수 없는 지경이었다.

야당은 개헌안의 공론화에 찬성이었으나 여당은 정부의 반대 때문에 헌법개정 논의가 확산되는 것을 기피하는 형편이었다. 또 정치계, 관계, 법원 등의 로비 공작도 상당하여 학자적 · 이상적 개정안의 작성은 거의 불가능하였으나 이 개정안은 각계의 반대를 무릅쓰고 만들어진 것이기 때문에 홍보도 잘 되지 않았다.

악조건 하에서도 열심히 노력해주신 자문위원들께 감사한다.

이 헌법개정안은 현실적합성을 고려한 차선의 안이고, 앞으로 국민들의 의견을 수렴하여야만 최선의 안이 될 것이다. 이 안이 앞으로의 헌법개정 논의의 토대가 되었으면 다행이겠다.

이 책을 출판해 주신 진원사 사장님께 감사드리며 초고 정리와 교정을 도와 준 최목사의 노고를 치하한다.

2014. 8. 15. 66회 건국절에

저자 씀

## 6. 세계 비교 헌법 (박영사, 2014)

### 머 리 말

우리 헌정사도 어느덧 66년이 지났다. 특히 제6공화국 헌법이 시행된 지 26년이 되었는데 헌정이 잘 운영되지 않는다고 하여 개정해야 한다는 의견이 높아졌다. 1987년 개정 당시만 하더라도 이 체제는 3김씨의 집권을 위한 것이라 10년 내에 바뀌게 될 것이며 3김 퇴장 후에는 보다 좋은 헌법이 탄생될 것이라고 기대하였다. 개정헌법이 순기능을 발휘하여 3김씨가 집권한 뒤에 새 세대로 정권이 이양되었으나 개헌은 되지 않았다. 의원내각제로의 개헌은 1987년 개헌 당시부터 주장되어 왔으나 대통령이 되기를 바라는 정치인의 반대로 개헌이 성사되지 못하였다.

행정부에서도 노무현 대통령이 대통령 연임을 위한 원 포인트 개헌론을 주장하였으나 임기말로 무산되었다. 이명박 대통령 때도 정무장관으로 하여금 개헌을 담당하게 하였으나 불발이 되었다. 국회에서는 끊임없이 대통령의 권한을 약화시키고 국회가 중심이 되는 헌법개정이 논의되었다. 2008년에 김형오 의장은 국회에 헌법연구자문위원회를 구성하여 야당의 불참 하에 헌법개정연구를 하게 하였다. 여기서도 권력구조에 관한 합의가 되지 않아 미국식 대통령제나 프랑스식 2원정부제 둘 중에서 택일하는 것이 좋을 것이라는 권고안이 2009년에 제출되었다. 그러나 국회의원들의 합의를 얻지 못하여 개헌안으로 발전하지는 않았다.

2014년 1월에는 강창희 의장이 국회헌법개정자문위원회를 구성하여 김철수와 함께 위원 14명이 헌법개정안을 성안하도록 위촉하였다. 이에 위원장을 맡은 김철수는 의안초안을 작성하기 위하여 세계 각국 헌법조문을 모으고 이를 분류할 필요를 느꼈다. 그리하여 서울대학교 법과대학 헌법학교실 출신의 정재황 위원, 김대환 위원, 이효원 위원과 함께 자료집을 작성하기로 합의하였고, 서울대학교를 비롯한 각 대학 조교들의 도움을 받아 세계헌법을 비교하는 자료집을 완성하게 되었다. 원래의 목적은 3월경에 출간할 예정이었으나 그 출간이 늦어지게 되었다.

그동안 세계 각국 헌법을 비교한 책은 많았으나 세계 각국 헌법이 그동안 전면 개정되거나 부분 개정되어 쓸모가 없게 되었다. 이에 편자들은 최신의 세계헌법을 집대성한 국회입법조사처의 『세계의 헌법』 2014년판을 대본으로 하여 새로이 분류 작성하기로 하였다. 이 작업에는 이들 교수들의 조교의 도움이 컸다. 이들에게 감사하며 『세계의 헌법』 번역을 해 주신 국회입법조사처 직원들에게도 감사한다.

2014년 가을부터 헌법개정논의는 점차 활발해지고 있으며, 통일헌법연구에도 관심이 집중되고 있다. 이러한 시기에 세계 각국의 헌법이 중요문제에서 어떤 해답을 하고 있는가를 연구하는 것은 꼭 필요하며 이 세계헌법 비교자료집이 큰 도움을 줄 것으로 믿는다. 헌법개정에 참여하는 국회의원뿐만 아니라 이에 관심을 가지는 학자, 학생들에게도 필수적인 연구의 도구가 될 것으로 믿는다. 이 자료집이 우리나라 헌법개정연구의 토대가 되어 세계에 길이 남을 모범적 헌법이 제정되기를 편자들은 기원하고 있다.

끝으로 상품가치가 적은 이 자료집을 대한민국헌정 발전을 바라는 일념으로 출판해 주신 박영사 안종만 회장님과 편집과 교정에 노력해 주신 박영사 직원 여러분에게 감사한다.

2014년 10월 3일　개천절에

김 철 수

## 7. 국회 헌법개정 자문위원회, 『활동결과보고서 III』(2014)

### 머 리 말

1987년 헌법이 시행된 지 올해로 26년이 흘렀다. 1987년의 제9차 개정헌법은 대통령 직선제란 국민의 여망에 입각한 것으로 민주화에 기여하였다. 민주화가 성취되었고 정권의 평화적 교체까지 경험하였다. 이 과정에서 국가권력의 특정 기관 독점이라는 현행 헌법의 병폐가 많이 지적되었다. 이것은 헌법을 운영하는 사람들의 잘못뿐이 아니라 제도적인 권력집중 문제로 보아 권력구조의 개정이 논의되게 되었다.

강창희 국회의장은 이러한 각계의 헌법개정의 공론화를 참조하여 헌법개정자문위원회를 발족하게 하였고, 헌법개정이 아니라 제2의 헌법제정을 한다는 각오로 21세기 새로운 선진한국에 어울리는 헌법안을 마련해 달라는 당부를 하였다. 헌법개정자문위원회는 학자와 민간 전문가들이 주도하여 헌법 전반에 대한 개헌안을 마련하는 중책을 맡게 된 것이다. 이 작업은 헌법전문을 시작으로 기본권, 정부형태, 사법부, 헌법개정절차에 이르는 그야말로 헌법을 새로이 제정하는 수준으로 이루어졌고 이제 그 결과를 내놓게 되었다.

돌이켜보면 헌법개정자문위원회가 구성된 지 겨우 4개월의 기간이 흘렀다. 나라의 토대가 되는 헌법을 새로이 구성하는 작업을 위해서는 짧은 기간이고 연구를 위한 재정지원이 전무했음에도 감히 전반적인 헌법개정안을 제시하게 된 것은 그동안 우리 자문위원들이 각자의 바쁜 일정에도 불구하고 헌신적으로 헌법개정 작업에 참여하여 준 여러분의 사명감 덕분일 것이다.

우리 헌법개정자문위원회는 이념분열과 지역분열의 정치현황과 국토분단의 극복을 위하여 국민통합을 이룩하고 조국의 선진화를 달성해야 한다는 사명감으로 임무를 시작하였으며, 대한민국을 위하여 어떠한 형태로든 심기일전하는 국가개조의 계기를 마련하여 정치적 · 사회적 위기를 극복하고 대한민국의 새로운 도약과 비상을 도모하기 위하여 지혜를 모으는데 진력하였다.

미비하나마 5월 23일 헌법개정안을 제시하게 되었다. 이 안은 자문위원회가 현실적합성을 중시하여 만든 차선의 안에 불과하며, 국민 여러분의 질책을 받아 수정하여야만 최선의 개정안이 될 수 있을 것이다. 헌법개정자문위원회의 이 개정안이 대한민국의 정치적 성숙과 국민통합을 통하여 조국의 발전과 국민의 행복 증진에 조금이라도 기여하게 되면 다행이겠다.

끝으로 21세기 선진 한국의 미래를 담아낼 헌법을 마련하기 위하여 불철주야 연구와 토론에 열과 성을 다해 준 자문위원 여러분께 깊은 감사의 말씀을 드린다.

이 보고서의 「헌법개정안 설명자료」는 국회 법제실을 비롯한 실무지원단의 노작이며 자문위원의 공식입장은 아니다. 그동안 실무지원에 힘쓴 법제실의 직원 여러분이 헌법전공이 아님에도 힘든 자료작성을 도와준데 대하여 감사한다.

2014년 6월

헌법개정자문위원회

위원장 김 철 수

## 8. 헌법개설 제14판 (박영사, 2015)

### 머 리 말

2015년은 한국헌정사에 오점을 남긴 한 해였다. 국회가 국회선진화법을 핑계로 야당이 입법독재를 하고, 여당 원내대표는 이에 부화뇌동하여 부산물로 국회법 개정을 통과시켰다. 이것은 야당독재국회가 정부의 직권명령까지 간섭하려는 것으로 행정부의 반발을 샀다. 정부는 박근혜정부 들어 처음으로 법률안거부권을 행사했는데 국회는 이를 정부의 국회에 대한 도전이라고 하여 유신독재란 비난까지 했었다.

여당이 여당답지 않게 정부를 뒷받침하지 않아 박근혜 정부는 2년여를 거의 허송세월하였다. 시민단체들은 세월호사건이나 메르스유행, 경기침체를 모두 대통령의 잘못이라고 하며 입에 담기도 난감한 비난을 일삼았다. 헌법에 규정되어 있는 대통령의 법률안 재의요구를 마치 독재인 것처럼 매도하고 여당조차 정부를 돕지 않는다고 생각했는지 대통령은 강경한 대국회 경고를 하여 국민들을 놀라게 하였다. 국회선진화법은 헌법재판소에 계류중인데 헌법재판소조차 이를 해결해 주지 않고 있으며 국회의장이 법률안을 직권 상정하여 권한쟁의를 유발하면 국회선진화법은 폐기될 것인데도 중립만 고집하고 있다.

작금년의 헌정을 보면 대통령제와 양당정치에 한계가 온 것 같다. 우리도 의원내각제와 다당제를 도입하여 여러 정당이 협치하는 관행을 쌓아야 할 것이다. 극우, 우, 중도, 좌, 극좌와 같은 이념적 다당제가 형성되어야 할 것이며 중도파와 좌나 우의 합종연횡으로 국정을 치리하는 독일식 통치방법이 도입되어야 할 것이다. 독일식 의원내각제하에도 수상은 보통 10년 이상 연정을 통하여 집권하여 왔으며 그것이 독일의 흥성을 가져온 것 같다.

우리의 양당제도는 극우와 극좌의 목소리만 요란하고 중용의 실용주의는 보이지 않아 왔다. 이에 여 · 야가 이래서는 안 되겠다고 생각하여 극좌인 통합진보당의 해산을 단행하였고 극좌의 반민주적 행동에 대한 통제의 필요성을 통감한 것 같다. 야당이 현재와 같은 형태로는 재집권을 하기 어렵다고 생각하여 분당을 고려하고 있는 것은 바람직하다. 여당도 보수의 본색을 버리고 포퓰리즘에 영합하려는 파가 있어 문제이다. 국가원수인 대통령의 권위가 여당에서조차 통하지 않아서야 국가안보와 치안유지가 가능할지 걱정된다.

2014년에는 헌법개정논의가 국회중심으로 있었으나 정부의 반대로 쟁점화되지 않고 있다. 원칙으로는 국회가 정치의 중심이 되는 의원내각제가 바람직하나 우리나라 정치인의 법치주의 준수수준으로 볼 때 아직은 시기상조인 것 같다. 평상시에는 의원내각제로 운영하되 국가위기 시에는 대통령에게 강력한 국가긴급권을 주는 이원정부제가 부득이한 것으로 보인다. 대통령과 국회의 독주를 막기 위하여 대통령에게 국회해산권을 주고 국회에 정부불신임권을 주면 견제 · 균형이 될 것으로 기대된다.

2014년에는 입법이 부진했다. 반면에 헌법재판소와 대법원의 헌법해석권의 행사는 점차 활발해지고 있다. 이 개정판에서는 2015년 7월 10일까지의 헌법판례를 다 반영하였고 그동안의 법원 · 정부직제개편 등을 반영하였다.

이 책을 애용해 주신 교수님과 학생들의 지적에 따라 약간의 수정을 하였다. 특히 제13판의 판례인용에서 판례번호가 잘못된 것을 지적해 주고 교정을 봐 준 인천대학교의 김영진 교수에게 감사한다.

이 책의 계속 출판을 해 준 박영사의 안종만 회장에게 감사하며 원고편집에 노력해 준 문선미 대리의 노고를 치하한다. 이 책이 헌법학을 공부하는 입문서로 계속 애용되기를 바란다.

2015년 7월 17일 제헌절에

김 철 수

## 9. 헌법과 법률이 지배하는 사회 (진원사, 2016)

### 머 리 말

광복 70주년을 보내고 2016년의 새해를 맞았다.

새해에는 희망의 한 해가 되기를 기다렸는데 정초부터 북한이 핵실험을 하고 제19대 국회는 빈사상태에 빠졌으며 노사 간의 대립은 조화될 줄 모르고 있다. 정당들은 이합집산을 거듭하며 제20대 총선에 임하고 있다. 미래를 예측할 수 없는 불안의 시대가 도래한 것 같다.

제19대 국회는 역사상 최악의 불임국회로 여 · 야당의 극한 대결 때문에 국가안보의 기반조차 튼튼히 할 수 없었으며 노사 간의 대립, 이념 간의 대립, 세대 간의 대립을 조정할 수 없었다. 이 헌정의 불안상태에서 언론은 대통령 · 정부 · 국회 · 정당에 대하여 쓴 소리를 많이 했다.

언론은 제19대 국회를 최악의 국회로 단정하고 국회의원의 맹성(猛省)을 촉구하였다. 국회의원들은 이를 선진화법의 잘못에 돌리고 개정할 노력조차 하지 않는 채 정치개혁의 황금기를 놓치고 말았다. 시민단체들은 국회해산 운동을 벌이면서 국회의원의 재 선출을 거부하려고도 했다. 그러나 이념에 편중된 국회의원들은 들은 척도 않고 선거운동에만 몰두하고 있다.

국가는 누란(累卵)의 위기에 있는데도 공무원이나 시민들은 태평성대인양 방심하고 있으며 안보나 국방, 통일에 대해서도 무관심하고 자유를 방종이라 착각하여 과격시위 · 집회에 무감각하였고, 표현의 자유를 오해하여 거짓말과 중상모략을 하는 일이 많으며 무고 등 범죄도 창궐하고 있다. 이러한 아노미 현상은 헌법과 법률이 잘 지켜지고 있지 않기 때문이다.

그동안 헌법학을 교육하고 법치주의 실천을 강조했던 필자는 좌절과 무력을 실감하고 있었다. 그런데 노령이라 사회생활을 자제하고 있던 저에게도 정치발전을 위한 고언을 요청하는 일이 많아 노구를 무릅쓰고 시사평론을 쓰게 되었다. 이것은 사심 없는 노학자의 호소이며 장래를 위한 고언이었다. 그러나 이들 간절한 호소는 잘 받아들여지지 않았다.

제20대 국회의원선거와 제19대 대통령선거를 앞두고 이러한 정치현실이 재연되어서는 안 되겠다는 뜻에서 그동안 발표하였던 논설문과 기초 연구 논문을 묶어서 출판하게 되었다. 이 책이 헌정에 관심을 가진 독자들에게 전달되어 헌정의 길잡이가 되었으면 하는 기대이다. 정치개혁과 국정운영은 정치인만의 독점 영역이 아니고 주권자인 모든 국민이 관심을 갖고 정치인, 공무원들의 반성을 촉구하고 개혁을 선도하여야 한다. 이를 위해서는 입헌주의와 법치주의에 대한 상식이 필요하다. 주권자 국민은 주권을 행사하여 이들 종복들을 지도하기 위하여 헌법과 법률을 알아야 한다.

정치혐오에 젖어 있는 독자들에게 이 책이 얼마나 도움이 될지 모르겠으나 우리나라의 장래를 위해서는 주권자인 국민의 결단이 요구되므로 한번 음미해야 할 논설이라고 믿고 일독을 권하는 바이다.

출판사정이 부진한 이때 출판을 맡아 준 진원사에게 감사하며 편집과 출판에 노력해 준 한국헌법연구소의 최창호 연구원과 진원사 편집부 직원들에게 감사한다.

2016. 1. 25.
저자 씀

# 10. 한국 통일의 정치와 헌법 (시와 진실, 2017)

## 머 리 말

조국은 남북으로 분단된 지 71년이 지났고 6 · 25 전쟁을 겪은 지도 어언 66년이 지났다. 동 · 서독이 통일된 뒤 다음에는 한반도 차례라고 기대했었는데, 통일의 조짐은 보이지 않고 핵전쟁 위험만 드리우고 있다. 조국의 통일을 놓고 세계 각국의 이해관계가 다른데 국내에서는 국론이 분열되어 언제 통일이 될지 걱정이다.

저자는 일제강점기에 초등학교를, 해방 정국에 중학교를, 6 · 25 전쟁 때 대학교를 다녔다. 조국 없는 식민지 생활과 민족상잔의 전쟁기를 거치면서 하루 빨리 평화와 통일이 올 것을 기대했다. 대학 졸업과 동시에 서독에 유학하여 동 · 서독이 평화롭게 공존하는 것을 보고 조국의 분단을 극복해야 한다는 사명감으로 독일의 통일정책을 공부해 왔다. 1990년에 독일이 기적처럼 통일되었을 때 우리도 머지 않았다는 기대에 부풀었던 것이 어제 같은데, 독일은 통일이 된지 25년이 지났는데 조국에는 통일의 서광조차 비치지 않아 안타까웠다.

저자는 독일의 통일과정이 한국 통일의 모범이 될 것이라고 생각하여 독일의 통일을 연구하여 『독일통일의 정치와 헌법』을 2004년에 출판하고, 한국의 통일 방법을 연구하는 논문들을 써왔다. 헌법학자로서 필생의 바람은 조국 통일의 헌법을 기초하는 것이었는데, 이제는 그 기회가 보이지 않기에 한반도 통일헌법안부터 연구하여 발표하였다. 통일헌법을 연구하기 전에 대한민국의 헌법이 어떠해야 하는가를 연구하여 2014년에 세 헌법안을 발표하였다. 이 두 헌법안은 저자의 헌법정책학 연구의 결론이라 하겠다.

저자는 헌법학자로서 '있어야 할 헌법'학을 연구해 왔는데 헌법 현실은 이상과는 너무 멀었다. 통일헌법의 경우에도 통일정치는 암담하기만 하였다. 이런 헌법 현실을 극복하고자 통일정치의 현실을 분석하고, 앞으로의 통일방안과 이상적인 헌법안 제정에 관한 비교정책적 헌법제정론을 쓰기로 하여 그동안의 연구를 정리하여 발표하기로 하였다. 이 책은 한국 헌법 연구에 대한 저자 나름의 결정판이라고 하겠다.

이 책을 저술하면서 저자는 본인의 의도보다는 세계 분단국의 통일과정과 각국의 통일환경, 주변 분단국의 한반도 정책 등 헌법 현실을 비교 · 분석적으로 연구하고 있어야 할 통일헌법을 현실 초월적이며 이상적인 헌법 제정방법으로 연구하였다. 이러한 연구는 저자 개인의 역량을 초월하는 것이기에 국내외의 많은 헌법학자와 정치학자의 저서를 참조하였다. 이 점에서 이 책은 앞으로 한국의 통일을 연구하는 이들이 참고서로 활용할 수 있도록 되도록 참고문헌을 많이 소개하였다.

이 책의 교정이 끝나갈 무렵 트럼프가 미국의 제45대 대통령으로 취임하였다. 그는 "American First"를 외치면서 기존의 미국과 세계 질서를 개편하려고 하여 많은 부분을 손질해야 했다. 제2의 냉전기를 맞아 조국의 현실은 암담하기만 하다, 조국의 통일은 기적처럼 다가올 수도 있는데, 우리는 이에 대비해야 하고 북한 동포에게 통일한국의 미래상을 알려줘 통일에 대한 희망을 일깨워줘야 할 것이다. 이 책은 학술서이기는 하지만 비전공자는 본문만 읽어보면 알게 될 것이고, 특정 부분에 관심이 있는 사람은 주와 참고문헌을 읽으면 될 것이다. 이 책이 조국의 통일에 작게나마 이바지할 수 있기를 바라며, 독자의 궁금증을 해결하는 데 도움이 되면 다행이겠다.

그동안 통일헌법 연구를 지원해주시며 출판을 허락해주신 대한민국학술원과 이 학술서를 출판해주시는 시와진실 최두환 대표와 전영랑 편집장에게 감사를 드린다. 그리고 타이핑과 편집, 교정에 힘쓴 한국헌법연구소의 최창호 연구원에게도 감사를 드린다.

2017년 2월 3일
김 철 수

## 11. 기본적 인권의 본질과 체계 (2017)

### 머 리 말

우리 헌법은 제10조에서 「모든 국민은 인간으로서의 존엄과 가치를 가지며, 행복을 추구할 권리를 가진다」고 선언하고 있다. 이것은 우리 국민이 인간으로서 존경받고 행복한 생활을 누릴 수 있다는 것을 선언한 것이다. 이 자명한 선언도 헌법학자들은 해석에 고민하고 있다.

학설에는 이를 천부인권으로 보는 사람도 있고, 실정권으로 보는 사람도 있어 대립이 심하다. 천부인권설은 자연권설이라고도 하며, 이러한 권리는 국가 이전에 국민이 태어나면서부터 가지는 권리라고 보는데 대하여, 실정권설은 헌법이나 국가에 의하여 비로소 권리가 보장되는 것이라고 본다. 심지어 일부 학자는 제10조는 선언적 규정이고 여기서는 인간의 실정권이 보장되는 것은 아니라고까지 한다.

저자는 이러한 학설의 분열을 보고 이를 통합할 수 있는 방법이 없을 것인가 고민해 왔다. 그래서 우리나라의 이론을 확립하기 위해서는 외국의 입법과 학설의 연구가 필요불가피하다고 생각하였다.

법사상적으로 보면 자연권론이 선존하였다. 근세에 와서 자연권의 선언만으로는 인권의 내용이 불명확하다고 하여 헌법에서 인권을 규정하고 이에 규정된 실정권만을 권리로 인정하자는 주장이 나왔다. 근대 헌법은 인권보장을 위한 규정을 망라적으로 규정하기 시작하였다. 그런데도 헌법의 조문만으로는 그 많은 권리를 총망라적으로 규정할 수는 없었다. 그리하여 일부 헌법은 「국민의 자유와 권리는 헌법에 열거되지 아니한 이유로 경시되지 아니한다」(한국 헌법 제37조 1항)고 규정하기에 이르렀다. 그러나 이것으로도 학설 대립은 봉합되지 않았다.

저자는 근대 헌법의 실정권설이 제2차 세계대전을 계기로 역전하여 각국 헌법이 다투어 자연권설을 채택하고 있는 것을 알게 되었다. 그래서 우리 헌법도 자연권설에 따라 해석해야 할 것이라고 생각하여 왔다. 그러나 아직도 실정법에 따른 외국 헌법이 존재하는 경우에는 자연권만을 주장할 수 없을 것 같아 이 경우에는 실정권설에 따라 해석하되 헌법에 규정되어 있지 않는 기본권은 자연권론에 따라서 확장할 필요성을 통감하게 되었다.

이 책은 원래 인권법사상의 서술에서 시작하여 세계통일인권법의 제정까지 다룰 예정이었지만 저술 시간의 부족과 지면의 부족으로 이 책에서는 각국 실정 헌법의 비교법적 고찰을 주로 하고 그것이 자연권적 제정방식으로 변천하는 과정을 보기로 하였다. 그래서 헌법해석에서는 실정권을 중심으로 하되 보완적으로 자연권적 해석을 도입하기로 하였다.

비교헌법학 연구에는 각 국가별 헌법을 비교할 수도 있겠고 시대구분으로 발전방향을 연구할 수도 있겠다. 여기서는 근세와 현대로 시대 구분을 해서 서술하였기 때문에 각 국가별로 중복된 감이 없지 않다. 독자들은 시대 구분에 의한 점을 참작하여 중복이 있는 것도 양해해 주기를 바란다.

그동안 저자는 대한민국학술원의 연구비 지원으로 개별적 기본권에 관한 논문을 많이 써 왔는데 이 책은 그동안의 연구를 결산한다는 의미도 있다. 그리하여 인간의 존엄과 가치 · 행복추구권에 관한 부분은 기존 연구를 요약한 부분도 있다. 또 개별적 기본권에 관한 것은 거의 취급하지 않았다. 이 책은 예상 외로 비교헌법을 다루는 부분만이 독립되게 되어 독자들의 기대에 미치지 못할까 두렵다.

현대 헌법의 경우에는 대한민국 국회도서관에서 번역한 『세계의 헌법』 I II가 출판되어 있어 많은 참고가 되었으며, 번역문을 일부 전재할 수 있어 감사한다.

오랫동안 연구를 지원해 주신 대한민국학술원에 대하여 감사한다. 초고를 읽고 난 뒤 많은 지적을 해주신 김효전 교수에게 감사한다. 또 타이핑과 편집에 노력해 준 최창호 연구원과 총서 출판사업을 담당해 준 최종찬 교육연구사와 어려운 교정을 해 준 경성문화사의 김해은 실장에게도 고마움을 표한다.

2017년 11월 11일

김 철 수

## 12. 『헌법학개론』(유신헌법, 제4공화국헌법, 2019)

### 복 간 사

이 책을 복간하는 이유는 이 책의 초판본(1973년 1월 10일), 재판본(1월 30일본), 3판본(2월 20일본)이 전부 압수되어 저자의 의사에 반하는 검열본이 출판되었기에 학자들 중에는 검열이 끝나서 출판된 3월본을 저자의 견해처럼 인용하는 사람이 있어서 역사를 바로잡기 위하여 이 책을 복간하게 되었다.

이 책을 출판할 당시에 검열을 당할 것을 걱정하여 저자 나름대로는 최저한의 비판을 한 것인데 당시에는 이 정도도 허용되지 않았었다. 오늘에 와서도 당시 유신헌법에 모든 헌법학자와 정치학자들이 찬성한 것처럼 선전되고 있다. 당시 이 책을 검열하고 출판을 저지했던 사람들이 거의 사망하였기에 그들의 검열의 의도를 듣지 못하는 것이 아쉽다.

이 초판본을 소지하는 분들에게는 이 원본이 희귀본으로 귀중본이 되어 있어 고가로 평가되고 있을 것인데 이 복간본의 출판으로 그 가치가 떨어져 손해를 보지는 않을까 걱정이 된다. 그러나 검열된 서적도 영원히 사장되지 않는다는 교훈을 위하여 이 복사본을 출판한다. 이 점에서 초판 원본 소지자들에게는 양해를 구한다.

이 책을 출판한 법문사에게는 물질적 손해를 많이 입혔기에 5년간의 저작권료를 일시에 출판사에 양도했는데 검열본으로 돈을 많이 벌었다는 풍문도 곡해임을 알리고 싶다.

두 권으로 된 상세한 헌법 교과서를 박영사에서 출판하기로 하여 조판을 완성했는데 이는 이유없이 출판 금지되었다. 유신 정권이 끝난 뒤에 『비교헌법론』으로 상권만 출판할 수 있었다. 이 책에서도 검열을 의식하여 비판을 하지 못했다. 이 책은 유신헌법 폐지로 헌법이 개정되어 팔리지 않아 출판사가 손해를 보았다.

이 책의 복간이 검열과 출판 금지의 전철을 밟지 않게 될 계기가 되어 학문의 자유가 보장되기를 바란다.

2019. 1. 7.  
저 자

## 13. 『한국의 헌법학 연구』(산지니, 2019)

### 머 리 말

대한민국헌법이 제정 · 시행된 지 71년이 되었다. 그 동안 한국의 헌법연구는 괄목할 만한 발전을 해 왔다. 초창기에는 적은 수의 학자만이 헌법학을 연구해 왔으며 학설의 대립도 심하지 않았다. 그것이 현재는 수많은 학자들이 연구에 전념하고 있어 학설도 다양해졌고 31년 전 민주헌법의 제정으로 헌법재판소가 설립되어 많은 판례를 남기고 있다.

이에 한국헌법학의 연구 과정과 결과를 알기 위하여 한국헌법학에 관한 연구서의 필요성이 통감되어 왔다. 이에 관해서는 많은 논문이 있겠으나 그동안 대한민국학술원에서 30년에 걸쳐 헌법학 발전의 연구 논문이 집필된 것이 있어 이를 통합해 출판하기로 하였다. 저자는 대한민국학술원 회원이 주가 되었으며, 그 밖의 전문가 두 분을 모셨다. 논문을 집필해 주신 선생님과 그 동안 이 연구를 지원해 주신 대한민국학술원에 대해서 심심한 사의를 표한다.

이 책은 출판 기획에서부터 집필 · 교정에 이르기까지 김효전 회원이 주동적인 역할을 하였다. 또 부록을 정리해 주어 앞으로의 한국 헌법학사 연구에 도움을 주게 된 것을 감사한다.

또한 한국 헌법학사라는 희귀한 분야의 출판을 쾌히 승낙해 주신 산지니 출판사의 강수걸 대표님과 직원 여러분에게 감사한다.

이 책은 한국 헌법학사의 연구에 관한 유일한 저서라고 생각되어 앞으로의 한국 헌법학 연구에 초석이 될 수 있을 것으로 믿어 일반 독자와 연구자, 학생들의 일독을 바란다.

끝으로 대한민국학술원의 간행물에 게재되어 일반인들이 쉽게 접근하기 어려웠던 문헌들을 대중화하는 데에 흔쾌히 동의해 주신 학술원 당국에 대해서 깊은 감사의 뜻을 전하고자 한다.

2019년 4월 26일<br>편자　김철수 씀

## 14. 『인간의 권리』(산지니, 2021)

### 머 리 말

오늘날 국가는 기본권보장기구로서 인정되고 있다. 우리 헌법도 「국가는 개인이 가지는 불가침의 기본적 인권을 확인하고 보장할 의무를 진다」고 명시하고 있다. 그러나 이러한 기본권관이 처음부터 성문화된 것은 아니고 오랫동안의 인류의 부단한 투쟁의 결과 쟁취된 것이다.

아직도 일부 국가에서는 기본권을 국가가 국민에게 인정해 주는 혜택이요, 법률에 의해서 부여되는 것으로 규정한 헌법이 있다. 우리나라 헌법에서도 일시 기본권은 법률에 유보하에서 법률로 인정한 것이라는 규정이 있었다. 유신헌법 등의 규정이 그것이었다.

그리하여 학자들 중에도 기본권은 법률에서 보장되는 법익으로 보는 실정권설이 유행하였다.

오늘날에도 현행 헌법 제10조의 국민의 천부인권, 자연권을 국가가 확인하고 보장해야 한다는 의무규정을 무시하고 이를 국가가 국민에게 부여하는 권리로 인정하는 경향이 있다. 특히 입법에 종사하거나 행정에 종사하는 사람은 기본권에 대한 국가우월을 주장하고 법률이나 명령으로 국민의 기본권을 제한하려는 경향이 있다.

이러한 기본권의 실정권론을 반박하고 기본권의 자연권론, 천부인권론을 강조하기 위하여 그 동안 연구하고 강의해 왔다.

이 책에서는 기본권의 자연권성을 담보하기 위하여 만들어진 헌법을 이해하고 이를 실천하게 하기 위하여 철학자들의 기본권에 관한 사상을 살펴보았고, 헌법발전사의 비교적 고찰을 하였고 현대 각국 헌법상의 기본권 해석과 실천에 대하여 검토하였다. 한국 헌법이 고립된 것이 아니고 세계화 조류 속에 살아있음을 보기 위하여 외국의 기본권이론과 적용을 상론하였다. 다만, 각 기본권의 구체적 내용에 대해서는 다른 저서에서 다루고 있기 때문에 여기서는 기본권의 체계이론만을 중점적으로 다루었다.

아직도 국부인권론이 지배하고 법률우위적인 실정권론이 불식되지 못하고 있는 우리나라에서 실정권설을 비판하고 자연권성을 주장한 이 책이 입법 · 행정 · 사법에 종사하는 독자들에게 기본권의 중요성을 인식시키고 기본권의 국가권력에 대한 우월성을 이해하게 하는데 일조가 될 것으로 기대한다.

이 연구의 대부분은 대한민국학술원의 지원을 받아 작성된 것이다. 이 책은 대한민국학술원 재임 25년을 기념하기 위한 것이기도 하다. 그동안 연구비를 지원해준 대한민국학술원의 역할에 감사한다.

이 책의 편집과 교정은 김효전 대한민국학술원 회원이 맡아서 해 주었다. 특히 제1편의 주에 있는 일본과 한국 문헌의 수집은 그의 노작이라고 하겠다. 연구에 바쁜 중에도 편집과 교정을 맡아 준 김 명예교수에게 감사한다.

또 학문 발전에 공헌하기 위하여 희생적으로 출판해 준 산지니사의 강수걸 대표에게 심사하며 출판사 직원의 노고에도 고마움을 표하고자 한다.

이 연구서에도 미비한 점이 없지 않으나 앞으로 수정 보완하기를 약속하고 우선 출판하기로 하였다. 독자들의 많은 질정을 바란다.

2020년 12월 10일 세계인권기념일에
김철수 씀

## 15. 『기본권의 발전사 - 실정권에서 자연권으로』(박영사, 2022)

### 머 리 말

헌법학강의는 기본권론과 국가기구론을 중심으로 이루어지고 있다. 저자는 2009년에 헌법학총론을 다룬 『헌법학』(상)과 국가기구론을 다룬 『헌법학』(중)을 출판한 바 있다. 그러나 인권론을 다룬 『헌법학』(하)는 이제까지 완간되지 못하여 독자들에게 송구스러웠다.

그 이유는 기본권론은 한국법에만 근거하지 않고 세계법적인 시각에서 다루어보고 싶었기 때문이다. 세계사적인 인권론 연구는 힘든 작업이어서 이제야 완간을 보게 되었다.

기본권론은 분량관계로 Ⅰ, Ⅱ로 분할 발간하게 되었다. Ⅰ부는 「기본권의 발전과정」이고, Ⅱ부는 「인간의 권리」이다. 이 책은 기본권의 세계사적 발전과정을 연구한 부분이다.

인권발전사에 관해서는 대개 기본권론의 서두에서 영국, 독일, 프랑스, 미국의 발전사만 강의하게 되고 기타 국가에 대해서는 논의하지 않는 것이 관례이다. 그러나 인권발전은 국가마다 차이가 있고 특색이 있어 세계 각국의 인권발전을 연구할 필요성이 크다.

이 책은 유럽과 미국뿐만 아니라 스페인, 포르투갈, 이탈리아 등 유럽 각국의 인권발전을 고찰하고 그 영향을 받은 남미와 중미의 여러 나라 기본권조항도 서술하기로 하였다. 뿐만 아니라 아프리카, 아세아의 여러 나라 기본권조항도 살펴보았다. 그 결과 세계 각국의 기본권규정이 점차 통일성을 가지게 된 것을 발견하였다.

요약하면 기본권은 군주국가에서의 시혜적인 권리에서 국민주권국가에서의 천부인권론으로 발전한 것이었다. 특히 제2차 세계대전 후에는 소련의 붕괴와 함께 천부인권론으로 변경된 것이 세계적 추세였다.

이 책에서도 각 국가의 실정법을 설명하면서 과거와 현재의 기본권규범을 검토하였는데, 발전의 시대과정을 알기 위하여 근세와 현대로 나누어 고찰하였다. 그 결과 국가에 따라서는 약간의 중복이 불가피하였다. 국가별 연구를 위하여서는 편별을 바꾸어 검토해도 좋을 것이다.

기본권발전에 관한 세계사를 다룬 본격적인 저서는 없었기에 이 책에서는 각국의 기본권규범을 중심으로 다루었다. 궁극적으로는 현대에 와서 자연권론으로 통일되는 경향이 있음을 발견했다. 이것이 본서의 특징이라고 하겠다.

국내 기본권규범이 세계적 통일성을 가지게 되었고 국제인권법에서 더욱 명확히 나타난다. 각 대륙의 국제인권장전들이 유사성을 가지게 되었으며 유엔의 인권장전들은 세계통일적인 인권규범의 역할을 하고 있다.

이 책의 속편은 『헌법학』(하)의 Ⅱ부로 『인간의 권리』라는 제목으로 이미 출판되었다. 이 속편에서는 인권사상의 발전, 국내기본권과 국제기본권의 성격과 내용을 검토했고 나아가 세계인권헌장 초안과 세계인권재판소법 초안까지 다루고 있다. 이로써 그 동안 출간되지 못했던 『헌법학』(하권) 인권론을 완간하게 된 셈이다.

기본적 인권론 연구에는 많은 시간과 연구비가 필요하였다. 이 연구는 대한민국학술원의 지원으로 이루어진 것이며 대한민국학술원의 지원에 감사한다.

바쁘신 가운데에도 이 책을 출판해주신 박영사의 안종만 회장님, 조성호 이사님, 편집을 담당해 준 김선민 이사님에게 깊이 감사한다.

2021. 11. 24.
김 철 수

# 제4장 기념논문집 하서 · 발간사

금랑 김철수 교수의 화갑기념, 정년기념, 고희기념, 80세 기념 논문집의 간행사와 하서 등을 정리하면 다음과 같다.

## 1. 화갑기념 『헌법재판의 이론과 실제』(1993)

### 賀 序*

금랑 김철수 박사의 화갑을 진심으로 축하해 마지 않는다. 평소 뵙기에는 건강한 젊음으로 보아 50대 초반 정도로 여겨졌는데, 벌써 회갑이라니 다소 놀라움을 갖게 된다.

김 박사는 일찍이 서울대 법대를 졸업하고. 구미 명문 대학에서 연구한 후 서울대학교 법과대학에서 현재까지 30 여 년 간 꾸준히 연구 · 교수 생활만을 하여 왔다. 그리고 김 박사는 일찍이 우리나라에서 미개척 상태인 위헌법률심사제를 깊이 있게 연구하여 서울대학교에서 법학박사학위를 받았다. 이 논문은 우리 헌법재판소의 설치와 운영에 많은 도움을 준 연구 논문이다.

김 박사는 우리 모두가 공인하는 바와 같이, 우리나라 헌법학계의 태두이며 인간문화재적 존재로서 그 동안의 여러 연구 경력이 화려하다. 먼저 구미의 법이론 연구를 다지기 위하여 독일 뮌헨대학과 미국의 하버드대학에서 객원교수로 연구 · 활약하였고, 일본 히토츠바시(一橋) 대학 등에서 초빙교수로 열강한 바 있다.

서울법대에서는 법학연구소장을 비롯하여 여러 보직을 두루 맡아 법대 발전에 심혈을 기울였고, 국가고시위원으로 계속 활약 중이시다.

학회활동에 있어서는 그동안 한국공법학회 회장을 비롯하여 현재에도 한국법학원 부원장 · 한국헌법연구소장 · 한국교육법학회장 · 한국법학교수회 회장 · 국제헌법학회 한국학회장 · 한일법학회 상임이사 등으로 추대받아 그 누구보다도 으뜸가는 활약상을 보이고 있다.

또한 사회적 활동에 있어서도 대법원 사법행정제도 개선위원회의 위원을 비롯하여

---

* 금랑 김철수 교수 화갑기념 『헌법재판의 이론과 실제』(박영사, 1993), i~iii면.

헌법재판소 자문위원 · 국무총리실 청소년정책 · 사법시험제도 심의위원회 위원으로 활약하고 있다. 그리고 언론 관련 활동에 있어서도 일찍이 중앙일보와 법률신문 등의 논설위원을 한 바 있으며, 신문윤리위원회 위원으로 활약하고 있다.

국제교류 활동에도 남달리 선도적 역할을 하여 그동안에 세계학술대회에 참석하고 시찰한 곳이 많다. 법을 통한 세계평화대회 10회, 국제법 및 사회철학회 세계대회 5회, 일본공법학회 5회, 국제헌법학회 세계대회 2회, 미국 사법제도 시찰 3회, 독일 · 유럽 헌정제도 시찰 5회 등이다. 이렇게 많은 국제적 활동을 한 것은 분명히 일반 사람과 다른 특출한 민간외교가로서 우리의 자랑이요 국위를 선양한 활동이라 하겠다.

김 박사는 이제까지 여러 번의 관 · 정계 진출의 유혹에 빠지지 않고 꾸준히 일생을 바쳐 연구에만 헌신하여 왔다. 그가 가장 심혈을 기울여 연구해 낸 저서로는 『헌법질서론』을 비롯하여 그의 학위 논문인 「위헌법률심사제도의 연구」, 『헌법학(상 · 하)』, 『현대헌법론』, 『한국헌법사』, 『헌법학개론』등이 있다. 이 이외에도 남북통일헌법의 준비를 위한 연구와 저서로서 『통일헌법초안』, 『분단국문제』, 『헌법이 지배하는 사회를 위하여』 등등 괄목할 만 하다. 이러한 단독 저서 23권 이외에 편저 내지 공저한 것만도 17권이나 있다. 특히 대표적인 책으로서 『헌법총람』, 『판례교재 헌법』, 『입법자료교재 헌법』, 『정치관계법』, 『법학교육과 사법제도개혁』, 『미국헌법과 한국헌법』, 『헌법재판소의 활성화』, 『정보사회와 기본권보장』, 『주석헌법』, 『사법제도의 개선방향』, 『법학교육과 법조실무』 등이 있다.

이렇게 많은 저작 활동 중에서도 정열적인 김 박사는 특히 제5공화국 헌법초안을 비롯하여 교원지위법안도 냈고, 헌법개정 때마다 우리 국가의 먼 장래를 내다보면서 반드시 있어야 할 헌법체제와 조건을 제시하였다. 그런가 하면 제4공화국헌법 초기에는 김박사의 헌법교과서에 정부에 맞지 않는 바른 말을 썼다고 해서 군부에서 그 책의 출간 정지와 시중에 나온 책을 거두어들인 적도 있었다. 그럼에도 불구하고 김 박사는 꼿꼿한 직필의 정의심을 끝까지 지켜 저항한 관계로 이 때 많은 고초를 겪기도 했다.

또 김 박사의 많은 연구 업적 중에는 100 여 편의 연구 논문이 있다. 이 외에 단문 · 시평 · 신문 사설 · 판례평석까지 합하면 수 백편이 넘는다. 이렇게 엄청난 연구 논문에는 주로 헌법학을 비롯하여 법철학 분야와 남북한불가침협정 연구 통일헌법에 대비한 여러 모의 연구가 많다. 이러한 눈부신 논문들은 항상 그때그때의 시사성에 맞추어 논술하여 발표함으로써 국가의 지도자나 시민에게 계몽하고 어려움의 타개책을 선도하는 역할을 다하여 왔다. 이러한 선도는 바람직한 국가체제를 비롯하여 인권보장 문제 · 헌법개정 · 헌법재판 · 법률구조 등등 과거의 군사독재 체제 하에서 올바른 법이론을 제공하고 싸웠던 흔적을 보여주고 있다.

그러면서 학문적인 정의심과 학자로서의 양심을 끝까지 지켜 오늘에 이르기까지 국가사회에 공헌한 김 박사의 공로야말로 이루 말할 수 없이 크다. 그리고 인간적인 우의와 정이 많아 동료들과 제자들의 존경을 항상 받고 있으며, 우수한 제자들을 수없이 양성해

냈다.

이상을 돌이켜 볼 때 김 박사는 이미 우리나라에서 독보적 헌법학자로서 영광을 안고 있다. 그런 의미에서 그에게 주어진 상훈은 한국출판문화 저작상 · 법률문화상 · 국민훈장 모란장 등이 있다. 그러나 그의 공적으로 보아 이런 상 외에 앞으로 더 큰 상이 내려져야 할 것이다.

우리 동료와 후배들은 '김 박사의 말대로 환갑은 학자의 청춘이요 새 출발'이라 하였으니 그동안의 사색과 연구에 더욱 박차를 가해 주시고, 특히 건강한 백수를 누리며 뜻하신 보다 큰 학문의 대성, 정치개혁, 헌법개정 등을 이룩하시기 바란다. 다시 한 번 김 박사의 화갑을 진심으로 축하하면서 사모님, 가족과 함께 하나님의 사랑과 은총과 친교와 강복(降福)이 늘 함께 하시어 우리나라 발전에 크게 기여하여 주시길 바란다.

1993년 7월 10일
김박사 생신날에
고려대 명예교수 구병삭(丘秉朔)

## 2. 화갑기념 『헌법재판의 이론과 실제』(1993)

### 간 행 사*

선생님께서 올해로 화갑을 맞이하신다니 믿어지지가 않는다. 그동안 늘 굳건하시고 활기차신 선생님을 모시고 그 가르침 아래서 호흡하다 보니 선생님의 연세랑은 아예 잊고 있었나 보다. 갑일(甲日)에 즈음하여 제자들 앞에 커다랗게 다가오시는 선생님을 뵈니 경하의 염과 아울러 이순(耳順)의 경륜으로써 펼치실 새로운 학문의 경지에 기대가 가득하다.

선생님께서는 제자들을 무척이나 아끼신다. 논문을 지도하시고 외국 유학을 보내시며 교직을 맡게 하시고 또 가정 생활의 대소사까지 지도하시면서, 제자들의 일이라면 때로는 건강조차 아랑곳하지 않으신다. 이제 선생님께서 키우신 제자들 중 헌법 박사만도 15명, 석사까지 합하면 부지기수이고, 그 중 수다한 애제자들이 선생님의 뒤를 이어 강단을 지키고 있다. 가히 학문의 바다를 이루시었다 할 것이다.

선생님의 화갑기념논문집을 증정(贈呈)함에 있어서 선생님께서 굳이 제자들의 부족한 논문만으로 기념논문집을 수납하시겠다고 고집하셨던 일을 우리는 엄숙히 가슴에 새긴다. 보다 빛나는 간행 계획을 마다하시고 이러한 부족한 논문집을 오히려 기뻐하신 것은 바로 제자들만이 선생님의 궁극적인 자랑이셨고 보람이셨기 때문인 것을 제자들의

* 금랑 김철수 교수 화갑기념 『헌법재판의 이론과 실제』(박영사, 1993), iv~v면.

둔한 마음인들 왜 못 깨닫겠는가. 또한 선생님께서 관심 가지셨던 수많은 학문 분야 중에서도 특히 헌법재판에 관한 논문집을 받아들이신 뜻 또한 우리는 가늠할 수가 있다.

선생님께서 살아 있는 헌법의 규범력과 이를 위한 헌법재판의 활성화를 선도하여 오신 것은 누구나 잘 아는 사실이다. 일찍이 헌법판례를 수집 · 평석하셔서 헌법판례집을 편찬하셨고, 위헌법률심사제도론을 저술하심으로써 오늘날의 헌법재판소의 기틀을 닦으셨다. 헌법재판제도의 창달을 위하여는 그것이 헌법재판소든, 대법원이든 전담 법원이 설치되어야 한다는 제안은 이미 전세계적으로 검증되어온 바이다. 이러한 우리 헌법재판소의 기틀이 되는 사상에 선생님과 그 제자들은 힘써 몸바치고 있다.

선생님께서는 오로지 학문만을 사랑하셨고 과거 어두운 시절을 거치시면서도 수많은 회유나 위협에도 불구하고 학리에 어긋난 불의나 정치현실에 굴종하신 바가 결코 없으셨다. 이것은 우리 제자들 모두의 자랑이요 긍지이다. 나아가 학문에 기초한 실무를 존중하셨고 각종 제도개혁에도 적극적이셨다. 선생님께서는 일찍이 청년 시절에 조국의 경제발전을 염원하셨고, 장년시에는 조국의 민주화를 위하여 싸우셨으며, 최근에는 조국의 통일을 위한 헌법이론에 몰두하고 계신다. 이를테면 선생님의 기원 탓인지 앞의 두 소망은 우리 가까이에 다가와 있다. 이제 남은 조국의 통일도 속히 이루어져서 늦어도 선생님의 고희 기념논문집은 통일헌법에 관한 것이 되기를 다짐한다.

끝으로 이 책자를 발간함에 있어서는 축필(祝筆)을 하신 청곡(靑谷) 윤길중(尹吉重) 선생님, 하서를 쓰신 방산(房山) 구병삭 선생님, 제자(題字)를 하신 영산(瀛山) 박병호(朴秉濠) 선생님, 그리고 축화를 보내 주신 석천(石泉) 김량균(金亮均) 재판관님께 심심한 고마움을 전한다. 아울러 정성어린 글들을 모아 주신 동학 집필자 여러분들은 물론 이해 타산을 떠나 흔쾌히 출판을 맡아주신 박영사의 안종만(安鍾萬) 사장님과 논문집 출간에 많은 수고를 아끼지 아니하신 이명재(李明載) 상무님에게 감사를 드리면서 간행사에 갈음한다.

1993년 9월 1일
금랑 김철수교수 화갑기념논문집 간행위원회
위원장 황우여(黃祐呂)

## 3. 화갑기념 『현대법의 이론과 실제』(1993)

### 하 서*

금랑 김철수 교수의 환력을 맞이함에 있어서 한국 법학계의 동료와 후학들에 의하여

* 금랑 김철수 교수 화갑기념 『현대법의 이론과 실제』(박영사, 1993), i~iii면.

그 학덕을 기리기 위한 화갑기념논문집으로서 『현대법의 이론과 실제』를 발간하게 된 것은 금랑 개인을 위하여 축하할 일일 뿐만 아니라 한국 법학계 전체를 위한 경사라 하지 아니할 수 없다.

금랑 김 교수와 이 사람의 인연은 40년 이상 거슬러 올라가서 김교수가 사울대학교 법과대학에 입학시험을 치를 때부터이다. 그 당시 이 사람은 동 법과대학의 조교수로서 입학시험을 감독하기 위하여 배정받은 교실에 들어가서 놓여 있는 입학원서철을 뒤적거리다가 나의 후배인 경북중학교 출신이 몇 사람 지원자 중에 있었는데 내신 성적이 특히 우수한 사람으로 김철수라는 학생이 있었다. 그 학생을 눈여겨 보았는데 물론 우수한 성적으로 합격하였다. 선후배 사이라 우리는 다정하게 지냈는데 1955년 이 사람은 상법 연구를 위하여 미국으로 갔었고 1956년 대학을 졸업한 김철수 법학사는 그 해에 서독의 München 대학으로 떠났다. 그 당시 외국 유학하려면 복잡할 뿐만 아니라 재정적으로도 어려운 것이 현실이었다. 그 후 이 사람이 상법 연구를 위하여 필요한 독일의 자료를 요청하면 이를 위한 비용이 도착하기 전이라도 보내 주곤 하였다. 이렇게 치밀하고 틀림 없는 행동을 하는 김교수가 대단히 고마웠다. 그 당시 김교수의 지도교수가 서독에서 법철학 전공이라고 듣고 있었기 때문에 우수한 한국의 법철학자가 탄생할 것으로 기대하였는데 헌법학자로 정착하였다. 그러나 김교수는 법철학에 대한 조예가 깊은 것은 물론이다. 이 사람도 상법 전공이나 법철학에 관심이 많아서 미국 · 독일의 법철학서를 몇 권 번역을 하였는데 특히 Gustav Radbruch의 "Vorschule der Rechtsphilosophie"를 번역하고자 할 때 김교수에게 번역 허가를 받아줄 것을 요청하였다. 김교수는 기꺼이 Radbruch 박사의 부인 Lydia Radbruch의 번역 허가를 얻어 주었고 출판사에는 동 부인이 연락하여 주었다.

김교수는 귀국 후 법철학이 아니라 헌법 교수로 출발하여 우리나라 헌법학계의 leading professor로 되었다. 그래도 김교수는 법철학에 대한 정열은 잊지 아니하고 1980년대에는 법철학뿐만 아니라 그 주변 철학을 전공하는 교수들과 자주 모여서 토론을 하고 있었는데 1983년에는 한상범(韓相範) 교수, 양승두(梁承斗) 교수, 김용정(金鎔貞) 교수들과 같이 법 및 사회철학회의 발기를 위하여 이 사람의 동참을 권하기에 이에 참가하여 그 해 2월에 법 및 사회철학 한국학회를 창립하였다. 동년 여름에 핀란드의 Helsinki에서 법 및 사회철학 국제학회(IVR)의 세계대회가 열렸는데 우리나라에서는 이대의 박은정(朴恩正) 교수, 동대의 백봉흠(白峯欽) 교수, 김철수 교수와 이 사람이 그 Symposium에 참가하였다. 그 때 이 사람은 김교수와 더불어 IVR의 회장에게 한국학회의 동 국제학회에의 가입을 신청하였다. 1985년 희랍의 Athene 에서 열린 IVR의 세계대회에 역시 이 사람은 김교수와 더불어 참가하여 우리나라 학회의 국제학회에의 가입이 승인되었다. 2년 마다 열리는 동 국제학회의 세계대회에 우리나라의 학자들이 참가하여 논문도 발표하고 활약하고 있다. 이러한 기틀을 마련하는데 금랑 김교수가 크게 이바지하고 있음을 특기하는 바이다.

금랑 김철수 교수는 1956년 서울대학교 법과대학을 졸업한 후 청운의 뜻을 품고 서독으로 유학한 것은 앞에서 언급한 바이다. 서독의 München 대학교에서 5년간 법철학과 헌법학을 연구하고 1961년에 귀국하자 바로 국민대학의 법학과에서 잠깐 강의를 담당하고는 다음 해인 1962년에 모교인 서울대학교 법과대학의 전임강사로 임명되었다. 1963년 조교수로, 1967년 부교수로, 1971년 교수로 승진하여 오늘에 이르고 있다. 1971년에는 서울대학교 대학원에서 「위헌법률심사제도의 연구」라는 논문으로 법학박사의 학위를 받았다. 그동안 헌법학자로서 명석한 논리로써 정부의 태도를 비판하여 여러 차례 맞선 것으로 알고 있다. 우리나라에서 몇 번의 개헌작업이 있었는데 김교수가 개헌 측에 밀착하여 돕기만 하였더라면 행정부의 요직은 물론, 국회에라도 진출하여 세속적인 영화를 누릴 수 있었을 것인데 대쪽 같은 성격을 가진 김교수는 한결같이 학문 진리 정의만을 주장하여 교수로서의 한 길만을 걷고 있다. 이러한 점에서 금랑은 항상 동료, 제자들의 존경을 받고 있다.

금랑 김철수 교수는 1966년에 미국 Harvard 대학의 객원교수로, 1990년 일본의 히토츠바시(一橋) 대학의 객원교수로 가 있었고, 국제 교류 활동으로서 법을 통한 세계평화 대회, 법 및 사회철학(IVR)의 세계대회, 일본 공법학회, 국제헌법학회의 세계 대회 등의 Symposium 에 많이 참석하여 우리나라 법학의 저력을 과시하여 많은 업적을 남기고 있다. 국내에서도 학자로서 사법시험위원, 행정고등고시위원 등을 오랫동안 맡고 있으며, 대학 내의 보직으로 서울대학교 법과대학의 학생과장, 사법대학원 교무과장, 법률도서관장, 법학연구소장 등을 역임하였으며 현재에도 한국법학원 부원장, 한국헌법연구소 소장으로 활약하고 있다. 학회 활동으로는 한국공법학회 회장을 역임하고 현재는 그 고문으로 있으며 국제헌법학회 한국학회 회장, 한국교육법학회 회장, 한국법학교수회 회장 등을 맡고 있다. 이 밖에 대법원의 사법행정제도개선심의위원, 헌법재판소의 자문위원 등으로 위촉되어 공헌하고 있다. 이러한 공로들이 인정되어 1992년에는 대한변호사협회의 법률문화상을 받았으며 올해 법의 날에는 대한민국의 국민훈장 모란장의 포상을 받았다.

금랑은 그동안 1963년의 『헌법질서론』을 비롯하여 『헌법학』(상하 1972), 『비교헌법론』(1980), 『위헌법률심사제도론』(1983), 『한국헌법』(1990), 『헌법학개론』(1992) 등 20여 권의 저서를 출간하였고, 특히 법학교육과 사법제도개혁에 관심이 많아서 공저 내지 편저로서 법학교육과 사법제도의 개선에 관한 글을 많이 쓰고 있다.

논문으로는 「정당의 헌법상 지위에 관한 비교법적 일 고찰」(서울대 『법학』, 1962)을 시작으로 하여 「한국 헌법의 통일조항과 통일헌법제정문제」(『헌법논총』, 1993)에 이르기까지 주요한 것만도 100편에 가까운 노작들이 있다.

금랑 김철수 교수는 오랜 세월 동안 오직 학문의 길로만 걸어온 분으로 대학인으로 있음에 만족하고 있다. 따라서 이 기념논문집에서 공 · 사법에 걸쳐 많은 학자들이 기고하여 화갑을 축하하고 있는 것은 당연하다고 할 수 있다. 어느덧 세월은 흘러 오늘 회갑을 맞이하였으나 금랑은 지금 인생의 새로운 출발임을 깊이 깨닫고 연부역강하니 언제나 건강하여 학문의 증진과 학계의 발전을 위하여 후학을 가르치는 데 더욱더 정진하기를 기원하는 바이다.

금랑 김철수 교수의 화갑을 경하하고 오랜 내조를 아끼지 아니한 합부인(閤夫人)과 온가족의 강녕을 빌면서 끝으로 본 논문집에 옥고를 써준 여러분과 발간을 위하여 애쓴 논문집 간행준비위원 여러분의 노고에 깊은 사의를 표한다.

1993년 8월 15일

무애(無碍) 서돈각(徐燉珏)

## 4. 화갑기념 『현대법의 이론과 실제』(1993)

### 간 행 사*

우리나라 헌법학계의 태두이신 금랑 김철수 교수님께서 올해 7월 10일(음력)로써 뜻깊은 회갑을 맞이하셨다. 김교수님은 원래 건강하시고 활력이 넘치셔서 이순(耳順)이란 느낌이 별로 나지 않는다. 그러나 연륜은 회갑을 가리키고 있어 세월의 무상함을 다시금 느끼게 된다.

김교수님은 60 평생의 절반 이상을 헌법의 연구와 교육에 바치셨다. 독재와 반민주로 국민이 암울하던 시대인 자유당 정권 때 조국의 민주주의의 회복을 절감하며 헌법의 나라인 독일에 가셔서 뮌헨 대학 법과대학에서 5년간 헌법을 연구하셨다. 그 후 1962년 이래 오늘에 이르기까지 30여년을 서울대학교 법과대학에 몸을 담으시고 헌법학을 연구하시고, 강의하셨으며 『헌법학개론』 등 많은 헌법 관계 저서를 출간하셨다.

헌법은 국민의 기본권을 보장하기 위하여 국가권력을 조직하고 국가권력의 행사방향을 지시하며 국가권력을 견제하는 최고법이며, 따라서 이 헌법을 알지 못하면 자기의 권리도 주장할 수 없으며, 민주시민으로서의 의무도 다할 수 없기에 헌법의 학습은 민주시민의 기본의무라고 역설하셨고, 국민주권을 실현하고 수임기관인 국가기관의 행위를 규제함으로써 국민의 기본권을 보장하는 최고규범인 헌법의 이해는 입헌주의 국가에서는 필수적인 것이요, 국정운용을 위해서도 극히 요망되는 것이며, 현대 국가는 입헌주의와 법치주의를 그 근거로 하기 때문에 헌법의 학습 없이는 국민생활을 영위할 수도 없고 자기의 권리도 보장받을 수 없는 것임을 강조하셨다. 참으로 헌법의 중요성은 아무리 강조해도 지나침이 없다 하겠다.

지난해 가을부터 평소 김교수님을 존경하며 따르는 문하생들이 몇 차례 모여 교수님의

---

* 금랑 김철수 교수 화갑기념 『현대법의 이론과 실제』(박영사, 1993), v~vi면.

화갑을 축하하기 위한 기념 행사에 대하여 상의하고 그 구체적인 계획을 짜기 시작하였다. 가장 뜻있는 행사로서 기념논문집을 간행하기로 하고, 그 편집을 담당하는 간행위원회를 구성하였다. 기념논문집은 2권으로 제1권은 일반 논문집이고, 제2권은 문하생들이 집필한 헌법재판에 관한 논문집이다.

그로부터 1년이 지난 후 공법학자를 중심으로 한 뜻있는 여러분의 정성어린 옥고들이 모여『현대법의 이론과 실제』라는 제하에 논문집이 출간되게 되었다. 특히 법학계의 원로이신 서돈각 박사님의 하서와 법학계의 중진이신 여러 교수님들의 논문 등이 이 논문집을 빛나게 한다. 집필자 일동의 이름으로 삼가 김교수님의 화갑을 축하하는 마음으로 이 논문집을 바친다.

이 기념논문집에 제자(題字)를 쓰신 영산(瀛山) 박병호(朴秉濠) 선생님, 축시를 보내주신 김채윤(金彩潤) 선생님, 축화를 보내주신 청곡(靑谷) 윤길중(尹吉重) 선생님, 물확을 제작하신 김익녕(金益寧) 선생님과 주옥같은 논문을 써 주신 집필자 여러분에게 심심한 감사를 드린다. 출판계의 어려운 사정에도 불구하고 이 논문집의 출판을 조건 없이 맡아주신 박영사 안종만(安鍾萬) 사장, 이명재(李明載) 상무 및 관계자 여러분께도 감사드린다. 끝으로 간행위원회 여러분의 노고에 대하여 재삼 감사드린다.

1993. 10. 29.
간행위원회 대표 정덕장(鄭德藏)

## 5. 정년기념『한국 헌법학의 현황과 과제』(1998)

### 賀 序*

우리 모두가 친애하고 존경하는 금랑 김철수 박사의 정년을 맞이함에 있어서 그동안 우리 헌법학계의 동료와 선후배 여러분이 김 박사의 연구 업적과 공헌, 학덕과 학은에 감사하고 기리기 위하여 정년기념논문집을 증정하게 된 것을 진심으로 경하하며 우리 학계의 큰 경사라 아니할 수 없다.

금랑 김 박사와 필자와는 근 40년 간 마음으로부터 친근하고 학문적으로, 사회적으로 신변 문제에 이르기까지 많은 도움을 받아 늘 감사하고 있다.

김 박사는 다 아는 바와 같이, 선후배 동료 학생에 이르기까지 한결같이 자신의 개인적인 어려움을 나타내지 않고 아무리 바빠도 시간을 내어 편의와 어려운 일을 내 일같이 적극적으로 돌보아 주고 좋은 일에는 축하와 격려를 아끼지 않은 분이다. 그러므로 그의 이러한 후덕한 인품에 매료되어 남달리 우수한 제자들이 모여들었다. 그런 제자들이

* 금랑 김철수 교수 정년기념 논문집『한국 헌법학의 현황과 과제』(박영사, 1998).

김박사의 지도를 받고 현재 입법 · 행정 · 사법 · 학계 기타 여러 면에서 중진 중견으로 맹활약하고 있다. 그러나 그들을 지도하는 데는 금랑은 자기 자신에게 엄격하고 그 제자들에게는 한없는 사랑과 엄격주의, 그의 인간미를 엿볼 수 있게 한다.

그런 성품에서 특히 금랑은 서울대 대학원에서 지도한 석사학위만도 60여 명, 박사학위 받은 자만도 20 여 명이나 되고, 타 대학에서의 지도와 심사까지 합하면 박사학위만도 수 십 명이 된다고 한다.

금랑은 다 아는 바와 같이, 우리 헌법학의 개척자일 뿐만 아니라 법철학, 법사상사, 국제법 등 광범위한 영역의 업적이 두드러진다. 이런 그의 연구 업적에는 그 나름대로 시대 감각이 뛰어나고 독일을 중심을 한 대륙법, 미국을 중심으로 한 영미법을 고루 습(섭)취 절충하여 우리의 헌법이론으로서 체계화하고 전통을 수립하는데 그 기초적 역할을 하여 왔다. 물론 이러한 김철수 헌법학의 저류에는 그 기본 사상이 자연법주의와 실정주의의 자료 중심이 특징이라 할 수 있다. 오늘날 대부분의 학자들이 이에 따른 경우가 많다.

이미 금랑 김철수 박사는 1993년 화갑을 맞이하여 당시 누구보다도 대성황리에 화갑연을 베푼 바 있어 이제까지 다른 화갑연에서 볼 수 없었던 방대한 화갑기념논문집인 『현대법의 이론과 실제』(박영사)와 『헌법재판의 이론과 실제』(박영사)의 두 권이 나온 바 있다. 그러므로 이 하서에서는 편의상 위 두 권에 실린 것을 생략하고 1993년 화갑 이후의 업적과 활동 상황만을 중심으로 간단히 회고하려고 한다.

금랑은 서울대 법대 졸업 후 정년까지 초지일관 연구와 교수, 교육자로서만 전념하고, 흔히 남들이 선호하는 관의 고위 요직이나 대학 총장같은 요직의 취임 요청은 일체 거절한 채 오직 학문만의 지조를 지켜 왔다.

이런 결백성으로 금랑은 주위에서 한층 더 존경을 받으면서 1993년 화갑을 맞은 이후 더욱 왕성한 연구열로 세상을 놀라게 하는 저서 발간과 국내외에서의 학술활동이 두드러진다.

여기서는 그 중 주요한 것 몇 가지만을 들어보기로 한다.

우선 우리나라 헌법의 기본 표준서라 할 수 있는 정평 있는 『헌법학개론』(박영사)은 보완을 거듭하여 현재 제10 전정 신판을 냈다. 특히 제10 전정판에서는 다 아는 바와 같이, 더욱 알찬 새로운 학설 문헌 체계 판례 등으로 자세하다. 이 외에 『헌법학신론』(박영사) 제8 전정판, 『헌법개설』(박영사) 제3 전정판, 『한국헌법』(법영사), 『정치개혁과 사법개혁』(서울대 출판부), 『법과 정치』(교육과학사) 등 새로 보완하거나 저술한 것이 있다. 또한 공편자로는 『신소법전』, 『법학교육과 법조개혁』, 『세계헌법연구』, 『법학교육과 법조실무』, 『사법제도의 개선방향』, 『판례교재 헌법 II』, 『코멘탈 헌법』(개정판), 『Constitutional and Political Laws of the Republic of Korea』, 『세계헌법연구 II』 등 보통 사람으로서는 할 수 없는 다양한 업적을 들 수 있다.

특히 최근(1998. 9. 20)에는 일본에서 한국 헌법제정 50주년을 기념하기 위하여 『韓國憲

法の50年 - 分斷の現實と統一への展望』(敬文堂)을 日語版으로 출간하여 일본학자들의 큰 관심과 놀라움을 사고 있다.

여기에 참고로 이 책의 큰 목차만을 소개하면, 序章 韓國法の過去 · 現在 · 未來, 第1章 韓國憲法の歷史と基本原理(I. 韓國憲法の歷史, II. 韓國憲法と外國憲法, III. 韓國憲法の基本原理, IV. 韓國憲法の特色), 第2章 韓國憲法の人權(I. 韓國における人權論の導入と展開, II. 韓國憲法の基本權條項の解說, III. 人間の尊嚴と價値 · 幸福追求權), 第3章 韓國憲法の統治機構(I. 韓國憲法の統治機構の變遷, II. 韓國現行憲法下の政府と國會の關係, III. 韓國現行憲法の憲法裁判制度), 第4章 統一憲法の制定問題(I. 韓國統一憲法の制定問題, II. 韓國 · 北朝鮮憲法の比較, III. 韓國 · 北朝鮮憲法の統一條項と政策, IV. 韓國統一憲法の理念と制度, V. 韓國統一憲法の制定方向) 등이다. 따라서 이 저서는 국내외의 정치인 · 공무원 · 연구자 · 학생 모두가 꼭 읽어 보아야 할 귀중한 내용의 책이라 하겠다.

그런데 이 저서의 서문에서 한 가지 눈에 띄는 것은 일본 헌법개정에 참고하라는 뜻도 있지만, 한국 헌법의 통치구조에 관한 변천을 이렇게 들고 있다. 즉 "문민독재제, 의원내각제, 대통령제, 군인독재제, 신대통령제, 이원정부제 등 세계 각국의 제도가 모방 운영되어 역설적으로 비교헌법의 보고라고 할 수 있다. 미국의 대통령제, 일본의 의원내각제, 프랑스의 준대통령제, 발전도상국의 군인독재제까지 경험하였기에 다른 나라의 헌법 운영에 참고가 될 것이다"라고 주장하였다.

또한 1993년 화갑 이후 성숙하고도 독창적인 연구 논문이 쏟아져 나왔다. 그가 발표한 1993년 논문 수만 해도 「입헌정치의 정착」(국회보 제321호), 「대통령의 지위와 권한」(월간동화) 등 3편; 1994년에는 「한국 헌법의 통일 조항과 통일법 제정 문제」(헌법논총 제3집), 「한국에서의 인권론의 도입과 전개」(한국법학교수회) 등 9편; 1995년에는 「한국에서의 환경권과 환경입법」(한일법학연구 제14호), 「유진오 헌법 초안에 나타난 국가형태와 정부형태」(한국사 시민강좌 제17집, 일조각) 등 8편; 1996년에는 「韓國人權論の導入と展開」(北海道大學 法學論集), 「제헌 헌법의 경제조항의 해석」(이종원 고희기념논문집) 등 4편(이 중 2편은 일어); 1997년에는 「통일 헌법의 제정문제」(학술원 논문집), 「기본권의 법적 성격과 체계」(헌법논총 제8집) 등 8편; 1998년에는 「한국 헌법의 제정과 개정 경과」(국회보 제26집 3호) 등 3편이 있다.

이들 논문은 모두 주옥 같은 선도적 이론 전개로서 반드시 읽어보아야 할 내용들이라 할 것이다.

이외에도 각 신문과 잡지 등에 보도된 시론은 많으나 생략하고 다만 김효전 교수(동아대)가 「서울대 법학」 제39권 2호 김철수 교수 정년기념호에 게재한 「김철수 헌법학의 전체상」에 관하여 서술한 내용 중 한 마디를 인용하면, "선구자로서 어렵게 개척한 연구 성과가 낡고 시대에 뒤떨어진 것처럼 치부해 버리고, 한두 가지의 외국 이론을 들고 나와 새로운 것, 독창적인 것처럼 학문을 오도하는 우리의 현실에서 진정한 학문에의 길은 무엇인가를 몸소 보여 준 금랑 선생의 학덕을 기리고, 나아가 한국 헌법학설사를 올바른 토대 위에 기초 작업을 했다"는 주장은 사실 그대로 받아들여질 것이다.

이러한 금랑의 업적과 덕망에 기초하여 1996년에는 대한민국에서의 영예인 학술원회원이 되었고, 같은 해 해외에서의 초빙 교수로서, 미국 Georgetown Univ. Law Center와 독일 Humboldt Univ.의 Visiting Scholar 및 일본 메이지(明治), 히토츠바시(一橋) 대학 등에서 열강 등으로 우리 헌법학의 진수를 소개한 바 있다. 이외에도 국제 학술 교류 활동으로는 한일법문화비교공동연구회, 일본법철학회, 독일 공법학회, 국제헌법학회, 일본 리치메이칸(立命館) 대학 국제 심포지엄, 조치(上智) 대학 국제 심포지엄, 법 및 사회철학회 세계대회 등에서 발표하고 토론에 참가하여 우리의 헌법문화의 국위를 선양한 바 있는 세계적인 헌법학자이다.

또한 국제헌법학회 집행위원회 이사, 법 및 사회철학회 세계대회 집행위원회 이사, 헌법재판소 자문위원회 부위원장 등도 맡아 활약하고 있다.

끝으로 금랑은 청렴과 신의성실의 외길 일생 대학 교수로서 훌륭한 수많은 제자들의 이런 방대한 기념논문집의 증정과 성대한 축하연을 다시 한 번 축하하며 앞으로도 계속 이번 정년을 계기로 새 인생의 출발과 행운과 즐거움이 늘 함께 하여 건강한 모습으로 정진하시고, 우리 헌법학의 무궁한 발전에 기여해 주시기를 축원하는 바이다. 아울러 이제까지 내조에 공을 다 하신 사모님께도 위로와 경하를 드리며 온 가족과 함께 댁내에 늘 안녕과 영광과 행복이 함께 하시기를 기원하면서 감사를 드린다.

1998년 10월 20일

고려대 법대 명예교수 구병삭(丘秉朔)

## 6. 정년기념 『한국 헌법학의 현황과 과제』(1998)

### 하 서*

우리나라 헌법학계의 태두라 일컬을 수 있는 금랑 김철수 박사님이 어언 정년을 맞으셨다니 유수와 같은 세월의 흐름이 못내 아쉬어지나, 한편으로는 연부역강한 모습 속에 헌법학계에 그야말로 독보적인 많은 업적을 쌓고, 또한 격변과 혼탁으로 점철된 우리들의 불행한 역경 아래에서 이에 굴하지 않고 엄연히 학자의 길을 지켜 실천적으로 시범한데 대해 무한한 축복을 아끼지 않는다.

이와 같이 뜻 깊은 정년을 맞아 김 박사님이 그동안 높이 쌓아 올린 업적과 학덕을 기리기 위해 학계의 뜻 있는 동료와 후학들의 정성어린 기념논문집을 발간하게 된 것은 김 박사님 개인의 영광일뿐더러 우리 학계의 경사이므로 이를 충심으로 축하해 마지

---

* 금랑 김철수 교수 정년기념 논문집. 『한국 헌법학의 현황과 과제』(박영사, 1998).

않는다.

김철수 박사님은 일찍이 고향의 경북중학교를 거쳐 서울대학교 법과대학을 졸업하자곧 독일의 명문 대학인 München대학에서 수년간 헌법 및 법철학을 수학 연구하고 귀국하여, 1962년부터 모교인 서울대 법대의 강단에 서게 되었고, 지금의 정년에 이르기까지 무려 36년간 오로지 학자로서의 생활에 전념하여 왔다.

그 동안 김 박사님은 특히 독일에서 다년간의 연구 생활에서 터득한 해박한 헌법 및 법철학이론을 우리나라 헌법이론에 도입 접목시키는 데 누구보다 선구적이며 중추적인 역할을 하였다. 거기에 그치지 않고 김 박사님은 미국의 Harvard대 및 일본의 히토츠바시(一橋)대학에서의 객원교수 생활을 비롯하여 여러 국제학술대회에 수 없이 참석하여 국제적인 학술교류에서도 앞장섰으며, 그것이 외국의 헌법제도와 이론을 폭넓게 도입하고 소화하는데 크게 도움을 주었다.

이렇듯 김 박사님의 부단한 학문에의 뜨거운 열정은 일천한 우리나라 헌법학계에 일찍이 정초 작업을 해 주신 원로 선배 학자들의 값진 업적 위에 금상첨화격인 독보적인 새로운 업적을 쌓아올렸다.

김 박사님의 끊임없는 연구 활동의 결정인 저술 영역을 보면, 일찍이 『헌법질서론』, 『헌법학연구』, 『위헌법률심사제도』 등을 비롯하여, 오랫동안 대표적인 헌법 교과서로 공인되어 온 『헌법학개론』 등 무려 20 여 권의 저술에, 공저 등으로 17권, 거기에 무려 400편 이상의 논문을 발표하였으니, 가히 범인의 추적을 불허하는 엄청난 업적이 아닐 수 없다. 이러한 저술 활동 중에는 헌법학자로서 헌법의 규범력을 담보하는 헌법재판의 활성화에도 각별한 관심을 가지고 이를 선도하였으며, 또한 사법제도 개혁이나 법학교육의 개선에도 남다른 열의를 보였다. 김 박사님의 저술 활동에는, 헌법학의 성격상 국가권력과 불가분의 관계가 있지만, 결코 권력의 시녀일 수 없다는 학자로서의 엄연한 자세를 견지한 탓으로 수난을 겪은 사건이 잊혀지질 않는다.

4공 초기에 저술한 『헌법학개론』에서의 장기 집권을 도모한 유신헌법에 대한 비판적인 평가가 문제되어, 그 책의 출간이 정지되었고, 이미 출간된 책은 모두 회수까지 당하는 필화 사건을 겪게 되었다. 여기서 볼 수 있는 김 박사님의 학문하는 자세는 누구보다 학적 양식과 정의감을 견지하고서 헌법이념의 현상화에 앞장 선 직필로 일관해 나갔기에, 흔히 볼 수 있었던 곡학아세하는 속인들과는 준별되는 학자로서의 고결한 인격을 엿보게 한다. 이 사건의 연장선상에서 김 박사님은 서울법대의 교수직까지 박탈당할 뻔했다. 서울법대의 교수가 앞장 서 유신헌법을 비판하는 것을 용인한다면 그 체제의 정착화에 큰 걸림돌이 된다는 정치권의 압력 때문이었다. 이 사람도 몹시 걱정했지만, 당시의 서울대 총장의 용단(?)으로 다행이도 교수직을 유지할 수 있었다.

이와 같이 김 박사님은 이 나라의 민주화 과정에 헌법학자로서의 양심과 법학자로서의 정의감에 입각한 직필과 비판으로 민주화된 헌법체제의 실현을 위해 실천적 노력을 아끼지 아니하였다. 김 박사님은 언제나 권력과는 타협하지 않는 고결한 대학자상을 보여 주었으니, 아마도 그것은 김 박사님이 존경 받는 이유 중의 하나가 될 것이다.

이러한 김 박사님의 학자생활은 학교의 보직에는 시간을 할애하는 데 아주 인색한 것 같다. 소장 시절에 법과대학의 교무 학생과장, 법률도서관장, 그리고 서울대 법학연구소장 등을 잠깐씩 역임하였으나 김 박사님은 오히려 국내외적인 학회활동에 치중하였다. 한국공법학회장을 비롯하여 한국교육법학회장, 한국법학교수회장 등을 다년간 역임하여 우리나라 공법학의 발전은 물론, 법학교육의 방향제시와 법학교수의 사명감 등에 각별한 관심을 가지고, 공법만이 아니라 학문하는 법학자로서의 위상 정립에도 앞장섰다.

또한 국외적으로는 국제헌법학회의 한국학회를 창설하여 그 회장직을 맡고, 나아가 국제헌법학회의 홍보위원장까지 맡아, 헌법연구의 국제화에 기여하는 것을 비롯하여 국제 법 및 사회철학회의 세계학회 회원, 한일법학회 상임이사, 일본공법학회 회원 그리고 일본 전국헌법연구회 회원 등을 통해 국제적인 학술활동도 활발히 전개하여 헌법이론과 제도에 관한 국제적인 교류와 도입에도 민감하였다.

한편, 김 박사님의 투철한 헌법이념의 현상화라는 차원의 활동에는 학회에만 한정되지 아니하였다. 일찍부터 중앙일보, 법률신문 그리고 대학신문 등의 논설위원으로서 정의로운 사회의 구현을 위한 문제의 제기, 타개책의 제시 등 중요한 정국을 맞을 때마다 예리한 필봉으로 현실 비판과 제도 개혁 등을 일관되게 강조하여 헌법의 사회화에 앞장섰다.

이와 같이 금랑 김철수 박사님은 언제나 학자의 정도에 충실한 생활로 일관하여 수많은 학문적 업적을 쌓았고, 우리나라 헌법학계의 발전에 선도적인 역할을 아끼지 아니하였을 뿐만 아니라, 헌법학자로서 결코 외면할 수 없는 헌법 현실 문제에 대하여는 언제나 정치권력과는 거리를 두고서 학자적 양식에 입각하여 개헌 작업이나 제도 개혁 등의 과업에도 직언을 서슴지 아니하여 개악을 막기 위해 노력하였다.

또 사회참여에 있어서도 사법행정제도 개선, 헌법재판의 자문, 법무부의 정책 자문, 그리고 한국법학원의 부원장, 교총의 교권옹호위원장 등을 역임하면서 학문의 전문성을 통한 참여라는 입장을 견지하여 헌법이념의 구현에 솔선하였다.

이러한 일련의 활동은 김 박사님을 대한민국 학술원 회원의 일원으로 추대받게 하였으며, 또한 김 박사님의 다양한 학자 생활의 일단은 한국출판문화상(저작상), 법률문화상 그리고 국민훈장 모란장 등으로 높이 평가되고 있다.

이제 김 박사님은 격변에 격변을 거듭한 모진 세태 속에서 고매한 인격으로 오직 학구에만 전념하여 헌법학계에 찬란한 금자탑을 쌓았고, 건강도 보존하고서 만인의 존경을 받으면서 정년을 맞게 되었으니, 한편으로는 무상이 행운이고 영광이 아닐 수 없다. 그런 뜻에서 마음으로의 존경과 축하를 보내고 싶다.

앞으로는 바쁜 생활 속에 미뤄 두었던 일들을 하나씩 챙겨가면서, 후학들이 키울수 없는 분야에도 등불이 되어 주시고, 「인생 60부터」라는 말처럼 또 다른 인생의 새 출발도 계획해서 유유자적하는 삶의 보람과 즐거움을 누리기를 축원해 마지않는다.

아무쪼록 건강을 보존하여 백수를 누리시고, 합부인(閤夫人) 및 가족들과 더불어 항상 기쁨과 영광이 충만한 보람찬 삶을 누리시길 축원합니다.

1998년 10월 20일
전 부산대 총장 서주실(徐柱實)

## 7. 정년기념 『한국 헌법학의 현황과 과제』(1998)

### 간 행 사*

한국의 헌법학을 반석 위에 올려놓으신 우리의 김철수 교수님의 정년을 기념하기 위하여 저희 제자들은 조그마한 정성이나마 이 소책을 편찬하게 되었습니다. 선생님께서는 저희들의 스승이시기 이전에 한국 헌법학의 선구자이시자 우리 헌법학의 체계를 정립하신 분이십니다.

어려웠던 시절에 학문의 고도(孤島)인 헌법학을 우리 땅에 자리잡게 하기 위하여 선생님께서는 일찍이 독일 유학의 길을 떠나셔서 선진 서구에서 외롭게 그러나 불굴의 의지와 사명감으로 학문 연마에 힘쓰셨고, 귀국 후에는 실무가들을 비롯한 학자, 교수 등 많은 후학들을 양성하셨습니다.

그 많은 제자들이 선생님을 존경하며 따랐던 것은 선생님의 박학하심은 물론, 미래를 준비하게 하신 혜안 때문이었습니다. 또한 헌법의 존재근거는 국민의 기본권보장에 있음을 늘 역설하시었고 정열적인 강의를 통하여 정의감을 고취시켜 주셨습니다.

더욱 존경의 염을 항심(恒心)으로 가지게 하였던 것은 바로 선생님의 학문에의 일편단심 때문이었습니다. 그 많은 유혹을 뿌리치시고 오로지 우리 헌법학이 제대로 자리잡도록 심혈을 기울여 오신 바의 그 학자의 길을 저희 제자들은 하나같이 존경하는 사표로 삼고 있습니다. 저희 제자들은 이러하신 선생님의 뜻을 받들어 헌법이 실질적인 효력을 발휘하여 국민의 기본권이 더욱 잘 보장될 수 있도록 하는 데 많은 활동과 기여를 해 오고 있습니다.

우리나라의 헌법은 모진 시련을 겪어 왔습니다. 그만큼 우리 헌법은 규범력을 갖지 못하였습니다. 이러한 헌법이 바람직한 규범력과 강제력, 실효력을 가질 수 있도록 선생님께서는 일찍이 헌법재판제도의 도입과 확립을 주창하셨고, 이러한 선생님의 노고가 결실을 맺어 제6공화국에 와서 드디어 헌법재판소가 창설되었으며, 그 후에도 헌법재판소가 위상을 정립하는데 음으로 양으로 기여해 오셨습니다. 많은 제자들이 헌법재판에 관한 논문으로 박사학위를 취득하였고, 헌법재판소의 연구 인력으로 활동해 오고 있거나, 헌법재판에 관한 연구를 수행하고 있습니다.

* 금랑 김철수 교수 정년기념 논문집 『한국 헌법학의 현황과 과제』(박영사, 1998).

선생님께서는 우리 헌법학의 기초이론의 연구에도 심혈을 기울여 오셨습니다. 기본권에 있어서의 자연법론적 이론구성 등은 기본권보장에 관한 법이론적 틀을 확고히 하는데 크게 기여하였습니다.

암담했던 시절에 헌법이론에 근거하여 독재정권을 비판하셨기 때문에 선생님의 저서가 배포 금지되는 등 연구 저술 활동에 박해와 수모를 받으시면서도 이에 굴하지 않으시고 우리의 헌법학 연구에 끊임없이 주력하셨습니다.

선생님께서는 일찍이 통일헌법에 대한 연구에도 심혈을 기울여 오셨습니다. 분단된 독일의 상황을 보시고 우리의 통일가능성에 신뢰와 기대를 잠시도 버리시지 않고 통일을 대비한 탐구를 천착(穿鑿)해오고 계십니다.

선생님께서는 또한 외국의 학회 및 학자들과의 교류를 활발히 전개하셔서 외국에 우리 헌법을 소개하는 것뿐만 아니라 국제 헌법학계와의 교류에도 노력해 오고 계십니다. 국제헌법학회의 집행이사로서 왕성하게 활동하심으로써 우리 헌법학계의 위상이 더욱 높아지는 밑거름이 되게 하셨습니다.

저희 제자, 후학들은 이러한 선생님의 학문적 업적, 학덕을 조금이나마 기리기 위하여 정년기념논문집을 출간하고자 하는 너무나 당연한 뜻을 함께 모았습니다. 많은 헌법학자들이 선생님의 정년을 기념하는 옥고를 기꺼이 기고하여 주셨습니다. 이는 한 원로학자의 정년이라서가 아니라 우리 헌법학계의 선구자이신 선생님에 대한 존경의 마음을 표시하고 이를 기념하는 의미가 더 크다고 할 것입니다.

앞으로도 항상 건안하시어 더욱 넓고 깊은 학문을 연구하시고 전수하여 주시기를 빌면서 이에 저희 간행위원 일동은 선생님의 정년을 진심으로 기념하는 마음으로 이 논문집을 바칩니다.

본 논문집을 빛나게 해 주신 박병호(朴秉濠) 전 서울법대 학장님의 축시와 구병삭 고려대학교 명예교수님, 서주실 전 부산대학교 총장님의 하서에 마음 속 깊이 감사드립니다.

좋은 논문들을 집필해 주신 여러 학자님들께 심심한 사의를 표합니다. 주옥 같은 논문들을 이제 저희 간행위원회 위원들은 정성스러이 편집하여 출간을 하게 되었습니다. 부족한 점이 있더라도 부디 해량(海量)이 있으시길 바랍니다.

어려운 출판계의 현황 속에서도 발간을 기꺼이 맡아 주신 박영사의 안종만(安鍾萬) 사장님께 깊이 감사를 드립니다. 또 이 논문집의 편집, 발간을 위해 문헌 조사와 교정을 도맡아 해 준 김대환(金大煥) 박사, 기획과 편집 등에 정성을 다해 주신 박영사의 김선민(金善敏) 님, 조성호(趙成皓) 님 등 여러분들에게도 감사를 드립니다.

1998년 10월 15일

간행위원회 대표 박용상(朴容相)

## 8. 정년기념 서울대 『법학』 제39권 2호

### 발 간 사*

琴浪 김철수 교수님이 건강한 모습으로 정년을 맞이하셨음을 경하드리며, 그동안의 노고에 깊은 감사를 드립니다.

김철수 교수께서는 1962년부터 모교의 교수로 부임하신 이래 격동하는 정치사 속에서도 입헌주의 정신에 입각하여 학문에 정진해 오셨습니다. 특히 민주발전에 역행하는 維新憲法에 비판적인 견해를 발표하시고 지식인 서명에 참여하여 고통을 받으셨고, 헌법재판제도의 필요성을 주창하여 헌법재판소가 설치된 후에는 헌법재판소가 기본권을 존중하는 재판을 하도록 끊임 없이 독려하셨습니다. 또한 한국공법학회 회장 등을 역임하시면서 국제교류에 힘쓰셨는데, 이는 '한국적 민주주의'를 주장하는 국수주의 헌법학에서 벗어나기 위한 것이었습니다. 이와 같은 김 교수님의 업적은 후학들에게 든든한 디딤돌이 될 것입니다.

우리 서울대학교 법학연구소에서는 지난 세월 동안 법학발전을 위하여 애쓰신 교수님의 노고에 조금이라도 보답하는 뜻에서. 이번의 『법학』 제39권 2호를 김 교수님의 정년기념호로 봉정합니다.

이 정년기념호의 발간을 위하여 김효전 교수께서 "김철수 헌법학의 전체상"이란 글을 기고해 주셨고, 우리 법학연구소 상임연구원들께서 법학 각 분야의 논문 9편과 판례평석을 기고해 주셨습니다. 옥고를 보내 주신 여러 교수님들께 감사를 드리며, 금랑 김철수 선생님의 건강과 가정에 축복이 있으시기를 빕니다.

1998년 8월 20일
서울대학교 법학연구소장
양 승 규 (梁承圭)

## 9. 정년기념 『세계헌법연구』 제3호

### 발 간 사**

국제헌법학회 한국학회는 학회지인 『세계헌법연구』를 어느덧 3호째 발간하게 되었습

---

* 서울대 『법학』 제39권 2호 (통권 제107호), 1998. 8.

** 『세계헌법연구』 제3호 (1998. 8). 琴浪 김철수 교수 정년기념 특집호

니다. 한국학회는 어려운 국내 여건 하에서도 국제헌법학회가 창립될 때부터 적극적으로 참여하여 우리의 헌법학을 외국에 소개하고 외국의 헌법학을 국내에 소개하는 국제 학술 교류에 이바지하려고 노력을 기울여 왔습니다.

특히 한국학회의 김철수 회장님께서는 국제헌법학회의 창립 때부터 참여하여 활동하시면서 우리 헌법학계의 위상을 높이는 데에 커다란 기여를 해 오셨습니다. 지난 1995년 국제헌법학회 제4차 도쿄(東京) 대회에서는 집행이사의 한 분으로 선임되셔서 개인적 희생을 무릅쓰고 활동해 오고 계십니다.

때마침 회장님께서 37년간 봉직해 오시던 서울대학교 법과대학 교수직을 정년 퇴직하시게 됨에 따라 회장님의 학은에 조금이나마 감사의 뜻을 표하기 위하여 문하생으로서 기념논문집 발간을 준비해 오던 우리 위원들은 『세계헌법연구』 제3호를 회장님의 정년기념호로 발간하자는 데 의견을 한데 모았습니다. 이는 김철수 회장님께서 우리 한국학회에 기여하신 지대한 공적에 대한 보은이라는 의미와 더불어 아주 조그만 감사의 표시에 불과한 것이라 하겠습니다.

제자와 후학들로 이루어진 정년기념호 발간위원회는 이번 호를 통해 김철수 회장님의 정년기념호라는 특집과 국제교류를 위한 우리 학회의 사명에 맞게 우리 헌법 및 헌법이론의 외국에로의 소개와 아울러 외국 헌법 및 헌법이론의 국내에서의 소개가 매우 뜻깊은 발간 사업이라고 보았습니다. 이러한 발간 활동은 특히 회장님께서 지속적으로 기여해 오신 국제 학술 교류의 업적을 기린다는 취지에도 그대로 부합된다고 봅니다.

논문 집필 요청을 쾌히 승낙하여 독일 쾰른대학교 슈테른(Stern) 교수님, 이탈리아 볼로냐 대학교의 베르고티니(Vergottini) 교수님, 미국 하버드대학교의 웨스트 소장님, 네덜란드 로테르담 대학교의 구다펠(Goudappel) 박사님께서 옥고를 보내주셨습니다.

저희 발간위원회에서는 이들 교수님들에게 깊은 감사를 드리는 바입니다. 이 소중한 원고들이 세계적으로 보다 널리 애독되도록 정성들여 편집을 하였습니다만, 부족한 점이 있으리라 믿어 혜량(惠諒) 있으시길 바라겠습니다.

1999년 7월에는 Rotterdam에서 국제헌법학회 제5차 세계대회가 개최됩니다. 이 세계대회를 기하여 한국 헌법을 외국에 소개하기 위하여 외국어로 된 논문들을 모았습니다. 무더운 여름에 집필해 준 안경환(安京煥) 교수, 성낙인(成樂寅) 교수, 정재황(鄭在晃) 교수, 이성환(李聖煥) 교수, 김영삼(金榮三) 교수, 정영화(鄭永和) 교수, 백윤철(白允喆) 교수, 장영철(張永喆) 교수, 윤광재 박사와 정극원(鄭克元) 박사들께도 심심한 사의를 표합니다. 특히 짧은 시간에도 불구하고 많은 자료를 수집 · 정리해서 「김철수 교수의 헌법학」을 집필해 준 김효전 교수의 노고에 감사합니다. 이 한 편은 김철수 회장님의 정년기념을 위하여 집필한 것이기에 더욱 의의가 크다고 하겠습니다.

부록으로는 1999년 국제헌법학회 제5차 세계대회의 프로그램과 1998년 미국 헌법학회 학술대회의 안내문을 실었습니다. 제4호에서는 세계대회에서 보고할 한국 회원의 논문을 모아 발행할 예정이오니 많은 회원들의 참여와 투고를 바라마지 않습니다.

부디 이번 『세계헌법연구』 제3호가 우리나라 헌법학계의 발전에, 그리고 우리나라 헌법이론에 대한 외국에서의 이해와 인식 확대를 통한 국제헌법학회와의 교류에 기여하는데 조그만 보탬이나마 되기를 바랍니다.

정년을 맞으신 김철수 회장님께서 더욱 건승하시고 학문적 활동을 앞으로도 활발히 펼치시어 제자와 후학들에게 계속적인 지도 · 편달을 해 주실 것을 기대합니다.

이번 호의 편집과 발간에 대하여서도 많은 도움을 입었습니다. 한국학술진흥재단에서는 학회지 발간 보조비를 받았으며, 회원 제위의 성금에 따라 출판이 가능해질 수 있었습니다. 또한 수익성 없는 학회지를 마다 않고 기꺼이 출판을 떠맡아 주시고, 정성으로 편집을 해주신 김세충(金世忠) 변호사님, 길안사 김세진(金世振) 사장님, 그리고 편집자분들께 깊은 감사를 드립니다. 그리고 편집과 교정 등을 위하여 불철주야 노력해 준 정재황 교수, 송기춘 강사, 김대환 박사의 노고에도 감사를 표합니다.

1998년 7월<br>『세계헌법연구』 제3호 (김철수 교수 정년기념 특집호)<br>발간위원회 대표 장명봉(張明奉)

## 10. 고희기념 『세계헌법연구』(2003)

### 금랑 김철수 교수 고희기념논문집 발간사*

국내외적으로 격변기에 우리가 꼭 지향해야 할 것은 인간의 존엄성 보장과 실현을 위한 헌법의 존재가치의 근본적 연구가 무엇보다도 중요하다고 본다. 이에 따라 우리 학회는 국제헌법학회(International Association of Constitutional Law: IACL)와 공동으로 모든 국가가 헌법의 발전과 인간의 존엄성실현을 위한 방안을 확보할 수 있도록 부단히 연구하고 노력할 것이다. 이러한 뜻에서 이번 논총은 한국 헌법학의 기반과 국제헌법학회의 발전에 크게 기여하신 우리 학회의 명예회장이신 금랑 김철수 교수님의 고희를 기념하고 축하드리기 위하여 발간하게 되었다.

국제헌법학회 한국학회(The Korean Branch Association of International Association of Constitutional Law)는 금랑 선생님에 의해서 1985년에 창립되었고, 당시 헌법학의 국제적 여건이 열악한 상황에서 굳건한 토대가 닦아졌다.

금랑 김철수 선생님은 서울대학교 헌법학 교수로서 37년간 재직하셨고, 정년퇴임 후에는 탐라대학교 총장으로서 대학 경영을 하시면서 한국 헌법학의 국제교류를 공고히 하셨을 뿐만 아니라, 세계 헌법학의 발전에도 크나 큰 공헌을 하셨다. 지난 1995년부터

---

* 『세계헌법연구』 제8호 금랑 김철수 교수 고희기념 특집호 (2003), 1-2면.

국제헌법학회의 제4차 도쿄 세계대회와 1999년 제5차 로테르담(Rotterdam) 세계대회에서 집행이사로서 한국 헌법학계의 역량을 높이는데 크게 기여하셨다.

한편, 선생님은 1960년대부터 집필했던 저서와 발표 논문들로 인해서 유신 독재정권의 엄중한 감시와 기피인물로 지목받았을 정도로 한국의 민주화를 위한 헌법이념의 실현에 헌신하시었고, 또한 연구와 교육을 통해서 실천적인 학문과 인재 양성으로 남달리 국가와 사회의 발전에 기여한 바가 지대하다할 것이다.

그리고 우리 학회지인 『세계헌법연구』는 금년 하반기에 한국학술진흥재단으로부터 학회지의 심사와 평가를 통해서 2003년 12월에 등재 후보 학술지로 선정되어 김철수 선생님의 고희기념을 더욱 빛내게 된 것을 감사드린다.

우리 학회의 편집위원회가 금랑 선생님의 고희를 기리고자 금년 10월 10일 개최한 국제학술대회에서 발표된 원고 중에서 프랑스 Anne Levade 교수와 이탈리아 Marco Olivetti 교수의 논문 두 편을 포함하여, 국내외 학자들의 옥고를 엄정하게 심사 및 선정하여 고희기념 논문집으로 간행하게 되었다. 특히 김효전(金孝全) 전 한국공법학회 회장은 김철수 선생님이 역대 출간한 저서(21권)의 서문들만을 모아서 선생님의 연구 업적과 연구 방법을 알 수 있도록 귀중한 문헌자료를 수집하여 주셨기에 깊이 감사드린다. 또한 박세일(朴世逸) 교수께서도 범국민정치개혁협의회 위원장으로서 바쁜 일정에도 우리나라 헌법의 중요한 실천 과제인 정치개혁에 관한 논의와 배경에 관하여 옥고를 보내주셔서 선생님의 고희와 학회의 발전을 축하해 주신데 대하여 깊은 감사를 드린다. 또한 선생님의 고희를 기리기 위해서 옥고를 내주신 차기 한국공법학회 회장인 양건(梁建) 교수, 한국헌법학회 회장인 권형준(權亨俊) 교수 그리고 정영화(鄭永和) 교수와 박인수(朴仁洙) 교수, 박홍우(朴洪佑) 부장판사, 한위수(韓渭洙) 부장판사, 정종길(鄭鍾吉) 박사 모두에게 감사드린다. 이와 더불어 우리 학회지는 2004년 1월에 개최되는 국제헌법학회 제6차 칠레 산티아고(Santiago) 세계대회에서 한국학회의 현황과 헌법학계의 발전된 모습을 알리는 계기가 될 것으로 기대된다.

이제 고희에도 불구하고 부단히 학문 연구 활동에 매진하고 계시는 선생님의 학문적 열정을 흠모하면서 건강하게 백수를 누리시기를 기원한다. 끝으로 다수의 옥고들은 편집 사정상 모두 게재하지 못한 점을 널리 양해 바라오며, 한편 본 학회 논총의 발간을 위한 원고 선정과 편집 등의 수고를 아끼지 않은 편집위원님들에게 심심한 사의를 표한다.

2003. 12. 30.

국제헌법학회 한국학회 회장 조병륜(趙柄倫)

# 11. 고희기념 『헌법정치 60년과 김철수 헌법학』

## 입헌주의의 기수 - 김철수 교수*

광복 60주년을 맞는 우리의 감회는 참으로 착잡하다. 아직도 분단국가로서 이데올로기의 수렁에서 헤어나지 못하고 방황하는 가운데 불투명한 21세기를 살고 있다.

돌이켜 보건대 우리는 식민지 · 광복 · 전쟁 · 독재 · 근대화 · 민주화라는 단어로 요약되는 숨 가쁜 나날을 앞만 보고 달려왔다. 거듭되는 시련과 역경 속에서 이 정도라도 입헌주의를 정착시키고 경제발전을 이루어낸 것이 기적 같기도 하고 자랑스럽기도 하다.

국민의 대부분이 입헌주의나 민주주의라는 말도 모르는 가운데 광복을 맞이하고 헌법학자라고는 유진오 박사 한 사람 뿐이었던 과거를 회상하면 상전벽해라는 말로나 표현할 수 있을 정도로 세상은 엄청나게 변했다. 한국의 입헌민주정치가 그동안의 수많은 시행착오를 거쳐 이제 서서히 뿌리를 내리게 된 것은 오로지 우리 민족의 우수한 역량과 불굴의 투쟁정신이 그 근저에 가로 놓여 있는 것이다. 그 바탕 위에 이론적 토대를 세우고 방향을 제시한 이는 바로 우리 시대의 탁월한 헌법철학자인 김철수 교수다. 그는 40년 가까이 서울대학교 법과대학의 교수로서 단지 학생들을 가르친 교사로 그치지 않고 언론인으로서, 행정가로서, 법정책가로서, 또한 독재에 항거한 투사로서, 국민에 대한 계몽가로서 자신의 경륜을 펼친 사람이다. 가히 이론과 실천을 겸비한 한 시대의 양심이라고 불러도 무방할 것이다. 그는 일찍이 독일과 미국으로 대표되는 서구의 헌법이론을 몸에 익히고 이를 토대로 한국의 현실에 맞는 이론을 전개하여 우리의 것으로 체계화한 공로자이다.

편자는 그의 문하에서 헌법학을 수학한 인연으로 기회 있을 때마다 자서전의 집필이나 에세이집의 출간을 권유하였고 그때마다 그는 「에이 뭐」 하시며 확답을 피했다. 그러다가 지난 해 그의 고희기념논문 봉정식을 계기로 편자는 다시 기력이 왕성하고 자료도 흩어지기 전에 모아 두어 정리해야 한다고 계속 강권하고 일부를 정리하여 발표하기도 하였다.

이 책은 앞서 열거한 험난한 시대를 몸소 체험한 금랑 선생의 학문적 생애를 한국 헌정사 60년과 함께 기록하여 보존하려는 데에 그 목적이 있다. 책의 내용은 어떤 부분은 학술논문으로서 심오하게 다룬 것도 있고 좌담회나 인터뷰 같은 부분은 일반 독자들도 알기 쉽게 서술한 곳도 있다.

여하튼 한국의 헌법정치 60년을 회고하고 헌법학의 발자취를 추적하려면 무엇보다 김철수 교수의 헌법학을 연구하지 않고서는 거의 불가능하게 되었다. 이것은 한 헌법학자의 연구 업적을 정리하는 것으로 끝나는 것이 아니라 우리의 헌법정치에 대한 현실진단과

---

* 김효전편, 『헌법정치 60년과 김철수 헌법학』(박영사, 2005).

미래에 대한 방향제시까지 포함한 점에서 더욱 그의 학문의 의의와 가치가 발견되는 것이다.

뿐만 아니라 입헌주의가 인류보편의 진리로 확인되기 위해서는 지나온 한국의 경험도 무시할 수 없는 비중과 의미를 차지하는 역사적 사건임을 알아야 한다. 더구나 무에서 유를 창조한 김철수 헌법학은 이제 한국이라는 시간과 공간을 뛰어넘어 입헌민주주의의 정착을 위해서 몸부림치는 개발도상국들에게도 하나의 모델이 되기를 바라는 것이다. 이것은 시대적 사명이며 우리의 책임이기도 하다.

끝으로 이상과 같은 역사의식과 문제의식을 가지고 출판을 쾌히 승낙하신 안종만 사장님과 편집을 맡아주신 박규태 위원님께 깊은 감사를 드린다.

2005년 8월 28일 부산에서

김 효 전

## 12. 팔순 기념 논문집 간행사*

대한민국 헌법은 1948년에 제정된 이후 현행 1987년 헌법에 이르기까지 아홉 차례의 개정을 거쳤습니다. 제헌헌법까지 합하면 1987년 헌법에 이르기까지 열 개의 헌법이 명멸해갔습니다. 그 사이 10년을 지속한 헌법이 없었습니다. 다행히도 1987년 헌법은 이제 25년을 넘어서 사반 세기의 안정을 구가하고 있습니다. 이는 대한민국의 산업화 시대를 넘어서서 민주화 시대로 진입하였음을 단적으로 보여주고 있습니다.

금랑 김철수 선생께서는 1933년 일제 치하에서 태어나 1952년 민족상잔의 6. 25 전란 중에 서울대학교 법과대학을 입학한 이래 법학, 특히 헌법학과 한 평생을 함께 한 대한민국을 대표하는 헌법학자이십니다. 서울대학교 법과대학을 졸업한 후 곧장 독일에 유학하시어 제2차 세계대전 이후 인간의 존엄과 자유와 권리의 소중함을 다시금 일깨워 준 독일에서의 법학, 특히 헌법학연구에 천착하셨습니다. 선생님께서는 단순히 규범으로서의 헌법학뿐 아니라 헌법의 이념적 · 사상적 뿌리를 찾아서 헌법철학적인 연구에 몰두하셨습니다.

1962년부터 서울대학교 법과대학 교수로 부임하신 이후 1998년 정년퇴임하실 때까지 오로지 후학 지도와 학문 연구에 몰두하셨습니다. 그 사이 학문적으로는 미국에서 하버드 대학 로스쿨을 비롯한 대학에서의 법학 연구를 통하여 미국 연방대법원의 기본권사상을 국내에 소개함과 동시에 미국식 로스쿨 제도의 한국적 정립 가능성에 대해 노력을 소홀히 하지 않았습니다. 특히 서울대학교 부설 사법대학원에서 보직을 맡으시면서 더욱 열정을 쏟아 부었습니다. 서울대 법대 교수로 재임 중에는 서울대학교 법학연구소 소장, 한국공법학회 회장, 한국법학교수회 회장으로 학계 발전을 위해서 헌신하였습니다. 일찍이 우리나

* 금랑 김철수 선생 8순기념 논문집 『헌법과 기본권의 현황과 과제』(경인문화사, 2012).

라를 대표하는 헌법학자로 자리매김한 선생님께서는 서울대 법대 교수로 재임 중에 대한민국 학술원 회원으로 피선되셨습니다. 특히 한국 법학, 특히 헌법학의 세계화에 열정을 보이신 선생님께서는 세계헌법학회가 창립할 때부터 우리나라 대표로 참석하셨고 마침내 한국학자로서는 최초로 세계헌법학회 부회장으로 피선되셨습니다.

금랑 선생님께서 많은 사회활동을 하셨지만, 그 무엇보다도 학자로서의 선생님의 삶이 저희 제자 후학들에게 사표라 아니할 수 없습니다. 굴곡의 헌정사적인 와중에 선생님께서는 현실 참여의 유혹을 뿌리치시고 오로지 학문 연구에 전념하셨습니다. 그 사이 선생님께서는 개정판을 포함하면 백 권이 넘는 방대한 저서, 수 백 편에 이르는 주옥같은 학술 논문을 발표하셨습니다. 학술 논문 이외에도 칼럼이나 시론을 통해서 한국적 입헌주의의 앞날을 밝히는 작업을 결코 소홀히 하지 않았습니다.

선생님께서는 인간의 존엄과 가치의 소중함을 일깨워주신 여러 편의 저서와 논문을 발표하신 이후 1972년에는 마침내 우리나라 헌법학계의 수준을 한 단계 업그레이드시킨 헌법학 교과서인 『헌법학개론』을 출간하셨습니다. 하지만 『헌법학개론』의 초판은 유신의 질곡 속에서 압수당하는 수모를 겪기도 하였습니다. 학문적 탄압에도 불구하고 『헌법학개론』은 법학도의 필독서로 자리 매김하였습니다. 그 사이 『헌법학개론』은 해마다 개정을 거듭하여 2009년에 제19판에 이르고 있습니다. 2008년에는 금랑 선생의 학문적 결정체인 『헌법학개론』을 한 단계 승화시킨 『헌법학』(상)(하)를 출간하셨습니다. 이는 대한민국 헌법의 과거, 현재, 미래를 밝히는 등불과 같은 김철수 헌법학의 학문적 완결판이라 해도 과언이 아닙니다.

그 사이 제자들은 금랑 선생님의 학문적 업적을 기리는 논문집을 여러 차례 간행한 바 있습니다. 1993년에는 금랑 선생님의 화갑을 기념해서 『현대 법학의 이론과 실제』, 『헌법재판의 이론과 실제』라는 제하에 두 권을 출간한 바 있습니다. 1998년에는 선생님의 정년을 맞이하여 『현대 헌법학의 현황과 과제』를 출간하였습니다. 2002년에는 선생님의 고희를 맞이하여 선생님께서 직접 창도하신 세계헌법학회 한국학회에서 간행하는 『세계헌법연구』 특별호를 간행한 바 있습니다. 이제 선생님의 팔순을 맞이하여 헌법학 중에서 선생님께서 가장 학문적으로 심취하신 분야인 기본권 분야에서 선생님의 제자들이 뜻을 모아 『헌법과 기본권의 현황과 과제』를 상재하게 되었습니다. 이번 논문집에는 선생님으로부터 직접 학은을 입은 제자뿐만 아니라 독일 · 일본 · 중국을 대표하는 해외 석학들의 소중한 논문도 수록되어 있습니다. 평소 한국 헌법학의 세계화에 남다른 열정을 보이신 선생님의 뜻이 투영된 결과라 아니할 수 없습니다.

선생님께서는 남다른 제자 사랑을 실천해 오셨습니다. 선생님께서는 우리나라를 대표하는 수많은 법학도와 헌법학자를 배출하였습니다. 서울대 법대 대학원에서 선생님의 지도로 학위를 받은 제자가 법학박사학위 수여자는 22명, 법학석사학위 수여자는 67명에 이르고 있습니다. 선생님의 가르침을 받은 제자들은 이제 우리나라 법학계의 중심축으로 활동하고 있습니다. 또한 선생님께서 직접 지도하신 제자들 중에는 학계뿐만 아니라 정계 · 관계 · 법조계 · 재계에도 두루 포진하여 선생님께서 일깨어주신 학문적 이념을 현실 세계에서 구현하고 있습니다.

언제나 온화한 미소로 제자들을 따뜻하게 안아주시는 선생님께서 더욱 건강하시고 선생님께서 베풀어주시는 한결같은 제자 사랑과 더불어 사모님과 자제분들과 함께 더욱 행복하시고 건강한 삶을 이어가시길 기원 드립니다.

2012년 10월 12일

금랑 김철수 교수 팔순기념 논문집 간행위원회 위원 일동 올림

# 제5장 시론과 에세이

# 1. 지난 20년간의 회고*

## 1. 창간 소감

1989년 민주화시대를 맞이하여 한국의 민주주의발전과 새로운 사회발전을 위하여 『한국논단』을 창간하였는데 어느새 20년이 흘렀다. 그 동안 한국사회는 『한국논단』의 정론개진에도 불구하고 아직도 바람직한 민주주의와 사회발전을 이룩하지 못한 것이 아쉽다. 그 동안 창간에 참여했던 사람들이 다른 일 때문에 많이 그만 두게 되어 이도영 사장님이 거의 혼자 20년 동안 꾸준하게 『한국논단』을 지켜 주신데 대하여 감사해 마지 않는다.

특히 좌파정권 10년 동안 보수지라 하여 많은 핍박을 받으면서도 잡지의 명맥을 이어 오신 데에는 말 못할 고생을 감수해야 했다. 함께 힘이 되어 주지 못한 것을 자괴하면서 한국논단의 무궁한 발전과 이 사장님의 건투를 빈다.

## 2. 한심한 정치상황

현재는 창간 당시보다도 민주화가 후퇴하고, 국론은 분열되고, 북한은 핵무장하여 대한민국의 붕괴를 노리고 있어 위기감이 느껴진다. 창간 당시는 그래도 장래에 희망이 있었지만 지금은 국론분열이 더 심화되어 민주주의가 위기에 처하지 않을까 걱정이다.

그 동안 10년간 단맛을 다 빨아 먹은 소위 진보세력들이 국민의 직접 지지를 얻은 대통령과 국회다수세력에 대하여 정권퇴진운동을 벌이며 국회를 외면하고 거리에서 투쟁을 하고 있는 한심한 일이 일어나고 있다. 신성한 민의의 정당인 국회를 점거하고 망치질 톱질로 기물을 파괴할 뿐만 아니라 동료의원들을 폭행하고 국회경위를 부상케 하는 망동을 벌여 세계의 웃음거리가 되고 있다. 세계인들은 경제는 중진국에 들어갔으나 정치는 야만시대에 머물러 있다고 하여 조소하고 있다.

전 정권의 장관까지 지낸 4선, 3선의 국회의원들이 시민단체 · 노동단체를 앞세워 대통령타도를 외치고 있는 것을 볼 때 한심하기 짝이 없으며, 그들이 다시 대통령후보로, 국회의원후보로 나설 것을 생각하면 소름이 끼친다. 국회의원이 아니라도 양식을 가진 사람이라면 토론과 타협으로 해결해야 할 문제를 결사항쟁하겠다고 하니 기가 막힌다. 민주화 이후 직선제하에서 우리는 불행하게도 올바른 대통령을 뽑지 못했다. 고속도로건설을 반대하여 경제발전을 저해했던 데모꾼이나 종복 분자로 대한민국의 정통성을 무시하고 북한을 주권국가로 인정하면서 핵개발에 뒷돈을 대 준 사람, 독학으로 사법시험

* 『한국논단』 2009.

합격한 것을 기화로 방약무인한, 국제감각이 없는 독불장군을 대통령으로 뽑아 나라를 누란의 위기에 빠뜨렸다.

반미면 어떠냐는 대통령, 북한에 무조건 15조원을 퍼주어야 한다는 대통령, 시민단체와 연계하여 대통령퇴진을 촉구해야 한다고 야당국회의원들을 선동하는 대통령을 뽑았다. 직선제란 국민의 여망을 먹칠하고, 무경험, 무능력, 무소신의 대통령을 뽑은 것은 언론기관의 선동 · 선전과 시민단체들, 인터넷포탈들의 무조건적인 선거운동에 기인한 것이라 하겠다.

좌파정권 10년은 대한민국의 정통성을 부인하고, 제2건국이라고 하여 북한과 느슨한 연방제를 맹서하고, 과거 정권을 모두 부인하고 폭력배, 간첩까지 민주화인사라고 둔갑시켜 명예를 회복해 주고 금전보상까지 해 주었다. 6 · 25전쟁에서 대한민국을 공산 역도에게서 구해 준 미국에 대하여 반미면 어떠냐고 하면서 한미동맹관계를 파탄으로 몰고 갔으며, 그 놈의 헌법이나 법률은 지키지 않아도 된다고 하여 무법천지를 만든 사람을 우리는 대통령으로 모셔야 했다. 그뿐만 아니라 부인 · 자녀들이 부정부패까지 저질러 국고를 축내기까지 했다.

이러한 대통령제 하에서 10년 동안 공직과 공금을 독차지했던 세력들이 그 맛을 못 잊어 집권여당을 풍비박산시켜 새로운 정당을 만들고 자기파 대통령에 등을 돌리더니, 노대통령 자살 후에는 추모 열기를 이용하려고 극한투쟁을 벌이기도 했다. 이들이 노리는 것은 국민의 50%의 지지를 얻은 대통령을 취임 4개월 만에 퇴진시키려 했을 뿐만 아니라 170석을 가진 여당에 굴복을 요구하고 있다. 이들이 민주주의의 후퇴를 논의하고 있으니 참 가관이요 목불인견이다.

야당 국회의원들은 국회등원을 마치 선물이나 주는 것처럼 흥정을 하고, 산적한 민생법안을 처리하지 않고 거리에 나서고 있다. 상임위원장직을 맡은 야당의원들은 자기 마음대로 법안을 상정조차 하지 않아 국회를 마비시키고 있다. 국회의원이나 상임위원장은 당연히 헌법이나 법률을 준수해야 할 텐데 마치 헌법이나 법률 위에 군림하는 듯한 짓을 하고 있다.

헌법은 「국회의원(공무원)은 국민 전체에 대한 봉사자이며, 국민에 대하여 책임을 진다」(제7조). 「국회의원은 국가이익을 우선하여 양심에 따라 직무를 행한다」(제46조 2항)고 엄숙히 명령하고 있다. 국회법은 국회의원의 선서규정을 두고 있다. 「나는 헌법을 준수하고 국민의 자유와 복리의 증진 및 조국의 평화적 통일을 위하여 노력하며, 국가이익을 우선으로 하여 국회의원의 직무를 양심에 따라 성실히 수행할 것을 국민 앞에 엄숙히 선서합니다」(제24조). 「국회의원은 의원으로서의 품위를 유지하여야 한다」(제25조). 「의원이 사고로 인하여 국회에 출석하지 못하게 되거나 못한 때에는 청하서 또는 결석계를 의장에게 제출하여야 한다. 의원이 청하서를 제출하여 의장의 허가를 받거나 정당한 사유로 결석하여 결석계를 제출할 경우 외에는 국회의원수당 등에 관한 법률의 규정에 의한 특별활동비에서 그 결석한 회의 일수에 상당하는 금액을 감액한다」(제32조)고 규정하고 있다. 또 「정당한 이유없이 국회집회일로부터 7일 이내에 본회의 또는 위원회에 출석하지 아니하거나 의장 또는 위원장의 출석요구서를 받은 후 5일 이내에 출석하지 아니한 때에는 징계할 수 있다」(제155조 2항 8호).

이러한 여러 규정에도 불구하고 국회의원이 직무를 다하지 않는 것은 법률을 잘 집행하지 않기 때문이다.

## 3. 국회의 정상화를 위하여

국회의장과 국회의원들은 정치적 고려 없이 헌법과 법률을 엄격히 집행해야 한다. 국회의장이 국회를 소집한 경우 이에 응하지 않으면 우선 수당을 몰수하고, 윤리위원회에 회부해야 한다. 국회의원들이 노동법을 만들어 무노동 · 무임금원칙을 규정하고 있는데도 자기들은 국회에 등원하지 않고 일하지 않으면서 연 1억 원의 세비와 많은 보좌관수당을 받고 있는 것은 염치없는 일이다. 국회의원은 양심에 따라 의정활동을 해야 하는데 일하지 않으면서, 특히 사퇴서를 낸 처지에서, 수당과 의정활동비, 위원장수당, 보좌관수당을 받는 것은 얌체일 뿐만 아니라 국회의원의 양심이 아니라 흑심에 따른 행동이라고 하지 않을 수 없다.

국회는 국회의원에 대한 징계를 엄격히 해야 한다. 의장은 징계사유가 있는 의원에 대하여 윤리위원회에 회부해야 한다. 윤리위원회는 국회의원들로 구성할 것이 아니라 외부 인사로 구성해야 한다. 법관윤리위원회나 공직자윤리위원회에 외부 인사들이 참여하고 있는데 국회의원징계에만 외부 인사를 배제하고 있는 것은 잘못이다. 이제까지 국회윤리위원회가 옳게 징계한 일이 없는데 국회점거의원이나 폭력행위의원은 무조건 제명해야 한다. 국회윤리위원회가 다른 공직윤리위원회의 모범이 되어야 한다.

의장은 국회업무를 방해한 국회의원이나 의원보좌관, 특히 기물파손자, 폭력행위자는 검찰에 고발하여야 한다. 또 국회의원체포동의안도 가결시켜야 한다. 국회의장은 정치적 이유로 사직서를 내는 경우 앞으로 정치적 쇼를 막기 위하여서도 수리해야 한다. 신성한 국회의원직을 선거민의 동의없이 정치적 목적을 위하여 사직서를 내는 짓은 다시는 못하게 해야 한다.

한나라당은 170석 가량의 의석을 가지고 있다. 한나라당은 국민들에 뜻에 따라 거대원내교섭단체를 만들게 된 이상 국민의 뜻에 따라 국회운영책임을 다 해야 한다. 지금 전반 회기에는 야당 위원에게 상임위원장을 양보하였으나 책임여당이 되기 위하여서는 미국처럼 상임위원장을 독식해야 한다. 이것을 마치 단독국회라고 생각하는 것은 잘못된 인식이다. 현재 야당 상임위원장 하에도 국회법에 따라 간사가 상임위원장을 대리하여 의사를 진행하여야 한다. 국회법은 엄연히 「위원장이 위원회의 개회 또는 의사진행을 거부 · 기피하거나 사고시 직무대리를 지정하지 아니하여 위원회가 활동하기 어려운 때에는 위원장이 소속하지 아니하는 교섭단체의 간사 중에서 소속의원수가 많은 교섭단체

소속인 간사의 순으로 위원장의 직무를 대행한다」(제50조 5항). 한나라당은 이 국회법 규정을 가능한 많이 활용하여야 한다.

한나라당은 정치적 고려를 하지 말고 필요가 있으면 단독으로 국회를 소집하여야 하고, 법률이 정한 개회일에는 반드시 개회하는 국회법 준수관행을 만들어야 한다. 한나라당은 정기국회 초에 무엇보다도 먼저 국회의원의 폭력행위금지, 의사방해행위 금지 등을 위하여 국회법을 개정하고, 윤리위원회를 개편하여 다시는 폭력국회가 되지 않도록 해야 한다. 작년 연말 국회 때에 이미 폭력국회를 예방하기 위한 입법을 공약한 한나라당이 이 공약을 지키지 않는 것은 국민에 대한 배신이요 집권여당의 직무유기행위이다. 국회는 이 밖에도 국회운영자문위원회의 자문사항을 하루 빨리 입법하여야 한다.

## 4. 사회안전을 위하여

정치인들은 정치가 헌법과 법률에 우월한 것처럼 착각하고 있는데 민주정치는 헌법에 따른 입헌정치요 법률을 지키는 법치국가임을 명심하여 헌법과 법률을 엄수해야 한다. 한국의 공무원사회도 무사안일할 뿐만 아니라 국가의식이 저하되어 있기에 공무원의 기강을 바로잡고 공무원의 직무위반행위를 과감히 처벌하여야 한다. 헌법은 「공무원인 근로자는 법률이 정하는 자에 한하여 단결권 · 단체교섭권 및 단체행동권을 가진다」(제33조 2항)고 규정하고 있다. 원래는 6급 이하의 현업공무원에게만 근로3권이 인정되어 있었다. 당시에는 교원이나 교수, 비현업 공무원 등에게는 근로3권이 인정되지 않았는데 당시 헌법재판소는 이를 합헌으로 결정하였다. 그러나 좌파정권에 들어와서 교원노조법, 공무원노조법 등을 만들어 교원과 비현업공무원까지 노동조합을 결성하게 하고 있다. 공무원은 국민봉사자의 지위가 우선하기 때문에 공무원의 정치활동권은 부인되고 있다. 국가에 충성하여야 할 공무원이 야당이나 시민단체, 압력단체의 뜻에 따라 시국선언을 하고 동맹파업, 정치파업을 하는 일까지 일어나고 있다. 이러한 공무원들은 공무원법과 공무원윤리강령 등을 위반하여 공무원이기를 포기한 사람이기에 엄중히 처벌하여야 한다. 공무원의 정치적 표현의 자유는 제한되어 있고 공무원의 집단행동은 엄중히 금지되고 있다.

우리나라에는 근로자도 정규직과 비정규직으로 차별대우를 받고 있다. 정규직 중 일부는 과격노동조합을 결성하여 걸핏하면 거리에서 시위를 벌이고 정치적 파업을 일삼고 있다. 이러한 정치적 파업은 노동법위반이다. 상근직 노동조합간부들은 무노동이면서 많은 돈을 받고 있고, 정치투쟁에만 골몰하고 있다. 우선 모든 근로자를 정규직으로 하되 고용의 유연성을 보장해 주어야 한다. 한번 정규직으로 취업하면 비정규직의 몇 배 임금을 받으면서 정년이 보장되고 있다. 노조간부들은 자식들까지 직장을 세습케 하는 등 귀족처럼 행위하는가 하면 최저임금을 받으면서도 언제 해고될지 몰라 전전긍긍하는 비정규직이 있다. 동일노동 · 동일임금의 원칙은 노동법의 기본정신이며, 조합가입자를 특별히 우대해서는 안 된다. 회사가 망하게 되더라도 구조조정을 못하고, 일부 정리해고를 하면 결사 항쟁하여 회사를 망하게 하고 동료직원들을 끌어안고 죽는 과격노동운동가가 있다. 노동운동도 정치운동과 같아서 노사의 토론과 타협이 중요한 데도 일방적으로 결사투쟁하는 자세는 근절되어야 한다. 정부는 공적 자금으로 부실기업을 연명하게 할 것이 아니라 자구조치를 하여 건전한 기업으로 재생할 수 있도록 유도하여야 한다.

시가에는 주권자를 행세하는 데모대들이 시위를 하여 주변 상가와 교통종사자에게 많은 피해를 입히고 있다. 그들은 주권자를 내세우나 주권자는 모든 국민이다. 시위대에 의하여 재산과 평온을 침해당하는 사람들도 같은 주권자이다. 주권은 국민에게 있다고 하나 주권은 전체국민에게 있는 것이지 시민개인에게 있는 것은 아니다. 전체국민은 국민대표자인 대통령과 국회의원, 지방자치단체장 등을 뽑아 주권을 대리행사하게 하고 있다. 우리나라의 민주정치는 직접민주정치가 아니고 대표자가 대신 주권을 행사하는 대표민주제이다. 여론조사나 인터넷을 통한 정치는 대의민주정치를 부정하는 것이다. 국민의 세금으로 운영되는 정당들도 불법시위를 일삼고 반국가행위를 하고 있다. 친북정당, 친북단체들이 횡행하고 간첩들이 백일하에서 활동하고 있다. 이들은 국가권력을 비웃고 경찰을 죽봉으로 찌르고 볼트, 너트 등을 쏘아 중상을 입히고 있다. 경찰이 데모주도자를 검거하여 검찰에 넘기면, 영장실질심사에서 판사가 풀어주는 일이 다반사이다. 이래서는 국가안보가 걱정된다.

요사이 언론계에도 문제가 많다. 이념과 실리대결로 지상파와 케이블, 메이저 신문과 마이너 신문들이 대립하여 아전인수적인 편집을 일삼아 국민을 오도하고 있다. 지상파는 보도뉴스에서 조차 좌파이익을 대표하고 있으며 광고수익을 위하여 저질방송을 내 보내고 있다. 시위대는 선이고 공권력은 악이라는 신념으로 시위대의 폭력행위는 보도하지 않고 공권력의 행사는 과잉비판하는 경향이 있다. 정치기사에서도 균형감을 가지지 못하고 있다. 특히 주요 신문들조차 기계적 중립을 표방하여 시위대와 공권력을 동일시하고, 옳은 판단으로 독자를 설득하지 않고 양비론으로 일관하고 있다. 특히 정치기사에서 집권여당이나 제1야당을 동일하게 지면을 편집하고 있다. 제2야당이나 군소정당, 지식인, 원로들의 발언은 별로 보도하지 않는다. 언론은 사실보도에 충실하면서도 정치개혁과 사회개혁을 위하여 기여해야 하는 중대한 책임을 지고 있다. 언론은 국민을 절망하게 하는 사실을 과잉보도하지 말고 밝고 명랑한 사회를 만들도록 노력해야 한다.

## 5. 정부에 바란다

이명박 정부는 국민의 절대적인 지지를 얻은 이유를 음미하여, 용공종북세력을 발본색원하여야 한다. 정부의 가장 중요한 임무는 국가안전보장과 공공의 안녕질서를 유지하고 국민의 복리를 증진하는 것이다. 국가안전보장 · 질서유지 · 공공복리증진은 절대로 양보할 수 없는 국가적 과제이며 국민의 자유와 권리도 이를 위하여 법률로 제한할 수 있는 것이다.

대한민국은 방어적 민주주의를 채택하고 있다. 자유민주적 기본질서의 유지는 헌법국가의 지상과제이다. 이를 위하여 자유민주적 기본질서를 침해하는 정당은 강제해산할 수 있게 되어 있다.

정부는 간첩을 색출하고 종북단체나 민주적 기본질서를 침해하는 정당 · 단체는 해산해야 한다. 시민단체 중에도 좌파정권하에서 특권을 누렸던 단체가 있는데 이들 단체에 대한 국고지원은 하지 말아야 할 것이요, 그들이 반국가행위를 하는 경우에는 엄중처벌하여야 한다. 정부는 좌고우면하지 말고 선거공약대로 종북세력을 일소하고 질서를 회복하여 국민을 안심시켜야 한다. 정부는 그 동안 한미동맹관계를 복원하고 자원외교를 벌이는 등 국제관계에서는 많은 기여를 했으나, 국내 정치질서 개혁이나 사회안전망 확보에는 기대 이하였다고 하겠다. 정부는 본지에 돌아가 국민들이 안심하고 생활을 영위할 수 있도록 도적 없는 사회, 깡패 없는 사회, 시위꾼 없는 사회를 만드는데 전력을 다해야 한다.

## 2. 제10차 헌법개정의 방향*

### 1. 헌법개정의 필요성

시행 21년 만에 헌법개정이 논의되는 가장 큰 이유는 정부형태를 어떻게 할 것인가의 문제이다. 혹자는 대통령 단임제가 부정 · 부패의 온상이 된다고 하여 중임제로 개정하자고 주장하고, 혹자는 아예 제왕적 대통령제를 폐기하고 대통령의 권한을 명목적으로 하자고까지 하고 있다.

헌법이 국민의 기본적 인권을 보장해 주기 위하여 국가권력을 조직하는 것인데, 국가권력이 비대하여 국민의 기본권을 침해할 수 있다는 우려에서 제왕적 권력의 분산, 권력분립주의의 확립, 지방자치권의 강화, 기본권의 추가 등이 논의되고 있다.

지난 21년간의 헌정을 회고하고 제왕적 대통령제가 가져 올 비극이 재연되지 않았으면 하는 점에서 헌법개정이 논의되고 있다.

이상적으로 새 헌법을 만들어 통일에 대비하자는 주장도 있으나 이번 개헌은 우리나라의 현실에 적합한 개정일 수밖에 없다.

이하에서는 본인의 견해를 간단히 밝히기로 한다(상세한 것은 김철수, 『헌법개정, 과거와 미래』, 진원사, 2008 참조).

---

* 한국공법학회 2009. 10. 31. 기조연설, 『공법연구』 제38집 1호 1권, 237-244면.

## 2. 전문 · 총강의 개정문제

남북관계가 진전되어 통일이 가능할 것 같으면 전문도 개정할 것을 고려할 수 있으나 현재는 전문의 개정은 이념적 대립을 초래할 것이기 때문에 그대로 유지하는 것이 좋을 것이다.

영토조항과 평화통일조항에 대해서는 현실적으로 개정하여야 한다는 주장이 있으나 영토조항과 평화통일조항은 통일시까지 그대로 유지해야만 통일의 정당성을 차지할 것이기 때문에 그대로 두어야 할 것이다. 국적조항에 있어서는 대한제국 후손들이 다 대한민국의 국민이라는 것이 판례상 확립되어 있고 재외국민의 보호조항이 있기 때문에 북한주민에 대한 보호도 국가의 의무이기에 특별히 고칠 필요는 없을 것이다. 국제공조를 위한 국제법존중주의, 국제협조주의는 보다 강조할 필요가 있을 것이다.

정당조항에 대해서는 정당법이 있으나 정당의 조직과 활동의 민주화를 위한 규정과 정당보조에 관한 규정이 보완될 수 있을 것이다. 국가의 존립을 보장하는 위헌정당의 해산규정은 두어야 할 것이나 정당의 폭력적 옥외투쟁, 정치파업의 선동 등에 대하여는 규제하는 법적 근거를 두는 것도 고려하여야 할 것이다.

## 3. 기본권보장규정의 보완

현행 헌법의 기본권 조항은 세계적으로 보아도 별 손색이 없다. 인간의 존엄과 가치 · 행복추구권을 규정하고 사생활의 비밀, 생존권, 사회보장권, 환경권 등을 규정하고 있는 것은 선진적이다. 다만 학설상 확립되어 있으나 판례상 확립되어 있지 않은 생명권, 알 권리, 읽을 권리, 일반적 행동자유권, 소비자의 권리, 양심적 병역거부권, 망명자비호권, 평화적 생존권, 정치활동의 자유권 등 일련의 권리규정의 추가는 바람직할 것이다.

## 4. 정부조직의 개편

제일 중요한 것은 권력구조의 개편이 아닌가 생각된다. 현 제6공화국의 정부형태에 대해서는 비판적인 시각이 많다. 첫째로는 대통령의 권력독식에 따른 국민의 위화감 · 분열이 가중되고 있고, 둘째로는 대통령의 독주를 가져와 권력을 남용하여 제왕적 대통령제(imperial presidency)로 운영되고 있고, 셋째로는 대통령이 정치에 책임을 지지 않고 사법부나 입법부에 의한 견제를 받지 않게 되어 국민의 권리를 침해할 수 있다는 것이다.

사실 제6공화국헌법에서는 대통령의 권력독점을 막기 위하여 국회의 권한을 강화시켰고, 헌법재판소를 신설하였고 사법부 인사를 대법원장에게 집중해 주어 3권분립을 기하고 있다. 국무총리제도와 국무회의제도를 두고 국회에게 국무총리와 국무위원에 대한 해임건의권까지 부여하고 있다.

그러나 여대야소국회 하에서는 국회가 대통령 정부의 시녀로 될 수 있고, 사법자제주의의 전통에 따라 대통령의 독주를 견제하지 못하는 잘못이 있었다. 여소야대국회에서는 국회와 정부가 대립하여 국정의 마비현상을 가져올 수 있다. 특히 국회의원 선거와 대통령 선거가 독립적으로 시행되어 여소야대 국회가 될 가능성이 없지 않았다. 또 대통령의 임기가 5년 단임제이기 때문에 장기적인 국정계획을 실천할 수 없다는 비판이 행해졌다.

현행의 한국 대통령제가 미국의 대통령제보다 대통령의 권한이 강하다고 하여 미국식 제도의 도입을 주장하는 사람들이 있다. 국무총리제도를 폐지하고 부통령을 두며, 정부의 법률안제안권, 예산제안권을 국회로 이관하며, 감사원의 회계감사업무를 국회로 옮기겠다는 주장을 하고 있다. 이러한 국회중심의 권력구조를 가진다고 하여 대통령의 권한은 약화되지 않는다. 미국의 대통령제가 제왕적 대통령제라 하여 비판되고 있으며 집행권의 우월이 논의되고 있다. 권력독식현상이라든가 무책임성, 국회와 대통령 간의 대립에서 오는 국정마비 등 문제점이 제기되어 미국에서조차 비판되고 있다.

이에 유럽 등에서 대세를 이루고 있는 의원내각제를 도입하자는 주장도 있다. 대통령은 상징적 존재로 국가의 원수로서 군림하되 통치하지 않으며 국정은 수상(prime minister · 국무총리)이 담당하도록 하자는 것이다. 수상은 국회에서 선출되며 수상은 집행권을 독점하되 국회에 대하여 책임을 지며 국회는 수상 · 정부에 대한 불신임권을 가져 언제든지 책임을 물을 수 있다는 것이다. 수상 · 정부가 일을 잘하면 여당이 계속 선거에서 승리하게 되어 10년 이상의 장기집권도 할 수 있으며, 국회의원선거에서 나타난 민심을 가장 잘 반영할 수 있으며, 정당정치의 발전, 연립정부의 구성 등으로 국민통합을 이룰 수 있다는 것이다. 이에 대하여 1960년의 민주당 내각책임제를 예로 들어 허약한 정부이며 언제 붕괴할지 모를 위험한 정부형태라고 하여 반대하는 사람이 많다. 그들은 의원내각제는 아직 여건이 성숙되어 있지 않기 때문에 시기상조라고 한다.

대통령제는 독재에 흐를 염려가 있고 의원내각제는 불안하니까 이를 절충한 분권형 대통령제를 채택하자는 주장이 있다. 대통령은 외교 · 안보 · 국방과 상징적인 헌법기관장 임명권을 가지게 하고 내치는 수상(국무총리)이 담당하도록 하겠다는 것이다. 이 제도는 프랑스식과 오스트리아식이 있다.

오스트리아의 경우 대통령은 헌법상 많은 권한을 가지고 있으나, 실제로는 권한행사를 자제하여 의원내각제적으로 운영되고 있다. 포르투갈 헌법도 이 유형에 속한다.

1919년의 바이마르 헌법은 2원정부제를 채택하여, 대통령제로도 운영할 수 있고 의원내각제로도 운영할 수 있게 하였다. 그런데 정당이 극우 · 극좌로 대립하고 중앙당이 연립파트너를 구하지 못하여 대통령제로 운영되다가, 1933년 히틀러에 의하여 총통제로 변했던 것이다. 이것은 당시의 독일이 패전국이었기에 전쟁배상을 하여야 했고, 경제적으로 불안정하여 사회가 혼란하였기에 극우파의 정권장악을 가능하게 했던 것이다.

제2차 세계대전 후 서독은 바이마르의 정국불안의 교훈을 살려 정국의 안정을 기하는 제어된 의원내각제를 채택하게 되었다. 대통령은 간선하되 상징적 · 의례적 권한만을 부여하였으며, 정책결정권은 수상(Kanzler)에게 주었다.

수상은 국회에서 선출되며 국회는 과반수의 찬성으로 후임수상을 선임하지 않으면 정부를 불신임할 수 없게 하였다. 국회의 다수를 얻지 못한 수상은 스스로 신임을 물어 불신임을 이끌어 낸 뒤 국회를 해산하여 총선에서 민의를 묻는 방식의 건설적 불신임투표제도를 도입하였다. 그 결과 정부는 대개 연립정부의 형식으로 국회 다수를 획득하여 10여 년씩 동일 수상이 집권할 수 있었다. 이 안정된 정권하에서 서독의 부흥을 가져왔고 독일 통일을 달성할 수 있었던 것이다.

이와 같이 세계에는 여러 정부형태가 있는데 어느 정부형태가 절대적인 선이라고는 할 수 없다.

많은 한국 사람들은 대통령제만 경험하였기 때문에 대통령제에 익숙해 있어 4년중임제 대통령제를 선호하는 것 같다. 그러나 지난 21년간의 국정운영의 경험에서 보면 한국식 대통령제는 성공했다고 보기 어렵다. 조기 레임덕 현상에서 오는 통치권의 약화, 경제위기, 안보위기, 국론분열을 초래하여 독재정권의 경제발전 · 사회안정을 그리워하는 사람을 양산하였다. 대통령 직선으로 인한 국민분할 · 보혁갈등 등을 볼 때, 한국식 대통령제는 노무현 전대통령의 자살과 함께 종말을 고해야 하지 않을까 생각한다.

우리나라와 같은 분단국가에서 보수 · 진보의 대립이 격화되는 경우, 안보의 위협이 크기 때문에 국회중심의 정부형태에 대해서 불안감을 가지는 사람이 많다. 정당의 발달, 정당민주정치의 정착을 위하여서는 국회중심의 정부형태가 가장 좋을 것이다. 특히 안정을 위주로 제정된 독일식 제어된 의원내각제가 바람직하다고 하겠다.

그러나 의원내각제에 대하여 불안을 가지는 경우 과도적으로 분권형 대통령제를 채택하는 것도 한 방법이다. 국민의 다수가 대통령직선을 원하기 때문에 유능하고 윤리적인 대통령이 당선될 수 있도록 선거제도를 개선하여야 하며 대통령의 권력행사를 자제하게 하는 방법이 필요할 것이다. 수상은 국회에서 선출하되 과반수의 찬성으로 하고 단독내각보다는 연립내각을 구성하도록 하여야 할 것이다. 정부불신임권은 독일식 건설적 불신임투표제도를 채택하여 정국의 안정을 기하도록 할 것이다.

국회의 구성에는 현행대로 하자는 의견과 상원제를 두자는 주장이 있다. 상원제는 지방분권을 강화하여 연방제로 하는 경우에는 필요할 것이다. 혹자는 강소국연방제를 주장하고 남북통일단계에서도 낮은 단계의 연방제를 주장하고 있는데, 연방제를 하는 경우에는 지방의 권익을 대변하기 위한 상원이 필요할 것이다. 그러나 현재의 중앙집권제를 유지하는 경우 반드시 상원이 필요할 것인지 의문이다. 상원제를 주장하는 사람은 하원의 경솔과 당파성을 시정하기 위하여 원로원격인 상원을 두어 견제하자고 하나 상원의원선거를 민주적으로 하는 경우에는 현재 일본에서 보는 바와 같이 시간과 정력과 재원을 낭비하게 될 것이다.

국회중심주의정치에 있어서는 하원이 중심이 되고 하원의 정치적 결정이 국가정책이 되기 때문에 하원의 견제기구로 상원을 둘 필요는 없지 않을까 생각한다. 문제는 선거제도를 개정하여 정당중심의 비례대표제, 대선거구제로 하는 것이 바람직할 것이다. 현재의 소선거구제하에서는 국회의원이 정치적 경험이 적은 초선이 많이 당선될 수 있기 때문에 이를 대선거구 비례대표제로 하여 적어도 전도적 또는 전국적 인물을 선출하도록 하여야 할 것이다. 소선거구제를 유지하는 한 국회의원은 지역 경조사나 챙기고 지역이익에나 얽매여 전국적인 국가정책입안이나 법률안제정에는 소홀하게 되는 것이다. 국회의원 공천의 경우에도 지역보스가 아닌 전국적인 정치가가 천거하도록 제도를 고쳐야 하겠다. 국회에서의 등원거부나 폭력행위를 막기 위하여 의원윤리강화 문제와 징계퇴직을 용이하게 할 수 있게 해야 하겠다.

하원의 전횡, 편파적 입법에 대해서는 현재처럼 헌법재판소에서 심사 판단하게 하면 될 것이다.

## 5. 사법제도의 개편

국회중심의 정당국가에서는 집행권력의 정치적 중립성이 중요시된다. 정부와 국회의 당파성에 따른 입법과 행정을 할 때 이를 견제하여 국가적 이익을 확보하고 기본적 인권을 보장하기 위하여서는 사법권에 의한 통제가 필수적이다.

사법기관에는 미국식인 대법원제도의 사법집중주의가 있고 독일식인 헌법재판소, 행정재판소, 민·형사재판소, 사회재판소, 노동재판소, 조세재판소 등으로 분산하는 사법분산주의가 있다. 미국식인 제도는 우리나라 제3공화국에서 실현되었다. 이때에는 대법원이 위헌법률심사권을 옳게 행사하지 못하여 사실상 입법권과 집행권을 통제하지 못하였다.

위헌법률심사제도를 활성화하고 국민의 기본권을 보장하기 위한 기구로 현행 헌법하에서는 헌법재판소를 두어 헌법재판을 담당하게 하고 있다. 그러나 헌법재판소제도에 대해서는 일부에서 비판론이 있고, 대법원의 헌법부로 통합하여야 한다는 의견이 있다. 그러나 우리나라의 사법관행상 대법원은 사법소극주의에 젖어 있기 때문에 현재의 헌법재판소를 독립시켜 보다 권한을 강화시킬 것이 요구되고 있다. 그 중에서도 재판에 대한 헌법소원을 인정하고, 법령·명령·규칙에 대한 최종적 위헌심사권을 부여하고, 정치적 성격을 많이 띠고 있는 대통령 선거나 국회의원 선거에서의 당선소송이나 선거소송을 관장하게 해야 할 것이다.

현재의 법원구조는 너무나 권위주의적이다. 대법원장이 대통령에 의하여 임명되고, 대법원장이 사실상 대법관을 임명하고, 헌법재판관을 3명 지명하고 모든 법관을 임명하는 제도는 사법관료화될 수 있다.

법원구조는 독일식으로 대법원을 분리하여 행정법원, 민사법원, 형사법원, 사회노동법원 등으로 전문화하고, 이들 대법원의 법관은 국회에서 선출하되 의원 3분의 2 이상의 찬성을 얻도록 하여야 할 것이다.

이 밖에도 국민의 권익을 옹호하기 위한 인권위원회라든가 권익옹호위원회라든가의 전문성과 독립성이 강조되어야 하겠다.

### 6. 헌법개정의 시기

헌법개정의 시기는 늦어도 제18대 국회 회기 내에 하는 것이 바람직하다. 2009년에는 지방자치단체선거가 있기 때문에 헌법개정에 대한 국민투표는 지방선거와 동시에 하는 것도 가능할 것이다.

헌법개정을 한다고 하여 즉시 시행할 필요는 없으며 현직 국회의원과 현직 대통령의 임기와 권한은 그대로 두고 2013년에 효력을 발생하게 하여 대통령선거와 국회의원선거를 동시에 실시하도록 하는 것이 바람직할 것이다. 만약에 대통령을 국회에서 선거하고 수상을 국회에서 선거하는 헌법개정을 한다면 2012년 국회의원 선거부터 효력을 발생하는 것도 한 방법일 것이다. 현재 대통령 입후보를 희망하는 사람들에게도 빨리 헌법개정이 확정되어 대통령을 할 것이냐 수상을 할 것이냐의 선택권을 주어 정국을 안정시킬 필요가 있다.

헌법개정은 개인이나 정파를 위한 것이 되어서는 안 되며 모든 국민이 공감할 수 있는 토론과 타협으로 단행되어야 할 것이다.

## 3. 사법권의 독립을 위협하는 것*

최근의 여러 튀는 판결 때문에 법조계가 들끓고 있다. 국회법사위에서도 사법개혁을 위한 기구가 논의되고 있고 대한변협에서도 판사에 대한 평가제도가 주장되고 있으며 검찰에서는 사법부의 판단을 불신하여 성명서까지 내고 있다. 사법부의 젊은 판사들의 상식에 어긋난 판결 때문에 국민의 불신을 사게 되어 사법부 독립에 위기가 닥칠 것이 아닌가 걱정된다.

최근 일련의 판결을 보면 판사들이 개인의 정치적 신념에 따라 제멋대로 판결하려는 것이 아닌가 하는 걱정이 앞선다. 판사들이 피고인의 기본권보장을 주장하나 이러한 기본권의 행사는 국가안전보장이나 질서유지, 공공복리를 위하여 법률로 제한할 수 있는 것이다(헌법 제37조 제2항). 이들이 기본권제한에 대한 한계를 알면서도 자기의 정치적 성향에 따라 범법자를 무시하고 무죄방면하고 있는 것은 판사의 직업적 양심을 버린 것이요, 사법부의 신뢰를 땅에 떨어지게 하는 것이요, 나아가 사법권의 독립이

---

* 세계일보 2010. 1. 25.

외부에서 침해되도록 유도하는 것이다.

이러한 젊은 판사들의 독선은 그 동안 사법연수원에서의 예비판사교육이 어떠했으며, 그 교관의 정치적 성향이 어떠했으며, 법원의 인사정책이 어떠했는가를 단적으로 표출하는 것이다. 좌파정권 10년 동안 노무현 대통령식인 헌법무시, 법질서위반정책이 젊은 판사에게 극단적인 질서무시판결을 부추긴 것이 아닌가 걱정된다. 특히 지난 10여 년간 좌파성향이 강한 튀는 판사들이 출세하고, 균형감각이 있는 판사들이 도태된 때문이 아닌가 생각된다.

판사도 공무원들도 정치적 신념의 자유는 있다. 그러나 판사는 공무원 신분이며 대통령조차도 정치적 발언을 하는 경우 경고처분을 받는 것을 인정한 헌법재판소의 결정을 무시한 것이다. 판사가 공익을 무시하고 정치적 신념에 따라 재판하려고 한다면 사법권이 침해될 것이기 때문에 스스로 사퇴하고 정치가로 나서야 할 것이다.

판사나 공무원은 범법자의 권리보다는 범죄피해자의 권리를 더 중시해야 한다. 한 사람의 표현의 자유를 보장하기 위하여 피해자인 전국민의 권리를 무시하는 것은 있을 수 없다. 법은 상식이라고 했다. 국민의 공공이익을 침해하면서까지 개인의 표현의 자유를 보호하는 것은 국민의 상식에 어긋나는 것이요 법의 정신을 파괴하는 것이다.

사법부가 젊은 판사들의 튀는 판결을 막기 위하여서는 판사교육을 강화하고 법원행정의 정상화를 이루어야 한다. 좌파정권 10년 동안 운동권학생들이 판사로 임관되는 경우가 많았고 그들이 급속 승진하는 경우가 많았다. 보수적인 대법관이 임명되었다고 하여 전국의 젊은 판사가 사임을 요구하였고, 대법원장까지 견책지시를 내리는 바람에 사법행정은 포퓰리즘에 빠졌고, 젊은 판사들이 자기들 인사까지 전단하려고 주장하게 되었다. 대법원장은 법원장 등 고위 판사들의 사법행정권을 복권시켜야 한다. 부장판사들이 배석판사에 눌러 다수결로 판결을 하는 것은 합의제의 정도가 아니다. 또 법원구성에 있어 젊은 판사를 형사단독에서 배제해야 한다.

젊은 단독 판사들이 중요한 시국사건을 담당하는 것 자체가 문제가 있다. 혈기왕성한 단독판사들이 튀는 판결을 일삼는 것은 단독 판사가 제왕처럼 사법을 뒤흔들 수 있기 때문이다. 외국 같으면 40대 이상의, 변호사 경력이 10년 이상 된 판사들이 단독사건을 재판하고 있는데, 우리는 사법연수원을 수료한 뒤 10년이 안 된 젊은 판사가 형사사법에서 전권을 행사하고 있는 이 제도는 개선되어야 한다.

국회의원의 의원직 상실까지 판단할 수 있는 권한을 30대 판사에게 맡기고, 국가의 안녕 · 질서를 침해하고, 많은 국민의 재산적 피해를 야기시킨 자들을 단순 명예훼손으로 취급하여 단독판사에게 배당하는 것도 문제이다. 검찰도 이러한 중대사건의 경우에는 수사를 철저히 하여 보다 엄중한 범죄로 기소를 하여야 할 것이다.

단독심에서의 많은 무죄판결을 계기로 사법부는 외부에서의 독립을 침해받지 않도록 내부단속을 하여야 할 것이요, 국회는 국민이 신뢰할 수 있는 법관에 의한 재판을 보장하기 위하여 법조일원화제도를 도입해야 할 것이요, 변협은 공정한 판사평가제도를 도입하여 사법의 민주화를 기하도록 하여야 하겠다.

# 4. 헌법질서의 존중*

## 1. 서

금년은 대한제국이 일본에 강제병합된 뒤 100년, 6 · 25 남침에 의하여 국토가 황폐화되고 많은 국민이 살상된 6 · 25 60주년이며, 민주화를 위해 많은 학생이 사상한 4 · 19 50주년을 맞는 해이다. 이 많은 국난을 겪고 이제 대한민국이 국가적 정통성을 찾았고, 민주화가 달성되고 세계 10위권의 경제대국이 된 뜻깊은 해이다. 그 동안 나라 없는 설움과 안보태세가 허약함으로서 전란을 겪은 아픔을 반성해야 하는 해이다. 민주화가 되고 경제대국에 진입한 우리 민족의 안보의식과 질서의식이 아직도 확립되지 못하여 과거의 전철을 밟지 않을까 걱정이다.

우리나라 영해에서 천안함이 북한 어뢰에 의하여 격침되었는데도 희생당한 46명의 원혼을 달랠 생각은 하지 않고 「전쟁이냐 평화냐」를 이슈로 지방선거를 치루고 있어 한심하다. 세계 각국이 천안함 침몰의 원인이 북한해군의 어뢰공격에 의한 것임을 공인하고 있는데도 우리들 국민 일부가 북한의 선전 · 선동에 따라 이를 인정하지 않고, 국가안보를 튼튼히 하여 적의 외침에서 나라를 지키겠다는 정책을 전쟁준비행위로 비하하고 있으니 이것이 성숙한 국민의식인지 의심하지 않을 수 없다. 어느 야당대변인은 민주당의 선거전략을 비꼬아 북한의 선전방식과 똑 같다고 비판하고 있는 것은 공감이 간다.

대한제국의 멸망이 친로파, 친중파, 친일파의 극한대립에서 유래하였고, 6 · 25 남침의 한 원인이 좌우의 이념대립에서 나왔으며 주 원인은 북한의 무력정복야욕에서 나왔음은 역사의 진실이다. 이 판국에 정치판이 친이세력과 친노세력의 분열 · 대립을 조장하고 주적 북한에게 옳은 소리조차 못하고, 양보와 순종만을 요구하고 있는 것은 대한민국정치인들의 역사의식과 국가의식이 땅에 떨어지고 있음을 입증하는 것이다. 나라와 국가안보 없이 국민의 기본권이 보장되기 어려우며 질서가 파괴되는 경우 경제적 부흥을 기대할 수 없는 것이다. 대한민국의 융성과 통일을 위하여서는 국가안보가 확립되고 헌법이 준수되어야 하고 국민이 헌법충성의 의무를 다해야 한다.

## 2. 국민의 준법의식

그 동안의 교육의 잘못으로 국민의 준법의식은 땅에 떨어지고 있다. 정당하게 성립된

---

* 『법연』 2010. 6. 15. 한국법제연구원.

대한민국을 태어나지 않아야 할 불법집단으로 폄하하고 대한민국 62년의 역사를 특권계층의 독재적 지배로 국민을 수탈한 치욕의 역사로 낙인찍고, 공정선거에 의하여 당선된 정권도 폭력으로 전복하려는 일부 시민들이 온존하고 있다. 2년 전의 소위 미국산 쇠고기의 광우병촛불집회는 대한민국의 국격을 떨어뜨리고 몇 십조 원의 경제적 손실을 가져왔다. 미국산 쇠고기가 광우병위험이 없음을 알면서도 허위 날조하여 여론을 오도하고 유모차와 어린 학생까지 동원하여 국가질서를 유린한 것에 대하여 이를 주도한 세력들은 사과조차 하지 않으며 법에 의한 처벌까지 아직 받지 않는 상태이다.

시위대들은 "국민이 주권자이다"고 하면서 MB퇴진을 명했는데, 이들이 과연 몇 %의 국민을 대표하고 있었는지 그 대표성은 누구에게서 수권받았는지 한심하다. 우리 헌법은 대표민주주의를 채택하고 국민대표 등에 대한 소환을 인정하지 않고 있다. 선거에 의한 국민대표가 통치하는 것이 헌법규정인데 이를 무시하고 폭력으로 정부를 전복하려는 세력은 반국가단체이요 비국민이다. 이들은 자기개인의 기본권을 절대적이라고 생각하며 자기 권리만을 주장하고 있으나 우리 헌법은 이러한 기본권도 절대적인 것은 아니고, 국가안전보장 · 질서유지 · 공공의 복리를 위해서는 국회가 제정한 법률로써 제한할 수 있게 규정하고 있다. 헌법은 개인의 기본권보다도 공동체인 국가의 존립과 사회질서의 확립을 우선시하고 있는 것이다.

일부 교사들이 이러한 헌법원리를 무시하고 개인의 양심 · 이념을 절대시하여 국법질서를 무시하도록 교육하고 있는 것은 교사의 헌법충성의무에 위반된다. 국가공무원들이 헌법과 법률이 정한 정치적 중립의무를 짓밟고 정당활동과 정치활동을 하는 것은 공무원법위반이다. 교사와 공무원들은 전체국민에 대한 봉사자로서 국가의 안전보장과 질서유지, 국민의 공공복리를 위해 활동해야 할 의무를 지고 있다.

## 3. 공직자의 헌법충성의무

일부 공무원들은 자기의 이념에 따라 공무를 편파적으로 운영하여 심지어 일부 법관조차 개인의 양심에 따른 재판을 사법권독립의 미명하에서 옹호하고 있어 문제가 되고 있다. 공무원의 양심이나 법관의 양심은 개인적 양심이 아니고, 헌법적 직무에 따른 양심을 말한다. 예를 들어 공무원이나 법관이 자기의 종교에 따라 공무를 처리한다고 하면 공무원의 종교적 중립의무에 위반되는 것이요 자기의 이념에 따라 멋대로 판결한다고 하면 공무원으로서의 직무상 양심에 반하는 것이요 정치적 중립성에 위반되는 것이다.

일부 공무원들은 정치적 표현의 자유가 있기 때문에 개인적이나 집단적으로 정치적 의사를 표현할 자유가 있다고 한다. 그러나 그들은 국민의 일부분의 이념이나 이익에 따라 행동해서는 안 되며 공동체를 위한 국민전체의 이익을 위하여 행동하여야 한다. 서독에서는 동 · 서독 분할 시에 동독의 이념에 따라 행동하는 공무원이 있고 급진주의자가 있어 이들 급진주의자를 공직에서 배제하는 법률을 제정하였고, 이에 대하여 독일헌법재판소는 합헌이라고 판결하였다. 이 분단시대의 법령이 현재도 그대로 살아있어 공무원 채용시에 헌법충성의무를 심사하게 하고 있으며 이를 선서하게 하여 현재까지 헌법충성의무에 위반되면 면직할 수 있게 하고 있다.

독일의 공무원채용에 있어서의 헌법충성의무의 심사는 엄격하다. 그들이 그 동안 어떤 급진 단체에 소속했는가를 자술하게 하고 이를 거부하는 사람이나 허위 진술하는 사람은 공무원채용을 금지하고 있으며 이들이 공무원 재임 중이라도 급진단체에 가입하는 경우 면직을 할 수 있게 하고 있다. 이것은 사법권의 독립이 보장된 판사의 경우에도 해당된다. 독일의 경우 대학교수에게는 정치적 활동의 자유는 인정되나 헌법에의 충성의무는 면제되지 않는다. 교수는 진리를 강의할 수 있으나 편파적인 교육은 할 수 없게 하고 있다. 우리나라에서는 교사에게는 정치적 활동의 자유가 인정되지 않으며 편파적인 수업은 학생의 인격권형성을 침해하는 것이기 때문에 엄중히 금지되고 있다.

## 4. 정당의 헌법준수의무

사회단체나 정당들도 헌법질서를 준수하지 않는 것은 마찬가지이다. 국민의 대표로 선출된 국회의원이 걸핏하면 등원을 거부하고 길거리에서 시민단체 · 노동조합 등과 함께 불법집회를 하기 일쑤이다. 국회의원이 의원직사퇴서를 내놓고 국회에 등원하지 않으며 장외투쟁을 벌이는 것은 국회의원으로서의 헌법상 직무를 유기한 것이다. 공당의 대표자와 전직 간부들이 토론과 협상이라는 의회주의의 원칙을 무시하면서 시민을 선동하여 혁명을 꾀하는 것은 반헌법적 행위이다. 특히 그들이 북한과 같은 주장을 하면서 무고한 시민들을 선동하고 대한민국의 국가안전을 무시하고 적에게 무조건 승복하고 퍼주기를 계속하라는 것은 반국가적 행위라고 하지 않을 수 없다.

그 동안 국회는 2년간 공전해 왔다. 일부 상임위원회에서는 위원장이 독단으로 의사일정을 상정하지 않아 법률 한 건 통과하지 못하고 2년 동안 휴면상태를 계속했다. 국회의 의사절차를 무시하고 실력으로 의사일정을 방해하여 의장으로 하여금 직권상정을 하게하고, 통과된 법안에 대해서는 국회의장을 상대로 권한쟁의심판이나 하기 일쑤였다. 천안함 폭침이라는 천인공노할 사건에서도 대북한경고결의문하나 통과시키지 못하여 외국 의회의 비웃음을 사고 있다.

정치인 · 정당인의 이러한 방약무인한 행동에 대해서는 다수당도 책임을 면할 수 없다. 국회의원이기를 거부하는 의원직사임자는 국회의결이나 의장직권으로 사표를 수리해야 하고 무단결근하거나 의사방해하는 사람에게는 강경한 징계를 해야 한다. 그런데 국회의원들이 국회법이나 헌법을 준수하지 않으며 국회법 개정에도 미온적인 것은 국회의원으로서의 직무를 포기하는 것으로 범법행위이다.

헌법은 정당이 민주적 기본질서를 위반하는 경우에는 해산을 명할 수 있게 하고 있다. 독일에서는 독일공산당에 대하여 헌법재판소에서 정당해산결정을 한 바 있다. 우리나라의 정당 중에도 민주적 기본질서를 침해하여 해산의 대상이 되는 정당이 없는지 정부는 검토를 해야 한다.

### 5. 결

야당이나 사회단체들이 의회주의를 부정하고 폭력혁명을 꾀하는 것은 절대적으로 금지되어야 한다. 국가의 안전보장이나 질서유지는 헌법의 지상명령이며 헌법을 파괴하는 세력에 대해서는 엄중대응하여야 한다. 국가의 멸망은 100년 전과 같이 외세를 업고 집권하려는 세력이 창궐하기 때문이다. 국가안전보장을 강화하기 위하여 헌법의 충성을 강조하는 법령도 추가하여야 할 것이고 질서유지를 위한 현행법도 정비하여 국가의 존립을 보장해야 할 것이다.

## 5. 헌법에서 본 사회복지*

### I. 서

선거 때마다 한국의 복지정책에 대한 논란이 뜨겁다. 지난 번에는 초 중학생에 대한 무상급식이 주민투표의 대상이 되었으며 10. 26 보선에서도 복지정책의 향방에 대하여 큰 논쟁이 될 것 같다. 정치권에서는 선거를 의식하여 복지증진에 대한 공약이 만발하고 있다. 이 논쟁은 이번 보선에 그칠 것이 아니고 내년 총선과 대선에서도 극심한 대결이 예상되고 있다.

정치권의 주장을 보면 ① 보편적 복지냐, 선택적 복지냐, ② 이상적 최대한의 복지냐, 실현가능한 복지냐, ③ 급진적 복지냐, 점진적 복지냐의 대립으로 나눠볼 수 있다. 보편적 복지론자는 시민의 소득과는 관계 없이 모든 사람에게 평등하게 복지혜택을 주자는 것이고, 선택적 복지론자는 부자에게는 복지혜택을 주지 않고 가난한 사람, 병자, 노인, 아동, 장애인 등에게만 복지혜택을 주자는 것이다. 이상적 최대한의 복지를 주장하는 측은 모든 국민에게 최대한의 인간다운 생활을 보장하자고 하고, 현실주의자들은 필요한 사람에게 최소한의 생존을 보장하자고 한다. 급진적 복지론자는 당장에 모든 국민에게 평등하게 최대의 복지서비스를 하자는 입장이고, 점진적 복지론자는 재정형편에 따라 생활무능력자부터 최소한의 복지서비스를 제공하자는 입장이다.

### II. 한국헌법이 요청하는 복지정책

* 『고시계』 2011년 10월호 (권두 시론)

## 1. 사회보장수급권

우리 헌법은 전문에서 우리들과 우리들의 자손의 안전과 자유와 행복을 영원히 확보할 것을 다짐하고 있다. 또 헌법 제10조는「모든 국민은 인간으로서의 존엄과 가치를 가지며, 행복을 추구할 권리를 가진다」고 하고, 헌법 제34조는「모든 국민은 인간다운 생활을 할 권리를 가진다」고 규정하여 모든 국민에게「행복추구권과 인간다운 생활을 할 권리」를 규정하고 있다.

이 생존권 행복추구권의 권리적 성격에 관해서는 입법방침규정설과 추상적 권리설, 구체적 권리설의 대립이 있다. 우리 헌법은 이 생존권 실현의 의무에 대하여,「국가는 개인이 가지는 불가침의 기본적 인권을 확인하고 이를 보장할 의무를 진다」(제10조 후문),「국가는 사회보장 사회복지의 증진에 노력할 의무를 진다」(제34조 제2항)고만 규정하고 있어 이것이 입법방침규정인지, 추상적 권리규정인지, 구체적 권리규정인지 확실하지 않다. 이러한 사회복지 사회보장권이 구체적 권리라고 보는 경우에도 법률로 제한할 수 있으며(제37조 2항), 추상적 권리로 보거나 입법방침규정이라고 보는 경우에도 사회보장기본법이「사회보장은 모든 국민이 인간다운 생활을 할 수 있도록 최저생활을 보장하고, 국민 개개인이 생활수준을 향상시킬 수 있도록 제도와 여건을 조성하여, 그 시행에 있어 형평과 효율의 조화를 도모함으로써 복지사회를 실현하는 것을 기본이념으로 한다」(기본법 제2조)고 규정하고 있으므로 국가에 의무가 있다고 보겠다.

뿐만 아니라「모든 국민은 사회보장에 관한 법령에서 정하는 바에 따라 사회보장급여를 받을 권리를 가진다」고 규정하고(기본법 제9조) 있다. 사회보장기본법에 따라 여러 사회보장법률이 제정되어 있다.

## 2. 사회보장수급권의 내용

우리 헌법은 사회보장권의 내용으로서 ① 여자의 복지와 권익의 향상(제34조 제3항), ② 노인과 청소년의 복지(제34조 제4항), ③ 신체장애자 및 질병, 노령 기타의 사유로 생활능력이 없는 국민의 보호(제34조 제 5항), ④ 재해예방(제34조 제6항), ⑤ 건강하고 쾌적한 환경에서 생활 할 권리(제35조 제1항), ⑥ 쾌적한 주거생활을 할 수 있는 권리(제35조 제3항), ⑦ 혼인과 가족생활의 보장(제36조 제1항), ⑧ 모성보호를 받을 권리(제36조 제2항), ⑨ 보건에 관한 권리(제36조 제3항) 등을 규정하고 있다.

사회보장기본법은「"사회보장"이란 질병, 장애, 노령, 실업, 사망 등의 사회적 위험으로부터 모든 국민을 보호하고, 빈곤을 해소하며 국민생활의 질을 향상시키기 위하여 제공되는 사회보험, 공공부조, 사회복지서비스 및 관련 복지제도를 말한다」(기본법 제3조 제1호)고 하여 이를 예시하고 있다. 사회보험은 국민에게 발생하는 사회적 위험을 보험의 방식으로 대처함으로써 국민의 건강과 소득을 보장하는 제도를 말한다(기본법 제3조 제3호). "공공부조"란 국가와 지방자치단체의 책임 하에 생활유지능력이 없거나 생활이 어려운 국민의 최저생활을 보장하고 자립을 지원하는 제도를 말한다(기본법 제3조 제3항), "관련 복지제도"란 보건, 주거, 교육, 고용 등의 분야에서 인간다운생활이 보장될 수 있도록 지원하는 각종 복지제도를 말한다(기본법 제3조 제5호). "사회복지서비스"란 지방자치단체 및 민간 부분의 도움이 필요한 모든 국민에게 상담, 재활, 직업의 소개 및 지도, 사회복지시설의 이용 등을 제공하여 정상적인 사회생활이 가능하도록 지원하는 제도를 말한다(기본법 제3조 제4호).

이 헌법과 사회보장기본법의 위임에 따라 많은 사회복지법이 제정되어 있다. 헌법에 따르면 사회보장권이 모든 국민의 권리임을 알 수 있으나, 법률에 따르면 그 수급권자가 한정되어 있음을 알 수 있다. 특히 공공부조의 경우에는 생활유지능력이 없거나 생활이 어려운 국민의 최저생활을 보장하는 점에서 일반적 복지가 아니라 선택적 복지임을 알 수 있다.

### 3. 사회보장수급권의 수준

그런데 문제는 사회보장수급권이 최대한의 보장을 하고 있는가이다. 기본법은 「국가는 최저생계비와 최저임금법에 따른 최저임금을 고려하여 사회보장급여의 수준을 결정하여야 한다」(기본법 제10조)고 규정하고 있다. 또 공공부조는 생활유지능력이 없거나 생활이 어려운 국민의 최저생활을 보장하도록 하고 있다.

이에서 보는 바와 같이, 우리나라의 사회보장은 이상적인 완전보장이 아니고 현실적인 최저생활의 보장을 기하고 있는 것을 알 수 있다. 공공부조는 보편적 복지제도가 아니고 선택적 복지제도임을 알 수 있다. 이 최저보장의 기준에 대해서는 많은 논쟁이 있으나 최저생계비와 최저임금을 고려하여 결정하여야 한다. 노동능력이 없거나 노동하지 않는 사람에게 최저임금보다 많은 사회보장수당을 주는 것은 정의에 반한다고 하겠다.

### 4. 사회보장의무의 주체

헌법은 사회보장의 의무를 주로 국가에게 부과하고 있다. 헌법은 국가의 기본법이기 때문에 국가가 복지향상을 위한 책임을 지도록 규정하고 있다(제34조). 그러나 사회보장은 국간만이 담당할 수 없다. 공산주의국가에서는 일하지 않는 자는 먹지 말라고 하며, 모든 인민은 국가의 지시에 따라 직장이 강제배정되며 최저한의 생계비를 받게 되어 빈곤의 순환이 행해지고 있다. 이에 대하여 자유민주주의국가에서는 개인의 직업선택의 자유가 보장되며 강제노역이 금지되고, 노동의 대가인 적정임금을 받아 생활하게 된다.

자유민주주의국가에서는 개인의 자유와 창의가 존중되고 개인의 능력에 따라 최고수준의 생활도 누릴 수 있다. 사회보험제도는 강제보험과 자율보험이 있어 강제보험은 전국민이 가입하고 그 이상의 서비스를 받고자 하는 사람은 사보험에 가입하거나 저축생활을 통하여 자체 해결할 수 있다. 사회보장은 국가뿐만 아니라 지방자치단체, 사회, 가족, 국민이 협력하여 완성하여야 한다.

사회보장기본법은 사회보장의 의무를 국가에만 지우지 않고 지방자치단체와 가정, 국민에게도 지우고 있다.「국가와 지방자치단체는 국가발전의 수준에 부응하는 사회보장제도를 확립하고 매년 이에 필요한 재원을 확보하여야 한다」(기본법 제5조).「국가와 지방자치단체는 사회보장제도를 시행할 때에 지역공동체의 자발적인 복지활동을 촉진하여야 한다」(기본법 제6조). 또「모든 국민은 자신의 능력을 최대한 발휘하여 자립 자활할 수 있도록 노력하고 국가의 사회보장정책에 협력하여야 한다」(기본법 제7조)고 하여 지방자치단체와 국민에게도 의무를 부과하고 있다.

전통적 복지제도는 사회공동체, 가정에 의하여 수행되어 왔다. 그런데 서구문명의 개인주의가 도입됨으로써 사회공동체와 가정은 해체되고 모든 것을 국가나 지방자치단체의 공적 복지에 의존하게 되었다. 우리 헌법은 가족제도의 보호를 통하여 전통적 복지에 기여하도록 하고 있다. 그러나 대가족의 해체로 인해 공적 복지에만 의존하는 경향이 늘어나고 있다. 여기에서의 국민은 기업가, 노동자, 자영업자, 인텔리 등을 전부 포함하기 때문에 기업, 노동단체, 사회공동체의 사회복지향상을 위한 노력을 요구하지 않을 수 없다.

## III. 한국에 있어서의 정부의 복지정책

### 1. 보편적 복지와 선택적 복지의 융합

한국 정치계에서는 보편적 복지냐 선택적 복지냐가 논쟁거리다. 보편적 복지론자는 평등한 복지혜택을 강조한다. 부자나 빈자나 모두가 똑같은 혜택을 받아야 한다고 주장한다. 심지어 부자들은 세금을 많이 내기 때문에 혜택을 똑같이 받아야 한다고 주장한다.

사실 고령화 · 소자화시대에 있어 노인이나 유아에게는 보편적 복지가 요구되기도 한다. 우리나라에서도 여 · 야당이 출산율을 높이기 위하여 아동의 보육을 국가나 지방자치단체가 책임져야 한다고 하고 있다. 노인의 경우 전철의 무임이용은 보편적 복지에 의존하고 있지만 기초노령연금은 선택적 복지주의에 입각하고 있다. 국가재정에 한계가 있기 때문에 저소득층에게는 최대의 연금액을 지급하되 소득수준에 따라 연금액을 감액하고, 고소득층은 제외하고 있다. 학교급식의 보편적 무상급식이 의무교육의 내용인 것처럼 주장되고 있으나, 현재 대다수 지방자치단체는 저소득층 자녀에게만 선택적으로 무상급식을 하고 있다.

보편적 복지의 이상은 좋으나 이는 부유세를 도입하고 증세를 해야 가능하기 때문에 아직은 시기상조이다. 우리나라의 재정형편을 생각하면 보편적 복지와 선택적 복지를 병행할 수밖에 없다.

## 2. 이상적 최대한의 복지냐 현실적 최저한의 복지냐?

헌법은 모든 국민에게 행복한 인간다운 생활을 보장하고 있다. 이론적으로는 이상적 최대한의 복지가 요구된다. 그러나 최대한의 사회복지는 우리나라 현실로는 불가능하다. 우리나라의 법률은 최대한의 보장이 아니라 공적 부조에서 최소한의 보장을 규정하고 있다. 이상적으로는 최대한의 보장이 바람직하나 이것은 이상에 불과하고 현실은 재정의 부족으로 인하여 최저한의 보장을 해줄 수밖에 없다.

물론, 국가는 모든 국민이 건강하고 문화적인 생활을 유지할 수 있도록 사회보장급여의 수준향상을 위하여 노력하여야 한다(기본법 제10조). 여기서의 최저한의 보장은 생물학적인 최저한의 생활보장이어서는 안 되며 문화적 최저한도의 생활보장이어야 한다.

## 3. 급진적 복지냐, 점진적 복지냐

야당에서는 질병, 빈곤, 보육, 교육, 주거에 대한 급진적 복지를 주장하고 있다. 무상의료, 무상교육, 기초생활보장, 무상보육을 즉시 시행해야 한다고 주장하고 있다. 그러나 이것은 이상적일 수는 있으나 현실적으로는 일거에 실시할 수는 없다.

급진적 복지구현을 위하여서는 국가재정을 대폭 확대하여야 하며 조세와 준조세, 사회보험비용을 일시에 증가시켜야 한다. 국가의 SOC 사업이나 국방, 교육, 인건비 등 고정비용을 제외한 뒤 배정할 수 있는 복지예산은 한정되어 있다. 지금도 중산층은 과중한 세금과 사회보험비용 때문에 허리가 휘고 있다. 중산층이나 자영업자, 중소기업들은 이들 부담가중으로 영세민으로 몰리고 있다. 기업이나 자영업자들이 정규직고용을 늘리지 않고 비정규직을 고용하는 것은 사회보험(4대 보험)에 대한 부담 때문이기도 하다.

우리나라는 수출위주의 경제구조로 국제적 위기에 취약하다. 국내자원이 없어 대부분을 수입에 의존하는 우리나라에서 급진적 복지정책의 실현은 위기를 초래할지 모른다. 국민소득 2만 달러의 한국이 4만 달러 이상의 부국에 따라갈 수는 없다. 뱁새가 황새처럼 날으려다가는 나래가 찢어질 수밖에 없다. 우리의 경제형편과 국가재정을 고려할 때 선진국 제도만을 모방할 수는 없다. 유럽의 북구 4개국의 인구는 적고 자원이 풍부하여 재정이 넉넉하다.

이들 나라에서도 청년들은 세금과 사회보험료가 많다고 하여 사회보험료가 거의 없는 미국으로 이민가고 있어 고령화에 시달리고 있다. 국가재정의 파탄이나 국가채무의 과다는 현재 주민의 복지를 위하여 미래 세대에게 큰 부담을 주는 것이기에 재정건전성을 지켜야 할 것이다. 독일 통일 후 서독민이 많은 세금을 낸 것은 동독 주민의 사회복지수준을 서독 주민과 같이 했기 때문이다. 우리는 통일비용의 과다를 걱정해야 한다.

## Ⅳ. 한국에 있어서의 민간복지정책

### 1. 대기업과 부자들의 복지참여

우리나라의 대기업이나 부자들은 외국에서는 성공적인 발전유형으로 인정되고 있으나 한국에서는 공공의 적으로 낙인되고 있다는 외국 신문보도가 있다. 이것은 대기업이나 부자들이 법을 지키지 않고 탈세하거나 문어발식 기업확장으로 중소기업의 영역까지 침범하고 있기 때문이다. 최근에 정부는 대기업과 중소기업의 공생을 강조하고 있고 대기업들이 사회복지재단 등을 만들어 적극적으로 활동하고 있어 다행이다.

대기업과 부자들은 노블리스 · 오블리쥬의 기업가정신을 살려 일반인의 모범이 되어야 할 것이다. 요사이 대기업은 고용창출에 소홀하다고 하여 많은 비판을 받고 있다. 대기업들은 사내 복지제도는 잘 운영하고 있으나 이는 조직노동자에 한정되어 있고, 비정규직에는 해당되지 않고 있다. 대기업은 정규직의 노동시간을 법정인 8시간 주 40시간 노동으로 줄이고 그 이상의 초과근무수당을 비정규직의 정규직 고용비용으로 사용해야 한다.

부자들은 그들이 미치는 국민교육적 영향력을 생각하여 근검 질소한 생활을 하여야 할 것이다. 세계의 명품이 한국에서 제일 많이 팔리고 있다는 현실은 이들 부자들의 과시욕 때문이 아닌가 생각된다. 사촌이 논을 사면 배 아파하는 한국인의 정서를 생각하여 청교도적 윤리를 유지해야 하겠다.

### 2. 조직근로자들의 사회복지참여

우리나라 대기업의 조직노동자들은 대기업에 대한 임금투쟁으로 세계의 다른 나라 노동자보다도 많은 임금과 혜택을 받고 있다. 이들은 조직노동자들의 이익을 위하여 근무시간을 연장하면서 고수익을 노리고 있다. 조직근로자들은 기득권을 포기하고 법정 근무시간을 준수하고, 초과임금분은 비정규직 근로자와 고용 촉진에 사용해야 할 것이다. 몇 대기업의 경우 평균 연봉이 5천만 원을 넘고 있으며 여기에 자녀대학등록금지원까지 받아 세계 유수의 복지혜택을 누리고 있다.

조직노동자는 비조직노동자와의 차별을 없애는 데 앞장을 서야 한다. 고도복지를 구가하는 북구에서는 Job Share, Work Share가 유행하고 있으며, 34시간의 노동시간을 준수하고 그에 따른 나머지 시간은 다른 근로자에게 양보하고 있다. 격일제근무가 대세를 이루는 나라도 있다.

고액연봉근로자들도 자기들은 임금노동자이기 때문에 중산층이 아니라고 생각하는 경향이 있다. 5000만원 이상의 연봉을 받는 사람이 하층계급일 수는 없다. 이들도 다른 노동자들과 같이 사회복지혜택을 나누어 가져야 한다. 또 근검한 생활을 하여 생계비의 낭비를 줄여야 하며. 자식을 위하여 희생하여 서민층으로 하락하는 일은 말아야 한다.

대기업들을 적대시하는 경우, 대기업들이 해외에 공장을 이전하거나. 조세피난처로 도피하는 경우 한국 경제는 몰락할 것이요, 근로자의 직장보장도 불가능할 것이다.

### 3. 국민의 사회복지참여

국민도 사회복지혜택을 공짜로 생각해서는 안 된다. 정치인과 정당들이 선거 때만 되면 앞 다투어 실현불가능한 복지혜택을 공약하는데 이러한 포퓰리즘에 속지 말아야 한다. 국가재정능력을 초과하는 복지정책을 펴 국가부도의 위기에 몰려 있는 그리스와 이탈리아, 포르투갈, 스페인, 과거의 아르헨티나 등의 전철을 밟지 않기 위하여 국민은 정당의 선심정책을 비판적으로 수용하여야 하겠다.

우리나라는 1인당 국민소득이 일본의 반 밖에 되지 않으나 소비수준은 일본보다 훨씬 높다. 일본은 장 · 차관들도 15평 · 20평짜리 아파트에 살고 있고, 수상조차 1만 원짜리 이발소를 찾는 등 근검절약하고 있는데 우리는 과소비를 하고 있다. 이러한 과소비, 과교육 등이 빈곤층을 양산하고 있는 것이 아닌지 반성해야 하겠다.

모든 국민은 자신의 능력을 최대한 발휘하여 자립 · 자활할 수 있도록 노력하여야 하고, 근면과 절약정신으로 사회보장급여 대상자로 하락하지 말아야 되겠다. 그래야만 노동능력 없는 사회적 약자에게 최대한의 사회복지를 제공할 수 있을 것이다.

## 6. 헌법재판소 공백은 안 된다*

헌법의 최종적 수호기관이며 해석기관인 헌법재판소가 소장과 재판관의 권위로 헌법재판의 기능이 마비될까 두렵다. 지난 2013년 1월 28일 이강국 헌법재판소장이 임기만료로 퇴임하여 8명의 재판관으로 심의를 하고 있다. 3월 22일에는 소장대리인 송두환 재판관이 임기만료로 퇴임하게 되어 당분간 7명의 재판관으로 심의를 하게 될 것이다. 헌재의 중요결정은 6명의 재판관에 의하여 결정되는데 7명의 재판관중 2명만 반대하면 법률의 위헌선언, 위헌정당의 해산, 탄핵의 결정, 헌법소원의 인용 등은 할 수 없게 된다.

작년에는 조용환 후보에 대한 국회인사위원회의 부결에 따라 8명으로 재판했기 때문에 위헌의 의심이 있는 사건 등을 미루고 있었는데 머지않아 7명의 재판관만으로 결정하게 되어 심판이 잘 행해지지 못할 위기에 처해 있다. 헌법재판소는 중요사안에 대해서는

---

* 2013.

구두변론을 거치고 있는데 3월 이후의 변론기일은 정하지도 못하고 있다.

헌재소장의 공백은 노무현 정권 하에서 전효숙 재판관의 소장인사청문회 불발로 6개월간이나 계속되었다. 이번에는 이동흡 재판관의 지명사퇴로 몇 달이나 끌게 될는지 예측하기 어렵다. 3월말에는 헌재소장과 재판관 1명이 결원이 되고, 또 이 중 소장은 대통령이 임명하게 되고, 1명은 관례상 여야당이 공동으로 추천하게 되어 있다. 소장은 국회의 동의를 얻어야 하고 재판관은 국회의 추천을 얻어야 한다. 소장은 인사청문특별위원회에서 청문을 거쳐야 하고, 재판관은 법제사법위원회에서 청문을 거쳐야 한다.

헌재소장은 우리 헌법상 대통령과 비교되는 주권행사기관의 한 수장이다. 이에 대한 인사청문회에서는 헌재소장의 지위를 존중하여 후보자의 인격을 존중하고 헌재소장의 권위를 유지해 주어야 한다. 그런데 이동흡 후보자의 경우 보수성향의 판결을 많이 했다고 하여 낙마시킬 것을 사전에 결정하고 인격말살적인 청문회를 하였다. 국회법이 인사청문특별위원회는 인사청문보고서를 채택하고 국회본회의에서 동의여부를 결정해야 하는데, 입법부인 국회가 당리당략에 따라 보고서조차 제출하지 않는 것은 국회의원의 불법적인 헌정파괴행위였다.

이동흡 후보는 특정판공비 유용이라 하여 낙마시켰는데 전직 재판관 중에서 이 관례를 벗어난 사람이 있을 것인지 의문이다. 전관예우로 6년간 60억원을 챙긴 사람도 대법원장으로 동의해 준 국회가 또 1년간 12억원을 받은 국무위원후보자는 인사청문회를 통과시키면서 이동흡 후보자만 강제사퇴하게 한 것은 정의와 형평에 어긋난다.

헌재소장과 헌재재판관의 임명절차는 개선의 여지가 많으나 헌법사항이기 때문에 헌법개정 없이는 불가능한 것이 많다. 그러나 현재 국회가 추천권을 가지고 있는 3명의 재판관의 경우에는 국회의 원내교섭단체에 의한 안배는 배격되어야 한다. 국회에서 정당안배에 따라 선출된 재판관이 추천정당의 색깔에 따라 편파적인 의견을 내는 경우가 많으므로 정당에 중립적인 재판관을 지명해야 할 것이다. 독일식으로 국회재적의원 3분의 2 이상의 찬성으로 추천하도록 해야 하겠다.

대법원이 경력법관을 재판관으로 지명하는 경우 대법관임명에서 탈락할 사람을 지명하는 것은 타파해야 한다. 대법원판결까지 취소할 수 있는 헌재에 헌법에 문외한인 법원판사를 지명해서는 안 될 것이다. 이제 독일과 같이 로스쿨 헌법교수 중에서 헌법재판관을 임명할 때가 된 것 같다. 법률을 개정하여 로스쿨 교수에게 변호사자격을 부여하면 당장에라도 전문학자를 임명할 수 있는 것이다.

지금 행정부의 공백이 우려되는 위기에 처하여 헌법재판소나마 헌정수호의 공백이 오지 않도록 재판소장과 재판관을 빨리 임명하여야 할 것이다.

# 7. 통일과 국가개혁*

## I. 헌법 지켜 통일 앞당기자

### 1. 엄중해진 주변정세

2014년 7월 한반도는 세계적인 외교 무대가 되었다. 7월 3일에는 중국의 시진핑 주석이 서울을 방문하여 박근혜 대통령과 정상회담을 열어 양국 간의 관심사를 토의하였다. 일본 아베 총리는 북한에 대한 경제제재를 일부 해제하고 북한 방북 가능성까지 내비쳤다. 미국도 한국에 대하여 북한 미사일 방어를 위하여 THAAT 설치를 요청하고 있다. 북한은 한국과 미국의 군사훈련을 반대하고 백여 발의 중거리 미사일을 발사하기도 했다.

이 배경에는 미 · 중의 G2간의 동아시아정책의 갈등이 놓여 있다. 미국은 급부상하는 경제대국 중국의 아시아에 대한 세력 확장을 방지하기 위하여 중국 포위망을 형성하고 있다. 일본은 미국의 편을 든다고 집단자위권행사 각의결정을 하고, 호주 등 동남아와 군사협력을 강화하고 있다. 중국은 중국대로 미국의 정책에 반대하여 새로운 아시아 안보체제와 아시아 인프라 투자은행 설립을 계획하여 미국 포위정책에 대항하고 있다.

한국은 한미상호방위조약에 따라 한미군사동맹을 맺고 미군은 한국에 주둔하여 한국의 안보와 핵우산을 제공하고 있다. 그러나 한국의 해외경제 의존도는 중국이 미국보다 훨씬 우월하다. 그동안 한국은 일본과 경제협력을 해 왔으나 아베 정권의 등장으로 과거사 문제로 갈등을 겪고 있어 국민감정까지 나빠지고 있다. 한 · 일간의 민족감정의 갈등을 틈타 중국은 한국과 공동으로 일본에 대항하기를 바라고 있다.

북한은 6자회담에서 다짐했던 핵개발을 포기하지 않아 유엔의 제재를 받고 있는데 그동안 혈맹관계라고 하여 북한을 두둔해 왔던 중국이 유엔의 경제제재에 동참하고 있다. 중국은 6자회담 의장국으로서 6자회담을 통하여 핵개발 중지, 비핵화를 하겠다고 하고 있다.

러시아는 우크라이나 사태로 발이 묶여 있으나 두만강 하구 프로젝트나 나선특구 개발을 통하여 북한에 대한 경제원조를 하고 있다.

2014년의 한국은 G2인 미국 · 중국과 G3인 일본, G8에 들어갔던 러시아의 세력 각축장이 되고 있다. 한국은 중국의 요구를 전반적으로 받아들이기도 어렵고 이를 전면 거절하기도 어렵다. 미국과의 군사동맹유지, 일본과의 한미일공동군사훈련 수행문제 등으로 딜레마에 빠지고 있다. 북한은 계속 호전성을 보이고 있으며 미사일을 연일

---

* 2014.

쓰고 있다.

4강의 틈바구니에 쌓여 있는 남북한이 어떤 활동을 할지 한국이 4강의 이익 대립 때문에 전쟁터가 되지나 않을까 걱정이다.

## 2. 망국과 분단의 역사

일부 식자들은 한반도가 열강의 식민정책 때문에 전쟁터가 되고 급기야는 일본에 강제 흡수되었던 구 한말을 회상하기도 한다. 구 한말 한반도는 일본, 청국, 러시아의 각축장이었다. 일본은 동양에서 제일 먼저 개국하여 서양 문물을 받아들이고 서양의 무기와 군사제도를 도입하여 한국과 중국을 침략하려고 노리고 있었다.

일본은 1876년에 강화도조약을 체결하여 한국의 항구를 개방케 하였다. 한국은 미국과 1882년에 한미수호통상조약을 체결하였고 영국, 독일, 일본 등과 잇달아 수호통상조약을 체결하였다. 1884년에는 한러수호통상조약을 체결하여 열강이 한반도에 진출할 수 있게 했다. 청국은 병자호란 이후 한국에 군림하였으나 일본 세력과의 각축에서 청일전쟁을 일으켜 패전하였다. 그 뒤 러시아가 한국 왕실을 좌지우지 하였으나 러일전쟁에서 일본이 승리하게 되었다. 일본은 그 뒤 많은 이권을 빼앗아 갔으며 한국의 외교권까지 빼앗고, 1910년에는 강제로 한국을 식민지로 삼았다. 소위 한일합방늑약이 8월 29일에 발효함으로써 한국은 일본의 속국이 되었다. 우리는 이 날을 국치일(國恥日)로 기념하여 다시는 타국의 속국이 되지 않기를 다짐하고 있다.

구 한말 한국에서는 개화당과 사대당이 대립하여 국론이 분열되었고 친일파, 친러파, 친중파로 나누어 싸우다가 망국에까지 이르렀다. 그 때 정치인들이 각성하여 국론을 통일했다면 망국은 막았을 것이 아닌가 생각하게 된다.

1945년 8월 15일 일본이 항복하여 한국은 광복이 되었다(광복절). 그러나 미국과 소련이 분할 통치하게 되어 당장의 통일이나 독립은 어려워졌다. 1945년 소련이 만주를 점령하고 북한에 진입하여 북한에서 군사통치를 하고 있었다. 소련은 김일성을 내세워 공산당 독재정권을 수립하고 있었다. 미국은 9월에야 남한에 상륙하여 일본을 무장 해제하고 남한을 다스리기 시작하였다. 미군정은 남한통치에 미숙하였고, 많은 정당 사회단체의 활동을 방치하였다. 9월에는 좌파들이 박헌영을 중심으로 한 조각명단까지 발표하는 형편이었다(9월 14일). 이에 대항하여 우파와 상해 임시정부파는 우파당을 결성하여 국내기반을 확장하고 있었다. 또 미국에서 돌아온 세력이 우파단체를 구성하였다. 미국과 소련은 모스크바협정에 따라 미소공동위원회를 설치하고, 1946년 1월 16일 한국임시정부수립을 위한 예비회담에 들어갔다. 그러나 미소는 각 정당 · 사회단체의 대립으로 1946년 5월 무기휴회로 들어갔고, 10월 9일에는 좌우합작위원회가 출발하였으나 11월 29일에 완전 결렬하였다. 미군정은 1946년 2월 15일에 민주의원을 구성하여 자문기구로 삼았고, 1946년 12월 12일에 관선, 민선의원 90명으로 남조선과도입법의원을 발족시켜 당면한 긴급입법 등을 제정하게 하였다.

미소공동위원회의 결렬로 미군정은 한국 통일문제를 유엔에 넘기게 되어 유엔의 결의로 전 한반도를 통한 자유선거로 통일을 달성하기로 결의하였다. 북한은 이 결정에 반발하여 UN선거감시위원단의 방북을 반대하였고 UN총회는 부득이 가능한 지역만의 선거로 국회를 구성하기로 하였다. 1948년 5월 30일에 선거가 실시되었다. 이 선거에서 남한 주민 대다수가 참여하여 국회를 구성하였고 7월 12일에는 대한민국헌법을 제정하였다. 이 헌법에 따라 정부를 구성하고 8월 15일에 정부수립과 독립을 만방에 선포하였다(건국절).

북한은 이미 소련점령군의 지령으로 김일성을 중심으로 북한노동당이 창건되어 인민위원회를 구성하여 사실상 통치를 해 왔다. 1947년에 북한헌법초안을 채택하고 인민정부를 구성하고 있었다. 그리하여 유엔 감시하의 통일선거를 반대하고 북한 단독으로 1948년 8일에 인민의회선거를 실시하여 최고인민회의를 구성한 뒤 9월 9일에 정부수립을 하였다. 한국 국회에 프락치를 심어 미군철수를 요구하게 하였다. 미군정도 1949년에 한국에서 철수하였다. 1950년 6월 25일 김일성은 스탈린의 승인을 받아 남침하였고, 남한의 4분의 3 이상을 점령하였다. 대한민국의 요청으로 유엔이 파병 결의하여 미국을 비롯하여 16개국이 참전하여 북한군을 평양 이북으로 격퇴하였다. 이 때 중공군이 참전하였고 1953년 7월 스탈린 사후에 정전협정이 체결되어 남북분단이 항구화 되었다. 북한은 중공과, 한국은 미국과 상호방위조약을 체결하였고 냉전의 전초기지역할을 하였다. 냉전 종식 후 긴장이 완화되었으나, 2013년 이후 다시 긴장이 고조되고 있다.

## 3. 외국 통일의 선례와 시사점

제2차 세계대전 후 미국과 소련 등이 분할 점령한 나라 중 통일이 되지 않는 유일한 나라는 한반도만이다. 4개국에 의하여 점령 통치되었던 오스트리아와 독일은 이미 통일되었다. 나는 오스트리아와 독일의 통일을 보면서 우리나라의 분할이 계속되는데 자괴감을 느끼기도 하였다.

### (1) 오스트리아의 경우

1955년 10월 25일 오스트리아는 통일되었고 Figl 수상은 「오스트리아는 자유」라고 선언하였다. 이는 점령국들과의 국가조약에 의하여 이루어진 것이며 이로부터 점령군이 철수하여 오스트리아는 완전독립국가가 되었다. 오스트리아의 주권회복 · 완전독립은 1955년이었지만 오스트리아의 독립은 이미 1943년 모스크바 3상회의에서 결정되었다.

소련은 1945년 4월 4일에 오스트리아에 진출한 뒤 전직 대통령이었던 Renner 박사에게 오스트리아 임시정부의 수립을 요청하였다. Renner 박사는 소련점령군이 자기가 속했던 독일사회노동당과 독일공산당만의 연립정부 수립을 요구하였으나 이를 반대하였다. Stalin은 그 점을 알면서도 그에게 임시정부수립을 허용하였다. Renner는 모든 정당 사회단체를 포함하는 거국정부를 구성하여 전 오스트리아 의회 구성을 위한 선거를 하기로 결정하였다. 서방 점령국들은 처음에는 이에 반대하였으나 9월 20일에 영국이 이에 찬성하였다. 4개 점령지역의 지방 수장들이 연방집회를 1945년 9월 26일에 열어 1945년 11월 25일 전 오스트리아 선거를 실시하기로 결의하였다. 헌법은 1920년 헌법을 부활시켰다. 소련, 미국, 영국, 프랑스의 4개 국가가 점령하였던 전 오스트리아에서 선거가 실행된 결과 오스트리아 사회노동당은 42%를 얻었고, 오스트리아 공산당은 5%를 얻었으며, 새로 창설된 오스트리아 농민당이 42%를 얻었다. 의석은 오스트리아 농민당이 과반수를 얻었으며 연방의회에서 농민당의 Figl을 연방수상으로 선출하였다. 1945년 12월 20일 연방집회는 Renner를 대통령으로 선출하였다. 4개국으로 분할 점령되었던 오스트리아가 정치인들의 현명한 선택에 따라 통일정부가 형성되었다. Renner 대통령은 80세로 1950년 12월 31일에 사망하였다.

1945년 성탄절에 Figl 수상은 유명한 연설을 하였다.「나는 성탄절에 여러분들에게 아무것도 드릴 수 없습니다. 나는 여러분들에게 크리스마스트리도 드릴 수 없습니다. 여러분들이 크리스마스트리를 가졌다고 하더라도 양초도 드릴 수 없으며, 빵도 드릴 수 없고 석탄도 드릴 수 없으며 조각을 할 얼음도 드릴 수 없습니다. 우리는 아무것도 가진 것이 없습니다. 나는 여러분들에게 이 오스트리아를 신뢰해 줄 것을 빌 뿐입니다」.

오스트리아는 전후에 정치인과 국민이 노력하여 경제기적을 이루었다. 그러나 전 영토에는 4개 점령군이 주둔해 있었고, 수도 빈은 4개국이 공동 관리하고 있었다.「짚차의 4명의 헌병(영화)」. 이 점령군이 오스트리아에서 철수한 것은 오스트리아가 4개 점령국과 국가조약을 맺었기 때문이다. Figl은 1953년 4월 2일에 수상직을 사임하였다. 1953년 11월 26일에는 외무부장관이 되었다. 소련은 오스트리아에서 철군하기를 꺼리고 오스트리아의 중립화를 요구하였다. Figl 외상은 이를 받아들이기로 하고, 1955년 5월 15일에 소련과 국가조약을 체결하기로 하였다. Figl 외상은 Dulles, Molotow, MacMillan, Pinay 외상과 국가조약을 체결하였다. Figl은 이 조약을 체결한 뒤「오스트리아는 자유다」고 선언하였다. 이 조약에 따라 4개국 점령군이 본국으로 귀환하여 오스트리아는 완전한 주권국가로 되었다. 1955년 10월 26일 연방의회의원 3분의 2 이상의 다수로 헌법적 효력을 가진 중립법(Neutralitätgesetz)이 통과되었다.

나는 1956년 가을에 수도 Wien을 방문하였는데 시민이 평화롭고 풍요한 생을 즐기는 것을 보고 조국의 정치인들을 원망하였다. 한반도에서도 해외 망명 정치인과 국내에 살았던 정치인들이 쓸데없는 이념을 버리고 타협하여 통일에 합의했더라면 통일이 되었을 것이고, 동족상잔의 전쟁을 벌이지 않고 잘 살 수 있었을 텐데 분단의 영구화를 가져온 선배들을 비난하게 되었다. 오스트리아의 통일이 중립화 약속 때문에 가능했다고 생각하여 한국에서도 중립화 통일을 주장하는 학자들이 생겨났다.

분단국가의 통일은 중립화를 요구하는 것은 아니다. 오스트리아는 중립화에 대하여 국민의사를 통합했기 때문에 중립화에 성공할 수 있었다. 무엇보다도 중요한 것은 정치인과 국민의 국론통합이라고 하겠다. 오스트리아는 중립에서 시작하였으나 이제는 EU에 합류하였다.

### (2) 독일의 경우

서독은 Stalin의 중립화 요구를 받아들이지 않았기 때문에 1990년까지 통일되지 않았다. 내가 살았던 München에는 전쟁의 상흔이 남아 있었으며 동서독 분단에서 오는 고통도 상당하였다. 서독은 미국과 영국, 프랑스에 의해 점령되었고, 동독은 소련에 의해 점령되었다. 과거의 수도 Berlin은 동 · 서 베를린으로 분할되어 동 베를린에는 소련군이 주둔했었고, 서 베를린에는 미국을 비롯한 영국, 프랑스군이 주둔하고 있었다. 다만 「라인강의 경제기적」으로 서독인의 생활 상태는 호전되고 있었다. 서독 재무장은 국론의 분열을 가져왔으나 공산당의 활동이 금지되고 헌법재판소에 의해서 해산되었기 때문에 불법시위는 없었고 치안은 좋았다.

당시 서독 정치인들은 동서독 분단을 기정사실화 하고 동독과의 체제경쟁에 나섰다. Brandt 서베를린 시장은 그 뒤 총리가 되고 동방정책을 폈다. 과거 나치스 독일이 점령했던 동부 영토를 원 국가에 영원히 돌려주는 불가침조약을 체결하였고 소련과도 불가침조약을 체결하였다. 1972년에는 동독과도 공존하는 동서독기본조약을 체결하여 서독은 동독과의 교류 · 협력을 강화하였다. 그 결과 동독에도 서독의 신문 · 잡지의 구독이 자유로워졌고 텔레비전과 라디오의 시청이 자유로워졌다. 동독에는 종교의 자유가 인정되었고 시민들은 서독 여행의 자유와 통일을 갈구하게 되었다. 그러나 서독에서는 Brandt 전 수상을 비롯하여 Kohl 당시 수상 등 아무도 통일이 1990년에 올 줄은 몰랐다.

독일 통일이 가능했던 것은 소련에 고르바초프가 등장했기 때문이다. 그는 동 유럽의 자유화운동을 군사력으로 저지하지 않고 동구인들의 서구에의 여행의 자유를 인정했었다. 소련군의 동유럽 주둔비용을 감당하기 어려웠던 고르바초프는 동독을 포기할 생각을 가졌었다. 동독인들은 서독으로의 탈출을 하기 시작했고 월요일마다 교회에서는 「우리는 한 민족」이라는 구호 아래 집회와 시위가 행해졌다. 이에 Ulbricht 동독 수상은 퇴진하고 보다 민주적인 정부가 들어서 시민들의 민주화 개혁에 호응하기로 하였다. 동독정부가 서베를린에의 여행자유를 선언하면서 베를린의 장벽은 무너졌고 1년 이내에 동서독 통일이 이루어졌다. 이것은 동독인들의 시민혁명에 의해서 이루어진 것이다.

서독 정치인들은 동독에서의 시민혁명을 잘 이용하여 반대가 심했던 주변 국가를 설득하여 1990년에 통일을 이루었다. Kohl 수상을 비롯하여 외무부장관 등이 소련에 경제적인 원조를 하여 통일의 승낙을 받아 냈으며, 미국의 전폭적 지지를 얻어 반대하는 프랑스와 영국을 설득하여 통일을 달성할 수 있었다. 동독의 정치인들도 원탁회의를 만들어 통일을 준비했는데 동독정부가 예외로 빠른 통일을 원하여 1년 내에 통일의 대업을 달성할 수 있었다. 통일의 속도에 대해서는 정당 간에 이견이 있었으나 통일에 대한 국민의 의사가 합치되었기에 정부가 과감한 통일정책을 펼 수 있어서 조기에 통일이 가능했던 것이다.

## 4. 통일 대박론과 헌법의 통일조항

2014년 들어 박근혜 대통령은 통일은 대박이라면서 통일추진에 나섰다. 독일을 방문하여 드레스덴에서 통일 프로세스를 강연하였다. 박 대통령은 원칙과 신뢰를 강조하면서 북의 핵 폐기 후에 경제원조를 하여 북을 경제적 위기에서 구출할 것을 약속하였다.

미국에 대해서는 한미방위조약에 따른 공조를 강조하고 북핵의 폐기를 위한 미국의 협조를 바라며 한국 주도의 통일을 지원해 줄 것을 요구하고 있다. 미국은 한국이 경제적 문제로 중국과 지나치게 가까워지는 것을 경계하면서 미국 주도의 아시아방위에 기여하기를 바라고 있다. 박 대통령은 시 주석에게 북한의 핵 폐기를 요구하고 한국 주도 하의 통일에 동의해 주기를 바라고 있다. 그러나 시 주석의 의도는 한일 간의 결렬을 바라고 반일을 위한 한중공조를 요구하고 있다. 국제정세는 한반도 통일에 유리하지 않으나 박 대통령은 유리한 방향으로 정국을 반전시키도록 요구하고 있는 것으로 보인다.

박 대통령은 국내적으로도 많은 어려움에 놓여 있다. 세월호 침몰사건을 계기로 박 대통령은 비정상의 정상을 위하여 국가 대개조를 하겠다고 다짐하였다. 국가개조론은 입헌주의와 법치주의와 연결된다. 현재 우리나라에서는 통일에 대한 국론통일이 안 되어 있다. 헌법에는 「대한민국은 통일을 지향하며 자유민주적 기본질서에 입각하여 평화적 통일정책을 수립하고 이를 추진한다」(제4조)고 규정하고 있기 때문에 이 헌법 규정에 따라 국론이 통일되어야 한다.

자유민주적 기본질서에 대해서 헌법재판소는 「자유민주주의는 국가권력의 간섭을 배제하고 개인의 자유와 창의를 존중하며 다양성을 포용하는 자유주의와 국가권력이 국민에게 귀속되고 국민에 의해 지배가 이루어지는 것을 내용적 특징으로 하는 민주주의와 결합된 개념으로 보」고 있다.

자유민주적 기본질서의 내용은 「모든 폭력적 지배와 자의적 지배, 즉 반국가단체의 일인독재 내지 일당독재를 배제하고 다수의 의사에 의한 국민의 자치, 자유, 평등의 기본원칙에 의한 법치주의의 통치질서를 말한다. 즉 구체적으로는 기본적 인권의 존중, 권력분립, 의회제도, 복수정당제도, 선거제도, 사유재산과 시장경제를 골간으로 한 경제질서 및 사법권의 독립을 의미한다」고 하고 있다.

그런데 일부 국민 중에는 북한에 의한 적화통일을 원하는 세력이 있다. 이들 세력은 자유민주적 기본질서에 위반되는 반민주적인 독재 공산주의로의 통일을 원하는 것이기 때문에 반헌법적이라고 할 것이다.

이석기를 비롯한 RO 세력은 북한에 동조하여 북한이 남침 시 남한 내에서 중요시설을 파괴하고 적에게 동조하려고 하고 있다. 이 밖에도 과거 간첩 등 국가보안법을 위반한 뒤 처벌되었다가 사면 · 복권되어 국회의원이 된 사람도 20명에 달한다고 한다. 또 시위전문꾼들 중에는 북한지령을 받고 반정부활동을 하고 있는 자도 많은 것으로 드러나고 있다. 이들에 대한 처벌은 잘 안 되고 있다. 최근에는 간첩에 대한 수사가 거의 중단되어 있다고 한다. 이러한 환경 속에서 박 대통령이 통일론을 주장하더라도 내부의 적을 척결하지 아니하고는 헌법에 따른 통일은 불가능하고 오히려 적화통일의 기회를 제공할 가능성도 있다. 우선 정부는 이들 반국가단체를 색출하고 처벌하는데 전력을 다하여야 할 것이다. 국회도 미국의 애국법과 독일의 민주주의 침해사범에 대한 처벌법규와 범죄단체해산법 등을 모방하여 법률을 만들어 국내에서의 통일론에 대한 국민통합을 기해야 할 것이다.

대한민국은 독일과 같이 방어적 민주주의를 채택하고 있다. 민주주의를 파괴하는 내부의 반민주주의자를 색출하고 처벌하게 하고 있다. 정당까지도 「목적이나 활동이 민주적 기본질서에 위배될 때에는 정부는 헌법재판소에 그 해산을 제소할 수 있고 정당은 헌법재판소의 심판에 의하여 해산된다」(제7조)고 규정하고 있다.

현 정부는 RO 조직을 포함하고 반민주적 활동을 해 온 통합민주당에 대한 해산신청을 했고, 헌법재판소는 심판을 하고 있으나 심판기간인 6개월을 지난 현재까지 가처분조차 하지 않고 있다, 이는 법무부의 소송기술이 미흡한지 헌법재판소가 신중한지 모르겠으나 위헌정당의 해산결정은 빨리 해야만 국고지원도 줄일 수 있고 선거에서의 국고낭비도 줄일 수 있을 것이다. 정당해산의 경우 그 효과에 대해서는 정당재산에 대한 국고환수와 대체정당의 금지만 규정되어 있을 뿐 국회의원이나 지방의회의원, 공무원직에 대한 면직 규정은 없다. 선거법이나 정당법, 헌법재판소법 등을 개정하여 이들 공직자의 자격상실 · 면직을 규정하여야 할 것이다.

대통령은 통일준비위원회를 발족했는데 통일준비위원회에서는 국론통일에 방해가 되는 반통일 범죄자의 색출과 처벌을 위한 입법을 강화하도록 독촉하여야 할 것이고, 국민의 「자유민주적 기본질서」에 입각한 통일정책에 합의하도록 체제를 정비하여야 할 것이다. 합헌적인 통일은 정부와 국회의 과감한 국가개혁이 성공하여야만 가능할 것이다.

## II. 통일을 위한 지식인의 역할

지식인들은 이들 법을 준수하고 이를 실천하여 솔선수범해야 한다. 특히 법을 제정하고 집행하는 사람이 헌법과 법률을 준수하지 않으면 일반인들은 이를 본받아 헌법과 법률을 위반하게 될 것이다. 사회 지도층은 관습과 양심에 반하는 행동을 해서는 안 될 뿐만 아니라 사회를 선도하여 국민대계몽 각성운동을 전개해야 할 것이다. 일제하에서도 우리 선각자들은 국민계몽에 앞장섰던 것이다. 고종 치하 우리 선현들은 모든 국민의 애국심을 강조하고 독립정신을 고취했었다. 독일의 Fichte 총장은 「독일국민에 고함」이란 강연에서 독일국민의 애국심을 강조하여 나폴레옹 점령에서 해방되도록 노력할 것을 당부하였다.

현재의 언론인이나 노조간부들이나 정당간부들도 적화통일이 되면 제일 먼저 숙청될 것임을 명심하여야 하겠다. 월남이 멸망한 것은 월남 내부에서 월남 정부에 대한 반대투쟁을 해 온 학생 · 승려들 때문이었는데, 월남이 망하고 통일된 뒤 월맹 정부는 이들부터 처형했던 것을 국민들에게 알려주어야 할 것이다. 또 현재 북한에 살고 있는 주민들의 고통을 알려 주어야 한다. 작가협회에서도 이념보다도 북한인의 인권이 중요하다고 하여 성명서를 내었다고 한다. 작가협회가 북한인의 인권신장을 위하여 노력하게 된 것은 다행이다.

특히 제2 세대 통일역군을 교육하고 있는 교사들의 대오각성이 요청된다. 대한민국이 왜 분단되었는지 잘 모르면서 이데올로기에 사로잡혀 반헌법적인 역사교육과 통일교육을 하고 있는 것은 조국에 대한 반역행위이다. 교사들이 좌편향 역사 교과서에 따라 북한을 찬양하고 대한민국은 태어나서는 안 되는 정부라고 교육하여 적화통일이 선인 것처럼 교육해서는 안 된다. 이미 공산주의 국가의 이념은 반인권적이며 반민주적임이 만천하에 알려졌고 주체사상에 따라 3대 독재를 하는 곳은 북한 밖에 없다. 이들은 그릇된 사상을 버리고 대한민국의 민주적 기본질서의 가치를 인정해야 한다. 통일은 자유민주적 기본질서 하에 평화적으로 이루어져야 함을 학생들에게 교육하여야 한다.

엄숙한 국내외 정세에서 우리는 「뭉치면 살고 흩어지면 죽는다」는 격언을 「뭉치면 통일되고 흩어지면 분할된다」고 고쳐 읽어야 할 것이다.

# 8. 새 헌법개정안의 특색*

## I. 새 헌법 개정안 성립의 배경

### 1. 87년 체제의 병폐

1987년에 제정된 현행 헌법은 대통령중심제와 단원제 국회, 감사원, 지방자치 등에 있어 권한을 분산하지 않고 집중케 하고 있어 권력남용에 대한 비판이 많았다.

특히 정치계에서는 대통령의 권력이 너무 강력하다고 하여 제왕적 대통령제라고 하여 비난하는 경향이 있었다. 헌법에 국무총리 등의 권한이 규정되어 있었으나 국무총리가

---

* 『대한민국학술원통신』 제252호 (2014. 7. 1), 2-5면.

그 권한을 옳게 행사하지 못한다는 비난이 많았다. 또 대통령의 임기가 5년단임이기 때문에 조기 lame duck 현상이 일어나고 대통령 책임 추궁이 불가능해 가족이 부패한다는 비판이 있었다.

1987년 민주화운동의 결과로 탄생한 현행의 직선제대통령제는 어느 정도 민주화를 이루었고 정권교체를 가능케 한 장점이 있었으나, 정치권은 승자독식이라고 비난하여 대통령선거 후에는 정권 탈환만을 노리고 국민통합을 무시하고 국정을 마비시키는 경향이 있었다. 특히 정당제도가 발전되지 않고 이념분열 · 지방분열 등 국회의원선거와 지방자치단체선거에서의 역기능이 나타나 국회는 정쟁의 도가니가 되어 버렸다.

외국의 국회는 상 · 하 양원제로 하여 서로 견제와 균형을 하게 하여 국정을 원만히 조절하는 데 대하여, 우리나라는 단원제라서 국회가 입법과 인사 · 예산 등에 여야가 합의하지 않으면 국정운영은 마비되는 경향이 있었다. 야당은 국회에서 정권퇴진운동을 벌일 뿐만 아니라 국회를 떠나 가투(街鬪)하는 현상까지 나타났다.

1987년대 2만 달러 시대에 달했던 국민소득이 17년 동안 2만 달러 대에 머물고 있으며 국론분열 때문에 통일은 아득하기만 하고 유일한 분단국가로 냉전에서 열전으로 옮기려는 경향까지 있었다.

## 2. 개헌논의의 활성화

이에 양식 있는 정치가나 학자들이 이 헌법이 민주화달성의 운명을 다했다고 보아 개헌의 필요성을 논의해 왔다. 이 헌법을 운용했던 대통령들은 대통령 임기가 5년 단임제임을 비판하고 대통령 4년중임제를 채택하자는 개헌론을 제기하기도 했다(노무현). 그러나 이 개헌요구는 임기 말이었기에 후임을 노리는 대통령 후보들의 반대로 차기정부로 공이 넘어갔다.[1]

이명박정부도 초기에는 개헌에 관심이 없다가 임기말 경에 가서 개헌에 관심을 가지고 정무장관으로 하여금 개헌작업을 하도록 하였다. 정치계에서는 대통령의 권한분산을 위한 분권형대통령제로의 개헌이 요구되었다.

2008년 국회는 이러한 각계 각층의 의견을 종합하기 위하여 국회에 헌법연구자문위원회를 두기로 하였다. 김형오 의장의 요청으로 각 교섭단체는 자문위원을 추천하기로 하였으나 민주당이 추천을 거부하여 13명의 자문위원만으로 연구회를 구성하여 활동하게 되었다. 연구자문위원회는 2008년 9월부터 1년 간 활동을 하여 2009년 8월에 헌법연구자문위원회 결과보고서를 제출하였다.[2] 이 보고서는 권력집중방지를 위하여 ① 단원제국회를 양원제로 ② 정부형태의 개편방안으로 제1안으로 이원정부제, 제2안으로 정 · 부통령 4년 중임의 대통령제를 제시하였다. 그리고 ③ 기본권보장의 확대와 의무의

1) 김철수, 『헌법개정 과거와 미래』(진원사, 2008).
2) 국회의장자문기구, 『헌법연구자문위원회결과보고서』(2009. 8), 614면.

축소 등을 제안하였다. 이 안에 대하여 야당은 부정적으로 논평하였다. 이 안에서는 헌법연구는 잘 하고 있으나 조문화는 하지 않았다. 130여 명의 국회의원들도 미래한국헌법연구회를 만들어 헌법연구를 활발히 하였다.[3)]

### 3. 국회의장 헌법개정자문위원회의 활동

김형오 의장의 헌법연구자문위원회의안에 대해서는 많은 논의가 있었으나 국회 안으로는 확정되지 않았다. 대화아카데미에서는 학자 중심으로 헌법개정안을 마련하여 많은 토론이 행해졌다.[4)]

2012년 새로운 국회가 개원된 뒤 국회에서는 헌법개정자문위원회의 구성이 논의되기 시작하였다. 강창희 의장은 제헌절 기념식에서 헌법개정 논의의 필요성을 강조하였다. 국회는 교섭단체가 국회의원의 일부를 자문위원으로 하고 민간인을 일부 추가하는 안을 만들고 국회의원 자문위원을 국회교섭단체가 선임하였다. 강의장은 현직 국회의원이 자문위원이 될 수 없음을 고지하고 자문위원회의 구성을 거부하였다.

2014년 정월에 강 의장은 의장 자문기관으로 헌법개정자문위원회를 구성하기로 하고 각 교섭단체에 자문위원의 추천을 요구하였다. 새누리당은 정부의 반대기류에 따라 자문위원 추천을 거부하다가 1월 20일 경에서 추천하여 1월 23일 헌법개정자문위원회가 활동을 개시하였다. 위원장에는 서울대학교 명예교수인 김철수 학술원 회원이 지명되고, 15인의 자문위원이 활동하여 5월 23일에 헌법개정안을 강창희 의장에게 보고하였다.[5)] 이 안은 강창희 의장의 임기만료일까지 안을 확정해야 한다는 시간적 압력 때문에 쫓기듯 활동하였는데, 그동안 국회의 헌법연구자문위원회의 연구보고서뿐만 아니라 많은 민간안을 참조하였고, 새로이 만들어진 많은 세계 각국의 헌법조문을 참조하여 조문화 작업에 성공하였다. 개정헌법안은 총 11장 161조로 구성되었으며 31개 조항이 신설되었고 많은 조항이 개정되었다.

## II. 새 헌법개정안의 특색

### 1. 분권형 헌법으로서의 특색

새 헌법은 분권형 헌법이다. 통치기구에서는 3권분립형을 기본으로 하였다.

(1) 국회도 분권제로 하여 민의원과 참의원으로 권력을 분산했다. 민의원은 국민의 대표기관으로서 정치적 기관이며 국무총리선거권과 국무총리불신임권, 국무위원 불신임권을 가지고 있으며, 예산법률안에 대한 선의권(先議權)을 가진다. 민의원은 국민의 직

3) 국회미래한국헌법연구회편, 『국민과 함께 하는 개헌 이야기(1권)(2권)』(2011).

4) 대화아카데미, 『헌법개정안. 새 헌법 무엇을 담아야 하나』(2011).

5) 국회헌법개정자문위원회, 『헌법개정안』(2014. 5).

접 · 비밀 · 보통 · 평등 · 자유선거로 선출되며, 200명 이상의 의원으로 구성되게 되어 있으나 그 반수는 비례대표제로 선출하게 했다. 참의원은 지역을 대표로 선출되도록 했으며 100명 이내의 의원으로 구성한다. 참의원은 대법원장, 헌법재판소장 등의 인사동의권을 가지고 있으며 지방정부에 관한 법률안에 선의권을 가진다.

민의원과 참의원의 의견이 일치하지 않는 경우에는 양원합동회의에서 결정하며 합의가 되지 않는 경우 민의원의 의결이 우선 적용된다.

(2) 행정부도 분권제로 하여 대통령과 국무총리(행정부)로 나누어 권력을 분산하여 어느 한 기관의 독주를 막고 있다.

대통령은 국민에게서 직선되며 6년 단임제로 하되 국가원수로서 중립적 권한을 많이 가지게 하였다. 그 권한으로는 외교 · 국방 · 통일 · 안보의 권한을 가지며, 각기 심의회의 의장으로, 부의장인 국무총리와 협의하여 그 권한을 행사하게 하였다.

대통령은 외교 · 국방 · 통일 · 안보 이외의 권한은 형식적 · 의례적 권한으로서 국무총리가 주재하는 국무회의의 심의에 따라 공무원 인사권 등을 가지게 했다. 대통령은 국내정치에 관여하지 못하게 당적을 이탈하게 했으며 정당개입이 금지되고 국무총리임명권 · 해임권도 국회가 가지게 하였다.

국무총리는 대통령과 독립하여 내정에 관한 권한을 가진다. 국무총리는 국무위원이나 행정 각부 장관에 대한 통솔권을 가지며 국내행정 전반에 관하여 민의원에 대하여 책임을 진다. 국무총리는 대통령의 외교 · 국방 · 통일 · 안보의 권한 행사에는 협력하고 그 외의 권한은 대통령에서 독립하여 권한을 행사한다.

(3) 사법부도 분권제로 하여 법원과 헌법재판소가 분립하여 각기의 헌법상 권한을 행사하게 하였다. 사법부에 있어서는 법관의 직무상 독립을 강화했고, 대법원장의 헌법재판관, 선거관리위원 등에 대한 지명권을 폐지하고 인사추천위원회의 추천에 따라 대통령이 임명하게 했다.

헌법재판소에게는 추상적 위헌법률심사권을 추가했다. 사법부에 대한 개헌의견은 많이 받아들여지지 않았다.

(4) 감사원도 감찰원과 회계검사원으로 분리하였다. 감찰원은 공무원의 기강확립을 위하여 모든 국가기관 공무원의 비리감찰 등을 담당하게 하였다. 감찰원의 독립성을 강화하였다. 회계검사원은 독립기관으로 하여 독립하여 국가회계를 검사하여 정부, 국회 등에 결과를 제출하도록 하였다.

(5) 지방정치도 중앙과 지방으로 분권하였다. 중앙의 권력을 약화하고 지방자치단체의 권한을 강화하였고, 지역대표인 참의원을 두어 연방제도로의 이행을 가능하게 했다.

## 2. 인간의 권리와 의무조항의 특색

### (1) 국민의 권리에서 사람의 권리로

기본권의 주체를 국민에서 사람으로 변경하였다. 인간의 권리는 모든 사람에게 평등하게 인정한 것이기에 특별한 경우에는 국민의 권리로 하였으나 일반적으로는 사람의 권리로 통일하였다.

### (2) 새 기본권의 내용

이제까지와는 달리 기본권의 내용을 국제적 수준으로 확대 보완하였다. 그 중 중요한 것을 들면,

① 제1절 인간의 존엄과 가치에서는 현행 제10조를 그대로 두고, 생명권, 신체와 정신의 온전성, 위험으로부터 안전할 권리를 추가하였다.

② 제2절 평등에서는 인종, 언어에 의한 차별대우금지, 차별개선의 국가노력규정, 모든 영역에서의 성평등의 보장, 임신 · 출산 · 양육을 이유로 한 차별금지, 어린이와 청소년의 차별금지, 노인의 권리의 차별금지, 장애인의 차별금지를 새로이 규정하였다.

③ 제3절 자유권에서는 행동의 자유, 망명권, 사상의 자유, 신앙의 자유, 알 권리, 자기정보결정권, 정보문화향유권, 표현의 자유, 언론매체의 자유, 직업의 자유를 추가하였다. 집회 · 결사의 자유의 민주적 기본질서 · 공공의 안녕 · 질서 침해금지, 필수 공익기관 종사자의 단체행동자유권의 법률유보를 추가하였다.

④ 제4절 인간다운 생활을 할 권리에서는 사회보장제도 고지를 받을 권리, 주거생활의 안정에 관한 권리, 문화생활을 누릴 권리, 민주시민교육과 사회교육을 받을 권리, 소비자의 권리, 전몰군경 · 의사자의 유가족의 취업우선권을 추가하였다.

⑤ 제5절 참정권에서는 국민투표권, 공정하고 적법한 행정요구권, 청원심사결과를 통보받을 권리를 추가하였다.

⑥ 제6절 사법절차에 관한 권리에서는 형사피의자의 국선변호인요구권, 불구속수사와 불구속 재판을 받을 권리, 수사나 재판에 대한 부당한 지시나 간섭금지, 기소자유주의 배제, 군인 · 군무원의 2중배상금지 폐지, 군사법원의 단심제 폐지 등을 신설하거나 금지하였다.

### (3) 기본권의 제한과 기본의무

① 제7절 권리의 제한 및 그 한계에 있어서는 헌법에 열거되지 아니한 자유와 권리 경시금지, 일반적 법률유보, 소급입법금지 등 규정내용을 그대로 하면서 하나의 조항으로 묶어 규정하였다.

② 제8절 기본의무에서는 헌법수호와 법률준수의무, 권리남용금지의무, 국가의 지속가능한 환경보전노력 등을 새로 규정하였다.

## 3. 통치기구에서의 특색

### (1) 국회

민의원의원 임기 4년, 참의원의원 임기 6년, 국회의원의 불체포특권을 약화, 국회의원의 명예훼손 또는 모욕적 발언과 민주적 기본질서 침해발언의 비면책, 국회 회기제한 폐지, 의사정족수의 강화, 예산법률제도 도입, 건설적 불신임제도, 의원제명 요건을 재적 5분의 3으로 완화하였다.

또 세계에 유례가 없는 국회의 국정감사권을 폐지하고 국회의원 과반수의 출석을 유지한 채 출석의원 과반수로 의결하게 하여 의결정족수를 사실상 가중하고, 국회의원의 국회회의 참석률을 높였다. 국회선진화법 등의 특별정족수를 없애었고, 일반 회의는 모두 이 다수결원칙에 따르게 하였다.

### (2) 정부

① 대통령의 국민통합 의무 추가, 대통령직무대행 1순위자=참의원의장, 특별사면에 있어서의 대법원장 동의권, 대통령의 국무회의 출석권, 대통령의 당적이탈 의무 추가, 대통령의 인사권을 국가원수의 중립적 · 형식적 · 의례적 권리로 하여 남용방지, 통일정책심의회의, 외교안보정책심의회의, 국민통합심의회의, 인사추천위원회 등을 신설하였다. 대통령으로 하여금 정당 업무나 행정잡무에서 해방되어 국가의 미래를 위한 국민통합적 중립자로서 기능하게 하여 국민의 존경을 받도록 하였다. 국가원로자문회의, 국가안전보장회의, 민주평화통일자문회의를 폐지하고, 경제발전자문회의를 국무총리 산하 기관으로 신설하였다.

② 행정부에서는 국무총리가 제1인자의 지위를 가지며, 국내행정을 총괄하여 명실공히 정치적 공무원으로서 정치적 권한과 책임을 지게 하였다.

행정각부 장관은 국무총리의 제청으로 대통령이 임명하게 되어 외교 · 국방 · 안보 이외의 장관은 국무총리의 명에 따르게 되어 있으며, 국회와 국무총리에게 책임을 지도록 하였다.

### (3) 감찰원과 회계검사원

국가공무원의 기강 확립을 위하여 행정 공무원뿐만 아니라 모든 국가기관 공무원의 직무감찰을 하게 하였다. 감찰의 독립성을 보장하기 위하여 대통령 소속 기관에서 독립기관으로 하였다. 회계검사원을 독립시켜 정부와 국회 양자에 의한 감시 · 감독을 받게 했다.

#### (4) 법원과 헌법재판소

사법부와 헌법재판소에 관해서는 현행을 유지하는 것을 원칙으로 하되 대법관과 헌법재판관의 임명을 인사추천위원회의 추천을 받는 것으로 하였다.

헌법재판소에 추상적 위헌법률심사권을 주기로 하였다.

#### (5) 국가정체성의 강조

헌법에 국가의 상징으로 국가, 국기, 국어, 수도 등을 규정하였고, 공무원의 헌법준수의무 추가, 국회의원의 민주적 기본질서 위반 발언 제한, 집회 · 결사의 민주적 기본질서 침해금지 등 규정을 둠으로 헌법에 의한 국민통합을 기하였다.

## III. 결언

### 1. 개헌절차

이 개정안은 자문위원회의 자문안에 불과하기 때문에 구속력이 없다. 자문위원 중에는 이상적인 개정안, 혁신적인 개정안을 만들자는 의견이 있었으나 현실적으로 실현가능하도록 절충안을 마련하였다.

부칙에서 시행시기라든가 경과조치, 현 대통령과 현 국회의원의 임기 등에 관한 규정논의도 있었으나, 이는 정치적 결단 문제이기 때문에 위원회는 안을 내지 않기로 합의하였다. 이 안이 현실적으로 국회에서 논의될 수 있느냐는 오로지 헌법개정 제안권자인 대통령과 국회 재적의원 2분의 1 이상의 의사에 의하여 결정된다. 대통령이나 국회가 발의한다고 하더라도 국회재적의원 3분의 2 이상의 찬성과 국민투표권자의 과반수투표와 과반수 찬성에 의해서만 개정가능 할 것이다.

이 안은 강창희 의장님의 자문에 응하기 위하여 학자적 양심에 따라 중립적 의견을 제시한 것이기에 미비한 점도 많을 것이다. 세월호 정국과 6 · 4 지방선거, 7 · 30 국회의원 보선 등으로 어수선한 분위기라 홍보가 잘 되지 않을 것이다. 그러나 이 안은 국회와 대통령의 권한을 제약하여 제왕적 대통령제나 국민공회적 국회제도를 개선할 수 있다는 점에 장점이 있다. 국민들의 공론화에 따라 보다 좋은 안이 만들어져 제10차 헌법개정의 초안에 반영되기 바란다.

### 2. 후속 조치

이 헌법개정안을 실현하기 위하여서는 후속 입법조치가 필요하다. 양원제 국회의 조직을 위한 국회법과 선거법 등이 제정되어야 한다. 양원 의원의 선거를 위하여 국민대표 선출방법에 관한 합의가 필요할 것이며 독일식 비례대표제의 채택 등이 합의되어야 할 것이다. 또 대통령과 국무총리 등의 권한 관계 등을 규정하는 정부조직법 개정이 필요할 것이며, 감찰원법, 회계검사원법 등 부속법들의 제정과 헌법재판소법, 법원조직법 등의 개정이 요구된다.

헌법 개정 전이라도 국회법 등을 개정하여 국회의원특권 줄이기, 공무원의 청렴 · 겸직 제한 규정을 제정할 수 있을 것이며, 공직선거법, 정부조직법, 법원조직법 등을 개정하여 국민을 위한 입법 · 행정 · 사법권의 행사가 행해지도록 노력해야 할 것이다.

## 9. 제헌절, 헌법에 충성 다짐하는 날이다*

7월 17일은 1948년에 대한민국 헌법을 제정 공포한 제헌절이다. 그동안 국가기념일로 온 국민이 경축하는 공휴일이었지만 노무현정부에 의해 법정공휴일에서 제외돼 국회에서만 경축식을 한다. 노정부가 공휴일에서 제외하고 정부 행사에서 국회 행사로 격하한 것은 노 전 대통령의 헌법에 대한 반감 때문이다. 노 전 대통령은 변호사답지 않게 '그놈의 헌법'이라고 폄훼하면서 헌법까지도 악법으로 단정했다.

지금도 노무현 추종 세력 중에는 대한민국은 태어나서는 안 될 나라라고 생각하면서 북한에 정통성이 있는 것처럼 주장하는 세력이 있어 걱정이다. 1948년에 대한민국이 헌법을 제정했던 것은 그들이 주장하는 것처럼 남쪽이 단독 정부를 수립하기 위한 것이 아니고, 북한이 남북한 통일선거를 반대했기 때문이다. 북한의 반대로 유엔 소총회가 가능한 지역에서만이라도 선거를 해 독립하도록 결의했기 때문이다. 북한이 유엔 결의에 따라 전국 총선거에 응하기만 했으면 통일이 됐을 것이다. 조국 분단의 책임은 김일성 집단에 있는 것이다.

제헌국회의원 중에는 애국자도 많아 애국하는 데 세비(歲費)를 받을 수 없다면서 불철주야 민주주의 헌법을 제정했다. 7월 17일 헌법을 공포하면서 의장은 북한 지역을 위해 100석을 유보해 뒀기에 하루 빨리 선거를 해 충원해 주기를 바라는 연설까지 했다.

이 헌법은 1987년 국민항쟁에 의해 개정돼 현재에 이르고 있다. 현행 헌법은 제헌 헌법의 숭고한 독립정신을 이어받아 개정된 뒤 26년 간 시행되고 있다. 현행 헌법은 '대한민국은 통일을 지향하며, 자유민주적 기본질서에 입각한 평화적 통일정책을 수립하

* 문화일보 2014. 7. 17. (오피니언)

고 이를 추진한다'고 하여 통일헌법의 근거까지 마련하고 있다. 이 헌법은 이제까지 개정된 헌법 중에서 가장 바람직한 좋은 헌법이다. 이 헌법에 따라서 대한민국은 민주화·자유화됐고 시장경제를 발전시켜 주요 20개국(G20)으로까지 발전하게 된 것이다.

이 헌법에 대해서도 제왕적 대통령제라느니, 사회복지 제도가 빈약하다는 등 비판이 있으나 이는 운영의 묘를 살리지 못한 때문이다. 우리 헌법은 3권 분립주의를 규정해 국회는 입법권뿐만 아니라 국정감사권, 국무총리 해임건의권, 예산심사권, 결산심사권 등을 통해 행정부를 견제할 수 있다. 오히려 국회에 대해서는 정부가 해산권을 가지고 있지 않아 국회의 폭주를 막을 수 없는 단점이 있다.

그동안 국회는 2년여 동안 수백 개의 정부 제출 법률안을 통과시키지 않아 국정의 발목을 잡고 있으며 경제 침체를 야기하고 있다. 다수당도 '국회선진화법' 때문에 법률을 통과시키지 못해 식물국회화하고 있다. 국회는 민주헌법의 정신을 살려 정부의 행정에 협조해야 한다. 여당과 야당은 토론과 타협에 입각한 의회주의의 헌법 이념을 실현해야 하며, 헌법을 탓해서는 안 된다.

물론 현행 헌법이라고 해서 최고·최선은 아니다. 헌법에 잘못이 있으면 개정할 수 있는 권한도 국회가 가지고 있기에 모든 책임은 국회에 있다. 국회의원은 헌법이 요구하고 있는 좋은 법률 제정의 의무를 저버려서는 안 된다.

국민도 자기들이 만든 헌법을 폄훼해 헌법을 지키는 것을 거부해서는 안 된다. 국민은 헌법을 준수할 의무가 있으며 공무원은 헌법에 충성할 의무를 지고 있다. 일부 국민은 헌법이 보장하고 있는 자유를 방임이라고 생각하고 불법 집회·시위, 거짓 증언, 명예훼손을 해 국가안보와 질서를 위태롭게 하고 있는데 이는 헌법 위반이기 때문에 자제해야 한다.

66주년 제헌절을 맞아 조국 독립을 위해 헌신했던 제헌의원들의 뜻을 받들어 정치인·공무원·국민 모두가 헌법을 존중하고 헌법에 대한 충성을 맹세해야 할 것이다.

## 10. "선진화법은 위헌…'동·식물 국회' 막으려면 개정해야"*

선진화법에서 5분의 3 가중의결 원칙은 다수결 민주주의에 위배돼 위헌
국회 의석 40%만 가지면 법률 제·개정 거부 가능한 나라는 세계에 없다
헌재의 조속한 결정과 국회의장 직권상정 필요…"미국식 국회 운영이 해법"

국회는 제19대 국회의원선거가 끝난 뒤인 제18대 마지막 국회에서 낙선된 의원을 포함하여 제18대 국회의원만으로 소위 국회선진화법을 통과시켰다. 이 법안은 다수당에

* 『데일리 한국』 2016. 2. 1. (김철수 교수 칼럼)

게 불리한 법안이었기에 새누리당의 상당수가 반대하였으나 박근혜 대표가 '국민과의 약속'이라고 하여 통과시켰다.

국회의장의 직권상정권을 엄격히 제한한 것도 이때이다. 18대 국회에서는 여야 합의가 되지 않은 법률안을 국회의장이 직권상정한 경우가 있었는데, 법률안에 대해 토론은 하지 않고 몸싸움만 벌여 세계의 웃음거리가 된 적이 있었다. 이것을 예방하기 위하여 국회법을 개정한 것이었다. 이 개정을 선도한 의원들은 이 안만 통과되면 여야가 합의하여 몸싸움을 피하고 법안을 통과시켜줄 것을 기대한, 순진하고 착한 사람이었다.

이들은 정치인의 타락을 예상하지 못했던 것이다. 이들은 미국의 필리버스터법을 잘못 이해하여 필리버스터 종결을 위하여 가중의결권을 준 것을 모든 상임위원회에서 신속처리안건 대상으로 지정하려면 5분의 3의 찬성을 요하도록 했다. 우리 국회선진화법의 모법이라고 생각되는 미국 필리버스터와 중지(Filibusters and Cloture in Senate) 제도는 상원에서만 인정되어 있고 하원에서는 인정되지 않고 있다. 이 제도를 현재 한국 국회법에서 규정한 것만으로 충분한데, 이 밖에 신속처리 결정 규정이나 직권상정 제한 규정을 둔 것은 입법의 과잉이라고 하겠다.

### (1) 국회선진화법의 주요 내용

① 상임위원회의 신속처리 결정의 5분의 3 가중의결

국회 심의 과정에서 신속처리 안건 대상 지정을 하려면 재적 과반수 서명과 5분의 3 이상의 찬성 의결을 요구하고 있다. 이는 다수결원리를 위배한다고 할 수 있다.

② 국회의장의 직권상정권한 제한

국회선진화법은 국회의장이 ① 천재지변 ② 전시 사변 또는 이에 준하는 국가비상사태 ③ 교섭단체 대표들이 합의한 경우에만 상정할 수 있게 하고 있다. 이는 국회의장의 본회의 진행권을 침해한 것으로 의장의 권한을 침해한 것이라고 한다.

③ 필리버스터와 종결 제도

소위 합법적인 의사방해 제도(필리버스터)를 재적 3분의 1 이상 의원의 요구로 개시하고 의장이 제출한 종결동의에 따라 무기명 투표를 통한 재적 의원 5분의 3 이상의 찬성으로 종결할 수 있게 하고 있다. 이것은 미국 상원 제도를 모방한 것이나 이에 대해서도 위헌론이 나오고 있다.

### (2) 국회선진화법의 운영 실태

이 법은 박근혜 대표와 진보적인 의원들의 선의에 의한 입법이었는데 정치 현실은 냉혹했다. 야당 의원들은 이를 최고의 특권이라고 생각하여 자기들 마음에 들지 않는 법률안은 한 건도 통과시켜주지 않았다. 경제위기를 극복하기 위한 5개 경제개혁 입법이 통과되지 않았을 뿐 아니라 테러방지법, 북한인권법 등 법률도 10여 년간 통과되지 않는 실정이다.

지난 19대 국회의 운영은 기대 밖이었다. '동물국회'는 피했으나 '식물국회'가 되었고, 선진화법은 '후진화법 · 입법불임법 · 입법불능법 · 국회마비법 · 국가망국법'이라는 오명을 갖게 되었다. 여당은 150석 이상의 절대다수 의석을 가졌으나 120여 석을 가진 야당의 반대로 쟁점 법안은 한 건도 통과시킬 수 없어서 '야당결재법 · 야당거부권법 · 야당독재법'이라 불리게 되었다. 야당은 이 거부권을 행사하여 여당을 압박하여 다수당의 입법안에 발목잡기를 하고, 여당의 약점을 잡아 흥정하여 끼워넣기로 여당안을 야당안으로 변용시키기 일쑤였다.

야당은 이 법을 미끼로 상임위원회 소위나 상임위원회 회의에서 한 사람만 반대하여도 통과시키지 않았고 위원회는 표결조차 하지 않았다. 국회의장은 직권상정 요건이 엄하다고 하여 국가 위급한 상황에서도 법률안의 직권상정을 거부하고, 여당 다수로 직권상정해 달라는 요구도 거부하여 사실상 국회를 공전시켜 왔다. 국회 상임위원회는 소위 중심으로 운영되며 소위에서 한 사람이라도 반대하면 이 규정을 이유로 연기하거나 폐지시켜 버리고 국회법이 정한 제87조의 본회의 상정도 막고 있는 게 현실이다.

### (3) 헌법재판소의 소송 절차 진행

새누리당은 이 선진화법의 규정이 헌법 위반이라고 주장하면서 작년 1월 30일에 권한쟁의를 헌법재판소에 제소했다. 정의화 국회의장에 대해서는 외교통일위에 수년째 계류 중인 북한인권법 등의 심사기간 지정 신청을 새누리당이 요구했는데, 이를 거부한 것은 국회의원의 입법권을 침해했다고 하여 권한쟁의신청을 하였다. 또 정희수 기획재정위원장이 6개월 이상 논의가 지연된 서비스산업발전기본법을 신속처리대상 안건으로 새누리당이 지정 요구했는데도 이를 거부한 것이 국회의원들의 헌법상 입법권을 침해했다고 권한쟁의심판을 청구하였다.

그러나 헌법재판소가 심리를 지연하자 작년 7월에는 새누리당 소속 의원 전원이 신속한 심리를 요구하였다. 그동안 이들 법률안이 국회에서 통과되었더라면 소의 이익이 없어 각하되었을 텐데 아직까지 법률안이 통과되지 않아 헌재는 2016년 1월 28일에 공개변론을 하였다(2015헌라1 사건).

새누리당의 권한쟁의심판의 청구 취지는 여러 가지인데 중요한 것은 국회 의사가 최종적으로 본회의에서 의원 과반수로 결정되는 것이 헌법의 규정인데 이 법률로 인해 그 절차가 막혀 있어 헌법상 일반 다수결 원칙, 의회주의 원리 등 헌법 정신에 위반된다는 것이다. 또 재적의원 5분의 3이 동의해야 신속처리 안건으로 지정되도록 한 선진화법 조항도 상임위원회의 심의 거부로 본회의에 상정할 수 없어 표결 및 심의권이 보장된 헌법기관인 국회의원 개개인의 권한을 침해한다고 주장했다.

헌법재판소는 권한쟁의가 제기된 지 1년 만에 처음으로 구두변론을 열어 당사자의 의견을 들었다. 그러나 헌재는 국회 문제를 국회에서 풀지 않고 헌법재판소에 권한쟁의를 신청한 것에 대하여 불쾌해하는 기색이 농후하였다. 헌법재판소로서는 중요한 국회 내부 문제를 헌법재판소에 제소하는 것이 마음에 들지 않을 것으로 보이며 언제 결심이 날지 시간을 끌어갈 것만 같다.

새누리당 측은 국회선진화법으로 인해 법안이 상임위를 통과하지 못하면 다수당이 소수파로 전락하기 때문에 법안이 상임위에 항시 지체했을 때 해소할 장치가 없기 때문에 규범 통제이며 신속한 국정운영을 위해 헌재가 신속히 결정해주기를 요청하고 있다.

### (4) 국회에서의 개정 논의 과정

① 새누리당의 개정안

새누리당은 2016년 1월 11일 국회선진화법의 개정안을 제출하였다. 그 내용은 국회선진화법 전체가 아니고 의장의 직권상정 사유에 국회의원 과반수가 요구하는 사유를 추가하는 것이다. 야당은 이 안도 반대하고 있으므로 이 안이 국회에서 심의되려면 국회의장이 직권상정하는 길 밖에 없다. 이에 새누리당은 국회법 제97조를 이용하여 국회의장에게 직권상정을 요구하고 있다. 정 의장은 직권상정의 요건이 되지 않는다고 직권상정을 거부하고 있다. 선진화법상 직권상정 요건은 ① 천재지변 ② 전시 사변 또는 이에 준하는 국가비상사태 ③ 교섭단체 대표들이 합의한 경우인데, 현재는 이 요건에 합치되지 않는다고 한다.

② 국회의장의 절충안

국회의장은 새누리당의 절대 다수 요청 시 직권상정할 수 있게 하는 것은 다수당의 독재를 가져오는 악법이라고 하며 새누리당 비주류와 야당 의원 3명의 연명으로 개정안을 제출했다. ① 신속처리 제도는 재적 의원 과반수의 의결로 하며 ② 심사 기간을 75일로 단축하는 것을 내용으로 하고 있다. 정 의장은 이 개정법은 19대 국회에서 처리되어야 한다고 주장한다. 또 ③ 법사위의 병목 현상을 개정하여 법사위의 심사 기간을 90일로 제한하고 이 기한이 지나면 본회의에 자동 상정하도록 했다. 이 안은 국회의장이 원내교섭단체의 합의를 중시하고 의장에게 가해지는 직권상정 요구를 회피하기 위한 것이라는 비판을 받고 있다.

### (5) 법조계, 학계, 언론계의 반응

① 4개 변호사단체의 의견

한 변호사단체는 이 법이 위헌이라며 2014년 9월에 헌법소원을 제기한 바 있다. 이 법에 대해서 새누리당이 2015년 1월에 국회선진화법의 직권상정 금지 등 일부 조항이 국회의원의 법률안 심의의결권을 침해해 위헌이라며 국회의장 등을 상대로 헌재에 권한쟁의심판을 제출했다. 국민들은 소위 선진화법이 '국회고사법 · 국가망국법'이라고 하여 헌재에서 위헌결정을 하거나 국회에서 폐지해야 한다고 주장해왔다. 마침내 서울변호사회가 2015년 10월 28일 국회선진화법은 위헌이라는 의견서를 제출했고 '중요 정책법안, 민생 법안 등이 여 · 야 간사의 미합의를 이유로 상정 · 심의되지 못하고 있다'고 주장하면서 이 법 개정을 촉구하기에 이르렀다. 2016년 1월 14일에는 한반도 인권과 통일을 위한 변호사모임, 헌법을 생각하는 변호사모임, 시민과 함께 하는 변호사모임, 행복한 사회를 위한 변호사모임 등 4개 단체도 성명을 내고 결자해지의 자세로 조속히 개정하라고 촉구했다.

② 국민, 학자, 정치가의 의견

국회선진화법을 폐지하거나 개정하여야 한다는 것은 많은 국회의원과 국민들의 생각이다. 국민들은 이로써 국민의 기본권이 침해된다고 하여 헌법소원을 제출하기도 하였다. 여당 의원뿐 아니라 상당수의 야당 의원도 이 법 개정의 필요성을 인정하고 있다. 국회에서 정부 · 여당이 제출한 입법안이 야당의 반대로 통과되지 못하였기 때문에 국가기관 간에도 알력이 생겼었다. 다수 언론기관이나 정치학자 · 공법학자들도 국회선진화법의 폐지 내지 개정을 요구하고 있다.(각 신문 사설 참조)

### (6) 선진화법의 위헌성 여부

① 안건신속처리 요건으로 가중다수결 원칙 채택

이 법은 '동물 국회'를 막겠다는 취지에서 여야 합의로 만들어졌으나 소수인 5분의 2의 국회의원만 반대하면 모든 입법을 비토할 수 있는 소수 독재입법으로 국회 부인법의 기능을 발휘하고 있다. 국민이 선거에서 뽑은 다수당의 의사를 무시하고 소수파인 국회의원 5분의 2에게 입법독재권을 주는 것은 국민주권, 다수결의 민주주의에 위반하는 것으로 헌법에 위반하는 것은 너무나 당연하다. 헌법 제49조는 원칙적으로 다수결을 규정하고 있는데 신속처리 안건 지정에 5분의 3의 의결정족수를 가중한 것은 실정 헌법에 위반된다. 국민 다수의 지지를 얻은 다수당이 소수당의 거부로 입법할 수 없는 것은 국민에 대한 '책임 정치'에 반하는 것이고, 다수결이라는 민주정치에 위배되는 위헌 불법조항이다.

국회 의석의 40%만 가지면 법률 제정 · 개정을 마음대로 거부하는 게 가능한 나라는 세계에 없다.

② 직권상정 요건 강화

정의화 의장은 그동안 현재의 선진화법이 실정법이기 때문에 이에 따라야 한다고 하여 정부 · 여당의 직권상정 요구와 호소를 거절해왔다. 국회의장은 입법부의 수장으로서 국회 활동을 주재해야 하는데 여 · 야 원내대표의 동의 없이는 직권상정조차 못하는 종속기관이 되어버렸다. 이것은 입법부 수장의 사회권과 의사진행권을 침해한 것으로 위헌 · 위법이다. 또 상임위원장이나 법사위원장이 상임위의 표결 없이 위원 한 명만 반대하더라도 안건을 연기 또는 폐기하는 것은 국회법과 헌법의 의결 절차를 위반하는 불법 행위이다.

### (7) 선진화법 폐지나 개정의 시기

① 헌법재판소의 역할

헌법재판소가 국회를 마비시키는 이 법의 위헌을 이제야 심리하는 것은 무책임한 직무유기 행위라고 비판받고 있다. 헌법소원이 제기되면 180일 이내에 심리를 해야 함에도 불구하고 중차대한 국민주권 위반 행위를 1년이 지난 이제야 심리하는 것은 늑장 재판이며 직무유기 행위라고 비난받을 수 있다. 헌법재판소는 국회가 원만하게 선진화법 개정에 합의해주기를 바라겠지만 지난 2년 반 동안의 경험으로 보아 야당에게 이 법 폐지를 기대하는 것은 연목구어이다. 헌재는 이러한 국회의 국민주권 위반, 다수결 위반의 반헌법적 입법을 시정하기 위한 사명을 위임받은 위헌심판기관인 만큼 헌법의 요청에 따라 신속히 위헌 결정을 내려 국회가 정도를 밟게 헌정을 공정히 운영하도록 지도해야 할 것이다. 헌법재판소는 권한쟁의나 헌법소원이 부적법하게 제기되었다고 하여 기각할 것이 아니고 헌법 수호의 책임이 있는 헌법기관으로서, 헌정의 수호자로서 국회선진화법을 실질 심사하여 위헌 선언을 하여야 할 것이다.

② 국회와 국회의장의 역할

국회는 그동안 '식물 국회'의 폐단을 잘 알고 있으므로 이번 제20대 총선 전까지는 이 법률을 개정하는 데 앞장서야 할 것이다. 국회가 미국식인 필리버스터 제도가 필요하다고 인정하는 경우에는 선진화법에서 필리버스터와 그 중지 요구 규정만 남겨 둘 수는 있다. 그러나 필리버스터 중지 요청도 5분의 3 이상으로 규정한 것은 문제가 있다. 근본적인 문제는 5분의 3 이상의 의결정족수를 요구하는 선진화법의 위헌 문제이다. 이는 반민주 위헌 법률이기 때문에 헌재가 위헌을 선언하기 전에라도 국회가 위헌 사태를 결자해지해야 한다. 국회의장은 위헌 법률의 적용을 강조하지만 이는 헌법 수호 책임을 진 국회의장의 직무유기라는 지적이 있다. 작년에 국회의장은 예산안 부수 법안을 직권상정한 적도 있다. 헌법 수호와 입법부 정상화를 책임져야 할 의장은 선진화법이 위헌이라는 양심에 합치되는 직권상정 용단을 할 필요가 있다. 직권상정이 되면 국회 상임위의 5분의 3 의결 규정을 폐지해야 한다. 국회의장이 국회선진화법의 폐지 계기를 제공한다면 국회의장은 역사에 남을 의거를 한 의장으로 기억될 것이다. 정 의장도 선진화법이 제19대에는 폐지되어야 한다고 공언한 바 있으므로, 이 법을 제20대 국회에까지 대물림하여 국회 불임 상태를 지속되도록 해서는 안 될 것이다. 국민들은 제19대 국회의 입법 발목잡기에 분노하여 국회 개혁 범국민연합을 결성하여 2015년 10월 19일에는 서울시민 광장에서 문화제까지 열었다. 이 시민단체는 193개 시민단체의 연합체이며 천만명 서명운동에 나설 것이라고 한다. 이 단체는 앞으로 국회 해산, 국회의원 파면, 국회특권 줄이기 등 시민운동을 전개하기로 했다.

이번 사건을 계기로 헌법을 개정하여 다당제 · 연립정부로 가지 않는 한 다수당이 국회 운영의 책임을 다할 수 있도록 미국식으로 바꿔야 한다. 상임위원장은 다수당이 차지하고, 상임위원회는 표결 처리하여 회의록을 공개하고, 법사위원회는 본래 기능인 자구 수정만 할 수 있게 국회 운영을 민주화하여 미국식 대통령제와 같이 국회 운영을 정상화하여야 할 것이다. 헌정 70년이 다 되어 가는데 아직도 구태의연한 '동물 국회' '식물 국회'를 재연해서는 안 될 것이다.

■ 김철수 서울대 명예교수 프로필

서울대 법대, 뮌헨대 유학(헌법학), 서울대 법학박사- 서울대 법대 교수- 한국공법학회 회장, 한국헌법연구소장- 탐라대 총장- 국회 헌법개정자문위원장- 서울대 명예교수(현)

## 11. 제20대 총선에 참여하기*

오는 [2016년] 4월 13일에는 제20대 총선이 시행된다. 아직 선거구 획정조차 되지 않았기에 선거가 예정대로 치러질지조차 잘 모르는 형편이다. 그러나 현직 국회의원들이 재선을 노리고 있기에 막바지 협상이 이뤄져 4월에 총선거가 행해질 것은 틀림없다.

이번 선거 이슈가 무엇이 될지 오리무중이다. 그동안 야당은 정권심판론을, 여당은 야당심판론을 들고 나왔는데 갑자기 야당이 분열되어 4당 체제가 됐기에 여당은 과연 어느 야당을 타깃으로 선거전을 벌여야 할지 난감하게 됐다. 더불어민주당은 정의당과 야권연합을 하여 정권심판론을 강력히 밀어붙일 모양이다. 국민의당은 처음에는 극우와

* 『서울대동창회보』 제455호 (2016. 2) 오피니언 관악춘추

극좌를 배제한 중도정당을 표방하더니 호남의 민심을 잡기 위하여 총부리를 여당 · 정부로 겨누고 있다.

새누리당은 1여 3야 하에서 어부지리를 얻어 5분의 3인 1백80석을 얻을 것으로 낙관하고 있으나 이는 과거 다야선거의 역사를 잘 모르는 소치이다. 제14대 선거부터 3야당이 난립한 경우에는 여당은 40%에 미달하는 득표밖에 얻지 못했다. 그것은 분열된 야당이 선거 막바지에 가서 후보조정을 하여 가장 강력한 단일후보를 내세웠기 때문이다. 또 선거전에서도 1여당에 대한 3야당의 집중포화가 훨씬 큰 위력을 발휘하기 때문이다.

소선거구 다수선거제 하에서는 큰 정당이 유리하며 여당과 제1 야당의 의석확보가 유리할 것은 틀림없다. 그러나 국민의 당이 호남향우회의 지지를 받고 중도를 지향하는 전국 정당으로 발전하는 경우, 중도층과 제1 야당에 식상한 유권자가 이들을 지지하여 돌풍을 일으킬 가능성도 없지 않다. 죽기 살기로 대결하는 정당보다는 토론과 타협을 원하는 국민들이 많기에 제3당의 향배에 따라 선거결과가 달라지기에 승패를 예측하기는 어렵다.

제20대 국회의원선거에 임하는 정당은 우선 그들이 지향하는 정책을 공개하고 주민의 심판을 받아야 한다. 서로가 복지증진과 경제민주화라는 달콤한 구호만 내걸어 유권자의 판단을 흐릴 것이 아니라 안보정책, 통일정책, 경제정책, 교육정책, 사회정책 등 구체적 대안을 분명히 밝혀 정책경쟁을 하여야 하겠다. 정책을 내걸지 않고 인물이나 지역 · 정당을 내세우는 경우에는 제19대 국회심판론, 야당심판론이 대세를 결정할 것이다.

제19대 국회는 역대 국회 중에서 최악의 국회로 인정되고 있다. 정부 · 여당의 법안을 통과시켜 주면 경제가 살아나 여당의 인기가 올라갈까봐 사생결단으로 발목잡기를 하여 불임국회를 만든 비타협적 · 전투적 · 이념과잉인 제19대 국회의원은 국민의 심판을 받아야 할 것이다.

사실 대통령제 하에서의 다당제는 정국안정을 위해서는 바람직하지 않으나 토론과 타협이라는 연립과 협치를 위해서는 여당이나 야당 어느 쪽과도 정책연립을 할 수 있는 중도정당이 필요하다. 좌편향하여 통진당과 연립했던 구태의 재등장은 막아야 할 것이다.

주권자인 국민은 제20대 국회가 정상국회가 될 수 있도록 여당이나 야당의 행태를 면밀히 분석하여 심판하여야 하겠다. 전과자가 10분의 1이 넘는 국회는 이제 부정되어야 한다. 한국의 민주주의가 발전할 것인지 후퇴할 것인지 여부는 유권자의 선택에 달려 있다. 국가의 장래를 걱정하는 애국심에서 유권자는 신성한 한 표를 행사해야 하겠다.

(김철수. 모교 법학부 명예교수 · 본보 논설위원)

# 12. 장관 · 공공기관장 총선 출마 제한*

4 · 13총선을 앞두고 공공기관장 9명이 국회의원 배지를 달겠다며 임기 중에 줄줄이 사퇴했다. 정창수 · 박완수 전 인천국제공항공사 사장은 모두 임기를 채우지 않고 선출직에 새롭게 도전하기 위해 사표를 던졌다. 김석기 전 한국공항공사 사장이나 김성회 전 한국지역난방공사 사장도 마찬가지다. 정치인 출신 장관이 총선 출마를 위해 무더기로 사퇴하는 것을 놓고도 시선이 곱지 않다. 장관직을 경력 관리용으로 활용한 게 아니냐는 지적을 받는다. 공공 개혁 차질 등의 부작용이 우려되는 만큼 전문성과 업무 연속성이 중요한 공공기관장 등은 임기 내 총선 출마를 제한해야 한다는 주장이 나온다. 반면 정치 참여는 개인의 자유에 해당되는 사안이므로 법으로 규제할 일이 아니라는 반론도 만만치 않다. 양쪽의 주장을 들어 본다.

세종 강주리 기자 jurik@seoul.co.kr

**[贊] 한상희 건국대 법학전문대학원 교수**

선거철 공공행정 · 공기업 경영 파행

선거망국론이 되살아날 판이다. 이승만 독재 체제가 내세웠던 선거망국론은 선거공영제라는 명목으로 관권선거를 은폐하던 '허위의 논법'이었다. 하지만 숱한 공직자, 공공기관장들이 그 직을 내팽개치고 선거판에 뛰어드는 최근의 '철새 정피아' 현상은 또 다른 선거망국론을 상기시킨다. 가뜩이나 정치 과잉인 나라에서 공공행정과 공기업 경영이 선거정치의 소용돌이에 휘말려 파행과 부실의 늪으로 빠져들고 있기 때문이다.

이번 총선만 해도 그렇다. 벌써 9명의 공공기관장과 두 명의 부총리를 비롯한 7명의 장관들, 그리고 같은 수의 청와대 비서진이 사퇴했다. 입신양명을 위해 혹은 다수 의석을 확보해 권력 기반을 공고히 하기 위해 나랏일 정도는 가볍게 내치는 행태가 선거 때마다 반복되고 있는 것이다.

우리의 정부와 공기업은 엽관의 폐해에 그대로 노출돼 있다. '당내 경선에 참가해 몸값을 키워 놔야' 나중에 공공기관에 낙하산 자리 하나 얻게 된다는 당찬 발언이 이를 증명한다. 고위 공직이 전문성과 헌신성이 아니라 임용권자의 정치적 책략에 따라 혹은 자신에 대한 충성도와 공헌도에 따라 마치 전리품처럼 나눠지고 있는 것이다.

세월호 참사나 메르스(중동호흡기증후군) 사태 등에서 보듯 한없이 무능하고도 무책임한 정부 행태나 최근 보안 체계에 구멍이 뻥뻥 뚫린 공항공사의 사례는 이런 파행적인

---

* 서울신문 2016. 2. 12. (이슈&논쟁)

인사에서 연유한다. 애초부터 고위 공직이 자신의 정치적 경력을 관리하기 위한 수단이거나 자기 사람을 키워 정치세력화하는 수단으로 이용되는 상황이 되다 보니 그 업무의 효율성이나 경영상의 합리성 혹은 국민 전체의 이익과 같은 본연의 직무 목표는 아예 기대 난망인 채로 방치돼 버리고 마는 것이다.

대통령이라고 해서 고위 공직을 자의적으로 운용할 수는 없다. 우리 헌법이 대통령과 행정각부를 분리하고, 각종 법률이 정부와 공기업을 나눠 둔 것은 공공행정 및 공적 서비스에서의 권력분립 이념을 관철시키고자 함이다. 행정각부가 정치적 중립성과 신분의 보장을 받는 직업공무원으로 구성되는 것은 이 때문이다. 공기업도 마찬가지다. 특정한 공적 서비스들을 정부가 아닌 시민사회나 시장에 분산시켜 놓음으로써 권력의 집중으로부터 나오는 폐해들을 예방하고자 하는 것이다.

요컨대 선거공학적 관점에서 장관직이나 공기업 임원직에 대한 인사권을 행사하는 것은 이런 헌법 명령에 어긋난다. 정파적인 선거 전략에 따라 장관직이 좌우되고 공직사회가 뒤흔들리며 공기업의 경영과 관리 자체가 파행화되는 것은 입헌민주주의의 틀 자체를 위협하게 되는 것이다.

그래서 장관직 혹은 공기업 임원들에 대해 피선거권을 제한하는 조치를 고려할 필요가 있다. 선거와 의회정치의 영역과 행정 및 공적 서비스의 영역을 분리시킴으로써 후자를 전자의 영향력으로부터 독립시켜야 한다는 것이다. 즉 당내 경선을 포함한 각종 선거에 참여한 자에 대해서는 일정 기간 장관이나 공기업 임원의 직에 취임할 수 없게 하는 한편 장관이나 공기업 임원직에 있던 사람은 그 직을 사퇴하거나 그 임기가 종료한 후 1, 2년 정도는 공직 선거에 출마하지 못하도록 해야 한다. 아울러 장관의 의원직 겸직도 금지해야 한다. 정치판을 기웃거리던 사람이 전문성에 관계없이 고위 공직이라는 전리품을 획득한다거나 혹은 장관이나 공기업 임원으로 재직하면서 정치권을 기웃거리는 그간의 행태를 사전에 봉쇄해야 한다는 것이다. 이런 통제 장치를 통해 공공행정과 공공서비스 체계의 중립성과 합리성, 책임성을 최적의 수준으로 보장할 수 있어야 한다.

미국의 연방헌법에는 민주주의라는 말은 없어도 법의 적정 절차로 표현되는 법치의 이념은 누차 반복된다. 다수의 권력이 자행할지도 모르는 폐단들을 법의 이름으로 예방하거나 교정하고자 하기 때문이다. 엽관제라는 미국식 제도는 이런 장치에 의해 순치된다. 우리의 행정조직 혹은 공기업제도는 이 경험들로부터 많은 것을 배워야 한다. 그 자리들은 대통령과 같은 다수자 권력의 전유물이 아니라 우리 국민 모두의 것이기 때문이다.

### [反] 김철수 서울대 헌법학 명예교수*

공직 헌신했다고 출마 막으면 위헌

* 「공직자입후보금지법은 위헌일 가능성이 높다」 제목 변경

이제 국회의원 선거일도 65일 정도 남았다. 벌써 각 정당의 공천을 받기 위해 전직 공직자가 줄을 서고 있고 심지어 전직 청와대 비서관까지 야당 의원으로 입후보하려 한다. 교수 중에도 강의는 팽개치고 예비후보 등록을 해 선거전에 돌입한 사람도 있다.

고위 공무원이 재취업하려면 공직자윤리법에 따라 공직자윤리위원회의 심사를 받아야 하지만 국회의원 입후보는 재심사를 받지 않는다. 일각에서는 이를 개정해 공무원 퇴직자의 국회의원 입후보를 제한해야 한다고 주장한다. 공무원이나 공기업 간부들은 행정부 요원으로 발탁돼 일부는 국회 청문회까지 거친 뒤 1년도 지나지 않아 국회의원으로 입후보한다. 이것이 국력 낭비이기 때문에 임기가 끝날 때까지 국회의원 입후보를 위한 사임을 하지 못하도록 하자는 것이다. 이들의 주장도 일리가 있다.

그러나 피선거권은 민주 국민에게 가장 중요한 권리이기 때문에 함부로 제한해서는 안 된다. 좋은 직장을 사임하고 국회의원이 되려는 고위 공무원, 장관, 공기업의 사장 등은 국회가 경제 발전, 국가 안전 등에는 관심이 없고 의원 개인의 이익 챙기기에만 열중하고 있어 현재의 국회를 개혁하지 않으면 국가가 망할지 모르기 때문에 고생길인 선거를 치르면서까지 나라를 바로 세우겠다는 것이라고 주장한다. 진심이라면 새겨들어야 한다.

사실 국회의원은 국민의 대표자로 군림하면서 무노동 · 무임금 원칙이 적용되지 않고 세비를 받을 수 있다. 지역구 관리만 잘하면 4선, 5선을 해 20여 년 간 장 · 차관급의 월급과 많은 특권을 누릴 수 있다. 이 좋은 자리를 얻기 위해 임기가 보장되지 않는 장관직을 내놓고 입후보하는 것을 나무랄 수만은 없다.

우리나라는 공무원이 직권을 이용해 선거운동하는 것을 막기 위해 국회의원 입후보 시 3개월(90일) 전에 사직하도록 법률로 제한하고 있다. 반면 의원내각제 국가에서는 장관직을 가지면서도 국회의원에 입후보할 수 있고 장관직을 겸직할 수도 있다.

국회의원은 장 · 차관보다도 높은 국정 요직이다. 장 · 차관 등 고위 공직자들은 혹독한 검증 절차를 거치지만 국회의원이 될 때는 검증 절차가 미흡하다. 언어 · 신체 폭력을 잘 쓰거나 폭력 전과가 있는 사람이 정당 공천을 받아 당선돼 동물 국회로 만드는 경우도 있었다.

이들보다는 국회에서 청문회를 통과한 장관 출신들이 국회의원이 되는 것이 훨씬 바람직하다. 비례대표제를 도입한 목적은 직능대표를 국회에 보내려는 면도 있으나 정책 입안과 정책 집행, 정책 감사에 경험이 있는 사람이 국회에 들어와 전문 지식을 발휘할 수 있게 하기 위한 것이다. 이를 위해 교수들에게 정치 활동의 자유를 보장했고 국회의원 겸직도 허용했지만 당선되면 4년간 국회 일에 전념하라는 이유로 교직에서 사직해야 한다.

국회의원의 자격은 우선 피선거권이 있어야 한다. 공직선거법은 국회의원의 피선거권이 없는 사람은 ① 금치산 선고를 받은 사람, ② 선거사범, 정치자금사범 등으로 유죄선고를 받았거나 1000만원 이상의 벌금형 선고를 받았던 사람, ③ 법원 판결 또는 다른 법률에 의해 피선거권이 상실된 자, ④ 금고 이상의 형의 선고를 받고 그 형이 실효되지 아니한 자 등이다. 전과자들이 사면을 받거나 형이 실효돼 피선거권을 회복, 입후보하는 사람들이 많다. 국회의원의 자격 심사는 정당의 공천 기관이 하지만 국민이 국회의원 자격을 심사할 수 있는 제도를 도입해야 한다. 공천 과정과 선거 과정에서 국민들이 적극적으로 후보자들의 자격 검증을 해야 한다.

국회의원의 질을 높이고 정책 개발과 정책 감사에 적합한 공무원들이 국회의원이 되는 길을 열어 줘야 한다. 반대로 공직자로서 국가 발전에 공헌을 많이 한 사람의 입후보 자격을 제한하는 것은 기본권 제한의 비례성에 위배돼 위헌이라고 해야 할 것이다.

전직 공직자는 공직자윤리법이 규정하고 있는 것처럼 전직에서의 비밀을 지키고, 정당의 이익을 위해 이를 악용해서는 안 된다. 전직 공직자의 입후보 제한은 현행 법 규정만 잘 지키면 충분하기에 이들의 입후보 여부는 공직자의 윤리에 맡겨야 할 것이다.

## 13. 憲裁 앞서 국회가 선진화법 폐기해야*

박한철 헌법재판소장은 지난 18일 편집인협회 토론회에서 국회의장의 의견에 따라 제19대 국회의원 임기 말까지 국회선진화법에 대한 최종 결정을 내리겠다고 말했다. 국회선진화법을 새누리당은 위헌이라고 하여 지난해 1월 헌재에 권한쟁의를 신청했으며, 일부 시민은 이로써 국민의 기본권이 침해된다고 하여 헌법소원을 제출했다. 지난해 7월에는 새누리당 소속 의원 전원이 신속한 심리를 요구했다. 헌재는 올해 1월 28일에야 공개변론을 했다. 헌재(憲裁)가 2년 동안 결정을 미뤄 오다가 19대 국회 임기 말까지 결정 내릴 것이라니 다행이다.

국회선진화법은 국회의장의 직권상정권을 엄격히 제한하고 있다. 새누리당은 이 선진화법의 규정이 헌법 위반이라고 하여 헌재에 제소했다. 새누리당은 국가비상사태 또는 교섭단체 대표의 합의가 없으면 안건을 본회의에 직권상정할 수 없도록 규정한 것 자체가 표결 및 심의권이 보장된 헌법기관인 국회의원 개개인의 권한을 침해한다고 주장하고 있다.

19대 국회의 운영은 기대 밖이었다. 동물국회는 피했으나 식물국회가 됐고, 선진화법은 '국회마비법'이라는 오명을 얻었다. 여당은 150석 이상의 절대다수 의석을 가졌으나 120여 석을 가진 야당의 반대로 쟁점 법안은 한 건도 통과시킬 수 없어 '야당결재법' '야당독재법'이라 불린다. 야당은 거부권을 행사해 여당을 압박, 다수당의 입법안에 발목을 잡고 여당의 약점을 잡아 흥정해 끼워넣기로 여당안을 야당안으로 변용시키기도

* 문화일보 2016. 3. 21 (오피니언)

했다.

새누리당은 지난 1월 11일 국회선진화법의 개정안을 제출했다. 그 내용은 국회선진화법 전체가 아니고 의장의 직권상정 사유에 국회의원 과반수가 요구하는 사유를 추가하는 것이다. 야당은 이 안도 반대하고 있으므로 이 안이 국회에서 심의되려면 국회의장이 직권상정하는 길밖에 없다. 개정 이유는 국민 다수의 지지를 얻은 다수당이 소수당의 거부로 입법할 수 없는 것은 국민에 대한 책임정치에 반하는 것이고, 다수결이라는 민주정치에 위배되는 위헌 불법이라는 것이다. 국회의석의 40%만 가지면 법률 제정을 마음대로 거부하게 하는 나라는 없으며 이는 야당독재국가라고 비판하고 있다.

이 법에 대해 많은 언론인 · 정치인 · 학자가 이 5분의 3 가중의결 정족수 제도를 폐지하거나 개정해야 한다고 주장한다. 다만, 야당은 이를 기득권으로 인정해 절대 포기할 수 없다고 버티고 있다. 정의화 의장은 입법긴급사태라고 하여 테러방지법을 직권상정했다. 이에 야당은 법률안이 통과될 것을 알면서도 11일간 필리버스터를 벌여 국회 의사를 마비시켜 세계인의 빈축을 샀다. 테러방지법안은 한 자도 수정되지 않은 채 국회를 통과했다.

야당은 직권상정의 범위를 넓히는 여당안의 직권상정을 반대하고 있는데, 정 의장은 국회 공백과 준(準)국가비상상태로 보아 직권상정하는 게 옳다. 의장은 헌정질서를 바로잡고 국회를 정상화하기 위해 직권상정해 국회 본회의에 회부해야 한다. 국회는 여당안과 함께 상임위원회 신속처리 규정과 필리버스터 규정도 포함해 국회선진화법 전부의 폐지를 의결해야 한다. 국회선진화법이 19대 국회를 역대 최악의 식물국회로 만든 원인인 만큼 임기 내에 반드시 폐지해야 한다. 19대 국회의 악법과 관례를 말끔히 씻어 제20대 국회는 다수결 원칙이 지배하는 민주국회로 제 기능을 발휘하게 해야 한다.

19대 국회는 헌재의 결정에 앞서 임기 내에 선진화법을 개정해야만 할 것이다.

## 14. 명예훼손 · 民主침해 '면책' 제외해야*

제20대 국회 개원과 함께 각 정당이 국회의원 특권(特權) 내려놓기에 경쟁적이어서 흐뭇하다. 국회의원의 특권은 여러 가지가 있으나 현재 문제가 되고 있는 것은 헌법에 규정돼 있는 불체포특권과 면책특권이다. 국회의장은 국회의원 특권 내려놓기 자문기구를 만들어 여기에서 추진토록 하겠다고 했다.

우리 헌법은 국회의원이 국회에서 직무상 행한 발언과 표결에 관하여 국회 외에서는 책임을 지지 아니한다고 면책특권을 규정하고 있다(제45조). 국회의원의 폭로 발언까지

---

* 문화일보 2016. 7. 5 (오피니언)

책임을 묻지 않아도 되게 돼 있다. 이는 왕조나 독재국가에서 왕이나 독재자가 국회의원의 직무상 발언까지 처벌하려고 하여 국회의원의 발언과 표결의 자유를 보장하기 위한 면책 목적을 가졌다. 우리나라에서도 자유당 시대나 군사정권 아래서는 그 순기능을 발휘하고 있었다. 그러나 이제 시대가 달라졌다.

최근에도 한 초선 의원이 확인하지도 않고 특정인을 성범죄자로 발표했다가 사실무근임이 밝혀지자 사과만 하고 책임은 지지 않고 있다. 이 의원의 발언은 국회 외에서도 발표됐기에 당사자의 명예에 큰 손상을 주었다. 국회 외의 발언으로 특정인의 명예를 훼손했다면 그 의원은 면책특권 혜택을 받을 수 없을 것이다. 어느 초선 의원은 현직 경찰서장의 사생활을 폭로하는 질문을 하고 개인의 가정사에 대해서도 보고를 요구했다. 이는 국회의원이 공무원이나 개인의 명예와 사생활의 자유와 비밀을 침해한 것이다. 그런데 면책 대상이라며 사과도 하지 않고 있다.

문화일보에 따르면 면책특권은 견제 아닌 정쟁의 수단으로 악용돼 왔다. 국회의원이 면책특권을 핑계 삼아 개인의 명예를 훼손하고 사생활을 침해하는 일이 늘어나고 있다. 독일은 이전에는 면책특권을 인정했으나 1949년 헌법부터는 모욕적 언사에 대해서는 책임을 면제하지 않는다. 우리 헌법도 독일의 선례를 따라야 한다는 요구가 많아 2014년에 구성된 헌법개정자문위원회에서는 명예훼손적 발언이나 민주적 기본질서를 침해하는 발언에 대해서는 면책특권을 인정하지 않기로 했다(헌법개정안 제67조). 국회의 면책특권 내려놓기가 진심이라면 이 조항을 국회법에 입법화해야 할 것이다.

오늘날 국회의원이 공무원이나 장관들보다도 고자세로 조사권을 남용해 갑질하는 것을 자주 보게 된다. 국회의원이 사적 이익을 위해 국회의원회관에서 기업의 신용을 훼손하거나, 국가기밀을 누설하는 사례가 늘어나고 있다. 국회의원이 아니더라도 진실이고 공익을 위한 폭로는 누구나 할 수 있다. 그런 만큼 국회의원에게 허위사실 유포 명예훼손 행위의 책임을 면제할 특권 인정 필요성은 없어졌다.

국회 본회의나 상임위원회에서가 아닌 공간에서 사담을 하고 이것이 보도되게 하여 국민의 인권을 침해하고 기업의 신용을 훼손하여 개인적 이득을 얻는 경우도 있다. 국회의원들은 일반 국민과 같이 표현의 자유를 가지고 있으며 일반 국민과 같은 책임을 져야 한다. 지방의회 의원이나 감사위원 등에게는 특권이 인정되지 않는다. 국회의원의 발언은 많은 사람이 진실인 줄 믿고 있기 때문에 피해자의 권리 침해는 막아야 한다.

독일 하원의장은 의원의 면책특권 폐지를 위한 헌법 개정을 약속했다. 제20대 국회의 간부와 각 당 대표들은 국회 특권 내려놓기의 첫걸음으로 사적 매체를 이용한 발언에 대해 엄중히 처벌하도록 법을 개정해야 할 것이다. 국회의원의 활동을 국민의 눈높이에 맞춰야 한다.

## 15. 바람직한 개헌 내용 · 절차에 관한 小考*

그동안 유력 대선 후보들의 반대로 미궁을 헤매던 개헌(改憲)이 박근혜 대통령의 24일 국회 예산연설로 물꼬를 트게 됐다. 1987년 헌법은 30년간 시행되면서 여러 문제점이 나타났다. 그중에서도 대통령선거가 사생결단으로 치러지고, 낙선자는 부정선거라며 당선자의 정당성을 부정하고, 국가원수의 권위를 무시하며 국기를 흔들어 국가안전을 위협했던 일이 한두 번이 아니었다. 여소야대 국회에서는 국회가 입법거부권을 행사해 정부의 행정을 마비시킨 일도 있었다.

이에 많은 사람이 헌법을 개정해야 한다고 주장해 왔으나, 권력구조에 대한 유력 대선 후보자의 동의를 얻을 수 없어 개헌은 국회의 문턱을 넘지 못했다. 그동안 야권의 개헌 주장에 반대해 오던 박 대통령이 장고 끝에 제20대 국회 초반이 헌법 개정의 최적기라고 판단해 국회에서 임기 내 개헌을 밝힌 것은 그 자체로 의미가 있다. 그러나 개헌은 많은 정치 이슈를 내포하고 있기에 쉬운 일이 아니다.

20대 국회는 여소야대의 3당 체제이기 때문에 국회의원의 애국심이 없으면 국정이 운영되기 어려운 형편이었다. 국회의 임기는 3년 반도 더 남았기에 국정 마비의 장기화 가능성이 많은 현행 제도를 개편하기 전에는 국가 경영이 불가능할 지경이었다. 그래서 박 대통령의 개헌 구상은 원론적으로 타당하다. 그러나 문제는 개정 헌법에 담을 내용이다.

일각에서는 기본권을 포함해 전면 개헌을 주장하고, 또 일각에서는 권력구조만 개정하자고 주장한다. 국회의원들로서는 국회 권한 강화만을 생각해 내각불신임, 예산법률주의, 국정감사권 등을 고집할 것으로 보인다. 만약에 국회가 제19대처럼 행정 입법권까지 가지겠다고 하거나 예산편성을 하겠다거나, 내각불신임을 마음대로 하겠다고 하면 정부와 대립하게 돼 개헌의 시기를 놓치게 될 것이다. 대통령의 임기를 4년으로 하되 중임만 하게 하는 원포인트 개헌을 해선 안 된다. 국회는 국정감사권을 폐지하고 수시로 국정조사를 할 수 있게 해야 한다.

기본권 조항에서는 새로운 기본권, 즉 아동 권리, 알 권리, 행동자유권, 기본권의 대사인적(對私人的) 효력 등을 추가해야 한다. 국가안보나 국론 통일을 위해 독일 기본법처럼 비평화적 무장집회나 모욕 · 명예훼손 · 민주적 기본질서를 침해하는 언론 · 출판 · 집회 · 결사는 제한할 수 있게 해야 한다. 기본권 확대는 바람직하나 국민의 기본권 존중 의무를 규정해야 한다.

헌법 개정을 대통령 임기 중에 하여 새 대통령 취임일부터 시행하려면 이제 16개월밖에 남지 않았다. 이를 국회나 시민단체의 여론에만 맡긴다면 시기적으로 불가능할 가능성이 있다고 생각해 정부에서는 조급한 마음으로 정부 주도의 헌법 개정을 생각하고 있는

* 문화일보 2016. 10. 25 (오피니언)

것 같다. 그러나 정부는 대통령의 예산연설처럼 국회 주도로 개헌안을 만들게 하고 국회안(案)에 이의가 있는 경우에는 국회와 타협해 헌법 개정안을 고치도록 유도해야 할 것이다. 만약에 국회가 개헌을 사보타주하는 경우에는 부득이 정부가 대통령안을 만들어 제출할 수는 있을 것이다.

현재의 헌법을 만든 1987년에도 국회가 개헌안을 만들었으나 국회 법사위원장이 정부, 대통령과 긴밀히 연락해 상호 만족할 수 있는 헌법개정안에 합의할 수 있었다. 축제여야 할 헌법 개정이 국회와 정부의 주도권 다툼의 전장(戰場)이 돼선 안 된다. 새 헌법은 여야뿐 아니라 온 국민이 환호하는 새 공화국의 기틀이 되도록 개헌 당사자들이 협력해야겠다.

## 16. 통일 한국선 대통령 · 국회 모두 권력 줄여야*

['한국통일의 정치와 헌법' 펴낸 김철수 서울대 명예교수]

통일 이후 가정해 헌법안 마련
제1조 '모든 사람은 존엄권 가져'… 체제보다 기본권 앞세운 것
"나라가 왜 이 지경이 됐느냐고? 그게 다 헌법 무시했기 때문"

"한반도가 지금 엄청난 위기 상태 같지요? 하지만 통일은 기적처럼 갑자기 다가올 수도 있습니다. 우왕좌왕하다 기회를 놓쳐선 안 됩니다."

원로 법학자 김철수(84) 서울대 명예교수의 목소리는 느릿하면서도 묵직했다. 4년의 집필 작업 끝에 그는 지난주 700여 쪽에 달하는 새 연구서 '한국통일의 정치와 헌법'(시와 진실)을 펴냈다. '그가 쓴 책을 읽지 않고 고시에 붙거나 법학자가 된 사람은 없다'는 말이 있을 만큼, 국내 헌법학의 권위자인 김 교수는 이 책에서 남북통일 이후를 가정하고 '통일 헌법'의 틀을 짰다.

서울 상도동 연구실에서 만난 그는 "통일 한국의 정체(政體)는 분권형 대통령제가 돼야 할 것"이라고 말했다. "대통령은 국가적 · 정치적 권력을 지니고, 총리는 일상적 · 행정적인 권력을 갖게 하도록 권력을 분산시키는 것입니다. 대통령은 국회해산권을 갖게 하고, 총리는 다수당의 대표가 맡도록 해 서로 견제를 가능하게 하는 것이죠."

서울 상도동 연구실에서 만난 김철수 교수는 "통일이 되면 더 좋은 체제에서 살 수 있다는 것을 북한 주민에게 알리고 싶었던 것도 책을 쓴 이유 중의 하나"라며 "1991년의 남북기본합의서

---

* 조선일보 2017. 3. 6.

정신으로 돌아가 평화적으로 통일을 이뤄야 한다"고 했다. /이진한 기자(사진 삭제)

흔히 '제왕적 대통령제'라는 말을 하지만, 그가 보기엔 '제왕적 국회의원'도 큰 문제다. "도대체 한번 국회의원이 되면 견제 장치가 없지 않습니까? 자기들끼리 제대로 징계를 하는 것도 아니고…. 상 · 하 양원으로 나눠 서로 감시하게 하고, 국민이 직접 의원을 소환할 수 있어야 합니다." 대법원 역시 전문 분야별로 4~5개 정도로 나눔으로써 '독재'를 막아야 한다는 것이 그의 구상이다.

하지만 통일 헌법에서 그가 더 비중을 두는 곳은 국민의 기본권이다. 현행 헌법 제1조 1항은 '대한민국은 민주공화국이다'이지만, 그의 통일 헌법안은 이렇게 시작한다. '모든 사람은 인간으로서 존엄권을 가진다. 모든 사람은 행복을 추구할 권리를 가진다.' 김 교수는 "국가 체제보다도 사람이 행복하게 살아야 한다는 것이 더 중요하기 때문"이라고 설명했다. 알 권리, 공개청구권, 생명권 같은 기본권 관련 조문 60여 개를 넣은 것도 그 때문이다.

외국의 통일 헌법 사례를 샅샅이 연구한 그는 "통일 헌법이 화합과 포용을 담아야 한다는 것을 잊지 말아야 한다"고도 했다. "과거 베트남의 통일 헌법은 남베트남 출신 인사들에 대한 차별과 억압을 막지 못했습니다. 예멘의 통일 헌법은 재(再)분열의 요소를 방치하고 있었고요." 독일은 통일 과정에서 서로 헌법 질서를 준수하면서 적법한 절차를 밟았다는 점을 주목해야 한다고 했다. 그가 생각하는 통일 후의 '연방제'는 인구 비례에 의해 남쪽에 5~6개, 북쪽에 3~4개의 주(州)나 도(道)를 둬 분권형 지방자치를 하는 것이다. 북한에는 역사상 유례가 없었던 실험이 된다.

김 교수에게 '나라가 어쩌다 이 지경이 됐을까'를 물었다. "그게 다 헌법과 법률을 무시했기 때문이에요." 반 옥타브 올라간 목소리였다. "전직 대통령 중에선 '헌법 그까짓 것 무시해도 된다'는 식으로 말한 사람도 있었지 않습니까. 지금 대통령이 '돈 1원도 안 먹었다'고 하는데, 그게 문제가 아니라 제대로 일하지 않은 게 문제지요. 집무실에 나가지 않고 사람을 만나지 않은 것은 헌법과 법률이 규정한 대통령의 임무를 소홀히 한 것입니다."

그는 "국회도 정말 한심하다"고 했다. "대의(代議)라는 개념이 뭔지 모르는 것 같아요. 국민의 대표를 뽑아 입법권과 국정 감시를 위임한 건데, 길거리로 쏟아져 나와 정치를 한다는 게 말이 됩니까?" 김 교수는 "앞으로 2~3년이 한반도에서 대단히 중요한 시기가 될 것"이라며 "헌법의 가치를 존중하면서 대립을 피하고 통합을 이뤄나가야 한다"고 말했다.

출처 : http://news.chosun.com/site/data/html_dir/2017/03/06/2017030600113.html

# 17. 세계인권선언에 관한 고찰*

유엔 인권선언이 선포된 지 70주년이 되었다. 이에 약간의 고찰을 해보기로 한다.

## 1. 세계인권선언의 성립

유엔 경제사회이사회의 특별 기구이었던 인권특별위원회는 Roosevelt 대통령 부인이 위원장이 되고, 1968년도 Nobel 평화상을 탄 René Cassin이 부위원장이 되어 초안을 작성하기 시작하였다. 이 초안이 경제사회이사회에 제안되고 토론된 뒤 1948년 9월 30일부터 제3 위원회에서 심의되었다. 1948년 12월 10일 총회 본회의는 48 대 0, 기권 8로 세계인권선언을 채택하게 되었다.[1)2)] 여기서 공산권 국가들은 기권하였고, 남아공화국은 아파르트헤이트 정책에 반대하여 기권하였다. 세계인권선언은 제2차 세계대전 후의 이데올로기 대립시대에 극력한 반대 없이 통과된 뒤에 많은 대립이 있었다. 세계인권선언은 인간의 존엄의 존중을 규정함으로써 20세기 인권선언의 원초를 제공한 것으로 그 의의가 크다.

## 2. 세계인권선언의 내용

### 1) 세계인권선언에서 채택된 기본권

세계인권선언은 전문과 30조로서 구성되어 있는데, 전통적인 자유권적 기본권 외에 생존권적 기본권을 규정하고 있는 데에 특색이 있다. 세계인권선언은 이를 대별하면 ① 인간의 존엄, ② 평등권, ③ 자유권, ④ 생존권, ⑤ 청구권적 기본권, ⑥ 참정권, ⑦ 의무로 나눌 수 있다.[3)]

---

* 『대한민국학술원통신』 제304호 (2018. 11. 1), 2-10면.

1) "Champion of Human Rights, Eleanor Roosevelt (1884-1962), 그녀는 이를 국제적 마그나 카르타라고 했다. Eleanor Roosevelt, Human Rights, pp. 20-22.

2) 성립사에 관한 것으로는 The Universal Declaration of Human Rights: History of its Creation and Implementation 1948~1998, UNESCO Publishing, 1998 (이하 Human Rights로 약칭함). The United Nations Universal Declaration of Human Rights, https://philosophynow.org/issues/118/The_United_Nations_Universal_Declaration_of_Human_Rights; Universal Declaration of Human Rights (UDHR), 1948, https://www.britannica.com/topic/Universal- Declaration-of-Human Rights.

3) S. Lyons, The Universal Declaration of Human Rights and the American Convention Human Rights, Göteborg University, Universal Declaration of Human Rights, http://www.un.org/en/Universal-Declaration-Human-rights; Wikipedia, Universal Declaration of Human Rights; Gordon Brown, The Universal Declaration of Human Rights in the 21st Century. A Living Document in a Changing World, Open Book Publishers, 2016; M. Glendon, "The Rule Law in the Universal

### (1) 인간의 존엄

인간은 자유롭게 태어났으며 존엄과 권리에 있어 평등이라고 하고 있다. 인간의 존엄이 최고의 가치를 가진다는 것을 확인하고 있다. 그리하여 많은 전후 헌법들이 인간의 존엄을 보장한 것은 자연권의 실정화라고 하겠다.

① 존엄권(제1조), ② 법적 인격권(제6조).

### (2) 평등권

평등권에서는 어느 누구나 어떤 종류의 차이 없이 예를 들면 종족, 성별, 언어, 종교, 정치적 의견이나 다른 의견, 국가적 기원, 사회적 기반, 재산, 출생이나 기타 어떠한 신분을 이유로 한 어떤 종류의 구별 없이 이 선언의 모든 권리와 자유를 향유할 수 있다고 했다.

① 국내적 평등권(제2조 1항), ② 국제적 평등보장(제2조 2항), ③ 법의 평등.

### (3) 자유권(제7조)

제3조에서 생명의 권리, 인신의 자유와 안전에 관한 권리를 규정했다. 또 제4조에서 노예제도나 강제노동, 노예제도와 노예매매 등은 모든 형태에 있어서 금지된다고 하였다. 이것은 제1조에서 말하는 인간의 존엄을 구체적으로 열거한 것으로 볼 수 있다.

이 밖에도 죄형법정주의의 대원칙을 규정하고 법치국가의 국민다운 피고인의 권리, 피의자의 권리를 들어 시민의 사생활의 권리를 강제할 수 있게 하였다.

국적자나 아닌 자를 불문하고 국내 거주이전의 자유를 규정하고 국적박탈의 금지를 규정한 것도 잘한 것이다.

① 생명 · 자유 · 신체의 안전에 대한 권리(제3조), ② 노예적 고역에서의 자유(제4조), ③ 고문 · 잔혹한 처벌의 금지(제5조), ④ 전단적 체포 · 구금 · 추방을 받지 않을 권리(제9조), ⑤ 변호인의 도움을 받을 권리, 무죄추정의 권리(제11조 1항), ⑥ 죄형법정주의(제11조 2항), ⑦ 사생활의 자유와 명예 · 신용의 보호(제12조), ⑧ 국내거주 · 이전의 자유(제13조 1항), ⑨ 국제거주이전의 자유(제13조 2항), ⑩ 국적박탈에서의 자유(제15조), ⑪ 재산권의 자유(제17조), ⑫ 사상 및 양심 · 종교의 자유(제18조), ⑬ 표현의 자유와 정보입수의 자유(제19조), ⑭ 집회 · 결사의 자유(제20조).

---

Declaration of Human Rights, "Northwestern Journal of International Human Rights, Vol. 2 Issue 1 (2004), pp. 1-18; Wikipedia, Universal Declaration of Human Rights; J. Morsink, The Universal Declaration of Human Rights: Origins, Drafting, and Intent, University of Pennsylvania Press, 1999: A. de Baets, The Impact of the Universal Declaration of Human Rights on the Study of History, History and Theory 48. 1 (january 2009), pp. 20-43; Kunz, "The United Nation Declaration of Human Rights, " 43 AJIL (1949) 참조. Dahm/Delbrück, Völkerrecht, I, 2002, SS. 427-434. 권오병, 인권문제의 실정법적 고찰 (권두언), 『인권연보』 1968.

#### (4) 생존권

제2차 대전이 끝난 뒤 경제적으로 고생하고 있는 사람의 삶의 질을 향상하기 위하여 생존권을 규정한 것도 당연한 것이기는 하나 시기가 도래하지 않았다는 비판도 있었다. 노동의 권리를 인정하는 것은 대부분 찬성이었으나 노동조합의 결성권 등에 대해서는 많은 논쟁이 있었다. 교육을 받을 권리에 관해서는 논쟁이 있었다. 의무교육의 문제와 부모의 교육권간에 대립이 논해졌다. 그래서 부모의 교육선택권이 규정되었다.

① 사회보장을 받을 권리(제22조, 제25조), ② 근로의 권리(제23조 1항), ③ 정당한 노임을 받을 권리(제23조 2항 · 3항), ④ 단결권(제22조 4항), ⑤ 적정한 근로조건과 유급휴가 · 휴식을 얻을 권리(제24조), ⑥ 교육을 받을 권리(제26조), ⑦ 문화적 생활을 할 권리(제27조).

#### (5) 청구권적 기본권

① 국내재판에 의한 구제청구권(제8조), ② 공개재판청구권, ③ 망명자비호권(제14조), ④ 정당한 사회질서향유권(제28조).

#### (6) 참정권

① 참정권(제21조 2항), ② 공무담임권(제21조 2항), ③ 공정한 선거제도 보장(제21조 3항).

#### (7) 의무

의무조항에 있어서는 국가에 대한 의무를 규정해야 한다는 주장이 많았으나 community에 대한 의무로 축소되었다.

① 초등교육의 의무(제26조 1항), ② 사회적 공공복리증진의무(제29조 1항), ③ 기본권행사의 국제연합의 목적과 원칙적 합의 의무(제29조 3항).

세계인권선언에 채택되지 않았던 기본권기초위원회와 제3위원회에서 토론되었으나 이 선언에 포함되지 않았던 것은 다음과 같은 것이 있다. ① 청원권 ② 소수자의 권리 ③ 예속적 식민지 ④ 저항권 ⑤ 여성의 권리.

이들 권리는 자명한 것이라는 이유로 제외된 것도 있으나, 여성의 권리와 같이 「여성에 대한 모든 형태의 차별해소에 관한 인권협정」으로 1979년에 총회를 통과한 것도 있고 1993년의 비엔나 선언, 1995년의 베이징 여성대회 등에서 통과되었다.

이 세계인권선언의 번역문을 참고로 보면 다음과 같다.

## 세계인권선언 (1948. 12. 10 국제연합총회에서 채택)

인류 가족 모든 구성원의 고유한 존엄성과 평등하고 양도할 수 없는 권리를 인정하는 것이 세계의 자유, 정의, 평화의 기초가 됨을 인정하며, 인권에 대한 무시와 경멸은 인류의 양심을 짓밟는 야만적 행위를 결과하였으며, 인류가 언론의 자유, 신념의 자유, 공포와 궁핍으로부터의 자유를 향유하는 세계의 도래가 일반인의 지고한 열망으로 천명되었으며, 사람들이 폭정과 억압에 대항하는 마지막 수단으로서 반란에 호소하도록 강요받지 않으려면, 인권이 법에 의한 지배에 의하여 보호되어야 함이 필수적이며, 국가 간의 친선관계의 발전을 촉진시키는 것이 긴요하며, 국제연합의 여러 국민들은 그 헌장에서 기본적 인권과, 인간의 존엄과 가치, 남녀의 동등한 권리에 대한 신념을 재확인하였으며, 더욱 폭넓은 자유 속에서 사회적 진보와 생활수준의 개선을 촉진할 것을 다짐하였으며, 회원국들은 국제연합과 협력하여 인권과 기본적 자유에 대한 보편적 존중과 준수의 증진을 달성할 것을 서약하였으며,이들 권리와 자유에 대한 공통의 이해가 이러한 서약의 이행을 위하여 가장 중요하므로, 따라서 이제 국제연합총회는 모든 개인과 사회의 각 기관은 세계인권선언을 항상 마음 속에 간직한 채, 교육과 학업을 통하여 이러한 권리와 자유에 대한 존중을 신장시키기 위하여 노력하고, 점진적인 국내적 및 국제적 조치를 통하여 회원국 국민 및 회원국 관할 하의 영토의 국민들 양자 모두에게 권리와 자유의 보편적이고 효과적인 인정과 준수를 보장하기 위하여 힘쓰도록, 모든 국민들과 국가에 대한 공통의 기준으로서 본 세계인권선언을 선포한다.

**제1조** 모든 사람은 태어날 때부터 자유롭고, 존엄성과 권리에 있어서 평등하다. 사람은 이성과 양심을 부여받았으며 서로에게 형제의 정신으로 대하여야 한다.

**제2조** 모든 사람은 인종, 피부색, 성, 언어, 종교, 정치적 또는 그 밖의 견해, 민족적 또는 사회적 출신, 재산, 출생, 기타의 지위 등에 따른 어떠한 종류의 구별도 없이, 이 선언에 제시된 모든 권리와 자유를 누릴 자격이 있다.

나아가 개인이 속한 나라나 영역이 독립국이든 신탁통치 지역이든, 비자치 지역이든 또는 그 밖의 다른 주권상의 제한을 받고 있는 지역이든, 그 나라나 영역의 정치적, 사법적, 국제적 지위를 근거로 차별이 행하여져서는 아니된다.

**제3조** 모든 사람은 생명권과 신체의 자유와 안전을 누릴 권리가 있다.

**제4조** 어느 누구도 노예나 예속상태에 놓여지지 아니한다. 모든 형태의 노예제도 및 노예매매는 금지된다.

**제5조** 어느 누구도 고문이나, 잔혹하거나, 비인도적이거나, 모욕적인 취급 또는 형벌을 받지 아니한다.

**제6조** 모든 사람은 어디에서나 법 앞에 인간으로서 인정받을 권리를 가진다.

**제7조** 모든 사람은 법 앞에 평등하고, 어떠한 차별도 없이 법의 평등한 보호를 받을

권리를 가진다. 모든 사람은 이 선언을 위반하는 어떠한 차별에 대하여도, 또한 어떠한 차별의 선동에 대하여도 평등한 보호를 받을 권리를 가진다.

**제8조** 모든 사람은 헌법 또는 법률이 부여하는 기본권을 침해하는 행위에 대하여 담당 국가 법원에 의하여 효과적인 구제를 받을 권리를 가진다.

**제9조** 어느 누구도 자의적인 체포, 구금 또는 추방을 당하지 아니한다.

**제10조** 모든 사람은 자신의 권리와 의무, 그리고 자신에 대한 형사상의 혐의를 결정함에 있어서, 독립적이고 편견 없는 법정에서 공정하고도 공개적인 심문을 전적으로 평등하게 받을 권리를 가진다.

**제11조** 1. 형사범죄로 소추당한 모든 사람은 자신의 변호를 위하여 필요한 모든 장치를 갖춘 공개된 재판에서 법률에 따라 유죄로 입증될 때까지 무죄로 추정 받을 권리를 가진다.

2. 어느 누구도 행위시의 국내법 또는 국제법상으로 범죄를 구성하지 아니하는 작위 또는 부작위를 이유로 유죄로 되지 아니한다. 또한 범죄가 행하여진 때에 적용될 수 있는 형벌보다 무거운 형벌이 부과되지 아니한다.

**제12조** 어느 누구도 자신의 사생활, 가정, 주거 또는 통신에 대하여 자의적인 간섭을 받지 않으며, 자신의 명예와 신용에 대하여 공격을 받지 아니한다. 모든 사람은 그러한 간섭과 공격에 대하여 법률의 보호를 받을 권리를 가진다.

**제13조** 1. 모든 사람은 각국의 영역 내에서 이전과 거주의 자유에 관한 권리를 가진다.

2. 모든 사람은 자국을 포함한 어떤 나라로부터도 출국할 권리가 있으며, 또한 자국으로 돌아올 권리를 가진다.

**제14조** 1. 모든 사람은 박해를 피하여 타국에서 피난처를 구하고 비호를 향유할 권리를 가진다.

2. 이 권리는 비정치적인 범죄 또는 국제연합의 목적과 원칙에 반하는 행위만으로 인하여 제기된 소추의 경우에는 활용될 수 없다.

**제15조** 1. 모든 사람은 국적을 가질 권리를 가진다.

2. 어느 누구도 자의적으로 자신의 국적을 박탈당하거나 그의 국적을 바꿀 권리를 부인당하지 아니한다.

**제16조** 1. 성년에 이른 남녀는 인종, 국적 또는 종교에 따른 어떠한 제한도 받지않고 혼인하여 가정을 이룰 권리를 가진다. 이들은 혼인 기간 중 및 그 해소시 혼인에 관하여 동등한 권리를 가진다.

2. 결혼은 양 당사자의 자유롭고도 완전한 합의에 의하여만 성립된다.

3. 가정은 사회의 자연적이며 기초적인 구성단위이며, 사회와 국가의 보호를 받을 권리를 가진다.

**제17조** 1. 모든 사람은 단독으로는 물론 타인과 공동으로 자신의 재산을 소유할 권리를 가진다.

2. 어느 누구도 자신의 재산을 자의적으로 박탈당하지 아니한다.

**제18조** 모든 사람은 사상, 양심 및 종교의 자유에 대한 권리를 가진다. 이러한 권리는 자신의 종교 또는 신념을 바꿀 자유와 선교, 행사, 예배, 의식에 있어서 단독으로 또는 다른 사람과 공동으로, 공적으로 또는 사적으로 자신의 종교나 신념을 표명하는 자유를 포함한다.

**제19조** 모든 사람은 의견과 표현의 자유에 관한 권리를 가진다. 이 권리는 간섭받지 않고 의견을 가질 자유와 모든 매체를 통하여 국경에 관계없이 정보와 사상을 추구하고, 접수하고, 전달하는 자유를 포함한다.

**제20조** 1. 모든 사람은 평화적 집회와 결사의 자유에 관한 권리를 가진다.

2. 어느 누구도 어떤 결사에 소속될 것을 강요받지 아니한다.

**제21조** 1. 모든 사람은 직접 또는 자유롭게 선출된 대표를 통하여 자국의 통치에 참여할 권리를 가진다.

2. 모든 사람은 자국의 공무에 취임할 동등한 권리를 가진다.

3. 국민의 의사는 정부의 권위의 기초가 된다. 이 의사는 보통 및 평등선거권에 의거하며, 또한 비밀투표 또는 이와 동등한 자유로운 투표절차에 따라 실시되는 정기적이고 진정한 선거를 통하여 표현된다.

**제22조** 모든 사람은 사회의 일원으로서 사회보장제도에 관한 권리를 가지며, 국가적 노력과 국제적 협력을 통하여 그리고 각국의 조직과 자원에 따라 자신의 존엄성과 인격의 자유로운 발전을 위하여 불가결한 경제적 · 사회적 및 문화적 권리의 실현에 관한 권리를 가진다.

**제23조** 1. 모든 사람은 근로의 권리, 자유로운 직업 선택권, 공정하고 유리한 근로조건에 관한 권리 및 실업으로부터 보호받을 권리를 가진다.

2. 모든 사람은 어떠한 차별도 받지 않고 동등한 노동에 대하여 동등한 보수를 받을 권리를 가진다.

3. 모든 근로자는 자신과 가족에게 인간적 존엄에 합당한 생활을 보장하여주며, 필요할 경우 다른 사회적 보호의 수단에 의하여 보완되는, 정당하고 유리한 보수를 받을 권리를 가진다.

4. 모든 사람은 자신의 이익을 보호하기 위하여 노동조합을 결성하고, 가입할 권리를 가진다.

**제24조** 모든 사람은 근로시간의 합리적 제한과 정기적인 유급휴일을 포함한 휴식과 여가에 관한 권리를 가진다.

**제25조** 1. 모든 사람은 식량, 의복, 주택, 의료, 필수적인 사회역무를 포함하여 자신과 가족의 건강과 안녕에 적합한 생활수준을 누릴 권리를 가지며, 실업, 질병, 불구, 배우자와의 사별, 노령, 그 밖의 자신이 통제할 수 없는 상황에서의 다른 생계결핍의 경우 사회보장을 누릴 권리를 가진다.

2. 모자는 특별한 보살핌과 도움을 받을 권리를 가진다. 모든 어린이는 부모의 혼인여부에 관계없이 동등한 사회적 보호를 향유한다.

**제26조** 1. 모든 사람은 교육을 받을 권리를 가진다. 교육은 최소한 초등 기초단계에서는 무상이어야 한다. 초등교육은 의무적이어야 한다. 기술교육과 직업교육은 일반적으로 이용할 수 있어야 하며, 고등교육도 능력에 따라 모든 사람에게 평등하게 개방되어야 한다.

2. 교육은 인격의 완전한 발전과 인권 및 기본적 자유에 대한 존중의 강화를 목표로 하여야 한다. 교육은 모든 국가들과 인종적 또는 종교적 집단 간에 있어서 이해, 관용 및 친선을 증진시키고 평화를 유지하기 위한 국제연합의 활동을 촉진시켜야 한다.

3. 부모는 자녀에게 제공되는 교육의 종류를 선택함에 있어서 우선권을 가진다.

**제27조** 1. 모든 사람은 공동체의 문화생활에 자유롭게 참여하고, 예술을 감상하며, 과학의 진보와 그 혜택을 향유할 권리를 가진다.

2. 모든 사람은 자신이 창조한 모든 과학적, 문학적, 예술적 창작물에서 생기는 정신적, 물질적 이익을 보호받을 권리를 가진다.

**제28조** 모든 사람은 이 선언에 제시된 권리와 자유가 완전히 실현될 수 있는 사회적 및 국제적 질서에 대한 권리를 가진다.

**제29조** 1. 모든 사람은 그 안에서만 자신의 인격을 자유롭고 완전하게 발전시킬 수 있는 공동체에 대하여 의무를 부담한다.

2. 모든 사람은 자신의 권리와 자유를 행사함에 있어서, 타인의 권리와 자유에 대한 적절한 인정과 존중을 보장하고, 민주사회에서의 도덕심, 공공질서, 일반의 복지를 위하여 정당한 필요를 충족시키기 위한 목적에서만 법률에 규정된 제한을 받는다.

3. 이러한 권리와 자유는 어떤 경우에도 국제연합의 목적과 원칙에 반하여 행사될 수 없다.

**제30조** 이 선언의 그 어떠한 조항도 특정 국가, 집단 또는 개인이 이 선언에 규정된 어떠한 권리와 자유를 파괴할 목적의 활동에 종사하거나, 또는 그와 같은 행위를 행할 어떠한 권리도 가지는 것으로 해석되지 아니한다.

## 3. 세계인권선언에 대한 찬반

### 1) 찬성투표 국가

총회 표결에서 찬성한 나라는 다음과 같다.[4] 아프가니스탄, 아르헨티나, 호주, 벨기에, 볼리비아, 브라질, 버어마, 캐나다, 칠레, 대만, 콜롬비아, 코스타리카, 쿠바, 덴마크, 도미니카, 에콰도르, 이집트, 엘살바도르, 에티오피아, 프랑스, 그리스, 과테말라, 아이티,

4) 이 자료는 Wikipedia, Universal Declaration of Human Rights에서 인용한 것임.

아이슬란드, 인도, 이란, 이라크, 레바논, 라이베리아, 룩셈부르크, 멕시코, 네덜란드, 뉴질랜드, 니카라과, 노르웨이, 파키스탄, 파나마, 파라과이, 페루, 필리핀, 태국, 스웨덴, 시리아, 터키, 영국, 미국, 우루과이, 베네수엘라 (48개국)

#### 2) 기권 국가

소련, 우크라이나, 벨라루스, 유고슬라비아, 폴란드, 남아연방공화국, 체코슬로바키아, 사우디 아라비아 (8개국)

#### 3) 비판적 입장

이슬람 국가들 : 이슬람 국가들은 샤리아법 위반이라고 하여 반대하였다. 사우디 아라비아, 파키스탄, 아랍인의 인권선언 지지.

방콕선언, 1993년 아시아 국가들이 아시아적 가치 주장, 하이에크.

#### 4) 유엔 인권선언을 지지하고 선전하는 단체

세계인권연합, 앰네스티 인터내셔널, 미국 도서관협회, 인권을 위한 국제청년연합, 자크 마리탱, 르네 카생, 찰스 말리크, 존 험프리

### 4. 세계인권선언의 사상적 근거

#### 1) 자연법론과 법실증주의

##### (1) 입법과정에서의 논쟁

세계인권선언은 기초 시부터 자연법론자와 법실증주의자 간의 논쟁이 있었다. 서양적 개념에서는 인권은 자연법적 전통에서 나온 것이기 때문에 자연법을 규정해야 한다고 생각하였다. 그중에서도 그 근거를 신에게서 찾아야 한다고 하였다. 이는 미국의 독립선언에 근거한 이론이다. 또 프랑스인권선언도 초월적 존재에 의한 창조라고 보았다. 기초자들도 자연법에 따르는 자연권을 규정해야 한다고 했다.

이에 대하여 실정권론자들은, 권리는 인간 존재에 의하여 결정되는 것이라고 보아 인간의 행동이나 행태에 따라야 한다고 하며 국가에 기원하는 것이라고 하였다. 이들은 합리주의의 승리라고 보며 국가나 인간은 초인간적인 법에는 구속되지 않으나 스스로의 의사에 따라서 합리적인 자기계약의 형태에 따라 국가나 자기충족의 기회를 최대화하는 것이라고 보았다. 그리하여 인권은 국제법과 같이 발견되는 것이며, 따라서 국가가 스스로

의 행위에 한계를 두는 것이라고 보았다.

기초 최후단계에서 전문에 신을 언급할 것이냐의 논쟁이 있었으나 유럽에서는 지지하였으나 실정법론자의 반대에 따라 신을 언급하지 않기로 했다.[5)]

#### (2) 해석상 논쟁

그런데 총회에서 통과된 뒤에도 해석론에 따라서 자연권이냐 실정권이냐에 대해서 대립이 되고 있다. 유럽이나 기독교적 자연법론자는 이를 자연권으로 해석하여 세계인권선언에 규정되지 않는 기본권도 해석에 의하여 확장하고 있다.

### 2) 자유주의 이론과 마르크스주의 이론

#### (1) 입법과정에서의 논쟁

제일 문제가 된 것은 서방의 자유주의자와 소련의 마르크스주의 이론의 대립이라고 하겠다. 이들은 ① 철학적 ② 역사적 ③ 실천적 측면에서 대립하였다. 자유주의자들은 기본권은 개인의 권리로 보았는데 공산주의자들은 권리를 집단적인 것으로 보았다.[6)] 그들은 경제만족과 복된 생활이 정치적 · 시민적 기본권향유의 본질적 전제조건이라며 사회적 필요충족과 경제적 권리 없이는 인권은 없다고 하였다. 그들은 국가의 권리가 확보되어야만 개인의 권리가 존재할 수 있다고 하였다. 역사적으로 마르크스주의자들은 자기들 나라를 경제적 지원에 평등한 접근이 가능하기 때문에 권리에 대한 보장이 가능하다고 한다. 그들은 자유주의, 자본주의사회에서는 사회적 · 경제적 권리가 확보되지 않았기 때문에 시민적 · 정치적 권리도 확보될 수 없다고 하였다. 실제적인 측면에서는 공산주의의 우월성을 강조하고 자유주의, 자본주의의 경제적 불평등을 비판하면서 냉전에서의 주도권을 잡으려 하였다.

#### (2) 세계인권선언의 해석상의 차이

그들은 앞서 본 바와 같이, 세계인권선언의 유엔총회 의결에서 기권표를 행사하였다. 그 이유는 선언이 파시즘이나 나치즘에 대한 공격을 하지 않았다는 것을 내세웠으나 실은 경제적 · 사회적 자유가 옳게 보장되지 않았다는 이유와 제13조에서 자기 나라를 이탈할 자유에 대한 반대라고 하나, 냉전기에 자기들의 지지를 얻기 위한 것이다. 자유주의 국가들이 정치적 · 시민적 권리협약을 중시한데 대하여, 공산진영에서는 사회적 · 경제적 · 문화적 권리협약을 강조하면서 이의 서명비준만을 강조하였다.

세계인권선언의 해석에 있어서도 사회적 · 경제적 · 문화적 권리가 잘 보장되지 않았다고 하여 비판하고 공산주의 국가의 우수성을 강조하려고 하였다. 그러나 소연방의 붕괴에

---

5) 전게, Human Rights, pp. 42-48.

6) E. Poppe, Grundrechte des Bürgers in der sozialistischen Gesellschaft, Berlin 1980.

따라 공산국가의 자랑이 허위였음이 잘 알려졌고 외국인들이 공산주의이념에서 자유권과 정치권 등이 잘 보급되지 않음이 보장되고 있다.

자유주의 국가에서는 사회권이나 생존권의 권리성은 인정하지 않기 때문에 공산주의국가와의 기본권관에서는 생존권만이 인정되나 자본주의국가에서는 이 생존권을 자유시장경제에서 국가의 지향목표를 규정한 것이지 권리가 아니라고 본다. 따라서 국가목표규정을 권리규정과 같이 규정하는 경우 권리의 직접적 효력을 감쇄시킬 우려가 크다고 본다. 이것이 서구 여러 나라의 전통적 규정방식이었다.

### 3) 서양과 비서양

#### (1) 입법과정에서의 차이

서양과 비서양은 철학과 전통에 있어서 많은 차이가 있었으나 기초단계에서 큰 문제가 없었다. 그 이유는 비서양의 기초위원들이 대개 서양 학문을 공부한 사람이기 때문이었다. 그리고 후발 국가들은 이 세계인권선언이 발표된 뒤에 유엔에 가입하였기 때문에 그들은 자기들의 헌법이나 인권법을 세계인권선언에 따라서 만들었기 때문에 기초 당시에는 큰 문제가 없었다.

#### (2) 해석과 적용에서의 문제

그러나 국제연합의 가맹국가가 많아지지 철학과 전통의 차이를 들어 반대하는 경향이 있었다. 서구 철학은 개인주의에 입각하고 있었는데 아시아, 아프리카에서는 집단주의가 지배하고 있었기 때문이다. 그리고 아시아에서는 권리보다는 책임을 더 중시해야 한다는 점에서 책임조항이 적다는 비판이 있었다. 그래서 1993년 방콕에서 인권에 관한 세계대회가 열렸을 때 아시아 국가들이 방콕선언을 하였다. 이들은 유엔헌장과 세계인권선언의 원칙을 지지하면서도 아시아적 가치의 중요성을 강조하였다. 아시아 국가들은 주권의 중요성과 내정불간섭을 주장하면서 경제발전을 시민적 · 정치적 권리보다 중시하였다. 이것은 인권의 보편성에 대한 아시아의 가치에 의한 비판이론이라고 하겠다.

## 5. 세계인권선언의 특색

### 1) 세계인권선언의 종합적 성격

세계인권선언은 기초자들의 출신 지역이 다르고 또 이데올로기가 다른 데도 불구하고 세계인권선언의 기초는 성공적이었다고 하겠다. 여기서는 서양의 자유주의 이론뿐만 아니라 마르크스주의자가 주장한 생존권 규정도 들어갔으며, 종교적 색채를 없애고 개종의 자유, 종교의 자유 등을 규정하여 종교적 분열을 회피할 수 있었다. 이슬람교도들은 혼인제도에 대해서 반대하였는데 그 이유는 수백 년 간의 혼인전통에 위반하는 것이라고 하였다. 그런데도 혼인은 당사자의 자유의사에 의하여 할 수 있게 되었다.

재산권규정에서도 소련의 반대가 심했다. 그들은 공산주의국적공유재산, 사기업의 제한 등에 대해서 관심이 많았으며 재산권에 대한 국가수용을 쉽게 하려고 하였으나 다수의 뜻에 따라서 간단명료하게 규정되었다. 당시 서양의 자유주의사상에서는 인정되지 않았던 생존권규정을 둔 것은 기본권개념의 확장을 위해서 잘 된 것이다. 제22조에서 사회보장의 일반원칙을 규정하고 개인의 경제적 · 사회적 · 문화적 권리가 인간의 존엄과 인격의 자유로운 발전을 위하여 불가결임을 강조하고 있다. 다음에는 노동의 권리를 규정하고 실업에서의 보장을 규정하고 있다. 여기에 문제된 것은 노동조합의 결성문제였다. 다음에는 휴식의 권리가 규정되었다. 제25조에서는 인간의 적절한 생활수준에의 권리를 규정한 것이다. 의식주와 건강, 후생, 의료보험 등을 규정한 것은 선진적인 것이었다. 이 노동의 권리조항에 대하여 미국은 반대하고 캐나다와 중국(대만)은 기권하였다.

다음에는 교육조항에서도 문제가 있었다. 가장 문제가 된 것은 의무교육의 내용이었는데, 그의 부모의 의사에도 불구하고 공교육의 의무화를 강제하는 경우 부모의 교육권이 침해될 것이 아닌가 하는 우려였다. 타협으로서 부모의 아동에 대한 교육선택권이 규정되었다. 특히 교육의 목적에 관해서 상세히 규정한 것이 특색이다.

### 2) 세계인권선언의 영향

이 세계인권선언의 발표는 인권사상의 발전에 큰 공헌을 하였고 세계 각국 헌법의 제정에도 많은 영향을 끼쳤다. 이 선언은 세계에서 가장 많이 번역된 글이라는 정평이 있다.

#### (1) 국내헌법과 입법에 대한 수용

이 국제인권선언은 1948년 이 선언이 발표된 이후에 만들어진 헌법에 많은 영향을 끼쳤다. 예를 들면 서독 기본법에서는 인간의 존엄은 불가침이다(제1조)고 규정하였고, 캐나다 헌법도 유엔 인권선언에 많은 영향을 입었으며 남아프리카연방헌법에도 많은 영향을 미쳤다.[7)]

#### (2) 국제인권법에의 수용

유럽인권협정에서도 세계인권선언을 언급하고 있다. 또 1993년 유엔세계인권회의에서도 유엔 세계인권선언의 중요성을 강조하고 있다. 특히 비엔나선언에서는 망명이나 교육, 고문금지 등의 근거를 세계인권선언에서 찾고 있다. 또 미주인권협정도 이에 근거하

---

7) Hurst Hannum, "The States of the Universal Declaration of Human Rights in National and International Law." GA. J. Int'l & Comp. L. Vol. 25 (1995-96). pp. 287-397 esp. p. 289.

고 있다.[8)]

#### (3) 국내법정에서의 적용

1957년 독일의 연방행정재판소는 세계인권선언을 프로그램적 중요성을 가진다고 했고, 그 뒤에도 세계인권선언의 중요성을 강조하고 있다.

오스트리아 헌법은 제9조에서 일반적으로 승인된 국제법의 원칙은 국내법의 일부라고 하고 있으며, 세계인권선언도 국내법의 법원이 될 수 있다고 본다. 또 탄자니아법원도 세계인권선언은 세계인권선언을 관습법의 하나로 보고 있다. 캐나다의 1982년 캐나다인권장전도 세계인권선언을 많이 차용하고 있다.

#### (4) 학자들의 견해

학자들의 견해는 많이 갈려 있다. 세계인권선언은 선언 당시에 이미 도덕적 · 계몽적 지위를 가지는 것이라고 생각하여 법적 구속력을 가지지 않는 것으로 인정되었다. 그러나 국제법학자 중에서는 이도 국제법이며 일반적으로 국제법의 국내법적 효력에 따라 법적 효력이 있는 것으로 보고 있다.

위에서 본 바와 같이, 이 법의 해석은 다양하기 때문에 불문법의 전통에 따라 해석되어 많은 국가에서 관용법으로 인정되고 있다.

## 6. 세계인권선언의 법적 효력

### 1) 입법자의 의도

세계인권선언은 유엔의 기초위원회에서도 법적 효력을 인정할 것인가가 논의되었다. 그 중에는 국제인권법전(International Bill of Rights)으로서 법적 효력을 인정해야 한다는 주장이 있었다.[9)] 그러나 이러한 구속력을 가진 것으로는 국제인권규약을 제정하여 세계인권선언과 경제적 · 사회적 · 문화적 권리에 관한 국제규약과 정치적 · 시민적 권리에 관한 국제규약의 3자를 합하여 국제인권법전으로 하기로 하고, 우선은 일반적인 원칙규범으로서 조속히 발표하여야 한다는 의견이 많아서 세계인권선언만을 발표하게 된 것이다.

이점에서 보더라도 직접적 효력을 가지는 것은 국제인권협정이라고 보고 세계인권선언은 선언적 · 정치적 · 계몽적 성격이 농후한 것으로 본다.[10)]

이것은 기초위원회가 1947년 12월에 효력에 관한 결론을 보고한 것을 보면 명확하

---

8) S. Lyons, The Universal Declaration of Human Rights and the American Convention on Human Rights: Comparing Origins, Manifestations and Aspirations, Göteborg University.

9) 전게, Human Rights, pp. 31-38.

10) H. Hannum, "The States of the Universal Declaration of Human Rights in National and International Law," GA. J. Int'l & Comp. L. Vol. 25 (1995-96), pp. 287.

다.[11] 그러나 기초위원회와 총회, 특별위원회 등에서는 그 뒤에도 법적인 구속력을 인정해야 한다는 주장이 있었다.

### (1) 효력부인론자

이와 같이 다양한 권리를 포함하고 있는 세계인권선언이 국내법적 효력을 가지는 것인가가 문제되고 있다. 세계인권선언의 제정과정에서는 그 법적 성격이 많이 논란되었는데, 소련 대표는 법적 성격을 전적으로 부인하였으며, 프랑스 대표는 비록 강제적, 법적 성격을 갖는 것은 아니라고 하더라도, 헌장의 유권적 해석으로서 헌장규정에 의한 서약에 따라 상당한 효력이 있는 것으로 생각하였다. 어쨌든 세계인권선언은 제정 당초에 있어서는 법적인 강제력을 가지는 것이라고 생각되지 않았다. 그것이 운용 면에서 헌장의 추상적이며 개괄적인 인권의 개념과 내용을 구체화한 것으로서 인권에 관한 헌장규정의 유권적 해석 또는 공식적 해석으로 간주되게 되었다. 소극설을 취하는 사람은 Dürig, Berber, Kunz, Hudson, Kelsen, 이한기 교수 등이 있다.[12]

### (2) 효력인정론자

그리하여 국제연합의 관례상 세계인권선언의 위반은 비위행위로서 지적되고 있으며, 동 선언이 어느 정도의 구속적 의무를 부과하는 것으로서 인정되어지고 있다. 그리하여 Sohn은「세계인권선언은 국제사회의 기본법의 일부가 되었으며, 또한 그것은 헌장과 더불어 모든 국제문서와 국제법에 우위하는 세계법적 성격을 갖게 되었다」고 한다. 세계인권선언에 세계법적인 성격을 부여하는 것은 국제연합헌장의 인권규정의 세계법적 성격을 인정하기 때문이다. 국제연합의 인권규정의 법적 성격을 인정하는 사람은 Lauterpacht, Wright, McDougal과 Bebr 등이 있으며, 우리나라에서도 박재섭 교수가 적극설을 취하고 있다.[13]

국제연합헌장의 인권규정을 법적 효력이 있다고 보는 견지에서도 세계인권선언의

---

11) UNDocE/CN/53, 10. Dec. 1947, "Commission of Human Rights, second session. the question of implementation had much more to do with the Convention than with the Declaration. The latter indeed was in the last analysis to take the form of a recommendation by the General Assembly of the United Nations, and was consequently not legally binding in the strict sense of the term. It therefore appeared to the Working Group a manifest impossibly to contemplate measures for fulfillment of an obligation that was not one."

12) Maunz/Dürig/Herzog, Grundgesetz, 2. A. 1 II 27; v. Mangoldt-Klein, Grundgesetz Kommentar, S. 678; Echterhölter, JZ 55. 690 참조. Dahm, Völkerrecht, 1958. S. 429 f.에서 기타 학자들 의견의 출처를 찾아볼 수 있다. Berber, Völkerrecht, I, S. 373. 독일 행정재판소 판결로서는 BVerwGE 8, 175. BVerwGE 5, 160 등이 소극설을 취하고 있다.

13) Walter Kälin, Jörg Künzli, The Law of International Human Rights Protection, Oxford Univ. Press, 2010; J. von Bernstorff, "The Changing Fortunes of the Universal Declaration of Human Rights: Genesis and Symbolic Dimensions of the Turn to Rights in International Law, "European Journal of International Law, Vol. 19, No. 5 (2008), pp. 903-924; Bibliography on the Universal Declaration of Human Rights.

법적 효력을 부인할 수가 없을 것이다. 국제연합헌장의 인권 규정은 그 자체가 국제연합의 중요 목적의 하나로서 규정되고 있고, 헌장 제56조가 인권의 보편적 존중과 준수를 달성하기 위하여, 가맹국은 국제연합과 협력하여 공동 및 개별의 행동을 취할 것을 서약하고 있는데 반하여, 세계인권선언은 그 전문에서 「국내 및 국제의 점진적 조치에 의하여 이들 권리를 세계적으로 유효한 승인과 준수를 확보하는 노력을 하도록 이 세계인권선언을 모든 인민과 모든 국가가 달성하여야 할 공통의 기준으로서 공포한다」고 하고 있기 때문이다. 만약에 세계인권선언이 그 자체로서 국내법적인 집행력이 있다고 한다면 인권규약의 제정필요성은 현저히 줄었을 것이며, 각국의 비준 없이도 효력을 발생할 수 있었을 것이다.

세계인권선언이 국내법적으로 효력을 발생하기 위해서는 특별한 국내법적 수용이 필요하리라고 생각된다. Trieste에서 세계인권선언이 직접적인 적용을 보게 된 것은 special status of Trieste에 의한 것이고, 그러한 특별수용규정이 없는 독일 기본법에서는 이 선언의 국내법적 효력은 제1조 2항과 다른 여러 조항의 규정에도 불구하고 용인되지 않고 있다.

## 7. 세계인권선언 70년

세계인권선언이 제2차 세계대전 후에 선포되었는데 어느 덧 70년이 되었다. 유엔헌장은 유엔총회에 기본권헌장을 만들도록 규정하지도 않았는데 경제사회이사회의 인권특별위원회에서 2년여의 노력 끝에 세계인권선언을 세계에 내놓았다. 그때는 서양인들이 주동이 되었으나 이제는 비서양인이 몇 배로 늘어났으나, 비서양인도 이 인권선언의 폐지를 주장하는 사람은 없다. 냉전의 기수로서 자유주의에 반대했던 소련도 해체되어 새 헌법에서는 세계인권선언의 내용을 심화시켜 규정하고 있다. 세계인권선언은 당시 세계를 인권으로서 통합한 것이며 문화적 전통, 종교, 철학이 다름에도 일치하여 세계인권선언을 만들었던 것은 기적이라고 하겠다.

70년의 세월이 지나자 냉전은 다른 양상을 띠고 있다. 제1세대의 인권과 제2세대의 인권을 종합한 것이 세계인권선언이라면, 제3세대와 제4세대의 기본권발전에 적합한 새로운 선언이 필요하다는 주장도 있다.

자유, 평등, 박애에서 연대와 복지, 환경, 지구보존, 인류보존이라는 새로운 이념이 자라나고 있다. 전쟁을 없애고 평화를 유지하려는 국제연합이 새로운 인류사회의 지속적 발전을 기하고 있기에 새로운 기본권인 환경권선언도 나왔다. 세계인권선언은 자연권이론에 의하여 세계를 통합한 기념비적인 인류사라고 하겠다. 이 운동이 성공하였기에 21세기 평화와 복지, 안전이 보장되었다고 보아야 할 것이다.

# 제6장 서평

## I. 김철수 저작에 대한 서평

### 1. 김철수 저, 『법과 정의 · 복지』(진원사, 2012, 567면)*

김상용 회원(대한민국 학술원, 인문 · 사회 제4분과)

이 시대의 대헌법학자이시며 큰 어른이시고 대한민국 학술원 회원이신 김철수 선생님께서 80 평생을 연구해 오시고 현실정치에서 꼭 이루어지기를 소망해 오신 헌법적 가치를 분야별로 나누어 감동적으로 집필하신 『법과 정의 · 복지』를 출간하시었다. 선생님의 이 저서에는 선생님께서 평생 동안 심혈을 기울여 궁구(窮究)해 오신 헌법적 가치를 담고 있으며, 단순히 헌법적 가치의 기술(記述)을 넘어 현실정치와 국민들의 일상생활 속에서 그 헌법적 가치들이 꼭 실천될 것을 간구하시는 선생님의 소망이 담겨져 있다. 더 나아가 선생님의 이 저서에는 현실정치 참여자들에게 대한민국이 나아가야 할 방향을 규정하고 있는 헌법규범을 꼭 실천해 주기를 바라는 선생님의 간절한 당부와 일반 국민들에게는 헌법적 가치를 생활화할 것을 간절히 소망하시는 선생님의 고귀한 뜻이 담겨져 있다. 참으로 이 시대를 사는 사람들은 모두가 반드시 읽어보아야 할 필독의 저서라 생각한다. 더욱더 선생님은 이 저서를 통하여 현실정치가 너무 헌법규범과 거리가 멀다고 현실정치참여자들을 꾸짖고 계신다. 이 시대의 큰 어른으로서 현실정치의 참여자들이 왜 그다지도 헌법규범과는 거리가 먼 정치생활을 하느냐고 꾸짖으시며, 헌법이 정하는 바에 따라서 국민들에게 희망과 소망과 행복을 가져다주는 바른 정치를 할 것을 충고하고 계신다. 그리고 헌법을 연구하는 젊은 후학들에게는 헌법을 단지 머리로만 연구할 것을 넘어 가슴으로 느끼기를 바라고 계신다. 많은 젊은 헌법학자들이 헌법의 진정한 가치를 가슴으로 느끼기도 전에 현실정치에 참여하는 현실을 보시면서 헌법학자가 가야할 진정한 길이 어떠한 길인가를 글로써, 그리고 선생님께서 스스로의 학문의 길을 통해서 몸소 보여주시고 계신다. 선생님은 이 저서를 통하여 헌법이 규정하고 있는 헌법규범이 현실의 정치생활과 국민들의 일상 법생활 속에 자연스럽게 실천되어 대한민국의 위상과 국격,

---

* 『대한민국학술원통신』 제233호 (2012. 11. 1), 18-19면.

그리고 대한민국 국민들의 인격과 인품이 드높아지기를 간절히 소망하시면서, 그렇지 못한 현실정치 참여자들을 이 시대의 어른으로서 꾸짖으시고 계신다. 진정으로 선생님은 이 저서를 통하여 대한민국의 비전을 제시해 주시고 법치주의 실현을 갈구하시고 계시며, 이를 통하여 대한민국은 문화국가로, 대한민국 국민들은 품위있고 교양있는 세계시민으로 성숙할 것을 간절히 소망하시고 계신다.

선생님께서는 이 저서에서 법이란 무엇인지를 먼저 설명하시고, 법의 이념은 정의를 넘어 평화를 이루는 것임을 밝히고 계신다. 그 평화도 국내적인 평화만이 아니라 세계평화로 나아갈 것을 갈구하시고 계신다. 선생님께서 평화를 법의 이념에 포함시키신 것은 이 사회가 정의로운 사회로 발전해 나가야 함은 물론 사람과 사람이 서로 이웃으로서 소통하고 인정이 있는 평화로운 사회로 발전해 나가야함을 가르쳐주시고 계신다. 그리고 헌법의 목적은 무엇보다도 국민의 기본권 보장에 있음을 강조하시고, 그러한 기본권은 실정법적인 권리를 넘어 천부적인 자연권임을 강조하시고 계신다. 그리고 헌법이 확인하고 있는 자연권인 기본권의 진정한 향유를 위해서는 대한민국이 복지국가로 발전해 나가야함을 밝히시고 계신다. 그리고 국가권력은 국민의 자연권적인 기본권을 보장하고 신장하는데 있음을 밝히시고, 국가권력이 이를 제대로 실천하지 아니할 때에 국민들은 자연권인 저항권의 행사를 통하여 국민의 기본권을 수호할 것을 강조하시고 계신다. 선생님의 이러한 저항권에 대한 설명은 대한민국에서 법치주의가 정착하여 국민들의 저항권이 발동될 필요가 없을 것을 간절히 바라시는 마음이 담겨져 있으며 정치참여자들이 헌법대로 정치를 하여줄 것을 간절히 바라시는 선생님의 깊은 뜻이 담겨져 있는 것이다. 무엇보다도 선생님은 대한민국의 현실정치와 대한국민들의 현실생활에서 대한민국의 헌법의 내용 그대로 실천되어 나갈 것을 간절히 바라시고 계신다. 그것을 선생님은 법치주의의 실현이라는 표현으로 설파(說破)하시고 계신다. 그리하여 선생님의 이 저서에서는 법치주의가 제대로 실천되지 못한 역사적인 사례들을 모아 설명하시면서 다시는 법치주의를 깨뜨리는 일이 일어나지 않기를 당부하고 계신다. 한편으로 법치주의의 최후 보루(堡壘)라고 할 수 있는 법관들을 향하여 헌법에서 법관들이 어떻게 처신해 줄 것을 바라고 있는지를 일깨워 주시고 계신다. 또한 법의 보호를 받기가 힘 드는 국민들에게는 법률구조를 통하여 그들의 권익을 지켜주어야 할 것도 강조하고 계신다. 마지막으로 선생님은 남북한의 통일을 소망하시며 통일헌법의 모습이 어떠해야 함도 제시해 주시고 계신다.

선생님의 이 저서의 내용은 어느 하나도 소홀히 할 수 없고 간과해서는 아니 될 헌법의 문제들이고 헌법의 과제들이다. 선생님이 아니시고는 이러한 저서를 집필하실 수가 없다고 생각한다. 선생님의 이 저서는 단순한 헌법지식으로 기술(記述)한 것이 아니라 가슴으로 쓰신 것이다. 평생을 갈구(渴求)하고 소망하신 대한민국과 대한민국의 국민이 반드시 가야 할 길을 제시하시고 계신다. 선생님께서 이러한 고귀한 저서를 집필하여 세상에 내놓으실 수 있었던 것은 선생님의 사사(師事)를 받은 제자의 한 사람으로서 평소에 먼발치에서 보아왔던 선생님의 삶의 모습에서 찾을 수 있을 것 같다. 선생님은 나라의 정치가 혼란스럽고 대학이 정상적으로 운영되지 못하였던 굴곡 많은 그 긴 시대를 한 치의 흔들림도 없이 오로지 진리를 따라서 살아오셨다. 오로지 진리의 세계를 탐구하여 오셨으며, 어려운 혼란의 시대를 거치면서 대한민국이 진정으로 가야할 길을 선생님은 몸소 가슴으로 느끼시고 개척해 오셨던 것이다. 수많은 유혹을 받으셨을 것임에도 선생님은 오로지 학문의 길을 걸어 오셨다. 선생님의 헌법 교과서는 판금(販禁)이 되기도 하였다. 그 때 필자는 다행히 선생님의 판금된 헌법 교과서를 구입하게 된 것이 너무나 감격스러웠다. 그 헌법 교과서 속에 변함없는 진리가 담겨져 있었다. 그것이 바로 자연법이었다. 실정법을 넘어 자연법으로 법의 발전방향을 제시한 선생님의 법학세계가 너무나 큰 감동으로 다가왔다.

선생님은 평생토록 학문의 길을 걸어오시면서 순수하게 학문을 하셨다. 선생님의 글에는 곡학아세(曲學阿世)의 글은 찾아볼 수가 없다. 세상의 부귀영화에는 조금도 관심이 없으셨다. 오로지 순수하게 학문의 길을 걸어오셨다. 오로지 숭고한 진리의 학문과 바람직한 정치와 행복한 국민의 삶의 가치를 추구해 오셨다. 그것은 바로 선생님이 말씀하시는 법치주의의 실현이라 생각한다. 또한 선생님께서는 글을 통해서 아주 점잖게 현실정치참여자들을 꾸짖고 계신다. 이 시대의 정치참여자들을 꾸짖을 수 있는 분은 사심(私心)이 없이 오로지 진리를 추구하시면서 진리를 따라서 살아오신 이 시대의 어른만이 할 수 있는 일이다. 현실의 유혹을 다 물리치시고, 오로지 학문의 길에서 대한민국과 대한민국 국민을 걱정하시면서 나라의 발전방향과 국민들의 행복을 위한 길이 무엇인가를 궁구해 오신 선생님은 진정으로 이 시대의 큰 어른이시다. 선생님은 하늘을 우러러보아도 땅을 굽어보아도 하늘과 사람에게 한 점 부끄러움이 없는(仰不愧於天 俯不怍於人) 군자로서의 학자의 삶을 살아오셨다. 이러하신 선생님과 같은 시대를 살면서 선생님의 가르침을 받고 선생님의 헌법세계의 결정판인 이 저서에 대한 서평을 쓸 영광된 기회를 갖게 된 필자는 한없이 행복하다.

법치주의 실현, 자연법으로의 대한민국법의 발전의 추구, 기본권의 신장, 복지국가의 실현, 남북통일의 실현 등 선생님이 가슴에 새기면서 소망해 오신 이러한 과제들은 학문의 세계에서만이 아니라 현실정치에서 이루어지는 그 날이 진정코 올 것이다. 그리고 선생님의 이 저서는 한국 법사(法史)와 한국 역사의 고전으로 길이길이 기록될 것임을 믿는다.

## 2. 김철수 저, 『법과 정의 · 복지』(진원사 간, 567면, 크라운판)*

김상용 회원(대한민국학술원 회원, 연세대학교 법학전문대학원 교수)

이 시대의 대헌법학자이며 대한민국학술원 회원이신 김철수 서울대학교 명예교수님께서 헌법적 가치를 분야별로 나눠 집필한 『법과 정의 · 복지』를 출간하였다. 이 저서에는 필자의 스승이신 교수님이 평생 동안 심혈을 기울여 궁구(窮究)해 온 헌법적 가치를 담고 있으며, 단순히 헌법적 가치의 기술을 넘어 그 헌법적 가치들이 현실정치에서 실천되고 국민의 일상생활에서 꼭 실현될 것을 간구(懇求)하는 간절한 소망이 담겨져 있다. 그리고 이 저서는 현실정치참여자들에게 대한민국이 나아가야 할 방향을 규정하고 있는 헌법규범을 꼭 실천해 주기를 바라는 간절한 당부와 함께, 많은 젊은 헌법학자들이 가슴에 새겨 실천해야 할 덕목을 제시하고 있다.

이 책은 법이란 무엇인지를 먼저 설명하고, 법의 이념은 정의를 넘어 평화를 이루는 것임을 밝히고 있다. 평화를 법의 이념에 포함시키신 것은 우리 사회가 정의로운 사회로 발전해 나가야 함은 물론, 사람과 사람이 서로 이웃으로 소통하고 인정이 있는 평화로운 사회로 발전해 나가야 하기 때문이다. 그리고 헌법의 목적은 무엇보다도 국민의 기본권 보장에 있음을 강조하고, 그러한 기본권은 실정법적인 권리를 넘어 천부적인 자연권임을 역설하고 있다. 그리고 헌법이 확인하고 있는 자연권인 기본권의 진정한 향유를 위해서는 대한민국이 복지국가로 발전해 나가야 한다고 밝히고 있다. 그리고 국가권력은 국민의 자연권인 기본권을 보장하고 신장하는 데 있음을 밝히고, 국가권력이 이를 제대로 실천하지 아니할 때에 국민들은 자연권인 저항권의 행사를 통하여 국민의 기본권을 수호할 것을 강조하고 있다.

선생님은 무엇보다도 대한민국의 현실정치와 대한민국 국민들의 현실생활에서 대한민국 헌법의 내용이 그대로 실천되어 나갈 것을 간절히 바라고 있으며, 법치주의가 제대로 실천되지 못한 역사적인 사례들을 모아 설명하면서 다시는 법치주의를 깨뜨리는 일이 일어나지 않기를 당부하고 있다.

한편으로 법치주의의 최후 보루라고 할 수 있는 법관들을 향하여 헌법규범으로부터 법관들이 어떤 몸가짐을 가져야 할 것인지를 일깨워 주고 있다. 또한 법의 보호를 받기가 힘든 국민들에게는 법률구조를 통하여 그들의 권익을 지켜주어야 할 것도 강조하고 있다. 마지막으로 남북한의 통일을 소망하며 통일헌법의 모습이 어떠해야 하는지도 제시하고 있다.

이 저서의 내용은 어느 하나도 소홀히 할 수 없고 간과해서는 아니 될 헌법의 문제들이고 헌법학의 과제들이며, 이 시대의 필독 저서라 감히 평가하고 찬사를 드린다.

---

* 법률신문 2012. 11. 1.

## 3. 김철수 저 『헌법과 정치』(진원사, 2012, 1124면, 값 60,000원)*

김효전 회원(헌법)

### I.

저자는 대한민국학술원 회원이자 서울대학교 명예교수로서 올해 팔순을 맞이하였다. 그는 강단과 연구실의 헌법학자로서 조용하게만 살아온 것은 아니다. 정계나 관계로의 유혹도 여러 차례 있었으나 모두 물리치고 암울한 군사독재 시절에는 유신헌법에 반대한 투사로서 고초를 겪기도 했으며, 한국인의 입헌정신과 헌법의식을 고취하고 업그레이드 하기 위해서 그때그때의 정치적 · 시사적인 논설을 집필한 언론인으로서 활약하기도 하였다. 한편 국제적으로는 국제헌법학회의 부회장으로서, 한국학회의 회장으로서 각종 국제학술대회에 참석하여 한국의 법학을 세계를 알리고, 그 위상을 드높이며 또한 국제학술대회를 개최하는 등 많은 업적을 남기기도 하였다. 30여 권의 단독 저술을 제외하고도, 헌법학에 관한 전문적인 학술논문으로부터 시론과 에세이에 이르기까지 그가 저술한 논설은 무려 400여 편에 달하는 방대한 것으로 사람을 압도하게 만든다.

### II.

이번에 발간한 그의 『헌법과 정치』는 저자가 교수생활 50년 동안에 조국의 입헌주의의 정립을 위하여 각종 학술지에 발표한 연구 논문들을 엄선하여 편집한 것이다. 기본권과 경제질서를 제외한 헌법 전반을 다룬 것으로 제목 그대로 헌법과 정치와의 관련을 심도 있게 천착하고 있다. 헌법은 그 본성상 정치적 성격이 강한 점, 또 저자 자신이 실제 정치의 세파에 시달린 점, 그리고 언론계에도 오랫동안 몸담고 있었던 경험들이 한데 어울려서 실로 이론과 실제가 직조된 모습으로 이 책에 반영되고 있다.

나아가 저자는 그동안 쉽게 접근하기 어려웠던 문헌들을 체계적으로 정리하였을 뿐만 아니라 오래전에 발표하여 법개정이나 제도의 변천 등으로 내용이 변경된 경우에는 이에 대한 논평이나 코멘트를 더하여 문제점을 현재와의 관련 속에서 더욱 생생하게 파악하도록 배려하고 있다. 또한 권위주의적인 군사독재 시절에는 제대로 발표하지 못했던 정부형태에 관한 논의라든가 통일주체국민회의, 국회해산제도, 긴급조치권, 헌법위원회 등에 관한 비교법적인 서술도 이번에는 모두 복원하여 우리의 어두웠던 헌정사의 참모습을 후학들에게 일깨우는 작업도 병행하고 있다.

---

* 『대한민국학술원통신』 제233호 (2012. 12. 1), 26-28면.

## III.

이 책은 전체 9장으로 구성되어 있으며 구체적인 내용은 다음과 같다.

제1장 입헌주의와 법치주의, 제2장 통치질서, 제3장 통치조직의 구성원리, 제4장 입법권, 제5장 집행권, 제6장 사법권, 제7장 헌법재판소, 제8장 연방제와 지방자치, 제9장 통일문제. 각 장의 주요 내용을 간단히 요약한다.

제1장에서 입헌주의의 기본요소는 기본권보장주의, 국민주권의 원칙, 권력분립의 원칙, 성문헌법의 원칙, 경성헌법의 원칙 다섯 가지를 열거하며, 법치주의에서는 독일의 법치국가와 영국의 법의 지배를 서술한 후 제2차 대전 이후 독일의 사회적 법치국가와 구 소련 블록에서의 사회주의적 적법성에까지 언급한다.

제2장 '민주적 기본질서'에서는 '형식논리상 민주적 기본질서는 자유민주주의와 사회민주주의 등을 내포하는 상위개념이며 그 공통개념'(48면)이라고 하면서 민주적 기본질서는 바로 자유민주적 기본질서라고 이해하는 통설을 반박한 것으로 유명한 논문이다. '국민주권주의와 국민대표주의'에서는 여러 가지 학설을 상술한 후 헌법적 대표설이 타당하다는 결론을 내린다(90면). '정당질서'에서는 헌법과 정당의 관계를 역사적 · 비교법적으로 고찰하고 현행 정당법을 해설한다. 이어서 '선거질서'에서는 현행 비례대표제는 독일식과 다르고 진정한 비례대표제라고 볼 수 없다(163면)고 비판하며 선거제도 개혁의 방향을 자세히 제시한다.

제3장에서는 권력분립의 원리를 상설한 후 정부형태의 유형을 고찰한다. 전통적인 대통령제, 의원내각제, 이원정부제 외에 남미의 대통령제, 후진국의 신대통령제 · 초대통령제 그리고 러시아 연방의 대통령제를 비롯하여 전 세계의 정부형태를 도표로써 다루고 있다. 또한 '공산권 헌법의 통치조직'은 그동안 공산국가가 몰락하고 북한, 중국, 베트남 정도가 남은 현재, 역사적 참고 자료를 위해서 수록하고 있다. 또 '정부와 국회의 관계'에서는 '대통령정부 하의 안정을 유지하면서 국무총리가 국회에 대하여 책임을 지며 대통령과 국무총리가 집행권을 합의제로 행사하여 능률과 책임성을 아울러 확보해야 할 것이다'(315면)라고 결론을 내린다. 그리고 '유신헌법의 정부형태'는 프랑스 제5공화국과 중화민국 등의 정부형태와 유사하다고 하면서 뢰벤슈타인(K. Loewenstein)이 명명한 '신대통령제'에 관하여 상술하고 있다. 이 부분은 유신시대의 교과서에서는 간단히 처리되었던 곳으로 오늘날 읽으면 별 문제도 안 되는 서술에 대해서도 검열의 칼을 들이댄 독재정권의 옹졸했던 모습을 다시 회상하게 되어 씁쓸하다.

제4장은 입법권을 다룬다. '국회의 지위와 권한' 그리고 '국회의원의 지위와 특권'을 헌법 조항에 따라서 상설한다. '국회의 위원회제도'는 본회의에서의 통과를 위한 예비적인 심사를 하는 각종 위원회에 관하여 서술하며, '국회입법과 행정입법'에서는 실정법의 여러 가지 형식을 체계적으로 서술한다. '한국입법에 대한 통제'에서는 국민, 정당, 국회 자신, 대통령과 정부에 의한 통제 그리고 법원과 헌법재판소에 의한 통제 등으로 나누어

설명한다. 또한 '유신헌법의 국회의 해산제도'에서 국회해산제도는 원래 권력상호간의 통제의 한 수단이지만 '독재적 권력행사의 한 수단으로 전락하는 경우에는 민주주의와 의회주의에 대한 최대의 위협을 의미하게 된다'(480면)고 지적한다. 또 '유신헌법의 통일주체국민회의'도 박정희대통령의 영구집권과 독재를 가능케 했던 제도로서 이제는 사람들의 뇌리에서 거의 사라져 버렸지만 우리의 헌법정치를 더럽힌 증거로서 저자는 증언하고 있다.

제5장은 집행권. '한국의 정부형태'에서 저자는 현행 제6공화국의 정부형태는 '미국식 대통령제에 접근하고 있으나, 완전한 미국식 대통령제는 아니며 우리나라 제3공화국의 대통령제와 비슷하다'(534면)고 본다. 그러나 헌법재판소는 대통령제로 본다. 세계의 여러 가지 정부형태를 자세히 검토한 후 저자는 '우리나라에서는 국론분열을 막고 통일을 지향하는 정부형태를 찾는 것이 급선무이기 때문에 합의제정부형태를 도입해야 한다'(557면)고 결론을 내린다. 또 '국가원수의 지위'에서는 비교법적으로 각국의 원수를 고찰한다. 이어서 '대통령의 지위와 권한,' '행정부의 조직과 권한'을 상술한다. '행정권과 통치권'에서는 집행권의 개념을 협의의 행정권과 협의의 통치권을 포괄하는 개념으로 명확하게 파악한다. 또 '유신헌법의 대통령의 특별한 권한'에서는 국가긴급권에 관하여, 특히 유신헌법에서의 긴급조치권과 국회해산권에 관하여 상술하고 있다.

제6장 사법권. '대법원의 지위와 권한'을 상설한 후 '사법권의 범위와 한계'를 논한다. 특히 사법권의 한계에서 '통치행위는 극도로 한정적으로 인정하여야 하며, 기본적 인권의 보장에 관련된 경우에는 통치행위란 이유로 판단이 정지되는 것은 사법상의 책임방기로 보아야 하며, 기본권의 보호에 관한 한 통치행위의 이론은 부인되어야 할 것이다'(743면)라고 주장한다. 이어서 '사법권의 독립'을 논하며 '위헌법률심사제도의 의의와 유형'에서는 각국의 제도를 비교법적으로 서술한다. 계속하여 '우리 헌법상의 위헌법률심사제의 변천'에서는 제3공화국의 사법심사제도까지만 다룬다. 그러나 이 문제는 다시 '유신헌법의 헌법위원회의 지위와 직무'에서 계속된다. 또한 '사법심사의 한계로서의 통치행위'에서는 외국과 우리 헌법재판소의 최근 판결까지 평가하며 새로운 문헌도 추가하고 있다.

제7장 헌법재판소. '헌법재판소의 지위와 권한'에서는 헌법정치에서 헌법재판소가 차지하는 역할을 크게 신뢰하며, 재판도 헌법소원의 대상이 되도록 법률의 개정을 촉구한다(895면). 또 논란이 많았던 '헌법재판소와 대법원의 관계'에서는 헌법재판소는 사법기관이며 두 기관은 우열관계가 아니라 병렬적인 관계에 있으며, 헌법재판관의 선출도 국민의 대표기관인 국회에게 주는 것이 바람직하며 헌법재판소가 큰 역할을 할 것을 기대하고 있다. 또 '한국 헌법재판의 회고와 전망'에서 헌법재판소는 입헌주의의 수호기관이자 보장기관이며 우리는 헌법재판소에 대한 애정과 편달을 아끼지 말아야 할 것을 강조한다. 헌법재판소에서의 사건의 유형별 처리현황은 집필 당시인 1995년 통계인데 최신 통계로 바꾸었으면 한다. 이어서 '우리나라 헌법재판제도의 현재와 미래'에서는 헌법재판소의 지위향상과 권한의 확대를 강조한다. 끝으로 '헌법소송제도의 개선방향'에

서는 추상적 규범통제의 도입, 재판도 헌법소원의 대상에 포함시킬 것을 비롯하여 헌법재판소 자신의 헌법수호를 위한 적극적인 의지와 자세를 요청한다. 특히 정치적으로 민감한 사안에 대해서 적극적으로 판단할 것을 강조한다.

제8장 연방제와 지방자치. '연방제도'는 국가권력의 지방분산을 도모하며 연방제와 유사한 여러 가지 제도를 설명한다. 또 '한국헌법과 지방자치의 방향'에서는 중앙집권과 지방분권을 논한다.

마지막 제9장에서는 통일문제를 다룬다. '한국헌법상의 통일조항'에서는 역대 헌법과 북한헌법의 통일조항을 검토한 후 독일식 통일방안의 수용가능성을 제안한다. 끝으로 '한국통일헌법의 제정문제'에서는 '남북평의회를 구성하여 통일헌법을 기초하고 국민투표로 통일헌법을 확정하여 통일헌법에 의거 민주총선을 실시, 통일국회를 구성하고 통일정부를 수립하는 것이 가장 바람직한 통일방안'(1091면)이라고 끝맺는다.

## IV.

이상 김철수 회원의 『헌법과 정치』를 일별하였다. 여기서 보듯이 이 책은 애국애족의 정신과 자유민주주의에 대한 신념으로 가득 찬 저자의 일관된 입장과 태도를 잘 나타내고 있다. 그는 역사적이며 비교법적인 접근방법에서 시작하여 현행법에 대한 정치한 해석론을 전개한 후 문제점과 이에 대한 개선방안을 제시하는 헌법정책적인 연구를 병행하고 있다. 이러한 그의 헌법철학은 일찍이 저자가 50년대의 독일 뮌헨대학에서 대륙법의 전통을 몸에 익히고, 다시 60년대에는 미국 하버드대학에서 영미법의 정신을 수용한 데에서 비롯하는 것으로 이러한 결합은 누구나 누릴 수 있는 것이 아니다. 헤겔식의 표현을 빌리자면 정반합의 경지에 이른 것이다. 해방과 6 · 25 전쟁 직후 독일법의 아류인 일본의 법과 법학이 지배적이던 시절 그는 독일과 미국의 정통적인 헌법이론으로 무장하고 식민지의 잔재청산에 앞장서서 상처받고 위축된 한국인의 자존심을 드높인 것이다. 나아가 한국의 입헌주의를 위한 그의 투쟁은 헌법재판소의 설치에서 부분적으로 완성되었으며 아직도 계속되고 있다. 그러한 의미에서 이 책은 단순히 헌법과 정치에 관한 저자의 개인적인 연구 성과를 집대성한 것으로 끝나는 것이 아니라 우리 헌법정치의 과거와 현재를 살펴보고 미래의 방향을 제시하는 안내서로서의 역할을 담당하는 저서라고 하겠다. 앞으로 계속하여 기본권과 경제질서 등에 관한 논문들도 따로 엮어내어서 김철수헌법학의 대가람(大伽藍)이 하루속히 완성되기를 바란다.

아울러 저자의 팔순을 기념하여 이 논문집과 함께 펴낸 『헌법정치의 이상과 현실』(도서출판 소명), 『법과 정의 · 복지』(진원사)[김상용 회원의 서평: 『대한민국학술원통신』 제232호, 2012년 11월 1일자 참조] 그리고 『금랑 김철수 선생 팔순기념 논문집 헌법과 기본권의 현황과 과제』(경인문화사)의 출간을 축하하며 저자의 만수무강을 빈다.

# 4. 김철수 저 『헌법정치의 이상과 현실』

(소명출판, 2012, 1125면, 값 80,000원)*

김효전 회원(헌법)

## I.

파란 많은 우리 헌정사의 산 증인이며 아직도 헌법학계의 현역에서 쉬지 않고 활약하시는 김철수 회원께서 지난 해 팔순을 맞이하였다. 이를 기념하여 그는 헌법학에 관련된 논문집 『헌법과 정치』, 『헌법정치의 이상과 현실』을, 그리고 법철학에 관련된 논문집 『법과 정의 · 복지』 모두 세 권의 논문집을 펴내었으며, 지난해 10월 12일에는 축하기념 논문집 금랑 김철수 선생 팔순기념 논문집 『헌법과 기본권의 현황과 과제』의 봉정식이 서울프레스센터에서 열리기도 했다.

이 중 『헌법정치의 이상과 현실』은 일상적으로 출간하는 다른 전문적인 학술 논문집이나 의례적인 축하기념 논문집과는 구별되는 특징을 지니고 있어서 학계 인사들 간에도 화제가 되었을 뿐만 아니라 언론의 주목을 받기도 하였다(예컨대 『조선일보』 2012년 10월 30일자(사람들) '팔순의 헌법학 원로 연구 열정은 여전히 청춘'과 『동아일보』 2012년 11월 5일자(오피니언) "헌법 부정하는 '위헌 정당' 해산 안 하는 것은 문제" 참조).

여기서는 이 책을 간단히 소개하고 다른 논문집이나 저서들과 구별되는 독특한 점과 이 책이 지니는 한국 헌법 학설사에서의 지위를 살펴보기로 한다.

## II.

이 책은 전체 10부로서 1부는 헌법정치의 이상, 2부 헌법재판의 활성화, 3부 통일헌법의 제정, 4부 법철학, 5부 법학교육, 6부 학회활동, 7부 시론과 에세이, 8부 인터뷰, 서평, 연설문 기타, 9부 김철수 교수 저작 머리말 모음, 10부 기타이다.

먼저 제1부 헌법정치의 이상에서는 저자가 이상으로 생각하는 헌법정치의 모습을 의원내각제의 실현과 선거제도의 개혁, 기본적 인권의 실질적인 보장, 사회복지의 문제 등을 다룬다. 여기에 실린 글들은 저자가 학자로서 첫 출발하던 1962년에 발표한 단편적인 시론으로부터 50년이 지난 2012년의 인권위원회에 관한 기조연설까지 입헌주의와 법치주의에 대한 저자의 확고한 신념이 잘 나타나 있다.

제2부 헌법재판의 활성화는 저자가 이상으로 묘사한 독일식 헌법재판제도의 도입을 계속 주장한 이래 마침내 1988년 헌법에서 헌법재판소가 최초로 창설된 과정에서부터

---

* 『대한민국학술원통신』 제235호 (2013. 2. 1), 8-9면.

그동안의 운영 실태와 문제점을 다루고 있다. 특히 헌법재판의 핵심이라고 할 수 있는 위헌법률심사제는 저자의 학위논문의 테마이기도 하여 일찍이 『위헌법률심사제도론』이란 저서를 내기도 하였으며, 또한 저자는 오랫동안 헌법재판소의 자문위원으로서 실제에도 깊이 관여한 바 있다.

제3부 통일헌법의 제정은 광복 이후부터 현재까지 우리 민족의 염원인 동시에 저자의 일생에 걸친 연구 테마의 하나이기도 하다. 그리하여 통일 논의조차 금기시하던 60년대 초부터 그는 같은 분단국가인 독일의 분단과 통일에 관하여 심도 깊게 연구한 결과를 저서나 논문으로 발표하는 한편, 공산권 헌법에 대한 연구도 병행하여 소련과 중국 그리고 북한 헌법에 대한 연구에서도 일찍부터 선도적인 역할을 담당한 기록을 정리하고 있다.

제4부 법철학에서는 고 이항녕(李恒寧) 회원의 법철학에 대한 비판 논문에서부터 법의 본질과 한국인의 법의식 문제 등을 다룬다. 특히 저자가 독일 유학 시절에 작성한 「풍토적 자연법 논고」 말미에는 '1959. 8. 15'라는 작성 날자가 적혀 있으며, 당시 국내에서는 이름도 제대로 듣도 보도 못한 서구의 기라성 같은 학자들의 학설은 물론 동양의 법이론까지 두루 섭렵하고 비교하고 있어서 폭넓고 깊게 연구한 저자의 젊은 날의 모습을 보는 듯하다. 또한 그의 논문에 대한 이항녕 회원의 반박문도 함께 수록하고 있어서 참다운 학문적인 논쟁은 어떤 것인가를 후학들에게 몸소 보여주고 있다.

제5부 법학교육. 이 테마 역시 법학자로서 교육자로서 한평생 동안 저자의 머리를 떠나지 않은 것 중의 하나이다. 대륙법의 전통을 대표하는 독일과 영미법을 대표하는 미국, 양쪽에서 모두 공부한 그는 일찍부터 미국식 법학교육의 우수함을 간파하고 미국의 법학교육의 이론과 실제에 관하여 많은 글들을 발표하고, 또 이를 한국에 도입할 것을 강력히 주장한 바 있다. 그리하여 마침내 2007년 노무현 정권 중에 미국식 법학전문대학원(로스쿨)에 관한 법률이 통과되고 지난해에는 이미 1회 졸업생을 배출한 바 있다.

제6부 학회활동. 여기서는 저자가 학술활동의 중심에서 직접 관여한 한국공법학회, 한국교육법학회, 한국법학교수회, 세계헌법학회 한국학회, 대한민국학술원, 공법이론과 판례연구회에서의 회장, 고문 그리고 회원으로서의 개회사, 축사로부터 상세한 학술활동의 전체적인 모습이 일목요연하게 정리되어 있다. 학술대회의 초청장이나 개인의 명함 한 장도 소중히 여기고 보관해 두는 저자의 자료 수집과 보관에 대한 열의와 성실함을 보여주는 부분이다.

제7부 시론과 에세이. 저자는 상아탑 속에서 외부와 단절된 채 자신의 전공만을 위하여 고고한 삶을 보낸 것은 아니다. 그는 일간지의 논설위원으로서 오랫동안 근무한 탓에 언론인으로 불러도 무방할 것이다. 언론인으로서 재직 중에는 물론 퇴직한 후에도 그는 여러 신문과 잡지 등에 그때그때의 시사적인 논설과 에세이들을 많이 발표하였다. 대부분 일반 국민들을 위한 계몽적인 내용의 글이며 헌법정치의 중요성과 필요성 그리고 법치국가의 나아가야 할 방향 등을 제시하고 있다.

제8부 인터뷰 기타. 여기서는 주로 각종 언론 매체에서의 요구에 따른 인터뷰를 비롯하여 서평, 하서, 추천사, 그리고 대학 총장으로서의 연설문 등을 담고 있다. 특히 서평은 타인의 저작을 평한 것과 타인에 의한 저자 자신의 저작에 대한 서평 양자를 모두 싣고 있다. 하서에서는 동료들과 제자들에 대한 저자의 따듯한 인간적인 면모가 잘 드러나고 있으며, 연설문에서는 교육행정가로서의 교육에 대한 그의 열정과 의지가 선명히 부각되고 있다.

제9부 저작 머리말 모음은 2006년 이후에 발간된 그의 저작들에서의 머리말을 수록하고 있다. 매년 개정판을 발간하는 헌법 교과서의 머리말은 물론이며 전문 학술서에서 시평집에 이르기까지 끊임없이 정력적으로 연구하는 저자의 참모습을 새삼 발견하게 된다.

제10부 기타 에세이는 모교에 대한 사랑과 스승에 대한 사모의 정을 담은 개인적인 글들도 함께 수록되어 있다.

## III.

전체적으로 볼 때 이 책은 김철수 회원의 헌법학자로서, 언론인으로서, 교육행정가로서, 그리고 개인으로서의 면모를 뚜렷하게 부각시킨 저작이다. 저자의 생애와 학문의 세계를 올바로 이해하고 전체적인 조명을 하기 위해서는 지난 2005년에 발간된 그의 『헌법정치 60년과 김철수 헌법학』과 함께 반드시 보아야 할 기본 문헌이라고 하겠다. 그런 의미에서 이 책은 단순히 김철수 회원 개인의 학문적 일생을 정리한 것이 아니라 우리나라 학계의 발자취를 정리하고 앞으로의 방향을 제시한 헌정사의 귀중한 이정표라고 할 것이다.

돌이켜 보건대 대한민국헌법이 제정된 지도 어느덧 70년을 바라보는 세월이 흘렀다. 그러나 질풍노도와 같은 세월 속에서 우리 헌법이 있어야 할 모습과 있는 현실을 탐구한 문헌은 많지가 않다. 또 귀중한 사료와 자료 그리고 생생한 증언들이 안타깝게도 묻혀서 소리 없이 사라지는 이때에 김철수 회원의 이 책은 현재의 독자들뿐만 아니라 미래의 연구자에게도 신선한 자극과 귀감 그리고 풍부한 교훈을 제공하리라고 믿는다. 끝으로 저자의 건강과 건필을 기원하며 구순과 백순 때에도 이 책의 속편이 계속 발간되기를 바란다.

## 5. 김철수 저 『새 헌법 개정안 – 성립 · 내용 · 평가』

(진원사, 2014, 399면, 값 36,000원)*

김효전 회원(헌법)

### I.

현행 헌법은 1987년에 개정된 이래 여러 차례 헌법개정에 관한 논의가 있어왔다. 특히 대통령의 권력이 집중되고 너무 강력하다고 하여 '제왕적 대통령제'라고 비난하는 경향이 있는가 하면 '분권형 대통령제'라고 하여 권력분점을 이야기하는 견해 등이 대두한 바 있다. 그러나 대통령의 임기 말이니 또는 총선을 앞두고 있다느니 또는 민생법안에 주력해야 한다는 명목 등을 내세워 논의 자체를 금기시하거나 여당 내에서마저 헌법개정에 대해서 의견의 대립을 보이고 있다.

1987년의 민주화운동의 결과로서 탄생한 현행 헌법은 직선제 대통령제라는 국민의 여망에 따라서 민주화를 이루었고 또 정권교체를 가능케 한 점에서 지금까지의 어떤 헌법보다도 한국의 정치발전에 커다란 공을 세웠다고 할 수 있다. 또 임기 5년의 대통령단임제는 성급한 한국인의 정서에서 신속하게 정권을 바꿀 수 있는 장점도 있는 듯하다. 그러나 과열된 대통령선거는 국민통합을 저해하고 이념갈등을 증폭시키고 국정을 마비시키는 현상을 드러내기도 하였다.

이제 민주화의 여망이 달성되고 87년 당시의 타협적인 정치상황이 끝난 현 시점에서는 새로운 헌법의 개정이 요구되었다. 그리하여 국회에서는 지난 2008년 이후 '헌법연구자문위원회'를 비롯하여 국회의원들로 구성된 '미래한국헌법연구회'를 조직하여 헌법을 연구하는가 하면 2011년에는 '개헌추진 국회의원 모임'이 발족하고, 2014년 정월에는 강창희 국회의장의 자문기관으로 '헌법개정자문위원회'를 구성하였다.

### II.

이 책은 강창희 국회의장의 자문위원장으로서 새 헌법개정안을 작성하는 데에 주도적인 역할을 담당한 김철수 회원이 만든 심의 자료집을 출판한 것으로 새 헌법개정안을 이해하는 데에 필수불가결한 문헌이다. 이 책은 전체 4장으로 구성되며 제1장은 새 헌법 개정안의 작성 자료, 제2장은 새 헌법개정안의 특색과 내용 · 평가, 제3장은 개헌에 관한 인터뷰 기사, 제4장은 새 헌법 개정안이다. 헌법의 각 편별과 제도에 대해서 저자의 개인의견을 제시하고 여기에 각종 자료와 참고문헌을 첨부하여 헌법개정을 논의할 때에 편리하도록

* 『대한민국학술원통신』 제256호 (2014. 11. 1), 7-9면.

편집하고 있다. 이하 새 헌법개정안과 이 책의 특색을 간단히 소개하기로 한다.

먼저 헌법전문과 총강에 대한 저자의 개인의견으로는 대한민국의 상징 신설이다. 대한민국의 국기는 태극기로 하고, 국가는 애국가로, 국어는 한국어로, 수도는 서울로 해야 한다는 것이다.

기본권에 관한 개정에서는 "헌법의 목적은 기본권보장에 있다. 현행 헌법의 기본권규정은 오래 된 것이기 때문에 새로운 기본권을 많이 신규로 해야 한다. 이를 위하여 국제연합의 기본권 협정뿐만 아니라 유럽연합의 기본권헌장, 영국의 인권헌장, 영연방 각국의 인권헌장, 스위스헌법 등의 기본권 규정이 참고되어야 할 것이다"(34면)라고 하면서 기본권의 새로운 입법동향을 구체적으로 열거하고 있다. 그리고 기본권의 규정방식은 종래와 같이 "침해받지 아니한다"는 소극적인 것이 아니라 "권리를 가진다"라고 적극적으로 표현할 것을 강조한다. 또 기본권 남용을 방지하기 위한 제도적 장치의 마련이 필요하다고 하면서, 독일처럼 형법에서 국가에 관한 범죄, 즉 자유민주적 기본질서 침해범죄를 엄벌에 처하도록 예시하고 있다. 또 국민의 권리를 인간의 권리로 하여 북한 주민과 정주외국인의 기본권보장을 위한 입법근거의 마련을 제시하고 있다. 이와 같이 저자는 헌법논의의 핵심은 권력구조가 아니라 기본권을 보장하는 방향으로 개정할 것을 강조한다(53면).

다음에 이상적인 통치구조에 관한 저자의 견해는 이렇다. "현재의 한국 실정으로 보아 이상적인 의원내각제, 합의제정부는 운영하기 힘들 것 같다. 그래서 우선 분권적 대통령제를 운영하면서 온건다당제, 협치정치훈련을 한 뒤에 이상적인 합의제 정부형태로 나가는 것이 옳지 않을까 생각한다. ... 우리나라에서는 제왕적 대통령제라든가 대통령의 권력독식, 대통령독재라고 하여 대통령의 권한행사를 약화시키기 위한 정부형태, 권력구조 논의가 왕성하다. 통치기구 개정 논의에 앞서 중앙권력의 분산을 위한 연방제, 지방분권제, 다당제, 비례대표제 등의 도입에 따른 정치개혁에 따라 권력독식을 완화할 수 있는 방법이 없는가 연구해 봐야 한다"(66-67면).

요컨대 "정부형태에 관한 제도만 탓할 것이 아니라 헌법개정 전이라도 운영의 묘를 기하여 분권형으로 운영하였으면 한다. 이를 위해서는 국회의원 등의 각성이 필요하고 국민의 이념대립과 지역대립이 완화되어야 하겠다. 헌법개정 전이라도 국회법, 정당법, 선거법 등의 개혁입법으로 합의제정부를 운영해 보아야 할 것이다"(67면).

국회는 양원제의 도입을 강조한다. 그 까닭은 분권형 대통령제를 도입하는 경우 국회가 정치의 중심에 서게 되는데 단원제 국회 하에서는 정치의 마비현상이 일어나기 쉽게 때문에 중재기관으로서의 참의원의 존재가 필요하기 때문이라고 한다. 참의원은 지방의 이익을 대표하는 사람으로 대선거구에서 선출하는 100명 이내로 구성한다. 이는 통일을 대비한 헌법개정이다.

국회의원선거는 민의원 선거와 참의원 선거를 분리하고, 민의원 선거의 경우는 소선거구 다수대표제와 비례대표제의 병용이 요청되며, 선거구인구의 평등을 보장하기 위하여 당선자결정은 정당의 득표율에 따른 비례대표에 의한 독일식 비례대표제를 제안하고 있다. 참의원선거는 현재의 대도시나 도 단위의 대선거구에서 3~4인을 선출케 하는 방법이 바람직하다고 한다(105면).

정부는 대통령과 국무총리의 분권적인 권력행사를 제안한다. 대통령은 외교 · 안보 · 국방 · 통일 · 국민통합 등 권한을 행사함에 있어서 국무총리와 관계 국무위원과 협의하여야 한다. 대통령은 예외적으로 국무회의를 소집하거나 참석하도록 하며, 일반적으로 내정에 대해서는 국무총리가 주재하는 국무회의에서 합의제로 의결하도록 해야 한다.

국무총리와 민의원의 관계는 의원내각제적으로 운영되어야 하며 국무총리와 국무위원은 민의원에 대해서 책임을 진다. 국무총리는 민의원 의원의 절대다수의 지지를 얻기 위해서 연립정부를 형성해야 하며, 국무총리가 민의원의 다수를 얻지 못하는 경우 국무총리는 연명하기 어려울 것이며 동거정부의 운영을 검토해야 할 것이다(117-118면)고 한다. 이처럼 저자는 정부제도에 관하여는 대통령제를 기본으로 하면서도 의원내각제적인 운영을 가미하는 프랑스식의 이원정부제를 제시하고 있다.

감사원제도는 공무원의 직무감찰과 회계검사라는 두 기능의 전문성 때문에 감찰원과 회계검사원으로 분리할 것을 제안하고 있다. 감찰원장은 참의원의 동의를 얻어 대통령이 임명하되 직무의 독립성과 정치적 중립성이 보장되어야 한다. 회계검사원은 미국처럼 국회에 두어 국회의 감독을 받아야 한다는 국회사무처의 의견도 있었으나 한국에서는 독일처럼 독립기관으로 하는 것이 바람직하다고 한다(129면).

사법제도와 관련해서는 현재 대법원이 상고법원을 신설하려고 하나 이는 헌법상 국민의 대법원의 재판을 받을 권리를 침해할 가능성이 있다. 대법원은 현행 헌법상의 부를 확대하여 민사부, 형사부, 행정부, 특허부, 조세부 등으로 특화하고 대법원판사의 수는 50명 정도로 확대하도록 한다.

헌법재판소는 현행과 같이 독립하여 설치하는 것이 바람직하다. "헌법재판소는 헌법의 보장기관으로서 국가 법률의 합헌성 보장을 담당하고 국회나 정부 등 국가권력의 위헌행위를 시정하도록 하여야 할 것이다. 현재 문제가 되고 있는 재판소원은 대법원에서 관장하도록 하고, 헌법재판소는 국정방향이 헌법을 준수하도록 조약의 위헌심사, 통치행위의 위헌심사, 탄핵, 정당해산, 입법부의 위헌적 행위시정 등을 담당하도록 해야 할 것이다"(134면).

헌법재판소의 권한에는 추상적 위헌법률심사권을 인정하고 법원의 재판에 대한 구체적 위헌심사권을 추가해야 할 것이다. 또 헌법재판관의 자격은 법조 자격자 이외에 외교관, 정치인, 법학 교수 등으로 충원할 수 있어야 하며, 임기도 현재 6년에서 8년으로 늘이고 재임하지 못하도록 한다는 것이다.

지방자치단체의 집행부 형태도 전부 대통령제로 되어 있는데, 지방자치단체의 정부형태를 의원내각제적으로 변경하는 안을 제시하고 있다. 현재의 광역지방의회 의원은 유급으로 하고 겸직이 금지되어야만 지방토호의 부패도 막을 수 있고, 합의제 정부의 훈련장으로도 이용될 수 있을 것으로 기대하고 있다.

이것은 의원내각제 정부형태를 주장해 온 저자의 일관된 견해를 반영하는 것이다. 또한 특이한 것은 광역자치단체를 통합하여 준국가적인 지방(支邦)을 만들어 자치권을 강화하는 것이 필요하다는 견해(169면)이다. 이러한 경험을 바탕으로 통일 후에는 연방제도를 도입할 수도 있을 것이라는 전망이다.

경제조항의 개정은 이념적 대립이 심하여 개정논의를 활성화하는 경우 사회주의 계획경제를 주장하는 견해까지 등장하며 국론이 분열될 우려가 있으므로 통일 시까지는 현행 헌법을 그대로 유지하는 것이 바람직하다고 주장한다.

## III.

제2장 '새 헌법 개정안의 특색과 내용 · 평가'는 저자인 김철수 위원장의 개인의견을 다수 반영하여 확정된 것이므로 앞에서 요약한 것과 대체로 유사하나 저자는 다음과 같이 평가하고 있다.

전문과 총강에서는 직접민주주의에 관한 규정이 부족하며 또 연방제 통일국가로의 규정, 입헌주의, 법치국가성의 강조, 사회국가원리의 강조가 부족한 점을 지적하고 있다.

기본권 장에서는 생존권적 기본권을 유엔의 경제적 · 사회적 권리규약이나 유럽연합의 사회권 헌장과 같이 보다 상세한 규정을 하지 않은 것이 아쉽다고 지적한다. 새 헌법개정안 제49조 1항은 "모든 사람은 헌법과 법률에 따라 공정하고 신속한 재판을 받을 권리를 가진다"고 규정하고 있다. 이것은 법관의 자격이 없는 비법관에 의한 일반인의 재판이 가능한 것처럼 오해될 소지도 있어서 법관에 의한 재판 조항은 유지하는 것이 바람직할 것이다.

권력구조에서 국회를 양원제로 한 것은 잘한 것이지만 국회의 권한행사에 대한 통제는 미흡한 편이다. 특히 논란이 많은 국회의원의 특권에 관해서는 "국회의원의 특권을 제한하여 불체포특권이나 면책특권을 제약하였는데 이제까지 무조건 석방요구하거나 체포동의를 거부하는 관례를 없애도록 해야 할 것이다. 국회의원의 부패행위에 대해서는 구속수사를 원칙으로 하고 기소되면 정직처분하고 유죄가 확정되면 피선거권을 박탈하고, 사면 · 복권을 하지 못하도록 해야 할 것이며, 국회윤리위원회의 징계기능을 활성화하도록 해야 할 것이다"(259면)라고 의견을 제시하고 있다.

또 국정감사제도의 폐지는 세계적인 원칙으로 복귀한 것으로 타당한 것이다. 그러나 국회운영제도의 개선은 여전히 미흡하다고 본다.

한편 저자는 국회중심의 정치에 대한 우려도 나타내고 있다. 이번 헌법개정에서는 "정치인이 주장하는 것처럼 제왕적 대통령제의 병폐보다는 행정의 발목을 잡는 국회의원의 책임이 더 큰 것을 통감하여 정치개혁, 국회개혁에 정치인이 앞장서야 할 것이다"(261면)고 한다.

다음에 대통령제는 제왕적 대통령제에서 분권형 대통령제, 즉 학문상 이원정부제로 변경하였다. 대통령은 중립적 국가원수로서의 기능을 수행하고 또 국가의 수호자로서의 국가긴급권을 행사한다. 새 헌법안에서는 대통령의 양식에 따라 권한행사의 자제와 의원내각제적인 운용을 기대하고 있다.

사법부에서는 대법원의 재판을 받을 권리의 보장이 미흡하다. 대법원제도를 획기적으로 개혁해야 함에도 불구하고 법원의 반대에 부딪혀 현행 규정을 유지하는데 그친 점은 아쉽다고 한다.

끝으로 저자는 새 헌법 개정안의 통과 가능성을 국회의원에 의한 발의가능성과 대통령에 의한 발의가능성, 그리고 국민에 의한 헌법개정 청원 가능성으로 나누어 고찰하고 있다. 헌법개정의 적기에 대해서는 "2015년 말 쯤에는 대통령권력의 lame duck 현상이 나타날 것이고, 새로운 대선 후보자의 활동이 활발해 질 것이므로 제20대 국회의원 총선 전에 차기 대통령 후보가 확정되기 전에 헌법개정을 단행하는 것이 바람직하다"고 한다.

그러나 한국의 정치현실은 어떤 변수가 작용할지 예측할 수 없는 경우가 많은 것이 사실이다. 정치적 이해관계에 따라서 이합집산을 일삼고 헌법개정을 정권의 연장 정도로 생각해 온 정치인들에게 국가의 장래를 위한 이상적인 헌법이란 어떠해야 하는가를 가르쳐 주는 점만으로도 이 책은 헌법개정의 지침서로서의 역할을 수행할 것이다. (2014. 10. 12)

## 6. 김철수 저 『헌법과 법률이 지배하는 사회』

(진원사, 2016, 472면, 값 28,000원)*

김효전 회원(헌법)

### I.

대한민국 학술원 김철수 회원이 신간을 출판하였다. 책 이름이 보여주듯이 저자는 현재의 헌정 상황을 '무규범 상태'로 진단하고 헌법과 법률이 지배하는 사회로 나아가야 할 당위명제를 설정하고 있다. 과거에는 군부 독재정권이 헌법을 파괴하여 무법천지를

* 『대한민국학술원통신』 제273호 (2016. 4. 1), 14-17면.

만들었는데 반하여 1987년의 민주화 이후에는 국회 · 정당 · 시민단체가 헌법을 유린하여 민주주의의 위기를 자초하고 있다는 것이다.

특히 오는 4월 13일의 제20대 국회의원 총선을 앞두고 정치에 대한 불신, 북한의 미사일 발사로 인한 핵무장론의 대두와 불안한 안보상황, 국내외의 어려운 경제여건의 불길한 소식 등 어수선한 시국에 주권행사자로서의 국민에게 한국 헌법정치의 당면한 문제점을 제시하고 그 개선방향과 우리의 나아갈 진로를 명쾌하게 제시한 점에서 시의적절하고 꼭 필요한 저작이라고 하겠다.

## II.

이 책은 2010년대에 들어와서 저자가 새로이 집필한 논문과 논설, 시평 등을 체계적으로 정리한 것이다. 내용은 1장 헌법이란, 2장 대통령, 3장 정부, 4장 국회, 5장 법원, 6장 헌법재판소, 7장 정당, 8장 선거, 9장 법치주의와 자유민주질서, 10장 통일로 구성되어 있다.

이들 순서대로 내용을 요약한 후 이 책의 의미와 가치를 검토해 보기로 한다.

먼저 제1장 「헌법이란」에서는 「입헌주의란 무엇이냐?」를 비롯하여 「헌법은 국민통합의 대헌장」을 비롯하여 「대한민국 건국의 정통성」을 상세하게 다루고 있다. 특히 일부 좌경 정치인과 학자들에 의해서 대한민국 건국의 정통성을 부정 내지 폄하하려는 시도에 대해서 저자는 이렇게 단언한다. 「대한민국의 건국사에 많은 문제가 있었던 것은 사실이나 미소냉전의 결과였으며 소련의 북조선 소비에트화, 미군정의 미숙과 정치인의 비타협성 때문이었지 건국 과정의 정통성 부족 때문은 아니었다. 우리는 1948년 대한민국 건국의 정통성을 결코 부정해서는 안 된다」(47면). 이 논문은 건국과정에 대해서 편향된 시각과 역사의식의 빈곤 내지 무지에 대해서 경종을 울린 지적이며 지극히 타당한 지적이라고 하겠다. 그러나 아직도 태극기와 나치의 깃발을 동격에서 휘날리는 동영상이 유포되고 있는가 하면, 대한민국은 민족적 정통성이 없으며 태어나서는 안 될 기형아라고 폄하하는 세력이 적지 않은 것을 볼 때 한심한 생각이 든다.

또한 헌법개정의 문제와 관련하여 2014년 강창희 국회의장의 헌법개정자문위원회의 위원장직을 맡았던 저자는 완전분권제, 양원제, 연방제 등을 골자로 하는 개정안을 마련하기도 하였다(상세한 것은 김철수, 『새 헌법 개정안』, 진원사, 2014 참조). 현행 헌법은 개정된 지도 오래되었고, 또 대통령의 권력집중 내지 막강한 권한행사에 대한 폐해에서 분권제 개헌이 논란의 대상이 되어 왔으며, 국회 내에서도 다수의 여야 정치인들이 헌법개정에 공감을 표시하기도 했다. 그렇다고 전적으로 정치인들에게만 맡겨서도 안 되기에 「개헌, 정치인에게만 맡기면 위험」이라고 경고한다. 그러나 헌법개정에는 국민적 요구가 왕성해야 하는데 아직은 그 요구가 성숙되지 않은 것으로 판단하여 준비 단계에 머물고 있다.

## III.

다음으로 제2장과 제3장에서는 대통령과 정부를 다루고 있다.

「헌법과 법치 측면에서 본 문민정부 공과」에서는 김영삼 전 대통령의 민주화를 위한 투쟁과 군인정치를 종식시키고 문민정치를 완성한 점을 높이 평가하고 있다. 그러나 「세계화를 강조한 문민정부가 북한정권의 이익을 위해 동맹국의 정책을 반대한 것이 북한의 핵무장과 항구분단, 북한 동포의 고통을 초래하게 된 것이 아닌지 두렵다」(66면)고 하면서 김 대통령의 민족지상주의와 정권 재창조의 실패를 과(過)로 꼽고 있다.

저자는 지난 2012년의 대통령선거 시에 「노무현 전 대통령처럼 '그 놈의 헌법'이라고 헌법을 무시하고 악법은 지키지 않아도 된다는 대통령은 다시는 뽑아서는 안 된다. 국민은 이번 대선에 있어서 개인 후보보다도 그 집단의 호헌의사를 가졌는지 법률집행 의지가 있는지부터 검증하여야 하겠다」(74면)고 강조한 바 있다. 이 말은 이 책의 핵심 내용일 뿐만 아니라 저자의 헌법관을 극명하게 보여주는 것이며, 내년의 대통령선거 때에도 다시 반복해야 할 만큼 우리들 머릿속에 새겨둘 대목이라고 하겠다.

또한 「박근혜 정부 후반기의 국가개혁 과제」에서는 정치개혁, 공무원 개혁, 검찰개혁과 사법개혁, 국민의 의식개혁을 제시한다. 이것은 비단 박근혜 정부만이 아니라 한국의 당면한 국가개혁 전반을 검토하고 그 방향을 제시한 것으로 의의가 깊다. 정치개혁에서는 정당정치와 선거제도의 선진화를 구체적으로 상설하면서 정치개혁의 단행을 강조한다. 국회의원이나 정치인은 지역적 이익대표나 이념적 계급대립이 아닌 국민의 뜻에 따른 정치를 해야 한다는 것이다. 공무원 개혁에서는 공무원의 헌법준수와 기강확립을 강조하며, 검찰은 정치권의 영향을 받지 않고 파사현정(破邪顯正)의 정신으로 사회에 법과 정의를 실현하여야 할 것이다. 사법부도  일부 판사가 튀는 판결을 한다거나 좌파연구회를 만들어 파벌을 형성하여 국가질서를 어지럽히고 있으며 전관예우가 당연시되는 현실을 비판하면서 변호사비용법의 제정을 제시하고 있다. 그러나 무엇보다도 저자는 국민의 준법정신을 강조한다. 헌법과 법률을 잘 준수함으로써 입헌정치도 올바로 할 수 있으며 세월호 같은 사건도 결국은 법률을 무시하고 돈벌이에만 혈안이 된 선주와 타락한 공무원들 탓에 발생한 것이다. 특히 「우리 지식인은 일반인들의 법경시 행위나 반국가행위에 대하여 경종을 울려야 하며 탈선하기 일쑤인 여론형성에 국가적 중심을 잡도록 솔선수범해야 하겠다」고 하여 지식인들의 역할을 강조한다.

그 밖에 '성완종 비밀사면'에 대한 비판이나 「법조인 출신 총리의 직무는 국가기강 확립과 법치질서 보장」과 같은 논설도 같은 맥락에서 헌법과 법률의 지배를 강조하고 있다.

## IV.

제4장 국회에서는 국회의원의 취임선서, 이른바 '김영란법', 정치자금 제도, 국회선진

화법, 의원의 불체포특권의 문제 등을 다루고 있다.

제19대 국회는 역대 최악이란 평을 받아 국회해산요구와 국민소환요구까지 나왔다. 그 원인의 하나는 이른바 국회선진화법이다. 이 법은 국회의원 5분의 3 이상이 찬성하지 않으면 법률안 하나 제대로 통과시킬 수 없게 만든 것이다. 원래의 입법취지는 여야가 합의하여 몸싸움을 피하고 법안을 통과하도록 기대하였으나, 실제 운영에서는 야당의 특권으로 전락하고 국회 자체의 기능마비를 가져오는 결과를 초래하였다.

국회선진화법에 대해서 일찍부터 반대해온 저자는 국회의장이 당초에 위헌이라고 한 양심에 따라 직권 상정하여 폐지의 계기를 마련해야 한다고 해결방안을 제시하였으나 우이독경으로 끝나고 말았다.

## V.

제5장과 제6장에서는 법원과 헌법재판소 문제를 다루고 있다. 여기서는 사법부의 신뢰회복, 사법부의 개혁, 헌법재판의 기능, 우리나라 헌법재판소의 현재와 미래 등을 상설하고 있다. 특히 헌법재판소의 업적에 관하여 높이 평가하면서 우리 헌법재판의 미래와 나아갈 방향을 이렇게 제시한다. 즉 사법부는 집중주의에서 분산주의로 하여 사법권의 지방분권이 필요하다는 것, 전문법원 제도를 도입하여 독일처럼 조세 · 행정 · 특허 · 노동사건을 전문화할 것, 헌법재판관의 선출은 민주적 정당성을 위해서 전원 국회에서 선출할 것, 자격은 법관에 한정하지 않고 개방할 것, 헌법재판소의 권한을 확대하여 정치쟁송 문제를 독점하고 추상적 규범통제와 행정처분의 위헌심사도 관할할 것, 재판도 헌법소원에 포함시킬 것 등을 강조하고 있다.

## VI.

제7장과 제8장은 정당과 선거를 다룬다. 여기서는 특히 통진당 해산의 필요성과 당위성을 역설한다. 저자는 헌법재판소의 결정에 대해서 「우리나라의 구체적 남북 분단 상황과 북한의 남침위협을 인식하여 이러한 판단을 한 것은 비례성의 원칙을 지키면서 정당해산의 구체적 타당성을 설파한 점에서 백번 옳은 결정」이라고 환영한다. 나아가 「위헌정당에 소속하는 선출직이나 임명직 공무원은 전부가 헌법상의 민주적 기본질서를 침해한 상태이기 때문에 국회의원뿐만 아니라 지방의회의원과 공무원까지 모두 자격이 박탈되어야 한다」(228면)고 주장한다. 또한 대체(代替) 정당의 금지와 위장 대체정당의 해산도 헌법재판소의 임무임을 강조하여 우리 헌법상의 자유민주적 기본질서의 확립을 위한 이론적 및 실제적인 서술에 많은 지면을 할애하고 있다.

금년 들어 야당이 분열하여 제3당이 탄생하게 되고, 또 제20대 국회의원선거와 관련하여 저자는 「다당제와 연립내각」의 문제를 제기한다. 한국에서는 대통령제를 채택하여

2대 정당제로 운영되기 쉬운 점, 또한 한국인은 '타협과 중립을 타기하고 결백과 극한 투쟁을 좋아하는 경향' 이 있어서 제3당의 장래는 그리 밝지 않다고 전망한다. 그러나 한국에서도 '사생결단적인 정치를 타파하기 위하여 다당제를 육성하는 것이 바람직하다' 고 하면서, 「국가안보의 위기와 경제위기에 직면해 있는 우리나라에서는 토론과 합의에 의한 통치가 가능할 수 있도록 의원내각제나 이원정부제를 도입하여 다당제를 육성하고 연립정부 형성에 의한 책임정치가 시행되어야 할 것이다」라고 결론짓는다(238면).

다음에 국회의원선거제도의 개혁에서는 이탈리아에서 의원수를 줄인 점과 선거구 문제 등을 상세히 검토하고 있다. 저자는 각국의 선거제도를 상설한 후 현재의 국회의원 수는 적지 않으며, 비례대표는 직능대표로 변경할 필요가 있으며, 선거법 개정은 정치인이 아니라 국민을 대변하는 기구를 만들어 그동안 연구한 것 중에서 선택하면 된다고 한다. 또 후보자의 공천제도는 오픈 프라이머리만을 고집할 것이 아니라 당원에 의한 상향식 공천을 강조하면 충분하다고 본다.

## VII.

제9장은 「법치주의와 자유민주질서」로서 법치의 붕괴와 아노미 현상에 대한 저자의 우려를 잘 나타내고 있다. 우리 사회가 무법 · 무질서 상태가 된 원인으로 저자는 법의 권위가 지켜지지 않는 것, 법의 엄정한 집행이 되지 않는 것, 법원의 온정주의 양형의 문제 등을 지적한다. 이에 대해서 법질서를 확립하기 위한 방안으로서 국민들의 법의식을 고양해야 하며, 공권력이 권위를 찾아 법집행을 공정 · 무사하게 하여 시민사회뿐 아니라 공무원 사회에서 신상필벌의 원칙이 지켜져야 한다고 처방과 대안을 제시하고 있다.

그 예시로서 '부정청탁 및 금품 등 수수 금지법'(일명 김영란법)의 규제 대상에서 국회의원을 제외한 것은 꼼수이며, 시민단체를 비롯하여 금융기관, 로비단체들까지도 확장하는 것이 옳다고 주장하는 것은 타당하다고 하겠다.

또 저자는 세월호 사건과 관련하여 공무원의 책임의식이 땅에 떨어지고 부정부패가 만연하고 무사안일주의가 팽배한 우리 사회의 고질적인 문제점을 해부하기도 한다. 이러한 병폐는 공무원의 임용원칙이나 헌법 교육이 부실하고 낙후된 탓이기에 공무원 시험과목에서 헌법을 비롯하여 법률과목을 많이 넣어서 애국심과 준법의식을 강화할 것을 대안으로서 제시하고 있다.

## VIII.

마지막 제10장의 화두는 통일이다. 「헌법 수호하여 통일 앞당기자」에서 저자는 「그동안 우리는 남북한의 경제력 차이로 적화통일은 불가능하며 북한의 전면도발은 결코 있을 수 없다는 자만감과 안도감에서 북한을 두려워하지 않고, 또 종북세력의 암약도 정신병자들의 망동이라고 생각하여 국가안보의 위기를 느끼지 못하였다. 그리하여 종북세력의 국회입성도 막지 못하였고 빨치산 딸의 청와대 입성도 막지 못하였다」(342면)고 하여 우리들의 무사 안일한 안보의식에 비판을 가하고 있다. 이제 북한이 핵무기로 우리와 전 세계를 위협하는 지경에 이르러 우리는 새로운 정신무장과 각오를 단단히 해야 할 것이다.

통일 문제도 자유민주적 질서에 입각한 평화적 통일정책을 전개하는 것이 국민적인 지상명령임을 저자는 강조한다. 그리하여 저자는 「독일 통일 25년의 결산과 교훈」에서는 우리의 반면교사로서 독일의 경험을 상세하게 전해주고 있다.

끝으로 저자는 북한 연구는 물론 통일에 대비한 법제통합 내지 통일 헌법의 필요성을 역설하고 있다. 평생을 헌법 연구에 바친 노학자는 「통일헌법안에 관한 연구」를 요약하여 이 책의 결론으로 삼고 있다. 이 논문은 통일 후에 적용될 헌법안이며 세계적인 추세에 따라서 자유민주주의에 입각한 이상적인 헌법이다. 그 내용은 자유민주주의헌법, 자유시장경제를 원칙으로 하는 복지국가헌법, 복수정당제를 원칙으로 하는 권력분립주의, 그리고 연방제 등이다.

이상으로 전체의 내용을 간단히 요약해 보았다.

우리의 안보와 국방이 생존권 차원에서 위협을 받고 있고, 국내외적으로 경제가 침체와 하강의 국면을 맞고 있는 이때에 우리는 아직도 태평성대인 양 방심하고 정치혐오 내지는 무관심 상태에 있는 것은 아닌가? 더구나 헌법과 법률을 경시하거나 외면하여 헌법정치와 법치주의가 형해화하고 아노미 현상이 보편화되고 있는 오늘날 김철수 회원의 외침은 황야의 일성으로 끝나서는 안 된다. 정치인이나 공무원은 물론 모든 국민이 이 책을 읽고 우리의 당면 과제를 분명히 인식하고 올바른 결단을 내려야 할 것이다. (2016. 3. 7)

## 7. 김철수 저 『한국통일의 정치와 헌법』

(시와 진실, 2017, 737면, 값 49,000원)*

김효전 회원(헌법)

### I.

내우외환 속에서 한국인의 법생활과 정치생활은 위협을 받고 있다. 박근혜 대통령에 대한 탄핵으로 온 국민은 피로해하며 분열과 갈등은 심화되어 뜻있는 인사들은 국민통합을 외치고 과열된 대통령선거의 진정과 정치의 안정을 호소하고 있다. 밖으로는 미국의

* 『대한민국학술원통신』 제285호 (2017. 4. 1), 17-20면.

트럼프가 대통령으로 취임하여 제2의 냉전기가 예상되고, 중국의 사드배치 반대와 한국에 대한 보복의 위협 속에 북한의 김정은 정권은 미사일을 발사하는가 하면 이복형인 김정남을 암살하는 등 어수선한 분위기가 계속되고 있다.

남북 간의 갈등과 전쟁의 위기가 증대하는 가운데 한반도의 통일은 먼 남의 일처럼 느껴지는 현실에서 우리 헌법학계의 원로이며 대한민국학술원 회원인 김철수 교수는 『한국통일의 정치와 헌법』을 펴내었다. 그는 1973년 『분단국의 문제』를 출간한 이래 2004년에는 『독일통일의 정치와 헌법』을 발간하였고, 그 후에도 계속하여 통일문제를 천착한 결과 이제 결정판을 내놓기에 이르렀다.

헌법학자로서 평생을 살아온 그는 필생의 바람으로서 조국 통일의 헌법을 기초하는 것이라고 여러 차례 말해왔다. 그러나 「이제는 그 기회가 보이지 않기에 한반도 통일헌법안부터 연구하여 발표」하는 것이며, 「조국의 통일은 기적처럼 다가올 수 있는데, 우리는 이에 대비해야 하고 북한 동포에게 통일한국의 미래상을 알려줘 통일에 대한 희망을 일깨워줘야 할 것이다」라고 저술 동기를 밝히고 있다.

이 책의 내용을 간단히 소개한 후 통일을 대비한 우리의 자세와 각오를 다시 한 번 새로이 검토하고 확인하기로 한다.

## II.

이 책은 전체 5부와 부록으로 구성되어 있다.

제1부 한반도의 분단과 통일 노력, 제2부 한반도의 통일정책, 제3부 통일헌법 제정으로 통일, 제4부 한반도의 통일헌법, 제5부 한민족연방공화국 헌법(안) 그리고 부록이다.

먼저 제1부에서는 한반도의 분단과 대한민국 건국, 남북한 정부의 통일노력을 다룬다. 제1장 한반도의 분단과 대한민국의 건국에서는 해방 전의 국내사정에서부터 해방, 남북한의 군정, 대한민국의 건국, 한국전쟁에 이르는 현대사를 개관하고 있다. 여기서 돋보이는 것은 최근까지의 각종 연구 성과를 망라하여 일부 좌경한 인사들의 편향된 사관을 비판하고 대한민국의 정통성을 강조한 것이다. 이것은 저자가 일제 강점기에 태어나서 초등학교를 다니고, 해방정국에 중학교를, 6. 25 전쟁 때에 대학교를 다닌 탓에 몸소 보고 듣고 느낀 체험적인 현대사로서 살아있는 증언이기에 다른 어떤 추상적인 역사서보다도 의미있고 가치 있는 기록이라고 하겠다. 뿐만 아니라 여기에 인용된 방대한 학술 문헌들은 그 자체만으로도 후학들이 더욱 깊이 연구할 테마와 방향을 제시하는 안내서이자 길잡이로서의 역할을 하고 있다.

제2장 남북한 정부의 통일노력에서는 지금까지의 남북한의 통일정책을 서술한 후 양자의 통일방안을 비교하고 평가한다. 남한은 단일국가로 통일하는 것을 원하며, 통일헌법 제정으로 통일국가의 구성을 목표로 한다. 그 과도기 단계로 남북연합, 즉 국가연합을 만들고 여기서 통일헌법안을 만들어 국민투표로 확정하고 단일국가를 구성하는 것이다.

이에 대해서 북한은 고려연방공화국이라고 '연방'을 주장하지만 실은 2개 정부가 공존하고 이들 정부가 외교권과 군사권을 갖는 점에서 국가연합(Confederation)인 것이다. 이것은 북한이 국가연합이라고 하면 남한 국민의 지지를 받기 어려워 연방제라고 호도하는 것이다.

따라서 남북연합과 낮은 단계에서의 연방제를 수렴할 가능성은 희박하며, 경제공동체의 구성도 북한이 맺고 있는 중국과 러시아와의 유대 때문에 쉽지 않을 것으로 보인다. 또한 북한의 핵과 인권 문제 때문에 유엔이 제재를 가하여 북한에 대한 경제적 지원도 한계가 있으며, 중요한 비핵화와 군비 축소, 긴장완화 등의 문제를 해결하지 않으면 실현하기 어려울 것으로 본다(153-157면). 더구나 미국과 중국이 새로운 냉전을 격화한다면 통일은 더 늦어질 것으로 예상된다. 그러나 진정한 의미의 정치적인 통일을 이룩하는 방안으로서 저자는 독일식 통일방안을 제안한다. 즉 남한에 6개 주와 북한에 3개 주를 만들어 연방국가를 만드는 것이다.

## III.

제2부에서는 한반도의 통일정책을 다룬다. 한반도 주변국가의 한반도 정책으로 미국, 일본, 중국, 러시아의 정책을 상설하고 있다.

동북 아시아에서는 6자회담을 비롯하여 관련된 국가들이 전쟁을 피하려는 노력을 계속하고 있다.「중국은 통일보다는 남북이 공존하는 현상유지를 지지하는 것 같다. 이는 북한을 완충지대로 삼아 미국이나 자본주의 세력이 커지는 것을 막으려는 의도로 보인다. 러시아는 한반도가 서방국의 주도로 통일되는 것보다는 현 상태를 유지하기를 원하는 것 같고, 통일이 되면 중립화를 요구할 것으로 보인다. 일본은 남북이 대립하기를 원하며, 북 · 일수교에 따라 북한에 투자나 세력 진출을 꾀할 것으로 보인다.... 미국은 즉시 통일을 원하는」 것으로 보인다(215-216면).

또한 저자는 동북아시아의 공동체 구성은 아직도 시기상조로 보며, 중립화 통일론도 요즘처럼 불확실한 상황에서는 탈동맹, 중립화 통일은 기대하기 어렵다고 결론짓는다.

제2장 분단국 한반도의 통일방식에서는 전쟁통일론, 강압적인 흡수통합론, 평화적 · 일시적 합의통일 방안, 평화적 · 점진적 합의통일 방안 그리고 분단유지시 적대적 공존이냐 평화적 공존이냐의 문제 등을 구체적으로 설명한 후 이를 평가하고 있다.

저자는「분단국이 통일한 예를 보면 선진국에서는 대박(bonanza)이 되었지만, 후진국에서는 쪽박(crackpot)이 되었다」(260면)고 평가하면서, 통일 이후가 대박이 될지 쪽박이 될지는 국내정치의 안정과 경제성장에 달려 있으므로 통일 주체가 독일의 오류를 거울삼아 현명한 정책을 펴야 한다고 주장한다. 통일 후의 한반도는 불안정할 것이고, 주변 강대국들 때문에 전쟁과 무역전쟁의 위험에 놓일 것으로 예상하고 있다. 여하튼 궁극 목표는 통일이지만 어떤 경우에도 충분히 대비할 것을 거듭 강조한다.

현재의 상황에 대해서 저자는 적대적 공존정책과 평화적 공존정책의 두 가지 경우를 예상하고 있다. 적대적 공존정책의 문제점으로서는 안보와 경제에 부담을 많이 주는 점, 경제의 후퇴, 국민의 심리적 불안과 패배주의의 전파, 정부가 여론에 휩쓸려 미국이냐 중국이냐 하는 선택이 강요될 위험성 등을 열거한다.「한국은 부득이 대륙국가가 아닌 해양국가의 편에서 동맹의 지원을 받을 수 있도록 동맹외교를 잘 해야 할 것」이라고 지적한다(265면).

한편 평화적으로 공존하는 방법으로서는 남북기본합의서의 부활, 군비축소와 원자 · 생물 · 화학무기 폐기, 경제공동체를 위한 합의 도출, 국가연합조약 체결, 통일 후의 비전 제시, 통일헌법안 제정, 통일헌법안 채택과 연방국가 건립 등을 제시한다. 요컨대「북한이 붕괴했을 때의 국제관계를 고려하면 우리는 북한과 평화적으로 공존하는 방법을 택할 수밖에 없다」(271면)고 결론지으며 그 대비책을 마련하고 있다.

## IV.

제3부에서는「통일헌법 제정으로 통일」을 다루며, 여기서는 다시 분단국의 헌법과 통일, 통일헌법을 제정하여 통일한 나라들을 연구한다.

분단국의 헌법과 통일에서는 독일 헌법과 한국 헌법을 중심으로 역사적인 고찰을 하며, 북한 헌법에서의 통일 조항은 헌법만으로는 현실을 파악할 수 없기 때문에 통일정책을 중심으로 북한 헌법이 노리는 통일방안을 서술하고 있다. 1948년 헌법에서는「조선민주주의인민공화국의 수도는 서울시」(제103조)라고 규정했다가 1972년 헌법부터는 평양으로 규정하여 현실을 반영하고, 제5조에서 조국을 평화적으로 통일한다고 규정하고 있다. 특히 2016년 헌법은 서문에서「핵보유국」임을 강조한 것이 눈에 띤다. 통일 조항인 제9조「사회주의의 완전한 승리를 이룩하며 조국통일을 실현하기 위하여 투쟁한다」는 수정하지 않았다.

요컨대 저자는 남북한 통일헌법의 제정 필요성을 이렇게 역설한다.「남북은 모두 헌법에 통일 규정을 두었으나 대한민국은 평화통일을, 북한은 수령과 국방위원회 위원장의 유훈을 강조하였다. 대한민국은 독일처럼 점진적으로 접근하는 방식의 통일을 원하고, 북한은 핵과 무력으로 하는 통일을 원한다. 한반도는 독일과 달리 북한의 남침으로 국민의 희생이 너무 컸고, 법률문화와 민주주의 전통이 달라 합의통일은 어려울 것으로 보인다. 어느 방식을 택하든 빠른 시일에 통일하기는 어렵겠지만 통일을 준비하기 위하여 통일헌법은 제정하여야 할 것이다」(323-324면).

다음에 제2장「통일헌법을 제정하여 통일한 나라」에서는 제2차 세계대전 이후 분단국이 통일한 사례로서 오스트리아, 베트남, 독일, 예멘의 통일헌법에 관하여 상술하고 있다.

## V.

제4부에서는 한반도의 통일헌법을 다룬다. 제1장은 한반도 통일헌법의 준거법으로서 현행 남북한 헌법, 러시아연방공화국 헌법과 사회주의국가에서 전향한 동유럽의 체제전환 헌법들을 참고해야 할 것과 아울러 관련 외국 문헌과 국내의 연구 서적들을 상세하게 열거하고 있다. 통일헌법의 편제에 따라서 순서대로 약술하기로 한다.

제2장 전문과 기본질서. 북한 헌법의 서문은 김일성과 김정일 찬양일색이기 때문에 참조할 필요는 없다. 통일헌법의 이념은 국민주권주의, 보통 · 직접 · 평등 · 비밀 · 자유선거의 원칙, 복수정당주의, 권력분립주의, 법치주의, 민족문화주의, 국제협조주의, 세계평화주의, 복지국가주의, 사회적 시장경제주의 그리고 기본권존중주의이다. 남한과 북한은 현재 단일국가 체제이지만 앞으로는 연방제가 바람직하다. 남한에 5~6개 지방(支邦=支分國)을 만들고, 북한에 2~3개 지방을 만들어 독일이 통합할 때처럼 새로이 지방을 만들어 연방국가를 이룩하는 것이다. 국호는 가칭 「한민족연방공화국」을 제안한다.

제3장 기본권. 남한 헌법을 기본으로 하고 여기에 세계인권선언, 국제인권규약, 유럽인권헌장, 2004년의 환경헌장 등 새로운 기본권의 보장방식과 추세에 따라서 상세하게 규정하고 있다. 구체적으로는 인간의 존엄권과 평등권, 자유권과 생존권, 청구권과 정치권 그리고 권리의 제한과 의무를 규정하고 있다. 또 통일헌법에서는 국가가 기본권을 최대한으로 보장하는 의무규정을 두도록 하였다. 기본권 보장 기구로서 헌법재판소를 두어 헌법소원에 따라 기본권을 보장해야 할 것이며, 국가인권위원회도 헌법기관화해야 할 것을 강조하고 있다.

제4장 통치기구. 세계 각국의 정부형태는 권력집중제 정부와 권력분산제 정부로 나눌 수 있다. 전자는 일인독재제와 회의정부제로 나뉘며, 후자는 의원내각제, 대통령제 그리고 이원정부제로 나눌 수 있다. 각 정부형태는 나름대로 장단점이 있기에 남북한이 합의하여 결정해야 할 것이다. 통일한국의 정부형태에 대한 저자의 견해는 「의원내각제에서라면 권력을 분점 · 안배할 수 있으므로 민족통합과 지역감정 타파에 큰 도움이 될 수 있을 것이다」라고 예견한다. 만약 정국의 불안정을 우려한다면 프랑스식인 이원정부제도 채택할 수 있으나 이 제도 역시 평상시에는 의원내각제적으로 운영된다는 점을 강조한다(483면). 의원내각제는 저자의 일생에 일관된 신념이며 남북한이 통일된 상태에서는 동북아시아에서의 중요한 선진국으로서 이를 실천에 옮겨야 할 것이다.

또 의회제도 역시 상원은 지방대표, 하원은 국민대표로 구성하는 서구식의 양원제를 제안하는데 이 점은 통일헌법을 말하는 사람들 모두가 한결같이 주장하는 것이며 타당한 결론이다. 사법제도는 북한의 사법부 규정을 수용하면 안 된다고 경고하며, 남한의 현재의 대법원을 해체하여 독일처럼 여러 상고심 연방법원의 설치를 제안하고 있다.

통일헌법에서의 선거조항은 대한민국헌법에 입각하여 선거제도의 근본원칙을 명확하게 규정하고, 하원은 독일식 비례대표제의 도입을, 상원은 구성주의 인구비례로 선출할 것을 제시한다. 경제조항은 북한이나 공산주의 국가처럼 규정해서는 안 되며 현재의 남한 헌법 정도로 충분하다고 한다.

끝으로 연방제도와 지방분권제. 독일의 통일방식을 모델로 남한에 5개 정도의 지방(支邦), 북한에 3개 정도의 지방을 설치한다. 북한 주민에게 자유민주주의 교육을 실시하고 지방간의 경쟁을 통해서 활성화하며, 지방 정부는 각각의 헌법을 제정한다. 그러나 남북한 모두가 중앙집권제에 익숙한 점, 전통과 현실적 요구가 다른 상황에서 연방제를 실시하면 제대로 작동할 수 있을까 하는 의문도 생기다. 헌법제정과정에서 쉽게 합의가 이루어질 수 있는지, 또 연방제의 실시로 북한 주민의 소외감 내지 열등의식을 초래할 우려 등도 생각할 수 있을 것이다.

전체적으로 볼 때 통일헌법에서 저자가 특별히 강조한 점은 국민의 기본권보장이다. 그리하여 지금까지 우리 대한민국 헌법은 제1조에서 「대한민국은 민주공화국이다」라고 하여 국가형태부터 규정하였던 것을 제1조 1항에서 「모든 사람은 인간으로서 존엄권을 가진다」고 하여 헌법 맨 첫머리에 두었다. 이것은 독일 기본법을 모델로 한 것이며 최근에 개정된 스위스, 스페인, 러시아 헌법 등도 이를 따르고 있다. 특히 제1장 「사람의 권리와 시민의 의무」는 그 편별 명칭에서 보듯이, 종래의 「국민의 권리와 의무」를 더욱 확대하여 기본권의 보장을 사람, 즉 대한민국의 국적을 가진 국민뿐만 아니라 널리 인간 일반으로 확대한 점에 커다란 의의가 있다.

그 밖에 생명권, 사형폐지, 인간복제나 인체 실험의 금지, 안전의 권리, 알 권리, 난민의 보호, 정보의 권리, 헌법수호의무 등을 새로이 규정하고 있다.

또 권력구조면에서 통일헌법은 분권형 대통령제를 채택하고 있다. 대통령은 국가적 · 정치적 권력을 가지며, 국무총리는 일상적 · 행정적 권력을 가지게 하여 권력을 분산시킨 것이다. 대통령의 임기는 6년이며 중임할 수 없고 국회해산권을 가진다. 국무총리는 하원의 다수당의 대표가 맡으며 하원에서 후임 국무총리를 선출한 이후에만 불신임할 수 있는 이른바 건설적 불신임제도를 도입하고 있다.

이러한 권력구조는 통일 이전에도 현행 헌법상의 대통령제는 「제왕적 대통령제」라고 하여 많은 사람들의 비판의 대상이 되고 있는 오늘날 신중하게 검토할 필요가 있을 것이다. 평생 의원내각제를 주장해온 저자의 입장에서 현재의 한국 실정에서는 이상적인 의원내각제나 합의제 정부는 운영하기 어려울 것 같아 보이기에 그 과도적인 단계로서 분권형 대통령제를 제안한 것으로 보인다. 우선 분권형 대통령제를 운영하면서 온건다당제, 협치하는 정치훈련을 쌓은 뒤에 이상적인 합의제 정부형태로 나아가는 것이 옳다고 저자는 판단한다(김철수, 『새 헌법 개정안 - 성립 · 내용평가』, 진원사, 2014, 66면).

한국의 정치인들은 자신들이 정치를 잘못한 것에 대한 반성과 비판은 고사하고 언제나 제도만을 탓하는 경향이 있다. 헌법을 개정한다고 부패하고 낙후된 정치가 바로 서고 새 시대가 도래하는 것은 아니다. 정치인들의 각성은 물론 포퓰리즘에 속아 넘어가지 않는 국민들의 올바른 양식이 그 어느 때보다 절실히 요구된다고 하겠다.

제5부에서는 한민족연방공화국헌법(안)을 수록하였고, 부록에서는 남북한 헌법을 비롯하여 각종 중요한 정치적 문서들을 자료로 제공하고 있다.

VI.

이상으로 남북한의 통일정책의 역사적 변천과 통일헌법 제정에 관한 저자의 이상적인 제안의 중요한 골자를 살펴보았다. 이 책의 의미와 가치를 간단히 정리하면 다음과 같다.

이 책은 우리 민족에게 하나의 구원(救援)이다. 해방 전후의 질곡과 혼란, 전쟁과 독재를 몸소 체험한 저자가 평화에 대한 갈망과 자유민주주의를 지키기 위해서 평생 연구하고 투쟁한 결실의 핵심을 담은 것이다. 임마누엘 칸트(Immanuel Kant)가 『영원한 평화를 위해서』를 저술하였고, 유성룡이 임진왜란 후 『징비록』을 후세에 남겼듯이, 저자는 애국애족의 일념으로 통일정책과 이상적인 헌법안을 제시한 것이다.

박근혜 대통령의 탄핵 이후 헌법가치를 훼손하고 왜곡하는가 하면 지역갈등을 조장하며 국민통합은커녕 통일을 노골적으로 훼방하는 세력들이 늘어나는 우리의 현실적 상황에서, 이 책은 비단 정치인이나 헌법학자만이 아니라 우리 국민 모두가 읽고 통일과 헌법에의 의지와 각오를 새로이 해야 할 것이다. (2017. 3. 17)

## 8. 김철수 저 『기본적 인권의 본질과 체계』를 읽고*

金文顯(이화여대 명예교수, 전 헌법재판연구원장)

김철수 교수님은 한국헌법학의 태두이자 법학자들의 사표가 되는 분이다. 교수님은 평생을 헌법학연구에 전념하셨고 험난했던 한국헌정의 과정에서도 학문적 소신을 지키면서 사신 분이다. 필자는 과거 김철수 교수님의 퇴임기념논문집에 기고하는 논문을 쓰면서 김철수 교수님의 저서들과 논문들을 살펴보는 기회를 가졌었다. 참으로 헌법학의 전 분야에 걸쳐 당시 척박했던 한국헌법학의 지평을 여는 주옥같은 연구물들을 보고 한국헌법학에 대한 교수님의 기여를 되새겨보는 기회가 되었었다. 그런데 이번에 김철수 교수님의 저서 『기본적 인권의 본질과 체계』를 읽어 보면서 교수님의 학문에 대한 변함없는 열정과 학문적 깊이를 다시 확인하게 되었다.

기본권 분야는 헌법학에서 가장 방대하고 이론적 깊이를 요하는 연구분야일 뿐 아니라 현실적으로도 헌법재판에서 가장 빈번히 문제되는 영역이다. 그 중에서도 기본권의

* 『대한민국학술원통신』 제297호 (2018. 4. 1), 21-22면.

일반이론 부분은 국가와 개인, 인간의 존엄, 기본권의 자연권성과 제도적 성격 등과 관련하여 보는 시각에 따라 이해를 달리하는 부분이며, 기본권을 자연권으로 보느냐, 아니면 실정권으로 보느냐에 따라 기본권의 체계나 효력, 제한의 한계로서 본질적 내용, 열거되지 아니한 자유와 권리 등에 대한 해석이 달라지게 된다.

그런 점에서 본서는 서문에서 밝히고 있듯이 종래 기본적 인권의 본질을 둘러싼 '이러한 학설의 분열을 보고 이를 통합할 수 있는 방법'을 확립하는 것을 연구의 목적으로 하고 있다. 이를 위해 기본적 인권의 역사와 기본적 인권에 관해 세계 각국의 헌법규정을 살펴보고 이를 바탕으로 기본적 인권의 본질과 체계에 관한 우리나라 헌법해석론을 담고 있다.

본서는 4부분으로 구성되어 있다. 즉 제1편 근세 기본적 인권의 성문화의 역사, 제2편 현대헌법의 인권규정, 제3편 자연권적 헌법규정과 실정권적 헌법규정, 제4편 자연권의 본질과 실정권의 체계로 되어 있는데 1016쪽에 이르는 방대한 저작이다. 제1편-제3편은 인권규정에 관한 역사적 · 비교법적 연구이고 제4편은 우리 헌법해석론에 관한 부분이다.

먼저 제1편에서는 근세 기본적 인권의 성문화의 역사에 대해서 과거 영국에서의 자유헌장, 마그나 카르타, 권리청원, 권리장전을 비롯하여 근세에 이르러 미국에서의 버지니아인권선언, 독립선언, 그리고 펜실베이니아헌법 등과 같은 주(州)헌법, 그리고 1791년의 미연방수정헌법의 권리장전까지 종래 한국에서 소개되지 아니한 많은 내용의 인권선언의 성문화과정을 상세히 소개하고 있다. 또한 프랑스의 경우 대혁명 이후의 인권선언을 비롯하여 1799년 헌법과 그 후의 여러 차례의 성문헌법상의 인권규정의 역사를, 그리고 독일의 경우 독일제국에서의 기본권보장과 바이마르헌법의 기본권규정을, 그리고 이탈리아에 있어서의 헌법의 역사와 인권규정을 소개하고 있다. 그리고 국내에서 그 연구를 찾아보기 어려운 스페인어권과 포르투갈어권의 여러 국가의 헌법의 역사와 인권규정, 그리고 아시아와 인도, 러시아권에서의 헌법과 인권선언을 소개하고 있다.

제2편과 제3편에서는 세계 주요국가의 현대헌법의 인권규정을 소개하고 이를 자연권을 선언한 헌법과 실정권을 규정한 헌법으로 분류하고 있다. 즉 아시아의 경우 일본헌법, 한국헌법을, 유럽의 경우 프랑스헌법, 독일헌법, 오스트리아헌법, 스위스연방헌법, 이탈리아헌법, 포르투갈헌법을, 그리고 미주의 경우 브라질, 볼리비아, 니카라과, 온두라스, 파나마헌법을, 아프리카의 경우 남아연방공화국, 남북수단헌법을 , 구공산주의 국가의 경우 러시아연방, 헝가리, 폴란드, 영미계의 경우 영국, 캐나다, 미국, 칠레헌법을 소개하여 세계 주요국가의 인권규정을 거의 빠짐없이 소개하고 있다.

이들 헌법 중 실정권헌법으로는 영국과, 독재자가 만든 실정권헌법 -나치스법, 스페인헌법-, 신이 만든 실정권헌법 -이란, 이스라엘- 을 들고, 실정권과 자연권을 교차적으로 규정한 헌법으로는 대한민국헌법을 들고 있다. 그리고 제2차 세계대전 이후 신생헌법에서 나타난 자연권으로의 규정경향을 설명하면서 그러한 헌법으로 독재헌법에서 전향한 헌법, 공산국가에서 전향한 국가의 헌법, 아프리카 각국의 헌법, 미주 지역의 헌법, 아시아의 헌법으로 분류하여 소개하고 있다.

한편 제4편은 인권의 본질과 체계에 관해 우리 헌법의 해석론을 중심으로 전개하고 있다. 본서는 헌법 제10조의 인간의 존엄과 가치는 자연법적 주기본권을 선언한 것이며, 모든 기본권의 연원을 이루는 포괄적 기본권인 주기본권이라고 본다. 그래서 헌법 제11조부터 제36조의 기본권은 이러한 헌법 제10조가 규정한 주기본권의 세분화한 것이며, 헌법 제37조 제1항의 열거되지 아니한 자유와 권리의 보장규정은 이미 헌법 제10조에 내포되어 있는 원리를 부연한 것에 불과하다고 한다. 또한 우리 헌법 제10조의 기본권은 인간의 존엄과 가치, 행복추구권을 합하여 포괄적 기본권으로서 규정한 것이며 주기본권인 동시에 협의에 있어서의 인간의 존엄권과 행복추구권도 함께 보장하고 있다고 한다.

이에 따라 평등권이나 자유권도 천부인권이며 헌법이 이를 선언한 것이라 이해한다. 그런 점에서 자유권은 포괄적 권리이며 헌법이 규정하고 있는 개별적인 자유권은 특수자유권이라 한다. 그런 점에서 소위 독일의 Smend학파에서 자유는 이중적 성격을 가지며 개인의 권리임과 동시에 제도라고 주장하는 것을 비판하고, 자유권은 국가에서의 자유를 의미하며 제도와 결부될 수는 있으나 자유권은 공권이지 국가에 의해 만들어진 제도일 수는 없다고 한다.

한편 영국의 Oxford대학교수인 James Griffin 교수처럼 복지에 관한 권리(right to welfare)를 자연권으로 보는 견해도 있지만 본서는 생존권적 기본권은 자유권과는 달리 국가권력에 의해 보장되는 국가내적 권리로 보고 있다. 또한 우리 헌법상 생존권적 기본권에 관해서는 일부 학자들이 독일의 이론을 빌려 주장하는 국가목표설 내지 헌법위임규정설은 생존권의 권리성을 규정하는 한국헌법의 해석으로는 맞지 않다고 비판하고, 원칙규범설이나 추상적 권리설, 불완전한 구체적 권리설도 그 내용적 불명확성과 권리구제의 불완전성 때문에 타당하지 않다고 본다. 생존권은 침해배제청구권으로서 구체적 권리의 측면을 가지고 있고 재판규범으로서의 측면도 가지며 입법권과 사법권에 대한 구속을 통하여 행정권에 대한 구속력을 강하게 인정하는 방향으로 나아가야 할 것이라 하여 매우 적극적 의견을 제시하고 있다.

또 청구권적 기본권에 대해서는 원칙적으로 헌법에 의해 실정권으로 인정되는 국가내적 시민의 권리로 보고, 헌법규정에서 직접적으로 효력을 가지게 됨을 원칙으로 하며 그런 점에서 비교적 추상적 권리로서의 성격이 강한 생존권적 기본권과는 구별된다고 한다. 참정권도 실정권으로서 국민의 권리이며, 그런 점에서 법률로써 의무를 수반시킬 수도 있고 개인의 자유에 맡길 수도 있다고 하면서 우리나라의 경우 투표의 자유와 기권의 자유가 있으므로 이를 실정법적 의무라고 하기는 어려울 것이라 한다.

본서는 기본권의 성문화의 역사와 세계 각국의 헌정사를 이해하고 기본권의 자연권성과 실정권성, 우리 헌법상 헌법 제10조와 제11조 이하 제36조, 그리고 헌법 제37조 제1항의 열거되지 아니한 자유와 권리의 체계에 관한 독창적이고 깊은 연구내용을 담고 있다. 또한 본서에는 세계 각국의 헌법에 관한 엄청난 참고문헌이 인용되어 있다. 인권연구에 반드시 참고하여야 할 필독서가 될 것이라 생각한다.

최근 법학교육제도가 법학전문대학원체제로 바뀐 이래 법학의 위기를 경고하는 법학자들이 많다. 법조실무가를 양성하는 법학전문대학원에서 법학교육이 판례 위주로 이루어지고 그에 따라 교수들의 관심도 이론보다는 판례정리나 평석에 모아지고 있는 것이 현실이다. 더구나 매년 연구실적에 급급하여 깊이 있는 법학이론 연구서나 논문이 드물어지고 있다. 이러한 법학의 현실에서 김철수 교수님께서 높은 연세에도 불구하고 이처럼 방대하고 심오한 학술서를 저술하신 것을 보고 참으로 존경의 념을 금할 수 없고, 그와 함께 후학에게는 큰 자극과 경책이 될 것이라 생각한다.

## 9. 김철수 편, 『한국의 헌법학 연구』*

趙柄倫 명지대학교 명예교수(헌법학)

### I.

『한국의 헌법학 연구』는 한국 헌법학의 역사와 현황과 함께 이정표를 밝혀 주고 있다. 아울러 세계헌법의 현황과 방향 및 통일헌법의 방향까지도 밝혀 주고 있다는 점에서 매우 큰 의의를 가지고 있다. 이 과정에서 한국 헌법학은 현재 세계적 헌법발전의 첨단을 이루고 있다는 점도 잘 조명해 주고 있다. 헌법학계의 국내외를 통하여 원로이고 헌법학의 초석과 발전을 이끌어 주고 있는 대한민국학술원 회원인 김철수 교수가 헌법학을 큰 안목에서 조명해 주고 있기 때문이다. 김철수 교수는 1963년의 『헌법질서론』을 시작으로 1973년의 『헌법학개론』을 출간한 이래, 『학설 판례 헌법학』, 『현대헌법론』, 『위헌법률심사론』, 『법과 정치』, 『기본적 인권의 본질과 체계』, 『한국통일의 정치와 헌법』 등 한국과 세계의 헌법학을 선도하는 심오한 헌법이론과 원리를 발표하고 있고 그 깊은 내용들이 여기에 잘 조명되고 있다.

이러한 점에서 한국의 헌법학자들과 한국헌법에 관심이 있는 분들, 특히 신진 젊은 헌법연구자들의 자부심과 귀감이 될 수 있는 필독서라고 하겠다.

### II.

이 책의 내용은 상당히 광범위하다. 따라서 그것을 큰 맥락으로 분류하여 전편의 흐름을 알기 쉽게 초창기와 안정기로 나누어 조명하고 있다. 제5공화국 시대(1979~1987) 이전 30년을 한국헌법학의 초창기로 총합하고 그 이후를 안정기로 조명해 준다. 제1편

* 『대한민국학술원통신』 제315호 (2019. 10. 1), 17-19면.

초창기에 관하여는 1948년 8월 15일의 대한민국 헌법 제정 이전 군정시대의 헌법상황에서부터 제1공화국 헌법(1948. 8. 15~1960. 6. 15), 4 · 19혁명 이후의 제2공화국헌법(1960. 6. 15~1961. 6. 6), 5.16 이후의 제3공화국 헌법(1962. 12. 26~1972. 12. 27), 이른바 유신헌법 체제부터 10.26사태까지의 제4공화국 헌법(1972. 12. 27~1979. 10. 26)의 역동적 정치상황 하에서의 한국헌법의 변화과정과 내용 및 발전상을 조명하고 있다. 이를 위해 유진오, 박일경, 한태연, 문홍주, 강병두, 김기범, 한동섭, 김철수, 갈봉근, 한상범 등 이 시대의 헌법학자들의 연구 활동상과 학설대립과 발전을 의미 깊게 조명해 주고 있다. 이 과정에서 2차 세계대전까지의 인간의 존엄성과 인권 말살의 주역이 된 전체주의에 대한 헌법이론적 뒷받침을 해온 법실증주의의 잔존에 대한 비판적 분석과 이에 대한 반기와 대안을 의미하는 자연법론의 확산을 조명하고 있다. 광복 후 최초로 서구에 헌법학 연구를 위해 유학을 다녀온 학자들이 60년대부터 이러한 새로운 학설을 전개하기 시작한 것이다. 특히 독일 뮌헨대학에서 법철학, 국가학, 헌법학 등을 세계적 선도 학자들과 연구하고 미국 하버드 대학에서 법철학, 헌법학, 법학방법론을 연구한 김철수 교수의 이 시기의 한국 헌법학의 새로운 기초와 발전에 기여한 업적은 괄목할 만하다. 김철수 교수는 한국 헌법학을 새롭게 정립하고 대륙법과 영미법의 가교 역할을 하면서 한국 헌법학의 새로운 지평을 열어 주고 이를 담당할 수많은 현재의 헌법학자들의 대부분을 양성하여 현재 한국 헌법과 공법학자들이 800명을 헤아릴 정도로 창대하게 되었음이 잘 조명되고 있다.

## III.

한국 헌법학의 안정기에 관한 제2편에서는 제5공화국시대(1979~1987), 제6공화국시대 전반기(1988~2000) 및 제6공화국시대 후반기(2001~2010 이후)를 시대별과 종합적으로 조명해 주고 있다. 제1장 헌법학 60년의 연구동향에서는 헌법 교과서와 단행본 및 중요 학술논문의 발표 상황이 상세히 조명되고 있다. 또한 신진학자의 박사학위 논문과 학회활동의 활성화가 조명된다. 외국헌법에 관한 번역서와 연구서적, 헌법판례연구, 노장학자의 퇴장과 헌법학자들의 세대교체 등 현황과 한국헌법학의 반성과 앞으로의 과제와 전망 등이 심층적으로 조명되고 있다.

제2장 헌법재판학 60년의 연구동향에서는 제1공화국의 헌법위원회, 제2공화국의 헌법재판소, 제3공화국의 법원, 제4공화국의 헌법위원회, 제5공화국의 헌법위원회와 현재의 제6공화국의 헌법재판의 구조와 활동상이 심층적으로 조명되고 있다.

제3장 헌법학 60년과 외국 학설에 관하여는 이미 세계적 수준으로 발전한 한국 헌법학의 위상과 그 발전 현황을 독일, 미국, 영국, 프랑스, 유럽, 일본, 공산권 기타 국가를 망라하여 조명해 주고 있다. 이 과정에서 기본권 분야, 한국 헌법학의 체계화를 심층적으로 조명하고 있다. 특히 한국 헌법학의 더 큰 발전과 정착을 위하여 한국헌법학

의 독립성 확보, 헌법재판학과 헌법해석학의 조화와 공통 발전, 혼란스럽고 분열적인 국민 여론의 올바른 가치판단 기준과 방향 정립 및 민주주의 발전에 장애가 되는 제왕적 대통령제의 헌법개정 등을 위한 헌법정책학의 개발 등 한국 헌법학의 발전 방향을 잘 조명해 주고 있는 점은 한국정치의 더 큰 발전과 대통령과 국회를 위시한 국민대표들의 더 앞선 민주적 행동 방향을 조명해 주고 있는 점에서 매우 큰 의미를 발견할 수 있다.

## IV.

제3편은 한국 헌법학의 현황을 회고와 전망이라는 제목으로 심층적으로 조명하고 있다. 제1장은 헌법과 기본권 연구의 동향을 조명한다. 먼저 헌법학 연구에 대한 회고에서 헌법학 전공 대한민국학술원 회원들의 이에 대한 기여를 조명한다. 헌법학 전공 대한민국학술원 회원의 학문적 영향과 회원들의 면모, 회원의 연구 성과가 심층적으로 조명되고 있다. 특히 대한민국학술원 현 회원인 김철수 교수와 김효전 교수의 연구 성과를 상세히 조명하고 있다. 현 대한민국학술원 회원인 김효전 교수는 독일의 세계적인 모든 헌법교수의 연구 내용을 한국의 헌법학계에 해설과 번역 및 헌법사적 연구를 통해 심층적으로 분석하고 비판적으로 소개하여 헌법학 내용과 헌법학 방법론에 이르기까지 현대 한국 헌법학의 세계 첨단적 발전을 선도하고 있다. 이어서 대한민국학술원 외 헌법학자들의 연구 성과와 영향도 잘 조명되어 있다.

다음으로 기본권 연구의 현황과 회고에 관하여 기본권의 법철학적 연구 회고, 인권의 본질론에 관한 헌법학자들의 견해, 기본권의 해석론에 관한 연구 현황과 회고, 기본권의 법적 성격에 관한 연구 현황, 기본권의 체계, 기본권의 제한, 기본권 조항의 헌법개정에 관한 연구 현황과 회고를 대한민국학술원 회원과 원외 헌법학자들의 연구 성과로 분류하여 심층적으로 조명하고 바람직한 방향을 제시하고 있어 이 분야의 학문적 발달에 높이 기여하고 있다. 기본권 연구 분야에 관하여는 대한민국학술원 회원인 김철수 교수의 방대하고 수 많은 저술과 논문 및 김효전 교수의 "한국 기본권 이론의 역사적 발전" 등의 많은 연구가 잘 조명되고 있다. 대한민국학술원 원외 학자들의 이 분야 연구 성과로는 감사원장을 역임한 양건 교수의 『헌법강의』(법문사, 2012), 서울대 총장을 역임한 성낙인 교수의 『헌법학』 제18판(법문사, 2018), 정재황 교수의 『기본권 연구』(길안사, 1999)와 『신헌법학입문』(박영사, 2018) 및 많은 헌법학자들의 연구 성과가 잘 조명되고 있다. 현재 세계헌법학회(IACL/AIDC) 한국학회 회장인 정재황 교수의 "기본권연구와 과제"(공법이론과 판례연구회 창립 25주년 기념논문집 『현대공법의 이론과 판례 동향』, 관악사, 2014)라는 논문은 기본권연구의 성과와 장래의 과제에 관해 참고 가치가 크다는 점도 조명되고 있다.

## V.

제3편의 제2장에서는 특히 논쟁의 여지가 많고 아직 미확립 분야이며 아울러 한국의 장래 국가발전과 정치발전에 중요한 기준과 방향을 제시하는 한국 헌법학의 체계화에 관해 심층적으로 조명하고 있다. 특히「최근 10년간의 헌법정치와 헌법학의 발전에서는 이명박, 박근혜 정부로부터 문재인 정부로의 정권이양과 통진당 해산 사건과 박근혜 대통령 탄핵 등 커다란 역사적 사건들이 일어났으며, 사회적으로 세월호 사건에서 최근의 남북 정상회담에 이르기까지 많은 문제가 제기되고 있다」(본문 중)는 헌법적 시각에서 한국의 헌법정치의 체계화의 필요성과 방향을 조명하고 있다. 먼저 대한민국학술원 회원인 김철수 교수의 이 분야와 문제에 대한 연구 업적을 조명하고 있다. 김철수 교수는 헌법정치의 체계를 한국헌법의 정체성 확립에 의해 현재의 한국정치의 복잡한 문제상황을 구체적인 질서 속에서 절박하게 해결하려는 의지라고 재조명하고 있다. 이러한 문제의식에서 김철수 교수가『한국의 헌법을 생각한다』(한국헌법연구소, 2010),『헌법과 정치』(진원사, 2012),『헌법정치의 이상과 현실』(소명출판, 2012), 및『헌법과 법률이 지배하는 사회』(진원사, 2016) 등의 역저를 발간한 점이 잘 조명되고 있다. 헌법정치에 관한 연구로서 헌법재판, 정당해산, 대통령 탄핵, 협치와 연전, 통일문제와 헌법 등의 제 체계화도 심층적으로 조명되고 있다.

다음으로 기본권의 체계화에 관하여 대한민국학술원 회원의 업적으로 김철수 교수와 김효전 교수의 연구업적을 조명하고, 기본권에 관한 최근의 저서, 사회권과 복지국가, 양심적 병역거부 등 기본권에 관한 새로 부상하는 헌법적 문제점을 체계화하는 데 기여하고 있다.

이어서 제왕적 대통령제는 이제 대한민국의 민주주의와 국가발전을 위하여 반드시 개정되어야 한다는 헌법개정 문제의 체계화를 조명하고 있다. 이에 관한 김철수 교수의 업적을 조명하고, 헌법개정의 동향과 쟁점, 헌법개정 시 기본권에 관한 개헌 범위와 방향, 국회의 권한에 관한 개헌, 사법부와 지방자치에 관한 개헌 방향 등을 조명하고 있다.

또한 헌법사와 학설사의 헌법적 체계화에 관하여는 대한민국학술원 회원인 김철수 교수와 김효전 교수의 업적을 먼저 조명한다. 김철수 교수의 이에 대한 업적으로「대한민국의 정통성과 反헌법세력」(2011) 및「국가정통성 수호해야」(2011) 등의 발표문이 조명된다. 대한민국학술원 회원인 김효전 교수는 복잡하고 어려운 분야로 알려진 헌법사적인 연구방법론을 실제로 적용하고 있어 한국헌법학계의 선도적 역할을 하고 있다. 김효전 교수는 개념사 총서인『헌법』(2009)을 출간하고, 헌법의 암흑기 내지 여명기라고 할 수 있는 대한제국시대의 법학교육에 관해『법관양성소와 근대 한국』,「양정의숙의 법학교육」,「경성전수학교의 법학교육」등을 연구 발표하고, 일제강점기의 법학사와 관련하여「경성제대 공법학자들의 빛과 그림자」및 방대한 헌법학사 논문인「한국 헌법학설사

1884~1979」(2015)를 발표하여 한국 헌법학의 헌법사적 체계 확립에 크게 기여하였음이 심층적으로 조명되고 있다. 이어서 대한민국학술원 외의 양건 교수의 『헌법의 이름으로; 헌법의 역사, 현실, 논리를 찾아서』(2018), 성낙인 교수의 『대한민국헌법사』(2012), 장영수 교수의 『대한민국헌법의 역사』(2018) 등의 헌법사의 체계화에 대한 기여가 조명되고 있다.

## VI.

제3편의 제3장에서는 통일헌법 연구의 방향과 과제에 관하여 의미 깊게 조명하고 있다. 먼저 통일헌법의 기본원리에 관하여 「남북통일이란 새로운 국가공동체를 창설하는 작업이다. 남한과 북한이 통일국가를 달성하기 위해서는 통일국가의 비전과 목표가 명확해야 한다, 통일과정과 수행은 이 통일헌법의 이념과 가치에 종속되어야 한다」는 통일헌법의 대 원칙을 잘 조명해 주고 있다. 통일헌법의 절차법적 쟁점으로는 통일방식과 통일헌법 제정절차를 조명한다, 통일헌법 연구의 주요 과제로는 판문점선언과 9월 평양선언의 법적 과제, 평화협정을 위한 준비, 대북제재와 남북교류협력 등 남북관계의 발전을 위한 현안 과제와 통일을 대비하는 헌법개정과 통일합의서 준비 등이 조명되고 있다.

자유민주체제의 한국헌법의 기본원리가 세계적이고 보편적인 인류 행복과 평화의 공통가치라는 기준점과 방향을 조명해 주고 있는 점은 국가 장래와 세계평화를 위한 매우 중요한 방향제시라는 점에서 헌법학과 평화를 생각하는 모든 사람들의 귀감이 되는 책이라는 점에서 일독을 권하고 싶다. (2019. 9. 25)

# 10. 인류보편의 인권공동체를 위한 노학자의 외침

- 김철수 저, 인간의 권리, 산지니, 2021, 1008쪽*

李憲煥(아주대학교 법학전문대학원 교수)

## I. 서언

대한민국 학술원 회원이신 금랑 김철수 선생께서 2021년 2월에, 노구에도 불구하고, 『인간의 권리』라는 제목으로 일천 쪽을 넘는 방대한 저작을 출간하였다. 특히 선생의 학술원 재임 25주년을 기념하여 이처럼 방대한 저작을 출간한 것은 정년 퇴직 이후의 꾸준한 연구활동을 몸소 보이심으로써 후학들에게 커다란 귀감이 되며, 독자들에게도 큰 자극이 될 것으로 생각된다.

---

* 『헌법학연구』 제27권 1호 (2021. 3), 537-545면.

선생께서는 1933년 대구 금호강변의 시골마을에서 태어나 일제강점기에 유년기를 보내고, 해방 이후 국토분단과 동족상잔의 6 · 25전쟁을 몸소 체험하였다. 경북고등학교와 서울대학교 법과대학을 졸업하고, 이승만 독재정이 발호하던 1956년에 서독으로 유학하여 종전 후의 현대 헌법학과 법철학을 깊이 연구하고 1961년에 귀국하였다. 1962년에 서울대학교 법과대학의 교수로 임용되어 1998년에 정년을 맞이하였다. 은퇴 후 잠시 제주도 탐라대학교의 총장을 맡아 대학행정을 총괄하기도 하였다. 1996년 대한민국 학술원 회원으로 선출된 후, 오늘날까지 쉼없이 사색과 연구 그리고 저서를 발표하였다.

선생의 삶을 간단히 기술하였거니와, 20세기 대한민국의 역경과 고난을 온몸으로 겪으면서, 일제강점기의 정신적 · 물질적 수탈과 외세이데올로기의 대립에 따른 전쟁의 참화로 법치주의의 불모지나 다름없었던 대한민국의 현실에서, 입헌민주적 법치국가를 위한 현대헌법학의 기초를 닦았을 뿐만 아니라, 민주주의와 법치주의를 향한 실천적 모색으로 당대의 지성과 후학들의 사표(師表)가 되었다. 1960년대 중반 이래 법학도와 공직자 중에서 선생의 저작을 학습하지 않은 사람이 없다고 해도 과언이 아니며, 입헌민주적 법치국가를 향한 대한민국의 여정에 중요한 길잡이이었다. 고려말 주자학을 도입하여 조선의 기틀과 방향을 제시하였던 안향 선생에 가히 비견되고도 남음이 있다 할 것이다.

우리나라의 법학이 일제강점기의 경성제국대학을 통해 독일법학을 받아들였고, 그로 인해 법학의 학문적 방법론이 독일을 지향하게 된 것은 자연스러운 것이었다. 비록 학문의 이와 같은 경로의존적 경향으로 인해 선생은 독일헌법학을 연구할 수밖에 없었으나, 독일 한 나라만에 머물지 않고 영미법과 대륙법을 아울러 적극적으로 수용하였다. 인권에 있어서도 단순히 한 국가의 차원을 넘어 범인류적 과제로서의 인권을 인식하고 이를 실천하기 위한 연구와 관심을 놓지 않았으며, 그 결과로 본서와 같은 방대한 분량의 저서가 탄생하였다. 이 책은 범인류적 인권보장의 안내서이자 지침서로서 선생의 필생의 역작이라 할 만하다.

## II. 기본 편제와 내용

### 1. 기본 편제

본서는 네 편으로 구성되어 있다. 제1편은 인권사상 편으로, 서구 고대와 중세의 인권사상에서부터 근대의 인권사상에 이르기까지 주로 사상적 측면에서 서술하고 있다(본문 200쪽). 제2편은 국내인권법 서설 편으로, 인권법의 발전경향, 근대국가의 성립과 목적, 국내인권법의 법원(法源)과 주체, 분류, 국내인권법상 주권자 국민의 권리를 서술하고 있다(본문 78쪽). 제3편은 국내인권법의 성격과 내용에 관하여, 총론적인 내용으로, 국가기본권의 성격, 자연권의 본질, 현행헌법상 기본권의 법적 성격과 체제 등을, 각론적인 내용으로 인간의 존엄과 가치 · 행복추구권, 평등권, 자유권적 기본권, 생존권적 기본권

등을 상세히 설명하고 있다(본문 347쪽). 제4편은 국제인권법을 언급하여, 국제인권헌장의 발전과정, 지역적 인권헌장, 국제연합 인권헌장, 21세기 인권헌장의 발전, 그리고 세계인권헌장의 미래에 관하여 서술하고 있다(본문 364쪽).

## 2. 각 편의 내용

### 1) 제1편 인권사상

먼저, 제1편 인권사상의 편에서는 서구적 인권사상의 출발점을 소크라테스로 보고, 그의 덕론, 법률론, 인간의 존엄성, 행복론, 행복사회론, 이상사회론으로서 시민정부론을 소개하고 있다. 소크라테스의 제자인 플라톤에 대해서도, 이성론, 인권론, 인간의 존엄성, 행복, 이상사회론, 법의 정립과 이성의 지배, 이상국가론 등을 소개하고 있다. 인권으로서 고전적 자연권을 인정한 아리스토텔레스에 대해서는 정의론, 행복론, 인간의 존엄론, 자유론, 자연법론, 자연권론, 이상국가론, 정치체제론 등을 언급하였는데, 특히 평등관념에 입각한 정의론과 니코마코스 윤리학에서 표명된 자연적 정의 내지 자연권론은 오늘날에도 여전히 의미있는 견해로 소개되고 있다.

헬레니즘으로 지칭되는 고대 로마의 철학과 학문의 경향에 따른 다양한 철학적 학파를 소개하면서, 대표적으로 키케로와 세네카를 소개하고 있다. 키케로의 자연법론과 자연권론, 인간존엄론, 국가론, 법규론 등을 언급하고, 특히 인간의 존엄을 처음으로 강조하였음을 지적하고 있다. 스토아 학파의 사상가인 세네카에 대해서는 자연철학자로서, 행복론, 기본권론, 국가론 등에 관하여 소개하고 있다.

중세의 종교적 인권론에 대해서는 기독교를 국교화한 로마에서 4세기의 아우구스티누스, 13세기의 토마스 아퀴나스를 중심으로 정의, 인권, 국가, 법률론 등을 언급하고 있는데, 특히 토마스 아퀴나스의 이론을 상세히 소개하고 있다. 토마스 아퀴나스는 오늘날의 법철학에서도 주목되는 신학자이자 법학자로서 그의 행복론, 인간존엄론, 정의론, 권리론, 법론, 국가론 등은 오늘날의 법학과 정치학에서 여전히 중시되고 있음을 주목하고 있다. 이 외에도 국가법과 교회법상의 인권의 문제, 특히 인간존엄론에 관한 피코 델라 미란돌라의 글도 소개하고 있다.

중세의 가톨릭적 질곡을 벗어나 서서히 근대사회로 이행하는 과정으로서 16세기에 전개된 종교개혁기에 루터, 칼뱅 등에 의한 종교개혁과 함께 종교의 자유를 인권으로 인식하기 시작하였으나, 인권에 대한 선명한 이론과 주장이 확립되지는 못하였음을 지적하고 있다.

중세의 인권법사상과 관련하여 스페인의 인권법사상을 소개하고 있는 것은 주목할 만한 서술이다. 프란치스코 데 비토리아, 프란치스코 수아레즈 등의 법철학을 상세히 소개하고 있다.

근대의 인권사상은 인간의 이성이 지배하는 시대라고 할 수 있다. 본서에서는 그로티우스, 푸펜도르프, 영국의 토마스 홉스, 존 로크, 에드먼드 버크, 토마스 페인, 제러미 벤담, 몽테스키외, 장 자크 루소, 벤저민 프랭클린, 알렉산더 해밀턴, 토마스 제퍼슨, 제임스 윌슨, 제임스 매디슨, 임마누엘 칸트, 요한 피히테, 헤겔 등 오늘날의 이론에도 적지 않게 영향을 미치고 있는 근대사상가들의 이론들이 소개되고 있다. 이 사상가들은 법철학에서도 깊이 다루어질 뿐만 아니라 헌법철학에서도 빠뜨릴 수 없는 중요한 위치를 점하고 있다. 특히 칸트에 대해서는 약 20쪽을 할애하여 상세히 소개하고 있다.

### 2) 제2편 국내 인권법 서설

이 편에서는 국내인권법에 관한 서설적 내용으로 되어 있다. 서장에서는 제1세대 인권, 제2세대 인권, 제3세대 인권으로 발전하는 경향을 적절히 지적하고 있다. 아울러 국가법-국제법-세계법을 나누고 세계법과 세계정부 및 세계시민법을 연구한 칸트의 연구업적을 소개하고, 오늘날에도 '국제법에서 세계법으로의 패러다임 변경'에 관한 국제적 관심이 이어지고 있음을 지적하고 있다.

근대국가의 성립과 목적에 관한 제1장에서는 근대국가 성립의 이론적 기초로서 사회계약론을 주창한 사상가들, 즉 홉스, 로크, 몽테스키외, 루소 등의 이론을 소개하고, 국민국가로의 발전과정에 기여한 선거권과 선거제도를 상설하고 있다. 특히 국민국가의 확립에 크게 기여한 보통선거권의 확립, 여성참정권의 인정, 선거연령의 하향화 등을 언급하고 있다.

제2장에서는 개별 국가적 차원의 국내인권법의 법원(法源), 인권의 주체, 국내인권법의 다양한 분류 등을 소개하고 있다.

제3장에서는 근대 이후 국가형성과 통치권행사의 기초로서의 국민주권주의에 대하여 언급하고 있다.

### 3) 제3편 국가기본권의 성격과 내용

이 편에서는 기본적 인권의 실체적 부분과 관련하여, 총론적으로 국가내적 기본권의 성격, 본질, 법적 성격과 체계를 논하고, 이어서 각론적으로 인간의 존엄과 가치 · 행복추구권, 평등권, 자유권적 기본권, 생존권적 기본권 등을 논하고 있다. 각각의 주제에 관하여, 19세기 말의 자연권론과 실정권론의 대립구조에 바탕하여 자연권론을 강조하고, 자연권이 인권의 본질적 원천임을 천명하면서 그 포괄성과 영구불변성, 범인류적 권리성 등을 논하고, 그 역사적 논의과정을 언급하고 있다. 특히 기본권의 본질론에 대해서는 영 · 미의 이론과 프랑스 · 독일, 나아가 일본과 우리나라의 이론도 상세히 소개하고 있다. 기본권의 체계와 관련하여 주기본권-파생적 기본권이라는 체계를 강조하면서, 새로운 제3세대 인권론을 이론적으로 수용하고 있다.

각론적 서술에서는 인간의 존엄과 가치 · 행복추구권을 유럽 각국의 인권선언규정과 개별 헌법 그리고 국제인권규정을 통해 확인하면서, 우리나라 헌법상의 규정에 대해서도 상술하고 있다. 이 외에 평등권과 자유권적 기본권, 생존권적 기본권에 대해서도 그 간에 선생의 저술이나 교과서에서 표명했던 내용들이 망라적으로 언급되어 있다.

#### 4) 제4편 국제인권법

이 편에서는 제1장에서 국제인권헌장의 역사와 이념, 개념과 특성 등을 논하고, 제2장에서 국제인권법 발전단계로서 지역적 인권헌장을, 제3장에서 세계인권헌장의 기초로서의 국제연합의 인권장전을, 제4장에서 21세기의 인권헌장의 발전을, 제5장에서 세계인권헌장의 미래에 관하여 논하고 있다. 특히 제5장의 세계인권헌장의 미래 항목에서는 세계인권헌장의 실천적 제도로서 세계인권재판소에 대하여 상세히 언급하고 있다.

## III. 평석

먼저, 본서는 역사 이래 전개된 인권론을 다양한 측면에서 총합적으로 서술하면서, 미래의 인권론의 방향을 제시한 점에서 주목하여야 할 저서이다. 특히 참고문헌의 면에서는 영미 문헌, 독일 문헌, 일본 문헌, 국내 문헌, 그리고 주요 판례 등 엄청난 양의 문헌과 자료들을 참고하였다는 점에서 인권론에 관심을 가진 연구자들에게는 매우 중요한 기초자료로서의 의미를 갖는 것으로 생각된다. 뿐만 아니라 저자 스스로 독일에 유학하였음에도 불구하고, 독일에 치우치지 아니하고 말 그대로 전지구적인 이론과 논의를 담고 있다는 점에서 가히 범인류적인 인권지침서라 해도 과언이 아니다. 아울러, 오늘날의 지식의 존재방식이 유형적인 책만이 아니라 인터넷상의 정보의 형태로 존재하고 있는바, 이러한 정보들도 거의 망라하고 있다는 점에서 연구자들에게 훌륭한 참고자료이자 지침서로도 활용될 수 있을 것이다.

인권사상의 측면에서 서구 유럽의 인권발달사에 중점을 두어 설명하면서, 대륙법계와 영미법계를 두루 아우르고 있다. 대륙법계의 스페인의 인권법사상에까지 언급하고 있는 것은 선생의 관심과 연구의 광범위함을 잘 보여주고 있다. 또한 영미의 철학과 미국헌법제정 시의 Founding Fathers에 대해서 상술한 것은 선생의 Harvard 유학시의 영향으로 보이며, 그 밖에도 최근의 일반 철학자에 대한 소개는 우리나라 헌법학도들의 관심방향과 연구 영역의 확대에 지도적 역할을 한다는 점에서도 커다란 의미를 가진다. 특히 저자는 독일로 대표되는 대륙법 전통과 미국으로 대표되는 영미의 법이론을 두루 망라하고 있다는 점에서 기존의 헌법학 연구자들이나 교과서 집필자들과는 뚜렷하게 차별화되는 경향을 보여주고 있다.

이러한 선생의 연구에 더하여, 서구 중심의 인권인식으로부터 전지구적 관점으로 인권을 재인식하고 이론적으로 뒷받침하는 것은 후학들의 과제라고 생각된다. 학문의 시대구속성과 연속성의 관점에서 보아 인권론 또한 그 발생사적 측면을 도외시할 수 없으므로, 서구 중심의 인권론의 발달사를 소홀히 하는 것은 인권론에 대한 적절한 이해에 도움이 되지 않는다고 할 것이다. 인권의 공간적 · 시간적 인식범주의 확대에 따라 동양을 포함하는 전지구적 · 범인류적 관점에서의 인권에 대한 재인식이 요청되고 있는 오늘날의 상황에 비추어보면, 본서에서 언급하고 있는 서구의 인권사상에 더하여 동양적 관점에서의 인권사상도 연구되어야할 과제이다.

국가기본권의 성격과 내용 편에서는 인권총론적 부분과 인권각론적 부분을 나누어, 지금까지의 어느 다른 저술보다도 상세히 언급하고 있다. 인권총론 부분에서는 전통적인 자연권론과 실정권론 사이의 논쟁점들을 요약 · 정리하고 있다. 오늘날에는 대륙법계의 관점에 따른 전통적인 대립구도에 따른 논쟁과 함께 영미법학계에서 법원리 · 법규칙론으로 전개되고 있지만, 전통적인 자연법론 내지 자연권론도 여전히 중요한 의미를 가지므로, 연구자들에게는 빠뜨려서는 안 되는 주제이다. 인권각론 부분에서는 현대헌법학의 핵심 이념이자 기본권으로서 인간의 존엄과 가치 · 행복추구권에 대하여 말 그대로 전지구적 차원의 이론과 논의들을 정리하고 있다(본문 121쪽 분량). 특히 인간의 존엄과 가치 · 행복추구권의 내용에 관한 서술에서는, 생명권, 자기결정권, 인격권과 그 내포로서의 알 권리 · 명예권 · 초상권 · 음성권 · 성명권 · 프라이버시권 등을 상세히 언급하고 있다. 이러한 내용은 국내의 어느 논문이나 저서보다도 광범위하고 다양하게 언급하고 있어서 관련 분야의 연구자들이 결코 빠뜨려서는 안 될 것으로서 생각된다.

본서의 가장 핵심적인 부분은 제4편의 국제인권법 부분이다. 저자는 국제인권법의 발전과정을 약술하고, 국제연합 인권헌장과 유럽인권헌장 그리고 미주인권헌장과 아프리카 및 이슬람인권헌장과 아시아 인권선언에까지 그 연구범위를 확대하고 있다. 아울러 21세기적인 인권헌장의 발전경향과 방향을 제시하면서, 세계인권헌장의 제정가능성과, 그 실천적 기구로서의 세계인권재판소에 대한 구상을 상세하게 제시하고 있다. 표현상 국제인권법이라고 하고 있지만 그 실질적 내용의 측면은 단순히 연구의 관점을 국가 간의 인권보장의 문제만이 아니라 범인류적, 전지구적 관점에서의 인권을 논하고 있다. '국제(international)'라는 표현이 '국가들 사이(between nations)'를 의미하는 것이지만, '전지구적(global)' 혹은 '세계적(world)'이라는 표현은 말 그대로 '범인류적(pan-human)', '인류보편적(universal)'인 것을 의미하는 것이다. 국가 간의 인권보장은 자칫 어느 한 편의 국가의 인권보장을 강조하는 것으로 될 수 있지만, 범인류적 내지 인류보편적 인권보장은 국가들 사이보다도 더 상위의 이념과 보장체계를 요구하는 것이기 때문에, 저자가 세계인권헌장과 세계인권재판소를 구상하고 그 구체적인 초안까지 제시하고 있는 것은 인류보편의 인권공동체를 구현하기 위한 선구자적 안목이 아닐 수 없다.

## IV. 범인류적 인권공동체를 위한 발걸음

최근 동남아시아의 미얀마에서는 민주주의와 법치주의에 대한 심각한 위협이 나타나고 있고, 북미에서는 인종간 갈등으로 인한 사회적 혼란이 극심하게 나타나고 있다. 또한 중국이나 이슬람국가들과 같이 국가관 혹은 사회관 · 인간관이 다른 나라들에서는 인류보편적 가치에 대한 합의가 다르게 나타나기도 한다. 하지만 민주주의와 법치주의 그리고 인간존엄의 가치는 단순히 한 국가의 차원이나 지역적 차원의 가치만이 아니다. 오히려 인종과 개별 국가를 넘어선 인류보편의 가치로서 존중되어야 하고 실현되어야 한다. 인간으로서의 개인이 특정 피부색을 가졌다는 이유로 혹은 특정국가나 문화권에 속해 있다는 이유로 그 존엄이 경시되거나 부당한 취급을 받는 것은 그 자체 범인류적 인권의 가치에 반한다고 판단되어야 한다. 물론 개별 국가의 역사적 발전단계나 사회적 · 문화적 차이를 완전히 무시할 수는 없다. 그렇지만 적어도 범인류적 관점에 따른 최소한의 인권에 대한 인류 전체의 합의를 끊임없이 추구하고 이를 실천할 수 있는 재판기관의 설립을 지속적으로 모색하여야 한다. 본서는 인간의 천부의 자연법상의 권리를 다시 한 번 확인하고 이를 실천할 기제들을 구체적으로 제시하고 있어서, 헌법학 연구자들은 물론 일반 독자들에게도 훌륭한 지침서로 될 수 있으며, 전지구적 차원의 보편적 인권의 이념과 이론의 문제 그리고 그 실천체계를 확립하기 위하여 반드시 정독할 가치가 있다. 인류보편의 인권공동체를 위한 크나큰 발걸음을 내딛으시는 선생의 여정이 후학들의 발걸음으로 이어지기를 기대한다.

## 11. 김철수 지음, 인간의 권리*

이효원(서울대학교 교수)

### 1. 인간과 권리

금랑 김철수 교수가 대한민국 학술원 재임 25년을 맞아 2020년 12월 10일 세계인권기념일에 『인간의 권리』(산지니) 머리말을 썼다. 이 책의 머리말은 이렇게 시작한다. "오늘날 국가는 기본권 보장기구로 인정되고 있다. 우리 헌법도 「국가는 개인이 가지는 불가침의 기본적 인권을 확인하고 보장할 의무를 진다」고 명시하고 있다. 그러나 이러한 기본권관이 처음부터 성문화된 것은 아니고 오랫동안의 인류의 부단한 투쟁의 결과 쟁취된 것이다".

개인은 불가침의 기본적 인권을 가지고, 국가는 그 기본권을 보장하기 위해 존재하는 것이다. 국가학과 헌법학에서는 자명한 명제이지만, 대한민국의 정치현실은 그렇지 않다는 것이 저자로 하여금 책을 쓰게 한 문제의식이다. 즉, 국가기관을 구성하고 공권력을 행사하는 실질적인 주체인 공무원이 기본권을, 국가가 법률을 통해 개인에게 시혜적으로 부여한 법익으로 이해하고, 이러한 실무에 길들여지는 것이 헌법국가를 저해하는 가장 큰 원인이라고 진단한 것이다.

---

* 『세계헌법연구』 제27권 1호(2021), 243-258면.

이 책은 1,000페이지에 달하는 방대한 분량인데, 철학 · 정치학 · 역사학 · 법학적 관점에서 '인간의 권리'를 총체적으로 아우르고, 국내법과 국제법의 길항과 조응을 포괄하기 때문이다. 제1편에서는 인권사상의 정치철학을 역사적 관점에서 정리하였다. 제2편과 제3편에서는 국내인권법에 대해 인권법의 체계와 국가기본권을 상론하고, 제4편에서는 국제인권법에 대해 지역적 인권헌장과 유엔 인권헌장의 역사적 현실을 고찰하고, 세계인권헌장과 세계인권재판소의 미래상을 구체적으로 제시한다. 다소 시간이 걸리지만, 이 책을 따라 읽어가게 되면, 대한민국이 어떤 국가공동체로 나아가야 할 것인지를 자연스럽게 느끼고 알게 해 준다.

저자가 이 책에서 일관하는 인권관은 '인간이 태어나면서 보유한 불가침의 자연권'이다. 구체적 현실에서 드러나는 인간이란 불합리하고 부조리하지만, 헌법이 전제하고 지향하는 인간은 이성적이고 존엄하고 가치로운 존재여야 한다는 신념이 이 책에서 조금도 흐트러지지 않는다. 인권사상을 통해 자연권이 생성되고 발전되어 온 역사적 경험을 실증하고, 국내인권법 차원에서는 국가기본권은 헌법을 통해 불가침의 인권으로 확인되며, 국제인권법 차원에서는 자유롭고 평등한 세계시민이 공존할 수 있는 자연적 권리를 누리는 세계국가의 이상을 직접 디자인하여 보여준다.

## 2. 인권사상의 전개

### (1) 인권사상의 출발

이 책은 제1편에서 인권사상에 대한 철학적 발전을 소개하면서 근대국가에서 인간의 권리가 생성된 역사를 보여준다. 먼저, 인간학적 철학의 기원을 아테네의 소크라테스로 파악하고, 고대와 중세의 인권사상을 철학적으로 설명한다. 소크라테스는 인간의 본질을 이성적 동물로 파악하고 도덕적 삶을 실현하는 국가공동체와 법을 어떻게 세울 것인지를 고민했다. 소크라테스는 인간의 존엄성, 자유와 평등에 대해서는 크게 다루지 않았지만, 성문법과 불문법 이외에 최상의 법규범으로 자연법을 인정하였다. 이상국가로서 완전한 폴리스(Polis)를 만들기 위해서는 시민이 지혜, 용기, 중용, 정의라는 4가지 덕을 가져야 한다고 하였다.

플라톤과 아리스토텔레스는 소크라테스를 계승하여 개인의 덕성, 인간의 행복, 이상국가론을 체계화시키면서 현실적 정치형태의 유형을 분석하고, 이를 기초로 권력분립의 원칙과 정의에 기초한 이성적 자연법론의 싹을 틔웠다. 그리스는 민주정치를 채택하였지만, 인간의 불평등과 노예제를 전제로 귀족과 평민으로 구분된 계급사회였으며, 언론의 자유와 선거권이 제한되고 자유와 평등이 불완전하였다. 하지만 그리스는 근대 국민국가의 인권사상의 원형을 제시하였다.

고대 로마는 플라톤을 계승한 스토아학파의 법철학자인 키케로와 세네카를 중심으로 우주적 신에게 근거한 자연법이 최고의 법이자 일반적 정의로 여겼다. 이로부터 인간의 존엄과 행복, 그리고 자유와 평등이 보다 구체화되기 시작하였다. 로마제국에서 중세 기독교의 통일국가가 형성되면서 아우구스티누스의 교부철학을 거쳐 토마스 아퀴나스가 스콜라철학을 체계화하였다. 스콜라철학은 영원법, 신성법, 자연법을 구분하고, 자연법에서 도출되는 자연권을 신에 의해 인간에게 부여된 절대적 권리로 인정하였다.

중세 기독교국가는 교회가 지배하는 암흑시대가 아니라 그리스철학과 로마법학이 전성기를 구가한 기독교적 자연법론의 시대라고 할 수 있다. 비록 기독교적 신학이 중심에 있었지만, 개인이 권리의 주체가 되는 자연권의 개념이 정치철학이 아니라 법학에서 자리잡기 시작하였다. 저자가 지적한 중세시대에 대한 평가는 르네상스와 대비되어 그 동안 암흑시대로 평가절하되었던 중세에 대한 역사적 관점을 극복하고 새로운 평가가 활발하게 이루어지고 있는 것과 맥을 같이 한다고 할 수 있다.

16세기 들어 루터와 칼뱅을 중심으로 종교개혁이 본격화되면서 인간의 평등, 사적 소유권, 빈자의 권리, 정치적 자유권과 저항권이 인간의 자연적 권리로 수용되었다. 특히, 저자는 스페인의 중세 인권법사상을 견인한 '프란치스코 데 비토리아(Francisco de Vitoria)와 '프란치스코 수아레즈(Francisco Suarez)'의 법철학을 자세하게 소개하였다. 이들은 법에 관한 그 동안의 논의를 망라하여 분석하고, 자연법은 신의 말씀에 따라 신성법이 된다는 것을 기초로 인간의 자유의지를 인정하였다. 또한, 개인은 독재자에게 저당할 권리를 가진다는 것을 역설하고, 만민법에 기초하여 국제법을 이론화하였다. 이는 그로티우스에게 큰 영향을 미쳤다.

### (2) 계몽주의와 인권사상

근대 인권사상은 계몽주의에 기초하여 확립되기 시작하였는데, 인간주의적 자연법론을 발전시킨 그로티우스가 권리의 관점을 객관적 권리론에서 주관적 권리론으로 전환시킴으로써 '자연법의 아버지'가 되었다. 푸펜도르프는 인간의 본성과 절대적 자연법에 기초하여 인간의 존엄과 자유권을 인권으로 통합하는 동시에 자연법적 의무를 강조하여 개인주의적 자연법사상을 확립하였다. 그는 국제사회에 적용되는 자연법을 국제법이라고 명명하고, 평화를 지키는 것이 자연법의 제1명제라고 하였다.

영국의 계몽주의 인권사상은 널리 알려진 바와 같이 토마스 홉스와 존 로크의 사회계약론에서 출발하였다. 홉스의 인권론은 성악설적 자연상태론에서 출발하였는데, 비종교적이고 물질적이며 현실적인 인간관과 국가관에 기초하여 주권양도에 의한 절대군주론을 제시하였다. 존 로크는 자연상태의 생명권, 자유권, 재산권을 보호하는 것이 국가의 목적이며, 개인의 행복추구권, 평등권, 저항권을 자연권으로 인정하여 오늘날의 자유주의적 인권사상에 막대한 영향을 주었다. 에드먼드 버크는 자연권보다 실정권을 강조하고 프랑스혁명의 급진성을 비판하였지만, 현실정치가로서 미국의 독립과 헌법제정의 과정에 큰 영향을 끼쳤다.

토마스 페인은 정치팸플릿인 '상식'을 통해 인간의 자연적 권리와 평등사회의 건설을 주장하였으며, 미국의 독립운동과 프랑스혁명에 직접 참여하기도 하였다. 그는 가난한 사람들의 복지를 주장하여 생존권의 창안자이기도 하며, 노예해방을 주장한 세계시민이었다. 한편, 제러미 벤담은 자연권을 반대하고 공리주의적 관점에서 사회적 효용을 최대화하는 입법원칙을 제시하여 나폴레옹법전을 비롯하여 유럽의 법률개혁에 기여하였다. 영국의 계몽주의는 정치적 자유를 보장하기 위해 권력분립을 주장한 몽테스키외와 일반의사에 의한 직접민주적 통치를 주장한 루소에 의해 프랑스에서 꽃을 피웠다.

영국에서 온건한 명예혁명을 경험하고, 프랑스에서 급진적 프랑스혁명을 거치면서 근대 인권사상은 미국의 건국을 통해 새로운 장을 열었다. 벤저민 프랭클린은 미국 독립선언의 기초위원으로 참여하여 행복추구권, 평등권, 노예해방을 주장하였는데, 저자는 독립선언서의 작성에 있어서 벤저민 프랭클린이 참고한 로크의 이론과 라이프니츠의 이념의 논쟁에 대해서도 상세하게 소개하였다. 미국혁명과 헌법제정에 대해서는 알렉산더 해밀턴, 토마스 제퍼슨, 제임스 매디슨이 공화당과 공화민주당의 창당, 미국헌법의 제정, 독립국가의 건설이라는 일련의 과정에서 이론적으로나 현실적으로 큰 영향을 미쳤다는 것은 널리 알려진 사실이다. 저자는 미국헌법의 제정에 있어서 가장 중요한 역할을 한 법학자임에도 잘 알려지지 않은 제임스 윌슨을 새롭게 조명하였다. 그는 펜실베이니아 헌법과 연방헌법을 새롭게 마련하는 데 결정적 기여를 하였으며, 특히 "헌법의 이념은 입법권의 행사를 제한하는 것이다"라고 요약되는 사법심사제의 이론적 기초를 확립하였다고 평가하였다.

유럽에서 독일은 근대국가를 형성하는 과정에서 혁명적 전회를 마련하지는 않았지만, 정치사상적으로 칸트와 피히테를 거쳐 헤겔에서 완성을 보인 관념론적 철학을 통해 이성적 인권사상을 종합적으로 완성하였다. 1949년 제정된 독일기본법이 "인간의 존엄은 불가침이다. 이를 존중하고 수호하는 것은 모든 국가권력의 의무이다"라고 규정한 것은 칸트의 사상을 집약적으로 표현한 것이었다. 칸트의 영구평화론은 오늘날 국제조직의 사상적 기초가 되었다. 피히테는 자유를 인간의 유일한 자연권으로 인식하고 절대자아를 강조하였다. 헤겔은 역사적 도덕철학을 완성하여 자유를 향한 의지와 세계정신이 역사의 원동력이라고 설파하였다. 저자는 헤겔철학에 대해 나치스이론이 헤겔을 계승한 것이라는 비판에 대해서는 절대적 전체주의가 헤겔을 정치적으로 이용한 것을 뿐, 나치스와 헤겔은 철학적으로나 이론적으로 구별되는 것이라고 평가하였다.

## 3. 국가기본권의 체계

### (1) 국민국가와 기본권

자연법에서 출발한 인권법은 실정법의 형태로 발전되었는데, 근대 국민국가에서는 인권이 헌법에 명문화되면서 국가기본권의 형태로 보장되었다. 근대 자유민주주의 국가는 인권보장을 목적으로 하고, 의회를 중심으로 한 간접민주주의를 채택하였으나, 현대

사회민주주의 국가는 자유권은 물론 사회권을 인권의 내용으로 강조한다. 인권보장을 위해서는 민주주의가 필수적인데, 이는 형식적 민주주의가 아니라 국가활동이 인권에 실질적으로 구속되는 헌법국가(Verfassungsstaat)를 전제로 한다.

국내인권법의 법원으로는 헌법을 비롯하여 개별적 법률, 관습법과 판례법은 물론 자연법규범도 포함시키고, 국내인권법을 다양한 구별기준에 따라 구분하여 그 특성을 자세하게 서술한다. 특히, 국민의 주권행사권과 국가권력행사 참여권을 국가기본권의 기초로 인정하고, 구체적으로 헌법제정권, 저항권, 공무담임권, 선거권, 국민소환권으로 개별화되는 기본권을 외국의 사례와 비교하면서 서술하였다. 저자는 국민주권과 그로부터 비롯되는 참정권이 국내인권법의 일부에 불과한 것이 아니라 국내인권을 기초지우는 근간이 되는 권리라고 강조한다.

제3편에서는 국가기본권의 성격과 내용에 대해 국내입권법의 핵심적인 연구성과를 총정리하였다. 근대국가에서 성문헌법이 성립하는 과정에서 인권이 규정된 과정, 20세기 초반의 독재헌법이 등장하게 된 경위, 그리고 자연권론의 부활을 역사적 관점에서 설명하였다. 이를 통해 현대국가의 인권에서는 자연법주의가 법실증주의와 상호 배척적인 것이 아니라 보완적이라는 것을 강조하면서도 현대헌법의 인권은 자연권이 중심이며, 자연권은 포괄적 인권이고, 실정권은 개별적 인권이라는 점을 명확하게 선언하였다.

저자는 자연권이 인권의 원천이며, 모든 권리를 내포하는 포괄적 권리로서 영구적으로 불변하며, 그 주체는 실정헌법이 예정하는 국민이 아니라 모든 사람이라는 것을 확인하였다. 이러한 자연권을 실정헌법에 규정하는 방식에 대해서도 비교법적으로 상세하게 설명하였다. 특히, 대한민국 헌법은 기본권이 자연권이라는 것에 기초하고 있음을 재확인하고, 그에 대한 해석론으로 제37조 제1항은 자연권을 확인하는 규정이며, 제37조 제2항에서 규정하는 '본질적 내용'이란 것도 자연권론에 기초한 것으로 이해한다.

이를 바탕으로 자연권에 대한 통일적 체계를 강조한다. 즉, 인간의 존엄과 가치, 행복추구권은 주기본권으로 이러한 기본권은 개별적 권리로 분화되며, 휴식권, 일조권과 같이 현대국가에서 새롭게 생성하는 기본권은 주기본권으로부터 도출된다고 강조하였다. 이때 자연권은 보충적 기본권으로 법률과 판례에 의해 보장되고 나서 국민적 합의를 통해 헌법에 수용되므로 자연권을 기본권으로 수용하더라도 권리의 평가절하를 두려워할 필요가 없다고 한다.

### (2) 자연권 중심의 기본권 체계

인간의 존엄과 가치, 행복추구권에 대해서는 다시 한 번 정치철학적 이념과 인권선언의 역사적 발전을 소개한다. 미국의 인권선언, 프랑스 인권선언, 독일의 인권선언, 일본의 인권선언은 물론 체제전환을 한 이후 새로운 헌법에서 인간의 존엄을 규정한 동유럽의 헌법을 소개하였다. 특히, 독일 기본법에 대해서는 통일 이후 헌법개정과 구 동독에 속했다가 새롭게 통일독일에 포함된 주의 헌법에서 인간의 존엄에 대해 규정한 내용과

1999년 헌법개정을 통해 인간의 존엄과 그 불가침성을 규정한 핀란드헌법과 스위스헌법도 소개하였다. 이와 함께 국제연합 각종 인권헌장과 유럽헌법조약에 포섭되었으나 비준을 받지 못하여 헌법조약으로 발전하지 못한 유럽연합의 기본권장전에서 인간의 존엄에 대해 규정하는 내용을 자연법론에 기초하여 설명한다.

한국의 인권선언에 대해서는 개화기의 박영효와 유길준 등의 인권론에서부터 외세점령기의 암흑기, 해방 이후 미군정의 인권법령을 거쳐 현행 헌법에 이르기까지의 헌법적 규범을 자세하게 분석하였다. 인간의 존엄과 가치의 본질적 성격에 대해서는 독일, 미국, 일본, 한국의 판례를 통해 그 자연권성을 논증하였으며, 주기본권이 아닌, 협의의 인간의 존엄과 가치 · 행복추구권에 대해서도 생명권, 자기결정권, 인격권을 중심으로 낙태, 뇌사, 개인정보자기결정권, 프라이버시권, 소비자의 보호, 알권리, 성명권 등을 총망라하여 외국의 입법례와 판례는 물론 우리 헌법재판소의 결정례를 체계적으로 분석하였다.

평등권에 대해서는, 영국, 미국, 프랑스, 독일, 일본의 순서로 그 사상적 확립, 헌법규정에의 도입과 발전을 정리하였다. 한국에서의 평등사상과 남북한 헌법의 평등조항에 대해서는 서구의 개화사상에서 비롯된 역사를 고찰하고, 유일한 분단국인 한국에서 자유와 평등, 생산과 분배에 대한 논의가 계속되고 있는 상황을 설명하였다. 특히, 한국에서는 공산주의 국가인 중국보다 평등지향적 정책이 추진되고 있는 점을 지적하고, 이념대립을 지양하고 진정한 평등을 보장할 것을 과제로 제시하고 있다.

우리 헌법의 평등규정은 객관적 법규범인 동시에 주관적 공권으로서의 성격을 가지며, 이는 초실정법적 자연권성을 확인한 것으로 해석된다. 평등권의 체계 역시 일반적 평등권인 주평등권과 이를 구체화한 개별적 평등권으로 구분하고, 여기에는 남녀평등권, 종교적 평등권, 신분적 평등권, 인종적 평등권, 기타의 평등권이 포함된다고 한다. 평등권을 사법관계에 직접 적용하면 사적 자치를 침해하므로 사인에 대해서는 간접적으로 적용해야 하지만, 노동관계나 가족관계에서는 직접 적용함으로써 평등권을 실효적으로 보장할 것을 요구한다.

평등권에 대한 실질적 보장은 헌법재판을 통해 그 위헌성을 확인하는 것인데, 우리 헌법재판소는 합리성심사 또는 자의금지의 원칙을 심사기준을 채택하면서도 비례성심사기준을 도입하여 헌법이 특별히 차별금지를 규정하거나 기본권에 대한 중대한 제한을 초래하게 되는 경우에는 엄격한 비례심사기준을 적용하도록 한다. 우리 헌법재판소가 미국의 이론을 받아들여 합리성심사 이외에 비례성심사를 수용한 것은 헌법 제37조 제2항에 따라 엄격한 심사기준을 확립하는 것으로 바람직하다고 평가하였다. 비례성심사기준을 적용할 경우에는 위헌성이 추정되고, 합리성심사기준을 적용할 경우에는 합헌성이 추정된다고 해석한다.

저자는 평등권에 대해서는 자유와 긴장관계와 그 조화에 대해 이념과 현실의 차원에서 양자가 공존할 수 있는 방안을 제시한다. 우선, 이념적 차원에서 평등한 자유의 원리와 차등의 원리를 주장한 롤스를 시작으로, 자유주의적 평등을 강조한 드워킨, 자기소유권에 기초하여 자유지상주의적 평등을 주장한 노직과 같은 자유주의적 평등론을 자세하게 소개하였다. 이와 동시에 사회민주주의적 평등론과 공산주의적 평등론을 비교하여 분석한다. 현실적 차원에서는 사회적 법치국가의 등장과 평등의 과격한 주장으로 인한 자유의 말살을 경고하고, 우리나라에서 진행되는 과도한 평등지향의 위험성을 지적한다.

자유권적 기본권은 자연권이지만 헌법에 의해 제한될 수 있는 상대적 권리로 이해하고 그 내재적 한계도 인정하였다. 현대국가에서는 생존권과의 조화를 강조하면서도 생존권의 보장이라는 명목으로 자유권의 본질이 희생되어서는 안 된다고 강조한다. 자유권적 기본권에 대해서는 일반적 행동자유권에 많은 지면을 할애하여 그 역사, 비교법적 법이론과 판례를 통해 헌법적 성격과 내용을 풍부하게 소개한다. 저자는 한국학자들이 일반적 행동자유권을 경시하고 헌법재판소가 일반적 행동자유권의 내포를 확장하는 것에 비판적인 시각을 비판하였다. 일반적 행동자유권 역시 천부인권적 자유권으로 포괄적이며, 헌법에 규정된 개별적 자유권은 예시적 규정으로 그 분화에 불과하다고 평가한다.

국내인권법의 체계는 인간의 존엄과 가치에서 시작하여 평등권과 자유권적 기본권을 거쳐 생존권적 기본권에서 완성된다. 현대국가에서 생존권적 기본권의 사상과 헌법규정에 실정화되는 과정을 상세하게 서술하고, 그 법적 성격에서 비롯되는 기본권보장의 한계에 대해서도 체계적이고 종합적으로 설명한다.

## 4. 국제인권법의 현실

### (1) 인권의 국제화

인간의 권리가 국가체계를 초월하여 인식된 것은 로마제국에서 구상되었다. 로마법은 자연법을 정점으로 국내법으로 적용되는 시민법과 국제법으로 적용되는 만민법으로 체계화되었다. 만민법(jus gentium)은 로마 시민권을 가지지 못한 외국인에게 적용하기 위해 제정한 법을 말한다. 만민법은 국제법의 모태가 되었는데, 여러 민족들에게 동일하게 적용되는 만민법 사상이 국적이 서로 다른 민족들 간의 법률관계를 규율하는 일반적인 법으로 이론화되었다.

인간의 권리가 국내인권법의 영역에 한정되지 않고, 국가기본권을 넘어 천부의 자연적 인권으로 존중되어야 한다는 것은 제2차 세계대전을 경험하고 나서 국제적 차원에서 부활하였다. 인권의 국제화는 사상적으로는 자연법에 기초하지만, 현실적으로는 국제적 차원의 조약인권법의 형태로 발전하였다. 현대의 개별적 인간은 공간적으로 국가의 국민인 동시에 국가를 초월한 인간으로 살아간다. 국가를 구성하는 3요소인 국민, 영토, 주권은 현대에서 그 의미가 크게 변용되었으며, 세계화와 지역화가 동시에 확산되고 있다. 인간의 권리도 세계적 보편성과 지역적 특수성이 동시에 강조되고 있다.

국제인권법은 현실적으로 실정법의 형태로 적용되지만, 이념적으로는 자연법에 기초한 자연권도 동시에 수용한다. 국가뿐만 아니라 개인도 국제인권법의 주체가 되는 동시에 수범자가 되기 때문이다. 국제인권법은 국가를 초월하여 새로운 유형의 인권을 포섭할 수 있지만, 국내인권법과 달리 그 강제적 집행력이 취약하다는 것이 현실적 한계로 드러난다. 현대국가의 범세계적인 연합체인 유엔은 인간의 권리를 국제화하기 위해 세계인권선언을 발표하고, 국제인권법의 강행을 위해 인권이사회(Human Right Council)를 설치하고, 인권침해에 효과적으로 대응하기 위해 국제형사재판소(International Criminal Court)를 상설적 기구로 설치하였다.

저자는 제4세대 인권으로 환대의 권리(Right of Hospitality)와 같은 새로운 권리에 대해 소개하고, 인간의 권리를 실현하기 위한 범세계적인 통일인권법의 제정에 대한 논의사항도 설명하였다. 세계헌법의 제정과 그 가안에 대해서도 소개하면서 세계인권규정이 포함되어야 하고, 세계시민의 세계정부에 대한 배분청구권과 연대권, 세계환경권도 규정되어야 한다고 역설한다.

### (2) 인권헌장의 역사적 발전

국제인권법은 1648년 30년전쟁을 종료하고 체결한 베스트팔렌조약에서 기원하는데, 제1차 세계대전과 제2차 세계대전을 거치면서 발전하였다. 특히, 유엔이 1966년 제정한 국제인권헌장은 1976년 다자조약으로 필요한 국가의 비준을 받아 집행력을 갖게 되어 법규범으로 자리잡게 되었다. 이와 함께 지역적 인권헌장도 마련되었는데, 유럽, 미주, 아프리카, 아랍, 아세안 등 인권헌장과 인권선언이 채택되면서 국제인권법은 세계적인 보편성을 확보하면서도 지역적 특징을 반영하고 있다.

국제인권법은 그 규범력을 강화하는 과정에서 일정한 방향성을 가진다. 우선, 인권선언에서 시작하여 인권헌장으로 발전하였다. 인권선언은 정치적 선언으로 국가에 대해 도덕적 책임을 부과할 뿐, 법적 책임은 부과할 수 없었다. 따라서 그 책임을 집행하기 위한 기구도 설치되지 않았다. 하지만, 유럽은 지역적 인권헌장으로 처음으로 구속력 있는 조약의 형태로 기본권 헌장을 마련하였다. 유엔은 인권선언에 강제력을 부과하기 위해 유엔 인권헌장을 체결하였으며, 유럽연합은 유럽인권헌장에 대해 헌법적 효력을 부여하였다.

국제인권을 보장하는 기구도 진화되었는데, 권고적 효력만 부여되어 실효성이 적었던 유엔 인권위원회를 탈피하고 상설기구로서 인권상황에 대한 보고서를 의무적으로 제출하도록 하는 인권이사회로 발전하였다. 나아가 유럽인권헌장은 인권이사회에서 인권재판소제도로 진화하여 사법적 효력을 갖게 되었다. 국제인권법에서 이러한 발전은 획기적인 일이었다.

지역적 인권헌장은 유럽인권헌장을 통해 시작되었다. 1950년 유럽심의회(Council of Europe)가 제정한 유럽인권헌장(Chart of European Human Rights)은 법적 구속력을 가진 최초의 인권헌장으로 유엔의 세계인권선언을 실현하기 위한 것이었다. 유럽인권헌장은 자유권과 사법절차에 관한 권리가 중심이고 생존권에 관한 규정은 적었지만, 재판관만 47명에 이르는 유럽인권재판소를 상설기구로 설치하여 운영함으로써 인권보장의 새로운 장을 열었다. 유럽인권재판소는 개인적 제소를 인정하고 체제전환국가인 동유럽 국가의 인권상황을 크게 개선하였으며, 인권에 대한 유럽표준을 세계표준으로 격상시킨 것으로 평가할 수 있다. 유럽심의회는 1961년 사회권을 보장하기 위해 유럽사회헌장(European Social Charter)을 제정하였는데, 이는 유엔의 경제적 · 사회적 · 문화적 권리에 관한 국제인권헌장보다 앞선 것이었다. 유럽연합은 2009년 유럽연합 기본권장전을 발효시킴으로써 새로운 국면을 맞이하고 있다.

미주인권헌장은 1948년 '인간의 권리와 의무에 관한 미주선언(American Declaration of Rights and Duties of Man)'으로 제정되었는데, 인격의 존중과 생명권을 중시하는 것이 핵심이었다. 미주인권헌장은 인권을 자연권으로 규정하고 적용대상을 국가로 한정하고 개인에게는 제소권을 인정하지 않았으며, 권리의 보장과 함께 시민으로서 지켜야 할 의무를 권리와 강하게 연계시킨 것이 특징이다. 미주인권헌장은 인권보장기구로 인권위원회(Commission)와 인권재판소(Court)를 설치하여 운영하는데, 유럽인권헌장과 마찬가지로 인권위원회를 인권재판소로 통일하고 개인에게도 직접 제소권을 부여하도록 개선되어야 한다.

아프리카인권헌장은 1981년 유럽인권헌장과 미주인권헌장을 참고하여 '인간과 인민의 권리에 대한 아프리카 헌장'으로 채택되었는데, 발전의 권리, 평화의 권리, 건강한 환경에 관한 권리와 같은 새로운 인권을 포함한다. 이 인권헌장에 따라 인권침해를 구제하기 위한 기구로 아프리카 인권위원회가 구성되었는데, 회원국이 위원회의 권고결정의 집행에 관심을 보이지 않아 실효성이 약하다고 평가된다. 한편, 2005년에는 아프리카 최고재판소와 인권재판소가 통합되어 '아프리카 최고사법 및 인권재판소(African Court of Justice and Human Rights)'가 설치되었다. 인권재판소에 대해서는 형사부를 설치하여 대통령 등에 대한 인권범죄를 은폐하는 수단으로 악용되어 국제형사재판소(ICC)의 역할을 무력화시킬 우려도 있지만, 인권재판소의 판결에 구속력을 부여하여 인권보장에 기여할 것으로 기대한다.

이슬람협력기구는 1981년 '이슬람 세계인권선언(Universal Islamic Declaration of Human Rights)'를 채택하였는데, 종교경전인 코란에 근거한 것이라고 선언하였다. 이 인권선언은 인간법이 아니라 신법이라는 비판이 제기되어 1990년 '카이로 인권선언(Cairo Declaration of Human Rights in Islam)'을 채택하였다. 이 인권선언 역시 샤리아법에 근거한 이슬람교도의 인권선언으로 유엔의 세계인권선언에 대항하여 만들어진 것으로 그 내용이 서로 충돌하는 경우가 많다는 비판이 있다. 이와 별도로 아랍리그 가맹국들은 '아랍인권헌장(Arab Charter of Human Rights)'를 채택하였는데, 2014년 아랍 인권재판소를 설립하기로 하였다.

동남아시아연합(Association of Southeast Asian Nation)은 2012년 '아세안 인권선언(ASEAN Human Rights Declaration)'을 채택하였다. 이 인권선언은 아시아적 핵심가치를

내세워 세계인권선언과 충돌하는 내용이 있고, 미얀마 정부에 의한 로힝야에 대한 인권탄압에도 적절하게 대응하지 못한다는 비판이 있다. 아세안 인권선언은 자국의 특수성을 강조할 것이 아니라 인권의 보편성에 기초하여 국제적 기준에 맞도록 개정할 필요가 있으며, 2010년부터 인권보장기구로 활동하고 있는 아세안 인권위원회는 사법적 권한이 없어 실효성도 약하다고 평가되고 있다.

### (3) 국제인권법의 규범력 강화

국제인권법은 국제사회에서 생활하는 인간의 권리를 보장하는 것이고, 인간의 인간성에 내재하는 권리로서 보편주의와 자연법론에 근거를 둔다. 국제인권법은 국내인권법과 마찬가지로 단계구조를 가지는데, 일반적으로는 국제인권헌장, 국제인권조약, 조약에 부속되는 합의의정서가 헌법, 법률, 명령에 대응하는 구조를 갖는다. 국제인권헌장은 헌법에 대응되는 것으로 유엔이 주도한 세계적 헌장과 지역적인 국가들 사이에 체결하는 지역헌장으로 구분된다. 국제인권법에서도 하위규정이 상위헌장이나 조약에 위반되는 경우에는 법적 효력이 없다.

국제인권헌장의 기본적 이념과 표준은 국제인권장전(International Bill of Rights)인 유엔의 세계인권선언, 경제적 · 사회적 · 문화적 권리에 관한 국제헌장, 그리고 시민적 · 정치적 권리에 관한 국제헌장을 통해 추출할 수 있다. 세계인권선언은 비록 법적 구속력이 없는 것으로 제정되었으나 이는 인류가 만든 보편적 인권선언의 효시였다. 국제인권헌장은 세계인권선언에 대해 조약의 형식으로 집행력을 확보하기 위해 제정되었으며, 여기에는 인권재판소에 대한 규정이 없어 사법적 구제에 한계가 있다.

세계인권선언은 유엔이 최초로 인권과 자유를 선언한 규범이며, 법적 구속력이 없음에도 가장 권위 있는 세계적 인권선언으로 가맹국들에게 큰 영향을 끼쳤다. 일부 국가에서는 세계인권선언에 따라 헌법을 개정하여 국내법으로 수용하기도 하고, 국제관습법이나 판례법으로 적용한 사례도 있다. 세계인권선언은 보편주의에 근거하여 세계시민의 권리와 기본적 자유를 보장한다고 선언하였지만, 자유권만 규정하고 사회권을 포함하지 않았으며, 이슬람 국가를 비롯한 국가들은 종교나 역사적 전통을 이유로 세계인권선언에 위반되는 행동을 한다는 것이 문제점으로 지적된다.

유엔은 1966년 '시민적 · 정치적 권리에 관한 국제헌장(International Covenant on Civil and Political Rights)'을 채택하였는데, 인간의 존엄과 천부인권성에 기초하여 인권과 자유에 대한 보편적 기준을 제시하면서 다양한 인권을 실체적 권리로 규정하였다. 국제헌장은 세계인권선언과 달리 실시규정을 두고 헌장의 집행을 위한 국가의무에 관해 상세하게 규정한다. 특히, 유엔 가맹국 대부분의 비준을 받아 법적 강제력이 부여된 것이 가장 중요한 특징이다. 이 헌장은 인권보장기구로 '인권위원회(UN Human Rights Committee)'를 두고 있는데, 사법적 결정권한이 없어 실효적인 사법적 구제절차로 기능하기 어려운 한계가 있다.

유엔은 '경제적 · 사회적 · 문화적 권리에 관한 국제헌장(International Covenant on Economic, Social, and Cultural Rights)'를 채택하였다. 이 헌장은 시민적 · 정치적 권리에 관한 국제헌장과 마찬가지로 인간의 존엄과 천부인권성에 기초하여 인권에 대한 보편적 기준을 제시하였다. 하지만, 시민적 · 정치적 권리에 관한 국제헌장과 중복되는 내용이 있고, 가맹국의 경제적 사정에 따라 현실적인 집행력과 그 절차에도 한계가 있다.

우리 헌법은 제6조 제1항에서 "헌법에 의하여 체결 · 공포된 조약과 일반적으로 승인된 국제법규는 국내법과 같은 효력을 가진다"라고 규정한다. 법실증주의자는 국제조약만 효력이 있고, 그 나라가 비준하지 않은 조약은 효력이 없다고 주장한다. 하지만, 국제인권헌장은 조약으로 비준되기 전에도 국제법의 강행법이나 관습법으로 효력을 가지며, 국제인권헌장은 헌법적 효력을 갖는다. 유엔은 국제인권의 강행을 위해 인권이사회를 설치하였으나 절대적 구속력을 갖지 않지만, 국제형사재판소가 설치되어 인권을 침해한 범죄자를 처벌할 수 있게 되었다. 하지만, 국제형사재판소는 자율적으로 피고인을 체포하거나 구금할 수 있는 제도적 장치가 부족하여 아직까지 그 실효성은 적다고 할 수 있다.

현대의 국제인권법은 인권재판소 등을 통해 헌법재판소가 국내법과 국제법의 관계에 대해 일원론의 입장에서 조약도 위헌법률심판의 대상으로 인정하여 헌법이 국제인권법보다 우월한 효력을 가지는 것으로 해석하고 있다. 저자는 국제인권헌장에 대해 헌법적 효력을 인정함으로써 헌법학자와 국제법학자가 다른 관점에서 파악하고 있는 국제법의 효력에 대해 이를 미래지향적인 해석을 통해 통합적으로 수용하고 있다.

### (4) 오래된 미래, 세계인권장전의 꿈

세계인권선언은 국제인권헌장의 총칙이라고 할 수 있는데, 제2차 세계대전 이후 신생국의 헌법제정에 큰 영향을 미쳤고, 국제적 인권조약을 통해 보편적 인권의 확산과 인권의 세계화에 크게 기여하였다. 하지만, 세계인권선언은 직접적 구속력을 갖지 못해 국내법원에 직접 적용되지 못한다는 것이 가장 큰 한계였다. 국제인권헌장은 이러한 문제점을 극복하기 위해 제정되었으나 서명과 비준에 있어서 유보조항을 통해 실질적으로 구속력이 미치지 못하게 되는 문제점이 있고, 새로운 인권을 반영하지 못한다는 비판도 있다.

유엔의 인권보장은 여전히 진화를 거듭하고 있는 중이다. 국제인권헌장의 내용을 실천하고 이를 위반한 경우에 효과적으로 대처할 수 있는 제도적 장치가 미비하고, 현실적인 국제정치도 우호적이지 않다. 유엔 경제사회이사회는 1946년 '인권특별위원회(UN Commission on Human Rights)'을 구성하고, 2006년에는 이를 유엔 인권이사회로 대체하여 그 조직을 강화하고, 인권고등판무관을 설치하여 정기보고제도를 도입하기도 하였다. 하지만, 유엔의 인권보장의 현실은 그리 만족스럽지 않다.

이에 따라 유엔의 국제인권헌장을 통합하려는 논의가 제시되고 있고, 인권보장을 강화하기 위해 전문기구를 독립화하자는 주장도 제기되고 있다. 유엔의 인권고등판무관이나 사무총장이 개혁방안을 연구하여 발표하였으나, 국제사회의 의견대립으로 그 제도적 개선방안에 합의를 도출하지 못하였다. 저자는 유엔의 인권보장제도를 개혁하기 위한 다양한 최근의 노력에 대해 '유엔 인권 경영계획 2019-2021'을 중심으로 상세하게 설명하지만, 여전히 그 개선은 난망하다고 평가한다.

유럽연합은 유럽헌법조약을 체결하고 '기본권장전(Charter of Fundamental Rights)'을 제2장에 포함시켰으나, 그 조약의 비준이 부결되었다. 하지만, 유럽기본권장전에 대해서는 리스본 조약을 통해 2009년 12월 1일부터 효력을 부여하였다. 유럽기본권장전은 유럽심의회를 통해 유럽인권재판소에 적용되는 유럽인권헌장과 달리 유럽사법재판소의 적용되며, 유럽연합법의 법원이라고 할 수 있다. 기본권장전은 유럽민족의 문화의 다양성과 전통을 존중하면서 공통의 가치와 벌전을 도모할 것을 선언하였다. 유럽기본권장전은 자유권과 사회권을 통합하여 단일한 인권헌장으로 기능하는데, 이는 사회권에 직접적 구속력을 부여하도록 하는 기능을 하였다.

하지만, 유럽기본권장전은 유럽인권헌장과 병행적으로 존재하고 유럽인권재판소와 유럽사법재판소도 중복되며, 인권보장의 수준이 기대치에 미치지 못하고 사회권에 대한 규정이 미흡하다는 비판도 있다. 저자는 유럽인권보장의 미래에 대해 유럽심의회와 유럽연합의 완전한 통합이 어려우며, 사법적 구제절차도 이원화되고 그 실효적 집행력이 미비하다는 문제가 있다는 점을 지적하면서 유럽인권헌장과 유럽기본권장전을 통합하여 새로운 헌장을 제정할 것을 제시한다.

아랍리그는 1994년 인권헌장을 제정하였으나, 한 나라도 비준하지 않아 폐기되고 말았다. 아랍인권상임위원회는 2004년 새로운 아랍인권헌장을 제정하고 2015년 15개국이 비준하여 효력이 발생하였다. '아랍인권헌장(Arab Charter of Human Rights)'은 종전의 인권선언과는 달리 종교적 색채를 탈피하여 본문에는 코란과 샤리아법에 대해 규정하지 않고 있어 세계인권선언의 보편주의를 많이 반영하였다. 이 인권헌장은 유엔 인권고등판무관실의 협력을 받아 제정되었는데, 국제인권기구와 협력을 강화하고 있다. 또한, 인권보장기구로 아랍인권위원회를 설치하고, 2015년 1월까지 아랍인권재판소를 설치하기로 하였다. 하지만, 전문에서는 이슬람 카이로 인권선언을 언급하고 인권과 샤리아법이 충돌하고 있어 국제수준에 미흡하며, 법적 강제력이 약하고 아랍인권위원회는 개별적 인권침해활동에 대해 사법적 구제절차가 마련되지 않고 있으며, 아직까지 아랍인권재판소가 설치되지 않고 있다.

세계인권헌장은 주권국가가 아닌 세계시민이 누리는 인권에 관한 법규범이고, 국경을 초월하여 전지구적인 세계정부를 전제로 한다. 세계법으로서 세계인권헌장을 제정하는 것이 가능할까. 저자는 현대국가에서 세계정부를 구성하는 것은 오래된 꿈이지만 허황된 것은 아니라고 강조한다. 그 동안 세계의 대학, 협회, 단체 등에서 세계인권헌장의 초안을 제시한 적이 있지만, 현실적으로는 유엔의 인권헌장의 통합에 관한 논의와 유럽심의회 인권헌장과 유럽연합 기본권장전의 통합에 관한 노력에서 출발하는 것이 타당하다. 특히, 자연권적 인권을 실효적으로 보장하기 위한 세계인권재판소를 설치하는 것이 그 출발점이 될 것이다.

세계인권재판소는 유엔의 기구로 설치하는 방안과 유엔과 관계 없이 새롭게 설치하는 방안이 제시될 수 있는데, 국제사회의 현실에서 유엔기구로 설치하는 것은 유엔의 인권기관과 총회를 통과하기 어렵다고 진단한다. 유엔에서 운영되고 있는 국제사법재판소(ICJ)를 개편하여 세계인권재판소로 재구성하는 방안에 대해서도 그 역사적 경험과 현실을 이유로 적절한 것은 아니라고 한다. 저자는 세계인권재판소는 유엔과 관계 없이 민간차원에서 새롭게 설치할 것을 제안한다. 구체적으로는 전원재판소와 순회재판소를 구성하는 '세계시민의 세계정부'의 방안이 바람직하다고 평가하고, 나아가 세계인권재판소의 구성헌장(안)을 구체적으로 조문화하여 총 31개 조문으로 제시하였다.

주권국가의 경계를 초월하여 강제적 규범력을 갖는 세계인권헌장을 제정하는 것은 가능할까. 세계 시민국가의 구상은 칸트가 제시한 이래 실현되지 않고 있고, 국제사회에는 여전히 인권침해가 자행되고 있는 것이 현실이다. 저자는 세계평화와 인간의 권리를 보장하기 위해서는 새로운 세계인권헌장이 필요하다고 힘주어 말한다. 가장 보편적인 인권헌장으로 여겨지는 유럽기본권장전을 세계헌장으로 채택하는 방안은 비유럽국가의 반감으로 비현실적이고, 유엔이 새로운 인권법안을 제정하는 것도 기대하기 어렵다고 하면서 저자의 개인적 방안을 제시한다. 이 방안은 유럽기본권장전을 참고하고 새로운 기본권을 추가하여 구상한 것이며, 인간의 존엄을 시작으로 개인의 기본적 의무에 이르기까지 총 8장, 64개 조문으로 구성되어 있다. 새로운 세계인권장전이 마련될 경우에는 세계적 보편성을 가진 선언이 되어야 하고, 이를 강제적으로 집행할 수 있는 세계인권재판소를 설치하여 실질적으로 활동할 수 있도록 하여 인권보장이 실효적이 되어야 한다고 강조한다.

## 5. 개인, 국가, 그리고 세계시민

이 책은 인간의 권리는 자연권이라는 것에서 시작하여 천부인권이라는 것에서 끝난다. 헌법이 보장하는 기본적 인권은 국가가 법을 통해 부여한 권리가 아니라 자연적 질서에서 비롯되는 권리이며, 사람이 태어나면서부터 당연히 갖게 되는 천부의 인권이라는 것이라는 것이다. 저자는 헌법에서 보장하는 기본권은 자연권이며, 헌법과 국가는 천부적 인권을 보장하기 위해 존재한다는 신념을 일관되게 유지한다. 이 책에서는 고대에서부터 현대까지 철학자들의 인권사상을 헌법의 역사적 관점에서 분석하고, 인간의 권리가 자연권일 수밖에 없는 당위성을 논증하였다. 이를 기초로 국내인권법과 국제인권법에 대한 체계, 해석, 실천적 과제를 종합적으로 망라하였다.

저자는 대한민국의 역사적 현실에서 헌법을 학문적으로 체계화시켰을 뿐만 아니라 현실에서 구체적으로 드러나는 실존적 헌법학을 확립하였다. 평생을 헌법학에 바친 저자가 '인간의 권리'를 주제로 대작을 출간한 것은 헌법이라는 최고법은 국가를 전제로 하는 것이고, 국가는 국민의 기본권을 보장하기 위한 것이며, 국민의 기본권은 최종적으로 인간의 권리로 귀결된다는 자명한 명제를 우리에게 재확인시키는 것이라고 여겨진다. 이 책은 인간의 권리를 고리로 하여 시간적으로는 고대로부터 현대를 지나 미래를 향하고, 공간적으로는 개인이 속한 사회와 국가로부터 지역을 넘어 세계국가와 세계시민의 비전을 제시한다.

고도의 정보통신기술에 바탕을 두고 세계화와 지역화를 동시에 경험하는 우리는 이 책을 통해 대한민국의 현실적 좌표를 냉철하게 인식하게 되고, 미래세대에게 물려줄 대한민국의 '칼로스 아가토스(Kalos Agatos, 아름답고 선한 것)'를 생각하게 한다. 이는 저자가 평생 학문적으로 궁구한 헌법학의 결실이라고 할 수 있다. 이 책의 머리말은 이렇게 맺는다. "이 연구서에도 미비한 점이 없지 않으나 앞으로 수정 보완하기를 약속하고 우선 출판하기로 하였다. 독자들의 많은 질정을 바란다". 일제 식민지에 태어나 망구(望九)를 지나 상수(上壽)를 누리는 대학자의 겸손과 학문적 태도는 후학으로서 선망과 좌절감을 느끼게 한다.

## 12. 김철수 지음, 『인간의 권리』(산지니, 2021)*

권형준(한양대 법학전문대학원 명예교수)

금랑 김철수 교수께서 학술원 재임 25주년을 기념하여 출판한 이 책은 한국헌법학계의 괄목할만한 업적이라 아니할 수 없다. 1,000쪽이 넘는 방대한 분량도 그렇거니와 인권사상의 역사적 흐름은 물론이고 개별국가의 헌법에 의한 국내인권법과 국제조약에 의한 국제인권법까지 인권보장에 관한 모든 내용을 빠짐없이 망라하고 있기 때문이다. 나아가 이 저서는 학술원에서 연구하고 집필한 논저들로 이루어져서 정년 이후에도 쉼없이 학문활동을 계속하는 진정한 학자의 길을 몸소 실천하여 후학에게 모범을 보여주고 있기에 더욱 그러하다.

그동안 인권에 관련된 연구서나 단행본의 출간이 없지는 않았지만 기대에 미치지는 못하였다. 우선 인권에 관한 연구의 역사도 짧고 연구를 담당하는 저변 여건도 부족하여 오로지 대학에서 헌법을 가르치는 교수들에 의한 연구가 전부였으며, 출판업계의 현실적 고려 때문에 학생을 위한 교과서나 수험생 상대의 수험서를 제외한 전문적인 인권 관련 저서의 출간이 제한적이었고, 특히 국제인권법 분야는 국제법의 연구 분야로 다루어져 헌법학자들에게 소홀히 되었던 점 등이 그 이유라고 생각된다.

금랑 김철수교수께서는 서울대학교 법과대학을 졸업하고 독일 뮌헨대학교 법과대학, 미국 하버드대학 법과대학원, 프랑스 스트라스부르대학교 등에서 연구하였으며, 서울대

* 『공법연구』 제49집 4호 (2021. 6.), 299-302면.

학교 대학원에서 법학박사 학위를 받았다. 일본 히토쯔바시대학, 메이지대학에서 강의하였고, 헌법재판소 자문위원, 대법원 사법행정제도 개선심의위원, 정부조직개편심의위원, 국회 헌법개정자문위원회 위원장을 역임하였으며, 한국공법학회 회장, 한국교육법학회 회장, 한국법학교수회 회장, 탐라대학교 총장, 국제헌법학회 세계학회 부회장 등을 지냈다. 현재 서울대학교 명예교수, 한국헌법연구소 이사장 그리고 대한민국학술원 회원으로 활동 중이시다.

금랑 김철수 교수께서는 이 책에서 인간의 권리를 천부불가침의 자연권으로 파악하고 실정 헌법은 이러한 자연권 중에서 전통적인 시민권만을 규정하고 있기에 이들 헌법에 규정된 실정권은 자연권보다 하위로서 자연권을 침해할 수 없다고 갈파하고 있다. 따라서 국가우월적 입장에서 법률우위적인 실정권론을 벗어나지 못한 우리나라의 일부 학자들에게 준엄한 비판을 내리고자 이 저서를 출간한 것이 아닐까 판단된다.

금번 출간된 인간의 권리는 전체 4편으로 나누어져 제1편은 인권사상, 제2편 국내인권법 서설, 제3편 국가기본권의 성격과 내용, 그리고 제4편은 국제인권법을 다루고 있다.

제1편의 인권사상은 인권이 오랜 기간 인간존중의 철학사상에 바탕을 두고 발전되어 왔음을 밝히고자 시대적 흐름을 2분하고 있다.

고대 서구의 인권사상은 시민적 존엄성을 주장한 소크라테스 등 아테네철학에서 기원하며, 그 영향을 받아 자연법을 중시한 키케로와 세네카로 이어졌고, 기독교신학이 지배하면서 중세 가톨릭교회의 인권론으로 발전하였으며, 로마 교회에 반발하고 인간의 권리를 주창한 루터와 칼뱅의 종교개혁을 거쳐 인권사상의 중대한 전환을 맞았다. 근대에 이르러 인간이성을 중시하는 계몽주의 인권사상은 그로티우스와 푸펜도르프, 영국의 홉스와 존 로크, 프랑스의 몽테스키외와 장 자크 루소, 미국의 벤저민 프랭클린, 토마스 제퍼슨 등으로 이어졌다. 독일에서는 관념론 철학을 창시하고 인간의 자유를 중시한 칸트, 국가에 선행하는 자연권을 부인한 헤겔 등으로 이어졌다.

제2편의 국내인권법 서설은 국가내의 국민의 권리보장인 국내인권법을 설명하고 있다.

고대 도시국가는 중세 전제군주국가를 거쳐 계몽주의 사상하의 근대국가로 발전되었다. 사회계약설에 입각한 근대국가는 자연권을 보장하기 위한 제도로 인식되었지만, 공민의 시민권을 위주로 하고 있었다. 선거권의 확대로 국민 전체가 주권을 행사할 수 있는 현대의 민주적 헌법국가는 자유권뿐만 아니라 사회권도 중시하는 사회민주주의국가로 변모되었고 국가활동과 국가권력의 헌법구속성을 강조하고 있다. 국내인권법의 법원으로서는 국내인권헌법, 국내인권법률, 자연법규범 등을 들 수 있고, 국내인권법의 주체는 국민, 외국인 등을 열거할 수 있다. 국내인권법상 주권자인 국민은 주권행사권으로서 헌법제정권력과 헌법개정권력, 저항권을 지니고, 국가권력행사 참여권(참정권)으로서 공무담임권, 선거권, 국민표결권 등을 행사할 수 있다.

제3편은 국가기본권의 성격과 내용을 서술하고 있으며 다음과 같이 요약된다.

인권은 처음 자연권으로 인정되었으나, 성문헌법의 발달에 따라 실정권으로 파악되었고 2차 대전 후 자연권론의 부활을 보았다. 인간 이성에 근거하는 자연권은 인권의 원천으로서 천부적 · 전국가적이고 불가변적이며 포괄적으로 모든 권리를 내포한다. 현행 헌법상 기본권의 법적 성격에 관하여 학설이 대립하나 자연권으로 보아야 하며, 제10조의 인간의 존엄과 가치 · 행복추구권이 자연권으로서 모든 기본권을 포괄하는 주기본권이고, 여기서 협의의 인간의 존엄과 가치 · 행복추구권, 평등권, 자유권적 기본권, 생존권적 기본권, 청구권적 기본권, 참정권 등 개별적 기본권이 파생된다고 보아야 한다. 협의의 인간의 존엄 · 가치 및 행복추구권으로부터 생명권, 자기결정권, 일반적 인격권, 일반적 행동자유권, 신체의 불훼손권, 평화적 생존권 등이 도출될 수 있다.

고대 Aristoteles의 정의론과 관련하여 발전한 평등권은 중세 신 앞의 평등을 거쳐 근세 자연법에 의거한 인간의 생래적 자유와 평등으로 진전되었고, 근대헌법상의 성문화와 현대의 실질적 평등으로 발전하였다. 현행 헌법 제11조의 평등원칙규정은 근본규범이며, 자연권으로서의 인간의 권리로 보아야 한다. 모든 평등권의 근원인 주평등권 내지 일반적 평등권에서 정치적 평등권 · 경제적 평등권 · 남녀평등권 등 개별적 평등권이 분화되며. 평등권은 자연인, 법인 등에도 인정되고, 국가권력뿐만 아니라 사적인 침해에 대하여도 보호된다. 자유와 평등은 이를 함께 보장하고 있는 우리 헌법상 인간존엄의 원리에 따라 조화되어야 한다.

근대적 의미의 자유권은 인간이 인간으로서 가지는 권리로 권리성 여부에 대해 논란이 있으나 권리성을 인정해야 하며, 상대적 자연권으로 보아야 한다. 자유권은 일반적 · 포괄적 자유권으로서 일반적 행동자유권을 의미하는 바, 그 근거는 헌법상 행복추구권에서 찾을 수 있고, 이로부터 신체의 자유, 사회적 · 경제적 자유, 정신적 자유, 정치적 자유, 기타 자유권 등 개별자유권이 분화된다. 자유권의 주체는 인간이고 국가와 사인에 대해 효력을 가지며 법률로서만 제한가능하나 한계가 있다.

19세기에 들어와 사회적 약자의 생존권보장이 강조되기 시작하였고, 1919년 Weimar 헌법이 이를 처음 반영하였다. 헌법 제34조 1항은 주생존권 내지 생존권 보장의 대원칙으로서 「인간다운 생활을 할 권리」를 규정하고 있는 바, 이로부터 교육을 받을 권리, 근로의 권리, 환경권, 보건에 관한 권리 등 파생적 생존권이 분화된다. 헌법상 생존권적 기본권 규정의 성격에 관하여 국가목표설, 추상적 권리설, 구체적 권리설 등 견해가 대립하고 있으나, 생존권에 관한 입법의 부작위에 의한 침해행위에 대해서는 헌법소원에 의해 권리구제를 받을 수도 있는 구체적 권리성도 가진다고 본다.

제4편은 국제인권법을 다루고 있는 바, 그 내용은 다음과 같이 요약된다.

국제관계가 발전함에 따라 인권법은 국제사회에서의 인간의 권리보장으로 논의되고 있다. 1948년 유엔의 세계인권선언은 국제인권헌장의 기준이 되었고, 이를 구체적으로 실현하기 위하여 1976년의 국제인권헌장이 제정되었다. 보편주의적 성격을 지닌 세계인권선언은 자유권적 기본권이 위주이며 법적 효력은 부정된다. 1976년 효력을 발생한 국제인권헌장 중에서 시민적 · 정치적 권리에 관한 국제인권헌장은 인간존엄의 천부인권성과 근본원리를 규정하고 민족자결권, 남녀동등권, 자유권 보호, 생명권, 평등권, 혼인 · 가족 · 아동보호 등을 담고 있다. 실시규정을 두어 현실적으로 집행되는 법적 강제력을 가지고 있으나, 구제제도의 미비는 문제되고 있다. 경제적 · 사회적 · 문화적 권리에 관한 국제인권헌장은 남녀평등보장, 노동기본권, 사회보장권, 교육을 받을 권리 등을 규정하고 있고, 실시규정을 두었으나, 집행절차의 미비로 시민적 · 정치적 권리보다 경시되는 측면이 있다. 21세기에 들어 유엔 인권보장기구의 비능률성을 비판하면서 그 개선을 모색하려는 노력도 있다. 장차 주권국가의 국민이 아니라 세계시민이 누리는 새로운 세계인권장전의 방안과 세계인권보장을 위한 세계인권재판소의 구성안도 제시하고자 한다.

금랑 김철수 교수께서 새로이 출간한 금번 저서를 나름대로 요약하고 평가하고자 하였지만 과연 제대로 하였는지 불안하기만 하다. 풍부한 내용과 방대한 분량을 단지 몇 글자로 소개할 만큼 역량이 미치지 못하기 때문이다. 인권사상을 시대적으로 조명함에 있어서 독일과 프랑스로 대표되는 대륙법의 자연법사상뿐만 아니라 영미의 인권사상, 특히 미국의 연방헌법 제정 당시 활약한 헌법기초자들의 인권사상까지도 소개한 부분은 유례를 찾아볼 수 없다고 생각된다. 기본권론의 전개에 있어서도 우리나라의 기존 대다수 저서가 주로 독일의 기본권론에 치우쳐 편파적 서술에 그치고 있음에 비추어 이 책은 행복추구권이나 프라이버시와 같은 영미의 이론까지도 상세하게 소개함으로써 세계 헌법학계의 흐름을 정확하게 전달하고 우리의 시야를 보다 확대시켜 주어서 인권론의 백과사전으로 비유될 수 있다고 보인다. 또한 국제인권법에 관한 연구는 금랑 김철수 교수께서 프랑스 스트라스부르 대학에서 연구한 성과를 모은 것으로서 국제법 연구자는 물론 헌법연구자들도 주목해야할 분야라고 생각된다. 다만, 우리나라와 일본 및 중국 등 동아시아 국가의 인권사상의 전개와 수용에 관하여는 상대적으로 설명이 간략한 바, 앞으로 보다 더 상세한 연구 업적이 나올 것이라 기대되고 있다.

인권은 천부이며 전국가적이고 절대적 불가양이기에 자연권을 가리키는 것이고, 헌법은 자연권 중에서 전통적인 시민권을 예시한데 불과하다는 가르침은 가슴속에 깊은 울림을 주고 있다. 헌법 특히 인권법을 연구하고 가르치는 학자들은 물론이고 인권과 관련된 분야에서 입법이나 행정 또는 사법관계 업무에 종사하는 실무가에게 이 책은 인권을 대하는 바른 자세를 알려주고 정확하게 인식할 수 있는 능력을 크게 배양시켜 줄 것으로 확신하고 있다. 나아가 국민 모두가 항상 인권에 관심을 가지고 권력자의 자의와 인권침해로부터 자신을 보호하며 모든 세계시민이 인권을 누릴 수 있도록 경각심을 불러일으키는 귀중한 저서라고 생각되기에 인권 분야에 관심을 가지고 있는 많은 독자들께 반드시 읽어보는 기회를 가지도록 권하고 싶은 마음뿐이다.

# 13. 인간의 존엄에 기초한 全 인류적 '인권 장전'의 구현

김철수 저, 『인간의 권리』, 산지니*

成樂寅(서울대학교 전 총장, 명예교수)

## 프롤로그: 인간에 대한 사랑의 시로서의 법학

독일의 대문호 괴테는 일찍이 '법은 영원한 시다'라고 갈파한 바 있다. 젊은 시절 법학도였던 괴테의 경구는 그 자신의 법학에 대한 애정이 묻어난다. 괴테의 이 경구대로 법은 인간의 삶에 있어서 사랑의 시로 작동되어야 한다.

인류의 삶에서 사회공동체와 국가공동체의 성립 이래로 법은 존재하여 왔다. 고대 바빌로니아의 '함무라비 법전'과 고조선의 '8조 금법'이 그러하다. 바로 그런 점에서 일찍이 법학은 신학, 철학, 의학과 더불어 4대 학문으로 자리 잡았다. 인간의 덕과 선에 의탁하지만 강제성이 없는 윤리나 도덕의 저편에서 법은 공인된 권력으로 이를 강제할 수 있다. 이에 법, 법률가, 법학자라고 하면 무언가 강압적이고 위력을 보이는 집단으로 치부된다. 하지만 "법에도 사랑이 있다"라는 명제는 법에 대한 기존의 인식을 되돌아보게 한다. 사랑이 없는 법은 법으로서의 생명력을 상실한 죽은 법이나 마찬가지이다. 『인간의 권리』는 바로 인간에 대한 한없는 사랑으로부터 비롯된다.

## 1. 법학과 철학의 만남

평생을 후학양성과 헌법학 연구에 진력하신 김철수 선생께서 『인간의 권리』를 저술하셨다. 『인간의 권리』는 구순(九旬)에 이른 노학자의 학문적 열정과 인간에 대한 사랑을 담고 있다. 선생께서는 '인간의 권리'를 저술하기에 앞서 헌법학자로서 『기본적 인권의 본질과 체계』를 출간하신 바 있다(대한민국학술원 학술연구총서 04, 2017). 『인간의 권리』는 헌법학의 차원을 넘어서서 전 인류에 보편적인 인간의 권리로 발전한다.

선생께서 법학도로서, 법학자로서 살아오신 한평생은 그야말로 '질풍노도'(疾風怒濤: Sturm und Drang)의 시대라 아니할 수 없다. 대학생활을 한국전쟁의 와중에 보내면서 그 누구보다도 학문적 열정이 강렬하였던 선생께서는 그 당시 법학 연구의 성지(聖地)나 다름 없던 독일로 유학의 길을 떠나게 된다. 초학자로서 독일에서의 학문연구는 오늘 "인간의 권리"의 탄생 근원이 되었으리라 믿는다. 바로 그런 점에서 선생의 법학 연구는 그 출발에서부터 단순히 실정법으로서의 법학 연구를 뛰어넘어 학문의 뿌리인 법학으로부터 또 다른 학문의 뿌리인 철학과의 연계로 이어진다. 그리하여 선생의 법학자로서의

* 『대한민국학술원통신』 제338호 (2021. 9. 1), 33-38면.

학문적 연원은 법철학에 기초한 헌법학 연구로 이어진다. 그 철학과 법학의 만남의 한가운데에 서서 평생을 연구에 매진한 결과물이 바로 『인간의 권리』라고 말할 수 있다.

『인간의 권리』는 필자가 아는 한 전 세계적으로도 유례를 찾아보기 어려운 역저이다. 무엇보다도 방대한 연구뿐만 아니라 전 세계 주요국가의 이론을 두루 섭렵하고 있다. 일찍이 독일에서 헌법학과 법철학을 연구하신 선생께서는 미국 하버드대학 로스쿨과 조지타운 로스쿨을 비롯한 미국 대학에서의 연구와 교육, 프랑스 스트라스부르대학에서의 인권프로그램연수, 일본의 유수대학에서 연구와 교육을 통하여 이들 국가의 이론에 정통하기 때문에 이와 같은 역저가 가능하리라고 본다. 독일어, 영어, 프랑스어, 일어를 자국어와 같이 구사하시는 선생님의 외국어 해독력은 『인간의 권리』에서 유감없이 발휘된다.

## 2. 자연권으로부터 비롯되는 인권사상

『인간의 권리』는 제1편 인권 사상, 제2편 국내인권법 서설, 제3편 국가기본권의 성격과 내용, 제4편 국제인권법으로 구성되어 있다.

제1편이 철학과 법철학에 기초한 '인권 사상'으로 구성되어 있다는 사실이 바로 선생께서 학문적 출발점이 실정법에 머무는 인권이 아니라 천부인권적인 자연권으로서의 '인간의 권리'로부터 비롯된다는 점을 단적으로 알 수 있다. 선생께서는 『인간의 권리』 서문에서 그 연구의 이념적 지표를 분명히 제시한다: "아직도 국부인권론이 지배하고 법률우위적인 실정권론이 불식되지 못하고 있는 우리나라에서 실정권설을 비판하고 자연권성을 주장한 바 이 책이 입법 · 행정 · 사법에 종사하는 독자들에게 기본권의 중요성을 인식시키고 기본권의 국가권력에 대한 우월성을 이해하게 하는 데 일조가 될 것으로 기대한다."

제1편 인권 사상은 제1장 고대와 중세의 인권사상, 제2장 근대 인권사상의 전개로 이어진다. 제1장 제1절 오늘날 인권사상의 출발점이라고 할 수 있는 서양의 인권사상을 두루 섭렵하고 있다. 제1절에서는 소크라테스, 플라톤, 아리스토텔레스에 이르는 그리스 철학자들의 인권사상을 엿볼 수 있다. 제2절 고대 철학에서의 인권론과 국가론에서는 로마시대의 키케로, 세네카의 인권사상을 살펴본다. 제3절에서는 유럽에서의 종교와 종교개혁에 따른 그리스도적 인권의 시작, 종교개혁 시의 인권론, 스페인의 중세 인권법 사상으로 이어진다.

사실 고대나 중세에 있어서 인간은 인간으로서의 대우를 받지 못한 시기이었기 때문에 오늘날의 관점에서 보면 이를테면 인권의 암흑기라 할 수 있다. 그럼에도 불구하고 동시대를 구가한 위대한 사상가들은 미구에 펼쳐질 인간존엄에 기초한 인권 연구의 단초를 제시한다. 그간 소크라테스를 시발점으로 플라톤과 아리스토텔레스로 이어지는 그리스 철학자들의 사상세계는 주로 그들의 정치 사상 내지 정치 철학에 기초하여 오늘날 헌법학과 정치학에서 인용되고 평가된다. 그에 비하면 그리스 철학자들의 인권사상을 펼쳐 보이고 있다는 점에서 '인간의 권리'의 특이점과 독창성을 간파할 수 있다. 기독교

문화가 지배하던 로마 시대를 거치면서 로마교황청 중심으로 형성된 기독교문화의 문제점을 혁파하고자 하던 종교개혁에 이르기까지 비록 인권 그 자체는 암흑기라 하더라도 그 인권의 중요성을 역설하고 이를 구현하려는 노력의 일단을 엿보게 한다는 점에서 이 책이 가지는 역사적 의의를 평가할 수 있다. 비록 '인간의 권리'가 제도적으로 보장받지 못하던 시대에도 인권을 구현하려 한 선각자들이 펼쳐 보인 인권사상의 싹은 후세 계몽주의 이래 전개되는 인권사상의 풀뿌리라 할 수 있다.

제2장 근대 인권사상의 전개는 계몽주의 사상으로부터 비롯된다. 제1절 계몽주의 인권사상의 기초에서는 그로티우스, 푸펜도르프로부터 시작된다. 제2절 영국 계몽주의자의 인권사상은 토마스 홉스, 존 로크, 에드먼드 버크, 토마스 페인, 제러미 벤담으로 이어진다. 제3절 프랑스 계몽주의자의 인권사상은 몽테스키외, 루소로 펼쳐진다. 제4절 미국 건국 시 계몽주의자의 인권사상에서는 벤저민 프랭클린, 알렉산더 해밀턴, 토마스 제퍼슨, 제임스 윌슨, 제임스 매디슨으로 이어진다.

계몽주의 시대에 이르러 마침내 선생께서 강조하시는 자연법론이 본격적으로 빛을 발하기 시작한다. 국가의 조직과 구성에 있어서도 사회사상으로서의 사회계약이 본격적으로 현실의 문제로 제기된다. 인간이 주체가 될 때 비로소 사회계약은 인류공동체가 형성한 국가공동체의 기초로 자리 잡을 수 있기 때문이다. 사실 위대한 사상가들의 노력에도 불구하고 계몽주의 이전의 인권은 국가사회 자체가 아직도 주권재민의 원리가 작동하지 못하고 있는 한계 상황에서 단편적으로 전개된 인권론에 불과하다. 실제로 시대를 앞서간 위대한 사상가들의 노력이 계몽주의 시대에 이르러 역사적인 한 획을 그었다는 점에서 그 이전에 전개된 인권론을 결코 과소평가하여서는 아니 된다. 하지만 현실 세계에서 그들의 천부인권에 기초한 사상은 국가의 지배계급이 누리는 한계에 부닥쳐 그 빛을 발휘할 수 없었다. 역사의 진보는 어느 날 하루아침에 형성되고 완결되지는 아니한다. 수많은 그야말로 억겁에 이르는 도전과 응전을 거친 연후에 현실 세계에 자리 잡게 된다. 선지자들이 뿌려놓은 역사의 씨앗은 근대 시민혁명과 이를 뒷받침한 선각자들에 의하여 마침내 그 꽃을 피우게 된다. 파도는 말이 없고 아무런 흔적도 없이 사라지는 것처럼 보이지만, 억만 겁의 파도가 스쳐지나간 자리에는 거대한 역사의 퇴적층을 남기게 된다. 그 역사의 퇴적층이 근대시민혁명에서 주창한 자연법론에 기초한 인권이고 그 인권은 주권재민의 원리에 기초한 국민주권주의 헌법으로 이어진다. 선생께서 소개한 계몽주의 시대의 사상가들은 그들의 현실 인식에 있어서 분명히 차이가 드러나기도 한다. 왜냐하면 동시대에 있어서 그들의 차지하는 사회적 지위나 좌표에 따라서 인권과 사물을 보는 시각도 차이가 있기 마련이기 때문이다. 영국의 계몽사상가들은 아직도 국민주권으로 선뜻 나아가지는 못하고 있었다. 비록 그들이 근대 민주주의의 이론적 단초를 제공하였지만, 그들 자신이 처한 대영제국의 일원으로서 누리는 귀족적 분위기는 만백성을 위한 인권의 개념과는 차이가 있을 수밖에 없다. 그 시대는 바로 영국이 제국주의적인 식민경영의 전성기이었다. 프랑스의 계몽주의자는 선생께서 단적으로 잘 소개하고 있듯이, 몽테스키외와 루소의 출생으로부터 비롯된 차이를 분명히 보여준다. 귀족출신으로 법복귀족(noblesse de la robe)을 구가한 몽테스키외와 하층시민으로 평생을 살아간 두 위인의 사상은 결코 동일할 수 없기 때문이다. 프랑스 혁명기에 몽테스키외가 펼친 국민(Nation)주권론의 귀족주의적인 보수적 경향과 루소가 제창한 인민(Peuple)주권론이 인민의 일반의사(volonté générale)에 기초하여 시대를 앞서 다소간 과격한 평등주의(『인간불평등기원론』)가 이를 반증한다. 미국에서의 인권론자들, 특히 미국 건국의 아버지들, 그들의 위대한 사상은 존중받아야 마땅하다. 하지만 그들은 여전히 아메리칸 인디언과 아메리칸 흑인의 인권에까지 세심한 배려를 할 수 있는 처지가 아니었다. 미합중국의 건국 과정에서 북미대륙의 원주민들은 아메리카 인디언으로 지칭되며 무자비하게 살육되었다. 아메리카 흑인은 링컨 대통령이 주도하는 남북전쟁의 승리로 비로소 노예 신분에서 인간으로 해방되기에 이른다. 그럼에도 불구하고 새로운 인권의 시대, 만백성이 주인이 되는 시대의 서막을 확실하게 열었다는 점에서 계몽주의 시대에 전개된 자연법론은 오늘날에 이르기까지 그 명맥을 유지하면서 현실 세계에 착근한 이론적 뿌리이다.

## 3. 보편적 가치로서의 인권의 법규범화

제2편 국내인권법 서설에서는 서장: 인권법의 발전 - 국내인권에서 세계시민인권으로, 제1절은 인권법의 발전 경향으로 국내인권법에서 국제인권법으로 연결된다. 그것은 곧 제2절의 세계인권법으로의 진화와 더불어 인권 문제가 단순한 공리공론의 차원을 뛰어넘어 현실 세계에 착근하여 제도의 틀로 작동함을 밝혀준다. 그러한 연결선상에서 제2장은 국내인권법의 법원과 주체, 분류, 제3장에서는 국내인권법상 주권자 국민의 권리로 이어진다.

제2편 국내인권법 서설 서장에서 밝히고 있는 바와 같이, 인권의 특수성 즉 국내에 머무는 인권이 아니라 인류세계의 보편적 가치로서의 인권 즉 세계시민의 인권으로 연결된다. 일찍이 1789년 프랑스 혁명기에 천명한 인권선언 즉 정확히는 '인간과 시민의 권리선언'(La déclaration des droits de l'homme et du citoyen)에서 이미 '인간의 권리'와 '시민의 권리'를 구별한 이래 오늘날까지 그와 같은 사고는 그대로 이어진다. 그런데 시민의 권리는 소위 특정 국가의 특정 국민만 누리는 권리임에 반하여 '인간의 권리'는 이 세상에 인간으로 태어났다는 그 사실 자체로서 이미 천부인권적인 권리를 누려야 한다는 의미이다. 따라서 인간의 권리는 시공(時空)을 초월한 보편적 인권을 의미한다면 시민의 권리는 특수성이 반영된 권리와 인권일 수밖에 없는 한계가 있다. 여기에 자연법론에 기초한 인권이론에 의한다면 특정 국가에서의 실정법에 의존하는 시민의 권리를 뛰어넘는 초국가적 인권을 의미하게 된다. 바로 그런 점에서 제2편은 비록 그 표제가 '국내인권법 서설'이라고 하지만 그 실상은 인류의 보편적 인권을 향한 저자의 의지가

깊이 담겨있다. 더 나아가서 민주화 이후 국내인권이 매우 진전되었다고 하지만 아직도 권위주의 시대의 잔재로부터 완전히 벗어나지 못하고 있다는 점을 통감하고 있다. 그것은 권위주의 시절에 선생께서 감내하셨던 인간적인 고초와도 연계된다.

## 4. 주기본권으로서 인간의 존엄에 기초한 '김철수 헌법철학'의 뿌리

제3편 국가기본권의 성격과 내용은 제1장 국가기본권의 성격, 제2장 자연권의 본질, 제3장 현행 헌법상 기본권의 법적 성격과 체계, 제4장 인간의 존엄과 가치 · 행복추구권, 제5장 평등권, 제6장 자유권적 기본권, 제7장 생존권적 기본권으로 연결된다.

이제 저자가 주창한 인간의 권리는 제3편에서 현실 세계에서 어떻게 실천적으로 작동하고 있는지, 더 나아가서 작동하여야 하는지를 밝혀준다. 저자의 기본권이론의 뿌리는 자연권으로부터 비롯된다는 점은 이미 밝힌 바 있다. 바로 그 자연법론이 실정 헌법의 체계 속에서 작동하는 기본 틀을 제시한다. 특히 저자가 평생토록 강조하여 온 '인간의 존엄과 가치'에 관한 논설은 바로 이 저서를 통하여 완결적인 이론적 체계를 제시한다. 120면에 이르는 방대한 이론 전개가 이를 단적으로 보여준다. 이제 인간의 존엄과 가치에 관한 저자의 이론 체계는 그 종착역인 현실세계의 구현으로 나아가게 된다. '생존권적 기본권' 또한 인간의 존엄과 가치 못지않게 저자의 학문적 성과를 반영한다. 종래 수익권 또는 사회권 정도로 인식되던 권리를 '인간다운 생존'(menschenwürdiges Dasein)의 기초로 정립함으로써 '생존권적 기본권'이라는 학문 체계를 구축함에 따라 이제 저자의 이론이 헌법학계에서 일반이론으로 받아들여지고 있다는 사실이 이를 증명한다.

사실 인간존엄의 헌법규범화는 독일 기본법으로부터 비롯된다. 독일은 제1차 세계대전과 제2차 세계대전을 일으킨 전범국가(戰犯國家)이다. 바로 그 전범국가의 치욕을 벗어나고자 제정된 독일연방공화국(서독) 기본법은 헌법전의 새로운 모델을 제시한다. 1949년에 제정된 본 기본법(Bonner Grundgesetz)은 나치의 인간존엄성 말살에 대한 반성적 성찰로서 제1조에 '인간의 존엄'을 규정하기에 이른다: "인간의 존엄은 침해되지 아니한다. 그러므로 독일 국민은 이 불가침 · 불가양의 인권을 세계의 모든 인류공동체, 평화 및 정의의 기초로 인정한다."

그 인간의 존엄은 이제 1962년 대한민국 헌법(제3공화국 헌법)에 이식되어 현행헌법 제10조에 살아 있다: "모든 국민은 인간으로서의 존엄과 가치를 가지며, 행복을 추구할 권리를 가진다. 국가는 개인이 가지는 불가침의 기본적 인권을 확인하고 이를 보장하여야 한다." 선생께서는 일찍이 "인간의 존엄과 가치"를 한국헌법학의 기본적인 이정표로 제시한 바 있다. 그리하여 헌법 전반을 관류하는 이념적 지표인 인간의 존엄과 가치는 다른 모든 기본권에 우선하는 '주(主)기본권'이라는 독자적인 헌법학에서의 기본권이론을 구축하셨다(김철수 저, 『헌법총람』, 현암사, 1964; 『헌법학연구』, 지학사, 1969).

군사정권의 권위주의가 지배하던 시대에 헌법전이란 법조문이 기록된 한낱 '종이조각'

에 불과하다고 자학하던 와중에 선생께서 던지신 헌법학에 있어서 "인간의 존엄"이라는 화두는 법학도들의 가슴에 뭉클한 풍파를 일으키기에 충분하였다. 그리하여 서울대학교 법과대학 대학원 헌법학교실에는 암울한 헌법현실 속에서도 내일의 밝은 대한민국 헌법과 헌정을 연구하려는 헌법학도들이 넘쳐났다. 그때 함께 하였던 기라성 같은 인재들은 선생께서 안내하신 '인간의 존엄'에 대한 숭고한 정신을 받들어 대학교수와 법조인으로 사회에 진출하여 민주화 과정에서 큰 역할을 수행하였다. 장명봉 국민대 교수, 박용상 헌법재판소 사무처장, 조병윤 명지대 부총장, 김효전 학술원 회원, 황우여 한나라당 대표, 양건 감사원장, 김상철 서울시장 등 기라성 같은 인재들이 선생으로부터 박사학위를 전수받았다. 이분들은 대학에서 김철수 헌법학의 학맥을 이어왔을 뿐만 아니라 입법 · 행정 · 사법 등의 영역에 진출하여 헌법학이론을 현실사회에 전수하였다. 서울대학교 헌법학연구실에서는 지금도 선생께서 일구어내신 제자들이 그 학맥(Schule)을 이어간다. 선생께서는 평생을 학문연구에만 매진하셨지만, 제자들은 민주화 이후의 한국 민주주의의 새로운 길을 열어간다. 엄혹한 권위주의 시대에 선생을 때로는 회유하고 때로는 유폐시켰던 어둠의 세력이 사라진 자리에는 이제 민주화 이후의 민주주의를 구가하는 시대의 도래에 따라 선생의 학풍은 제자들을 통해서 한국 민주주의의 새 장을 열어간다.

생각해보면 선생님 헌법 강의를 수강하면서 '인간의 존엄'이 무엇인지도 모르고 밑줄을 그어가면서 공부하던 반세기를 훌쩍 넘은 그 시절이 아련히 떠오른다. 필자는 서울대 법대 학부 학생들의 연구모임인 공법학회 회장직을 수행하면서 선생님을 지도교수로 모시고 활동한 바 있다. 그리하여 자연히 선생님 문하로 대학원 진학을 하게 되었다.

1969년 '3선 개헌'으로 강압하던 정권은 마침내 1972년 '10월유신'으로 권위주의체제를 공고화하는 '유신헌법'으로 이어졌다. 1973년 벽두에 척박한 한국 헌정현실에도 불구하고 '헌법학이론서'의 새로운 지평을 연 '헌법학개론'(법문사) 초판은 유신 당국에 의하여 압수되어 폐기되기에 이르렀다. 유신헌법을 비판하면서 특히 인간의 존엄과 가치에 기초한 '저항권이론'이 압수의 결정적인 계기로 보인다. '저항권'이란 무엇인지 아니 저항권이론이 존재하는지조차 모르던 시대에 선생께서 서슬 퍼런 유신의 진수식에 던진 저항권이라는 화두는 유신의 심장을 향한 회초리였다. 압수되어 폐기된 그 초판은 2019년에 선생께서 이사장으로 계시는 '한국헌법연구소'에서 영인본으로 간행하기에 이른다. 그것은 '헌법학개론'을 통한 김철수 헌법학의 역사적 부활이자 시대의 증언이다.

## 5. 천부인권으로부터 비롯되는 전 인류적 인권헌장의 정립

이제 제4편 국제인권법을 통하여 저자가 평생토록 추구하여 온 자연법론의 세계화로 향한 의지를 반영한다. 제1장 국제인권헌장의 발전, 제2장 지역적 인권헌장, 제3장 국제연합의 인권장전, 제4장 21세기의 인권헌장의 발전, 제5장 세계인권헌장의 미래로 이어진다.

이미 역사의 창고로 향하는 법실증주의의 법규범 맹목적인 사고는 세계대전을 거치면서 인간존엄에 대한 도전으로 이어질 수밖에 없었다. 초국가적이고 천부적인 자연법론에 기초한 인권은 바로 특정 국가의 이데올로기나 법전에 머물러서는 아니 되고, 전 세계적이고 범 지구촌적인 보편적 원리로 작동하여야만 진정으로 인간에 대한 인간의 권리 보호와 존중으로 이어질 수 있다. 아직도 국지적으로는 인간존엄에 반하는 비인간적인 인권무시나 인권 말살이 멈추지 아니한다. 이와 같은 인권 무시와 말살에 대한 경종을 울리는 가장 현실적인 방책은 바로 국경을 초월하는, 인종을 초월하는 보편적 법체계를 모든 국제사회가 수용하는 길이다. 그리하여 세계인권헌장을 제정하여 그 헌장이 세계 각국에서 보편적 규범으로 작동할 수 있어야 한다. 그 인권헌장이 제대로 구현된다면 세계헌법의 제정으로도 이어질 수 있다. 유럽연합이 유럽연합헌법의 제정을 위한 일단의 노력을 기울인 바 있지만, 영국의 브렉시트(Brexit)로 인하여 주춤한 단계이다. 유럽연합 헌법을 제정하고 유럽연합 대통령을 선출하면서 국가의 모습을 구현한다면 보편적 인권이 더욱 현실규범으로 작동할 소여를 마련할 수 있다. 그리하여 세계인권재판소에 이르게 된다면 인권구현과 인권침해에 대한 구제의 제도적 구현을 의미한다.

선생께서 평생토록 연구하시고 또 그렇게 염원하시던 인권의 탈국가화, 전 지구촌화가 현실세계에서 구현되기를 기원한다.

## 나가면서: 고희에 이른 '김철수 헌법학'의 개화

돌이켜보면 민주주의가 유폐된 질곡의 시대에 학자로서의 신념을 굳건히 지키신 선생의 삶은 후학에게 사표(師表)라 아니할 수 없다. 세계 각국의 헌법이론과 법철학이론을 두루 섭렵하신 선생께서는 해외의 선진 민주 헌법이론의 수용에 그 누구보다도 적극적이셨다. 하지만 보이지 않는 탄압의 대상이었던 선생께서는 학내보직뿐만 아니라 해외 학술연구까지 봉쇄당하기에 이르셨다. 세월이 흘러 나라가 민주화된 이후에야 비로소 국내외에서 활발하게 학문 활동을 수행하셨다. 서울대학교 법학연구소장과 한국공법학회장 직을 수행하시면서 선생께서 지향하신 헌법학이론의 한국적 토착화를 몸소 실천하기에 이른다. 국내외 학자들과의 학술교류도 활성화하시면서 세계헌법학회의 창립에 주도적으로 참여하여 부회장으로서 한국의 민주화 이론을 세계헌법학계에 접목시켰다. 학문을 향한 끝없는 열정으로 서울법대 재임 중 환갑이 지나신 연세에도 해외에서의 연구활동을 계속하셨다. 마침 필자가 미국 출장길에 워싱턴 DC에 소재한 조지타운대학 로스쿨 초빙교수로 재임 중이시던 선생께서는 제자를 반가이 맞이하면서 미국의 로스쿨 제도와 미국 법학의 새로운 동향을 일깨워 주시던 기억이 새롭다.

선생께서는 평생 권력과 압제 그리고 불의와 타협하지 않고 미래를 밝혀 줄 시대정신(Esprit du temps, Zeitgeist)에 투철한 혜안을 가지셨다. '인간칠십고래희'(人間七十古來稀)라 하였던가. 이제 세상이 변하여 칠순은 인생의 새로운 꽃을 피우는(開花) 단계라고 한다. 돌이켜보면 선생께서 법학이라는 학문에 첫발을 디딘 이후 온갖 세월의 풍상을 거치면서 이제 70년에 이르는 즈음에 '인간의 권리'를 출간하셨다. 어쩌면 선생께서 펼친 평생의 화두인 인간의 권리로 70년 법학 연구에 이른 대장정의 일단을 보여주셨다. 인간의 권리에 터 잡고 있는 인간의 존엄은 행복과 평화, 그리고 안전과 건강으로부터 비롯된다. 건강과 평화 그리고 행복이 선생의 학문과 삶에도 영원히 함께하길 기원합니다. 서평이라는 이름으로 올리는 제자의 외람된 촌설을 가납(嘉納)하시고 '인간의 권리' 출간을 거듭 축하드립니다.

## 14. 『금랑 김철수 선생 팔순기념 논문집 - 헌법과 기본권의 현황과 과제』*

김대환**

김덕환 옮김***

### I.

2012년 10월에 금랑 김철수 선생 팔순기념 논문집인 『헌법과 기본권의 현황과 과제』가 경인문화사에서 출판되었다. 이 책의 간행위원들은 그 동안 김철수 선생님으로부터 배운 70여 명의 제자들로 구성되어 있고, 그 중 25명은 기념논문집의 편집위원으로 활동을 하였다.

### II.

김철수 교수는 대표적인 대한민국 헌법학자다. 그는 1933년생으로 서울대학교 법과대학을 졸업한 후 전후 한국의 재건을 위한 특별한 사명감을 가지고 독일유학에 올랐다. 그는 1956년부터 1961년까지 독일의 뮌헨대학교 법과대학에서 수학하였다. 거기에서 법과 정책에 관한 연구를 주로 하였지만 특히 법철학과 헌법에 관심을 가지게 되었다. 당시 뮌헨대학에는 법철학교수로 Karl Engisch, Karl Larenz, Friedrich Berber가 있었고, 헌법교수로는 Hans Nawiasky, Theodor Maunz가 재직하고 있었다. 그는 이들 교수들의 수업과 세미나에 참여하여 법철학과 헌법학 연구에 심취했다. 그러나 이외에도 Hans C. Nipperdey, Gerhard Leibholz 그리고 오스트리아의 Winckler와 Felix Ermacora 교수 등이 김 교수의 학문에 영향을 미쳤다.[1]

---

* 이 서평은 한국어와 독일어로 발표된 것을 모두 수록한 것이다. Rezension: Festschrift zum 80. Geburtstag für Professor Dr. Tscholsu Kim „Status und Herausforderungen der Verfassung und die Grundrechte" in: Deutsches Verwaltungsblatt, Heft 21/2013, S. 1380-1381.

** 서울시립대학교 교수.

*** 전 한일장신대학교 교수, 함부르크대 철학박사, 브레멘대 법학박사.

## III.

김철수 교수는 1961년 귀국하고 곧이어 모교인 서울대학교 법과대학에서 교수로서 법철학과 헌법학을 강의하였다. 1945년 대한민국이 일본의 식민통치로부터 독립하기까지 한국(당시는 조선)법학은 모두 일본법학의 영향 아래 있었다. 이후 미군정을 거쳐 1948년 최초의 헌법이 제정되어 국가의 기틀을 잡기도 전에 한국전쟁이 발발하였기 때문에 김철수 교수가 대학에서 공부하던 시절은 법학을 포함하여 전반적으로 모든 학문이 암울한 시기였다. 따라서 김철수 교수는 일본법학의 영향으로부터 벗어나 직접 독일에 유학한 한국의 1세대 헌법학자에 해당한다. 그는 후에는 미국의 Princeton대학교와 Harvard대학교에서도 헌법학을 연구하였다. 그런 점에서 김철수 교수는 일본 제국주의 법학의 그늘 속에서 있었던 종래의 헌법학에 독일과 미국의 헌법제도와 이론, 판례를 도입하여 한국 헌법학 발전의 중요한 전기를 가져온 것으로 평가된다.2)

## IV.

이제 김철수 교수는 80세가 되어서도 여전히 왕성히 활동하고 있다. 그런 점에서 금번 팔순기념논문집은 그의 일생의 학문적 업적에 대해 정리하고 평가하는 중요한 계기가 되었다. 그리고 논문집의 서두에 게재된 김철수 교수의 연보를 통하여 그의 80평생의 학문적 활동을 일목요연하게 알 수 있게 되어 있다. 그가 차지하는 한국헌법학에서의 위치는 독보적이다. 일제 식민지와 한국전쟁을 거치면서 법학적 성과라고는 거의 전무한 상태에서 그의 저작목록에서 나타나는 바와 같은 방대한 저술을 하였다는 것은 그의 개인적 능력을 드러내는 일일 뿐만 아니라, 향후 한국 헌법학의 발전에 거대한 초석으로 되었다는 점에서 그러하다. 독일의 독자들에게는 언어적 문제로 인하여 그의 저작을 아직은 두루 접할 수 없다는 점이 아쉬울 뿐이다. 그의 헌법학이 독일의 독자들에게도 알려져서 한국헌법학의 뿌리로부터 양국이 서로 교류할 수 있는 계기가 빨리 만들어지기를 기대해 마지 않는다.

## V.

이 논문집에는 독일 논문 4편과 일본 논문 7편, 중국 논문 2편 그리고 한국 논문 24편으로 모두 37편의 논문이 실려 있다.

독일 논문으로서는 그 동안 김철수 교수와 깊은 학문적 교류를 해왔던 독일의 저명한

1) 김효전, 『헌법정치 60년과 김철수 헌법학』(서울: 박영사), 2005, 19쪽.

2) 김문현, 「김철수 교수의 헌법이론과 한국헌법학에의 공헌」, 『한국헌법학의 현황과 과제』(금랑 김철수교수 정년기념논문집)(서울: 박영사), 1998, 34쪽.

학자들인 Klaus Stern, Reinhold Zippelius, Christian Starck 그리고 Klaus Dieter Deumeland의 논문이 실렸다.

슈테른 교수는 "최근 독일의 기본권 발전방향"에서 그 동안의 독일에서의 기본권의 역사를 살펴보고 이를 성공적이라고 평가하고 있다. 이러한 독일에서의 성공은 현재 기본권헌장으로 이어지고 있음을 지적하고 한국과 독일 간에 그간 법학자들의 교류를 통하여 쌓은 한국에서의 그 동안의 기본권연구가 더욱 발전하여 자유와 평화를 위해 기여하게 되기를 희망하였다.

치펠리우스 교수는 "계몽정신과 민주적 법치국가의 탄생"에서 민주적 법치국가가 되기 위해서는 민주적 결정권력이 피상적인 다수의 결정에 위임되어서는 안 되고 법치국가적으로 구조화되고 제약되어야 함을 언급하고, 절차와 제도를 통하여 이성적 합의에 도달할 수 있어야 하며, 특히 이를 위한 대의제도의 중요성에 대해 언급하면서 이러한 대의기관의 결정은 상급법원에 의해 민주적으로 피드백이 될 수 있어야 함을 강조하고 있다. 그리고 마지막으로는 민주적 법치국가의 실현을 위해서는 정치문화가 개화될 필요가 있음을 또한 주장하고 있다.

슈타르크 교수는 원문 없이 번역문만 게재하였는데, 그는 기본권의 대사인적 효력을 다루고 있는 이 논문에서 사인 간에 있어서 헌법적 권리로서 보장되는 자유와 평등은 사인 간에도 보장되어야 하는 것은 국가의 목적에 속한다는 점을 강조하고 있다. 마찬가지로 사인간에도 생명과 재산 등이 존중되어야 하는 것은 인간 공동생활의 규칙이라고 한다. 그 보장은 19세기 말까지는 예컨대 민법이나 기본권법률의 시행을 통해 이루어졌으나 20세기 중반에 와서는 헌법상의 기본권이 기본권 보호의무론을 기반으로 하여 사법에도 영향을 미치기 시작하였다는 점을 지적하고 있다.

도이메란트 박사는 "독일에 의한 유럽인권협약상의 기본권 침해"에서 유럽인권협약은 국제조약이지만 다른 한편으로 회원국에 있어서는 국내법이라는 점을 강조하면서 국내법적 효력의 강화를 요구하고 있다. 그는 특히 독일에서 협약의 효력이 잘 준수되지 못하도록 하려는 시도에 대해 강하게 비판하고 있다. 결론적으로는 기본권을 법으로 규정하는 것도 의미가 있지만 오히려 공무원들에 의해 실행되는 것이 중요하다는 점을 강조하고 있다.

일본 논문으로서는 최고재판소 재판관을 지낸 소노베 이쯔오가 공법의 영역에 있어서 외국법의 수용을 법문화의 접목측면에서 기술하고 있고, 스기하라 야스오는 교육권의 독립이라는 문제를 중심으로 일본국헌법과 공교육에 대해 논하고 있다. 히구치 요이치는 서구 근대입헌주의와 비서구세계를 일본 근대의 3인의 지식인의 대응을 중심으로 기술하고 있다. 우라타 이치로는 사전위헌심사와 사후위헌심사의 동질성과 이질성이라는 관점에서 내각법제국과 최고재판소의 관계에 대해 설명하고 있다. 우자키 마사히로는 일본에 있어서 보도피해구제제도의 현황과 과제에 대해 기술하고 있다. 그리고 고쿠분 노리코는 일본에 있어서 성동일성 장애의 문제와 헌법을, 윤용택과 오동호 교수는 "동아시아 제국에 있어서 국가배상책임의 적용범위에 관한 일 고찰"이라는 제목 하에 중국 · 일본 · 한국 · 대만의 국가배상법에 대한 비교연구를 하고 있다.

중국 논문으로서는 중국인민대학교(Renmin university of China)의 한대원 교수는 "중국에서 기본권리 개념의 기원과 변천"을 다루고 있고, 중국헌법학연구회 부회장인 모왕웬 교수는 문화권리에 대한 헌법적 보호를 기술하고 있다. 특히 중국헌법학회 회장인 한대원 교수는 조선족으로서 능통한 한국어를 바탕으로 중국과 한국의 비교법적 고찰을 하고 있는 학자로서 잘 알려져 있다.

한국 논문은 주로 기본권에 관한 것인데 그 중 기본권 일반론에 관한 것으로는 정재황, "기본권론연구의 과제와 방법", 김효전, "한국기본권이론의 역사적 발전", 양천수, "인권개념을 둘러싼 법철학적 문제", 권형준, "기본권의 대국가적 효력", 황도수, "기본권의 대사인적 효력에 있어서의 직접 간접 개념에 대한 소고", 김학성, "법인의 기본권 주체성" 등이 있고, 개별 기본권에 대한 것으로는 조병륜, "인간의 존엄성의 본질과 내적 진리의 세발자전거론", 이효원, "성적 자기결정권에 대한 헌법재판소의 결정 분석", 임지봉, "적법절차조항과 헌법", 정극원, "변호인의 조력을 받을 권리", 박용상, "국가안보와 표현의 자유", 신평," 공적 관심사안과 언론자유의 확장", 송석윤, "공적 인물의 인격권과 언론의 자유 – 독일 연방헌법재판소와 유럽인권법원의 캐롤라인 결정을 중심으로 –", 한위수, "광고의 규제와 표현의 자유", 송기춘, "사립대학에서의 학생의 인권보장을 위한 헌법적 논의", 기현석, "스마트 시대의 투표독려운동에 관한 연구", 성낙인, "재산권보장과 토지공개념 실천법제", 정영화, "현대국가에서 기업의 사회적 책임과 헌법상 기본권보호의 관계", 장명봉, "사회주의적 기본권에 관한 약간의 이론적 고찰", 정상우, "이주아동의 기본권 보장에 관한 연구" 등이 게재되었다.

## VI.

위에서 보듯이 팔순기념논문집에 게재된 내외의 주제는 실로 방대하고도 폭넓다. 김철수 교수의 그 동안의 저명한 활동이 독일, 중국, 일본, 한국 학자들의 견해를 한꺼번에 만나볼 수 있는 매우 중요한 계기를 제공하고 있다. 전체적으로 830여쪽에 이르고 있는 방대한 논문집이 한국의 독자를 넘어 독일, 중국, 일본의 독자들에게도 널리 읽혀서 새로운 담론의 기회로 탄생될 수 있기를 바라 마지않는다.

# Rezension: Festschrift zum 80. Geburtstag für Professor Dr. Tscholsu Kim „Status und Herausforderungen der Verfassung und die Grundrechte“*

Von Dai-Whan Kim**
Übersetzt von Deok-Hwan Kim***

## I.

Im Oktober 2012 wurde die Festschrift „Status und Herausforderungen der Verfassung und die Grundrechte“ zum 80. Geburtstag für Professor Dr. Tscholsu Kim, im Verlag Kyungin-Munhwa (Seoul), veröffentlicht. Etwa 70 Schüler von Professor Dr. Tscholsu Kim beteiligten sich an der Veröffentlichung dieses Buches und 25 von ihnen haben mit Beiträgen an dieser Festschrift gearbeitet.

## II.

Professor Dr. Tscholsu Kim ist ein typischer koreanischer Verfassungslehrer. Er wurde im Jahre 1933 geboren und studierte am College of Law der Seoul National University. Er ging nach Deutschland mit der besonderen Absicht, für den Wiederaufbau des Nachkriegs-Korea tätig zu sein. 1956-1961 studierte es an der Rechtswissenschaftlichen Fakultät der Ludwig-Maximilians-Universität in München. Er beschäftigte sich vor allem mit der Forschung von Recht und Politik und er interessierte sich besonders für die Philosophie des Rechts und für das Verfassungsrecht. Karl Engisch, Karl Larenz und Friedrich Berber waren die Professoren für Rechtsphilosophie und Hans Nawiasky und Theodor Maunz waren als führende Professoren für Grundrechte im Staat an der Ludwig-Maximilians-Universität in München tätig. Der Jubilar beteiligte sich an Kursen und Seminare dieser Professoren und vertiefte sein Studium der Rechtsphilosophie und des Verfassungsrechts bei. Zusätzlich hatten Hans C. Nipperdey, Gerhard Leibholz und die Österreicher Felix Ermacora und Winckler Einfluss auf die Studien von Tscholsu Kim.[1]

---

* Deutsches Verwaltungsblatt, Heft 21/2013, S. 1380-1381.

** Professor of Law, University of Seoul

*** Dr. jur. & Dr. phil., LL.M., BA Law, Dipl. Sozialpaedagoge (Univ.), Sozialarbeiter grad. BA Tourism

III.

Tscholsu Kim kehrte 1961 nach Korea zurück und lehrte Rechtsphilosophie und Verfassungslehre als Professor an der College of Law, Seoul National University. Bis zum 1945, als die Republik Korea von der japanischen Kolonialherrschaft befreit wurde (in der Zeit Chosun), stand die Rechtswissenschaft unter dem Einfluss des japanischen Rechts. Unter der Herrschaft durch die amerikanische Militärregierung wurde die erste Verfassung Koreas 1948 erlassen. Danach brach der Korea-Krieg aus. Die Zeit, in der Tscholsu Kim studierte, war eine dunkle Geschichte der Wissenschaft. Tscholsu Kim entstammt der ersten Generation der Verfassungsrechtler, die unabhängig von dem direkten Einfluss des japanischen Rechts in Deutschland studiert haben. Später hat er auch an der Princeton University und der Harvard University in USA Verfassungsrecht studiert. Aus diesem Grund ist Tscholsu Kim der Erste, der die im Schatten des kaiserlichen Japans stehende frühere koreanischen Verfassung durch die Einführung der Theorie und Rechtsprechung zum Verfassungsrecht aus Deutschland und aus den Vereinigten Staaten zur Erneuerung des alten Systems bewegt hat.[2)]

IV.

Tscholsu Kim arbeitet immer noch aktiv in seinem Alter von 80 Jahren. Die vorliegende Festschrift gibt Anlass, die wissenschaftlichen Leistungen seines Lebens aufzulisten und die große Gelegenheit, diese Leistungen auszuwerten. Am Anfang der Festschrift zum 80. Geburtstag werden seine langjährigen wissenschaftlichen Aktivitäten chronologisch dargelegt. Er hat eine einzigartige Position im Rahmen der südkoreainschen Verfassung inne. Wegen der japanischen Besetzung Koreas und aufgrund des Krieges existierten juristische Schriften in Korea kaum. Wie die umfangreiche Liste seiner Arbeit aufzeigt, bedeutet dies nicht nur seine persönliche Leistung, sondern seine Arbeit ist ein riesiger Eckpfeiler für die Entwicklung der Verfassung von Korea. Es ist schade, dass seine Schriften für Leser in Deutschland aufgrund sprachlicher Probleme nur noch vereinzelt beachtet werden können. Wir hoffen, dass deutsche Leser mit seinem Verfassungsrecht Bekanntschaft machen und die

1) 김효전, 『헌법정치 60년과 김철수 헌법학』(서울: 박영사), 2005, 19쪽.

2) 김문현, 「김철수 교수의 헌법이론과 한국헌법학에의 공헌」, 『한국헌법학의 현황과 과제』(금랑 김철수교수 정년기념논문집)(서울: 박영사), 1998, 34쪽.

beiden Länder aus dieser Wurzel noch Nutzen in Zukunft ziehen werden.

V.

In der Festschrift befinden sich vier Beitraege aus Deutschland, sieben aus Japan, zwei aus China und 24 aus Korea. Es sind insgesamt 37 Abhandlungen.

Die Beiträge aus Deutschland sind von Klaus Stern, Reinhold Zippelius, Christian Starck und Klaus Dieter Deumeland, die sich mit Tscholsu Kim im akademischen Ausstausch befinden.

Klaus Stern hat in seinem Artikel "Neuere Entwicklungslinien der Grundrechte in Deutschland" dargelegt, dass die Geschichte der Grundrechte in Deutschland eine Erfolgsgeschichte sei. Dieser Erfolg in Deutschland hat u.a. Einfluss auf die Einführung einer aktuellen Grundrechtecharta, und er hoffe, dass die Entwicklung der Erforschung der Grundrechte in Korea durch Erkenntnisse, im Rahmen des Austauschs von Juristen zwischen Korea und Deutschland gewonnen werden, zur Freiheit und zu Frieden in Korea beitragen.

Reinhold Zippelius hat in seinem Beitrag „Die Entstehung des demokratischen Rechtsstaates aus dem Geiste der Aufklärung" hervorgehoben, dass die demokratische Entscheidungsmacht im Repräsentativsystem strukturiert werden sollte. Und die repräsentative Entscheidungsfindung sollte mit den gerichtlichen Kontrollen rückgekoppelt werden. Und schließlich betont er, dass für die Realisierung einer rechtstaatlichen Demokratie die Entwicklung einer demokratischen politischen Kultur notwendig ist.

Christian Starck hat ohne die ursprüngliche deutsche Fassung die koreanische Übersetzung veröffentlichen lassen. Sein Beitrag behandelt die Wirkung der Grundrechte auf private Personen. Er hebt vor, dass die von der Verfassung garantierten Freiheit und Gleichheit für die Privaten uneingeschränkt gilt. In ähnlicher Weise sind Leben und Eigentum des Menschen als Norm für ein gemeinsames Leben zu respektieren. Diese Garantie wurde Mitte des 20. Jahrhunderts in die Verfassung aufgenommen.

Klaus Dieter Deumeland hat in seinem Artikel "Die Grundrechte der Europäischen Menschenrechtskonvention bei Verletzungen durch den deutschen Staat" gefordert, dass die Europäische Konvention zum Schutz der Menschenrechte – sie ist ein internationales Vertragsrecht – jedoch für die Mitgliedstaaten rechtliche Wirkung haben und deshalb ihre Verbindlichkeit gestärkt werden muß. Immer wieder wird versucht, das Übereinkommen in

Deutschland nicht anzuwenden. Die Grundrechte der EMRK müssen daher in erster Linie von den Beamten voll anerkannt und umfassend realisiert werden.

Yasuo Sugihara behandelt im Rahmen der Frage der Unabhängigkeit der Bildung die japanische Verfassung und das öffentliche Interesse. Higuchi Yoichi schreibt über modernen Konstitutionalismus in der westlichen und nicht-westlichen Welt. Dabei hat er zur Konfrontation der drei Intellektuellen Japans mit dem neuen Einfluss geschrieben. Ichiro Urata beschreibt Homogenität und Heterogenität der vorherigen Prüfung und nachherigen Prüfung der Verfassungswidrigkeit, am Beispiel des Konflikts zwischen der Regierung und dem Obersten Gerichtshof. Uzaki Masahiro berichtet über das Entschädigungsystem bei der Veröffentlichung durch die Medien in Japan. Noriko Kokubun, behandelt die „Störungen der Geschlechtsidentität und die Verfassung in Japan“. Dongho Oh und Yongtaek Yoon, legen den „Umfang der Haftung des Staates in ostasiatischen Ländern“ dar. Es geht um eine vergleichende Studie bezüglich der staatlichen Entschädigung in China, Japan, Korea und Taiwan.

Chinesische Beiträge: Daiwon Han, Renmin University of China, behandelt „Die Entstehung und Entwicklung des Konzeptes der Grundrechte in China“; Wangwen Mo, Vizepräsident der Chinesische Verfassung - Study Group, schreibt über den verfassungsrechtlichen Schutz für das Kulturrecht. Herr Han, der Präsident der chinesischen Akademie für Verfassungslehrer, hat in Korea geborene Vorfahren und spricht fließend Koreanisch . Er ist sehr bekannt als Gelehrter auf dem Gebiet für vergleichende Studien von China und Korea.

Südkoreanische Beiträge behandeln die Grundrechte, in erster Linie beziehen sie sich auf die Verallgemeinerung der Grundrechte: Jaehwang Jeong, „Theorie und Methode von Grundrechtsforschung“; Hyojeon Kim, „Historische Entwicklung der Theorie der koreanischen Grundrechte“; Cheonsu Yang, „Rechtsphilosophische Fragen um den Begriff der Menschenrechte“; „Hyeongjun Kwon, „Die Wirkung der Grundrechte gegenüber der Nation“; Dosu Hwang, eine Studie über die Effekte des direkt-indirekten Begriffes in privatrechtlichen Beziehungen bezüglich der Menschenrechte“; Hakseong Kim, „Die grundrechtliche Subjektivität einer juristischen Person“. Byeongryun Cho, „Das Wesen der Menschen - Würde und die innere Wahrheit; Hyowon Lee, „Analyse der Entscheidung des Verfassungsgerichtshofes zur sexuellen Selbstbestimmung"; Jibong Lim, „Rechtmässiges Verfahren und die Verfassung"; Geukwon Jeong, „Rechte zur Hilfe eines Anwalts"; Yongsang Park, „Die nationale Sicherheit und die Freiheit der Meinungsäußerung"; Pyeong Shin, „Das öffentliche Interesse und die Erweiterung der Redefreiheit"; Seokyun Song, „Persönlichkeiten des öffentlichen Lebens und die Freiheit der Rede, - Das Caroline-Urteil des Bundesverfassungsgerichts und des Europäischen Gerichtshofs für Menschenrechte"; Wisu Han, „Die Regulierung der Werbung und die freie Meinungsäußerung"; Gichun Song, „ Die grundrechtliche Debatte über Menschenrechte der Studenten an privaten Universitäten"; Hyunseok Ki, „Smart Phone und Ermutigung zur Ausübung des Wahlrechts"; Nakin Seong, „Schutz der Eigentumsrechte und der öffentliche Begriff des Grundstücks"; Younghwa Jeong, „Soziale Verantwortung eines Unternehmens im modernen Staat und verfassungsmäßige Schutzrechte des Unternehmens"; Myeongbong Jang, „Einige theoretische Überlegung zu sozialen Grundrechten"; Sangwoo Jeong, „Garantie der Grundrechte von Migrantenkindern". In Bezug auf das Verfassungsgericht schildert Munhyeon Kim, „eine Studie über die Kriterien für Verfassungswidrigkeit - die Bewertung der Rechtsprechung des Verfassungsgerichts"; über ausländische Gesetze und Grundgesetze schreiben Huichan Jeong, „Poetische Semiotik des Rechts – Sind Menschenrechte eine Frage der Auslegung der Verfassung?"; Jinwan Park, „Charta der Grundrechte der Europäischen Union in Bezug auf die Auslegung und Anwendung der allgemeinen Regeln"; und Chul Kim, „Harold Joseph Berman: intergrative Rechtsprechung".

## VI.

Die Schrift bietet den Lesern die beste Gelegenheit zur Information über die prominenten Aktivitäten von Tscholsu Kim sowie zu den Ansichten der Gelehrten aus Deutschland, China, Japan und Korea darüber. Insgesamt umfasst die Schrift mehr als 830 Seiten. Ich hoffe, dass sie nicht nur von koreanischen, sondern auch von deutschen, japanischen und chinesischen Lesern zu Kenntnis genommen wird und so Gelegenheiten für neue Diskussionen entstehen.

# II. 타인의 저작에 대한 서평 · 추천사

## 1. 김대환 대표편역, 슈타르크 헌법논집 『민주적 헌법국가』(2015)*

### 추 천 사

대한민국학술원 명예회원인 Christian Starck 교수의 헌법론집이 출판되게 된 것을 한독헌법학계의 교류를 위하여 환영해마지 않는다. Starck 교수는 세계헌법학회의 명예회장이며, 독일 Göttingen 학술원의 회장, Göttingen 대학의 총장, 니더작센지방 헌법재판관, 연방헌법재판소 연구관을 역임하셨고 독일공법학자대회 회장과 수많은 세계대학의 석좌교수를 겸직하였다. 저서도 수 십 권이 넘으며 논문도 수 백편에 달한다. 그 중에서도 독일 헌법재판소에 관한 저작과 기본권에 관한 방대한 주석서, 일반 헌법국가에 관한 저서 · 논문들이 압권이다. 그의 저서나 논설은 세계 각국에서 번역 · 출간되었는데 아시아에서도 일본, 중국, 대만에 이어 한국에서 출판할 수 있게 되어 다행이다.

이 책은 제1부 헌법과 헌법재판소, 제2부 기본권, 제3부 선거, 정부, 입법의 3부로 구성되어 있다. 제1부 헌법과 헌법재판소에서는 헌법해석과 헌법재판을 다루고 있다. 1. 독일 기본법 50년에서는 기본법 50년의 역사를 회고 하고 있다. 2. 헌법해석에서는 헌법해석의 기본원리를 명확히 하고 있다. 3. 헌법질서와 정치과정내에서의 연방헌법재판소에 관해서는 헌법재판소의 헌법상의 지위와 정치과정에서의 위상을 상세히 설명하고 있다. 4. 권력분립과 헌법재판에서는 헌법의 권력분립체계 하에서의 헌법재판의 지위를 잘 설명해 주고 있다. 5. 국민의 기본 컨센서스와 헌법재판소에서는 헌법재판의 국민적 정당성을 설명해 주고 있다. 6. 헌법재판 규범통제 결정의 주문 작성과 효과는 헌법재판의 규범통제결정에서의 주문작성과 그 효과에 관해서 깊이 다루고 있다.

제2부 기본권에서도 주옥같은 논문이 망라되고 있다. 7. 인간의 존엄성의 종교적 · 철학적 배경과 현대헌법에 있어서 기본권의 핵심인 인간의 존엄에 관한 종교적 · 철학적 배경을 깊이 있게 다루고 있다. 8. 헌법보장으로서 인간의 존엄은 현대국가에 있어서 인간의 존엄성의 중요성을 강조하고 그 헌법보장에 관해서 논하고 있다. 9. 기본권의

---

* 김대환 대표편역, 슈타르크 헌법논집 『민주적 헌법국가』(시와진실, 2015), 12-13면.

해석과 효력에 관하여는 독일기본권보장 40년간의 법원에 의한 실현을 깊이 있게 다루고 있다. 10. 기본권은 어떻게 사법으로 들어와서 어떻게 효력을 발휘하는가? 에서는 기본권의 대사인적 효력에 관해서 명쾌하게 해명해 주고 있다. 11. 기본권의 보호의무는 기본권의 보호를 위한 국가의무를 잘 설명하고 있다. 12. 연구의 자유와 한계에 있어서는 헌법상 학문연구의 자유와 그 한계에 대하여 다루고 있다. 13. 배아의 도덕적 지위에 관하여 배아는 물건이 아니고 인간이라는 측면에서 논하고 있다.

제3부 선거, 정부, 입법에 있어서는 헌법국가의 권력구조문제를 다루고 있다. 14. 민주적 헌법국가에 있어서의 선거에 있어서는 민주국가에 있어서의 선거의 중요성을 역설하고 있다. 15. 안정화 요소로서의 독일의 의회정부제도는 전후 독일의 의원내각제도가 정국안정기능을 발휘하고 있음을 잘 설명해 주고 있다. 16. 민주적 헌법국가에서 의회입법의 기능에 있어서는 민주입헌국가에 있어서의 의회입법의 순기능에 대하여 잘 설명하고 있다. 17. 법치국가와 전법치국가적 과거의 극복에 있어서는 과거 불법국가의 청산문제를 다루고 있다. 18. 부록 : 법수용의 근거, 조건, 그리고 형식에 대해서는 세계비교법학회 회장을 역임한 바 있는 저자가 법계수 문제를 잘 설명하고 있다.

위에서 보아 온 바와 같이, 이 책은 저자의 해박한 철학 · 종교 · 비교문화적 소양 위에 쌓여진 헌법학의 근본문제에 관한 논문을 모운 것으로 우리나라 법학도들이 꼭 읽어야 할 책이다. 이것은 헌법학을 공부하는 대학생뿐만 아니라 대학원생, 학자, 실무가들이 모두 다시 음미해 보아야 할 중요한 문제이기 때문에 필독해야 할 책이다. 그래야만 헌법학의 모범인 독일제도를 알고 수용할 수 있을 것이다.

이 논문들은 독일학계에서 발표된 것도 있으나 한국에 와서 한국인을 위하여 처음으로 발표한 논문도 많기에 초판과 같은 역할을 해 주고 있다. Starck 교수는 한국을 사랑하는 친한파 교수로서 그동안 대한민국학술원, 한국헌법재판소와 각 대학의 초청에 응하여 강연을 해 오셨다. 또 한국학자들을 독일에서 유학할 수 있도록 도와주신 분이요 세계헌법학회 한국학회를 응원해 주시어 2018년 세계헌법학자대회를 서울에서 개최할 수 있게 도와 준 학자이다.

이 책은 우선 독일 원문을 전부 실었을 뿐만 아니라 한국어 번역까지 실은 점에서 특색이 있다. 헌법학을 연구하는데 독일어는 필수적이기 때문에 독일 원문을 독해해 보는 것은 큰 의미가 있다. 번역자도 독일에서 유학하신 학자들이라 아름답고 알기 쉽게 번역하고 있어 일반 독자들도 쉽게 이해할 수 있겠다.

이 책을 출판한 뒤에는 많은 번역 교수들의 노력이 있었다. 이들이 어려운 원문을 한국인 독자를 위해 번역해 주신데 대하여 감사한다. 특히 그동안 원고수집 · 교정 · 원고번역 등을 위하여 노력해 주신 김대환 교수에게 감사한다. 김 교수의 노력이 아니었더라면 아마 이 책의 출판은 어려웠을 것이다.

또 출판사정이 여의치 않는데도 불구하고 한독문화교류를 위하여 이 책을 출판해 주신 「시와 진실」 최 명예교수님에게 감사한다. 최 교수님은 Göttingen에서 20년 가량이나 연구 체류하셨고, 한독문화교류를 위하여 헌신하고 계셔서 존경해 마지 않는다.

이 책이 한국독자에게 많이 읽혀 한국 입헌정치의 발전에 기여하게 되기를 바란다.

2015. 7. 제헌절에
김 철 수 (대한민국학술원 회원)

## 2. 헤르만 헬러, 김효전 옮김, 『바이마르 헌법과 정치사상』

(산지니, 46판형, 994쪽, 70,000원)*

김철수(인문 · 사회 제4분과)

2017년, 우리가 다시 바이마르 독일과 헤르만 헬러에 대한 논의를 해야 하는 이유는 무엇일까? 이에 대해 김효전 교수는 "지금까지 한국 헌법학이 독일의 특정 몇몇 학자들의 이론에만 의지해온 것에 대한 반성이 필요"하다고 설명했다. 그동안 한국의 헌법학은 게오르크 옐리네크, 한스 켈젠, 카를 슈미트, 루돌프 스멘트 등 일부 공법학자의 이론과 연방헌법재판소의 판례를 그대로 답습해왔다. 『바이마르 헌법과 정치사상』은 보다 비판적인 시각으로 독일 공법학자들에 대한 소개와 연구를 바라보게 하는 계기를 마련하고, 그들의 연구를 자신의 것으로 소화 · 흡수하는 것의 중요성을 깨닫게 한다.

또한, 헤르만 헬러의 정치적, 사회학적 국가학의 태동은 국법 실증주의를 비판하고, 새로운 사회적 법치국가의 시발점이 된다. 우리는 이를 통해 1920~1930년대 독일이 직면했던 사회민주주의 투쟁의 발자취를 살펴볼 수 있다. 외국의 제도와 사상을 공부하는 것, 그것은 결국 우리의 문제를 해결하기 위함이다. 바이마르 독일이 고뇌하고 경험한 민주주의에 대한 실험과 헌법 현실이 오늘날 이념, 지역, 계층 간의 갈등이 존재하는 우리 사회에 울림 있는 메시지를 던져줄 것이다.

대한민국 헌법은 바이마르 헌법 체계를 모델로 하여 만들어졌다. 그러다 보니 많은 부분이 유사하다. 바이마르 헌법은 우리나라뿐만 아니라 전 세계 헌법에 지대한 영향을 미쳤고 당시 세계에서 가장 민주적이라는 평을 받았다. 그렇다면 현대적 헌법의 효시가 된 바이마르 헌법은 당시 왜 사라지게 되었을까?

독일은 패전의 혼란 속에서도 1919년 1월 19일 제헌 의회 선거를 실시하고, 같은 해 8월 헌법을 공포했다. 바이마르 헌법은 크게 국가의 구조와 과제, 독일인의 권리와 의무로 구성되어 자유민주주의를 기본으로 20세기적 사회국가의 이념이 더해졌다.

바이마르 헌법이 허무하게 나치스에 의하여 폐기된 원인은 지나치게 민주주의에 치우

* 『대한민국학술원통신』 제285호 (2017. 4. 1), 15-16면.

쳐 국가안위를 무시한 무방위 국가를 만들었기 때문이다. 대통령과 국무총리 간의 분권을 했고, 의원내각제를 도입했으나 군소정당의 난립으로 정부는 자주 국회의 불신임을 받았고 이에 따라 국회해산도 있었다. 극우적 정당과 극좌적 정당이 대립하여 의회제도를 무시하고 거리에서 무장폭동을 일으켜 국가는 풍전등화의 불안전 상태가 되었다. 이에 힌덴부르크 원수는 병장 출신인 나치스당 당수 히틀러에게 총리직을 맡겼다. 힌덴부르크 대통령이 사망하자 히틀러는 국회의사당을 방화하고 수권법을 만들어 독재를 하게 되었다. 이에 대한 반성으로 서독은 방어적 민주주의를 도입하여 내부의 적에서 국가안전을 보호하고 극우 · 극좌의 정당을 해산하는 제도를 실시하고, 무장 · 폭력시위를 금지하고 국가를 안정시켰다.

또 의원내각제의 불안을 극복하기 위하여 건설적 불신임투표제를 도입하여 내각이 연립정부를 구성하게 하여 10년간이나 수상이 통치를 계속할 수 있게 하였다. 이것이 동독을 흡수하여 통일한 계기가 되었다.

역자는 「아직도 이념 · 지역 · 계층 간의 갈등으로 혼란한 상황을 면치 못한 우리의 현실은 물론 통일 이후에도 이러한 갈등은 쉽사리 해소하기 어려울 것이라고 전망한다면 바이마르 독일이 고뇌하고 경험한 민주주의 실험과 헌법 현실의 경험을 현재의 우리들 한국인에게 어떤 교훈과 방향을 제시해 줄 수 있지 않을까 하는 희망」에서 이 책을 번역했다고 한다. 역자의 애국심에 동감할 수밖에 없다. 국론분열을 유발하는 헌법체제를 독일식인 방어적 민주주의 체제로 옮기기 위한 의도가 숨어있는 것이 아닌가 생각한다. 독일에서 유학한 역자가 서독의 방어적 민주주의와 국토통일을 위한 연정 · 협치를 새 헌법에 접목하기 위한 뜻을 강력히 나타내고 있다고 추측할 수 있다.

헤르만 헬러는 바이마르 독일에서 크게 주목을 받지 못했지만 제2차 세계대전 이후 독일연방공화국을 뒷받침하는 '사회적 법치국가'의 창시자이자 나치스에 대항한 투사로서 재조명을 받게 된다. 『바이마르 헌법과 정치사상』은 헤르만 헬러의 중요 저작과 논설을 번역하여 옮긴 것으로 독일 현대 정치학, 나치스에 대항한 이론적 토대 등을 담고 있다. 제1편에서는 「기본권과 기본의무」를 비롯해 7편의 논문과 논설을 싣고 있다. 이는 바이마르 시대의 생존권 사상을 깊이 파고 든 것이다. 또 바이마르 헌법에 따른 비례대표제 선거에서의 평등은 우리나라 선거제도의 개선에도 큰 기여를 할 것이다. 독일헌법 개혁의 목표와 한계도 한국헌법 개정에 많은 시사를 주고 있다.

제2편에서는 「법과 국가이론」을 다루고 있다. 국법학과 국가학의 탈정치화, 현실에서 유리된 위기감 등을 다루고 있는데, 특히 현실과 유리된 국가이론가들에 대한 그의 반발은 법실증주의 비판, 사회학의 비판적 수용, 헤겔 비판, 마르크스주의 비판, 파시즘 비판 등으로 특징된다.

제3편 「의회주의냐 독재냐」에서는 법치국가와 독재 사이에서 고뇌하는 헤르만 헬러를 엿볼 수 있다. 제4편 「정치사상」에서는 헤겔을 다룬 뒤 현대 독일 정치사상사를 다루고

있다. 제5편에서는 「사회주의적 결단」을 다루고 있다. 헬러는 바이마르 공화국에 대한 보수 세력의 공격에 대해 바이마르 민주주의는 비독일적인 것이 아니라 근대 독일 고전철학의 정치사상을 정당하게 계승한 것임을 사상사적으로 논증한다. 그는 바이마르 공화국을 존속시키기 위해 무엇보다 사회주의와 국민주의의 화해와 통일이 이루어져야 한다고 전한다.

헤르만 헬러는 바이마르 헌법의 실현을 목표로 하는 민주주의 운동에 그 이상적 원리인 민주주의 국가론을 제공하려 하였다. 그가 그려낸 이상적인 사회와 국가, 그리고 이를 규정하는 헌법, 『바이마르 헌법과 정치사상』은 사회민주주의자 헤르만 헬러가 내란과 독재를 피하고 독일을 국민의 국가로서 재생시키기 위한 고민과 노력의 흔적을 담고 있다.

역자인 김효전 교수는 헬러 논문의 번역에 그치지 아니하고 헤르만 헬러의 학문에 대한 해설을 쓰고 있다. 김 교수는 옐리네크의 『일반 국가학』을 번역했고, 슈미트의 대부분의 책과 켈젠의 많은 저술, 뢰벤슈타인의 『비교헌법론』, 뵈켄회르데의 『헌법 · 국가 · 자유』, 『국가와 사회의 헌법이론적 구별』 등 수많은 저술을 번역하고 그에 대한 해설을 써 왔다. 번역은 창작보다 몇 배 어려운 작업임에도 수만 페이지의 책을 번역하여 한국공법학계를 학문의 고도에서 탈출하게 해 주었다. 그동안 역자의 서양학문의 수입노력이 결실하였기에 한국헌법학이 발전할 수 있었다. 김 교수가 쓴 그동안의 학자들의 학설 소개서 등을 모은 독일공법학설사를 하루 빨리 출판하기를 바란다.

헬러의 이 저술은 공산주의에 심취하고 있는 학생들에게 사회적 법치국가, 사회적 시장경제, 사회정의를 주장하는 사회민주주의자인 헬러의 이 정치사상을 읽어서 공산주의의 잘못을 깨달아 민주주의 신앙에 도움이 되었으면, 한국의 미래는 역자의 뜻대로 밝아질 것으로 믿어 일독을 권한다.

## 3. 카를 슈미트 지음, 김효전 옮김, 『헌법과 정치』

(산지니, 2020, 1211면, 값 90,000원)*

김철수 회원(헌법)

대한민국학술원 회원이며 동아대학교 명예교수인 김효전 박사의 카를 슈미트 연구의 일부가 출판되어 헌법학 연구에 큰 기여를 하게 되었다.

김효전 교수는 한국의 헌법학계에서도 특수한 지위를 가진 공법학자이다. 그는 그동안 수많은 역서를 출판했고, 한국 헌법학에서의 서양 학문의 계수 등을 연구 · 출판하였으며, 또한 원전에 근거한 외국 헌법과 한국의 역사 자료를 섭렵하여 출판함으로써 한국의

* 『대한민국학술원통신』 제285호 (2017. 4. 1), 15-16면.

공법학뿐만 아니라 한국 법제사의 연구를 위해서도 귀중한 자료를 제공하고 있는 독보적 학자라고 할 수 있다.

외국에서 공부한 헌법학자들은 많으나 독일 원전을 번역하거나 해설한 사람은 드물었다. 그 이유는 번역 작업이 창작보다도 어렵고, 원의에 충실하게 번역하기 위해서는, 원어로는 잘 이해하는 글이라도 전문 번역 용어가 무엇인지 결정하기 위해서는 일일이 외국어 대사전을 봐야 하기 때문이다. 이러한 학술 서적의 번역은 시간은 많이 걸리나 소득은 별로 없기 때문에 학자들이 꺼리는 작업이다. 이 어려운 작업을 평생 꾸준히 계속하여 외국 공법학의 고전에 쉽게 접할 수 있게 한 공로는 크다고 하겠다.

특히 독일어 원전은 난해하기로 유명하고, 독일어를 선택과목으로 전공하는 학교가 드물기에 앞으로는 더 어려울 것으로 보인다. 그래서 이제까지 독일어 헌법 교과서의 번역만이 몇 권 나왔는데, 김교수는 수 십 권의 전문서를 번역하였기 때문에 앞으로도 찾기 어려운 독보적 학자라고 하겠다.

그는 그동안 G. 옐리네크의 『일반 국가학』(1980)을 완역했을 뿐만 아니라, K. 뢰벤슈타인의 『비교헌법론』(1991), E.-W. 뵈켄회르데의 『헌법 · 국가 · 자유』(1994), 뵈켄회르데의 『헌법과 민주주의』(2003), 편역으로는 H. 헬러의 『바이마르 헌법과 정치사상』(2016), 카를 슈미트 외의 『독일 헌법학의 원천』(2018) 등이 있다. 이들 출판 서적들은 그의 해박한 지식에 근거한 것으로 후학의 연구 기반을 제공한 것으로 높이 평가받고 있다.

그는 카를 슈미트의 저서 번역에 특히 주력하였는데, 그동안 『정치신학외』(1988), 『유럽 법학의 상태』(1990), 한스 켈젠과 카를 슈미트의 『헌법의 수호자 논쟁』(1991), 『합법성과 정당성』(1993), 『독재론』(1996), 『현대 의회주의의 정신사적 지위』(2007), 『국민표결과 국민발안』(2009), 『정치적인 것의 개념』(2012) 등을 번역 · 출판하였다. 이번에 출판된 이 서적, 카를 슈미트의 『헌법과 정치』는 이들 기존의 번역서를 망라했을 뿐만 아니라 새로이 저서와 논문들을 번역한 것을 집대성한 것이다.

제1편은 바이마르 헌법 시대, 제2편은 제3제국 시대, 제3편은 제2차 세계대전 이후로 나누어 그동안 번역되지 않았던 논문, 저서를 번역 · 출판한 점에서 우선 번역서로서의 가치를 높이고 있다. 이들 논문은 카를 슈미트 전집의 절반 가까운 논문과 저서를 망라한 점에서 독일에서도 보기 힘든 논문집이라 할 것이요, 세계에서도 드문 종합 번역서라고 하겠다. 독일 다음으로 많은 문헌을 번역 · 출판한 역자의 노고를 위로한다. 우리나라에서 카를 슈미트의 바이마르 시대의 논문과 저서들은 익히 알려졌으나 제3제국 시대와 제2차 세계대전 이후의 책과 논문들은 이번에 잘 알 수 있게 되었으므로 기왕의 역서를 가진 분들에게도 새로이 읽어야 할 좋은 번역 논문들이라고 하겠다.

책의 내용을 간단히 소개하면 전체 3편으로 구성되고, 크고 작은 논저 44편을 수록하고 있다. 제1편은 「주권자란 비상사태를 결정하는 자이다」라는 유명한 문장으로 시작되는 『정치신학』 제2판(1934) 등이 수록되어 있다. 이어서 「로마 가톨릭주의와 정치형태」(1925)는 가톨릭교도인 카를 슈미트의 입장에서 프로테스탄트와의 차이를 강조하고 있으며, 「현대 의회주의의 정신사적 지위」(1926)에서는 오늘날의 의회주의는 대중민주주의의 발달, 파시즘의 등장 등으로 그 정신적 및 이념적 기초가 붕괴되었다고 진단을 내렸다. 그 대안으로서 그는 민중의 '갈채'에 근거한 직접 민주주의와 메시아의 등장을 예고하면서 「국민표결과 국민발안」(1927)에서 이를 더욱 강조하고 있다.

한편 「헌법의 수호자」(1929)에서는 프랑스의 방자맹 콩스탕의 중립적 권력의 이론을 빌려와 바이마르 공화국대통령만이 헌법의 수호자라고 강조한다. 이 논문은 계속 수정 · 증보하여 단행본으로 출간하기도 한다. 이에 대해서 한스 켈젠은 「누가 헌법의 수호자이어야 하는가?」라는 서평 형식의 논문에서 대통령뿐만 아니라 의회, 법원 그리고 국민 모두가 헌법의 수호자라고 반박한다.

슈미트는 바이마르 헌법의 기초자인 후고 프로이스의 후임으로 베를린 상과대학의 정교수가 되며, 이를 계기로 「후고 프로이스」(1930)를 발표한다. 이는 헌법학설사의 흐름을 정리한 것이다. 이 밖에도 슈미트는 바이마르 헌법상의 대통령의 국가긴급권과 독재에 관련된 여러 가지의 논설을 발표하고 있다.

제2편은 제3제국 시대의 논저를 중점으로 다룬다. 먼저 「국가 · 운동 · 민족」(1933)에서는 수권법이 국가사회주의(나치스) 국가의 기초라고 하며, 나치스법의 기본개념으로서 지도자원리와 동종성의 원리를 제시한다. 또한 「법학적 사고방식의 세 유형」(1934)에서는 규범주의, 결정주의 그리고 구체적 질서의 사고방식, 셋으로 나누어 자신의 법학관을 전개한다. 「제2제국의 국가구조와 붕괴」(1934)에서는 독일 헌법사에서의 군대와 헌법의 관계를 소재로 히틀러 등장의 필연성을 강조하고 있다.

한편, 「국가사회주의와 국제법」(1934)에서는 베르사유 체제에 대한 불만을 토로하고 현상의 유지가 아니라 새로운 국제질서의 재편성이 불가피하다고 이론을 전개한다. 특히 「역외 열강의 간섭을 허용하지 않는 국제법적 광역질서」(1939)는 이른바 광역 사상을 제시하면서 히틀러의 동방정책을 뒷받침한 저작으로 유명하다. 또한 일본에 영향을 미쳐 이른바 '대동아 공영권'과 같은 유사 이론이 나오는 계기를 마련하기도 했다. 전통국제법에 대해서 도전하는 슈미트 독자의 국제법이론이기도 하다.

나치스 시대에 슈미트는 「국가사회주의(나치스)와 법치국가」(1934), 「나치스의 법사상」(1934), 「총통은 법을 보호한다」(1934)와 같은 유치하고 저열한 논설에서는 히틀러를 '민족의 재판관'으로까지 신격화하고 있다. 그 밖에도 「독일의 지식인」(1933)과 「자유의 헌법」(1935), 「유대 정신과 투쟁하는 독일 법학」(1936)에서는 노골적으로 유대인을 배척하는 논설들을 발표하고 있어 나치스의 계관법학자로서의 슈미트의 참모습을 보여주기도 한다.

제3편은 제2차 세계대전 이후의 저술이다. 전후 슈미트는 미군에게 붙잡혀 구속되고 「구원은 옥중에서」(1950)와 같은 옥중기를 집필하고 운명을 탓하기도 한다. 대학에서 추방되고 고향 플레텐베르크에 은둔하면서도 「완성된 종교개혁」(1965)을 발표한다.

이것은 전전의 작품인 「홉스 국가론에서의 리바이어던」(1938)의 속편이라고도 하겠다. 이외에도 「파르티잔의 이론」(1963), 「가치의 전제」(1967) 등을 발표하기도 한다. 또한 『정치신학 II』(1970)에서는 50년 전에 발간한 『정치신학』(1922)에 대한 그동안의 비판과 반론에 대해서 변호하기도 하였다.

슈미트의 마지막 논문은 「합법적 세계혁명」(1978)으로 그의 평생의 관심사인 합법성과 정당성의 문제를 세계혁명이란 관점에서 반추한 것이다. 특히 독일의 패전 직후에 슈미트는 군수산업가인 플리크의 의뢰로 법감정서를 작성하였는데 이것이 「국제법상의 침략전쟁의 범죄와 '죄형법정주의' 원칙」(1945/1994)이다. 요지는 제2차 세계대전 당시에는 '전쟁범죄'라는 개념이 없었으며, 전후에 비즈니스맨인 사인(私人)을 전쟁범죄인으로 소추하는 것은 죄형법정주의 원칙에 위반된다는 것이다. 오랫동안 발표되지 못했던 슈미트의 옛 원고를 그의 전후 제자인 헬무트 크바리치가 찾아서 여기에 주석을 달고 출판한 것이다.

이 책에는 [부록]으로서 카를 슈미트의 생애, 카를 슈미트의 저작목록, 카를 슈미트에 관한 연구 문헌 목록이 역자의 주와 함께 300면 가까이 실려 있다. 이 부분은 2019년에 발간된 대한민국학술원의 논문집에 실렸던 연구 논문의 부록의 보완이라고 하겠다. 이 책을 읽을 때에 김교수의 논문 「카를 슈미트의 헌법이론과 한국」(『학술원논문집』 인문 · 사회과학편 제58집 1호)은 이 부록뿐만 아니라 카를 슈미트의 전집의 요약이라고도 볼 수 있는 300면에 달하는 논문을 참고하여 읽으면 카를 슈미트의 학문의 전체상을 알 수 있을 것이다. 이 논문은 한국과 일본에 미친 카를 슈미트의 학문적 영향을 깊이 고찰한 것이기에 독자의 일독을 권한다. 여기서는 카를 슈미트와 루돌프 스멘트, 한스 켈젠과 카를 슈미트와의 이론 비교도 상세하게 하고 있어 독일 헌법학의 전모를 아는데도 유리할 것이다.

김효전 교수는 희수를 바라보는 노령임에도 불구하고 최근에만도 헤르만 헬러, 『바이마르 헌법과 정치사상』(2016), 카를 슈미트 외, 『독일 헌법학의 원천』(2018), 카를 슈미트, 『헌법과 정치』(2020)와 같은 대저를 출판하여 노익장을 과시하고 있다. 김교수의 기간의 노작이 이러한 전집형으로 앞으로도 많이 출판하기를 빌며 헌법을 연구 · 공부하는 사람들의 필독서임을 확신한다. 부분만이라도 일독을 권한다. (2020. 3. 5)

## 4. 이건개, 『불멸의 본질, 위대한 국가의 길』(유니스토리, 2020)

### 추 천 사

저자인 이건개 변호사는 서울대학교 사법대학원에서 「대통령제에 관한 연구」로 학위를 받았다. 당시에도 대통령비서실의 권한집중을 비판하여 청와대비서실의 이후락 실장으로부터 꾸중을 듣기도 하였다. 또 강창희 국회의장의 위촉으로 헌법개정자문위원으로 활동할 때는 권력구조 담당분과위원장으로 대통령의 권한집중을 비판하고 권력분립적인 이원정부제를 초안으로 만들었다.

저는 사법대학원에서는 지도교수로 헌법개정자문위원회에서는 동료로 일을 하였기 때문에 그의 민주주의와 법치주의에 대한 신념과 애국애족의 생활철학을 존중하고 공감하기도 하였다.

저자는 「위대한 국가의 길」에서 평소의 지론인 기본권존중과 권력분립정부를 주장하여 국민의 나아갈 입헌정치에 관하여 헌법학도로서 중요한 길을 제시하고 있다. 기본권의 존중은 국가활동의 근본요소이며 시민들도 이를 존중해야 함을 설득력있게 설명하고 있다.

이 저서에서는 민주주의의 기초인 권력분립의 확립을 강조하고 있다. 일인에의 권력집중을 막기 위하여 대통령의 권한을 분산하여 외교 · 안보 등의 권한만 행사하고 정당정치에 초월한 국민의 대표자가 되어야 함을 강조하고 있다. 대통령의 당적이탈과 내치에의 관여를 금하고, 내치는 내각에서 관장하는 이원정부제를 주장하고 있다. 또 국회의원의 경우에도 4선금지를 실시하여 권력의 남용을 막도록 하고 있다.

저자의 이러한 주장은 그의 오랫동안의 행정직의 경험과 국회의원으로서의 활동과 인권의 수호자인 변호사로서 국가봉사에 헌신한 다양한 경륜의 소산이며, 누구나 공감할 수 있는 국가목적론과 민주주의의 근간인 국가권력의 남용금지를 위한 권력분립주의를 주장하고 있어 감명깊다.

학자로서의 공리공론이 아니고 헌법학도이면서도 정치현실적인 경험을 바탕으로 정력적으로 민주정치를 주장하고 있는 점에서 경청할 것이 많으며 「위대한 국가건설」을 위한 방도를 제시하고 있는 점에서 일반인과 공무원, 정치인이 읽고 실천에 옮겨야 할 것으로 생각한다.

실무에 쫓기면서도 현실적으로 국가의 미래를 걱정하며 애국과 안보의 중요성을 강조하고 있는 점에서 교훈이 될 것이다. 이 책의 일독을 권하는 바이다.

2020년 말

김 철 수

서울대학교 명예교수

# 제7장 취임사 · 인터뷰 · 기타

## 1. 탐라 대학교 총장 취임사 (1999. 2. 20)*

대학의 특성화 · 정보화 · 세계화에 대한 요구와 대학 간의 무한 경쟁은 이제 거슬릴 수 없는 시대적 흐름이 되어 버렸습니다.

21세기 새로운 천년을 여는 현재의 사회에서 대학의 사명은 올바른 인격과 전문 지식 그리고 국제적 감각을 갖춘 창의적인 인재를 양성하는데 있습니다.

본인은 우리 대학이 21세기 새로운 명문대학으로 자리매김 할 수 있도록 다음 몇 가지 사항을 중점 실천해 가고자 합니다.

첫째, 바른 가치관을 갖춘 지성인의 양성입니다.

본 대학의 학생만큼은 도덕과 예절을 알고 인격과 교양을 갖춘 지성인이 되도록 가르치겠습니다.

둘째, 국제적 감각과 안목을 갖춘 세계인을 양성하겠습니다.

국제학부, 관광학부 등 관련 학문을 지역 실정에 맞게 특성화하여 국제 자유 도시로의 발전에 필요한 국제적 감각과 안목을 갖춘 세계인 양성에 노력할 것입니다.

셋째, 지역 여건에 맞는 특성화 · 전문화 교육을 실현하겠습니다.

수요자 중심의 열린 교육을 중심으로 한 우리 대학만의 독특한 특성화 · 전문화 교육을 실현해 나갈 것입니다.

탐라 가족 여러분 우리 스스로 자랑스럽게 생각하는 대학을 만들기 위하여 함께 노력하십시다.

탐라대학교를 아끼시는 모든 분들이 지금까지 그러했듯이 앞으로도 적극적인 협조를 간곡히 부탁드립니다.

## 2. 관악대상 참여상 수상 소감**

감사합니다.

---

* 탐라대학교 제2대 총장취임식 제1회 학위수여식. 1999. 2. 20.

** 서울대학교 총동창회 주최 2013. 3. 15 롯데 호텔

서울대학교총동창회가 주관하는 관악대상 참여상을 받게 되어 광영으로 생각하며 추천해 주신 모교 법대 학장님과 선정해 주신 관악대상심사위원님들, 대상을 주관해 주신 총동창회 회장님에게 깊은 감사를 올립니다.

저는 사실 대상을 받을 만한 업적도 없는데 그 동안 42년간 모교에서 헌법학을 강의하였고, 28년간 동창회보의 논설위원을 했다는 것으로 이 대상을 받게 되어 송구스럽게 생각합니다.

돌이켜 보면 뿔뿔이 흩어졌던 모교 동창회가 종합화되어 동문 33만 명을 아우르는 대동창회가 되어 활발한 활동을 하게 된 것은 가히 기적이라고 하겠습니다. 총동창회의 소식지로서 서울대학교 총동창회보를 창간하여 동창들의 활동을 전할 수 있게 된 데 미력이나마 참여할 수 있게 된 것은 저로서는 큰 광영이었습니다.

총동창회보는 그 동안 역대 회장님과 임원님들의 노력으로 월간이 되었으며, 동창들의 오피니언리더로서의 역할도 하고 있습니다. 현 회장인 임광수 회장님은 서울대학교법인화와 서울대학교개학원년 찾기에 헌신하였습니다. 또 동창회 장학빌딩의 건설을 주도하셨으며 앞으로 서울대학교역사관을 건립하기 위하여 헌신하고 계십니다. 이러한 동창회 사업의 홍보와 참여 독려 추진에 동창회보도 큰 역할을 하였습니다.

조국은 서울대학교동창들이 영도해 왔습니다. 그 동안 국가의 동량으로서 입법부, 사법부, 행정부를 담당하였고, 학계, 사상계와 예술계에서도 지도적 역할을 다해 왔습니다. 저는 이 자랑스러운 모교의 교수와 명예교수로서 일생을 바칠 수 있게 된 것을 큰 자랑으로 생각하며, 앞으로도 모교가 조국의 근본이 될 것을 믿으며 관악대상을 수여해 주신 동창회의 뜻을 받들어 열심히 생활할 것을 다짐합니다.

다시 한 번, 참여상을 수여해 주신 동창 여러분들에게 감사하면서 만장하신 동창회원 여러분의 건승을 빌면서 온 가정에 행운이 가득하기를 기도합니다.

2013. 3. 15.
김 철 수

## 3. 팔순 기념 감사의 말씀

지난 10월 12일에 있었던 소생의 팔순기념 논문집 봉정식을 위하여 귀중한 논문을 작성해 논문집을 빛나게 해 주시어 대단히 감사합니다.

선생님의 좋은 글은 우리나라 학문발전에 크게 기여할 것으로 믿어 의심하지 않습니다. 바쁘신 가운데서도 귀중한 논문을 써 주시어 다시 한 번 감사드립니다.

착오로 논문 별쇄가 제작되지 않아 논문집 2부를 추가로 발송했습니다만 더 필요하시면 연락해 주시기 바랍니다. 재고가 있는 한 보내드리도록 하겠습니다.

선생님의 학문적 대성을 빌면서 선생님의 건강과 가정에 만복이 충만하기를 빕니다.

2012. 10.
김 철 수 올림

## 4. 감사의 말씀

안녕하십니까?

공사다망한 가운데에도 저의 정년기념논문집 발간을 위하여 노력해주신 간행위원 여러분에게 심심한 사의를 표합니다. 제가 서울대학교에 봉직하는 동안 여러분과 저는 각별한 학문적 관계를 맺게 되었고, 저는 그것을 40년 가까운 교직 생활에서 소중한 인연으로 간직하고 있습니다. 하물며 이렇듯 저의 정년을 맞이하여 여러분께서는 귀중한 시간을 할애하여 물심양면으로 기념논문집의 기획과 간행에 기여해 주었을 뿐 아니라 내외의 귀빈을 모시고 성대히 봉정식을 치를 수 있도록 도와주었습니다. 뒤에 만나서 다시 인사를 드리겠습니다만 성심으로 저의 정년을 준비해온 여러분들에게 이 기회를 빌어 다시 한 번 감사하다는 말씀을 전합니다.

현직 교수로서 교단을 떠나면서 아쉬움도 많이 있습니다만, 여러분들과 같은 나라의 동량들과 함께 해왔고, 또 함께 하고 있다는 것을 한량 없이 기쁘게 생각하고 보람으로 여기고 있습니다.

여러분의 앞날에 행운이 함께 하기를 기원합니다. 감사합니다.

1998. 11. 16.
김 철 수 拜上

〔인터뷰〕

## 1. 팔순의 헌법학 원로, 연구열정은 여전히 청춘*

김철수 서울대 명예교수 헌법연구서 연이어 출간

"대학에서 50년간 헌법을 가르쳤으니 제자가 부지기수지요. 하지만 학창 시절 열심히 공부했던 제자들이 막상 정치판에 가서는 불법 · 탈법 · 편법을 일삼는 걸 보면 안타깝습니다."

김철수 서울대 명예교수는 자신이 41년간 강단에 섰던 서울대 법대 출신 정치 신인들이 얼마 전 추한 폭로전을 벌였을 땐 낯이 뜨거웠다고 했다. 한국 헌법학 2세대 거목인 그가 팔순을 맞아 헌법연구서인 『헌법과 정치』(진원사)에 이어 논문 · 시론 등을 모은 『헌법정치의 이상과 현실』(소명출판)을 냈다.
요즘은 '안철수'란 이름이 떴지만 한때 '김철수'는 고시생들 사이에 헌법학 필독서 저자로 이름 높았다. 하지만 김 교수 스스로 학문적으로는 회한이 없지 않은 인생을 살았다.

70년대 삭제된 부분 복원해 이번에 나온 새 책들에 넣어

"유신 때 비판적 책을 썼다가 출판금지 · 몰수되고 한동안 해외에 있었어야 했어요. 한창때인 40대를 좌절감 속에 지냈습니다." 당시 삭제된 부분이 새 책에 복원됐다. '유신헌법의 정부형태'에 관한 항목을 보면 '신대통령제'로 부르면서 '전제정부의 일종이며 현대적 군주제도…'라고 적었다. 단점으로는 '국가권력이 일개인에게 집중 행사됨으로써 국민의 견제가 사실상 불가능해지며, 군주국으로 이행될 가능성도…'라고 썼다.

후환은 지금도 생생하다. "1973년 1월 10일 책이 나오자마자 전량 몰수되고 다음날 중앙정보부에 끌려가 1주일간 잠도 못 자고 심문을 받았어요. 세 차례 수정 끝에 출간됐지만 강의는 금지됐지요." 박근혜 새누리당 대선 후보에 대해 유감이 없을까. 그는 "유신은 박 대통령 일이었고, 박 후보는 그때 스무 살밖에 안 됐는데 뭘 알았겠느냐"며 말을 아꼈다.

---

* 조선일보 2012. 10. 30.

어릴 적 문학 소년이었던 그가 헌법에 관심 갖게 된 것은 이념 갈등이었다. "해방 후 대구는 '한국의 모스크바'라 할 정도로 좌익이 강했어요. 1946년 10 · 1 폭동 사건이 났는데 중1 때 교실에서도 좌우 대립이 극심했어요. 그 무렵 제헌 작업이 한창이었는데 법을 통한 사회통합을 생각했지요."

그는 척박하던 한국헌법학계에 자연법 철학 이론을 본격 적용한 첫 학자였다. "1961년 독일 유학에서 돌아와 이듬해 서울대 법대에 임용된 후 헌법질서론을 쓰려는데 참고할 책이 없어 유학 시절 읽은 기억에 의존할 수밖에 없었어요." 그가 당시에 쓴 '학문적 고도(孤島)'란 말은 식자들 사이에 유행어가 됐다.

그는 요즘 대학 환경은 나아졌는데 교수들 연구열은 못한 것 같다고 했다. "예전엔 교수 월급 3000원에 연구비도 없었어요. 요즘은 연구비에 책 · 학술지도 거의 다 들어오지요. 평가제나 승진 심사제가 있지만 탈락 교수는 별로 없어 사실상 종신제예요. 그런데도 요즘 교수들은 공부보다는 정치나 딴 곳에 관심이 더 많이 가 있는 것 같아요." 현재 제자들과 함께 설립한 한국헌법연구소 이사장을 맡고 있는 그는 여생도 지금처럼 헌법 연구 한 길에 매진할 것이라고 했다. / 전병근 기자

## 2. '한국 헌법학계의 태두' 김철수 서울대 명예교수*

"헌법 부정하는 '위헌정당' 해산 안 하는 것은 문제"

김철수 교수는 경제민주화의 한 예로 노동시간 단축을 통한 일자리 나누기를 들었다. 그는 "강성 노조가 소득에 집착해 자신들의 권리만 주장하기보다는 비정규직을 정규직으로 채용하고, 노동시간을 줄여 가족과 많은 시간을 보내는 것도 경제주체 간의 조화를 통한 경제민주화라고 본다"고 말했다. 장승윤 기자 tomato99@donga.com

"헌법 개정을 논의하기보다 지금 있는 헌법이라도 위정자들이 잘 지켜주면 바람직하겠습니다. 현재 헌법은 대통령에게 과도한 권력을 부여하지 않았으나 실행을 잘못해 권력 독점과 부패가 생기는 것입니다. 차기 대통령에게 가장 필요한 덕목도 헌법 준수입니다."

대선을 앞두고 대통령 4년 중임제를 골자로 하는 개헌론이 다시 나오고 있다. 올해 내내 이슈가 된 '경제민주화'에 대해서는 관련 헌법 조항에 대한 해석의 차이로 갑론을박이 벌어졌다. 모두 국가의 뼈대인 헌법을 제대로 알아야 접근할 수 있는 문제다. 하지만

* 동아일보 2012. 11. 5. (초대석)

고시를 준비하거나 법학을 전공한 사람이 아니고서야 헌법 전문을 읽고 꼼꼼히 공부해온 사람이 얼마나 될까.

'한국 헌법학계의 태두'로 불리는 김철수 서울대 명예교수 겸 명지대 법학과 석좌교수(79)가 최근 출간한 저서 『헌법정치의 이상과 현실』(소명출판)은 그래서 반갑다. 팔순을 맞아 지난 60년간 헌법학자로서 써온 논문, 칼럼, 에세이 등을 1100쪽 넘게 모은 방대한 책이다. 중학생 때인 1948년 혼란한 정국 속에서 제헌헌법의 탄생을 지켜보며 법학을 공부하기로 결심한 이래 한국 헌법학의 토대를 닦고 지금까지 헌법 연구에 몰두해온 김 교수의 굵직한 조언들이 담겼다. 2일 서울 중구 태평로 한국프레스센터에서 김 교수를 만났다.

헌법과 달리 대통령 권한 과도하게 행사

— 저서의 제목이 『헌법정치의 이상과 현실』이다. 우리나라 헌법정치의 '이상'은 무엇이며 '현실'은 과연 어떤가.

"헌법의 이상은 어디까지나 입헌주의, 즉 헌법에 따라 국가를 통치하는 것이다. 국민의 기본권을 보장하고 입법 사법 행정의 삼권분립을 이루는 것이 포함된다. 1987년 마지막으로 개정된 현재 헌법은 거의 이상적이라고 볼 수 있는데 그 집행이 잘못되고 있다. 헌법에는 대통령과 국무총리가 권력을 분산하도록 되어있지만 실질적으로는 대통령의 권한이 과도하게 행사되고 있다. 예를 들어 '국무위원은 국무총리의 제청으로 대통령이 임명한다'는 조항이 있는데, 형식적으로는 그렇게 하지만 실제로는 대통령이 멋대로 국무위원을 임명하지 않는가. 또 항시 감사를 할 수 있는 미국 · 독일과 달리 우리는 국정감사 기간이 연 20일에 불과해 정부에 대한 국회의 감시와 비판이 제대로 안 되는 것도 문제다."

— 노무현 전 대통령이 임기 말에 대통령 4년 중임제를 내용으로 하는 '원포인트' 개헌을 제안한 데 이어 최근에도 대선후보들 사이에 개헌 언급이 나오고 있다. 개헌이 필요하다고 보나.

"'제왕적 대통령'이 문제인데, 위정자들이 지금 있는 헌법이라도 잘 지킨다면 대통령의 권력 독점과 부패는 자연히 줄어든다. 나는 대통령의 권한을 줄이고 국회가 중심이 되는 의원내각제가 가장 바람직하다고 주장해왔다. 하지만 대통령제에서 바로 의원내각제로 바꾸기는 어려우며, 제2공화국 때 도입된 의원내각제는 대통령과 총리가 대립할 경우 중재할 사람이 없어 문제였다. 현재로서는 대통령제와 의원내각제의 중간단계로서 '분권형 대통령제'가 바람직하다고 본다. 국민에 의해 선출된 대통령이 외치(外治)를, 국회 다수당에서 나온 총리가 내치(內治)를 맡아 권한을 나누는 프랑스식 이원집정부제에 가깝다. 요즘 4년 중임제를 해야 한다는 의견이 나오는데, 중임제가 도입되면 대통령이 8년 집권만 하고 끝내겠는가. 과거 이승만 전 대통령의 사사오입(四捨五入) 개헌, 박정희 전 대통령의 3선 개헌처럼 장기집권을 위한 시도가 생기면 곤란하다."

초등학교 때부터 헌법 가르쳐야

— 논란이 된 헌법 제119조의 경제민주화 조항에 대해서는 어떻게 해석하나. (헌법 제119조 1항은 '대한민국의 경제질서는 개인과 기업의 경제상의 자유와 창의를 존중함을 기본으로 한다', 2항은 '국가는 균형있는 국민경제의 성장 및 안정과 적정한 소득의 분배를 유지하고, 시장의 지배와 경제력의 남용을 방지하며, 경제주체 간의 조화를 통한 경제의 민주화를 위하여 경제에 관한 규제와 조정을 할 수 있다'고 명시하고 있다.)

"제119조 1항에 보장된 개인과 기업의 경제상의 자유와 창의를 어떤 경우에 제한할 수 있느냐가 2항에 나와 있다. 나는 2항에 나온 '경제주체 간의 조화를 통한 경제의 민주화'를 좁은 의미로 해석해 독일식 경영민주화라고 본다. 독일에는 회사의 주요 사안을 결정할 때 반드시 노동자와 기업가 측이 반수씩 모이는 경영위원회에서 결정하는 공동결정법이라는 게 있다. 소득분배나 소비자보호, 노동자와 사용자의 권리 등은 헌법의 다른 조항에서 규정하고 있으니 2항을 확대 해석할 필요는 없다."

— 국민들이 헌법의 중요성을 제대로 인식하지 못하고 있는데, 헌법의 의미를 설명해 달라.

"조선시대부터 백성은 주권자가 아닌 피치자(被治者)로 간주됐고, 일제강점기에는 일본 천황의 권위가 컸기 때문에 전통적으로 우리에겐 민주적 입헌정치에 대한 인식이 부족했다. 헌법 제1조 2항에 '대한민국의 주권은 국민에게 있고, 모든 권력은 국민으로부터 나온다'고 되어있다. 헌법은 국민의 합의로 만든 최고의 법전이며 어디까지나 국민을 위한 것인 만큼 국민이 헌법을 알고 지켜야 나라가 잘 돌아간다. 그런데 국민이 헌법의 의미를 잘 모르니 국가권력에 대한 감독이 소홀해진다. 국기에 대한 경례를 안 하거나 애국가를 안 부르고 북한을 찬양하는 등 헌법을 부정하는 정당이 있는데도 정부가 헌법에 규정된 위헌정당해산제도를 시행하지 않는 것도 문제다."

— 헌법 교육이 제대로 이뤄지지 않는 현실을 어떻게 보나.

"위정자들이 헌법 공부를 시키지 않는다. 국민이 헌법을 배워 권리 행사에 적극 나서면 위정자들이 불편해지기 때문일 것이다. 초등학교부터 헌법을 의무적으로 가르치고 모든 종류의 공무원 시험에 헌법 과목을 넣어야 한다. 법원이나 경찰서에서 모욕적인 대우를 당했다고 억울해하는 사람들이 있는데 헌법을 알면 스스로 올바르게 항의할 수 있다."

유신헌법 반대 이유 교수재임용制 생겨

— 유신헌법 공포 당시 헌법학자로서 혹독한 고초를 겪었을 텐데….
"1972년 10월 유신이 선포되고 개헌안이 공고되자 정부는 공법학자들을 동원해 유신 지지 발언과 유신 헌법 홍보를 요구했다. 당시 정부가 나더러 방송에 출연하라며 TBC 방송국 앞에 데려다놨는데 내가 달아나서 밉보였다. 이듬해 1월 『헌법학 개론』을 출간했는데 유신헌법을 '현대판 군주제'라고 쓰는 등 비판적인 내용이 있었고, 다음 날 바로 중앙정보부로 끌려갔다. 일주일간 잠도 안 재우고 북한과 내통한 것 아니냐, 책을 수정하라며 협박을 했다. 수정 재판과 3판도 몰수당하고 4월이 되어서야 수정 4판부터 출간할 수 있었다. 책은 나왔지만 강의는 못하게 해서 1년간 미국과 독일에서 머무를 수밖에 없었다.

당시만 해도 대학교수는 영구고용제였는데 이후 교수재임용제도가 생겼고, 유신헌법에 반대했다는 이유로 나의 재임용 탈락이 논의됐다. 대학본부의 노력으로 교수직은 가까스로 유지했으나 유신헌법을 지지하는 새로운 교수가 채용됐고, 내 학교생활은 비참하기 짝이 없었다. 이후에도 책을 낼 때마다 검열을 당했다. 유신헌법 선포 전까지 나는 제자들의 석사 논문을 지도하면서 '대통령의 권한이 너무 강하다'고 가르쳤는데, 정부에서 다시는 그런 학설이 못 나오도록 유신헌법을 선포했다는 말도 들었다."

교화 불가능한 반인륜 범죄자 사형시켜야

— 최근 법원이 여성을 납치 살해한 오원춘에 대해 사형이 아닌 무기징역형을 내려 관대한 처벌이라는 논란이 나왔다. 사형제에 대한 의견은….
"양심범의 경우 격리해서 교육하면 된다. 하지만 교화가 불가능한 극악무도 반인륜적 범죄자의 경우, 사회 안전보장을 위해 불가피하게 사형을 집행해야 한다. 성폭행 죄로 교도소에 들어갔다가 석방된 뒤 재범하는 범죄자가 얼마나 많은가. 우리나라는 지난 15년간 사형수들의 사형 집행을 하지 않고 있는데, 아무리 나쁘게 살아도 사형 집행을 안 한다면 누가 겁을 내겠는가. 재교육이 안 되는 사람까지 국가에서 돈을 들여가며 교도소에 수용할 필요는 없다."

— 서울대 법대에서 사회지도층 인사를 많이 배출했는데 기억에 남는 제자는 누군가.
"유신헌법에 반대하는 교수 밑에서 공부했다는 이유로 내 제자들이 서울대 교수 임용에 불이익을 받은 것 같아 미안할 따름이다. 양건 감사원장, 황우여 새누리당 원내대표, 김효전 전 동아대 법학부 교수, 고승덕 전 국회의원 등이다. 미안함을 전한다."

● 김철수 교수는

김철수 교수는 1933년 대구에서 태어나 1952년 서울대 법대에 입학했으며 1956년 독일 유학길에 올라 1961년 뮌헨대에서 법학석사 학위를, 1971년 서울대에서 법학박사 학위를 받았다. 1962년부터 서울대 법대 전임강사로 헌법학을 가르쳤고 이듬해 서울대 법대 교수로 부임했으며 헌법재판소 자문위원, 한국공법학회장, 한국법학교수회장, 국제헌법학회 한국학회장, 탐라대 총장 등을 지냈다. 현재 서울대 명예교수, 명지대 법학과 석좌교수, 대한민국학술원 회원이다.

헌법해석뿐 아니라 헌법철학, 헌법정책학 등으로 한국헌법학의 지평을 넓혔으며 입헌주의와 법치주의 신장에 기여한 공로로 1993년 국민훈장 모란장을 받았다. 지난 40여 년간 법대생과 법학자의 필독서였던 『헌법학 개론』을 비롯해 『헌법질서론』, 『헌법학』, 『위헌법률심사제도론』 등 20여 권의 책을 펴냈다. 1988년 헌법재판소의 탄생은 박정희 정부 시절부터 사법부의 독립과 함께 위헌법률 심사권 행사를 주장해 온 그의 노력의 결실이었다. 1990년 제자들과 함께 '한국헌법연구소'를 설립해 헌법에 대한 토론과 연구를 해 왔고 현재 이사장으로 재직하며 집필을 계속해오고 있다.

신성미 기자 savoring@donga.com

## 3. "개헌, 집권 초 추진해야 … 현직 대통령 중임 예외로 허용 땐 탄력받을 것"*

**창간 6주년 기획 이광재가 원로에게 묻다 ⑨ 헌법학 태두 김철수 서울대 명예교수**

김철수. 한국 헌법학의 기초를 다진 대표적인 헌법학자. 『헌법학』 『한국헌법사』 등 관련 저서를 20권 넘게 냈다. 대표작인 『헌법학개론』은 지금도 법학자들의 필독서로 통한다. 1933년 대구 출생. 서울대 법학과를 졸업한 뒤 독일 뮌헨 루트비히 막시밀리안 대학과 미 하버드대 대학원에서 법학을 연구했다. 서울대 대학원에서 박사 학위를 받았다. 서울대 법대 교수와 제주 탐라대 총장을 지냈으며, 현재 서울대 명예교수 겸 명지대 석좌교수를 맡고 있다. 한국공법학회 회장과 한국헌법연구소 소장, 한국법학교수회 회장을 역임했다. 대한민국 학술원 회원으로 한국공법학회 · 한국헌법학회 고문과 국제헌법학회 한국학회 · 한국교육법학회 명예회장을 맡고 있다. 제자들과 함께 설립한 한국헌법연구소(1990)에서 토론과 연구를 해왔으며 현재까지도 이사장을 맡아 집필을 계속하고

* 중앙 선데이(중앙일보 일요판) 2013. 7. 14. 신문에는 1979년 12월 소설가 한말숙씨(왼쪽)와 자리를 함께한 김철수 교수와 1980년 9월 남재희 전 노동부 장관 등과 정치상황을 놓고 대담하는 김철수 교수의 사진이 있으나 본서에서는 게재하지 않았다.

있다. 중앙일보 논설위원(1967~73)과 한국방송공사 이사(2000~2003) 등 언론인 생활을 하기도 했다. 입헌주의와 법치주의에 기여한 공로로 국민훈장 모란장(1993)을 받았고 자랑스런 서울법대인상(2005)과 대한민국 법률대상(2009)을 수상했다.

사흘 뒤면 제65주년 제헌절이다. 1987년 개정된 우리 헌법은 26세라는 유례없는 '장수'를 누리고 있다. 하지만 변화된 시대상을 반영하지 못한다는 지적 속에 개헌을 주장하는 목소리가 높아지고 있다.

김철수(80 · 사진) 서울대 명예교수는 헌법학계의 태두다. 시대의 고비마다 깊은 통찰을 줬다. 박정희정부 시절 유신헌법을 '현대판 군주제'라고 비판했다가 교수직을 잃을 뻔했다. 80년 '서울의 봄' 시절엔 대통령제와 내각제를 혼합한 이원집정부제를 주장해 군부와 민주화 세력으로부터 협공을 당했다. 분권형 대통령제와 연립정부를 통해 '죽기 아니면 살기' 식의 정치문화를 타협과 공존의 장으로 바꿔야 한다는 그의 소신은 지금도 변함이 없다. 박근혜 대통령이 개헌을 하겠다면 집권 초기인 지금 독일식 분권형 대통령제로 개헌해야 한다고 역설한다. 김 교수를 지난주 서울 흑석동 중앙대 뒤에 위치한 그의 사무실에서 만났다.

— 법이란 무엇인가.

"학설로는 '권력자의 실력에 의해 만들어지는 것'이라고 한다. 현실로 보면 '인간이 이성에 따라 살자는 행동 규율'을 만든 것이 법이다. 인간이 서로를 보호하기 위해 상호 존중하는 인간의 계약이라고 할 수 있다."

— 법의 으뜸인 헌법이란 무엇인가.

"국가를 형성함에 있어 국민이 만든 기본법이자, 최고의 법이다. 국회의원이 만드는 게 아니라 원칙적으로 국민의 총의로 만드는 법이다. 헌법에선 법치주의 · 권력분립 · 국민대표제 등 국민주권의 원리가 제일 중요하다. 다만 국민의 기본권도 절대적인 건 아니다. 국가안보와 질서유지 · 공공복리를 위해 필요한 경우 법률로 제한할 수 있다. 타인의 권리를 침해하지 않는 게 공공복리다."

— 왜 헌법을 공부했나.

"중학교를 대구에서 나왔다. '한국의 모스크바'라 불린 그곳에선 교실에 경찰이 들어와 학생들을 잡아갔다. 좌우 대립이 극심해 건국이 될 수 있을까 싶었다. 졸업 후 독일로 유학 갔는데, 동 · 서독으로 분단됐지만 서로에 대한 적대감은 적었다. 한국이 부강한 나라를 만들려면 통일을 이뤄야 하기에 통일헌법을 열심히 공부했다. 그 길이 나의 삶이 되었다."

— 소크라테스가 배심원 501명 중 361명의 찬성으로 사형당하는 것을 본 플라톤은 '다수결이 과연 진리인가'라는 물음을 던졌다.

"국민을 대표하는 경우 현실적으론 다수결밖에 없다. 다만, 국민의 권리를 침해하는 불법적인 법률도 있을 것이다. 그럴 땐 국민이 법을 바꾸라고 청원권을 행사할 수 있다. 그것도 안 될 땐 국가권력에 대한 저항권을 행사할 수 있다."

— 저항권을 더 자세히 설명해준다면.

"70년대 긴급조치는 불법적인 권력행사여서 저항해야 한다고 주장했다. '저항권'이라는 걸 학문적으로 인정한 것이다. 독일에선 '흰 장미'란 학생단체가 나치즘에 항거하다 지도부가 처형당했다. 저항권의 일환이었다. 신학적으로도 '미친 마부에겐 말을 맡길 수 없다'는 얘기가 있다. 국가권력의 남용을 도저히 시정할 수 없을 때 최후의 헌법보장 수단으로 국민 저항권이 있는 것이다."

— 유신헌법에 반대하다 고초를 겪었다.

"내 교과서에 유신헌법은 '현대판 군주제도'라고 썼다. 책이 압수됐고 중앙정보부가 '북한이 방송에서 김철수와 내통했다고 주장한다'면서 나를 끌고 갔다. 일주일 뒤 풀어주면서 '책을 수정하라'고 해서 문제된 부분을 고쳤지만 그래도 1, 2, 3판 모두 몰수됐다. 강의도 못하게 하고 교수직에서 쫓아내려 했다. 이때 미국에서 도움을 줘 미국에 반년, 독일에 반년 나가 있었다. 학생들도 가만히 있지 않았다. 어렵사리 교수 재임용이 됐다. 역사는 흐른다."

— 분단을 고착시킨 헌법은 남북 가운데 누가 먼저 만들었나.

"48년 제헌헌법 제정 당시 좌우 대립이 너무 심했다. 좌우익에서 양측이 모두 인정한 유진오 교수와 독일 바이마르 헌법에 심취한 윤길중에게 '자본주의도 사회주의도 아닌 헌법을 만들어 달라'고 했다. 북한에선 '대한민국이 먼저 헌법을 만들었기 때문에 우리도 헌법을 만들었다'고 주장하는데 사실과 다르다. 국가 체제를 먼저 만든 건 북한이다. 47년께에 벌써 김일성 중심의 국가권력이 완성됐다. 남로당에서 '사회민주주의적 헌법을 만들어야 한다'고 했지만 북한은 이를 일축하고 공산주의 헌법과 일당수령독재를 채택했다."

— 제헌헌법이 주는 교훈은?

"남북이 뜻을 모아 헌법을 만들었으면 통일이 됐을 텐데 실패한 게 너무 아쉽다. 오스트리아는 4개국 점령 하에서도 통일을 이뤘다. 정당연립으로 독립을 쟁취한 거다. 그런데 우리 지식인들은 너무 이상주의적으로 이념을 신봉해 통일에 실패했다. 독일도 서독 주도로 통일했지만 동독인 상당수에게 공직을 줬다. 앙겔라 메르켈 총리부터 동독 출신이다. 또 통일 뒤에도 공산당을 인정하고, 공산당원의 공직 진출을 허용했다."

— 오스트리아와 독일의 성공 원인은.

"바이마르 헌법이라는 사회민주적 전통이 있었다. 또 공산체제로는 복지와 인권을 보장할 수 없다고 생각했다. 극우적이지도 극좌적이지도 않았고 대연정으로 좌우 합작 정부를 만들었다. 또 미국 · 소련과 다 가깝게 지냈다. 프랑스와 영국이 독일 통일을 가장 반대했지만 이를 극복할 외교력도 있었다. 민주적 역량과 경험이 있었다는 게 가장 중요하다."

— 우리는 지금도 보수와 진보의 갈등이 심하다.

"양당제만 고집하지 말고 다당제로 연립정부를 형성하는 전통을 만들어야 한다. 완충지대, 합리적 지대를 만들어야 나라가 앞으로 간다."

— 대통령 후보 단일화가 갈등을 심화시키는 측면도 있다.

"우리나라가 앞으로 대통령제를 유지하려면 결선 투표를 해야 된다. 지금 제도로는 40%도 안 되는 지지율로도 당선만 되면 모든 걸 다 가진다. 그러면 정당성이 떨어진다. 연립정부를 형성하는 게 낫다. 독일은 단독 정부를 한 적이 거의 없다."

— 87년 헌법을 손보자는 의견과 그냥 두자는 의견이 갈린다.

"87년 체제가 낡았다는 주장이 있는데 뭐가 낡았다는 건지 모르겠다. 국민적 합의가 이뤄지면 개헌이 가능할 수도 있다고 본다. 하지만 개인적으론 (4년 중임제) 개헌에 찬성하지 않는다."

— 이유는.

"4년 중임제는 레임덕이 더 빨리 올 수 있다. 미국의 예에서 보듯 4년 중임제 한다고 부정부패가 없어지는 것도 아니다. 오히려 선거가 빨리 돌아와 선거자금으로 인한 부정부패와 포퓰리즘 발호 가능성이 크다. 또 집권 후 첫 1~2년은 대통령 수습기간이고, 임기 후반이면 선거운동 기간이 된다. 재선돼도 2년만 지나면 레임덕이 된다."

— 단임이라도 5년은 국정운영에 짧다는 주장이 있다.

"나는 6년 단임제를 주장했었다. 전두환 전 대통령은 8년제 단임을 하겠다고 했고, 사실상 8년 집권했다. 그는 87년 개헌을 하면서 '국가원로자문회의'를 만들었다. 후임 대통령 노태우 위에서 상왕 노릇을 하겠다는 뜻이었다. 노태우를 '물태우'로 보고 부려먹으려 생각한 거다. 그런데 선거 결과 여소야대가 되니 노태우가 전두환을 백담사에 보낸 것이다. 이런 역사가 있기 때문에 단임제가 낫다는 거다."

— 4년 중임제로 개헌하려면 임기 초에 해야 한다고 주장하는데.

"노무현 전 대통령이 중임제 개헌을 임기 말에 추진했다. 임기 초에 추진했으면 됐을 수 있었겠지만 결국 실패하지 않았나. 현직 대통령은 중임을 못하게 해야 한다. 그러나 이번만은 예외로 해 현직 대통령도 중임을 허용하면 인센티브로 작용해 열심히 개헌에 나설 수 있을 거다."

— 우리 헌법이 안고 있는 가장 큰 문제는.

"승자 독식이다. 그러니 선거운동이 너무 격렬하고 국민분열이 심하다. 대통령의 권한을 너무 강화해선 안 된다. 그래서 나는 의원내각제를 주장한다. 대통령은 국민의 상징으로 하고, 정치는 국무총리가 하는 게 옳다. 총리는 국회에서 선출된 사람으로 하되 정부가 국회에 대해 불신임과 해임 건의안을 낼 수 있고, 대통령은 총리 해임권과 국회 해산권을 가지면 된다."

— 일본을 보면 총리가 너무 자주 바뀐다. 우리도 내각제가 되면 정국이 더 불안해질 것이란 우려가 있다.

"일본이 지금이야 그렇지만 예전엔 자유민주당이 55년간 권력을 독점했다. 민주당이 집권하면서 분파가 너무 많이 생겼다. 지금 일본엔 정당이 10개나 있다. 어떤 정당도 다수당이 못 돼 연립을 해야 한다. 그럴 경우 예전에는 자유민주당 · 공명당이 연립을 하면 됐는데 민주당 집권 뒤 당이 워낙 많아지니 그게 어려워졌다. 민주당이 약해 국민 신임을 못 받으니까 총리가 1년마다 바뀐 거다. 내각제란 제도의 문제점이 아니라 선거에 따라 어떤 정당이 이기느냐가 문제였던 거다."

— 소선거구제인 우리나라에선 다당제가 실현되기 어렵다.

"그래서 비례대표제를 가미하자는 것이다. 소선거구제와 비례대표제 · 중선거구제를 결합하는 방식으로 해야 한다. 이게 독일식이다. 독일의 경우 의원의 절반은 소선거구에서, 나머지 절반은 정당선거구에서 선출된다. 의석은 정당 득표율에 따라 배분한다. 독일은 연방제인데, 주마다 비례대표제 리스트가 있다. 주 선거를 치를 경우 1인2표제를 도입해 한 표는 사람에게, 한 표는 정당에 투표한다. 우리도 이런 제도로 가야 한다. 그렇게 하지 않으니 정치가 죽기 아니면 살기 일변도다."

— 국가 갈등을 조정하고 지방의 목소리를 대변하기 위해 양원제가 필요하다는 주장도 나온다.

"양원제의 경우도 독일식이 괜찮다고 생각한다. 지방 정부의 대표자가 상원의원이 되는 것이다. 상원에 각 주의 대표가 모이니까 지방의 권익을 상원에서 대표할 수 있다. 우리나라도 그럴 필요가 있다. 그렇게 하면 지방의 힘이 강화될 것이다. 독일이 이럴 수 있는 건 연방제이기 때문이다. 우리도 연방제로 가야 한다. 작은 나라에서 왜 연방제를 하느냐고 반박하는데 나라 크기는 상관이 없다. 스위스는 우리보다 더 작은 나라지만 연방제로 국정을 잘 꾸려가고 있다. 상원은 연방제를 하고, 하원은 지역구 대표들로 채우면 좋다고 본다."

— 국회 선진화법을 우려해 왔는데.

"의원의 60%가 동의하지 않으면 법을 통과시킬 수 없는 국회 선진화법을 만들면 식물 국회가 될 수 있다. 당초 여야가 이 법을 만들 땐 다가올 총선에서 서로 과반수를 차지하지 못할 것 같으니 했던 것이다. 그런데 새누리당이 과반을 얻었으니 지금 후회하고 있을 거다."

— '경제민주화' 논란은 어떻게 봐야 하나.

"경제민주화는 좋다. 경제민주화는 제헌 헌법에선 '사회 정의에 입각한'으로 정의돼 있었다. 이때 '사회 정의'는 '사회주의적 경제'와는 다르다. 사회 정의란 건 정치 · 경제 · 사회정의 가운데 사회 정의를 중심으로 하자는 것이다."

— 헌법은 우리 경제체제 조항을 '사회적 시장경제'라 규정했다.

"내가 처음 시작한 말이다. '최소한의 규제와 최대한의 자유'가 사회적 시장경제다. 독일의 경우 경제민주화란 말은 없고 '경영민주화'라고 한다. 경영자와 근로자의 평등을 뜻한다. '공동결정법'이라는 법 아래 노사 동수의 감사위원들이 중요 사안을 공동 결정한다. 그래서 독일 근로자들은 데모를 하지 않는다. 또 근로자 지주법이 있어 근로자들이 주식을 가진다. 경영에서 이익이 나오면 노동조합에 이익청구권이 주어지는 것이다."

— 독일의 근로자 주식은 얼마나 되나.

"회사마다 다르다. 근로자들이 주식을 많이 갖고 싶으면 노동조합이 사면 된다. 우리나라도 근로자 지주법이 있어 근로자가 주주다. 그런데 주주가 어떻게 파업을 하나. 그게 문제다. 독일에 있을 때 TV만 보면 현대차 파업뉴스가 나왔다. 독일인들이 '한국 망한다'고 했었다. '월급을 더 많이 받는데, 데모한다'고 말이다. 결국 외환위기를 당해 망하지 않았나. 지금도 마찬가지다. 현대자동차 국내 공장의 생산량이 중국 · 미국 공장 생산량의 30% 선에 불과한데 월급은 더 많다."

— 경제민주화는 좋지만, 대기업을 해체하려는 생각도 있는 것 같아 우려스럽다.

"그렇다면 대기업이 가만히 있겠나. 해외로 나가버리면 그만이다. 삼성전자 주식도 외국인이 더 많이 갖고 있다."

— 감사원을 국회에 두자는 주장이 있는데.

"감사원이 해온 회계감사권을 국회에 줘 결산감사와 함께 처리할 수 있도록 하는 것이 좋다. 국회 결산 감사가 허술하니 돈이 줄줄 샌다. 감사원은 행정부에 두고 회계감사는 국회에 보내는 게 낫지 않겠나. 그런 나라가 많다."

— 기초의원이나 기초단체장의 정당 공천 배제는 어떻게 보나.

"문제는 정당이 아니라 의원이 공천한다는 거다. 의원 개인이 단체장, 지방의원들을 컨트롤해 문제가 생기는 거다. 서로 경쟁자가 되어야 한다. 또 의원들이 지방의회를 너무 무시하는데, 거기서 정치를 배워야 한다."

— 기초단체장 선거는 어떻게 봐야 하나.

"도지사가 군수를 임명하는 건 괜찮고, 시장이 구청장을 임명할 수도 있을 것이다. 그런데 서울시는 광역행정이니 구청장도 인구가 많다. '도'와 별 차이가 없다. 이럴 땐 의원내각제적인 운영을 했으면 좋겠다. 지방의회에서 구청장을 뽑고 불신임도 하는 식으로 말이다."

— 인생이란 무엇인가.

"자신이 노력해 구축하는 하나의 과정이다. 횡재를 바라지 말고, 자신의 능력과 직분을 최대한 살려 국민에게 기여하는 것이다. 아이들을 안 낳으려 하는데 국가 · 사회를 위해선 후손들을 낳아 키우며 희생을 해야 한다. 옛날의 정겨운 가족제도와 이웃공동체를 복원해야 한다. 눈높이를 높이지 말고 낮춰서 행복하게 살아야 되지 않겠나."

* 이광재. 노무현 전 대통령의 국회의원 시절 그의 보좌관으로 정계에 입문해 17, 18대 국회의원과 강원도지사(2010~2011년)를 지냈다. 노무현 정부에서 청와대 국정상황실장을 역임했다. 1965년생(48세)으로 원주고와 연세대 법대를 졸업했다.

## 4. 김철수 "통진당 해산 提訴 가능… 소속 의원 다 제명할 수 있어"

김영환 "내가 아는 이석기類, 그러고도(내란 모의) 남을 집단… 從北세력 아직 전국에 1000명쯤 있다"*

통합진보당 'RO (Revolutionary Organization · 혁명조직)' 사건과 관련, 통진당 해산 주장이 확산되고 있는 가운데, 원로 헌법학자인 김철수 서울대 명예교수로부터 정당

* 조선일보 2013. 9. 6. 신문에는 대담 사진이 실려 있다.

해산과 관련된 견해를 들었다. 또 1990년대 초반 북한 지시로 민혁당을 만들었던 김영환 북한민주화네트워크 연구위원*으로부터 이번 'RO' 사건의 실체에 대한 생각을 들었다.

"道黨모임이라는 RO, 당차원서 민주 질서 어긴 증거
위헌 정당 해산 소추하는 건 정부 선택이 아닌 의무
獨 헌재, 현실적 위협 안됐지만 1956년 공산당 해산"

1970년대에 유신헌법을 정면 비판했다가 수난을 겪었던 원로 헌법학자 김철수(金哲洙 · 80 · 사진) 서울대 명예교수는 5일 "통합진보당에 대한 정당 해산 제소가 가능하다"고 말했다. 김 교수는 이날 전화 인터뷰에서 "주체사상을 신봉하고 이에 따라 행동하는 정당은 (헌법상의) 민주적 기본질서에 위배되기 때문에 정당으로 보호할 필요가 없다"고 말했다.

— 통진당에 대한 정당 해산 제소가 가능하다고 보는 근거는.

"5월 12일 RO(혁명 조직) 모임에 대해 통진당은 경기도당 모임이라고 했다. 당의 공식 회합이다. 국가정보원이 수사한 대로 이 자리에서 내란 음모 행위가 있었다면 통진당이 정당 차원에서 민주적 기본질서를 어긴 것이다. 헌법은 정당의 목적이나 활동이 민주적 기본질서에 위배되면 정부가 헌법재판소에 해산을 제소할 수 있도록 규정하고 있다."

헌법 8조 4항은 '정당의 목적이나 활동이 민주적 기본질서에 위배될 때에는 정부는 헌법재판소에 그 해산을 제소할 수 있고, 정당은 헌법재판소의 심판에 의하여 해산된다'고 규정하고 있다. 정부는 국무회의 심의를 거쳐 헌재에 정당 해산 심판을 청구할 수 있다. 김 교수는 "위헌 정당에 대한 해산 소추는 정부의 선택이 아니라 의무"라고 말했다. 헌법 질서를 유지하고 국가 존립을 확보해야 할 의무가 정부에 있기 때문에 위헌 정당이라고 판단하면 반드시 헌재에 제소해야 한다는 것이다.

헌재는 정부로부터 정당 해산 심판 청구를 받으면 해당 정당의 활동을 정지시키는 가처분 결정부터 내릴 수 있다. 최종 해산 결정이 나올 때까지 시일이 오래 걸릴 수 있기 때문에 그동안 위헌적 정당 활동을 막으려는 조치이다. 헌법재판관 전체 9명 중 7명 이상이 출석해 이 가운데 6명 이상의 찬성이 있으면 정당 해산 결정이 내려진다. 지금까지 국내에서 정당이 헌재 결정으로 해산된 사례는 없다.

— 헌법재판소가 해산 결정을 내리면 소속 의원도 제명되나.

---

* 김영환 北민주화네트워크 위원: 서울법대 재학 중이던 1980년대에 주체사상을 정리한 '강철 서신'을 써 주사파의 대부로 불렸다. 91년 밀입북했던 그는 남한 혁명을 시도하는 민혁당을 92년 조직했다. 북한 방문 이후 김일성 체제에 실망했던 김 위원은 고민을 거듭하다 90년대 중반 전향했다.

"헌법이나 선거법, 정당법 등에 명시적 규정은 없지만 비례대표 · 지역구 의원 모두 국회가 자율적으로 제명 조치해야 한다. 비례대표는 후순위자가 승계해서도 안 된다. 비례대표 의원은 정당 자체를 기반으로 당선된 사람이고, 지역구 의원은 정당에 지급된 선거 보조금을 활용해 당선된 사람이다. 정당 자체가 위헌으로 해산되면 의원들도 모두 자격 상실돼야 한다."

— 정당 해산의 심사 기준인 '민주적 기본질서'는 무엇인가.

"헌법재판소가 결정을 내렸다. 반국가 단체에 의한 일인 지배, 일당독재는 안 된다는 대목이 맨 앞에 나온다. 북한의 주체사상은 그 자체로 민주적 기본 질서 위배다. 북한은 민주주의가 아니다. 북한은 일당독재, 일인 지배다. 북한이 전쟁을 일으켰을 때 여기에 가담해 우리나라를 전복하려는 것은 민주적 기본질서 위배이다."

— RO가 '현실적 위험성은 없다'는 주장도 나오고 있다.

"독일 연방헌법재판소가 1956년 독일공산당을 해산시켰다. 당시 독일 헌재는 민주적 기본 질서에 대한 현실적 위험성이 없더라도 정당 해산이 가능하다고 결정했다. 애초부터 민주적 기본 질서 침해를 목적으로 하는 정당은 국가가 보호하거나 지원할 필요가 없다는 것이다. 만약 현실적 위험성이 없다고 해산 안 시키면 반국가 활동, 종북 활동을 하는 정당에도 보조금 주고 선거 참여를 인정해야 한다. 민주주의의 적(敵)까지 지켜줄 이유가 없다. 민주주의를 방어하기 위해서다."

— 국가정보원의 이번 사건 수사가 '정당 사찰'이라는 주장도 있다.

"국가정보원은 국가 안보를 위해 위헌적 활동을 수사하는 곳이다. 국정원의 이번 수사는 그 자체로는 통합진보당에 대한 수사가 아니라 지하 혁명 조직 RO에 대한 수사였다. 정당 사찰로 보기 어렵다. 또 법원에서 압수 수색 영장, 감청 허가를 받았으니 합법적 수사다."

— 내란 음모 혐의와 관련한 이석기 의원 등의 발언이 사상의 자유, 표현의 자유로 보호받아야 한다는 주장도 나온다.

"말도 안 된다. 김일성을 숭배하는 사상을 마음속에 품고 있는 것만으로는 처벌받지 않는다. 하지만 그 사상을 말이나 글, 행동 등으로 표출하면 국가보안법상 고무 · 찬양, 형법상 내란 등으로 처벌된다. 헌법 37조 2항은 국가 안전보장을 위해 법률에 의해 국민의 기본권을 제한할 수 있도록 규정하고 있다. 국가보안법은 그동안 헌재의 한정합헌 결정과 국회의 법 개정을 거치면서 위헌적 요소가 제거됐다. 이제는 국보법이 위헌이라고 주장하는 사람이 없다."

"이석기類, 이념엔 관심 없고 오로지 투쟁만 아는 괴물
從北세력 주력은 40~50대… 젊은층 외면에 약화일로"

민혁당을 조직해 주사파의 대부로 불리다 전향한 '강철서신'의 저자 김영환(50) 북한민주화네트워크 연구위원은 이석기 의원 등의 내란 음모 혐의 사건에 대해 "다들 황당한 일이라고 보지만 제가 아는 그 사람들은 충분히 그런 일을 하고도 남는 사람들"이라고 했다. 그는 "북한의 지시가 있었다면 총기 확보 같은 구체적 지시가 아니라 '미제와 남조선 당국이 전쟁을 준비하고 있으니 전쟁 준비를 철저히 하라'는 정도의 지시가 있었을 것"이라며, "현재 주사파 세력은 국내에 1000여명 정도로 생각되지만 이번 일이 아니었어도 더 약화될 수밖에 없었을 것"이라고 했다. 91년 밀입북했던 김 위원은 북한 지시를 받고 92년 남한 혁명을 기도하는 민혁당을 조직했다. 이석기 의원은 당시 민혁당 지방 조직 중 하나였던 경기남부위원회 총책이었다.

— 이석기 의원의 RO 조직도 결국 김 위원이 만든 민혁당에 뿌리를 두고 있는데.
"북한 주체사상을 이념적으로 연구하고 운동을 지도하던 이들 대부분은 주체사상을 접은 지 오래다. 이석기류의 사람들은 자기들끼리는 주체사상이니 뭐니 하지만 실제로는 이념에는 관심 없고 오로지 '투쟁'이나 '의리' 같은 것만 강조하는 부류다. 행동만 추구하다 보니 이상한 괴물 같은 사람들만 남은 것이다."

— 이런 식의 모의를 과거에도 했나.
"130명이 모여서 내란 모의 비슷한 얘기를 했다는 건 말이 안 된다. 그런 얘기는 기껏해야 3~4명이 하는 얘기다. 거기다 총기 어쩌고 하는 얘기를 보면 전혀 현실성이 없다."

— 그들은 "그러니까 내란 음모가 아니다"라고 하는데.
"우리 상식에는 황당하지만 내가 아는 그 사람들은 충분히 그런 일을 하고도 남는 사람들이다. 그런 말도 안 되는 짓을 하는 사람들이 그들이다."

— 국회의원 자격으로 각종 군사 기밀도 요구했다. 북한에 전달할 목적이었을까.
"북과 연계돼 있으리라 보지만 증거를 잡기가 쉽지 않을 거다. 북한과의 연계는 철저한 점조직으로 돼 있을 테니 이석기 혼자 연락했든지, 아니면 중간 연락책을 두고 이석기와 딱 두 명 정도만 돼 있든지 할 것이다."

— 이 의원 배후에 더 큰 실체가 있다고 보나.
"북한을 제외하고는 이석기 위에 있을 만한 사람은 없다."

— 김 위원이 민혁당 활동을 할 때도 주사파 세력의 '합법 정당화' 시도가 있었다는데.
"'합법 정당을 만들라'는 지시가 있었다. 그 이후에 민노당 등이 만들어지고 그(주사파) 계열 사람들이 입당하는 걸 보면서 북한 지시가 이행되고 있구나 하고 생각했다."

— 현재 우리 사회에 종북 세력은 어느 정도 힘과 세력을 갖고 있다고 보나.
"전국적으로 1000명 정도 되지 않을까 본다. 내가 활동하던 때보다도 줄어들었다. 과거엔 이정희(통진당 대표) 정도 급의 엘리트들만 몇천 명이었다. 일부에선 사법부나 언론계에 침투해 있다는 말도 하는데, 좌파적인 생각은 갖고 있겠지만 종북적인 사람은 별로 없다고 봐야 한다."

— 이번 사건이 종북 세력에 미칠 영향은.
"분열되는 계기가 될 거다. 당장은 급하니까 단결해 있지만 130명씩 모아서 과격한 얘기 하는 것은 기존 운동권 상식에 벗어난 것이다. 당연히 비판이 나올 수밖에 없다. 종북 세력 전체로 볼 때도 세력은 약해진다고 봐야 할 거다. 이미 주력이 40대, 50대가 됐고, 젊은 사람이 없다."

— 우리 사회가 종북 논란에서 벗어나려면 무엇이 가장 필요한가.
"우선은 이석기 그룹 같은 부류를 사회적 · 정치적으로 고립시키는 것이 중요하다. 동시에 북한의 진정한 실체를 청소년들에게 정확히 알리기 위한 교육활동을 강화해야 한다."

— 개인적으로 이 의원을 알지 않나.
"조직 내부에서 알고는 있었지만 얼굴을 직접 대면한 적은 없다. (둘 다) 핵심 간부이긴 했지만 조직의 규율이 굉장히 엄격해서 보안상의 이유 때문에 다른 라인에 있는 사람들은 일절 만나지 못하게 했었다." (금원섭 기자)

## 5. 태극기, 애국가 등 국가상징 헌법에 규정해야*

조옥희 기자 hermes@hankooki.com

프랑스식 이원집정부제 유사한 분권형 대통령제 바람직
"오스트리아식 이원정부제는 사실상 의원내각제"
헌법 개정 적기는 19대 국회 말, 20대 총선 직전

---

* 『데일리 한국』 2014. 10. 23.

[데일리한국 조옥희 기자] 정치권 일부에서 개헌론이 제기되는 가운데 태극기, 애국가 등 대한민국의 상징을 헌법에 규정해야 한다는 헌법학자의 제안이 나왔다.

19대 국회 전반기 강창희 국회의장 당시 국회 헌법개정자문위원장을 지낸 김철수 서울대 명예교수는 23일 발간한 『새 헌법 개정안』(진원사)에서 "헌법 총강에 대한민국의 국기는 태극기로, 국가는 애국가로, 국어는 한국어로, 수도는 서울로 규정해야 한다"며 대한민국 상징 조항 신설을 제의했다.

김 교수는 "헌법에 규정되지 않았던 대한민국의 상징을 헌법에 규정함으로써 국론 분열을 미연에 방지해야 한다"면서 "국가 상징에 대한 모독이나 손상을 예방하고 국민의 애국심을 강조해야 할 것"이라고 주장했다. 태극기와 애국가 규정은 현행 헌법에는 전혀 없으며, 2010년 대통령훈령으로 제정된 '국민의례규정'에 들어 있다. 김 교수의 주장은 통합진보당 이석기 의원이 2012년에 "애국가는 국가가 아니다"고 말해 논란을 빚었던 것을 염두에 둔 것으로 보인다.

김 교수는 헌법 총강에 있는 영토 조항 변경 불가와 통일 조항 유지도 주장했다. 김 교수는 "대한민국의 영토를 휴전선 이남으로 하자는 주장도 있으나 이는 절대로 허용될 수 없다"면서, "통일을 대비해서라도 북한 지역에 대한 정통성 확립 차원에서 현행과 같이 한반도와 부속 도서로 하는 것이 바람직하다"고 밝혔다.

김 교수는 바람직한 권력구조로 분권형 대통령제를 제시했다. 본래 독일식 의원내각제를 선호했던 김 교수는 분단 등의 현실을 들어 "한국 실정으로 보아 이상적인 의원내각제, 합의제 정부는 운영하기 힘들 것 같다"면서 "우선 분권적 대통령제를 운영하면서 온건다당제, 협치정치 훈련을 한 뒤에 이상적인 합의제 정부형태로 나아가는 것이 옳지 않을까 생각한다"고 말했다.

그는 "이 제도는 학문적으로는 이원정부제(혼합정부)라고 할 수 있으나 한국에서는 분권형 대통령제로 통칭되고 있다"면서, 대통령제를 기반으로 하면서도 의원내각제적인 운영을 가미한 프랑스식 이원정부제 모델을 선호했다. 그는 "프랑스식 이원정부제와 똑같지는 않지만 대통령을 국민이 직선해 그에게 국방, 외교, 통일, 위기관리 등의 권한을 부여하고 (의회가 선출하는) 총리에게 내치를 담당하게 하여 의원내각제적으로 운영하기를 기대한 것"이라고 설명했다.

그는 요즘 여야 정치권 일부에서 거론되는 오스트리아식 이원정부제에 대해서는 "헌법상 이원정부제이지만 실제로는 의원내각제적으로 운영되고 있다"면서 사실상 내각제로 규정했다.

김 교수는 헌법 개정의 적기에 대해 "2015년 말쯤에는 대통령의 레임덕 현상이 나타날 것이고 새로운 대선후보의 활동이 활발해질 것이므로, 20대 국회의원 총선 전에 헌법 개정을 단행해 20대 총선 때(2016년 4월) 국민투표로 통과시키는 것이 바람직하다"고 말했다. 그는 "20대 총선이 끝나고 후임 대통령후보가 확정되면 대통령후보가 개헌에 반대할 것이 분명하므로 19대 국회 말에 개헌해야 한다"고 조언했다.

김 교수는 "국회를 양원제로 운영하는 게 바람직하다"면서 민의원(하원) 참의원(상원) 분리 도입을 제안했다. 그는 민의원이 총리를 선출하고 총리와 국무위원은 민의원에 대해 책임을 지도록 하는 방안을 제시했다.

김 교수는 또 △ 감사원을 감찰원과 회계감사원으로 분리 △ 대법원 부를 민사부, 형사부, 행정부, 특허부, 조세부 등으로 확대하고 대법원판사 수를 50명으로 확대 △ 국정조사 강화와 국정감사 제도 폐지 등을 주장했다.

## 6. 헌법학자 김철수 교수, "대통령에 국회해산권 있어야"*

### "다당제 실현을 통한 이원정부제가 바람직"

글 | 이상흔

김철수(金哲洙 · 83) 서울대 명예교수는 헌법학계의 태산북두(泰山北斗)와 같은 존재다. 대한민국에서 법학을 공부한 사람치고 '김철수' 이름 석자를 모르는 이가 없으며, "그의 헌법학을 보지 않고 고시에 붙은 사람이 없다"는 말이 회자(膾炙) 된 지 오래다. 평생 후진 양성에 힘써 온 김 교수는 은퇴 후에는 참된 원로(元老)의 길이 어떤 것인지 실천해 왔다.

그는 대립과 반목으로 점철된 우리 정치현실을 안타까워하며 칼럼과 언론 기고문, 인터뷰 등을 통해 '쓴소리' '바른소리' 하기를 마다하지 않았다. 김 교수는 최근 지난 십 여 년 간 언론에 기고해 왔던 시사평론과 기초연구 논문 등을 묶어서 『헌법과 법률이 지배하는 사회』(진원사)라는 책을 펴냈다.

언론 기고문을 엮었다고 해서 내용이 딱딱하거나, 한물간 내용일 것이라고 생각하면 오산(誤算)이다. 김 교수는 마치 선생님이 학생들을 가르치듯이 모든 논설을 주제별로 분류하여 한 권의 '민주주의 교과서'처럼 구성했다. 딱딱한 법률 이야기의 나열이 아니라, 지난 수년 동안 우리 정치현장에서 벌어진 수많은 이슈와 살아 있는 사례를 통해 자연스럽게 헌법과 법률, 그리고 민주주의의 기본에 대해 쉽게 이해할 수 있도록 편집한 것이다. 책장을 넘길 때마다 평생 법치주의 실천을 위해 몸바쳐 온 원로 학자의 정치 발전을

* 아카이브 뉴스(조선 pub) 2016. 3. 24.

바라는 진심 어린 애정이 묻어난다.

김 교수는 이 책의 발간 목적을 다음과 같이 밝혔다.

"정치개혁과 국정운영은 정치인의 독점 영역이 아니고, 주권자인 모든 국민이 관심을 갖고 정치인, 공무원들의 반성을 촉구하고 개혁을 선도하여야 한다. 그러기 위해 입헌주의와 법치주의에 대한 상식이 필요하다. 주권자인 국민이 주권을 바로 행사하여 이들 종복(從僕)들을 제대로 지도하기 위해서는 헌법과 법률을 알아야 한다."

"국회선진화법은 '야당결재법'"

언론은 벌써 19대 국회를 '최악의 국회'로 평가하고 있다. 19대 국회는 '식물국회' '불임국회'라는 오명(汚名)으로 역사에 기록될 것이다. 김 교수는 "여야(與野)의 극한 대립으로 안보(安保)는 뒷전이고 정치권이 노사(勞使) 간, 이념 간, 세대 간의 대립을 조정할 수 없는 상황에 와 있다"며 "20대 국회의원 선거와 다음 대통령 선거를 앞두고 이런 후진적인 정치현실이 재연되지 않도록 하기 위해서 헌정(憲政)의 길잡이가 되는 책을 엮을 필요가 있다는 생각을 했다"고 말했다.

이 책은 '헌법과 입헌주의란 무엇인가'에서 시작하여 우리나라의 대통령, 정부, 국회, 법원, 헌법재판소, 정당, 선거, 법질서와 통일 등에 대해 지난 10여년 간 벌어진 우리 현실정치의 이슈와 결부시켜 이해하기 쉽게 설명하고 있다. 김철수 교수를 직접 만나 법치주의와 우리의 정치현실에 대해서 들어보았다.

— 교수님께서는 기회 있을 때마다 소위 말하는 '국회선진화법'을 폐기해야 한다고 말씀하셨습니다.

"국회선진화법은 지난 18대 국회 마지막 때 통과되었습니다. 국회의원의 선의(善意)를 믿고 만든 법인데 지난 4년간 보았듯이 아무 일도 하지 못하는 '식물국회'로 만들었습니다. 민주주의는 다수결에 의한 의사결정을 전제로 하는 것입니다. 국회는 다수당이 책임을 지는 대의(代議)기관입니다. 그럼에도 불구하고 국회선진화법은 5분의 3 이상이 찬성하지 않으면 법률 하나 통과시킬 수 없도록 만들어 놓았습니다. 세계에 유례가 없는 반민주화법이고, 반책임정치법입니다."

— 이 법을 개정하고 싶어도 소수당이 찬성하지 않으면 불가능하다고 하는데요.

"야당의 의사를 존중할 수는 있으나, 소수당에 입법 결재권을 주는 나라는 없습니다. 어느 언론은 이 법을 '야당결재법'이라고 이름 붙였는데 아주 절묘한 작명입니다. 수많은 언론인, 정치인, 학자가 5분의 3 가중의결 정족수 제도는 민주주의 원칙에 맞지 않기 때문에 폐지하거나 개정해야 한다고 주장해 왔습니다.

그래서 여당은 지난 1월 11일 선진화법을 일부라도 고치자며 의장의 직권상정 사유에

'국회의원 과반수'가 요구할 때는 가능하다는 개정안을 제출했습니다. 의장 직권상정의 범위를 좀 넓혀서 숨통이라도 트이게 하자는 것인데, 야당은 이마저도 받아들이지 않고 있습니다. 현재 헌재(憲裁)가 '19대 국회의원 임기 말까지 이 문제에 대한 최종 결정을 내리겠다'고 밝힌 상태입니다. 저는 헌재 결정에 앞서 19대 국회가 먼저 이 법의 전부를 폐지하는 게 옳다고 봅니다."

"공직자는 선서 이후부터 자격 생겨"

김 교수는 "민주정치라는 것은 '국민에 의해 선출된 다수가 정치를 하고, 책임을 지는 다수결의 원칙이 작동하는 제도'라는 것을 잊어서는 안 된다"고 강조했다.

"다수당이 책임을 질 수 없는 정치는 다수결에 위반되며 민주정치 자체에 위반됩니다. 국회선진화법은 국민 다수가 지지해서 다수당을 만들어주었는데도 야당이 반대하면 아무 법률도 못 만들게 한 민주주의에 반하는 법률입니다. 이는 결국 대통령의 국가통치행위를 마비시키는 결과로 나타납니다. 우리는 국회의석의 40%만 가지면 법률제정을 마음대로 거부하게 하는 나라가 되었습니다. 여기에 더해 국회의장이 직권으로 안건을 상정할 수 있는 권한까지 제한해 놓았습니다. 이는 '신종입법독재국가'라고 할 수 있습니다. 이런 위헌적인 상황이 지속되고 있는 것입니다."

— 교수님께서는 상임위원회(常任委員會) 의장직을 여야가 나누어 차지하는 것도 위헌이라고 지적하셨습니다.

"상임위원장직을 여야가 나누어 가지는 것은 독일 같은 연립정부제를 채택한 나라 외에는 없습니다. 대통령 책임제 국가에서는 의석이 한 석이라도 많으면 상임위원장직을 독점합니다. 그래야 국정을 책임진 다수당이 책임정치를 할 수 있기 때문입니다. 과거에 우리나라도 다수당이 상임위원장을 독식했습니다.

우리나라에서 상임위원장직을 여야가 나누어 갖게 된 것은 1987년 노태우 대통령 시절부터입니다. 당시 여소야대(與小野大) 국회가 되면서 국정이 마비되자 국회운영을 하려고 어쩔 수 없이 야당과 위원장직을 나누어야 했습니다. 그 후로 관례라며 그렇게 해 오고 있는데 법률적인 근거도 없고, 대통령제에 위반되는 것이기 때문에 즉시 시정해야 합니다."

— 우리는 그동안 공직자의 취임선서에 대해서 그다지 큰 의미를 부여하지 않고, 하나의 요식행위라고 생각해 온 경향이 있습니다. 교수님께서는 취임선서의 중요성을 강조하셨는데요.

"19대 국회가 개원일을 한참 넘기고도 개원을 하지 않은 적이 있습니다. 당시 여 · 야당이 일을 하지 않고도 세비(歲費)를 받았습니다. 당시 제가 개원(開院)조차 하지 않았으면서 세비를 받을 권리가 있는지에 대해 법적인 검토가 필요하다고 문제를 제기한 적이 있습니다. 공무원의 취임은 취임선서와 동시에 시작됩니다.

대통령도 선거에 의해 취임하는 게 아니라 취임선서를 해야만 대통령직을 수행할 수 있습니다. 국회의원도 마찬가지입니다. 취임선서는 국회의원 자격의 출발선입니다. 대한민국헌법과 국가에 충성하겠다는 선서를 하지 않고, 세비를 받아 온 것이 관례라고 하겠지만, 이는 헌법과 법률에 어긋남으로 반드시 폐지해야 합니다."

김 교수는 "국회의원이 국회 개원에서 선서를 거부하거나 속임수로 선서한 의원이 선서를 준수하지 않으면 자격심사의 대상이 된다"며 다음과 같이 말했다.

"국회법의 선서 내용인 '헌법준수, 국민의 복리 증진, 평화적 통일'에 반대해 선서를 거부하는 당선자나, 선서 후 이 내용에 반대하는 의원은 국회의원 자격이 없습니다. 현재 국회의원 퇴출방법은 자격심사와 제명 두 가지가 있는데, 선서를 위반해 헌법을 파괴하고 국헌을 문란하게 하는 사람은 애당초 국회의원 자격이 없기 때문에 국회는 국회가 가진 자격심사권을 엄중히 적용해서 무적격자를 가려내야 합니다. 헌법재판소가 통진당 소속의원의 자격을 박탈한 이유도 여기서 발견할 수 있을 것입니다."

대한민국에 무법과 불법이 판치고 사기가 증가하는 이유

— 교수님께서는 좌파정부 출범 후 언론 기고문을 통해 대한민국의 기본질서가 흔들리는 것을 많이 우려하셨습니다.

"맞습니다. 특히 참여정부(노무현 정부) 이후 헌법과 법률을 준수하지 않으려는 아노미 현상이 사회 전반에 확산되고 있어 무척 우려됩니다. 특히 당시 대통령이 나서서 헌법을 모욕하고, 공직자들은 헌법과 법률 위반을 방치했습니다. 이후 한국은 갈수록 무질서와 불법, 탈법 행위가 심해지고 있습니다. OECD 국가 중에 최고 높은 교통사고율, 고소고발률, 최고의 소송제기율, 최고의 자살률을 기록하고 있습니다.

무법천지의 집회 시위, 초강경의 노동쟁의, 공무원부패와 불법적인 정치행위가 만연합니다. 타인에 대한 욕설과 거짓말, 허위사실을 유포하여 인격 살인을 하고 따돌림도 심각합니다. 국민의 대표자로 입법활동을 해야 할 국회의원들이 걸핏하면 거리에 나와서 폭력시위를 조장합니다. 저는 이런 현상이 1988년 민주화 이후에 민주주의의 이념인 자유 · 평등 · 평화를 잘못 이해해서 생긴 현상이라고 보고 있습니다."

— 우리나라에 이처럼 무법과 무질서가 판을 치게 된 가장 큰 원인은 무엇이라고 보시는지요.

"가장 먼저 법의 권위가 지켜지지 않기 때문입니다. 법을 집행하는 경관이나 공무원, 수사와 공소를 맡고 있는 검찰의 권위가 엄정하게 지켜져야 합니다. 둘째는 엄정한

법 집행이 되지 않기 때문입니다. 경찰이 귀찮다고 시위 현장의 범법자를 검거하지 않거나, 검거해도 훈방하는 일이 많습니다. 마지막으로 법원의 온정주의 양형(量刑)을 지적하지 않을 수 없습니다.

야간집회, 허위사실 유포, 상습시위꾼 등에 대해 툭하면 무죄판결을 내리고 있습니다. 1심에서 중형을 받아도 2심에서 감형을 해주니, 항고가 필수적 절차가 되었습니다. 판사 중에는 법정 최저형만 선고하려는 경향이 있는데 이렇게 해서는 형벌의 예방적 효력을 발휘할 수가 없습니다. 그러니까 자꾸 특별법을 만들어 법정형을 올리는데, 결국 온정주의 판결 때문이라고 할 수 있습니다."

— 결국 모든 국민이 기본 법질서 지키기부터 생활화해야 하겠군요.

"맞습니다. 국민의 법의식을 높이고, 공권력의 권위를 찾아 법집행을 공정 무사하게 해야 합니다. 당연히 신상필벌이 확실해야 하고요. 우리 국민들이 '국민주권'과 '자유'라는 개념을 혼동하는 경향이 있습니다. 주권자가 국민이라고 할 때 국민 개개인이 주권자가 아니라, 전체 국민이 주권자라는 것을 이야기하는 것입니다. 법은 국민의 대표자가 국민을 위하여 만든 것이기 때문에 반드시 이를 지켜야 합니다. 정치권은 우리 현실이 남북이 대치하는 엄중한 안보 상황 속에 있음을 한시도 잊어서는 안 됩니다. 우리 헌법이 바뀌지 않는 한 그 어떤 정권도 국민이 '대한민국의 수호'를 위해 정권을 위임한 것이라는 것을 명심해야 합니다. 무슨 프롤레타리아 혁명을 하라고, 특정 정당을 지지해주는 것이 아닙니다."

"판사들은 피해자와 그 가족의 인권을 생각해야"

김 교수는 "개인의 자유보다는 국가의 안전보장 질서유지 전체 국민의 공공복리가 더 중요한데 이를 모르는 공무원과 검사, 판사들이 늘고 있어 문제"라고 말했다.

"우리나라에서는 자유를 방종이라고 생각하는데 헌법은 자유와 권리도 '국가안전보장 · 질서유지 · 공공복리를 위하여 법률로 제한할 수 있게'하고 있습니다. 국가나 사회의 안전이 보장되지 않으면 국민의 권리도 빈말이 됩니다. 우리가 흔히 '판사가 양심에 따라 재판한다'는 것을 개인의 양심과 재량으로 착각하는 경우가 있습니다. 양심이라는 것은 법관이라는 직분에 대한 양심과 법률에 대한 양심을 말하는 것입니다.

그러니까 법관의 양형은 법에 따라 매우 엄중해야 합니다. 양심에 따른 판결이 마음대로 형량을 선고할 수 있다는 의미가 아닙니다. 실례로 요즘 사형선고를 회피하는 법관들이 많은데 형벌의 목적이 교육하여 재사회하는 데 있다고는 하지만, 교육이 불가능한 위험범에까지 교육형을 선고해서는 안 됩니다."

— 사형을 선고해 봐야 어차피 집행이 되지 않기 때문에 사형을 회피하는 판사들이

많은 것 같습니다.

“그러니까 자기들이 굳이 원성을 살 필요가 없다고 하여 온정주의적 판결을 내리는 것 같습니다. 하지만 반인륜적인 극악범에 대한 사형은 필요악(必要惡)이라고 할 수 있습니다. 사형제도의 존치 문제가 학문적 논쟁의 요소이기는 하지만, 실제에는 이를 사회의 안전보장 문제로 접근해야 합니다. 현행 헌법과 법률이 사형제도를 인정하고 있고, 헌법재판소도 합헌성을 인정하고, 국민의 70%가 사형에 찬성을 하고 있습니다.

이런 상황에서 법관들이 사형선고를 주저해서는 안 된다는 의미입니다. 다만, 국회는 사형제도에 대한 깊이 있는 연구를 통해 정치범이나 양심수에 대한 사형제도는 폐지하되, 극악무도한 사형수의 집행은 독려하고, 정부나 법원 검찰이 사형제도를 적절히 운용하고 있는지 감사를 할 필요가 있습니다.

입법론으로는 사형을 폐지하는 것은 좋겠습니다만 이 경우 200년형, 300년형으로 하여 감형하더라도 석방은 될 수 없게 해야 하겠습니다. 또한 사형수의 행형(行刑)은 보다 엄중해야 합니다. 판사들은 피해자와 피해자 가족의 인권도 생각해 주어야 합니다.”

김 교수는 “법관의 신분 보장은 법관이 좋은 판사로서 직분을 다하고 있을 때에만 한정되는 것”이라며 “헌법과 법률에 위반하여 정치적 중립성을 지키지 않고, 편향적인 판결을 일삼고, 법관의 품위를 손상시키는 경우 법관의 신분을 보장해서는 안 된다”고 덧붙였다.

“제3의 중도정당 탄생을 위한 환경 마련해야”

— 이제는 개헌(改憲)을 이야기할 때 아닌지요.

“이제는 해야죠. 대통령제에서는 야당이 다수로 국회를 지배하는 경우 국정이 마비됩니다. 국회가 개헌논의를 할 때 대통령은 국가안보와 통일 · 국방 · 국민통합 문제를 담당하고, 내정(內政)은 국무총리를 중심으로 운영하는 이원(二元) 정부 형태를 함께 논의했으면 합니다. 내치에 있어서는 국회와 내각이 정권을 공동책임 지게 하는 것이죠. 다만 분단국가인 우리나라에서는 대통령은 국민이 직선(直選)하도록 하여 국민의 확고한 지지를 받게 해야 한다고 봅니다.”

— 내 · 외치가 분리되면 유사시에 국력 결집에 혼선이 오지 않을까요.

“이원정부제를 하면 대통령은 국회해산권을 가지고, 의회는 내각 불신임권을 가지기 때문에 서로 견제와 균형을 잡을 수가 있습니다. 대통령에게 국군통수권, 계엄권, 국회해산권, 중요 공무원 임명권을 주면 대통령이 긴급명령권이나 계엄권을 행사할 수 있으니 위기에서는 대통령제적으로 운영되어 국력결집에 문제가 없습니다. 다만, 이원정부제가 제대로 되려면 다당제(多黨制)가 되어야 하기 때문에 협상과 타협을 강조하는 제3정당을 육성할 필요가 있습니다. 이를 위해서는 정부형태와 선거제도의 개혁이 필요합니다."

— 선거 때마다 기존의 여야(與野) 정당 외에 다른 정당이 출현하고 있지 않습니까.

"우리 대통령제 정치현실에서 제3의 정당 출현이 쉽지 않습니다. 출현한다고 해도 '사꾸라'라고 비판되어 제3당은 결국 여야의 큰 정당에 흡수되는 경향을 보였습니다. 따라서 현재의 대통령제는 결국 승자독식과 2대 정당제로 운영되기 쉽습니다. 문제는 양대 정당 하에서는 야당이 차기에 집권을 하려면 대통령이 집권하는 정당을 때려 부수어야 한다는 것입니다. 집권당에 협조할수록 오히려 집권기회가 멀어지기 때문에 결국은 결사항쟁과 발목 잡기에 매달릴 수밖에 없는 것이죠.

이런 사생결단식의 정치를 타파하기 위해서 대통령제 아닌 의원내각제나 이원정부제를 하여 다당제를 육성하는 것이 바람직합니다. 제3당이 극우(極右)나 극좌(極左)를 배격하고 중도(中道) 정책을 추구하면서 제1당이나, 제2당과 정책연합을 통해 연합정권을 형성하면 극단적인 정책을 회피하는 민주정치가 발달할 가능성이 많습니다."

— 새 헌법 하에서의 선거제도는 어떠해야 한다고 보시는지요.

"선거제도는 국가마다 달라서 몇백 가지 방법이 있습니다. 그러나 토론과 타협을 중시하고 극단에 흐르지 않는 중용적인 정치를 위해서는 인물과 정당에 대한 투표를 하여 비례대표제로 의석을 배분하는 것이 좋을 것 같습니다. 그러면 여러 가지 이념과 정책을 가진 국민이 자기 마음에 드는 인물과 정당을 선택할 수가 있을 것입니다."

김 교수는 "독일식인 인물투표와 정당투표를 하여 정당에 비례하여 의석을 배분하는 것이 좋을 것 같다"며 다음과 같이 설명했다.

"그렇게 하면 정당이 여러 개 생길 것이고, 국민들이 많이 투표한 온건보수 · 중간파 · 온건진보 정당들이 서로 연립을 하여 정권을 운영할 수 있을 것입니다. 독일에서는 국회에 6개 정도의 정당이 존재하는데 이제까지 주로 온건보수와 중도파가 연립정권을 형성해 왔습니다. 그러나 현재는 온건보수와 온건진보의 대정당이 대연정을 하여 어느 이념에 치우치지 않는 정치를 하고 있습니다. 선거 후에 연립계약을 작성하여 정책의 방향에 타협하고 있어 4년은 정치가 안정되어 있습니다. 의원내각제이고 다당제이기는 하지만 정권은 안정되어 총리가 10년 이상 재직하여 정국이 안정되어 있습니다."

김 교수는 "그 어떤 경우라도 헌법개정의 목적이 정치인 국회의원의 권한 강화여서는 안 되며 국가의 안전보장과 통일실현, 국민행복 증진에 있어야 한다는 것"이라고 강조했다.

"임시정부 수립일이 건국일이 될 수는 없어"

— 새삼스럽게 건국일(建國日) 논쟁이 벌어지고 있습니다. 헌법학자로서 이 문제를 어떻게 보시는지요.

"그러니까 현재 대한민국 정부수립일인 1948년 8월 15일을 건국절로 정해야 한다는 사람들과 1919년의 상해임시정부 수립일을 건국일로 삼아야 한다는 사람들이 나뉘고 있습니다. 상해임시정부 건국일을 들고 나온 사람들은 주로 진보 세력인데 그들은 현재의 대한민국은 분단국가이며 통일이 되기 전까지는 정통성이 없다고 보는 입장입니다. 따라서 그들은 건국의 주역으로 김구(金九)를 내세우고, 이승만(李承晩)을 분단의 원흉으로 폄하하고 있습니다. 1948년 8월 15일을 건국일로 주장하는 사람들은 대한민국이 정통국가이고 북한 정권은 UN의 결의를 따르지 않고 소련의 지시에 따라 세워졌기 때문에 법적 정통성이 없다고 보는 것이고요."

— 1948년 대한민국 건국을 주장하면 임시정부의 정통성을 훼손하는 것이 되는지요.

"이념적 정통성으로 볼 때 우리가 상해임시정부의 법통(法統)을 따르는 것은 당연합니다. 우리 헌법 전문에도 '대한국민은 3 · 1운동으로 대한민국을 건립하여 세계에 선포한 위대한 독립정신을 계승하여 이제 민주독립 국가를 재건함에 있어서'라고 하고 있습니다.

하지만 국가론(國家論)에 입각하여 실질적 건국으로 인정하려면 일정한 요건을 갖추어야 합니다. 영토가 있어야 하고, 국민이 있어야 하고, 주권이 있어야 하는데 임시정부는 이 중에 어느 것도 갖추지 못한 망명정부였습니다. 엄격하게 보자면 망명정부라고 하기에도 문제가 있는 것이 임시정부는 대동단결하지 못하여 국제적인 승인을 받지 못했고, 국민들의 실질적인 동의를 얻지 못하였습니다. 전후(戰後)에 국제적 승인을 받아 통치행위를 한 프랑스 드골 망명정부와는 상황이 다릅니다."

— 국민당의 장개석 총통이 중경(重慶)의 임시정부를 지원하지 않았나요.

"안타깝게도 중경 임시정부는 정부로서 승인을 얻지 못했고, 광복군이 참전하지 못해서 망명정부로서 무게를 갖지 못했습니다. 환국(還國) 후에는 임정의 법통을 살려 미군정에게 행정권 이양을 요청했지만, 미군정뿐 아니라 미 본국으로부터도 승인을 얻지 못했습니다. 결국 국제법으로 국가로 인정이 안 되고, 국내법적으로도 국가의 구성요소가 성립되지 않기 때문에 망명정부라고는 할 수 있겠지만, 국가의 건설이라고는 할 수 없는 것입니다."

— 우파 쪽은 상해임시정부 건국설에 대해 '결국 대한민국의 건국과 이승만 대통령을 부정하기 위한 맥락에서 그런 주장을 하고 있다'는 의심을 하고 있습니다.

"설사 좌파들이 이승만의 대한민국 건국을 부정한다고 해도 이승만과 상해임시정부의 연결고리까지 끊을 수는 없습니다. 이승만이 임시정부 초대 대통령을 지냈기 때문입니다. 그리고 이승만이 친일파를 등용해서 정통성이 없다고 주장하기도 하는데, 북한의 초대 내각은 민족반역자와 친일파를 많이 기용했지만, 이승만 정부는 그렇지 않았습니다.

물론 일제하에 일하던 공무원들을 건국 과정에서 참여시키기는 했지만, 그 자체를 놓고 대한민국을 친일파가 세운 나라라는 식으로 매도할 수는 없는 것이죠. 더구나 당시 공산당과 진보세력이 극렬하게 반대했음에도 불구하고, 국민의 90%가 자유롭게 투표에 참여하여 건국을 이루었다는 것을 잊어서는 안 됩니다."

"대한민국은 친일파가 세운 나라가 아니다"

— 좌파들은 분단의 책임까지 이승만 대통령에게 덮어씌우고 있고, 이를 국사교과서를 통해 교묘하게 학생들에게 전파하고 있는데요.

"명백한 것은 김일성이 대한민국 건국 2년 전에 이미 소련의 지시에 따라 우파 인사를 숙청하고, 인민위원회를 만들고 실질적인 인민공화국을 수립하여 일당(一黨) 독재국가를 건설하였다는 사실입니다. 더구나 이 과정에서 임시정부의 행정권이양 요청을 거부하고 협력하지 않았으니 임정(臨政)의 법통성 계승도 인정받을 수 없습니다. 미소(美蘇) 공동위의 합의에 따른 것도 아니고, 유엔 결의에 위반하여 1948년 8월에 부정선거를 통해 정부를 수립했기 때문에 대한민국이 먼저 단독정부를 세웠다고 비난하고 있습니다만 이것은 형식적인 것이고, 정통성을 상실했고, 주요 국가의 승인도 얻지 못했음으로 불법정부라 하겠습니다."

— 많은 젊은이들이 대한민국을 친일파가 세운 나라라고 오해하고 있습니다.

"말씀드렸지만, 북한은 오히려 초대 내각에 친일파를 많이 등용했지만, 우리는 헌법에 임정의 정신을 계승하기로 했고, 임정요인이 국회의장, 부통령, 국무총리, 장관으로 취임했습니다. 1950년 5 · 30 선거에서는 단선 · 단정(단독선거 단독정부)이라고 반대했던 정치인들까지 대거 선거에 참여하여 대한민국 수립이 역사적 대세임을 보여주었습니다. 만약 남북 대치나 긴장, 6 · 25가 없었으면 친일파 숙청과 민족정기 부활이 더욱 철저하게 진행되었을 것입니다. 친일파 척결을 잘하지 못한 근본 이유는 긴장을 고조하고, 전쟁을 일으킨 공산주의자들을 막기 위하여 일제의 경관이나 공무원을 쓰게 되었기에 그들의 죄책이 더 크다 하겠습니다."

— 건국 과정에서 이승만 대통령의 업적을 평가해 주시면요.

"이승만 대통령은 대통령 취임 후 미국의 정책에 반대하여 이승만 라인을 선포하고, 일본 어부를 체포하여 한국 영토를 지키려고 노력했습니다. 좌파들 주장처럼 소위 '미국의 주구' 노릇을 한 사람이 아닙니다. 그가 평생에 걸쳐 항일독립투쟁을 했기 때문에 친일파가 아닌 것은 역사적 사실입니다. 더구나 단독정부라도 만들어서 북한과 소련이 기획한 남북한 공산화를 막았던 것은 그가 당시 냉전의 방향을 정확하게 읽었기 때문에 가능한 것이었습니다.

또 6 · 25 남침 이후에 미국과 유엔에 요청하여 나라를 지켰으며 반공포로를 석방하고, 한미(韓美)상호방위조약을 체결하는 등 외교에는 천재적이었지만 내정에는 무능했다는 평가를 받고 있습니다. 한 가지 잊어서는 안 되는 것이 이승만이 6 · 25 이전에 농지개혁을 단행했기 때문에 농민들이 적극적으로 나서서 나라를 지켰다는 겁니다.”

통일을 대비한 개헌 필요

— 개헌을 하더라도 통일을 대비해야 하지 않겠습니까.

“물론입니다. 통일은 우리 헌법의 지상명령입니다. 북한은 무력통일을 획책하고 있습니다만 우리 헌법은 자유민주적 기본질서에 입각한 평화적 통일정책을 수립하고 이를 추진하도록 하고 있습니다. 그래서 우리 정부는 서독식인 평화적 통일정책을 수립하고 있습니다.

그런데 상대방이 도리도 법률도 모르고 핵무기로 장난을 하고 있으니 문제입니다. 우리는 북한인권법을 만들어 북한인민의 기본권을 보장하고 내부적으로 북한이 민주화되어 시민혁명으로 통일의 기회가 오기를 바라고 있습니다. 이를 위해서 핵무기 폐기와 세계로의 개방을 위한 노력을 하고 있습니다.”

김 교수는 책에서 통일 후의 독일의 발전을 소개하고 있으며, 우리나라 통일 이후의 헌법에 대하여 많은 지면을 할애하고 있다. 그는 “통일한국은 민주적 기본질서가 지배하는 사회복지국가가 되어 모든 국민이 평등하고 자유롭고 행복하게 살 수 있어야 한다”고 강조했다.

“독일통일과 같은 방법이 이상적인데 북한이 흡수통일이라 하여 결사반대하고 있어 문제가 많습니다. 북한이 민주화되고 법률과 계약을 지킬 줄 알아야 진정한 통일이 되겠는 데 걱정입니다. 북한이 핵무기를 포기하고 중국처럼 자본주의 경제제도를 채택한다면 우선 국가연합을 하여 동질성을 회복하고 북한의 경제발전을 이룬 뒤에 연방제로 통일하는 방법도 있습니다. 일부에서는 북한 내에서 이변이 일어날 것이라고 생각하여 흡수통일을 대비해야 한다는 주장도 있습니다. 어쨌든 우리는 북한에 돌발사태가 있거나 시민혁명이 있는 경우에 통일의 기회를 놓쳐서는 안 될 것입니다.”

김 교수는 마지막으로 “통일비용을 걱정하는 사람이 많은데 통일의 이득이 훨씬 많을 것이기에 통일을 회피해서는 안 된다”며, “우리 국민 모두가 동포인 북한 주민을 노예상태와 기아상태에서 해방하기 위하여 평화적 자유민주주의 통일에 헌신하여야 한다”고 말했다.

# 7. 〔나의 삶 나의 길〕 "고시는 거들떠보지도 않아… 다시 태어나도 교수 될 것"*

언제나 꿈은 교수
중학생 시절부터 헌법에 끌려
법대 갔지만 판검사엔 무관심
하루 대여섯 시간 잠 자며 연구 몰두

**'헌법학의 대가', '영원한 헌법학자'. 여든세 살의 김철수 서울대 명예교수와 헌법은 떼려야 뗄 수 없다. 그의 삶 자체가 헌법이라 할 수 있다. 중학생 시절 제헌국회가 헌법을 만드는 과정을 보고 헌법에 관심을 가졌고, 대학 다닐 땐 발췌개헌 등 정치파동에 충격을 받고 헌법학자가 되기로 마음을 굳혔다. 시대상황이 그를 헌법에 눈을 뜨게 하고, 헌법학자로 몰아넣었을까. 법대에 진학했지만 고시는 거들떠보지도 않았고, 평생 연구실에 틀어박혀 헌법 공부만 했다. 공부가 적성에 맞아 다시 태어나도 교수가 되겠다고 했다.**

요즘도 하루 대여섯 시간 잠을 자며 연구에 집중한다. 1년에 1권 정도 책을 냈고, 지금껏 펴낸 책만 해도 50~60권이다. 팔순 때는 3권을 한꺼번에 내기도 했다.

헌법학자로서의 길이 순탄치만은 않았다. 유신헌법은 그에게 시련을 주었고, 잠시 강의를 중단까지 해야만 했다.

1973년 1월 헌법책을 발간했는데 책 나오는 날 몽땅 몰수당했다. 유신헌법은 독재주의적 현대판 군주제라고 비판했기 때문이다. 유신 당국은 프랑스 정부 형태를 모방한 선진국형 헌법이라고 선전했다. 하지만 유신헌법은 행정권이 대통령과 총리로 나뉘어져 있는 프랑스식 이원정부제가 아니라 독재 요소가 있는 이원집정부제라는 게 그의 생각이었다.

중앙정보부장과 법무부장관을 지낸 신직수씨가 나서 책을 내지 말라고 만류했으나 그의 고집을 꺾지 못했다. 중앙정보부에 자진출두 형식으로 나가 1주일간 '억류'됐다. 박정희 대통령이 대학 동기인 최석원 치안국장에게 "김철수가 당신 친구라며. 잘 타일러 보라"고 당부까지 했다. 그는 헌법학자로서의 양심과 소신을 굽히지 않았고, 헌법책 초판 3000부 등 모두 3차례에 걸쳐 7000~8000부를 빼앗겼다. 우여곡절 끝에 책이 나왔으나 대신 강단에 설 수 없게 돼 한국을 떠나 미국에 가야 했다.

'진보주의자'냐는 물음에 그는 "유신 전에는 정부를 그렇게 비판하지 않았다. 헌법에 나쁜 내용이 없었기 때문"이라고 잘라 말했다. 1963년부터 서울대 법대 학생과장 할 때의 일화를 보면 그의 성향을 알 수 있다. 학생들은 한·일회담 반대 시위를 매일

---

* 세계일보 2016. 6. 25. (사진은 생략)

하다시피 했다. 정대철(전 국회의원) 법대 학생이 자기 아버지(정일형씨)가 제2공화국에서 외무부장관을 할 때 일본과 협상하며 8억불 받기로 했는데 (박정희정부가) 3억불을 받는 게 말이 되느냐는 식으로 주변 학생들한테 말했다고 한다. 김 교수는 '큰일 나겠다' 싶어 그를 학장실에 '연금'시킨 일도 있었다. 그러면서 정부보다는 학생 편에 섰다. 김 교수는 유신 정부가 시위학생 명단을 만들어 제명하라고 통보했을 때 교수회의에 참석해 "제적하면 복학이 안 되므로 무기정학을 시키자"고 제안했다. 무기정학은 내일이라도 풀어줄 수 있기 때문이었다. 10명을 제적하라고 했는데, 40명을 무기정학시키자, 언론과 학부형, 동창회는 "무기정학이 말이 되느냐"며 발칵 뒤집혀졌다. 며칠 후 유기천 서울대 법대학장이 총장이 되자 언론은 속사정도 모르고 40명 학생을 희생시켜 총장으로 올라갔다고 기사를 썼다. 유 총장 취임 후 얼마 안 돼 40명을 모두 다 풀어줬다고 한다.

'외골수 기질'은 스승에 대한 평가에서도 드러난다. "우리 시대에는 한자리 하고 싶어 날뛰는 선생이 많아 별로 존경하는 분이 없다. 그래도 자기 뜻대로 열심히 하신 분은 유 총장이 아닌가 싶다"고 말문을 열었다. "서울대 총장까지 했지만 학생들을 그렇게 못살게 굴지 않았다. 서울대에 사법대학원을 만들어 미국식 법관 양성 제도를 해보려고 노력도 했고, 유신 때 박정희가 대만식 총통제로 독재하려 한다고 비판했다. 그분은 종강을 한 뒤 복직도 못한 상태에서 중앙정보부가 자신을 잡으러 온다는 정보를 사전에 듣고 망명 비슷하게 미국에 갔다. 정부는 학교에 출근 안 했다는 이유로 그를 면직처리했다. 이에 행정소송을 했고, 박 대통령이 돌아가신 후 승소해 서울대 교수로 복직했다. 그러나 전두환 대통령 집권 후 잡혀 들어가 정년퇴임도 못했다. 미국에서 고생하다 돌아가셨다." 헌법책으로 유신에 저항한 김 교수와 유 총장의 처지가 닮아 보였다.

그의 손을 거쳐 간 제자는 부지기수다. 박사 22명, 석사 67명이 김 교수의 논문 지도를 받았다. 정년퇴임 후 50여명의 제자들이 돈을 모아 김철수라는 이름으로 서울대에 연구실을 하나 만들었다.

인터뷰는 지난 17일 오후 김 교수의 개인사무실인 서울 동작구 상도동 한국헌법연구소에서 진행됐다. 그는 사진기자 요청으로 5분여 동안 잠시 포즈를 취한 후 쉼 없이 말을 이어갔다. 2시간이 지나서야 테이블에 놓여 있는 물로 한 차례 목을 축였다. 대학에서 학생을 상대로 강의하듯 열변을 토했고, 등장인물, 날짜, 당시 상황과 배경 등을 상세히 설명했다.

"옛날에는 밤을 새우며 원고지 20~30장을 썼는데 지금은 그게 잘 안 된다. 요새 눈이 어두워 글자가 잘 안 보여 연구하는 데 힘이 든다"고 고충을 토로했다. 그럼에도 헌법 연구는 한시도 놓지 않는다. 그는 곧 '한국통일의 정치와 헌법'이라는 책을 출간할 예정이다. 내년엔 '인권의 본질과 체계'에 관한 책을 낼 계획이라고 한다. 언제까지 연구를 할 것인지 궁금했다. "얼마나 더 살지 모르지만 앞으로 계속 연구를 할 것"이라는 게 그의 각오다.

최근 정치권에서 제기되는 개헌문제를 꺼냈다. '헌법학의 태두'답게 '김철수 헌법론'을 일목요연하게 말했다. 책에서만 본 그의 헌법론이 육성을 통해 귀에 쏙쏙 들어왔다. 한국 대통령제의 문제점을 지적하며 분권형 대통령제로 개헌해야 하는 필요성과 당위성을 역설했다.

—개헌에 대한 입장은.

"현재 대통령제는 총리 임명권 등 모든 권한을 갖고 있다. 대통령제가 책임정치라고 하지만 우리나라 대통령제는 무책임제다. 임기 5년 가운데 1,2년은 배우고 임기 말 1,2년은 레임덕(권력누수현상)으로, 실제로 일할 시간은 기껏 2,3년밖에 되지 않는다. 그래서 대통령은 직선, 총리는 국회에서 선출하는 분권형 대통령제로 가야 한다. 대통령 임기는 6년이면 좋다. 대통령 4년 중임은 결국 임기 8년을 하자는 얘기다. 첫 번째 임기 4년은 다음 대통령 선거를 의식해 재선 운동을 해야 하고, 두 번째 4년 임기 취임 첫날부터는 레임덕이 일어나는 문제점이 있다. 분권형 대통령제에서는 대통령 임기는 있지만 총리 임기가 없는 것이 장점이다. 대통령과 총리가 다른 당에서 나올 수 있어 대연정을 통해 총리는 잘하면 10년을 할 수 있다. 또 총리가 책임지고 1년 만에 물러날 수도 있다. 대통령제와 내각제의 절충형으로 국회해산권과 내각불신임권을 대통령과 국회에 각각 부여해 서로 견제와 균형을 이루어야 한다. 재작년 국회의장 위촉으로 헌법개정안을 만들었다. 작년에는 개인적으로 통일헌법을 만들었다."

—문제의 핵심은.

"지금 대통령제에서는 양대 정당만이 육성될 수밖에 없는 등 좋지 않은 점이 있다. 대통령 선거에서 1%만 이겨도 당선되기 때문에 죽기 아니면 살기 식으로 선거를 한다. 나라 발전에도 도움이 안 된다. 정치가 상생이 아니라 골육상쟁이다. 적어도 몇개 정당은 있어야 하고, 다당제로 가는 것이 바람직하다. 그러면 상생정치가 가능하고 연정, 연대 등을 할 수 있다. 정치권에서 '협치'라고 말하는데 시중에서는 '협박정치'를 하고 있다고 하더라. 그만큼 정치에 대한 국민의 인식이 좋지 않다는 의미다. 사생결단식 정치를 지양하고 정당 간 협력이 이뤄져야 한다."

—개헌 시기는.

"내년 4월 국회의원 재·보선에서 국민투표를 하면 통과될 것이다. 대통령 선거 일정 등을 고려하면 올해 국회 개헌특위를 구성해 정기국회에서 논의해야 한다."

—헌법 개정이 쉽지 않을 텐데.

"어렵지도 않다. 의원들이 그동안 권력구조 개편 등을 포함해 개헌을 연구하며 여러 방안을 마련했다. 그중에서 채택하면 된다. 대통령이 반대하지만 여당 내 친박(친박근혜)계 의원들이 찬성하고 있다. 대선 후보 몇 사람이 반대해도 장관과 총리를 하고 싶어하는 국회의원들은 분권형 대통령제를 더 지지할 것이다. 현재 거론되는 대선 후보 가운데 대통령에 당선될 것이라는 보장도 없지 않으냐."

—헌법 개정에 참여한 적이 있나.

"참여한 적은 없고 안을 만들어 제출한 적이 있다. 1980년 1월, 최규하 대통령 시절 최 대통령과 김영삼, 김대중 양측을 다 아는 강원룡 목사가 헌법개정안을 만들어 달라고 해 나를 포함해 '6인 교수'들이 양김이 동시에 정치에 참여할 수 있는 이원정부제안을 제출했으나 전두환 대통령의 등장으로 빛을 보지 못했다."

—통일헌법은 통일을 대비해 만든 것인가.

"몇 십 년 전에 만들어야겠다고 생각했었는데 그때는 여러 사람이 했고 이번에는 혼자 하게 됐다. 통일이 되면 헌법을 만들려고 했는데 기다릴 수가 없게 되었다. 외국의 예를 조사 · 비교했고, 세계의 자유민주주의 헌법에서 가장 앞선 것을 조문으로 만들었다. 북한은 민주법치주의 나라가 아니어서 헌법을 참조할 것이 없었다."

김 교수는 "언론이 이원정부제를 이원집정부제로 쓰는데, 유신 때 내가 헌법에 독재요소가 있어 이원집정부제라고 책에 처음으로 사용했다. 정부에서 신대통령제, 독재제로 하면 안 된다고 해서 그렇게 붙인 것이다. 나폴레옹 시대도 집정부였다. 일종의 독재제라는 의미"라며 "유신 후에는 이원집정부제라는 용어를 사용하지 않았다. '집'자를 빼야 옳다"고 강조했다.

●김철수(83)는

△1933년 대구 출생 △서울대 법대 졸, 서독 뮌헨대 수료, 미국 하버드대 법학대학원 수료, 법학박사

△서울대 법대 전임강사 · 조교수 · 부교수 · 교수 △중앙일보 논설위원 △서울대 명예교수 △탐라대 총장

△명지대 석좌교수 △국회의장 직속 헌법개정자문위원회 위원장 △세계헌법학회 부회장

황용호 선임기자 dragon@segye.com

# 제8장 추도문 · 부고

〔추도문〕

## 1. 유진오 회원 (1906. 5. 13~1987. 8. 30)*

### 1. 생 애

현민 유진오 선생은 1906년 서울 가회동에서 부친 유치형(兪致衡)과 모친 밀양 박씨 사이의 10남매 중 장남으로 태어났다. 부친 유치형은 일본 주오(中央) 대학의 전신인 도쿄법학원(東京法學院)에서 법학을 공부하고 1907년부터 수학원 교관으로 임명된 뒤 한성법학교 · 보성전문학교 등에서 헌법 · 민법 · 해상법 등을 강의한 법학의 선구자였다. 그는 1907년에 『헌법』을 비롯하여 『해상법』, 『법학통론』, 『물권법 1 · 2부』를 저술한 학자였다.

유진오는 부친의 영향과 족친 유길준의 영향 하에서 일찍부터 개화사상을 배웠고 봉건주의사상에 대하여 비판적이었다. 1914년 4월에는 재동보통학교에 입학하였고 1919년에 경성고등보통학교(현 경기고)에 입학하였다. 1924년 경성고등보통학교를 졸업한 뒤 경성제국대학(현 서울대학교 전신) 예과에 입학하였다. 1926년에는 법과에 입학하여 1929년에 졸업하였다. 곧 경성제국대학의 형법학교실 조수와 법철학연구실 조수로 근무했다.

1932년에는 보성전문학교(현 고려대학교 전신)의 강사에 임명된 뒤 헌법과 행정법, 국제공법과 영어 원서강독을 담당하게 되었다. 약관 27세의 나이로 당시 유일한 한국공법 학교수로 강의를 하게 된 것이다. 1945년 3월까지 그는 이 학교에서 강의하게 된다. 1945년 8월 조국이 광복된 뒤 유진오 교수는 보성전문학교의 재건에 노력하였고, 1945년 11월부터는 군정청 학무국 산하의 교육심의위원회의 고등교육분과위원으로 활약하였다. 1946년에 보성전문학교의 교수로 복직한 뒤 강의하는 외에도 경성대학(현 서울대학교 전신)에서 헌법학, 비교정부론, 법철학 등의 강의까지 맡고 있었다.

1947년에는 법전기초위원회위원으로 임명되어 헌법초안의 기초에 관여하였다. 1948년 5월에는 헌법안초안을 기초하였다. 1948년 6월에는 헌법기초위원회전문위원으로

---

* 대한민국학술원, 『앞서 가신 회원의 발자취』(2004), 255-262면.

임명되어 헌법안 작성에 중추적인 역할을 하였다. 제헌헌법은 유진오 전문위원의 의견이 결정적으로 반영되었기에 「제헌헌법의 아버지」라고도 불리고 있다.

1948년 8월에는 신정부의 법제처장으로 임명되었고 1949년 6월에 사임하였다. 곧 고려대학교에 복귀하여 법대학장직과 대학원장직을 역임하였다. 1950년 6 · 25 전쟁 중에는 납북된 현상윤 총장을 대신하여 고려대학교 임시관리책임을 맡는 한편, 1.4 후퇴 후에는 피난지에서 전시연합대학학장을 맡기도 하였다. 1952년 9월에는 고려대학교 총장으로 임명되었다. 그는 하버드대학 옌칭연구소의 초청으로 미국에 가서 미국법을 연구할 기회를 가졌다. 1953년 7월에 귀국한 뒤에는 9월에 서울로 환도하여 학교재건에 노력하였다. 1954년에는 학술원 종신회원으로 선임되었다. 학술원 회원으로 인문 · 사회 4분과회의 분과회장을 오랫동안 역임하여 법학연구 분야의 발전에 크게 기여하였다.

학회활동으로는 1953년 대한국제법학회를 조직하여 초대회장을 지냈고 공법학회의 초대회장도 맡았다. 대외적으로는 한일회담대표로서 활약하였다. 1960년 9월에는 대한교육연합회에서 회장으로 선출되었고 1960년 10월에는 고려대학교총장으로 3기째로 임명되었다.

1962년 7월에는 헌법심의위원회의 전문위원으로 참여하여 제3공화국헌법안 작성에 상당한 기여를 하였다. 1966년 10월에는 민중당에 입당하여 대통령후보로 지명되었으나, 1967년 2월에는 후보단일화를 위하여 사임하고 통합야당인 신민당의 총재직을 맡게 되었다. 1967년 6월 국회의원선거에서 국회의원으로 당선되고, 3선개헌반대운동에 선봉을 서기에 이르렀다. 그는 1970년 1월에 3년 2개월여의 총재직을 사퇴함으로써 정치일선에서 퇴진하였다.

1980년 10. 26 이후 유박사는 국토통일 고문과 국정자문위원으로 위촉되었으며 헌법개정심의위원회의 특별고문으로 위촉되었다. 새 헌법에서 의원내각제를 도입하려던 그의 주장은 좌절되었다. 1983년 12월에는 뇌혈전증으로 다시 쓰러져 1987년 8월 30일에 사망하였다. 길고 파란많던 81년의 세월이었다.

## 2. 저술 · 논문

유진오 교수는 일제하에서는 주로 문필가 · 문학자로서 많은 소설과 수필 등을 집필하였다. 물론 법학 논문도 「사유재산권의 기초」 「법률에 재(在)한 사회민주주의의 비판」 「조선범죄의 동향」 「간도중공당 적용법의 의문점」 「조선 현행 세제부담 조사」 「파산에 직면한 국제연맹기구」 「몰락도상의 국제연맹」 「중세에 있어서의 정의사상 : 법률이념사의 일절(一節)」 「중세 자연법론에 대한 약간의 보족적 설명」 등이 있으나 이들은 법철학 논문이거나 국제법 문제가 중심이 되었다.

그가 헌법을 강의하면서도 일제하 헌법에 관해서 저술하지 않은 것은 당시 일본 식민지였던 한국에는 일본헌법이 적용되지 않았기 때문이 아닌가 생각된다. 일본제국헌법에 대한 논의는 민족주의자로서는 기피하고 싶었을 것이다. 그가 헌법학에 관한 논문과 저서를 발표한 것은 해방 후 군정시대에서부터다.

해방 후 『법정』 잡지에 「사회와 법률」 「권력분립제도의 검토」 「우리 헌법의 윤곽」 「국가의 사회적 기능」 「헌법제정의 정신」 「대통령의 법률안거부권」 「헌법이념의 구체화 과정」 등을 2년간에 걸쳐 발표하였다. 앞서 본 바와 같이, 대학교수로서 헌법기초위원회 전문위원으로서 활발한 활동을 하고 있던 그가 2년 동안에 수많은 논문을 저술할 수 있었다는 것은 해방 전 연구의 축적이 있었기 때문이 아닌가 생각된다.

1949년에는 단행본으로 『나라는 어떻게 다스리나』, 『헌법해의』가 출판되었고, 1950년에는 『헌정의 기초이론』을 출판하였다. 『나라는 어떻게 다스리나』는 나중에 『헌법입문』으로 이름을 바꿔 재판되었다. 『헌법해의』는 제헌헌법에 대한 첫 콤멘탈로서 헌법기초에 관여한 저자의 견해를 알 수 있는 가장 권위있는 주석서였다. 그 뒤 1953년에는 『신고헌법해의』가 출판되었다.

논문집으로는 『헌정의 기초이론』 이외에도 『헌정의 이론과 실제』, 『민주정치에의 길』 등이 출판되었고, 1980년에는 『헌법기초회고록』이 출간되었다. 이 밖에도 미완성으로 1권만 출판된 『헌법강의(상)』이 있다. 그 밖에 수필이나 자서전적인 저서가 출판되기도 하였다. 그 대표적인 것으로는 『젊은 세대에 부치는 서(書)』, 『구름 위의 만상』, 『젊은 날의 자화상』, 『양호기』(養虎記) 등과 『미래로 향한 창』, 『젊은 지성인들에게』, 『다시 창랑정에서』, 『서울의 이방인』이 있다.

## 3. 헌법사상

### 1) 특 징

유진오의 헌법학은 헌법 조문의 문리적 해석에 그치는 것이 아니고 비교법적 · 비교사상적 관점에서, 또 입법정책적 관점에서 고찰한 것이 특색이다. 그는 대학시절에 심취한 법철학과 이데올로기 연구에 기초하여 많은 논문을 저술하였다. 당시의 법학이 조문의 주석을 그대로 하는 개념법학의 범주를 넘지 못하였는데, 그는 독특한 법학연구방법론에 근거하여 헌법해석을 시도하였다.

그는 「법률해석을 논리의 유희와 같이 생각하여 문자나 논리의 시말에 구애되어 급급하는 개념법학적 태도는 근원을 무시하고 지엽에 매달리는 본말전도의 태도」라고 비판한다. 그는 「법의 해석이란 해석의 이름아래 낡은 법을 새로운 현실에 적합하도록 법의 내용을 변경하는 것」이라고까지 하고 있다. 그의 해석원리는 역사적 · 사회적 현실에 대한 정확한 과학적 인식을 주로 하고 법의 생리학을 강조했다고 하겠다.

그는 헌법에 있어서 민주주의의 실현을 가장 중시하였는데 그는 형식적 민주주의가 아니고 경제적 · 사회적 민주주의여야 한다고 주장하였다. 그는 정치적 민주주의와 경제적 · 사회적 민주주의의 조화를 강조하였는데 경제적 · 사회적 민주주의를 강조한 것은 중요한 의의를 갖는다. 그는 이 경제적 · 사회적 민주주의의 실현을 위하여 제헌헌법 전문과 제5조, 경제조항을 두었다. 전문은 「정치 · 경제 · 사회 · 문화의 모든 영역에 있어서 각인의 기회를 균등히 하고 능력을 최고도로 발휘케 하며 각인의 책임과 의무를 완수하게 하여… 국민생활의 균등한 향상을 기한다」고 하고 있으며 제5조에서는 「대한민국은 정치 · 경제 · 사회 · 문화의 모든 영역에 있어서 각인의 자유 · 평등과 창의를 존중하고 보장하여 공공복리의 향상을 위하여 이를 보호하고 조정하는 의무를 진다」고 규정하고 경제조항에서는 제84조에서 「대한민국의 경제질서는 모든 국민에게 생활의 기본적 수요를 충족할 수 있게 하는 사회정의의 실현과 균형있는 국민경제의 발전을 기함을 기본으로 삼는다. 각인의 경제상 자유는 이 한계 내에서 보장된다」고 규정하였다.

유진오의 이러한 경제적 · 사회적 민주주의론은 당시의 좌우대결의 완충역을 기대한 면도 있을 것이요, 젊은 시절 사회주의에 심취한 영향도 컸을 것이나, 바이마르헌법을 비롯한 동구헌법에 영향을 받았을 것으로 보인다. 비록 부유한 집안에서 자란 그였지만 당시의 많은 가난한 사람들의 생활향상을 지상목적으로 여긴 결과로 보이며 심정적으로는 사회민주주의에 기울어져 있지 않았나 생각된다.

그의 이러한 사상은 제헌헌법 이래 현재까지의 헌법에 계승되어 있으며 사회적 법치주의, 사회적 시장경제의 원리로 이해되고 있다.

### 2) 기본권관

유진오는 기본권을 자연권으로 보지 않고 실정권으로 보고 있다. 「18세기 헌법에 있어서는 기본권은 각인이 국가나 법률에 앞서서 향유하는 자연권(droits naturals, natural rights)이라고 생각되었으나, 현대적 헌법에 있어서는 그 반대로 권리에 대한 법과 국가의 선행이 강조되어, 각인의 기본권은 법률보다 선행하는 것이 아니라 법률에 의하여 비로소 인정되는 것」이라고 하여 「현대에 있어서는 기본권 보장은 그 고전적인 의미를 상실하고 단지 '법률의 유보(reservation, Vorbehalt)'에 지나지 아니함이 명백해진 것이다」고 결론짓는다.

나아가 「현대적 사상에 있어서는 헌법이 보장하는 인민의 기본권은 결코 절대적인 것이 아님은 물론이요, 일보를 진하여 불법행위나 권리남용에 이르지 않는 한 자유인 것도 아니고 실로 법률이 인정하는 범위 내에서만 향유할 수 있고 보장되는 것이다」고 하고 있다. 이것은 미국헌법의 기본권사상이 낙후한 것이고 20세기 초의 유럽 헌법의 기본권규정이 옳다고 본 결과인 것 같다. 이는 법률실증주의가 팽배했던 일본 제국주의하에서 교육을 받고 연구한 탓인 것으로 보인다.

그는 기본권을 자유권, 수익권, 참정권으로 나누면서 수익권을 강조하고 있다. 최초에는 수익권을 적극권(積極權)이라고도 불렀다. 「사회적 · 경제적 민주주의의 발달은 국가의 기능을 사회적 · 경제적 영역으로 확충시키는 동시에, 그 필연적 결과로서 일련의 새로운 적극권을 등장시켰으니 예하면 교육에 관한 권, 노동에 관한 권, 노령 · 폐병자 등의 부양에 관한 권 등이 그것이다」고 하였다. 이와 같이 적극권이 인민의 기본권으로 인정되는 경우, 즉 이러한 인민의 요구에 대하여 국가가 차에 응할 법률상 의무를 부담하는 경우와, 국가가 고도의 사회정책을 실시함으로 인하여 인민이 반사적으로 사실상 이익을 향유하는 경우는 구별되어야 한다는 것이다. 전자는 법률상 권리임에 대하여 후자는 반사적 이익에 불과하기 때문이다.

그는 이를 균등의 원칙이라고도 하고 있다. 「교육의 균등(제18조), 근로의 균등(제17조), 근로자의 기업이익균점(제18조), 노령 · 질병 등으로 생활능력이 없는 사람에 대한 국가보호(제19조), 혼인에 대한 보호(제20조) 등」도 이를 균등원칙의 구현이라고 보았다. 그는 1953년에야 생존권이라는 용어를 사용하고 있다. 「제1차 세계대전 이후에 이르러서는 국민은 국가에 대하여 그러한 보호를 요구할 권리가 있는 것으로 생각되게 된 것이다. 학자 중에는 이러한 권리를 「생존권」이라고 호칭하는 사람도 있는데 결국 국민의 기본권 목록에는 최근에 이르러 종래에 없던 생존권이라는 일 항목이 추가된 셈이다」고 하고 있다. 이는 그가 미국 하버드대학 유학 중 프랑스 신헌법, 이탈리아 신헌법, 중화민국헌법, 일본 신헌법, 필리핀헌법 등을 알게 된 이후의 일이다.

그는 기본권의 절대성을 부정하고 기본권에 대한 법률유보(法律留保)를 인정하고 있다. 그는 「국민의 자유와 권리를 제한하는 법률의 제정은 질서유지와 공공복리를 위하여 필요한 경우에 한한다」고 한 것이 기본권제한입법의 한계를 규정한 것인 동시에 기본권의 형성유보(形成留保)에 관한 것임을 설명하고 있다.

### 3) 통치기구론

유진오 교수는 기본권이론보다는 통치기구론을 많이 연구하고 권력분립, 양원제, 의원내각제 등을 주장하였다. 그는 국민주권주의 = 인민주권주의≒국가주권주의로 보고 주권재민의 원칙을 강조하였다. 주권의 행사방법에는 직접적 행사방법과 간접적 행사방법이 있는데 간접적 행사방법인 대의정치를 선호하였으나 헌법개정에 관한 국민투표제 등은 고려하고 있었다.

그는 권력분립론에 관한 논문도 쓰고 있는데 행정부와 입법부의 엄격한 분립을 원칙으로 하는 고전적 권력분립제, 즉 미국식 대통령제를 비판하고 있다. 그는 고전적 권력분립론은 가능한 한 국가권력을 약화시켜 개인의 자유와 권리를 보호하고자 한 취지에서 주장된 자유주의 · 개인주의시대의 유물이라고 보았다. 그는 적극적으로 국가가 국민생활에 개입하여 자유와 권리를 확보해 주어야 하는 현대국가에 있어서는 엄격한 권력분립보다는 권력의 융합이 더 필요하다고 생각하였다.

유진오는 미국의 대통령제가 의회와 대통령의 대립으로 인하여 신속하고 강력한 국정을 수행할 수 없다고 보고 영국식 내각책임제도의 도입을 주장하였다. 그는 「정부가 안정성이 있고 강력한 정치를 해 나갈 수 있는 것은 결코 정부와 국회를 따로 떼어놓고 양자가 서로 간섭하지 못하게 하는 그러한 데서 얻을 수 있는 것이 아니라 오히려 양자의 관계를 밀접히 해놓고 국회의 다수한 사람이 지지하는 그러한 정부를 수립하는 것이 정부의 안정성과 정치의 강력성을 도모하는데 있어서 가장 좋다고 생각되기 때문에, … 소위 대통령제를 취하지 아니하고 의원내각제도를 취했던 것」이다.

그는 사법권의 독립을 강조했고, 위헌법률심사를 하는 헌법위원회제도를 구상하였다. 그가 오스트리아식인 헌법재판소제도와 프랑스식인 헌법위원회제도를 비교연구한 뒤 한국식 헌법위원회제도를 구상한 것은 특기할 만 하다.

유진오 교수의 통치구조에 관한 구상 중 국회의 양원제와 의원내각제는 이승만박사 등의 반대로 헌법에 규정될 수 없었다. 그 뒤의 대통령제는 독재를 가져왔고 이에 반대하는 그는 의원내각제 개헌을 위하여 80년까지 노력하였으나 실현되지 못하였다.(필자와의 대담 참조)

## 4. 평 가

인간 유진오는 앞에서 본 바와 같이, 학술원 회원으로, 헌법학자로, 대학교육행정가로, 입법공무원으로, 끝에는 정치인으로 화려한 일생을 살았다. 그러나 일제 식민지 하나 이승만독재, 군사쿠데타 등을 겪은 파란만장한 생을 살았다고도 하겠다. 그의 문필가로서의 업적에 대해서는 많은 연구가 있으나 법학자로서의 연구로는 이영록, 「유진오의 헌법사상의 형성과 전개」(서울대박사논문, 1999)가 있고, 전광석, 「헌법학자 유진오」(『연세법학연구』 제2집, 1992. 8), 김철수, 자료 「유진오의 기본권론」(『법학교육과 법학연구』, 1995), 김철수, 「유진오의 헌법초안에 나타난 국가형태와 정부형태」(『한국사 시민강좌』 제17집, 1995) 등이 있을 뿐이다. 유진오 박사의 저서와 논문들은 현재 고려대학교에 소장되어 있다.

유진오 박사는 우리나라 헌법학의 개척자로서 많은 후학을 양성하였다. 그 중 몇 명만 들면 구병삭(고려대 명예교수), 고 한동섭(전 고려대 교수) 등이 있다. 이들의 학풍은 아직도 고대에서 살아 있는 것으로 보인다. 유진오는 암울했던 일제 식민치하에서 일본제국헌법과 바이마르헌법 등을 연구하면서 신생 한국에 대한민국 헌법전을 제공하였고, 『헌법해의』라는 주석서를 통하여 우리나라 헌법학의 기초를 놓은 분이다. 유교수의 헌법학 연구 논문 · 저서의 발표는 해방 후 5년 정도에 불과하나 그의 주옥같은 논문들은 아직도 경청할 가치가 있다.

한국의 헌법학은 유교수 헌법학의 계승과 비판에서 출발하여 이제 세계 각국 헌법사상의 도입으로 백가쟁명 시대로 돌입하고 있다. 그러나 유교수와 같이 헌법의 모든 문제에 관하여 해박한 지식을 발표한 사람은 별로 없는 것 같다. 한국헌법학계는 유교수 헌법학을 기반으로 계속 발전해 나가야 할 것이다.

## 2. 이종극 선생 (1907. 11. 9~1988. 10. 25)*

### 1. 생 애

이종극(李鍾極) 회원은 1907년 11월 9일 평남 강서군 수산면 가흥리에서 출생하였고 경성사범학교 연수과를 졸업하였다. 1939년 일제 고등문관시험 행정과에 합격한 뒤 평남 강동(江東), 덕천(德川), 성천(成川) 군수를 지냈고, 해방 후에는 경찰전문학교 교장, 신흥대학교, 중앙대학교 교수를 거쳐 1962년 9월에 연세대학교 교수로 취임하였으며 1963년 6월 28일 퇴임하였다. 1962년에는 국가재건최고회의 전문위원을 하여 헌법제정 작업에 참여하였다. 1963년 12월 국회의원에 선임되었고, 1967년 6월에 퇴임하였다(민주공화당 전국구의원).

1957년 학술원 회원으로 선임된 뒤 정치입문으로 1966년에 퇴임하였다. 고등고시위원과 고등전형위원으로 위촉되기도 하였다. 이종극 교수는 1988년 10월 25일 서울에서 작고하였다.

그동안 조선일보와 동아일보 논설위원을 역임하였다.

### 2. 저서와 논문

저서로 『헌법정의』(교육도서보급사, 1952), 『축조 비교 헌법해의』(숭문사, 1954), 『신고 헌법원리』(서울고시학회, 1962), 『신헌법원론 - 제3공화정 헌법』(서울고시학회, 1963), 『새헌법』(수험사, 1966), 『한국행정법강의』(개조출판사, 1949), 『행정법정의』(숭문사, 1954), 『신행정법』(상 · 하)(서울고시학회, 1961), 『신법학통론』(동명사, 1950), 『최신법학통론』(전봉덕과 공저, 동국문화사, 1953), 『법학입문』(동국문화사, 1955) 등이 있다.

번역서로 크라임스의 『영국 헌정사』(교양문고, 신양사, 1959), 윌리엄 더글러스의 『국민의 권리』(을유문화사, 1960)가 있다.

저작목록은 국립중앙도서관 『학술논저총합색인』 제1집 법률학, 48면, 74면 참조. 그 중 중요한 것을 보면 다음과 같다.

1. 우리나라 정부형태의 변천 — 고시계, 6. 10, 1961.
2. 법률타령, 판결타령 — 국가배상법의 위헌시비(판례평론) — 법률신문, 867, 1970.
3. 〈판례평론〉 전국구의원선거 是야 非야 -대법원판결을 보고- — 법률신문, 928, 1971.
4. 9 · 5 긴급조치와 그 승인의 비판 -헌법 57조의 해석- — 법정, 10. 12, 1955.

---

* 대한민국학술원, 『앞서 가신 회원의 발자취』(2004), 227-233면.

5. 국회의원선거법초안 비판 법정, 10. 4, 1955.
- 특히 공명선거와 양원구성에 관하여 -
6. 위헌입법사 법정, 10. 7, 1955.
7. 모의헌법(상 · 하) 법정, 10. 9-10, 1955.
8. 현행헌법의 제결함 법정, 11. 10, 1956.
- 성문헌법의 공문화 과정 -
9. 종합선거법안 비판 법정, 11. 12, 1956.
10. 정부기구개편의 근본문제 법정, 11. 2. 1956.
11. 정 · 부통령선거의 전망 법정, 11. 4. 1956.
12. 지방선거의 전망 법정, 11. 8, 1956.
-지방자치법과 관련하여-
13. 헌법상으로 본 군법회의 법정, 12. 2, 1957.
14. 법학공부의 정도 법정, 13. 4-7, 1958.
15. 지방자치법의 획기적 개정 법정, 15. 12, 1960.
16. 개정헌법의 제 맹점 법정, 15. 7-8, 1960.
17. 중앙행정기구의 개편 법정, 16. 11, 1961.
-신 정부조직법의 해설-
18. 혁명입법과 혁명재판 법정, 16. 2, 1961.
19. 국가재건비상조치법의 기초와 그 헌법과의 관계 법정, 16. 7, 1961.
20. 한국헌법의 변천사 법정, 17. 7, 1962.
21. 신헌법의 배경 법정, 18. 9, 1963.
22. 대법원장의 직위 법정, 23. 11, 1968.
23. 행정행위개념의 정립 법정논총 (중앙대), 6, 1958.
24. 국가배상법의 위헌 시비 법조, 19. 5, 1970.
25. 헌법운영 13년의 회고 사상계, 10. 8, 1962.
-위헌 13년사-
26. 의사표시의 자유와 책임내각의 확립 사상계, 4. 3, 1956.
27. 大衆 · 여론 사상계, 4. 8, 1956.
28. 민주주의사회에 있어서의 경찰제도 사상계, 6. 5, 1958.
29. 헌정 10년의 위헌사 사상계, 6. 7, 1958.
30. 연막에 싸인 대법원 사상계, 7. 10, 1959.
- 5 · 2 선거소송 결과를 분석하며 -
31. 경찰권과 과세권이란 스타 · 플레이어 사상계, 7. 9, 1959.
32. 한국헌법 권력구조와 변모과정 사상계, 9. 9, 1961.
33. 정치활동정화법 해설 시사, 1962.

34. 공무원신분보장에 관한 제문제 신세계 (昌平社), 1. 7, 1956.
35. 개헌안 조문이 의미하는 것 월간중앙, 18, 1969.
36. 혁명정부의 입법체계 지방행정, 10. 7, 1961.
37. 현대헌법의 생태론적 분류 신흥대학논문집, 1, 1958. 6.
38. 헌법운영 13년의 회고 사상계, 10. 8, 1962.

## 3. 헌법학의 목적

고 이회원의 학문적 전성기는 1950년대와 1960년대였다. 그는 1951년『축조비교헌법해의』서문에서 한국에서의 헌법학자들의 책임을 강조하고 있다.

「정확한 헌법지식의 보급이 민주정치를 확립 발전시키는 데에 기초 조건이 된다 함은 용이히 수긍될 수 있는 문제에 속하거늘, (문명사회치고) 우리처럼 헌법에 관한 지식이 일반 국민에 보급되어 있지도 아니하고 또 헌법이 정당히 (올바로) 이해되어 있지도 아니한 곳은 보기 드물다 하겠다.

헌법 시행 후 이때까지에 여러 권의 해설서 · 참고서가 단행본으로 발간되었고, 잡지 기타의 정기간행물에도 헌법에 관한 연구가 적지 않게 발표되어 왔건만, 아직껏 이렇다 할 만족한 지식의 체계도 신뢰할 수 있는 정확한 해설도 보여주지 못하고 있는 것은, 이 나라의 특수한 정치적 · 경제적 · 사회적 제 제약의 소치라고 변명할 여지도 없지 않겠지만, 그 책임의 일반(一半)은 모든 헌법학자 내지 학도가 공동으로 져야 할 일이 아닐까 한다」.

그리하여 학자들의 오해나 곡해들을 끄집어내어 기왕의 학설들을 신랄하게 비판하고 있다. 그는 나아가「헌법학 최후의 목적은 국민의 민주적 발전상 유용한 실천적 이론을 제공함에 있으며, 더구나 우리의 헌법학에서는 현실의 개명(開明) 전제정치를 해소시키는 데 유익한 지식을 공여함이 당면한 급무라고 생각되므로, 본서에는 이 방면에 대한 노력이 주의깊이 경도(傾倒)되어 있다.

전기한 바와 같은 입장과 방법을 택한 결과, 저자가 본서에서 취한 견해 내지 도달한 결론은 학자의 통설, 세간의『권위있는 학설』과는 매우 같지 아니한 곳이 많게 되었거니와 저자는 그렇게 된 것을 당연하고 또, 썩 다행하다고 생각한다. 물론 본서에 전개된 저자의 견해에는 허다한 오류와 미숙이 있을 것이다. 그러나 헌법 연구에서 취해야 할 근본 태도와 방법에 관한 한, 단연코 틀림이 없다고 확신하는 바이다」.

## 4. 기본권관

이회원의 학설 중에서 당시의 통설과 달리 현대적인 이해를 보이고 있는 것은 기본권관이다.

「무릇 근대헌법은 국민(인류)의 기본권을 확인하고 이것을 보장하기에 적합한 정치기구(권력조직)를 확립한 근본법이므로, 헌법학에서의 중심과제는 실정헌법이 규정(확인)한 기본권의 본질(불가침성 · 최고법규성)을 파악하고 이 기본권을 보호 · 신장하기 위한 제 권력이 여하한 원리 · 원칙 위에 조직 · 운영되는가 하는 헌법의 근본문제를 밝히는데 있다. 그렇거늘 종래의 헌법학설은 이와 같은 근본문제에 대하여 아무런 철저한 해명이 없음은 고사하고 심지어는 국민의 자유권을 『법률의 범위 내의 것』(법률로써 하면 여하히라도 침해할 수 있는 권리)이라고 보는 것」을 경계하고 있다.」

그는 기본권의 포괄성을 인정하고 있다.

「헌법은 제9조 내지 제27조에서 여러 개의 권리(자유권 · 수익권 및 참정권)를 들고 이것을 최대한으로 보장할 것을 굳이 약속하였다. 그러면 도대체 사람 또는 국민이 보장받아야 할 권리란 단지 요것 뿐인가? 아니다. 이 외에도 헌법에 등록되지 아니한 『무명의 자유 · 무명의 권리』가 무수히 있다. 그러나 이것들을 빠짐 없이 일일이 열거 · 망라할 수는 없는 고로, 헌법은 인류 과거의 역사상 절대군권 · 만능국권에 의하여 가장 눌리고 짓밟히고 유린되어 온 자유와 권리만을 추려서 대표적으로 열기한 것이다. 그런데 사람들이 사람으로서 사회인으로서 또는 국민으로서 그 인격을 자유로이 발전시키어 사회 · 국가 · 전인류의 향상에 공헌하려면 헌법에 열거된 권리의 보장만으로는 충분하지 못하고 총체적인 권리가 안고히 보장되어야 한다. 본조 제1항이 헌법이 열거하지 아니한 무명의 제 권리도 이를 경시하지 않겠다 한 것은 바로 이 뜻이니 이것을 『인권의 개괄적 보장』(general security for human rights)이라 일컫는다」.

그는 그 근거로서 세계 각국의 헌법규정을 들고 있다.

「이와 같은 인권에 대한 개괄적인 보장은 타국 헌법에서도 볼 수 있는 바이니, 예를 들면 『이 헌법에 특정 종류의 권리가 열거되어 있다는 이유로써 인민이 보유하는 기타의 권리는 부인되거나 경시되는 것이라고 해석하여서는 아니 된다』(미국 연방수정 9조). 『헌법에 어떤 특정 권리만이 예시 · 보장되었다고 하여서 헌법이 세운 정체와 헌법이 선언한 원칙에서 결론되는 여타의 권리보장이 제외된 것은 아니다』(브라질 78조). 『제6조 내지 제24조에 제시된 국민의 권리와 자유는 이 헌법의 원칙에서 生하며 또는 이 헌법과 일치되는 여타의 권리와 자유를 배제하지 아니한다』(에스토니아 26조 1항, 구중국 14조도 동일 취지)고 하고 있다. 이 기본권의 포괄성 주장은 당시의 실정권설을 뛰어 넘은 자연권적 해석에 입각한 것이라고 하겠다.

## 5. 국가권력론

그의 국가관, 국가권력관도 현대적이다.

「헌법학적 인식에 있어 가장 중요한 것은 구독일(제정 독일과 나치스 독일) · 구일본(1945년 전의 일본) 류(流)의 민족지상 · 국가지상의 법사상을 청산하는 일이다. 대내적으로(사회 · 국가 내에서) 지상인 것은 민족이나 국가 자체가 아니고 개인이요, 국민이다. 왜냐하면 현대헌법이 강조하는 사회민주주의는 종래의 헌법 하에서 극소수의 지배계급(자본가 · 집정자)이 국가 또는 민족의 이름으로 압도적 다수의 국민의 기본권(생존권)을 짓밟던 귀족적인 민주정치제도를 직접 간접 부인하자는 원리인 때문이다(우리 헌법 전문 3단, 5조, 84조 이하 참조). 헌법학상 통치권이니 영토주권이니 대인고권이니 하는 국가의 지배권은 요컨대, 이 권력이 국민 기본권 수호의 대임(大任)을 맡았다는 전제 하에 타당하는 것임을 잊어서는 아니 된다(국가권력이 위법하게 행사된 때에는 권력의 효력이 부인되며, 불법하게 행사된 때에는 국가와 불법행위자 쌍방에게 책임이 돌아오는 법리를 보라).

민주정치는 본질적으로 『다수자정치』인지라 『국민(유권자)의 다수(과반수)가 총명해야 한다』하는 기본적 조건이 성취되어야만 비로소 성공하고 번영할 수 있나니 왕년에 독일 바이마르 모범 헌법 하에서 나치스의 독재정치가 시행되었고, 구 일본에서 군주주의 헌법을 놓고 군재벌이 사실상 독재하였던 사실(史實)이 이것을 증명한다. 그러므로 만일 한 사회의 성원의 대다수가 불행히도 총명하지 못한다면 (민주정치를 아예 단념하고 어느 특정인의 전제에 일임할 것이 아니라) 총명한 소수자측이 총명치 못한 다수자를 『총명선』까지 elevate(向上시킴) assimilate(동화시킴)하는 진지한 노력을 기울여야 한다 함이 우리 헌법 제16조의 궁극의 뜻이라 하겠다. 왜냐하면 민주정치제도는 선각 인류가 고가의 대상(代償)으로써 전취(戰取)한 지상 최후 최량의 정치방식이라고 생각되는 까닭이다」.

## 6. 학문적 연구대상과 평가

그는 동아일보, 경향신문, 사상계 등에서 헌정을 비판하고 방향을 제시하였다. 그러나 5.16 이후 1962년 3월 10일, 1962년 2월 10일에 쓴 『신고헌법원리』 서문에서 「헌법정치 10有 4년 동안에 대한민국헌법은 그 개악 또는 개정됨이 자그마치 4, 5차. 우리처럼 헌법을 뜯어고치기를 즐겨하는 사회는 드문 것 같았다. 정치의 불여의가 마치 성문헌법의 미비나 흠결에 연유한다는 양, 툭하면 개헌제의였고 걸핏하면 헌법개정이었다. 이와 같은 사회에서 헌법학을 강하거나 학하는 학자, 학생의 할 일은, 그러한 비리의 개헌을 공격함이 하나였고 연구 대상은 「개악된 대한민국헌법」으로부터 근대 헌법 일반 내지 비교헌법학으로 전환함이 둘이었다. 1954년 11월의 4사5입 개헌 이래 대한민국헌법에 흥미를 잃은 저자가 교단에서 학생을 상대로 지금까지 강의해온 것은 대한민국헌법이 아니고 근대 헌법 일반이었다」고 토로하고 있다. 그는 1962년에 헌법심의위원회 위원을 하면서 현실정치에 참여하여 나중에 정치인의 길로 나갔다.

그의 비실증주의적인 헌법학연구는 당시에는 18세기 헌법학이라 비판되었지만 오늘의 현대 헌법학의 방법론과 일치하고 있다. 특히 당대의 많은 헌법조문을 참조하여 비교헌법학을 개척한 공로는 매우 크다고 하겠다.

# 3. 무애 서돈각 선생님 추모문집 간행사*

선생님이 유명(幽明)을 달리 하신 지 어언 2년이 다가옵니다.

## 선생님의 생애

선생님은 대구 호족(豪族)인 달성 서씨(達城 徐氏) 집안에서 출생하시어 대구고보(현재의 경북고교)를 졸업하시고 일본의 마쓰에(松江) 고등학교에서 공부하신 뒤 교토(京都) 제대 법학부에 진학하였습니다. 일본이 패망하여 교토 제대를 졸업하지 못하고 귀국하여 서울법대의 전신인 경성대학 법학부 1회생으로 졸업하셨습니다.

경성대학 법학부를 졸업하신 뒤 새로이 탄생한 서울대학교 법대에 취임하시어 상법학과 영미법 등을 강의하셨습니다. 1956년에는 미국에 유학하여 Southern Methodist University에서 LL.M. 학위를 취득하였습니다. 서울대학교에서 그 동안 서울대 법대 학장, 학생처장, 사법대학원장의 요직을 맡으셔서 후학 양성에 노력하셨습니다.

## 선생님의 업적

선생님은 상법학자로서 교육행정가로서 활동하셨습니다. 한국에서 최초로 상법학에 관한 체계서를 집필하셨고, 많은 논문을 발표하여 한국 상법전 제정의 방향을 제시하였습니다. 특히 미국 상법 연구의 선구자로서 미국 상법 원리를 우리나라 상법에 도입하는데 중요한 역할을 하셨습니다. 상법제정 심의위원으로서 또 나중에는 개정심의위원으로서 중요한 역할을 하셨습니다. 한국 상법이 제정되지 않았던 의용 상법 시대부터 상법을 연구하여 한국 상법의 제정과 개정 등 입법작용에 참여했을 뿐만 아니라 교과서와 주석서(註釋書)를 집필하시어 한국 상사법학을 정립한 대학자라고 하겠습니다. 법학의 고도(孤島)였던 한국에 세계 법학을 소개했을 뿐만 아니라 세계법철학회에서 지도적 역할을 하셨습니다. 또 한미, 한독 법률교류에도 중요한 역할을 하셨습니다. 이러한 업적 때문에 대한민국의 최고 훈장인 무궁화장을 수상하셨습니다.

또 미국법과 미국 법학교육 제도를 한국에 도입하려고 노력하셨습니다. 미국법에 관한 많은 교과서를 번역하였고 독일의 법철학 교과서도 번역하였습니다. 법철학에도 많은 관심을 가지고 「국제법 및 사회철학회」 세계학회의 집행위원을 역임하셨으며, 법철학과 법학 분야의 국제 교류와 발전에 크게 기여하였습니다.

상법 교육자로서 수많은 상법학자를 양성하셨고 교육행정가로서 서울대 법대 학장과 사법대학원장, 동국대학교 총장, 경북대학교 총장을 역임하시면서 많은 인재를 양성하셨습니다. 학회에서도 한국상사법학회 회장, 한국보험학회 회장, 한국해법학회 회장 등을

---

* 무애 서돈각박사 추모문집간행위원회, 『부처님과 함께』(법문사, 2006), i~iii면.

역임하시어 한국의 법학 발전에 선도적 역할을 하였습니다.

또 대한민국 학술원 회장을 역임하여 한국의 학술 발전에 기여하셨습니다. 또 불교 관계 일도 많이 하시어 한국불교진흥원장으로서 불교 발전에도 크게 공헌하셨습니다.

### 출간에 붙여

선생님의 1주기를 맞아 선생님의 친지와 제자들이 추모의 글을 모아 출판하기로 하였습니다. 짧은 기간이기에 원고들이 많이 모이지 않았습니다만 1주 기일까지 내기 위하여 부득이 6월 30일까지 제출한 글만 모아 우선 가본(假本)으로 발행하였고, 2주기까지 몇 분의 추모의 글을 모아 완본(完本)으로 간행하게 되었습니다. 완본으로 출간하는 데에는 임홍근 교수가 힘을 보탰습니다. 아울러 선생님의 8순(八旬), 고희(古稀), 정년(停年), 회갑기념논문집(回甲紀念論文集)에 있는 하서(賀序)를 수록하였습니다. 또한 이번 기회에 선생님이 쓰신 산문들을 약간 모아서 함께 수록하기로 하였습니다. 본격적인 논문 출판은 다음 기회에 하도록 하겠습니다.

선생님께서는 유명(幽明)을 달리하셨으나 극락(極樂)에서 왕생하실 것을 믿어 의심하지 않습니다. 선생님이 사랑하시던 제자, 가족들을 저승에서나마 계속 보살펴 주시기를 빕니다. 이 추모논문집의 출판을 맡아 주신 법문사 제위에 감사의 말씀을 드립니다.

2006년 4월 10일

간행위원회 위원장 김 철 수

## 4. 무애 선생님과의 인연*

### 선생님의 은혜

저는 선생님이 출생하신 대구 출신이며 중학교 후배로서 선생님의 보살핌을 받았습니다. 처음 만남은 서울법대 입학시험 때였습니다. 당시 서울대 입학시험은 여러 곳에서 분산되어 시행되었는데 선생님은 대구 지역 시험 감독을 하셨습니다. 저에 대한 사전 지식이 있으셨는지 자주 답지(答紙) 쓰는 것을 보시곤 하셨습니다.

부산 가교사에서는 선생님에게서 상법학 1부를 배웠습니다. 서울이 수복되어서는 선생님이 미국의 객원교수로 가셨기 때문에 많은 접촉은 없었습니다. 독일에 유학하기 전에 선생님을 찾아뵈었더니 법철학에 관한 연구를 권유하셨습니다. 독일에 있을 때 선생님은 Radbruch의 『법철학입문』을 번역하시겠다고 하여 제가 Radbruch 부인에게 연락하여 번역권을 얻는데 노력하기도 하였습니다.

---

* 무애 서돈각박사 추모문집간행위원회, 『부처님과 함께』(법문사, 2006), 114-116면.

독일에서 귀국했을 때 선생님은 국민대학의 교무처장을 겸직하고 계셨습니다. 국민대학에서는 중학교 은사였던 강병두 학장님도 계셔서 첫 강사를 국민대학에서 시작하였습니다. 그 때 저는 군미필이라고 하여 정식 취직을 할 수 없어 서울법대의 무급조교로서 서울대『법학』편집을 돕기도 하였습니다. 재검 결과 병역이 면제되어 1962년에야 서울법대에서 전임강사가 되었습니다. 1966년 제가 미국에서 공부할 때 선생님은 본부 학생처장을 맡으셨습니다. 저는 1967년 가을에 귀국하자 사법대학원 교무과장을 맡게 되었습니다. 선생님은 본부 학생처장을 그만두시고 1969년 사법대학원 원장으로 오셨기 때문에 1년간 모셨습니다. 사법대학원은 우리나라의 로스쿨 제도의 선구라고 할 수 있으나 재정적인 면에서 난관이 많았습니다. 선생님은 서울법대 학장에 취임하신 뒤에 저를 서울대학교 법률도서관장으로 임명하셨습니다. 당시 학생운동의 발원지가 서울법대였고 그 본거지가 법대 도서관이었기 때문에 학장이나 도서관장의 업무는 매우 고달팠습니다.

선생님은 10월 유신을 맞으면서 마음 고생을 많이 하셨습니다. 유신 당시에 동국대학교의 총장으로 영입되어 서울법대를 떠나셨습니다. 그러나 마음은 서울법대를 떠나지 못하신 것 같습니다. 그 뒤 경북대학교 총장도 역임하셨고 많은 일을 하셨으나 최종적으로 서울대 명예교수의 직위를 항상 자랑하고 계셨습니다.

선생님은 법철학에 관심이 많으셔서 많은 책을 번역하셨습니다. 세계학회와의 긴밀한 교류를 위해서는 우선 한국학회를 창립하여야겠다고 하시어 제자들과 함께「법 및 사회철학회」한국학회를 창립하셨습니다. 선생님은 회장으로서 한국 법 및 사회철학회의 연구발표회를 개최하셨고, 세계학회에 가입하기 위하여 Finland에 가서 활동하였습니다. 세계대회에서의 활동이 도움이 되어 세계학회에 가입하게 되었고, 선생님은 몇 년 뒤에는 세계학회의 집행위원이 되셨습니다. 8년의 집행위원 임기를 마치시면서 저를 집행위원으로 추천해 주시어 저도 8년간 집행위원을 하였습니다.

선생님은 또 대한민국학술원 회장으로서도 활동하셨습니다. 선생님이 회장을 그만두신 뒤에 저도 학술원 회원이 되었습니다. 이것도 서 선생님의 은덕이라고 생각합니다. 학술원에서 선생님의 왕성한 연구 의욕을 보고 본받으려고 노력했습니다. 선생님은 인세 등을 아끼셔서 무애 문화 재단을 설립하시고 장학사업과 연구지원 사업을 하셨습니다. 저를 이사로 선임해 주시어 재단 운영에도 관여하고 있습니다.

## 선생님에 대한 회상

선생님을 생각하면 언제나 인자하고 후덕한 모습밖에 기억이 나지 않습니다. 한 번도 격노한 것을 본 적이 없었습니다. 언제나 제작들을 사랑하고 제자들의 앞날을 걱정해 주셨습니다. 바쁜 보직 중에도 제자의 간청을 거절할 수 없어 결혼 주례를 많이 서셨습니다. 아마 선생님이 성혼시킨 사람도 100명이나 되지 않을까 생각합니다. 후덕하셨기 때문에 신정에는 언제나 집안에 사람이 붐볐습니다. 그 자리에서 세배를 했던 선후배도 많았습니다.

선생님은 일본 유학 중에 불교에 귀의하시어 재가불자로서의 생활을 하셨습니다. 학교에서도 불교학생회를 만드셔서 불교학생들의 활동을 후원하시고 전국 사찰 순례도 인도하셨습니다. 말년에는 한국불교진흥원의 원장으로서 불교 진흥에도 크게 기여하셨습니다. 또 효자로서도 칭송이 자자했습니다. 연로하신 노모님을 극진히 모셔서 후배나 제자들의 모범이 되었습니다. 가족 생활도 원만하시고 화목한 집안을 이끌어 나가셨습니다.

선생님 1주기를 맞이하여 선생님의 극락왕생을 빕니다.

김철수 (서울대학교 명예교수)

## 5. 김상철 회장을 추모하며*

### 1. 김 회장의 학문세계

김상철 회장은 서울법대를 수석으로 졸업했다. 사법연수원 수료 후 서울형사지법 판사로 임관되었다. 재직하면서도 바쁜 시간을 쪼개어 서울대 대학원에서 1977년 법학석사학위를 받았다. 논문은 「신체의 자유의 절차적 보장 - 인신구속제도를 중심으로」였고 129면에 달하는 좋은 논문이었다. 이 논문은 논자의 판사 경험을 살린 실증적 연구였으며 인신구속이 남발했던 당시에 인신구속제도의 적법절차를 확립하기 위한 것으로 높이 평가되었다.

1998년에는 서울대 대학원에서 「재판청구권의 헌법적 실현을 위한 연구」로 법학박사 학위를 받았다. 이 논문은 그동안 판사와 변호사를 하면서 경험한 것을 살려 국민의 재판청구권을 확보하기 위한 사법제도를 논한 것이 특색이다. 이들 논문들의 지도교수는 나로 되어 있으나 실제로 크게 지도를 하지 못했고 실무에 밝은 논자가 독창적으로 쓴 논문이었다.

김 회장은 학부 시절부터 국민의 기본권에 관심이 많아서 판사로 임관된 뒤에도 인권판사로 유명했으며 변호사로 있으면서도 국민의 인권신장을 위한 노력을 게을리 하지 않았다. 젊은 판사시절에는 황석연 부장의 배석으로 김대중 긴급조치사건을 맡아 고민하기도 했는데, 그런 것 때문에 나중에 원주지원 판사로 전임되었고, 이것이 변호사 개업의 동기가 된 것이 아닌가 짐작된다.

그는 변호사 개업 후에도 인권 변호사로 큰 시국사건의 변호를 맡았다. 특히 북한인의 인권보장에도 관심을 가지고 탈북난민보호운동을 창시하여 본부장을 맡아 유엔에 북한인권의 참상을 알리고 북한인의 인권신장을 위하여 노력하였다.

---

* 『미래한국』 2012. 12. 21.

## 2. 서울시장 시절

김 회장은 1993년 약관 46세로 서울시장에 임명되었다. 김 시장은 젊은 패기로 서울시의 적폐를 해소하기 위하여 개혁에 박차를 가하였다. 젊은 시장의 개혁 드라이브에 기득권을 가진 고위직 시청 직원들의 반발이 심했다. 당시 김 시장은 중견 언론인들과도 사이가 좋지 않았던 것 같았다. 그 이유는 과거 진보진영에서 공생하다가 우파진영으로 옮긴 김 시장에 대한 반발도 있었던 것 같다. 이들 기자들이 보통 주택을 마치 대저택인 것처럼 사진을 찍었고, 농장에 있는 작은 정자를 불법 건물로 낙인찍어 대서특필한 바람에 7일 만에 시장직을 사임하게 되었다.

김 시장이 노회한 공무원이나 철부지 기자들의 농간에 따라 사임하지 않았다면 서울시의 부정부패는 발본색원 되었을 것이고 서울시민의 생활은 훨씬 좋았을 텐데 아쉽다.

## 3. 고시계 사장 시절

김 회장은 변호사로 활동하면서 법학발전에 기여하겠다는 일념으로 고시계사를 인수하였다. 그는 당시 법학에 관한 학술지가 전무했던 것을 한탄하면서 수험지 고시계를 학술발표지로 겸하도록 성격 변화를 기획하였다. 그는 많은 교수들을 편집자문위원으로 모시고 월 1회 편집회의를 개최하였다. 김 회장은 당시 태평양아시아협회 회장, 한미우호협회 회장 등의 바쁜 일과 중에도 편집회의에는 꼭 참석하여 법학발전과 시험개혁활동 등을 지도하였다. 나도 김 회장의 요청으로 10년간 편집자문위원을 맡아 회의 때마다 김 회장을 만날 수 있었다. 그 때에 젊은 학자들에게 발표의 기회를 주도록 했고, 1월호에는 반드시 1년간의 연간 학회회고와 판례회고를 게재케 하여 학문과 법조의 동향을 파악할 수 있게 하였다.

고시계사에서는 김 회장의 뜻에 따라 학문서적과 수험서적을 발간하여 학자들과 수험생들에게 길잡이 역할을 할 수 있게 하였다. 그 결과 유명한 교과서들이 출판되었고 아직도 속간되어 있어 법학발전에 큰 기여를 하게 되었다.

## 4. 미래한국 발행인 시절

김 회장은 좌파정권이 성립된 뒤 정치가 편향되어 가고 사회가 분열되는 것을 걱정하여 2002년에는 「미래한국신문」이란 주간지를 발행하기 시작하였다. 이것은 과거 진보진영의 문제점을 경험한 김 회장이 남북관계나 세계평화문제를 걱정하는 우국지심에서 나온 것이었다. 진보진영의 필자는 수두룩했으나 보수진영의 논객이 드물었던 당시에 「미래한국」의 발행은 큰 모험이었다. 나는 김 회장의 요구에 따라 몇 편의 논설을 쓰기는 했으나 적극적으로 참여하지 못하여 미안한 마음을 금할 수 없다. 김 회장이 비교적 젊은 나이에 병마에 시달리고 타계했으나 그의 유지는 그대로 후대에게 이어져「미래한국신문」이 계속 발간되고 있어 마음 흐뭇하다.

### 5. 김 회장을 추모하며

김 회장은 두뇌가 명석하고 사회적인 지도력이 있어 우리나라 발전에 크게 이바지 하였다. 그러나 인생 90년의 수명을 다했더라면 국가에 더 큰 공헌을 하였을 텐데 그 큰 꿈을 다하지 못하고 일찍 영면하게 되어 아쉽기 짝이 없다. 김 회장의 자녀들이 그 사업들을 잘 이어가고 있으니 저승에서라도 안심하고 가족과 국가의 장래를 이끌어 주기 바란다.

## 6. 황적인 교수를 추모하며*

황적인 교수는 1952년 서울대학교 법과대학에 나와 동기로 입학하였다. 그러나 그는 1953년부터 학교에 다니기 시작하여 우리보다 1년 후에 졸업하였기 때문에 재학 중에는 잘 몰랐다. 그는 법대 11회로 졸업하였기 때문에 11회 졸업생과 동문수학하였으며 동문 중에는 대학교수가 많았다. 나는 1961년에 독일에서 귀국하였고 법대 무급조교를 거쳐 1962년에 모교 전임강사로 강의하기 시작하였다.

황적인 교수는 1957년부터 대학원에서 김증한 교수 밑에서 공부하다가 Köln대학에서 Dr. Jur.학위를 받고 1968년 모교 조교수로 부임하였다. 이때부터 동료로서의 황 교수와 친하게 되었다. 황 교수는 모교에서 많은 보직을 가졌었는데 항상 내가 한 보직을 물려 받는 격이었다. 법대에서 학생담당 학장보와 교무담당 학장보를 지냈고 1989년에는 내 후임으로 법학연구소장을 맡았다. 나는 소장 재직 시에 법학연구소에 특수과정을 설립하여 통일법 등을 강의하였는데 황 소장은 이를 받아 민사법 등을 강의하였고 그것이 계속되어 서울법대의 최고위과정으로 발전할 수 있었다. 동료교수들의 반대를 무릅쓰고 특수과정을 만들었더니 지금은 서울법대의 최고위과정으로 승격된 것이 자랑스럽다.

황 교수가 학술원회원으로 된 것은 서돈각 선생님의 노력이 컸다. 김치선 교수님이 노동법으로 회원이 되셨다가 작고한 뒤 노동법을 뽑을 것인가 새로운 법과목의 회원을 뽑을 것인가가 논란되었다. 그리하여 사회법과 경제법을 공모했는데 98년에 황 교수가 경제법으로 응모하여 업적이 월등하였으므로 회원으로 선출되었다. 그 뒤 황 교수는 나의 뒤를 이어 분과회장, 학술원논문편집위원 등을 맡아 학술원활동에 기여하였다.

황 교수는 회원선출에 있어 젊은 학자들을 선출하겠다고 하여 민사법관계 회원에 젊은 학자들을 초빙하는데 앞장섰다. 대학 동기인 친구를 배척하여 원성을 사기도 하였으

---

* 추모논집 간행위원회,『誠軒 黃迪仁 선생님의 학문과 삶의 세계』(화산미디어, 2015), 445-447면.

나, 앞으로 회원으로서 연구를 계속 할 수 있는 사람을 선발하는데 노력한 점은 높이 살만하였다.

황 교수는 학술교류위원으로서 외국학술원과의 결연사업을 강화하기를 희망하였다. 그는 Göttingen학술원과 대한민국학술원과의 학술교환계획을 확정하는데 진력하여 협약을 체결하였고, 학술교환을 위한 준비 중에 뜻을 이루지 못하고 작고하고 말았다. 그의 뒤를 이어 젊은 회원들이 교환계획을 추진하고는 있으나 아직 성공을 거두지 못하여 아쉽다.

황 교수는 학술원에서 해외학술원과 교류하는데 많이 노력하였는데 일본학사원과의 교류회의에는 빠짐없이 참석하였다. 인문사회 제4분과가 국제학술대회를 개최했을 때에는 조직위원으로서 섭외활동을 담당하였다. 미국의 저명 헌법학자들이 학기 중이라 참석을 사절하여 최종적으로 Cronin 총장과 접촉하였는데 주야로 전화하며 초청에 성공하였을 뿐만 아니라 한국에서의 안내도 잘 하여 감사장을 받기도 하였다. 김&장 법률사무소의 이재후 대표에게 부탁하여 출판비를 받아 회의록을 독립된 단행본으로 발행할 수 있었던 것은 오로지 황 교수의 덕이었다. 다음에는 학술연구총서로서 법학을 출판할 때에 황 교수는 경제법분야를 맡아 학술원회원이 아닌 학자들의 글까지 받아와서 잘 만들 수 있었다.

그는 한국경제법의 개척자였으며 많은 후학을 길렀다. 뿐만 아니라 농업법의 개척자라고 하겠다. 농업법학회를 만들어 학술대회를 했으며 농림부의 후원을 받아 농업법의 연구의 길을 열었고 농업법을 전공하는 후배양성에도 성공하였다.

그는 유기천교수 출판문화재단 일에 헌신적이었다. 그 어려운 공익문화재단을 설립하는데 있어서 유족들의 재산상속포기각서의 징구에서부터 재단법인의 설립등기까지 끝냄으로써 무에서 유를 만들어 내었다. 이사들이 여러 사람이었으나 초기에는 거마비조차 없이 활동하여 오늘과 같은 공고한 기반을 만들어 준 것에 감사한다.

그는 한독법학회의 발전에도 큰 기여를 하였으며 조선족들의 후생문제에도 심혈을 기울였고 가톨릭사상의 전파에도 노력하였다. 그는 한국문예학술 저작권협회의 창립에 큰 기여를 하였고 저작가와 음악가의 인세를 받아내어 배분하는 데에도 크게 기여하였다. 나는 그의 끊임없는 사회봉사활동에 감탄하였고 나의 게으름을 꾸짖기도 하였다.

황 교수의 학문에 관해서는 제자들이 발표할 것이기 때문에 여기서는 교우관계를 중심으로 해서 끝맺을까 한다.

나는 황 교수를 두 가지 면에서 부러워하였다. 하나는 그의 자동차운전 솜씨이다. 그는 85세 고령 때까지 자동차운전을 잘 하였다. 어떻게 운전을 배웠느냐고 물었더니 6 · 25 전쟁 중에 미군에 배치되어 운전병으로 GMC까지 몰았기 때문에 어릴 때 운전솜씨가 녹슬지 않아 1종 면허까지 가지고 있다고 자랑하였다. 나는 자동차운전을 할 줄 몰랐기 때문에 황 교수의 신세를 지는 일이 많았다. 차를 가지고도 운전을 안 배웠기 때문에 기사가 없는 날이나 야간에는 황 교수의 차에 동승하는 일이 많았다.

그는 독일어 typing이 능숙하여 학술원의 독일어 서신의 typing을 대신해 주었다.

나는 게을러서 아직까지 typing을 옳게 하지 못한다. 독일에 있을 때나 한국에서도 필서를 하고 typing은 조교에게 맡겼는데 황 교수는 직접 typing을 해서 부러웠다. 그는 미국 회화도 잘 하였다. typing과 영어회화 실력도 6 · 25 전쟁 중 미군에게서 배웠다고 했다. 젊은 때의 습관이 여든까지 간 것이다.

내가 한국법학교수회 회장을 했을 때에 현암사의 회장에게 부탁하여 법학학술상을 제정하였다. 그 수상자로 황적인 교수의 경제학논문집을 선정한 것이 기억에 남고, 내 뒤를 이어 서울법대에서 자랑스러운 법대인상을 수상한 것과 법률대상위원회의 수상대상자로 추천하여 법률대상(학술상)을 받게 한 것 등이 내가 그에게 보답할 수 있었던 것의 전부인 것 같다.

황 교수는 은혜를 잊지 않는 사람이었다. 은사인 정광현 교수님의 추모논문집 제작을 기획하였으나 끝내지는 못했다. 80 고령에도 불구하고 명절이면 꼭 고 서돈각 선생님의 사모님에게 세배를 드리곤 하였다. 그는 주저하는 나를 데리고 서울에서 분당까지 스스로 차를 몰고 세배를 갔다. 한 해는 아파트의 복도에 쌓인 눈에 미끄러져 다리를 다쳤는데 기어이 세배를 하고는 그대로 차를 몰고 서울까지 온 일도 있었다. 다리를 다친 환자가 모는 차에 탄 내가 몇 번이나 구급차를 불렀으나 마다하고 기어이 차를 몰고 온 것은 아찔한 추억으로 아직도 생생하다.

황 교수는 아직도 학술원 일 때문에 걱정이 많을 것으로 생각한다. 그러나 이제는 다 잊으시고 사랑했던 사모님과 같이 천당에서 영생을 누리시기를 바란다.

## 7. 월송 유기천 교수님 추모사*

오늘은 월송 유기천 선생님이 소천하신 지 20주년이 되는 날입니다. 다음 달은 선생님이 탄생하신 지 103주년이 되는 해이기도 합니다.

오늘 선생님의 가르침을 받은 제자들이 모여 선생님을 추모하게 되었습니다. 세월은 화살과 같다고 하더니 선생님의 가르침을 받은 것이 어제 같은 데 어느 덧 20년의 세월이 흘렀습니다.

선생님은 하늘나라에서도 제자들과 조국에 대하여 걱정하셔서 잘 알고 계실 것이라고 믿사오나 오늘은 이들의 근황을 보고 드릴까 합니다.

첫째, 선생님이 심혈을 기울여 가꾸신 서울대학교 법대는 이제 법학전문대학원으로 변하였습니다. 그동안 선생님이 경영하시던 사법대학원의 뜻을 이은 미국식 Law School이 되었습니다.

세계 어디에 내어놓아도 부끄럽지 않을 시설과 70명의 교수들이 강의와 연구에

* 『월송회보』 제13호 (2018. 12), 19-20면. 2018년 6월 27일(수) 경기도 고양시 덕양구 소재 유기천 교수님의 묘소에서 서거 20주년을 맞이한 추모행사를 가졌다. 아래는 김철수 이사께서 낭독하신 추모사이다. - 편집자 주.

전념하고 있습니다. 법대 도서관에는 선생님의 존함을 딴 월송세미나실이 마련되어 선생님의 존영과 저서들이 삼면에 전시되어 있습니다. 교수와 학생들이 교수님을 사모하면서 연구를 하고 있습니다.

둘째, 선생님이 계획하셨던 연구재단도 제자들이 만들어서 잘 운영하고 있습니다. 선생님이 남겨주신 RS Building의 수익금으로 선생님 저서를 복간하고 기념논문집을 발간하며 해마다 연구도 하고 있습니다. 해외유학 교수에게 장학금도 지급하고 있으며, 학자들에게 연구비도 지원하고 있습니다. 기금이 넉넉하여 어느 재단보다도 알찬 사업을 진행하고 있습니다.

셋째, 선생님이 사랑하시던 제자들은 그동안 법조계, 정계, 재계, 학계의 거두로 성장하여 한국 민주정치의 발전을 이끌었습니다. 연로한 제자들도 아직도 활발히 활동하고 있습니다. 이 모두가 선생님이 지도해주신 덕택이었습니다.

넷째, 선생님이 구상하셨던 서울대학교 종합화도 성공리에 이루어졌으며 그동안 선생님의 제자가 총장으로 선임되어 괄목할 발전을 이룩하였습니다.

서울대 법대 시설은 세계 어디에 가서도 부끄럽지 않게 건립되었습니다. 법학전문대학원도 잘 되어 최고의 인재들이 모여 수많은 법조인을 육성하고 있습니다. 이 모두가 유 총장님의 선견지명(先見之明) 덕이라고 생각합니다.

다섯째, 선생님이 회원으로 활동하신 대한민국학술원도 재정형편이 좋아져 회원들의 연구가 활발해졌습니다. 선생님이 세계학계와 교류하시기 위하여 많은 노력을 하셨는데, 세계학술원연합회도 내년이면 100주년을 맞게 되었습니다. 지금 대한민국학술원은 많은 세계기구에 가입하여 상호 방문을 하고 있으며, 특히 해마다 한일학술포럼을 운영하고 있습니다. 우리 법학분과도 선생님의 제자들이 과반수를 차지하고 있습니다.

여섯째, 선생님이 평생 애쓰시던 자유민주주의의 확립은 실현과정에 있다고 하겠습니다. 지난 1년간 적폐청산(積弊淸算)이란 명목으로 법치주의가 후퇴한 감도 있었으나, 멀지 않아 입헌주의의 본궤도로 올라갈 것이라 믿습니다. 선생님이 미국에서 구상하시던 민주화가 잘 될 것으로 믿습니다.

일곱째, 선생님이 그렇게도 염원하시던 자유통일은 아직은 평화공존단계를 거쳐야 할 것 같습니다. 선생님의 유저인 『세계혁명』은 한국말로 번역되어 재판(再版)까지 나왔습니다. 선생님의 예언하시던 대로 「하나님의 아들」이 나타나 혁명을 일으켜 신앙의 자유와 언론의 자유, 선거의 자유가 지배하는 통일이 이루어지기를 기대하고 있습니다.

선생님, 우리들 제자들이 선생님의 뜻을 받들어 성취하도록 노력하겠사오니 걱정하지 마시고 하늘나라에서 제자, 가족, 동포들을 잘 도와주시기를 빕니다. 언제나 편안하시기를 빕니다.

2018. 6. 27.

제자 김철수

# 김철수 교수 부고 · 전시회

**경향신문 1** (2022. 3. 26. 손제민 기자)

## 원로 헌법학자 김철수 교수 별세

2016년 EBS 특별기획 〈시대와의 대화〉에 출연한 김철수 서울대 명예교수.

헌법학자 김철수 서울대 명예교수가 별세했다. 향년 89세.
유족은 지병을 앓아오던 김 교수가 26일 새벽 잠을 자던 중 조용히 세상을 떠났다고 알렸다.

김 교수는 한국 헌법학 연구의 토대를 다진 대표적인 원로 헌법학자다. 〈헌법학〉, 〈한국헌법사〉, 〈헌법학개론〉, 〈비교헌법론〉, 〈법과 정치〉, 〈헌법정치의 이상과 현실〉 등 관련 저서를 여러 권 냈다. 고인은 최근까지 〈인간의 권리〉(2021), 〈기본권의 발전사〉(2022)를 집필하는 등 생의 마지막까지 지적 활동을 계속했다.

1933년 대구에서 태어난 고인은 서울대 법학과를 졸업한 뒤 독일 뮌헨 루트비히 막시밀리안 대학과 미국 하버드대 대학원에서 법학을 연구했다. 1971년 서울대 법학과 대학원에서 박사 학위를 받았다.

그는 1962년부터 1998년까지 서울대 법대 교수로 재직했다. 퇴임 후 제주 탐라대 총장, 서울대 명예교수 겸 명지대 석좌교수를 지냈다. 대한민국 학술원 회원이었고, 입헌주의와 법치주의에 기여한 공로로 1993년 국민훈장 모란장을 받았다.

고인은 1972년 대표 저서인 〈헌법학개론〉에서 박정희 정권의 유신헌법을 '현대판 군주제'라고 비판했다가 책을 전량 몰수 당하고 중앙정보부에 끌려가는 등 고초를 겪기도 했다. 그후 그는 세계 각국의 헌법을 연구하는데 힘썼다. 그는 오랫동안 분권형 대통령제와 연립정부를 통해 타협과 공존의 정치문화를 만들어야 한다는 소신을 피력했다.

유족으로 부인 서옥경씨, 자녀 김정화 · 수진 · 수영 · 수은 · 상진 씨 등이 있다. 빈소는 서울 여의도 성모병원 장례식장에 마련됐으며, 발인은 28일 오전 8시. 충남 서산 가족묘지에 안장될 예정이다.

**경향신문 2** (2022. 3. 27. 손제민 기자)

## '헌법학 대가' 김철수 서울대 명예교수 별세

유신헌법 비판, 서적 전량 몰수
중앙정보부에 끌려가 고초 겪어

'헌법학 대가' 김철수 서울대 명예교수 별세
헌법학자 김철수 서울대 명예교수가 별세했다. 향년 89세.
유족은 지병을 앓아오던 김 교수가 26일 새벽 잠을 자던 중 조용히 세상을 떠났다고 알렸다.

김 교수는 한국 헌법학 연구의 토대를 다진 대표적인 원로 헌법학자다. 〈헌법학〉 〈한국헌법사〉 〈헌법학개론〉 〈비교헌법론〉 〈법과 정치〉 〈헌법정치의 이상과 현실〉 등 관련 저서를 여러 권 냈다. 고인은 최근까지 〈인간의 권리〉(2021), 〈기본권의 발전사〉(2022)를 집필하는 등 생의 마지막까지 지적 활동을 계속했다.

1933년 대구에서 태어난 고인은 서울대 법학과를 졸업한 뒤 독일 뮌헨 루트비히 막시밀리안대학과 미국 하버드대 대학원에서 법학을 연구했다. 1971년 서울대 법학과 대학원에서 박사 학위를 받았다. 그는 1962년부터 1998년까지 서울대 법대 교수로 재직했다. 퇴임 후 제주 탐라대 총장, 서울대 명예교수 겸 명지대 석좌교수를 지냈다. 대한민국 학술원 회원이었고, 입헌주의와 법치주의에 기여한 공로로 1993년 국민훈장 모란장을 받았다.

고인은 1972년 대표 저서인 〈헌법학개론〉에서 박정희 정권의 유신헌법을 '현대판 군주제'라고 비판했다가 책을 전량 몰수당하고 중앙정보부에 끌려가는 등 고초를 겪기도 했다. 그 후 그는 세계 각국의 헌법을 연구하는 데 힘썼다. 그는 오랫동안 분권형 대통령제와 연립정부를 통해 타협과 공존의 정치문화를 만들어야 한다는 소신을 피력했다.

유족으로 부인 서옥경씨, 자녀 김정화 · 수진 · 수영 · 수은 · 상진씨 등이 있다. 빈소는 서울 여의도 성모병원에 마련됐으며, 발인은 28일 오전 8시. 충남 서산 가족묘지에 안장될 예정이다.

**동아일보** (2022. 3. 27. 박상준 기자)

## "한평생 '인간 존엄'과 헌법학 개척"…김철수 교수 별세에 제자들 추모 물결

"학생들을 항상 존중하고, 유신정권 시절에도 학생들을 보호하며 한평생 '인간 존엄'과 헌법학을 개척하셨다."

국내 헌법학의 학문적 토대를 구축한 김철수 서울대 명예교수(사진)가 26일 향년 89세로 별세하자 제자인 성낙인 전 서울대 총장은 27일 동아일보와의 통화에서 이렇게 스승을 기렸다.

● 정치권 유혹 거절하고 후학 양성

1933년 대구에서 태어난 고인은 1952년 서울대 법대에 입학해 1956년 독일 유학길에 올랐다. 1961년 뮌헨대에서 법학석사 학위를, 1971년 서울대에서 법학박사 학위를 받았다. 1962년부터 서울대에서 헌법학을 가르치다 이듬해 교수로 부임한 고인은 성 전 총장, 김문현 이화여대 로스쿨 교수, 황우여 전 사회부총리, 양건 전 감사원장, 김효전 동아대 명예교수, 김상철 전 서울시장, 고승덕 전 국회의원 등을 제자로 뒀다. 법조계에선 "같은 세대 헌법학자 중 가장 많은 후학을 배출했다"는 평가를 받았다.

스승을 따라 헌법학자가 된 성 전 총장은 "독일 유학을 다녀온 김 교수님은 독일이 2차 세계대전을 반성하며 헌법에 '인간 존엄'을 포함시킨 것에 주목해 국내 연구를 이끌어오셨고, 지난해에도 저서 '인간의 권리'를 통해 인간 존엄에 대해 정리했다"고 설명했다. 성 전 총장은 또 "김 교수님은 정치권에서 '정치에 참여해 달라'는 요구를 여러 번 받았지만 유혹에 휘둘리지 않고 오롯이 연구와 후학 양성에만 집중하셨다"고도 했다.

국내 최초로 국제헌법학회 세계학회(IACL) 부회장을 맡은 고인은 한국공법학회장, 한국법학교수회장, 헌법재판소 자문위원, 탐라대 총장 등을 역임하며 헌법해석뿐 아니라 헌법철학, 헌법정책학 등으로 한국헌법학의 지평을 넓혀왔다 1993년 입헌주의와 법치주의 신장에 기여한 공로로 국민훈장 모란장을 받았다.

법대생과 법학자의 필독서인 '헌법학개론'을 비롯해 '헌법질서론' '헌법학' '위헌법률심사제도론' 등 20여 권의 책과 400편이 넘는 논문을 발표했다. 고인은 헌법학개론에서 유신헌법에 대해 '공화적 군주제'라고 서술했다가 중앙정보부에 일주일 간 연행되고 책이 압수되는 고초를 겪기도 했다. 고인은 1993년 서울대 법학지의 화갑기념대담을 통해 "개필을 하지 않으면 풀려날 수 없어 개필을 약속한 뒤 아주 조금만 고쳐 또 출판을 했더니 다시 교과서가 몰수되고 출판이 금지됐다. '유신을 찬양하는 방향으로 고쳐 서술하라'고 연락을 받았다"고 회고했다.

● 헌법재판 기틀 닦고 헌재 자문위원 역임

박정희 정부 시절부터 고인은 사법부의 독립과 위헌법률 심사권 행사를 주장했고, 이는 1988년 헌법재판소 설립으로 이어졌다. 고인은 유학 시절 경험으로 위헌법률 심사제도를 연구해 헌재가 설립된 이후 헌재 자문위원을 지냈다. 그의 제자인 황 전 사회부총리도 헌재 설립 후 연구부장을 지냈다.

후학 중 처음으로 박사학위를 받은 뒤 헌법학자가 된 제자 양건 전 감사원장은 이날 동아일보와의 통화에서 "1980년 '서울의 봄'을 맞아 김 교수님을 모시고 헌재 설립과 역할을 담은 '6인 교수 헌법개정안'을 발표했지만 군사정권의 재등장으로 빛을 보지 못했고, 김 교수님은 체포령 속에 도피생활을 하셔야 했다"고 말했다. 이후 고인과 각계의 노력으로 1987년 헌법을 통해 헌법재판소가 설립됐다.

● 제자 돌잔치까지 챙기는 각별한 제자 사랑

고인은 제자들에게도 항상 존댓말을 쓰는 것으로 전해졌다. 조교에게 자료 정리 등을 지시할 때도 항상 부탁하는 말투로 공손하게 이야기했고, 제자 자녀들의 돌잔치까지 챙길 정도로 제자 사랑이 각별했다고 한다. 제자 모임에서 총무 역할을 하며 구순 기념 논문집을 준비하던 이효원 서울대 로스쿨 교수는 동아일보와의 통화에서 "학문과 교육으로 오늘날 대한민국이 갈 길을 이끌어주셨다"며 "지난해에도 1000쪽에 달하는 저서를 출간하실 정도로 학문에 열정이 깊었다"고 말했다. 이 교수는 또 "김 교수님은 마지막까지도 분열된 사회를 통합해야 한다고 우려하셨다"고 전했다.

유족으로는 부인 서옥경 씨, 자녀 정화 · 수진 · 수영 · 수은 · 상진 씨, 사위 박영룡 · 장영철 · 우남희 씨, 며느리 김효영 씨가 있다. 빈소는 서울 여의도 성모병원 2호실에 마련됐으며 발인은 28일 오전 8시다. 02-3779-1918

박상준 기자 speakup@donga.com

**문화일보** (2022. 3. 28. 오남석 기자)

## 서울대서 36년 강의… '한국 헌법학의 태두'

김철수 서울대 명예교수 별세
尹당선자 빈소 찾아 유족 위로

한국 헌법학의 토대를 다졌다고 평가받는 김철수 서울대 법학전문대학원 명예교수가 지난 26일 별세했다. 89세. 유족들은 지병을 앓아오던 김 교수가 집에서 잠을 자던 중 평온하게 세상을 떠났다고 전했다.

1933년 대구에서 태어난 고인은 서울대 법대를 졸업하고 독일로 유학을 떠나 뮌헨대에서 법학 석사 학위를 받았다. 서울대에서 법학 박사 학위를 받았으며, 1962~1998년 서울대 법대 교수로 재직했다.

'헌법학 개론'을 비롯해 '헌법질서론' 등의 저서와 400편 넘는 논문을 통해 '한국

헌법학의 태두'라는 평가를 받았다. 성낙인 전 서울대 총장과 김문현 이화여대 명예교수, 황우여 전 사회부총리, 양건 전 감사원장, 김효전 동아대 명예교수 등 수많은 제자를 배출했다. 고인의 제자 중 한 명인 윤석열 대통령 당선인은 27일 고인의 빈소를 찾아 유족을 위로하고 "고인이 강의한 헌법학에 특히 관심이 많았다"고 말한 것으로 전해졌다.

고인은 유신헌법 제정 이듬해인 1973년 '헌법학 개론' 초판에서 유신헌법을 '현대판 군주제'라고 비판했다가 책을 전량 몰수당하고 중앙정보부에 끌려가 고초를 겪기도 했다. 입헌주의와 법치주의 신장에 기여한 공로를 인정받아 1993년 국민훈장 모란장을 받았다. 고인은 대학 동기이자 '불꽃처럼 살다 간 천재 작가'로 불린 전혜린(1934~1965)과 1957년 뮌헨에서 결혼했으나 1964년 이혼했다. 유족으로는 아내 서옥경 씨와 자녀 정화 · 수진 · 수영 · 수은 · 상진 씨, 사위 박영룡 · 장영철 · 우남희 씨, 며느리 김효영 씨가 있다.

오남석 기자 greentea@munhwa.com

**서울신문** (2022. 3. 27.)

## 가난했던 대구 소년, 헌법학에 불멸의 발자취 남기고 떠나다

'한국 헌법학의 태두' 김철수 서울대 명예교수 별세
유신헌법 참여 협박, 정치권 러브콜에도 '학자의 양심' 지켜

1957년 독일 뮌헨대 법대 유학 시절 인근 농촌의 목장을 방문했을 때의 김철수 서울대 명예교수. 클릭하시면 원본 보기가 가능합니다.

'한국 헌법학의 태두' 김철수 서울대 명예교수가 89세를 일기로 26일 별세했다.

서울신문은 2013년 5월 '명사가 걸어온 길'이라는 인물탐구 기획 코너를 통해 고인이 밟아온 삶의 궤적을 2회에서 걸쳐 집중적으로 조명한 바 있다. 고인은 당시에도 만 80세 고령이었지만, 스트레이트로 5시간에 걸친 짧지 않은 인터뷰를 정력적으로 소화해 냈다. 자신의 인생을 채워온 수많은 사건들과 사람들을 대부분 또렷하게 기억하고 있었다.

당시 인터뷰 전문을 그대로 소개한다. (본서 551~561면 참조)

**세계일보** (2022. 3. 26. 김태훈 기자)

## 유신 반대로 고초 겪은 헌법학자 김철수 서울대 명예교수 별세

1980년대 전두환 新군부에 찍혀 도피생활도
서울대 법대 79학번 尹 당선인도 고인 제자

박정희정부 시절의 유신 개헌, 그리고 1980년대 초 신군부 집권을 비판했다가 고초를 겪은 국내 대표 헌법학자 김철수 서울대 명예교수가 26일 별세했다. 향년 89세.

고인은 모교인 서울대 법대(현 법학전문대학원)에서 1957년부터 1998년까지 무려 41년간 헌법학을 가르친 헌법학계 원로다. 한국법학교수회 회장, 국제헌법학회 한국학회 회장, 국제헌법학회 세계학회 부회장, 헌법재판소 자문위원 등을 지냈다. 1996년 대한민국학술원 회원으로 선출됐다. 현 학술원 회원 중 헌법학자는 고인 말고는 김효전 동아대 명예교수가 유일하다.

1933년 대구에서 태어난 고인은 1956년 서울대 법대를 졸업하고 독일 뮌헨대와 미국 하버드대 대학원에서 공부했다. 박사학위는 1971년 모교인 서울대 대학원 법학과에서 받았다. 1998년 65세로 정년퇴임할 때까지 400편 넘는 논문을 발표했다. '헌법질서서론', '헌법학', '헌법학신론', '법과 정치', '현대헌법론' 등 저서도 많다.

고인은 뛰어난 학문적 업적과 별개로 1970~1980년대 한국을 지배한 권위주의 정권과 타협하지 않은 점이 특히 돋보인다. 박정희 정권이 유신헌법을 만드는 과정에서 많은 헌법학자가 양심을 굽히고 자문 등 명목으로 참여했으나, 고인은 그러지 않았다. 오히려 유신 개헌 직후인 1973년 펴낸 '헌법학개론'에서 유신헌법을 "민주적 대통령제가 아닌 공화적 군주제"라고 비판했다. 유신헌법에 따라 대통령 직선제가 폐지되고 일종의 대통령 선거인단으로 출범한 '통일주체국민회의'에 대해선 "견제기관이 아닌 협찬기관"이라고 혹평을 쏟아냈다.

결국 중앙정보부(현 국가정보원)에 연행돼 고초를 겪었고 이후 한동안 강단에 서지 못한 채 외국을 떠돌아야 했다.

10 · 26으로 유신 정권이 종말을 고하고 이듬해인 1980년 이른바 '서울의 봄'을 맞아 고인은 뜻이 맞는 헌법학 교수들과 힘을 합쳐 유신헌법을 대체할 새로운 헌법 개정안을 마련했다. 하지만 고인의 열망과 달리 권력은 전두환 장군의 신군부한테 넘어갔고, 이들은 유신헌법과 별로 다르지 않은 5공화국 헌법을 만들었다.

당시 교수협의회 활동 등을 통해 신군부를 비판한 고인은 한때 체포령이 내려져 도피생활을 한 것으로 전해진다. 민주화 이후인 1993년 고인이 '입헌주의와 법치주의의 신장에 기여한 공로'로 국민훈장 모란장을 받은 데에는 이런 사유가 있다.

고인 하면 떠오르는 것은 서울대 법대가 배출한 수많은 제자들이다. 황우여 전 부총리 겸 교육부 장관, 박철언 전 정무장관, 양건 전 감사원장, 박용상 전 언론중재위원장, 성낙인 전 서울대 총장 등이 그가 아낀 제자들로 알려져 있다. 서울대 법대 79학번인 윤석열 대통령 당선인도 고인이 법대 교수이던 시절 스승과 학생으로 연을 맺었다.

빈소는 여의도성모병원, 발인은 28일 오전 8시. (02) 3779-1526

김태훈 기자 af103@segye.com

**조선일보** (2022. 3. 28. 이정구 기자 · 류재민 기자)

## 〔발자취〕 한국 헌법학 토대 다진 큰별… 유신헌법 비판, 고초 겪기도

김철수 서울대 명예교수
"통진당 보호할 필요 없다" 비판

한국 헌법학의 토대를 다진 원로 법학자 김철수(89) 서울대 법학전문대학원 명예교수가 26일 별세했다. 유족들은 이날 "지병을 앓아오던 김 명예교수가 26일 새벽 잠을 자던 중 평온하게 세상을 떠났다"고 했다. 1933년 6남 1녀 중 장남으로 태어난 그는 1952년 서울대 법학과에 입학해 1961년 독일 뮌헨대에서 법학 석사 학위를, 1971년 서울대에서 법학 박사 학위를 받았다. 1962년부터 1998년까지 서울대 법대 교수로 재직하며 국내 헌법 연구의 기초를 다져 '한국 헌법학의 태두'로 불렸다.

성낙인 전 서울대 총장, 김문현 이화여대 로스쿨 명예교수, 황우여 전 사회부총리, 양건 전 감사원장, 김효전 동아대 명예교수, 김상철 전 서울시장 등이 그의 제자다. 윤석열 대통령 당선인도 서울대 법대 재학 시절 그의 제자로 연을 맺었다. 윤 당선인은 이날 오후 빈소를 찾아 50여 분 동안 머물며 유가족을 위로한 뒤 "고인이 강의한 헌법학에 특히 관심이 많았다"고 말했다고 한다.

김 명예교수는 법대생의 헌법 교과서로 불리는 '헌법학 개론'을 비롯해 '헌법질서론', '헌법학' 등 저서와 400편이 넘는 논문을 썼다. 유신헌법 제정 이듬해였던 1973년 펴낸 '헌법학개론' 초판에서 유신헌법을 '현대판 군주제'라고 비판했다가 책을 전량 몰수당하고 중앙정보부에 끌려가 고초를 겪기도 했다. 그는 1993년 서울대 법학지의 '화갑기념대담'에서 "개필을 하지 않으면 풀려날 수 없어 개필을 약속한 뒤 아주 조금만 고쳐 또 출판을 했더니 다시 교과서가 몰수되고 출판이 금지됐다. '유신을 찬양하는 방향으로 고쳐 서술하라'고 연락을 받았다"고 회고했다. 그는 2013년 '통합진보당 사태' 때는 "주체사상을 신봉하고 이에 따라 행동하는 정당은 헌법상 민주적 기본질서에 위배되기 때문에 정당으로 보호할 필요가 없다"고 비판하기도 했다.

그는 박정희 정권 때부터 사법부 독립과 위헌법률심사권을 강조했다. 그런 노력이 1988년 헌법재판소 설립으로 이어졌다. 제자인 황우여 전 부총리도 헌재 설립 후 연구부장을 지내며 헌재 정착에 힘썼다. 황 전 부총리는 이날 본지 통화에서 "교수님은 수많은 제자들이 학문의 길을 걷도록 독려하셨고, 그 때문에 한국 헌법학계의 기반이 탄탄하게 닦인 것"이라며 "학계의 거목이 떠나 너무 아쉽게 생각한다"고 했다.

김 명예교수는 입헌주의와 법치주의 신장에 기여한 공로로 1993년 국민훈장 모란장을 받았다. 서울대 교수 퇴임 후에는 탐라대 총장과 서울대 명예교수 겸 명지대 석좌교수를 지냈다. 대한민국 학술원 회원으로 국제헌법학회 세계학회 부회장 등을 맡기도 했다. 성낙인 전 총장은 "고인은 한국헌법학의 세계화에도 큰 족적을 남겼다"며 "국회헌법개정자문위원장으로 민주화 이후 새로운 헌법 모델을 제시하는 등 평생을 대한민국 헌법을 위해 고민하다 떠나셨다"고 했다.

김 명예교수는 한국 문학계에서 '불꽃 같이 살다 간 천재 여성'으로 불리는 한 살 아래 학과 동기 전혜린 작가와 1957년 독일 뮌헨에서 결혼했지만 1964년 합의이혼을 했다. 유족으로는 아내 서옥경씨와 자녀 정화 · 수진 · 수영 · 수은 · 상진씨, 사위 박영룡 · 장영철 · 우남희씨, 며느리 김효영씨가 있다. 빈소는 서울 여의도성모병원 2호실, 발인은 28일 오전 8시. (02) 3779-1526.

**중앙일보** (2022. 3. 28. 심석용 기자)

## 〔삶과 추억〕 한국 헌법학의 기반 다지고 떠나다

김철수 서울대 명예교수의 생전 모습. 그는 한국 헌법학의 기초를 다진 헌법학자다. [중앙 포토]

한국 헌법학의 기초를 다진 원로 헌법학자 김철수 서울대 법학전문대학원 명예교수가 26일 별세했다. 89세. 대구 출신인 고인은 1956년 서울대 법대를 졸업하고 뮌헨대와 하버드대학원에서 법학을 연구했다. 1971년 서울대에서 법학 박사학위를 받았다. 서울대에서 41년간 헌법학을 강의하면서 『헌법질서론』 『헌법학』 『헌법학 신론』 『법과 정치』 『현대헌법론』 등 저서와 400편이 넘는 논문을 발표했다. 고인의 대표 저서인 『헌법학개론』은 헌법 교과서로 통한다.

고인은 학자적 양심과 소신을 드러내며 왜곡됐던 과거 정치 상황과 충돌하기도 했다. 유신정권은 그의 저서 『헌법학개론』에서 유신헌법을 '민주적 대통령제가 아닌 공화적 군주제'로, 통일주체국민회의는 '견제기관이 아닌 협찬기관'이라고 명시한 구절을 문제삼았다. 책은 발매금지됐고 고인은 중앙정보부에 끌려가 1주일 동안 고초를 겪었다.

1980년 1월엔 '서울의 봄'을 맞아 다른 교수들과 함께 '6인 교수 헌법개정안'을 내놓았지만, 군부의 재등장으로 빛을 보지 못했다. 지식인 선언과 교수협의회 활동 등을 통해 신군부를 비판한 고인은 체포령 속에 도피생활을 하기도 했다.

고인은 한국 법학교수회 회장, 국제 헌법학회 한국학회 회장, 국제 헌법학회 세계학회 부회장, 헌법재판소 자문위원 등을 지냈다. 1967년부터 1973년까지 7년간 중앙일보 논설위원을 겸직하기도 했다. 1993년에는 입헌주의와 법치주의의 신장에 기여한 공로로 국민훈장 모란장을 받았다.

고인은 퇴임 이후에도 대한민국 학술원 회원으로서 활발한 연구활동을 이어가며 『인간의 권리』(2021년), 『기본권의 발전사』(2022년)를 잇따라 출간했다.

고인의 제자이기도 한 성낙인 전 서울대 총장은 추모글을 통해 "동시대에 한국을 대표하는 헌법학자인 선생님께서는 많은 정관계 관계자로부터 끊임없이 헌정현실 앙가주망(engagement · 참여)을 요구받았지만, 이러한 유혹에 휘둘리지 않으시고, 오롯이 학자로서의 연구와 봉사에만 전념하셨다"고 기렸다.

유족은 부인 서옥경씨, 자녀 김정화 · 김수진 · 김수영 · 김수은 · 김상진씨, 사위 박영룡 · 장영철 · 우남희씨, 며느리 김효영씨가 있다. 빈소는 서울 여의도성모병원 장례식장에 마련됐다. 발인은 28일 오전 8시, 장지는 충남 서산 선영이다.

**한겨레신문** (2022. 3. 27. 신민정 기자)*

## '유신헌법 반대' 헌법학 원로 김철수 서울대 명예교수 별세

40년 넘게 서울대에서 후학 양성
유신헌법 자문 거부 고초 겪기도

국내 헌법학 대가로 유신헌법을 비판했던 김철수 서울대 명예교수가 26일 오전 2시 25분 별세했다. 향년 89.

1933년 대구에서 태어난 김 명예교수는 1956년 서울대 법학과를 졸업하고 독일 뮌헨대, 미국 하버드대 대학원에서 법학을 공부했다. 1971년 서울대 대학원에서 법학박사 학위를 취득한 뒤 40년 넘게 서울대에서 헌법학을 강의하며 다수의 후학을 배출했다. 성낙인 전 서울대 총장, 황우여 전 교육부총리, 양건 전 감사원장 등이 그의 제자다. 퇴임 후에는 탐라대학교 총장 · 명지대 법학과 석좌교수 등을 역임했다.

국내 대표적 헌법학자인 고인은 유신정권 시절 유신헌법 자문 · 홍보를 거부하고 학자적

* (사진) 고 김철수 서울대 명예교수가 2014년 5월 12일 국회에서 열린 '통일과 법, 현재와 미래'란 주제로 열린 통일심포지엄에서 기조연설하고 있다. 연합뉴스. 사진은 본서에서 삭제.

양심을 지켰다가 고초를 겪은 바 있다. 1973년 유신헌법 문제점을 정리한 책을 썼다가 출간 즉시 몰수됐고, 중앙정보부에 끌려가기도 했다. 신군부 시절에도 연구활동 등에 어려움을 겪었던 그는 민주화 이후인 1993년 입헌주의와 법치주의 신장에 기여한 공로로 국민훈장 모란장을 받았다.

고인은 생전에 〈헌법질서론〉 〈헌법학〉 〈법과 정치〉 등을 저술했으며, 대표 저서인 〈헌법학개론〉은 여러 대학에서 헌법 교과서로 쓰이고 있다. 2012년에는 1950년대부터 60여년에 걸쳐 집필한 논문, 에세이 등을 모아 〈헌법정치의 이상과 현실〉을 펴냈다. 2017년 연구서 〈한국통일의 정치와 헌법〉을 출간하는 등 활발한 연구활동을 했다. 한국공법학회 회장, 한국법학교수회 회장, 국제헌법학회 한국학회 회장, 국제헌법학회 세계학회 부회장, 헌법재판소 자문위원 등을 지냈다.

유족으로는 아내 서옥경씨와 자녀 정화 · 수진 · 수영 · 수은 · 상진씨, 사위 박영룡 · 장영철 · 우남희씨, 며느리 김효영씨가 있다. 빈소는 서울 여의도성모병원 장례식장 2호실이며 발인은 28일 오전 8시다. (02) 3779-1918.

신민정 기자 shin@hani.co.kr

### 헌법재판소 도서관 전시

## "한국 헌법학의 기반 다지고 떠나다"

헌법재판소 도서관에서는 2022. 4. 1.~4. 30「한국 헌법학의 태두 故 김철수 서울대 명예교수 저서 · 관련 도서 전시」를 별관 3층 법률자료실 집형서가에서 개최하였다.

이 전시회에서는 헌재 도서관에서 소장하고 있는 도서 70 여 종을 비롯하여 관련 문헌과 각종 자료를 정리하여 금랑 선생의 생애와 헌법학에 대한 업적을 기린 행사였다.

행사장에는 중앙일보 심석용 기자의 추도문인「한국헌법학의 기반 다지고 떠나다」를 대형 액자에 크게 복사하여 전시하고 있다. 금랑 선생은 중앙일보 논설위원으로서 1967~1973년까지 6년 동안 재직한 인연이 있다. 그 내용은 이미 위에서 소개하였다. (중앙일보 항목 참조)*

* https://www.joongang.co.kr/article/25058681#home

# 제9장 공부방법 · 참가기 · 기타

## 헌법학의 공부 방법*

### 1. 헌법학의 의의

(1) 헌법학(Verfassungsrechtslehre)이란 헌법(Verfassung)을 대상으로 연구하는 학문이다. 따라서 헌법을 충분히 이해하고저 하면 우선 그 전제로서 헌법(Verfassung)이란 무엇인가에 대한 해답을 할 필요가 생긴다.

그러나 헌법의 의의에 대해선 학자들의 견해가 일정치 않기 때문에, 일의(一義)로 정의되지 않고 있다. 그러나 학자들의 견해를 대별하여 분류해 본다면, 규범적인 측면으로서의 헌법과 현상적인 측면으로서의 헌법으로 설명되고 있다 하겠다. 규범적인 측면에서 헌법이라고 할 때에는 헌법규범, 즉 헌법전을 말하며, 현상적인 측면에서 헌법을 파악할 때에는 헌법현상, 즉 헌법제도 · 헌법의식 · 헌법질서 등을 일컫는다.

(2) 상술한 바와 같이, 일체를 포괄하는 의미로서의 헌법을 대상으로 하여 헌법학을 연구하려 할 때에, 헌법학은 헌법철학(헌법사상사, 헌법존재론, 헌법가치론, 헌법학방법론 등을 포함)과 헌법과학(헌법규범과 헌법현상을 역사적 · 비교법적 · 해석학적 · 사회학적 방법으로 파악하는 학문) 양자를 포함하는 광의의 헌법학이 된다.

그렇지만 광의의 헌법학은 학문 전체를 종합적으로 체계화하는 최후의 문제이고, 보통은 헌법과학만을 헌법학이라고 부르고 있으며 특히 헌법해석학은 그 중심이 된다.

### 2. 헌법학의 연구방법

일반적으로 법학을 광의로서 파악한다면, 법의 철학과 과학으로 구분시킬 수 있다. 그리고 양자는 비록 그 연구대상과 방법은 상이하나 , 필연적으로 협력 · 보조하게 되는 것이다.

법학의 하나로서의 헌법도 똑같은 방식으로 구별할 수 있음은 이미 앞에서 보았으며, 양자는 각각 연구의 초점이 달라진다. 시대나 공간에 구애됨이 없이 추상적인 일반 헌법원리에 그 주요 관심을 쏟을 것인가, 그렇지 않으면 한 시대 한 특정 국가에만

---

* 『법학수학안내』(서울대학교 법과대학, 1976), 75-79면.

타당하고 효력 있는 헌법연구에 관심의 주력을 경주할 것인가는 일단 선택되어져야만 할 문제이다.

물론 완벽한 헌법학에 이르기 위해서는 양자가 공히 요구되며, 그래야만 풍성한 결실이 맺어질 수 있게 된다. 따라서 헌법을 공부함에는 헌법 교과서의 이해와 또한 헌법의 기초가 되는 교양 내지 법 주변 과목의 습득을 통하여 이를 헌법학에로 원용할 자세를 아울러 갖추어야 하겠다.

충분한 헌법의 이해를 위해서는 상기한 대로의 광범한 분야가 도사리고 있기 때문에 헌법의 초학자에게는 야심만만한 포부와 성실한 노력이 기대된다.

다른 한편으로는 헌법공부에의 사기가 저하될 염려도 없지 않겠으나 어쨌든 모든 학문이 요구하는 순차적인 정도를 거침으로써 누구나 깊은 실력을 소유할 수 있게 됨을 믿으면 될 것이다.

이하 헌법에 관한 공부를 시작함에 필요한 몇 가지를 요약하겠다.

(1) 모든 과목에 공통하는 것이겠으나, 헌법을 공부함에도, 적어도 그 기본개념만큼은 강의 시간을 통해 익히는 것이 좋을 것이다. 주관적인 편견이나 독단을 피하기 위해선 사계(斯界)에서 장기간 연구가로서 몸담으셨던 교수분들의 강의가 절대 필요하기 때문이다. 시간상 노력이나 기타 개인이 혼자 감수하여야 할 부담이 단시간에 쉽게 해소될 수 있는 것이다.

(2) 헌법이란 다의적 개념이며, 일반적으로는 사실적 측면과 규범적 측면으로서의 헌법을 상정하고 있다는 것은 이미 언급하였다.

사실로서의 헌법을 설명할 때 「국가에 존재하는 사실적 권력관계」(Lassalle), 「헌법제정권력의 행위에 의한 국가의 정치생활의 종류와 형태에 관한 근본결단」(Schmitt) 등으로 표현하고 있다. 그러나 이들의 의미를 알기 위해선 다시 국가의 개념이라든가 헌법제정권력 등에 대해서도 알아야만 할 것이다. 그러나 국가에 관한 견해 또한 다의적이다. 「국가란 개인을 초월한 실체로서 윤리이념의 현실체」라는 아리스토텔레스나 헤겔식 견해라든가, 「국가란 필요악」이라 정의하는 자유방임시대의 입장이라든가, 그런가 하면 과거의 시민적 법치국가를 넘어선 국민 복지를 위한 사회적 법치국가로서 파악되고 있는 현대에 있어서의 국가의 개념 등 이러한 배경도 역사적 · 학문적 어느 정도 지득하고 있어야 할 줄로 안다. 이것은 헌법이란 정치사상을 제도화시킨 것이며, 그에 따른 원칙적 규정을 많이 포함하고 있다는 데에 기인(起因)한다. 그의 특성으로서 정치성 · 이념성 · 역사성 등을 수반하는 헌법제도의 공부를 위해선, 헌법 연구의 기초가 될 제 과학, 특히 헌정사 · 정치사 · 정치사상사 · 정치학 · 사회학 · 경제학 등 법학의 인접과학에 조예를 갖도록 아울러 노력하여야 할 것이다.

(3) 사실적 측면으로서의 헌법과 아울러 헌법의 또 하나의 측면인 법규범으로서의 헌법을 생각해 보기로 하자.

헌법은 현실(Sein)과 대립하여 현실을 규제하고 정치생활 · 국민생활의 있어야 할 모습을 실현하기 위한 법규범(Sollen)으로서 파악되어야만 함은 법의 기본 성질상 당연하겠다. 헌법의 사실적 면을 중시하는 학자들도 규범적인 속성이 또한 있음을 부인하지 못하고 있는 것이다.

따라서 법으로서의 헌법을 인식하기 위해선 이른바 legal mind의 배양이 시급하다. 이것은 법학도를 법학도답게 만들고 법학을 법학으로 받아들이기 위한 터전인 것이다.

규범으로서의 헌법을 파악하는 입장은 순수법학을 주장한 Kelsen에서 그 절정에 이른다. 그는 국가가 다른 사회와 구별되는 계기는 법에 있다고 보아, 법국가동일론을 주장하며, 법의 단계이론을 이끌어 내었다. 잘 아는 바와 같이, 법의 단계이론이란 법체계의 피라미드를 이름이며 그 최상위에 헌법을 상정하는 법의 타당에 관한 이론이다. 이와 같은 예를 보더라도 피라미드의 아랫 턱을 받치고 있는 일반 사법(私法)에 적용되는 법원리의 이해 없이는 규범으로서의 헌법을 소화하기는 힘드리라 본다.

헌법은 일면 확실히 법과대학생의 전용은 아닌 것이다. 헌법은 모든 국민이 기본적으로 터득하고 있어야 할 상식이다. 법과대학의 강좌에서도 한동안 헌법이 전공과목으로서가 아니라 교양과목으로서 다루어지고 있었음을 생각해보면 쉽사리 알 것이다. 따라서 헌법을 법으로서 흡수하기 위해서는 탄탄한 법적 사고방식을 형성한 다음에야 비로소 가능한 것이다.

보통 법의 기본원리는 사법에서 뚜렷이 표현되며, 그 원칙 중 근간이 민법총칙에서 설명되고 있다. 이 원칙은 모든 법률관계를 규율하는 기본이 되고 있으나, 많은 특별법이나 다른 법영역에서는 제한되기도 한다. 어쨌든 민법총칙을 필두로 각종 법분야의 총론부문의 기본 소양과 그에 따른 각론의 깊은 이해, 또한 각종 절차법들에 대한 폭넓은 지식들이 결국엔 모두 다 헌법을 공부하는 데에도 상당한 도움을 주게 될 것이니 필히 연마에 게으름이 없어야 할 것이다.

(4) 다음에 특수 헌법학으로서의 한국 헌법학을 연구하기 위해서는 비교헌법학이나 일반 헌법학과의 긴밀한 유대가 필요하다. 그 이유는 우리나라의 헌법이라 하여 우리나라에서 창안되고 우리나라에만 독특한 것이 아니라, 법문의 내용은 거개가 그 모법을 타국에 근거를 두고, 그것이 우리나라에 적당한 형태로 계수(Rezeption)되어진 것으로 보여지기 때문이다. 예를 들면, 일응 우리나라에만 독특한 기구라 생각되어지는 통일주체국민회의라 할지라도, France 혁명 당시의 국민공회라든가, 소련의 최고회의, 중공의 전국인민대표회의, 서독의 독일통일촉진위원회 등의 외국의 기구의 유형들과의 비교연구를 하여봄으로써 그 특징이 더욱 선명히 드러날 수 있는 것이다. 이러한 이유로 해서 각국의 법을 비교 고찰하는 것은 우리 헌법의 정확한 위치를 파악하는 데 필수불가결한 것이며, 나아가서는 이러한 바탕을 기본으로 하여 훌륭한 입법론이 기도될 수 있다 하겠다.

(5) 오늘날 국가기능의 확대로 국가가 국민의 생활 깊숙이 관여하게 됨으로써 국민 기본권의 침해 및 그 구제의 문제가 심각하다. 대국가적인 소송사건과 위헌심사 사항은

그 비중이 날로 커가고 있는 실정이다. 이와 같은 경우에 문제의 해결을 위해서는 기술한 바대로의 정확한 헌법해석은 필수적인 것이지만 판례 연구는 그와 더불어 못지 않게 중요하다. 최근 헌법에도 사례 연구가 대폭 증가되고 있으며, 이것은 살아 있는 헌법현실과 밀접하게 되기 때문에 사실상 가장 일상 생활과 밀접한 분야라 할 것이다. 사례를 공부할 때에도 외국 판례와 비교하여야 함은 물론이다. 때로는 외국의 선결례가 난문(難問)을 해결하는 데 결정적인 도움을 주는 수도 있기 때문이다.

(6) 이번에는 헌법 책을 대할 때의 주의이다. 초심자는 일단 적당한 헌법 교과서를 선택하여 수번의 속독과 정독을 통하여 헌법 전반의 흐름의 맥락을 잡을 것이 요망된다. 이렇게 함으로써 헌법 제조항 간의 상호 관계도 감이 잡히게 된다. 즉 헌법전 내부에 있어서도 조항 상호 간 효력을 배제하거나 보완하는 형식으로 구성되었기 때문에 전체의 대강을 알기 전에 성급한 판단을 내려 오해를 하게 되면 큰 과오를 범하는 결과가 됨을 이름이다.

그리고 익숙한 단계에 이르게 되면, 헌법의 기본원리 (예컨대, 국민주권주의나 기본권존중주의 등)가 헌법상 각 제도마다 어떻게 구현되고 있으며, 우리 헌법의 특색이 어디에서 어떻게 반영되고 있는지를 통찰하면서 독서하여야 할 것이다. 헌법의 편별상, 우리 헌법은 기본권과 통치기구 2대 부문으로 주로 구분되며, 특히 근세 입헌주의국가 이래 헌법의 핵심으로 생각되는 기본권보장은 개개 헌법상 기관의 활동은 물론 헌법의 개정권까지도 제약하는 최고의 헌법 지도원리라는 것을 감안하면서 독서를 하는 것이 바로 헌법을 올바르게 공부하는 것이라 믿는다.

# 헌법학을 공부하는 방법*

## I. 왜 헌법을 배우는가?

헌법은 초등학교 · 중학교 · 고등학교에서 사회생활 또는 정치 · 경제의 일부로서 누구나가 다 배우는 것이다. 그런데 왜 대학에서까지 헌법을 공부해야 하며, 또 왜 사법시험이나 행정고등고시, 외무고등고시에서 필수과목이 되어 있으며, 심지어 기술고시에까지 필수과목으로 되어 있는가 의문하는 사람이 많다.

그들은 헌법이란 미사여구의 나열에 불과하며 국민의 권리가 화려하게 선언되어 있으나 그것이 실질적으로 보장되지 못하고, 국가권력이 제한되어 있으나 초헌법적인 힘으로써 개정하거나 파괴하면 그만인 空法으로서의 헌법을 배워봤자 아무 소용이 없지 않으냐고 반문한다. 그래서 헌법이란 하나의 휴지에 불과하다고 혹평하여 헌법 학습을 기피하는 경향이 많다. 심지어는 행정고시나 외무고시에서까지 1차 객관식으로 밀려난 적도 있어

---

* 『월간고시』 1977년 4월호, 12-16면. 법과대학 신입생을 위한 칼럼 (헌법편)

상식으로서의 헌법 암기는 필요할지모르나 과학으로서의 헌법학은 필요없다는 주장까지 나왔었다.

이와 같은 헌법학의 경시도 일리가 없는 것은 아니다. 헌법이 실현하기 어려운 문화적 생존의 보장이라든가 사회정의의 실현, 인간의 존엄과 가치의 보장 등을 규정하고, 나아가 국가는 국민의 기본적 인권을 최대한으로 보장하도록 규정하고 있으나 사실상 사회정의가 행해지지 않고 있다든가, 국민의 기본권이 잘 보장되지 않아도 이에 대한 처벌이나 강제규정이 없기 때문에 헌법은 법으로서의 기능을 가지지 못하고 명목적일 뿐이라는 반론도 어느 정도 수긍이 간다.

그러나 헌법도 강제규범으로서의 기능을 전혀 가지지 않는 것은 아니다. 국가의 입법이 헌법에 위반되면 위헌무효소송을 제기할 수 있고 행정처분이나 행정명령 규칙 등이 헌법에 위반하는 경우에는 행정소송 등을 통하여 무효선언을 요구하거나 위헌행위를 한 공무원에 대해서는 파면소원을 할 수 있고, 나아가 국가배상까지 청구할 수 있는 점에서 헌법도 강제규범으로서의 규범력을 가지는 것이다. 과거에는 「헌법은 변해도 행정법은 변하지 않는다」는 말이 일리가 있는 것처럼 생각하였으나, 오늘날에는 헌법이 변하면 모든 법이 헌법의 이념 규정에 따라 변해야만 하는 것이다.

그 이유는 헌법이 국가의 최고규범이기 때문이다. 헌법은 국가계약의 문서이기 때문에 국가권력을 조직하는 수권적 조직규범으로서의 면과, 국가권력의 남용을 규제하여 국민의 기본권을 보장하기 위한 권력제한규범으로서의 면을 아울러 가지고 있다. 따라서 행정법이란 국가권력행사에 관한 법은 헌법에 의하여 제약되는 것이요, 민사법이나 형사법, 노동법, 경제법 등이 가치나 이념을 표현하여 그 지도원리가 되고 있기 때문에 헌법의 학습은 법학도뿐만 아니라 시민들에게도 필수적이다. 예를 들어 민법상의 재산권보장의 이념, 인격존중의 이념은 헌법의 기본권 조항에 의거하여 해석 · 적용되어야 할 것이요, 형사절차도 헌법의 형사원칙에 따라 운영되어야 할 것이며, 노동법, 경제학 등도 헌법의 이념과 원칙에 따라 입법, 적용되어야 하기 때문이다. 이 점에서 헌법은 원칙규범이요 상위규범인데 대하여 그 외의 법은 이의 구체화 규범이요 하위규범이라고 할 수 있겠다. 따라서 헌법 공부는 시민생활을 마찰 없이 영위해 주고 자기 권리를 확보해 준다.

## II. 헌법은 어떻게 공부할 것인가?

헌법을 공부하기 위하여서는 무엇보담도 선수 과목으로서의 교양 과목의 철저한 이해가 필요하다. 헌법도 역사적인 산물이기 때문에 문화사라든가 헌정사의 기본 지식이 필요하고, 또 사실학인 정치학의 지식과 사회학의 공부가 필요하다. 헌법학에는 헌법을 사실적인 측면에 치중하여 연구하는 헌법사회학이 있으며, 앞으로의 헌법을 어떻게 제정하여 어떻게 실천할 것인가를 연구하는 사회조사방법론이라든가 정책학, 행정학 등의 기초 지식이 필요할 뿐만 아니라 철학의 기본 지식도 요망된다. 특히 정치철학, 국가철학,

법철학의 기본 지식이 요망된다.

헌법이 대상으로 하고 있는 것은 모든 국가현상과 사회현상이기 때문에 사회제도, 경제제도, 국가제도의 이해가 필요하다. 이 점에서 경제학이라든가, 국가학 등의 이해가 요망된다. 경제헌법이라 불리는 경제조항을 이해하기 위하여서는 경제원론의 지식뿐만 아니라 경제정책이라든가 사회정책의 지식이 또한 필요하다. 이 점에서 종합과학으로서의 헌법학을 공부하기 위하여서는 교양 과목의 이수가 필수적으로 요망된다. 따라서 1학년 때부터 고시 공부만 하지 말고 법학의 전제가 되는 기초 과목을 이수하고 인생관이라든가 세계관, 국가관 등을 우선 확립해야만 할 것이다.

규범과학으로서의 헌법학을 연구하는 경우에 있어서 학생들은 학설 대립이 심한 데에 놀랄 것이다. 예를 들어 국민의 기본권이 우선하느냐 국가의 안전보장이 우선하느냐 하는 문제에서 비롯하여 기본권과 공공복지의 관계라든가 국민의 헌법상 지위, 국가기관의 헌법상 지위, 특히 국회의 헌법상 지위, 사법심사제를 채택할 것인가 헌법재판제를 채택할 것인가 하는 문제에 이르기까지 학설이 분분하다. 이러한 학설 대립을 이해하기 위하여서는 자연법론이냐 법실증주의냐의 선결 문제가 중요한데 이는 철학이라든가 법철학의 이해가 전제된다고 하겠다.

헌법해석학에서 학설 대립이 심한 것은 국가가 우선하느냐 국민이 우선하느냐 하는 세계관적 대립 때문이다. 여러분들이 이러한 세계관적 대립을 이해하지 못하고 암기에만 치중한다면 그 지식은 난파를 면할 수 없을 것이다. 따라서 학자들의 세계관을 먼저 파악하고 이러한 세계관 때문에 이러한 학설이 도출된다는 체계적인 이해를 하도록 공부해야 할 것이다. 학생들의 답안을 보면 대립되는 자연법론과 법실증주의이론을 둘 다 취하는 논리적 모순을 범하고 있는 경우가 많은데 이러한 오류는 회피되어야 할 것이다. 우리나라의 교과서에는 이러한 세계관 대립에 관해 깊이 언급한 것이 없기 때문에 여러분들은 강의 시간에 잘 들어 이해하여야 할 것이다. 강의 시간에 출석하는 것을 낭비인양 생각하는 학생이 간혹 있는데 이는 잘못이다. 강의는 재미 없더라도 학설 대립의 정리와 이해를 위하여 필요하며 강의 때 들은 것은 잘 잊혀지지 않아 예상외의 문제가 출제되더라도 답안을 작성할 수 있는 상당한 장점이 있다 하겠다.

헌법을 공부하는 경우에 현실을 도외시하기 쉬운데 이는 지양되어야만 하겠다. 헌법현실을 이해하기 위하여서는 헌법판례의 연구가 필요하다. 구체적인 사건에 헌법을 어떻게 적용할 것인가는 판례를 보아야만 알 수 있을 것이다. 헌법도 법원에서 어떻게 적용되고 있는가를 알아야 할 것이요 우리나라의 판례와 외국의 판례와의 비교도 필요할 것이다. 이를 위하여 『판례교재 헌법』의 일독이 필요할 것이다.

## III. 헌법시험은 어떻게 준비할 것인가?

헌법시험은 1차 시험, 2차 시험, 3차 시험으로 구분되어 있다. 1차 시험은 사법시험과 기술고시에서 객관식으로 출제되고 있다. 객관식 문제는 5지 선다식이므로 정확한 지식이 필요하다. 학설 대립이 심한 문제, 선다형화(選多型化)가 어려운 문제는 출제되지 않는 경향이다. 출제하기 쉬운 문제는 헌법 조문이라든가 헌법사실, 헌법판례 등이다. 형법이나 민법에서는 케이스가 출제되고 있지만 헌법에서는 아직 케이스식 문제가 출제되지 않고 있다. 객관식 문제에 대비하기 위하여는 기출 문제를 보아 출제 패턴을 익히고, 조문 암기와 정확한 기초 지식만 익히면 될 것이다. 그러나 헌법문제는 대부분이 정해(正解)이므로 2, 3문 이상 틀리지 않도록 주의하여야 할 것이다.

2차 주관식 문제는 사법시험과 행정고시 등에서 출제된다. 논문식으로 출제되고 있기 때문에 마치 기억력 테스트화하고 있는 것이 현실이다. 학생들은 예상 문제를 뽑아 문제집에 있는 것을 그대로 암기해서는 특히 그 문제가 출제되면 그대로 옮겨 놓는 경우가 많은데, 이렇게 되는 경우 천편일률적인 답안이 되어 좋은 점수를 얻지 못하게 된다. 불행이도 예상 문제가 적중되지 않으면 백지를 내거나 중도 포기하고 마는데 이러한 공부 방법은 하루 속히 지양되어야 할 것이다. 3차 주관식 문제를 대비하기 위하여서는 교과서를 중심으로 하여 전체적인 이해를 위주로 하는 공부를 해야 할 것이다. 평소에 예상 문제에 대한 답안 작성을 연습해 보는 것은 좋으나 예상 문제만에 집착하지 말아야 할 것이다. 출제 문제를 정확히 읽은 다음 답안 작성 구상을 해 본 뒤에 작성하도록 할 것이요 예상 외의 문제가 나오더라도 당황하지 말고 답안 구상을 한 뒤에 자기의 총지식을 나열하면 과락은 면할 수 있을 것이다. 헌법은 과락하기도 어렵고 좋은 득점을 하기도 어렵다고 하여 수험 준비를 게을리 하는 경향이 있는데, 헌법도 잘만 쓰면 득점 과목이 될 수 있기에 많은 독서가 요망된다.

3차 시험은 시법시험과 행정고시에서 과하는데 단권주의로 공부한 학생의 허를 찌르는 학설 대립이 많은 문제가 출제된다. 따라서 2차 시험 합격 후에는 자기가 공부하지 않았던 교과서도 한 번 읽어 보는 것이 좋을 것이다.

모든 공부에서와 같이 헌법 공부에도 왕도는 없다. 기본서를 정해서 다독함으로써 그 윤곽을 잡고 난 뒤에 정독할 때 타 교과서나 잡지 논문을 참조하여 알찬 답안을 작성하도록 연습하는 것이 합격의 첩경이 될 것이다.

## 세계의 초일류대학으로*

모교는 지난 10월 15일 국립종합대학교 개교 64주년 기념식을 가지고 세계 초일류대학으로의 발전을 다짐했다. 모교는 법관양성소, 교원양성소, 의학전문학교 등이 계속 발전해 왔었는데, 1946년에 이들을 통합해 종합대학교로 개교한 것이다. 그러나 국립고등교육기관으로서의 서울대학교의 전신학교는 1895년부터 개학하기 시작했다. 이제 모교는 동창

---

* 서울대동창회보 제392호 (2010. 11) 오피니언 관악춘추.

들의 염원이었던 개학 원년을 되찾아 1백15주년의 역사를 되찾게 됐다. 한국 국립대학의 기원은 대학이라든가 성균관에 있었다고도 하겠으나 모교는 근대교육의 시발이었던 1895년을 개학 원년으로 정하고 새로운 도약의 기회로 삼게 됐다. 모교가 그동안 세계의 50대 대학에 머물렀던 것은 공식 개교일이 늦어져 64년의 일천한 역사밖에 인정받지 못했기 때문이다.

모교는 세계 유수 대학 평가기관으로부터 1백위권 내의 대학에서 최근에야 40위 내외의 대학으로 재평가를 받고 있다. 이 평가는 과학잡지 인덱스인 SCI 논문수에 따른 것이기 때문에 과소평가된 점이 많았다. 모교 졸업생이 고위공직자의 대부분을 차지했고, 국회의원과 법관의 반수 이상을 차지했으며, CEO를 다수 배출해 우리나라 발전에 기여한 공로를 참작하면 모교는 세계의 초일류대학에 속한다고 할 수 있었다.

그러나 대학평준화정책에 따른 사회적 요구와 국립대학 중의 하나라는 정부정책에 따라 모교의 영향력은 점차 저하되는 느낌이 있다. 이러한 교육과학기술부의 규제를 벗어나 서울대학교의 수월성을 유지해 나가고 보다 발전시키는 것이 모교의 당면과제이다. 모교의 재정 독립과 인사 독립, 학문의 자유를 쟁취하기 위해서는 대학법인화가 선결조건이다. 정부는 서울대학교법인화법안을 의결해 국회에 제출했건만 국회가 옳게 심의하지 않아 답보상태에 있는 것은 국회의 직무유기라고 하겠다.

모교 당국과 동창회원들은 세계 초일류대학으로의 발전을 위해 이 법인화법안의 조속통과를 촉구해야 하겠다. 국립대학법인이 되는 경우에도 국가적 지원은 절대적으로 필요하며 정부는 적어도 모교만은 세계 초일류대학으로 성장하도록 지원에 총력을 기울여야 할 것이다. 모교가 가지고 있는 국유재산의 무상양여도 절실하다.

모교는 신임 오연천(吳然天) 총장의 취임을 계기로 33만 동창회원과 5천명의 교직원, 2만명의 재학생의 뜻을 한데 모아 세계의 초일류대학으로의 도약을 기해야 하겠다. 대학평준화정책에서 탈피해 모교만이라도 세계 초일류대학이 될 수 있도록 국회와 정부당국도 선도대학의 지원을 아끼지 않아야 하겠다. (김철수 논설위원)

## 모교 장기발전의 인프라 구축*

모교 이사회는 지난 2월 23일 회의를 열어 2015년도 대학운영계획과 2015년도 법인회계 세입세출예산안을 의결했다. 법인이사회는 국립대학법인 서울대학교의 최고심의 · 의결기관이며 ① 총장의 선임 및 해임 ② 임원의 선임 및 해임 ③ 예산 · 결산에 관한 사항 ④ 중장기 대학운영 및 발전계획에 관한 사항 ⑤ 중요 재산의 취득과 처분에 관한 사항 ⑥ 대학발전을 위한 기금의 조성 및 후원에 관한 사항을 심의 · 의결한다. 이사는 총장, 부총장 2명, 기획재정부 장관이 지명하는 차관 1명, 교육부 장관이 지명하는 차관

* 서울대동창회보 제445호 (2015. 4) 오피니언 관악춘추.

1명, 평의원회의 추천을 받은 1명, 기타 9명 이내의 이사로 구성된다. 임기는 2년이며, 이사장은 호선한다(일본 도쿄대학의 이사장은 총장이며 임기는 6년이다).

금년도 운영방안에서는 인프라 과제로서 자율과 책임의 운영체제 구축이 핵심과제의 하나로 돼 있다. 그 내용은 ① 법인화 후속조치를 해결하기 위한 법인체제의 정착 및 발전 도모 ② 대학운영시스템 혁신을 통한 대학의 역량을 강화하고 바람직한 대학문화 구현 ③ 지속가능한 재정기반 확충으로 교육 · 연구재원의 안정적 확보 ④ 사람중심의 차세대 캠퍼스 기반을 구축하고 캠퍼스별 특성을 고려한 캠퍼스 활성화 도모 등이다.

모교 발전을 위해서는 법인 인프라 구축이 중요한데 아직도 법인체제가 정착되지 않는 감이 든다. 특히 과거 모교의 관리재산 중 무상잉여보류 국유재산이 많고 국립대학법인에 과세가 행해지고 있으며, 안정적인 국고출연금 부족이 우려된다. 또 멀티 캠퍼스 추진을 위한 재정부족도 문제될 것 같다.

서울대학교법인은 모교 총동창회와 협조해 이들 과제의 해결에 노력해야 할 것이다. 예를 들면 총동창회 대표 1인을 이사로 선임하는 것도 한 방법이 될 것이다. 동창들은 무상잉여보류 국유재산이 어느 정도인지도 잘 모르고 있기에 동창들이 수수방관하고 있는 것이 아닌지 모르겠다.

개방과 융합을 위한 멀티 캠퍼스 추진에 관해서도 동창회와의 협력이 필요하지 않을까 생각된다. 모교는 그동안 관악캠퍼스가 포화상태로 됐기 때문에 평창캠퍼스를 새로 조성하고, 새 교육 캠퍼스를 확장하려고 하고 있다. 시급한 것은 세종종합청사 이전으로 건물이 비어 있는 과천 종합청사 일부와 중앙공무원교육원 일부 등을 양여받는 것이 좋을 것이다. 가까운 과천시에 캠퍼스를 조성하면 교통문제도 해결될 것이며 관악산 그린벨트에 대학건물을 증축하는 것도 가능할 것이다.

장기적으로는 시흥캠퍼스를 조성하는 것이 좋을 것이다. 시흥시장은 2018년 서울대 개교를 장담하고 있는데 모교의 계획은 아직 확정되지 않은 것 같다. 멀티 캠퍼스, 국제 캠퍼스로서의 시흥 분교는 필요할 것으로 보이나 교육부의 행정협력 없이 시흥캠퍼스의 정원증가 등이 가능할지 의심스럽다. 도쿄대학 가시와(柏) 캠퍼스처럼 새로운 캠퍼스를 건축하는 것도 필요할 것이다. 연세대 인천캠퍼스처럼 Residential College로 운영하는 것도 한 방법일 것이다.

가장 시급한 것은 반으로 줄어든 학부 신입생 정원을 복원하는 일이다. 정원 외로 외국학생과 교포학생을 유치할 뿐만 아니라 지역균형발전을 위한 신입생도 정원 외로 선발해 시흥캠퍼스에서 교양대학을 운영하는 방안도 연구해야 할 것이다. 모교는 학부 신입생의 정원감축으로 서울에 있는 타 사립대학보다 입학생의 질이 떨어져 있다는 우려를 불식시키는 데 노력해야 할 것이다. (김철수. 모교 법학부 명예교수 · 본보 논설위원)

〔**편지 모음**〕

## 김철수 · 김효전 왕복 편지

친애하는 김(효전) 교수!

보내준 편지는 잘 받았오. 그동안 열심히 공부하고 있다는 이야기는 인편으로 자주 듣고 있었오. 부인과 같이 여행도 즐기며 외국 생활을 잘하고 있다니 부럽기까지 하군요.

그동안에 김교수가 집필한 헌법위원회법 해설이 담긴 『정치관계법』이 나와서 책을 부치도록 박영사에 이야기하였는데 아직 받아보지 못했는지 궁금하군요. 그 인세조로 5만원은 제가 일시 보관중이랍니다.

『정치관계법』 출판을 위해 한 번 모였을 때 김 교수 이야기 많이 했습니다. 양건 교수 엄친께서 별세하였고 하여 최근에는 별로 모이지 못하고 있습니다.

아무쪼록 공부도 열심히 하고 또 모처럼의 기회이니 견문을 많이 넓혀 돌아오기를 바라겠오. 동아대학교에는 葛(奉根) 의원이 미국서 돌아왔고 대학원 강의를 하는 모양입니다.

그럼 부인에게도 안부 전해 주기 바라며 자주 연락해 주기를 빌겠오.

1983. 5. 23. 金 哲 洙

1986. 6. 21.

존경하는 김철수 교수님께

그동안 별고 없으신지요?

저는 염려하여 주시는 덕분으로 무사히 한 학기를 마치고 기말고사도 모두 끝내었습니다.

이번에 펴 내신 『헌법개정, 회고와 전망』은 매우 기쁘고 또한 감사하게 받았습니다.

또 다시 헌법개정이 활발하게 논의되는 현 시점에서 이 책은 학계뿐만 아니라 모든 국민에게 올바른 방향을 지시하는데 큰 도움이 될 것입니다. 곁에 두고 공부하는 데에 많이 참고하겠습니다.

저는 요즘 지난 4월에 발표한 '외국법의 계수와 한국의 법률문화' 그리고 한국 개화기의 공법이론에 관한 자료를 수집하고 있습니다. 이번 방학을 활용하여 정리할 계획입니다.

다시 한 번 교수님의 두터운 뜻에 감사드리며 건승하심을 기원합니다.

부산에서 김효전 드림

김 철 수 총장님
탐라대학교
제주도 서귀포시 하원동 산 70
697-340

1999. 5. 12.

존경하는 김철수 교수님께

그동안 별고 없으신지요?

보내주신 축전 반갑게 拜受하였습니다.

이번에 제6회 현암 법학저작상을 받으면서 지난 30년 동안 저를 길러주시고 가르쳐주신 선생님의 은혜에 다시 한 번 감사드립니다.

더욱 열심히 공부하여 선생님의 이름을 높이고 부끄럽지 않은 문하생이 되도록 노력하겠습니다. 선생님의 격려와 기뻐하시는 모습을 그리며 이만 줄입니다.

부산에서 문하생 김 효 전 드림

〔참가기〕

# 세계여론학회 총회 참관기*

김철수 · 백완기

## 1. 회의 경과

제65차 세계여론학회 학술대회가 "여론조사의 새로운 세계(The New World of Public Opinion)"라는 주제를 내걸고 홍콩의 홍콩대학에서 개최되었다. 이번 대회는 여러 가지 면에서 주목을 끌었는데 첫째로 65년 만에 처음으로 아시아 지역인 홍콩에서 개최되었다는 것이다. 지금까지는 북미 지역이나 구주 지역에서만 개최되어 왔었는데 창립 이후 65년 만에 처음으로 아시아 지역인 홍콩에서 개최되게 되었다는 것이다. 두 번째로 200명 이상의 대표자들이 30개국 이상의 나라에서 참여하였고 발표된 논문만도 130여 편에 이르러 WAPOR 역사상 기록적이라는 것이다. 참석자 중에는 미국의 Jon Miller, Tom Smith 같은 대가들도 눈에 띄었다. 논문을 발표한 학자들의 전공분야도 통계학, 언론학, 정치학, 사회학, 심리학 등 다방면에 걸쳐 다채로웠다. 한국에서도 한국조사연구학회의 조성겸 회장을 위시해서 20여 명 이상의 교수 및 연구자들이 참석하고 10여 편 이상의 논문들이 발표되었다. 아울러 한국여론조사학회는 아시아 지역 연구활성화를 위한 오찬을 초청하는 자리도 마련하였다.

## 2. 발표 논문수

발표된 논문들은 주로 새로운 미디어 시대를 맞이해서 여론을 연구하고 조사하는데 새로운 방법들과 기법들의 영향과 효과들을 논의하고, 나아가서는 여론연구에 있어서 새로운 패러다임을 모색하는 것이었다. 본 대회에서 논의된 소주제들의 내용들을 잠깐 살펴보면 다음과 같다. 새로운 이론의 모색, 새로운 형태의 저널리즘과 시민들의 의견표출 방법, 사회적 · 정치적 · 경제적 문제들에 대한 이론개발, 온라인을 통한 여론조사, 설문지 작성문제, 샘플링 · 응답률 · 무응답에 관한 연구, 국가간 여론 조사 비교, 전자민주주의, 출구조사 등이었다.

6월 14일에는 등록과 이사회총회 만찬회가 있었다. 발표는 15일과 16일에 있었다. 15일과 16일 양일간에 걸쳐 130여 편의 논문들이 발표되었기 때문에 동일한 시간에 5개 이상의 session이 열리고 각 session마다 5개 정도의 논문들이 발표되었다. 논문 발표는 지정토론이 없었고 발표자가 발표를 끝내면 청중에서 질문이 있으면 회답하는

---

* 『대한민국학술원통신』 제229호 (2012. 8. 1), 2-5면.

식으로 진행되었다. 짧은 일정에 수많은 논문들이 발표되려면 이러한 방법밖에 없다고 생각되었다. 여기서는 관심을 끄는 몇 개의 논문들만을 골라서 살펴보기로 한다.

## 3. 한국 교수의 발표 논문

우선 한국인 교수들이 발표한 논문들의 몇 개만을 골라서 그 내용을 살펴보기로 한다. 첫 번째로 김지범 외 "한국 사람들의 북한, 미국, 중국, 일본, 러시아에 대한 친근감과 북한에 대한 정책선호도(policy preference)"를 살펴보기로 한다. 친근감부터 보면 미국에 대한 친근감이 전체 응답자의 52%로 가장 높고, 그 다음이 북한에 대한 친근감이 28%로 두 번째이다. 이어서 중국과 일본이 10%와 9%이고, 러시아는 1%에 지나지 않는다. 북한에 대한 28%는 비록 공산주의국가이지만 동족이라는 의식이 작용한 것 같다. 그런데 여기서 주목을 끄는 것은 젊은 층일수록 미국에 대한 친근감이 떨어진다는 것이다. 그리고 미국이나 중국 및 일본에 대한 친근감이 있는 사람들은 북한에 대한 우호적인 정책을 펴는 것을 싫어한다는 것이다. 그러나 한국인에 대한 자긍심이 높은 사람들일수록 북한에 대한 우호적인 정책을 펴는 것을 찬성한다는 것이다. 여기서 중요한 발견은 각국에 대한 친밀감은 한국 정부의 북한에 대한 정책을 펴는데 중요한 인자가 된다는 것이다.

두 번째의 논문은 조성겸과 변종석 외의 "민감한 질문 응답에 대한 조사 방법의 영향"이란 논문이다. 사회조사방법에는 온라인, 전화, 면접 등의 여러 가지 방법들이 있다. 그런데 이러한 방법들은 응답자가 자신들의 심리상태를 정확하게 그리고 정직하게 답변하리라는 가정 하에 실시되고 있다. 그러나 도박 중독, 게임 중독, 인터넷 중독 등 응답자의 프라이버시와 관련된 민감한 질문 사항에 대해서는 조사방법에 따라서 응답내용이 달라진다는 것이다. 전화나 면접방법을 사용할 때에는 응답자는 자기의 마음 상태를 진솔하게 답변하지 않는다는 것이다. 그러나 온라인 방법을 사용할 때에는 비교적 진솔하게 자기의 마음 상태를 표현한다는 것이다. 그리고 면접이나 전화로 태도조사를 할 경우 응답 내용이 사회적으로 바람직한(socially desirable) 것들이 담겨 있을 때에는 응답자들은 그러한 항목들을 택할 가능성이 많다는 것이다. 그리고 이러한 방법들을 통한 사회조사가 진행될 때에 옆에 제삼자가 있느냐(third party presense)의 여부에 따라 답변 내용이 달라진다는 것이다. 여기서 본 연구는 이중방법조사(dual mode survey)를 제안하고 있다. 즉 응답자의 프라이버시와 관련된 민감한 주제에 대해서는 먼저 전화 조사를 통해 대표성이 있는 샘플을 추출 및 모집하고 온라인 조사를 실시할 것을 제안하고 있다.

세 번째의 논문은 김옥태와 장윤재의 "정치적 태도에 대한 유선전화와 이동전화 조사 응답의 비교연구"이다. 동일한 표집방안을 적용한 유선과 이동전화 표본을 대상으로 같은 내용의 설문조사를 실시한 응답의 차이를 비교하였으며, 사회적 압박감(social pressure)이라는 개념을 중심으로 그러한 차이를 분석하고 있다. 분석 결과 유선표본에는 주부, 자영업, 무직 및 은퇴자의 비율이 높은 반면, 이동전화 표본에는 사무 및 기술직과 일용직의 비율이 높았다. 조사방법에 따라 매체 이용 정도, 이동전화 의존도, 개혁성향, 정치적 태도 등에 대한 응답의 차이가 있는지를 변량분석을 통해서 분석하고 있다. 분석의 결과 유선전화를 이용한 응답자가 정치적 태도에 있어서 더욱 보수적 성향을 띠고 있는 것이 나타났다. 그리고 응답에 있어서 사회적 압박감이 어느 정도로 나타나고 있는가를 살펴보고 있는데, 사회적 압박감은 사적 장소나 사적 상황보다 공공장소나 공적 상황에서 더욱 많이 느낀다는 것이다. 특히 공적 상황일수록 유선표본은 더욱 보수적인 편향을 보인다는 것이다. 여기에 비해서 이동전화 표본은 더욱 진보적 편향을 보임으로써 사회적 압박감이 응답의 차이를 유발한다는 것을 밝히고 있다.

네 번째의 논문은 서우석과 이기홍의 "사회참여와 인터넷 조사에의 참여 의향"이다. 사회조사를 인터넷으로 하는 경우가 급증하고 있는데, 인터넷 조사는 조사원이 조사대상자를 직접 찾아가는 전통적 면대면 조사와는 달리, 조사대상자의 자발적 참여가 매우 중요하다. 한국은 인터넷 보급률이 다른 나라들에 비해서 높은 편이라 인터넷으로 사회조사를 하는 비중이 높아져도 무리가 없다는 것이다. 이 연구는 〈2009년 통계청 사회조사〉를 이용하여 어떤 사람들이 인터넷으로 하는 조사에 참여의 뜻을 가지고 있는가를 조사하고 있다. 분석 결과에 의하면 성, 나이, 교육 수준, 취업 여부, 혼인 여부와 같은 인구학적 변수에 따라 의향의 차이를 보이고 있다. 이러한 이유로 앞으로 인터넷 조사의 비중을 늘릴 때에는 표본선출에 신중을 기해야 한다는 것이다. 인터넷 조사에 참여하겠다는 의향은 인구학적 변수들뿐만 아니라 다른 변수들에 의해서도 영향을 받기 때문이다. 특히 앞으로 고령자와 외국인들이 늘어날 것임을 감안하여, 정부가 수행하는 조사에서는 인터넷 조사의 표본이 전통적인 조사방법의 표본에 비해 대표성이 떨어지지 않도록 신중을 기해야 한다는 것이다.

다섯 번째의 논문은 김상욱의 "설문조사에서 응답 대상자에 대한 접근불가능성(inaccessibility)과 응답거부: 한국의 사례"이다. 이 연구는 사회조사에서 무응답의 양대 하위 차원인 접근불가능성과 응답 거부의 각각에 관련된 유관 요인들로서 면접 조사원의 개인적 특성과 응답대상자의 개인적 특성을 밝히는 것을 시도한다. 한국종합사회조사에서 2010년에 실시한 조사자료를 분석한 결과 다음과 같은 사실을 밝혀냈다. 첫째, 무응답과 유효응답 사이에 면접조사원과 응답대상자의 몇 개의 개인적 특성에 있어서 '간과하기 어려운' 부분적 차이가 존재한다. 둘째, 접근불가능성과 응답거부 각각과 관련된 유관 요인들에 있어서도 차이가 존재한다. 셋째, 응답 대상자의 연령 및 응답대상자의 경제력 등의 요인들은 접근불가능성 및 응답거부 각각과 비선형 관계를 나타낸다. 이와 같은 결과는 대단히 정교한 방법론적 엄정성을 보유하는 조사자료의 경우에도 응답 사례와 무응답 사례 사이에 체계적 차이가 존재할 가능성이 많아 향후 조사자료의 질을 평가하기 위한 기준으로 유효응답률만을 검토할 것이 아니라 응답사례와 무응답 사례에 대한 면밀한 비교까지도 반드시 이루어져야 한다는 것이다.

## 4. 외국 학자들의 발표 논문

외국학자들이 발표한 논문들 중에 관심을 끌었던 것은 Orlando J. Perez의 라틴아메리카 지역의 포퓰리즘에 관한 발표였다. 포퓰리즘은 대의민주제를 위협하는 회오리바람같은 것으로 많은 지식층에게는 경계의 대상이 되고 있기 때문이다. 이 논문은 비록 남미 24개국을 상대로 포퓰리즘을 분석하고 있지만 주제가 주제인 만큼, 관심의 대상이 되었던 것이다. 포퓰리즘은 한마디로 대중(mass)을 동원해서 직접 정치에 참여케 하는 것이다. 얼핏 생각하면 국민의 직접 정치참여를 통한 직접민주주의 또는 참여적 민주주의(participatory democracy)의 실현이라는 점에서 민주주의의 제대로 된 실천이라고 할 수 있지만, 사실은 민주주의의 본질을 깨뜨리는 위협 요소가 된다. 포퓰리즘의 결정적 결함은 민주정치의 본질인 책임정치와 권력분립을 부인하고 있기 때문이다. 최근에 등장한 신좌파(new left)의 정치세력은 포퓰리즘 정치와 직결되어 있다. 이 논문은 포퓰리즘의 지지층은 주로 젊은 층이고, 교육 수준이 낮고, 경제적으로 하위층이라는 것이다. 그런데 주목을 끄는 대목은 예상한 것처럼 포퓰리즘은 이념과 연결되어 있지 않다는 것이다. 즉 좌파라고 해서 포퓰리즘을 지지하고 우파라고 해서 포퓰리즘을 거부하고 있지 않다는 것이다. 포퓰리즘을 지지하는 층은 정치체제에 대해서도 관심이 없는 사람들이라는 것이다. 이러한 포퓰리즘 지지층은 군사 쿠데타를 정당화시켜주는 역할을 하고 있다는 것이다.

또 하나 흥미를 끄는 논문은 냉전체제 이후 급격히 부상하고 있는 중국에 대해서 동남아 6개국인 필리핀, 태국, 베트남, 캄보디아, 싱가폴, 인도네시아가 어떻게 생각하고 있느냐이다. 다시 말해서 중국의 강대국 부상이 아시아 지역이나 자국의 경제발전이나 주권 및 안보문제에 어떠한 영향을 끼칠 것이냐에 대한 것이었다. 이러한 6개국들은 실제로 수백만 중국 동포들이 살고 있는 모국이나 마찬가지다. 그런데 분석의 결과는 대조적인 두 가지의 반응이 나타난다는 것이다. 한쪽의 견해는 중국의 부상은 아시아 지역이나 자국의 경제발전에 크게 도움이 될 것이라는 긍정적 견해를 보이고, 다른 하나는 중국의 부상은 자국과 아시아 지역에 안보상 또는 주권 문제 등에 있어서 위협적이라고 부정적 견해를 보이고 있다는 것이다. 이 논문 이외에도 많은 논문들이 중국의 부상에 대한 각국들의 인식과 긍정적 및 부정적 평가 및 중국의 여론조사 시스템에 대해서 발표를 하고 있다.

홍콩대학의 Yin Lu의 "중국 사회에서의 여론조사"라는 논문 역시 관심을 끌었다. 민주사회에서 여론조사는 필수적인 요소이다. 이것은 바로 국민이 원하는 정책을 만드는 데 필수적인 요소이다. 그런데 중국의 경우 서구의 민주사회와는 달리 공산당이 철저하게 여론형성에 있어서 주도적 역할을 하고 있다는 것이다. 그런데 최근에는 일반 대중과 국가 간에 갈등과 대립이 심화되어 사회가 점점 불안과 무질서로 휩싸이게 되었다는 것이다. 요즈음의 여론조사들은 국민의 진실된 감정을 포착하는 데 나름대로 최선을 다하고 있는데 이러한 맥락에서 이 논문은 다음의 몇 가지를 밝히는 것을 목적으로 하고 있다. 첫째, 여론의 형성 및 표출과정에서 국민들이 가장 관심을 갖는 영역이 무엇인가? 두 번째, 방송 뉴스는 여론조사의 내용을 신뢰도와 타당도 면에서 국민이 평가할 수 있는 방향으로 보도하고 있는가? 세 번째, 이러한 여론조사의 틀은 1980년 이후로 오랜 기간을 통해서 변화되어 왔는가이다. Tom W. Smith의 "The Diffusion of an Innovation: Survey Research 1936-1969"는 사회조사의 생성 및 발전과정의 역사를 더듬으면서 오늘의 사회조사의 실상을 생생하게 밝혀주고 있다. 이 논문에 의하면 여론조사는 1930년대 중반에 미국에서 처음으로 실시되었고, 이후로 서구 지역 등 다른 나라들로 전파되었고, 근래에는 발전도상국들에도 전수되었다는 것이다. 특히 여론조사가 국가 간 비교로까지 발전하게 된 것은 여러 가지 역사적 사건들, 예컨대 제2차 세계대전, UN의 창설, 냉전체제 및 공산주의 체제의 붕괴, 세계화 등으로 인해서라는 것이다. 특히 공산주의체제가 무너지면서 각국들이 민주화되고 개방화되면서 여론조사는 확장일로의 길을 달렸고 여러 가지 기법들도 발달하게 되었다는 것이다. 이 논문은 다음의 몇 가지를 다루고 있는데 1) 국가 간 여론조사의 등장 배경, 2) 갤럽, 국제조사단 등에 의한 사회조사의 확산, 3) 사회조사의 학술대회 개최, 4) 제2차 세계대전의 영향, 5) 국제연합과 다른 국제조직들의 여론조사 활성화를 위한 역할, 6) 최초의 비교 조사 연구, 7) 국제교류와 이민자들의 역할, 8) 1950년대와 1960년대에 걸쳐 미국의 역할 변화를 위시해서 여러 가지 변화들, 9) 사회 및 여론조사의 발전에 저해가 되는 요소들이다.

끝으로 Jon D. Miller 외 "이념정치의 뿌리: 수평적 및 수직적 비교"를 본다. 이 논문의 주요 내용은 다음과 같다. 지난 세기 동안 유럽의 많은 국가들은 좌파의 사회민주당과 우파의 보수당 간의 첨예한 이념 갈등을 경험한 바 있다. 어떤 나라들은 하나의 이념정당으로 통치되어 왔으나 서서히 다수당 체제로 변화를 체험하고 있다. 미국의 경우 그 정치체제는 이념정당이 없는 것이 특징이었다. 그러나 지난 50여 년 동안 많은 변화 속에서 미국의 정치체제는 유럽의 경우와 마찬가지로 이념의 갈등을 겪게 되었다. 이 논문은 정치체제 내에서 정치적 이념의 뿌리와 영향을 규명할 수 있는 두 가지 분석의 축을 결합시키고 있다. 이 연구의 전반부는 미국의 정치체제 분석과 더불어 수평적 연구의 분석과 26년간의 수직적 분석의 결과들을 비교 검토하는 것이다. 여기서 정치적 이념편향성(ideological political partisanship)과 관련이 있는 요소들을 밝히는 것이다. 즉 연령, 성, 교육수준, 종교, 경제적 위치, 정당선호 등이 정치이념과 어느 정도 관련이 있는가를 밝히는 것이다. 그리고 이러한 정치이념 편향성과 정치참여와의 관계를 규명하는 것이다. 연구의 후반부는 미국에서 조사한 결과들을 다른 5개국들, 즉 스페인, 멕시코, 러시아, 말레이시아 및 일본과 비교하는 것이다. 스페인의 경우 사회민주당과 극우보수당 간의 갈등을 반영하고 있고, 파시스트정권 하에서 일당지배의 오랜 역사를 지니고 있었다. 멕시코와 일본의 경우 경쟁 정당들이 허용되고 존재하였지만 일당지배의 역사가 오랫동안 존속하였다. 러시아의 경우 공산당 일당독재에서 벗어나서 이제는 보다 민주적인 다수당 체제로 진입의 문턱에 서 있다. 말레이시아는 민주적 정치체제를 갖추고 있지만 하나의 지배적인 정당만을 가지고 있다. 이상의 나라들은 다양한 정치이념이 존재하고 공개성과 경쟁성이 존재하는 정치체제를 지니고 있다.

### 5. 받은 인상과 앞으로의 과제

전반적으로 생각할 때에 발표된 논문들이나 토론 내용들이 진지한 모습을 지니고 있었으나 회의장소가 좁았고, 회의운영 방식이 어수선하였다. 주최자들이 서구화되어 손님맞이에는 소홀하였다. 아시아 국가들이 외국 손님맞이에 과공한 것과 비교할 때 인상적이었다.

미국학회나 유럽학회는 각기 수천 명의 회원을 가지며 매년 열리는 연차대회도 세계 각국의 유명 도시의 최고 호텔에서 열리며 1천 명 이상이 참여하는 데 비하여 세계학회는 500명 정도의 회원을 가지고 있을 뿐이다. 특히 아시아나 아프리카의 비민주국가에서의 참여는 적었다. 비교적 민주화가 잘 되어 있는 일본, 한국, 홍콩, 대만 등의 학회가 활발한 활동을 하고 있었다. 한국학회도 여론조사 기술 면에서나 활동면에서 아시아에서는 최고의 지위를 가지고 있는 것 같았다.

이번 홍콩대회는 아시아 · 아프리카의 후진민주국가의 민주화를 위한 여론조사의 필요성을 고취하기 위한 목적도 있었던 것 같다. 홍콩이나 대만 등은 자국의 전자민주주의나 정치적 여론의 자유 신장을 위한 공동연구를 하고 있었으며, 아시아 · 아프리카의 체제전환 국가에서의 여론조사 연구의 중요성이 강조되었다. 앞으로의 과제는 전자민주주의의 확립, 정치적 여론조사의 공정성 확보와 여론조사에 따른 개인의 사생활 비밀보호, 정확한 조사기법의 발전과 조작허위 조사 보도로 인한 명예회복 등이 중요한 과제로 등장하였다.

## 2015 세계 사회과학포럼 참가기*

김철수 · 윤기중

### 1. WSSF 2015 개최지

남아프리카공화국의 수도는 세 곳으로 나누어져 있는데 행정부는 최대도시 Johannesburg 가까이에 있는 Pretoria에 있고, 의회는 상원과 하원이 다 같이 Cape

---

* 『국제학술교류보고서』 제6집 (대한민국학술원, 2015), 1-6면.

Town에, 그리고 사법부는 지리적으로 남아프리카공화국의 중심부인 Bloemfontein에 있다. 전체적으로 Black African이 80%, 유색인종이 9%, 백인이 8.5% 그리고 아시아계 인종이 2.5% 정도라 한다.

학회가 개최되는 Durban은 인도양에 연해 있어 해변이 있고 해양성기후라 연중 최저기온이 섭씨 16도고 최고 기온은 23도라 한다. 이곳은 늪지대를 도시화한 모양 "eThekwini Municipality"라 부른다고 한다. 이 eThekwini라는 말은 "늪 또는 저지대"를 뜻한다 한다. 이 Durban에는 거대한 항구가 있어 이 도시를 상업도시라 부르고 있다 한다. 해안가는 Ushaka 해변이라 하는데 모래사장도 있고 고급 호텔도 있어 카지노장도 있다 한다.

이 Durban에서 개최되는 World Social Science Forum 2015(WSSF15)의 Logo는 청색과 오렌지색의 원 속에 불에 탄 듯한 고목이 그려져 있다. 이 나무는 바오바브(Baobab)라는 아프리카산 나무이다. 이것은 아프리카의 정서를 상징하는 것이라 한다. 이 나무의 가지와 나무뿌리 그리고 나뭇가지마다 아프리카인의 혼이 담겨 있다 한다. 이것은 아프리카의 큰 나무로 일반에 알려져 있고 아프리카문화가 서려있다 한다.

옛날에 왕은 원로와 종족의 지도자들을 이 나무 밑으로 불러 모아 주요사항을 논의했다 한다. 뿐만이 아니라 이 나무는 사람들의 피난처로 또 지도자들은 Baobab의 영감을 받아 반드시 현명한 판단을 하게 한다고 믿고 있다. 이 Baobab 나무는 아프리카인의 힘과 지혜의 필수적인 상징물이라 한다. 그리고 청색과 오렌지색의 원은 아프리카 대륙과 국제간의 친숙한 교류의 상징이라 한다.

## 2. WSSF 2015

"World Social Science Forum 2015"은 세 기관 즉 "국제사회과학회의(International Social Science Council(ISSC)"와 "아프리카 사회과학연구발전회의(Council for the Development of Social Science Research in Africa; CODESRIA)" 그리고 "인문과학연구회의(Human Science Research Council, HSRC)" 공동으로 조직 개최했다. 주관기관의 하나인 ISSC는 1952년에 성립되었다. 조직은 총회와 선출된 집행위원회로 구성되었다. 또 CODESRIA는 본부가 Senegal의 수도 Dakar에 있으며 1973년 설립했다. 설립 목적은 독립적으로 범아프리카의 연구를 하되 연구대상은 아프리카의 사회과학 발전문제이다. 또 HSRC는 1968년에 남아프리카공화국의 법정 연구기관으로 출발하여 아프리카대륙의 사회과학과 인문학 발전에 크게 기여했다 한다. 이 기관은 법적으로 정부정책의 효과적인 수립과 그 수립과정에 관한 정보에 의해서 정책을 평가하고 그 결과를 분석 검토한다. 이 연구기관은 정부정책의 효과적 수행을 위해서 크게 기여했다.

WSSF 2015는 국제사회과학 회의(ISSC), 인문사회연구회의(HSRC) 그리고 아프리카 사회과학연구 발전회의(CODERIA)가 공동으로 주최했고, 또 남아프리카공화국 내의

15개 연구기관이 공동으로 참여했다. 15개 기관은 "남아프리카 과학원(the Academy of Science of South Africa (ASSA)), 남아프리카공화국 과학기술부(Department, Science and Technology, Republic of South Africa (DST)), 등 6개 기관, 남아프리카공화국 내의 7개 대학이 참여하고 있다.

회의는 9월 13일부터 16일까지 Durban의 국제회의센터에서 열렸다.

9월 13일은 일요일 아침부터 회의가 시작되었다. 등록을 마치고 개회식장에 들어가니 1,000여 명이 모여 있다. WSSF 2015의 의장인 Olive Shisana 교수가 환영사를 했다. Shisana 교수는 HSRC의 전임 집행위원장과 또 ISSC의 직전의 회장이었다 한다. 그는 환영사에서 다음과 같이 WSSF15의 의의에 관해서 말하고 있다. 즉 이 WSSF15는 사회과학자, 인문학 학자 그리고 연구자가 다 같이 모여 "정의사회로의 국제관계의 변용"에 관해서 논의하는 동시에 사회발전을 위해서 모든 분야에서 일하고 있는 학자, 연구자 그리고 시민 사회단체 대표자들이 이 자리에 모이게 되었습니다. 우리는 이 자리에서 큰 문제를 제안하고 논의하게 되었습니다. 그 큰 문제는 통치와 관련된 것으로서 세계적인 불평등, 생산과 소비의 패턴, 문화교류, 양질의 건강과 교육, 기후변화에 대한 대응책, 인권과 사회정의 실현문제입니다. 이러한 문제들 즉, 공공정책과 사회적 중재는 사회과학의 힘에 의해서 선도되어야 합니다. 우리는 40개의 발표회장과 설명회를 포함한 200편의 포스터와 구두설명회가 있어 선택의 폭이 넓습니다.

## 3. 시장의 환영사

회의 첫날이 일요일인데도 오후 5시에 버스가 회의 참석자를 싣고 시청으로 향했다. 시청 건물은 유럽풍의 돔이 얹혀 있는 고전적인 건물 전면 입구 위에 "eThekwini Municipality"라고 새겨져 있었다. 시장의 환영사는 의례적이기는 하나 이 회의의 내용이 담겨있었다. 6시 시간이 되자 위풍이 당당한 시장이 등단하더니 다음과 같은 연설을 했다.

eThekwini 자치시를 대표해서 WSSF 2015 참석을 위해서 따뜻하고 아름다운 이곳을 찾아주신 데 대하여 진심으로 환영하는 바입니다. 9월 13일부터 16일까지 정책입안자, 과학자, 정치가, 활동가, 시민사회단체, 근로자 그리고 기업지도자들이 WSSF 2015를 위해서 이곳 Durban의 국제회의장(ICC)에 모였습니다. 이 회의는 "국제사회과학회의(ISSC)"가 주축이 되어 Senegal Dakar에 본부를 두고 있는 "아프리카 사회과학연구발전회의(CODESRIA)" 그리고 "인문과학연구회의(HSRC)"가 주최했습니다. 이외, 회의에 공동으로 참여한 13개 기관을 비롯하여 정부기관과 남아프리카에 있는 대학과 학술원 그리고 비정부기관들이 공동으로 참여하고 하고 있습니다.

이번에 「정의사회로 국제관계로의 변모」 제하에 지방별, 중앙정부별 그리고 국제적

불평등을 논의하기 위해서 모였습니다. 이 WSSF 2015는 불평등의 성격과 문제점에 관해서 즉

소득과 자산의 불평등의 범위와 그 귀취

지속적인 생산과 소비에서의 불평등의 영향

자원, 고용 그 외 사회적 혜택과 관련된 세간의 불평등과 그 영향

세간의 불평등과 노동의 불안정 등에 관해서 논의하게 됩니다.

이 아름다운 도시를 찾아주신 데 대하여 마음 깊이 환영하는 바이며 여러분이 이곳에 머무는 동안 편안하고 즐거운 시간이 되시기를 빕니다. 시 당국은 이 불평등을 주제로 한 이 국제회의에 지지와 지원을 아끼지 않겠습니다. 우리는 이곳에 머무는 동안 주요 시설과 지역을 방문하시고 또 국제수준급의 관광지와 시설을 찾아주시기를 바랍니다.

시장의 환영사가 끝나자 오전의 ICC에서와 마찬가지로 Flatfoot 무용단이 등장하여 빠르고 요란스러운 타악기에 맞추어 아프리카 전통춤을 보여주었다. 그리고 막간에 볼 수 있도록 전면의 영상에 안전수칙을 몇 가지 열거하고 있었다. 안전수칙은 1) 카메라를 메고 다니지 말 것, 2) 고급시계를 차고 다니지 말 것, 3) 필요 이상의 현금을 지니고 다니지 말 것, 4) 저녁에는 외출하지 말 것이었다.

## 4. 학회의 내용

한국에서는 학술원 인문 · 사회 제6분과의 윤기중 회원이 대표로 한국의 빈곤문제에 대해서 발표를 하였고, 인문 · 사회 제4분과의 김철수 회원이 참석하여 세계적 경향을 공부하고 무사히 귀국하였다.

국제사회과학협의회(ISSC)는 NGO의 회원에 의하여 구성된 국제적 단체이며 경제학과 형태학을 포함하는 넓은 의미의 사회과학자의 국제적 · 대표적 단체라고 할 수 있다. 이 단체는 세계적인 사회과학연구를 강화하여 세계적 중요문제를 해결하는 것을 목적으로 하고 있다. 이 단체는 모든 세계의 각지에서의 사회과학적 지식을 증대하고 세계 도처의 사회의 Well-being의 증진을 위하여 노력하고 있다. 사무실은 Paris에 있다.

ISSC는 규칙적으로 세계사회과학포럼을 개최하고 있다. 이 기회에 세계의 연구자, 기부자, 정책입안자, 기타 참가자들의 토론의 세계적 기반을 제공하고 국제적 사회과학의 장래의 중요문제를 토론하고 장래의 중요성을 결정하려고 노력하고 있다. 제1차 회의는 2009년 노르웨이의 Bergen에서 「한 지구-분단된 세계」에 관해서 토론하였고, 2013년에는 캐나다의 Montreal에서 「사회변천과 디지털시대」에 관해서 토론하였다.

ISSC의 현 회장은 이탈리아 밀라노대학의 정치학과 사회학의 명예교수인 Alberto Martinelli이며 환영사에서 ISSC의 역할을 강조하였다. 그는 ISSC의 사명은 세계적 중요

문제의 해결을 돕기 위하여 국제적 사회과학의 연구를 강화하는 것이라고 강조하였다. 우리는 세계 각지에 있어서의 사회과학지식의 창출에 노력할 뿐만 아니라 세계 각지의 사회적 Well-being 증진을 위하여 노력할 것임을 강조하였다. 그는 이러한 과업을 달성하기 위하여 회원의 연구 활동을 지원할 것이라고 하였다.

이 학회의 중요한 후원자는 UNESCO이다. 1945년 UNESCO는 전쟁의 참화를 예방하고 영구평화를 달성하기 위하여서는 정치적 · 경제적 약속으로는 불충분하고, 평화는 인간의 도덕성과 지적 연대의 기반 위에서만 성립 가능하다는 것을 알게 되었다. 이에 UNESCO는 교육을 동원하여 모든 아이, 남아나 여아에게 기본권으로서(인격발전의 전제로서) 질적 교육의 권리를 보장해야 하며 전통의 보호와 문화적 다양성을 지지함으로써 지적 이해를 형성하기로 하였다. 또 …민주정치의 필수적 전제이며 인간존엄의 발전을 위하여 필수적인 표현의 자유를 보장하려고 하였다. UNESCO의 사회과학과 인문과학 사무총장보인 Ms. Nada Al-Nashif는 개회식에서 ISSC의 연구지원사업을 계속할 것을 확약하였다. 그는 UNESCO의 2015년 이후의 과제에 대한 세션을 주재하면서 9월 25일부터 9월 27일까지 열릴 UN정상회의에서 2030년을 향한 발전전략을 발표하면서 사회과학자의 적극적인 참여를 기대하였다. 그 목표는 빈곤의 퇴치와 불평등의 감소이다. 여기서는 아프리카와 남미의 많은 장관이 참여하여 토론하였다.

더반의 제3차 대회는 「정의사회로의 국제관계의 변용」(Transforming Global Relations for a just World)이라는 제하에 불평등 없는, 빈부격차 없고, 남녀차별 없는 정의사회로의 변용에 관해서 토론하기로 되어 있었다. 세계 각국은 빈부의 격차, 양성의 불평등, 사회적 계급의 존재가 성행하고 있기 때문에 이를 극복하고 모든 세계에 정의가 지배하도록 하겠다는 거창한 목적을 가진 것이었다.

그러나 ISSC의 대표자를 제외하고는 주로 후진개발도상국가의 참가자가 대부분이어서 아시아 · 아프리카의 발전을 위한 국제적 지원을 요구하거나 그의 극복을 위한 원조를 요청하는 경우가 많았다. 남아공화국이 전국적으로 지원하는 형태를 채택하고 있었고 UNESCO가 지원을 하고 있었는데 그동안 UNESCO의 지원에 따른 연구발표도 간혹 있었다. 일반적인 분위기는 2016년부터 행해질 UN의 아프리카 개발원조를 지원하기 위한 느낌도 없지 않았다.

남아공화국은 우리나라와 인구는 비슷하나 영토는 남한의 10배에 달하고 국민소득은 연 1만 5천 불이라고 하나, 빈곤층(80%)을 제외하면 중산층은 우리 국민의 평균소득보다 훨씬 많아 호화생활을 하는 사람이 많았으나 빈곤문제의 해결은 상당히 어려운 것 같았다.

위풍당당한 여성과학기술부장관 Naledi Pandoor은 교육부장관도 한 사람인데 교육과 학기술의 중요성을 강조하면서 교육을 통한 평등과 여성개발, 경제발전을 통하여 정의사회를 이룩해야 한다고 강조하였다. 한창 발전기에는 Durban에서 BRICS 5개국 정상이 모여서 5개국이 새로운 세계를 개척할 것처럼 생각했는데 중국의 경제침체에 따라 BRICS의 세계지배가 어려워지지 않을까 하는 두려움이 보였다. 남아프리카공화국의 화폐인

Rand는 평가절하되었고, 지배계층이었던 백인이 재산을 팔고 떠나는 현상도 나타나고 있었다. 석탄발전은 세계최고수준이나 원자발전은 중국의 지원이 없어 생각도 못 하고 있는데 유엔의 지원으로 경제부흥을 했으면 하는 희망이 컸었다.

이 회의의 의제는 정의사회의 모든 문제, 빈곤, 양성, 교육, 정부, 사법, 환경, 교역 등 많은 문제를 다루었기 때문에 산만한 감이 있었다. 특히 강연 초고도 배부하지 않았고 parallel session도 너무 많아 완전한 이해를 하기는 불가능하였다. 법적으로는 사회적 · 경제적 기본권에 관한 연구가 많았고 생존권에 대한 헌법재판소의 결정이 정부에 의해서 잘 지켜지지 않는 문제 등이 제기되었다.

## 5. 남아공화국과 중국의 빈곤 문제

회의가 끝나고 Thomas Piketty가 요한네스버그대학에서 빈부격차 문제에 대해서 강연을 했는데 남아공화국이 세계에서 빈부의 격차가 가장 심한 나라라고 하면서 그 이유를 토지소유의 개혁부진으로 잡았다. 남아공화국의 빈곤층은 80% 이상을 점하는데 토지개혁은 단행하지 않고 매매에 의한 토지소유자의 변화만 기하고 있기 때문에 빈부의 격차해소는 더 어려워지고 있다고 지적하였다. 이 회의가 끝나고 유엔총회에서 개발회의가 열렸는데 이 회의는 그 전초적인 역할도 하였다.

Zuma 대통령은 유엔총회 연설에서 남아공의 유엔 상임이사국 진출을 요구하고 있으며, 심지어 유엔 사무총장 인선문제도 관여하려고 하여 아프리카의 대표로서 아프리카 발전의 기회를 잡으려고 하고 있다. 그러나 정부는 부패했고 세금조차 옳게 거두지 못하고 있어 과연 선진화가 될 수 있을 것인지 위험했다. 지나친 자유방종에 따른 행정의 비효율 때문에 빈곤층의 파업과 정부에 대한 반대가 속출하여 중국식이 아닌 민주적 정치발전이 가능할지 걱정되었다.

회의를 통하여 볼 때 BRICS 국가들의 참여가 많았다. BRICS에 관해서는 Round Table이 있었는데 남아공이 BRICS의 일원임을 자랑스러워하고 BRICS 원수들이 2년 전 Durban 국제회의센터에서 정상회의를 한 것을 자랑으로 하면서 BRICS 각국에서의 세계적 불평등에 대하여 토론을 하였었다. 여기에는 Brazil, Russia, India, China, South Africa 대표들이 장래협력과 BRICS의 발전방향을 발표하고 있었으며 BRICS에 관한 저서도 출판되어 있었다.

이 중에서도 중국의 활동이 눈에 띄었다. 보통 중국에서는 1~2명이 참여하여 발표하는데 이번에는 중국의 빈곤문제에 대해서 5명 이상이 한 세션을 만들어 독점적으로 토론을 하여 놀랐다. 옛날에는 나쁜 호텔에서 기거했는데 젊은 연구원이 최고의 호텔에서 기거하는 것을 보고 놀랐으며, 사회과학원의 연구원들이 소수민족의 빈곤문제의 현실을 비교적 자유롭게 발표하였는데 나중에 당 간부인 듯한 사람이 그 현상을 시정하기 위하여 많은 노력을 하고 있고 성공하고 있다고 자랑하고 있었다. 그러나 농촌공들의 비참한 현상은 발표하지 않았다.

이 회의는 2016년을 "세계적 이해의 국제년(International Year of Global Understanding (IYGU)"으로 선포하였다. 그 대표로는 ISSC, ICS, IGU, ICPHS와 UNESCO가 협동하여 활동하기로 했으며 국제적 과정의 성질을 이해하고 그 중요성 상관성을 이해하여 국제적 과학의 이해와 증진에 노력하기로 하였다. 우리나라도 가입하여 활동할 필요가 있겠다 (Prof. Benno Werlen, Germany, Director of the IYGU).

## 6. 대한민국학술원의 역할에 대한 기대

앞서 본 바와 같이, 이번 학회는 국제연합의 지속가능한 발전을 위한 2015정상회의 (United Nations Sustainable Development Summit 2015)의 학문적 기반조성을 선도하기 위한 것이었는데, 한국에서는 학술원 대표 2명만이 참석하였기에 한국정부와 학회의 무관심이 돋보였다고 하겠다. 이 유엔총회에는 박근혜 대통령과 반기문 총장이 한국의 빈곤퇴치가 세계적인 모델이라고 강조하였는데 학문적인 뒷받침이 적었던 것은 아쉬운 일이었다.

한국유네스코위원회는 이러한 학문과 정책연구에는 소홀한 점이 있는 것 같은데, 한국 빈곤문제 해결의 전문가들이 많은 대한민국학술원이 연구기능을 보완했으면 좋을 것 같다. 예산문제가 있어 연구를 많이 하기 어려울 것이나 유네스코의 지원을 얻어서라도 정책자문기능은 더 강화했으면 하는 바람이다.

2015년 유엔총회는 2015년 이후 2030년까지의 세계개혁의 과제를 지속가능한 발전을 목표로 하고 있다. 세계의 지속가능한 발전은 정의사회의 달성이 가능하냐의 문제이고 이를 연구 보조하는 기능을 학자들이 다해야 할 것 같다.

# 김철수 교수 연보 및 저작목록

## 연 보

### I. 출생

생년월일 : 1933년 7월 10일 (음력)
아 호 : 금랑(琴浪)
본 적 : 대구직할시 북구 금호동 186
주 소 : (06912) 서울특별시 동작구 흑석로 13 (상도1동) 서우빌딩 6층
별 세 : 2022년 3월 26일 서울
유 택 : 충남 서산시 팔봉면 금학우길리길 152-78

### II. 학력

| | |
|---|---|
| 1946 ~ 1952 | 경북중학교 졸업 |
| 1952 ~ 1956 | 서울대학교 법과대학 졸업 |
| 1956 ~ 1961 | 서독 뮌헨 대학교 법과대학에서 연구 |
| 1966 | 미국 프린스턴대학교 미국법 세미나 2개월간 연수 |
| 1966 ~ 1967 | 미국 Harvard Law School에서 연구 |
| 1971 | 서울대학교 대학원에서 법학박사학위 취득 |
| 1987 | 프랑스 Strasbourg대학교 인권세미나 2개월간 연수 |

### III. 경력

| | |
|---|---|
| 1961 ~ 1962 | 국민대학 법학과 강사 |
| 1962 ~ 1963 | 서울대학교 법과대학 전임강사 |
| 1962 ~ 1965 | 서울대학교 법과대학 학생과장 |
| 1963 ~ 1967 | 서울대학교 법과대학 조교수 |
| 1965 ~ 1992 | 행정고등고시 · 사법시험 · 외무고시 등 시험위원 역임 |
| 1966 ~ 1967 | 미국 Harvard Yenching Institute Visiting Scholar |
| 1967 ~ 1970 | 서울대학교 사법대학원 교무과장 |
| 1967 ~ 1971 | 서울대학교 법과대학 부교수 |

| | |
|---|---|
| 1970 ~ 1972 | 서울대학교 법률도서관장 |
| 1970 ~ 1990 | 한국법학원 상무이사, 이사 |
| 1971 ~ 1998 | 서울대학교 법과대학 교수 |
| 1975 ~ 1976 | 서울대학교 법과대학 교무담당학장보 |
| 1987 ~ 1989 | 서울대학교 법학연구소장 |
| 1990 ~ 1995 | 한국법학원 부원장 |
| 1990 ~ 1991 | 일본 히토츠바시(一橋)대학 강사 |
| 1991 ~ 2022 | 한국헌법연구소 이사장 |
| 1996.3.~8. | 미국 Georgetown Univ. Law Center, Visiting Scholar |
| 1996.11. | 일본 메이지(明治)대학 초청교수 |
| 1996.12. | 일본 히토츠바시(一橋)대학 강사 |
| 1996.9. ~ 1997.2. | 독일 Humboldt University, Visiting Scholar |
| 1996 ~ 2022. 3. | 대한민국 학술원 회원 |
| 1998.8. | 서울대학교 법과대학 정년퇴임 |
| 1998.9. ~ 2022 | 서울대학교 명예교수 |
| 1998.12. ~ 2000.8. | 탐라(耽羅)대학교 총장 |
| 2002.3. ~ 2022 | 명지대학교 석좌교수 |

## IV. 학회활동

| | |
|---|---|
| 1983 ~ 2022 | 국제 법 및 사회철학회 세계학회 회원 |
| 1985 ~ 1997 | 한국교육법학회 회장 |
| 1998 ~ 2000 | 한국교육법학회 명예회장 |
| 1970 ~ 1988 | 한국공법학회 상임이사, 제2부회장, 제1부회장 |
| 1970 ~ 2004 | 일본공법학회 회원 |
| 1985 ~ 2004 | 한일법학회 상임이사 |
| 1988 ~ 1989 | 한국공법학회 회장 |
| 1989 ~ 2022 | 한국공법학회 고문 |
| 1990 ~ 1995 | 한국법학교수회 회장 |
| 1990 ~ 2001 | 국제헌법학회 한국학회 회장 |
| 1990 ~ 2004 | 일본전국헌법연구회 회원 |
| 1991 ~ 1995 | 국제헌법학회 세계학회 홍보위원장 |
| 1993 ~ 2022 | 한일법문화비교연구회 회원 |
| 1995 ~ 2003 | 국제헌법학회 세계학회 집행위원회 이사 |
| 1995 ~ 1999 | 국제 법 및 사회철학회 세계학회 집행위원회 이사 |

1995 ~ 2004 일본헌법이론연구회 회원
1996 ~ 2022 한국법학교수회 고문
1999 ~ 2005.1. 국제 헌법학회 부회장
2002 ~ 2022 국제헌법학회 한국학회 명예회장
2002 ~ 2022 세계정치철학아카데미 고문

## V. 사회활동

1980 ~ 1994 대법원 사법행정제도개선위원회 위원
1982 ~ 1989 법무부 정책자문위원
1984 ~ 2003 민주평화통일정책자문회의 자문위원
1990 ~ 2000 국무총리실 산하 청소년정책심의위원
1991 ~ 2009 헌법재판소 자문위원회 부위원장
1993 ~ 2009 대한법률구조공단 이사
1994 ~ 1994 대법원 사법개혁위원회 분과위원장
1995 ~ 1996 감사원 부정방지위원회 분과위원장
1995 ~ 1999 대구대학교 이사회 이사
1995 ~ 2009 무애문화재단 이사 및 이사장
1997 ~ 2005 한중친선교류협회 이사
1998 ~ 2022 장은재단 이사
1998.1. ~ 1998.2. 정부조직개편심의위원회 위원
2000.9. ~ 2002.3. 민주화운동보상심의위원회 위원
2000 ~ 2022 유기천 교수 추모사업회 이사
2000 ~ 2022 법률대상위원
2014.2.24. ~ 5.29. 국회 헌법개정자문위원회 위원장
2014.4.28. ~ 2022 대한민국학술원 논문심사위원회 심사위원
2015. ~ 2022 유기천출판문화재단 이사

## VI. 교육관계 활동

1978 ~ 1998 서울대학교 교원연수원 강사
1985 한국교육개발원 사회과교재편집자문위원
1989 ~ 1992 교총 교권옹호위원장

## VII. 언론관계 활동

| | |
|---|---|
| 1967 ~ 1973 | 중앙일보 논설위원 |
| 1972 ~ 1974 | 대학신문 편집자문위원 |
| 1983 ~ 1988 | 법률신문 논설위원 |
| 1985 ~ 2022 | 서울대학교 동창회보 논설위원 |
| 1991 ~ 1997 | 신문윤리위원회 위원 |
| 2000 ~ 2003 | 한국방송공사 이사 |

## VIII. 국제교류 활동

| | |
|---|---|
| 1966 | 미국 법과대학협회 세미나 참석 |
| 1967 ~ 1999 | 법을 통한 세계평화대회 10회 참석 |
| 1970 ~ 2022 | 일본공법학회 5회 참석 |
| 1973 ~ 2022 | 국제 법 및 사회철학회 세계대회 7회 참석 |
| 1973 | 미국무성 초청으로 미국 일주 헌법학 연구 |
| 1977 | 미국무성 초청으로 사법제도 시찰 연구 |
| 1980 | 독일 아데나워 재단 초청으로 독일 헌법제도 시찰 |
| 1980 | 태평양연안회의세미나에서(하와이 마우이섬) 미국 헌법의 한국 헌법에 대한 영향 발표 |
| 1987 ~ 2022 | 국제헌법학회 세계대회 5회 참석 |
| 1990 ~ 2022 | 한일법철학비교공동연구회 4회 참석 |
| 1990 ~ 2022 | 일본 법철학회 3회 참석 |
| 1996 | 독일국법학자대회 참석 |
| 1996 ~ 2005 | 국제헌법학회 집행위원회 10회 참석 |
| 1996 ~ 2022 | 세계 각국의 헌법재판제도, 의회제도, 정부제도 등 4회 시찰 |
| 1996 | 일본 리츠메이칸(立命館)대학 국제 심포지엄 발표 |
| 1997 | 일본 조치(上智)대학 국제 심포지엄 발표 |
| 1998 ~ 2022 | 국제 법 및 사회철학회 세계학회 집행위원회 10회 참석 |
| 1998 ~ 2022 | 세계 각국의 법학교육과 법철학연구제도 시찰 |
| 1990 ~ 2022 | 일본전국헌법연구회 5회 참석 |
| 1990 ~ 2022 | 일본헌법이론연구회 5회 참석 |
| 2005 | 일본 나고야(名古屋)대학 헌법재판비교법연구 세미나 참석 |
| 2006 | 한일학술원 (일본) 세미나에서 헌법재판 발표 |
| 2009 | 세계 태평양과학회의 중간대회 참석(프렌치 폴리네시오 타 |

| | |
|---|---|
| | 히티) |
| 2012 | 세계언론학회 세계대회 참석(홍콩) |
| 2015.9.11. ~ 10.4. | 2015 세계사회과학포럼 참가. 남아공 더반, 윤기중 회원과 함께 참여 (참가기: 『학술원회보』 2015. 11. 참조) |
| 2015.10.7. | 대한민국학술원 제10회 한일학술포럼 참가 |
| 2015.11.4. | 민주평화통일정책자문회의 원로와의 대화 참가 |
| 2017.10.22. ~10.27. | UAI(국제학술원연합) 총회 참석(일본 도쿄) |
| 2017.10.25. | 일본 동양문고 방문 |
| 2017.9.21. | 한일 학술원 공동세미나 참석(호암교수회관) |

## IX. 법안입안 활동

| | |
|---|---|
| 1980.1. | 한국헌법안(6인 교수안) 기초 |
| 1985.3. | 한국통일헌법안(4인 교수안) 기초 |
| 1990.3. | 교원지위법안(4인 교수안) 기초 |

## X. 상훈

| | |
|---|---|
| 1973 | 미국 Wilshire Bar Association 명예회원 |
| 1988 | 한국출판문화상(저작상), 한국일보사 |
| 1992 | 평통자문회의의장 표창장, 평통자문회의 의장 |
| 1992 | 법률문화상, 대한변호사협회 |
| 1992 | 서울대학교 근속 30년 표창, 서울대학교 총장 |
| 1993 | 국민훈장 모란장(법의 날), 대통령 |
| 2005 | 자랑스러운 서울법대인, 서울대학교 법과대학 동창회 |
| 2009 | 대한민국 법률대상 학술상, 법률대상위원회 |
| 2013.3.15. | 관악대상 수상, 서울대학교총동창회 |

# 저작목록

## I. 저서

| | |
|---|---|
| 1963.4.30. | 헌법질서론, 수학사, 308면. |
| 1969.4.10. | 헌법학연구, 지학사, 401면. |
| 1970 | 헌법학, 지학사. |
| 1971 | 헌법학, 지학사. |
| 1971 | 위헌법률심사제도의 연구, 서울대 박사학위청구논문. |
| 1972 | 헌법학(상 · 하), 지학사. |
| 1972 | 헌법I, 한국방송통신대. |
| 1973 | 헌법II, 한국방송통신대. |
| 1973 | 헌법학개론(제4공화국), 법문사. |
| 1977.1.30. | 한국헌법요론, 법문사, 469면. |
| 1979.4.15. | 현대헌법론, 박영사, 972면. |
| 1980 | 비교헌법론(상), 박영사, 888면. |
| 1981 | 헌법학개론(제5공화국), 박영사. |
| 1981 | 신한국헌법요론, 동아학연사. |
| 1983.6.20. | 법과 사회정의, 서울대학교 출판부, 298면. |
| 1983 | 위헌법률심사제도론, 동아학연사, 558면. |
| 1984 | 헌법학신론, 박영사. |
| 1986 | 헌법개정, 회고와 전망, 대학출판사, 482면. |
| 1986.7.10. | 헌법이 지배하는 사회를 위하여, 고시계, 456면. |
| 1987 | 신헌법개설, 박영사. |
| 1988 | 헌법학개론(제6공화국), 박영사. |
| 1988 | 신고 헌법학신론, 박영사. |
| 1988 | 한국헌법사, 대학출판사, 707면. |
| 1990 | 한국헌법, 법영사. |
| 1992 | 헌법학개론(전정신판), 박영사. |
| 1992 | 헌법개설(신판), 박영사. |
| 1992 | 헌법학신론(개정판), 박영사. |
| 1993 | 헌법학개론(개정신판), 박영사. |
| 1993 | 헌법학신론, 박영사. |
| 1993 | 헌법개설, 박영사. |

1994　한국헌법, 법영사.
1994　헌법학신론(개정판), 박영사.
1994　헌법학개론(개정판), 박영사.
1994　헌법개설(개정판), 박영사.
1995　정치개혁과 사법개혁, 서울대학교 출판부, 247면.
1995　법과 정치, 교육과학사, 834면.
1995　헌법학개론(제7전정판), 박영사.
1995　헌법학신론(제5전정판), 박영사.
1996　헌법학신론(제6전정판), 박영사.
1996　헌법학개론(제8전정판), 박영사.
1996　헌법개설(제2판), 박영사.
1997　헌법학개론(제9전정판), 박영사.
1997　헌법학신론(제7전정판), 박영사.
1997　헌법개설(개정판), 박영사.
1998　헌법학개론(제10전정판), 박영사.
1998　헌법학신론(제8전정판), 박영사.
1998　헌법개설(제3판), 박영사.
1998　韓國憲法の50年: 分斷の現實と統一への展望, 敬文堂(日本 · 東京), 304면.
1999　헌법학개론(제11전정판), 박영사.
1999　헌법학신론(제9전정판), 박영사.
2000　헌법학개론(제12전정판), 박영사.
2000　헌법학신론(제10전정판), 박영사.
2001　헌법학개론(제13전정판), 박영사.
2001　헌법학신론(제11전정판), 박영사.
2002　헌법학개론(제14전정판), 박영사.
2002　헌법학개론(제12전정판), 박영사.
2002　헌법과 교육, 교육과학사, 341면.
2003　헌법학개론(제15전정판), 박영사.
2003　헌법학신론(제13전정판), 박영사.
2003　헌법개설(제4판), 박영사.
2003.2.25.　한국헌법, 법원사, 542면.
2003.7.15.　한국 입헌정치의 정착을 위하여, 법서출판사, 341면.
2004　헌법학개론(제16전정판), 박영사.
2004　헌법학신론(제14전정판), 박영사.

| | |
|---|---|
| 2004.1.15. | 독일통일의 정치와 헌법, 박영사, 621면. |
| 2005 | 헌법개설(제5판), 박영사. |
| 2005 | 헌법학개론(제17전정판), 박영사. |
| 2005 | 헌법학신론(제15전정판), 박영사. |
| 2006 | 헌법개설(제6판), 박영사. |
| 2006 | 헌법학개론(제18판), 박영사. |
| 2006 | 헌법학신론(제16전정신판), 박영사, 1264면. |
| 2007 | 헌법학개론(제19판), 박영사. |
| 2007 | 헌법학신론(제17전정신판), 박영사, 1410면. |
| 2008 | 헌법학신론(제18전정신판), 박영사, 1494면. |
| 2008 | 헌법개설(제8판), 박영사, 480면. |
| 2008 | 헌법학(상 · 하), 제헌헌법60주년기념, 박영사, 2392면. |
| 2008 | 학설판례 헌법학(상), 박영사, 847면. |
| 2008 | 학설판례 헌법학(중), 박영사, 1667면. |
| 2008 | 헌법개정, 과거와 미래: 제10차 헌법개정을 말한다, 진원사, 553면 |
| 2009.1.15. | 기본권의 체계, 관악문화사, 281면. |
| 2009 | 헌법개설(제9판), 박영사, 485면. |
| 2009 | 헌법학신론(제19 전정 신판), 박영사, 1678면. |
| 2010 | 한국헌법정치를 생각한다, 한국헌법연구소, 90면. |
| 2010 | 헌법개설(제10판), 박영사, 488면. |
| 2010 | 헌법학신론(제20판), 박영사, 1870면. |
| 2011 | 헌법개설(제11판), 박영사, 494면. |
| 2012 | 헌법개설(제12판), 박영사, 498면. |
| 2012.8.31. | 법과 정의 · 복지, 진원사, 567면. |
| 2012.9.21. | 헌법과 정치, 진원사, 1100면. |
| 2012 | 헌법학신론(제21판), 박영사, 2000면. |
| 2012.10.10. | 헌법정치의 이상과 현실, 소명출판, 1125면. |
| 2013 | 헌법학신론 제21 전정판, 박영사. |
| 2013 | 헌법개설 제13판, 박영사. |
| 2014.8.14. | 새 헌법 개정안 - 성립 · 내용 · 평가, 진원사, 399면. |
| 2015 | 법과 정의, 유기천교수기념사업회 |
| 2015.8.30. | 헌법개설 제14판, 박영사. |
| 2015 | 법과 사회: 김철수 평론집, 한국헌법연구소, 188면. |
| 2015 | 김철수 한반도 통일관련 평론집, 한국헌법연구소, 102면. |
| 2016 | 헌법은 인권 보장을 위한 국가의 계약서다 - 헌법학자 김철수 [비디오 |

| | |
|---|---|
| | 녹화자료], EBS 미디어 |
| 2016.2.15. | 헌법과 법률이 지배하는 사회, 진원사, 472면. |
| 2017.2.23. | 한국통일의 정치와 헌법, 시와 진실, 737면. |
| 2017. | 인권사상의 전개에 관한 고찰 - 서구 이론을 중심으로 -, 대한민국학술원 |
| 2017.12.20. | 기본적 인권의 본질과 체계, 대한민국학술원, 1016면. |
| 2019.1.7. | 헌법학개론 - 유신헌법(제4공화국헌법): 압수로 햇빛을 보지 못했던 교과서의 복간본, 한국헌법연구소, 708면. |
| 2020.7.31. | 국제 인권헌장의 현재와 미래, 대한민국학술원. |
| 2021.2.10. | 인간의 권리: 인권사상 · 국내인권법 · 국제인권법, 산지니, 1008면. |
| 2022.1.5. | 기본권의 발전사: 실정권에서 자연권으로, 박영사, 562면. |

## II. 공저 · 편저

| | |
|---|---|
| 1964 | 헌법총람(편저), 현암사, 744면. |
| 1972 | 분단국의 문제(공저), 삼성문화문고 20, 삼성문화재단, 13-246면. |
| 1975 | 판례교재 헌법(편저), 법문사, 712면. |
| 1980 | 입법자료교재 헌법(편저), 박영사. |
| 1984 | 법과 생활(KBS), 한국방송공사. |
| 1985 | 입법자료교재 헌법(증보판), 박영사. |
| 1986 | 교육의 자유와 대학의 자치(한국교육법학회 편), 대학출판사. |
| 1987 | 코멘탈 헌법(편저), 법원사. |
| 1988 | 법학교육과 사법제도개혁(서울대학교 법학연구소 편), 길안사. |
| 1988 | 미국헌법과 한국헌법(한국공법학회 편), 길안사. |
| 1988 | 제6공화국 헌정의 방향모색(한국공법학회 편). |
| 1988 | 헌법재판소의 활성화방안(서울대학교 법학연구소 편). |
| 1989 | 정보화사회와 기본권보장(한국공법학회 편). |
| 1989 | 정보의 수집 · 관리와 사생활보호(한국공법학회 편). |
| 1989 | 법률의 위헌결정과 헌법소원의 대상(헌법재판소 편). |
| 1992 | 판례교재 헌법 (II)(공편저), 법문사, 720면. |
| 1992 | 주석 헌법(편저), 법원사. |
| 1992 | 사법제도의 개선방향(공저), 교육과학사. |
| 1992 | 법학교육과 법조실무 (한국법학교수회 편), 교육과학사. |
| 1993 | 신소법전(공편저), 한국사법행정학회. |
| 1994 | 법학교육과 법조개혁(공저), 길안사. |
| 1994 | 세계헌법연구(창간호, 국제헌법학회 편), 교육과학사. |

1994 법학교육과 법조실무(공저), 교육과학사.
1994 코멘탈헌법(개정판)(공저), 법원사.
1995 Constitutional and Political Laws of the Republic of Korea (한국 헌법연구소 편), 길안사.
1997 법학통론(공저), 서울대학교 출판부.
1997 세계헌법연구 II (국제헌법학회 한국학회 편), 길안사.
1998 세계헌법연구 III (국제헌법학회 한국학회 편), 길안사.
1999 세계헌법연구 IV (국제헌법학회 한국학회 편), 길안사.
2000 세계헌법연구 V (국제헌법학회 한국학회 편), 길안사.
2000 전후 독일법학 50년과 한국법학 (공편저), 프리드리히 에베르트재단.
2001 행정에 관한 법과 현실에 관한 연구(공저), 연구보고서.
2003 한국의 법학, 헌법학 30년(공저), 학술원.
2004.6.30. 앞서간 회원의 발자취(공저), 학술원.
2004 행정의 법규범과 현실(공저), 집문당.
2005.10.20. 김효전편, 헌법정치 60년과 김철수 헌법학, 박영사, 1001면.
2010 대한민국정부형태 어떻게 할 것인가: 대통령제냐 의원내각제냐 (편집), 예지각, 404면.
2010.12.30. 한국의 학술연구: 법학 II, 제2편 헌법학(공저), 학술원, 47-205면.
2014.10.30. 세계비교헌법, (공저) 박영사, 451면.
2018.12.31. 학문연구의 동향과 쟁점, 제8집 법학, 대한민국학술원(공저), 73-172면.
2019.7.25. 한국의 헌법학 연구: 김철수 편, (공저), 산지니, 820면.

## III. 논문 · 논설

1959. 법실증주의에서 자연법으로, 유학생잡지
1960. 제2공화국에의 단상, 駐서독한국유학생회지
1962.6. 기본권보장의 현대적 의의, 고시계, 제64호, 63-70면.
1962.6. 정당의 헌법상 지위에 관한 비교법적 일 고찰, 법학(서울대) 제3권 2호, 71-159면.
1962.7. 정당조직과 그 재정의 법적 규제, 사상계, 제109호, 52-65면.
1962.8. 생존권의 법적 성질, 고시계, 제66호, 163-170면.
1962.9. 법치주의의 원리, 고시계, 제7권 9호(통권 67호), 58면.
1962.9. 국회구성과 선거제도 - 헌법공청회에서의 여론을 중심으로, 대학신문 제426호, 2면 및 제427호, 2면.
1962.11. 상대주의법철학 - 라트브루흐론, 사상계, 제113호, 76-81면.

1962.12. 정당법의 제문제, 고시계, 제70호, 97-103면.
1963.1. 새 헌법상의 기본권, 고시계, 제71호, 41-44면.
1963.2. 새 정당법은 위헌이 아닌가 - 정당법과 정당제, 사상계, 제117호, 50-61면.
1963.3. 평등직접선거와 비례대표제의석배분, 고시계, 제73호, 139-144면.
1963.4. 학문의 자유와 교원의 정치적 중립, 고시계, 제74호, 165-170면.
1963.4.15. 국민투표제의 제양상 - 구미 각국의 예를 중심으로, 대학신문 제468호, 2면.
1963.5. 보도의 자유와 정치인의 명예, 고시계, 제75호, 100-172면.
1963.6. 종교의 자유와 선거의 자유, 고시계, 제76호, 169-174면.
1963.7. 정당에 관한 헌법규정의 역사적 고찰, 사법행정, 제4권 7호, 8-11면.
1963.8. 한국정당의 정책빈곤, 사상계, 제124호, 36-43면.
1963.9. 신헌법상의 사법제도, 법정, 제159호, 32-35면.
1963.10. 직업선택의 자유와 자유경쟁제도, 고시계, 제80호, 176-180면.
1963.11. 선거사범과 선거권의 평등, 고시계, 제81호, 159-163면.
1963.12. 서독 기본법에 있어서의 결사의 자유와 그 규제, 법학(서울대) 제5권 1 · 2호 156-175면.
1963.12. 해외여행의 자유와 여권법 제8조 1항 5호, 고시계, 제82호, 176-1 80면.
1964.1. 민주적 기본질서, 법정, 제163호, 7-10면.
1964.1. 정당의 신헌법상 지위, 고시계, 제83호, 34-41면.
1964.2. 사면제도의 헌법적 의의, 고시계, 제84호, 2 9-37면.
1964.2. 소원전치주의와 대법원의 재판을 받을 권리, 고시계, 제84호, 173-177면.
1964.2. 언론윤리위원회법의 문제점, 법전월보 2.
1964.3. 법원의 구속적부심사와 구속통지의무 - 형법 제207조와 제87조의 적헌성, 고시계, 제85호, 151-156면.
1964.4. 법관의 재판상의 독립, 사법행정, 제5권 4호, 11-13면.
1964.4. 주권자로서의 국민의 의의 변천, 고시계, 제86호, 34-42면.
1964.5. 집회 및 시위의 자유, 고시계, 제87호, 40-45면.
1964.6. 헌법의 규범성, 법정, 제168호, 12-15면.
1964.7. 국제관습법의 국내적 효력에 대한 대법원의 해석권, 고시계, 제89호, 136-138면.
1964.8. 기본권보장의 한계, 고시계, 제90호, 90-103면.
1964.9. 국무회의의 헌법상 지위, 고시계 제91호, 53-60면.
1964.9. 풍토적 자연법론고, 법학(서울대) 제6권 1호(통권 제11호), 51-90면.

1964.9. 헌법제정권력, 사법행정, 제5권 9호, 9-12면.
1964.10. 국회의 지위, 법정.
1964.10. 서독 기본법에서의 군인의 인권보장, 인권월보(법무부).
1964.11. 국무총리의 헌법상 지위 - 비교법적 견지에서, 법정, 제173호, 41-44면.
1964.11. 통치행위론, Fides(서울법대), 제11권 2호, 30-44면.
1964.11.14. 통일방안과 현행법의 상충, 조선일보, 2면.
1965.1. 사인 간에 있어서의 기본권의 효력, 고시계, 제95호, 84-89면.
1965.4.21. 헌법 속의 4 · 19, 대구매일신문.
1965.5. 제도보장의 의의와 법적 성격 - 제도보장이론의 소묘(素描), 고시계, 제99호, 89-98면.
1965.5. 헌법규범과 헌법현실, 저스티스, 제9권 1호.
1965.7. 경제헌법의 의의와 유형, 정경연구, 제6호, 2441면.
1965.7. 헌법상의 정당과 의회와의 관계, 국회보, 제46호, 53-56면.
1965.8. 국제법의 국내법적 효력, 법제월보, 제7권 8호, 1-14면.
1965.8. 인간의 존엄과 가치, 법정, 제182호, 14-20면.
1965.8.19. 민주주의 탈 쓴 제입법, 대학신문.
1965.9. 헌법의 보장, 고시계, 제103호, 5 4-64면.
1965.11. 생존권적 기본권, 고시계, 제105호, 77-85면.
1965.12. 헌법 제8조, 고시계, 제106호, 34-44면.
1965.12. 기본권의 존중과 한계 - 헌법 제8조와 제32조의 해석을 중심으로, 법학(서울대) 제7권 (13호), 45-68면.
1965.12. 기본권보장의 한계, 법정, 제106호, 35-40면.
1966.2. 한국경제헌법의 이론과 현실, Fides (서울법대) 제12권 3호, 15-27면.
1966.3.25. 법제정과 법적용 - 치자의 법의식을 중심으로, 대학신문.
1966.4.3. 선거관계법, 조선일보.
1966.5.2. 한국 사람의 법의식, 대학신문, 제643호 2면.
1967.9. 국회의 지위에 대한 문제점, 법제월보, 제41호(법제처).
1967.9.19. 해외유학정책의 제문제, 대학신문.
1967.10.1. 선거법개정의 방향, 대학신문 제688호 7면.
1967.11. 평등원칙의 구체적 적용, 법정, 제209호, 22-26면.
1967.11. 헌법 제32조 2항, 사법행정, 제8권 11호, 8-12면.
1967.11.25. 민방위법안 이렇게 본다, 중앙일보.
1967.12. 미국의 법학교육(1), 고시계, 제130호, 140-145면.
1968.1. 미국의 법학교육(2), 고시계, 제131호, 105-109면.
1968.2. 미국의 법학교육(3), 고시계, 제132호, 121-123면.

1968.3. 미국의 법학교육(4), 고시계, 제133호, 128-130면.
1968.4. 미국의 법학교육(5), 고시계, 제135호, 154-159면.
1968.5. 미국의 법학교육(6), 고시계, 제136호, 133-139면.
1968.1. 국정감사권의 범위와 한계, 사법행정, 제9권 1호.
1968.2. 국회의원선거구획정과 선거구인구의 평등 - Gerrymandering의 법적 규제, Fides (서울법대) 제14권 2호, 9-14면.
1968.3. 국회의 정당과의 관계, 법정, 제212호, 17-21면.
1968.3.16. 통일원의 발족과 전망, 대학신문.
1968.3.25. 법제정과 법운용 - 치자의 법의식을 중심으로, 대학신문 제702호 2면.
1968.5. 여 · 야합의의정서의 처리방안, 사상계, 71-77면.
1968.6~7. 통치행위의 이론과 실제(1)(2), 법조, 제76권 6호, 12-25면, 제76권 7호.
1968.6.30. 동창생 간의 유대강화 - 총동창회 결정에 붙여(사설), 서울대 동창회보.
1968.6.30. 시간강사의 정리와 전임교원의 교육(사설) 대학신문.
1968.6.30. 학문연구의 여건조성(사설), 대학신문.
1968.7. 기본권의 사인 간에 있어서의 효력(상), 사법행정, 제9권 7호, 16-21면.
1968.8. 기본권의 사인 간에 있어서의 효력(하), 사법행정, 제9권 8호, 17-19면.
1968.7.17. 공법학자의 입장에서 본 헌법, 매일신문.
1968.8. 국회의 지위, 법정, 제217호, 35-39면.
1968.8. 기본권의 체계, 법학(서울대) 제10권 1호, 62-98면.
1968.8. 재판청구권의 의의와 내용, 고시계, 제138호, 14-21면.
1968.9.9. 미국대학의 대학원교육 - 하버드대학원생 더 많아, 대학신문 제720호, 3면.
1968.11. 결사의 자유, 법정, 제220호, 39-42면
1968.12. 인간의 존엄과 가치의 존중 - 헌법 제8조의 해석을 중심으로, 인권연보(법무부)
1968.12. 대한민국헌법과 기본질서, 선거관리, 창간호, 75-81면.
1968.12. 독과점규제법의 헌법상 문제점, 노모스, 제53호, 11-14호.
1968.12. 선거소송에 있어서의 당사자적격, 법학(서울대) 제10권 2호, 127-137면.
1968.12. 한국헌법학의 학설변천, 법조, 제17권 12호, 1-13면.
1969.1. 헌법소송제도의 연구 사법제도의 개선방향(문교부연구보고서)
1969.1. 보장과 한계, 선거관리, 제2권 1호.
1969.1. 구체적 위헌심사권, 고시계, 제143권, 47-54면.
1969.2. 소송비용 · 변호사비용 · 변호사강제, 사법행정, 제98호, 18-23면.

1969.2. 한국에 있어서의 신문보도의 자유 - 헌법규정과 실정법의 변천을 중심으로, Fides(서울법대) 제115권 2호, 3-9면.

1969.3. 언론의 자유 - 외국의 언론을 중심으로, 법정, 제223호, 39-42면.

1969.4. 국제인권보장입법의 국내법적 효력, 고시계, 제146호, 41-49면.

1969.5. 학문의 자유와 대학의 자치, 고시계, 제147호, 24-31면.

1969.5.26. 시간강사의 정리와 전임교원의 육성, 대학신문 제747호.

1969.7. 헌법규범과 헌법현실, 세대, 제72호, 64-69면.

1969.8. 기본권의 보장과 한계, 선거관리, 제2권 1호, 50-54면.

1969.9. 한 법학도의 절실한 제언, 월간중앙.

1969. 국제인권입법의 한국헌법에의 반영과 앞으로의 과제, 인권연보 1969.

1969. 겨울 한국에 있어서의 언론의 자유와 국가안보, 신문연구, 제15호, 17-25면.

1969.11. 표현의 자유에 관한 한국판례의 경향, 고시계, 제153호, 23-33면.

1969.11.3. 서독 소연정(小聯政)의 장래, 대학신문 제759호, 1면.

1969.12. 1969년 법학계 회고와 전망(헌법), 법정, 제231호, 6-9면.

1969.12. 평등권과 자유권적 기본권, 선거관리, 제2권 2호, 58-64면.

1970.2. 우리 헌법상의 위헌법률심사제의 변천, 사법행정, 제110호, 10-15호.

1970.2. 재경 법조인의 헌법의식, 법조, 제19권 2호, 76-98면.

1970.2. 추상적 규범통제권, 고시계, 제156호, 57-68면.

1970.3. 자유권적 기본권에 관한 판례의 경향, 법학(서울대) 제11권 2호, 82-139면.

1970.3. 신체의 자유, 법정, 제25권 3호(통권 234호).

1970.3.23. 선거법개정논의, 대학신문 제770호 2면.

1970.4. 기본권의 성격 - 자연권이냐 실정권이냐, 법정, 제7권 4호(통권 74호), 12면.

1970.4. 종교 · 양심의 자유에 관한 판례경향, 법정, 25권 4호(통권 235호), 21-24, 28면.

1970.5. 선거정화의 길은 없는가? 월간중앙, 105-114면.

1970.5. 재산권보장에 관한 판례의 경향, 고시계, 제159호, 29-42면.

1970.5. 한국 법조인의 위헌심사에 대한 의식, 헌법연구, 제1집, 125-166면.

1970.5. 국회의 권한, 사법행정 제113호, 19-25면.

1970.7~10. 신체의 자유에 관한 판례의 경향(상)(중)(하), 고시계, 제161호 41-54면, 제163호 56-62면; 제164호 41-56면.

1970.7. 한국 헌정체계의 전개와 과제, 정경연구, 제66호, 6-13면.

1970.7.24. 유언비어와 언론정책 - 유언비어는 정부의 보도관제나 보도의 부정확에서 오는 잡초다, 기자협회보, 제140호.

1970.8. 생존권적 기본권과 청구권적 기본권, 선거관리, 제3권 1호, 61-66면.
1970.8. 자유권적 기본권에 관한 판례의 경향, 법학(서울대) 제11권 2호.
1970.10. 재산권의 보장(상), 사법행정, 제11권 10호, 10-13면.
1970.11. 재산권의 보장(하), 사법행정, 제11권 11호, 10-11면.
1970.12. 대통령의 헌법상 지위, 고시계, 제166호, 36-46면.
1970.12. 참정권 · 제도보장 · 의무, 선거관리, 제3권 2호, 48-54면.
1971. 분단국 독일, 독일문화사대계.
1971.3. 대통령의 헌법상 지위, 새법정, 제1권 1호(창간호), 37-42면.
1971.4. 사법권의 범위와 한계, 고시계, 제170호, 43-61면.
1971.4. 대법원의 헌법상의 지위, 새법정, 제1권 4호.
1971.5. 독일통일문제, 월간중앙.
1971.6. 대법원의 헌법상의 지위, 사법행정, 제12권 6호.
1971.7. 위헌법률심사제의 의의와 특성, 고시계, 제173호, 25-34면.
1971.8. 위헌법률심사제도의 연구, 서울대학교 대학원 박사학위청구논문.
1971.8. 민주정치의 건강을 위해 - NYT지 사건의 배경과 교훈, 월간중앙.
1971.8. 국가배상법 제2조 1항 단서에 대한 대법원의 위헌결정, 고시계, 제174호, 96-108면.
1971.8. 통치기구의 조직원리, 선거관리, 제4권 1호, 49-55면.
1971.9. 법조파동과 사법권의 독립, 세계, 153-177면.
1971.9. 법원조직법 제59조 1항 단서의 위헌판결, 고시계, 제175호, 87-96면.
1971.10. 기본권의 효력, 고시계, 제176호, 41-47면.
1971.10. 형사보상청구권, 새법정, 제8호, 43-47면.
1971.10. 전국구비례대표제의 문제점과 개선방안, 선거관리, 제4권 7호.
1971.11. 국회의 지위와 조직, 선거관리, 제4권 2호, 58-63면.
1971.11. 국회의원선거제도개혁의 법적 제문제, 성곡논총, 제7집, 293-373면.
1971.11. 한국헌법의 개정과 변천, 사회과학(성균관대) 제10집, 1-34면.
1971.12. 청구권적 기본권에 관한 판례의 경향, 법학(서울대) 제12권 2호, 93-128면.
1971.12. 정당과 선거에 관한 헌법판례의 경향, 공법연구(한국공법학회) 제1집, 109-147면.
1972. 근세의 영구평화론, 근대정치사상사연구(車河淳 · 金哲洙 · 金相俊 공저), 서강대학교 인문과학연구소.
1972.1. 1971년도 헌법학계회고, 공법연구, 제2집, 141-149면.
1972.2. 권력분립주의, 고시계, 제180호, 12-21면.
1972.3. 전국구비례대표제의 문제점과 개선방향(상), 사법행정, 제135호,

52-55면.

1972.4. 전국구비례대표제의 문제점과 개선방향(하), 사법행정, 제136호, 58-63면.

1972.4. 한국헌법판례의 연구, 문교부연구보고서.

1972.5. 변호사의 시대적 사명 - 변호사의 사명과 윤리, 회보(대한변호사협회), 제3호, 8-11면.

1972.5. 사법권의 독립, 고시계, 제183호, 53-63면.

1972.5. 선거범죄에 관한 연구, 법학(서울대) 통권 제25호, 52-122면.

1972.6. 국회의 권한, 선거관리, 제5권 1호, 39-44면.

1972.6. 헌법개정, 새법정, 제16호, 34-37면.

1972.6. 공산권헌법의 특색, 『남북한 법체제의 비교연구 - 공법관계를 중심으로』, 국토통일원 용역 논문, 1-27면.

1972.7. 인신보호 이대로 좋은가? 월간중앙, 92-104면.

1972.8. 양심의 자유, 고시계, 제186호, 53-62면.

1972.9. 국가배상청구권, 고시계, 제187호, 45-56면.

1972.10. 국회의 국정감사권, 고시계, 제188호, 22-32면.

1973. 1972년도 판례회고, 판례회고(서울대) 제I호, 7-25면.

1973. 워터게이트사건을 둘러싼 헌법문제, 외국법연구(국회도서관 법제자료실), 32-47면.

1973.1. 통일주체국민회의, 선거관리, 제6권 1호.

1973.1. 연방제란 무엇인가? 월간중앙, 78-87면.

1973.1. 주권자의 주권행사방법, 고시계.

1973.6. 통치구조에 관한 헌법판례의 경향, 법학(서울대) 제2호, 95-123면.

1973.7. 분단국가의 대 UN 어프로치 - 동서독형, 남북한형, 한반도의 긴장완화의 제도화를 향하여 (특집), 정책연구, 제102호.

1973.7. 헌법위원회의 지위와 직무, 고시계, 제197호, 19-30면.

1973.8. 기본권의 제한, 고시계, 제198호, 12-26면.

1973.9. 1972년도 헌법판례회고, 법학(서울대) 특집호.

1973.10. 공동선과 법의식, 세대, 제123호, 284-295면.

1973.10. 긴급조치권, 고시계, 제200호, 12-23면.

1973.12. 미국의 언론자유, 사법행정, 제156호, 44-52면,

1973.12. 미국의 언론자유, 새법정, 제34호, 23면.

1973.12. New York Times v. U.S. 월간중앙.

1973.12. 대통령의 지위와 권한, 선거관리, 제6권 2호, 43-49면.

1973.12. 미래의 꿈이 있는 사회 - 국민복지의 당위성, 여성중앙 제4권 12호,

86-87면.

1973.12. 인권사상의 원상과 허상, 월간중앙, 70-73면.
1974.1. 기본권의 침해와 구제, 고시연구.
1974.3. 재산적 손실보상청구권, 고시계, 제205호, 12-21면.
1974.4. 기본권의 침해와 구제, 고시연구, 제1호, 18-27면.
1974.4. 미국 대통령의 헌법상 특권, 사법행정, 제147호, 8-13면.
1974.6. 미국의 사법제도개혁 움직임, 고시계, 제208호, 12-15면.
1974.6. 신문의 자유와 규제, 신문연구, 제20호, 9-24면.
1974.7. 법조인의 국제교류, 고시계, 제209호, 11면.
1974.7. 헌법위원회, 선거관리, 제7권 1호, 48-52면.
1974.9. 인간존엄과 사회복지, 씨ᄋᆞᆯ의 소리, 제36호, 31-36면.
1974.9.13. 인간존엄과 사회복지, 이대학보, 제519호.
1974.12. 행정부의 조직과 권한, 연재 선거관리, 제7권 2호, 43-50면.
1974. 입시제도개선에 관한 연구 연구보고서(문교부) 사회관계.
1975.1. 정의의 법철학적 의미, 월간중앙, 257-265면.
1975.1. 주권자의 주권행사방법, 고시계, 제215호, 12-24면.
1975.1. 국민대표개념의 법적 특질, 고시연구, 제10호, 12-19면.
1975.3.~4. 정의의 의의(상)(하), 월간법전, 127-128호 통5593면.
1975.3. 헌법의 변천, 고시연구, 제12호, 12-19면.
1975.3. 정당의 법적 규제에 관한 소고, 백남억 박사 환력기념논문집, 법률 및 정치에 관한 제문제, 법문사, 49-86면.
1975. 법제도와 법의식의 변천, 대학신문 제949호.
1975. 법학교육의 개선방향, 대학신문 제995호.
1975. 사법부의 조직과 권한, 선거관리, 제14호.
1975.5~6. 우리나라의 정부형태, 국가고시.
1975.5. 기본적 인권의 대국가적 효력, 고시연구, 제14호, 12-21면.
1975.5. 헌법개정의 절차, 고시계 제219호, 97-108면.
1975. 국민의 권리와 의무, 고시연구, 제19호.
1975.6. 한국 헌법의 성립과 기본원리, 고시연구, 제15호, 117-125면.
1975.6. 재판청구권의 이론과 실제(1), 법정, 제52호, 8-12면.
1975.7. 재판청구권의 이론과 실제(2), 법정, 제53호, 8-14면.
1975.6. 기본권의 보장과 제한, 고시연구, 제17호.
1975.7. 대한민국의 기본질서, 고시연구, 제16호, 113-122면.
1975.8. 위헌법률심사제의 의의와 유형, 월간고시, 제19/20호 12-25면.
1975.8. 알 권리와 프라이버시와의 관계(상), 법정, 제54호, 12-19면.

1975.9. 알 권리와 프라이버시와의 관계(하), 법정, 제55호, 21-27면.
1975.9. 국회의 국정조사권, 고시계, 제223호, 7 1-77면.
1975.10. 한국법학 30년의 회고와 전망 - 공법, 법정, 제56호, 12-32면.
1975.10. 국민대표개념의 법적 성질, 고시연구, 제10호.
1975. 한반도의 경우와 독일의 경우, 월간중앙, 1975.
1975.10. 민주적 기본질서, 고시연구, 제19호, 12-22면.
1975.11. 국가권력의 의의와 조직의 원리, 고시연구, 제20호, 140-149면.
1975.12. 동 · 서독기본조약과 동 · 서독의 법적 지위, 법학(서울대) 제16권 2호, 5-28면.
1975.12. 기본권의 제한, 선거관리, 제8권 2호, 52-58면.
1975. 인간의 존엄 · 평등과 자유, 고시연구, 제18호.
1975. 인간의 존엄 · 평등과 자유, 국가고시, 제3호.
1975. 국가배상청구권, 월간고시, 제18호.
1975.12. 탄핵제도, 월간고시, 제2권 12호, 13-22면.
1975.12. U. S. v. Nixon, 법학(서울대) 제15권 1호, 101-132면.
1976.9. 1975년도 대법원 헌법판례회고, 법학(서울대) 판례회고 제4호.
1976.9. 헌법판례회고(1973-1975), 법학(서울대) 판례회고 제4호
1976. 남북한불가침협정의 연구, 공법연구, 제4집, 71-98면.
1976.1. 주권행사기관, 고시연구 제22호, 105-116면.
1976.1. 법치주의, 고시계, 제227호, 27-38면.
1976.2. 국제평화주의(상), 법정, 제60호, 12-20면.
1976.3. 국제평화주의(하), 법정, 제61호, 12-18면.
1976.4. 국민의 기본의무, 월간고시, 제3권 4호, 12-21면.
1976.4. 기본권보장의 예외, 고시연구, 제25호, 14-23호.
1976.4. 생존권과 청구권, 국가고시, 제4호.
1976.4.24. 동창회에의 기대 (천자제언), 서울대학교 동창회보 제1호.
1976.5. 참정권과 의무, 국가고시, 제5호.
1976.6.24. 동창회의 활동 (관악춘추), 서울대학교 동창회보 제2호.
1976. 국민의 기본의무, 월간고시, 제27호.
1976. 우리나라의 정부형태, 국가고시, 제8호.
1976. 대통령의 지위와 권한, 국가고시, 제9호.
1976. 우리나라의 정부형태, 고시연구.
1976.7. 기본권의 효력, 선거관리, 제9권 1호, 50-54면.
1976.8. 선거구인구의 불균형과 평등원리, 법정, 제66호, 12-23면.
1976.9. 공산계열과의 회합과 반공법위반, 법학(서울대) 『판례회고』

제4호(특집호).

1976.10. 헌법규범의 특성, 고시계, 제236호, 21-32면.

1976. 국회와 법원, 고시연구, 제24호.

1976.10. 국제법존중주의(상), 고시연구, 제31호, 12-25면.

1976.11. 국제법존중주의(중), 고시연구, 제32호, 12-21면.

1976.12. 국제법존중주의(하), 고시연구, 제33호, 25-34면.

1976.11. 기본권보장의 한계(상), 법정, 제69호, 44-53면.

1976.12. 기본권보장의 한계(하), 법정, 제70호, 41-56면.

1976.12. 국민기본권으로서의 재산권, 신동아, 54-63면.

1976.12. 인간의 존엄과 가치, 선거관리, 제9권 2호, 149-154면.

1976.12. 인간의 존엄과 가치의 보장, 월간고시, 제3권 12호, 17-27면.

1976.12.6. 헌법 제20조 3항의 해석(판례평석), 법률신문 제1182호, 11면.

1977. 1976년도 헌법학계회고, 『교육연구연보』(서울대학교 법과대학).

1977. 국민주권에 대한 소고, 유민 홍진기회갑기념논문집, 260-301면.

1977.3. 주권 · 헌법제정권력 · 헌법개정권력, 법정, 제7권 3호(통권 73호), 12-26면.

1977.4. 생명권, 고시계, 제242호, 12-24면.

1977.4. 기본권의 성격, 법정, 제74호, 12-25면.

1977.4. 통일에 관한 동 · 서독헌법규정 소고, 입법조사월보, 제102호, 8면.

1977.4. 헌법학을 공부하는 방법, 월간고시, 제39호, 12-16면.

1977.4. 법학교육과 사법시험제도의 개선방향(1), 법률신문 제1201호.

1977.4. 법학교육과 사법시험제도의 개선방향(2), 법률신문 제1202호.

1977.4. 법학교육과 사법시험제도의 개선방향(3), 법률신문 제1203호.

1977.4. 법학교육과 사법시험제도의 개선방향(4), 법률신문 제1204호.

1977.4. 법학교육과 사법시험제도의 개선방향(5), 법률신문 제1205호.

1977.4. 법학교육과 사법시험제도의 개선방향(6완), 법률신문 제1206호.

1977.5. 기본권의 효력(상), 법정, 제75호, 12-23면.

1977.6. 기본권의 효력(하), 법정, 제76호.

1977.6. 분단국헌법과 통일문제, 법학(서울대) 제18권 1호(통권 37호), 45-65면.

1977.6. 한국법학교육은 위기인가, 사법행정, 제18권 6호, 17면.

1977.6. 직업선택의 자유, 고시계, 제244호.

1977. 평등권, 선거관리, 제18호.

1977.6. 평등권의 법적 성격, 고시연구, 제39호, 12-21면.

1977.7. 분단국 동 · 서독에 배운다 - 독일식 통일방안의 한반도 적용문제,

월간중앙, 102-109면.

1977.8. 법제도와 법의식의 변천, 『광복 30년』(서울대 출판부), 47-59면.

1977.8. 환경권(상), 법정, 제78호, 12-21면.

1977.9. 환경권(하), 법정, 제79호, 12-20면.

1977.9. 위헌법률심사제도의 의의와 유형, 율산 한태연박사회갑기념논문집, 192-230면.

1977.12. 기본권의 제3자 효력, 법정, 제82호, 160면.

1977. 신체의 자유, 선거관리, 제19호.

1978. 정치 · 정당 · 선거, 신동아, 제171호, 70-83면.

1978. 1977년도 헌법학계 회고, 사법행정, 제20권 1호, 46면.

1978. 북괴헌법과 공산제국 헌법과의 이동에 관한 연구, 국토통일원.

1978. 1978년도 헌법학계회고, 교육연구년보(서울대학교 법과대학).

1978. 환경권, 공법연구, 제6집, 5-33면.

1978.1. 긴급조치권, 고시계, 제251호.

1978.2. 신체의 자유, 법정, 제8권 7호(통권 84호), 40-55면.

1978.2.27. 미국의 사법제도 수상(1), 법률신문 제1241호 5면.

1978.3.6. 미국의 사법제도 수상(2), 법률신문 제1242호 5면.

1978.3.1. 미국의 사법제도 수상(3), 법률신문 제1243호 5면.

1978.3.20. 미국의 사법제도 수상(4), 법률신문 제1244호 5면.

1978.3.27. 미국의 사법제도 수상(5), 법률신문 제1245호 5면.

1978.4.3. 미국의 사법제도 수상(6), 법률신문 제1246호 5면.

1978.4.10. 미국의 사법제도 수상(7), 법률신문 제1247호 5면.

1978.4.17. 미국의 사법제도 수상(8완), 법률신문 제1248호 5면.

1978.4. 헌법상의 환경권, 검찰, 제6호 1978년 1집, 58-82면.

1978.5. 경제헌법 소고, 해암 문홍주 박사 화갑기념논문집, 『공법의 제문제』, 435-476면.

1978.5. 피고인석, 법조춘추, 제127호, 25면.

1978.5.1. 법과 인권, 대학신문 제1024호, 4면.

1978.6. 평등권, 고시연구, 제51호, 33-48면.

1978.6.26. 사법시험제도의 개선(1), 법률신문 제1257호, 3면.

1978.7.3. 사법시험제도의 개선(2), 법률신문 제1258호, 3면.

1978.7.10. 사법시험제도의 개선(3), 법률신문 제1259호, 3면.

1978.7.17. 사법시험제도의 개선(4), 법률신문 제1260호, 3면.

1978.7.24. 사법시험제도의 개선(5완), 법률신문 제1261호, 3면.

1978.7. 근로자의 근로3권, 고시계, 제257호, 62-72면.

1978.7.24. 법의 실효성과 정당성, 연세춘추 제822호, 4면.
1978.8. 결사의 자유, 고시연구, 제53호, 51-60면.
1978.8. 언론 · 출판의 자유, 월간고시, 제5권 8호, 46-62면.
1978. 알 권리와 프라이버시와의 관계(상), 법정, 제54호.
1978. 알 권리와 프라이버시와의 관계(하), 법정, 제55호.
1978.8. 재산권의 보장, 선거관리, 제11권 1호, 92-98면.
1978.8. 집회 및 시위의 자유, 사법행정, 제212호, 16-23면.
1978.9. 우리나라의 국회해산제도, 고시계, 제259호, 51-62면.
1978.10. 교육을 받을 권리와 의무, 고시연구, 제55호, 12-22면.
1978.10. 교육을 받을 권리와 의무, 특승강좌, 제42호, 14-29면.
1978.11. 국회해산제도, 월간고시, 제5권 11호, 25-40면.
1978. 선거구인구불평등과 평등선거원리, 법률신문 제1267호
1978.11. 생존권 - 국민복지의 권리, 고시계, 제261호, 43-57면.
1978.11. 토지소유권의 보장과 한계, 대한변협지, 제41호, 32-38면.
1978.12. 국가긴급권, 고시연구, 제57호, 67-82면.
1978.12. 국가긴급권, 특승강좌, 제44호, 13-23면.
1978.12. 우리나라의 국무총리, 선거관리, 제11권 2호, 127-137면.
1979. 현대국가의 언론 · 출판의 자유권, 법조춘추 제128호, 74-82면.
1979. 정의의 의의, 석우 황산덕 박사 화갑기념논문집 『법철학과 형법』, 47-72면.
1979. 보도의 자유와 정치인의 명예, 법률신문 제1301호.
1979. 법조인구 확대와 법학교육, 법률신문 제1321호.
1979.1. 77년도 세계헌법학계회고, 사법행정, 제217호, 46-52면.
1979.1. 긴급조치권, 고시계, 제263호, 54-70면.
1979.2. 통치행위론, 사회과학(영남대) 제10집, 74-105면.
1979.3. 국회의원의 헌법상 지위, 고시계, 제265호, 45-73면.
1979.6. Privacy의 권리, 고시연구, 제63호, 61-74면.
1979.6. 헌법소원제도, 고시계, 제268호, 5 6-64면.
1979.6. Privacy의 권리, 특승강좌, 5 -8면.
1979.7. 아동의 인권, 고시계, 제269호, 29-39면.
1979.8. 국회와 정부와의 관계, 선거관리, 제12권 1호, 118-125면.
1979.8. 민주적 기본질서, 법학(서울대) 제20권 1호(통권 41호), 99-113면.
1979.10. 헌법재판소의 지위, 고시계, 제272호, 70-79면.
1979.10. 정당의 헌법상 지위, 사법행정, 226호, 20-26면.
1979.11. 자유민주적 기본질서와 민주적 기본질서, 고시연구, 68호 12-33면.

1979.11. 자유민주적 기본질서와 민주적 기본질서, 특승강좌, 55, 12-33면.
1979.12. 독일헌법재판소의 지위와 권한, 법학(서울대) 4권 특별호, 108-125면.
1979.12. 통일한국의 미래상 - 정치분야, 통일정책, 제5권 4호, 7-18면.
1979.12. 중공 신헌법, 중공현황, 제132호.
1979.12. 헌법개정, 선거관리, 제12권 2호, 149-156면.
1979. 사법심사의 한계로서의 통치행위론 소고, 최해태 교수 회갑기념논문집.
1979. 우리나라 헌법상의 국무총리(상), 월간고시, 제63호.
1979. 우리나라 헌법상의 국무총리(하), 월간고시. 제64호.
1980. 대통령과 권력분립, 『제5공화국헌법 해설』(尹謹植 외, 탑출판사), 69-80면.
1980. 언론 · 출판의 자유, 정경연구, 제80호, 398-401면.
1980.1. 우리 헌정의 나아갈 길, 우리들의 헌법: 새 공화국 탄생을 앞두고, 샘터, 11-22면.
1980.1. 통일한국헌법의 이념과 제도, 고시계, 제275호, 12-29면.
1980.1.7. 헌법개정과 정치발전, 대학신문 제1067호, 10면.
1980.2. 개헌의 기본방향, 월간중앙, 제140호, 66-73면.
1980.2. 헌법상 환경권 - 환경오염과 피해구제, 국회보, 제174호, 173-175면.
1980.3. 제5공화국헌법제정의 방향, 창작과 비평, 제55호, 29-41면.
1980.3. 영국 수상의 지위, 월간고시 제7권 3호, 48-60면.
1980. 80년대의 헌법방향, 정훈, 제74호, 24-28면.
1980. 6명의 학자가 마련한 헌법시안, 경영과 노동 125, 49-51면.
1980.3. 학문의 자유와 대학의 자치, 고시계, 제277호, 25-39면.
1980.3.29. 민주적 지도력, 조선일보 4면.
1980.4. 개헌의 방향, 월간조선, 창간호, 78-88면.
1980.4.8. 평화적 정권교체의 길, 고대신문 제862호 4면.
1980.5. 저항권 소고, 법학(서울대) 제20권 2호(통권 43호), 174-190면.
1980.5. 개정 헌법상의 근로기본권, 고시계, 제279호, 72-86면.
1980.5.18. 헌법논의의 방향, 주간조선, 제589호, 5-11면.
1980.7. 종교의 자유, 고시계, 제281호, 23-36면.
1980.8. 법관의 지위, 선거관리, 제13권 1호, 133-139면.
1980.12. 권력분립주의 소고, 율강 박일경 박사 화갑기념논문집 『공법논총』, 332-360면.
1981. Verfassung und Wiedervereinigungsprobleme eines geteilten Landes, 독일문화 (한양대) 3, 219-252면.
1981. 법학교육과 법률구조, 법정논총(국민대) 제3집, 91-106면.

1981. 헌법보장제도, 무애 서돈각 박사 화갑기념논문집『현대법학의 제문제』, 1-20면.
1981. 사법부의 재개편을 기대하며, 사법행정, 제233호, 8-19면.
1981. 1980년도 헌법학계 회고, 공법연구, 제9집, 227-237면.
1981. 환경권, 환경법연구, 제3권, 5-38면.
1981.2. 법관임용체계의 문제점, 신동아, 2월호, 159-166면.
1981.3. 대학이란 무엇인가? 시사영어사.
1981.6. 국민의 알 권리, 월간조선, 6월호 특집, 30면.
1981.6. 동·서독 헌법상의 기본권비교, 사회과학과 정책연구, 제3권 2호, 31-50면.
1981.7. 국정감사권의 행사, 월간고시, 7월호.
1981.7. 법조인구의 확대와 법조교육개선, 판례월간 제130호, 6-8면.
1981.7. 우리나라의 정부형태, 고시계, 7월호.
1981.7. 우리나라의 정부형태, 법률신문.
1981.7. 한국헌법의 제정과 개정경과 소고, 법사학연구, 제6호, 217-246면.
1981.7.20. 생명권과 그 본질적 내용의 침해, 법률신문 제1405호, 9면.
1981.8. 정보공개는 왜 필요한가? 월간조선 28, 56-67면.
1981.8.24. 무죄추정(1), 법률신문 제1409호, 4면.
1981.8.31. 무죄추청(2), 법률신문 제1410호, 10면.
1981.9. 무죄추정권, 대한변협지 제70호, 9-18면.
1981.9.14. 한국헌법제정과 정치사회의 변화(1), 법률신문 제1412호.
1981.9.21. 한국헌법제정과 정치사회의 변화(2), 법률신문 제1413호.
1981.9.28. 한국헌법제정과 정치사회의 변화(3), 법률신문 제1414호.
1981.10.19. 한국헌법제정과 정치사회의 변화(4), 법률신문 제1417호.
1981.10.26. 한국헌법제정과 정치사회의 변화(5), 법률신문 제1418호.
1981.11.2. 한국헌법제정과 정치사회의 변화(6), 법률신문 제1419호.
1981.11.9. 한국헌법제정과 정치사회의 변화(7), 법률신문 제1420호.
1981.11.16. 한국헌법제정과 정치사회의 변화(8완), 법률신문 제1421호.
1981.11.11. 통금해제문제를 생각한다, 조선일보, 5면.
1981. 환경법 세미나 논의, 법학(서울대) 제46호.
1982.1.5. 풀리는 규제 - 시민자율시대로, 조선일보, 4면.
1982.2.6. 인권의식의 혁신, 서울신문, 9면.
1982.2. 현행 헌법 제정과정에서의 정부형태 논의, 고시연구, 제95호, 19- 30면.
1982.4. 현행 헌법에서의 정부형태, 고시연구, 제97호, 19-30면.
1982.4. 인간의 존엄과 가치·행복추구권, 월간고시, 제99호, 12-28면.

1982.7. 국정조사권과 그 발동, 월간조선, 154-162면.
1982.7. 국정조사권과 그 발동, 사법서사, 제181호, 3면.
1982.7. 이상적인 정부형태, 고시계, 제305호, 52-65면.
1982.7. 언론의 자유와 책임, 판례월보 제142호, 8-9면.
1982.7.12. 헌법상 사법제도의 변천(1), 법률신문 제1452호, 4면.
1982.7.19. 헌법상 사법제도의 변천(2), 법률신문 제1453호, 4면.
1982.7.26. 헌법상 사법제도의 변천(3완), 법률신문 제1454호, 4면.
1982.8. 사생활침해사범의 검거, 경찰고시, 제I9권 8호, 12-14면.
1982.8. 헌법에 위배된 하위법, 대학신문.
1982.9. Prospects for a Constitution for a unified Korea based on a Comparison of the Constitution of South and North Korea, in: Korea & World Affairs 6.3, 418-434면.
1982.9. 국회의원선거제도의 개선, 판례월보, 제144호, 12-17면.
1982.9.30. 법의 이상과 현실, 성심대학보, 제128호. (『가톨릭대학보』개제)
1982. 인권의 개념과 언론의 의의, 언론중재, 제7권 1호, 6-14면.
1982.10. Comparison of the Constitutions of South and North Korea, The Korea Journal of Comparative Law, Vol. 10 October.
1982.10. 한국헌법의 제정과 정치사회의 변화, 법과 사회연구, 제1집, 19-48면.
1982.11.17. 헌법과 국정을 생각한다, 조선일보, 5면.
1982.12. 남북한헌법의 비교와 통일헌법의 전망, 고시연구, 제105호, 72-88면 및 특승강좌, 91, 14-30면.
1982.12. 법치주의, 목촌 김도창 교수 화갑기념논문집『현대공법의 이론』
1982. 위헌법률심사제에 관한 연구, 문교부연구보고서
1982. 헌법보장제도, 서돈각교수화갑기념 논문집.
1982. 현대사회와 인권, 사법행정.
1982.12. 국제인권규약과 한국헌법의 기본권조항, 사법행정, 제264호, 4-9면.
1983.1. 사법시험제도는 뜯어 고쳐야 한다, 마당, 제17호, 83-87면.
1983.3. 국민주권주의와 국민대표주의, 고시연구, 제108호, 23-38면 및
1983.3. 국민주권주의와 국민대표주의, 특승강좌, 94, 4-19면.
1983.3. 법질서와 사회정의,『선진조국창조와 공직자의 길』(총무처).
1983.3. 전통적 법규범과 도덕규범의 동서양비교서설, 한국사회의 규범문화, 5-50면.
1983.4.11. 민주헌정의 회고와 전망, 대학신문 제1131호, 5면.
1983.4.14. 임시국회에 바란다, 중앙일보, 9면.
1983.5. 입법국가에서 사법국가로, 월간조선, 제38호, 79-89면.

1983.5.9. 헌법에 위반되는 법령문제, 연세춘추 제953호, 4면.
1983.7. 헌법이란 무엇인가? 월간 신동아, 제227호, 94-105면.
1983.9. 법의 지배와 법규범문화, 월간조선, 제42호, 84-95면.
1983.9. 법학과 철학, 왜 법철학을 배워야 하는가? 월간 신동아.
1983.11. 기본권의 체계, 고시계, 제321호, 79-88면.
1983.12. 동서독헌법상의 기본권비교 서설, 우당 윤세창박사정년기념 『현대 공법학의 제문제』, 501-518면.
1984. 2000년대의 경찰, 국립경찰대논총, 29-60면.
1984. 정치적 자유권, 고시연구, 제119호, 116-128면.
1984. 정치적 자유권, 승진강좌, 105, 2-14면.
1984.1. 표현의 자유, 고시계, 제323호, 29-40면.
1984.2. 한국법학교육 - 연구의 현황과 개선방향, 법학논총(한양대) 창간호, 165-256면.
1984.7. 헌법의 존엄성, 고시계, 제329호, 12-13면.
1984.7.16. 제헌절에 생각한다, 법률신문 제1549호, 4면.
1984.8.12. 나아갈 때와 물러갈 때, 주간조선, 제806호, 44-45면.
1984.9. 국회의원선거법과 국민주권, 정경문화, 제235호, 60-65면.
1984.9. 한국헌법학계 40년 회고와 전망(상), 사법행정, 제285호, 8-13면.
1984.10. 한국헌법학계 40년 회고와 전망(하), 사법행정, 제286호, 31-37면.
1984. 남북한기본관계잠정협정의 법적 성격, 통일원 남북대화사무국.
1984.12 한국입법에 대한 통제, 법학(서울대) 제25권 4호, 125-155면.
1984. 한국입법에 대한 규제, 국회보, 제218호, 110-124면.
1984. 출판의 자유, 월간고시, 제122호, 77-88면.
1985.1. 경찰의 헌법상 지위와 정치적 중립성보장, 고시계, 제335호, 79-92면.
1985.3. 의원내각제만이 독주 막아, 월간조선, 89-92면.
1985.3. 헌법의 규범성을 부정하여서는 안 된다(인터뷰), 고시계, 제337호, 14-23면.
1985.3.4. 2천 년대의 시각(부일시론) 부산일보, 8면.
1985.3.26. 12대 국회상(像)(부일시론) 부산일보, 8면.
1985.12. 미국 헌법이 한국 헌법에 미친 영향 서설, 법학(서울대) 제26권 4호.
1985.12.28. 백년대계가 수난 받는 사회, 조선일보, 5면.
1985. 우리 헌법상의 환경권, 사법행정, 제292호, 13-19면.
1986. 남북기본관계잠정협정안, 민족화합민주통일론(통일원 남북회의 사무국 간(통일한국의 모색 1987), 258-285면.
1986.1. 국회입법권의 범위와 한계, 고시계, 제347호, 100-113면.

1986.8. 기본권보장이 최우선이다, 월간조선, 98-104면.
1986.8. 새 법원에의 기대, 고시계, 제351호, 12-13면.
1987. American Influence in the Constitutional History of Korea, in: The Influence of U.S. Constitution on Pacific Nations.
1987. 外國憲法が韓國憲法にあたへた影響, 自治硏究, 제756호, 108-119면.
1987. 인권보장을 위한 공법제도 개선방향 문교부연구보고서
1987.1. 1986년도 헌법학의 회고와 전망, 고시계, 제359호, 25-34면.
1987.1. 헌법개정과 사법부 개혁, 고시계, 제359호, 23-24면.
1987.4. 일본과 서독의 헌법재판제 비교, 법과사회연구, 제6집.
1987.9. 미국 헌법이 한국헌법에 미친 영향 서설, 한국에서의 미국 헌법의 영향과 교훈, 대학출판사, 9-79면.
1987. 새 헌법의 권력구조문제, 고시계, 제370호, 12-13면.
1987. 대한변협의 사법시험법안의 검토, 민법학의 현대적 과제, 951-969면.
1987.9. 생존권적 기본권의 법적 보장, 고시연구, 제162호, 119-154면.
1987.11. 헌법의 지방자치조항, 비교행정 제15호, 34-39면.
1987.12. 새 헌법의 권력구조문제(권두 수필), 고시계, 제370호, 12-13면
1987.12. 신헌법의 특색, 저스티스 제20권, 33-49면.
1987.12. 알 권리와 media에의 access권, 미래정보화사회에 대한 공법적 대응(한국공법학회 편).
1988.1. 헌법학계 입법과 적용-회고와 전망, 고시계, 제371호, 16-25면.
1988.2. 국회의원선거제도 개혁해야 한다, 현대공론, 제1권 2호, 92-99면
1988.2. 헌법재판소법의 제정문제, 국회보, 제256호, 3-6면.
1988.4. 선거법의 위헌성의 여부, 고시계, 제374호, 12-13면.
1988.4. 헌법제정과 구법령의 효력 · 변호권과 법정모욕(판례연구), 법학(서울대) 제29권 1호.
1988.4. 헌법재판소제도(상), 사법행정, 제328호, 26-31면.
1988.5. 헌법재판소제도(하), 사법행정, 제329호, 39-43면.
1988.5. 위헌법률심사제청제, 고시연구, 제170호, 95-109면.
1988.5. 위헌법률심사제청제, 승진강좌, 제156호, 2-16면.
1988.6. 법무부의 헌법재판소법안을 보고, 월간고시, 제173호, 12-13면.
1988.7. 정보화사회와 기본권의 보호, 컴퓨터비전 제60호, 137-143면.
1988.7. 헌정 40년의 교훈, 고시계, 제377호, 12-13면.
1988.7. 헌정 40년의 소묘, 고시연구, 제15권 7호, 32-72면.
1988.7. 5 · 16과 제3공화국, 국회보, 제261호, 76-82면.
1988.8. 알 권리와 프라이버시권, 체신, 제355호, 14-19면.

1988.9. 신헌법상의 사법제도, 법정, 제159호, 32면.
1988.9. 헌법재판의 활성화, 판례월보, 제216호, 5-10면.
1988.10. 경찰중립화와 탈정치, 월간경향, 제284호, 68-79면.
1988. 국회의 국정감사권과 감사원의 기능, 감사, 15, 28-33면.
1988.12. 1988년의 법적 의의, 고시월보, 12-13면.
1989. 전산화와 개인생활 정보사회와 프라이버시(통신개발연구원)
1989. 정보화사회와 기본권보호, 국회보, 제262호, 128-141면.
1989.1. 헌법학계와 입법 판례(I), 고시계, 제383호, 16-22면.
1989.2. 헌법학계와 입법 판례(II), 고시계, 제384호, 14-21면.
1989.5. 80년대의 헌법판례, 법학(서울대) 제30권 1호 · 2호, 181-224면.
1989.5. 악법개폐작업의 활성화를, 고시계, 제387호, 12-13면.
1989.5. 정보화사회와 기본권보호, 한국공법학회 국제학술대회논문집 『정보화 사회의 공법적 대응 - 정보공개법과 사생활비밀보호법을 중심으로』.
1989. 정보화사회와 기본권 보장, 사상과 정책, 제24호, 57-67면.
1989.5. 위헌법률심사제청제, 『헌법재판소제도의 제문제』(헌법재판자료 1집), 521-536면.
1989.5. 헌법재판소의 지위, 『헌법재판소제도의 제문제』(헌법재판자료 1집), 9-12면.
1989.6. 헌법의 규범성, 법정, 제168호, 12면.
1989.6.24. 민생치안과 국가기강, 국제신문, 5면.
1989.7. 헌법재판소의 지위와 권한, 법조, 제394호, 3-25면.
1989.9. 정보화사회와 기본권의 보장, 사상과 정책, 제24호, 57-67면.
1989.10. 아세아 헌법심포지엄과 일본 공법학회 참관기, 고시계, 제394호
1989. 헌법재판소법 개정문제, 판례월보, 제230호, 5-8면.
1990. 법규범과 도덕규범의 동서양 비교 - 동서양법철학과 사회철학, 서돈각 박사 고희기념논문집, 149-187면.
1990. 원로의 제언, 90년 법조계에 바란다, 사법행정.
1990. 바람직한 사법제도, 고시계.
1990. 한국 복지정책의 이념적 지향에 관한 연구, 단국대학교 정책과학연구.
1990. 법률문화의 극복을 탐구한다(헌법), 고시계, 제404호, 94-104면.
1990. 韓國法哲學の現狀と課題, 法學論集(北海道大).
1990.1. 프라이버시보호법을 제정하자, 언론과 비평, 제8호, 43-47면.
1990.3. 정당정치의 국회운영, 고시계, 제397호, 12-13면.
1990.5. 사법제도의 개혁, 고시연구, 12면.
1990.9. 韓國法の過去 · 現在 · 未來, 『法學セミナー』 제429호, 22-25면.

1990. 헌법재판소법의 개정방향, 헌법재판연구 제1권, 233면 이하.
1990.10. 헌법소원제도의 개선방향,『법률의 위헌결정과 헌법소원 대상』.
1990.10. 헌법재판소의 지위와 위헌법률심사권,『법률의 위헌결정과 헌법소원 대상』(헌법재판연구 1권), 11-31면.
1990.11. 이데올로기와 데마고기의 끝, 고시계, 제405호, 12-13면.
1991. 이상적인 정부형태, 구병삭 편저,『의원내각제의 연구』, 화성사, 66-79면.
1991. 우리 헌정사의 교훈, 구병삭 편저,『의원내각제의 연구』, 화성사, 41-55면.
1991. 한국헌법개판소와 인권보장, 아 · 태 공법연구, 창간호, 27-36면.
1991. 韓國憲法裁判制度とその改善方向 - 憲法政策學的考察, 小林直樹先生古稀紀念論文集『憲法學の展望』, (有斐閣), 741-760頁
1991.4.29. 내각제예찬론 소신, 한국일보.
1991. 우리나라 법률구조의 전개방향, 법률구조, 창간호, 6-8면.
1991.3. 극동의 법철학 현황과 전망 - 1990년 일본법철학회 참가기, 법철학과 사회철학, 창간호, 250-259면.
1991. 사법의 민주화, 사상, 제11호.
1991. 국제헌법학회 세계대회(바르샤바), 고시계, 제416호, 276-287면.
1991.6.28. 뇌물이냐 정치자금이냐, 매일신문, 5면.
1991.8. 법조인의 계속교육과 법학교수자격문제, 법학교수회보.
1991.9.19. 통일 대비한 개헌 생각할 때, 중앙일보, 5면.
1991. 법철학에서 헌법정책학으로,『철학과 현실』1991년 가을, 313-324면.
1991.10. 한국법제의 현실과 민주화,『한국의 선택』(동아일보사), 369-405면.
1992. 한국법률구조제도의 개선 및 발전방향,『법률구조』여름 · 가을 합병호, 13-21면.
1992. 입헌주의 서설, 화정 서주실박사 회갑기념논문집, 189-208면.
1992. 한국법의 민주화, 사회와 사상(경향신문사).
1992. 한국의 법률구조제도(The legal aid system in Korea), 법률구조(대한법률구조공단).
1992.2. 헌법소송제도의 문제점과 개선방향, 성계 이규석교수 정년기념논문집『현대공법론의 연구』, 449-502면.
1992.3. 사법제도의 근본적 개혁에 대한 장기구상, 사법행정, 제375호, 2-3면.
1992.3.1. 14대 총선의 의의, 동창회보(서울대) 제168호, 5면.
1992.8. 제헌 44년과 유신 20주년, 월간고시, 제223호, 12-13면.

1992.8. 헌법상의 기본권보장조항의 변천, 국회보, 제309호, 74-81면.
1992.9.24. 무능무사안일 내각되선 안 된다, 중앙경제신문, 3면.
1992.10. 한국법률구조제도의 개선 및 발전방향, 법무사, 제304호, 9-16면.
1992.10.26. 10월에 생각나는 일, 대학신문 제1336호, 2면.
1992.11. 중립선거내각의 사명, 한국인, 제124호, 22-26면.
1992.12. 법조인구의 폭발적 증가, 법학교수회보.
1992.12. 한국통일과 통일헌법제정문제, 헌법논총 제3집, 121-168면.
1992.12.20. 차선도 포기하면 최악의 결과된다, 뉴스메이커, 30-31면.
1992.12.28. 차기정부의 성격과 과제, 경향신문, 1면.
1993. 법학의 공부방법, 학문, 어떻게 할 것인가? 제1권(아카데미아)
1993.1. 대통령의 지위와 권한, 월간동화, 6, 1면.
1993.7. 입헌정치의 정착, 국회보, 제321호.
1993. 분단국헌법과 통일문제, 목촌 김도창 박사 고희 기념논문집『한국공법의 이론』
1994.5. 법조양성과 법학교육, 서울대 법학 제94호.
1994. 한국의 법률구조제도, 법률구조(법률구조공단).
1994. 9. (시론) 金泳三 · 金正日 정상회담 서둘면 안 된다,『신동아』제37권 9호 (통권 420호), 134-141면.
1994.10. 국회와 정부의 관계에 관한 일 고찰, 세계헌법연구, 창간호.
1994. 한국에서의 인권론의 도입과 전개, 법학교육과 법조개혁(한국법학교수회)
1995.1. 법학교육과 사법개혁의 기본문제, 고시계, 제455호.
1995.4. 사시제도의 문제점과 법학교육의 정상화,『고시JOURNAL』1면.
1995.8. 유진오의 헌법초안에 나타난 국가형태와 정부형태, 한국사 시민강좌 17, 일조각.
1995. 환경권고, 헌법논총(헌법재판소).
1995. 한국에서의 환경권과 환경입법, 한일법학연구 14(한일법학회)
1995. 유진오의 기본권론, 법학교육과 법학연구. 故 정광현박사추모논문집, 길안사, 288-323면.
1995. Comparison of the Constitutions of South and North Korea, Constitutional and Political Laws of the Republic of Korea (한국헌법연구소).
1996. 統一韓國憲法の制定問題, 明治大學外國招請學者紀要.
1996. 한국 인권론의 도입과 전개, 강산 김기택 박사 기념논총.
1996. 제헌헌법의 경제조항의 해석 - 미국 변호사의 견해, 이종원박사 고희

논문집 『법과 경제』(하).

1997.2.10. 韓國における人權論の導入と展開, 『北大法學論集』(北海道大學), 제47권 5호, 448-470면.

1997. 통일헌법제정의 문제, 학술원논문집(인문사회과학) 제36집.

1997. 한반도의 통일정책, 세계헌법연구 II.

1997. 동아시아의 평화와 한반도의 통일, 세계헌법연구 II.

1997.5. 남북한헌법의 비교, 고시계, 제483호.

1997.12. 통일헌법의 내용, 고시계, 제490호.

1997. 동독헌법과 통독헌법, 미국헌법연구 VIII (미국헌법연구소).

1997. 한국 헌법학의 방법과 과제, 한국공법학회 발표논문.

1997. 현행 헌법상 기본권의 법적 성격과 체계, 헌법논총, 제8집.

1998.1. 한국 헌법의 제정과 개정경과, 국회보, 제375호.

1998. 6. 한국 헌법학의 의의, 연구방법 및 과제, 공법연구, 제26집 제3호.

1998.7.17. 김철수의 헌법 산책, 중앙일보 42판, 5면.

1999. 법조는 새로운 출발을 해야 한다. 시민과 변호사.

1999. 국가권력구조개헌론, 고시계.

1999. 사법개혁과 법학교육, 고시연구.

1999. 한국헌법재판제도의 개선방향, 법학논총(이화여대) 3, 1999.

1999. 한국헌법과 지방자치의 방향, 세계헌법연구 III.

1999. 일반적 행동자유권의 연구, 학술원논문집(인문 · 사회과학편) 제38집.

2000.9.20. 바람직한 사법민주화 논의, 문화일보.

2000. 52회 제헌절을 맞아 통일헌법을 생각한다, 고시계.

2000. 헌정 50년의 회고와 전망, 법학논총(숭실대) 12.

2000. 독일연방공화국기본법 50년 - 분단헌법에서 통일헌법으로, 무애 서돈각박사 팔순 송수기념논총 『상사법학에의 초대』, 법문사.

2000. 자유권의 법적 성격과 체계, 헌법논총 (헌법재판소) 11.

2001. 생존권적 기본권의 법적 성격과 체계, 학술원논문집(인문 · 사회과학편) 제40집.

2001. 생존권적 기본권의 법적 성격, 세계헌법연구 VI.

2002.10. 인권의 세계화, 고시계, 10월호.

2003.2. 권두언, 통치행위론, 고시계, 2월호.

2003.2.23. 대북송금문제의 처리방안, 동아일보.

2003. 한국법학교육의 현황과 개선방향, 고시계.

2003. 독일의 통제된 의원내각제, 고시계.

2003.6.5. 특검수사시비 중단해야, 동아일보.

2003.9.1. 법학대학원제도의 도입, 대한민국학술원통신, 제122호.
2003.9.4. 해임건의 거부권 없다, 조선일보.
2003.10.13. 개헌안으로 재신임 물어야, 한국경제신문.
2003.10.17. 국민볼모정치 안 된다, 동아일보.
2003.11.27. 특검제 의결 · 내각문책부터, 문화일보.
2003.10.13. 조선일보.
2003.10.18. 세계일보.
2004.3. 헌법개정의 기본방향 (한국헌법학회 기조연설)
2004.3. 헌법개정의 기본방향, 『헌법학연구』 제10권 1호, 49-64면.
2004.3. 선거운동의 자유제한, 고시계, 3월호.
2004.3.6. 대통령이 불법조장하나, 동아일보.
2004.4. 탄핵소추 이후의 권력구조 개편, 월간헌정.
2004.5. 17대 총선의 결과, 고시계.
2004.5.24. 대학총장의 정치적 중립성과 권위, 동아일보.
2004.6. 헌정질서 위협하는 포퓰리즘 망령에서 벗어나야, 신동아.
2004.7.4. 의문사위 헌법관 문제 있다, 동아일보 25804호.
2004.7.6. 安風, 여당의 정치공세였나, 문화일보.
2004.7. 서울대학교 폐교(?)론, 동창회보 7월.
2004.7. 개헌논의보다 입헌주의 정착에 힘쓸 때, 자유공론.
2004.7. 광복 60주년 회고와 과제, 자유공론.
2004.8. 공무원 주식강제처분제는 위헌이다, 월간조선.
2004.8. 과거청산 대상 문제 있다, 동아일보 25841호.
2004.8. 대한민국헌법의 기본질서 수호, 『JURIST』 8월호 Vol. 407.
2004.10. 사법부의 헌법보장기능과 법정모욕죄의 처벌, 월간조선.
2004.10.15. 로스쿨 제도에 대한 검토, 한국헌법학회 기조연설.
2004.10.22. 관습헌법 중시한 결정은 정당, 중앙일보.
2004.10.30. 헌재결정 불복하면 국정문란행위, 미래한국.
2004.11. 로스쿨제의 검토, 헌법학연구.
2004.11.7. 헌법과 나, 동아대학교 초청강연.
2004.11.15. 교육정책의 대전환을, 서울대학교 동창회보.
2004.12.30. 나의 헌법학 편력, 동아법학, 제35호, 293-336면.
2005.1. 헌정의 회고와 앞으로의 과제, 자유공론.
2005.4. 사법권의 독립 보장, 서울대동창회보
2005.5.4. 형사소송법개정 신중히, 문화일보.
2005.6.21. 신문관련법 문제 많아, 문화일보.

2005.6. 로스쿨제도의 문제점, 월간조선.
2005.8. 대통령자문기구의 지위와 권한, 고시계.
2005.8.17. 대통령의 광복 60주년기념사의 문제점, 문화일보.
2005.8.19. 대통령과 헌법, 동아일보.
2005.9. 연정 제안에 대한 헌법적 검토, 월간조선.
2005.9. 광복 60주년 단상, 대한민국학술원통신, 제146호.
2005.9. 평등권에 관한 연구, 학술원논문집 (인문사회과학편), 제44집, 179-300면.
2005.9. 입헌주의와 헌법재판소, 아세아 헌법학자 대회 기조연설.
2005.10. 대학정책간섭 이제 그만, 서울대 동창회보.
2006.1.1. 권력분산형 헌법 개정논의 필요, 자유공론 1월호.
2006.1.4. 헌법개정논의 신중해야 한다, 문화일보 포럼 6면.
2006.5.10. 무애 서돈각 선생님 추모문집 간행사, 무애 서돈각박사 추모문집 간행위원회, 『부처님과 함께』(법문사, 2006), i-iii면.
2006.5.22. 박근혜 대표 테러피습과 법치질서, 문화일보 6면 포럼.
2006.6.14. 한국 헌법학 60년의 회고와 전망, 고시계, 6월호.
2006.7.1. 헌법 개정의 역사, 『NEXT』 7월호, 중앙일보사 발행.
2006.7.1. 헌법학자가 본 행정 (한국공법학회 기조연설).
2006.7.1. 우리 헌법 국민보호의 대헌장으로 정착 - 국민도 위헌감시, 자유공론 7월호.
2006.7.21. 정치와 헌법(강연) 한강 포럼.
2006.7.24. 개헌과 정치(강연) 한양 로터리.
2006.8.1. 서울대학교 법학전문대학원에 대한 검토, 서울대학교 명예교수회보 창간호.
2006.8.8. 대통령인사권과 헌법 · 법률의 제한, 문화일보 6면 포럼.
2006.9.20.~23. 한국의 헌법재판제도, 도쿄(東京), 한 · 일학술원교류 세미나.
2006.11.4. 외교안보정책 改悪을 우려한다, 문화일보 6면 포럼.
2007.1. 신년 칼럼, 자유공론, 1월호.
2007.1.5. NLL 포기는 국헌문란행위, 문화일보.
2007.1.15. 헌법개정 발의 포기해야, 국민일보.
2007.2. 대통령연임제의 문제점, 자유공론, 2월호.
2007.2. 대통령 4년 연임제의 문제점, 월간조선, 2월호.
2007.3.2. 한 사람의 기분에 맡길 건가, 국민일보.
2007.3.30. 책임지는 정당정치를, 국민일보.
2007.4.23. 위정자로부터 법준수를, 문화일보.

2007.4.26. 대통령선거법 개정, 문화일보.
2007.5.24. 사유개산 침해하는 법규, 국민일보.
2007.6.21. 대선경선과 후유증 예방, 국민일보.
2007.7.16. 제59돌 제헌절 - 헌법정치를 생각한다, 문화일보.
2007.7.19. 권력구조 개헌논의, 국민일보.
2007.8.16. 분단고착이냐 통일이냐, 국민일보.
2007.9.13. 권력구조 개헌 논의, 서울변호사회 창립 100주년 세미나 발제.
2008.1. 건국 60주년 - 새로운 도약의 원년, 자유공론.
2008.3. 법학전문대학원 수상, 고시계.
2008.4.25. 법의 날, 위정자부터 법 준수하라, 문화일보 칼럼.
2008.7. 대한민국 헌정사의 굴절과 영광(좌담), 자유공론.
2008.7.16. 헌법제정 60주년과 입법과 헌법보장문제(기조강연), 국회, 한국헌법학회 제헌 60주년 국제심포지엄.
2008.7.17. 제헌 60주년, 헌법의 존엄성 회복을 위하여, 조선일보 칼럼.
2008.8. 헌법제정 60주년과 헌법개정, 국제문제.
2008.8. 국회의원에 바란다, 헌정.
2008.8.25. 인간의 존엄과 가치 · 행복추구권의 연구(상), 학술원논문집(인문 · 사회과학편) 제47집 1호, 199-279면.
2008.9.1. 통법부 오명 벗고 정치중심기관으로 살아나라, 자유공론 9월호 권두논문. *「제18대 국회와 정치개혁과제」란 제목으로 『헌법정치의 이상과 현실』에 재수록.
2008.9.1. 헌법재판소와 대법원과의 관계, 헌법재판소장 회의 강연.
2008.9.6. 입헌주의 정착을 위한 헌법교육과 인권교육(기조강연), 한국법과 인권교육학회 창립총회.
2008.9.18. 한국법학전문대학원의 설립과 법학교육의 확대방안(기조강연), 유기천교수 출판재단 학술대회.
2008.9.25. 통일헌법연구의 회고와 연구 필요성(격려사), 북한법연구회 · 법제처 공동 통일헌법연구회.
2008.10. 법학전문대학원의 설립과 법학교육의 확대방안, 홍익법학 제9권 3호, 4-24면.
2008.10.18. 한국공법학회 건국 60주년 학술회의(기조강연).
2008.12.24. 인간의 존엄과 가치 · 행복추구권의 연구(하), 학술원논문집(인문 · 사회과학편) 제47집 2호, 41-104면.
2009.2.8. 법질서유지는 나라의 근본, 세계일보(김철수 칼럼).
2009.3.15. 공권력의 권위 실추, 세계일보(김철수 칼럼).

2009.4.1. 제11차 태평양과학협회 중간총회 참석기(이영록 회원과 공동), 대한민국학술원회보 제50집, 126-129면.
2009.4.19. 재 · 보궐선거 꼭 필요한가, 세계일보.
2009.5.31. 6월 국회 여도 야도 정략이용 안 된다, 세계일보.
2009.7. 국론 통일하여 6. 25 남침 막자, 고시계, 7월호.
2009.7.5. 언제까지 남남 갈등인가, 세계일보.
2009.7.15. 헌법, 국민통합의 대헌장, 국민일보.
2009.7.16. 국회 제헌 61주년 기념 학술대회, 기조강연.
2009.7.17. 헌법 지켜 국론통일하자, 중앙일보.
2009.8.9. 국회의원은 헌법 · 법률을 준수하라, 세계일보.
2009.9. 헌법 · 법률 존중되는 민주사회를 향하여, 한국논단, 9월호.
2009.9.13. 정기국회서 해야 할 일, 세계일보.
2009.9.21. 승자독식제도는 끝내야, 조선일보.
2009.10.18. 올바른 국정감사로 의무 완수해야, 세계일보.
2009.10.23. 정부형태 어떻게 할 것인가, 대한민국학술원 제36차 국제학술대회 기조연설(발표논집, 80매).
2009.10. 기조연설: 제10차 헌법개정의 방향, 공법연구, 제38집 제1호 제1권, 237-244면.
2009.11.5. 제36회 국제학술대회를 마치고, 대한민국학술원통신, 제196호, 4-6면.
2009.11.12. 한국의 정부형태 어떻게 할 것인가: 강연(희망정치연구회).
2009.11.16. 다중범죄 철저히 응징해야, 세계일보.
2009.12.9. 미래 한국의 정부형태, 강연, 하버드 연경학회.
2009.12.14. 국가청렴도 제고해야, 세계일보(김철수 칼럼).
2009.12.18. 한국헌법재판제도의 현재와 미래, 헌법재판소실무연구회.
2009.12.31. 제36회 국제학술대회를 마치고, 대한민국학술원회보, 제50집, 138-142면.
2010.1.10. 새해 정당정치에 바란다, 세계일보 (김철수 칼럼).
2010.1.25. 사법권의 독립을 위협하는 것, 세계일보 (김철수 칼럼).
2010.4.9. 발표: 헌법과 법관, 대법원 헌법연구회.
2010.6.15. 헌법질서의 존중, 법연, 한국법제연구원, 6월호.
2010.10.8. 독일 통일의 교훈, 한국공법학회.
2010.11.15. 세계의 초일류대학으로, 관악춘추.
2010.11.19. 축사, 국립대학 법인화와 학생인권조례, 한국교육법학회.
2010.12.30. 한국헌법학 60년의 연구동향, 한국의 학술연구: 법학 II, 대한민국학술원, 47-129면.

2011.1.10. 초창기 공법학회의 활동 회고(원로에게 듣는다), 공법학회보(한국공법학회) 창간호, 10-11면.

2011.7.16. (기조강연) 통일헌법의 바람직한 미래상, 국회법제실과 한국공법 학회 제헌절 기념대회, 공법연구 제39집 3호, 1-10면에 수록

2011.8.1. 국가정통성 수호 모두 나설 때다, 대한언론, 대한언론인회.

2011.8.12. 대한민국의 정통성과 反헌법세력, 문화일보.

2011.8.15. (권두논설) 국가정통성 수호해야 (월간신문) 언론인

2011.10.15. (권두시론) 한국헌법에서 본 사회복지, 고시계, 2-10면.

2011.11.3. 법치주의의 위기, 문화일보, 31면.

2011.11.20. 한국 헌법상의 사회복지정책, 사회복지법제학보, 제2호, 사회복지법제학회.

2012.3.1. 판사의 직분과 독립, 대한언론, 대한언론인회.

2012.4.23. 전교조시국선언 유죄확정의 의미, 문화일보, 포럼 31면.

2012.4.24. 기조강연, 국가인권위원회의 지위와 역할, 한국헌법학회.

2012.5.10. 발제 - 서울대학교 사법대학원제도, 유기천재단

2012.6.1. 총선과 대선 사이에서 정치개혁을 생각한다, 대한민국학술원통신 제227호.

2012.6.1. 대법관 · 헌법재판관 자격과 국가관, 문화일보, 포럼 39면.

2012.6.28. 취임선서는 국회의원자격의 출발선, 문화일보, 포럼 31면.

2012.7.1. 세계여론학회 총회 참관기, 대한민국학술원통신, 제229호 2-5면 (백완기 회원과 공동).

2012.7.24. 과거사 극복할 대통령, 세계일보, 시론 22면.

2012.8.1. 종북성향의 통진당과 연대하는 민주당의 정체 제대로 봐야, 월간조선 176-182면.

2012.8.15. 대학평준화는 망국의 길, 관악춘추 사설 서울대학교동창회보, 1면.

2012.10.12 법관의 양형이 엄중해야 할 이유, 문화일보

2012.11.30 공저 세계여론학회(WAPOR) 연구결과요약보고서, 대한민국학술원

2012.12.1. 헌법 지켜나갈 후보 뽑아야 한다, 대한언론, 대한언론인회

2013.3.8. 헌법재판의 기능 마비 우려한다, 문화일보

2013.4.3. 동의대 사건과 公權力의 권위 회복, 문화일보

2013.6.29. (기조연설) 경제와 복지에 대한 국가역할, 한국공법학회

2013.7.2. 司法府 개혁이 필요한 이유, 문화일보

2013.7.15. 政治社會淨化는 거짓말 추방에서, 서울대동창회보

2013.9.3. 통진당과 違憲정당 해산, 문화일보

2013.9.5. 헌법재판소개청 25주년 기념강연「한국 헌법재판의 과거와 미래」,

헌법재판소

2013.9.5. 감사원 중립, 법 개정보다 운영의 묘, 국민일보
2013.10.10. 통진당 대리투표 무죄판결의 위헌성, 문화일보
2013.10.22. 전투적 종북정당 존폐 이번엔 분명히, 동아일보
2013.10.25. 정당의 국가보호와 등록취소 해산, 장은공익재단
2013.10.26. (기조연설) 헌법교육의 필요성, 한국법교육학회총회
2013.11.1. 헌법수호하여 통일 앞당기자, 대한민국학술원통신
2013.11.6. 위헌정당해산과 자유민주주의수호, 문화일보
2013.11.21. 경제와 복지에 대한 국가역할 -한국헌법과 경제정책-, 공법연구 특별호
2013.12.1. 통진당의 위헌정당해산심판, 언론인, 대한언론인회
2014.5.1. 추락하는 공무원정신 바로 세워야, 문화일보
2014.5.12. 「통일법제 연구의 과제와 전망. 통일과 법 현재와 미래」 세미나, 국회 · 대법원 · 헌법재판소 공동주관, 국회의원회관 제1소회의실
2014.5.26. 새 총리 후보자에게 바란다, 동아일보
2014.6.30. 입헌주의와 법치정치의 확립, 대한언론인회
2014.7.1. 새 헌법 개정안의 특색, 대한민국학술원통신, 제252호, 2-5면.
2014.7.17. 제헌절, 헌법에 충성 다짐하는 날이다, 문화일보
2014.8.25. 불체포특권 내려놓기는 세계적 추세, 문화일보
2014.10.2. 법치 붕괴와 아노미로 G20 이하 국가로 전락 없어야, 데일리한국
2014.10.27. 태극기, 애국가 등 국가상징 헌법에 규정해야, 데일리한국
2014.10.30. 개헌의 내용과 시기, 데일리한국
2014.10.31. 신 냉전기의 한반도통일정책(상), 공법이론과판례연구회 창립 25주년 기념논문집 『현대 공법의 이론과 판례의 동향』, 47-71면.
2014.11.27. 승자와 패자의 사생결단 싸움이 한국정치 망치고 있다, 데일리한국.
2014. 신 냉전기 주변 강국의 한반도 정책, 『현대공법의 이론과 판례의 동향』, 119-150면.
2014. 통일헌법 제정에 의한 통일 가능할까, 『명지법학』 제13호, 1-27면.
2015. 남북한의 통일정책. 『한반도 통일관련 평론집』. 1-41면.
2015. 한반도의 통일을 생각한다. 서울대명예교수회보, 2014. 12.
2015. 박근혜 정부 후반기의 국가개혁과제, 『법과 사회 평론집』, 38-49면.
2015. 대한민국 건국의 정통성, 『세계시민』 (창간호 2015 여름), 40-55면.
2015.1.22. 자유민주적 질서에 입각한 평화적 통일정책은 국민적 지상명령, 데일리한국
2015.2.27. 개헌, 정치인에게 맡기면 위험, 대한언론인회.
2015.2.24. 이완구 총리, '4월 위기설' 퇴치하고 '연립정권' 기반 만들어야, 데일리

한국.

2015.3.13. 김영란법 대상에서 국회의원 뺀 것은 꼼수, 시민단체도 포함해야, 데일리한국.

2015.3.16. 김영란법에 대한 7가지 비판, 주간한국, 제2568호. 47면.

2015.4.1. 모교 장기발전의 인프라 구축, 관악춘추, 서울대학교총동창회보.

2015.4.5. 헌재에 회부된 '김영란법', 논란 없도록 시행 전에 개정 · 보완해야, 데일리한국.

2015.4.22, '검은 돈 정치' 벗어나려면 '성완종 리스트' 수사에 그쳐선 안 돼, 데일리한국.

2015.4.22. 국회 박상옥 표결 더 늦출 명분 없다, 문화일보

2015.5.2. 성완종 비밀 사면 되풀이 막으려면, 조선일보

2015.5.28. 법조인 출신 총리의 직무는 국가기강 확립과 법치질서 보장, 데일리한국.

2015.6.10. 국회법 논란과 정계개편… 야당은 이념에 따라 분당하고 여당도 분당 검토해야, 데일리한국.

2015.6.10. 소위 '국회선진화법'은 폐지해야 한다, 조선일보.

2015.7. 독일통일 25년 되짚기 ① 통일 독일을 가다, 『문학사상』 통권 513호.

2015.8. 독일통일을 향한 경제 · 외교적 협상, 『문학사상』 통권 514호.

2015.8.12. 대통령제 유지하면서 비례대표제 확대하면 국정 혼란 가능성도, 데일리한국.

2015.9. 독일통일 25년의 결산과 교훈 (1), 『문학사상』 통권 515호.

2015.10.19. 이탈리아 의원 줄이는데… 우리는 3-10석 늘리는 야합 우려도, 데일리한국.

2015.10.27. 이탈리아 의원 줄이는데… 우리는 3-10석 늘리는 야합 우려도, 주간한국, 제2599호.

2015.10. 28. 황적인 교수를 추모하며, 『誠軒 황적인 선생님의 학문과 삶의 세계』 (화산 미디어, 2015), 445-447면.

2015.11. 독일통일 25년의 결산과 교훈(2), 『문학사상』 통권 517호.

2015.11.2. 국회선진화법 헌재결정 시급하다, 문화일보.

2015.11.11. 선거구 획정 시한 못 지키면 위헌 비상사태 우려, 데일리한국.

2015.11.13. "통일헌법안에 관한 연구" 정책토론회 발표, 대한민국학술원.

2015.11.25. 포럼 「헌법과 法治 측면에서 본 문민정부 功過」, 문화일보 39면.

2015. 통일헌법안에 관한 연구 - 통일헌법안과 제정이유-(요약), 『대한민국학술원논문집』(인문 · 사회과학편) 제54집 2호, 35-115면.

2015.12.9. '국회 망국론' 피하려면 입법 일정이라도 지켜야 한다, 데일리한국

2015.12.23. 연말까지 선거구 획정 불발되면 모든 선거구 무효… 헌재 결정 의미, 데일리한국
2016.1.11. 국회가 '선진화법' 결자해지해야, 문화일보.
2016.2.1. 선진화법은 위헌… '동 · 식물 국회' 막으려면 개정해야, 데일리한국
2016.2. 제20대 총선에 참여하기, 서울대총동창회보.
2016.2.12. 장관 · 공공기관장 총선 출마 제한, 서울신문, 29면
2016.3.21. 헌재 앞서 국회가 선진화법 폐기해야, 문화일보
2016. 제20대 총선과 정당정치를 생각한다, 『세계시민』 제4호(2016 봄호), 35-40면.
2016.7.5. 명예훼손 · 民主침해 '면책' 제외해야, 문화일보.
2016.10.25. 바람직한 개헌 내용 · 절차에 관한 소고, 문화일보.
2017. 헌법과 정치에 대한 단상 - 민주정부형태에 관한 약간의 자료를 중심으로, 『헌법과 형사법』, 유기천 교수 기념사업 출판재단 제13회 학술심포지엄 기조연설문
2017.12.29. 인권사상의 전개에 관한 고찰 - 서구 이론을 중심으로 -, 『학술원논문집』(인문 · 사회과학편) 제56집 2호, 127-327면.
2018.6.30. 직접민주정치와 대표제 민주정치(의원내각제)의 형태 분석 - 자료 중심으로, 『국가와 헌법 I 헌법총론 / 정치제도론』, 東堂 성낙인총장 퇴임기념논문집, 법문사, 3-30면.
2018.11.1. 세계인권선언에 관한 고찰, 『대한민국학술원통신』 제304호, 2-10면.
2018.12.31. 헌법과 기본권연구의 동향 회고, 『학문 연구의 동향과 쟁점 제8집 법학』, 대한민국학술원, 73-172면.
2018.12. (추도문) 유기천 선생님 서거 20주년을 맞아, 『月松會報』
2019.7.25. 헌법과 기본권연구의 동향 회고, 김철수편, 『한국의 헌법학 연구』(산지니, 2019), 293-410면에 재수록.
2020.7.31. 국제인권헌장의 현재와 미래, 『학술원논문집』(인문 · 사회과학편) 제59집 1호, 213-573면.

## IV-1. 번 역

1961.12. 라아트브룻흐, 법에 있어서의 인간(1), 법정 제16권 12호 (138호), 62-63면.
1962.1. 라아트브룻흐, 법에 있어서의 인간(2), 법정 제17권 1호 (139호), 61-64면(Radbruch, Der Mensch im Recht, 1926).

## IV-2. 김철수 저작의 번역

1980.3. 鈴木敬夫·金孝全 共譯, 風土的自然法論考, 札幌商科大學『論集』제26호(商經編), 昭和 55年, 125-163면.

1980. 鈴木敬夫譯, 法における人間の尊嚴と價値 - 現代韓國法哲學および憲法學の一側面 - , 『法學研究』(北海學園大學), 제16권 2호, 135-166면.

1984. 尹龍澤譯, 韓國憲法の制定と改正經過小考, 『創大アジア研究』제5호, 243-278면.

1985.1. 鈴木敬夫譯, 抵抗權小考, 同人 編譯, 現代韓國の基本權論, 成文堂, 95-121면.

1987. 外國憲法か韓國憲法にあたへた影響, 『自治研究』제756호, 108-119면.

1990. 韓國法哲學の現狀と課題 - 韓國における法實證主義と自然法論の問題をめぐって - ,『北大法學論集』제40권.

1990.9. 韓國法の過去·現在·未來, 『法學セミナー』第429號, 22-25면.

1991. 韓國憲法裁判制度とその改善方向 - 憲法政策學的考察, 小林直樹先生古稀紀念論文集『憲法學の展望』(東京·有斐閣), 741-760면.

1991. 韓國の憲法裁判制度.

1996. 統一韓國憲法の制定問題, 明治大學 外國招請學者紀要.

1997. 岡 克彦譯, 韓國における人權論の導入と展開, 『北大法學論集』제47권 5호, 448-470면.

1998. 『韓國憲法の50年 - 分斷の現實と統一への展望』(東京·敬文堂).

## V-1. 서평 (타인의 저작)

1964.11. 韓東燮著 헌법, 고시계.

1966.2. Jahrbuch des öffentlichen Rechts der Gegenwart (Neue Folge, Bd. 11-13), 법학(서울대) 제8권 1호, 160면.

1968.12. 田鳳德著, 한국법제사연구, 아세아연구, 제11권 4호, 147-152면.

1970.12. 張龍著, 언론과 인권, 신문학보, 제3집, 100-104면.

1972.9. Laufer, Verfassungsgerichtsbarkeit und politischer Prozeß, 법학(서울대) 제13권 1호.

1984.8.30. 구병삭 저, 헌법학 I·II, 공법연구, 제12집, 193-198면.

1985. 구병삭 저, 헌법학 I·II, 법과 사회연구, 한일법학회.

1987.12. 芦部信喜, 憲法訴訟講座, 법학(서울대), 제28권 3·4호(통권 71·72

호), 286면.

1987. 小林直樹, 憲法講義 上 · 下, 『법과 사회연구』, 한일법학회.

1989.5. 유기천 박사 고희기념 법학의 제문제, Helen Silving Memoirs, 법학(서울대) 제30권 1 · 2호, 244-253면.

2002.11.1. 文鴻柱著, 미국헌법과 기본적 인권, 『대한민국학술원통신』 제112호, 10면.

2017.4.1. 헤르만 헬러 저, 김효전 역, 『바이마르 헌법과 정치사상』, 서평, 『대한민국학술원통신』 제285호, 15-16면.

2020.4.1. 카를 슈미트 지음, 김효전 옮김 , 『헌법과 정치』, 『대한민국학술원통신』 제321호, 20-22면.

2020. 이건개 지음, 불멸의 본질. 위대한 국가의 길, 유니스토리, (추천사)

## V-2. 김철수 저작에 대한 서평

1963. 7. 22. 김영국 평, 김철수 저, 『헌법질서론』, 대학신문 제491호.

1963. 7. 독서 살롱, 김철수 저, 『헌법질서론』, 사상계.

1964. 한상범 평, 김철수 저, 『헌법총람』.

1969. 5. 26. 박일경 평, 김철수 저, 『헌법학연구』, 대학신문.

1970. 12. 25. 신상초 평, 김철수 저, 『헌법학』, 중앙일보.

1970. 12. 28. 홍진태 평, 김철수 저, 『헌법학』, 신아일보.

1970. 12. 30. 김덕형 평, 김철수 저, 『헌법학』, 조선일보.

1971. 1. 3. 신간 코너, 김철수 저, 『헌법학』, 주간중앙.

1971. 1. 14. 새책, 김철수 저, 『헌법학』, 경향신문.

1971. 1. 22. 신간 소개, 김철수 저, 『헌법학』, 한국일보

1971. 1. 26. 김석조 평, 김철수 저, 『헌법학』, 경향신문.

1979. 이홍구 평, 김철수 저, 『현대헌법론』.

1979. 4. 30 한상범, 김철수 저, 『현대헌법론』, 중앙일보.

1980. 5. 11 신간 소개, 김철수 저, 『현대헌법론』, 동아일보.

1980. 5. 박노경 평, 김철수 저, 『현대헌법론』, 조선일보

1980. 5. 13 구병삭 평, 김철수 저, 『현대헌법론』, 한국일보

1980. 윤용탁 평, 김철수 저, 『현대헌법론』.

1993. 2. 24. 구병삭 · 양건 · 권오승 추천, 김철수 저, 『현대헌법론』, 경향신문 (서화동 기자).

1998. 杉原泰雄評, 金哲洙著, 『韓國憲法の50年: 分斷の現實と統一への展望』, 法律時報 第71卷 7號, 83-86頁.

1999. 浦田一郎評, 金哲洙著, 『韓國憲法の50年: 分斷の現實と統一へ の展望』, 法學教室 No. 223 (有斐閣, 1999), 41頁.

2001. Klaus Dieter Deumeland, International Association of Constitutional Law(Hrsg.): Festschrift für Tscholsu Kim, in: Asien Nr.79/2001, S. 134-135.

2002. 김철 평, 김철수 저, 『헌법과 교육』, 헌법학연구 제8권 2호, 484-498면.

2003. 8. 1. 안경환 평, 김철수 저, 『한국 입헌주의의 정착을 위하여』, 『대한민국학술원통신』, 제120호.

2003. 9. 김효전 평, 김철수 저, 『한국 입헌주의의 정착을 위하여』, 고시계 9월호.

2004. 3. 2. 김효전 평, 김철수 저, 『독일통일의 정치와 헌법』, 『대한민국학술원통신』 제129호, 14-15면.

2008. 6. 2. 황적인 평, 김철수 저, 『학설 · 판례 헌법학(상하)』, 법률신문 제3654호, 2008년 6월 2일자.

2008. 6. 김효전 평, 김철수 저, 『학설 · 판례 헌법학(상 · 하)』, 고시계, 181-182면.

2012. 11. 1. 김상용 평, 김철수 저, 『법과 정의 · 복지』(진원사), 『대한민국학술원통신』 제232호

2012. 11. 1. 김상용 평, 김철수 저, 『법과 정의 · 복지』, 법률신문

2012. 12. 1. 김효전 평, 김철수 저, 『헌법과 정치』, 『대한민국학술원통신』 제233호, 26-28면.

2013. 2. 1. 김효전 평, 김철수 저, 『헌법정치의 이상과 현실』, 소명출판, 『대한민국학술원통신』 제235호, 8-9면.

2013. Dai-Whan Kim, Übersetzt von Deok Hwan Kim, Rezension: Festschrift zum 80. Geburtstag für Professor Dr. Tscholsu Kim „Status und Herausforderungen der Verfassung und die Grundrechte“ in: Deutsches Verwaltungsblatt, Heft 21/2013, S. 1380-1381.

2014. 11. 1. 김효전 평, 김철수 저, 『새 헌법 개정안 - 성립 · 내용 · 평가』, 진원사, 2014, 『대한민국학술원통신』 제256호, 7-9면.

2016. 4. 16. 김효전 평, 김철수 저, 『헌법과 법률이 지배하는 사회』, 진원사, 2016, 『대한민국학술원통신』 제273호, 14-17면.

2017. 4. 17. 김효전 평, 김철수 저, 『한국통일의 정치와 헌법』, 시와 진실, 2017, 『대한민국학술원통신』 제285호, 17-20면.

2018. 4. 1. 김문현 평, 김철수 저, 『기본적 인권의 본질과 체계』를 읽고, 『대한민국

학술원통신』 제297호, 21-22면.

2019. 10. 1. 조병륜 평, 김철수 저, 『한국의 헌법학 연구』, 『대한민국학술원통신』 제315호, 17-19면.

2021. 3. 30. 이헌환 평, 김철수 저, 『인간의 권리』, 『헌법학연구』 27권 1호, 537-545면.

2021. 4. 30. 이효원 평, 김철수 저, 『인간의 권리』, 『세계헌법연구』 제27권 1호, 243-258면.

2021. 6. 30. 권형준 평, 김철수 저, 『인간의 권리』, 『공법연구』 제49권 4호, 299-302면.

2021. 9. 1. 성낙인 평, 김철수 저, 『인간의 권리』, 『대한민국학술원통신』 제338호, 33-38면.

## VI. 좌담과 인터뷰

1967.12.7. 대표집필「인권」중앙일보.

1980.1.1. 兪鎭午 · 金哲洙(신춘대담) 서울신문(『추적 · 의원내각제, 새 시대에의 기대』, 정경연구소, 1986, 231-234면에 발췌 재수록)

1980.6. 바람직한 사법제도(좌담: 金哲洙 · 朴禹東 · 方順元 · 崔光律), 사법행정, 제233호, 8-19면.

1980.1.25. 두 교수의 찬반논쟁: 金哲洙 · 盧在鳳, 한국일보(『추적 · 의원내각제: 40년 논쟁사의 전모와 오늘의 시각』, 정경연구소, 1986년 10월, 234-238면 재수록).

1980.3. 민주발전의 기초로서의 헌법(대담: 金哲洙 · 韓相範), 신동아 제187호, 98-110면.

1988.8.15. 광복 43돌 "오늘의 과제 진단"(대담: 김철수 · 한상범) 부산일보.

1991.2. 민사재판제도, 사법시험제도 - 그 문제점과 개선책에 관하여(대담: 李時潤 · 金哲洙 · 金洪洙 · 李在性), 사법행정, 제412호.

1991. (좌담회) 사법부의 재개편을 기대하며, 사법행정.

1992.8.14. 제24회 한국법률문화상 수상, 각 일간신문.

1991.7. 기본권에 관한 제문제(대담: 김철수 · 정재황), 고시계, 제413호, 15-36면.

1993.7.10. 한국헌정의 회고, 금랑 김철수 선생 화갑기념 대담 (정덕장 · 박용상 · 장명봉 · 조병륜 · 황우여 · 김효전 · 김문현 · 성낙인 · 홍정선), 금랑 김철수 교수 화갑기념『현대법의 이론과 실제』, 박영사, 1993, 1133-1207면.

1993.8. 김철수 교수의 학문의 회고(양건 · 정재황 교수와의 대담), 서울대학교 법학, 제34권 2호(통권 92호), xxvii~lii.

1993.9.1. 나의 삶, 나의 생각, 경향신문.

1993.9.13. 사법의 참모습, 한국일보.

1995.4. (좌담) 사시제도의 문제점과 법학교육의 정상화: 그 문제점과 개선책에 관하여, 사법행정 제412호.

1998.6.15. 정년 맞은 헌법학의 태두, 김철수 서울대 교수, 중앙일보.

1998.7.17. 헌정 반세기 - 김철수 교수의 헌법 산책, 중앙일보.

1998.8. 우리 헌법학의 태두 - 서울대 법대 김철수 교수(이 사람의 삶과 꿈), 시민과 변호사.

2000.12.1. 법치주의만이 나라 살 길이다(창간 50주년 기념 법률신문 특별 좌담 : 金哲洙 · 李宅圭 · 朴禹東).

2001.11. 의회를 무시하는 것이 독재다, 월간 Jurist.

2003.8. 한국 헌법학의 회고와 과제(대담: 안경환 · 김문현 · 이덕연 · 송석윤), 헌법학연구, 제9권 2호, 9-25면.

2003.8. 인터뷰, 월간조선, 9월호.

2003.9. 대한민국은 공화국인가? 월간조선(김연광 편집장).

2003.10. (인터뷰) 주간한국 10월호.

2003.10.2. 아무도 범접 못할 학문 외길(석학에게 듣는다), 주간 한국(장병욱 차장).

2004.1. "재신임 요구는 명백한 위헌", 월간중앙.

2004.3. 우리 헌법의 현실 진단과 과제(좌담: 김철수 · 조병륜 · 이석연), JURIST, Vol. 402, 14-30면.

2004.10. 원로 헌법학자의 시론: 「최후의 헌법수호자」인 국민이 일어나야 한다, 월간조선.

2004.10.15. (좌담회) 미국의 대학교육(사회), 서울대동창회보 10.

2005.4. 나와 헌법(저자와의 대화), 고시계.

2005.5.20. 헌법학 태두 김철수 교수, 매일신문.

2005.7.7. 연정과 의원내각제 개헌, 평화방송.

2010.10.1. 오피니언 리더 김철수 서울대학교 명예교수, 『시사 Interview』 Vol.13, 12-15면.

2011.1.3. (인터뷰) 대한민국 민주주의의 본질을 재정립하다, 『Weekly People』 425.

2011.1.10. (회고) 초창기 공법학회의 활동회고, 공법연구 특별호

2011.7.22. (인터뷰) 폭력 썼던 국회의원, 공약남발 대통령 뽑지 말아야, 문화일보.

2012.8.15. 대학평준화는 망국의 길 (관악춘추)

2012.10.17. (인터뷰) 유신만 안했다면, 서울신문
2012.10.30. (인터뷰) 조선일보사
2012.11.5. 초대석, 동아일보사
2012.12.3. 파워인터뷰, 헌법은 국민의 합의로 만든 최고의 법전이다, 자유마당 12월호
2013.5.13. [명사가 걸어온 길] (11) 한국 헌법학의 태두 김철수 (상), 서울신문
2013.5.20. [명사가 걸어온 길] (11) 한국 헌법학의 태두 김철수 (하), 서울신문
2013.5.30. 120세 건강론자, 서울대동창회장기념논문집
2013.7.14. 중앙 선데이(중앙일보 일요판) 창간 6주년 기획 이광재가 원로(김철수 교수)에게 묻다
2013.9.5. (인터뷰) 통진당 해산 提訴 가능… 소속 의원 다 제명할 수 있어, 조선일보 3면
2014.1.27. 이상적인 개헌안 5월까지 만들 것, 정부형태는 단계적 실시가 바람직. 세계일보 인터뷰 기사 .
2014.4.1. 우리나라에 적합하고 국민에게 좋은 '통일시대까지 내다보는' 헌법안을 만들 터, 국회보 인터뷰 기사.
2014.5.17. 법 어기면 잃는 게 더 많다는 것, 이번엔 확실히 보여줘야, 조선일보 인터뷰 기사
2014.5.28. 대통령 지시 그대로 받아들이기만 하는 총리는 안 된다, 한국일보 시사토크 인터뷰 기사.
2014.11.5. 반기문 사무총장 유엔 일 잘 할 수 있도록 도와주어야, 조선일보 인터뷰 기사.
2014.11.20. 헌법개정관련, 월간조선(12월호) 인터뷰 기사.
2014.7.13. 교통방송 황원찬의 일요 인터뷰 "제헌절" 출연 (7월 4일 녹음).
2016.3.24. 대통령에 국회해산권 있어야, 아카이브 뉴스, 이상흔 글, 조선 pub 기사.
2016.4.1. 대한민국의 주권자인 국민들을 위한 헌법과 법률 지침을 제시, 파워코리아 인터뷰 기사(2016 4월호), 54-56면.
2016.6.25. 나의 삶 나의 길 "고시는 거들 떠 보지도 않아… 다시 태어 나도 교수될 것, 세계일보 인터뷰 기사(전면)
2016.8.16. 대통령 1인 체제 한계… 총리가 내치 맡는 분권형 개헌을, 중앙일보 대담 기사.
2016.11.19. EBS 특별기획 "시대와의 대화 헌법학자 김철수 편" 방영(11:10-12:00). (2016. 9. 5 EBS 방송국에서 인터뷰 / 9. 9 공판연 모임 EBS 취재 / 9. 26 헌법재판소장 면담 EBS 취재).

2017.3.6. "통일 한국선 대통령 · 국회 모두 권력 줄여야", 『한국통일의 정치와 헌법』 저자, 조선일보 인터뷰 기사. A23

## VII. 기념논문집

1993.10.29. 금랑 김철수교수화갑기념, 헌법재판의 이론과 실제, 박영사, 1993, 766면.

1993.10.29. 금랑 김철수교수화갑기념, 현대법의 이론과 실제, 박영사, 1993, 1207면.

1993.7.5. 공법연구 제21집.

1998.11.5. 금랑 김철수교수 정년기념논문집, 한국헌법의 현황과 과제, 박영사, 1998, 1231면.

1998.8 서울대학교 법학 제39권 2호, 금랑 김철수 교수 정년기념.

1998.8.26. 세계헌법연구 제3호, 금랑 김철수 교수 정년기념 특집호.

2003.12.30. 세계헌법연구 제8호, 금랑 김철수 교수 고희기념 특집호.

2012.10.12. 금랑 김철수 선생 팔순기념논문집, 헌법과 기본권의 현황과 과제, 경인문화사, 831면.

2023. 7. 31. 헌법을 생각한다, 금랑 김철수 선생 90세 기념 및 추모논문집, 산지니, 1010면.

## VIII. 기 타

1976. 5. 27. 헌법학의 공부 방법, 법학수학안내, 서울대학교 법과대학, 75-79면

1977. 4. 헌법학을 공부하는 방법, 월간고시, 1977년 4월호, 12-16면.

2003.12.30. 김효전 편, 김철수 교수 저작 머리말 모음, 세계헌법연구 제8호 금랑 김철수 교수 고희기념 특집호, 265-310면.

2004.6.30. 李鍾極 선생 항목, 대한민국학술원, 『앞서 가신 회원의 발자취』, 227-233면.

2004.6.30. 兪鎭午 회원 항목, 대한민국학술원, 『앞서 가신 회원의 발자취』, 255-262면.

2004.12. 김효전 편, 김철수교수 좌담 · 서평 등, 동아법학, 제35호, 351-447면.

2006.5.10. 무애 서돈각 선생님 추모문집 간행사, 무애 서돈각박사 추모문집 간행위원회, 『부처님과 함께』(법문사, 2006), i-iii면.

2007.7.15. 장학빌딩 착공과 준공에의 기대, 서울대동창회보 (관악춘추)

2008.8. 문홍주 회원의 명복을 빌며, 대한민국학술원통신, 제182호.

2008.10.15. 모교의 혁신을 기대한다, 서울대동창회보 (관악춘추)
2008.10.20. 月松 선생님에게, 월송회보.
2008.11.1. 이항녕 회원의 타계를 슬퍼하며, 대한민국학술원통신, 제184호 (2008. 9. 17 별세).
2008.11.20. 월송 선생님의 10주기에, 월송회보.
2010.8.31. (하서) 혜안 조병륜 교수 정년기념 논문집, 세계헌법연구, 제16권 제3호.
2010.11.15. 세계의 초일류대학으로, 관악춘추.
2010.11.19. 국립대학법인화와 학생인권조례 축사 (한국교육법학회 학술대회).
2011.11.30. (하서) 김효전교수 정년기념논문집 문광삼 · 신평 공편, 『헌법학의 과제』, 법문사.
2011.12.15. 송구영신 - 2011년을 보내며, 서울대동창회보 (관악춘추), 1면.
2012.12.21. 김상철 회장을 추모하며, 미래한국 2012. 12. 21.
2013.10.24. 특강 「국민의 권리」, 명지대학교
2013.11. (작고하신 회원님) 문홍주 회원(1981-2008), 대한민국학술원, 『앞서 가신 회원의 발자취 II』(2014), 168-172면.
2013.11. (작고하신 회원님) 이항녕 회원(1960-2008), 대한민국학술원, 『앞서 가신 회원의 발자취 II』(2014), 173-177면.
2014.10.30. (특강) 국민의 권리. 명지대학교 방목기초교육대학, 명지대학교 본관 1001호
2014.10.31. 공법이론과 판례연구회 창립25주년 기념식 축사 (인사말)
2015.10.28. 황적인 교수를 추모하며, 『誠軒 황적인 선생님의 학문과 삶의 세계』, 화산디미어, 445-447면
2018.12. (추도문) 유기천 선생님 서거 20주년을 맞아, 『月松會報』
2019.1.7. 복간사. 김철수, 『헌법학개론』(1973), 한국헌법연구소, 2019.
2019.7.25. 김철수 편, 『한국의 헌법학 연구』, 산지니, 머리말

## IX -1 외국어 논저 (영어 · 독어)

1. Prospects for a Constitution for a United Korea, based on a Comparison of the Constitutions of South and North Korea, (Korea & World Affairs, 6/3, 1982)
2. Comparison of the Constitutions of South and North Korea (The Korean Journal of Comparative Law, Vol. 10, 1982); also in: Constitutional and Political Laws of the Republic of Korea, 1995.

3. American Influence in the Constitutional History of Korea (The Influence of the U.S. Constitution on Pacific Nations, 1987)
4. Constitutional Court and Supreme Court (Korean Report), 2008. 8. 14
5. The Ideal Form of Government (Keynote Speech, 2009)
6. Welfare Policy based on Korean Constitution (Abstract)
7. Korean Constitution and Local Government System
8. Constitutional and Political Laws of the Republic of Korea, 한국헌법연구소편, 길안사, 1995.
9. Über das klimatische Naturrecht (1964)
10. Rezension: Festschrift zum 80. Geburtstag für Professor Dr. Tscholsu Kim "Status und Herausforderungen der Verfassung und die Grundrechte" von Dai-Whan Kim, übersetzt von Deok-Hwan Kim, in: Deutsches Verwaltungsblatt, Heft 21/2013, S. 1380-1381.

## IX -2 외국어 논저 (일본어)

1. 韓國憲法の制定と改正經過小考 (尹龍澤譯, 『創大アジア研究』 제5호, 1984, 243-278면)
2. 韓國における人權論の導入と展開 (岡 克彦譯,『北大法學論集』제47권 5호, 1997, 448-470면)
3. 抵抗權小考 (鈴木敬夫譯,『現代韓國の基本權論』, 成文堂, 1985, 95-121면)
4. 韓國憲法裁判制度とその改善方向 - 憲法政策學的考察, 小林直樹先生古稀紀念論文集『憲法學の展望』(東京 · 有斐閣, 1991), 741-760면.
5. 韓國の憲法裁判制度
6. 外國憲法が韓國憲法にあたへた影響 (『自治研究』 제756호, 1987, 108-119면)
7. 統一韓國憲法の制定問題 (明治大學 外國招請學者紀要, 1996)
8. 韓國法哲學の現狀と課題 - 韓國における法實證主義と自然法論の問題をめぐって - , 『北大法學論集』 제40권, 1990.
9. 法における人間の尊嚴と價值 - 現代韓國法哲學および憲法學の一側面 -, (鈴木敬夫譯,『法學研究』, 北海學園大學, 제16권 2호, 1980, 135-166면)
10. 風土的 自然法論考 (鈴木敬夫 · 金孝全共譯,『論集』札幌商科大學, 제26호, 1980, 125-163면)
11. 韓國法の過去 · 現在 · 未來, (『法學セミナー』第429號, 1990年 9月, 22-25면)
12. 『韓國憲法の50年 - 分斷の現實と統一への展望』, 敬文堂, 1998.
13. 杉原泰雄評, Book Review『韓國憲法の50年 - 分斷の現實と統一への展望』,『法律

時報』 1999年 2月, 83-86면.

14. 浦田一郎評, 金哲洙著, 『韓國憲法の50年: 分斷の現實と統一への展望』, 『法學教室』 No. 223 (有斐閣, 1999), 41頁.
15. 鈴木敬夫譯, 金孝全: 人權主義憲法學者 金哲洙を偲ぶ - 苦難と榮光: 金哲洙會員 1933~2022, 『札幌學院法學』 第39卷 第2號 (2023. 2), 67-107면.

## X. 김철수 교수 부고 · 전시회

경향신문 2022. 3. 26. (손제민)
동아일보 2022. 3. 26. (박상준)
문화일보 2022. 3. 26. (오남석)
서울신문 2022. 3. 26.
세계일보 2022. 3. 26. (김태훈)
조선일보 2022. 3. 26. (이정구 · 류재민)
중앙일보 2022. 3. 28. (심석용)
한겨레신문 2022. 3. 27.(신민정)

김철수 교수님 영전에 바칩니다 (이효원, 문화일보 2022. 3. 29).
헌법재판소 도서관 전시회 (2022. 4. 1.~4. 30)
한국헌법학의 기반 다지고 떠나다 (심석용, 중앙일보 2022. 3. 28) 판넬로 제작.
고난과 영광: 김철수 회원 1933~2022 (김효전, 『대한민국학술원통신』 제346호, 2022. 5. 1).
헌법학의 석학 김철수 명예교수님 영전에 (성낙인, 『서울대 명예교수회보』, 2022. 12)
헌법학의 태두 김철수 교수님 (성낙인, 『월송회보』, 2022. 12)
鈴木敬夫譯, 金孝全: 人權主義憲法學者 金哲洙を偲ぶ - 苦難と榮光: 金哲洙會員 1933~2022, 『札幌學院法學』 第39卷 第2號 (2023. 2), 67-107면.

기타 중앙일보, 동아일보, 문화일보, 한국일보, 세계일보, 국민일보, 매일신문, 서울경제, 한국경제, 법률신문, 대학신문, 서울대동창회보 등에 시론 다수 발표.

헌법을 말한다

금랑 김철수 선생 90세 기념 및 추모논문집

2023년 7월 25일 인쇄
2023년 7월 31일 발행

엮은이 김효전
펴낸이 강수걸
편 집 권경옥 신지은 강나래 오해은 이소영 이선화 이혜정 김소원
디자인 권문경 조은비
펴낸곳 산지니
등 록 2005년 2월 7일 제333-3370000251002005000001호
주 소 48058 부산광역시 해운대구 수영강변대로 140 부산문화콘텐츠콤플렉스 613호
홈페이지 www.sanzinibook.com
전자우편 sanzini@sanzinibook.com
블로그 http://sanzinibook.tistory.com

ISBN 979-11-6861-160-3 93360

* 책값은 뒤표지에 있습니다.
* Printed in Korea